Stapelfeldt
Aufstieg und Fall des Individuums

Gerhard Stapelfeldt

Aufstieg und Fall des Individuums

Kritik der bürgerlichen Anthropologie

ça ira

Gesamtverzeichnis, Leseproben, Texte
www.isf-freiburg.org

Veröffentlichungen von Gerhard Stapelfeldt bei ça ira: Der Merkantilismus. Die Genese der Weltgesellschaft vom 16. bis zum 18. Jahrhundert (2001); Theorie der Gesellschaft und empirische Sozialforschung. Zur Logik der Aufklärung des Unbewußten (2004); Der Liberalismus. Die Gesellschaftstheorien von Smith, Ricardo und Marx (2006); Geist des Widerspuchs I (2012); Geist des Widerspruchs II (2013).

Postfach 273
79002 Freiburg
www.ca-ira.net
info@ca-ira.net

Umschlaggestaltung: Martin Janz, Freiburg
Umschlagbild: Leonardo da Vinci, Proportionsstudie nach Vitruv (um 1490), Gallerie dell'Accademia, Venedig
Druck: Buchproduktion Ebertin, Stockach

ISBN 978-3-86259-117-6

Bibliographische Information der Deutschen Bibliothek
Die Deutsche Bibliothek verzeichet diese Publikation in der Deutschen Nationalbibliographie; detaillierte bibliographische Daten sind im Internet über http://dnb.ddb.de abrufbar.

Für Elke

Inhalt

Vorwort

»I'm not like everybody else« (Ray Davies)

Das Individuum, das in der Epoche des Imperialismus in der »Masse« unterging, unter dem Nationalsozialismus liquidiert wurde, scheint in der gegenwärtigen neoliberalen Weltordnung auferstanden. Die ökonomische Theorie propagierte schon um 1950 einen »methodologischen Individualismus« (Hayek 1952); die soziologische Theorie folgte viel später – um 1980/90 – mit dem »Individualisierungstheorem« (Beck 1986). Vorausgesetzt ist in den gegensätzlichen Dogmen und Einsichten in die Masse sowie in den »autoritären Charakter« einerseits, in die Individualisierung andererseits: es habe einmal ein Individuum gegeben, nun sei es zerstört – oder restituiert.

Freilich ist die Lehre des neuen vom alten Liberalismus wesentlich verschieden: der alte würdigte das Individuum als Bürger einer aufgeklärten, vernünftigen Welt; der neue dagegen individualisiert, weil das Ganze als das Unerkennbare gilt. Das neue Individuum ist Bürger einer Welt, die es – nach neoliberalem Selbstverständnis – weder rational oder vernünftig zu erkennen, noch rational oder vernünftig einzurichten, deren Genese es darum nicht zu erinnern, die es nicht utopisch-vernünftig zu überschreiten vermag. Das neue Individuum pocht auf seine Individualität, weil es – gesellschaftlich blind – zur bewußtlosen Personifikation bewußtloser Verhältnisse geworden ist. Unter der Voraussetzung eines irrationalen Allgemeinen kann es einzig atomistisch-rational handeln. Daher ist das neoliberale Soziatom ein »konformistisches« (Hayek 1960: 78f.) Subjekt. Der neue Individualismus, der »Masse« und dem »autoritären Charakter« scheinbar und explizit entgegengesetzt, ist nur deren Spiegel: eine Gestalt der »Liquidierung des Individuums« wie die vorangegangene (vgl. Adorno: GS 14: 26; 1944/47: 197). So ist das neoliberale Subjekt der »autoritäre Charakter« in neuer Form, der Bürger einer anderen »autoritären Gesellschaft« und eines anderen »autoritären Staates«.

Im neuen Individualismus scheint die Selbstzerstörung der Aufklärung wiederum, anders auf: die Selbstzerstörung der Utopie einer Gesellschaft, in der die Menschen ihrer selbst und ihrer Verhältnisse bewußt sind. Einsicht in die historische Destruktivität ließe sich einzig gewinnen, indem diese als Geschichte der »bestimmten Negation« (Hegel) einer Utopie aufgeklärt wird, so daß diese nicht eliminiert, sondern in der Negation noch aufbewahrt wäre. In dieser Absicht einer *Kritik der bürgerlichen Anthropologie* wird im folgenden über *Aufstieg und Fall des Individuums* reflektiert. Das Thema fällt in den Bereich der philosophischen Anthropologie, die Kant einst als Zentrum und Fundament der Philosophie auszeichnete.

Der *Aufstieg:* das ist die Genese der Utopie eines *vernünftigen Individuums* aus der Entzweiung der mythologischen Welt – aus der Überwindung des *mythologischen Sozialatomismus* der griechischen Antike durch die Erscheinungsformen der Utopie, vom *metaphysischen, gottesebenbildlichen Individuum* des Spätmittelalters, der Renaissance und der Epoche des Merkantilismus und Absolutismus bis zum *verständigen Individuum* der Epoche der bürgerlichen Aufklärung und der liberalen Revolutionen. Der *Fall:* das ist die Konsequenz einer nur voraussetzungsvollen, entgegensetzenden bürgerlichen Aufklärung in einer neuen rationalen Mythologie – die Entwicklung der »Liquidierung des Individuums« durch die kollektiv bewußtlose *»Masse«* (Le Bon) in der Epoche des Imperialismus, durch den *»autoritären Charakter«* in der Phase des Nationalsozialismus und durch den *Individualismus* des Neoliberalismus. Gegen jene Selbstzerstörung der Aufklärung durch ihre Fixierung auf die nur bürgerlich-verständige Form ist die Möglichkeit ihrer Verwirklichung durch eine vernünftige Form zu retten, indem an der »bestimmten Negation« der Idee des autonomen, *vernünftigen Individuums* der negierte Gehalt in utopischer Absicht erinnert wird.

Über das Thema habe ich während meiner Lehrtätigkeit wiederholt Vorlesungen und Seminare am Institut für Soziologie der Universität Hamburg sowie an der Hamburger Volkshochschule abgehalten. In meinen Schriften habe ich das Thema ebenfalls mehrfach, in anderem Kontext, behandelt: so in meinen Imperialismus-Büchern (2008), in den entsprechenden Büchern meiner Kritik der ökonomischen Rationalität (2009b; 2012); im zweiten Band der Dialektik-Studien (2013). Einige Passagen aus diesen Texten habe ich stillschweigend übernommen.

Den unmittelbaren Anlaß zur Durchsicht alter Vorlesungs-Manuskripte und zur Niederschrift boten Vortrags-Einladungen des ›Forum materialistische Kritik‹ (Stuttgart) um Danièle Weber, Elke Weber, Thorsten Fuchshuber, Martin Klein und Claus Baumann im September 2012/Januar 2013. Die Abschnitte über den autoritären Charakter und den neoliberalen Individualismus lagen Vorträgen an den Universitäten Bonn und Kassel im April und Mai 2013 zugrunde. Ich danke Markus Bitterolf und Denis Maier für ihre arbeitsintensive Unterstützung der Publikation.

Hamburg, im Oktober 2013 G.S.

Einleitung
Der Begriff des Individuums als historisch-gesellschaftliche Kategorie

Die Idee des Menschen als eines Unteilbaren, also *Identischen* – eines *In-Dividuums* oder *Átomons* – ist eine historisch-gesellschaftliche Kategorie: die gesellschaftliche und anthropologische Utopie des Menschen, der sich seiner selbst und seiner Verhältnisse bewußt, der mit sich *identisch,* also frei von heteronomen Zwängen und darum vernünftig ist. Diese Utopie ist ausgesprochen in den frühesten Texten der Philosophie, wurde aufgenommen in der Renaissance, entfaltet in der Epoche des Merkantilismus und rationalen Absolutismus, zur Konsequenz gebracht in der Epoche des revolutionären Liberalismus, um mit dem Übergang zum Imperialismus und dem Fortgang zum Nationalsozialismus liquidiert zu werden wie alle Utopien: das Individuum schien, als empirisch daseiendes und utopischer Vorschein, in der Masse sowie im autoritären Charakter untergegangen. Der gegenwärtig herrschende Neoliberalismus hat diese Zerstörung der Utopie des Individuums zur Apologie einer neuen Freiheit in einer paradoxen, pseudokritischen Wendung positiviert. Er feiert, gegen die bewußtlose »Masse« und den vollends unbewußten autoritären Charakter, einen analogen Individualismus, in dem das Individuum zur puren Personifikation der Verhältnisse geworden ist: das neoliberale Atom ist nicht mit sich, sondern mit dem undurchschauten Allgemeinen identisch (vgl. Adorno 1944/47: 197). Als Individualismus ist die neoliberale Ordnung der nationalsozialistischen entgegengesetzt, um diese durch den Gegensatz zu verdrängen. Indem das Ganze als Irrationales gesetzt ist, resultiert ein »methodologischer Individualismus« (Hayek 1952: passim), der würdigt, daß unter der neuen Liberalität die Menschen sich ihrer selbst und ihrer Verhältnisse nicht bewußt sind. Der Sozialatomismus ist, gegenüber der Masse und dem autoritären Charakter, nur die neueste Form der »Liquidierung des Individuums« (Adorno: GS 14: 26). So koinzidiert die Zerstörung der Utopie der Vernunft mit der Zerstörung der Ideen einer vernünftigen Gesellschaft und eines vernünftigen Individuums.

Einleitend wird die Geschichte des Aufstiegs und Falls der Utopie des Individuums skizziert (I); sodann wird die Aufklärung dieser Geschichte durch die Kritische Theorie der Gesellschaft skizziert, die mit dem Übergang zur *Dialektik der Aufklärung* die klassentheoretischen Konsequenzen des Arbeitsbegriffs der Kritik der Politischen Ökonomie zurückstellte und sich der »Kritik der instrumentellen Vernunft« sowie der »dialektischen Anthropologie« zuwandte (II); gegen Adornos, in der *Dialektik* in kritisch-utopischer Absicht entwickelte, Interpretation der *Odyssee,* nach der Odysseus das »Urbild des bürgerlichen Individuums« ist, wird weiterhin dargelegt, warum in der mythologischen Welt von einem Individuum weder empirisch noch utopisch zu sprechen ist – daß also die Geburt des Individuums im Spätmittelalter und in der Renaissance erfolgt (III); ein abschließender Exkurs über die Erfahrungen eines deutschen Psychiaters in Vietnam belegt in anderer Weise, daß Empirie und Utopie des Individuums nicht anthropologisch zu verdinglichen, sondern historisch-gesellschaftlich aufzuklären sind (IV).

I. »Kenne dich!«: Stadien der Ich-Entwicklung im bürgerlichen Zeitalter

»Kenne dich!«: Die Inschrift über dem, im 7. Jahrhundert errichteten, Tempel des Apollon zu Delphi steht als Aufforderung zur Selbsterkenntnis über der Geschichte der europäischen Philosophie. Gemeint ist freilich nicht, schon gar nicht in der Antike, Selbsterkenntnis als Menschenkenntnis (vgl. Hegel: Bd. 10: 9-11). In solcher Verkürzung wird der Mensch als Mensch bereits vorausgesetzt, der sich doch erst erkennen soll. »Kenne dich!« kann deshalb in die Frage *»Was ist der Mensch?«* verwandelt werden. Diese Frage hat Kant als die – alle anderen Grundfragen der Philosophie: »1) Was kann ich wissen? – 2) Was soll ich tun? 3) Was darf ich hoffen?« – übergreifende Frage ausgezeichnet. So gilt ihm die *Anthropologie* als Zentrum und Fundament von Metaphysik, Moral und Religion (Bd. VI: 448). Eine philosophische Geschichte des Individuums ist somit eine Geschichte der Philosophie, mithin unvermeidlich fragmentarisch.

Ist der Mensch nicht vorausgesetzt, so kann er sich nur in seinem Verhältnis zur Welt erkennen. Die Selbsterkenntnis des Menschen setzt diesen als Subjekt und Objekt der Erkenntnis ineins, fordert deshalb, daß der Erkennende sich immanent und zugleich von außen betrachtet, sich also erkennt, als ob er sich in einem Spiegel (speculum) betrachtete: Selbsterkenntnis ist Reflexion, Spekulation. Selbsterkenntnis impliziert Welterkenntnis, Erkenntnis der Innenwelt durch Spiegelung in der Außenwelt: Philosophie, nicht Psychologie. Die Geschichte des Individuums, seines *Aufstiegs und Falls,* kann nicht individualisierend aufgeklärt werden, sondern nur durch die Darstellung des Individuums in seinem Verhältnis zur Gesellschaft und zur Natur. Jene Geschichte ist daher eine philosophische Geschichte der gesellschaftlichen Welt des Individuums; eine philosophische Geschichte der individuellen Identität ist daher eine philosophische Geschichte der gesellschaftlichen Identität. Im Unteilbaren – dem ›in dividuum‹ – spiegeln sich die gesellschaftliche Welt und die Welt der Natur; in der gesellschaftlichen Welt und in der Welt der Natur spiegelt sich das Individuum. Dieses ist mit sich identisch nur in einer aufgeklärten, vernünftigen gesellschaftlichen Identität: beides ist eine vernunftgegründete Utopie.

»Kenne dich!« setzt mithin voraus, daß der Mensch nicht unmittelbar sich seiner selbst bewußt, sondern bewußtloses Subjekt einer bewußtlosen Gesellschaft ist. Selbsterkenntnis soll die Bewußtlosigkeit in Selbst-Bewußtsein und Welt-Bewußtsein transformieren. Ist die Selbst- nur durch die Welterkenntnis zu erlangen, so impliziert der antike Imperativ die Utopie eines Menschen, der sich seiner selbst und seiner gesellschaftlichen Verhältnisse bewußt ist: das ist die Idee der Aufklärung, der Vernunft.

Nun setzt diese Aufklärung des Menschen über sich und seine gesellschaftliche Welt voraus, die Bewußtlosigkeit enthielte die Möglichkeit des Bewußtseins: das Potential ihrer Selbstüberschreitung und Selbstverwandlung. »Kenne dich!« supponiert, das seiner selbst und seiner Verhältnisse bewußtlose Ich enthielte in sich immer schon die utopische Idee, Subjekt seines Denkens und Handelns zu sein, seiner selbst und seiner Verhältnisse bewußt zu sein und nicht deren bewußtlose Marionette. So impliziert jener Imperativ das Wissen vom Widerspruch zwischen Sein und Schein: das Wissen, daß der Mensch in einer Selbsttäuschung lebt, die utopisch über sich hinausweist. »Kenne dich!« ist ein kritischer, jenen Widerspruch formulierender Imperativ, ein Widerspruch gegen das Widersprüchliche.

Selbsterkenntnis ist indes so wenig ein rein intellektueller Vorgang, wie der Mensch ein reines Denken – *ego cogito* – ist. Die Frage: »Wer bin ich?«, »Was ist der Mensch?«, setzt eine Krisis voraus. Nur wenn dem Ich seine Welt nicht länger selbstverständlich, wenn dem Ich seine Identität fraglich geworden ist, vermag es der Forderung nach Selbsterkenntnis zu folgen (vgl. Hegel: Bd. 20: 484f., 506-509). Selbsterkenntnis setzt ein Leiden des Menschen an der von ihm selbst bewußtlos geschaffenen Welt voraus. Im Leiden erscheint die eigene Welt als fremde, bedrohliche Macht. Aufklärung verspricht Einsicht in diese Macht, in die bewußtlose Konstitution dieser Macht, in die Bewußtlosigkeit des Ich selbst. »Kenne Dich!« drückt das Leiden an undurchschauten Mächten und die Forderung aus, die Welt vernünftig einzurichten: Das Vernünftigwerden des Menschen und seiner Welt ist ein Akt »des Änderns der Umstände und der menschlichen Tätigkeit oder Selbstveränderung« durch »revolutionäre Praxis« (Marx: 3. These ad Feuerbach).

Diese Aufklärung des Menschen über sich und seine Welt setzt beide als bewußtlos voraus und hat deshalb retrospektiv zu erfolgen: von der gegenwärtigen Bewußtlosigkeit ist auf die Genesis im utopischen, praktischen Interesse zurückzufragen – »die Eule der Minerva beginnt erst mit der einbrechenden Dämmerung ihren Flug.« (Hegel: Bd. 7: 28)

Die Gegenwart, die die aufklärende Frage nach *Aufstieg und Niedergang des Individuums* (Horkheimer 1946) produziert hat, war zuerst der Imperialismus, dann der Nationalsozialismus. Unter dem Imperialismus bereits wird die Zerstörung des Individuums in Le Bons *Psychologie der Massen* (1895) analysiert; Freud hat Le Bons Arbeit aufgenommen in: *Massenpsychologie und Ich-Analyse* (1921). Seitdem war das Thema Gegenstand der »reaktionären« Kulturkritik (vgl. Adorno 1944/47: 196) von Nietzsche bis zu Rüstow und Schelsky ebenso wie der auf die Tradition der Marxschen Kritik zurückgehenden Kulturkritik der Kritischen Theorie der Gesellschaft. Die »reaktionäre« Kritik erklärt den Verfall des Individuums individualistisch: anthropologisch, und reproduziert dadurch, was sie beklagt. Die Kritik der Kritischen Theorie hingegen erfolgt als Aufklärung des Zusammenhangs von Individuum und Gesellschaft in utopischer Absicht. Der gegenwärtige Neoliberalismus endlich wendet die »reaktionäre« Kritik ins Positive, indem er den Menschen als Individuum voraussetzt und durch einen »methodologischen Individualismus« (Hayek) die »Liquidierung des Individuums« (Adorno) fixiert – als Stand der neuen Freiheit.

Die Formulierung vom *Aufstieg und Fall des Individuums* gilt, weil das Individuum eine gesellschaftliche *Utopie* ist, nicht der Geschichte eines empirisch verwirklichten Individuums, sondern der Genese und der Liquidierung jener Utopie. Diese freilich ist kein Hirngespinst über der Empirie, sondern in dieser als Vorschein – als daseiende Ideologie – enthalten: die Genese der Utopie erfolgt durch die Entwicklung ihrer *Erscheinungsformen.*

Nun tritt der Mensch erst dann mit dem Selbstverständnis auf, sich zum Individuum gebildet zu haben, wenn er den Anspruch erhebt, sich selbst und die Welt erkennen, sich selbst und die Welt bewußt erschaffen zu können. Einzig durch diesen Anspruch bewahrt er die Idee, mit sich identisch, ein In-Dividuum und keine Marionette undurchschauter Mächte zu sein. Das ist die welthistorische Anmaßung des Menschen im *Spätmittelalter* und in der *Renaissance:* philosophisch wurde um 1400/1500 der Aufstieg zur Gottesebenbildlichkeit proklamiert – zur Möglichkeit, die von Gott erschaffene Welt erkennen und gottesebenbildlich neu erschaffen zu können. Zuvor – von der *Ilias* und der *Odyssee* bis zur *Bibel* und zum *christlichen Spätmittelalter* – ist der Mensch noch unmittelbar ein unselbständiges Moment des göttlich durchdrungenen Kosmos: er ist ein *mythologisches*

Sozialatom in einer *mythologischen Welt.* Deren Erkenntnis hat christlich ihren Ort in den Klöstern. Daher wird weder in der Antike noch im Früh- und Hochmittelalter beansprucht, daß der Mensch kraft eigener Vernunft denkt und handelt – das Gedachte erscheint als göttliche Offenbarung, die Praxis als Angleichung an den göttlichen Logos. Der Mensch tritt nicht als Subjekt einer objektivierten Welt gegenüber, sondern scheint von dieser bestimmt und durchdrungen: er zerfällt in eine Konstellation von Weltbezügen. Insofern kommt dem mythologischen Sozialatom eine Identität nicht zu, insofern ist er nicht jenes Unteilbare: die Bildende Kunst kennt bis 1425 nicht den Identitätspunkt – den Fluchtpunkt – der Zentralperspektive.

Die Anfänge des Individuums, als Utopie und als deren bloß ideologische Verwirklichung, liegen daher beim Ausgang aus der mythologischen Welt des Mittelalters: im *Spätmittelalter* (um 1250 bis 1420) sowie in der *Renaissance* (um 1420 bis 1520). Hier erscheint die Utopie des Individuums durch eine Konstellation von Revolutionen in der Form des *metaphysischen Individuums:* eines gottesebenbildlichen, rationalen, die Welt erkennenden, die Welt erschaffenden Subjekts. Die Gottesebenbildlichkeit wird im Rekurs auf die *Bibel* (Mose 1/26-28; 2/7-8) und auf die von Protagoras aufgenommene und wiederholte Erkenntnis des Pythagoras erhoben: der Mensch sei das Maß aller Dinge – die Verkörperung des Logos. Die Epoche geht durch diesen Rekurs auf die Genesis hinter den Sündenfall zurück: hinter das Mittelalter. Spätmittelalter und Renaissance bilden, biblisch gesprochen, gleichsam das Ostern – die Auferstehung – nach dem Sündenfall (vgl. Die Bibel: Joh. 1/1-18). Der Anspruch der Gottesebenbildlichkeit des Menschen, des Menschen als Maß aller Dinge, gibt der Zeit den Titel des *Humanismus.* Die Idee ist unerhört, von utopischer Potenz: der Mensch vermag Gottes Schöpfung zu erkennen und darum sich selbst und seine Welt gottesebenbildlich zu erschaffen. Diese theoretische und praktische Anmaßung wird ausgeführt: in der Philosophie (Petrarca, Manetti, Pico); in der nun herrschenden Produktionsweise der Chrematistik; in der Bildenden Kunst (Alberti, Leonardo); in der Reformation (Luther); in der Erkenntnis des Himmels (Copernicus); in der Erkenntnis-Utopie der gesellschaftlichen Welt (Morus). Der proklamierte Aufstieg zur Gottesebenbildlichkeit greift die überlieferte Religion vor allem auf dem Gebiet der Chrematistik an und fordert deshalb einerseits deren Widerspruch, andererseits deren individualisierende Rationalisierung heraus; beides leistet die Reformation Luthers, die noch den Handels- und Wucherkapitalismus vehement kritisiert – erst der Calvinismus und der Puritanismus versöhnen die christliche Religion mit der Chrematistik. – Durch den Aufstieg zur Gottesebenbildlichkeit freilich ist das Individuum ein Besonderes nur als ein zugleich Allgemeines, in Gott mit sich Identisches – es tritt der von Gott erschaffenen Welt bloß gottesebenbildlich gegenüber, nicht als ein an sich selbst vernünftiges Subjekt, das der »Natur« durch seinen »Verstand« die »Gesetze« vorschreibt (Kant: Bd. V: 189). Das frühbürgerliche, metaphysische Individuum ist ein Besonderes nur, indem es im identischen Gott aufgeht, in diesem eine differenzlose, abstrakte Einheit mit sich selbst und anderen Individuen erlangt; das Nichtidentische, Fremde, bleibt draußen und ist als Feind gesetzt. Weil die Welt weiterhin als göttliche Schöpfung gilt, ist die Natur immer noch eine subjektive Objektivität, deren Logos das Individuum nur nachbildet, das darum auch kein Objekt der technischen Weltbeherrschung und ökonomischer Verwertung, sondern der Gotteserkenntnis ist. Nicht erst im 17., schon im 14. und 15. Jahrhundert ist der Standpunkt der bürgerlichen Anthropologie die Metaphysik. *(Kapitel 1)*

Das ist auch das Selbst-Verständnis des Individuums in der *Epoche des Handelskapitalismus und des Absolutismus* (um 1580 bis 1760). In diesem Stadium wird sich das bürgerliche als ein *metaphysisches Individuum* bewußt: in der frühen Politik-Ökonomie; im Calvinismus und Puritanismus, die nun den Handelskapitalismus auch religiös legitimieren; in der die Physik begründenden metaphysischen Philosophie (Descartes); in der die Kunstwissenschaft beerbenden metaphysischen Naturwissenschaft (Galilei). Freilich bringt diese Epoche die Metaphysik zur Konsequenz durch das Bild des Leviathan, in dem der absolute Monarch einerseits die Verkörperung des göttlichen Logos ist, andererseits sich aus den Untertanen sinnlich-übersinnlich zusammensetzt. Staat, Politik-Ökonomie und Religion folgen nun gleichermaßen der metaphysischen Logik, in der das Individuum, als ein Besonderes, sich im Allgemeinen utopisch zugleich konstituiert und verliert. *(Kapitel 2)*

Der *revolutionäre Liberalismus* (um 1760 bis 1870) tritt mit dem – freilich nur ideologischen – welthistorischen Anspruch auf, den Menschen erstmals als ein besonderes Individuum in einer vernünftigen Gesellschaft verwirklicht zu haben. Der Bürger konstituiert sich als ein *verständiges Individuum* durch die Entzweiungen, durch die Voraus- und Entgegensetzungen: von Subjekt und Objekt, Individuum und Gesellschaft, Individuum und äußerer Natur, Denken und innerer Natur – durch die damit gegebenen weiteren Entzweiungen etwa von Ware und Geld, Gebrauchswert und Tauschwert, Gesellschaft und Staat, Privatheit und Öffentlichkeit. So bricht die mythologische und metaphysische Welteinheit in Gott auf. Der Mensch erlangt seine Individualität nicht länger als ein gottesebenbildliches Geschöpf in Gott, sondern als Schöpfer seiner selbst und der Welt: als ein Besonderes nicht in unmittelbar-abstrakter, sondern in gegensätzlichverständiger Identität mit dem Allgemeinen. Insofern ist dies die Epoche, in der der Mensch den revolutionären Anspruch erhebt, »sich auf den Kopf, d.i. auf den Gedanken« zu stellen »und die Wirklichkeit nach diesem« zu erbauen (Hegel: Bd. 12: 529). Die Vernunft scheint an die Stelle Gottes zu treten: die Utopie einer bewußten Gesellschaft ihrer selbst bewußter Individuen – eines »Vereins freier Menschen« (Marx) – scheint auf. – Aber hier liegt schon der *Niedergang* des Individuums. Die Form der Entzweiung, der Entfremdung, zerstört zwar aufklärend die mythologische, auch die metaphysische Welteinheit und scheint die Vernunft als herrschend zu inaugurieren. Die Form der Entzweiung indes ist die Form der Voraus- und Entgegensetzung: der Vernunft, des vernünftigen Individuums, der vernünftigen Gesellschaft. Als Voraussetzung ist die Vernunft jedoch ebenso bewußtlos wie der überwundene Mythos und dessen Rationalisierung. Hegel nennt die bloß vorausgesetzte, dogmatische Vernunft: »Verstand« (Bd. 2: 20ff.). *Das bürgerliche Individuum ist das Individuum einer verständigen, nicht einer vernünftigen Identität: so entspricht es nicht seiner Utopie.* Dieses verständige Individuum einer Verstandes-Gesellschaft verfolgt, wie Smith *gesellschaftstheoretisch* (1776: IV/II/216) und Kant *geschichtsphilosophisch* ausgeführt haben, *bewußt* seine privaten Zwecke und dadurch nur *unbewußt* das allgemeine Interesse. Weil es sich autonom unter verselbständigten, deshalb bewußtlosen und entfremdeten gesellschaftlichen Verhältnissen wähnt, sind diese ihm als eine übersinnlich-sinnliche »zweite Natur« (Kant, Hegel) entgegengesetzt und erscheinen als eine »soziale Physik« (Comte). Weil es seiner Verhältnisse nicht bewußt ist, ist es deren Marionette und eben nicht mit sich, sondern mit dem undurchschauten Allgemeinen identisch. So ist das Verhältnis des unbewußt-bewußten Individuums zur Gesellschaft eine verständige Einheit von Allgemeinem und Besonderem. Deren Ausdruck ist die *liberale Anthropologie*, die theoretisch die reale Erscheinung der unbewußten Verhältnisse am liberalen Individuum ausspricht. – Schon unter dem Liberalismus wird die *gesellschaftliche Bewußtlosigkeit* des verständigen Individuums zur *rationalistischen Naturgesetzlichkeit* fixiert. *Das Individuum wird als Gegenstand der Biologie* thematisch: im naturwissenschaftlichen Positivismus Comtes; in Gobineaus Rassenlehre, in Darwins Abstammungslehre. Analog fixiert der geisteswissenschaftliche Positivismus das allgemeine Unbewußte als ein *allgemeines Irrationales:* durch Reduktion der liberalen Vernunft-Moral auf den irrational-privatistischen Sinn. Die Methode des individualistischen Sinn-Verstehens ist die Rückübersetzung des geschichtlichen objektiven Geistes in die Biographie des Sozialatoms. Der Positivismus ist die Theorie und Realität der Negation des vernünftigen Individuums als Utopie; die

Negation erscheint theoretisch in der *positivistischen Anthropologie.* Dagegen hat Marx die Utopie einer vernünftigen Einheit von Individuum und Gesellschaft durch eine *aufklärende Ideologie-Kritik der bewußtlosen Gesellschaft bloß verständiger Individuen* bewahrt. *(Kapitel 3)*

Dieser Niedergang des Individuums, als gesellschaftlicher Utopie, vollzieht sich unter dem *Imperialismus* (um 1870 bis 1918/29). Indem die *irrationalen* gesellschaftlichen Verhältnisse nun total verdinglicht, als naturgesetzlich-*rationaler* Kosmos ohne utopischen Gehalt erscheinen, materialisieren sie sich in der theoretischen und realen Anthropologie der Epoche: im Sozialatomismus sowie in der spiegelbildlichen Masse. Die Volkswirtschaftslehre C. Mengers setzt die biologische Anthropologie als Robinsonade an den Anfang der Theorie: der homo oeconomicus erscheint als vollkommen unfreies, kausalrational strukturiertes Wesen – als, auf bewußtlose Weise, total vergemeinschaftetes Subjekt. Nietzsche hat, positivismus-kritisch, diesen Menschen als Maschinenmenschen in einer Maschinenwelt, als bloß Identisches in einer »Welt der identischen Fälle« dargestellt; analog hat M. Weber die Zerstörung des Individuums im »Gehäuse der Hörigkeit« hilflos konstatiert. Le Bons *Psychologie der Massen* (1895) hat, antisozialistisch, den Untergang des Individuums im herrschenden kollektiven Unbewußten analysiert; Freud hat daran angeknüpft. Beide, Le Bon, systematisch Freud, haben das Gesellschaftlich-Unbewußte gegen den Positivismus wiederentdeckt. Le Bon erklärt dieses Unbewußte gegenaufklärerisch als Unerkennbares. Freuds Psychoanalyse hingegen belegt, daß sich aus der Aufklärung des sozialen Atoms, weil dieses bis ins Bewußtsein und die Bedürfnisse hinein vergesellschaftet ist, kritische Einsichten in die repressive Gesellschaft ergeben. Die Idee der Vernunft: der Selbst- und Welterkenntnis, der Selbst- und revolutionären Welterschaffung, scheint in der Epoche des Imperialismus verloren durch die »bestimmte Negation« (Hegel) der Utopie des autonomen Individuums, der vernünftigen Ich-Identität. *(Kapitel 4)*

Im *Nationalsozialismus* (1933 bis 1945) ist die »Liquidierung des Individuums« (Adorno) durch den rationalen Massenmord das Signum des Staatsterrors. Unübersehbar ist der Untergang der Arbeiterbewegung, des Proletariats als des revolutionären Subjekts spätestens während der Großen Depression von 1929/33. Es scheint nur noch das eine zu resultieren: das Individuum in der Form seiner Negation durch die unbewußte Masse einerseits, das unbewußte Sozialatom andererseits. Im Marxismus der Epoche wird, durch Rekurs auf Freud, die Zerstörung der utopisch gerichteten Vernunft auch als Genese und Struktur des » *autoritären«, des »sado-masochistischen Charakters«* analysiert: bei Reich, Bernfeld, Fromm, Horkheimer, Adorno, Fenichel und anderen. Der autoritäre Charakter: das ist das Subjekt, das die unbewußten gesellschaftlichen Verhältnisse völlig verinnerlicht hat, das die gesellschaftliche Herrschaft gegen sich richtet und darum die unterdrückten utopischen Bedürfnisse nach Individualität auf andere projiziert, um sie sogleich an diesen zu bekämpfen. Der Sado-Masochismus ist die mörderische »bestimmte Negation« der Utopie des Individuums – die negiert, aber nicht eliminiert ist. Der an Freud anschließende Marxismus hat darum die Aufklärung der Zerstörung des Individuums immer noch mit der Utopie des vernünftigen Subjekts verknüpft. Indem er jene Zerstörung darstellt, setzt er anthropologisch an; indem er jene Zerstörung gesellschaftstheoretisch und nicht individualistisch aufklärt, formuliert er eine negative, »dialektische Anthropologie« (Horkheimer/Adorno 1944/47: 12). *(Kapitel 5)*

Auf den Nationalsozialismus folgt in West-Deutschland 1948/49 der *Ordo-Liberalismus;* weltweit setzt sich zwischen 1973 und 1990 der *Neoliberalismus* durch. Beide Liberalismen unterscheiden sich vom klassischen durch den expliziten gesellschaftlichen Irrationalismus in der Tradition der Gegenaufklärung. Durch die Negation der Vernunft setzt sich theoretisch und real ein *»methodologischer Individualismus«* (Hayek) durch. Das Subjekt dieses gesellschaftlich irrationalen Liberalismus kann nur ein total vergesellschaftetes Sozialatom sein, das sich um so freier wähnt, je weniger es seiner Verhältnisse bewußt ist. – Beide Liberalismen, formuliert zwischen 1920 und 1950, also noch unter dem Nationalsozialismus und als dessen Kritik, treten mit dem Anspruch auf, über den National-Sozialismus, über alle Sozialismen hinaus zu sein: indem das Sozialatom dogmatisch gegen die »Liquidierung des Individuums« gesetzt, also vorausgesetzt wird. Die dogmatische Form der Entgegen- und Voraussetzung freilich impliziert, daß das Kritisierte nicht aufgeklärt wird, sondern in Kraft bleibt: in Form einer »Wiederkehr des Verdrängten«. So überlebt der autoritäre Charakter im neoliberalen Sozialatom – mit dem Selbstverständnis, mit der verbrecherischen Vergangenheit absolut gebrochen zu haben, ohne diese aufklären oder revolutionär abschaffen zu müssen. So besteht eine Wahlverwandtschaft zwischen Nationalsozialismus, Ordoliberalismus und Neoliberalismus im gesellschaftlichen, anthropologischen Irrationalismus und Autoritarismus. Dieser entzieht sich der aufklärenden Kritik sowenig wie die vergangene Form des autoritären Charakters: weil im Autoritarismus des irrationalen Allgemeinen die Vernunft-Utopie nur bestimmt negiert, nicht eliminiert ist. – Auf der Grundlage dieser neo-liberalen Theorie und Praxis wird das total vergesellschaftete Atom wissenschaftlich-apologetisch als standardisiertes, vermessenes und zu selektierendes thematisch: vom soziologischen Individualisierungstheorem bis zur Hirn- und Glücksforschung. – Die neo-liberale, atomistische Ordnung vollendet sich in der Globalisierung: der konsequenten Ausbildung des gesellschaftlichen Irrationalismus. *(Kapitel 6)*

So ist eine aufklärende, *utopisch gerichtete Erinnerung der bürgerlichen Anthropologie* allein offen: eine Kritik der Gesellschaftsgeschichte als einer Geschichte der Genese und des Verfalls der Utopie eines vernünftigen Individuums, das seiner selbst und seiner gesellschaftlichen Verhältnisse bewußt, das wahrhaft mit sich identisch ist, weil es Schöpfer seiner selbst und seiner Verhältnisse ist. Diese Kritik kann an die in der Epoche des klassischen Liberalismus vorläufig terminierende Geschichte der Aufklärung radikalisierend anschließen, indem die *verständige Aufklärung* durch eine vernünftige theoretisch und praktisch zur Konsequenz gebracht wird. Die *vernünftige Aufklärung* ist möglich, weil im Umschlag von der klassisch-liberalen Aufklärung in den naturwissenschaftlichen und in den geisteswissenschaftlichen Positivismus des neoliberalen Irrationalismus die Vernunft-Utopie nur negiert, nicht eliminiert ist. Die aufklärende Erinnerung der »bestimmten Negation« (Hegel) rettet die Utopie des vernünftigen Individuums als Bürger einer vernünftigen Gesellschaft: durch Aufklärung der Geschichte ihres Verfalls.

II. Kritische Theorie der Gesellschaft: Von der Kritik der Politischen Ökonomie zur »dialektischen Anthropologie«

Die Kritische Theorie der Gesellschaft hat klassische Reflexionen über *Aufstieg und Niedergang des Individuums* (Horkheimer 1946: 124-152) vorgelegt. – Max Horkheimer folgt von den ersten Programm-Entwürfen der Theorie bis etwa 1939/42 noch wesentlich dem »orthodoxen Marxismus« der Zweiten Internationale: der Lehre von der befreienden Kraft der Produktivkräfte, der instrumentellen Rationalität. Dem entspricht, trotz der Erfahrungen der russischen Oktoberrevolution von 1917 und der deutschen Novemberrevolution von 1918, trotz der Spaltung der Arbeiterbewegung in die Sozialistische und die Kommunistische Internationale (1919), die Würdigung der Arbeiterklasse als des revolutionären Subjekts. Bürgerliche Gesellschaft und kapitalistische Produktionsweise, so scheint es noch um 1918/33, weisen durch ihre Widersprüche immanent über sich hinaus: durch den Zusammenhang von Krise und Kritik. – Aber parallel freilich ist bereits die Liquidierung des Individuums Untersuchungsgegenstand: der *»autoritäre Charakter«* (Horkheimer et al. 1936). Um 1940 erkennen

Horkheimer und Mitarbeiter, daß die technische Rationalität nicht der Logos der Befreiung, sondern der Herrschaft ist: daß die Krise nicht den emanzipatorischen Widerspruch, sondern den autoritären Konformismus gebar. An die Stelle der Befreiung der Arbeiterklasse und dadurch der Menschheit tritt die Utopie einer Gesellschaft, in der »man ohne Angst verschieden sein kann« (Adorno 1944/47: Text 66) – einer Gesellschaft, in der die Menschen ihrer selbst und ihrer Verhältnisse bewußt, dadurch wahrhaft autonome Individuen sind (vgl. MEW 26.2: 111). Horkheimer und Adorno bezeichnen wesentliche Lehren der *Dialektik der Aufklärung* als »dialektische Anthropologie« (1944/47: 12). Diese Dialektik wird entsprechend an den utopischen Gehalten des Mythos dargelegt: an der *Odyssee;* Odysseus gilt als »Urbild eben des bürgerlichen Individuums« (ebd. 58).

In ihrer *ersten Phase,* während der dreißiger Jahre, steht die Kritische Theorie Horkheimers in der Tradition jener *Kritik der Politischen Ökonomie* von Marx, wie sie vom Marxismus der Zweiten Internationale verstanden und zu einer Theorie des Imperialismus entwickelt wurde. Marxistische Theoretiker sehr unterschiedlicher Ausrichtung waren, angesichts der Zerstörung der liberalen Ideologie und Utopie unter dem Imperialismus (siehe: Hilferding 1910: 456-459), der frühsozialistischen, von Marx ausformulierten Geschichtstheorie von der befreienden Kraft der Produktivkraft-Entwicklung gefolgt und hatten den ›Verein freier Menschen‹ als eine bürokratisch organisierte, die äußere Natur industriell beherrschende Planwirtschaft imaginiert. Im Mittelpunkt dieses »orthodoxen Marxismus« (Lukács 1923; Korsch 1927 und 1931) stehen: der Begriff der Arbeit; die Geschichtstheorie von der temporär gegensätzlichen Entwicklung von Produktivkräften und Produktionsverhältnissen; die Hoffnung auf die Arbeiterklasse als revolutionäres Subjekt; die Idee des ›Vereins freier Menschen‹ als Kosmos technischer Rationalität. So ist diesem Marxismus, in anderer Weise als der im *Kapital* ausgeführten Kritik der Politischen Ökonomie, noch der *Zusammenhang von Krise und Kritik* fraglos.

Durch die Große Depression von 1929/33 freilich wurde die Erwartung eines kapitalistischen Zusammenbruchs und einer proletarischen Revolution, wurde der orthodoxe Marxismus obsolet. Es galt nun, das historisch Neue durch eine Theorie in der Tradition von Marx aufzuklären: den Zusammenhang von *Krise und gesellschaftlichem, anthropologischem Autoritarismus* – die *»Barbarei«.* Die Kritische Theorie, die dies unternahm, blieb jedoch zunächst der Orthodoxie auch verhaftet. Im Vorwort zur Neupublikation seiner frühen Essays schreibt Horkheimer 1968:

»In der ersten Hälfte des Jahrhunderts war proletarische Erhebung in den von Krise und Inflation betroffenen europäischen Ländern eine plausible Erwartung. Daß zu Anfang der dreißiger Jahre die vereinigten Arbeiter im Bund mit Intellektuellen den Nationalsozialismus hätten verhindern können, war keine leere Spekulation.« (Horkheimer 1977: IX)

So scheint, zu Zeiten der Begründung der Kritischen Theorie, der Zusammenhang von Krise einerseits, theoretischer und praktischer Kritik andererseits nicht prinzipiell verstellt.

In den Jahren 1926 bis 1931 schreibt Max Horkheimer »gelegentliche Notizen« nieder, die 1934 unter dem Pseudonym Heinrich Regius mit dem Titel: *Dämmerung*, in Zürich erscheinen. Darin findet sich ein kurzer Text über *Die Ohnmacht der deutschen Arbeiterklasse* (a.a.O. 281-286). Diese »Ohnmacht« erkennt Horkheimer in den zwei entgegengesetzten Seiten der Arbeiterbewegung, die Produkt des kapitalistischen Akkumulationsprozesses sind. Auf der einen Seite stehen die *»beschäftigten Arbeiter«*, auf der anderen die *»Arbeitslosen«*; so treten »Arbeit und Elend« auseinander. Am »dringendsten einer Änderung bedürfen«, nach Horkheimers Beobachtung, die Arbeitslosen: sie sind an der »Revolution interessiert« – aber ihnen mangelt die »Bildungsfähigkeit und Organisierbarkeit, das Klassenbewußtsein« als Bewußtsein der kapitalistischen Ausbeutungsverhältnisse. An die Stelle des Zusammenhangs von aufklärender Einsicht und revolutionärer Praxis tritt bei dieser Schicht »die bloße Wiederholung von Parolen der kommunistischen Partei« – ein autoritärer Dogmatismus, ein ohnmächtiges Anrennen. Diesem Proletariat gegenüber sind die »Beschäftigten«: der »reformistische Flügel der Arbeiterbewegung«. Das Bewußtsein der Reformisten ist der »Positivismus«, die »Anerkennung der Tatsachen« – und eben nicht die »Theorie« im emphatischen Sinn als Einsicht in das Bestehende, als »Wissen um die Unmöglichkeit einer wirksamen Verbesserung der menschlichen Verhältnisse auf kapitalistischem Boden«. So ist der Reformismus die andere Seite der »Ohnmacht«. Freilich zieht Horkheimer aus dieser doppelten Ohnmacht weder die Konsequenz, sich von der Idee des Proletariats als des möglichen revolutionären Subjekts zu verabschieden, noch die Konsequenz, eine »Überwindung dieses Zustands« unabhängig vom »ökonomischen Prozeß« und der durch diesen produzierten »Spaltung der Arbeiterklasse« in einen parteikommunistischen und einen sozialdemokratisch-reformistischen Flügel idealistisch zu erträumen. Er visiert eine Vereinigung der »beiden Parteien« und »Kräfte« an, »von denen die Zukunft der Menschheit abhängt«; er visiert das Programm an, »die beiden Momente der dialektischen Methode: Tatsachenerkenntnis und Klarheit über das Grundsätzliche« zusammenzufügen. Das ist das

Programm der kommenden Kritischen Theorie: einer dialektischen Theorie der Gesellschaft in revolutionärer Absicht.

Dieses Programm hat Horkheimer im Januar 1931 in seiner Frankfurter Antrittsvorlesung unter dem Titel: *Die gegenwärtige Lage der Sozialphilosophie und die Aufgaben eines Instituts für Sozialforschung,* in anderer Weise entwickelt. Er skizziert den *Verfall der bürgerlichen Sozialphilosophie nach Hegel,* die in eine *geisteswissenschaftliche* »neue Philosophie des objektiven Geistes« einerseits, in einen die Tatsachen fetischisierenden *»Positivismus«* andererseits auseinanderfällt. Die Geistesphilosophie gilt wohl der Gesellschaft – aber als irrationalistische »Kritik der historischen Vernunft« (Dilthey); der rationalistische Positivismus thematisiert nur gesellschaftliche Teilbereiche, nicht das Ganze. Angesichts dieses doppelten Dogmatismus der bürgerlichen Sozialphilosophie und »Einzelwissenschaft« komme es darauf an, »den Gedanken einer fortwährenden dialektischen Durchdringung und Entwicklung von philosophischer Theorie und einzelwissenschaftlicher Praxis« zu entfalten. Material gehe es um »die Frage nach dem Zusammenhang zwischen dem wirtschaftlichen Leben der Gesellschaft, der psychischen Entwicklung der Individuen und den Veränderungen auf den Kulturgebieten im engeren Sinn«. Über die ökonomischen Probleme verständigen Horkheimer und Mitarbeiter sich durch Rekurs auf die Marxsche *Kritik der Politischen Ökonomie;* die »psychische Entwicklung« wird mittels der *Psychoanalyse* Freuds aufgeklärt; die »Kulturgebiete im engeren Sinn« – Philosophie, Musik, Literatur – bilden den genuinen Beitrag der Kritischen Theoretiker.

Dieses Programm einer dialektischen, kritischen Theorie der Gesellschaft im Anschluß an Hegel, Marx und Freud entwickeln Horkheimer und Mitarbeiter zwischen 1932 und 1941 in der *Zeitschrift für Sozialforschung.* Im klassischen Aufsatz: *Traditionelle und kritische Theorie* (1937), betont Horkheimer: der Begriff der Kritik werde »im Sinn ... der dialektischen Kritik der politischen Ökonomie verstanden« (a.a.O., 539 Anm. 14; vgl. ebd. 576). So ist die Theorie auf den Zusammenhang von Arbeitsbegriff und Dialektik verpflichtet, auf die Geschichtsphilosophie vom Widerspruch zwischen der Entwicklung der Produktivkräfte und jener der Produktionsverhältnisse, auf die Würdigung der arbeitenden Klasse als des revolutionären Subjekts, auf die Phantasie des »Vereins freier Menschen« (Marx) als »verwaltete Welt« (Horkheimer). Horkheimer ist sich indes sicher, daß die kapitalistische Politik-Ökonomie sich gegenüber der liberalen Epoche verwandelt hat: in eine »monopolkapitalistische Periode der bürgerlichen Ordnung«, in einen »Spätkapitalismus«, in ein »Zuchthaus« (1934: 123, 134, 143, 170).

Gesellschaftstheoretisch setzt Horkheimer 1937 voraus: daß die bürgerliche Gesellschaft eine *Klassengesellschaft* ist, in der die Arbeiter das emanzipatorische Subjekt sind. Die Einsicht, daß die kritische Theorie keine zeitlose Gültigkeit beanspruchen kann und somit »unabgeschlossen« ist, erläutert er an den Veränderungen der *herrschenden Klasse.*

»Die einzelnen Teile der Theorie, welche die komplizierten Verhältnisse des liberalistischen und schließlich des Kapitalismus der Konzerne aus dem Schema der einfachen Warenwirtschaft abzuleiten unternimmt, verhalten sich nicht so gleichgültig zur Zeit wie die Stufen eines deduktiven Ordnungsgefüges. (...) Die Festigkeit der Theorie rührt daher, daß bei allem Wandel der Gesellschaft doch ihre ökonomisch grundlegende Struktur, das Klassenverhältnis in seiner einfachsten Gestalt, und damit auch die Idee seiner Aufhebung identisch bleibt. (...)
Am Begriff der sozialen Klasse, die über die Mittel der Produktion verfügt, sei näher bezeichnet, was hier gemeint ist. In der liberalistischen Periode war die ökonomische Herrschaft weitgehend mit dem juristischen Eigentum an den Produktionsmitteln verknüpft. (...) Die Industrie war noch in eine große Anzahl von heute aus gesehen kleiner, selbständiger Unternehmen differenziert. Die dieser technischen Entwicklungsstufe angemessene Direktion der Fabrik war die durch einen oder mehrere Eigentümer oder ihren unmittelbaren Beauftragten. Mit der im letzten Jahrhundert durch die Entfaltung der Technik vermittelten, rapide fortschreitenden Konzentration und Zentralisation des Kapitals werden die juristischen Eigentümer großenteils von der Leitung der sich bildenden Riesenunternehmen, die ihre Fabriken aufsaugen, getrennt, wobei sich die Leitung gegenüber dem juristischen Eigentumstitel verselbständigt. Es entstehen die industriellen Magnaten, die Führer der Wirtschaft. (...) Dieser ökonomische Prozeß bringt eine Wandlung der Funktionsweise des juristischen und politischen Apparats sowie der Ideologien mit sich. (...) Der Einfluß der Leitung, der sich zunächst nur auf niedere juristische und administrative Instanzen beziehen mag, erstreckt sich schließlich auch auf die höheren, am Ende auf den Staat und seine Machtorganisation. (...) Indem sich der Kreis der wirklich Mächtigen verkleinert, wächst die Möglichkeit bewußter Ideologiebildung, der Etablierung einer doppelten Wahrheit, bei der das Wissen den Insidern und die Version dem Volk vorbehalten bleibt, und der Zynismus gegen Wahrheit und Denken überhaupt breitet sich aus.« (Horkheimer 1937: 566, 567, 568)

In dieser gewandelten Klassengesellschaft, konstatiert Horkheimer, werden die Verhältnisse immer noch durch die *arbeitende Klasse* in der widerspruchsvollen Form der Entfremdung produziert:

»Der zwiespältige Charakter des gesellschaftlichen Ganzen in seiner aktuellen Gestalt entwickelt sich bei den Subjekten des kritischen Verhaltens zum bewußten Widerspruch. Indem sie die gegenwärtige Wirtschaftsweise und die gesamte auf ihr begründete Kultur als Produkt menschlicher Arbeit erkennen, als die Organisation, die sich die Menschheit in dieser Epoche gegeben hat und zu der sie fähig war, identifizieren sie sich selbst mit diesem Ganzen und begreifen es als Willen und Vernunft; es ist ihre eigene Welt. Zugleich erfahren sie, daß die Gesellschaft außermenschlichen Naturprozessen, bloßen Mechanismen zu vergleichen ist, weil die auf Kampf und Unterdrückung beruhenden Kulturformen keine Zeugnisse eines einheitlichen, selbstbewußten Willens sind; diese Welt ist nicht die ihre, sondern die des Kapitals. (…) Jene Identifikation ist daher widerspruchsvoll, ein Widerspruch, der alle Begriffe der kritischen Denkart kennzeichnet.« (Horkheimer 1937: 540 f.)

»Die Menschen erneuern durch ihre eigene Arbeit eine Realität, die sie in steigendem Maß versklavt.« (Horkheimer 1937: 545)

Das Proletariat produziert den politisch-ökonomischen Widerspruch: die »gegenwärtige Wirtschaftsweise« erscheint einerseits rational als »Produkt menschlicher Arbeit«, als »Wille und Vernunft«, andererseits irrational als bewußtloser, »menschlicher Naturprozeß«. So ist das Ganze *rational-irrational* (ebd. 536):

»In der bürgerlichen Wirtschaftsweise ist die Aktivität der Gesellschaft blind und konkret, die des Individuums abstrakt und bewußt.« (Horkheimer 1937: 533)

Auf der Grundlage einer Irrationalität der Verhältnisse handeln die Einzelnen technisch-rational – »bewußt«. Das spiegeln die Geisteswissenschaften einerseits, der naturwissenschaftliche Positivismus andererseits.

Geschichtsphilosophisch besteht dieser Widerspruch von gesellschaftlicher Irrationalität und technischer Handlungs-Rationalität als *Widerspruch von Produktionsverhältnissen und Produktivkräften.* Diese bilden das geschichtlich vorwärtstreibende, emanzipatorische Potential jeder Gesellschaftsformation, jene die Fessel derselben. Die »Idee« der »Assoziation freier Produzenten«, betont Horkheimer (1937: 552), ist keine »abstrakte Utopie«, sondern begründet »durch den Nachweis ihrer realen Möglichkeit beim heutigen Stand der menschlichen Produktivkräfte«. Die Naturbeherrschung würdigt er (ebd. 562; 1933: 116f.) als ein zentrales Moment »wahrer menschlicher Freiheit«. – Schon in seinem ersten Essay in der *Zeitschrift für Sozialforschung,* den *Bemerkungen über Wissenschaft und Krise* (1932), nimmt Horkheimer die von den Frühsozialisten und dann von Marx (MEW 13: 8f.) entfaltete Geschichtsphilosophie auf, die im Widerspruch von Produktivkräften und Produktionsverhältnissen den Motor des geschichtlichen Fortschritts erkennt. »Die Wissenschaft«, überlegt er, »wird in der Marxschen Theorie der Gesellschaft zu den menschlichen Produktivkräften gezählt.« (Horkheimer 1932: 1) Historisch sei die Feststellung von Tatsachen und empirischen Regelmäßigkeiten »ein Teilziel des bürgerlichen Emanzipationsprozesses in kritischer Auseinandersetzung mit scholastischen Hindernissen der Forschung« gewesen. Insofern war diese »Aufklärung« noch vom »Interesse für eine bessere Gesellschaft ... beherrscht«. In der zweiten Hälfte des 19. Jahrhunderts jedoch sei aus der emanzipatorischen Produktivkraft der Wissenschaft eine das Bestehende verfestigende Veranstaltung geworden. Die Wissenschaft war nun vom »Bestreben« geprägt, »die Ewigkeit der gegenwärtigen« Gesellschaft »zu begründen«: indem die Gesellschaft als »Mechanismus von sich wiederholenden gleichen Abläufen« expliziert wurde. Zwar ließen sich ihre »Ergebnisse« noch industriell verwerten, aber die Wissenschaft »versagte ... vor dem Problem des gesellschaftlichen Gesamtprozesses«. So drang die »Verfestigung der gesellschaftlichen Verhältnisse« in die Wissenschaft ein und bewirkte eine »Verengung ihrer Rationalität« (ebd. 3). Die Produktionsverhältnisse wurden zur Fessel der Wissenschaft als Produktivkraft. Innerwissenschaftlich bedeutete dies die Konstitution der Wissenschaft als irrationaler Rationalität: sie ist in sich rational, vermag aber die »Gesellschaft«, von der »ihr eigenes Dasein und die Richtung ihrer Arbeit abhängt, ... nicht zu begreifen«. Dieser innerwissenschaftliche Widerspruch ist ein »Abbild der widerspruchsvollen Wirtschaft« (ebd. 6). Die Aufgabe besteht darin, jene Irrationalität zu überwinden und die Rationalität freizusetzen – nicht durch eine bloß »theoretische Einsicht«, sondern durch »Veränderung« der »realen Bedingungen« der Wissenschaft (ebd. 7). Horkheimer begreift die Auflösung der gesellschaftlichen Irrationalität zwar wesentlich als Moment weltverändernder Praxis – aber er begreift die Logik dieser Auflösung nicht als dialektische Aufklärung bewußtloser Verhältnisse, sondern als Durchsetzung der Logik der Produktivkraft-Entfaltung – der Zweckrationalität der Arbeit (vgl. Marx: MEW 23: 192f.).

Indem nun das Proletariat jenen politisch-ökonomischen Widerspruch einer irrational-rationalen, bewußtlos-bewußten (vgl. Horkheimer 1937: 533, 536f., 541) Ordnung produziert, ist es das mögliche Subjekt eines Widerspruchs gegen die widerspruchsvollen Verhältnisse: das mögliche *revolutionäre Subjekt.* Die Basis des Widerspruchs ist jener »Wille«, ist jene »Vernunft«, ist jenes *Bewußte* (ebd. 533, 540), das im Widerspruch der Verhältnisse positiv enthalten ist: als *technische Rationalität* des Einzelnen. Das Telos des Widerspruchs ist die Verwirklichung der »Vernunft«: nicht durch Aufklärung, sondern durch Verallgemeinerung technischer Rationalität – der Rationalität der Arbeit. Den »Trägern« des »kritischen Verhaltens«, bemerkt Horkheimer (ebd. 542), kommt es »auf eine Neuorganisation der Arbeit an.« – Durch diese Bestimmung des Bewußten und Vernünftigen verwandelt Horkheimer die »revolutionäre Praxis« (Marx: MEW 3: 6) in Sozialtechnik (siehe seine Kritik der Bürokratisierung der

Revolution: 1937: 550f.), den »Verein freier Menschen« (Marx: MEW 23: 92) in eine »verwaltete Welt« (Horkheimer 1970: 165). Denn er identifiziert die dialektische Aufklärung der gesellschaftlichen Verhältnisse als eines »blinden Naturgeschehens«, als eines »vernunftlosen Organismus« (Horkheimer 1933: 116; 1937: 541), mit der Freisetzung technischer Rationalität zur Verwaltung der Welt und zur technischen Beherrschung der Natur: das Bewußtmachen des Gesellschaftlich-Unbewußten (1937: 544) durch Reflexion und Selbstreflexion (ebd. 531, 542f.) mit der technischen Beherrschung objektivierter Sachverhalte und Prozesse, die »Vernunft« mit technischer Rationalität. Horkheimer wiederholt das marxistische Dogma von der »Einheit von Theorie und Praxis« (ebd. 563), weil ihm die Theorie nicht die einzig rückwärtsgerichtete Aufklärung bewußtloser Verhältnisse ist, zu der eine »Spontaneität« als praktisch werdende zukunftsgerichtete Phantasie hinzutreten muß (ebd. 549, 550f.), sondern die technische Rationalität einer künftigen »sinnvollen Notwendigkeit« (ebd. 562), einer »prédiction« (Horkheimer 1933: 117).

Dieses Telos der Befreiung, diese *gesellschaftlich-technische Utopie*, hat Horkheimer 1933 sehr klar bestimmt; 1937 hat er die technische Phantasie einer »vernünftigen Gesellschaft« (Horkheimer 1937: 531, 546, 549) wiederholt: die Phantasie von Freiheit durch Herrschaft.

»In der Gegenwart zeigen sich die verschiedenartigsten Ansätze dazu, die gesellschaftlichen Vorgänge menschlicher Planung zu unterwerfen. Vielleicht wird man später einmal diese Epoche als den Übergang aus einem bloß natürlichen und daher schlechten Funktionieren des gesellschaftlichen Apparats zum bewußten Zusammenwirken der gesellschaftlichen Kräfte ansehen. Jedenfalls werden Sie mir darin zustimmen, daß die mangelnde Abhängigkeit der gesellschaftlichen Ereignisse von einem einheitlichen Willen nicht unabänderlich sein muß, sondern in spezifischen Struktureigentümlichkeiten des heutigen gesellschaftlichen Zustands begründet ist. Ja, es läßt sich ... das Gesetz formulieren, daß mit steigender Veränderung dieser Struktur im Sinne einheitlicher Organisation und Planung auch die Voraussagen einen höheren Grad von Sicherheit gewinnen werden. Je mehr das gesellschaftliche Leben den Charakter des blinden Naturgeschehens verliert und die Gesellschaft Anstalten trifft, sich als vernünftiges Subjekt zu konstituieren, desto mehr sind auch die gesellschaftlichen Vorgänge mit Bestimmtheit vorauszusagen. (...) Weit entfernt davon, daß die prédiction auf dem Gebiet der außermenschlichen Natur notwendig leichter möglich wäre als auf dem der Gesellschaft, wird sie vielmehr um so leichter, je weniger ihr Gegenstand der bloßen Natur und je mehr er der menschlichen Freiheit unterworfen ist. Denn die wahre menschliche Freiheit ist weder mit der Unbedingtheit noch mit der bloßen Willkür gleichzusetzen, sondern sie ist identisch mit der Beherrschung der Natur in und außer uns durch vernünftigen Entschluß.« (Horkheimer 1933: 116 f.)

»Der Geist ist liberal. Er verträgt keinen äußeren Zwang, keine Anpassung seiner Ergebnisse an den Willen irgendeiner Macht. Von dem Leben der Gesellschaft ist er jedoch nicht losgelöst, er schwebt nicht über ihr. Soweit er auf Autonomie, auf die Herrschaft der Menschen über ihr eigenes Leben wie über die Natur abzielt, vermag er diese Tendenz als wirkende Kraft in der Geschichte zu erkennen.« (Horkheimer 1937: 556)

Indem Horkheimer das Bewußtwerden unbewußter Verhältnisse nicht nach der dialektischen Logik der Aufklärung denkt, sondern als Verallgemeinerung technischer, weltbeherrschender Rationalität, ist er in Übereinstimmung mit dem positivistischen Marxismus der Zweiten Internationale – und verrät die Idee der Befreiung an die Logik rationaler Herrschaft. So gilt ihm die Logik der Planung, »Sachverwaltung« und Naturbeherrschung als: »Vernunft« und Freiheit (ebd. 533, 540, 581f.).

Nun hat Horkheimer, in seiner Antrittsvorlesung (1931), die Kritische Theorie nicht nur in die Tradition der Hegelschen Dialektik und der Marxschen Kritik der Politischen Ökonomie eingeordnet, sondern auch in die der *Psychoanalyse Freuds.* In dieser Rücksicht hat er die Aufgabe der kommenden Theorie bestimmt als Aufklärung der »psychischen Entwicklung der Individuen« (a.a.O., 43). So finden sich in den Essays der dreißiger Jahre, neben den – an der Kritik der politischen Ökonomie gebildeten – Bemerkungen über die gesellschaftliche Arbeit, die Entwicklung der Produktivkräfte, das Proletariat und die zukünftige Gesellschaft technischer Naturbeherrschung auch wesentliche – an der Psychoanalyse orientierte – Aussagen über das *Individuum und seine Zerstörung.* Mit der Psychoanalyse, die einiges zur Aufklärung des Arbeitszwangs beigetragen hat, ließ sich eine Hoffnung auf das emanzipatorische Potential der Produktivkraft-Entfaltung sowie auf das Proletariat als potentielles revolutionäres Subjekt nicht unmittelbar begründen.

Bereits im Essay über den *Rationalismusstreit in der gegenwärtigen Philosophie* (1934) diskutiert Horkheimer, in Form einer wechselseitigen Kritik von geisteswissenschaftlichem Irrationalismus und positivistischen Rationalismus, nicht nur den »irrationalistischen … Angriff auf das Denken«, sondern auch den »auf den Individualismus der liberalistischen Periode« (ebd. 126ff.; dazu: ebd. 152-168). Hatten die Politische Ökonomie und Sozialphilosophie des Zeitalters der liberalen Aufklärung die gegensätzliche Einheit von individuellem und allgemeinem Interesse, privatem und allgemeinem Vorteil noch als System der transzendental-bewußtlosen Vernunft expliziert, so verwirft die Philosophie des objektiven Geistes mit der Vernunft auch die liberale Idee autonomer Individualität, vergötzt das allgemeine »Unbewußte« und fordert die »Tugend des Gehorsams«, die »Verneinung eigener Interessen« – »Anpassung«, »Hingabe des Einzelnen an das Ganze« (ebd. 124, 156; vgl. ebd. 154, 158). Horkheimer klärt diesen gesellschaftsgeschichtlichen Irrationalismus auf als Ausdruck des »Übergangs der liberalistischen in die monopolkapitalistische Periode der bürgerlichen Ordnung« (ebd. 123). In der neuen Ordnung des vernunftlosen Unbewußten geht der Einzelne in der irrationalen »Gemeinschaft« (ebd. 161, 165) auf und unter. Dies ist, kritisiert er, eine falsche, eben repressive Aufhebung der ausstehenden Versöhnung von allgemeinem und einzelnem Interesse in der »Solidarität« (ebd. 153): der Irrationalismus predigt eine masochistische Selbstunterdrückung, einen totalen »Triebverzicht«, und verherrlicht das erbrachte »Opfer« (ebd. 164, 166). Insofern steckt im Irrationalismus beides: der »Protest« gegen den liberalen Widerspruch von Einzelnem und Allgemeinem sowie das »Leiden« an diesem Antagonismus einerseits (ebd. 126f.), die realitätsgerechte Apologie der Auflösung des Individuums in der »Gemeinschaft« und in der »Masse« andererseits. So wird der Protest zum Konformismus umgebogen. Der »Irrationalismus«, formuliert Horkheimer,

»hat seinen logischen Ursprung im Versagen des Rationalismus vor den Problemen der Gesellschaft. Seine Macht stammt aus der gegenwärtigen Untergangsperiode einer Gesellschaft von selbstbewußten Einzelnen. Der falsche rationalistische Begriff der Gleichheit, der logisch in der Hypostasierung der abstrakten Denkfähigkeit jedes Individuums fundiert ist und anstatt der Forderung vernünftiger Gestaltung der Verhältnisse zur metaphysischen Doktrin wird, schlägt heute der Wahrheit ins Gesicht. (...) Die weitaus größte Zahl der Menschen verliert tatsächlich ihre Individualität und wird zur Masse, die nur heteronom zu handeln vermag, wenn auch in die Ziele, die man ihr vorsetzt, wohl oder übel ihre eigenen Bedürfnisse in gewissem Umfang mit hineingenommen werden müssen.« (Horkheimer 1934: 173 f.)

Durch diese Apologie von Gemeinschaft und Masse, bemerkt Horkheimer, ist der Irrationalismus mit der »totalitären Staatsauffassung« eng verbündet (ebd. 123).

Diese durch Freud belehrte Theorie von der »Vernichtung des typischen Individuums« (1937: 569) haben Horkheimer und Mitarbeiter, allen voran Erich Fromm, entfaltet in den 1936 in Paris publizierten *Studien über Autorität und Familie*. Die *Studien* klären durch eine Verbindung von Marxscher und Freudscher Theorie den Zusammenhang von »autoritärem Charakter«, »autoritärer Gesellschaft« und »autoritärem Staat«.

Zwischen 1939 und 1942 revidiert Horkheimer seine Kritische Theorie der Gesellschaft wesentlich. Bürgerliche Gesellschaft und kapitalistische Produktionsweise erscheinen nun als ein irrational-rationales System, das nicht durch Widersprüche über sich hinausweist, das vielmehr total verfestigt ist: Systemkrisen produzieren, wie die Große Depression von 1929/33 belegt, nicht länger eine befreiende theoretische und praktische Kritik, keinen Widerspruch und Widerstand, sondern: die »konformistische Revolte« (Horkheimer 1974: 164) *autoritärer Charaktere* (vgl. Adorno 1950/73). Das vorläufige Resultat dieser Reflexionen ist die *Dialektik der Aufklärung* (Horkheimer/Adorno 1944/47).

Zunächst bestimmt Horkheimer den Gegenstand präziser: er spricht kaum noch vom Monopol- oder Spätkapitalismus, weiterhin jedoch vom »autoritären Staat«, vor allem nunmehr vom »Nationalsozialismus«, vom »Faschismus« (1939: 115), von der »Barbarei« (Horkheimer/Adorno 1944/47: 5).

Sodann erfolgt eine Abkehr vom gesellschaftstheoretischen Grundbegriff der Arbeit, von der geschichtsphilosophischen Würdigung der befreienden Kraft der Produktivkräfte, von der Auszeichnung des Proletariats als des möglichen revolutionären Subjekts, von der Utopie einer Freiheit durch technische Beherrschung von Natur und Gesellschaft. In der *Dialektik der Aufklärung* konstatieren Horkheimer und Adorno: »Technische Rationalität heute ist die Rationalität der Herrschaft selbst.« (a.a.O., 145) Schon zuvor, im Essay über den *Autoritären Staat* (1942), bezeichnet Horkheimer den »Staatskapitalismus« als eine »Periode mit eigener gesellschaftlicher Struktur«: geprägt vom »Geist der Administration«. Von diesem »Geist« sei das organisierte Proletariat, seien »Phantasie« und »Utopie« von »Partei und Gewerkschaften« erfaßt: die »Massenorganisationen« förderten »eine Idee der Vergesellschaftung, die von der Verstaatlichung, Nationalisierung, Sozialisierung im Staatskapitalismus kaum verschieden war.« (ebd. 14f.) Der »integrale Etatismus« endlich sei nicht die Überwindung des »autoritären Staats«, sondern dessen »konsequenteste Art« (ebd. 19). Damit verwirft Horkheimer die *Marxsche Theorie der Geschichte:* daß diese »einem festen Gesetz gehorche«, einem »Schema von gesellschaftlichen Stufen« (ebd. 23); damit verwirft Horkheimer auch die Grundbegriffe der *Kritik der Politischen Ökonomie,* vor allem den Begriff der Arbeit: die Logik der technischen Rationalität, vordem die Basis der Kritischen Theorie, wird erster Gegenstand der aufklärenden Kritik.

Nun war Horkheimer in seiner Rezeption der Kritik der Politischen Ökonomie nach 1931/32 dem Marxismus der Zweiten Internationale: der Epoche des Imperialismus, gefolgt. Dieser Marxismus war, durch den Verweis auf das befreiende Potential der Produktivkräfte, der realen Verfestigung der kapitalistischen Produktionsverhältnisse verfallen (vgl. Lukács 1923: 58ff.). Dies bemerkt Horkheimer um 1940 – und erliegt doch negativ dem Fetischismus der technischen Rationalität, der Naturbeherrschung durch Arbeit. Unter dem wesentlichen Einfluß der Geschichtstheorie Max Webers: der Theorie der okzidentalen »Rationalisierung« (Weber: RS I: 1-16) und »Entzauberung der Welt« (Weber: WL: 594), begreift er nunmehr, daß jener Marxismus, daß seine eigene frühe Version einer Kritischen Theorie der autoritären Logik folgte, die ins »Gehäuse der Hörigkeit« (Weber: PS: 63, 332; RS I: 203f.) des »autoritären Staates« (Horkheimer 1942) führte. Horkheimer klärt indes diesen Verfall des Marxismus nach Marx, diese »Ohnmacht« der Arbeiterbewegung nicht gesellschaftsgeschichtlich auf – und identifiziert insofern weiterhin, allerdings in einer den Essays der dreißiger Jahre entgegengesetzten Richtung, die technische Rationalität mit der Logik einer Aufklärung bewußtloser gesellschaftlicher Verhältnisse. Darum wendet er sich nun von den Grundbegriffen der Kritik der Politischen Ökonomie als kritischen Begriffen ab, darum wendet er sich der Geschichtstheorie Webers, vor allem aber der Psychoanalyse zu.

Horkheimer und Adorno folgen in der *Dialektik der Aufklärung* (1944/47) jener Identifikation der Aufklärung einer bewußtlosen »zweiten Natur« mit der technischen Beherrschung einer »ersten Natur« (vgl. Hegel: Bd. 12: 57), indem sie noch den Positivismus unter den Begriff der Aufklärung subsumieren (Horkheimer/Adorno 1944/47: 13-18), statt ihn als dessen »bestimmte Negation« aufzuklären (ebd. 36f.). Dadurch scheint in der Aufklärung jeder kritische Gehalt verloren, darum kann es eine Selbstbesinnung der Aufklärung (ebd. 9) nur geben durch Rekurs auf kritische Gehalte jener Mythologie, die im Prozeß der Aufklärung überwunden wurde: durch Rekurs auf die Kunst (ebd. 28-35, 144-198), auf das Judentum (ebd. 35f., 199-244), auf die Triebstruktur des Individuums (ebd. 46-57, 58-99, 245-310).

In dieser revidierten Kritischen Theorie treten: an die Stelle der Kritik der Politischen Ökonomie die *Kritik der instrumentellen Vernunft* (Horkheimer 1946); an die Stelle der Marxschen Geschichtsphilosophie die Theorie der »Entzauberung der Welt« – die *Dialektik der Aufklärung* (Horkheimer/Adorno 1944/47); an die Stelle der liberalen, von Marx kritisch aufgenommenen Utopien, in denen die Sozialutopien von Platon bis Kant zusammengefaßt sind, die Utopien des Judentums, der Kunst und der Triebstruktur des Menschen – sie konstituieren nunmehr die Kritik; an die Stelle des Proletariats als des möglichen revolutionären Subjekts das Individuum, theoretisch geklärt durch eine *»negative Anthropologie«* (ebd. 12).

Negativ ist diese Anthropologie, weil sie die gesellschaftliche Atomisierung noch gesellschaftlich begreift und nicht individualistisch (Adorno 1944/ 47: 196). Sie zieht die Konsequenz aus der weiteren Verfestigung des gesellschaftlichen Fetischismus: Das System der »Barbarei« (Horkheimer/Adorno 1944/47: 5) scheint, nachdem die Produktivkräfte von Kräften der Emanzipation zum Logos der Herrschaft wurden, ohne immanent transzendierende Potenzen: als vollkommen verdinglichtes »Gehäuse der Hörigkeit«, in dem die Bürger darum unmittelbare, unbewußte Personifikationen unbewußter Verhältnisse sind. Sie sind, als Existenzweisen des Allgemeinen, eine ent-individualisierte Masse; sie wähnen sich, als gesellschaftlich blinde Marionetten, als soziale Atome, unfähig zu solidarischem Handeln. Insofern gehört das Thema des »Aufstiegs und Niedergangs des Individuums« (Horkheimer 1946: 124-152) der Theorie des autoritären Staates notwendig an: das Individuum ist das Objekt der Herrschaft, darum das einzig mögliche Subjekt der Befreiung (vgl. Adorno: GS 14: 50). Horkheimer (1946) bestimmt dieses unterdrückte, liquidierte, widerstehende Individuum:

»Die wirklichen Individuen unserer Zeit sind die Märtyrer, die durch Höllen des Leidens und der Erniedrigung gegangen sind bei ihrem Widerstand gegen Unterwerfung und Unterdrückung, nicht die aufgeblähten Persönlichkeiten der Massenkultur, die konventionellen Würdenträger. Diese unbesungenen Helden setzten bewußt ihre Existenz als Individuen der terroristischen Vernichtung aus, die andere unbewußt durch den gesellschaftlichen Prozeß erleiden. Die namenlosen Märtyrer der Konzentrationslager sind die Symbole einer Menschheit, die danach strebt, geboren zu werden. Aufgabe der Philosophie ist es, was sie getan haben, in eine Sprache zu übersetzen, die gehört wird, wenn auch ihre vergänglichen Stimmen durch die Tyrannei zum Schweigen gebracht wurden.« (Horkheimer 1946: 152)

Die »negative Anthropologie«, die die vollkommen verknöcherten Verhältnisse ausspricht, wird jedoch problematisch, wenn sie die Tendenz zur sozialen Atomisierung nicht als eine »bestimmte Negation« des Aufklärungsprozesses begreift, die deshalb die Geschichte der Sozialutopien in sich aufgehoben enthält, sondern wenn sie die Instanz der Kritik noch individualistisch und – einen philosophischen Materialismus beanspruchend – auch naturalistisch bestimmt: durch Verweis auf die Triebstruktur des Menschen. Dann verdinglicht sie, was sie zu kritisieren intendiert. Durch die psychoanalytische Begründung der Kritik ist die Würdigung der »Märtyrer der Konzentrationslager« als der »wirklichen Individuen unserer Zeit« problematisch. Zwar manifestierte sich in ihrem »Widerstand« die Utopie einer wahrhaften »Menschheit« – aber diese Utopie hat ihren Grund in der gesellschaftsgeschichtlichen »bestimmten Negation« der Sozialutopien, nicht in der Triebstruktur.

III. Sozialer Atomismus in der mythologischen Welt der Antike

Ich-Identität in Form einer Individualität, die sich konstituiert durch ein System äußerer und innerer Ich-Abgrenzungen (vgl. Habermas 1984: 200ff.), ist weder in der europäischen Antike noch im europäischen Mittelalter ausgebildet. Zwar ist die Aufforderung zur Selbsterkenntnis – »Kenne dich!« – schon in der frühen, auf mythologischem Boden sich entfaltenden Aufklärung ausgesprochen. Dennoch scheint in jenen großen Epochen die Utopie eines Individuums undenkbar, das sich selbst und seine Welt erkennt, das sich selbst und seine Welt erschafft: das sich als autonomes, besonderes Subjekt weiß, indem es sich gegen die Welt abgrenzt und sich dieser Welt doch als seiner bewußt ist. Das ionische Griechisch kannte nicht einmal identische Begriffe für die Seele, den Körper und ihre Zustände, daher auch keine Identität des Menschen und der Polis-Gemeinschaft. Solange die Welt »von Göttern voll« (Thales von Milet, um 600: DK 11 A 22) schien, galten die Menschen als ausführende Marionetten der Götter. Als unselbständige Momente einer von Göttern durchdrungenen Welt konnten Menschen sich nicht gegen die Welt eindeutig abgrenzen und bildeten so eine Konstellation von Weltbezügen. Soweit sie Weltweisheit beanspruchten, führten sie ihr Wissen auf eine göttliche Offenbarung zurück. Die Idee des Menschen als eines identischen Subjekts seines Denkens, Wollens und Handelns, die Idee einer auf eine vernünftige Lebenspraxis gerichteten Selbst- und Welterkenntnis: die *utopische Idee des Individuums,* ist erst das *Produkt des bürgerlichen Zeitalters.* Diese Idee konnte sich freilich als Verwirklichung des alten Imperativs begreifen: als Transformation eines Ansichseins des Menschen in sein Fürsichsein.

Diese Einsicht kann zunächst allgemein an den Strukturmerkmalen der mythologischen Welt plausibel dargelegt werden. Philologische Befunde der altgriechischen Sprache können diese Einsicht fundieren: daß jene Form des Menschen als eines Individuums im Mythos nicht einmal als Idee gegeben ist, daß die mythologische Selbsterkenntnis und Lebenspraxis des Menschen auch noch die folgende, frühe Aufklärung bestimmt. Kurze Hinweise auf Homers Epen über den Trojanischen Krieg können weiterhin darlegen, daß die handelnden Menschen in vielfacher Hinsicht keine Individuen sind. An der *Ilias* und der *Odyssee* läßt sich zeigen, daß Adornos Interpretation, Homers Odysseus erweise sich »als Urbild des bürgerlichen Individuums« (Horkheimer/Adorno 1944/47: 58), eine Projektion ist. Hinweise auf die *Bibel*, auf die vorsokratische und sokratische ebenso wie auf die nachsokratische Philosophie können endlich darlegen, daß die philosophische Selbst- und Welterkenntnis auf göttliche Offenbarung zurückgeführt und nicht auf die Vernunft des Menschen.

Individualität konstituiert sich in der europäischen Antike und im Mittelalter in den Konstellationen einer *mythologischen Welt*. Der Begriff einer mythologischen Welt ist eine retrospektive Konstruktion vom Standpunkt des bürgerlichen Rationalismus und seiner Kritik aus; er ist wesentlich bloß negativ zu bestimmen. Die mythologische Weltauffassung und Lebenspraxis besteht allererst in einer *unmittelbaren, differenzlosen Einheit der Welt, von Subjekt und Objekt*. Indes: bestünde eine unmittelbare Welteinheit, in der der Mensch differenzlos aufginge, verfügte er über kein Welt- und Selbstbewußtsein – es wäre keine Weise von Individualität möglich. Die mythologische Weltauffassung ist daher schon die *erste Form einer Aufklärung* über jene Welt, ein erstes Aufbrechen jener Welteinheit, ein erstes Entgegensetzen des Menschen gegen die äußere Welt der frühen Gemeinschaft und der Natur – »Kenne dich!«. Die Bestimmungen der mythologischen Weltauffassung und Lebenspraxis wären mithin zu differenzieren nach den Fortschritten der frühen, auf dem Boden des Mythos vollzogenen Aufklärung. (Zum folgenden: Stapelfeldt 2007: 52-68)

Zunächst interpretiert sich *der Mensch* in diesem Naturzustand nicht als der *Natur* gegenüberstehend, von ihr abgespalten, ihr gegenüber sich selbst Gesetze gebend, selbst denkend und handelnd – der Mensch ist kein autonomes Individuum, sondern Moment einer kosmologischen Totalität. Der Inhalt der Welt- und Selbsterkenntnis ist die Kosmologie. Die Form der Welterkenntnis ist die Kontemplation. Die Lebenspraxis zielt auf die Angleichung und innere Nachbildung (Mimesis) der kosmischen Ordnung. In dieser sind soziale und natürliche Welt eins.

Umgekehrt ist die *äußere Natur* kein totes Objekt, sondern lebendig-beseelt: subjektiv, anthropomorph, mit moralischen Qualitäten ausgestattet, nicht-äußerlich. Der Mensch berechnet die Natur nicht unter der Voraussetzung objektiver Naturgesetze, sondern interpretiert sie wie einen Text uneindeutiger Symbole; er beherrscht die Natur nicht durch Berechnung und rationale Technik, sondern beeinflußt sie durch magische Analogie-Rituale. Das Verhalten zur Natur ist kommunikativ-interpretativ.

Sowenig die Menschen sich gegenüber der Natur abgrenzen, sowenig gegeneinander. Auch im *Verhältnis der Menschen zueinander* herrschen weder Autonomie, noch Individualität als eindeutige Ich-Abgrenzung, noch

Abstraktion vom Sinnlichen. Vielmehr verhalten sich die Menschen unmittelbar-persönlich zueinander; sie sind ohne Vereinzelung in der Gesellschaft. Weil es keine klare soziale Ich-Abgrenzung gibt, ist das Ich unmittelbar vergesellschaftet und existiert nur als Moment der *Gemeinschaft:* es ist unmittelbares Moment des Allgemeinen. Dieses Allgemeine ist kein Abstrakt-, sondern ein Sinnliches-Allgemeines; Allgemeines und Besonderes sind nicht differenziert. Die Gemeinschaft als Konstellation persönlicher Verhältnisse konstituiert sich sinnlich durch gleiche Herkunft (genos), und – gegenüber der nicht-äußerlichen Natur – durch einen gemeinsamen Boden. Der soziale Zusammenhang besteht im Stamm, im Haus (oikos), in der familia. Das unmittelbar-persönliche Verhalten ist ausgezeichnet durch einen Mangel an Abstraktion. Weder wird von den einzelnen Menschen auf ›den‹ Menschen, noch vom Verhalten dieser Menschen auf Verhältnisse, noch von der sinnlichen Ungleichheit auf die soziale Gleichheit aller Menschen abstrahiert. Ausgangspunkt der Erfahrung der natürlichen und sozialen Welt ist der einzelne Mensch, eben weil dieser ein nicht-vereinzeltes Wesen, ein Moment der kosmologischen Totalität ist. Nur durch die Fähigkeit zur Selbstabstraktion gelänge die Differenzierung zwischen Ich und Du, Individuum und Gesellschaft, Besonderem und Allgemeinem. Nur durch Selbstabstraktion könnte sich der einzelne Mensch als Einzelner in Einheit und Differenz zum Allgemeinen bestimmen. Individualität als Ich-Abgrenzung setzt die bürgerliche Idee der Gleichheit voraus. Umgekehrt ergibt sich: Gerade weil in der mythologischen Welt die Menschen sich nicht der natürlichen und sozialen Welt als Besondere entgegensetzen, ohne Individualität sind, sind sie ungleich.

Auch *der Mensch* bildet eine *unmittelbare Einheit von Körper und Seele, Natur und Denken, Sinnlichem und Abstraktion.* Das Denken wird als sinnlicher Akt verstanden. Es ist kein reines, logisch-begriffliches Denken gegenüber einer abgespaltenen sinnlichen Welt: es sieht nicht ab von sinnlich-qualitativer Vielfalt, es fehlt die Abstraktion – daher ist es in der Anschauung befangen. Gedacht wird in Bildern, in Metaphern, in Gleichnissen und Erzählungen. Das Fehlen abstrakter Begriffe bedeutet, daß Dinge und Handlungen, etwa ›Körper‹ oder ›Sehen‹, nicht als gegen anderes abgegrenzt aufgefaßt und durch einen identischen Begriff benannt, sondern situations-abhängig durch eine Vielzahl von Ausdrücken bezeichnet werden; daß ein Begriff Verschiedenes bezeichnet, das zwar miteinander verwandt, aber nicht identisch ist. Die Sprache ist »konkret« (Snell 1986: 13ff.) und deshalb nicht einfach in eine moderne Sprache übersetzbar. Die konkreten Wörter werden nicht zu einer logischen Argumentation verknüpft, sondern zu Gleichnissen und Bildern. Gleichnisse geben eine bildhaft-sinnliche Darstellung eines Sachverhalts durch einen anderen, analogen. Es fehlen für den ersten die abstrakten, logischen Begriffe, die Möglichkeit einer rein rationalen Argumentation. Das Bild geht dem Begriff voran. Es ist eine sinnliche Reflexionsform, insofern ein fraglicher Vorgang in einem geläufigen gespiegelt, durch diesen erhellt und dadurch verändert, bewußt wird. Bildet die mythologische Welt eine unmittelbare Einheit, so verfährt das Gleichnis nicht analytisch-synthetisch, sondern liefert eine unmittelbare Darstellung des Gesamtvorgangs. Der Mythos deutet die Welt insgesamt. Ihm mangelt die Abstraktion, durch die analytisch von bestimmten Aspekten der konkreten Totalität abgesehen wird, durch die diese Totalität gleichsam seziert wird.

Die gegensatzlose mythologische Welt, in der alles wesentlich eins ist, ist *geschichtslos,* ohne ein Werden, ohne einen Übergang des Einen in ein Anderes. Unter dem Aspekt der Bewegung herrscht in dieser einheitlichen Welt die Immergleichheit, allenfalls die Bewegung im Kreis.

Die Menschen reproduzieren ihr Leben in der mythologisch-anschaulichen Welt im Rahmen einer *Ökonomie,* in der eine unmittelbare Einheit der Menschen zueinander (genos, familia) und zur Natur gegeben ist: unmittelbar-persönliche Verhältnisse einer Hauswirtschaft (oikos), deren Ziel nicht die Aneignung abstrakt-unbegrenzten Reichtums (Geld) ist, sondern die Befriedigung endlicher Bedürfnisse durch konkrete Gegenstände (Gebrauchswerte). Die Ökonomie der mythologischen Welt ist eine Subsistenz-Ökonomie. Vorherrschender Sektor ist das unmittelbare Verhalten des Menschen zur Natur in der Landwirtschaft – das Grundeigentum ist die zentrale gesellschaftliche Institution. Weil der Mensch sich als Moment der kosmologischen Totalität erfährt, bestimmt er den Reichtum nicht aus eigenen Leistungen, sondern führt ihn auf undurchschaute Mächte zurück (siehe: Xenophon: Oikonomikos). Soweit ein Ware-Geld-Tausch erfolgt, ist dieser ein *ökonomischer,* auf den Konsum gerichteter Austausch überschüssiger Produkte und daher von peripherer Bedeutung: Ware A-Geld-Ware B/Konsum; der Geld-Wert wird ebenso auf den Naturstoff des Geldes (Gold, Silber) wie auf das Bedürfnis bezogen (siehe: Aristoteles: Politik: I/Kap. 8-10; Nik. Ethik: V/8. Kap./112f.). – Nun ist diese Ökonomie eine theologische Morallehre. Ist das Ziel die Subsistenzsicherung, so gilt als moralisch einzig die Befriedigung endlicher, begrenzter Bedürfnisse unter der Herrschaft der – dem »Göttlichen« ähnlichen – Seele (siehe: Platon: Phaidon: 64a-69e, 79e-80b; Aristoteles: Nik. Ethik: X/Kap. 7-9). Daher schließt die Ökonomik die *Chrematistik* (chrema: Geld) als amoralisch, als Verletzung göttlicher Imperative aus: den Tausch Geld-Ware-Geld+Geldgewinn, mehr noch den Geldverleih: Geld-Geld+Geldgewinn (siehe: Aristoteles: Politik:

I/Kap. 9, 10; Die Bibel: Altes Testament, 2. Mose 22; 5. Mose 23; Hesekiel 18; Neues Testament: Matthäus 6, 19, 22). Denn in solchem Tausch, vor allem im Geld-Verleih, wäre das Geld, wäre das im Geld-Wert enthaltene Bedürfnis verselbständigt, herrschend und unendlich. Der chrematistische ist daher aus dem Bereich der Polis auf den Weltmarkt, auf den Verkehr mit den Fremden, Feinden verbannt.

Die *Einheit der subjektiv-objektiven Welt scheint in den Göttern* zu liegen. Die Menschen erfahren die Kräfte, die die äußere sowie die eigene Natur, auch sie selbst – ihr Denken und Handeln – lenken, als Götter: als zugleich sinnliche und lebendig-beseelte Wesen, die ihnen nicht gegenüberstehen, sondern allem immanent sind. Alles scheint von Göttern durchdrungen: die Götter sind in der Welt. Diesseits und Jenseits, Menschen-Welt und Götter-Welt, sind ununterschieden. Weil alles göttlich ist, leistet die Religion die soziale Integration: der Mythos ist die Basis der Weltinterpretation und der Lebenspraxis. Aber diese Religion ist sowenig eine abgespaltene Institution wie die Götter dem Diesseits gegenüberstehen.

Weil alles von Göttern durchdrungen, alles von Göttern gelenkt scheint, ist der *Götter-Kosmos von den Menschen prinzipiell nicht zu erkennen und zu verändern.* Welt-Erkenntnis ist Götter-Erkenntnis, die niemals vollkommene Erkenntnis sein kann aufgrund der Differenz von Göttern und Menschen. Weltweisheit wird den Menschen von Göttern offenbart. So fehlt die Möglichkeit einer rationalen, diesseitigen Utopie.

Nun ist das Denken, die Bestimmung der mythologischen Welt, auch der Mythos selbst, bereits ein Akt der *Entmythologisierung* – wird etwas gedacht, so setzt sich das Subjekt dem Objekt entgegen. Daher enthält der Mythos zugleich Elemente seiner Selbstüberschreitung. Diese erfolgt zunächst und notwendig in der Form der *Entzweiung* von Subjekt und Objekt: der *Voraus- und Entgegensetzung.*

Schon der Mythos kennt die *Entzweiung von Mensch und Natur.* Das belegt das Denken in Bildern und Gleichnissen. Diese Reflexionsform setzt eine Beziehung zweier Sachverhalte und ihre Entgegensetzung durch das Denken voraus. Vorzüglich wird die fragliche soziale Welt in der geläufigen Welt der Natur gespiegelt. In dieser gegensätzlichen Einheit erfolgt der Imperativ des »Kenne dich!« ebenso wie die Erfahrung von Naturgewalten und deren Beherrschung, von der Homer in der *Odyssee* berichtet.

Auch die Auffassung einer von *Göttern* durchdrungenen Welt macht unbewußt darauf aufmerksam, daß der Mensch nicht selbst bestimmt ist, und unterstellt eine Trennung von Subjekt und Objekt. Magische Rituale zielen darauf, die unbegriffenen Mächte günstig zu stimmen, setzen die äußere Welt als bedrohlich – als fremde Macht.

Ökonomisch entspräche der mythologischen Welt eine urkommunistische Produktionsweise. Ist das gesellschaftliche Verhältnis ökonomisch an Haus- und Landwirtschaft gebunden, muß *die beginnende Herrschaft über die Natur* in einer Welt, in der der Mensch selbst noch wesentlich der Natur zugehört, unmittelbar zur *Herrschaft von Menschen – weniger Freier – über Menschen (Unfreie)* werden, die als zugehörig zur Natur betrachtet werden. Da in der mythologischen Welt das Verhältnis der Menschen zueinander ein unmittelbares ist, ist soziale Herrschaft ein Verhältnis persönlicher Abhängigkeit. Die Menschen in dieser mythologischen Welt sind ungleich; soziale Macht entfaltet sich als Macht über Menschen und Land zugleich. In den Institutionen sozialer Ungleichheit und Herrschaft, in der Sklaverei und in der Leibeigenschaft, gelten die Beherrschten nicht als Menschen. Die Herrschaftslegitimation kann, weil die Einheit der Welt in den Göttern liegt, nur religiös erfolgen. Sie ist notwendig dogmatisch, weil den Menschen die Einsicht in Göttliches prinzipiell versperrt ist. Die Differenz von Herrschenden und Beherrschten wird zur Differenz von göttlichen und tierischen Menschen.

Das Aufbrechen der Ökonomie als Haus- und Landwirtschaft erscheint am Tausch. Seit den frühesten Überlieferungen ist bekannt, daß die ökonomische Tauschform ihren Gegensatz enthält: den *chrematistischen Tausch.* Die Form: Ware A-Geld-Ware B impliziert ihre Verkehrung in die Form des Handels: Geld-Ware-Geld+Geldgewinn, gar in die Form des »Wuchers« (Luther): Geld-Geld+Geldgewinn.

Die Schwierigkeit, einen reinen Mythos ohne entmythologisierendes Element zu bestimmen, erscheint darin, daß dies nur negativ gelingt: das Denken – der mythologischen Welt – muß von sich selbst als einem Akt der Gegensetzung, der Spaltung von Subjekt (Subjektivierung des Denkens) und Objekt (Objektivierung des Gedachten), von Begriff und Nichtbegrifflichem, von Identität und Nichtidentischem abstrahieren.

So ist die *Überwindung der mythologischen Welt* in dieser angelegt. Der Prozeß zielt auf die Sprengung der unmittelbaren Einheit der Welt, die Atomisierung ihrer Elemente, die Ausdifferenzierung von Subjekt und Objekt auf allen Gebieten der »gesellschaftlichen Welt« und der »Welt der Natur« (Vico 1725): zunächst auf eine universelle *»Entzweiung«* der Welt (vgl. Hegel: Bd. 2: 20ff.). Diese Form ist jedoch nur eine *erste Form der Entmythologisierung.* Vollendet wäre diese erst, wenn die Entzweiung zu einer nicht länger mythologischen, sondern vernünftigen Welteinheit fortschritte: wenn das Wissen der Welteinheit nicht der göttlichen Weisheit vorbehalten wäre, sondern von der menschlichen Weisheit beansprucht würde.

Die *mythologische Welt* erweist sich, nach ihren Strukturmerkmalen, als die Welt eines *sozialen Atoms,* das sich fundamental vom bürgerlichen Sozialatomismus unterscheidet. Das *vorbürgerliche Individuum ist sinnlich-konkreter Mittelpunkt seiner Welt,* weil es unmittelbar mit der natürlichen und sozialen Welt – *mit dem Kosmos – eins ist:* es ist sowenig von der äußeren Natur wie von anderen Menschen abgegrenzt. In beiden Rücksichten ist es ohne individuelle Autonomie, weil es distanzlos im Anderen aufgeht. Die Beziehung zur Natur ist, wie die Beziehung zu anderen Menschen, ein unmittelbares, sinnlich-persönliches Verhalten. Damit aber ist auch die Selbstbeziehung – die Identität – des Menschen unmittelbar-sinnlich. Die Individuen in der mythologischen Welt sind sinnlich-ungleich, ohne individuelle Freiheit.

In Umkehrung läßt sich der *Fortschritt der Entmythologisierung,* der bereits im Mythos enthalten ist, zunächst als Fortschritt der *»Entzweiung«* (Hegel) bezeichnen: der Abstraktion des Ich von der Natur, von anderen Menschen und von sich selbst, so daß erst auf der Grundlage dieser Allgemeinheit eine Entgegensetzung und Besonderung möglich ist. Durch die Abstraktion verwandelt sich in allen drei Dimensionen das Verhalten in ein Verhältnis: in die Einheit Getrennter. Dabei wird die äußere Natur zu einem dem Subjekt gegenüberstehenden Objekt; andere Menschen erscheinen als Gleiche, als Menschen überhaupt (Menschheit), und darum auch als Besondere; das Selbst spaltet sich in Abstraktion (Subjekt) und Sinnliches (Objekt), Seele und Körper, Geist und Natur. Aber dieses System von Entzweiungen bezeichnet erst die *bürgerliche Form der Aufklärung:* den *Verstand,* der durch die Form seiner Voraus- und Entgegensetzung gegen die mythologische Welt, gegen die bisherige Geschichte, des Subjekts gegen das Objekt bestimmt ist. Das *bürgerliche Individuum* ist das sich voraus- und entgegensetzende Individuum: das Individuum einer *verständigen Identität.*

Die *Identität des bürgerlichen Individuums* besteht in dieser Entzweiung, in der Entfremdung, in der Abstraktion: in der Subjektivität, die der Objektivität, in der Abstraktion, die dem Sinnlichen, im Denken, das dem Nichtdenken entgegengesetzt ist. Damit ist es vorausgesetzt – ein »verständiges«, nicht »vernünftiges« Individuum (vgl. Hegel: Bd. 2: 20ff.). Denn als Vorausgesetztes und Entgegengesetztes ist es ohne Bewußtsein seiner selbst: das Subjekt einer Welt des nur rationalisierten, aber nicht aufgeklärten Mythos – der »zweiten (übersinnlichen) Natur« (Kant: Bd. VII: 156; Bd. X: 202), der »zweiten Natur« (Hegel), des »Warenfetischismus« (Marx).

Die *Utopie des Individuums,* über die bürgerliche Form der Entzweiung und Entfremdung hinaus, besteht in der Radikalisierung der verständigen Entmythologisierung: in der dialektischen Aufklärung des nur bewußtlos, nur dogmatisch Voraus- und Entgegengesetzten – im Selbstbewußtsein, im Weltbewußtsein des Menschen: in einer vernünftigen Lebenspraxis. Die Identität dieses Individuums, das seiner Idee entspricht, wäre nicht eine *verständige*, sondern eine *vernünftige Identität* (vgl. Adorno: GS 6: 150). Es erlangte seine Identität, indem es seiner selbst und seiner gesellschaftlichen Welt durch Aufklärung des allgemeinen Unbewußten bewußt wäre.

Diese Bestimmungen der Strukturmerkmale einer mythologischen Welt, aus denen sich ergibt, das der Mythos wohl die Grundlage der Aufforderung zur Selbsterkenntnis – »Kenne dich!« – bildete, zugleich aber die Möglichkeit der Idee des Individuums verstellte, lassen sich *philologisch* fundieren. Wie Bruno Snell (1986: 13-29) an der »Auffassung des Menschen bei Homer« dargelegt hat, entbehrte das alte, *ionische Griechisch Homers* der sehr viel später selbstverständlichen Abstraktion vom Sinnlichen und der Identifikation des Sinnlichen. Sprachlich war es so wenig möglich, eine Abgrenzung des Menschen gegen die äußere Natur und gegen andere Menschen auszudrücken, wie eine innere Abgrenzung von Seele und Körper.

Einerseits hat Homer, wie Snell belegt, *keinen einheitlichen Begriff für ›Leib‹*, weil ein solcher sich nur gewinnen ließe in Abgrenzung gegenüber der Seele. Leib heißt soma als Leiche, demas als ›Gestalt‹, gyia als durch Gelenke bewegte Glieder, melea als durch Muskeln und Kraft bewegte Glieder (ebd. 16f.). Auch für leibliche Sinne gibt es keinen einheitlichen Begriff. ›Sehen‹ wird unterschiedlich benannt, je nachdem, ob es sich um ein furchtbares »Strahlen des Auges«, um ein ängstliches Blicken, um ein ›Gaffen‹ oder um ein ›Sehen‹ der Wahrheit (noein) handelt (ebd. 13-15, 22f.).

Andererseits hat Homer auch *keinen einheitlichen Begriff für ›Seele‹* (ebd. 18ff.). Seele heißt psyché, insofern sie den Menschen am Leben hält; sie heißt thymós als das, was Tätigkeiten und Emotionen erzeugt; sie heißt nóos als Verstand – noein ist ein sinnliches Sehen der Wahrheit im Auge.

Dieser Mangel an Abstraktion und Identifikation fordert eine *Welt-Darstellung, die metaphorisch ist:* das Epos, die Darstellung von Ereignissen in Form von Bildern, von Gleichnissen. Gleichnisse sind eine frühe, in der Anschauung befangene Form der Reflexion, die einen aufzuklärenden Vorgang beschreibt und erklärt, indem sie ihn in einem anderen, geläufigen spiegelt. Die Prosa, die mit abstrakten Begriffen und nicht länger mit Bildern arbeitet, ist eine notwendig spätere Form.

Allgemein impliziert die mangelnde Abgrenzung von Seele und Körper, daß Homers Sprache keine abstrakten, situations- und personenunabhängigen Begriffe kennt, die mit sich identisch bleiben. Daher hat der Mensch in den Epen Homers keinerlei Möglichkeit, sich als ein mit sich identisches Individuum, als ein Unteilbares, festzuhalten und zu erfahren – der Mensch zerfällt, mit Seele und Körper, in einen Komplex von Weltbezügen, er ist ein unselbständiges Moment des Kosmos: ohne Selbst- und Welt-Bewußtsein, ohne Ich-Abgrenzungen.

Das spätere, *klassische Griechisch* des fünften Jahrhunderts zeigt zwar einen fortgeschrittenen Prozeß der Abstraktion und Identifikation. Aber auch in *Platons Dialogen* wird Entscheidendes noch in berühmten Gleichnissen ausgedrückt: im Höhlen-Gleichnis, im Sonnen-Gleichnis, im Linien-Gleichnis der *Politeia.* Auch Platons Dialoge widersetzen sich der Übersetzung in eine moderne Sprache, weil die Begriffe noch konkret-anschaulich, vieldeutig sind: weil verschiedene Dinge, Sachverhalte und Prozesse mit einem Begriff bezeichnet werden.

Das Sozialatom der mythologischen Welt, das ohne Identität ist, weil es sich nicht verständig aus der Welt ausgrenzt, schon gar nicht vernünftig seiner selbst und der Welt bewußt ist, ist das Subjekt der großen Epen Homers über den Trojanischen Krieg: der *Ilias* und der *Odyssee.* Beide Mythen entstanden um 730-700 in Ionien, Kleinasien (Schadewaldt 1978: 47; zum folgenden ausführlich: Stapelfeldt 2007: 82-100). Als Dichter wird Homer genannt, doch es gilt als sicher, daß zumindest die *Odyssee* auf zwei oder noch weit mehr Verfasser zurückgeht. Mit großer Wahrscheinlichkeit ging der schriftlichen Fixierung eine mündlich durch wandernde Sänger tradierte Dichtung voraus. Erst um 800, mit der Rezeption der Buchstabenschrift, konnten die Dichtungen schriftlich fixiert werden (Finley 1990: 9ff.).

Die Epen schildern Szenen des Trojanischen Krieges, der um 1184 v. Chr. stattfand *(Ilias),* und die Heimfahrt des Odysseus nach den Schlachten um Troja (Ilion; Ilios) *(Odyssee)*: eine längst vergangene Krisis der Welt, die den Dichtern kaum noch präsent war. Zum Komplex der Troja-Mythen gehört auch die *Äneis* des Publius Vergilius Maro (70-19 v.Chr.), die die Flucht des Äneas aus Troja nach Latium sowie seine Kämpfe mit den Italikern schildert, also die Vorgeschichte der Gründung Roms gibt. Romulus stammt, nach der Überlieferung, von Äneas ab; Rom ist das wiedererstandene Troja.

Über die Vorgeschichte des Krieges berichtet Homer in der *Ilias:* Einst sei Paris (Alexandros), der Sohn des Trojaner-Königs Priamos, zu Gast bei Menelaos – dem König von Sparta – gewesen. Die Gastfreundschaft habe er übel vergolten, denn er entführte Helena – die Gattin des Menelaos – sowie zahlreiche Güter nach Troja (Ilias: III.Gesang/Verse 39ff. sowie XXII/114-116). Unter Führung Agamemnons, des Königs von Mykene und

Bruders von Menelaos, machten sich darauf die Völker Griechenlands – die Achaier – mit über eintausendeinhundert Schiffen, auf denen jeweils etwa fünfzig Männer fuhren (II/493-759), auf den Weg nach Troja. In der Ebene des Flusses Skamandros (Xanthos) zogen sie die Schiffe an Land. Neun Jahre belagerten die achaischen Heere Ilios und zogen plündernd durch das Land. Im zehnten Jahr fiel die Entscheidung (II/110ff., 284 ff.). Homers Epos schildert vor allem vier Schlachttage in diesem Jahr, nicht aber den Untergang Trojas.

Homers Dichtung ist Mythos im genauen Sinn: Göttergeschichte. Vor allem sind die handelnden Menschen keine autonomen Subjekte: sie werden durch Götter gelenkt; sie sind Verkörperungen von Eigenschaften; sie sind Personifikationen ihrer Herkunft; sie sind in Kontinuität mit den Göttern durch ihre Abstammung oder sie sind »göttlich«; umgekehrt erscheinen die Götter menschenähnlich; eine klare Abgrenzung der menschenähnlichen Götter und der göttlichen Menschen zur äußeren Natur besteht sowenig wie eine innere Abgrenzung im Menschen zwischen Seele und Körper – das erscheint vor allem in den zahllosen Gleichnissen des Epos.

Es sind Götter, die den gesamten Kampf zwischen Achaiern und Troern lenken: es sind Apollon und vor allem Zeus, die in den Streit zwischen Agamemnon und Achilleus eingreifen und den Troern eine Übermacht verleihen, um die Ehre des Achilleus wiederherzustellen. Es sind Götter, die in einzelne Szenen des Krieges eingreifen und den Kriegsverlauf steuern: indem sie Zeichen geben und Träume senden; indem sie den Kämpfern Kraft verleihen; indem sie selbst kämpfen; indem sie Kämpfende durch Nebel decken; indem sie Lanzen ins Ziel lenken.

Die handelnden Menschen – und oft ebenfalls die Götter – sind auch in dem Sinne keine autonomen Subjekte, als sie immerzu als Verkörperungen von Eigenschaften auftreten, als Idealtypen, nicht als Individuen. Die Göttin Leto ist die »schönhaarige Leto« (I/36), Here die »weißarmige« (I/572) und »die Kuhäugige« (I/551), Athene die »helläugige Athene« (V/29), Aphrodite die »gernlächelnde Aphrodite« (IV/10). Analog ist Achilleus der »fußschnelle Achilleus« (I/58), die Chryses-Tochter eine »flinkäugige Jungfrau« (I/98), Briseïs ist die »schönwangige« Briseïs (I/184), Odysseus und andere gelten als »göttlich« (II/244), Idomeneus ist der »speerberühmte« Führer der Kreter (II/645), Podarkes ist der »schafereiche Phylakos-Sohn« (II/705), Menelaos heißt »aresgeliebt« (III/21), Odysseus ist »vielklug« (III/200), die Danaer sind »roßschnell« (IV/232), die Achaier »gutgeschient« (IV/414).

Bedeutsamer als diese Typisierung von Göttern und Menschen ist die Frage, wer jemand sei. Der Befragte antwortet stets, indem er seine Herkunft (Genesis) ausgiebig beschreibt – für sich scheint er nichts zu gelten. So fragt Priamos: »Und wer bist du, Bester? und von welchen Eltern stammst du?« (XXIV/387) Überall tritt ein Individuum auf, indem mit dem Namen die Herkunft genannt wird, oder es steht die Herkunft unmittelbar für den Namen: Gleich anfangs spricht Homer vom »Peleus-Sohn Achilleus« (I/1), und später nennt er Achilleus oft nur »Peleus-Sohn« (XXII/7).

An der Bedeutung, die der Herkunft der Menschen eingeräumt wird, wird ein weiteres mythologisches Element der Dichtung Homers ablesbar: Es besteht eine Kontinuität zwischen Menschen und Göttern; Menschen erscheinen göttlich, Götter menschenähnlich. – Könige leiten ihre Herkunft direkt von Göttern ab. So ist Achilleus der Sohn des Königs Peleus, der von Zeus abstammt (XXI/187-189), und der Meeres-Göttin Thetis (vgl.II/350ff.; IX/ 410ff.); der König Polypoites ist Sohn des von Zeus gezeugten Königs Peirithoos (II/740f.); Aineias ist Sohn des Königs Anchises und der Göttin Aphrodite (II/820), sein »Geschlecht« führt er letztlich auf Zeus zurück (XX/200-258). – Eine schwächere Form, Menschen den Göttern an die Seite zu stellen, besteht in ihrer Auszeichnung als »göttlich«: so werden Achilleus, Hektor, Odysseus, Diomedes, Aineias und andere beschrieben (vgl. I/145). Von Odysseus heißt es, er sei »dem Zeus gleichwiegend an Einsicht« (II/169); Agamemnon gilt »an Augen und Haupt Zeus gleichend« (II/478). – Der Sinn dieser Erhöhung ist die Legitimierung einer Ungleichheit der Menschen, einer Spaltung in göttliche und menschliche Menschen, in Herrscher und Beherrschte. Dies ist die Basis der Darstellungen einer anthropomorphisierten Götterwelt.

Gleichen Menschen den Göttern, so Götter den Menschen: Diesseits und Jenseits sind ungetrennt. Homer beschreibt die Götter als menschenähnlich. Das gilt zunächst für ihren Körper: sie existieren sinnlich-körperlich; ihr Körper ist nahezu in jeder Hinsicht identisch mit dem der Menschen; sie unterscheiden sich nach dem Geschlecht, allgemein körperlich voneinander. Vor allem aber ist ihr Denken und Handeln dem menschlichen Denken und Handeln äußerst ähnlich: sie wohnen in Häusern, sitzen auf Stühlen, essen, trinken, schlafen; sie lieben, schlafen miteinander oder mit Menschen, zeugen Götter oder Menschen; sie denken und entscheiden, versammeln sich und halten Rat, sie sprechen und schweigen; sie singen und schlagen die Leier; sie begehren, flehen, fürchten und freuen sich; sie sind verheiratet, haben Ehre; sie reizen, betrügen und täuschen einander; sie verfeinden, streiten, züchtigen und bekämpfen sich wechselseitig; sie sind ungleich: Zeus herrscht. Auf der Erde treten die Götter in Gestalt realer Menschen auf. So erscheint Aphrodite der Helena als Greisin (III/383ff.); so erscheint Athene dem Hektor in Gestalt des Bruders Deïphobos (XXII/226ff.). In einem aber unterscheiden sich Götter und Menschen: Götter sind unsterblich (I/265, 290), Menschen sterblich (I/339).

Die mangelnde Autonomie der Menschen erscheint in einer mangelnden Abgrenzung gegenüber der Natur, der eigenen – körperlichen – des Menschen wie der äußeren (vgl. Snell 1986: 13ff.). Natur ist bei Homer weitgehend subjektiviert, beseelt, göttlich. – Einerseits gelten Elemente der äußeren Natur unmittelbar als Götter. Die Sonne ist identisch mit dem Sonnengott Helios. Auch die Morgenröte ist identisch mit der Göttin Eos (II/48f.; VIII/1; XI/1f.; XIX/1f.; XXIII/109, 227). Herausragend ist in diesem Kontext die Darstellung des Flusses Skamandros (Xanthos) im XXI. Gesang der *Ilias.* Er wurde von Zeus gezeugt und ist selbst ein Gott, dem geopfert wird. Der Skamandros zürnt dem Achilleus, erhebt sich gegen ihn, gibt dem Asteropaios Kraft zum Kampf gegen Achilleus, spricht wie ein Gott-Mensch zum Peleus-Sohn, kämpft mit ihm. – Göttergleich sind die Pferde des Achilleus: sie sind unsterblich, trauern, weinen und sprechen wie Götter-Menschen (XVII/426-458; XIX/400-404). – Wiederholt tritt Natur nicht unmittelbar als Gott, sondern als göttliches Zeichen und Symbol auf: Zeus sendet Blitze (XIII/ 242f.), Schnee (XII/279f.), Sturm (XII/252-255), eine Schlange (XII/200ff.); II/308 ff.), verwandelt eine Schlange in einen Stein (II/319). Die Schlange, die neun Sperlinge frißt und zu Stein wird, symbolisiert die Dauer des Krieges, und der Seher Kalchas entziffert das »Wunderzeichen« (II/303ff.). Der Regenbogen symbolisiert Krieg oder Winter (XVII/547-550). – Einmal ist die Natur auch subjektiviert, indem ihr moralische Qualität zugesprochen wird: der Stein, der den Diores trifft, wird als »schamlos« beschrieben (IV/522).

Eine indirekte Weise, subjektivierte äußere Natur darzustellen, so daß eine mangelnde Differenzierung von Subjekt und Objekt ausgesprochen ist, bilden die zahllosen Gleichnisse in der *Ilias.* – Einmal werden Handlungen und Zustände von Menschenmassen in der Natur gespiegelt, in der lebendigen (Tiere, Pflanzen) wie in der toten (Erde, Meer). Dabei ist auffällig, daß die Gleichnisse nicht einzelne Aspekte eines Vorgangs, einzelne Seiten schildern, sondern ein Bild des Gesamtvorgangs liefern. Die Natur, in denen Menschenmassen gespiegelt werden, ist so verschieden wie der zu beschreibende Vorgang: Nebel und Wolken, Vögel und Schafe, Meere und Flüsse, Bäume und Felsen, Winde und Stürme bilden Schlachtreihen, Heere, Schlachten, Angriffe ab. – Auch einzelne Menschen werden in Gleichnissen dargestellt. Die Kampf-Begierde des Diomedes (V/134-143); die Angst der Achaier (IV/ 242-249); die Verwirrung der Troer (IV/433-436); die Kampfgewalt des Agamemnon (XI/155-159), des Aias (XI/492-497), des Hektor (XII/40-50); die Tapferkeit des Polypoites und des Leonteus

(XII/127-136); das Vorwärtsstürmen des Hektor (XV/263-270); die Flucht des Antilochos (XV/585-589); der Fall des Sarpedon (XVI/482-491), des Imbrios (XIII/178-181) und des Hektor (XIV/414-418) – all das wird in Natur-Gleichnissen mit höchster Anschaulichkeit geschildert.

In der Welt Homers sind Menschen, Götter und Natur in wesentlicher Einheit. Die direkte Vorgeschichte des dramatischen Höhepunktes der *Ilias,* des Zweikampfes zwischen Achilleus und Hektor, belegt diese Weltanschauung. Nach dem Tode seines Gefährten Patroklos (XVI) entscheidet sich Achilleus zum Kampf gegen Hektor (XVIII); gerüstet mit den Waffen des Hephaistos zieht er aus (XIX). Doch bevor es zur Schlacht kommt, versammeln sich die Götter im Hause des Zeus (XX). Dieser gibt seinen Ratschluß bekannt: Die Götter sollen zu den Troern und den Achaiern gehen und ihnen helfen. Im beginnenden Kampf stärken die Götter ihre jeweiligen Günstlinge, retten sie vor dem Tode; die Götter treten als Menschen in den Kampf ein, sie kämpfen sogar gegeneinander. Aus dem Himmel erdröhnt der Donner des Zeus, Poseidon läßt die Erde erbeben, die gesamte Welt ist in die Schlacht einbezogen und scheint zu zerbersten (XX/54-56).

Nicht nur in der Dichtung Homers, auch in der *Philosophie* – von den Vor- bis zu den Nach-Sokratikern – manifestiert sich, daß die Menschen der mythologischen Welt nicht die Subjekte ihres Denkens und Handelns sind.

Das zeigt sich einmal am mitgeteilten Ursprung der Weisheit. – *Hesiod* (um 700) berichtet im Proömium der *Theogonie,* aus ihm spräche die Weisheit der »Helikonischen Musen«: diese hätten ihm den Rhapsodenstab der wandernden Sänger übergeben und ihm »eine weissagende Stimme« eingehaucht. – *Solon, Thales* und *Pythagoras* (6. Jahrhundert) empfingen ihr Wissen von den Priestern Ägyptens. – *Parmenides* (um 540-470) berichtet in seinem Lehrgedicht, er habe sein Wissen von der Göttin Dike empfangen – als Offenbarung. Das Identitäts-Prinzip, das er metaphorisch-mythologisch expliziert, ist das Prinzip einer göttlichen Welt und liegt »wahrlich fernab vom Verkehr der Menschen«. – *Heraklit* legt sein Buch im Artemis-Tempel der Stadt Ephesos in Ionien nieder. Denn der Logos, von dem er berichtet, sei den Menschen verschlossen: »Anwesend sind sie abwesend.« (DK 22 B 34) – Später verteidigt sich *Sokrates* (460-399) gegen die Anklage, er führe »neue göttliche Wesen« ein: indem er einerseits auf sein inneres Orakel – das Daimonion (»kleiner Gott«) – verweist, andererseits darauf, daß er bei seiner Untersuchung der Weisheit nur dem Orakel von Delphi folge, das geleugnet habe, jemand sei weiser als er selbst. So bezieht sich Sokrates ausdrücklich auf die Aufforderung: »Kenne dich!«, »Erkenne dich selbst!«

Als weise bezeichnet sich Sokrates, weil ihm bewußt ist, die bloß »menschliche Weisheit« zu besitzen, nicht die göttliche, »die nicht dem Menschen angemessen ist« (Platon: Apologie: 20d, e, 21b, 23a). So unterscheidet er zwischen dem Sophisten, der glaubt, die Weisheit zu besitzen; dem Philosophen, der dieses Selbstverständnis der Sophisten als Selbsttäuschung kritisiert; dem Gott als sophós, der allein weise ist.

Herausragend ist in der frühen griechischen Philosophie die Erkenntnis des *Logos.*

Cicero übersetzt ›Logos‹ als: *Proportion.* Diese Übertragung ist plausibel bei zahllosen Fragmenten der Vorsokratiker. Immer wieder wird ein Sachverhalt in der Form: a:a wie b:b, oder: a:b wie c:d, expliziert. *Thales* bestimmt so die Höhe der Pyramide, indem er vom Verhältnis der Größe eines Menschen zu seiner Schattenlänge bei einem gegebenen Sonnenstand auf die unbekannte Höhe einer Pyramide bei bekannter Schattenlänge des Bauwerks schließt. *Heraklit* erklärt seine Aufklärung der Physis aus dem Feuer durch die Analogie: »Alles ist austauschbar gegen Feuer und Feuer gegen alles, wie Waren gegen Gold und Gold gegen Waren.« (DK 22 B 90) Der Logos, als göttlicher Logos, scheint am Ware-Geld-Tausch gebildet, wie Aristoxenos dies über Pythagoras berichtet (DK 58 B 2).

Aber der Logos ist nicht nur nackte Zahl oder Proportion, sondern eben: göttlich. In dieser Bedeutung geht das Wort in die *Bibel:* den Anfang des Johannes-Evangeliums, ein. Um 25 n.Chr. wird der Satz: »Am Anfang war das Wort«, übersetzt als: »Am Anfang war der Logos«. Hier ist der Logos: Gott, weltschöpferische Kraft, Weltvernunft; der Logos wird Fleisch in Jesus. Die Emanation ist das Hervorgehen der Welt aus dem Logos und göttliche Offenbarung ineins. Johannes berichtet:

»Im Anfang war das Wort, und das Wort war bei Gott, und Gott war das Wort.
Dasselbe war im Anfang bei Gott.
Alle Dinge sind durch dasselbe gemacht, und ohne dasselbe ist nichts gemacht, was gemacht ist.
In ihm war das Leben, und das Leben war das Licht der Menschen. (...)
Und das Wort ward Fleisch und wohnte unter uns, und wir sahen seine Herrlichkeit als des eingeborenen Sohnes vom Vater, voller Gnade und Wahrheit.«
(Die Bibel: Das Evangelium des Johannes, 1/1-1/4; I/14)

Der Philosoph, der des Logos inne wird, erfährt diesen als göttlich durch göttliche Offenbarung – nicht durch eigene Vernunft. Daher ist er weder das Subjekt seines Denkens, noch seines Handelns.

Obwohl der Mensch der mythologischen Welt in dieser aufgeht, sich nicht gegen die Welt differenziert, entsteht doch das ent-mythologisierende:

»Kenne dich!« Es wird, durch Demokrit (um 450/430), zuerst das Unteilbare benannt: *»átomon«*.

Die Atomisten – Empedokles (485-425), vor allem Leukipp und Demokrit, endlich Anaxagoras (499-428/427) – bezeichnen die Atome als kleinste, unsichtbare, unveränderliche, unentstandene und unvergängliche Teilchen, aus denen alles zusammengesetzt ist. Das Sichtbare ist aus Unsichtbarem, das Vergängliche aus dem Unvergänglichen erklärt. Dieses Sichtbare ist: der Kosmos, die Menschen, die Tiere. – Die Atome gelten den Atomisten als beseelt, auch als göttlich. Nach Empedokles, der vier Elemente unterscheidet, die er mit Göttern (Zeus, Hera, Aidoneus, Nestis) identifiziert, werden sie durch zwei Kräfte entweder vereinigt oder getrennt: Liebe (philia) und Haß (neikos). Der Akt der Erkenntnis bestehe deshalb darin, daß von den beseelten Dingen »Ströme« ausgingen, die sich zu lebendigen und beseelten Abbildern (Idolen) verdichteten und in die menschlichen Sinne einträten, so daß Gleiches Gleiches erkenne. Die Erkenntnis des Menschen ist demnach kein Akt subjektiver Konstitution, sondern objektiver Einprägung: aktiv sind die Seelen-Atome, nicht der Erkennende. Insofern ist der Mensch: Subjekt weder seines Denkens noch seines Handelns. Nicht der Mensch, der göttliche Kosmos ist Subjekt.

Die Atom-Lehre ist Reflex eines im 5. Jahrhundert in Athen, im Kontext der Demokratie, sich herausbildenden sozialen Atomismus. Die ontologischen wie die sozialen Atome sind ungleich; ihnen mangelt die Gleichheit, die Einheit, die allein die Rede von einer Gesellschaft rechtfertigen könnte und mehr als eine bloß äußerliche Synthese der Vielen wäre. Die Individuen der Antike sind nicht, wie die des bürgerlichen Zeitalters, Einheit von Identität und Nichtidentität. Gerade weil die sozialen Atome ungleich sind, werden Menschen in der Antike – wie schon bei Homer – als ideale Verkörperungen von Eigenschaften dargestellt, vor allem als Verkörperungen des Logos. Denn Ungleichheit setzt mangelnde Ausgrenzung des Menschen aus der Welt – gegenüber der Natur und gegenüber anderen Menschen – voraus. Die Ungleichheit spaltet die Menschen in göttliche und bloß menschliche Menschen. Die göttlichen können ihre Identität nicht durch Ich-Abgrenzung gegen andere erlangen, sondern nur durch Angleichung an den universellen Logos, an das Allgemeine: daher sind sie Verkörperungen göttlicher Proportionen; die menschlichen sind unfreie Elemente der körperlichen Welt und deshalb a priori ohne Identität. Insofern können sich die Subjekte nicht als Individuen, als Besondere, festhalten – sie können sich nicht gegen andere, in Gesellschaft, vereinzelnen. Darum impliziert soziale Ungleichheit gerade das Interesse am Typischen, während soziale

Gleichheit ein Interesse am Untypischen, Besonderen, freisetzt. Sokrates spricht zum Maler Parrhasios:

»Und weiter: wenn ihr die schönen Gestalten nachbilden wollt, dann fügt ihr, da es nicht leicht ist, einen Menschen zu finden, an dem alles untadelig ist, von vielen das zusammen, was an jedem das Schönste ist. So erreicht ihr, daß die Körper vollkommen erscheinen.« (Xenophon: Memorabilien: III. Buch / 10 / S.139)

Was hier für die Malerei und die Bildhauerei ausgesagt wird, gilt für die sozialen Atome der Antike generell: Sie sind keine Besonderen, nicht als Besondere anerkannt, insofern sie sich weder von der sozialen noch von der natürlichen Welt klar abgrenzen. Sie sind auch keine autonomen, sich selbst Gesetze gebenden Subjekte. Ihre Identität ist sinnlich-unmittelbar – deshalb sind sie Ungleiche; zugleich erscheinen sie aus als Personifikationen allgemeiner Verhältnisse, als Typisierungen, weil sie unmittelbar vergesellschaftet sind. Die Herrschenden verkörpern den Logos, die Proportion, die Beherrschten gelten als beherrscht von ihren sinnlichen, körperlichen Trieben.

Die Konstruktion der Strukturmerkmale der mythologischen Welt ebenso wie die Durchsicht der überlieferten Texte belegt, daß das mythologische Sozialatom nicht als Subjekt seines Denkens und Handelns gelten kann: es ist Moment eines vom göttlichen Logos gelenkten, als Emanation des Logos verstandenen Kosmos – der Logos ist Subjekt, das Sozialatom empfängt die Erkenntnis; sie wird ihm durch Götter offenbart. Daher ist der Mensch der mythologischen Welt kein identisches Subjekt gegen die Objektivität, sondern eine unselbständige Konstellation von Weltbezügen. Zum identischen Subjekt erheben könnte sich der Mensch, beim Ausgang aus der mythologischen Welt, einzig, indem er zum Göttlichen emporstiege, indem er sich göttliche Weisheit, göttliche Schöpferkraft vindizierte. Dieser welthistorische Umschlag erfolgt im Spätmittelalter und in der Renaissance: durch die Transformation des Mythos in Metaphysik.

IV. Exkurs: Erfahrungen eines deutschen Psychiaters in Vietnam

Bisweilen läßt sich über die europäische Ich-Identität am meisten lernen, wo sie nicht existiert. Der Psychiater Erich Wulff hat um 1965 – während des Krieges – jahrelang in Vietnam gearbeitet, als Dozent an der Universität von Hué mit Studierenden und als Therapeut mit seelisch kranken Menschen. Er hat darüber – teils unter einem Pseudonym – berichtet (Alsheimer 1968; Wulff 1977: 15ff., 95ff.). Zwei Beobachtungen vor allem erzeugten eine produktive ›Verwunderung‹ (Platon, Aristoteles): Die Studenten beherrschten nicht die einfachsten Regeln der – europäischen – *Identitäts-Logik;* parallel konnte der Psychiater keinen Fall einer Störung der *Ich-Identität* als Schizophrenie feststellen. Wulff hat beide Phänomene systematisch untersucht und beschrieben. Ob seine Beschreibung zutreffend ist oder nicht: sie umreißt die Frage der *Identität* durch Darstellung der verschiedenen Seiten des Problem-Komplexes. Insofern können, in anderer Weise, die an der griechischen Antike gewonnenen Befunde näher entfaltet werden.

In Gesprächen mit vietnamesischen Patienten und deren Angehörigen hat Wulff die fehlende Beachtung einer Reihe zentraler *logischer Gesetze,* die Europäern und Nordamerikanern geläufig sind, erfahren. Daraus resultierte, daß sowohl dem Arzt die Darstellungen der Patienten oft als diffus, als auch den Patienten die Fragen des Arztes als sinnlos erschienen (Wulff 1977: 30ff.). Aus europäischer Sicht lassen sich die Schwierigkeiten auf das Problem der *logischen Identität* konzentrieren.

Zunächst konstatiert Wulff,

> »daß sich der Satz vom Widerspruch bei den Vietnamesen noch nicht in demselben Ausmaße zu einem Vorstellungstabu entwickelt hat, dessen minutiöse Beachtung über die intellektuelle Rechtschaffenheit eines Menschen entscheidet, wie dies bei uns in Europa, zumindest seit der Scholastik, der Fall ist, wo dieses Tabu die Basis für die Integration der Verstandeskräfte in das hierarchische Gebäude der aristotelisch-thomistisch begründeten Logik bildet.« (Wulff 1977: 34)

Ein *Widerspruch* liegt vor, wenn von einem Gegenstand zugleich A und Non-A behauptet wird. Der Widerspruch ist das Non-A unter der Voraussetzung von A, der Identität. So führt die Frage des Widerspruchs zurück auf die der Identität. – Sodann berichtet Wulff von der Unfähigkeit der Patienten, eine *»chronologisch geordnete Darstellung«* von Ereignissen zu geben (ebd. 31). Nun ist die Bedingung einer solchen Darstellung der eigenen Krankheitsgeschichte die biographische Identität des Patienten; der Zeitablauf bezieht sich stets auf einen Menschen, eine Sache, eine Gesellschaft. – Weiter ist die Bedingung einer chronologischen Darstellung die Darstellung von *Tatsachen* – diese werden in eine Zeitfolge gebracht. Die »uns gewohnte informative« Mitteilungsweise, berichtet Wulff (ebd. 31f.), ist Vietnamesen unmöglich; Realität ist keine objektivierte Tatsachen-Wirklichkeit, sondern ein Komplex festgelegter – normierter und tradierter – Situationen. Die neuzeitlich-europäische Trennung von Subjekt und Objekt, Sein und Sollen, Tatsachen und Werturteilen, ist in Vietnam nicht geläufig. – Weiter ist die logische Aufeinanderfolge von Tatsachen als ein

Verhältnis von *Ursachen und Wirkungen* in Vietnam wenig eindeutig (ebd. 35), so daß es leicht zur Austauschbarkeit kommt.

Parallel zur Problematik einer weitgehenden Nichtbeachtung elementarer Regeln der europäischen Logik, die auf das Problem der Identität verweisen, beschreibt Wulff (1977: 103ff.) die fehlende Existenz einer bürgerlichen Ich-Identität – Individualität – in Vietnam: den Mangel sowohl an einer *»persönlichen«* als auch an einer *»sozialen Identität«* (Goffman) – an einer biographischen Identität als auch an einer Identität durch verschiedene Rollen hindurch. Das vietnamesische Ich erscheint dem deutschen Psychiater als nicht aus der Welt – der »gesellschaftlichen Welt« wie der »Welt der Natur« (Vico 1725) – ausgegrenzt, sondern in sie integriert; in dieser Integration scheint es seine Harmonie zu erlangen. Vom europäischen Standpunkt aus begreift das vietnamesische Ich die Welt *mythologisch:* weil nicht klar zwischen *Ich, Gesellschaft und Natur* unterschieden werden kann.

Die vietnamesische Tradition, schreibt Wulff (1977), versteht die »Einheit der Person« in Rücksicht auf die »Seele«, die ihrerseits aus einer Reihe von »Elementarbestandteilen« zusammengesetzt ist; diese Teile müssen in ein »harmonisches Verhältnis« gebracht werden (ebd. 104f.). Weil jene Teile von außen »beeinflußt, ja in Besitz genommen werden« können, gelingt die innere Harmonie nur durch eine äußere. Genauer gilt die innere zugleich als äußere Harmonie, weil das Außen im Inneren des Ich ist, so daß dieses von einem Außen nicht abgegrenzt ist. – Das Äußere sind zunächst *andere Menschen:* Ahnen, also Verstorbene, Geister von Heroen, der Gemeinschaft des Dorfes und der Großfamilie. Durch »Ahnen- und Heroenkult«, durch ein strenges Einhalten von Ritualen – etwa der Höflichkeit oder der Arbeit – wird die ersehnte Harmonie hergestellt. – Das Äußere ist sodann die *Natur.* Daraus ergibt sich die Bedeutung der Astrologie, des Naturdämonen-Kults, der Magie. – Weil beide äußeren Sphären nicht getrennt sind, zielen Kulte und Rituale insgesamt auf eine harmonische Welt-Ordnung, in die das Ich vollkommen integriert ist. – Diese fehlende Abgrenzung des Ich gegen die Welt gelangt zum Ausdruck darin, daß das klassische vietnamesische Haus keine Privat- oder Intimsphäre kennt, daß Kinder durch die Mitglieder der Großfamilie erzogen werden, daß sie kein eigenes Spielzeug besitzen, daß überhaupt Eigentum keine tabuisierte Institution ist (ebd. 109-113). Sie gelangt auch darin zum Ausdruck, daß die Form der Ich-Abgrenzung durch ein Nein-Sagen – eine Kultur der Kritik und des Streites – wenig entwickelt ist. Sie gelangt endlich zum Ausdruck in der Tabuisierung aller individueller – vor allem emotionaler – Regungen.

In der vietnamesischen Sprache ist das *Problem von individueller und logischer Identität,* das *Problem fehlender Ich-Abgrenzungen,* konzentriert (siehe Wulff 1977: 68ff., 107ff.). – Zentral ist das Fehlen von *Personal- und Possessivpronomen:*

»Der Satz ›Du gehst nach Hué‹ ist ins Vietnamesische nicht direkt übersetzbar, und zwar deshalb, weil es das Wort ›Du‹ in dieser Sprache nicht gibt. Genauer gesagt gibt es dafür mehrere Worte, aber keinen Allgemeinbegriff. Das deutsche ›Du‹ verlangt also präzisiert zu werden. Wenn der Angesprochene ein Rikscha-Kuli ist, der Sprecher jedoch ein Angehöriger der Oberklasse, müßte es mit ›bác‹, Onkel väterlicherseits, übersetzt werden; sprechen zwei Gleichrangige miteinander, legt sich das Wort ›anh‹, älterer Bruder, nahe; redet ein Untergebener einen Vorgesetzten an, so wird er das Wort ›ông‹, Herr, ursprünglich Großvater, vorziehen. Einen Allgemeinbegriff gibt es aber ebensowenig für das Wort ›Ich‹. Auch ›ich‹ bin entweder Herr (Großvater), kleiner oder großer Bruder, Onkel, Meister, Sklave, je nach der Rollensituation, in die ich durch das Verhältnis zu meinem jeweiligen Gesprächspartner gerade versetzt werde. Die Notwendigkeit zu einem häufigen Rollenwechsel, der einen Wechsel der Selbstdefinition und -benennung und damit, im westlichen Verstande, auch der eigenen ›Identität‹ einschließt, ergibt sich also bereits aus der Struktur der vietnamesischen Sprache; und er wird von den Kindern, indem sie ›anständig‹ sprechen lernen, bereits praktiziert.« (Wulff 1977: 108)

Europäer und Nordamerikaner erfahren, indem sie Vietnamesisch lernen, an sich den Prozeß einer »Entindividualisierung« (ebd. 109). – Fehlt das Personalpronomen, so existiert für Verben auch nur die Infinitivform; *Konjugationen* sind nicht vorhanden. Ebenso entfällt die Differenz von *Aktiv- und Passivformen* – ein handelndes Ich im europäischen Sinne existiert ja nicht. Auch *Zeitmodalitäten,* die eine biographische Identität des Ich voraussetzen, fehlen. Überhaupt sind Worte nicht an sich, sondern nur im Kontext eines Satzes Substantive, Verben oder Adjektive (ebd. 107f.).

So impliziert die Grammatik der vietnamesischen Sprache eine Lebensform, eine Kultur. Ein Individuum existiert nicht und mit ihm fehlt die auf Identität beruhende europäische Logik. Die Integration in die bürgerlich konstituierte Weltgesellschaft bedeutet für Menschen dieser Kultur, daß sie unfähig sind, sich im europäischen Sinne rational zu verhalten. Das Erlernen europäischer Wissenschaften, die Aneignung technischer Fertigkeiten zur Umgestaltung der Natur, das Erlernen planenden und organisierenden Denkens und ›sachliches‹ Reden impliziert eine ganze Kultur, eine neue Weltinterpretation und Lebenspraxis – es handelt sich nicht schlicht um die Aneignung isolierter Fähigkeiten. Im Rahmen der europäisierten Weltgesellschaft sind – wie das vietnamesische Beispiel belegt – Menschen nicht-europäischer Kulturen a priori einer Fremdherrschaft ausgesetzt, die alle Bereiche von Kulturen betrifft. Sie können die auswendige europäische

Identitätslogik nur auswendig lernen und reproduzieren – sie können sich nur anpassen, aber es ist nicht ihre Identität.

Umgekehrt ist die *Schwierigkeit des deutschen Psychiaters,* seine Erfahrungen zu reflektieren und mitzuteilen, unübersehbar. Er bestimmt die vietnamesische Kultur und Sprache, das Denken und Verhalten seiner Studierenden und Patienten, indem er es negativ am Modell einer *vorausgesetzten, ihm geläufigen Form von Ich-Identität* mißt – sein Verfahren ist die Messung an einem »Idealtypus«. Diese – europäische – Form von Ich-Identität zeichnet sich allgemein aus durch eine Abgrenzung des Ich gegenüber äußerer Natur, eigener Natur und anderen Menschen. Das Ich ist ein »ego cogito« (Descartes) – darum koinzidieren Ich-Identität und logisch-begriffliche Identität.

Zunächst grenzt sich in der von Wulff *vorausgesetzten Ich-Identität* das Ich ab *gegen andere Menschen:* Geläufig ist die Unterscheidung von ›Ich‹ und ›Du‹, ›Mein‹ und ›Dein‹ – der Gebrauch von Personal- und Possessivpronomen. Weil das Ich sich auf dieser Ebene zu unterscheiden vermag, kann es auch die Differenz von Aktiv und Passiv geltend machen. – Sodann grenzt sich das Ich ab *gegenüber der äußeren und der eigenen Natur.* Es tritt als ein Subjekt der objektivierten, toten Natur gegenüber. Der Kosmos erscheint dem Ich nicht als lebendig und beseelt, sondern als durch Berechnung beherrschbares System. Nicht Astrologie, sondern Astronomie, nicht Magie, sondern rationale Technik bestimmen das Verhältnis zur äußeren Natur. Analog ist der Unterschied zwischen Leben und Tod absolut: ein Ahnenkult als Geisterkult ist diesem Ich fremd. – Durch *beide Ich-Abgrenzungen* konstituiert sich das Ich in der Form der Identität. Es bleibt mit sich identisch auf der horizontalen Ebene der sozialen Identität und auf der vertikalen Ebene der persönlichen Identität. Die Einheit als persönliche Identität erscheint darin, daß das Ich durch die Stadien seiner Ich-Entwicklung mit sich identisch bleibt – es vermag entsprechend Erscheinungen chronologisch zu ordnen und Zeitmodalitäten des Verbs anzuwenden. Die Einheit als soziale Identität erscheint darin, daß das Ich durch unterschiedlichste soziale Beziehungen hindurch mit sich identisch bleibt – es vermag von der Besonderheit der Situation zu abstrahieren. In beiden Fällen konstituiert sich Ich-Identität durch die Fähigkeit zur Selbstabstraktion auf die Einheit eines allgemeinen Verhältnisses, das allererst die Abgrenzung gegen Anderes erlaubt: eine Individuierung – Vereinzelung – gelingt nur in, und nicht jenseits, auch nicht vor aller Gesellschaft (vgl. Marx: 1857/58: 6).

Jene Ich-Identität, die Wulff voraussetzt, ist demnach nur als Einheit Getrennter möglich: als »Identität der Identität und der Nichtidentität«

(Hegel: Bd. 2: 96). Sie setzt die abstrakte Allgemeinheit als Prius, sie supponiert die »Herrschaft der Verhältnisse« (Marx 1857/58: 82), und impliziert die Selbstdefinition des Ich: ego cogito ergo sum. Die Identität des Ich erscheint im Identitätsprinzip des Denkens: dem Imperativ der Widerspruchslosigkeit, der Identifikation von Situationen als Tatsachen und von Prozessen als Wiederholungen, als Kausalität. Die soziale Ordnungsleistung der Ich-Abgrenzung vollendet sich in der logischen Ordnungsleistung der Identifikation und Systematik sowie der sprachlichen Ordnungsleistung der Grammatik.

Die Konstitution des Ich als rationales Individuum impliziert demnach die Konstitution einer rationalen Welt: beide sind geprägt von Identität. Insofern geht das Ich erneut in der Welt auf, wie das mythologische Ich, aber in einer rationalen, vom Identitätsprinzip geprägten Welt.

Indes ist das von Wulff vorausgesetzte Ich, als ein durch *rationale Identität* bestimmtes und sich selbst bestimmendes Subjekt, ohne *vernünftige Identität* und daher kein *Individuum* im *emphatischen Sinn*. Indem es nur vorausgesetzt und der vietnamesischen Form der Subjektivität entgegengesetzt ist, ist es ohne Reflexion auf die eigene Subjektivität, also auch ohne reflexive Einsicht in die entgegengesetzte Objektivität der Welt. Die Form der »Entzweiung« und »Entfremdung« von Subjekt und Objekt konstituiert zwar eine Verstandes-, aber keine Vernunft-Identität (vgl. Hegel: Bd. 2: 20 ff.): kein Individuum, das seiner selbst und seiner Welt bewußt wäre. Zwar ist es über eine mythologische Subjektivität hinaus, in der eine Einheit des ›Ich‹ nur als zusammenhanglose Konstellation von Selbst- und Welt-Bezügen gegeben ist. Aber deshalb ist es noch nicht im Stand eines reflektierten Selbst- und Weltbewußtseins. Diese Vernunft-Utopie ist in der Verstandes-Identität als Vorschein auf Identität enthalten, aber nur als uneingelöstes Versprechen. Aufgeklärt wäre die Verstandes-Identität erst durch Selbsterkenntnis im Fremden, nicht durch Entgegensetzung gegen das Fremde. Das ist die bürgerliche, die bürgerliche Welt überschreitende Utopie kosmopolitischer Freiheit und »ewigen Friedens«.

So verweist auch die Erfahrung des deutschen Psychiaters auf die Notwendigkeit, diese Utopie als »antizipierenden Traum« (Bloch) durch eine aufklärende Geschichte der *Genesis und des Verfalls der Vernunft-Utopie des Individuums* zu erinnern.

1 Spätmittelalter und Renaissance (1250 – 1520/80) Metaphysisches Individuum (I): Das gottesebenbildliche Ich

In der mythologischen Welt ist der Mensch wesentlich ein unselbständiges Moment eines aus dem göttlichen Logos entsprungenen, vom göttlichen Logos durchdrungenen Kosmos: dieser ist subjektiv, beseelt, lebendig, aktiv, moralisch. Der Mensch zerfällt deshalb in eine Konstellation von Weltbezügen: er ist ohne Ich-Abgrenzungen, ohne Identität, er geht in der Welt auf. Analog sind die Götter menschen-ähnlich vorgestellt: sinnlich, personal. Wie aber der Mythos immer schon die unmittelbare Welteinheit überschreitet, so gebiert er auch die Idee des Ich: »Kenne dich!« – Selbsterkenntnis, Welterkenntnis. Diese freilich ist erst vorstellbar als göttliches Offenbarungswissen.

Im Spätmittelalter (um 1250-1420) zerfiel durch eine kosmologische Krisis die mythologische Welteinheit. Die Krisis bestand in einer Konstellation von katastrophischen Ereignissen (siehe: Romano/Tenenti 1967: 9-47; Wallerstein 1974: 27-47): Von grundlegender Bedeutung war die ›Kleine Eiszeit‹ im 14. Jahrhundert: das Vordringen der polaren und alpinen Gletscher, verbunden mit erheblichen Niederschlägen einerseits, Wüstungen andererseits. Die direkte Folge war ein Verfall der Landwirtschaft – rapide abnehmende Bodenerträge. Das bedeutete: Verfall des Feudalismus, weil die Bauern nicht länger ein Mehrprodukt für die Feudalherren produzieren konnten; Bauernaufstände (England: 1381) gegen die Feudalherren; Mangel an Lebensmitteln (Getreide); Hungersnöte; Armutskrankheiten: Seuchen, vor allem die Schwarze Pest der Jahre 1348-1350; Abwanderung der Landbevölkerung in die Städte – Urbanisierung. Als Folge dieser Krise hungerte und starb ein erheblicher Teil der europäischen Bevölkerung; erst um 1600 erreichte die Bevölkerungszahl wieder die Größe der Zeit um 1200. Über diese Krisenkonstellation hinaus erschütterte der ›Hundertjährige Krieg‹ (1339-1453) zwischen England und Frankreich Europa. Unter mythologischen Voraussetzungen wurde die Krisis als »Gottesgericht« verstanden: als Ausdruck jenes zornigen Gottes, wie er in der *Bibel* – im ersten Buch Mose – nach dem Sündenfall auftritt und im gesamten *Alten Testament* erscheint (Bibel: 1. Mose 3). Der mittelalterliche, christliche Mensch glaubte sich auf der Erde im Tal der Sünde, göttlichem Zorn ausgesetzt – ohne Aussicht auf Versöhnung. Die katholische Einheit Europas zerbrach: durch die Gründung erster Armutsorden, durch die Krise des Papsttums mit der Koexistenz von teilweise zwei oder drei Päpsten. Die Erosion der Macht der Feudalherren hatte eine Machtverschiebung zu einer königlichen Zentralgewalt zur Folge. So war die Zeit um 1350 die Epoche des Übergangs von einer mythologischen zu einer metaphysisch integrierten Welt: zum Beginn des bürgerlichen Zeitalters. Geographisch ist der Ort dieser Revolution der Norden Italiens, vor allem die Toscana; das Subzentrum sind die Niederlande.

Nirgends ist diese Krise, durch die das Mittelalter in die Neuzeit überging, im zeitgenössischen Bewußtsein so klar reflektiert und ausgedrückt worden wie in *Ambrogio Lorenzettis* (um 1290-1348) Fresko: *Allegorie der guten und schlechten Regierung* (1337-1339) im Palazzo Pubblico zu Siena. Das Fresko ist insgesamt etwa 14 Meter lang und erstreckt sich über die Stirnseite und die zwei Längsseiten eines rechteckigen Raumes. Dargestellt ist das Leben in Siena unter einer guten Regierung. Deren Grundsätze und Auswirkungen sind an der Stirnseite und einer Längsseite sichtbar und auch begrifflich bestimmt. An der anderen Längsseite sind, als Gegensatz, die Prinzipien und Auswirkungen einer schlechten Regierung durch Figuren und erläuternde Begriffe vorgeführt. Die Sprache ist teils Latein, teils das toscanische Italienisch. – An der Stirnseite werden die *Prinzipien der guten Regierung* durch Personen vorgestellt. Die obere Reihe von Figuren repräsentiert: Weisheit (sapientia), Glaube (fides), Güte (bonitas), Hoffnung (spes). Die mittlere Figurenreihe zeigt zunächst, unter der Weisheit, die Gerechtigkeit mit den beiden symbolischen Waagschalen; daneben sind, personifiziert und mit Begriffen erläutert, zu sehen: Friede (pax), Stärke (fortitudo), Klugheit (prudentia), Gemeinwohl, Großmut (magnanitas), Mäßigung (temperantia), Gerechtigkeit (iustitia). Diese Figuren, ebenso wie Glaube, Güte und Hoffnung, sind auf das Gemeinwohl als Zentrum bezogen. Die untere Figurenreihe zeigt: Eintracht; einträchtige Bürger – die Eintracht (concordia) blickt, als Frauenfigur, auf die Bürger und ist über ein Seil mit den Waagschalen der Gerechtigkeit verbunden; unterworfene Feinde als Gegensatz zur Gemeinschaft der Bürger: alle blicken auf das Gemeinwohl. Unter diesem Bild sind die Wissenschaften symbolisiert und schriftlich bestimmt: geometria, astrologia, philosophia. In der Mitte ist der Grundbegriff zu lesen: libertas. – An der zugehörigen Längsseite werden die *Auswirkungen der guten Regierung* zur Anschauung gebracht. Das Fresko zeigt die *Arbeitsteilung zwischen Stadt und Land* und ist hier entsprechend jeweils zur Hälfte einer Seite dieser Arbeitsteilung gewidmet. In der *Stadt* sind erkennbar: die Stadtmauer, Türme und prächtige Gebäude mit dem Dom von Siena; die Geschäfte der Händler, die Werkstätten der Handwerker (Weber, Schumacher), die Kontore der Geldwechsler und Geldverleiher. In einer Universität wird eine Vorlesung gehalten; Mädchen tanzen einen alten Tanz, Reiter – unter ihnen ein gekröntes Haupt – durchziehen die Stadt; Bauarbeiter errichten einen Turm; Bauern bringen ihre Waren auf Eseln und treiben Schafe vor sich her. Auf dem *Lande* wird Wein angebaut und Getreide geerntet; die Produkte werden in die Stadt transportiert, von wo aus umgekehrt Lasttiere Waren auf das Land tragen. – An der gegenüberliegenden Längsseite sind einerseits die *Prinzipien der schlechten Regierung*, andererseits deren *Auswirkungen auf Stadt und Land* dargestellt. Bei den Prinzipien überragt die Figur der Hochmut (superbia) alles; links und rechts darunter thronen der Geiz (avaritia) und die Eitelkeit (vanagloria). Im Zentrum aber residiert, darunter: die Tyrannei (tyrannis) – eine Figur mit Teufelshörnern und Fledermaus-Flügeln. Zu ihren Füßen liegt, als Symbol des Bösen, ein Ziegenbock; daneben stellt ein Fabelwesen, halb Mensch, halb Ziegenbock, Wut und Raserei (furor) dar. Unter der Tyrannei liegt die Gerechtigkeit (iustitia), als Frauenfigur anschaulich, in Fesseln. Die Stadt der schlechten Regierung zeigt: zerstörte Gebäude; Soldaten, die eine Frau gefangen nehmen; einen Ermordeten. Das Bildnis des zerstörten Landes ist, realitätsgerecht, zerfallen: der bemalte Putz ist abgebröckelt. – Insgesamt zeigt das Bild, daß die Form der Regierung, die Form der Ökonomie, nicht einfach durch religiöse Überlieferung gegeben und hingenommen, sondern fraglich und unter moralische Prinzipien gestellt wird, denen die Herrschenden zu folgen haben. Das Gemeinwohl steht im Mittelpunkt. Vor allem zeigt das Fresko – auf einem Werk des 14. Jahrhunderts! – keinen Papst, keine Bischöfe, keine Mönche, keine symbolische Darstellung biblischer Gehalte. Unter den sichtbaren Gebäuden Sienas steht der Dom am linken Bildrand, im Hintergrund. So ist das Fresko Lorenzettis ausschließlich dem diesseitigen Leben gewidmet. Unter dieser Begrenzung werden aber auch weltliche Herrscher nicht individuell dargestellt: die Herrschaft erscheint nur nach den Prinzipien der Tugend und der Moral. Die Institutionen der guten Regierung sind Arbeitsteilung und Austausch, die tragenden Klassen sind Händler, Geldwechsler und Geldverleiher, Handwerker, Bauern. Die Klassen sind nicht nur an ihren Tätigkeiten zu erkennen, sondern auch an ihrer Bekleidung. Insgesamt ist das Fresko: bildnerische Sozialgeschichte auf der Höhe der Zeit, bildnerische Darstellung des kommenden gesellschaftlichen Logos. Die Darstellung ist freilich, trotz allen empirischen Gehalts, kein Abbild einer existierenden Faktizität, sondern eine Konstruktion. Zur Anschauung gebracht wird eine Regierung, die den – den platonischen Kardinal-Tugenden ähnlichen – Moralprinzipien folgt und dadurch Frieden, Freiheit, Gemeinwohl und Gerechtigkeit verwirklicht. Insofern ist Lorenzettis Fresko: eine gemalte *soziale Utopie* – das Land Nirgendwo hat seinen Ort in Siena.

Ökonomisch bedeutet jene spätmittelalterliche Krisis den Übergang von der alten Ökonomie der Haus- und Landwirtschaft zur Chrematistik, zum Kapitalismus in Form eines Kaufmanns-Kapitalismus. Der Kaufmann wird zur herausragenden Gestalt eines neuen, *metaphysischen Individuums*, das beansprucht, rational die Welt zu erkennen und sich rational seine Welt – durch eigene Arbeit – zu erschaffen. Der Übergang erfolgt in den norditalienischen Stadtrepubliken: Florenz, Venedig, Genua; er vollzieht sich auf dem Weltmarkt – auf dem Ort, auf den die mythologische Ökonomik die Chrematistik verbannt hatte. Der Zerfall der feudalen Gebrauchswert-Ökonomie und die Urbanisierung haben den Aufstieg von Handel und Wucher von der Peripherie zum Zentrum der Stadtökonomie zur Folge: es gilt, die nun fundamentale Arbeitsteilung von Stadt und Land zu vermitteln, so daß der Handel nicht länger einigen Überschußprodukten gilt – es wird nun arbeitsteilig für den Geld-Ware-Geld-Tausch produziert. – Freilich indiziert der Fortgang von der mythologischen Ökonomik zur Chrematistik als Kaufmanns-Kapitalismus, daß die bürgerliche Ökonomie noch weitgehend auf die Zirkulationssphäre begrenzt – also nicht verallgemeinert – ist und deshalb Merkmale der alten Ökonomik enthält. Ökonomisch bleibt das Individuum als Kaufmann das Átomon einer weiterhin göttlichen Welt: er ist identisch mit Gott als einem Allgemeinen. Analog steht die Verselbständigung des Allgemeinen, als Gesellschaft, gegen das Besondere des Individuums aus. Gesellschaft bedeutet in der Renaissance: Geselligkeit; Ökonomie ist auch weiterhin: Hauswirtschaft (vgl. Burke 1984: 189, 193). Die Einheit von Mythos und Rationalität, die den alten Mythos revolutioniert und die Rationalität durch einen neuen Mythos fundiert, wird in der kommenden Philosophie als Metaphysik aufgefaßt *(Abschnitt 1.2)*

Philosophisch bedeutet der Fortgang vom Ware-Geld-Ware-Tausch zum Geld-Ware-Geld-Tausch die Erhebung des Geldes, des bereits von Heraklit am Tausch gewonnenen Logos, zum Selbstzweck. Der Logos wird vom Götterhimmel auf die Erde geholt, der Mensch steigt zur Gottesebenbildlichkeit auf: und erlangt nun, in einem ersten Schritt, Selbständigkeit und Identität – allerdings erst in Gott. Er bildet sich als Besonderes, als Individuum, in unmittelbarer Einheit mit Gott, dem Identisch-Allgemeinen: die Gottes-Vorstellung wandelt sich von der Idee eines anthropomorphen zur Idee eines übersinnlichen Gottes. Das Individuum, das zur Gottesebenbildlichkeit aufsteigt, steigt zum ego cogito auf; es konstituiert sich in Form der *metaphysischen Individualität;* die Philosophie, die dies ausspricht, konstituiert sich als *Metaphysik.* Indem jene Individualität christlich auf die biblische Schöpfungsgeschichte rekurriert, auf den Satz: »Gott schuf den Menschen zu seinem Bilde, zum Bilde Gottes schuf er ihn«, auf daß der Mensch sich die Erde »untertan« mache (Die Bibel: 1. Mose/1, 26-28), wird die mittelalterliche Selbsterfahrung eines sündigen Menschen in einer sündigen Welt überwunden. Der Rekurs auf die Schöpfungsgeschichte ist eine Rückkehr, vermittelt durch das *Neue Testament,* durch die Geburt und Auferstehung Christi: durch das Oster- und Pfingst-Wunder. Denn in Christus war, nach dem Evangelium des Johannes (1/1-17), Gott als Wort (Logos) »Fleisch« geworden – der Mensch konnte sich als Personifikation des göttlichen Logos begreifen. Diese Selbsterfahrung wird in der Renaissance philosophisch und künstlerisch ausgedrückt und zur Erscheinung gebracht: nach der von Protagoras aufgenommenen Lehre des Pythagoras, der Mensch sei das »Maß aller Dinge«, das Abbild des Logos. Diese Erfahrung gibt der Zeit den Titel: Humanismus. Das gottesebenbildliche Individuum vindiziert sich Erkenntnis des Göttlichen und göttliche Schöpfungskraft ineins: Welterkenntnis und Welterschaffung. Die Arbeit verliert ihre Bedeutung als bloße Gottesstrafe, verhängt nach dem Sündenfall, und wandelt sich zur weltschöpferischen Lebenspraxis. – Luca de Pacioli (1445-1510), Mathematiker, Schüler Piero della Francescas (1416-1497) und Mitarbeiter Leonardo da Vincis (1452-1519), schreibt 1497 die erst 1509 publizierte Abhandlung: *De divina proporzione.* Die »göttliche Proportion«, der Logos, gilt nun als Logos der ökonomischen Buchhaltung, der Zentralperspektive der Malerei, der Architektur und der Stadtplanung. Der göttliche Logos ist dem Menschen nicht länger entzogen und nur durch Offenbarung zugänglich; der Logos scheint nun von Menschen erkennbar, die so in die Lage versetzt sind, gottesebenbildlich ihre Welt zu erschaffen, Logos in die Welt zu bringen. Der gottesebenbildliche Mensch gilt gar als Verkörperung des Logos: als »Maß aller Dinge«. Die göttliche Weisheit wird allen, vor allem Laien, prinzipiell zugänglich; die neuen Universitäten lösen die Klöster als Zentren des Wissens ab. Durch die Gottesebenbildlichkeit, durch diese Identität in Gott, wird das Individuum als bürgerliches Individuum geboren. Das ist ausgesprochen in der Philosophie des Spätmittelalters und der Renaissance: bei Francesco Petrarca (1304-1374), Giannozzo Manetti (1396-1459) und Giovanni Pico della Mirandola (1463-1494) vor allem. *(Abschnitt 1.1)*

Herausragend ist in dieser Epoche die Bedeutung der *Bildenden Kunst* als Wissenschaft vom göttlichen Logos, von der Natur, vom Menschen, von der Stadt-Gesellschaft. Im Übergang vom Mythos, vom Denken in Bildern und Gleichnissen, zur Verselbständigung abstrahierenden und identifizierenden Denkens, fällt der Kunst wie selbstverständlich zuerst die Rolle des Nachdenkens und Forschens zu. Das Wissenschaftliche der Kunst besteht in der Welt-Rekonstruktion und -Erschaffung nach Maßgabe der divina proporzione. Das Vorbild der Renaissance-Kunst ist die griechische, aber auch die römische Antike, die »Wiedergeburt« der Kunst aus dem Geist der Antike gibt der Epoche ihren Namen: *rinascità. (Abschnitt 1.3)*

Durch diese Rationalisierung der Welt, durch diese Erhebung des Menschen zu Gott, sinkt die *Religion* zum bloßen Glauben – neben dem Wissen – herab und bedarf einer analogen individualistischen Rationalisierung: durch die Reformation. Diese hat, am Ausgang der mythologischen Welt, die neuen Formen von Erkenntnis und Lebenspraxis teils zu kritisieren, teils zu rechtfertigen. Vor allem etabliert die Reformation neue Vorstellungen vom gläubigen Individuum und von Gott: beide werden nun wesentlich nicht mehr mythologisch, sinnlich-übersinnlich gedacht. Dem Gläubigen, so scheint es, wird durch göttliche Gnade gewährt, arbeitend seine Triebe zu unterdrücken und sich in der von den Bedürfnissen emanzipierten Seele mit Gott zu vereinen, Gottes Ebenbild zu werden. Die Reformation entspricht der Bildenden Kunst im Selbstverständnis einer *rinascità,* indem sie – durch die *Wiedergeburt (Auferstehung) Christi* vermittelt – auf die gottesebenbildliche Schöpfung des Menschen zurückgeht und dessen mögliche *Versöhnung* mit Gott in den Mittelpunkt des Glaubens rückt. *(Abschnitt 1.4)*

Der Zusammenhang von Selbst- und Welterkenntnis des neuen metaphysischen Individualismus wird endlich manifest in der Revolutionierung der *Astronomie* durch Nicolaus Copernicus (1473-1543) sowie in der *Entdeckung der Neuen Welt* durch Cristoforo Colombo (1451-1506), die die Möglichkeit einer gesellschaftlichen, utopischen Selbstreflexion durch Thomas More (1478-1535) bietet. *(Abschnitte 1.5 und 1.6)*

Insgesamt ist die Epoche des Spätmittelalters und der Renaissance: das Zeitalter der Geburt des Individuums durch Aufstieg zur Gottesebenbildlichkeit. Die Gottesebenbildlichkeit ist eine *metaphysische Individualität* in Gott, ein Geltendmachen des Besonderen in unmittelbarer Einheit mit dem Göttlich-Allgemeinen, mit dem Logos: so wird es in der Bildenden Kunst, in den Proportionsstudien des Menschen, dargestellt. *Meta-physisch:* Denn durch den Aufstieg zur Gottesebenbildlichkeit gewinnt der Mensch die Teilhabe an der theoretischen und praktischen Kraft des göttlichen Logos. Indem er Einsicht in das *Göttliche* erlangt, bildet er sich zum *In-Dividuum;* so eröffnet sich ihm die theoretische, praktisch wirksame Einsicht in die Welt der *Physis.* Diese erste Form des Individuums entbehrt noch der gegensätzlichen Einheit von Besonderem und Allgemeinem. Was im Göttlich-Allgemeinen nicht aufgeht, gilt als Auszuschließendes, zu Unterdrückendes, zu Bekämpfendes: das trifft – vor allem und explizit bei Luther – die »arbeitenden Armen«, die Türken, die Juden. Das metaphysische Individuum, das seine Identität in Gott erlangt, ist dadurch immer noch das Individuum in einer vom göttlichen Logos durchdrungenen, lebendig-beseelten Welt:

die ihm jedoch nicht länger entzogen, sondern erkennbar und nachbildbar scheint. Der Mythos hat sich zur Metaphysik entwickelt: das ist der welthistorische, unerhörte Anspruch des bürgerlichen Individuums – es erlangt Autonomie durch göttliche Weisheit und göttliche Schöpferkraft, durch schöpferische Arbeit; es kehrt, christlich, durch Christi Auferstehung hinter den Sündenfall zurück zur Schöpfung.

Der *geographische Ort* der Renaissance ist allererst: *Norditalien, vor allem die Toscana* – die Stadtrepubliken von Florenz, Venedig, Genua, Pisa. Hier hat die Epoche ihren Namen erhalten: *rinascità* – Wiedergeburt. Dieser Titel ist, angesichts des revolutionären Fortschritts von der mythologischen zur metaphysischen Weltauffassung und Lebenspraxis, der sich auf allen Gebieten der Ökonomie, der Gesellschaft, der Politik und Kultur manifestiert, paradox: als ob das ganz Neue die Wiederkehr einer untergegangenen Welt sei. Die umfassende Revolutionierung der Verhältnisse verlangte nach einer Bestimmung der *gesellschaftlichen, der kulturellen Identität.* Dafür, daß dieses Bedürfnis die Form der *rinascità* – erst Jacob Burckhardt prägte in seiner *Kultur der Renaissance in Italien* (1859) den heute geläufigen Begriff *Renaissance* – , einer Wiedergeburt der Antike, annahm, gibt es einen historischen und einen logischen Grund.

Der *historische Grund* liegt in der Geschichte des Verfalls des Römischen Weltreichs durch dessen Spaltung in die Reiche West- und Ost-Roms (395 n. Chr.), den Sieg germanischer Heere unter Odowakar im Jahre 476 über den letzten weströmischen Kaiser Romulus Augustulus und das nachfolgende Mittelalter, endlich in den erfolgreichen Kämpfen italienischer Städte um die Befreiung von der Jahrhunderte andauernden Fremdherrschaft. Nach 476 wechselten sich in Italien die Germanen, Byzanz (555), Karl der Große (774), Otto der Große (951) und Friedrich I. Barbarossa in der Herrschaft ab. Arnold von Brescia versuchte 1143-1155 die altrömische Republik wiederherzustellen, ebenso später Cola de Rienzo. Gegen Barbarossa erkämpfte der lombardische Städtebund 1176 die innere Selbständigkeit der Städte. Dennoch war Italien während der Renaissance politisch zerrissen, wie Machiavellis *Geschichte von Florenz* (1524) belegt: die Kämpfe zwischen den Kleinstaaten nahmen kein Ende; der Kampf zwischen der Häusern Habsburg und Valois (Frankreich) wurde um 1500 auf italienischem Boden ausgetragen. – *Giorgio Vasari* (1511-1574), der mit seinen *Le vite de più eccellenti architetti, pittori, et scultori Italiani* (1550/68) die Kunstgeschichtsschreibung begründete, hat in der Vorrede zum ersten Band des Werkes (a.a.O., 25-36) jene *Geschichte* – in Rücksicht auf die Bildende Kunst – in *drei Epochen* zusammengefaßt: als Epoche der »Vervollkommnung« in der *Antike,* vor allem in Griechenland; als Epoche des *»Verfalls«* schon im

Römischen Reich, dann durch die Christen, endlich und vor allem nach der »Zerstörung« Roms durch die »barbarischen Völker«, »welche mit dem Menschen nichts gemein hatten als Namen und Gestalt«, die die »deutsche Baumethode« durchsetzten; schließlich, seit etwa 1000: der Beginn einer »Wiedergeburt«, der *rinascità* – durch die Nachahmung der »antiken Methode« (ebd., vor allem: 28). Diese »Wiedergeburt«, diese Nachahmung antiker Vorbilder, bereitete Schwierigkeiten. Während man in der Architektur die Werke des Vitruvius nachlesen und antike Bauwerke studieren und vermessen konnte (siehe: Alberti 1450/72), war in der Malerei die Rezeption äußerst schwierig, weil die Werke der Antike durch die Barbarei verschüttet und deshalb unentdeckt waren. Jene Epoche des »Verfalls« zwischen der Antike und der rinascità ist das mittlere, das Mittel-Alter: das medium aevum. So hat Vasari, kunstgeschichtlich in Form erzählter Geschichte, ein *neues Geschichtsbewußtsein,* das Bewußtsein einer Neu-Zeit ausgedrückt. Dieses Bewußtsein ist freilich sowenig das Bewußtsein einer *abstrakten Geschichte* wie die Kaufmanns-Ökonomie der rinascità eine *abstrakte Gesellschaft* kennt. Vasari bestimmt zwar deutlich jene drei Epochen der Geschichte, aber er beschreibt diese Geschichte in Form einer Geschichts-Erzählung von Bauwerken, von Künstlern und Herrschern – er kennt keine allgemeinen Strukturmerkmale der Epochen im besonderen, der Geschichte im allgemeinen. Seine *Vite* sind eine Folge von *Individual-Geschichten:* von Biographien; den *Geschichtsverlauf* bestimmt er analog zum *Lebenslauf* eines Menschen (vgl. ebd. 36).

Der *logische Grund* für das neue Bewußtsein einer rinascità liegt darin, daß das Selbstbewußtsein des Menschen in einer neuen Zeit noch wesentlich bewußtlos ist, so daß es seinen Begriff des Menschen zu einem Ansich, einem historischen Ursprung erhöht. Die Antike erscheint dann als *utopische Vergangenheit,* die es freizusetzen gilt.

Die Renaissance geht zu Ende um 1520/80: mit der Entdeckung und Eroberung Amerikas durch Spanien sowie mit den Entdeckungen Portugals; mit der Verlagerung des Zentrums der europäischen Weltwirtschaft auf den Atlantik, so daß nun die nördlichen, protestantischen Niederlande zuerst (ab 1564/1588), dann England (ab 1649/1688) die Führung im bürgerlichen Fortschritt übernahmen.

1.1 Petrarca, Manetti, Pico: *Über die Würde des Menschen.* Gottesebenbildliche Erkenntnis und Weltschöpfung

Die zentrale Revolution der Renaissance hat Giovanni Pico della Mirandola philosophisch formuliert: Der Mensch vermag die Welt gottesebenbildlich zu erkennen, gottesebenbildlich sich selbst und seine Welt zu erschaffen – in diesem Aufstieg zum weltschöpferischen Logos liegt seine Würde, darin ist er mit sich, mit der Welt und mit Gott versöhnt: er ist »ein Geist mit Gott« (Pico 1486: 7) – der Mensch ist ebenso »Geist« wie Gott; der Mensch ist »in Gott und Gott in ihm« (ebd. 13) – er ist mit sich identisch, indem er mit Gott identisch ist (ebd. 25). So ist er die Verkörperung des Logos. Durch die Erhebung zum geistigen Gott, durch diese Gottesebenbildlichkeit, die paradox eine Abwendung von der sinnlichen, körperlichen Welt ist, wird der Mensch zum Subjekt seines Denkens und Handelns; durch diese Gottesebenbildlichkeit ist er nicht länger mythologischen Mächten ausgeliefert; durch diese Gottesebenbildlichkeit ist er nicht länger in sich entzweit in seinen Weltbezügen. Die Vernunft des Menschen ist nun identisch mit dem göttlichen Logos: mit dem schöpferischen Wort Gottes; die Praxis des Menschen ist nun identisch mit der göttlichen Weltschöpfung. Der Mensch beginnt den Aufstieg zum ego cogito (Descartes).

Dieser unerhörte Anspruch ist in drei Hinsichten von umwälzender Bedeutung. Zunächst reklamiert die *Philosophie* den Vorrang vor der Theologie; die Vernunft stellt sich über den Glauben. Der Mensch erhebt sich zu einem Gott-Menschen: er erhebt sich zum Geistigen, zu Gott, der allererst Geist ist. In seiner Vernunft ist der Mensch eins mit dem göttlichen Logos. Zugleich gewinnt die *Ökonomie* eine zentrale Stellung im Selbstverständnis und in der Lebenspraxis des Menschen. Der biblische Fluch: »Im Schweiße deines Angesichts sollst du dein Brot essen!« (Bibel: 1. Mose 3) wird nicht aufgehoben, tritt aber hinter die göttliche Schöpfungsarbeit (ebd. 1. Mose 1) zurück. Der Mensch, der philosophisch-vernünftig die Welt vollkommen erkennt, vermag sich durch schöpferische Arbeit seine Welt zu erschaffen und sich zu Gott zu erheben. Die Schöpfungsarbeit schafft ökonomisches Eigentum und verwirklicht zugleich eine vernünftige Welt – sie ist von *utopischer* Kraft. Diese Utopie ist theologisch gedacht als Selbsterlösung des Menschen, als Versöhnung des Menschen mit sich und mit Gott kraft seiner Vernunft. So tritt der Mensch als *gottesebenbildliches Subjekt* der Welt gegenüber, die immer noch vom göttlichen Logos durchdrungen, ebenfalls subjektiv ist. Die Subjektivierung des Menschen ist erst metaphysisch, in Analogie zur biblischen »Schöpfung«, gedacht. Philosophie und Ökonomie sind Formen der Annäherung des Menschen an Gott, Vereinigung von menschlicher Seele und göttlichem Logos. Das bürgerliche Individuum formuliert sein Selbstverständnis philosophisch-ökonomisch bis zum 19. Jahrhundert.

Den Aufstieg des Menschen zu Gott, zum göttlichen Logos, leistet im Jahre 1336 *Francesco Petrarca,* Sohn eines aus Florenz verbannten und in Avignon lebenden Advokaten: in den Jahren des Höhepunkts der kosmologischen Krisis, die den Übergang von der mittelalterlichen mythologischen Welt zur frühen bürgerlichen Welt des Spätmittelalters und der Renaissance bildet.

Petrarcas Aufstieg zu Gott ist eine Bergbesteigung, über die er 1336 berichtet: *Die Besteigung des Mont Ventoux.* In seinem Bericht formuliert er ein neues Selbstbewußtsein des europäischen Menschen, das sich in einem neuen Weltbewußtsein ausdrückt: Die Landschaft, die diesseitige Welt, gilt ihm nicht länger als Tal sündigen Elends, sondern leidenschaftlicher, ästhetischer Erfahrung. Vor allem aber ist sie nicht länger Objekt selbstvergessener Kontemplation, sondern Ausgangspunkt einer Selbstreflexion, einer Rückwendung des Schauens auf die Seele (Petrarca 1336: 21-29). Der Aufstieg wird für Petrarca zur Abwendung der Seele vom eigenen Leib, vom sinnlichen Diesseits, zu einer Erhebung zu Gott, der analog entmythologisiert ist. Das Selbst als inneres, vernünftiges Selbst wird geboren. Pico und andere haben das Gleichnis dieses Aufstiegs aufgenommen im Bild einer Leiter, auf der der Mensch zu Gott auf- oder zum Animalischen absteigt. Petrarca selbst behandelt diesen Aufstieg in seinem Traktat *De remediis utriusque fortune* unter der Frage nach der dignitas humana – und begründet damit den Humanismus (vgl. Buck 1990a: VIII-XIV). Der Mensch, so scheint es nun, hat den mittelalterlichen Kosmos des Sündenfalls und des Gotteszorns, der Erde als eines Jammertals, überwunden.

In der Linie des Petrarca erklärt *Marsilio Ficino* (1433-1499) aus Florenz in seiner *Theologia Platonica* (13. Buch/3. Kapitel), die »Seele« des Menschen sei »die Rivalin Gottes in den Künsten und in der Herrschaft über die Staaten« (zitiert bei Buck 1990b: XII). Unmittelbarer Nachfolger Petrarcas aber ist *Giannozzo Manetti* aus Florenz. Manetti handelt 1452 in seiner Schrift *De dignitate et excellentia hominis,* über die *Würde und Erhabenheit des Menschen:* über den Menschen als Ebenbild Gottes – das zeichne ihn vor allen anderen Lebewesen aus. Der Text bestimmt die Gottesebenbildlichkeit in vier Büchern. Da der Mensch aus »Körper« und »Seele« »zusammengesetzt« sei, behandelt das erste Buch den Körper, das zweite die Seele, das dritte den »Menschen als Ganzen« (a.a.O. 64; siehe: ebd. 5), während das vierte eine Zurückweisung der traditionell-mittelalterlichen Auffassung vom Menschen als Sünder und vom »Elend des menschlichen Lebens« (ebd. 5) bietet. Der Autor stützt seine Argumentation auf die Überlieferung, die er umfangreich zitiert: durchgängig auf die *Bibel* und auf Cicero; in Rücksicht auf den Körper führt er die Schriften Ciceros und Laktanz' (ebd. 8-25), »Schriften über die Anatomie« von »Naturforschern« und »Ärzten« (ebd. 25ff.) an; in Rücksicht auf die Seele referiert und kritisiert er die Auffassungen der griechischen Philosophen von Thales bis Aristoteles sowie der römischen Denker von Cicero bis Seneca, Vergil und Lukrez (ebd. 37-42), ebenso wie die Auffassungen der »Kirchenväter«, der »Propheten und der »Heiligen« (ebd. 42 ff.); in Rücksicht auf den »Menschen als Ganzen« hebt er die Dogmen der griechischen Philosophen seit den Atomisten in seine Lehre auf und verleiht dieser durch Hinweise auf die »Griechen und Römer« von Homer bis Cato (ebd. 89), auf Augustinus und Cicero, Autorität (ebd. 65ff.); im vierten Buch endlich diskutiert Manetti die gesamte philosophische und theologische Tradition: die griechischen und römischen Philosophen von Thales bis Cicero, die *Bibel,* ausführlicher das Buch *Über das Elend des menschlichen Lebens* von Papst Innozenz III., eine Abhandlung des Ambrosius, Bischof von Mailand, »kirchliche Lehrer« wie Salomon und Hiob.

Im *ersten Buch* führt Manetti (1452: 7-35) die Gottesebenbildlichkeit – die »Würde und Erhabenheit« – in Rücksicht auf den *Körper des Menschen* vor. Der Körper sei ein »göttliches Werk« (ebd. 10; siehe ebd., passim). Dessen Gottesebenbildlichkeit (ebd. 14, 32f.) bestehe zunächst im aufrechten Gang, durch den der Mensch in die Lage versetzt sei, »den Himmel zu betrachten« und somit Gott zu »erkennen« (ebd. 10; vgl. ebd. 14ff., 20), als »Herr, König und Kaiser im ganzen Erdkreis« zu herrschen (ebd. 25). Die Gottesebenbildlichkeit des menschlichen Körpers bestehe sodann in der »göttlichen« Proportion der Glieder, die Manetti sogar in Zahlen-Relationen bestimmt, so daß der »Mensch« als »Mikrokosmos« beschrieben werden könne (ebd. 33).

> »Wir bewundern diesen Bau des menschlichen Körpers unaussprechlich und betrachten oftmals mit großem Staunen seine erhabene und göttliche Komposition aus verschiedenen Gliedern. Aus dieser Haltung heraus erschien es uns richtig, zunächst über die Knochen, die unverzichtbaren Fundamente des künftigen Gebäudes, dann über die äußeren Glieder, die sinnlich wahrnehmbar sind, und drittens über die inneren und verborgenen Körperteile so kurz wie möglich zu schreiben und zu berichten.« (Manetti 1452: 27; siehe: ebd. 27-35)

Auf dieser Grundlage würdigt Manetti, gestützt auf Cicero und Laktanz, einzelne Seiten des Körpers. Er beschreibt, in Form einer Sammlung von

Zitaten der erwähnten Autoren (ebd. 8-25): die Atmung, die die Seele ernährt; die Speiseaufnahme und die Verdauung, so daß der Körper ernährt wird (ebd. 21); die Sinne, die »dem Wissen und dem Verstande dienen« (ebd. 29f.), sowie die Sinnesorgane und hier vor allem die Augen; die »Hände« als »Dienerinnen der Vernunft und der Klugheit« (ebd. 19); die Knochen, die Füße und den Kopf als »edelsten und würdigsten Körperteil«, weil er das Gehirn birgt (ebd. 27-32); endlich den »fast göttlichen Geist«, durch den der Mensch »die Herrschaft über die Lebewesen der Erde« und »über den eigenen Körper erlangt hat« (ebd. 14f.). Er würdigt die Zweiteilung der »Einheit« des Körpers: daß Gott von allem »rechte und linke Teile« geschaffen habe; der Körper sei eine »unauflösliche Einheit«, die eine »Doppeltheit« impliziere. Er würdigt die »Ähnlichkeit« der Menschen, die gleichwohl einander unähnlich seien und »individuelle Gesichter« besäßen (ebd. 34). Alles sei zugleich »zweckdienlich« und »schön« (ebd. 17f.). Vor allem aber sei der Körper: das »Gefäß für die vernünftige Seele« (ebd. 34, 35). Die Seele stehe in der Gottesebenbildlichkeit über dem Körper: dieser sei – seit dem »Sündenfall« (ebd. 110ff.) – sterblich, jene unsterblich (ebd. 50, 52, 54).

Im *zweiten Buch* führt Manetti (ebd. 36-64) die Gottesebenbildlichkeit – die »Würde und Erhabenheit« – in Rücksicht auf die *Seele des Menschen* vor. Die Seele bestimmt Manetti unter Berufung auf Aristoteles, Cicero und vor allem auf die Theologen. Sie ist »aus dem Nichts von Gott geschaffen«, indem Gott dem Menschen den »Lebenshauch in sein Gesicht« blies; sie ist »die unsterbliche und unvergängliche Form des menschlichen Körpers«, also selbst »nicht körperlich«, sondern »Geist« (ebd. 41-48). Die Unsterblichkeit erweise sich durch die Versuche der Menschen, »über den Tod hinauszublicken« etwa durch die Zeugung von Kindern, durch die Errichtung »dauerhafter und großer Gebäude« oder durch das – im »irdischen Leben« unerfüllbare – Streben nach »Glück« (ebd. 49-57). – Die im ersten Buch Mose offenbarte Gottesebenbildlichkeit des Menschen beziehe sich »nur auf die Seele« und deren Unsterblichkeit (ebd. 44; vgl. ebd. 53, 79); ist die Seele aber »Geist«, so ist Gott analog ebenfalls »Geist« – also nicht länger der Gott des Mythos. Manetti konstatiert: Nur durch die Seele übten die Menschen »Herrschaft« über alle anderen Lebewesen aus und seien als »Könige, ja Kaiser über den gesamten Erdkreis« eingesetzt (ebd. 46f.; vgl. ebd. 78f.). Durch die Seele beherrschten die Menschen aber auch ihre Innenwelt, den »eigenen Körper« (ebd. 14f.): die »beiden Triebe« des »Zornes« und der »Begierde«, die der Mensch mit den Tieren gemein habe – durch die Triebbeherrschung aber erhebe sich der Mensch über alle anderen Lebewesen (ebd. 79f.). – Der Seele kommen nun, nach Manetti,

»drei natürliche Vermögen« zu (ebd. 48, 64): »Verstand, Gedächtnis und Willenskraft« (ebd. 47 f.; siehe: ebd. 57-64). Durch den Verstand macht sich der Mensch, nach Gottes Willen, die Erde untertan: in der Schiffahrt (ebd. 58); in der Architektur: durch den Bau der Pyramiden, durch Brunelleschis Errichtung der Kuppel des Doms von Florenz (ebd. 58f.); in der Malerei Giottos sowie in der Bildhauerei Ghibertis (ebd. 59f.); in der Dichtkunst seit Homer und Hesiod (ebd. 60); in der Geschichtsschreibung, der Philosophie, der Jurisprudenz, der Medizin, der Astrologie, der Theologie (ebd. 60-62). Vor allem sei der Mensch durch seinen Verstand, durch seine Weisheit, in die Lage versetzt, eine »völlig sichere Kenntnis des einzigen und wahren Gottes« zu erlangen (ebd. 79): er sei fähig, mit seinem »Geist« »Gott wahrhaftig an den sichtbaren Dingen, die er geschaffen hat, [zu] erkennen« (ebd. 91f.; vgl. ebd. 92-96). Die Gotteserkenntnis ist Meta-Physik, Meta-Erkenntnis der Physis. – Auch das Gedächtnis rechnet Manetti zum Verstand (ebd. 62-64). – Der »freie Wille« endlich erlaube es, »Übles vermeiden und fliehen, Gutes aber anstreben und wählen zu können« (ebd. 64; vgl. ebd. 79).

Im *dritten Buch* führt Manetti (ebd. 65-97) die Gottesebenbildlichkeit – die »Würde und Erhabenheit« – in Rücksicht auf die *»ganze Persönlichkeit des Menschen«,* den »Menschen als Ganzen« (ebd. 5, 65), vor. Nun hatte Manetti den Menschen bisher *getrennt* nach Körper und Seele behandelt: als ein »Lebewesen …, welches teils sterblich …, teils aber nicht sterblich … ist« und daher eine Einheit von Momenten bildet, die den »stärksten Gegensatz bilden und einander widerstreben.« (ebd. 65f.; vgl. 83ff.) Die *Einheit* der Entgegengesetzten, der beiden »Bestandteile des Menschen«, hat Manetti mehrfach bestimmt: der Körper sei das »Gefäß für die vernünftige Seele« (ebd. 34 f.); der »fast göttliche Geist« des Menschen beherrsche nicht nur die »Lebewesen der Erde«, sondern auch den »eigenen Körper« (ebd. 14f.); die Seele sei die »unsterbliche und vergängliche Form des menschlichen Körpers« (ebd. 42f.). Der Mensch als Ganzes erscheint unsterblich-sterblich: als ein »sterblicher Gott« (ebd. 91). Ihn als Ganzen zu behandeln bedeutet somit: ihn in der »Zeit« zu betrachten, »in der er in diesem sterblichen Leben weilt.« (ebd. 65).

Manetti wiederholt im *dritten Buch* zunächst (ebd. 65-77), die Welt und der Mensch seien Gottes Schöpfungen: Gott habe die »Welt … aus dem Nichts geschaffen und um des Menschen willen eingerichtet« (ebd. 67), damit dieser die anderen – vernunftlosen – Lebewesen und die Welt beherrsche, um »sich selbst zu erhalten« (ebd. 67-69). Die Welt, das »ganze All«, sei »herrlich und schön«; alles – Sonne, Mond, Planeten – drehe sich um die Erde (ebd. 72-76). Der Mensch aber, um »dessentwillen … die

Welt so wunderschön und so prächtig gemacht worden ist« (ebd. 76), sei von Gott erschaffen als sein »Ebenbild« und daher von der allergrößten, erhabenen »Schönheit« (ebd. 70-72). Darum würden »Götter in der Gestalt von Menschen gemalt und gemeißelt« (ebd. 76).

»Denn solche nichtigen gemalte und gehauene Bilder (›simulacrum‹) der Götter haben ihren Namen von der Ähnlichkeit (›similitudo‹) erhalten, aber das alleinige, wahrhaftige Bild Gottes ist der Mensch, in dem ja manche gebildete und zugleich fromme Denker den Widerschein der Ähnlichkeit mit Gott erkennen: ...« (Manetti 1452: 72; siehe ebd. 96 f.)

Die gottesebenbildlichen Menschen nun sind, kraft ihres Verstandes und ihrer Weisheit, »Herren über alles« und über ihre eigenen Triebe (ebd. 78-80, 86f.). Ihnen gehört die von Gott erschaffene Welt, die sie durch »das Denken und das Handeln« zu ihrem »Nutzen ... gebrauchen«, »lenken und ... regieren« sollen (ebd. 90; vgl. ebd. 92). Darin besteht ihr »Reichtum«.

»Unser sind die Länder, unser die Äcker, unser die Felder, unser die Berge, unser die Hügel, unser die Täler, unser die Weinstöcke, unser die Ölbäume, unser die Birnbäume, unser die Apfelbäume, unser die Feigenbäume, unser die Pfirsichbäume, unser die Kirschbäume, ... , unser die Kastanienbäume, unser die Sommereichen, unser die Steineichen, unser die Eschen, unser die Platanen, unser die Tannen, unser die Zypressen, unser die Pinien, unser sind schließlich ... alle nutzbaren, aber auch die wilden Bäume. Endlich sind unser die Früchte aller Getreidesorten, von denen es freilich so viele Arten geben soll, daß sie wohl eine unendliche Menge sind.

Unser sind die Pferde, unser die Maultiere, unser die Esel, unser die Rinder, unser die Stiere, unser die Kamele, unser die Hunde, unser die Zugtiere, ... unser sind überdies die Hasen, unser die Rehe, ... unser sind sämtliche wilden Tiere und alle, die im Wald leben, unser sind die Menschen; unser sind die Flüsse, unser die Gewässer, ... unser sind gleichermaßen die übrigen zwei Elemente, die Luft und der Äther, wenn denn unser die Vögel sind, ...

Unser ist das Firmament, unser sind die Himmelskörper, unser die Gestirne, unser die Sterne, unser die Planeten, ... unser sind die Engel, ...« (Manetti 1452: 80 f.; siehe: ebd. 80-83)

Kraft ihres Verstandes sind die Menschen vor allem die Schöpfer ihrer Welt:

»Was sollen wir aber über den feinen und scharfsinnigen Verstand dieses so schönen und wohlgestalteten Menschen sagen? Denn er ist wirklich so groß und reich, daß nach der Erschaffung jener ursprünglichen, neuen, rohen Welt offenbar alles weitere von uns aufgrund des einzigartigen, überragenden Scharfsinns des menschlichen Verstandes hinzuerfunden und zur Vollendung und Vollkommenheit geführt worden ist. Folgendes ist nämlich unser, also Menschenwerk, weil es offensichtlich von Menschen hervorgebracht worden ist: Alle Häuser, alle großen und kleinen Städte, überhaupt alle Gebäude des Erdkreises, die ja in so großer Zahl und Qualität vorhanden sind, daß man wegen ihrer ungeheuren Pracht mit Recht zu dem Urteil gelangen müßte, sie seien eher das Werk von Engeln als das von Menschen. Unser sind die Bilder, unser die Skulpturen, unser sind die Künste, unser sind die Wissenschaften, unser ist (mögen es nun die Akademiker wollen oder nicht, laut denen man überhaupt nichts wissen kann, wobei sozusagen allein das Nicht-Wissen ausgenommen wird) die Weisheit; unser sind schließlich sämtliche Erfindungen, um uns nicht zu lange bei den einzelnen aufzuhalten, die es in einer fast unzähligen Menge gibt, unser sind alle Formen der verschiedenen Sprachen und Schriften, deren unerlässlichen Nutzen zu bewundern und zu bestaunen wir umso mehr genötigt werden, je intensiver wir darüber nachdenken. (...) Unser sind schließlich alle Maschinen, die der erstaunliche, ja fast unglaubliche Scharfsinn des menschlichen oder eher göttlichen Verstandes mit einzigartiger Tatkraft und überragendem Erfindungsreichtum ins Werk zu setzen und zu bauen begann. Diese Dinge freilich und die übrigen dieser Art sind in so großer Zahl und Qualität überall sichtbar, daß es offenkundig wird, daß am Anfang Gott die Welt und all ihren Schmuck zum Nutzen des Menschen erfunden und eingerichtet, daß die Menschen aber sie dann voll Dank angenommen und viel schöner und viel prächtiger und weitaus feiner gemacht haben.« (Manetti 1452: 77 f.)

So hat der Mensch, als Gottes Ebenbild, Gottes Weltschöpfung aufgenommen, entwickelt und vollendet: als Herrscher. Darin besteht die »Würde und Erhabenheit des Menschen«.

Im *vierten Buch* endlich verteidigt Manetti (ebd. 98-140) seine Lehre von der Gottesebenbildlichkeit des Menschen *gegen die tradierte Lehre des sündigen Menschen und der Erde als Jammertal:* gegen das »Lob des Todes«, gegen die Auffassung vom »Elend des menschlichen Lebens« (ebd. 5, 98). Die Struktur seiner Argumentation folgt der Struktur der ersten drei Bücher und gilt der Widerlegung der Lehren (siehe: ebd. 98): von der »Hinfälligkeit des menschlichen Körpers« (ebd. 98-101, 110-116), von der »Niedrigkeit der Seele« (ebd. 101-104, 116-119), vom »Elend« der »menschlichen Person als Ganzer« (ebd. 104-109, 119-134). Gegen diese Lehren wendet Manetti ein: Der Mensch ist »wie ein sterblicher Gott zum Denken und Handeln geboren« (ebd. 91). Er fügt an:

»Dadurch nämlich werden wir in der Lage sein, durch gute Werke in dieser Welt glücklich und heiter zu leben und dann in unserem künftigen Leben bei der göttlichen Dreieinigkeit, von der alles, was wir geschildert haben, hergekommen ist, dauerhaft Erfüllung zu finden.« (Manetti 1452: 110; siehe weiter über die »Freuden« des »menschlichen Tuns« und der Sinneserfahrungen: ebd. 112-114, 130 f.)

Diese Lehre kehrt, vermittelt durch den Sündenfall, Christi Geburt und Auferstehung, zurück zur Schöpfungsgeschichte:

»Es ergibt sich also: Wenn Gott die Welt und alles, was in ihr ist, um des Menschen willen gefertigt hat, wenn er zudem wollte, daß das Menschengeschlecht über alle Dinge herrsche und regiere, wenn er ferner den Menschen selbst mit Schönheit, Verstand, Weisheit, Mitteln und Reichtümern, außerdem mit Königreichen und herrscherlicher Macht ausgestattet hat, wenn er ihn schließlich als Gattung wie als Einzelwesen mit sehr vielen bewunderungswürdigen außerordentlichen Vorzügen ausgezeichnet hat, dann erschien es fürwahr angemessen und geziemend, daß der, den er auf eine so erhabene Stufe der Würde gestellt hatte und für dessen Vorteil er alles ins Werk gesetzt hatte, nicht auf ewig verdammt werde. Aus diesem Grund beschloß er, obwohl unser erstgeschaffener Ahnvater (Adam; G.S.) die göttlichen Gebote übertreten hatte und daher selbst wie auch seine Nachfahren die Strafe der ewigen Verdammung verdiente, die Menschen davon zu befreien und ließ, da es anders nicht geschehen konnte, seinen Sohn Menschengestalt annehmen und den schändlichen Tod am unseligen Kreuz erleiden.« (Manetti 1452: 96; siehe ebd. 110 ff.)

Das vierte Buch also richtet sich gegen die mittelalterlich-christliche Weltauffassung und Lebenspraxis: die Renaissance ist das Ostern des christlichen Europa. Der nun restituierte gottesebenbildliche Mensch vermag Gott, vermag die göttliche Schöpfung zu erkennen und praktisch zu vollenden.

Indes: Solange das mythologische und metaphysische Dogma gilt, daß die Einheit der Welt in Gott als erstem Schöpfer liegt, gilt auch: die Menschen sind nicht gleich. Denn es herrschen nicht überpersönliche, allgemeine Verhältnisse, die die Menschen zu einer ›Gesellschaft‹ vereinigen: in der mythologischen Welteinheit sind Objekt und Subjekt, Sinnliches und Abstraktion, wesentlich ununterschieden. Daher ist theoretisch und praktisch die Herrschaft des Allgemeinen, in dem alle gleich sind, daher ist eine weltbürgerliche Einheit aller Menschen unbekannt. Daher haben nicht alle Menschen gleichermaßen an der Gottesebenbildlichkeit teil. Es ist keine bloß rhetorische Rücksichtnahme, wenn Manetti in seinen einleitenden und seinen abschließenden Worten *An Alfons, den weitbekannten und ruhmreichen König von Aragon* (ebd. 3-5, 138-140), dem er das Werk zueignet, bemerkt: daß alle in seiner Schrift dargelegten »Vorzüge des Menschen als Ganzen ... in Eurer erhabenen und bewunderungswürdigen Person vollständig zusammenkommen und sich im Überfluß vereinigen.« (ebd. 3) Die Lehre von der Gottesebenbildlichkeit entwickelt die Einsicht in die widersprüchliche Einheit des Menschen, die Einheit von sterblichem Körper und unsterblicher Seele, zum Dogma einer Spaltung der Menschen. Denn jene Lehre unterscheidet die Menschen danach, ob sie die Vereinigung mit Gott erlangen oder eben nicht: Sie unterscheidet die »charakterfesten und wirklich guten Männer«, die »guten Menschen«, von den »verworfenen

Menschen«, von den »Schlechten« (ebd. 50f.). Sie unterscheidet diejenigen, die das »göttliche Werk« ehren und bewahren, von den »Feinden seines (Gottes; G.S.) Werks« (ebd. 92). Sie unterscheidet die Menschen danach, ob innerhalb der gegensätzlichen Einheit von sterblichem Körper und unsterblicher Seele die unsterbliche Seele den Körper und die Welt beherrscht (ebd. 14f.), oder ob der »Geist ... verbunden« ist »mit dem zerbrechlichen und dunklen Gehäuse ihrer eigenen Körper«, so daß die Seele nicht zur Unsterblichkeit, zur wahrhaften Gottesebenbildlichkeit aufsteigen kann (ebd. 66). Sie unterscheidet die Menschen danach, ob sie tugendhaft sind, weil die Seele die Sinnen-»Lust« beherrscht, oder ob sie dem »Laster« der »Lust« verfallen sind (ebd. 83f.). Sie unterscheidet die Menschen danach, ob sie durch die Herrschaft der unsterblichen Seele Gott, oder ob sie durch den unbeherrschten Körper vernunftlosen Lebewesen – Tieren – ähnlich sind (vgl. ebd. 68f., 79). Sie unterscheidet die Menschen danach, ob sie mittels der Seele Gott erkennen, oder ob ihnen diese Erkenntnis verstellt ist, weil die Seele vom Körper gefangen ist (vgl. ebd. 93-95, 134). Sie unterscheidet die »Seligen«, denen »Belohnungen und Freuden« zuteil werden, von den »Verdammten«, die »Strafen und Leiden«, die eine »ununterbrochene« »Folter« und »Qualen« erdulden müssen (ebd. 134-140). Die einen, die Gottesebenbildlichen, herrschen, wie der König Alfons von Aragon, die anderen – den Tieren ähnlichen – werden beherrscht: die Welt-Beherrschung ist die erste, von Gott gegebene »Aufgabe« des Menschen – und »nicht das Lachen«! (ebd. 89-92; siehe ebd. 138-140)

Die Vereinigung mit Gott ist keine Einheit, die im Medium des Allgemeinen eine Besonderung impliziert, sondern eine Allgemeinheit gegen jede Besonderung. Die Vereinigung in Gott, im Allgemeinen, liquidiert die Besonderung. Das drückt Manetti biblisch aus, indem er an die Sätze erinnert, Gott habe von den Menschen gefordert, daß »sie sich nur nicht widersetzten«, daß sie »nicht seine Gebote überschritten« und ihnen deshalb »schreckliche Furcht und die Angst vor dem Tod eingejagt« (ebd. 86f.; vgl. ebd. 138-140); als sie dies durch die »Erbsünde« (ebd. 84) taten, wurden sie von Gott vielfach grausam gestraft, bis er »seinen Sohn als den Erretter des Menschengeschlechtes« sandte (ebd. 87f.). Diese Spaltung im Menschen und zwischen den Menschen, diese Spaltung von Allgemeinem und Besonderen, von Konformen und Fremden, die sich nicht »widersetzen« dürfen, kam bereits im Fresko Lorenzettis über die *gute und die schlechte Regierung* zum Ausdruck; sie wird wenige Jahrzehnte später bei Luther unverstellt formuliert: als Haß gegen die Juden, gegen die Türken, gegen die Händler und Wucherer – und gegen die aufständischen Bauern.

Die bedeutendste Schrift *De hominis dignitate* jedoch hat *Giovanni Pico* verfaßt. Pico wurde 1463 in Mirandola bei Modena geboren (zur Biographie: Buck 1990b). Er studierte seit dem 15. Lebensjahr in Bologna kanonisches Recht und später, 1480 bis 1482, in Padua Philosophie. In Florenz lernte er 1479 die Platonische Akademie kennen. Erst 1428 hatte Aurispa den vollständigen griechischen Text der Werke Platons aus Konstantinopel nach Venedig gebracht. 1462 gründete Cosimo Medici in Florenz die Akademie. Ihr Leiter wurde Marsilio Ficino, der zwischen 1462 und 1469 die Werke Platons übersetzte; der Druck erfolgte erst 1484. Pico unterhielt freundschaftliche Beziehungen zu Ficino. 1485 ging er für neun Monate nach Paris und studierte dort die scholastische Philosophie. Nach seiner Rückkehr nach Florenz formulierte er 900 Thesen zur Begründung einer »neuen Philosophie« (Pico 1486: 49); sie wurden 1486 veröffentlicht. In ihnen erwies sich Pico als profunder Kenner der antiken, der mittelalterlichen und der zeitgenössischen Philosophie. Seine Privatbibliothek war »eine der größten … der Zeit« und umfaßte 1697 gedruckte Titel (Buck 1990b: X). Die öffentliche Erörterung der Thesen wurde durch Papst Innozenz VIII. verboten. Pico floh nach Frankreich, wurde dort eingekerkert und erst nach Intervention Karls VIII. entlassen. In Florenz stand Pico unter dem Schutz Lorenzo de Medicis. Er starb am 17.11.1494. Picos Eröffnungsrede zur geplanten Disputation seiner Thesen wurde im Jahre 1496 unter dem Titel *Oratio quaedam elegantissima* von seinem Neffen Gianfrancesco Pico della Mirandola herausgegeben. 1557 erschien die Rede dann in einer Baseler Ausgabe unter dem Titel *De hominis dignitate*, ›Über die Würde des Menschen‹. Picos Einfluß auf die spätere Philosophie war erheblich: Thomas More übersetzte einige seiner Schriften, Erasmus von Rotterdam würdigte ihn als einen der größten Philosophen der Zeit; seine Texte wurden von Zwingli und Melanchton gelesen.

Die Rede *De hominis dignitate* weist keine formale Gliederung auf. Sie ist aber vom Autor thematisch deutlich strukturiert. – Im ersten Teil (1486: 3-35) formuliert Pico seine zentrale Lehre: Die Würde des Menschen besteht in seiner gottesebenbildlichen Schöpfungskraft (ebd. 3-13). Diese These begründet er (ebd. 13-35) ausführlich durch Befragung der »alten Väter« vom Apostel Paulus bis hin zu Pythagoras und Zarathustra. – Im zweiten Teil (ebd. 35-67) rechtfertigt Pico die Disputation seiner Thesen. Diese Legitimation gilt zunächst der Methode der Erforschung der Wahrheit durch Dialog und Kritik (ebd. 35-47). Sodann verweist Pico auf die Besonderheit seiner Philosophie: Einsichten, die er sich allein zurechnet (ebd. 47-67).

Im *ersten Teil* seiner Rede *Über die Würde des Menschen* formuliert Pico einleitend das Thema:

»warum der Mensch das am meisten gesegnete und daher ein jeder Bewunderung würdiges Lebewesen ist und was für eine Stellung es schließlich ist, die ihm in der Reihe des Universums zuteil geworden ist und um die ihn nicht nur die vernunftlosen Geschöpfe, sondern die Sterne, die überweltlichen Geister beneiden müssen.« (Pico 1486: 3)

Pico erläutert die besondere »Stellung« des Menschen im »Universum« aus der Schöpfungsgeschichte: »Gottvater, der höchste Baumeister« (architectus), hatte »die Welt ... nach den Gesetzen verborgener Weisheit errichtet« und »wünschte« nun, »es gäbe jemanden, der die Gesetzmäßigkeit (ratio) eines so großen Werkes genau erwöge«. Daher »dachte er ... an die Erschaffung des Menschen« (ebd. 5). Weil es aber keinen archetypus gab, nach dem der Mensch hätte gebildet werden können, und alle »Plätze der ganzen Erde« bereits gefüllt waren, schuf Gott den Menschen als »Geschöpf von unbestimmter Gestalt, stellte ihn in die Mitte der Welt« und sprach:

»Die Natur der übrigen Geschöpfe ist fest bestimmt und wird innerhalb von uns vorgeschriebener Gesetze begrenzt. Du sollst dir deine ohne jede Einschränkung und Enge, nach deinem Ermessen, dem ich dich anvertraut habe, selber bestimmen. Ich habe dich in die Mitte der Welt gestellt, damit du dich von dort aus bequemer umsehen kannst, was es auf der Welt gibt. Weder haben wir dich himmlisch noch irdisch, weder sterblich noch unsterblich geschaffen, damit du wie dein eigener, in Ehre frei entscheidender, schöpferischer Bildhauer dich selbst zu der Gestalt ausformst, die du bevorzugst. Du kannst zum Niedrigeren, zum Tierischen entarten; du kannst aber auch zum Höheren, zum Göttlichen wiedergeboren werden, wenn deine Seele es beschließt.« (Pico 1486: 7; vgl. ebd. 9)

Darin besteht die *»Würde des Menschen«:* Er vermag, als *Gottes Ebenbild* (vgl. Die Bibel, 1.Mose, 1), *die Welt nicht bloß rational zu erkennen, sondern auch – mit freiem Willen – rational sich und seine Welt zu erschaffen. Arbeit und Technik* tragen nicht länger nur den unterdrückenden Charakter des »Im Schweiße deines Angesichts sollst du dein Brot essen«, sondern vor allem den gottesebenbildlichen Charakter der Weltschöpfung. Arbeit hat nicht bloß eine diesseitig-technische, sondern vor allem eine das Diesseits transzendierende, utopisch-theologische Bedeutung: die Renaissance-Utopien erscheinen als theologische Technik-Utopien. *Der rationalistische Individualismus impliziert die Idee eines vernünftigen »Utopia«* (vgl. Burke 1984: 190) – Thomas More prägte den Begriff im Jahre 1515/16. Nicht die mimetische Angleichung des Menschen an einen von Göttern durchdrungenen Kosmos wie in der Antike ist jetzt der Gehalt der Utopie, sondern rationale Schöpfung der Welt aus dem freien Willen eines rationalen, gottesebenbildlichen Individuums. *Die Utopie ist vom Himmel auf die Erde geholt.* Das Große bei Pico liegt darin, diesen utopischen Anspruch der gottesebenbildlichen Welterkenntnis und Weltschöpfung formuliert zu haben. Indes wird der Anspruch noch auf mythologischem Boden erhoben.

Die schöpferische Kraft des Menschen besteht zunächst in seiner *Willensfreiheit.* Das »Glück des Menschen«, schreibt Pico (1486: 7), liegt darin, »zu haben, was er wünscht, zu sein, was er will.« Diese Freiheit bezieht sich auf seine von Gott nicht fixierte »Gestalt« (ebd. 5) und »Lebensform«. Er kann eine »Pflanze«, er kann ein »sinnliches« Wesen sein, ein »Tier«; er kann ein Wesen der »Vernunft« sein, ein »himmlisches Lebewesen«; er kann ein »geistiges« Wesen sein, »ein Engel ... und Gottes Sohn«. Die Willensfreiheit erlaubt dem Menschen, zwischen einem sinnlich-animalischen Wesen des Diesseits oder einem »geistigen« Wesen zu wählen, das sich »ins Zentrum seiner Einheit zurückgezogen hat«, indem es »ein Geist mit Gott«, mit Gott als »Geist« geworden ist (ebd. 7). Der Mensch kann sich vom sinnlichen Diesseits emanzipieren, sich als Geist zu Gott als Geist erheben, in Gott mit Gott und mit sich selbst identisch sein: er kann, als ego cogito (Descartes), mit dem göttlichen Logos verschmelzen.

Die Möglichkeit des Menschen, seine Identität in der *Abwendung von der Sinnenwelt* zu erlangen, erläutert Pico in zwei Hinsichten: als Abwendung vom eigenen Körper und von der sinnlichen Welt insgesamt. Der Mensch, der sich zum »Geist« erhoben hat, ist ein Wesen, das »von seinem Körper nichts weiß«, ein »mit menschlichem Fleisch umhülltes göttliches Wesen« (ebd. 9). Es ist ein Wesen, welches »das Irdische verschmäh(t)« und »alles zur Welt Gehörige« hinter sich läßt (ebd. 11).

Diese Erhebung des Menschen trennt das Ich von aller Sinnlichkeit ab: vom eigenen Körper, von der sinnlichen Welt. Es scheint sich zu subjektivieren, indem es die Welt objektiviert. So wäre die Welt entsubjektiviert, von den Göttern leer. Diese radikale Entmythologisierung liegt jedoch außerhalb der Vorstellung der Renaissance: die Welt ist nur von den mythologischen Göttern leer, aber nicht von Gott als »Geist«, als Logos, aus dem Sinnliches wird. – Nach Pico erlangt das Ich eine Identität nicht in sich, sondern in Gott als Logos: die Einheit der Welt ist immer noch theologisch aufgefaßt. Der rationale Individualismus des Pico stellt sich nicht auf sich selbst, die Rationalität ist nicht in sich begründet, sondern in der Theologie. Auf der einen Seite ist Picos Lehre nahezu protestantisch-revolutionär: zwischen den Menschen und Gott tritt keine irdische Macht. Sie ist, nach herrschender Auffassung, sogar blasphemisch: der Mensch wird gott-gleich.

Auf der anderen Seite ist Picos Lehre erst metaphysisch: Ich und Vernunft besitzen ihre Würde nicht in sich, sondern in Gott; der Mensch als Geist ist Mensch als Gott, der weltschöpferischer Geist ist. – Analog ist die sinnliche Welt göttlich, subjektiv geformt. Deshalb begründet Pico seine neue Philosophie auch durch Mythen (ebd. 11ff.): durch mythische Bilder, die den Symbolen in der rationalen Renaissance-Malerei analog sind.

Pico legitimiert die These, der Mensch könne sich zu Gott als Geist erheben, aber sich auch zum sinnlichen Wesen, zum Tier, gar zur Pflanze erniedrigen (ebd. 9), durch Berufung auf »die alten Väter« (ebd. 13): auf den Apostel Paulus, den »Patriarchen Jakob«, den »gerechten Hiob«, Moses, »die mosaischen und christlichen Mysterien«, Apollon, Pythagoras, die »Schriften der Chaldäer«, die »Lehrsätze des Zarathustra«, David und Augustinus (ebd. 13-33). In allen Zeugnissen wird der Mensch als Wesen beschrieben, das zwischen Himmel und Erde hin- und herwandert. Besonders deutlich ist das »Gleichnis« des »Patriarchen Jakob«, von dem Pico berichtet:

»es gebe eine Leiter, die vom Grund des Bodens bis zum höchsten Punkt des Himmels reiche und in eine lange Reihe von Sprossen unterteilt sei. Ganz oben darauf sitze der Herr. Die Engel stiegen, der Betrachtung hingegeben, einander abwechselnd an ihr auf und ab. Wenn wir also, da wir nach einem engelgleichen Leben streben, dasselbe betreiben müssen, frage ich: Wer wird die Leiter des Herrn mit schmutzigem Fuß oder mit unsauberen Händen berühren?« (Pico 1486: 15)

Nach diesem Gleichnis unterscheidet Pico drei Sphären: den »Grund des Bodens«, die Leiter selbst und den »höchsten Punkt des Himmels«. – Der »Grund des Bodens« ist das »tätige Leben«, in dem der Mensch als sinnlich-fleischliches, »irdisch(es)« Wesen existiert (ebd. 13). Diese Sphäre ist ein Reich der »Leidenschaften«, des »Lasters« und der »Unwissenheit« (ebd. 15), eine »Unterwelt« des »Streit(es)« und des »Krieg(es)« (ebd. 17/19). – Um vom irdischen Leben aus die Leiter betreten zu dürfen, ist nach Pico eine dreifache Reinigung der »Seele« (ebd. 15) erforderlich (vgl. ebd. 19-31), durch die der Mensch »alles Menschliche hinantsetzt, die Gaben des Glücks verschmäht, die seines Körpers missachtet« (ebd. 25). Diese dreifache Reinigung erfolgt durch eine »dreiteilige Philosophie« (ebd. 27): Die Seele muß sich durch die »Moralphilosophie« von der »Verlockung des Leibes« reinigen (ebd. 17); sodann muß der Mensch durch die »Kunst der Rede oder Dialektik« die »Finsternis des Verstandes vertreiben«; endlich muß er seine »Seele vom Licht der Naturphilosophie durchfluten lassen« (ebd. 15/17). Durch diese Reinigungen betreten die Menschen die »Jakobsleiter« als »Begleiter der Engel«. Pico beschreibt das Auf- und Absteigen auf der Leiter als eine Tätigkeit, durch die beim Abstieg »das Eine ... in eine Vielheit zerstückel(t)« und umgekehrt beim Aufstieg »die Vielheit ... zum Einen« gesammelt wird (ebd. 17). – Am »höchsten Punkt des Himmels« endlich erlangt der Mensch »durch die Glückseligkeit der Theologie« die »höchste Vollendung«. Dies ist das Reich des »Friedens« (ebd. 17) und der »Liebe« (ebd. 11). In diesem Reich der Identität ist der Mensch »in Gott und Gott in ihm« (ebd. 13): *der Mensch ist mit sich identisch, indem er mit Gott identisch ist.* Wir sind dann »nicht mehr wir selbst, sondern der ..., der uns geschaffen hat«. Wir sind eines: mit uns und Gott zugleich, als »sterbliches Lebewesen ... mit der Gabe der Unsterblichkeit beschenkt« (ebd. 25). Der Mensch hat in dieser Identität seine *metaphysische Individualität* erlangt: als Geist.

So wird der Mensch durch die Philosophie von den Sinnen befreit und steigt zu Gott – zur Theologie – auf, um mit ihm eins zu sein. Die Abwendung von der Welt im Aufstieg wird zur Bedingung einer rationalen Hinwendung zur Welt im Abstieg (vgl. ebd. 11/13). Die Vernunft tritt ihre Herrschaft an, indem sich der Mensch von der Welt abgrenzt – aber sie steht noch auf theologischem Grund. Der vernünftige Mensch erlangt seine Vernunft erst, indem er nicht Mensch, sondern Gott wird. Diese utopische Blasphemie ist noch mythologisch auf ein anschauliches Jenseits bezogen.

Im *zweiten Teil* seiner Rede erörtert Pico (1486) die Frage, »ob ich disputieren soll und ob auch über so viele Fragen.« (ebd. 37).

Pico verteidigt »diese Gewohnheit des öffentlichen Disputierens« zunächst als Methode »zur Erkenntnis der Wahrheit« (ebd. 37; vgl. ebd. 35-47). Die Disputation stärke die »Geisteskräfte« und sei insbesondere dann lehrreich, wenn man »in ih(r) besiegt« werde (ebd. 37, 39). Sie bewahre vor der »Engstirnigkeit«, die eintrete, wenn man sich nur im Rahmen einer »philosophischen Schule« bewege. Wer jedoch »auf die Worte keines Meisters der Philosophie« schwöre, müsse sich einer umfassenden Disputation stellen (ebd. 43; vgl. ebd. 45, 47). Das Ziel der Disputation ist demnach die Überwindung von Dogmen durch Dialektik.

Pico verteidigt die geplante Disputation sodann durch Verweis auf eigene Erkenntnisse (ebd. 47ff.). Dabei ragen drei heraus: – Zunächst rezipiert er »die Methode des Philosophierens mit Zahlen«, die bereits bei Pythagoras und Platon zu finden sei:

»Abumasar schreibt, es sei ein Wort des Babyloniers Avenzoar gewesen, daß derjenige alles könne, der zählen könne. Das kann auf keinen Fall wahr sein, wenn sie unter der Kunst des Zählens die Kunst verstanden haben, die jetzt besonders die Kaufleute beherrschen, was auch Platon bezeugt, der uns in deutlichem Ton ermahnt, diese göttliche Arithmetik nicht als Arithmetik der Kaufleute zu verstehen.« (Pico 1486: 51)

Wenn die Philosophie den Weg des Aufstiegs zur Theologie bereitet, ist das Zählen nicht auf das irdische Diesseits bezogen, keine Technik der Beherrschung einer objektivierten Welt. – Sodann erläutert Pico seine »Lehrsätze zur Magie« (ebd. 51-57). Er verwirft die Magie, die »auf dem Werk und Einfluß von Dämonen« beruht, sondern würdigt jene Magie, die nichts anderes sei als »absolute Vollendung der Naturphilosophie« (ebd. 51, 53). Diese aber steht, nach der »dreiteiligen Philosophie«, an der Pforte zur Theologie (vgl. ebd. 55). Der »Magier« »vermählt … die Erde mit dem Himmel« (ebd. 57). – Endlich rezipiert Pico die »alten Geheimlehren der Hebräer« (ebd. 57-67), vor allem die »Kabbala« – die von Gott an Mose übergebene »geheimere und wahre Auslegung des Gesetzes« (ebd. 59). Sie sei die »Pulsader des Geistes«, die »unaussprechliche Theologie von der überwesenheitlichen Gottheit, die Quelle der Weisheit«, die »vollkommene Metaphysik«, »die unumstößliche Philosophie von den natürlichen Dingen« (ebd. 63). Diese Philosophie bezieht sich, bemerkt Pico an anderer Stelle, auf die eine der »drei delphischen Weisungen«: »erkenne dich selbst«. Damit sei die Forderung nach »Erkenntnis der gesamten Natur« vermittelt durch die Erkenntnis der »Natur des Menschen« bezeichnet (ebd. 27).

In diesem überschwenglich-utopischen, theologisch fundierten Vernunftanspruch der von Pico formulierten Renaissance-Philosophie – der »neuen Philosophie« (Pico 1486: 49) – mußte die bisherige Welt als dunkle Welt erniedrigender Arbeits-Mühsal erscheinen. Die Vernunft begann, sich von den mittelalterlichen Imperativen der Theologie, von den Dogmen des christlichen Glaubens, zu emanzipieren und sich auf eigene Beine zu stellen. Die Abwendung vom christianisierten Aristoteles der Scholastik und die Hinwendung zu Platon erschien als Erinnerung an einen vergangenen und als Utopie eines zukünftigen Humanismus. Wie selbstverständlich beruft sich Pico nicht länger bloß auf die *Bibel*, sondern weit mehr auf die antike griechische Philosophie von Homer und Pythagoras bis zu Sokrates, Platon und Aristoteles, auf die »Werke der Araber« (ebd. 3 und öfter), auf die Hebräer, auf den »heiligen Namen Apolls« (ebd. 27), auf die Schriften der Chaldäer (ebd. 29) und die »Lehrsätze des Zarathustra« (ebd. 31; vgl. ebd. 45-49). In der Renaissance wurde, wie die Rede des Pico belegt, der subversive Gehalt der Form des Dialogs und die platonische Staats-Utopie bewußt rezipiert. Thomas More und später Francis Bacon sowie Tommaso Campanella beriefen sich in ihren Sozialutopien ausdrücklich auf Platons

Politeia. Durch die Rezeption der antiken Philosophie holt der Mensch der Renaissance das Göttliche in seine Vernunft, in sich selbst ein – und säkularisiert damit das transzendente Paradies. Im Ausgang aus der mythologischen Welt erfolgt diese Säkularisierung freilich erst als Erhebung des Menschen zu Gott, als Identität des Individuums in Gott; die Welt ist immer noch die Welt des göttlichen Logos, also subjektiv-objektiv. Vernunft und Individuum sind noch nicht in sich selbst begründet und verwirklicht, aber der Fortschritt dieser befreienden Selbsterkenntnis, zur Autonomie des Individuums, ist eingeleitet.

1.2 Von der Ökonomik zur Chrematistik: Kaufmannskapitalismus und rationaler Individualismus

Die grundlegende gesellschaftliche Sphäre der *divina proporzione* (Pacioli) ist im Spätmittelalter und in der Renaissance die in die *Chrematistik* sich verwandelnde Ökonomie. Schon Heraklit hatte den Logos – die Proportion – am Tausch von Ware gegen Geld erläutert. Aber die Ökonomik hatte diesen Tausch noch auf den *ökonomischen Tausch:* Ware A-Geld-Ware B/Konsum bezogen und vom *chrematistischen Tausch:* Geld-Ware-Geld+Geldgewinn geschieden, den Marx (MEW 23: 161-170) die »allgemeine Formel des Kapitals« nennt. Im chrematistischen Tausch ist das Eine des Heraklit – Feuer und Geld – zum Selbstzweck, ist der Logos zu einer in sich kreisenden, sich ständig erweiternden Spirale entwickelt: zum Handel, zum Wucher. Der chrematistische Tausch geht durch die kosmologische Krisis des Spätmittelalters von der Peripherie ins Zentrum der Gemeinschaften über: er hat seinen Ort weiterhin allererst auf dem Weltmarkt, im Verkehr zwischen den Gemeinwesen; geographisch ist das Zentrum: Norditalien, nachgeordnet die Niederlande. Der chrematistische Tausch ist nicht länger ein Tausch von Überschuß-Produkten zwischen Subsistenz-Ökonomien, sondern Produktion von Waren für den Tausch auf dem Weltmarkt, für die Vermittlung der Arbeitsteilung von Stadt und Land, für die Verwandlung von Waren in Geld als Kapital. Die alte mythologische Haus- und Landwirtschaft löst sich mit dem Feudalismus auf; der Kaufmann und Geldverleiher tritt ins Zentrum von Wirtschaft und Gesellschaft – ins Zentrum der Stadt. Der im chrematistischen Tausch verselbständigte Logos ist, wie in der Antike, göttliche Rationalität: quantitatives Verhältnis, schöpferische Kraft. Aber der Logos ist nicht länger entzogen, Offenbarung, sondern irdisch, den Individuen zugänglich: erkennbar und praktisch ineins. Die italienischen Kaufleute und Wucherer rechnen in der Form der Buchführung; sie wähnen diese Rechnung immer noch als göttlichen Logos; sie wähnen sich weltschöpferisch. So sind sie metaphysische Individuen: sie erlangen ihre Identität im Logos – sie sind, paradox, Besondere nur in dieser Identität mit dem Allgemeinen. Daher ist ihre Rationalität immer noch die eines göttlichen Kosmos, daher geht ihre Rationalität immer noch mit einer mythologischen Symbolsprache einher.

Die Ökonomie der rinascità ist mithin vom Übergang geprägt: sie ist noch mythologisch, sie ist schon rationalistisch und individualistisch. Beides koinzidiert in der divina proporzione: im meta-physischen Anspruch auf gottesebenbildliche Erkenntnis und Lebenspraxis. Weil die Welt dieser *Ökonomie* eine rationalisierte Mythologie ist, ist sie sowenig verselbständigt wie die *Gesellschaft* als abstraktes Verhältnis gegen die Individuen: die Ökonomie ist noch wesentlich Hausökonomie und auf die Zirkulation begrenzt; Gesellschaft ist nur konkretistische Geselligkeit sinnlich-metaphysischer Individuen. Diese Individuen sind keine Besonderen in konkreter, sondern in abstrakt-unmittelbarer Einheit mit einem Allgemeinen: dem Göttlichen der proporzione.

Die Bildung der metaphysischen Individualität in der Sphäre des frühen Kapitalismus von Spätmittelalter und Renaissance ist in vier Stufen zu entfalten. Zunächst sind die *Formen der nun herrschenden Chrematistik:* der frühen bürgerlich-kapitalistischen Ökonomie, zu skizzieren. Diese Formen sind sodann in ihrer Bedeutung nach drei Seiten zu entwickeln. Einerseits steht die neue chrematistische, kapitalistische Ökonomie in wesentlicher *Kontinuität* zur untergehenden mythologischen Welt, zur alten Ökonomik. Andererseits erscheinen die Subjekte der neuen Ökonomie – Händler und Geldverleiher – aber als Personifikationen eines rationalen Individualismus, der den Menschen subjektiviert, die Welt objektiviert und insofern die Geltung aller religiösen Dogmen hinter sich läßt – der rationale Individualismus erscheint als *Bruch* mit dem Mythos. Endlich erweist sich dieser rationale als ein *metaphysischer Individualismus,* weil die Rationalität als göttlicher Logos gilt, vom Himmel auf die Erde, in die Kaufmannskontore geholt ist.

Die zentralen Institutionen der neuen, frühbürgerlich-kapitalistischen Ökonomie sind: der Handel, das Bankwesen, die Versicherung. In diesen Sektoren ist die *divina proporzione* als *Geldrechnung,* vor allem in der noch betriebswirtschaftlichen Form der Buchführung, institutionalisiert: es gilt, das Verhältnis von Soll und Haben, von Einnahmen und Ausgaben, von investiertem Kapital und Gewinn zu berechnen. Das geographische Zentrum der neuen Ökonomie ist: der von Norditalien ausgehende, sich allererst auf das Mittelmeer erstreckende Weltmarkt.

Dominant ist der *Handel.* Wie bereits Aristoteles wußte, impliziert der Handel als Tausch von Ware gegen Ware und von Ware gegen Geld eine *Abstraktion* der qualitativen Besonderheit der Waren: eine Quantifizierung. Diese Abstraktion, gegenständlich dargestellt, ist das Geld – das Geld ist in alle möglichen Waren verwandelbar, es ist abstrakt-allgemeiner, darum potentiell unendlicher Reichtum. Indem den Dingen ein Preis zuerkannt wird, werden sie auf das Geld bezogen, entqualifiziert, berechenbar. Der Handel vollzieht eine *ökonomische Mathematisierung der Welt.* – In der italienischen Renaissance bedeutet das einen Bruch mit der traditionellen persönlichen Herrschaft von Menschen über Menschen. Was jetzt herrscht, ist eine *überindividuelle, anonyme Rationalität von Marktgesetzen.* Es ist nun die Angelegenheit jedes einzelnen ökonomisch Handelnden, diese Rationalität der ökonomischen Welt zu erkennen und selbst entsprechend rational zu handeln. Der Mensch erscheint jetzt als ein *Individuum,* das für sein eigenes Leben verantwortlich ist. Reichtum läßt sich auf seine rationalen Leistungen zurückführen und dadurch legitimieren: Reichtum erscheint als Resultat individueller geistiger und körperlicher Arbeit.

Parallel zur Entwicklung des Handels entsteht in Italien das *Bankwesen.* In Genua sind die ersten Banken mit entwickeltem Giro-Wesen bereits im 13. Jahrhundert nachweisbar. Im 15. Jahrhundert gibt es in allen größeren Städten Banken; die bedeutendste ist die Medici-Bank. Mit den Medici regiert in Florenz ein bürgerliches Patrizier-Geschlecht. Cosimo Medici, 1434 bis 1464 als erster der Medici Stadtherr von Florenz, stiftet die Platonische Akademie, fördert Philosophie sowie Bildende Künste und bereichert seine Familie durch das Bankgeschäft (vgl. Tenenti 1990: 245f.). So verbindet sich wirtschaftliche mit politischer Macht und kulturellem Einfluß. Die Banken vergeben Kredite, führen Girokonten, wickeln das Devisengeschäft ab, handeln mit Schecks und Wechseln. Noch heute geläufige Fachtermini wie Konto, Giro, Saldo und Agio verweisen auf das entwickelte Bankwesen der italienischen Renaissance; der Zinssatz für Wertpapiere heißt Lombard-Satz, der Zinssatz für Wechsel Diskont-Satz.

Eine dritte Institution, die den ökonomischen Rationalismus und eine neue Weltauffassung repräsentiert, ist die *Versicherung* (siehe: Tenenti 1990: 229f.). Die Kaufleute versichern ihre Waren bereits im 13. und 14. Jahrhundert. Rückblickend scheint diese Maßnahme nur allzu verständlich. Angesichts der höchst unsicheren Land- und Seewege, der bei widrigem Wetter anfälligen Schiffe, der langen und unüberschaubaren Transportwege ist Absicherung geboten. Aber Sicherheit wird nicht mehr allererst in

Gott gesucht, Unsicherheit nicht länger als Schicksal hingenommen. Sondern Unsicherheit wird nun kalkuliert, die unsichere Welt berechnet: man beginnt, Geld einzusetzen, um Gefahren zu beherrschen; Unsicherheiten werden als ›Risiko‹ individualisiert (vgl. Le Goff 1989: 29).

Die kaufmännische Rationalität dringt in die *Produktion* ein. Die kapitalstarken Kaufleute übernehmen die Manufakturen; die Medici eignen sich die florentinische Tuchindustrie an. Die Händler und Bankiers beherrschen die Rentabilitätsrechnung; sie verfügen über die Fähigkeit zur Organisierung eines kapitalistischen Betriebs; das rational-ökonomische Handeln gegenüber Konkurrenten auf einem abstrakten Markt ist ihnen geläufig. Unter diesen Voraussetzungen wird die Steigerung der Arbeitsproduktivität vorangetrieben durch fortschreitende *Arbeitsteilung*. Die Arbeiten der einzelnen Arbeiter werden spezialisierter, abstrakter; der Arbeitszusammenhang verwandelt sich in eine lebendige Maschine.

Die übergreifende Einheit dieser Institutionen des frühen Kapitalismus bildet der *Handel:* es sind Kaufleute, die Handel treiben, Geld verleihen, das Versicherungsgeschäft eröffnen und die Produktion rationalisieren.

Es ist eine *»kommerzielle Revolution«* (Le Goff 1989: 91ff.), die das soziale, politische und ökonomische System des Früh- und Hochmittelalters aufbricht und die die traditionelle Gesellschaft vollständig verändert: die *den Gegensatz von Ökonomie und Geld aufhebt und die Entwicklung einer kapitalistischen Ökonomie einleitet.* Da die bisherige Ökonomie eine Tugendlehre im Rahmen einer mythologischen Weltauffassung war, impliziert die neue Geld-Ökonomie die Durchsetzung einer *neuen Tugend,* einer *neuen Weltauffassung.* Das Subjekt dieser Ökonomie ist der *Kaufmann,* der Ort der Revolution ist die *Stadt* – die Stadt in Norditalien, in den Niederlanden.

Die Entwicklung der neuen *Geld-Ökonomie* ist nicht zu trennen vom Prozeß der Auflösung des Feudalsystems, von der *Urbanisierung* im Spätmittelalter (Le Goff 1989: 42). Im erheblich urbanisierten Italien leben um 1400 etwa 25 Prozent der Bevölkerung in Städten (Rossiaud 1990: 157). Zwischen 1400 und 1550 weist Norditalien – neben den Niederlanden – den höchsten Urbanisierungsgrad in Europa auf (siehe dazu: Burke 1984: 255-258). Zehn Jahre nach der großen Pest von 1527-1531 hat Italien etwa neun Millionen Einwohner; davon leben 1,35 Millionen in Städten mit mindestens 15.000 Einwohnern. Es gibt in Italien ungefähr so viele Städte mit 25.000 und mehr Einwohnern wie im übrigen Europa – etwa 20. Die größten Städte der Renaissance sind: Neapel (210.000 Einwohner), Venedig (160.000), Mailand und Palermo (je 70.000), Florenz, Genua und Bologna (je 60.000). – Die Ökonomie der Städte basiert, trotz der auch innerhalb der Stadtmauern betriebenen Land- und Viehwirtschaft, zwar noch auf

Hauswirtschaft, aber deren Grundlage ist immer weniger die Agrarproduktion, sondern vielmehr Handwerk, Klein- und Großhandel, Geldverleih. Weil in der Stadt eine Natural- und Subsistenzwirtschaft fast unmöglich ist, weil beinahe alles – Lebens- und Produktionsmittel, Grundstücke, Häuser, Behausungen, Kleidung – gekauft werden muß, ist das Geld der wichtigste ökonomische Mechanismus und der Kaufmann der wichtigste Vertreter der Stadtökonomie (vgl. Rossiaud 1990: 166). Die Urbanisierung setzt *Arbeitsteilung* voraus, durchbricht das Autarkie-Prinzip der feudalen Ökonomie und macht den *Handel – Austausch* – notwendig (vgl. Mensching 1992: 131f.).

So impliziert die Stadtökonomie die *Auflösung des traditionellen sozialen, politischen und ökonomischen Systems des Früh- und Hochmittelalters:* die Urbanisierung erfolgt durch Landflucht, durch Flucht leibeigener, verarmter Bauern – »Stadtluft macht frei«. Dennoch können Feudalherren ihre Leibeigenen auch in der Stadt innerhalb eines Jahres wieder einfangen (Rossiaud 1990: 158f.). Die Urbanisierung beruht auf einer *ökonomischen, sozialen und politischen Revolution:* In die dreigliedrige Gesellschaft des Früh- und Hochmittelalters treten neue soziale Klassen ein, die nicht länger am Rande stehen – der Kaufmanns-Bankier, der Handwerker, der Arbeiter, der städtische Gelehrte (Le Goff 1990: 25-29). Außerdem hausen in den Städten ungezählte Arme: Bettler, Tagelöhner, Handlanger, Sklaven. Weil die Kaufleute im Zentrum der urbanen Ökonomie stehen, werden sie politisch einflußreich – die Städte des Spätmittelalters, notiert Le Goff (ebd. 42), werden ökonomisch und politisch »von den großen Kaufleuten beherrscht«.

Wie viele große Städte Europas im 13. Jahrhundert in Italien liegen, so ist *Italien auch das Land der Kaufleute und Bankiers.* Nördlich der Alpen nennt man die Händler und Geldverleiher »Lombarden« (Gurjewitsch 1990: 276). Die Einwohner Venedigs und Genuas scheinen zeitgenössischen Reisenden allesamt als Kaufleute tätig zu sein (ebd. 290). Der Norden Italiens wird zum Zentrum der europäischen frühkapitalistischen Weltwirtschaft: Pisa, Genua, Florenz und Venedig erheben sich zu Weltstädten. Allgemeines Ziel des hier zusammenlaufenden Handels ist es, auf der Grundlage einer hochentwickelten Manufakturproduktion, Waren im Osten einzukaufen, sie teilweise in Italien zu verarbeiten und innerhalb Europas teurer zu verkaufen. Am Ende akkumulieren die italienischen Kaufleute Reichtum in Geldform: sie haben aus Geld durch den Warentausch und die die Manufaktur-Produktion mehr Geld gemacht, sie haben Geld in Kapital verwandelt.

Da die Geld-Ökonomie während der Antike und im Mittelalter an den Rand der Gemeinwesen gedrängt, da sie durch die Tugendlehre nach außen abgeschoben worden war, beginnt die neue Ökonomie nicht als interne Stadtökonomie, schon gar nicht als Nationalökonomie, sondern als *Weltökonomie;* ihr geographischer Ort ist der europäische Weltmarkt. Sie wird deshalb schnell zur *Ökonomie der europäischen Welteroberung.*

Der Kaufmann der spätmittelalterlichen Städte ist ein Kaufmann neuen Typs. Der *Händler des Früh- und Hochmittelalters* betrieb Warentausch an der Peripherie der Gesellschaft, um die Subsistenzproduktion durch zusätzliche Gebrauchswerte zu ergänzen. Daher reiste er mit seinen Waren von Land zu Land. Die Geschäfte des *neuen Kaufmanns* werden aber nicht nur immer umfangreicher – er handelt mit immer mehr Waren und gleichzeitig mit Kaufleuten verschiedener Regionen. Seine Geschäfte erstrecken sich über große Räume und Zeiten: sie werden *abstrakt.* Vor allem steht seine Tätigkeit jetzt im Zentrum der Ökonomie. Er ist nicht mehr überall bei seinen Waren, sondern wird seßhaft und leitet seine Geschäfte vom Kontor aus, auch wenn er weiterhin häufig reisen muß. Sein wichtigster Tätigkeitsbereich ist, zumal in der Geburtsstunde der Geld-Ökonomie, der *Weltmarkt:* der Ort, auf den die klassische Ökonomie die Geldwirtschaft abgeschoben hatte. Der Kaufmann wird als *Stadtbürger* zum *Weltbürger.*

Geographisch erstreckt sich der *Fernhandel* von Italien aus nach Spanien und Frankreich, nach Nordafrika, Griechenland, Zypern, Kleinasien (Byzanz), zum Schwarzen Meer, bis Persien und Indien (vgl. Le Goff 1989: 17f.). So sind alle in Europa bekannten Kontinente miteinander verbunden: Europa, Asien und Afrika. Das *Mittelmeer* ist das Meer dieses Welthandels. Dieser Handel mit der moslemischen Welt wird sogar in den Zeiten der Kreuzzüge – zwischen 1096 und 1270 erfolgten sieben große und zahlreiche kleinere Kreuzzüge – fortgesetzt (ebd. 7f.). – Parallel bildet sich im 12. und 13. Jahrhundert im Norden, mit der *Ostsee* als Mittelpunkt, ein *zweites Handelszentrum.* Ausgangspunkt dieses Fernhandels ist zunächst Soest in Westfalen, wo bereits seit dem 9. Jahrhundert ein Aufschwung des Handels stattgefunden hatte. Bis zum 14. Jahrhundert schließen sich immer mehr Städte zum Handelsbund der *Hanse* zusammen. Um 1300 übernimmt Lübeck die Führung. Um 1500 gehören 160 Städte zur Hanse. Deren Verfall begann schon 1498 mit der Schließung des Kontors in Nowgorod. 1603 wurde der Stalhof in London geschlossen. – Der Handel zwischen dem Norden und Süden Europas erfolgt erst zu Lande und auf Flüssen (Rhein, Rhône), später (14. Jahrhundert) auf dem Seeweg zwischen Genua und Venedig einerseits, London und Brügge andererseits (Le Goff 1989: 20). – Der Fernhandel ist ebenso gewinnträchtig wie risikoreich: »die Genueser Großkaufleute vervierfachten um 1200 ihr Kapital in fünf Jahren, und in Venedig ermöglichen die Erträge aus dem Fernhandel im 15. Jahrhundert noch 40% Gewinnausschüttung. Man kann also schnell reich werden und ebenso blitzartig Bankrott machen.« (Rossiaud 1990: 168)

Die Kaufleute des Spätmittelalters sind *umfassende Geschäftsleute*. Sie treiben nicht nur Handel mit Waren, sondern auch mit Grundstücken und mit Häusern; sie verleihen Geld an Privatleute, Städte und Fürsten; sie handeln mit Wechseln; sie versichern Waren-Transporte; sie kaufen Schiffe und werden zu Reedern; sie betreiben Erzgruben und Manufakturen; sie kaufen Landgüter und reorganisierten die Agrarproduktion. Dabei folgen sie nur einem Ziel: *Akkumulation von Reichtum in Geldform – Kapital-Akkumulation*. Die Aktivität der Kaufleute umfaßt alle Zweige der bürgerlichen Ökonomie: sie wird abstrakt, gleichgültig gegen die Besonderheit der Waren (vgl. Origo 1986).

Obwohl die neue kapitalistische Ökonomie die mythologische überwunden hat, trägt sie doch noch erhebliche *Merkmale der alten Ökonomik*.

Als Erbschaft der Ökonomik hat die Chrematistik als Zirkulationsform, als Handel und Geldverleih, ihren Ort auf dem *Weltmarkt*, im Verkehr mit *Fremden*. Die Produktion wird kaufmännisch rationalisiert, steht aber nach ihrem Organisationsprinzip jenseits der Chrematistik.

Der Begriff *economia* wird weiterhin in der Bedeutung von *Hauswirtschaft* verstanden und auf unmittelbar-persönliche, nicht auf abstrakte Marktbeziehungen angewendet. Auch *Gesellschaft* bezeichnet nur die Geselligkeit des Hauses, kein abstraktes gesellschaftliches Verhältnis (Burke 1984: 189, 193). Die economia der Kaufleute, die Handelsgesellschaften, sind entweder reine oder Quasi-*Familienunternehmen* mit patriarchalischen Abhängigkeitsverhältnissen (vgl. Origo 1986: 95-108).

Die Kaufleute müssen sich in mittelalterlichen *Gilden (Zünften)* organisieren, um Handel treiben zu können. Zünfte aber institutionalisieren die Produktion für konkrete Auftraggeber mit konkreten Bedürfnissen, nicht für einen abstrakten Markt; Zünfte stehen auf der Stufe einer Gebrauchswert-Ökonomie. Vor allem folgen die Zunft-Ordnungen der biblischen Moral-Lehre: der Strafandrohungen gegen Händler und Wucherer.

In der economia sind Öffentlichkeit und Privatheit, *Handelskontor und Haushalt nicht getrennt*. In den Haushalten der Fürsten ist die Leitung des Haushalts identisch mit der öffentlichen Verwaltung; der Kämmerer ist der Finanzminister. Die spätere Finanzwissenschaft heißt Kameralismus.

Der Haushalt umfaßt, wie in der Antike, keineswegs bloß die Kernfamilie, sondern eine *Großfamilie* mit allen Dienern und Sklaven – oft mehrere dutzend Personen.

Die soziale Integration liegt weiterhin in *Religion und Politik,* nicht in der Ökonomie. Die Moral der Kaufleute bleibt der mythologischen Moral der sophrosyne ebenso wie der christlichen Religion verhaftet und steht daher unter den Androhungen der *biblischen Geld-Kritik* des Alten und des Neuen Testaments. Gefürchtet wird vor allem das Fegefeuer (Gurjewitsch 1990: 300f.). – Die *traditionelle Ökonomik* war seit Sokrates, Xenophon und Aristoteles eine *Tugendlehre,* die sich der Geldwirtschaft entgegenstellte, weil sie die Herrschaft der Seele über den Körper implizierte, die Geldwirtschaft aber umgekehrt als Ausdruck der Herrschaft des Körpers über die Seele denunzierte. Die *biblische Geld-Kritik* hat diese Lehre übernommen. Aus der Sicht der Kleriker müssen daher *Städte und Handel, Kaufleute und Bankiers* als zutiefst *sündig* erscheinen – trotz einer steigenden Bedeutung wird der Kaufmann auch verachtet (vgl. Le Goff 1990: 25; Rossiaud 1990: 156; Gurjewitsch 1990: 272ff.). Die Kaufleute, noch mehr die Wucherer, werden Räubern gleichgestellt: sie scheinen nur teurer zu verkaufen als zu kaufen, sie scheinen durch den Wucher ganze Fürstentümer und Königreiche in den Abgrund zu stürzen – ohne zu arbeiten (vgl. Gurjewitsch 1990: 270-279). Der Dominikaner Girolamo Savonarola (1452-1498) aus Florenz tritt gegen die Reichen, gegen die Wucherer und gegen die dem Reichtum erlegene Geistlichkeit, mit der Forderung nach radikaler Askese auf (vgl. ebd. 304). – Die Kaufleute des Spätmittelalters und der Renaissance können sich von jener mythologischen Tugendlehre nicht emanzipieren. Obwohl die Befolgung des traditionellen Moral-Imperativs der sophrosyne verbreitet ist, gelten Kaufleute als un-mäßig (Origo 1986: 104f., 138f.). So führt die allgemeine Verachtung vor allem des Wuchers, die Verinnerlichung der christlichen Tugend durch Ausbildung eines *individuellen Gewissens,* zu einer verbreiteten *Melancholie,* zu einem allgemeinen Pessimismus, zu »Gewissensqualen und Ängsten« angesichts der drohenden weltlichen und vor allem biblischen Strafen. Die Kaufleute entlasten sich, indem sie, bei nahem Tod, ihr Eigentum an die Armen und die Kirchen verteilen (Gurjewitsch 1990: 299-301; Tenenti 1990: 221), um sich von der *Todsünde der Habsucht* zu befreien.

Im Rahmen dieser noch durch die mythologische Ökonomik geprägten Lebenspraxis und ökonomischen Formen setzt sich jedoch schon im Spätmittelalter, ausgeprägt in der Renaissance, die *Logik der Chrematistik* durch. In der Renaissance wälzt sie die gesamte Kultur um: Ökonomie, Politik, Philosophie, Bildende Kunst, Religion, Kommunikation werden *rationalisiert.*

Der *Imperativ der Chrematistik* drückt sich in einem neuen, zur Herrschaft gelangenden Bewußtsein aus. Der Kaufmann Francesco di Marco Datini schreibt bereits in der zweiten Hälfte des 14. Jahrhunderts:

»Ich habe keine Lust, das zu verlieren, was ich habe, weil ich es dringend brauche, um mehr daraus zu machen.« (zitiert bei Origo 1986: 115)

Die Schrankenlosigkeit der *»Plusmacherei«* (Marx) ist der antiken und mittelalterlichen Forderung nach Mäßigung entgegengesetzt (Origo 1986: 138 f.): Im Bewußtsein der antiken Philosophen wäre die »Plusmacherei« als Herrschaft der Bedürfnisse über die dem Göttlichen ähnliche Seele erschienen. Die Unendlichkeit ist nun vom Himmel auf die Erde geholt – die Säkularisierung des Lebens ist der revolutionäre Geist des Spätmittelalters, mehr noch der italienischen Renaissance. Unendlichkeit ist von Gott auf das Geld, allgemein auf eine quantifizierte, mathematisierte Welt übergegangen (Le Goff 1989: 81ff.).

Um die »Plusmacherei« bestimmen zu können, bedienen sich die Kaufleute bereits im 13. Jahrhundert der neuen Technik der systematischen *Buchhaltung*. Diese Technik gilt als Praxis der *divina proporzione* (Pacioli): es wird das Verhältnis von Einnahmen und Ausgaben, Soll und Haben, investiertem Kapital und Gewinn errechnet. Weil ein einziger Kaufmann mehrere Schiffe zugleich belädt, die zu unterschiedlichsten Zeiten mit den unterschiedlichsten Waren aufbrechen oder in weit entfernten, weit auseinander liegenden Zielhäfen ankommen; weil Schiffe und Waren oft durch Stürme oder Piraten verlorengehen; weil schließlich auch mittelgroße Kaufleute Kontore in verschiedenen Ländern unterhalten, reicht das Kopfrechnen oder das Rechnen mit dem Rechenbrett (abbaco) nicht aus. Aus dem 14. Jahrhundert sind Rechnungsbücher erhalten, in denen das Verfahren der doppelten Buchführung angewandt ist. Diese erste, noch betriebswirtschaftliche Geldrechnung ist indes keine bloß technische Erfindung, sondern impliziert die Umwälzung der traditionellen Ökonomie, eben einer Lebensform. Die Rationalisierung durch Buchhaltung kann nur im Rahmen einer allgemeinen Rationalisierung des kaufmännischen Lebens erfolgen.

Die *divina proporzione,* zur Logik der Chrematistik in der Buchhaltung entwickelt, wird zur *universellen Rationalität:* zur *Rationalisierung* der Welt. Eine neue *ökonomische Subjektivität,* eine neue *ökonomische Weltauffassung* beginnt ihren Siegeszug. – Das Denken *(ragione)* wird – wie im lateinischen ratio – als *Vernunft und Berechnung zugleich* aufgefaßt (vgl. Rossiaud 1990: 191). Ragione bezieht sich auf die Berechnung der Welt in allen Formen: Rechnung, Geschäftsbücher (libri della ragione) der

Kaufleute, Proportion (Proportions-Studien am Menschen: Leonardo, Dürer) in der antiken Bedeutung des Logos, Perspektive-Konstruktionen in der Malerei, Gerechtigkeit (als Ausgleich wie im Bild der Waagschalen), Kalkulation (Burke 1984: 201; Gurjewitsch 1990: 292f.). Die berechnete Welt erscheint als gleichbleibend, sich wiederholend – den Gleichungen entsprechend. Man kann sie beherrschen, weil Entwicklungen berechenbar, vorhersehbar wurden. – Das berechnende Denken nun scheint die alte mythologische Einheit von Subjekt und Objekt, Mensch und Natur, Denken und Sinnlichkeit aufzulösen. Durch die Berechnung scheinen die Kaufleute die Gegenstände ihres Denkens und Handelns zu *objektivieren,* während sie sich selbst *subjektivieren:* sie scheinen sich abzugrenzen von der Natur ebenso wie von anderen Menschen, sie scheinen jetzt die Subjekte ihres Denkens und Handelns. – Das indes ist eine Projektion liberaler Individualität auf die Renaissance. Divina proporzione heißt: *der Logos ist keine Konstitutionsleistung des Subjekts, sondern die Ordnung der Welt,* die vom Subjekt nur – freilich gottesebenbildlich – nachgebildet wird. Die Welt gilt als subjektiv-göttlich, das Individuum ist dem kosmologischen Logos subsumiert: es ist nicht länger ein Sozialatom der mythologischen Welt, es ist schon ein metaphysisches Individuum, aber noch kein liberales, verständig-aufgeklärtes, das sich als Besonderes in gegensätzlicher Einheit mit dem Abstrakt-Allgemeinen der Gesellschaft weiß. Indem dieses Individuum zur Gottesebenbildlichkeit aufsteigt, verwandelt es die divina proporzione: »die Zahlen« sind »zunächst ein Werkzeug des Kaufmanns« und »erst dann ein Mittel der Verständigung in der Wissenschaft« (Tenenti 1990: 247).

Das metaphysische Individuum, in der Personifikation als Kaufmann und Bankier, bedarf der Aneignung *umfassender rationaler Kenntnisse:* es bedarf der *Bildung* zum metaphysischen Individuum, es bedarf der *Ausbildung* zum Kaufmann. Diese Bildung und Ausbildung erfolgt nicht länger in den weltabgeschiedenen scriptorien der Klöster, sondern auf den neuen *Universitäten* (Bologna: 1088; Paris: 1150; Oxford: 1167) und *Schulen.* Der alte Gegensatz von Geist und Geld, Bildung und Handel, wird aufgehoben. Weisheit und Wissen werden nicht länger als Offenbarung aufgefaßt, die allein Auserwählten zugänglich ist, sondern als Gegenstände, die von Laien an Laien übermittelt werden.

Zunächst erfordern der Fernhandel über große Entfernungen mit teilweise jahrelangen Handelsreisen sowie der Umfang der Handelsgeschäfte neue soziale Organisationsformen und die Beherrschung von kulturellen Basistechniken. Die Kaufleute schließen sich zu Handelsgesellschaften zusammen, um das Risiko zu vermindern. Um die verschiedenen Geschäfte abwickeln zu können, eröffnen die großen Kaufleute Filialen in verschiedenen Ländern, die von Familienangehörigen oder Vertrauten geführt wurden. Der seßhaft gewordene Kaufmann muß also seine Geschäftsbeziehungen in Form schriftlicher Kommunikation pflegen – er mußte *schreiben* können und *fremde Sprachen* beherrschen.

Sodann bedarf der Kaufmann einer souveränen Kenntnis von *Geld- und Handelstechniken:* der Buchführung, des Versicherungsgeschäfts; der Währungskurse und des Geldwechsels; des Kreditgeschäfts; des Umgangs mit Wechseln, die erfunden werden, weil in Europa die Produktion des Geld-Rohstoffs (Gold, Silber) sinkt.

Um diesen neuen Anforderungen gerecht werden zu können, bedarf der Kaufmann einer gründlichen *Ausbildung*. In Gent wird im 12. Jahrhundert von Kaufleuten eine Gemeindeschule errichtet, der die weltlichen Herrscher – gegen den Einspruch der Kirche – das Privileg der Unterrichtsfreiheit verleihen, so daß Kinder von Kaufleuten technisches Wissen für den Beruf des Kaufmanns erlernen konnten: Lesen, Schreiben, Rechnen, Geographie, Fremdsprachen (Origo 1986: 104; Le Goff 1989: 98; Gurjewitsch 1990: 292 f.; Tenenti 1990: 247). Die Ausbildung auf Grundschulen, durch Hauslehrer sowie durch eine berufspraktische Ausbildung im Geschäft des Vaters, eines Teilhabers oder Geschäftsfreundes, ist bald allgemein üblich (Le Goff 1989: 98-104). Obwohl auf den Schulen auch Latein gelehrt wird, werden Briefe im ›volgare‹ verfaßt (Gurjewitsch 1990: 293f.). – Die Universitäten bleiben, obwohl jetzt auch Bürgersöhne studieren, der höheren Bildung vorbehalten: Theologie, Philosophie, Medizin, Juristerei (ebd. 293).

Durch diese Entwicklung geht der *Geist von den Klöstern in die Kaufmanns-Kontore über* und erfährt dabei eine entscheidende Wandlung. An die Stelle der alles überragenden, alles bestimmenden Beschäftigung mit Gott und der Bibel, der Transzendenz, tritt die Beschäftigung mit diesseitigen, technischen Problemen; der Geist ist nicht länger ausschließlich und primär theoria (Gotteserkenntnis), sondern wird zur Methode des Gelderwerbs. Dabei verändern sich die Schrift, die Zahlen: es werden nun arabische statt der römischen Ziffern verwendet; die ›0‹ wird eingeführt (Gurjewitsch 1990: 292-294). Das diesseitige Leben wird entmythologisiert, einer *berechnenden ratio* unterworfen – *die gesamte Kultur wird säkularisiert und rationalisiert* (Le Goff 1989: 103f.). Das rationale Interesse gilt Zahlen, quantifizierten Sachverhalten, Informationen über Länder, Handelswege, Steuersysteme, Wechselkurse. Der *Logos,* die *Ratio,* wird den Kaufleuten zur Basis des Lebens (Rossiaud 1990: 189-191) .

Das metaphysische, zur Gottesebenbildlichkeit aufgestiegene Individuum beansprucht, durch die divina proporzione die *Welt rational zu erkennen,* sich selbst rational zu bilden, *seine eigene Welt rational zu erschaffen.* Der Kaufmann der Renaissance verweist, um seinen *Reichtum* zu rechtfertigen, auf die *eigene, schöpferische Arbeit.*

Die Kaufleute und Bankiers des Spätmittelalters und der Renaissance entwickeln – gegen die antike und biblische Tugendlehre – eine *neue Moral,* die sie mit der christlichen Dogmatik in Übereinstimmung zu bringen suchen. Vor allem verweist der Kaufmann auf *eigene Leistungen* als Basis seines ökonomischen Reichtums und seiner zunehmenden politischen Macht in den Städten: *Er scheint Produkt seiner selbst, Schöpfer seines eigenen Lebens durch eigene Arbeit. ›Arbeit‹* erhält eine neue, eine veränderte biblische Bedeutung: weniger als *Fluch Gottes,* der auf den Unterdrückten lastet, sondern als *gottesähnliche Schöpfungstätigkeit,* in der die neue herrschende Klasse, die Kaufleute, ihre Gottesebenbildlichkeit und Würde besitzt (Le Goff 1990: 11, 29). Die Kaufleute entwickeln sich zu *Individuen,* sich gegen andere abgrenzende Privatleute. Diese neue Bedeutung von Arbeit, an der die Kaufleute ihre Identität bilden, ist revolutionär. Galt zuvor die Welt als göttliche Schöpfung, der die Menschen sich zu integrieren hatten, um ihre Würde (dignitas) zu erlangen, so schaffen sich die Menschen nun – gottesebenbildlich – ihre eigene Welt und haben darin ihre Würde (siehe: Pico 1486), daß sie die göttliche Welt aus sich produzieren (Mensching 1992: 9f., u.ö.).

Die *Arbeit ist die neue Tugend der Kaufleute.* Piero de Medici hat das Selbstverständnis der Kaufleute und Bankiers auf den Satz gebracht: »Königreiche fallen durch Luxus; Städte erheben sich durch Tugenden« (zit. bei Burke 1984: 174). Wohl zum ersten Male in der europäischen Geschichte ist die Arbeit keine Tätigkeit der Unterdrückten, sondern der Herrschenden; sie gilt nicht bloß als Fluch, sondern vor allem als schöpferische Tätigkeit, als eine dem Menschen gemäße Tätigkeit (vgl. Le Goff 1990: 11). Der Lebensstil des Adels bestand in der zeitlosen Muße, darin, »nicht zu arbeiten«. Kaufleute hingegen zeichnen sich – wie Burke (1984) formuliert – durch eine »Neigung zu angestrengter Tätigkeit« aus (ebd. 239-242). Durch diese *Tugend der Arbeit,* die Zwecke setzt und Mittel benötigt, brechen sie mit der antiken und mittelalterlichen, auf das Philosophieren als Selbstzweck bezogenen *Tugend der Muße.*

Die antike und mittelalterliche Herabsetzung der *Arbeit als bloßes Mittel* für vorgegebene Zwecke erfolgte auf der Grundlage einer Ökonomie, die am Gebrauchswert der Produkte und an den endlichen Bedürfnissen der Menschen orientiert war – produziert und getauscht wurde zum Zwecke des Konsums. Die neue Geld-Ökonomie aber, die das Geld vom (Zirkulations-) Mittel in einen Selbstzweck verwandelt, impliziert deshalb auch die Auffassung einer *zum Selbstzweck gewordenen Arbeit: die Arbeit wird nun so grenzenlos wie der Reichtum;* der arbeitende Mensch wird mit seiner Arbeit nicht fertig. – Die Arbeit als Selbstzweck ist der Arbeit als Mittel nicht entgegengesetzt, sondern impliziert diese. Jede besondere Tätigkeit, jedes besondere Produkt ist Mittel zur Erlangung des unbegrenzten Reichtums, dadurch jedoch Moment des Prozesses unbegrenzter Bereicherung und insofern Selbstzweck. Arbeit erhält einen Doppelcharakter: Fluch und Schöpfungstätigkeit, Unterdrückung und Herrschaft zugleich.

Dieser *Doppelcharakter der Arbeit* drückt sich aus in einem neuen *Verhältnis zur Zeit* (dazu: Tenenti 1990: 227-229). Als Mittel ist die Arbeit kein Selbstzweck, die Arbeitszeit nicht zeitlos – die Kaufleute fragen sich, was sie in einer bestimmten Zeit geleistet haben. Aber diese Frage ist auf revolutionäre Weise neu gestellt. Denn das Produkt interessiert jetzt nicht mehr als konkreter Gebrauchswert, sondern als abstrakter Tauschwert, als dingliches Quantum. Insofern ist die Frage nach der *Zeit quantifiziert, abstrakt*: Zeit wird nun gemessen. Sie erscheint in einem Modell von Einnahmen und Ausgaben, Gewinn und Verlust – wie die Geschäftsbilanz. Das eigene Leben wird ebenso berechnet wie die Waren und das Geld. Hatte man zuvor kurze Zeitspannen in ›Ave‹ – der Zeit, um ein Ave Maria zu sprechen – gemessen, so kommen im 14. Jahrhundert *mechanische Uhren* in Gebrauch, die sogleich auf den Türmen der Kirchen und der Rathäuser installiert werden; Tage werden abstrakt in Stunden und Minuten eingeteilt (Burke 1984: 201; Gurjewitsch 1990: 308). Diese Abstraktion verwandelt die *Zeit* in eine inhaltsleere Form und hebt sie in die grenzenlose *Ewigkeit* auf – sie ist potentiell *unendlich* wie der abstrakte Reichtum und die auf Geldreichtum gerichtete Arbeit der Kaufleute. Die zeitlose Muße war der Arbeit entgegengesetzt; die unendliche Zeit impliziert eine unendliche Arbeit.

Freilich treten, durch die Rationalisierung der Welt, durch die Konstitution des *metaphysischen Individuums,* die theoretischen Interessen der Erkenntnis Gottes und der Welt nicht in der Hintergrund (vgl. Le Goff 1989: 103): die *divina proporzione* ist eben – göttlich. Die Welt, das Wissen, die Lebenspraxis sind keineswegs vollends objektiviert und diesseitig – der Bruch mit der mythologischen Welt ist nicht absolut. Das metaphysische Individuum ist zwar gottesebenbildlich und erlangt dadurch seine Identität; es zerfällt nicht länger, wie das mythologische Sozialatom, in eine Konstellation von Weltbezügen. Aber es ist ein Individuum in einer Welt, die weiterhin als Schöpfung Gottes, als göttlich-subjektiv gilt. Daher ist diese subjektiv-objektive Welt das Apriori, das Konstituierende, nicht das

Individuum. Daher ist das Wissen ein Wissen vom göttlichen Logos, daher ist die Lebenspraxis eine gottesebenbildliche Weltschöpfung, die den Logos nachbildet.

Im Spätmittelalter und in der Renaissance, in dem zur Herrschaft gelangenden Kaufmanns-Kapitalismus, sind die beiden Seiten noch *unvermittelt:* die Erbschaft der mythologischen Welt, der *mythologischen Ökonomik* einerseits, der Anspruch auf eine *Erkenntnis des göttlichen Logos,* einer diesem *Logos folgenden Lebenspraxis* andererseits. Daher leben die Kaufleute in einem permanenten *Widerspruch:* sie leiden unter den Imperativen der christlichen Geldkritik, sie fürchten sich vor dem Fegefeuer; sie pochen auf das Wissen der divina proporzione, auf eine schöpferische Lebenspraxis im Logos. Erst der *Calvinismus* und der *Puritanismus* versöhnen im Merkantilismus – nach etwa 1580 – die Logik der kapitalistischen Ökonomie mit den Anforderungen der christlichen Religion.

Die Kaufleute Oberitaliens lösen jenen Widerspruch auf unterschiedliche Weise. Der Kaufmann Franceso di Marco Datini (1335-1410) aus Prato schreibt auf die erste Seite seiner Buchhaltungs-Bücher, einem allgemeinen Brauch folgend: »Im Namen Gottes und des Geschäfts« (Origo 1986: vor allem 101). Es ist üblich, Gott – »Messer Domeneddio« – bei Gründung einer Handelsgesellschaft zum Teilhaber zu erklären, für ihn ein Konto einzurichten und seinen Gewinnanteil zu errechnen. Als Sozius wird Gott bei »Geschäftsauflösung an erster Stelle ausbezahlt« – »Gott stand für die Armen, die ihn auf Erden repräsentierten«. Der Gewinn Gottes wird Kirchen, Klöstern, Krankenhäusern oder Asylen übergeben (Le Goff 1989, 86). Gurjewitsch (1990, 296-300) berichtet über den Kaufmann Giovanni di Pagolo Morelli (1371-1444) aus Florenz:

»Morellis Glaube stiftete Frieden zwischen Gott und dem kaufmännischen Eigentum. (…) Erfolgreicher Handel gilt Morelli als Gottesdienst. In dieser Beziehung erscheint er wiederum alles andere als selbständig. In zahllosen Geschäftsschreiben, die Handelsabmachungen festhalten, finden wir die Anrufung des Schöpfers, der Jungfrau Maria und der Heiligen: ›Im Namen Gottes, unseres Herrn Jesus Christus und der Heiligen Jungfrau Maria, seiner Mutter, sowie aller Heiligen im Paradies! Sie mögen uns Glück und Heil gewähren, auf dem Meere und zu Lande. Unsere Kinder und Reichtümer sollen sich mehren, und erlöst werden sollen unsere Seelen und Körper.‹ In den Rechnungsbüchern der Kaufleute und Handelsgenossenschaften wurden besondere Konten geführt (il conto di Messer Domeneddio). Hier trug man die Summen ein, die von den Kaufleuten an die Armen und für gottgefällige Anstalten gespendet wurden, damit ihre Seelen gegen die Mißhelligkeiten nach dem Tode versichert waren. Mit Gott verkehrte man wie mit einem Mitglied der Handelsgenossenschaft, und seine Anteile hingen von der Größe des Gewinns ab, den die Genossenschaft erzielte. Auf diese Weise mußte Gott selbst daran interessiert sein, daß der Unternehmer einen möglichst großen Gewinn erzielte!« (Gurjewitsch 1990: 298)

Aus Angst vor dem dennoch drohenden Fegefeuer, vor Folter und immerwährenden Qualen, verteilten zahlreiche Kaufleute, angesichts des nahen Todes, »ihre Reichtümer unter die Armen und an die Kirchen« (ebd. 300).

Die *Kaufleute* des Spätmittelalters und der Renaissance sind die *ersten Personifikationen des bürgerlichen Individuums:* in der Gestalt des *metaphysischen Individualismus.* Wie in der Antike, bei Pythagoras (vgl. Aristoxenos, DK 58 B 2), so geht auch in der Renaissance die Beschäftigung mit Zahlen, mit der divina proporzione, der philosophischen und wissenschaftlichen Reflexion in Form der Proportion – des Logos – voran (Tenenti 1990: 247).

Der Kaufmann, als metaphysisches Individuum, ist eine frühe, unvollkommene Gestalt des Weltbürgers: er besitzt weltweite Handelsverbindungen, er erlernt ein Wissen von der Welt – Geographie, Astronomie, Sprachen, Kulturen, Wechselkurse, Wissen über Rohstoffe und Absatzmärkte. Er beschäftigt sich mit der Bibel, mit Kunst und Kultur, er wird Auftraggeber für Kunstwerke. Er wird zur Personifikation der Gottesebenbildlichkeit, der divina proporzione: Die »Kaufleute« handeln, »als ob sie glaubten, der menschliche Verstand könne alles verstehen, alles erklären und ihr Handeln lenken« (Renouard, zit. bei: Le Goff 1989: 83). Der Kaufmann scheint durch Kenntnis der divina proporzione, durch eigene schöpferische Arbeit, sich selbst und seine Welt zu erschaffen (vgl. Gurjewitsch 1990: 286, 295, 310).

Aber der Kaufmann ist das Individuum einer immer noch göttlichen, subjektiv-objektiven Welt. Er erscheint gottesebenbildlich, aber dadurch ist er – im liberal-verständigen Sinn – nicht aus der Welt ausgegrenzt; er tritt nicht als Subjekt der Objektivität, er tritt nicht als Besonderer der Gesellschaft gegenüber; er ist nicht das autonome Subjekt seiner selbst, der Welt. Der göttliche Logos blieb das Apriori. Das Individuum ist ein Besonderes nur in seinem Aufstieg, in seiner Verschmelzung mit dem Allgemeinen: als ein gottesebenbildliches Wesen, das die göttliche Schöpfung als ein sophós zu erkennen, das seine Welt selbst zu erschaffen vermag.

So entwickelt sich in der Klasse der Kaufleute und Bankiers ein neuer, *rationaler Individualismus,* der Kern des späteren *Weltbürgertums.* Die kaufmännische Lebensform unterminiert die mythologische Gemeinschaft und Ökonomik sowie deren ideologische Basis: Grundeigentum, persönliche Herrschaft von Menschen über Menschen, religiöse Dogmatik (vgl.

Tenenti 1990: 218, 223f.). Die neuen Institutionen eines rationalen, metaphysischen Individualismus und einer berechnenden Weltauffassung stellen das *Verhältnis der Menschen zueinander* auf eine neue Grundlage. Die Verhältnisse beginnen, *abstrakt-unpersönlich zu werden:* die Kaufleute orientieren sich nicht länger an konkreten Bedürfnissen konkret-persönlich bekannter Konsumenten wie die Produzenten im Zunftsystem, sondern an abstrakt werdenden Marktverhältnissen; sie müssen nicht an den Stätten des Kaufs und Verkaufs von Waren persönlich anwesend sein; sie müssen mit Geschäftspartnern nicht persönlich kommunizieren. Daher verbreitet sich schnell eine neue, *abstrakt-unpersönliche Form der Kommunikation und der Selbstverständigung:* der Briefverkehr mit Handelspartnern sowie Familienangehörigen, Geschäftsbücher, Frachtbriefe, Versicherungspolicen, Schecks, Wechsel, Rechnungen (Origo 1986; Tenenti 1990: 229). Die *schriftliche Kommunikation* wird – gegenüber der unmittelbaren, mündlich-persönlichen – immer wichtiger. *Johannes Gutenberg* (1397-1468) erfindet den Buchdruck in beweglichen gegossenen Lettern; mit dieser revolutionären Technik druckt er 1452/ 54 die Bibel in einer Auflage von über 100 Stück: Sprache, Texte werden von einer lebendigen Äußerung in eine fixierte Form verwandelt, vom Medium der Verständigung zu einer technisch reproduzierbaren Ware. In der Ausbreitung der schriftlichen Kommunikation manifestiert sich die beginnende *Versachlichung und Objektivierung* der Verhältnisse rationaler Individuen zueinander. Die gesellschaftlichen Verhältnisse freilich verselbständigen sich, in dieser metaphysischen Epoche der divina proporzione, nicht zur »Herrschaft der Verhältnisse« als »Abstraktionen« (Marx 1857/58: 82): das Individuum ist ein metaphysisches – in abstrakter, gegensatzloser Einheit mit einem Göttlich-Allgemeinen.

1.3 Rationaler Individualismus in der Bildenden Kunst

Die grundlegende kulturelle Sphäre der *divina proporzione* (Pacioli) ist in der rinascità die Bildende Kunst: die geometrische Konstruktion der *Zentralperspektive* in der Zeichnung und in der Malerei, die Konstruktion des *Zentralbaus* in der Architektur, die Konstruktion der *zentral angelegten idealen, utopischen Stadt.* Diese rationale Kunst hat ihren geographischen Ort dort, wo auch das Zentrum der europäischen Weltwirtschaft während der Renaissance liegt: in den Städten Oberitaliens. Rinascità heißt allererst: »Wiedergeburt« der Bildenden Kunst der Antike nach den Jahrhunderten der mittelalterlichen Barbarei.

Die Bildende Kunst, als deren »Grundlage« und »Seele« die »Zeichenkunst« gilt (Vasari 1550/68: 25), wird durch die divina proporzione, durch den Logos, zu einer zugleich *göttlichen und rationalen, mathematischen Kunst-Wissenschaft.* Der Bildende Künstler der Renaissance beansprucht, gottesebenbildlich (ebd. 27) die Weltschöpfung nachzuvollziehen, eine *neue Welt zu erschaffen.* Durch diesen Aufstieg zum theoretischen und praktischen göttlichen Logos bildet er sich zugleich zum *metaphysischen Individuum* – so sind auch in der Bildenden Kunst Gott und gottesebenbildliches Ich das Apriori der Erkenntnis und Schöpfung der Welt der Physis. Diese metaphysische Verbindung von Gott, Individuum und Welt erscheint im *Identitätspunkt* der zentral konstruierten Bilder, Bauten und Städte. Durch diese Verbindung wird die Welt der *Physis* nicht objektiviert, sondern gilt weiterhin als *subjektiv-göttlich;* durch diese Verbindung ist die Kunst-Wissenschaft eine Meta-Physik, der Künstler ein meta-physisches Individuum. Die geometrische, proportionale Konstruktion gilt somit nicht als Konstitutionsleistung des Individuums, sondern der von Gott erschaffenen, vom göttlichen Logos gelenkten Natur. Die Bildenden Künstler folgen der Erkenntnislehre des Empedokles, nach der es die Dinge sind, die jene Bilder aussenden, die dann auf die menschlichen Sinne treffen.

Die Bildende Kunst ist in der Renaissance ein zentrales Medium der Gotteserkenntnis, der Selbsterkenntnis des Individuums, der Erkenntnis der Physis – sie ist Kunst-Wissenschaft, *Welt- und Selbsterkenntnis in der Form der Anschauung.* Ein zentrales Merkmal der mythologischen Welterfahrung und Lebenspraxis in der Antike und im Mittelalter war, als eine Form der Einheit von Subjekt und Objekt, die Verschränkung von Denken und sinnlicher Erfahrung. Trotz aller Fortschritte in der Genese der Abstraktion und Identifikation blieb das Denken überwiegend ein Denken in der Form der Anschauung; abstrakte Begriffe und formallogische Zusammenhänge waren in Metaphern, Gleichnisse und erzählte Geschichten verwoben. Platon etwa, der die Philosophie als Abspaltung der Seele vom Leibe bestimmte und die sinnliche Erkenntnis von der Erkenntnis der Ideen ausschloß (Phaidon 65a-e), führte zentrale Argumente in Form von Bildern aus; berühmt ist sein Höhlengleichnis zur Frage der Differenz von Wahrheit und Schein (Politeia 514a-517a). So erfolgt der Übergang von der mythologischen zur metaphysisch-rationalen Welt wesentlich auf der Ebene einer Kunst-Wissenschaft: einer rationalen Welterkenntnis in mythologischer Bilderform. Weil die Selbst- und Welterkenntnis erst in der Form der Anschauung möglich ist, nennen Pico (1486: 5) und Vasari (1550/68: 25) »Gottvater« einen »architectus«, den sich selbst und seine Welt erschaffenden Menschen einen »Bildhauer«. Die Bildende Kunst der

Renaissance verbindet die *rationale, proportionale* Bildkonstruktion mit *mythischen Symbolen* einer weiterhin subjektiv-göttlich aufgefaßten Natur: beides ist im göttlichen Logos eines.

Der Künstler-Wissenschaftler erhebt sich, nach der Differenzierung des Sokrates, vom menschlichen philósophos zum *göttlichen sophós.* Er entwickelt die Erkenntnis auf der Ebene rationaler Anschauung: Wissenschaft wird, metaphysisch, als mathematische Erfahrungswissenschaft begründet, die sich in technische Artefakte umsetzen läßt. Das metaphysische Individuum phantasiert Gott als Mathematiker und Ingenieur, die Welt als Maschine, sich selbst als Ingenieur und menschliche Maschine zugleich. Instrumentelle Erkenntnis der subjektiv-göttlichen Natur und Technik sind unmittelbar mit Gotteserkenntnis und Weltschöpfung verbunden – es besteht kein Interesse an der Umsetzung von Wissenschaft und Technik in ökonomische Verwertung. Auf der metaphysischen Grundlage koinzidieren instrumentelle und moralisch-reflexive Vernunft, Erkenntnis des Seins und Erkenntnis des Sollens, Erkenntnis des Diesseitigen und vernunftgegründete Utopie.

Ich skizziere zunächst den metaphysischen Individualismus in der Bildenden Kunst – Zeichnung, Malerei, Bildhauerei, Architektur, Stadtplanung – der Renaissance im allgemeinen (1.3.1) und stelle dann Leonardo da Vincis Kunst-Wissenschaft dar (1.3.2).

1.3.1 Symbolische und geometrische Welt-Darstellung

Die Bildende Kunst der italienischen Renaissance läßt sich durch eine Konstellation von Inhalten und Formen definieren. Das historisch Neue ist die Herausbildung des *Individuums als Subjekt und Objekt* der Kunst, das Ziel die Nachahmung der *göttlich-subjektiven Natur.* Vor diesen Inhalten jedoch ist die *Form* entscheidend, die jene *Inhalte* impliziert. Durch *perspektivische Darstellungen* wird eine bis dahin unbekannte Mathematisierung des Raumes vollzogen, die eine rationale Welteinheit begründet. Diese scheint auf identitätsstiftenden Leistungen des Künstlers zu beruhen. Nach dem Selbstverständnis der Zeit verhält es sich freilich umgekehrt: der Künstler reproduziere nur den *Logos der göttlichen Natur,* die jene *Identität* produziere. Durch diese Form und diese Inhalte erhebt sich die Kunst zur Gottesebenbildlichkeit, zum göttlichen Logos – und holt diesen, paradox, auf die diesseitige Erde herunter. Dadurch gewinnt die Kunst eine paradoxe *Autonomie* gegenüber den religiösen Dogmen: die Theologie verliert ihren privilegierten Zugang zu Gott, die Erkenntnis des göttlichen Logos wird zur allgemeinen Möglichkeit. Die Renaissance vollzieht – auf metaphysischer

Grundlage – eine *Säkularisierung* der Kunst: die Kunst macht nicht länger ausschließlich biblische Lehren und Geschichten anschaulich, sie ist nicht länger in den kirchlichen Raum eingeschlossen – sie tritt in das bürgerliche Leben ein und verleiht diesem: »Würde« (Pico).

Wie die Ökonomie der Renaissance, so trägt auch die *Bildende Kunst* der Zeit noch erhebliche Merkmale der *mythologischen Welt:* durch die Produktionsweise, durch das Apriori des göttlichen Logos, durch die Symbolsprache, durch die weiterhin dominierenden religiösen Themen.

In Rücksicht auf die *Produktionsweise* ist die Bildende Kunst in der Renaissance ein Handwerk, das in Werkstätten betrieben wird. Diese Werkstätten sind bisweilen – wie bei Jacopo Bellini – Familienbetriebe, bisweilen arbeiten in ihnen mehrere Maler auch arbeitsteilig zusammen (Burke 1984: 64f.). Die Ausbildung der Maler und Bildhauer erfolgt in den Werkstätten. – Wie alle Handwerker, so sind auch die Künstler – mit Ausnahme der Architekten – zünftisch organisiert. Die Zunft regelte nicht nur die Ausbildung, sondern greift in alle Lebensbereiche ein. So wird bedürftigen Mitgliedern Geld geliehen oder gespendet, es werden »Gottesdienste zu Ehren des Schutzpatrons der Zunft« organisiert (ebd. 67).

Die zitierte *Autonomie der Kunst und des Künstlers* ist durch die Zünfte begrenzt. Die zünftisch organisierten Künstler sind keineswegs frei, ihren Gegenstand zu wählen, sondern von Auftraggebern abhängig (Burke 1984: 86-94). Die Aufträge werden für bestimmte Themen und Aufgaben – zum Beispiel ein Fresko in einer Kirche – vergeben. Relativ frei sind die Künstler, die in einer Werkstatt Aufträge gegen Entgelt annehmen – sie können Aufträge ablehnen oder sie umgehen (ebd. 91). Zwischen dem 15. und dem 16. Jahrhundert wandelt sich der Einfluß des Auftraggebers auf das Werk jedoch bedeutend (ebd. 94-104). Er ist ursprünglich »sehr groß«. In notariellen Verträgen zwischen Auftraggeber und Künstler werden nicht nur Fragen des Materials, des Preises, des Liefertermins und der Größe des Kunstwerks geregelt, sondern auch der Inhalt der Arbeit durch Beschreibung, Verweis auf einen Entwurf oder auf die Tradition festgelegt (ebd. 96-99). Dennoch gibt es Konflikte, weil dem Künstler der »Plan des Auftraggebers nicht gefiel« oder umgekehrt »dem Auftraggeber nicht gefiel, was der Künstler geschaffen hatte«. Diese Konflikte verringern sich erst im 16. Jahrhundert durch die zunehmende »Freiheit des Künstlers«. Immer häufiger wird ihm zugestanden, sich sein Thema und die Form selbst zu bestimmen (ebd. 101-103).

Die Emanzipation des Künstlers ist eng verbunden mit der *abnehmenden Bedeutung der Zunft-Organisation.* Einerseits beginnt die Subsumtion der Kunst-Produktion unter die bürgerliche Ökonomie, so daß der Künstler von persönlichen Auftraggebern unabhängig und vom *unpersönlichen Kunst-Markt abhängig* wird (Burke 1984: 110-114). Werke werden geschaffen, ohne zuvor bestellt worden zu sein; sie werden unter Vermittlung eines Kunsthändlers, eines Kaufmanns, verkauft. Andererseits realisiert sich der Zusammenhang von Kunst und Erkenntnis, indem die Kunst aus der Werkstatt aus- und in die Akademien und Ateliers einzieht. Freilich betrifft diese Emanzipation vorerst nur wenige Künstler, die – entsprechend dem sich erst ausbildenden, nicht verallgemeinerten Individualismus – als Genies gelten (Abels 1985: 193, 196). Die ökonomische Befreiung des Künstlers realisiert sich jedoch erst, nachdem die Perspektive – die kunstimmanente Basis der Befreiung von religiöser Dogmatik – zerfallen ist.

In Rücksicht auf *Form und Inhalt* reproduziert auch die zur Gottesebenbildlichkeit aufgestiegene und insofern *metaphysische Bildende Kunst* die *mythologische Auffassung einer von den Göttern – von Gott – erschaffenen und durchdrungenen Welt:* der Kosmos, die Natur gilt als Wirklichkeit des *göttlichen Logos.* Aus der Perspektive der bürgerlichen Aufklärung erscheint dies als Subjektivierung, als Anthropomorphisierung der Welt: der Logos in der Natur verleiht dieser die Form von *Symbolen,* einer symbolischen, zu entziffernden Schrift. So impliziert die Erkenntnis des Logos beides: eine rational-geometrische und zugleich mythologisch-symbolische Darstellung und Nach-Schöpfung der Welt – der Natur, des Individuums.

Burke (1984: 179-212; vgl. vor allem 180f.) beschreibt die mythologisch-symbolische Seite des Weltbildes der Renaissance durch drei Einstellungen. Zunächst sei die *Welt anthropomorphisiert* – die Welt werde gleich dem Menschen wie ein lebendiger Organismus aufgefaßt. Zugleich gelte die Welt als *beseelt* und mit *moralischen Qualitäten* ausgestattet. Schließlich seien *Analogien zwischen dem Mikrokosmos und dem Makrokosmos,* zwischen dem Menschen und der Erde geläufig:

»Die verschiedenen Teile des Universums wurden nicht kausal, sondern symbolisch, im Sinne von ›Korrespondenzen‹ oder Entsprechungen miteinander verknüpft. Die bekannteste Korrespondenz war die zwischen dem Menschen, dem ›Mikrokosmos‹, und dem Universum als ganzem, dem ›Makrokosmos‹. (...) Zahlentheorien spielten bei diesen Analogien eine wichtige Rolle; wenn zwei Dingreihen die gleiche Anzahl von Elementen aufwiesen, so schrieb man das nicht dem Zufall zu, sondern sah darin einen Nachweis für das Vorhandensein von Korrespondenzen. Die Tatsache, daß es (wie man damals meinte) sieben Planeten, sieben Metalle und sieben Wochentage gab, deutete darauf hin, daß zwischen ihnen Zusammenhänge bestanden. (...) Dieses komplexe Korrespondenzensystem hatte für Künstler und Schriftsteller einen entscheidenden Vorteil: es bedeutete, daß ihre Bilder nicht ›bloß‹ Bilder und ihre Symbole nicht ›bloß‹ Symbole waren; die Symbolsprache war die Sprache des Universums, und Gott hatte sie geschaffen.« (Burke 1984: 181)

Die *mythologische* Weltdeutung hatte *symbolische* Form – sie war unmittelbar *anschauliche Erklärung und Sinninterpretation* ineins, weil dem Sein des Kosmos die moralische Dimension des Sollens zukam. Zugleich implizierte der Mythos den Versuch, undurchschaute Zusammenhänge – das Schicksal – zu beherrschen. Das wird an der in der Renaissance dominierenden Form der Kosmos-Interpretation, an der *Astrologie,* deutlich (vgl. Burke 1984: 182-185). Die Anthropomorphisierung der Welt vollzieht sich hier, indem der Himmel durch antike Götter und den christlichen Gott besetzt ist. Das belegen weitgehend die Namen der damals bekannten sieben Planeten Mond, Merkur, Venus, Sonne, Mars, Jupiter und Saturn (ebd. 182). – Der astrologischen Deutung des Kosmos entspricht die *alchemistische Deutung der Erde.* Die Alchemie (ebd. 185-189) faßt anorganische Stoffe wie organische – wie Lebewesen – auf; Metalle, so lautet die Annahme, wachsen im Erdinnern. – Während die Alchemie die anorganische Natur prä-wissenschaftlich zu beherrschen sucht, betrifft die *Magie* vor allem den Menschen und sein Verhältnis zur Natur. Auch die Magie geht von einer beseelten Welt aus. Sie versucht, durch Zeremonien Zwecke zu verwirklichen. Damit steht sie direkt in Konkurrenz zu christlichen Ritualen: zu Gebeten, zum Exorzismus, zur Annahme einer magischen Kraft von Reliquien (ebd. 187).

Die in Symbolen konzentrierte, anschauliche Weltdeutung und Lebenspraxis ist der Ausgangspunkt des Prozesses der *Entmythologisierung* der Welt durch den Logos. Von ihr geht die neue, *metaphysisch-mathematische Weltauffassung* aus. Das konnte nur in der Bildenden Kunst geschehen. Denn die Kunst ist, wie Hegel (Bd. 20: 486ff.) sagt, Reflexion in der Form der Anschauung. Der Zusammenhang von Reflexion und Anschauung, enthalten in der Idee des göttlichen Logos, der divina proporzione, erscheint als Zusammenhang von mathematischer Konstruktion der Perspektive und Symbolsprache (dazu: Burke 1984: 165-169; ebd. 169: Liste verschiedenster Symbole). Beides zusammen kennzeichnet den ersten Schritt des Übergangs von einer supponierten Einheit von Mensch und Welt in der anthropomorphisierten Weltdeutung zur Ausgrenzung von Mensch und Welt in der mathematisch-objektivistischen Weltauffassung. Das Individuum, das sich durch die Perspektive ins Zentrum der Welt setzt, reflektiert in Bildern. Die abstrakten Naturgesetze sind erst in der Kunst, in der Anschauung bestimmt: in der perspektivischen Darstellung, in Proportionsstudien.

Indes erfolgt die Überwindung der *alten mythologischen Welt,* die *Entmythologisierung,* durch Inauguration eines *neuen Mythos.* Die Ausdifferenzierung des Menschen aus der Welt vollzieht sich durch unbewußte Projektion der mathematischen Rationalität auf die Welt; das Resultat ist eine paradoxe Übersteigerung der alten Anthropomorphisierung. In Leonardos berühmter Darstellung der Proportionsstudie Vitruvs, die den menschlichen Körper auf Kreis und Quadrat bezieht, gelangt die neue Anthropomorphisierung zum unverstellten Ausdruck. Der nackte menschliche Körper wird zum Urbild von Schönheit: der Proportion (vgl. Burke 1984: 206).

Auf dieser noch traditionellen Grundlage erfolgt freilich eine unerhörte, *metaphysische Rationalisierung der Bildenden Kunst:* ihre Erhebung zum theoretischen, weltschöpferischen Logos, zur *divina proporzione* vor allem in den Formen der *Zentralperspektive* und der *Proportionsstudien am Menschen.* Die Proportionen sind zuerst durch das Studium antiker Bauwerke entdeckt und dann auf die Künste der Zeichnung und der Malerei übertragen worden; von hier aus bestimmten sie die Architektur, die Stadtplanung und endlich utopische Gesellschafts-Konstruktionen.

Die Kunst der griechischen Klassik war Gottesdienst durch Angleichung des endlichen Menschen an den göttlichen Logos im Kosmos, durch Abwendung von der Welt des Leibes, durch Hinwendung zur gottähnlichen Seele, zu den Ideen. Deshalb war die spätere Integration der Kunst in den christlichen Gottesdienst konsequent. Die »byzantinische Kunst« wurde in einem Reich praktiziert, das »sich als eine unzureichende irdische Rekonstruktion der himmlischen Ordnung« verstand; »Kult und Kunst haben den ausgeliehenen Herrschaftsanspruch zu legitimieren«. Der Ort der Kunst war die Kirche – Wand und Gewölbe; die Kunst hatte die Lehren der *Bibel* darzustellen (Abels 1985: 46, 51). – Der unmittelbare Ausgangspunkt der Renaissance-Perspektive ist die »flächig-ornamentale Darstellungsweise« der Romanik (ebd. 52). Die metaphysische Rationalisierung und Säkularisierung und der Kunst vollzieht sich unmittelbar gegenüber dieser Tradition.

Die Säkularisierung der Kunst in der Renaissance ist demgegenüber ein Prozeß, in dem *die Kunst gegenüber der Religion Autonomie gewinnt.* Autonom wird die Kunst im doppelten Sinn. Zum einen folgt sie nicht länger dogmatischen Lehren, sondern der sinnlich-vernünftigen, reflektierten Anschauung des Menschen und der göttlichen Gesetze der Natur – des göttlichen Logos, der Proportion, der Geometrie. In der mathematischen Ordnung des Kosmos hat die neue Kunst ihre Logik und ihren Gegenstand;

insofern sie beansprucht, den Logos zu erkennen und darzustellen, ist sie von aller irdischen Autorität emanzipiert. Die Bildende Kunst verläßt – paradox – den Kirchenraum und überschreitet den Rahmen der biblischen Lehren: indem sie sich zum Göttlichen erhebt. Damit ist auch der *Künstler* als Mensch emanzipiert: er ist ein Laie, ein bürgerliches Individuum, ein Kunst-Wissenschaftler. Das Individuum folgt dem Logos des Kosmos, wenn es seiner eigenen Rationalität gehorcht. So ist bereits in der Kunst, nicht erst in der Naturwissenschaft, der Zusammenhang von Individualität und mathematischer Naturordnung gegeben – in metaphysischer Form.

In Florenz, der Hauptstadt der italienischen Renaissance, entdeckt der Bildhauer und Architekt *Filippo Brunelleschi* (1377-1446) im Jahre 1425 die *perspektivische Darstellung*. Nach der Überlieferung führte er folgendes Experiment durch (siehe: Vasari 1550/68: 153-176, siehe: ebd. 155; vgl. Abels 1985: 79-82): Auf einer Tafel stellte Brunelleschi perspektivisch die Außenansicht des Tempels San Giovanni in Florenz dar. Im Fluchtpunkt der Perspektive befand sich ein Loch. Nun wurde ein Beobachter an einen exakt definierten Punkt vor dem Tempel gestellt. In der linken Hand hielt er die Tafel und sah von hinten durch das Loch; in der rechten Hand hielt er einen Spiegel, der die perspektivische Zeichnung reflektierte. Der Beobachter sah dann außer dem Spiegel mit der gespiegelten Zeichnung zugleich den wirklichen Platz, auf dem er sich befand, so daß Bild und Realität ineinander übergingen. Entfernte er den Spiegel, so erschien ihm der reale Tempel exakt so, wie er zuvor das Bild betrachtete. Bild und Realität waren kongruent. Wie Brunelleschi die Perspektive konstruierte, ist nicht überliefert. Die Methode läßt sich aber aus der – ein halbes Jahrhundert später entwickelten – Entdeckung Leone Battista Albertis und Piero della Francescas ableiten. Von Brunelleschi sind weder Zeichnungen noch Schriften erhalten.

Dennoch existiert ein vermitteltes Zeugnis Brunelleschis. Auf das Jahr 1427 datiert das von *Tommaso Masaccio* (1401-1428) geschaffene Trinitätsfresko im dritten Joch des westlichen Seitenschiffes der Dominikanerkirche Santa Maria Novella in Florenz (Vasari 1550/68: 147-152; Abels 1985: 83-86). Das Bild ist streng zentralperspektivisch konstruiert, so daß beim Betrachter – wenn er an einem bestimmten Punkt steht – die Illusion erzeugt wird, er blicke auf eine Altarkapelle. Brunelleschi hat am Entwurf dieses Freskos, das das erste Zeugnis einer neuen Raum- und Weltauffassung ist, mitgearbeitet; das Fresko leitet eine neue Epoche der abendländischen Kunst ein. – Aus diesem Fresko und dem überlieferten Experiment läßt sich Brunelleschis Perspektive-Konstruktion nachvollziehen: Der Künstler erstellt von dem darzustellenden Gegenstand – etwa dem Tempel in Brunelleschis Experiment – einen Grundriß und einen Aufriß. Er legt dann einen Standpunkt des Betrachters fest und verbindet diesen Standpunkt (Augenpunkt) mit den Eckpunkten des Gegenstandes. Der Augenpunkt ist demnach zugleich der Punkt, in dem die Linien des Gegenstandes zusammenlaufen: der Fluchtpunkt. *Im Fluchtpunkt liegt die Identität der Welt in der Identität des Subjekts.* Nun legt der Künstler einen Schnitt durch die Verbindungslinien und liest die proportional verkleinerten Maße von Höhe und Breite des Objekts ab. Er überträgt die Maße auf ein Blatt und erhält eine zentralperspektivische Darstellung: Alle Linien des dargestellten Gegenstandes laufen im Fluchtpunkt zusammen, der wiederum definiert wird durch das Auge des Betrachters. Dessen Standpunkt zum Bild muß dem Standpunkt des Künstlers bei der Darstellung seines Gegenstandes entsprechen.

Im ausdrücklichen Anschluß an Brunelleschi hat *Leone Battista Alberti* (1404-1472) in seinen *Drei Büchern über die Malerei* (1435; vgl. Vasari 1550/68: 206-213; Panofsky 1985: 121) eine theoretische Begründung des geschilderten Experiments versucht. Alberti ist eines der herausragenden Individuen der italienischen Renaissance: er ist Mathematiker, Bildender Künstler, Naturwissenschaftler und Ökonom. Die Mathematik, das ist Albertis Überzeugung, ist der Logos der Welt, der in der Kunst anschaulich erkannt wird; Mathematik und Kunst fallen zusammen. Kunst wird durch Geometrie definiert: nicht weil die Geometrie eine subjektive Ordnungsleistung ist, sondern weil die darzustellenden Gegenstände »Sehstrahlen« aussenden, die im »Gesichtssinn« des Menschen zusammentreffen, so daß sie eine »Sehpyramide« bilden (Alberti 1435: 56-62). Die Möglichkeit der perspektivischen Darstellung beruht auf der lebendigen Gegenstandswelt, nicht auf der autonomen Konstruktion des Malers:

»So bitte ich denn die eifrigen Maler, sie mögen sich nicht schämen, mich zu hören. (...) So mögen sie denn wissen, dass sie, wenn sie die Bildfläche mit Linien beschreiben und die umrissenen Stellen mit Farben bedecken, nichts Anderes versuchen, als auf dieser Bildfläche die Formen der gesehenen Dinge so darzustellen, als wäre jene von durchsichtigem Glas, welches die Sehpyramide (sc. der im Bilde zur Erscheinung kommenden Gegenstände) durchschritte, bei Festhaltung einer bestimmten Entfernung, einer bestimmten Beleuchtung, einem bestimmten Augenpunkte und richtiger (durch die Wahl dieses Augenpunktes normirter) Lagerung der Gegenstände. (...) Wenn dem so ist, wie ich sagte, so sieht man also in einer Malerei nichts Anderes als einen gewissen Querschnitt einer Pyramide. Die Malerei wird also nichts anderes sein als die auf einer Fläche mittelst Linien und Farben zustandegebrachte künstlerische Darstellung eines Quer-(Durch-)schnittes der Sehpyramide gemäss einer bestimmten Entfernung, einem bestimmten Augenpunkte und einer bestimmten Beleuchtung.« (Alberti 1435: 68, 70; vgl. Abels 1985: 88, 97-102)

Durch diesen Schnitt wird die Erscheinungswelt der Körper zu Flächen umgeformt und dann gemäß den Gesetzen der Geometrie darstellbar. Das Sehen nach diesen Gesetzen, betont Alberti (ebd. 52), ist kein empirisches Nachbilden dessen, »was man sieht«, sondern ein rationales Sehen nach der divina proporzione. Darum sei der Maler »wie ein göttliches Wesen« (ebd. 88, 90). Schon Alberti zieht aus dieser Einsicht in die geometrische Form des Sehens und der Rekonstruktion des Gesehenen eine Anweisung zur Technik der Perspektive-Konstruktion (ebd. 78-86). Diese Theorie der Erkenntnis und der Perspektive-Konstruktion hat *Piero della Francesca* (1416-1497) aufgenommen, der sich, wie Alberti, mit der Anwendung der Mathematik in Ökonomie und Bildender Kunst beschäftigt. Sein bedeutendster Schüler ist der Mathematiker *Luca Pacioli* (1445-1510), der Verfasser der *Divina Proporzione.*

Die Perspektive-Methode Albertis und della Francescas haben Leonardo da Vinci (1452-1519) und Albrecht Dürer (1471-1528) rezipiert. Sie führt zur Technik der Perspektive-Darstellung, indem der von Alberti geforderte Schnitt durch die Sehpyramide praktisch ausgeführt wird. Der Maler stellt zwischen sich und sein Objekt einen Rahmen mit einer Glasplatte; dann bedeckt er ein Auge und skizziert nun auf der Platte, was er sieht. Die Glas-Zeichnung wird auf Papier gepaust und koloriert (Abels 1985: 169). Albrecht Dürer lernte diese Technik während seiner zweiten Italien-Reise im Jahre 1506 kennen. In zwei Lehrbüchern – im *Lehrbuch der Malerei* und in der *Underweysung der messung* – beschreibt Dürer (1984: 141ff., 255-257) vier Apparate, die das Hilfsmittel der Glasscheibe variieren. Auch Hans Holbein d.J. (1497/98-1543) benutzt die Glasscheibe bei seinen Porträts.

In der Perspektive-Konstruktion fallen Wissenschaft und Bildende Kunst zusammen: *das wissenschaftlich Wahre koinzidiert mit dem Kunst-Schönen.* Bilder werden wissenschaftlich, eben mathematisch konstruiert: als Anschauung des Logos. Das ist eine radikale Umwälzung, eine Säkularisierung der Kunst gegenüber der Antike und dem Mittelalter: der Logos ist nicht länger offenbart, sondern wird erkannt und bestimmt die künstlerische Welterschaffung. Kunst ist angewandte Mathematik wie Buchführung und Technik: nicht als bloße Quantifizierung einer objektivierten Welt, sondern als Reproduktion des göttlich-subjektiven Kosmos.

Das Revolutionäre der Zentralperspektive läßt sich erst ermessen, wenn die Geschichte ihrer Entdeckung betrachtet wird (siehe dazu: Abels 1985: 58ff., 69ff., 73ff.; Panofsky 1985: 115-117). Vor allem bei drei Malern des 14. Jahrhunderts kündigte sich die Perspektive an: *Giotto aus Florenz* (1266-1337) (siehe: Vasari 1550/68: 70-87), *Duccio di Buoninsegna* aus Siena (1255-1319) und *Ambrogio Lorenzetti* (1324-1348) aus Florenz. Der Blick auf die Werke dieser drei Maler lehrt, gerade weil hier die Perspektive erst entsteht, das Umwälzende der neuen Form sinnlicher Erkenntnis. Warum war die geometrische Konstruktion des Raumes so schwierig, warum wurde sie – einmal anvisiert – nicht unmittelbar verwirklicht? *Gefordert war ein neues Weltbild* (vgl. Panofsky 1985: 105ff., 111ff.). Das Subjekt hatte ins Zentrum zu treten und sich seine Welt zu konstruieren. Alle drei Maler vermochten nicht, die Identität des Welt-Bildes aus einem Fluchtpunkt der Perspektive zu konstruieren; sie gelangten nur dazu, Teilflächen – Decken, Böden – so zusammenzufassen (ebd. 115f.; Abels 1985: 70-75). *Nun scheint der Fluchtpunkt eine geradezu Kantische Weltauffassung zu spiegeln: dieser Punkt, aus dem die Identität der dargestellten Welt folgt, scheint durch das die Welt betrachtende Subjekt definiert.* Die Identität der Welt läge also im Subjekt, das sich seine Welt konstruiert und sich damit aus dieser objektivierten Welt ausgrenzt. Indem es diesen neuen Realismus begründet, ist die *Unendlichkeit* neu bestimmt. Panofsky (1985: 117) hat den Fluchtpunkt als »das konkrete Symbol für die Entdeckung des Unendlichen selbst« bezeichnet. Genauer ist die Fluchtpunkt-Unendlichkeit die Säkularisierung der göttlichen Unendlichkeit, die Mathematisierung der religiösen Unendlichkeit. Bedingung der mathematischen Konstruktion der Perspektive ist das *bürgerliche, das metaphysische Individuum:* rational, berechnend, sich seine Welt erschaffend. Die Malerei wird autonom vor allem gegenüber der Religion. Sie ist »nicht mehr nur Mittler und Illustrator theologischer Welterklärungen«, sondern stellt selbst die *Identität der Welt im göttlichen Logos* dar (Abels 1985: 59).

Die Bestimmung, daß der Fluchtpunkt die Konstruktion der Welt aus dem Subjekt anschaulich darstellt, so daß die *Identität der Welt* in der *Identität des Subjekts* liegt, ist freilich allzu modern. Nur zum Scheine steht die Bildende Kunst der Renaissance auf dem Standpunkt Kants (Bd. V: 189), daß »der Verstand ... seine Gesetze ... der Natur« vorschreibt. Gegenüber der Renaissance stellt diese Aussage jene kopernikanische Wendung dar, die Kant zugeschrieben wird: jene Wendung vom göttlichen Objekt auf das Subjekt, jene Subjektivierung des Menschen und Objektivierung der empirischen Welt. Alberti, und mit ihm alle Künstler und Wissenschaftler der Renaissance, sind vielmehr überzeugt, daß die Welt an sich selbst mathematisch – dem göttlichen Logos gemäß – geordnet sei. So liegt, nach dem Selbstverständnis der Epoche, im Fluchtpunkt der Perspektive allererst die Identität der Welt verborgen und erst dann die Identität des

Subjekts, das In-Dividuum. Insofern dem Individuum seine Projektion der Geometrie auf die Natur verborgen ist, erfaßt es sich in der Kunst nicht als verständiges, sondern erst als metaphysisches Individuum. Der Vorrang der Natur entspricht noch dem mythologischen Bewußtsein, das die mathematische Kunst in einem ersten, revolutionären Schritt, in einem Fortschritt zur *Metaphysik,* überwindet.

Die Perspektive in der Renaissance ist freilich nicht der erste Versuch, in der zweidimensionalen Ebene die Illusion eines dreidimensionalen Raumes zu erzeugen. Bereits die »griechischen Maler der Klassik Zeuxis und Parrhasios« ahmten – nach der Legende – in ihrer Malerei die Natur so nach, daß das Auge getäuscht wurde (Abels 1985: 47). Auch in der antiken Mosaikmalerei war die Kunst, Raumillusionen durch Licht und Schatten zu erzeugen, bekannt (ebd. 46). Dennoch besteht ein fundamentaler Unterschied zwischen der *Malerei der griechischen Klassik* und der *Bildenden Kunst der Renaissance.* – Die Differenz wird deutlich, wenn an Platons (427-347) und Aristoteles' (384-322) Darstellung des *Verhältnisses von Philosophie und Kunst* erinnert wird. Kunst war eine Gestalt der *Mimesis,* und als solche war sie der Philosophie verwandt. Mimesis, Nachahmung, war eine Form der Erkenntnis und Praxis zugleich: Angleichung des Menschen an a priorische allgemeine Ideen – der Wahrheit, des Guten, des Schönen –, die als Universalien und als das Sein selbst im Unterschied zum Seienden galten. Die Mimesis, als Praxis der Philosophie, hatte durch philosophische Erinnerung (Anamnesis) und Befreiung aus der Welt des Endlichen und Vergänglichen durch Reinigung (Katharsis) zu erfolgen. Aristoteles nennt aber in der *Physik* auch die Kunst eine »Nachahmung der Natur«; in der *Poetik* gilt Kunst als »Mimesis der Praxis« (zitiert bei Abels 1985: 48). Im Unterschied zur Philosophie konnte die Kunst freilich nicht beanspruchen, über die sinnliche Welt sich zur Ideenwelt zu erheben. – Nun unterscheidet Aristoteles in der *Nikomachischen Ethik* (Buch X/Kap. 7/248-251) die »praktischen Tugenden« von der höchsten Tugend der Weisheit, der Philosophie. Erstere haben ihren Bereich »im bürgerlichen Leben oder im Krieg«; hier sind tugendgemäße Handlungen »auf ein außer ihnen liegendes Ziel gerichtet« (ebd. 250). So wird der Krieg nicht um des Krieges willen gewollt; so ist die »Besorgung der öffentlichen Angelegenheiten« auch auf den »Besitz der Macht und den Genuß der Ehren gerichtet« (ebd. 249f.). Allein in der müßigen Reflexion der Philosophie ist aber die Tätigkeit – die »Tätigkeit der Vernunft« – sich selbst genug, Selbstzweck. Nur als Philosoph ist der Mensch wahrhaft Mensch. Ist die »Tätigkeit der Vernunft« auf sich selbst gerichtet als Akt der Reflexion, kreist sie gleichsam in sich, so ist sie unvergänglich-unendlich. In der Philosophie erhebt sich der Mensch aus seiner Endlichkeit, reinigt sich von seiner körperlichen Existenz und tritt in die Sphäre des »Göttlichen« (ebd. 250f.) ein: aber er erhebt sich nur zum philósophos, nicht zum sophós – denn weise ist allein der Gott. Kunst hat zwar an diesem mimetischen Prozeß teil, bleibt aber vollends im Endlichen befangen und daher noch hinter der Philosophie zurück: sie gelangt nicht über das »bürgerliche Leben« hinaus, sie ist dem Schein des Seienden verhaftet. Als Schein nur vermag sie die göttlichen Ideen darzustellen. Der Mensch wird in der Bildhauer-Kunst als ideale Verkörperung des göttlichen Logos, nicht als In-Dividuum, dargestellt (vgl. Xenophon: Memorabilien: III/10/S.139): der Mensch gilt als unfreies Element des von Göttern durchdrungenen Kosmos, dessen Logos ihm entzogen bleibt, so daß er ohne Identität, sondern ungleich ist. Die soziale Ungleichheit in der Polis begründet das Interesse am Typischen, aber dessen sinnliche Darstellung kann keinen Anspruch auf Erhebung zum göttlichen Ideenhimmel geltend machen.

Die Malerei der Renaissance aber steht in einem anderen historischen Kontext. Der Mensch beansprucht, sich zum sophós: zu Gott zu erheben – als Gottes Ebenbild. Der Logos ist somit vom Ideen-Himmel auf die Erde, in den chrematistischen Tausch des Kaufmannskapitalismus geholt. Kunst steht jetzt in einem unmittelbaren Zusammenhang mit der Erkenntnis des göttlichen Logos, mit der Sphäre von Arbeit und Handel, von Wissenschaft und Technik. *Die Arbeit, die Technik ist jetzt keine untergeordnete Tätigkeit animalischer Menschen mehr, sondern Schöpfer-Tätigkeit aus höchster Einsicht.* Das ist die zentrale Differenz zwischen der Raumillusion in der Kunst der griechischen Klassik und der Renaissance. Die Kunst ist gottesebenbildlich und säkularisiert. Der Mensch der Renaissance, der sich perspektivisch in den unendlichen Fluchtpunkt als allgemeinen Bezugspunkt der Welt stellt und darin die Einheit von Kunst und Erkenntnis verwirklicht, bildet sich dem Ideal des »uomo universale« entsprechend: des universell gebildeten, gottesebenbildlichen Menschen, der ebenso Künstler wie Wissenschaftler und Techniker ist. Dabei gilt die Bildende Kunst als Fundament aller Bildung (Abels 1985: 195, 197): Gott ist der Baumeister, der Mensch der Bildhauer. Der Humanismus der Renaissance ist ein utopischer Humanismus, der sich auf die Kunst-Wissenschaft gründet: auf die zur Anschauung gebrachte *divina proporzione.*

Die perspektivische *Form* der Darstellung, die Mathematisierung des Raumes, impliziert radikal neue *Inhalte: Natur-Darstellungen und Porträts.* Der Begriff der Schönheit – des Kunstschönen – in der Renaissance bezieht sich allererst auf die proportionale, geometrische Konstruktion des Kunstwerkes. Harmonie, Proportion (Logos), Symmetrie, Maß, Regel – das sind die zeitgenössischen Begriffe, mit denen Kunstwerke beurteilt werden. Alberti (1435: 108-136) nennt die Konstruktion von Proportionen eine Nachahmung der Natur: denn in der Proportion, im Logos, ist das schöpferische Wort Gottes wirklich. Die Geometrie gilt als objektive, kosmologische Gesetzmäßigkeit.

Zu dem *einen zentralen Thema* der Bildenden Kunst der italienischen Renaissance wird die *Natur*. Davon zeugen Leonardos und Dürers Proportionsstudien über den menschlichen Körper ebenso wie Leonardos anatomische Studien am Menschen, Dürers Landschaften und Studien von Pflanzen und Tieren. Nachdem gegen 1450/70 Städtebilder zum eigenständigen Thema werden, treten etwa zur selben Zeit immer häufiger Landschaftsbilder auf. Landschaften bilden nicht länger bloß den Hintergrund einer künstlerischen Erzählung, sondern sind selbst Erzähltes, Lebendiges. Die Darstellung der Natur wird zum Selbstzweck, weil Natur als eigengesetzliche Sphäre gilt. Alberti (1435: 46) nennt die Natur die »Meisterin aller Dinge«. Es komme darauf an, die göttliche Proportion in der Natur nachzubilden: nicht als ein Empirisch-Daseiendes, sondern als ein Ideales (ebd. 148, 150, 152).

Die geometrische Darstellungsform, als Bestimmung des Kunstschönen, impliziert als zentrales Ziel der Kunst: die *Nachahmung der göttlichen Natur, die Neuschöpfung aller »Gegenstände der Natur«.* Vasari (1550/68: 54, 71, 73f., 147f.) rühmt dies bereits an Giovanni Cimabue (1240-1302), Giotto (1266-1337) und Tommaso Masaccio (1401-1428); Giotto habe »eine Landschaft mit vielen Bäumen und Felsen« gemalt, »was in jenen Zeiten etwas Neues war«. Die Bildende Kunst der rinascità ist durch diese Nachahmung zum »Ursprung« der Kunst zurückgekehrt: zur Natur.

» … so meine ich, mich nicht von der Wahrheit entfernt zu haben und glaube, es werde ein jeder, der diese Sache verständig beurteilt, gleich mir sagen, der Ursprung jener Künste sei die Natur, ihr Vorbild das schöne Weltgebäude und der Meister jenes himmlische Licht, welches durch die unendliche Gnade sich in uns ergossen und uns nicht nur edler als die Tiere, sondern (wenn man wagen darf, es auszusprechen) gottähnlich gemacht hat.
Man hat in unseren Tagen gesehen, wie ich bald an vielen Beispielen zeigen werde, dass Kinder, die frei in Wäldern aufwuchsen, durch die Lebendigkeit ihres Geistes angeregt, die Natur, dieses herrliche Bildner und Malerwerk, nachahmten, und für sich allein anfingen zu zeichnen; wie viel mehr ist zu glauben, dass schon die ersten Menschen, die ihrem göttlichen Ursprung noch näher und deshalb vollkommener waren und bessere Geistesgaben besaßen, welche die Natur als Führerin, den unverdorbenen Geist als Lehrmeister und die Welt zum schönen Vorbild hatten,

...; denn unsere Kunst ist ganz und gar und hauptsächlich Nachahmung der Natur, ...« (Vasari 1550/68: 27)

Die Nachahmung der Natur ist keineswegs gleichbedeutend mit einem kruden Naturalismus, mit einer empiristischen Reproduktion der daseienden Natur, sondern anschauliche Aufklärung des göttlichen Logos in der Natur. Natur gilt nicht als Inbegriff des Objektiv-Faktischen, sondern des Logos: des Geometrisch-Mathematischen; Natur ist durch den göttlichen Logos lebendig-erzeugend, subjektiv, beseelt, symbolisch.

Nach dem Selbstverständnis der Renaissance wird die Natur *wiederentdeckt*. Es geht mithin nicht um eine naive Hinwendung auf eine faktische Natur – die Welt war selbstverständlich immer schon als existierend bekannt. Wiederentdeckung bezieht sich vielmehr auf eine gegebene Weltinterpretation, die überwunden werden muß durch Erinnerung an ein darin verlorenes Bewußtsein von Natur: durch erinnernde Aufklärung des Logos. Das *Bewußtwerden der Natur* ist so unmittelbar eine neue Stufe des *Selbstbewußtwerdens des Menschen*. Um die Welt geometrisch zu konstruieren, muß der Mensch ins Zentrum der Welt treten, seine Rationalität mit der Rationalität – dem göttlichen Logos – in der Natur identisch wissen: er muß sich gottesebenbildlich zum theoretischen und weltschöpferischen Logos erheben. Die Identität des Menschen und der Natur im Logos ist anschaulich gegeben im Fluchtpunkt der Perspektive. Abbildung der Natur bedeutet daher nicht Widerspiegelung des Zufälligen, sondern Konstruktion eines durch die Geometrie definierten göttlichen Idealen (vgl. Burke 1984: 128-130).

Ist die Darstellung der Natur an das Bewußtwerden des Menschen gebunden, so ist ein *zweites zentrales Thema* das Spiegelbild der Natur: der sich zum göttlichen Logos erhebende, gottesebenbildliche Mensch. Er konstituiert sich durch diese Erhebung zu Gott als ein *metaphysisches, mit sich und Gott identisches Individuum*. Vasari (1550/68: 25, 27) nennt den von Gott erschaffenen Menschen »gottähnlich«: das Urbild aller Malerei und Bildhauerkunst:

»Die allgemeine und feste Ansicht fast aller Schriftsteller ist, wie ich glaube, es sei die Bildhauer- und Malerkunst zuerst von den Völkern Ägyptens erfunden worden, ... Ich jedoch glaube, dass die Zeichenkunst, welche die Grundlage oder eigentlich die Seele dieser Kunst ist, und fast alles in sich fasst, was in jenes Gebiet gehört, zur Zeit der Erschaffung aller Dinge vollkommen war. Als der allmächtige Gott das Weltall geformt und den Himmel mit glänzenden Lichtern geschmückt hatte, stieg er hernieder auf die Erde, den Menschen zu bilden, und sein erschaffender Geist enthüllte das erste Vorbild der Bildhauer und Malerkunst, ...« (Vasari 1550/ 68: 25)

Das gottesebenbildliche Individuum gelangt formal durch Proportionsstudien und material durch Porträts zur Darstellung.

Die berühmtesten geometrischen Konstruktionen des Menschen sind nicht perspektivische Darstellungen, sondern Leonardos und Dürers *Illustrationen der Proportionslehre Vitruvs.* Vitrivius Pollio (um Chr. Geburt) hatte erkannt, daß der Mensch gleichermaßen Kreis wie Quadrat, die vollkommensten geometrischen Figuren, ausfüllt. Ein Quadrat, weil die Höhe eines Menschen gleich der Breite seiner ausgestreckten Arme ist; einen Kreis, weil ein am Nabel eines Menschen angesetzter Zirkel den Radius an Fingern und Zehen hat. Vitruvius hatte so den philosophischen Satz des *Pythagoras,* aufgenommen vom Sophisten *Protagoras* (481-411 v. Chr.), veranschaulicht: »Der Mensch ist das Maß aller Dinge, der seienden, daß sie sind, der nichtseienden, daß sie nicht sind.« Protagoras hatte damit sowohl den realen sozialen Atomismus der attischen Demokratie als auch den aufklärerischen Sinn des Logos, der ›Proportion‹ (Cicero) betont. Alberti (1435: 76, 78), der auf Pythagoras verweist, nennt deshalb die Proportionen des menschlichen Körpers das Ur-Maß aller Dinge (vgl. Alberti 1450/72: 489ff., 498ff.).

Material erscheint das metaphysische Individuum in den Porträts, die um 1450 zum Gegenstand der Bildenden Kunst werden. Auch wenn in der Renaissance religiöse Themen eindeutig dominieren, so nimmt doch der Anteil weltlicher Themen – und hier insbesondere von *Porträts* – kontinuierlich zu (Burke 1984: 151-165). Den Porträts in der Malerei entsprechen die Porträt-Büsten in der Bildhauerei. Porträtiert werden vor allem Fürsten, dann auch Kaufleute. Die ersten Porträts sind »Stifterporträts in religiösen Bildern« (ebd. 159; vgl. ebd. 176-178).

Nicht nur als Objekt, sondern auch als *Subjekt der Kunst* wird der Mensch zum *Individuum.* In der deutschen Kunstgeschichte wird mit Dürer zum ersten Male der Künstler als Individuum wichtig. Dürer porträtiert sich selbst immer wieder; sein Werk enthält die erste gemalte Autobiographie der Bildenden Kunst in einer Folge von Einzelarbeiten. Über Brunelleschi schreibt bereits ein Zeitgenosse eine *Biographie.* Vasaris zuerst im Jahre 1550 veröffentlichte Kunstgeschichte ist eine Sammlung von Lebensgeschichten einzelner Künstler.

Der Zusammenhang von Natur- und Selbsterkenntnis des Menschen in diesem radikal neuen Zeitalter der Bildenden Kunst ist notwendig. Indem der Mensch sich zum göttlichen Logos erhebt, indem er beansprucht, die göttliche Schöpfung wie ein sophós zu erkennen, diese Weltschöpfung nachzuvollziehen und eine eigene Welt zu erschaffen, begründet er eine praktisch gerichtete rationale Welt- und Selbsterkenntnis in Gott – die

Metaphysik. Insofern sind die Naturdarstellungen von den Porträts, der Darstellung von Menschen als Individuen, nicht zu trennen. Beide implizieren ein revolutionär neues Niveau der Weltauffassung. Die *divina proporzione:* die geometrische *Form,* die Perspektive, enthält einen neuen *Inhalt,* neue Themen – vor allem den welthistorischen Anspruch der Selbst- und Welterkenntnis, der Selbst- und Weltschöpfung in allen Bereichen: in Ökonomie, Politik, Kultur. Der *Logos* wird zur Theorie *utopischer* Konstruktionen der gesellschaftlichen Welt.

Nun sind weder der Mensch als Individuum noch die Natur als Landschaftsbild erster Gegenstand der perspektivischen Konstruktion in der Zeichnung und in der Malerei, sondern – wie das klassische Experiment Brunelleschis und die darauffolgende Darstellung Masaccios belegen – *Stadtansichten und Innenansichten von Räumen.* Von hier führt eine Linie zur *Architektur* und zur *Stadtplanung.* Die perspektivische Darstellung des Menschen bot eine Reihe schwieriger technischer Probleme, die erst durch eine weitere Entwicklung der Perspektive bewältigt werden konnten. Ein wichtiges Hilfsmittel waren die von Leonardo und Dürer ersonnenen Apparate.

Erster Gegenstand der Perspektive-Zeichnung und -Malerei ist mithin die *Architektur:* Stadtansichten und Innenräume. Stadtansichten bieten die geringsten technischen Probleme; sie sind ab etwa 1470 verbreitet (Abels 1985: 129). Konsequent gibt die Architektur-Malerei der *Stadtplanung* die Norm exakter geometrischer Konstruktion vor. Ist, nach Alberti, der Mensch das Ur-Maß aller Dinge, so hat die Stadtplanung an menschlichen, idealen Proportionen – an der »Natur« – ihren Imperativ (vgl. Alberti 1450/72: 491f., 495f.). Abels bemerkt: »Die Hütten müssen den Palästen weichen, die Stadtplanungsbeamten treten in Erscheinung, die Plätze tun sich auf und werden größer, der Zentralbau wird entdeckt.« (1985: 129, 131) Die geometrische Ansicht der Welt impliziert den *Entwurf einer idealen Stadt.* Die Idealstadt ist *Stadtbau- und Gesellschafts-Utopie* ineins: *sie impliziert die gesellschaftliche Verwirklichung des Logos.* In den Ideal-Konstruktionen spiegelt sich das ins Zentrum der Welt getretene Individuum wie in der Perspektive-Konstruktion der Malerei; der Fluchtpunkt erhält im Zentralbau seine sichtbare Gestalt. *Die zentral auf einen Punkt hin konstruierte Stadt ist das Symbol einer Gesellschaft rationaler Individuen, die der rationalen Naturordnung entspricht.* Eine Linie führt von diesen rationalen Stadt-Utopien zu den späteren Staats-Utopien und zu den bürgerlichen Revolutionen.

Dagegen herrscht, zur selben Zeit, im gesellschaftlich zurückgebliebenen Spanien im Städtebau das – auch an Vitruvius orientierte – Schachbrett-

Schema als Grundriß-Raster. Spanien hat nicht den vergegenständlichten Fluchtpunkt, weil bürgerliche Individualität unterdrückt wird.

Nun war bereits in der Antike die Konstruktion von Bauten und Städten die Rekonstruktion des vom göttlichen Logos durchdrungenen Kosmos – Stadtplanung unterstand religiösen Vorstellungen und war deshalb auf eine ideale Stadt ausgerichtet. *Platon* hat, im sechsten Buch der *Politeia* (484a-511e, vor allem: 500c-502a), den Entwurf der Polis auf die Grundlage einer philosophischen Erkenntnis der Ideen – des Wahren, Guten, Gerechten, Schönen – gestellt. Die Polis, sollte auf philosophisch-kontemplativer Erkenntnis kosmologischer Ideen beruhen, Erscheinung der Vernunft sein.

An diese Tradition schließt *Alberti* in seinen *Zehn Büchern über die Baukunst* (1450/72) an. Er stellte »den Architekten mit dem Politiker gleich«, indem er die Architektur an die Aufgabe bindet, »eine neue Welt zu schaffen« (Abels 1985: 136). Alberti legt zwar keinen gezeichneten Plan, aber die detaillierte Beschreibung einer Idealstadt vor (Alberti 1450/72: 173-216; vgl. Schumpp 1972: 19f.). Er leitet seinen Stadtplan aus der bestehenden Gesellschaftsordnung ab, so daß Politik ihre Entsprechung in der Stadt besitzt. Der Mensch wird als Bürger definiert: durch »Vernunft« (Bildung), »Kenntnis der schönen Künste« (Bildung) und »Gedeihen seines Hab und Gutes« (Privateigentum) (Alberti 1450/72: 339ff., 409ff.). Alberti weiß indes, daß nicht alle Menschen diese Bestimmung erfüllen. Daher teilt er die Stadt auf in »Gebäude für die bürgerliche Gesellschaft in ihrer Gesamtheit, andere für die höheren, andere für die niederen Leute« (Schumpp 1972: 20). Zugleich ist die Stadt als Festung gebaut – gegen äußere und innere Feinde. Denn bereits im 14. Jahrhundert kennt Italien Aufstände von Bauern, Wollwebern und Manufakturarbeitern.

Den ersten gezeichneten Plan einer idealen Stadt in der Renaissance hat *Filarete* (1400-1469) vorgelegt. Sein Architektur-Traktat von 1464 schließt an Vitruv und Alberti an. Es ist verfaßt in Mailand, wo Filarete für Francesco Sforza einige Bauten ausführte (Schumpp 1972: 21). Filarete stellt seine Idealstadt *Sforzinda* im Rahmen eines utopischen Romans vor. Auch er versucht die Konstruktion einer Identität von ästhetischer und politischer Idealität. Die Stadt ist konstruiert aus den geometrischen Grundelementen Kreis und Quadrat; in einem Kreis sind zwei Quadrate um 45 Grad gegeneinander verschoben. Vom Mittelpunkt, einer zentralen Platzanlage, führen 16 Hauptstraßen zu den 16 Ecken. Die Stadt ist Ausdruck des emanzipierten Bürgertums. Im Zentrum befinden sich neben »religiösen« auch »Bildungs-, Verwaltungs- und Handelseinrichtungen«; der fürstliche Palast liegt »inmitten von Bürgerhäusern und städtischen Gebäuden« (ebd. 23).

Ihre Konsequenz erlangen diese Stadtbau-Utopien in den Gesellschafts-Utopien von Thomas Morus (1478-1535): *Utopia* (1515/16), Tommaso Campanella (1568-1639): *Sonnenstaat* (1602), und Francis Bacon (1561-1626): *Neu-Atlantis* (1624). In den Gesellschafts-Utopien am Ende der Renaissance, und während der Epoche des Merkantilismus und rationalen Absolutismus, erscheint der revolutionäre Gehalt der chrematistischen, kapitalistischen Kaufmanns-Ökonomie, der Philosophie und der Bildenden Kunst der Zeit: der Ausgang aus der mythologischen Welt, der Aufstieg des Menschen zur Gottesebenbildlichkeit, die Säkularisierung des Logos – die Konstitution des bürgerlichen als eines metaphysischen Individuums. Weil der Mensch sich gottesebenbildliche Erkenntnis- und Schöpferkraft vindiziert, ist dies eine Zeit der universalen Revolutionierung der Welt: das neue, metaphysisch-rationale Individuum spiegelt sich in einer neuen, metaphysisch-utopischen Welt (vgl. Alberti 1435: 76).

1.3.2 Leonardo da Vincis Kunst-Wissenschaft

Die herausragende Figur der Bildenden Kunst der Renaissance ist *Leonardo da Vinci* (zu Leonardo: Vasari 1550/68: 322-339).

Leonardo wurde am 15.4.1452 in Vinci bei Florenz geboren. Ausgebildet wurde er im Atelier des Andrea del Verocchio, eines Freundes des Vaters, in Florenz. Über Verocchio wurde Leonardo mit dem Werk Albertis und della Francescas vertraut; er lernte die Bedeutung und die Technik der Perspektive-Kunst ebenso kennen wie die Bedeutung der Anatomie (vgl. Keele 1977: 13f.). 1482 trat Leonardo in die Dienste des Herzogs Lodovico Sforza in Mailand ein. Nach dessen Sturz im Jahre 1499 kehrte er 1500 nach Florenz zurück. Ab 1506 arbeitete er wieder in Mailand; ab 1513 lebte er in Rom. Seine letzten Jahre verbrachte Leonardo auf dem Landschlößchen Cloux bei Amboise, wo er seit 1517 auf Einladung König Franz I. lebte. Leonardo starb dort am 2.5.1519. – Gemälde hat Leonardo nur wenige hinterlassen, unter anderem: Madonna mit Nelke (1478-80), Hl. Hieronymus (1479-81), Madonna in der Felsengrotte (1483-90), Porträt eines Musikers (1490), Mona Lisa (1503-1506), Hl. Anna Selbdritt (1506-1513), Hl. Johannes der Täufer (1513-16) (siehe: Leonardo 1490/98). Unübersehbar ist das zeichnerische Werk: gezeichnete Natur- und Welterkenntnis. Es umfaßt anatomische und perspektivische Studien, Studien von Pflanzen und Tieren, Entwürfe zahlloser Maschinen. Die Zeichnungen sind oft mit instruktiven Texten versehen.

Diskutiert wird im folgenden der *Traktat über Malerei,* der zwischen 1490 und 1498 entstand, zu Lebzeiten aber unveröffentlicht blieb (Chastel

1990: 62f., 119). Leonardo schrieb den Text nicht im Lateinischen, der Sprache der Mönche, sondern im volgare: im toskanischen Italienisch, der Sprache der Laien. Die Wissenschaft löst sich von der Religion – der Bibel – ab.

Leonardo *begründet die neuzeitliche mathematische Naturwissenschaft auf metaphysischem Fundament,* indem er die Wissenschaft auf drei Grundlagen stellt: Erkenntnis des göttlichen Logos, Erfahrung der Natur und Mathematik.

Leonardo notiert über die Bedeutung der *Erfahrung:*

»Wenn ich auch nicht, wie sie, Autoren anzuführen weiß, so ist es doch weit größer und des Lesens würdiger, die Erfahrung, die Lehrmeisterin ihrer Lehrmeister, anzuführen.« (Leonardo 1490/98: 124)

»Viele glauben, sie hätten das Recht, mich zu tadeln, unter dem Vorwand, daß meine Beweise manchen Autoren widersprechen, vor denen ihr unerfahrenes Urteil großen Respekt hat, wobei sie nicht bedenken, daß alles, was ich weiß, von der einen, einfachen Erfahrung, der wahren Lehrmeisterin, kommt.« (Leonardo 1490/98: 124f.)

»Ich weiß wohl, manch Arroganter wird glauben, er könne mich, da ich kein Humanist bin, mit Recht tadeln, indem er anführt, ich sei kein gelehrter Mann. (...), da mir die lateinische Gelehrsamkeit fehle, ...
Aber sie wissen nicht, daß das, was ich zu sagen habe, nicht von den Worten anderer kommt, sondern aus der Erfahrung entsteht, welche die Lehrmeisterin dessen war, der gut geschrieben hat, und sie soll auch meine Lehrmeisterin sein, und sie werde ich bei allen Fällen anführen.« (Leonardo 1490/98: 126)

Über die Erfahrung ist das Wissen ein Wissen aus der *»Natur«* (ebd. 162).

Die zweite Grundlage der Erfahrungs-Wissenschaft als Natur-Wissenschaft ist die *Mathematik.* Sie biete die »höchste Sicherheit«; durch die »mathematischen Wissenschaften« sei »allein ... die Wahrheit über die Dinge« zu erfahren, »die in ihnen enthalten ist« (ebd. 122f.). Leonardo schreibt den Dingen selbst die Logik der Mathematik zu. Die Erfahrung der Natur ist demnach nicht bloß sinnliche Gewißheit, sondern eine mathematisch vermittelte Erfahrung, die den Logos ihres Gegenstands aufklärt.

Die Berufung auf Erfahrung und Mathematik verbindet Leonardo mit einer *Dogmen-Kritik:* mit einer Kritik von Begründungen durch Berufung auf andere »Autoren«, auf humanistisch-lateinische Gelehrsamkeit (ebd. 124, 126). Alles Wissen, »das über die Sinne geht« oder gegen das sich gar »die Sinne sträuben«, sei anzuzweifeln und erzeuge nur unaufhörlichen und nutzlosen »Streit« (ebd. 134); alles Wissen, das die Mathematik verachte, gelange nie aus den »Widersprüchen der sophistischen Wissenschaften« hinaus (ebd. 124). Ebenso gilt für die Malerei, daß sie nicht von früheren Werken, sondern von der »Natur« zu lernen habe:

»Ein Maler wird sich mit seiner Malerei wenig auszeichnen, wenn er die Bilder der anderen Maler zum Urheber seiner eigenen macht; wenn er aber von den Werken der Natur lernt, wird er gute Früchte ernten; wir sehen an den Malern, die nach den Römern kamen und immer einander nachahmten, wie von Zeitalter zu Zeitalter diese Kunst immer mehr verfiel. Nach diesen kam der Florentiner Giotto, der sich nicht damit begnügte, die Werke seines Meisters Cimabue nachzuahmen; in seinen einsamen Bergen, wo nur Ziegen und ähnliche Tiere hausten, begann er, von Natur aus dieser Kunst zugetan, auf die Felsblöcke die Bewegungen der Ziegen zu zeichnen, denen er immer zuschaute, und so machte er allmählich alle Tiere, die sich in der Landschaft befanden, wodurch er dann nach langem Bemühen nicht nur die Meister seiner Zeit übertraf, sondern auch die sehr vieler vergangener Jahrhunderte. Nach ihm verfiel die Kunst wieder, weil aufs neue alle die Malerei nachahmten, die es schon gab, und sie verfiel von Generation zu Generation immer mehr, bis der Florentiner Tommaso mit dem Zunamen Masaccio durch ein vollkommenes Werk zeigte, daß alle, die als Urheber etwas anderes hernahmen als die Natur, die Meisterin aller Meister, sich vergeblich abmühten.« (Leonardo 1490/98: 213 f.)

Ein Wissen, das sich von der Natur abwendet, wird dogmatisch und verliert sich in Spitzfindigkeiten – es verfällt.

Durch die Abkehr von der dogmatisierten Tradition, durch die Berufung auf Natur und Erfahrung, konstituiert sich *Wissen als individuelle Einsicht*.

»Viele werden der Ansicht sein, daß sie mich mit Recht kritisieren können, indem sie behaupten, daß meine Beweise der Autorität gewisser Männer widersprechen, die ihr unerfahrenes Urteil verehrt, und dabei berücksichtigen sie nicht, daß meine Werke das Ergebnis einfacher, schlichter Erfahrung sind, die die wahre Herrin ist.« (Leonardo, zitiert bei Keele 1977: 14)

Erfahrung und Mathematik begründen einen antidogmatischen, rationalen Individualismus. Durch Erfahrung ist der Künstler-Wissenschaftler zugleich »der Natur … verpflichtet« und »in sich etwas«; die »Nachbeter der Werke anderer« sind »nichts« (Leonardo 1490/98: 124). An der »Malerei« feiert Leonardo vor allem ihre »Einmaligkeit« – wird sie nachgeahmt, verfällt sie. So »kostbar und einmalig«, wie diese Kunst ist, ist auch der Künstler. Er ist »Erfinder und Mittler zwischen der Natur und den Menschen« – keine Autorität schiebt sich dazwischen (ebd. 124f.). Freilich ist dieses Individuum nicht gegenstandskonstitutiv; seine Individualität verdankt es nicht sich selbst, sondern dem Logos des Gegenstands, der Natur – dieser gebührt der Vorrang.

Leonardo denkt Naturerkenntnis nicht länger als bibelgestützte, esoterische, offenbarte Erkenntnis, sondern als individualistisch-rationale *Erkenntnis des göttlichen Logos* – er demokratisiert gleichsam die Wissenschaft, er schreibt dem Menschen Einsichten zu, die einst allein dem Gott vorbehalten blieben. Kraft Erfahrung und mathematischer Rationalität erhebt sich der ungelehrte Laie über die gelehrten Mönche und erlangt Gottesebenbildlichkeit. So vermag er, die »Wahrheit« in den Dingen freizulegen (ebd. 123). Grundlage der rationalen Erfahrung und der mathematischen Erkenntnis ist die Einsicht in die theoretische und schöpferisch-praktische *divina proporzione*.

Darum zeichnet Leonardo (1490/98: 127ff.) unter dem Titel »Wettstreit der Künste« die *»göttliche Wissenschaft der Malerei« als höchstes Wissen* aus: sie sei eine »göttliche Wissenschaft« (ebd. 136), eine »Verwandte Gottes« (ebd. 162); die »Zeichnung« sei eine »Gottheit« (ebd. 207). Der *Gegenstand der göttlichen Malerei* seien die »Werke der Natur« (ebd. 213), der Logos in der Natur:

»Die Malerei befaßt sich mit der Oberfläche, Farbe und Gestalt aller Werke der Natur, ...« (Leonardo 1490/98: 137)

»Wer die Malerei verachtet, liebt weder die Philosophie noch die Natur. Wenn du die Malerei verachtest, die als einzige alle sichtbaren Werke der Natur nachahmt, dann verachtest du zweifellos auch eine feine Erfindung, die mit philosophischer und scharfsinniger Spekulation alle Eigenschaften der Formen betrachtet: Luft und Lage, Pflanzen, Tiere, Kräuter und Blumen, die von Schatten und Licht umgürtet sind; und sie ist wahrhaftig eine Wissenschaft und die rechtmäßige Tochter der Natur; aber, um genauer zu sein, nennen wir sie lieber die Enkelin der Natur, denn diese hat alle sichtbaren Dinge geboren, aus denen dann die Malerei geboren wurde. Wir nennen sie daher mit Recht die Enkelin der Natur und eine Verwandte Gottes.« (Leonardo 1490/98: 161 f.)

Die Darstellung der Natur versteht Leonardo nicht als bloße Abbildung. ›Natur‹ ist nicht der Oberbegriff der sinnlichen Erscheinungswelt, sondern gegenüber den »sichtbaren Dingen« das subjektiv-erzeugende – gebärende – Prinzip. Natur-Darstellung kann demnach nur Nachvollzug jenes Erzeugens sein, Rückgang hinter die Phänomene und Rekonstruktion der Phänomene. Daher erläutert Leonardo die Malerei auch einmal, durch die Spiegel-Metapher, als Reflexion der Natur:

»Wenn du sehen willst, ob dein ganzes Bild Ähnlichkeit mit dem Gegenstand in der Natur hat, den du darstellen willst, dann nimm einen Spiegel und spiegele den lebendigen Gegenstand darin und vergleiche das Spiegelbild mit deinem gemalten Bild und schau dir gut an, ob der Gegenstand auf dem einen wie auf dem anderen Bild und über die ganze Spiegelfläche hin gleich aussieht ...« (1490/98: 206)

Vorbild dieser Überlegung ist das Spiegel-Experiment Brunelleschis.

Die Malerei bestimmt Leonardo metaphysisch: als *sinnlich-geistiges Wissen des Logos und als göttliche Neu-Erschaffung der Welt.* Zunächst scheint Leonardo die Erfahrung, die die Grundlage allen Wissens sei, als rein sinnliche Erfahrung zu verstehen:

»Mir aber erscheinen die Wissenschaften eitel und fehlerhaft, die nicht aus der Erfahrung, der Mutter aller Sicherheit, hervorgegangen sind und nicht in einer handgreiflichen Erfahrung enden; das heißt, deren Anfang oder Mitte oder Ende nicht über einen der fünf Sinne geht. (...) Die wahren Wissenschaften aber sind die, welche uns die Erfahrung durch die Sinne eingeprägt hat, wodurch den Streitenden der Mund geschlossen ist; ...« (Leonardo 1490/98: 134)

Andererseits bemerkt Leonardo, in Rücksicht auf die »Perspektive«, »daß die Malerei geistig ist« (ebd. 135). Er denkt noch mythologisch, schon metaphysisch, in Bildern; die scharfe Trennung von Sinnlichem und Abstraktion ist ihm fremd. Daher ist ihm auch das spätere Problem der Vermittlung beider Erfahrungsbereiche fremd. Indem der Maler sinnlich-geistig die Dinge erkennt, vermag er sie – gottesebenbildlich – neu zu erschaffen. – *Sinnlich-geistiges Schauen* (theoría) ist demnach die eine Seite der Malerei und der Zeichenkunst. Leonardo unterscheidet klar zwischen einem sinnlich-geistigen Schauen (speculare) und einem bloß bewußtlosen Sehen (videre):

»Der Geist des Malers muß dem Spiegel ähnlich werden, der, ständig wechselnd, die Farbe dessen annimmt, das vor ihm steht und sich mit ebensoviel Abbildern füllt, wie er Gegenstände vor sich hat. Du weißt also, Maler, daß du nur gut sein kannst, wenn du, als universaler Meister, alle mannigfaltigen Formen nachahmst, die die Natur hervorbringt, was dir aber nicht gelingen wird, wenn du sie nicht vorher ansiehst und in deinem Geist abbildest.« (Leonardo 1490/98: 164)

»Der Maler, der mit Routine und nur dem Auge nach malt, aber ohne nachzudenken, ist wie der Spiegel, der alles vor ihm Befindliche abbildet, ohne etwas davon zu wissen.« (Leonardo 1490/98: 165)

Nun ist auch ein bewußtloses Sehen kein rein sinnlicher, von jedem Denken freier Akt: die Gedanken bleiben unreflektierte Voraussetzung. Ein bewußtloses Sehen projiziert jene Voraussetzungen auf den Gegenstand. Leonardo bemerkt einmal: Der Maler, der nicht über den Menschen – seine anatomische Struktur, die Proportionen, die Bewegungen, die Gefühlsbewegungen – nachdenkt, stellt Menschen bewußtlos nach seinem eigenen Bild dar:

»Wenn ein Maler selbst grobe Hände hat, wird er sie in seinen Werken auch so malen, und dasselbe geschieht bei jedem anderen Körperteil, wenn es ihm nicht ein langes Studium verbietet.« (Leonardo 1490/98: 371)

Die Darstellung der Natur ist kein bloß passiv-abbildender oder technischer Akt, sondern setzt Selbstreflexion voraus. Nur der Maler, der seiner selbst bewußt ist, vermeidet bewußtlose Projektionen auf den Gegenstand, ein Gleichmachen des Gegenstandes mit dem Künstler, und vermag diesen Gegenstand so als ein Nicht-Ich – ein Nichtidentisches – darzustellen. Nun ist der Akt der Selbstreflexion ein Akt der Ich-Abgrenzung gegenüber der Welt – er ist, umgekehrt, ein Akt der Welterkenntnis. Leonardo fordert vom Maler Universalität (vgl. ebd. 164):

»Es gehört gewiß nicht viel dazu, daß einer, der sein ganzes Leben nur auf eine Sache verwandt hat, darin schließlich eine gewisse Vollkommenheit erreicht. Aber, wie wir wissen, umfaßt und enthält die Malerei alles, was die Natur hervorbringt und was das beiläufige Handeln der Menschen erzeugt, schließlich alles, was man mit den Augen erfassen kann, deshalb erscheint mir der ein armseliger Meister, der nur eine einzige Figur macht.« (Leonardo 1490/98: 169)

Der Maler ist kein Techniker, der über ein bloß spezialisiertes und deshalb weitgehend unbewußtes Wissen verfügt, sondern ein universell gebildeter, über sich selbst aufgeklärter Weiser. Malerei ist keine téchnë, sondern: Selbst- und Welterkenntnis – Einsicht in die divina proporzione.

Daher ist die Malerei, nach Leonardo, *göttliche Neu-Erschaffung der Welt.* Indem der Maler durch sinnlich-geistiges Schauen die Wahrheit in den Dingen freilegt (vgl. ebd. 123), die »Dinge-an-sich« (Kant) erkennt, vermag er die Welt nachzubilden und neu zu erschaffen. Der Maler wird zum göttlichen Subjekt und entspricht darin dem von Pico formulierten Menschenbild der Renaissance:

»Wenn der Maler Schönheiten sehen will, die imstande sind, ihn verliebt zu machen, ist er fähig, solche zu schaffen, und wenn er unheimliche Dinge sehen will, die ihn erschrecken, oder kosmische oder lächerliche oder wahrhaft mitleiderregende, so kann er dies als Herr und Gott tun. Und wenn er Landschaften und Wüsteneien, schattige oder dunkle Orte bei der Hitze schaffen will, dann stellt er sie dar, ..., dann liegt all das in seiner Macht; (...). Alles, was als Wesen, als Dasein oder als Vorstellung im Weltall da ist, hat er zuerst in seinem Kopf und dann in seinen Händen, die sich so vor allem anderen auszeichnen, daß sie eine ebenmäßige Harmonie schaffen, die ein einziger Blick gleichzeitig erfassen kann so wie die Dinge selbst.« (Leonardo 1490/98: 165)

»Das göttliche Wesen der Wissenschaft des Malers bewirkt, daß sich sein Geist in ein Abbild göttlichen Geistes verwandelt; frei schaltend und waltend, schreitet er zur Erschaffung mannigfacher Arten verschiedener Tiere, Pflanzen, Früchte, von Dörfern, Land, herabstürzenden Bergen, angst- und schreckenerregenden Orten, ...« (Leonardo 1490/98: 165 f.)

Der Maler erschafft nicht nur die Welt neu, sondern schafft darüber hinaus eine neue Welt – die »Zeichnung« bringt »unendlich mehr« hervor »als die Natur« (ebd. 207).

Der Malerei schreibt Leonardo *absolute Überlegenheit über alle anderen Formen des Wissens* zu: sie sei höchstes Wissen, epistēmē. Die Malerei überragt jede Technik, weil sie universal ist. Sie überragt auch andere Künste und Wissenschaften, die das Ganze zu begreifen und auszudrücken suchen, wie: Dichtkunst, Musik, Bildhauerei, Architektur, Arithmetik, Geometrie, Optik, Astronomie, Maschinenbau, Ingenieurwesen. Denn nicht nur gibt die Zeichnung dem Bildhauer und Baumeister das Urbild seines Werkes, den »Arithmetikern die Ziffern« (ebd. 136). Vor allem kann die Dichtkunst das Ganze nur als ein Nacheinander von Teilen (Wörtern), die Musik die Harmonie der Teile nur als deren Entfaltung in der Zeit darstellen – allein der Maler aber gibt ein unmittelbares Bild des Ganzen als »harmonischer Proportion« der Teile (ebd. 142, 145f.; vgl. ebd. 122). Damit entspricht die Malerei dem Bedürfnis des »Geistes«, der »Seele«: denn »unsere Seele (ist) aus Harmonie zusammengesetzt« (ebd. 144f.; vgl. ebd. 147, 148, 153).

Leonardos Theorie der *meta-physischen, göttlichen Malerei* impliziert eine *Theorie der Natur,* eine *Physis.* Der Gegenstand der »göttlichen Wissenschaft« der Malerei ist die »Natur«.

Leonardo bestimmt die Natur zunächst als ein *System der »Notwendigkeit« und Kausalität:*

»Oh wunderbare Notwendigkeit, mit höchster Logik zwingst du alle Wirkungen, an ihren Ursachen teilzuhaben, und nach höchstem und unwiderruflichem Gesetz gehorcht dir jegliches Geschehen in der Natur und vollzieht sich auf die kürzeste Weise.« (Leonardo 1490/98: 161)

»Die Natur ist voll unendlicher Ursachen, die nie in der Erfahrung vorkamen. (...) Die Natur steht unter der Notwendigkeit ihres Gesetzes, das mit ihr verschmolzen lebt.« (Leonardo 1490/98: 164)

Die kausal-notwendige Natur, formuliert Leonardo, ist eine »Maschine«. Eine Maschine ist einerseits der Makrokosmos: die »universale Maschine der Erde« (zit. bei Keele 1977: 14). Eine Maschine ist andererseits der Mikrokosmos: der Körper des Menschen (ebd. 11, 14). Den vier Elementen Erde, Luft, Feuer und Wasser entsprechen »die vier Kräfte der Natur«: Bewegung, Gewicht, Kraft und Perkussion (zit. ebd. 15). Das Studium der Kausalität am toten Menschen dient Leonardo als Voraussetzung der bildnerischen Darstellung des lebendigen Menschen. Indem er die Natur als Maschine interpretiert, mechanisiert Leonardo einerseits das Leben und verwandelt es in *totes* Leben; andererseits faßt er die tote Mechanik als *lebendig*. So kann er den antiken Gegensatz von Natur und Technik überwinden: Ist Natur selbst Technik, so ist Technik kein Akt gegen die Natur, sondern Vollzug der lebendigen, subjektiven Natur selbst. Naturerkenntnis vollendet sich wie selbstverständlich in Naturerschaffung: Erfindung technischer Artefakte. Der Wissenschaftler ist Ingenieur-Wissenschaftler.

Leonardo bestimmt die Natur wesentlich als *subjektiv, lebendig, geistig: als Wirklichkeit des göttlichen Logos.* Die sinnlich-geistige Erkenntnis der Malerei ist der sinnlich-geistigen Form der Natur analog und spricht deren Wesen aus:

»Die Notwendigkeit zwingt den Geist des Malers, sich in den Geist der Natur zu verwandeln und so zum Mittler zwischen Natur und Kunst zu werden, indem er mit der Hilfe jener die Ursachen seiner Darstellungen, die ihren eigenen Gesetzen gehorchen, erklärt …« (Leonardo 1490/98: 169)

Die Analogie zwischen dem Menschen als »Mikrokosmos« und der Erde als »Makrokosmos« führt Leonardo fort in einer Reihe weiterer Analogien, die die Auffassung der Natur als eines subjektiven Kosmos belegen:

»Wir können also sagen, die Erde hat eine pflanzliche Seele, und ihr Fleisch ist das Erdreich, und ihre Knochen sind die Gesteinsschichten, aus denen sich die Gebirge zusammensetzen; ihre Knorpel sind die Tufsteinfelsen; ihr Blut sind die Wasseradern; und der Blutsee rings um das Herz ist das Meer; ihr Atem und das Anschwellen und Zurückweichen des Blutes in den Pulsen, das sind bei der Erde Flut und Ebbe; und die Wärme in der Seele der Welt ist das Feuer, das in die Erde eingegossen ist, und die Wohnstätte der pflanzlichen Seele sind die Feuer, die an verschiedenen Orten der Erde als Bäder, Schwefelgruben, Vulkane wie der Mongibello in Sizilien (der Ätna) und an vielen anderen Orten mehr rauchend atmen.« (Leonardo 1490/98: 320)

Leonardos Naturauffassung trennt nicht radikal zwischen Subjekt und Objekt, zwischen Lebendigem und Totem. Konsequent beschreibt er die Naturkatastrophe vom Taurus (Kaukasus) in Kategorien einer subjektiven Natur. Er spricht etwa von der »entfesselten Wut der Winde« (ebd. 179-184).

Die Analogie von Mikro- und Makrokosmos führt Leonardo schließlich zur Aussage, die Natur sei ebenso *unendlich mannigfaltig und individuell-nichtidentisch* wie die Menschen: Blätter, Bäume, menschliche Gesichter (vgl. ebd. 207):

»(…); die Natur hat soviel Freude am Wechsel und verfügt über eine solche Fülle, daß man selbst unter den Bäumen derselben Art nicht eine Pflanze findet, die einer anderen annähernd gleicht, nicht nur die Bäume, sondern ihre Äste, Blätter und Früchte sind niemals alle ganz gleich.« (Leonardo 1490/98: 170)

Eben wegen dieser unendlichen Mannigfaltigkeit der Natur muß der Maler »universal« sein (ebd. 212). Obwohl Leonardo die Natur als System kausaler Notwendigkeit faßt, ist er weit entfernt davon, sie als »Welt der identischen Fälle« (Nietzsche Bd. III: 526) – als Welt immergleicher Tatsachen und Kausalrelationen – zu fassen; daran hindert ihn das metaphysische Bewußtsein von einer lebendig-beseelten Natur.

Die Erkenntnis der Natur – allgemein des Kosmos – erklärt Leonardo durch eine *Abbild-Theorie,* die die geometrische Rekonstruktion der Perspektive durch eine *Atom-Theorie* und durch die *Anatomie des Auges* begründet. Er folgt hier, in Übereinstimmung mit Alberti, der Erkenntnislehre der vorsokratischen Atomisten Empedokles (Mansfeld: 125, 127, 139) und Demokrit (Mansfeld: 88, 104, 105).

Leonardo denkt die Naturerkenntnis als sinnlichen Vorgang, bei dem die *Dinge Bilder aussenden, die sich als Punkte in der Luft befinden und dann in den Augapfel eintreten.* Im Augapfel vereinigen sich alle Bilder der Welt in einem Punkt – der Augapfel ist der sinnliche Ort einer *sinnlichen Identität der Welt.* Der Mensch wird zum Identitätspunkt des Kosmos. Konstituens dieser Identität ist indes nicht der Mensch als Subjekt, sondern der Gegenstand – er sendet die Bilder aus.

»Oh wunderbare Notwendigkeit! Da die Bilder der Gegenstände alle insgesamt sich in der gesamten vor ihnen liegenden Luft befinden und sie alle in jedem Punkt dieser Luft sind, müssen die Bilder unserer Hemisphäre notwendigerweise zusammen mit allen Himmelskörpern durch den natürlichen Punkt eintreten und hindurchgehen, wo sie sich mischen und vereinigen und wo sie einander durchdringen und schneiden, wodurch das Bild des Mondes im Osten und das Bild der Sonne im Westen in diesem natürlichen Punkt mit unserem Augapfel vereint und verschmolzen sind. Oh wunderbare Notwendigkeit, von Osten nach Westen sind in diesem natürlichen Punkt die Bilder mit unserem Augapfel vereint und verschmolzen!« (Leonardo 1490/98: 161)

Als Beweis für die Existenz der Bildpunkte in der Luft führt Leonardo ein Spiegel-Experiment an:

»Daß die Abbilder aller Dinge in der Luft verstreut sind, läßt sich durch viele Spiegel zeigen, die man im Kreis aufstellt und die einander bis ins Unendliche spiegeln.« (Leonardo 1490/98: 236)

»Daß jeder Körper für sich allein die ganze umliegende Luft mit seinen Abbildern erfüllt und daß dieselbe Luft imstande ist, gleichzeitig die Bilder unzähliger anderer Körper, die in ihr sind, zu empfangen, …« (Leonardo 1490/98: 237)

Die von den Dingen ausgehenden Bildpunkte verbreiten sich geradlinig und kreisförmig:

»Die Luft ist voll zahlloser leuchtender Geraden, die einander schneiden und kreuzen, …« (Leonardo 1490/98: 237)

»Wie ein Stein, den man ins Wasser wirft, der Mittelpunkt und die Ursache verschiedener Kreise wird, und wie der Schall sich kreisförmig in der Luft verbreitet, so verstreut ein Körper, der sich in der hellen Luft befindet, kreisförmig seine unzähligen Bilder und erfüllt mit ihnen die umliegende Luft. Er erscheint überall ganz und ganz in jedem kleinen Teil (der Luft).« (Leonardo 1490/98: 237)

Im nächsten Schritt bestimmt Leonardo die Verbindung zwischen einem Gegenstand und einem ihn abbildenden Bild-Punkt als Pyramide: Die »zahllosen Bilder« in der »Luft« seien mit den ihnen entsprechenden Körpern durch eine »Pyramide« verbunden (ebd. 227; vgl. ebd. 246). Die Pyramiden seien »zusammengesetzt« aus »leuchtenden Geraden«, die wiederum »verursacht werden … von den Rändern der Oberfläche der Schattenkörper«. In jedem Bildpunkt sei »die ganze Form des Gegenstandes« enthalten (ebd. 227). Leonardo schließt vom Augapfel-Punkt – dem Fluchtpunkt der Perspektive – auf die Bildpunkte: Das Auge sieht überall Bilder, also befinden sich überall Bildpunkte, die über Leucht-Geraden mit dem Gegenstand verbunden sind. Die Pyramiden deutet Leonardo – mit einer Ausnahme (ebd. 250) – nicht kantisch als Konstitutionsleistung des Subjekts, sondern als Produkt des Objekts – er denkt mythologisch-metaphysisch den Vorrang der subjektiven Natur, des Kosmos. Leonardo ist Naturphilosoph, wie die Vorsokratiker. Im göttlichen Logos, so scheint es ihm, liegt die Einheit des Kosmos, trotz der Spaltung in Mikro- und Makrokosmos. So wie das Denken noch sinnlich ist im bewußten Sehen der Malerei-Wissenschaft, so ist die Welt noch sinnlich-geistig, dem Subjekt nicht abstrakt gegenüberstehend. Das Subjekt hat sich nicht so weit vom Kosmos abgespalten, daß es diesem gegenübertritt und für sich Autonomie reklamiert.

Leonardo untersucht, mit erkenntnistheoretischem Interesse, die *Anatomie des Auges.* Von besonderer Bedeutung für den Erkenntnisprozeß ist der Eintritt der Bildpunkte in den Augapfel – das Seziermesser soll helfen, den Vorgang empirisch-geistiger Erkenntnis zu klären (vgl. ebd. 161). Die Anatomie des Sehens steht im Mittelpunkt der Forschungen Leonardos während seiner ersten Phase anatomischer Studien (Keele 1977: 14). Leonardo legt vor allem das Auge und die Sehnerven frei. Die Vereinigung der Sehnerven mit den weiteren Sinnen bestimmt er als ›senso commune‹, als gemeinsamen Sinn, und diesen als Sitz der Seele. Insofern gilt ihm das Sehen – allgemein die sinnliche Wahrnehmung – als ein sinnlich-seelischer, sinnlich-geistiger Akt; das Auge beschreibt er als »Fenster der Seele« (zitiert ebd. 14). Als ein Ergebnis seiner anatomischen Forschungen auf dem Gebiet des Sehens beschreibt Leonardo die Analogie zwischen dem Abbild-Vorgang im Auge und einer camera obscura (Leonardo 1490/98: 224-226):

»Ein Versuch, der zeigt, wie die Gegenstände ihre Bilder oder Abbilder ins Auge schicken, wo sie sich in der Glaskörperflüssigkeit schneiden. Das zeigt sich, wenn die Bilder der beleuchteten Gegenstände durch ein kleines rundes Loch in eine stockdunkle Kammer gelangen. Du wirst dann diese Bilder auf einem weißen Papier auffangen, das sich in der dunklen Kammer ganz nahe bei dem runden Loch befindet; und du wirst auf diesem Papier alle obigen Gegenstände mit ihren Formen und Farben sehen, nur daß sie kleiner sind und oben und unten vertauscht sind, da sie einander, wie gesagt, schneiden.« (Leonardo 1490/98: 224/226)

Leonardo bemerkt weiterhin, warum die »Bilder« eines »Malers« nicht konkurrieren können mit einem »Spiegel«: Sie haben »nicht dieselbe Reliefwirkung und Lebhaftigkeit«, weil sie die Dinge zeigen, wie sie durch nur ein geöffnetes Auge erscheinen – darum fehlt den Bildern das Plastische, die Tiefe (ebd. 223f.).

Aus der Abbild-Theorie Leonardos ergibt sich unmittelbar seine Technik einer *perspektivischen Rekonstruktion der Natur.* Von Alberti (1435: 68, 70) übernimmt er die Auffassung, Malerei sei die »künstlerische Darstellung eines Quer-(Durch-)schnitts der Sehpyramide«. Besteht nach Leonardo zwischen einem Gegenstand und dem ihn repräsentierenden Bildpunkt eine Verbindung in Form einer Leucht-Pyramide, so legt ein Bild gleichsam einen Schnitt durch diese Pyramide und erweitert den Bildpunkt dadurch zu einer Bildfläche; der Bildpunkt aber hat für den Maler seinen hervorragenden Punkt im Augapfel.

Die Perspektive behandelt Leonardo zunächst in Form der *quantitativen Perspektive:* der »Linearperspektive« (Leonardo 1490/98: 241-259). Er unterscheidet dabei drei Formen: die »flache Perspektive«, die »kugelförmige Perspektive« und die »Anamorphose« (ebd. 245f., 253, 254-259). – Bei der *flachen Perspektive* werden alle Sehstrahlen parallel zum betrachteten und abgebildeten Objekt geschnitten. Diese Perspektive setzt dreierlei voraus: der Betrachter sieht nur durch ein Auge; das Auge bleibt unbeweglich an einer Stelle; der Betrachter befindet sich vor dem Bild an der Stelle, an der sich der Maler vor dem Gegenstand befand. Leonardo kritisiert (ebd.

253, 254ff., 343, 360f.): Die Dinge werden nur in der Tiefe verkürzt, nicht aber nach oben und unten sowie nach links und rechts. – Aus dieser Kritik ergibt sich die *kugelförmige Perspektive:* alle Vertikalen und Horizontalen, mit Ausnahme derjenigen in der Mitte, werden kreisförmig geschnitten, so daß alle Sehstrahlen, vom Betrachter aus, die gleiche Länge aufweisen. – Die *Anamorphose* endlich ist, gegenüber der flachen Perspektive, der allgemeinere Fall, weil unterstellt wird, der Betrachter stehe nicht rechtwinklig zum Gegenstand. Alle Sehstrahlen werden darum nicht parallel zum betrachteten Objekt geschnitten, sondern schräg. – In jedem Fall gilt: der Fluchtpunkt ist »in der Augenhöhe eines mittelgroßen Mannes« anzusetzen (ebd. 360) – dort, wo die Bildpunkte des Gegenstandes real zusammenlaufen. Die flache Perspektive ebenso wie die Anamorphose kann durch ein einfaches Hilfsmittel ausgeführt werden: Der Schnitt durch die Sehpyramide kann praktisch durch eine Glasscheibe realisiert werden (ebd. 246); ein anderes Hilfsmittel wäre – statt der Glasscheibe – ein gerasterter Rahmen und ein entsprechend gerastertes Papier (ebd. 355f.). Leonardo bemerkt aber, durch diese Mittel werde die perspektivische Darstellung von einem bewußten Sehen zu einem »Abmalen«; die Hilfsmittel seien nur dann zulässig, wenn der Maler »aus der eigenen Vorstellungskraft die Natureffekte reproduzieren« könne (ebd. 376).

Leonardo behandelt sodann die Perspektive in Form der *qualitativen Perspektive:* der Luft- und Farbperspektive. Er weiß von der Bedeutung der Schatten für die Perspektive (ebd. 227-230); er weiß, daß helles Licht die Formen von Körpern stärker hervortreten läßt und der Teil eines Körpers am hellsten erscheint, der der Lichtquelle am nächsten liegt (ebd. 230, 232); er weiß, daß die Farben der Dinge sich mit ihrer Entfernung vom Betrachter verändern; er weiß, daß die Umrisse der Dinge umso schärfer sind, je weiter sie vom Betrachter entfernt sind (ebd. 245); er weiß, daß weit entfernte Dinge blau erscheinen »wegen der großen Luftmenge« zwischen Betrachter und Gegenstand (ebd. 261f.); er weiß von der Farbe der Schatten (ebd. 266-269; vgl. ebd. 340).

Die *Anatomie des Menschen* ist die systematische Grundlage der Kunst-Wissenschaft Leonardos. Sie ist eine sinnliche Form der *Analyse* durch das Seziermesser, die der sinnlichen Form der *Synthese* durch die Kunst vorangeht. Indem die Malerei eine »göttliche Wissenschaft« ist, indem der Maler gottesebenbildlich die göttliche Weltschöpfung nachbildet und eine Welt neu erschafft, sind die gezeichneten anatomischen Studien die wissenschaftliche Selbsterkenntnis des Menschen. In Leonardos Anatomie manifestiert sich das metaphysische Individuum der Renaissance. Den Menschen, die

Krone der göttlichen Schöpfung, zu sezieren wäre im Mittelalter nichts als eine Gottes-Lästerung gewesen, die mit dem Höllenqualen zu bestrafen sei. Erst als der Mensch sich Gottesebenbildlichkeit vindizierte, schienen anatomische Studien am Menschen legitim – strengstens verboten waren sie gleichwohl weiterhin.

Leonardo fordert dennoch, der Maler müsse, um den *Menschen darstellen* zu können, *Anatomie* studiert haben:

»Es ist für den Maler notwendig, wenn er die Akte in Haltung und Bewegungen, die sie ausführen können, gut machen will, die Anatomie der Nerven, Knochen, Muskeln und Sehnen zu kennen, damit er weiß, welche Sehne oder welcher Muskel eine bestimmte Bewegung bewirkt, und er nur diesen allein hervorgetreten und vergrößert zeigt; und nicht die anderen alle, wie es viele machen, die, um als große Zeichner zu erscheinen, ihre Akte hölzern und ohne Grazie machen, so daß sie eher wie ein Sack Nüsse aussehen denn wie die Oberfläche eines menschlichen Körpers oder wie ein Bündel Hederich denn wie muskulöse Akte.« (Leonardo 1490/98: 212)

Leonardo hat in seinem Leben über dreißig Leichname seziert, teilweise im Spital Santa Maria Nuova in Florenz (Keele 1977: 15, 17). Das Sezieren hat die Funktion der sinnlichen Analyse eines Gegenstandes, des Auseinandernehmens eines Ganzen und der Untersuchung seiner Teile. Leonardo fertigt dabei akribisch dreidimensionale Skizzen an, die die Objekte jeweils von drei Seiten – von vorn, von der Seite und von hinten – zeigen. Sodann fügt er das Sezierte – Analysierte – in einer bildnerischen Synthese wieder zusammen, so daß das Ganze als bewußt rekonstruiertes Ganzes vor Augen steht. Leonardo beschreibt diese Seite seiner Forschung eindrucksvoll:

»Und du, der du sagst, es wäre besser, beim anatomischen Sezieren zuzusehen, als diese Zeichnungen anzusehen, du hättest recht, wenn es möglich wäre, all das zu sehen, was meine Zeichnungen in einer einzigen Abbildung zeigen; in der Anatomie siehst du bei all deiner Gescheitheit nur einige wenige Adern und nur diese lernst du kennen; während ich, um von ihnen eine vollständige und wirklichkeitsgetreue Kenntnis zu bekommen, mehr als zehn menschliche Leichen zerlegt habe, wobei ich alle anderen Teile zerstörte und Stückchen für Stückchen das ganze Fleisch entfernte, das um diese Adern herum war, ohne sie mit Blut zu beflecken, außer durch das kaum merkliche Bluten der Kapillaren. Und eine Leiche reicht nicht so lange, so daß ich an mehreren Leichen nacheinander arbeiten mußte, um mir eine vollständige Kenntnis von allem anzueignen; und um die Unterschiede zu erkennen, machte ich das Ganze zweimal.
Und wenn du auch diesen Dingen zugeneigt bist, wird dich vielleicht der Brechreiz davon abhalten; und wenn der dich nicht abhält, dann vielleicht die Angst, zur Nachtzeit in Gesellschaft der zerstückelten, enthäuteten und grausig anzusehenden Toten zu verweilen; und wenn dich das nicht abhält, dann fehlt dir vielleicht das

Talent im Zeichnen, das man für eine solche Darstellung braucht. Und wenn du das Talent im Zeichnen hast, fehlt dir vielleicht die Perspektive; und wenn du die hast, fehlt dir vielleicht die Fähigkeit, die mathematischen Gesetze anzuwenden und die Bewegung und die Kraft der Muskeln zu berechnen; und vielleicht wird dir die Geduld fehlen, wenn du nicht fleißig bist.« (Leonardo 1490/98: 284 f.)

Die Kunst der Zeichnung ist Analyse-Synthese, sinnliche Anschauung und bewußte Rekonstruktion, unmittelbare Darstellung des Ganzen in einem Bild, vollendete Wissenschaft von der Natur; die anatomische Zeichnung des Menschen ist Rekonstruktion der »Maschine unseres Körpers« (ebd. 285), Neu-Erschaffung des Menschen durch den gottesebenbildlichen Künstler.

In Rücksicht auf die Rekonstruktion der sezierten Teile des Menschen zum Ganzen rekurriert Leonardo auf die Schrift des Vitruvius (um 25 v. Chr.) über die Baukunst, in der die Maße und Proportionen der Teile des menschlichen Körpers beschrieben sind (ebd. 291). Er gibt folgende Maße:

»Die Länge der Hand beträgt ein Drittel Elle und ist neunmal in der Größe enthalten; und dieselbe Länge hat der Kopf und der Abstand vom Halsgrübchen zur Schulter, und der von der Schulter zur Brustwarze und der von der einen zur anderen Brustwarze und der von jeder Brustwarze zum Halsgrübchen.« (Leonardo 1490/98: 288; zu weiteren Proportions-Bestimmungen: ebd. 288-295)

Die Zusammenfügung der Teile zum Ganzen – die Synthese des Analysierten – denkt Leonardo nach dem Modell einer mechanischen Maschine: die recht proportionierten Teile sind darzustellen in ihrer »Funktion«, die sie für das Ganze haben (vgl. ebd. 299). Leonardo notiert zum Übergang in die Darstellung von »Bewegungen«:

»Jeder Teil eines Ganzen muß zu seinem Ganzen wohl proportioniert sein. Wenn also ein Mann von dicker, kleiner Gestalt ist, dann sei er in allen seinen Gliedern entsprechend, …« (Leonardo 1490/98: 293)

»Alle Gliedmaßen mögen die Funktion erfüllen, für die sie bestimmt sind. Bei Toten oder Schlafenden soll kein Glied wach oder lebendig aussehen.« (Leonardo 1490/98: 296)

Schließlich berücksichtigt Leonardo bei Bewegungen nicht nur den Funktionszusammenhang der Körper-Maschine, sondern auch den Zusammenhang von Körper-Bewegung und Gemüts-Bewegung: »Stelle dar: … der Zorn, wo er sich im Körper auswirkt« (ebd. 296; vgl. ebd. 303ff.). Die Körpersprache, erläutert Leonardo, ist für die Malerei, die – wie ein »Taubstummer« (ebd. 305ff.) – ohne gesprochene Sprache auskommen muß, von zentraler Bedeutung. Die Geschichte, die in einem Bild erzählt wird, wird durch die Körpersprache vermittelt (ebd. 303-314).

Die anatomischen Studien Leonardos gelten der Erkenntnis des Menschen als des gottesebenbildlichen Geschöpfes durch den gottesebenbildlichen Kunst-Wissenschaftler, der dann in seiner göttlichen Malerei den Menschen neu erschaffen kann: als »Maß aller Dinge«, als Personifikation des göttlichen Logos.

Leonardos Kunst-Wissenschaft der Malerei und Zeichnung geht in die *technische Rekonstruktion und Neukonstruktion der Welt* über: der Mensch erhebt sich zum gottesebenbildlichen Welt-Schöpfer, seine Rationalität erweist ihren utopischen Gehalt. Der Künstler-Wissenschaftler erkennt die Natur nicht bloß durch ein geistig-sinnliches Schauen, er analysiert und synthetisiert das Erfahrene nicht bloß, sondern er vermag »unendlich mehr« hervorzubringen »als die Natur« (Leonardo 1490/98: 207). Die Malerei ist eine »göttliche Wissenschaft« (ebd. 136), weil der Maler den weltschöpferischen, die Welt ordnenden göttlichen Logos sinnlich-rational zu erkennen, weil er deshalb eine Welt neu zu erschaffen vermag. Die Theorie geht über in utopische Konstruktionen, der Mensch wird zum göttlichen Weltschöpfer (vgl. ebd. 165f.). Allein dieser unerhörte Anspruch der Gottesebenbildlichkeit des Menschen erklärt, warum in Leonardo die Phantasie so grenzenlos freigesetzt ist, wie dies in seinen Erfindungen und Maschinenträumen erscheint (dazu: Gibbs-Smith 1978; Mathé 1989). Der Anspruch erklärt aber auch das Interesse, das den Erfindungen zugrundeliegt. Es geht nicht um eine ökonomische Verwertung der naturbeherrschenden Technik, sondern um Technik als metaphysisches Vermögen des Menschen: Naturbeherrschung wird phantasiert um eines transzendenten Zweckes willen, wie später die Puritaner Kapital akkumulieren um der göttlichen Gnade willen.

Ausführlich beschäftigt sich Leonardo mit der *Konstruktion von Maschinen;* dabei steht die Frage der *Krafterzeugung und Kraftübertragung* im Mittelpunkt. Offenbar ist für Leonardo bereits die später von Hobbes (1651: 5) gegebene Definition selbstverständlich, »Leben« sei eine »Bewegung an Gliedern«, und deshalb komme »Maschinen, die sich durch Federn und Räder bewegen, wie es eine Uhr tut«, »künstliches Leben« zu. Er entwirft – zeichnend – *Zahnräder,* über die *Transmissionsketten* laufen; er entwirft Flaschenzüge. Nach dem Prinzip der Ausnutzung von Wasserkraft durch ein Wasserrad und der Übertragung dieser Kraft durch Zahnräder und Antriebs-Stangen konstruiert Leonardo eine *Drahtziehmaschine.* In einer anderen Erfindung erhitzt ein Feuer die Luft; die aufsteigende Luft treibt eine Schraube an; die Kraft wird dann genutzt, um einen *Bratspieß* zu drehen. Eine faszinierende Erfindung ist ein *dreirädriger Wagen mit Eigenantrieb* durch ein Feder-Antriebssystem. Analog entwirft Leonardo *Schiffe,* die mittels Wasserkraft und Schaufelrädern angetrieben werden. Überliefert ist die Zeichnung eines *Fahrrades,* das heutigen Fahrrädern äußerst ähnlich ist. Entwürfe von *Schwingenflugzeugen, handgetriebenen Flugapparaten* (Hubschraubern) und *Fallschirmen* verdeutlichen, daß Leonardo den Traum vom Fliegen zu realisieren sucht. Die Kehrseite dieser technisch-utopischen Konstruktionen belegen Entwürfe von Menschenvernichtungs-Maschinen. Leonardo zeichnet einen *Sichel-Kampfwagen,* der bei der Fahrt durch gegnerische Truppen Menschen zerstückelt. Er entwirft einen *Panzerwagen,* eine *Kanonengießerei, Kanonenrohre, Bomben* mit Sprengkopf und Steuerflossen, schließlich *Kanonen-Batterien.*

In diesen Entwürfen manifestiert sich unübersehbar die *Dialektik der Aufklärung:* der Umschlag der utopischen Vernunft und metaphysischen Technik von einer befreienden in eine zerstörende Kraft. Das bürgerliche Individuum, das in Gestalt des Leonardo beansprucht, die Welt sinnlich-geistig zu erkennen und neu zu erschaffen, sich seine Welt utopisch zu schaffen, phantasiert zugleich die Instrumente, die im 20. Jahrhundert die Möglichkeit einer Selbstzerstörung der Menschheit eröffnen. Der Humanismus der Renaissance schlägt schon zu Zeiten um in Inhumanität.

1519 stirbt Leonardo da Vinci. Sein Tod fällt mit dem *Ende der Renaissance* zusammen. Der nachfolgende *Manierismus,* dessen herausragende Gestalt *Michelangelo* (1475-1564) ist, verwirft die geometrische Konstruktion der Perspektive und die Naturnachahmung, allgemein die abstrakte Rationalität in der Kunst (Burke 1984: 282; vgl. ebd. 144-146).

Der Zerfall der Renaissance-Perspektive läßt sich *kunstimmanent* verständlich machen. Die in der Bildenden Kunst vollzogene Selbstreflexion des bürgerlichen Individuums wurde durch *Giorgio Vasari* selbst zum Gegenstand der Reflexion gemacht, indem er die europäische Kunstgeschichtsschreibung begründete. Seine Geschichten über das *Leben der berühmtesten Maler, Bildhauer und Architekten Italiens* erschien erstmals 1550, in einer erheblich erweiterten und revidierten zweiten Auflage 1568. Das voluminöse Werk umfaßt sechs Bücher und stellt die Biographien von Malern, Bildhauern und Architekten im Spätmittelalter (14. Jahrhundert), beginnend mit Cimabue (etwa 1240-1300) und dem ersten Höhepunkt bei Giotto (um 1270-1337), in der Renaissance des 15. Jahrhunderts mit dem Höhepunkt bei Masaccio und endlich in der Renaissance sowie im Manierismus des 16. Jahrhunderts dar: mit den Höhepunkten bei Leonardo (1452-1519), Raffael (1483-1520) und Michelangelo (1495-1564), endend mit Vasari selbst.

Dem metaphysischen Individualismus der rinascità entsprechend erzählt Vasari diese *Kunstgeschichte* in Analogie zur *Lebensgeschichte der Menschen:* sowenig die Gesellschaft sich als Abstraktion gegen die Individuen verselbständigt hat, sowenig die Geschichte – das Identisch-Allgemeine ist der göttliche Logos, mit dem das metaphysische Individuum vereint ist. – Daher faßt Vasari, in der Vorrede zum ersten Buch – seine Skizze der Kunstgeschichte von der Antike zum Mittelalter und zur »Wiedergeburt« (a.a.O., 28) in Analogie zur menschlichen Biographie auf: »gleich dem menschlichen Körper« wird die »Kunst … geboren …, wächst, altert und stirbt« – bis ihre »Wiedergeburt« erfolgt, gleichsam als Auferstehung. – Ebenso entwickelt sich, wie Vasari in den Vorreden des zweiten und des dritten Buches formuliert (ebd. 38, 40, 42) die Kunst seit Cimabue: von der »Kindheit« (14. Jahrhundert) zur »Jugendblüte« (15. Jahrhundert) und zur »Vollkommenheit« (16. Jahrhundert). Wie aber das metaphysische Individuum, durch seine Gottesebenbildlichkeit, die Personifikation des göttlichen Logos ist, so ist diese Analogie von Kunstgeschichte und Individualgeschichte nicht empiristisch mißzuverstehen, sondern besteht auf der Grundlage *rationaler Kriterien,* allererst: der »Nachbildung der Natur« (ebd. 38). Vasari führt fünf Kriterien auf, nach denen er die drei neueren Epochen der Kunstgeschichte einteilt:

»Regel war in der Baukunst das Verfahren, die Altertümer zu messen und bei neueren Werken die Grundrisse der antiken Gebäude zu beachten.
Ordnung hieß, die verschiedenen Bauarten unterscheiden, jedem Körper sein Glied zuteilen, dorisch, ionisch, korinthisch und toskanisch nicht mehr zu verwechseln.
Maß hieß in der Baukunst wie in der Bildhauerei, die Körper gerade, richtig organisch gegliedert zu bilden. Dasselbe gilt von der Malerei.
Zeichnung war in allen Gestaltungen, sowohl mit dem Meißel als auch mit dem Pinsel das Schönste der Statur nachzuahmen. (…)
Die Manier endlich erlangte dadurch die höchste Schönheit, dass man sich häufig geübt hatte, die vollkommensten Gegenstände nachzubilden; …« (Vasari 1550: 46)

Zusammenfassend bezeichnen diese Kriterien das eine Ziel der Kunst der rinascitá: *»vollkommenste Naturtreue«* (ebd. 48) – nicht als Nachahmung einer empirisch vorfindlichen »Natur«, sondern als Annäherung an die »Wahrheit der natürlichen Dinge«. Die Bildende Kunst hat, nach Vasari, die »Wirklichkeit« als eine *wahre Wirklichkeit* zu erschaffen (ebd. 42). Dies würdigt er bereits an Masaccio, noch weit mehr aber an Leonardo (ebd. 48). Der Höhepunkt der Bildenden Kunst jedoch besteht nicht in der Nach-Schöpfung der Welt, sondern in ihrer Neu-Schöpfung aus dem göttlichen Logos: das sei die Leistung Raffaels, vor allem aber des »göttlichen« Michelangelo. Dieser habe sich – auf den Gebieten der Baukunst, der Bildhauerei und der Malerei – *»über die Natur selbst« erhoben,* »welche kaum etwas so Wunderbares und Seltsames hervorbringen kann« (ebd. 49).

Indem die Kunst durch Vasari sich selbst thematisiert, ihren eigenen Begriff anvisiert und dadurch als Kunst verselbständigt, trennt sie sich von der wissenschaftlichen Naturerkenntnis ab, mit der sie zuvor verbunden war. Das *Auseinandertreten von Bildender Kunst und Naturwissenschaft* zerstört die Einheit von Kunst und Erkenntnis, Schönheit und Wahrheit.

Als Leonardo stirbt, schreibt *Nicolaus Copernicus* sein umstürzlerisches Werk *De revolutionibus orbium caelestium,* das um 1532 vollendet ist und 1543 veröffentlicht wird. Die Kunst tritt ihre Stellung als erste Stufe der Selbstreflexion des bürgerlichen Individuums an die Naturwissenschaften ab. Fortan nimmt sie im Prozeß der bürgerlichen Selbstreflexion eine nachgeordnete Bedeutung an, die durch Hegel explizit gemacht wird.

1.4 Religiöser Individualismus: Bettelorden – M. Luthers Reformation

Der durch die Philosophie und die Bildende Kunst der Renaissance proklamierte Aufstieg des Menschen zur Gottesebenbildlichkeit: der Anspruch, den göttlichen Logos – die *divina propozione* – erkennen und analog sich selbst und seine Welt erschaffen zu können, revolutioniert in der Renaissance die mythologische, vor allem die christlich-religiöse Weltauffassung und Lebenspraxis unmittelbar.

Einerseits ist dem Menschen nun, nach der neuen philosophischen Lehre, die Möglichkeit gegeben, Gottes Schöpfung zu erkennen und sich selbst sowie seine Welt zu erschaffen. Die biblischen Lehren erscheinen nicht länger als Offenbarung. *Die Offenbarung wird in ein Wissen verwandelt,* das sich noch auf die biblische Schöpfungsgeschichte gründet, diese aber rational-individualistisch wendet. Es bedarf nicht länger der Kleriker, die Offenbarung zu vermitteln. Die Religion wird säkularisiert; sie wird rationalen Laien – Philosophen, Kunst-Wissenschaftlern – zugänglich. Insofern büßt die christliche Lehre ihre fundamentale gesellschaftliche und kulturelle Bedeutung ein; als Offenbarung ist sie nur noch – Glaube statt Wissen.

Andererseits verändern sich dadurch, gegenüber dem Mittelalter, die Vorstellungen vom Menschen und von Gott gleichermaßen. Nach Picos Bild bewegt sich der Mensch zwischen *dem Himmlischen und dem Irdischen,* zwischen *dem Tierischen und dem Göttlichen* (Pico 1486: 7). *Martin Luthers Reformation* rationalisiert den christlichen Glauben, der nur noch

Glaube in Differenz zum Wissen ist, indem sie diesen auf die Höhe des Aufstiegs des Menschen zum »Ebenbild Gottes« (vgl. Calvin 1539: 25), der Abwendung vom bloß Irdischen bringt. Der Mensch erlangt – so lautet die reformierte Dogmatik – seine Identität, indem er sich in der Seele mit Gott als Geist, mit dem weltschöpferischen göttlichen Logos unmittelbar, ohne Vermittlung eines Priesters, vereint. Diese *Versöhnung* des Gläubigen in der Seele mit Gott als Geist ist – biblisch – ein Rückgang hinter das Sündenfall-Mittelalter zur Schöpfungsgeschichte, vermittelt durch den Fortgang zur Auferstehung Christi. Die *»Wiedergeburt« Christi* (vgl. ebd. 19, 25) ist analog zur *»Wiedergeburt« der Antike* in der Bildenden Kunst der rinascità. Der Gott der Reformation ist ein Gott der Hoffnung und Liebe, nicht des Zorns. Durch diese Dogmatik wird der Kosmos entzweit: in eine übersinnliche und eine sinnliche Welt, in die Welt der Seele und die des Körpers gemäß der Zwei-Reiche-Lehre des *Neuen Testaments:* dem Reich Gottes, dem des Kaisers (Bibel: Matth. 22, 21; Joh. 18, 36). Erst durch diese Entzweiung wird die Figur des Jesus, als Personifikation der platonischen méthexis, zur Vermittlung notwendig; erst durch diese Entzweiung und Vermittlung konstituiert sich das Christentum als Gegensatz zum Judentum.

Durch diese, von Luther immer wieder betonte, Entzweiung freilich wird der metaphysische Individualismus und Rationalismus der Renaissance-Philosophie und der Bildenden Kunst der rinascità *seiner säkularen Bedeutung beraubt:* daß der Mensch den göttlichen Logos, die göttliche Weltschöpfung zu erkennen und deshalb sich und seine Welt selbst zu erschaffen vermag. Luthers Reformation, die die *christliche Lehre auf einen Glauben zurückzieht,* sperrt daher den Individualismus in die *Innerlichkeit* ein und begründet so die Tradition eines deutschen Autoritarismus, der die innere Revolution mit einem äußeren Untertanengeist vereint.

Die Klöster sind, nach der philosophischen und der reformierten christlichen Lehre, nicht mehr der exklusive Ort der Aneignung und Tradierung des Wissens, sondern die Universitäten. Nicht mehr die Mönche sind jetzt die Subjekte der Wissens-Bewahrung und -Vermittlung, sondern die Laien.

So treten *Wissen und Glaube* auseinander. Indem *Die Bibel,* indem die Klöster und Mönche ihre Ansprüche auf Offenbarung und Aneignung des göttlichen Logos einbüßen, wird die christliche Offenbarung zu einem bloßen Glauben – neben dem Wissen. Indem das metaphysische Wissen den Logos säkularisiert, wird der Glaube an die *Transzendenz* verwiesen. Indem das metaphysische Wissen allgemein und säkular wird, wird der *Glaube privat und innerlich* – mit sehr säkularen Konsequenzen.

Der Fortschritt vom christlichen Mythos zur Metaphysik fordert mithin vom *Glauben eine metaphysische, individualistische Rationalisierung,* die jener analog sein muß, die bereits in der Philosophie, in der chrematistischen Ökonomie und in der Bildenden Kunst verwirklicht war. Diese Rationalisierung wird in der *Reformation* vollzogen. Für die Renaissance typisch ist die Entstehung der Bettelorden und die daraus hervorgehende Reformation *Martin Luthers* (1483-1546). Denn einerseits entspricht Luthers Reformation mit der grundlegenden Lehre von der Vereinigung des Christenmenschen in der Seele mit Gott als Geist und der analogen Abwendung vom Diesseits der Renaissance-Philosophie von der Gottesebenbildlichkeit, von der Würde des Menschen. Andererseits entspricht Luthers Reformation auch darin der Renaissance, daß sie die chrematistische Ökonomie: Handel und Wucher, weiterhin verwirft – ein Widerspruch, den die Kaufleute Italiens nur mühevoll zu schlichten versuchten. Luther hat die Setzung dieser beiden Seiten immer wieder unter Hinweis auf die Zwei-Reiche-Lehre des Neuen Testaments legitimiert. Erst der Calvinismus in den Niederlanden und der Puritanismus in England haben den Handelskapitalismus mit dem Christentum versöhnt.

Bei Luther gelangt die metaphysische Identität des Christenmenschen in Gott, die *Individuierung durch Verschmelzung mit dem Allgemeinen,* unverstellt zum Ausdruck. Durch die Zwei-Reiche-Lehre scheint eine klare, unüberbrückbare Grenze gezogen zwischen Christen und Nicht-Christen: alles, was den Glauben mit dem Diesseits verknüpft, ist nicht-christlich, ist Verachtung Jesu' als Sohn Gottes und also Verachtung Gottes selbst. Das Nichtidentisch-Sinnliche, *das Fremde,* das jene Identifikation des Menschen mit Gott in der Seele und die Abwendung vom Irdischen nicht vollzieht, bleibt von der Gemeinschaft der Gläubigen in Gott ausgeschlossen – als *Feind.* Als Feinde, als »Unchristen«, erscheinen bei Luther: die aufständischen Bauern, die Händler und Wucherer, die Türken, die Juden. Gegen sie, die des Teufels sind (Luther 1525b: 361), ist Gewalt zu vollstrecken: im Namen Gottes. Die metaphysische Ich-Identität ist *autoritär und masochistisch* gegenüber der Gemeinschaft der Gläubigen, darum aber *sadistisch* gegenüber der Außenwelt der Unangepaßten und Nicht-Gläubigen.

Dennoch ist die Reformation Luthers eine *Revolution,* die jener in der Philosophie, der Ökonomie und der Bildenden Kunst der Renaissance nicht nachsteht: weil der metaphysische Individualismus nun in die christliche Religion einzieht.

Diese *Revolution im Bereich der Religion,* durch die sich die bürgerliche Rationalität, Tugend und Ökonomie von mittelalterlichen Zwängen befreit, erfolgt wird im Spätmittelalter durch die *Bettel-Orden* eingeleitet. 1216 stiftet der heilige Dominikus den Bettelorden der *Dominikaner;* um 1200 entsteht aus den Anhängern des Franz von Assisi der *Franziskaner-Orden;* ebenfalls um 1200 bildet sich, unter Berufung auf den heiligen Augustinus (354-430), der *Orden der Augustiner-Eremiten,* dem später auch Martin Luther angehört. Diese Orden zeichnen sich vor allem durch eine asketische Lebensweise aus, die darauf abzielt, die christliche Religion als eine Religion der Armut wiederherzustellen angesichts des Eindringens der Geld-Ökonomie in die Kirche und ins urbane Leben. Kennzeichnend ist der – den Benediktinern zugeschriebene – Imperativ *ora et labora.* Diese Moral bereitet die kapitalistische Ideologie des fleißigen Arbeitens und entsagungsreichen Sparens vor: durch Triebunterdrückung erfolgt eine Abkehr vom sinnlichen Diesseits, eine Hinwendung des Gläubigen in der Seele zu Gott als Geist, dadurch aber gerade eine Rationalisierung des diesseitigen Lebens – die »Herrschaft« der »Abstraktionen« (Marx 1857/58: 82) beginnt ihren Siegeszug.

Unmittelbarer Anlaß der religiösen Revolution ist die ambivalente Stellung der Kirche zur neuen chrematistischen, kapitalistischen Ökonomie.

Einerseits verfügt die Kirche über ein ganzes Arsenal von Drohungen und Sanktionen gegen Kaufleute und Wucherer. Sie fordert im Bereich des diesseitigen Lebens die Rückgabe des Geldgewinnes durch Spenden an die Kirche und an die Armen; sie erklärt Testamente von Kaufleuten für ungültig; sie drohte mit Exkommunikation; sie verweigert Begräbnisse in geheiligter Erde. Für das jenseitige Leben droht die Kirche mit den Qualen des Fegefeuers und Hölle (Le Goff 1989: 74f.). – Ein besonderer Aspekt dieser Seite ist der *christliche Judenhaß.* Die Geld-Kritik richtet sich vor allem gegen jene, die in früher Zeit aus ihrem Heimatland vertrieben worden waren, die daher als Fremde in Europa leben und keine Ökonomie auf Basis des Grundeigentums treiben können. *Die Juden gelten zugleich als Fremde, Heiden und Händler.* Sie sind die ersten Opfer der Geld-Kritik. Nachdem zu Beginn des 11. Jahrhunderts Juden aus Frankreich und Deutschland vertrieben worden waren, erfolgte im Jahre 1096 das »erste systematische Massaker an den Juden in Europa« (Claussen 1988: 18). Das Dritte Laterankonzil im Jahre 1179 verbot Christen, Zinsen zu nehmen, und untersagte Juden, Ökonomie – Haus- und Landwirtschaft – zu treiben; das Vierte Laterankonzil im Jahre 1215 wies den Juden das Geschäft des Handels und Geldverleihs zu, erließ für Juden außerdem besondere Kleidervorschriften. Die Juden wurden so zur Personifikation bürgerlicher Ökonomie (Chrematistik) und Kultur (Geist) (ebd. 21f.). Sie wurden darum verbannt – sie hatten in städtischen Gettos zu leben (vgl. Le Goff 1990: 32f.).

Andererseits dringt die Chrematistik in die Kirche ein: der Heilige Stuhl läßt seine Finanzen von Kaufleuten verwalten; Kaufleute leihen dem Papst erhebliche Geldsummen; das päpstliche Steuerwesen breitet sich aus; Äbte und Bischöfe, sogar Orden beginnen im 13. Jahrhundert, Handel zu treiben (Templer-Orden, Deutscher Ritter-Orden); Papst Innozenz IV. (1243-54) stammt aus der Kaufmannsfamilie der Fieschi in Genua, Papst Leo X. (Papst von 1513-1521) ist der Sohn des Lorenzo de Medici; in Cremona wird kurz nach 1200 ein Kaufmann heiliggesprochen, weil er sein Leben lang seinen Geldgewinn den Armen gespendet hatte; ... (Le Goff 1989: 62, 90-96; Rossiaud 1990: 187). So beginnt die Kirche, Handel und Geldgewinn in Grenzen zu legitimieren, indem sie auf die Arbeit und das Risiko des Kaufmanns verweist und seine Bedeutung im System internationaler Arbeitsteilung und internationalen Austausches würdigt – der Kaufmann, so erkennen Kleriker, dient dem Gemeinwohl, weil er das ins Land bringt, was fehlt (ebd. 76-80).

Gegen dieses Eindringen von Geld und Handel in die Kirche wenden sich die um 1200 gegründeten *Bettelorden* der Franziskaner, Dominikaner und Augustiner, um den Sinn des Christentums als einer *Religion der Armut* zu bewahren. Sie sind daher vor allem in den Städten tätig: den Zentren der neuen chrematistischen Ökonomie. Ihre Kritik gilt dem Geld, dem Handel, insbesondere dem Wucher (dazu: Le Goff 1988) – dem Symbol eines auf das Diesseits, die körperlichen Begierden bezogenen Lebens (vgl. Gurjewitsch 1990: 273ff.). Der Wucherer gilt als Sohn des Teufels: er lebte für das Geld, das seinem Wert im »Bedürfnis besitzt« (Aristoteles: Nik. Ethik: V/8/112), und entzieht sich gleichzeitig dem göttlichen Fluch mühseliger Arbeit; sein Reichtum beruht auf der Not anderer; vor allem aber verkauft er die göttliche Zeit (Gurjewitsch 1990: 273-279). Der Vorwurf des Wuchers trifft die Juden. In der *Straßburger Chronik* (um 1400) ist zu lesen: »Wenn die Juden arm wären und die Herren bei ihnen nicht in der Schuld stünden, würde man sie nicht verbrennen.« (zit. ebd. 276; vgl. Le Goff 1989: 68-73)

Die aus der *Reformation* hervorgegangenen Formen des *»asketischen Protestantismus«* (Weber: RS I: 17ff.) haben jene Lebensweise der Mönche aus den Klöstern in die Welt übertragen: durch Askese wird nicht nur der als prinzipiell böse und sündige, von Lüsten beherrschte Leib unterdrückt, sondern das gesamte Diesseits herabgesetzt. Das Zuchtmittel ist die *Arbeit.* Aber es wird nicht gearbeitet, um zu konsumieren – die Produkte sollen vielmehr, dem asketischen Sinn der Arbeit entsprechend, gespart werden (Kapitalbildung). Sondern es wird gearbeitet, um die Seele von Ansprüchen des sündigen Leibes freizuhalten und die Vereinigung mit Gott zu erlangen – es wird gearbeitet für einen fremden, transzendenten Zweck. *Reichtum wird zum Merkmal eines gottgefälligen Lebens; rastlose Arbeit ist religiöse Pflicht und tugendhaft.* Das ist vor allem die Auffassung der *Calvinisten und* *der Puritaner.* So setzt sich die neue bürgerliche Tugend in der traditionellen Mythologie durch: *diesen Formen des Protestantismus erscheint es christlich, durch asketische Arbeit Geld in mehr Geld, in Kapital zu verwandeln.*

Einen ersten revolutionären Schritt in der Verallgemeinerung der Mönchs-Ethik zur allgemeinen *Arbeits-Ethik* vollzieht *Martin Luthers Reformation* vom 31.10.1517. Die Reformation setzt diese Ethik durch in Form eines *religiösen, metaphysischen Individualismus:* durch das Dogma, der Mensch steige in der Seele zu Gott auf und vereinige sich innerlich mit Gott. Durch dieses Dogma ist zugleich eine *Entmythologisierung der Gottesvorstellung* gesetzt: die neutestamentarische Lehre von Gott als Geist (vgl. Die Bibel: Neues Testament, Joh. 4/24). Der Individualismus der Reformation, der auf der Vorstellung der Einheit von Christenmensch und Gott beruht, ist *hoffnungsvoll,* weil er die Versöhnung nach dem Sündenfall eröffnet. Der Individualismus ist *autoritär,* weil der Christ nicht nur innerlich seinen Leib durch Arbeit unterdrücken muß, sondern darum auch äußerlich Gewalt gegen alle Nichtchristen zu vollstrecken hat: gegen die Gewalt der aufrührerischen Bauern, gegen Kaufleute und Wucherer, gegen Türken, gegen Juden. Das Individuum der lutherischen Reformation ist ein *masochistischer und sadistischer Charakter.*

Martin Luther wurde am 10.11.1483 in Eisleben als Sohn eines Bergmannes geboren. Er studierte von 1501 bis 1505 in Erfurt Rechtswissenschaft. 1505 trat er ins Kloster der Erfurter Augustiner-Eremiten ein; 1507 wurde er zum Priester geweiht. Er hielt Vorlesungen in Wittenberg und Erfurt; 1512 wurde er Professor für Bibelerklärung in Wittenberg. 1513 bis 1518 entwickelte er seine zentrale Lehre: Daß wir uns nicht durch unsere Werke die Vergebung unserer Schuld verschaffen können, sondern die Gnade Gottes allein im Glauben erlangen. Am 31.10.1517 schlug Luther seine 95 Thesen über den Ablaß an die Tür der Schloßkirche zu Wittenberg. Der daraufhin einsetzende Ablaßstreit mit Johann Tetzel führte Luther zur Verallgemeinerung seiner Thesen: Der Glaube des Christen bedürfe keiner Dazwischenkunft einer menschlich-weltlichen Institution wie des Papsttums, weil er seinen Ort allein in der Innerlichkeit des Christenmenschen habe. Dabei berief Luther sich auf die *Bibel,* das *Neue Testament.* – Wiederholt zitiert Luther die Worte Jesu: »So gebt dem Kaiser, was des Kaisers ist, und Gott, was Gottes ist!« (Matthäus 22) In diesen Worten ist die Zwei-Reiche-Lehre enthalten: die Trennung zwischen dem »Reich Gottes« und dem Reich des Kaisers (Matthäus 6). So spricht Jesus zu Pilatus: »Mein Reich ist nicht von dieser Welt.« (Joh. 18, 36; vgl. Joh. 14 bis 19) Nach diesem Dogma ist das Reich Gottes ein übersinnliches Reich; nach diesem zu streben heißt, sich um endliche Reichtümer, um seine leiblichen Bedürfnisse nicht zu bekümmern. Das Reich des Kaisers aber ist das Reich des Mammons, der sinnlichen Bedürfnisse. So treten im *Neuen Testament* Diesseits und Jenseits, Sinnliches und Übersinnliches, Körper und Seele auseinander. Luther betont die anthropologische Konsequenz der Zwei-Reiche-Lehre: Der Christenmensch vereinigt sich, ohne dies durch weltliche Taten befördern zu können, in der Innerlichkeit der Seele mit Gott; dadurch emanzipiert er sich von leiblichen, diesseitigen Bedürfnissen ebenso wie von weltlichen Autoritäten – diese gelten im Bereich des Glaubens nichts. – 1518 wurde der Prozeß gegen Luther eröffnet; er mußte sich vor dem päpstlichen Legaten verantworten. 1520 verbrannte er die päpstliche Bannandrohungsbulle öffentlich und wurde daraufhin 1521 gebannt. Im April 1521 verteidigte Luther sich vor dem Reichstag in Worms und wurde in Reichsacht getan. Kurfürst Friedrich der Weise rettete ihn auf die Wartburg; Luther übersetzte dort 1522 das Neue Testament. 1525 wandte er sich scharf gegen den gewaltsamen Aufstand der Bauern. Ebenso scharf focht er gegen Kaufleute, Wucherer, Türken und vor allem Juden – mit immer demselben Argument: sie mißachteten die Zwei-Reiche-Lehre und darum das Wort, den Willen Gottes – so seien sie des Teufels. Der Reformator starb 1546 in Eisleben und wurde in Wittenberg beigesetzt.

Die zentrale Schrift der Reformation ist Luthers *Von der Freiheit eines Christenmenschen* aus dem Jahre 1520. Der Reformator stützt sich in diesem, dreißig Paragraphen umfassenden Text – wie in zahlreichen anderen – auf die *Zwei-Reiche-Lehre* des *Neuen Testaments* und wendet diese individualistisch, indem er im Christenmenschen einen *Gegensatz von innerlicher Seele und äußerlichem Leib* konstatiert. Luther erläutert einleitend »zwei sich widersprechende Sätze«:

»Ein Christenmensch ist ein freier Herr über alle Dinge und niemand untertan.
Ein Christenmensch ist ein dienstbarer Knecht aller Dinge und jedermann untertan.« (Luther 1520: §2 / 162)

Der Widerspruch von *»Freiheit« und »Dienstbarkeit«* wird aufgelöst durch die Lehre,

»daß ein jeder Christ zweierlei Naturen an sich hat: eine geistliche und eine leibliche. Im Blick auf die Seele wird er ein geistlicher, neuer, innerlicher Mensch genannt; im Blick auf Fleisch und Blut wird er ein leiblicher, alter und äußerlicher Mensch genannt.« (Luther 1520: §2 / 162)

Der anti-mythologische, gleichwohl in den Traditionen der antiken Philosophie und vor allem des *Neuen Testaments* stehende Dualismus von *Seele und Leib* ist Basis des Dogmas, daß die *»Freiheit eines Christenmenschen«*

allein in Rücksicht auf den »inwendigen, geistlichen Menschen« besteht (ebd. §§3-9/163-174). Alles Äußerliche, Leibgebundene, alle »Dinge« oder »Werke« sind in Rücksicht auf »Freiheit« indifferent – durch sie wird der Christenmensch weder frei noch unfrei, weder gut noch böse.

Genauer besteht die Freiheit darin, daß die Seele im »Wort Gottes, von Christus gepredigt«, »lebt« (ebd. §5/164): die Freiheit besteht im Glauben an Christus, an Gott (ebd. §10/167f.). In der Seele vereinigt sich der Christenmensch mit Gott, mit dem göttlichen Logos; in Gott ist er – als Christenmensch – mit sich selbst identisch, frei: das ist Luthers Version der philosophischen Lehre von der Gottesebenbildlichkeit, von der Würde des Menschen. Da der Mensch diese *Freiheit* durch leibgebundene Werke nicht erlangen kann, kann sie ihm nur durch Gott selbst zuteil werden: *durch Gottes »Gnade«* (ebd. §5/164) und Verheißung: die Geburt, den Tod und die Auferstehung Jesu'. Erst durch Jesus wird der Aufstieg des Menschen zu Gott, die göttliche Gnade, als Möglichkeit und Hoffnung wirklich. So ist erst das *Neue Testament* jener Teil der *Bibel,* durch den das Christentum sich als Christentum bestimmt.

Der Mensch kann somit, solange er lebt, solange er *Seele und Leib* ist, nicht vollkommen frei sein. Auf Erden ist es unmöglich, »allein ein innerlicher Mensch und ganz geistlich und innerlich« zu sein; es bleibt alles »nur ein Anfangen und Zunehmen, das erst in jener Welt zur Vollendung kommt.« (ebd. §19/175) Der lebendige, in seinem Leib lebende Mensch ist daher notwendig ein nicht vollständig in Gott lebender und damit freier Mensch – er ist ein »Sünder«. Das demonstrieren ihm die »Gebote (oder Gesetze) Gottes«:

> »So beweist z.B. das Gebot: ›Du sollst keine böse Begierde haben‹ (2. Mose 20, 17), daß wir allesamt Sünder sind und daß kein Mensch ohne böse Begierde zu sein vermag, er mag tun, was er will.« (Luther 1520: §8/166)

Die »Verheißung und Zusage Gottes« verspricht die Befreiung von der »böse(n) Begierde«, die Erfüllung der Gebote: *Freiheit.* Freiheit ist in dieser *negativen* Bedeutung die Befreiung vom Leib (ebd. §9/167). Zugleich gibt Luther eine *positive* Bestimmung: Die »Gottesworte« sind »heilig, wahrhaftig, gerecht, friedsam, frei und aller Güte voll.« (ebd. §10/167) Durch den Glauben hat der Mensch an dieser Freiheit, an Gott teil und wird selbst frei (ebd.). Er ist »niemand untertan« (ebd. §1/162). In diesem Sinne besteht zwischen den Christenmenschen Gleichheit. Luther erinnert an die alte Auszeichnung der »männlichen Erstgeburt«: ihr wurde »das Königtum und das Priestertum« übertragen (ebd. §14/170f.). Christus, die »männliche Erstgeburt«, teilt jenes Privileg gleichermaßen »allen seinen

Christen mit«. Im Glauben sind alle frei: jeder ist König und Priester (ebd. §§ 15f./171f.). Luther begründet religiös das bürgerliche Dogma von der Gewissensfreiheit.

Besteht die *»Freiheit eines Christenmenschen«* in der Vereinigung der Seele mit Gott durch den Glauben, so muß sie – in Rücksicht auf das »leibliche Leben« (ebd. §20/175) – mit *Unterdrückung* zusammengehen: die christliche Freiheit ist *masochistisch.* Diese Freiheitslehre etabliert, religiös, die *Herrschaft der Seele über den menschlichen Körper,* die *Herrschaft des göttlichen Geistes über die sinnliche Welt:* so setzt sie eine neue Vorstellung des Menschen als Individuum ebenso voraus wie eine neue, entmythologisierte Gottes-Idee. Das drückt der zweite Grundsatz (ebd. §1/162) aus. Die Unterdrückung ist allererst Unterdrückung des Leibes durch »Fasten, Wachen, Arbeiten« (ebd. §20/175). Durch diese »Werke« soll die Seele von Ansprüchen des Leibes befreit werden. Sie dienen zwar der Freiheit, können aber Freiheit nicht begründen, weil die Werke leibgebunden sind, die Freiheit hingegen allein in der Seele, im Glauben besteht. Dennoch ist auch in den »Werken« eine gewisse – andere – *Freiheit* gegeben. Wenn die Werke als Mittel zur Erlangung der Freiheit im Glauben prinzipiell ungeeignet sind, so »tut« sie der »Christ« als Selbstzweck, »aus lauter Freiheit umsonst.« (ebd. §23/179) Grundlage dieser »freien Werke« (ebd. §22/177) ist die Trennung von Seele und Leib, die Unterdrückung des Leibes. Daraus folgt die Idee der Nächstenliebe (ebd. §20/175). Im Umgang »mit den Leuten« (ebd.) achtet der Christ nicht auf seinen Nutzen, sondern nur auf den der »andern Menschen« (ebd. §26/182; vgl. ebd. §§26ff./181ff.) – der Blick auf seinen Nutzen nützte ihm nichts, weil auch gute Werke nicht gut machen.

Luthers Freiheitslehre enthält alle Probleme des Begriffs, die spezifisch das revolutionäre Bürgertum auszeichnen: zentral ist der paradoxe Zusammenhang von *Freiheit durch Unterdrückung.* – Zunächst ist deutlich, daß der einzelne Christenmensch im Glauben nicht wirklich frei ist. Im Glauben vereinigt sich die Seele mit Gott als Geist, so daß es nicht der Christenmensch, sondern Gott ist, dem Freiheit zukommt. Der Mensch unterwirft sich im Glauben der übermenschlichen Macht, erkennt die absolute Herrschaft Gottes an: er »läßt ihn mit sich handeln, wie er (Gott; G.S.) will.« (ebd. §11/168) *Im Glauben geht der Mensch in Gott auf:* das ist Luthers Begriff der Freiheit, das ist die Konstitution des *metaphysischen Individuums* durch die religiöse Rationalisierung der Reformation – der Mensch individuiert sich, indem er allein die Vereinigung mit Gott vollzieht, ohne Dazwischenkunft irdischer Mächte, aber dadurch geht er im Allgemeinen eines Gottes auf, der Geist ist. Konsequent gilt es, alle Momente zu unterdrücken, die solcher Assimilation des Einzelnen mit Gott entgegenstehen; was den Menschen von Gott trennt: der Leib, muß beherrscht werden; versuchen weltliche Herrscher, in dieses innerliche Verhältnis des Christenmenschen zu Gott einzugreifen, übertreten sie den Bereich ihrer Macht – das »Reich des Kaisers«. – Da *leibgebundene Werke* nicht zur – seelischen – Freiheit beizutragen vermögen, praktiziert der Christ die Nächstenliebe. Diese erstreckt sich jedoch nicht nur auf die Notleidenden (ebd. §27/183), sondern auch auf die »weltliche Gewalt«. Im »Reich des Kaisers« ist der Christenmensch »jedermann untertan« (ebd. §1/162), wie seine leibgebundenen Bedürfnisse der Seele untertan sind. Vier Jahre vor dem deutschen Bauernkrieg (1524/25) schreibt Luther:

> »In dieser Weise gebietet auch S. Paulus Röm. 13, 1ff. und Tit. 3,1 die Christen sollen der weltlichen Gewalt untertan sein und zur Verfügung stehen, nicht daß sie dadurch gerecht werden sollten, sondern daß sie damit den andern und der Obrigkeit freiwillig dienten und in Liebe und Freiheit ihren Willen täten.« (Luther 1520: §28/185)

Luthers Freiheitsbegriff impliziert eine *Konstellation von Herrschaftsformen:* die Herrschaft Gottes über den Menschen im Glauben; die Herrschaft der Seele des Menschen über seinen Leib; die Unterwerfung des Menschen unter den notleidenden Nächsten; die Unterwerfung des Menschen unter die »weltliche Gewalt«. – Zugleich ist der Freiheitsbegriff *revolutionär.* Im Glauben – in der Seele – sind die Christenmenschen frei und gleich, keiner kirchlichen und fürstlichen Obrigkeit untertan: keiner weltlichen Macht kommt das Recht zu, in den Bereich der christlichen Innerlichkeit des Glaubens einzugreifen. Aber dies Revolutionäre koinzidiert mit der Selbstaufgabe des Christen in Gott, so daß er in diesem aufgeht. – Umgekehrt ist Luther in Rücksicht auf den Leib und die weltliche Herrschaft auch *reaktionär:* zwar hat der Fürst das »Reich Gottes« zu achten und sich diesem zu unterwerfen, aber in seinem »Reich des Kaisers« kann er Untertänigkeit verlangen. – Durch diesen Zusammenhang von *Freiheit und Unterdrückung* treten Innerlichkeit und Äußerlichkeit, gläubiges Individuum und weltliche Mächte, Glauben und Politik, Kirche und Staat auseinander. Durch diesen Zusammenhang ist der *Christenmensch doppelt Untertan:* er geht in der Seele in Gott auf; er muß der weltlichen Herrschaft gehorchen, wie er seinen Leib beherrscht. Seine Untertänigkeit kann der Christenmensch aber aufkündigen: entweder, wenn die weltliche Herrschaft ihren Bereich übertritt und ins »Reich Gottes« eingreift; oder, wenn die Geistlichkeit nach der weltlichen Herrschaft greift – einzig in diesen Fällen kommt dem

Christenmenschen ein *Recht auf Widerstand gegen die Fürsten und gegen den Papst sowie die Bischöfe* zu, im Namen Gottes.

Hegel (1770-1831) hat den *kritischen Gehalt der Lehre Luthers* herausgehoben (Bd. 12: 492ff.). Die Verbindung von *Freiheit und Gleichheit* ebnet den prinzipiellen Unterschied zwischen Priestern und Laien ein (Luther 1520: §17/173); keine Institution schiebt sich zwischen den Gläubigen und das Wort Gottes, die *Bibel.* Das ist der revolutionäre Sinn der Bibelübersetzung. Aufgabe jedes Christen ist es nunmehr, selbst die Vereinigung mit Gott, »das Werk der Versöhnung zu vollbringen.« (Hegel: Bd. 12: 496) In diesem Sinne vollzieht die Reformation eine *Säkularisierung der Hoffnung,* der utopischen Gehalte des christlichen Glaubens (ebd. 502f.). Zugleich bleibt die Säkularisierung abstrakt, weil sie auf das *Innerliche,* den Glauben beschränkt wird und den leibgebundenen Menschen ebenso wie die weltliche Herrschaft von der Versöhnung ausschließt (ebd. 506): wie der Leib beherrscht werden soll, so soll der leibliche Mensch der weltlichen Herrschaft untertan sein. Freiheit ist nur im Innerlichen – insofern der endliche Mensch mit dem ewigen Gott eins ist. Diese Freiheit bleibt der endlichen Welt prinzipiell versagt. Insofern bleibt Luthers Reformation hinter dem utopischen, säkularen Gehalt der Renaissance-Philosophie und -Kunst zurück.

Luther reformiert die christliche Dogmatik auf der Grundlage des bürgerlichen, metaphysischen Individuums. Die katholische Welt, die dies revolutionäre Prinzip bekämpft, muß zurückbleiben. Das gilt zunächst, wie der Fall Galilei belegt, für die Naturwissenschaften und die Philosophie (Hegel: Bd. 12: 499). Entscheidend jedoch ist die neue Stellung der Religion zur Ökonomie, zum System der gesellschaftlichen Arbeit: das neue Verhältnis des Menschen zur Natur. Arbeit, lehrt Luther, ist notwendig zur Unterdrückung des Leibes, zur Freisetzung der Seele von den »Begierden«. Wer der göttlichen Gnade einer innerlichen Vereinigung mit Gott nicht teilhaftig ist, muß mit Arbeitszwang unterdrückt werden. Das *protestantische Arbeitsethos* verleiht der bürgerlichen Ökonomie sittliche Würde und Zwangscharakter:

»Die Arbeitslosigkeit hat nun auch nicht mehr als ein Heiliges gegolten, sondern es wurde als das Höhere angesehen, daß der Mensch in der Abhängigkeit durch *Tätigkeit* und Verstand und Fleiß sich selber unabhängig macht. Es ist rechtschaffener, daß, wer Geld hat, kauft, wenn auch für überflüssige Bedürfnisse, statt es an Faulenzer und Bettler zu verschenken; denn er gibt es an eine gleiche Anzahl von Menschen, und die Bedingung ist wenigstens, daß sie tätig gearbeitet haben. Die Industrie, die Gewerbe sind nunmehr sittlich geworden, und die Hindernisse sind verschwunden, die ihnen von seiten der Kirche entgegengesetzt wurden. Die Kirche nämlich hatte es für eine Sünde erklärt, Geld gegen Interessen (Zinsen, G.S.) auszuleihen; die Notwendigkeit der Sache aber führte gerade zum Gegenteil. Die Lombarden (daher auch der französische Ausdruck *lombard* für Leihhaus) und besonders die Mediceer haben den Fürsten in ganz Europa Geld vorgestreckt.« (Hegel, Werke 12: 503)

Zunächst vollzieht Luthers Freiheitslehre einen Bruch mit der Tradition. Zwar erinnert die Trennung von Seele und Leib an die Philosophien des Platon und des Aristoteles; zwar stellt Luther diese Trennung explizit auf die Grundlage der Zwei-Reiche-Lehre des *Neuen Testaments.* Aber Aristoteles (Nik. Ethik: X/Kap. 6ff.) trennt die »Tätigkeit der Vernunft«, die er an die Seele bindet, absolut von allen anderen »tugendhaften Handlungen«. Letztere sind »auf ein außer ihnen liegendes Ziel« gerichtet – sie sind Mittel zu einem fremden Zweck. Die »Tätigkeit der Vernunft« hingegen ist sich Selbstzweck und daher an die Bedingung der »Muße« gebunden. »Freiheit« geht mit »Muße« zusammen. Luther durchbricht diese absolute Trennung. Zwar bestimmt auch er die Seele als den Ort der Freiheit, zu dem der Leib – und damit auch die Arbeit – jenseits steht. Aber *Arbeit ist mit Freiheit verknüpft,* weil sie die Seele von leibgebundenen Interessen freihält. Insofern besteht ein »Leben nach der Vernunft« (Aristoteles), Luther zufolge, nicht im Philosophieren, sondern im Glauben und Arbeiten: ora et labora. Befreit die Arbeit von den Begierden, so ist sie die Bedingung der Möglichkeit einer Vereinigung von Gott und Christenmensch im Glauben – einer Vereinigung, die im diesseitigen Leben nur unvollkommen gelingt.

Sodann enthält Luthers Verknüpfung von Arbeit und Freiheit eine Kritik am zeitgenössischen Adel und Klerus, eine Kritik an »Herrschsucht« und »Schwelgerei«:

»Der *Ablaß der Sünden,* die höchste Befriedigung, welche die Seele sucht, ihrer Einigkeit mit Gott gewiß zu sein, das Tiefste, Innerste wird dem Menschen auf die äußerlichste, leichtsinnigste Weise geboten – nämlich mit bloßem Gelde zu kaufen –, und zugleich geschieht dieses für die äußerlichsten Zwecke der Schwelgerei.« (Hegel, Werke 12: 493f.; vgl. Luther 1520: §17/173 und §29/185f.)

Nach Luthers Trennung von Seele und Leib, Innerlichem und Äußerlichem, verrät der Ablaßhandel den Glauben, die »Freiheit eines Christenmenschen« – das Innerliche wird zu einem äußerlichen Verhältnis herabgesetzt, eine äußerliche Macht greift in das innerliche Verhältnis des Christenmenschen zu Gott ein. Dagegen richtet sich Luthers Kritik, dagegen ist Widerstand rechtens. Entsprechend gilt der Kirche im »leiblichen Leben« (Luther 1520: §20/175) die Arbeit nichts, denn sie wird nicht in ihrer bedürfnisunterdrückenden Funktion erkannt. Luthers Freiheits- und Arbeitsbegriff denunziert die Katholische Kirche daher auch in dieser Dimension: der durch Ablaßhandel angeeignete Reichtum ist illegitim, weil er nicht auf Arbeit beruht. Vor allem ist der Ablaßhandel illegitim, weil er das »Reich Gottes« in ein »Reich des Kaisers« verwandelt: so ist er gegen Gott, so ist er des Teufels.

Luthers christliche Freiheitslehre begründet einen christlich-metaphysischen Individualismus: *der Christenmensch vereinigt sich in der Seele mit Gott* – er wird zur bloßen Marionette des Willens Gottes (Luther 1520: §11/168). Der Einzelne erlangt seine Identität nur, indem er mit Gott identisch wird: er erlangt seine *Besonderheit durch Verschmelzung mit dem Allgemeinen.* Die so konstituierte Gemeinschaft aller Gläubigen miteinander und mit Gott schließt alles aus, was im Allgemeinen nicht aufgeht: die »Nichtchristen«, die »Bösen« (Luther 1523: 20f.). Auf der Ebene der seelischen, innerlichen Vereinigung des Christen mit Gott ist eine Besonderung des Menschen, die im *Widerstand* gegen das Allgemeine erscheinen könnte, ausgeschlossen. Aus dieser Form des »Reiches Gottes« ergeben sich für das »Reich des Kaisers« erhebliche Konsequenzen.

Gerade weil die Vereinigung in Gott eine Einheit ohne Differenz, eine *Allgemeinheit ohne Besonderung* konstituiert, impliziert diese abstrakte Inklusion eine ebenso abstrakte Exklusion – den abstrakten Gegensatz. Die der christlichen Freiheit entgegengesetzte Seite des »leiblichen« Menschen ist die Seite der *Unterdrückung:* des Leibes durch die Seele, des leiblichen Menschen durch die weltliche Obrigkeit. Die Unterdrückung steht freilich unter dem Interesse, den Willen Gottes gewaltsam durchzusetzen. Auch auf dieser Ebene gibt es darum *kein Recht auf Widerstand.* Ein *Widerstand* ist, nach Luthers Freiheitslehre, nur dann rechtens: wenn die weltliche Herrschaft in das innerliche, seelische »Reich Gottes« eingreift; oder wenn die Bischöfe eine weltliche Herrschaft errichten; oder wenn die weltliche Herrschaft um weltlicher Interessen erfolgt und nicht um des Gottes Willens. Widerstand kann nur erfolgen, indem er Gottes Wort gegen weltliche unrechte Gewalt setzt: wenn es ein *innerlicher Widerstand* ist (Hegel, Bd. 20: 332).

Aus dieser Konstellation resultieren Luthers scheinbar sehr widersprüchliche Stellungnahmen zum gewaltsamen Aufstand der Bauern gegen die weltlichen Mächte. Aus dieser Konstellation resultiert seine Kritik der Katholischen Kirche, die sich zur weltlichen Macht entwickelt hat. Aus dieser Konstellation resultiert seine Kritik der Händler und Wucherer, die sich dem Äußerlichen ergeben und vom Seelisch-Innerlichen: von Gott abwenden. Aus dieser Konstellation folgt Luthers Haß auf die nicht-christlichen

Türken sowie vor allem auf die nicht-christlichen Juden, deren Glaube die Trennung von Seele und Leib, von Himmlischem und Irdischem, von Gottes Reich und Reich des Kaisers nicht enthält, so daß die Türken und noch mehr die Juden der Figur Jesu' als des Gottessohns nicht bedürfen und somit – aus Luthers Perspektive – Gott selbst verachten. Gegen diese Fremden, die – nach dieser reformatorischen Lehre – von der Vereinigung in Gott, von der Glaubens-Gemeinschaft ausgeschlossen und daher des Teufels sind, richtet sich die andere Seite des christlichen, autoritären Masochismus: der Sadismus. So wie die Christen arbeitend sich selbst zu unterdrücken haben, um in der Seele sich mit Gott zu vereinigen, so ist gegen die Nichtchristen Gewalt im Namen Gottes auszuüben, um sie unter seine Ordnung zu zwingen: der *Masochismus* der Christen vollendet sich in deren *Sadismus* gegen die Nichtchristen. Die Reformation Luthers ist die Geburtsstunde des *bürgerlichen, deutschen Individualismus* in Gestalt des *»autoritären Charakters«.*

Luther hat die Pflicht zur Untertänigkeit und das Recht auf Widerstand gegen fürstliche Willkür in seiner kurzen Abhandlung: *Von weltlicher Obrigkeit. Wie weit man ihr Gehorsam schuldig sei* (1523), grundsätzlich geklärt. Die Schrift gilt zwei Fragen: Wie die »weltliche Obrigkeit« das »Schwert ... christlich gebrauchen soll«; inwiefern »man ihm Gehorsam schuldig ist« (ebd. 12). In der letzteren Frage ist das Problem des legitimen Widerstands gegen fürstliche Willkür enthalten – insbesondere gegen die Anmaßung, »auf Gottes Thron zu sitzen« und »Gewissen« sowie »Glauben« bestimmen zu können (ebd. 14f.).

Unter Berufung auf die *Zwei-Reiche-Lehre* des *Neuen Testaments* (ebd. 41, und öfter) teilt Luther die »Kinder Adams« in »zwei Gruppen« ein (ebd. 35). – Die *»wahrhaft Glaubenden«* gehören, in ihrer Seele: in ihren »Gedanken und Gesinnungen« sowie in ihrem »Gewissen« (ebd. 38f., 41), zum *»Reich Gottes«,* in dem allein Christus »König und Herr« ist und durch »Gottes Wort und Geist regiert« (ebd. 18-20, 31). Dieses Reich ist »göttliches Werk«, ein Reich der innerlichen Freiheit aller Christenmenschen, die insofern einander »gleich« und nur Christus unterworfen sind: der »Glaube« ist »freies Werk«. Luther zitiert das Sprichwort: »Gedanken sind zollfrei« (ebd. 39, 47). – Die *»Nichtchristen«,* allesamt von »böser Art«, gehören zum *»Reich der Welt oder unter das Gesetz«* – zum Reich des »weltlichen Schwerts« der Fürsten und Könige, in denen durch »Menschengesetz« »äusserliche Dinge«, »Leib und Gut« geregelt werden (ebd. 19, 20-22, 36, 41f.). Dieses ist das Reich eines äußerlichen Zwangs, der keineswegs als Selbstzweck, sondern mit dem Ziel auszuüben ist, die Nichtchristen unter den christlichen Frieden zu pressen: Was die Christen *masochistisch* gegen sich selbst richten, verüben sie *sadistisch* an den Nichtchristen. Luther spricht ganz selbstverständlich davon, »Juden und Ketzer mit Gewalt (zu) verbrennen« (ebd. 46); er spricht ganz selbstverständlich davon, es könne in einem Krieg unter bestimmten Umständen »christlich und ein Werk der Liebe« sein, »unter den Feinden unverzagt zu würgen, zu rauben und zu brennen« (ebd. 56). Durch jene doppelte, christlichen Frieden begründende Gewalt steht das »Reich der Welt« unter den Imperativen Gottes und wird beherrscht durch christliche Fürsten (ebd. 48-60): »Recht und Schwert« seien »durch Gottes Willen und Anordnung in der Welt« zur »Bestrafung der Bösen und zum Schutz der Rechtschaffenen«; durch das Schwert, geführt auch von Christen, würden vor allem die »Unchristen äußerlich zum Frieden und zum Guten« gezwungen (ebd. 15-17, 23-35, 44, 54-57). Die christlichen Fürsten müssen mithin »wahrhaftig die Absicht ablegen, herrschen und mit Gewalt verfahren zu wollen«. Sie sollen Gewalt nur ausüben, um christlichen Frieden zu schaffen und Nächstenliebe – das »Recht der Liebe« – zu üben (ebd. 49, 58-60): sie sollen nicht zu ihrem Vorteil nach eigener Willkür verfahren, sondern als Personifikationen des göttlichen Willens ihren »Untertanen … nützlich und dienstbar« sein – sie sollen den Frieden erzwingen (ebd. 50f.; vgl. 55-57).

Analog zur Zwei-Reiche-Lehre gehört der *Christenmensch*, als *innerlicher Mensch* in seiner Seele, zum »Reich Gottes«, als *leiblicher Mensch* aber zum »Reich der Welt« (vgl. ebd. 35-48). Der Christenmensch müsse als innerlicher Mensch in überweltlichen Angelegenheiten Gott gehorsam sein, als leiblicher Mensch in weltlichen Angelegenheiten aber den weltlichen Mächten. Wären alle Menschen nur Christen, nur innerliche Menschen, die in Gott als dessen personifizierte Willen lebten, bedürfte es keines Schwertes, keines weltlichen Rechts, keines Fürsten: es wäre ein Reich des Friedens. Da jedoch alle Menschen auch leibliche Wesen sind, sind die Christenmenschen immer schon Sünder und bedürfen des Gesetzes Gottes (ebd. 19f., 23). So ist vom Christenmenschen *Gehorsam* gefordert: gegen Gott im Bereich der Seele; gegen die weltliche Obrigkeit, soweit sie »Gottes Dienerin« ist, im Bereich des Leibes (vgl. ebd. 29f., 34).

Griffen aber die *weltlichen Mächte* in das innerliche Verhältnis der Gläubigen zu Gott ein: in das »Reich und Regiment Gottes«, sei *Widerstand* gerechtfertigt; denn es sei eine fürstliche Anmaßung, eine Willkür, mit »Menschengesetzen« Gewalt über die »Seelen«: die »Gedanken«, die »Gesinnungen«, das »Gewissen«, ausüben zu wollen (vgl. ebd. 14f., 35-48; Zitate: ebd. 35, 37-39). Insbesondere wendet Luther sich gegen jene Fürsten, die ihren Untertanen den »Glauben« gebieten: der »Seele«, über die »Gott niemand regieren lassen (will) als sich selber allein«, ein »Menschengesetz« aufzuerlegen, hieße, »die Seelen zum ewigen Tode« zu drängen (ebd. 35-44; Zitate: ebd. 36). Er wendet sich auch gegen jene Fürsten, die nicht mit dem »Wort Gottes« gegen die »Ketzerei« vorgehen, sondern mit dem Schwert: denn »Ketzerei« sei eine »geistliche Sache« und entziehe sich »bloßer Gewalt«; die Abwehr der Ketzerei könne nur mit dem »Wort Gottes« gelingen und falle in den Amtsbereich der Bischöfe. Junker, die mit Gewalt gegen Ketzerei vorgingen, handelten recht- und »vernunftlos«; sie bestärkten, was sie zu bekämpfen trachteten (ebd. 44-47). – Handelten die *weltlichen Mächte* im eigenen Interesse und nicht dem »Willen Gottes« gemäß, daß mit dem Mittel äußerlichen Zwangs der Friede und das Gute gegen die »Unchristen« – vor allem die Juden – und gegen das »Böse« durchzusetzen sei (ebd. 15, 21, 23, 46, 50-52), sei *Widerstand* gegen solche willkürliche Gewaltherrschaft ebenfalls rechtens.

Endlich verfallen *Papst und Bischöfe* der Kritik, wenn sie über das »Reich Gottes« hinausgehen in das »Reich der Welt« (vgl. ebd. 18), um leibliche und äußerliche Gegenstände durch Gesetze zu regeln – auch hier sei *Widerstand* gerechtfertigt. Papst und Bischöfe stehen, nach Luther, auf einer Stufe mit den teuflischen Türken und Juden, die sich dem Äußerlichen ergeben und sich dadurch von jener Innerlichkeit der Seele abwenden, in der allein eine Vereinigung des Christenmenschen mit Gott erfolgen kann. Indem der Papst die Kirche als weltliche Macht installiert, hat er sich von Gott ab- und dem Teufel zugewandt:

> »Und was sol ich vom allerheiligisten Vater Bapst sagen? Ists nicht also, Sint das er mit seinen Bisschofen welt herrn worden und vom Evangelio durch den lügengeist auff yhr eigen menschlich lere gefallen sind, das sie eitel mord getrieben haben bis auff diese stunde? (…)
> Ich und die meinen halten und leren friede, Der Bapst mit den seinen kriegt, mordet, raubet nicht allein seine widderwertigen, sondern brennet, verdampt und verfolget auch die unschuldigen, frumen, rechtgleubigen, als ein rechter Endechrist. Denn er thut solchs sitzend ym tempel Gottes als ein heupt der kirchen, welchs der türck nicht thut. Aber wie der Bapst der Endechrist, so ist der Türck der leibhafftige Teuffel. Widder alle beyde gehet unser und der Christenheit gebet: Sie sollen auch hinuntern zur helle und solt es gleich der jüngst tag thun; welcher ich hoffe nicht lange sein wird.« (Luther 1529a: 125 f.; siehe ebd. 140-143, 148)

Der Papst ist ein Teufel, ein Lügner, ein Mörder – wie alle, die das Reich Gottes in ein irdisches Reich verwandeln wollen (siehe ebd. passim; 1529b: 195f.).

Luther (1523) faßt diese drei *legitimen Formen des Widerstands* zusammen: »man muß Gott, der das Recht haben will, mehr gehorchen als den Menschen« (ebd. 56).

»Aber willst du wissen, warum Gott es so verhängt, daß die weltlichen Fürsten so schrecklich zu Fall kommen müssen? Ich will dir's sagen. Gott … will ein Ende mit ihnen machen, geradeso wie mit den geistlichen Junkern. Denn meine ungnädigen Herren, Papst und Bischöfe, sollten Bischöfe sein und Gottes Wort predigen. Das unterlassen sie und sind weltliche Fürsten geworden und regieren mit Gesetzen, die nur Leib und Gut betreffen. Fein haben sie es umgekehrt: innerlich sollten sie die Seelen regieren durch Gottes Wort; statt dessen regieren sie äußerlich Schlösser, Städte, Land und Leute und martern die Seelen mit unsäglichen Morden. So ist es auch bei den weltlichen Herren, die Land und Leute äußerlich regieren sollten: das unterlassen sie; sie können nicht mehr als schinden und schaben: eine Abgabe auf die andere, einen Zins über den andern setzen; da einen Bären, hier einen Wolf loslassen. Dazuhin lassen sie keine rechte Glaubwürdigkeit und Rechtlichkeit bei sich finden; sie handeln so, daß es Räubern und Spitzbuben zu viel wäre, und ihr weltliches Regiment liegt ebenso tief darnieder als das Regiment der geistlichen Tyrannen. (…) So treiben sie es, um ja getrost fremde Sünde, Gottes und aller Menschen Haß auf sich zu laden, bis sie samt Bischöfen, Pfaffen und Mönchen zugrundegehen, ein Bösewicht mit dem andern. Und dann geben sie die Schuld an dem allem dem Evangelium, und statt daß sie ihre Sünde bekennen, lästern sie Gott und sagen, unsere Predigt habe das zur Folge gehabt, was in Wirklichkeit ihre verkehrte, böse Art verdient hat und noch ohne Unterlaß verdient.« (Luther 1523: 40)

»Der Fürsten Plage (die Gott contemptum heißt) ist schon gewaltig unter dem Volk und gemeinen Mann im Gange, und ich fürchte, es wird dem nicht zu wehren sein, wenn sich die Fürsten nicht fürstlich verhalten und wieder mit Vernunft und bedachtsam zu regieren anfangen. Man wird nicht, man kann nicht, man will nicht eure Tyrannei und Mutwillen auf die Länge leiden! Liebe Fürsten und Herren, darnach wisset euch zu richten; Gott will's nicht länger haben. Es ist jetzt nicht mehr eine Welt wie vor Zeiten, da ihr die Leut wie das Wild jaget und triebet.« (Luther 1523: 47)

Dieses *Recht auf Widerstand* richtet sich allein gegen die wechselseitigen Übergriffe in das »Reich Gottes« einerseits, in das »Reich der Welt« andererseits, schließlich gegen die Verletzungen des göttlichen Imperativs, denen die weltliche Macht unterliegt. Alles andere wäre: »Aufruhr« (ebd. 24). In beiden Reichen, für sich und sofern das weltliche »Gottesdienst« ist (ebd. 34), gibt es keinen legitimen Widerstand, sondern ist *Gehorsam* gefordert: Anpassung. »Liebe und Glaube erzeugen äußerlich keine Absonderungen oder Unterschiede« – keine Besonderung im Allgemeinen, keinen Eigensinn, sondern Nächstenliebe (ebd. 18, 24f., 34f., 49). Im »Reich Gottes« konstituiert allein die Vereinigung mit Gott die Identität des Individuums: es erlangt seine Besonderheit als Personifikation des Allgemeinen (vgl. ebd. 39). Der Widerstand ist nur möglich als Widerstand gegen weltliche Mächte, seien es Fürsten oder Bischöfe: im Namen Gottes. Darum kann Widerstand gegen die »Obrigkeit ... nicht mit Gewalt« geübt werden, sondern »nur mit dem Bekenntnis der Wahrheit« (ebd. 55) – mit dem Wort Gottes.

Auf der Grundlage dieser prinzipiellen Erwägungen über *Untertänigkeit und Widerstand* hat Luther sich in berühmten, und berüchtigten, Schriften zum *Bauernkrieg* erklärt.

In Deutschland erhoben sich die Bauern in den Jahren 1524/25 gegen die Feudalherren, nachdem in anderen Ländern der Feudalismus längst erodiert war. Zur Kritik stand die Beseitigung bäuerlicher Freiheiten, die Durchsetzung der vollkommenen Leibeigenschaft: die Verelendung der Bauern, das Verprassen des Reichtums durch die Feudalherren. Der Aufstand begann im Herbst 1524 im Süden Deutschlands und verbreitete sich schnell über das ganze Reich. Die Aufständischen stützten ihre Forderungen auf die Reformation, auf Luthers Schriften über die *Freiheit des Christenmenschen,* und forderten konsequent, göttliches Naturrecht (vgl. Luther 1523: 59; 1525a: 292, 295f., 325-327) als Grundlage weltlichen Rechts anzuerkennen. Luthers Schriften scheinen widersprüchlich, weil sie den Aufstand teils stützen, teils aber verurteilen. Indes kritisiert er vehement die Gewalt der Fürsten, noch vehementer aber die Gewalt der Bauern – beide verletzten Gottes Wort, beide seien im Bunde mit dem Teufel.

Ende April 1525 kommentiert Luther das erste große Manifest der aufständischen Bauern vom März 1525: *Ermahnung zum Frieden auf die zwölf Artikel der Bauerschaft in Schwaben* (Luther 1525a). *Einerseits verteidigt er darin den Aufstand,* indem er, den Argumenten der Schrift von 1523 folgend, die Fürsten kritisiert: sie folgten nicht dem Willen Gottes, sondern dem eigenen Interesse; sie übten eine willkürliche Gewaltherrschaft aus und setzten nicht das göttliche Gebot des Friedens äußerlich durch; sie seien »Land und Leuten« nicht dienstbar; sie machten Luthers Lehre für den Aufstand verantwortlich und verböten, »das Evangelion zu predigen« (ebd. 299f., 315, 330; vgl. 1523: 48-58). Weil die Lehnsherrn sich bereicherten und den »armen Mann ... schinden« (1523: 14), sei der Widerstand rechtens – sofern er sich zu Recht auf Gottes Wort berufe (1525a: 301-303, 309, 320), gegen Fürsten, die die Predigt des Wortes unterdrückten.

»Erstlich mügen wir niemand auff erden dancken solchs unradts und auffruhrs, denn euch Fürsten und herrn, sonderlich euch, blinden Bisschoffen und tollen Pfaffen und München, die yhr, noch heuttigs tages verstockt, nicht auff höret zu toben und wüten widder das heilige Evangelion, ob yhr gleich wisset, das es recht ist und auch nicht widderlegen kündet, Dazu ym welltlichen regiment nicht mehr

thut, denn das yhr schindet und schatzt, ewern pracht und hochmut zu furen, bis der arme gemeine man nicht kann noch mag lenger ertragen. Das schwerd ist euch auff dem halse, noch meynet yhr, yhr sitzt so feste ym Satel, man werde euch nicht mügen ausheben, Solche sicherheyt und verstockte vermessenheyt wird euch den halls brechen, das werdet yhr sehen. (...)
Wolan, weyl yhr denn ursach seyt solchs Gottes zorns, wirds on zweiffel auch uber euch aufgehen, wo yhr euch noch nicht mit der zeyt bessert. Die zeychen am hymel und wunder auff erden gelten euch, lieben herren, keyn guts deutten sie euch, keyn guts wird euch auch geschehen. Es ist schon des zorns eyn gros teyl angangen, das Gott so viel falscher lerer und propheten unter uns sendet, auff das wyr zuvor mit yrthum und Gottes lesterung reichlich verdienen die helle und ewige verdamnis. Das ander stuck ist auch fur handen, das sich die bawren rotten, daraus, wo Gott nicht weret, durch unsere busse bewegt, folgen mus verderben, verstörung und verwüstung Deutsches lands durch grewlich mord und blut vergiessen.
Denn das sollt yhr wissen, lieben herrn, Gott schaffts also, das man nicht kan, noch will, noch solle ewr wuetrey die lenge dulden. Yhr müst anders werden und Gotts wort weichen, Thut yhrs nicht durch freundliche willige weyse, so müst yhrs thun durch gewelltige und verderbliche unweise. Thuns diese Bawren nicht, so müssens andere thun. Und ob yhr sie alle schlügt, so sind sie noch ungeschlagen, Gott wird andere erwecken, Denn er will euch schlagen und wird euch schlagen. Es sind nicht bawern, lieben herren, die sich widder euch setzen, Gott ists selber, der setzt sich widder euch, heymzusuchen ewer wueterey.« (Luther 1525a: 293-295; vgl. ebd. 299 f., 329 f., 331)

»Denn obirkeit nicht drumb eingesetzt ist, das sie yhren nutz und mutwillen an den unterthanen suche, sondern nutz und das beste verschaffe bey den unterthenigen. Nu ists ia nicht die lenge treglich, so zu schatzen und schinden. Was hülffs, wenn eyns bawren acker so viel gülden alls hallmen und körner trüge, so die oberkeit nur deste mehr neme und yhren pracht da mit ymer grösser machte und das gut so hyn schlaudert mit kleydern, fressen, sauffen, bawen und der gleichen, als were es sprew? Man müste ia den pracht einzihen und das ausgeben stopffen, das ein arm man auch was behallten künde.« (Luther 1525a: 299)

Andererseits *kritisiert Luther den Aufstand,* weil dieser als Aufruhr erfolge: mit Gewalt und nicht mit Gottes Wort. Insofern die Bauern sich auf Gottes Wort berufen und allein mit dessen Wort gegen die Herren streiten, stellt sich Luther (ebd. 291, 298f.) ausdrücklich auf ihre Seite: so könne alles noch »gut werden«. Wenn die Aufständischen jedoch den »mordpropheten« – wie Thomas Münzer (vgl. 1529a: 124f.) – folgten und, statt »gehorsam« gegen die weltliche Obrigkeit zu üben, »auffruhr« anzettelten (1525a: 295f.; vgl. ebd. 301-316), um das Reich Gottes als irdisches Reich zu verwirklichen, könnten sie nicht mit seiner Unterstützung rechnen. Er warnt: Der Haufen der Bauern so sei groß, daß unmöglich alle »rechte

Christen seyen«; die Unchristen unter ihnen könnten »der anderen guten meynung zu yhrem mutwillen brauchen« und dadurch sowohl das Reich Gottes wie das Reich der Welt zugrunde richten (ebd. 292). Schlüge der Aufstand in Aufruhr um, kämpften die Bauern gegen das fürstliche Unrecht mit Gewalt, sei er Unrecht (ebd. 303-305) und müsse Gott fürchten: dieser sei ein »allmechtiger, schrecklicher Gott« (ebd. 302). Das Unrecht der Fürsten zu strafen sei allein Sache der »weltlichen oberkeyt, die das schwerd furet«; niemand solle sich zum Richter in eigener Sache machen – sonst gäbe es weder »fride« noch »ordnung ynn der wellt« (ebd. 303f., 306f.). Der Aufruhr der Bauern, argumentiert Luther sogar (ebd. 305), sei ein noch größeres Unrecht als das fürstliche: denn die Bauern nähmen dem Fürsten dessen obrigkeitliche Gewalt, also »alles …, das er hat«, während der Fürst den Bauern bloß »eyn gros stuck guts nympt und lesst yhm doch etwas«: so seien die Bauern ein »viel grösser reuber denn sie«. (vgl. ebd. 323f.) Sie seien auch Räuber, wenn sie forderten, der Zehnte solle an die Pfarrer und die Armen verteilt werden – denn der Zehnte gehöre der Obrigkeit (ebd. 325f.). Sie seien schließlich Räuber, wenn sie forderten, die Leibeigenschaft aufzuheben – die Leibeigenen seien Eigentum des Herrn; christliche Freiheit bestehe nicht darin, »aus dem geistlichen reich Christs eyn welltlich, eusserlich reich machen« – weltlich seien nicht »alle menschen gleich« (ebd. 326f.). Gegen »auffruhr«, betont Luther darum sehr nachdrücklich, habe er immer »gestritten und zu gehorsam und ehre, auch ewer tyrannischen und tobenden obirkeyt die unterthanen gehalten und vermanet mit höchstem vleys« (ebd. 295f.; vgl. ebd. 300, 303, 313); den Bauern ruft er zu: »Seyt unterthan nicht alleyne den guten herren, sondern auch den bösen.« (ebd. 308; vgl. ebd. 314) Insofern Luther den Aufruhr kritisiert, folgt er ebenfalls der Schrift von 1523: der Forderung, der Gewalt der Obrigkeit keine Gewalt entgegenzusetzen, sondern das Wort Gottes – einen nur *innerlichen Widerstand* zu leisten im »hertzen«, mit »gedult und gebet« (ebd. 315-323, 330f.). *Weltlich sollen die Bauern bedingungslos gehorchen.* Umgekehrt sollen die Fürsten »mit vernunfft an den bawren handeln« (ebd. 297). Luther resümiert (ebd. 329-334): beide, die sich zusammen rottenden Bauern und die Tyrannen, seien »Gott feynd« (ebd. 331; vgl. ebd. 333f.). Er predigt – im Namen der Zwei-Reiche-Lehre – einen christlichen Autoritarismus, einen *autoritären Individualismus:* einen unbedingten Gehorsam gegen jede weltliche Obrigkeit, vor allem gegen den überweltlichen Gott.

So wendet sich Luther kurze Zeit später, im Mai 1525, scharf gegen die Gewalt der Bauern in der berüchtigten Schrift: *Wider die räuberischen und mörderischen Rotten der Bauern* (1525b). Das Argument hatte er schon einen

Monat zuvor benannt: Ein Aufstand ist nur legitim, wenn er mit dem Wort Gottes gegen fürstliche Willkür geführt wird; erfolgt er gewaltsam, setzt er Gewalt gegen Gewalt und verfällt der Kritik des Reformators: denn ein gewaltsamer Aufstand ist gegen Gottes Wort – also des Teufels. Insofern stellt diese Schrift, entgegen der herrschenden Interpretation, keinen Bruch gegenüber dem kurz zuvor publizierten Text dar. Luther ruft die Obrigkeit auf, gegen die aufständischen Bauern jede Art von Gewalt auszuüben: denn diese trieben »unter dem Namen des Evangeli … teuffels werck« (ebd. 357).

»Dreyerley grewliche sunden widder Gott und menschen laden dise bawrn auff sich, dar an sie den todt verdienet haben an leybe und seele manichfeltiglich: Zum ersten, das sie yhrer oberkeyt trew und hulde geschworen haben, unterthenig und gehorsam zu seyn, wie solchs Gott gebeut, …
Zum andern, das sie auffrur anrichten, rauben und plundern mit frevel kloster und schlosser, die nich yhr sind, da mit sie, als die offentlichen strassen reuber und morder alleyne wol zwyffeltig den tod an leib und seele verschulden, Auch eyn auffrurischer mensch, den man des bezeugen kan, schon ynn Gotts und Keyserlicher acht ist, das, wer am ersten kan und mag den selben erwurgen, recht und wol thut, Denn uber eynen offentlichen auffrurigen ist eyn iglicher mensch beyde ober richter und scharffrichter, … Drumb sol hie zuschmeyssen, wurgen und stechen heymlich oder offentlich, wer da kann, und gedencken, das nicht gifftigers, schedlichers, teuffelischers seyn kann, denn eyn auffrurischer mensch, …
Zum dritten, das sie solche schreckliche, grewliche sunde mit dem Evangelio decken, nennen sich Christliche bruder, nemen eyd und hulde und zwingen die leutte, zu solchen greweln mit yhnen zu halten, da mit sie die aller grosten Gottslesterer und schender seynes heyligen namen werden und ehren und dienen also dem teuffel unter dem scheyn des Evangelij, daran sie wol zehen mal den tod verdienen an leib und seele, …« (Luther 1525b: 357 f.; vgl. ebd. 359)

»Sölch wunderliche zeytten sind itzt, das eyn Fürst den hymel mit blutvergissen verdienen kan, das denn andere mit beten.
Am ende ist noch eyne sache, die billich soll die oberkeyt bewegen, Denn die bawren lassen yhn nicht benügen, das sie des teuffels sind, Sondern zwingen und dringen viel frumer leute, die es ungerne thun, zu yhrem teuffelisschen bunde und machen die selbigen also teylhafftig aller yhrer bosheyt und verdamnis, Denn wer mit yhn bewilliget, der fert auch mit yhn zum teuffel und ist schuldig aller ubelthat, die sie begehen und müssens doch thun, weyl sie so schwachs glaubens sind, das sie nicht widder stehen. (…)
Drumb, lieben herren, loset hie, rettet hie, helfft hie, Erbarmet euch der armen leute, Steche, schlahe, würge hie, wer da kan, bleybstu drüber tod, wol dyr, seliglichern tod kanstu nymer mehr uberkomen, Denn du stirbst ynn gehorsam göttlichs worts und befehls Ro. am 13. und ym dienst der liebe, deynen nehisten zurretten aus der hellen und teuffels banden. So bitte ich nu, flihe von den bawren, wer da kan, alls vom teuffel selbs.« (Luther 1525b: 361)

So berechtigt der Aufstand der Bauern ist: er ist, nach Luthers neutestamentarischer Zwei-Reiche-Lehre (siehe: ebd. 358f.), im Bund mit dem Teufel, weil der Widerstand gegen weltliches Unrecht nicht mit dem Worte Gottes geleistet wird, sondern mit physischer Gewalt. Frei seien die Christenmenschen nur in der Seele, nicht leiblich; Freiheit sei eine nur innerliche Freiheit im Wort Gottes – keine weltliche Freiheit (ebd. 359).

Ebenso berüchtigt wie seine Kommentare zum Bauernkrieg sind Luthers Schriften gegen die Händler und Wucherer: *Von kauffshandlung und wucher* (1524/20); *An die Pfarrherrn wider den Wucher zu predigen. Vermanung* (1540). Luthers Kritik lautet: Handel und Wucher sind dann wider Gott, wenn sich die Händler und Wucherer über das zur Subsistenz Notwendige hinaus bereichern, wenn sie Geld in Kapital verwandeln und sich damit dem Leiblich-Diesseitigen ergeben, also vom Seelisch-Göttlichen abwenden.

Luther steht, den ökonomischen Verhältnissen Deutschlands entsprechend, nicht auf dem Standpunkt des Handelskapitals wie der spätere Calvinismus in den Niederlanden sowie der Puritanismus in England, sondern folgt der antiken und mittelalterlichen Form einer mythologischen Subsistenzökonomie, die – auf der Grundlage einer göttlichen Welteinheit – als Haus- und Landwirtschaft organisiert ist: im Mythos fallen Sinnliches und Übersinnliches, Natur und Gesellschaft, Stoffliches und Abstraktion zusammen, so daß abstrakte gesellschaftliche Verhältnisse sowenig verselbständigt sind wie ökonomische Abstraktionen. Daher erscheint die Welt der Objektivität subjektiv: von Göttern durchdrungen. Daher sind gesellschaftliche und ökonomische Verhältnisse unmittelbar, persönlich, stofflich. Die mythologische Ökonomie besteht im unmittelbaren Verhältnis der Menschen zueinander (Hauswirtschaft) und zur Natur (Landwirtschaft); sie zielt auf die Befriedigung endlicher Bedürfnisse ab und erlaubt nur einen peripheren Handel mit Überschüssen im Innern und vor allem auf dem Weltmarkt. Das Geld erscheint, in dieser ökonomischen Form, allein als Maß der Werte und Zirkulationsmittel im ökonomischen Tausch: Ware A – Geld – Ware B / Konsum (vgl. Marx: MEW 23: 109ff., 118ff.). Im Rahmen einer Subsistenzökonomie gilt das Geld, wie Aristoteles (Nik. Ethik: V/8/S. 112f.) dargelegt hat, »kraft Übereinkunft« als Darstellung des endlichen, begrenzten »Bedürfnisses«, das unter der Herrschaft der gottähnlichen Seele steht. Wer, wie Kaufleute und Wucherer, diesen ökonomischen in einen chrematistischen Tausch verwandelt, durch den Geld zum Kapital wird: Geld – Ware – Geld + Geldgewinn (vgl. Marx: MEW 23: 161ff.), erhebt das Bedürfnis zum Selbstzweck, zum Beherrschenden gegenüber der gottähnlichen Seele, und ist darum gottlos; von der Gemeinschaft ausgeschlossen und insofern fremd; als Fremder zugleich Feind – der Gemeinschaft abstrakt entgegengesetzt. Kaufleute und Wucherer können nur Räuber sein, weil im ökonomischen Tausch von Gebrauchswerten die Akkumulation von Geld als Kapital unmöglich erscheint (Aristoteles: Politik: I/8-10). Das ist auch Luthers Kritik der Kaufleute und Wucherer: sie sind Gottlose, Fremde, Feinde und Räuber fremden Eigentums, die nicht arbeiten, sondern sich dem Konsum hingeben. Als Wucherer schlechthin erscheinen bei Luther die Juden, gegen die vor allem sich sein Haß richtet.

1524 publiziert Luther seine Kritik des Kaufmannskapitals: *Von kauffshandlung und wucher* (1524/20). Das erste Buch behandelt die *Kaufhandlung* (1524) unter dem biblischen Dogma: »Die Habsucht (»Geldgier«; G.S.) ist eine Wurzel allen Übels« (Der erste Brief des Paulus an Timotheus, 6/10). Damit wendet sich Luther *gegen den chrematistischen Tausch:* dadurch steht er auf dem Standpunkt der von Aristoteles bestimmten Ökonomie.

Luther (1524) bestreitet keinesfalls, »daß Kaufen und Verkaufen etwas Notwendiges ist«. Er lehrt auch, daß der *Kaufmann nicht notwendig ein Räuber und Wucherer* ist (ebd. 117-122). Wenn der Kaufmann »an seiner Ware so viel gewinnt«, daß er einen »angemessenen Unterhalt« durch seine Tätigkeit erlangt: daß er den Preis der Ware so bestimmt, daß er »Kosten, Mühe, Arbeit und Risiko« begleichen kann, dann ist der »Preis« der Ware »billig und recht«. Durch eine solche Kalkulation werde dem Umstand Rechnung getragen, daß die Waren »nicht alle gleichartig sind« (ebd. 119f.). Die »Belohnung« für die geleistete Arbeit lasse sich schätzen, indem diese Arbeit verglichen werde mit der Arbeit eines »gewöhnlichen Tagelöhners, der sonst irgendwo arbeitet« (ebd. 121f.). Luther scheint die unterschiedlichen Qualitäten der Waren und der Arbeiten des Kaufmanns auf ein Gleiches – die Arbeit des Tagelöhners als einfachste Arbeit – zu reduzieren, aber der letzte Maßstab ist jener der *Subsistenzökonomie:* der »Unterhalt« des Kaufmanns. Dieser Unterhalt steht unter dem Imperativ, daß es um die »Lebensbedürfnisse« und ein »ehrenhafte[s] Durchkommen« geht, aber nicht um Waren, »die nur zum Prunkt und keinem Nutzen« dienen (ebd. 116).

Indem Luther nicht die Arbeit zum Bestimmenden des Preises der Waren erhebt, sondern den »Unterhalt« des Kaufmanns, steht er auf dem Standpunkt einer mythologischen Subsistenzökonomie. Daher geht er, um den Logos der Ökonomie aufzuklären, noch hinter die menschliche Arbeit, hinter die Befriedigung endlicher Bedürfnisse zurück: auf Gott. Er bemerkt: daß »Vieh, Wolle, Getreide, Butter, Milch und andere Güter … Gottes Gaben sind« (ebd. 116). Es ist nicht die Arbeit eines Menschen, die Waren erzeugt, sondern Gott; darum konstituiert die Arbeit auch kein Privat-Eigentum.

Weil weder »unser Leben« noch »unser Gut« in unserer Verfügung liegen, sondern in Gottes Hand, können wir auch die »Zukunft« nicht kalkulieren, wie es beim Bürgen für andere notwendig unterstellt wird – »Zeit und Stunde« stehen unter der »Gewalt« des »Vaters« (ebd. 122-125).

Unter dieser Voraussetzung einer von Gott erschaffenen, von Gott gelenkten Welt formuliert Luther vier Arten des christlichen, des »rechten Umgangs mit den Gütern« (ebd. 125-131), durch die die »Handelsgeschäfte« der »Kaufleute … weniger werden«, wenn nicht aufhören (ebd. 126):

»Die erste ist: man lasse unser Gut nehmen und rauben wie Christus Matth. 5, 40 lehrt: (…) Dieses Verhalten gilt nun nichts unter Kaufleuten; …; aber rechte Christen halten es: denn sie wissen, daß ihr Vater im Himmel Matth. 6, 11 versprochen hat, ihnen das tägliche Brot heute zu geben. (…)
Die zweite Art ist: jedermann umsonst geben, der es bedarf, wie Christus ebendort (Matth. 5, 42) lehrt. Dies ist ein hohes christliches Werk; darum gilt es nicht viel unter den Leuten. Es würden auch sowohl die Kaufleute als auch die Handelsgeschäfte weniger werden, wenn man das im Brauche haben wollte. (…)
Die dritte Art ist Leihen oder Borgen, wobei ich mein Eigentum hingebe und wieder an mich nehme, wenn mir's zurückgebracht wird, und darauf verzichten muß, wenn man's nicht wieder bringt. (…) Zwischen Geben und Borgen soll also nach dem Evangelium kein anderer Unterschied bestehen als der, daß Geben nichts zurücknimmt, Borgen aber zurücknimmt, falls es kommt, … Denn wenn einer so ausleiht, daß er es verbessert oder vermehrt zurücknehmen will, so ist das ein offenkundiger und verdammenswerter Wucher. (…) Hier wird man einwenden: ›Wer kann dann selig werden? Und wo werden wir Christen finden? Ja, auf diese Weise würde kein Handel auf Erden mehr übrigbleiben; … ‹ Antwort: Habe ich's doch gesagt, daß Christen seltene Leute auf Erden sind. Darum ist in der Welt ein strenges, hartes weltliches Regiment nötig, das die Bösen zwingt und nötigt, daß sie nicht nehmen und rauben und daß sie zurückgeben, was sie borgen (obgleich ein Christ es nicht zurückfordern und zurückhoffen soll). Sonst würde die Welt wüste werden, der Friede untergehen, und der Verkehr und die Gemeinschaft unter den Leuten ganz zunichte werden. (…) Es darf niemand denken, die Welt lasse sich ohne Blut regieren; es soll und muß das weltliche Schwert rot und blutrünstig sein. Denn die Welt will und muß böse sein; so ist das Schwert die Rute und Rache Gottes. (…) So wäre nun das Borgen eine feine Sache, wenn es unter den Christen geschähe. Da würde jeder gerne wiedergeben, was er geborgt hätte, und der, der geliehen hätte, würde es gerne entbehren, wenn jener es nicht zurückgeben könnte. Denn Christen sind Brüder …
Die vierte Art ist Kaufen und Verkaufen, und es mit Bargeld oder Ware mit Ware bezahlen. Wer nun auf diese Art gebrauchen will, der finde sich in seine Lage: er soll sich dabei auf nichts Zukünftiges, sondern allein auf Gott zu verlassen wissen, und er muß dabei mit Menschen umgehen, die gewiß fehlen oder lügen werden. Darum ist der nächstliegende Rat das: wer verkauft, borge nichts und nehme keine Bürgen

an, sondern lasse sich bar bezahlen. Will er aber leihen, so tue er das, wenn es sich um Christen handelt; andernfalls lasse er's darauf ankommen, daß es verloren ist.« (Luther 1524: 125-130)

Der Handel ist also, nach dem »rechten Umgang«, nicht verboten; er ist aber nur zugelassen als Tausch von Ware gegen Ware, allenfalls vermittelt durch bare Zahlung, mit dem Ziel der Bedürfnisbefriedigung (siehe ebd. 129). Im Handel untereinander sind sich Christen gewiß, daß »keiner so faul und unverschämt [ist], daß er ohne [eigne] Arbeit sich auf des andern Gut und Arbeit verließe«; im Handel mit Nichtchristen muß die »weltliche Regierung« die Säumigen mit dem blutigen Schwert zur Arbeit und zur Rückgabe des Geliehenen zwingen (ebd. 128).

Der Kaufmann wird nun zum *Räuber und Wucherer,* wenn er Waren teurer verkauft als es »billig und recht« ist: wenn er den Preis höher ansetzt, weil der Käufer eine bestimmte »Ware haben *muß«* und zudem »arm ist«. In diesem Fall nützt der Kaufmann eine Monopolstellung aus, so daß der Käufer seine »eigne Not mitkaufen« muß (ebd. 118). Der Gewinn des Kaufmanns ist insofern unabhängig von seinem Unterhalt, von seinen Kosten, von seiner Arbeit und von seinem Risiko: er erhält Reichtum ohne die entsprechende Leistung. Der Tausch wird zum *chrematistischen Tausch:* zum »Wucher« (ebd. 127); der Kaufmann wird getrieben von der *»Habsucht«,* dem *»Eigennutz«* (ebd. 115f., 131-137).

Luther kritisiert folgende Formen eines Ware-Geld-Tausches als Wucher und Raub: Termingeschäfte; Monopolgeschäfte; Kartellbildungen zur Marktbeherrschung; Monopolbildung durch Verkauf zu Dumpingpreisen.

»Erstlich machen sich einige kein Gewissen daraus, ihre Ware auf Borg und Zeit teurer zu verkaufen als um bares Geld. Ja, manche wollen überhaupt keine Ware um bares Geld verkaufen, sondern alles auf Zeit, und das alles deshalb, um ja viel Geld daran zu gewinnen. (...)
Ebenso steht's auch damit, daß manche ihr Gut teurer verkaufen, als es auf dem öffentlichen Markt gilt und beim Kauf üblich ist; und zwar steigern sie so den Preis der Ware aus keinem andern Grunde als weil sie wissen: von dem betreffenden Gut ist nichts mehr im Lande oder wird in Kürze keines mehr ins Land kommen, und doch muß man es haben. Das ist eine Arglist der Habsucht, daß sie auf das Bedürfnis des Nächsten sieht, nicht um ihm abzuhelfen, sondern nur, um sich selber damit abzuhelfen und durch Schädigung seines Nächsten reich zu werden. Das sind alles offenkundige Diebe, Räuber und Wucherer.
Ferner ist das auch ein feines Stück, wenn einer einem andern Ware, die er selbst nicht hat, mit Worten im Sack verkauft. (...)
Ferner: Manche kaufen ein Gut oder eine Ware in einem Lande oder in einer Stadt ganz und gar auf, um allein dieses Gut ganz und gar in ihrer Gewalt zu haben; dann

können sie die Ware preislich festsetzen, steigern und so teuer hergeben als sie wollen oder können. (...)
Ferner ist auch das ein Kniff des Eigennutzes, daß drei oder vier Kaufleute Waren von einer oder zwei Arten unter ihren Händen haben, welche andere Leute nicht haben oder nicht feilhalten. Wenn sie nun merken, daß diese Ware einen Wert bekommen will und alle Tage teurer wird ..., so vereinigen sie sich und geben den andern gegenüber an, wie sehr diese Ware gesucht werde und wie es nicht viele seien, die dergleichen feil haben. (...)
Ferner: Wenn manche ihre Monopole und eigennützigen Käufe auf andre Weise nicht fertigzubringen vermögen, weil andere da sind, die auch die gleiche Ware und Gut haben, so verfahren sie folgendermaßen: sie geben ihr Gut so wohlfeil her, daß die andern nicht mitmachen können, und zwingen sie damit dazu, daß sie entweder nicht feilhaben dürfen, oder zu ihrem Ruin ebenso wohlfeil hergeben müssen als jene. So kommen sie doch zum Monopol. (...)
Von den Handelsgesellschaften sollte ich wohl viel sagen. Aber es ist alles so grund- und bodenlos mit lauter Habsucht und Unrecht, daß nichts dran zu finden ist, was man mit gutem Gewissen dabei handeln könnte. Denn wer ist so verblendet, daß er nicht sieht, wie die Handelsgesellschaften nichts anderes sind als lauter richtige Monopole?« (Luther 1524: 131-136, 141; siehe die von Luther weiter aufgeführten Handelspraktiken: ebd. 137-143)

Die Verwandlung von Geld in Kapital, die Luther allein kennt, erfolgt in der Zirkulationssphäre: der beginnenden Epoche des Merkantilismus entsprechend. Darum gilt seine Kritik insbesondere den aufgeführten Handelspraktiken im Außenhandel. Unter der Voraussetzung einer mythologischen Subsistenzökonomie *kritisiert Luther den Außenhandel* in zweifacher Hinsicht: der Außenhandel sei Handel mit nutzlosen Luxuswaren; durch die fraglichen Handelspraktiken flösse Geld – »Gold und Silber« – aus Deutschland ab: für englische Tuche, für portugiesische Gewürze (ebd. 116f.). Dadurch gäbe es »überall lauter Schulden« (ebd. 117). Der Außenhandel ist mithin ein *chrematistischer Tausch:* hier geht es auf der einen Seite nicht um die Befriedigung begrenzter und fundamentaler »Lebensbedürfnisse« (ebd. 116), auf der anderen Seite nur um die Akkumulation von Geld (Edelmetallen).

Bereits 1520 formuliert Luther seine *Kritik des Wuchers.* Von ›Wucher‹ spricht Luther schon bei jenen Praktiken der Kaufleute, durch die ein ökonomischer in einen chrematistischen Tausch verwandelt wird. Im engeren Sinn behandelt er unter diesem Titel das *zinstragende Kapital:* den Geldverleih in der Form: Geld – Geld + Geldgewinn (Zins). Diese Kritik fügt er 1524 seiner Abhandlung über die *Kaufhandlung und Wucher* als *zweites Buch* an (Luther 1524/20); dieses Buch ist im Original nicht paginiert, kann aber nach den fünfzehn Paragraphen und der »Summa« zitiert werden.

Wenn der Preis, zu dem ein Kaufmann seine Waren verkauft, dann »recht und billig« ist, wenn durch ihn »Kosten, Mühe, Arbeit und Risiko« beglichen werden (Luther 1524: 119f.): so ist er dann ein Wucherer und Dieb, der die Arbeit scheut, wenn er die Ware teurer verkauft. Denn diesem höheren Preis entsprechen sowenig die Kosten wie die aufgewandte Mühe und Arbeit; das Risiko schaltet der Kaufmann durch verschiedene Formen von Monopolbildung aus.

Wenn schon der Kaufhandel »unchristlich« wird, sofern er durch »Bürgschaften« abgesichert ist, die eine Verfügbarkeit der Zukunft supponieren (Luther 1524: 122-125); wenn schon der Kaufhandel bei Monopolpreisen »unchristlich« ist, weil er zum »Eigennutz« des Verkäufers erfolgt und nicht zum beiderseitigen Vorteil: so ist der *Wucher in Form des zinstragenden Kapitals* vollends unchristlich. Weil Geld geliehen wird, ohne daß dem Gewinn in Form des Zinses »Kosten, Mühe, Arbeit und Risiko« gegenüberstehen; wenn Geld geliehen wird, das in der Zukunft mehr Geld einbringen soll – der Kredit soll zusammen mit Zinsen zurückgezahlt werden. Luther handelt im *Buch vom Wucher* (1524/20) von dieser *Kapital-Ausleihe gegen einen festen Zinssatz:* vom *»zinskauff«,* einem – wie er berichtet – neu erfundenen Geschäft (ebd. §§ 1). Luther kritisiert, dieser Zinskauf sei aus vielerlei Ursachen »feyndselig«: Er sei zum einseitigen, eigennützigen Vorteil des Käufers, des Geldgebers, und verletze daher das christliche Gebot, den Vorteil des anderen zu suchen; weil der Zinskauf die Geldgeber einseitig bereichere, verarme er die Verkäufer (ebd. §§ 3, 6, 8). Durch diesen einseitigen Vorteil sauge der Zinskauf Länder, Städte, Herren und Völker aus und bringe ihnen Verderben, während der Kapital-Verleiher den Reichtum der Welt an sich bringe (ebd. §§ 4, 8). Der Zinskauf hebe das Risiko auf, das mit dem möglichen Gewinn aus dem Warenhandel verbunden sei: der Verleiher von Kapital erhalte sein Kapital zurück und erhielte darüber hinaus einen Zins (ebd. §§ 7, 8). Wer Zinsen kauft, ist also ein Dieb und Räuber (ebd. §§ 9, 12): er trägt das Risiko des Handels nicht, er arbeitet nicht, er hat keine Mühe, er hat keine Kosten. Insofern sei es die Aufgabe von Papst, Bischöfen, Kaiser, Fürsten und jedermann, dafür zu sorgen, daß der Zinskauf aufgehoben werde (ebd. § 5). – Luther nennt nur eine Form des Zinskaufs christlich: Wenn das Geld verliehen wird für ein bestimmtes Grundstück, und der Zins dann vom Ernteertrag abhängt – dann teilt der Kapital-Verleiher das Risiko des Schuldners (ebd. §§ 9-11). Der Zinssatz soll in diesem Fall moderat sein; oder der Zins soll die Form des Zehnten haben; und der Zins soll nicht bezahlt werden müssen, wenn der Ernteertrag ausblieb (ebd. §§ 11-15; Summa).

In seiner *Vermanung* an die Pfarrherrn (1540) bezeichnet Luther die Händler, vor allem aber die Wucherer als »Diebe«: sie arbeiten nicht, sie eignen sich vielmehr fremdes Eigentum – vor allem das der Fürsten – an und unterminieren somit die weltliche, auf »Gottes Willen« beruhende Gewalt. Daher stehen sie auf einer Stufe mit den gewalttätigen Bauern-Rotten. Daher stehen sie auf einer Stufe mit den »Räubern«, die die Kaufleute berauben. Weil die räuberischen Kaufleute aber durch die Fürsten nicht gestraft werden, bedient Gott sich, um das »Unrecht« zu sühnen, der »Räuber«; die Fürsten sind der »Diebe Gesellen« (Luther 1524: 140, 142; siehe: Marx: MEW 26.3: 516-525). Luther klagt die, jede Obrigkeit stürzenden, Wucherer an:

»Wer nun jetzt zu Leiptzig 100 Floren hat, der nimmt järlich 40, d.h. einen Bauer oder Bürger in einem Jar gefressen. Hat er 1000 Floren, so nimmt er järlich 400, das heißt einen Ritter oder reichen Edelmann in einem Jar gefressen. Hat er 10.000, so nimmt er järlich 4.000; das heißt einen reichen Grafen in einem Jar gefressen. Hat er 100.000, wie es sein muß bei den großen Händlern, so nimmt er järlich 40.000, das heißt einen großen reichen Fürsten in einem Jar gefressen. Hat er 1.000.000, so nimmt er järlich 400.000, d.h. einen großen König in einem Jar gefressen. Und leidet darüber keine Fahr, weder an Leib noch an Wahr, arbeit nichts, sitzt hinter dem Ofen und brät Äpfel: also möchte ein Stul-Räuber sitzen zu Hause, und eine ganze Welt in 10 Jaren fressen.« (Luther: Werke VI, 1589. Zitiert bei Marx: MEW 26.3: 517 f.; vgl. Luther 1524: 142)

Der Zwei-Reiche-Lehre folgend würdigt Luther die masochistische Arbeit, die Kehrseite der innerlichen Vereinigung des Christenmenschen mit Gott. Analog kritisiert er die dem Diesseits ergebene Geld-Ökonomie. Das Wucherkapital beschreibt er in seiner historischen Funktion, die alte Gesellschaft zu zerstören. Aber weil der Wucherer »nichts« arbeitet, ist sein »Gut« ein »Unrecht« (ebd. 517). Das lutherische Arbeitsethos steht zwischen der biblischen Würdigung der Schöpfungs-Arbeit und der biblischen Lehre vom Arbeits-Leid nach der Vertreibung aus dem Paradies. Auf dieser schon bürgerlichen Grundlage verwirft Luther die existierenden Formen der chrematistischen Ökonomie als »Raub« – so liegt die deutsche Reformation hinter dem Calvinismus und Puritanismus zurück.

Luthers masochistisch-sadistische Konstruktion eines metaphysischen Individualismus durch seine Freiheits-Lehre richtet sich gegen einen weiteren, von der Gemeinschaft der Gläubigen ausgeschlossenen Feind: *die Türken.* Im Jahre 1529 schreibt er zunächst: *Vom kriege widder die Türcken* (1529a. In: Werke Band 30/II: 81-148), dann: *Eine Heerpredigt widder den Türcken* (1529b. In: ebd. 149-197); der letztere Text entstand kurz nachdem das osmanische Heer seine Belagerung Wiens abgebrochen hatte. In beiden Texten bezeichnet Luther die Türken als Teufel, weil sie sich im Islam dem Äußerlich-Irdischen ergeben, also vom Innerlich-Seelischen, von Gott abwenden. Er müsse »vom kriege widder den Türcken« schreiben: weil »der Türck uns nahe kömpt«; weil »ungeschickte Prediger bey uns Deudschen« vom Kriege abraten; weil schließlich »wird dem Luther alles schuld gegeben« an dem Begehren von Teilen des deutschen Volkes, es möge »der Türcken zukunfft und Regiment« kommen (1529a: 107; vgl. ebd. 137-140). Luther konstatiert: »Bisher ists fridens zeit gewest, nu ists streitens zeit« (1529b: 182).

Luthers Argument für den Krieg gegen die Türken stützt sich wiederum auf die Zwei-Reiche-Lehre: die radikale Unterscheidung von Seelischem und Körperlichem, Innerlichem und Äußerlichem. Danach ist es nicht die Aufgabe der Kirche, das Schwert zu führen (1529a: 111-115), sondern die der weltlichen Macht. Diese hat nur Gewalt zu üben im Namen Gottes, um durch die Unterdrückung des Leiblichen die Seelen für Gott zu befreien: sie hat Gewalt zu üben gegen einen physischen und eben nicht innerlichen Widerstand – wie den der Bauern; sie hat Gewalt zu üben gegen alle, die sich der äußerlich-leiblichen Welt hingeben wie eben die – Türken, die darum »des wütenden Teuffels knecht« sind, deren Gott »der Teuffel« ist (ebd. 116). Luther nennt »den Türcken« selbst gar einen »leibhafftigen Teuffel« (ebd. 126; vgl. ebd. 120; 1529b: 195f.). Seine zentrale Kritik lautet: Der Koran fordere eine irdische Herrschaft mit dem Schwert, projiziere daher das Reich Gottes auf das Reich des Kaisers, das Reich der Freiheit auf das Reich der Unterdrückung, und leugne konsequent, daß Jesus Gottes Sohn sei – denn Jesus ist als Vermittler beider Reiche überflüssig.

»Ich habe des Mahometes Alkoran etlich stück, welchs auff deudsch mocht predigt- oder lerebuch heissen, ... Hab ich zeit so mus ichs ia verdeudschen, auff das yderman sehe welch ein faul schendlich buch es ist: Erstlich so lobt er wol Christum und Mariam fast seer, als die alleine on sunde seyn, Aber doch helt er nichts mehr von yhm denn als von eim heiligen Propheten, wie Heremias odder Jonas ist, Verleugnet aber das er Gottes son und rechter Gott ist. Dazu helt er auch nicht, das Christus sey der welt heyland, fur unser sunde gestorben, sondern habe zu seiner zeit gepredigt und sein ampt ausgericht fur seinem ende, gleich wie ein ander Prophet.« (Luther 1529a: 121 f.; vgl. 1529b: 168 f., 191)

»Welchem frumen Christlichem hertzen wolt nu nicht grawen fur solchem feinde Christi, weil wir sehen das der Türcke keinen artickel unsers glaubens stehen lest on den einigen von der todten aufferstehung? Da ist Christus kein Erlöser, Heiland, König, kein vergebung der sunden, kein gnad noch heiliger geist. (...)

Zum andern leret des Turcken Alkoran odder glaube nicht allein den Christlichen glauben verstören, sondern auch das gantz weltlich Regiment. Denn sein Mahomet (wie gesagt ist) befilhet mit dem schwerd zu walten, und ist das meiste und furnemest werck ynn seinem Alkoran das schwerd. Und ist also ynn der warheit der Turck nichts denn ein rechter mörder odder strassen reuber, wie denn auch die that fur augen beweiset. Andere Königreiche nennet .S. Augustinus auch grosse reuberey, … Aber nie ist keins der massen mit morden und rauben auff komen und so mechtig worden als des Turcken und noch so teglich mordet und raubet. Denn es wird yhn ynn yhrem gesetz gebotten als ein gut Göttlich werck das sie rauben, morden und ymer weiter umb sich fressen und verderben sollen, wie sie denn auch thun und meinen, sie thun Got einen dienst dran. (…) Daher sind auch die bey den Turcken fur die besten gehalten, so da vleys thun das Turckissch reich zu mehren und ymer weiter umb sich rauben und morden.« (Luther 1529a: 123 f.; siehe ebd. 128 f.; Luther 1529b: 162 f., 182)

So ist es die Pflicht eines christlichen Fürsten, zumal des Kaisers Karl, im Namen Gottes Krieg gegen die Türken zu führen, um das Teuflisch-Weltliche zu unterdrücken und dadurch christliche Freiheit und christlichen Frieden durchzusetzen; so ist es die Pflicht der Untertanen, nicht als Christen, sondern als gehorsame Untertanen in den Krieg zu ziehen. Jene Freiheit ist indes das Reich Gottes und nicht das des Kaisers. Kommen die Fürsten dem Gebot Gottes nicht nach, erweisen sie sich als ihrer »unterthanen feind« und werden »selbs Türcken« (ebd. 129-136, 143-148; 1529b: 173-182).

»Wer widder den Türcken (so er krieg anfehet) streit, das er widder Gottes feind und Christus lesterer, ia widder den teuffel selbs streit, Also das er sich nicht besorgen darff, ob er etwa einen Türcken erwürgt, das er unschüldig blut vergiesse odder einen Christen erwürge, Sondern gewislich erwürget er einen feind Gottes und lesterer Christi, als den Got selbs durch die schrifft Danielis für einen feind Christi und seiner heiligen zum hellischen feur verurteilet hat, Darümb auch kein Christen noch Gottes freund ynn des Türcken heer sein kan, er verleugne denn Christum und werde auch Gottes und seiner heiligen feind, sondern sind alle des teuffels eigen und mit dem teuffel besessen wie yhr herr Mahomet und der Türckisch keiser selbs.« (Luther 1529b: 173; vgl. Luther 1543: 131 f.)

Wer im Kriege gegen die Türken umkommt, stirbt im Kampf gegen den Teufel – und also ist, verspricht Luther (1529b: 175), »der hymel … dein«. Wer indes im Kriege von Türken gefangen wird, darf allein mit der Innerlichkeit des Wortes Gottes Widerstand leisten – weltlich muß der Gefangene dem neuen Herrn gehorchen, auch wenn dieser des Teufels ist.

»So mercke nu: Wo es Gott verhenget, das du vom Türcken gefangen, weggefurt und verkaufft wirst, das du must yhres willens leben und ein knecht sein, So dencke, das du solch elende und dienst von Gott zugeschickt gedüldig und willig an nemest und umb Gottes willen leidest, und auffs aller trewlichst und vleissigest deinem herrn (dem du verkaufft wirst) dienest, unangesehen, das du ein Christ und dein herr ein heide odder Türcke ist, darumb er nicht werd solte sein, das du sein knecht sein solltest, Und bey leibe lauffe nicht weg … « (Luther 1529b: 192; vgl. ebd. 182-186, 192-197)

Der Gefangene soll Untertan sein und des Nachts in seinem Bette das Vaterunser beten – gemäß der Zwei-Reiche-Lehre (ebd. 186).

Die berüchtigsten Texte Luthers richten sich gegen die *Juden,* die er als Unchristen und Ketzer brandmarkt, gegen die er zum Pogrom aufruft (vgl. Luther 1523: 46) – um die christliche Ordnung, den christlichen Frieden durchzusetzen (vgl. ebd. 15, 23f.). Die furchtbarste Schrift ist: *Von den Juden und ihren Lügen* (1543); deren Aussagen wiederholt er kurz vor seinem Tode in seiner letzten Predigt: *Vermahnung wider die Juden* (1546). Luther entwickelt in diesen Texten die Zwei-Reiche-Lehre: der inneren Freiheit des Christenmenschen, die mit äußeren »Gehorsam« zusammengeht, zur Konsequenz. In seinem Judenhaß erscheint nicht nur, daß der metaphysische Individualismus der Renaissance keine Besonderung gegen das Allgemeine kennt, sondern noch mehr: daß das Dogma vom gottesebenbildlichen Menschen vom utopisch-praktischen Anspruch der Selbst- und Welterschaffung des »göttlichen« Menschen gereinigt und auf die reine Innerlichkeit begrenzt wird.

In seiner *Hauptschrift gegen die Juden* aus dem Jahre 1543 spricht aus Luther, in jeder Zeile, ein mörderischer *Judenhaß.* Diesen Haß gründet der Reformator auf die Überzeugung, »daß die Juden, gewißlich von Gott verworfen, nicht mehr sein Volk sind, Er auch nicht mehr ihr Gott sei.« Gegen sie sei *»Gottes Zorn«* gerichtet, wie sich an der Zerstörung Jerusalems und der Vertreibung der Juden daraus vor mehr als 1400 Jahren zeige (Luther 1543: 97-99, 107). So scheint der christliche Judenhaß mit Gottes Zorn in Übereinstimmung: gegen die Juden vor allem richtet sich der christliche Sadismus, die Kehrseite des christlichen Arbeits-Masochismus – *die Juden sind zu unterdrücken wie alles Sinnliche, Leibliche, Weltliche.* Der Judenhaß beruht, durch diesen Reflexions-Zusammenhang, auf einer *Projektion.* Die Juden erscheinen Luther als Personifikationen nicht des Seelischen, sondern des Körperlichen, des Sündigen: die christlich unterdrückten leiblichen Triebe werden den Juden zugeschrieben und an diesen sadistisch bekämpft. Der Haß des Reformators hat, logisch, seinen Grund in einem Wissen a priori, das als Voraussetzung auf das Entgegengesetzte nur projiziert werden kann und also unaufgeklärt ist – »ich weiß das alles von vornherein« (ebd. 97).

Ökonomisch erscheint Luthers *Judenhaß* im *Haß auf die Wucherer.* Luther kritisiert, im Anschluß an Aristoteles, die Wucher treibenden Juden: daß diese dem Gelde nachjagen, sich deshalb leiblichen Genüssen hingeben ohne zu arbeiten, und sich durch Wucher-Raub bereichern (Luther 1543: 125, 203f.): »Denn die Juden sinds, die Gold und Silber heftiger begehren als irgendein Volk auf Erden« (ebd. 157).

»Es möchte ein Mensch, der den Teufel nicht kennt, sich wohl verwundern, daß sie den Christen vor andern so feind sind, da sie doch nicht Ursache dazu haben, weil wir ihnen alles Gute tun. Sie leben bei uns zu Hause, unter unserm Schutz und Schirm, brauchen Land und Straßen, Markt und Gassen, dazu sitzen die Fürsten und Obrigkeit, schnarchen und haben das Maul offen, lassen die Juden aus ihrem offenen Beutel nehmen, stehlen und rauben, was sie wollen, das ist: sie lassen sich selbst und ihre Untertanen durch der Juden Wucher schinden und aussaugen und mit ihrem eigenen Gelde sich zu Bettlern machen. Denn die Juden als Fremdlinge sollten wahrlich und gewißlich nichts haben, und was sie haben, das muß gewißlich unser sein. So arbeiten sie nicht, verdienen uns nichts ab, auch schenken oder geben wir ihnen nichts, dennoch haben sie unser Geld und Gut und sind damit unsere Herren in unserem eigenen Lande und in ihrer Verbannung. Wenn ein Dieb zehn Gulden stiehlt, so muß er hängen, raubt er auf der Straße, so ist der Kopf verloren. Aber wenn ein Jude zehn Tonnen Goldes durch seinen Wucher stiehlt und raubt, so ist er lieber als Gott selbst.« (Luther 1543: 162; vgl. ebd. 169, 181, 199-201)

Um das Edelmetall aufzuhäufen, sind die Juden »Geizwänste« (ebd. 157f.); als Räuber sind sie »keiner Arbeit gewohnt« – sie entziehen sich der Praxis masochistischer Leibunterdrückung durch Arbeit (ebd. 205).

Luthers Haß gegen die Wucher treibenden Juden hat seinen Grund im *reformierten Glauben.* Luther (1543; 1546: 93) bezeichnet die Ursache des göttlichen Zorns, indem er die Juden als *»des Teufels Volk«* beschreibt (vgl. ebd. 97, 112). Sie seien »des Teufels Kinder«, also Nichtchristen (ebd. 100): denn sie rühmten »die äußerlichen Dinge, ihre Gaben, ihr Tun und Werk vor Gott«; *sie rühmten sich weltlicher, leiblicher Dinge* und eben nicht göttlicher, überweltlicher, seelischer Dinge – wie »es die Türken mit ihrem Gottesdienste auch, alle Rottengeister auch«, »unsere Papisten, Bischöfe, Mönche und Pfaffen« machen (ebd. 130f.). Das Weltliche aber ist das Reich des Leibes, der Sünde, des Teufels (ebd. 97). Nicht durch weltliches »Tun«, sondern durch göttliche Gnade allein erlangen die Menschen die Vereinigung mit Gott in der Seele (vgl. ebd. 128, 131). – Die Juden seien des Teufels, weil sie ihre *Abstammung* auf »Abraham, Sara, Isaak, Rebekka, Jakob« zurückführen, sich als »heiliges eigenes Volk« Gottes rühmen und sich über die Christen erheben, die ihnen »Heiden« sind und »nicht Menschen«. Indem sie auf ihre leibliche Abstammung verwiesen, verletzten die Juden die Gleichheit der Menschen »vor Gott« (ebd. 160), in »Gottes Wort« und in der Seele. Sie stellten sich auf jene »Ungleichheit«, die allein im »sündlichen, tödlichen Leben« notwendig ist, in der »Welt«, deren »Gott« der »Teufel« ist: von leiblicher Geburt, lehrt Luther, sind wir »verdammte Sünder, Gottes Feinde« (ebd. 97, 99-101, 107; siehe dazu: 99-108). – Die Juden seien des Teufels, weil sie sich als auserwähltes Volk Gottes durch den Akt der *Beschneidung* begreifen – der doch durch viele Völker gleichfalls geübt würde (ebd. 108-121). Indem die Juden sich als auserwählt betrachteten, glaubten sie, »die Heiden morden und würgen« zu müssen: »Kein blutdürstigeres und rachgierigeres Volk hat die Sonne je beschienen« (ebd. 114). – Die Juden seien des Teufels, weil sie wohl das *Mosaische Gesetz* – vorab die Zehn Gebote – erhalten, dieses aber nicht gehalten und somit Gottes Zorn auf sich gezogen hätten (ebd. 121-128): sie seien »voll Hoffart, Neid, Wuchers, Geizes, und aller Bosheit« (ebd. 125). Sie seien des Teufels: ein »böses Volk«, weil sie durch ihre Fixierung auf das Weltlich-Leibliche keine »Vergebung« und »Gnade« erlangen können »durch den Mann, auf den Gott solche Sünde gelegt hat« (ebd. 128, vgl. ebd. 171, 178). – Vor allem seien die Juden des Teufels, weil sie glaubten, daß der »Messias … noch kommen solle« und leugneten, »daß der Messias längst gekommen« sei (ebd. 131-201; Zitate: 131f.): sie erwarteten einen »gewaltigen König«, der »alle Welt mit dem Schwert unter sich zwingen« sollte, eben einen »weltlichen Messias«, und keinen Messias in Gestalt eines »armen Bettlers« (ebd. 173, 177; vgl. ebd. 213f., 222-229). So leugneten sie, daß Jesus der Messias ist, und könnten dadurch der Gnade Gottes – der Erlösung von Sünde, Leid und Tod – nicht teilhaftig werden (ebd. 128, 159, 214, 225-234). Sie seien somit zu Verleumdern Jesu geworden, nennten ihn einen Zauberer und Hurensohn, seine Mutter eine Hure; sie seien schließlich zu Mördern Jesu geworden (ebd. 101, 164, 173f., 190-201, 207-221). Die Juden seien keine Christen, sie verleugneten Gottes Wort im *Neuen Testament* (ebd. 132, 211f.). – Luther resümiert: Ein »Christ« hat »nächst dem Teufel keinen giftigeren, bitterern Feind als einen Juden« (ebd. 210; vgl. ebd. 216).

»Darum hüte dich, lieber Christ, vor den Juden, die wie du hieraus siehst durch Gottes Zorn dem Teufel übergeben sind, der sie nicht allein des rechten Verständnisses der Schrift, sondern auch allgemeiner menschlicher Vernunft, Scham und Sinn beraubt hat und durch sie nur eitel Spott mit der heiligen Schrift treibt, daß man ihnen hinfort in keinem andern Stück mehr trauen und glauben kann, (…) Darum, wenn du einen rechten Juden siehst, magst du mit gutem Gewissen ein Kreuz vor dich schlagen und frei sicher sprechen: Da geht ein leibhaftiger Teufel.« (Luther 1543: 158 f.; siehe ebd. 161, 209 f.)

Die Juden, bemerkt Luther in seiner letzten Predigt, würden »uns alle töten«, wenn sie könnten; sie täten dies »auch oft« durch vergiftete Arzneien (1546: 93; vgl. 1543: 161, 169, 193, 198f., 208f., 218f.).

So erscheinen die Juden bei Luther als die *Ungläubigen, die Fremden und Feinde* schlechthin. Gegen sie ist der Wille Gottes durch äußerliche Gewalt durchzusetzen; gegen sie ist der christliche Arbeits-Masochismus zu vollstrecken; gegen sie ist die Gewalt der Obrigkeit zwingend. Luther fragt, nahezu am Ende seines verbalen Pogroms (ebd. 201): »Was wollen wir Christen nun mit diesem verworfenen, verdammten Volk der Juden tun?« Er kündigt an: »Ich will meinen treuen Rat geben.« Dieser Rat lautet, in sieben Punkten und einer »Summa«:

»Erstlich, daß man ihre Synagogen oder Schulen mit Feuer anstecke und, was nicht verbrennen will, mit Erde überhäufe und beschütte, daß kein Mensch einen Stein oder Schlacke sehe ewiglich. Und solches soll man tun unserem Herrn und der Christenheit zu Ehren, damit Gott sehe, daß wir Christen seien und solch öffentlich Lügen, Fluchen und Lästern seines Sohnes und seiner Christen wissentlich nicht geduldet noch gewilligt haben. (...)
Zum zweiten: daß man ihre Häuser desgleichen zerbreche und zerstöre, denn sie treiben ebendasselbe darin, das sie in ihren Schulen treiben. Dafür mag man sie etwa unter ein Dach oder Stall tun wie die Zigeuner, auf daß sie wissen, sie seien nicht Herren in unserem Lande, wie sie rühmen, sondern in der Verbannung und gefangen, wie sie ohne Unterlaß vor Gott über uns Zeter schreien und klagen.
Zum dritten: daß man ihnen alle Betbüchlein und Talmudisten nehme, worin solche Abgötterei, Lügen, Fluch und Lästerung gelehrt wird.
Zum vierten: daß man ihren Rabbinen bei Leib und Leben verbiete, hinfort zu lehren, denn solches Amt haben sie mit allem Recht verloren, (...)
Zum fünften: daß man den Juden das Geleit und Straße ganz und gar aufhebe, denn sie haben nichts auf dem Lande zu schaffen, weil sie nicht Herrn noch Amtleute noch Händler noch desgleichen sind; sie sollen daheim bleiben. Ich lasse mir sagen, es solle ein reicher Jude jetzt mit zwölf Pferden reiten (...) und wuchert Fürsten, Herrn, Land und Leute aus, daß große Herren scheel dazu sehen. (...)
Zum sechsten: daß man ihnen den Wucher verbiete und ihnen alle Barschaft und Kleinod an Silber und Gold nehme und zur Verwahrung beiseite lege. Und dies ist die Ursache: alles, was sie haben (...), haben sie uns gestohlen und geraubt durch ihren Wucher, weil sie sonst kein andres Gewerbe haben. (...) Es sind zweierlei Juden oder Israel. Die ersten sind die, die Moses aus Ägypten ins Land Kanaan führte, wie Gott ihm befohlen hatte; diesen gab er sein Gesetz, das sie in selbigem Lande halten sollten, nichts weiter, und das alles, bis der Messias käme. Die andern Juden sind des Kaisers Juden, nicht Moses' Juden. Die haben zur Zeit des Pilatus, des Landpflegers im Lande Juda, angefangen. Denn als er sie vor seinem Richterstuhl fragte: ›Was soll ich mit Jesus machen, den man den Messias heißt?‹ Da schrien sie: ›Kreuzige ihn, kreuzige ihn!‹ (...)

Zum siebenten: daß man den jungen Juden und Jüdinnen in die Hand gebe Flegel, Axt, Karst, Spaten, Rocken, Spindel, und lasse sie ihr Brot verdienen im Schweiß der Nase, wie Adams Kindern aufgelegt ist in Gen. 3. Denn es taugt nicht, daß sie uns verfluchte Gojim (Heiden; G.S.) im Schweiß unseres Angesichts wollten arbeiten lassen, und sie, die heiligen Leute, wolltens hinter dem Ofen mit faulen Tagen, Feisten und Pompen verehren und darauf lästerlich rühmen, daß sie der Christen Herrn wären von unserm Schweiß, sondern man müßte ihnen das faule Schelmenbein aus dem Rücken vertreiben. (...) so laßt uns bei gemeiner Klugheit der andern Nationen wie Frankreich, Hispanien, Böhmen usw. bleiben und mit ihnen rechnen, was sie uns abgewuchert, und danach gütlich geteilt, sie aber für immer zum Lande ausgetrieben. (...) Darum immer weg mit ihnen. (...)
Summa, ihr lieben Fürsten und Herrn, die Juden unter sich haben, ist euch solcher mein Rat nicht genehm, se trefft einen bessern, daß ihr und wir alle der unleidlichen, teuflischen List der Juden entladen werden und nicht vor Gott all der Lügen, des Lästerns, Speiens, Fluchens schuldig und teilhaftig werden, die die rasenden Juden wider die Person unsers Herrn Jesu Christ, seiner lieben Mutter, aller Christen, aller Obrigkeit und unserer selbst so frei und mutwillig treiben, keinen Schutz noch Schirm, noch Geleit, noch Gemeinschaft sie haben lassen, auch nicht eure und eurer Untertanen Geld und Güter durch den Wucher ihnen dazu dienen und helfen lassen.« (Luther 1543: 201-206; siehe ebd. 199-201, 207-209, 216-222)

In Luthers sadistischem Antisemitismus erscheint die masochistische Identität des Christenmenschen: die Freiheit des Christenmenschen beruht auf introjizierter, nach außen gerichteter mörderischer Gewalt. Die Selbstunterdrückung durch Arbeit fordert gegen die Juden, sie »zur Arbeit« zu »zwingen« (ebd. 208). Das Individuum des lutherischen Protestantismus ist der masochistisch-sadistische, der autoritäre Charakter im Stadium der Metaphysik: des Handelskapitalismus und des rationalen Absolutismus – gegen die er sich gleichwohl in seiner Zwei-Reiche-Lehre wendet.

Luthers Reformation steht einerseits auf dem *Standpunkt der Renaissance-Anthropologie:* daß der Mensch Gottes Ebenbild sei, zu Gott aufsteigen könne. Seine Schriften gegen die Bauern, gegen die Händler und Wucherer, gegen die Türken und vor allem gegen die Juden drücken den *masochistisch-sadistischen Gehalt dieses frühbürgerlichen, metaphysischen Individualismus* aus. Weil das zur Gottesebenbildlichkeit aufsteigende Individuum seine Identität durch Verschmelzung mit Gott erlangt, ist kein Platz für das Besondere, das Fremde, das Abweichende. Der metaphysische Individualismus kennt nicht jene utopische Idee des Weltbürgertums, die den Liberalismus auszeichnet – er kennt nur: *absolute Anpassung* oder *mörderischen Ausschluß,* Identität oder Nichtidentität. Die Ausgeschlossenen sind den Angepaßten die eigene Projektionsfläche: Personifikationen unterdrückter Bedürfnisse, die an ihnen liquidiert werden, und Personifikationen der Herrschaft, an der die Angepaßten leiden. Luther nennt die Juden: Wucherer, die »keiner Arbeit gewohnt sind« sind und »faule Tage« genießen; Wucherer, die sich zu »unsren Herren« aufgeschwungen haben (ebd. 200, 205). So drückt Luthers Judenhaß durch den Zusammenhang von Masochismus und Sadismus beides bewußtlos aus: das Leiden an der verinnerlichten Herrschaft und den Aufstand dagegen.

Luthers Reformation steigert andererseits die Gewalt des metaphysischen Individualismus der Renaissance, weil er die *Gottesebenbildlichkeit des Menschen auf die Innerlichkeit einschränkt* und im »Reich des Kaisers« einen »Gehorsam« fordert, den der Christenmensch nur aufkündigen dürfe, wenn die »weltliche Obrigkeit« nicht Gottes Willen entspräche – dann sei Widerstand erlaubt, der nur ein rein innerlicher, mit dem Wort Gottes geübter sein dürfe. Die Lehre der italienischen Renaissance von Pico bis Leonardo und Vasari: daß der Mensch, der den göttlichen Logos zu erkennen und analog sich selbst und seine Welt – Gott ähnlich – zu erschaffen, also eine wahre Wirklichkeit (Vasari 1550/68: 42) zu bilden vermag, entspricht nicht Luthers Zwei-Reiche-Lehre.

1.5 Nicolaus Copernicus: Das metaphysische Individuum als Zentrum der neuen Kosmologie

Der Tod Leonardos im Jahre 1519 fällt zusammen mit der Auflösung des Zusammenhangs von Kunst und Wissenschaft: die Kunst beginnt, sich als Kunst neben die Wissenschaft zu stellen, die sich nun als Naturwissenschaft verselbständigt. So erfolgt um 1520 die *Differenzierung* von: *Kunst, Glaube, Wissenschaft. Nicolaus Copernicus* (1473-1543) aus Thorn beginnt um 1520/ 29 sein umstürzlerisches Werk: *De revolutionibus orbium caelestium.* Copernicus hatte zwischen 1491/92 und 1500 in Krakau, Bologna, Rom, Padua und Ferrara die artes liberales, Philosophie, Jura und Medizin (Zekl 1990: XXVIII ff.) studiert; um 1506 kehrte er ins Ermland zurück. Das Weltgeschichte schreibende Werk *De revolutionibus* war um 1532 vorläufig abgeschlossen und wurde im Todesjahr in Nürnberg veröffentlicht. Copernicus nimmt darin wesentliche Gedanken über den Heliozentrismus des Pythagoras auf und überträgt somit die *divina proporzione* auf die Astronomie. Im neuen Weltbild tritt der Mensch, das »Maß aller Dinge«, in einer bislang ungekannten Weise in den Mittelpunkt: nicht in Form sinnlicher, sondern in Form abstrakt-allgemeiner Identität; analog verändert sich die Gottes-Vorstellung – der christliche Gott wandelt sich zum Gott als »Geist« des Neuen Testaments. Diese metaphysischen Grundlagen des neuen Weltbildes stehen im folgenden im Zentrum. Sie werden durch Copernicus kaum reflektiert und erst später – nach 1600 – durch Galileo Galilei ausformuliert. Erst durch Galilei, der Beweise liefert und die philosophische Tragweite der Konstruktion des Copernicus aufklärt, gerät *De revolutionibus* im März 1616 – im Kontext des ersten Inquisitionsprozesses gegen Galilei – auf den kirchlichen Index.

Copernicus hat das neue Weltbild zuerst in der kleinen Schrift: *Kurze Abhandlung über die Erklärungsgrundlagen der Bewegungen am Himmel von ihm selber aufgestellt,* die bekannt ist unter dem Titel: *Commentariolus* und die vor 1514, vielleicht sogar vor 1509 entstand, skizziert. Er beruft sich darin explizit auf die Pythagoreer (a.a.O., 9).

Das von Copernicus, unter ausdrücklichem Verzicht auf »mathematische Beweisgänge«, detailliert beschriebene *neue Weltbild* ist in insgesamt sieben »Forderungen« aufgestellt, die den *Commentariolus* einleiten.

»Erste Forderung

Der Mittelpunkt aller Himmelskreise oder -kugeln ist nicht ein einziger.

Zweite Forderung

Der Mittelpunkt der Erde ist nicht die Weltmitte, sondern nur der von Schwere und Mondkreis.

Dritte Forderung

Alle Kreise laufen um die Sonne, als stünde sie in der Mitte von allen, und deshalb liegt der Weltmittelpunkt nahe bei der Sonne.

Vierte Forderung

Das Verhältnis der Sonnen-Erd-Entfernung zur Höhe des festen Himmels ist kleiner als das zwischen Erdhalbmesser und Sonnenentfernung, so sehr, daß sie im Verhältnis zur Höhe des festen Himmels unmerklich ist.

Fünfte Forderung

Alles, was infolge von Bewegung am Himmel erscheint, rührt nicht von dorther, sondern liegt an der Erde. Die Erde also ist es, die sich mit den Stoffen in ihrer Nähe in einer Tages-Bewegung einmal ganz in ihren unveränderlichen Angelpunkten um sich dreht, wohingegen der feste, oberste Himmel unbeweglich bleibt.

Sechste Forderung

Alles, was uns infolge von Bewegungen an der Sonne erscheint, kommt nicht von dieser selbst her, sondern ist von der Erde und unserem Umlauf verursacht, mittels dessen wir uns um die Sonne drehen, vergleichbar irgendeinem anderen Gestirn; so führt die Erde mehrere Bewegungen aus.

Siebente Forderung
Was an Rücklauf und Vorlauf an den Planeten erscheint, rührt nicht von denen selbst her, sondern von der Erde. Bewegung von ihr allein reicht also zur Erklärung für so viele am Himmel erscheinende Ungleichmäßigkeiten aus.« (Copernicus 1509: 5-9)

Der Kern der »Forderungen« besteht in einem Modell der Welt, bei dem der »Mittelpunkt der Erde ... nicht die Weltmitte« ist; vielmehr liegt der »Weltmittelpunkt nahe bei der Sonne«. Nach dem Modell existiert ein »oberster«, »unbewegter« Himmel der Fixsterne; darunter laufen Saturn, Iupiter, Mars, Erde, Venus und Merkur in unterschiedlich großen Kreisen und unterschiedlicher Zeitdauer um die Sonne (ebd. 9, 13f., 21-35; siehe die endgültige Weltkonstruktion: Copernicus 1543, 125-139, vor allem die Darstellung: 135). Was die Erdbewohner als »Bewegung am Himmel« sehen, ist also keine »Bewegung am Himmel«, keine Bewegung von Sonne und Planeten, sondern Erscheinungsform der Erdbewegung. Die Erde kreist um die Sonne gleich »irgendeinem anderen Gestirn« (siehe: ebd. 9-13). Der Mond kreist um die Erde (ebd. 17-19).

Copernicus verweist auf den *Anlaß,* dieses Weltmodell formuliert zu haben (ebd. 3, 5): Die »Vorgänger« – Callippus, Eudoxus, Ptolemaeus – hätten vor allem angenommen, der Erd-Mittelpunkt sei der Weltmittelpunkt; sie hätten sodann angenommen, die Himmelskörper seien von »vollkommenster Kugelgestalt«; sie hätten endlich beobachtet, daß die Himmelskörper sich scheinbar »ungleichmäßig« bewegen. Um diese Annahmen und diese Sinneserfahrung so in Übereinstimmung zu bringen, daß »für die erscheinende Stern-Bewegung Regelmäßigkeit« gewahrt sei, hätten jene »Vorgänger« »eine Vielzahl von Kreisläufen am Himmel ... angesetzt«. Sie hätten durch dieses Modell sogar versucht, »scheinbar ungleichmäßige« Bewegungen zu erklären – vergeblich. Es sei nicht gelungen, »für alle Vorgänge bei der Gestirnbewegung eine Berechnung zu geben«. So sei das herrschende Weltbild nicht »mit der Vernunft (ratio; G.S.) in hinreichender Übereinstimmung.« Das eigene, nun aufgestellte Weltbild scheint mithin bloß geeigneter, die Himmelserscheinungen zu berechnen, »Zahlen und Beobachtungen« zu harmonisieren: es scheint nur eine bessere Berechnung der Himmelserscheinungen zu bieten, also Antworten auf rein astronomische Probleme zu geben. Copernicus spricht nur als Astronom.

Copernicus reflektiert nicht das *Umstürzlerische, die metaphysische Grundlage seines Modells.* – Zunächst ist seine Optik nicht linear von der Erde auf den Himmel gerichtet, sondern reflexiv sind ihm Himmelsbewegungen nur der Spiegel von Erdbewegungen. – Sodann ist ihm deutlich, daß sinnliche Erfahrungen täuschen können: was scheinbar eine Bewegung von Himmelskörpern ist, ist eine Erdbewegung; was scheinbar die Ursache ist, ist die Wirkung (vgl. Copernicus 1524: 47). Er bricht mit der mythologischen Einheit von Sinnlichem und Abstraktion, er stellt die Sinneserfahrung unter die Herrschaft der Abstraktion: der Ratio. Allgemein bricht die mythologische Einheit von Subjekt und Objekt auf. – Indem Copernicus sich auf eine reflexive Optik stellt, indem er die Ratio zum Entscheidungsgrund der Sinneserfahrung erhebt, nimmt er in seiner Optik die Position eines Subjekts ein, das nicht als ein sinnliches, sondern als ein rein denkendes Wesen – als ein ego cogito (Descartes) – die Welt betrachtet: nur in Gedanken läßt sich vorstellen, daß die Erde sich bewegt – nur in Gedanken kann Copernicus sich vorstellen, er betrachte die Erde in ihren Kreisläufen um die Sonne und um sich selbst. Das ego cogito indes ist kein besonderes, sondern ein allgemeines Ich: als Mensch schlechthin, der auf der Erde lebt; als Mensch schlechthin, der sich auf seine Ratio stellt. – Durch die Auflösung der mythologischen Subjekt-Objekt-Einheit erfolgt, analog zur Entwicklung des ego cogito, eine Veränderung der Gottes-Vorstellung: Gott kann nicht länger sinnlich-übersinnlich: anschaulich, personal, imaginiert werden. – Indem jenes allgemeine ego cogito das Subjekt des copernicanischen Weltmodells ist, ist aber fraglich, warum nicht alle Astronomen – insofern sie Bewohner der Erde und in der Ratio sind – unmittelbar dieses Modell teilen, warum es nicht immer schon angenommen wurde. Zwar ist die Optik des Copernicus reflexiv, aber seine Reflexion gilt nur dem rationalen, die Erde bewohnenden Menschen schlechthin; seine rein naturwissenschaftliche Aufklärung bricht hier ab. – Copernicus' Weltmodell ist revolutionär, weil mit der Annahme, die Erde stehe im Weltmittelpunkt, auch die andere Annahme fällt, der Mensch stehe im Mittelpunkt der Schöpfung. Das Modell ist revolutionär, weil die Differenz von Himmel und Erde zwar nicht vollständig fällt: denn Copernicus rechnet immer noch mit einem »festen, obersten Himmel«; aber die Erde ist ihm nur noch »vergleichbar irgendeinem anderen Gestirn«. Das Modell ist endlich revolutionär, weil alles Sinnliche, alles Erscheinende, sich vor der Ratio rechtfertigen muß: diese Konsequenz, die sich gegen alle äußeren Autoritäten richtet, erkennt Copernicus nicht – sondern nach ihm erst Galilei.

Allgemein reflektiert Copernicus nicht als Theologe, auch nicht als Philosoph, sondern nur als Astronom; er reflektiert nicht gesellschaftlich, sondern als Naturforscher. Daher begreift er das theologisch-philosophisch, das metaphysisch Revolutionäre seines neuen Weltbildes nicht; daher bleibt das neue Weltbild zunächst durch die Kirche unbeanstandet.

Im Frühjahr 1543 endlich erscheint in Nürnberg Copernicus' Weltgeschichte machendes Werk im Druck, in einer Auflage von 1000 Stück: *De revolutionibus Orbium Caelestium.* Angelegt auf ursprünglich acht Bücher, enthält es 1543 noch sechs (Zekl 1990: LXXII). Das erste Buch bietet die Darstellung des »Gesamtaufbaus des Alls« auf der Grundlage der vorausgesetzten »Bewegungen der Erde«; die weiteren Bücher sollen zeigen, »inwieweit die Bewegungen und Erscheinungsformen der übrigen Gestirne und Umläufe vernünftig erklärt werden können« (Copernicus 1543: 75).

Der Autor hat sein Lebenswerk dem Papst Paul III. gewidmet. Copernicus hatte die endgültige Niederschrift 1529/30 begonnen und um 1532 abgeschlossen; danach korrigierte er seinen Text bis 1542 immer wieder (Zekl 1990: LXVIII, LXXI-LXXIII). In diesem Werk ist das Ergebnis von Himmelsbeobachtungen, Messungen, Zeichnungen und rationalen Konstruktionen zusammengefaßt, die Copernicus seit 1497 angestellt und angefertigt hatte und die er bis zu seinem Lebensende nicht für abschließend gehalten hat. Schließlich hatten Freunde ihn gedrängt, seine Arbeit doch noch in Druck zu geben und zu veröffentlichen (Copernicus 1543: 69). Aufgrund der jahrzehntelangen Untersuchungen ist in diesem Werk, gegenüber der frühen Schrift, die Darstellung der *Umläufe der Himmelskreise* erheblich detaillierter, differenzierter und begründeter: eben auf lebenslange empirisch-mathematische Erfahrungen gestützt. Das Grundsätzliche indes ist identisch: Die Lehre von den Bewegungen der Erde.

Schon in den einleitenden Worten des Andreas Osiander (1498-1552), eines lutherischen Theologen, *An den Leser. Über die vorausgesetzten Annahmen des Werks* (Copernicus 1543: 61f.) wird die zentrale Lehre hervorgehoben, deren »Unerhörtheit« sich längst mündlich verbreitet hatte: »daß die Erde als beweglich, die Sonne dagegen als in der Weltmitte unbeweglich« festgestellt ist. Diese Lehre sei gegründet: auf »sorgfältige und kunstfertige Beobachtung«; auf »Grundannahmen«, die es erlaubten, die beobachteten »Bewegungen am Himmel« in Übereinstimmung mit den »Grundsätzen der Geometrie« richtig »für Zukunft wie für die Vergangenheit« zu berechnen. Osiander bietet der neuen Lehre zwar Schutz durch die Behauptung, auf Wahrheit oder bloß Wahrscheinlichkeit zielten »diese Voraussetzungen« nicht ab – es werde nicht angenommen, daß das Modell wahr sei, sondern nur gezeigt, daß »Beobachtung« und »Berechnung« zusammenstimmten. Etwas »Gewisses«, schließt Osiander, könne nur »von Gott her offenbart« werden. Nach dieser Bemerkung erscheint die Konstruktion der *Revolutiones* bloß als Hypothese ohne den Anspruch auf jene »Wahrheit«, die in Gott als »Geist« liegt (vgl. Die Bibel: Joh., 4/23,24; 8/30-44; 14/6; 17/3-17). Verhielte es sich so: enthielte die Schrift des Copernicus keinen impliziten

Angriff auf die Autorität der Kirche und das herrschende Verständnis der *Bibel,* wäre es verwunderlich, warum das Werk schon die Gelehrten der Zeit in heftige Aufregung versetzte, wie Osiander doch berichtet.

Unter dem Gesichtspunkt der *Metaphysik* sind die Details der copernicanischen Weltkonstruktion nur von untergeordnetem Interesse. Fraglich ist vielmehr, welches *Verständnis von Individuum und Gott* dem Modell explizit oder implizit zugrunde liegt: warum es so *umstürzlerisch* war.

Eine erste Antwort enthält die *Vorrede* (1543: 67-79): die Widmung an Papst Paul III. Copernicus beansprucht darin – entgegen der Bemerkungen des Osiander – für seine Lehre, »die Erde bewege sich«: »Wahrheit – soweit dies von Gott menschlicher Vernunft gestattet ist« (ebd. 67). Er nennt diejenigen, die »jedes mathematischen Wissens unkundig sind« und seine Lehre unter Berufung auf die »SCHRIFT« verwerfen: »Dummschwätzer«, die die *Bibel* »zu ihrem Zweck bös verdreht haben« (ebd. 77). Copernicus ist bewußt, daß seine Weltkonstruktion auf religiöse »Ablehnung« (ebd. 69) trifft. Insofern verweist er auf die *Bibel:* wenn die »Weltmaschine … um unseretwillen vom besten und genauesten aller Werkmeister gebaut ist«, dann muß auch eine »unangreifbare Berechnung der Bewegungen« möglich sein (ebd. 73) – wenn Gott die Welt für den Menschen erschaffen hat, dann muß dieser die Welt auch erkennen können. Darüber hinaus beruft Copernicus sich auf das zurückliegende Laterankonzil, das die »Frage nach der Verbesserung des Kirchenkalenders verhandelt« hatte, um seine Beobachtungen und Berechnungen als »Beitrag im Interesse des kirchlichen Staates« darzustellen (ebd. 77). – In der weiteren Erläuterung seines Erkenntnisinteresses (ebd. 71-77) verweist Copernicus aber auf rein wissenschaftliche Probleme. Weil die »Mathematiker« es nicht vermochten, auf der Grundlage des ptolemäischen Weltbildes die Länge des Jahres und die »am Himmel erscheinenden Umlaufbewegungen« nach »festen Grundsätzen« zu berechnen, weil sie auch kein Modell des ganzen Weltbaus liefern konnten, habe er – nach Hinweisen des Cicero und des Plutarch – die Überlegungen einiger Pythagoreer wie Philolaos und Ekphantos über die Bewegung der Erde aufgenommen (ebd. 71, 73). – So stellt Copernicus seine Entdeckungen auf die metaphysische Grundlage der Erkenntnis der göttlichen Schöpfung durch die »menschliche Vernunft«: der Mensch ist das Zentrum der Welt als ein gottesebenbildliches Vernunft-Wesen, dem die göttliche »Wahrheit« keineswegs verschlossen ist. Insofern ist die Analogie von »Weltgestalt« und menschlicher Gestalt, die Copernicus vorträgt (ebd. 71, 73), um die Schwächen der herrschenden Astronomie zu explizieren, nicht peripher; die Analogie erinnert an das pythagoreerische, in die *Bibel* als Dogma der Gottesebenbildlichkeit des Menschen transponierte Prinzip, der Mensch sei das »Maß aller Dinge«.

Im ersten Buch *De revolutionibus* (ebd. 81-153) gibt Copernicus eine Darstellung des »Gesamtaufbaus des Alls« (ebd. 75; siehe insbesondere: ebd. 125-139). In diesem Buch sind wichtige Bemerkungen über die drei zentralen Themen der Metaphysik enthalten: Gott; die Objektivität der Welt als göttliche Schöpfung und göttliche Ordnung; der Mensch als metaphysisches Individuum.

Wiederholt stellt sich Copernicus auf den Boden der biblischen Schöpfungsgeschichte: auf den Mythos, *Gott* habe die Welt für den Menschen und den Menschen als sein Ebenbild geschaffen. – Schon in der *Einleitung* zum ersten Buch (ebd. 81-85; vgl. 123, 139) hebt Copernicus immer wieder das Grundlegende hervor: Gott hat die Welt »in bester Ordnung erstellt«; die Welt ist »von göttlichem Walten gelenkt«. Daher ist der Himmel der »sichtbare Gott«, daher sind die »Welt-Umläufe«: »göttlich«. Die *Wissenschaft von diesem göttlichen Gegenstand,* die *Astronomie,* gilt dem »schönsten und wissenswertesten Gegenstand« und ist darum die »vorzüglichste«; sie ist der »Höhepunkt der Mathematik«, sie gilt dem »höchsten Gut« – eben der »Schöpfung Gottes und den Werken seiner Hände«. Insofern enthält die Astronomie ein »mehr göttliches als menschliches Wissen«. Der Mensch, dem dies göttlich-mathematische Wissen offenbar wird, ist ein »freier Mann« (alle Zitate: ebd. 81-83; vgl. ebd. 149-153). Die Weltkonstruktion, die Copernicus nun vorstellt (ebd. 85-151), habe er – bemerkt er demütig – »mit gnädiger Hilfe Gottes, ohne den wir nichts vermögen«, und auf der Grundlage der Forschungen vor allem des Ptolemäus erarbeitet (ebd. 85; vgl. ebd. 133).

Die *Konstruktion dieser göttlichen Welt* erfolgt in Übereinstimmung mit dem – auf die Pythagoreer (vgl. ebd. 93, 149) und den Protagoras zurückgehenden – Dogma: der Mensch sei das Maß aller Dinge, so daß der menschliche Körper einem Kreis und einem Quadrat einbeschrieben werden könne. Die geometrischen Formen gelten auch bei Copernicus nicht als Ordnungsleistungen eines der Objektivität gegenüberstehenden Subjekts, sondern als göttlicher, die Welt lenkender Logos, als Ordnung in der göttlich-himmlischen, subjektiv-objektiven Welt; der erkennende Mensch vermag sich diesem Logos nur anzunähern, ihn nachzubilden – dem Göttlichen sich anzugleichen. Copernicus spricht vom Logos, der die Welt lenkt, bisweilen als »natura«; was der »Natur gemäß« erfolge, sei in »bester Fügung« (ebd. 113, 115). – Also lehrt Copernicus: Die Welt habe die »Form einer Kugel«, weil dies die »vollkommenste aller Formen ist« (ebd. 85-87); ebenso hätten »Sonne, Mond und Sterne«, ebenso hätte die

»Erde Kugelgestalt« (ebd. 87-93). – Die »Bewegung der Himmelskörper« sei »kreisförmig« (ebd. 95-99), ebenso die Bewegung der Erde (ebd. 99-103): denn der Kreis sei die »Bewegungsform der Kugel« (ebd. 95). Wie die Kugel, so sei der Kreis eine vollkommene Form: ohne »Anfang oder Ende«; die Kreisbewegung sei eine in sich geschlossene, regelmäßige, sich wiederholende Bewegung (ebd. 95, 97). – Jede Bewegung, erkennt Copernicus, ist relativ:

»Jede in Erscheinung tretende Ortsveränderung nämlich findet statt entweder auf Grund von Bewegung des beobachteten Gegenstandes oder auf Grund solcher des Beobachtenden oder auf Grund von – selbstverständlich ungleicher – Veränderung beider; ...« (Copernicus 1543: 99).

– Die Einsicht in die Relativität der Bewegung: daß eine von der Erde aus beobachtete Bewegung von Himmelskörpern eben eine Bewegung dieser Himmelskörper, oder eine Erdbewegung, oder eine ungleiche Bewegung beider zur Ursache haben könne, bedeutet: daß sinnliche Erfahrungen täuschen können (vgl. ebd. 95-103, 115-117). Somit kann die Weltkonstruktion sich nicht auf die sinnliche Erfahrung stützen, sondern nur auf den »Verstand«, die Rationalität: die Geometrie, allgemein die Mathematik (vgl. ebd. 97). Gedankenexperimente, die Hypothesen ähneln, übernehmen die Beweislast (vgl. etwa: ebd. 83, 109ff., 139). – Vor allem bedeutet die Einsicht in die Relativität der Bewegung: daß die Annahme zugelassen wird, die Erde sei nur »einer unter den Sternen«, nur »einer der Wandersterne«; die Erde stehe nicht »in der Weltmitte ruhig« (ebd. 99, 101, 123; vgl. 107-125, 139-149). Dies sei zumindest »wahrscheinlicher« als eine Bewegung der »Welt« (ebd. 121).

Der *Mensch* nun, der diesen göttlichen, geometrischen Gegenstand durch die mathematische Wissenschaft der Astronomie erkennt, vollzieht – bemerkt Copernicus unter Hinweis auf Platons siebentes Buch der *Gesetze* (ebd. 83) – eine »Anähnlichung an den Gott«: er wird, biblisch, zu *Gottes Ebenbild.* – Näher ist der gottesebenbildliche Mensch, mit der Erde, nicht der sinnliche Mittelpunkt der Welt. Indem er die Reflexivität von Bewegungen erwägt, indem er an den Himmelsbewegungen die Erdbewegungen wahrnimmt, reflektiert er astronomisch auf sich selbst und wird dadurch allererst ein Wesen des Verstandes – ein ego cogito, nicht ein besonderes, sondern ein allgemeines Verstandes-Wesen: ein Wesen, das seiner sinnlichen Erfahrung nur Skepsis entgegenbringt und im Verstand zur Personifikation des Logos der Welt wird (vgl. ebd. 97). Der Gott dieses Gottesebenbildes ist analog: Gott als Geist.

1.6 Vespucci und Morus: Europäische Welteroberung. Die Utopie der Gemeinschaft metaphysischer Individuen

Den gesellschaftlichen Gehalt des metaphysischen Individualismus hat *Thomas Morus* (1478-1535) aus London am deutlichsten ausgesprochen. Wie Copernicus durch seine reflexive Optik am Himmel die Erde erkennt und dadurch die neuen Ideen des Menschen als ego cogito und des Gottes als Geist naturphilosophisch durchsetzt, so begreift Morus die – mit dem Namen des Cristoforo Colombo (1451-1506) aus Genua verbundene – europäische Welteroberung als ein reflexives Hinausfahren und Zurückkehren, als ein reflexives Er-Fahren der englischen Verhältnisse, die so utopisch überschritten werden. Das neue Land der Hoffnung, dem Morus erstmals den Namen *Utopia* verleiht und fiktiv als Amerika beschreibt, ist ein Land Gottes, in dem die Menschen sich arbeitend zu Gott erheben, sich mit Gott vereinen – aber nicht als besondere Individuen, sondern als Personifikationen des Allgemeinen. Daher ist dieses Land Utopia im Inneren auf einem Arbeits-Masochismus errichtet, der nach außen durch Sadismus in Erscheinung tritt. Das Land des zukunftsgerichteten Traums gerät, sehr realitätsgerecht, zum Alptraum.

Morus hat durch diese *Sozial-Utopie* die *Konsequenz des metaphysischen Individualismus der Renaissance* theoretisch ausgeführt. Das Dogma, der Mensch könne gottesebenbildlich die von Gott erschaffene Welt – die divina proporzione – erkennen, impliziert die praktische Seite: der gottesebenbildliche Mensch könne sich und seine Welt erschaffen. Das haben die Philosophen Manetti (1452: insbesondere 58-62, 65-90) und Pico (1486: 7, 9), das hat Leonardo (1490/98: 136, 162, 165f., 207), das haben die Architekten Alberti (1450/72: 173-216) und Filarete (1464), das hat der Kunsthistoriker Vasari (1550/68: 42) herausgehoben: der Mensch könne eine wahre Wirklichkeit erschaffen, der »göttliche Michelagnolo Buonarotti« gar habe sich über die »Natur selbst« erhoben (ebd. 49). Das Land Utopia ist die Säkularisierung der divina proporzione. Das unterscheidet Morus fundamental von Luther. – Luther hat durch seine Zwei-Reiche-Lehre die Erhebung des Menschen zu Gott auf die Innerlichkeit beschränkt: er hat sich gegen Thomas Münzer und die aufständischen Bauern gewendet (1525a: 291f., 296, 301-316), weil sie das Reich Gottes auf Erden errichten wollen; er hat sich gegen die Türken gewendet, weil der Koran ein weltliches Reich fordert; Luthers Juden-Haß ist begründet durch den Widerstand gegen die Erwartung eines kommenden Messias, der ein irdisches Reich errichten werde – also durch den Widerstand gegen eine säkulare Utopie (1543: 131f., 173, 177). – Weil Morus diese Utopie – dem Geist der rinascità folgend – anschaulich, bildlich entwickelt, ist sein Text frei von jenen Pogrom-Aufrufen, die sich in Luthers Werken durchgängig, und mit höchster Drastik gegen die Juden gerichtet, finden. Gewaltfrei freilich ist das Land Utopia keineswegs.

Morus war, nach der Ausübung einiger hoher Staatsämter, von König Heinrich VIII. im Jahre 1529 zum Lord High Chancellor berufen worden, wurde aber schon 1532 gestürzt und 1535 hingerichtet, weil er die Suprematsakte von 1534 nicht anerkennen wollte. Nachdem er einige kleine Schriften Giovanni Picos ins Englische übersetzt hatte, berichtete er 1515/16 in seiner Schrift: *De optimo reipublicae statu, deque nova insula Utopia, libellus vere aureus, nec minus salutaris quam festiuus,* über das Land Nirgendwo: Utopia. Das zweite Buch der Schrift wurde 1515 in Flandern, das erste 1516 geschrieben. Formal ist der Text an Platons Dialogen orientiert. Der Inhalt gilt einer Kritik der politisch-ökonomischen Verhältnisse in England *(erstes Buch),* formuliert aus der Perspektive der »besten Staatsverfassung« *(zweites Buch),* wie sie vom Staat Utopia, gelegen im neu entdeckten Amerika, bekannt ist.

Die Kritik wird, nach platonischem Vorbild, notwendig in Form der Voraus- und Entgegensetzung des Landes Utopia gegen die bestehenden Verhältnisse geübt. Zunächst kann, der neuen metaphysischen Weltauffassung entsprechend, Utopia nur als Reich einer theologischen Vernunft phantasiert werden: also dogmatisch. Sodann entspricht der weiterhin sinnlichen Denkform das Anschauliche der Utopie. Endlich verhindert der unentwickelte Stand des aufziehenden Merkantilismus dessen immanente Kritik – denn die Aufklärung ist unmittelbar rückwärtsgerichtete Erinnerung und gelingt darum erst in den Phasen des Zusammenbruchs eines gesellschaftsgeschichtlichen Stadiums. So ist Morus' Utopia ein Draußen, durch das das Drinnen erhellt wird; die utopistische Erhöhung eines – gemessen an Platons, von einer Subsistenzökonomie ausgehenden, Staats-Utopie – früheren Zustands.

Morus berichtet im *ersten Buch* (1516: 15-47): Er sei als Abgesandter des Königs Heinrich VIII. nach Brügge gereist, um Verhandlungen mit Gesandten des Königs Carlos I. von Kastilien zu führen. Er habe sich bei dieser Gelegenheit nach Antwerpen begeben, um seinen Freund Petrus Ägidius zu treffen, der ihm den Weltreisenden und Philosophen Raphael Hythlodeus (»Feind leerer Worte«) vorgestellt habe; Raphael ist eine fiktive Person, der folgende Dialog also nur ersonnen. Raphael habe dann in der Wohnung des Petrus über seine Reisen berichtet. Er habe sich dem Florentiner Amerigo Vespucci (1451-1512) angeschlossen und sei auf dessen

Schiff zu Ländern südlich des Äquators gelangt. Dort habe er »irgendwo bei gesitteten Völkern« einiges an »vernünftigen und klugen Einrichtungen bemerkt«. Diese geben nun ein »Vorbild« ab, »um die Mißstände der hiesigen Städte und Staaten, Völker und Reiche« zu erkennen und »zu verbessern« (ebd. 20). Die Reise des Raphael von England nach Amerika und zurück ist eine anschauliche Form der Reflexion: die englischen Verhältnisse werden aufgeklärt durch das Hinausgehen und die Rückkehr. So ist die Reise philosophisch (vgl. ebd. 18f.), so erlangt Amerika den Status des Landes Nirgendwo, so gewinnt Europa seine Identität durch seine Entdeckung und Eroberung Amerikas. Der Kern der *Kritik der gegenwärtigen Verhältnisse,* die Raphael, belehrt durch seine Reisen, vorträgt, gilt der Herrschaft von Geld und Privateigentum:

»Indessen, mein lieber Morus, scheint es mir ... in der Tat so, daß es überall da, wo es noch Privateigentum gibt, wo alle alles nach dem Wert des Geldes messen, kaum jemals möglich sein wird, gerechte und erfolgreiche Politik zu treiben ...« (Morus 1516: 44)

Die *vernünftigen Verhältnisse* der »gesitteten Völker« sind umgekehrt: Verhältnisse eines »gemeinschaftlichen [kommunistischen] Lebens« und Arbeitens, ohne Geld, ohne Privateigentum (ebd. 109). Das Land *Utopia* ist der Gegensatz zu England.

Morus kritisiert im *ersten Buch,* seine Worte dem Raphael in den Mund legend, die *englischen Verhältnisse* eindringlich. Die Kritik lautet: Das Geld setzt den Tausch, also Dinge als Waren, die privat besessen werden, voraus; durch das Geld werden die menschlichen Bedürfnisse schrankenlos, durch das Geld wird der erstrebte Privatbesitz schrankenlos. Durch das Geld also entsteht erst der *Gegensatz* von *unmäßigem Reichtum* und *unermeßlichem Elend.* Dieser Gegensatz prägt den englischen Verhältnissen einen *Gesellschaftskrieg* auf (vgl. ebd. 44-47).

Morus schildert diesen Gesellschaftskrieg im zeitgenössischen England als Konsequenz der Integration des Landes in den von den nördlichen Niederlanden beherrschten europäischen Weltmarkt. Ausgangspunkt der Kritik ist der Bericht des Raphael von einem Gespräch im Hause des John Morton, Erzbischof von Canterbury (ebd. 23-36). Ein »Jurist aus dem Laienstande« verwundert sich, warum die Diebstähle in England nicht aufhörten, obwohl überall Diebe nach Recht und Gesetz zum Tode verurteilt und öffentlich aufgehängt würden (ebd. 23f.). Ihm antwortet Raphael, indem er die sozialökonomischen Ursachen der Diebstähle schildert. Er verweist auf die Ausplünderung der Pächter feudaler Güter, bis die Adligen nun selbst an die Arbeit gehen müßten; da sie diese nicht gewohnt seien, bliebe ihnen nichts, als zu »hungern«, zu »betteln« und zu »rauben« (ebd. 24f.). Er verweist auf die Plage, die durch die Landsknechte entstünde (ebd. 25f.), die sich nur auf den Krieg oder das Plündern verstünden. Er verweist auf die »Einhegungen« (ebd. 26f.), durch die Ackerland in Schafweide zur Produktion von Wolle für den Export nach Flandern verwandelt werde: so würden Menschen vom Lande in die Städte vertrieben, besäßen keine Nahrungsmittel mehr und stünden vor der Alternative: zu verhungern oder zu stehlen und dann gehenkt zu werden. Zudem produziere die Landwirtschaft nun Lebensmittel in nur geringem Umfang, so daß eine Teuerung die Folge sei (ebd. 27f.). Das herrschende Recht, lautet die Lehre, ist Unrecht; die herrschende Politik ist Gewalt. Eine Änderung sei notwendig (ebd. 28): Die Landwirtschaft müßte wieder Nahrungsmittel produzieren; die »Wollspinnerei« müßte neu belebt werden; die verwaisten Dörfer seien wieder aufzubauen; die »Aufkäufe der Reichen« und deren »Müßiggang« seien zu beenden. Raphael fordert mithin: eine kollektive Gebrauchswert-Ökonomie; Abschaffung des Gegensatzes von Reichtum und Armut; eine Arbeits-Gesellschaft.

Nicht nur intern aber ist England, nach Morus' – Raphaels – Kritik durch Gewalt geprägt, sondern auch im Außenverhältnis (ebd. 36-41). Die herrschende Politik ziele darauf, von den Untertanen immer neue und höhere Abgaben einzutreiben, um ein großes Heer unterhalten zu können, mit dem es dann möglich sei, immer neue Länder gewaltsam zu unterwerfen. Auch in dieser Rücksicht seien Änderungen notwendig: Der König müsse sich als »Hirte« seines Volkes begreifen, dessen Wohlstand fördern (ebd. 40) und – analog – »andere Reiche in Ruhe lassen« (ebd. 37f.).

Den Maßstab seiner Kritik der Verhältnisse in England findet Raphael Hythlodeus, nach Morus' Schrift, nicht in England selbst vor, sondern: im *Staat Utopia.* Darüber wird im *zweiten Buch* (ebd. 48-110) berichtet.

Utopia, erzählt Raphael (ebd. 18f.), liege in Südamerika, »unter dem Äquator«. Es handele sich um eine Insel; deren genaue Lage sei aber unbekannt (ebd. 15, 48). Die Insel habe ursprünglich den Namen »Abraxas« getragen. Sie sei vor 1760 Jahren von »Utópos« erobert worden, der alle Landverbindungen unterbrochen habe und erst dann »das rohe und wilde Volk zu der Gesittung und Bildung heranzog, durch die es jetzt fast alle Menschen übertrifft« (ebd. 48). Seit dieser Zeit sind die »Einrichtungen« Utopias der »Natur« gemäß und »ewig« (ebd. 70ff., 86f., 97f.).

Utopia, berichtet Raphael, ist ein Staat der vollständigen Gleichheit, die auch in der Architektur und im Städtebau zum Ausdruck komme. Alle 54 Städte des Landes stimmten in »Sprache, Sitten, Einrichtungen und

Gesetzen vollständig« überein, alle hätten weitgehend »dasselbe Aussehen« (ebd. 46).

Die grundlegende Institution Utopias ist die »kommunistische«, gemeinschaftliche Ökonomie. Vor allem gäbe es in Utopia »nichts Eigenes«, kein Privateigentum; deshalb dominiere auch nicht das private, sondern das allgemeine Interesse: die »Belange der Allgemeinheit« (ebd. 106). Weil es kein Privateigentum gibt, gibt es keine Spaltung der Gesellschaft in Reiche und Arme: es ist nicht möglich, daß sich »jeder … soviel er nur kann, an sich reißt« (ebd. 44f.). Weil die Gesellschaft nicht gespalten ist, kann sie wahrhaft »den Namen eines ›Gemeinwesens‹ für sich beanspruchen« (ebd. 106).

Weil die Dinge kein Privatbesitz, sondern unmittelbar gemeinschaftlich sind, bedarf es nicht des Geldes, um post festum die gesellschaftliche Vermittlung zu leisten. Die »Lebensweise« in Utopia kommt »ohne jeden Geldumlauf« aus (ebd. 109).

Diese unmittelbar gemeinschaftliche Ökonomie ohne Geld und Privatbesitz, ohne die Möglichkeit einer unendlichen Akkumulation von Reichtum, ist darum eine Gebrauchswert-Ökonomie, in der nur »lebensnotwendige Dinge« für den Verbrauch hergestellt werden (ebd. 56). Die kommunistische ist eine kollektive Subsistenz-Ökonomie.

Weil in Utopia die gesellschaftliche Spaltung in Reiche und Arme, in Müßiggänger und Arbeitende unbekannt ist, arbeiten alle: Utopia ist eine totale Arbeitsgesellschaft. Die Arbeit ist allgemeine Pflicht und Zwang. Die Arbeitszeit beträgt nur sechs Stunden täglich (ebd. 55, 63): denn es arbeiten, im Unterschied zu den bestehenden Verhältnissen in England, alle; zudem werden nur »lebensnotwendige Dinge« und keine einzig der »Genußsucht« dienenden Dinge produziert (ebd. 56). Verbrechen, wie das müßige Umherstreifen, werden mit »Zwangsarbeit« bestraft (ebd. 30-33, 63, 83). Zwar ist die Arbeit gesellschaftlich zwischen Land und Stadt geteilt (ebd. 49f.), aber jeder lebt immer zwei Jahre hier und dort, so daß die Arbeitsteilung sich nicht verfestigt. In der Stadt und auf dem Lande wiederum wird die Arbeit gemeinschaftlich durch Familien mit mindestens vierzig Personen verrichtet. Die Produkte dienen teils der Selbstversorgung, teils werden sie auf Speicher verteilt (ebd. 54, 59).

Die Verteilung der gemeinschaftlich produzierten Gebrauchswerte erfolgt in Utopia nicht durch Warentausch und Geld. Die in den Speichern der Städte lagernden Lebensmittel werden an den jeweiligen »Familienältesten« verteilt, der »ohne jegliche Gegenleistung« erhält, »was er selbst und die Seinigen brauchen«. Die Mahlzeiten werden in großen Hallen, deren »Küchenmeister« sich ebenfalls in den Speichern bedienen, gemeinschaftlich eingenommen (ebd. 59-61). So ist »allen alles reichlich zugemessen« (ebd. 44).

Geld und Austausch existieren in Utopia nur so weit, wie der Staat über die zur Subsistenz notwendigen Gebrauchswerte hinaus Überschüsse produziert, die exportiert, also gegen Geld getauscht werden können. Für dieses Geld – Gold und Silber – haben die Utopier nur folgende Verwendungen: Kauf von fremden Soldaten und Sklaven, um nicht selbst Gewalttaten verüben zu müssen (ebd. 64f., 80f., 88-96); Anfertigung von »Nachtgeschirren«; Anfertigung von »Ketten und schweren Fußfesseln« (ebd. 65-68).

Die gemeinschaftliche Integration dieser Arbeitsgesellschaft erfolgt, nach Raphaels Bericht, durch die moralischen Imperative der Religion. Die Existenz Gottes gilt den Utopiern als unbezweifelbar (ebd. 96). Gott erscheint durch seine »göttliche Kraft«: als »Natur«, die den Kosmos ebenso wie die »natürliche Gemeinschaft« der Menschen lenkt (ebd. 71, 86f., 96). *In Gott ist alles eins: Natur, Gemeinschaft, Individuum.* Die kommunistische Gottes-Gesellschaft ist eine *Gesellschaft ohne Individuierung als Besonderung.* Die Gottes-Gesellschaft ist auch *subjektive, göttliche Natur:* Die »Erforschung« der »Natur« (ebd. 100) ist Natur- und Sozialphilosophie, Wissen und Religion ineins. – Das in Utopia herrschende Dogma lautet nun: die »Seele des Menschen ist unsterblich und durch die Güte Gottes zur Glückseligkeit geschaffen«, der Körper aber vergänglich (ebd. 70, 98f.). Der in Gott lebende Mensch ist ein *allgemeines ego cogito:* Seele. In der göttlichen Seele sind die Menschen eins, im animalischen Leib aber getrennte Wesen. Deshalb sei nicht die körperliche Arbeit der »Würde des Menschen« angemessen, sondern die seelischen Vergnügungen: die »Betrachtung des Wahren«, das »Bewußtsein eines anständig verbrachten Lebens«, die »Hoffnung auf künftiges Heil« (ebd. 70-77). Darin bestehe das »höchste Gut«, zu dem wir »von Gott geschaffen worden seien.« In der Seele zu leben ist demnach den Utopiern das wahre, der göttlichen Schöpfung gemäße Leben. Die unsterbliche Seele hat ihre höchste Tätigkeit in der »Liebe und Verehrung der göttlichen Majestät«, in der »Vernunft« (ebd. 70f., 96).

Diese religiöse Überzeugung impliziert die Moral der Utopier. Sie besteht im Imperativ der »Nächstenliebe« und »Menschlichkeit«, so daß Individuum und Gemeinschaft unmittelbar vereint sind, sie besteht im Imperativ des ewigen Friedens: denn alle sind in der göttlichen Seele eine Gemeinschaft (ebd. 71-74, 87). Aus dieser religiösen Moral erst leiten sich die Imperative der kommunistischen Ökonomie her.

So ist Utopia ein Reich der Arbeit, des allgemeinen Wohles, der Freiheit und Gleichheit, des ewigen Friedens, der Vernunft: das Reich Gottes auf Erden. Es ist ein Reich repressiver, masochistischer Arbeit; es ist ein Reich der Aufhebung alles Besonderen im Allgemeinen; es ist ein Reich, in der alles Besondere das zu Unterdrückende ist: im Inneren ebenso wie im Außenverhältnis. Das Land Utopia ist: nicht der Bruch mit der bisherigen Gewaltgeschichte, sondern deren rationalisierte Steigerung.

Während Luthers Reformation den Aufstieg des Menschen zur Gottesebenbildlichkeit auf das Innerliche einschränkt, hat – zur selben Zeit – der Pico-Übersetzer Morus die Vernunft-Utopie der rinascità, ausgeführt in der Zeichnung und Malerei, in der Architektur und im Städtebau, theoretisch zu einer Staats-Utopie entwickelt. Während Luthers Zwei-Reiche-Lehre ihren autoritären, anti-revolutionären und vor allem antisemitischen Gehalt in der deutschen Geschichte entfaltet (vgl. Rüstow 1952: 269-291, vor allem: 282 f.), führt ein Weg von Morus' Land Nirgendwo zu den englischen Revolutionen um 1650 und um 1688/89 sowie zur nord-amerikanischen Revolution von 1776.

2 Die Epoche des Merkantilismus und Absolutismus (1520/80 – 1760): Metaphysisches Individuum (II). Künstlicher Mensch und ego cogito

In den Jahrzehnten zwischen 1520 und 1580 ging die Epoche der Renaissance in Italien über: politisch-ökonomisch in das Stadium des Handelskapitalismus als Welt- und Nationalökonomie, politisch-gesellschaftlich in die Epoche des rationalen Absolutismus. Durch die neue Form der Politik-Ökonomie wurde der metaphysische Individualismus der Renaissance durch Rationalisierung nicht überwunden, sondern zur Konsequenz gebracht. Die Prinzipien der Metaphysik erlangten ihre radikale Geltung: daß die Welteinheit in Gott liegt; daß der Mensch es nur zur Gottesebenbildlichkeit bringen kann und seine Identität durch Identifikation mit dem Allgemeinen Gottes erlangt; daß darum Subjekt und Objekt, Gesellschaft und Natur, Individuum und Gesellschaft wesentlich eins sind; daß in der Ökonomie und in der Politik das Empirisch-Sinnliche nicht radikal vom Abstrakt-Übersinnlichen getrennt ist. Der Anspruch, der Mensch sei Gottes Ebenbild, wurde *theoretisch* ausformuliert im französischen Rationalismus und *praktisch* säkularisiert in den Unabhängigkeits-Kämpfen der nördlichen Niederlande sowie in den englischen Revolutionen von 1642/49 und 1688/89. Während der Rationalismus mit der skeptisch gewonnenen Gewißheit des *ego cogito,* dem *Beweis vom Dasein Gottes* und der Erkenntnis der Schöpfung Gottes auftrat, übertrugen jene Revolutionen den Begriff der revolutio auf die gesellschaftliche Welt und überschritten dadurch die philosophische Phantasie eines *Landes Utopia.* Thomas Hobbes hat, in der frühen Phase der Epoche, deren Logos im *Leviathan* (1651) rekonstruiert: der Politik-Ökonomie eines *körperlichen, »künstlichen Menschen«,* der zusammengesetzt ist aus *»natürlichen Menschen«,* der sich durch Schwert und Glauben integriert und den *Willen Gottes repräsentiert,* bis dereinst das »Königreich Gottes auf der Welt« durch das »zweite Kommen« Gottes verwirklicht werde.

Schon die von Spanien und Portugal ausgehende europäische Welt-Entdeckung und -Eroberung war angetrieben von dem sich konstituierenden Handels- und Wucher-Kapitalismus, vom Imperativ der Verwandlung von Geld in Kapital, der unendlichen Akkumulation von Geld-Reichtum. So verlagerte sich das Zentrum der europäischen Weltwirtschaft an den Atlantik. Während in Italien nach 1520 eine Refeudalisierung der Gesellschaft einsetzte (Burke 1984: 284-291), bewunderte Dürer im Jahre 1521 in Antwerpen den Schatz des Montezuma (Abels 1985: 205). Die neue

Zeit fand ihr geographisches und gesellschaftliches Zentrum zunächst – zwischen 1580 und 1650 – in den nördlichen Niederlanden. Karl V. hatte 1548 die Niederlande als Verwaltungseinheit aus dem Verband des Heiligen Römischen Reiches herausgelöst. Gegen den Willkür-Absolutismus Philipps II., gegen das antibürgerliche Regime in Spanien, erhoben sich die calvinistischen Niederlande nach 1564; der Aufstand verlagerte sich 1572 auf die nördlichen Provinzen und wurde vor allem vom städtischen Handels-Bürgertum getragen. 1579 schlossen sich die Nordprovinzen zur Utrechter Union zusammen, sagten sich 1581 vom Reich der Habsburger los und gründeten 1588 die protestantische Republik der Vereinigten Niederlande. Die endgültige Anerkennung als selbständige Republik erfolgte 1648 durch den Westfälischen Frieden. Damit war die erste von Kaufleuten beherrschte Politik-Ökonomie gegründet; der Handelskapitalismus war nun erstmals nicht nur eine Welt-, sondern auch eine National-Ökonomie. In den Niederlanden trug der Merkantilismus vorwiegend die Form eines Zwischenhandels, der auswärtige, nicht-kapitalistische Produktions- und Konsumtionsweisen vermittelte. Insofern war die Politik-Ökonomie nicht auf sich selbst gestellt. Das galt auch, als England um 1649/51 die Führung in der merkantilistischen Weltökonomie durch eine Revolution übernahm, die vom neuen bürgerlichen Landadel der gentry (Oliver Cromwell) sowie von der Klasse der Handelskapitalisten getragen war. Der Logos des Ware-Geld-Tausches, den früh Heraklit entwickelt hatte, hatte sich wohl über den Mythos erhoben, aber – trotz der kapitalistischen Rationalisierung der Agrarproduktion in England – nicht zu einem sich reproduzierenden System verselbständigt. Die Welteinheit, so schien es, lag weiterhin in Gott; die Natur wurde weiterhin als subjektiv erfahren; die Gesellschaft schien weiterhin religiös integriert; der Mensch erkannte sich weiterhin als Moment des göttlichen Kosmos. Der Logos der Welt des Handelskapitalismus und des rationalen Absolutismus war deshalb auch in dieser neuen Epoche: die Metaphysik. Das Individuum war analog: ein *metaphysisches Individuum.*

Ökonomisch ist die Epoche zwischen 1520/80 und 1765 mithin die Epoche des Merkantilismus als Welt- und Nationalökonomie. Dieser Handelskapitalismus ist auf die Sphäre der Zirkulation und Distribution beschränkt; die Sphäre der Produktion folgt nicht-kapitalistischen Prinzipien, so daß der Merkantilismus ohne die Potenz der Selbst-Reproduktion ist. Daher bedarf es eines *Handels-Staates*, um den *Handels-Kapitalismus* zu konstituieren und funktionsfähig zu halten. Die politisch-ökonomische Chrematistik hat ihr Zentrum nicht mehr nur in den Kaufleuten italienischer Stadtrepubliken, sondern in einem frühbürgerlichen Staat: dieses kollektive

Subjekt, und nicht mehr nur der einzelne Mensch, verkörpert jetzt den Logos – der *Leviathan* ist, als »künstlicher Mensch«, das »Maß aller Dinge«. Insofern ist der italienische Kaufmanns-Kapitalismus verallgemeinert, insofern ist die Ent-Mythologisierung durch eine weitere Entfaltung der Geld-Abstraktion zum Selbstzweck fortgeschritten. Aber dieser Fortschritt der politisch-ökonomischen Rationalisierung steht weiterhin unter der Logik der Metaphysik: des Aufstiegs des Menschen zur Gottesebenbildlichkeit. – In jenem Aufstieg wähnte sich der Bürger der Renaissance, wie es vor allem Manetti und Pico philosophisch, Leonardo und Vasari kunsttheoretisch, Luther theologisch dargetan hatten, in der unsterblichen Seele identisch mit dem göttlichen Logos: mit Gott. Diese Identifikation, diese metaphysische Ausbildung von Individualität, bedeutete freilich die Konstitution des Besonderen durch ein Aufgehen im Allgemeinen: Individualität ohne eine Individuierung im Allgemeinen, ohne eine weltbürgerliche Versöhnung von Allgemeinem und Besonderem. Insofern zerfiel die gesellschaftliche Welt in die »Seligen« und die »Verdammten« (Manetti 1452: 134ff.). – In der Epoche des Merkantilismus und des rationalen Absolutismus entwickelt sich diese Individuation durch unmittelbare Vergemeinschaftung zum *Leviathan,* in dem der Herrscher mit Gott einerseits, mit den Untertanen andererseits repressiv verschmilzt und nach innen und außen das Schwert und den Bischofsstab richtet. Der Bürger des *Leviathan* konstituiert sich weiterhin nicht als ein Selbständiges gegen das Allgemeine, sondern geht in diesem auf; analog erscheint das Allgemeine als ein kollektiver, aus einzelnen Menschen zusammengesetzter »künstlicher Mensch«. Unter der Voraussetzung einer abstrakten Identität von Allgemeinem und Besonderem ist das Fremde als Feind gesetzt. Der Staat des Handelskapitalismus ist daher ein theologisch-rational fundierter Staat von Einzelnen, die unmittelbar gemeinschaftlich integriert sind und die Fremden, die »Verdammten« (Manetti) im Inneren und Äußeren, ausschließen. Der Handelskapitalismus ist eine nationale Weltökonomie zwischen ungleich entwickelten Nationen, die zueinander durch einen ungleichen Tausch ins Verhältnis treten: auf der einen Seite stehen erst die Niederlande, dann England, auf der anderen vor allem Spanien mit seinen lateinamerikanischen Kolonien (Peru, Mexico). – Die Entfaltung der frühen gesellschaftlich-philosophischen Metaphysik hat Thomas Hobbes (1588-1679) zur Konsequenz des *Leviathan* gebracht: indem er mit dem Anspruch, Begründer der *Civil Philosophy* zu sein, nun erstmals systematisch die Gesellschaftsphilosophie von der Naturphilosophie scheidet (1651: 70f.). Diese Scheidung jedoch ist keineswegs absolut: weil metaphysisch die Natur nicht vollkommen objektiviert, der Mensch nicht vollkommen subjektiviert ist; die gesellschaftlichen Verhältnisse können somit nur als sinnlich-übersinnlich bestimmt werden. Kurze Zeit nach Hobbes' *Leviathan* begründet Sir William Petty (1623-1687) die neue Wissenschaft der Politik-Ökonomie als *Politische Arithmetik.* Als politisch-ökonomische Metaphysik, die der Reproduktionslogik ermangelt, bedarf der Leviathan einer religiösen Rationalisierung und Legitimierung, die – anders als die hilflosen Versuche der italienischen Kaufleute, Gott zum Teilhaber des Geschäfts zu erklären, anders auch als Luthers Reformation – christliche und ökonomische Dogmen individualistisch versöhnt. Das leisten *Calvinismus und Puritanismus* nicht unmittelbar, aber sie lassen sich als theologische Rechtfertigungen des Handelskapitalismus geltend machen. *(Abschnitt 2.1)*

Philosophisch bedarf die neue Gesellschaftsphilosophie ebenso wie die Naturphilosophie einer rationalen Entfaltung ihres metaphysischen Fundaments. Während im Spätmittelalter und in der Renaissance diese Metaphysik noch als Aufstieg des Menschen zum Ebenbild Gottes durch das Erklimmen des Mont Ventoux (Petrarca) oder einer Leiter zwischen Göttlichem und Animalischem (Pico) dargestellt und allein durch Berufung auf die Dogmen der Bibel und der philosophisch-theologischen Tradition (Manetti) begründet wurde, liefert die rationalistische Philosophie in der Epoche des Handelskapitalismus eine nüchterne, rationale, argumentative Begründung. René Descartes (1596-1650) formuliert den *Beweis vom Dasein Gottes* – indem er vorgängig durch die Methode der Skepsis die *Selbstgewißheit des ego cogito* ableitet und aus dem Ideen-Reservoir dieses ego dann auf die Existenz Gottes schließt. So vollendet sich auch in dieser rationalistischen Metaphysik die Identität des Ich – des Individuums – in der Allgemeinheit Gottes. Insofern sind die Konstruktionen des *Leviathan* und der cartesianischen Metaphysik analog: jeweils erlangt das Individuum seine Identität nur, indem es ohne Besonderheit bleibt, jeweils ist eine Entzweiung von Subjekt und Objekt wohl angelegt, aber nicht vollendet. In dieser mangelnden Differenzierung von Natur, Gesellschaft und Individuum, in dieser immer noch metaphysischen Welteinheit in Gott, liegt die Einheit vom französischem Rationalismus und englischem Empirismus. *(Abschnitt 2.2)*

Wissenschaftlich tritt die metaphysisch begründete *Naturwissenschaft* die Nachfolge der Bildenden Kunst an und vertieft die Spaltung von Glauben und Wissen. Während nach Leonardos Tod die Kunst sich als Kunst verselbständigte und im Manierismus ihre geometrisch strenge Konstruktion zugunsten einer qualitativen Perspektive einbüßte, während diese Verselbständigung sich in Vasaris erster Kunstgeschichtsschreibung manifestierte, steigt nun die von Copernicus entwickelte Astronomie zur naturwissenschaftlichen Form der Ent-Mythologisierung auf. Der Fortschritt Galileo Galileis (1564-1642) über Copernicus hinaus besteht im Anspruch, dessen Weltsystem allererst zu beweisen. Das copernicanische System ist für die Ausbildung der bürgerlichen Individualität zentral: weil der Mensch nun als Abstraktum in den Mittelpunkt einer Welt tritt, deren Spiegel er ist; weil der Anspruch des Beweises impliziert, daß der Mensch gottesebenbildlich die Welt erkennen kann, daß der Logos der Welt mit der Ratio des Individuums zusammenstimmt. *(Abschnitt 2.3)*

In dieser Epoche des Handelskapitalismus und des rationalen Absolutismus ist die Gottesebenbildlichkeit des Menschen selbstverständlich geworden. Das metaphysische Individuum erlangt seine Identität abstrakt im Allgemeinen, nicht als ein Besonderes in konkreter Einheit mit dem Allgemeinen. Dieses Allgemeine ist Gott und die Erscheinung des göttlichen Logos im »künstlichen Menschen«, im Leviathan – und nicht eine gottverlassene ›Vernunft‹. So liegt die Welteinheit noch in Gott, so schreibt der Mensch, der »Verstand«, weiterhin der »Natur« die »Gesetze« nicht vor, sondern bildet diese nach (Kant: V: 189). Aber das Göttliche ist in den selbstdestruktiven Rang des metaphysischen Wissens gehoben; die Spaltung von Glauben und Wissen nimmt dem Glauben den Totalitätsanspruch absoluten Wissens und setzt ihn zu einem bloßen, kraftlosen Glauben herab, der alsbald vom Verstand beiseite geschoben werden kann. So ist dieser Epoche die Idee einer kosmopolitischen Solidarität nur als liberale Projektion zu vindizieren.

2.1 Metaphysischer Individualismus in der Politik-Ökonomie und in der Gesellschaftsphilosophie

Der Logos der Kaufmanns-Ökonomie der italienischen Renaissance verallgemeinert sich durch die Konstitution der calvinistischen Kaufmanns-Republik der nördlichen Niederlande zu einer Staats-Ökonomie. Die Rationalisierung der gesellschaftlichen Welt auf der Basis der Chrematistik erweitert sich auf allen Gebieten: die Technik der Buchführung geht über in die Statistik, vor allem die Außenhandels-und Bevölkerungs-Statistik; die neue Politik-Ökonomie bedarf eines rationalen Staates: einer Rationalisierung von Recht und Verwaltung, der Sicherung von Eigentum nach innen und außen; die Bereicherung durch Im- und Export von Waren wird zur Staatsaufgabe durch Konstituierung von Handelsgesellschaften, tarifärer Exportförderung und Kolonie-Gründungen. Aber diese Rationalisierung überschreitet nicht die Logik der Metaphysik. Weil auch der staatlich gesicherte Handelskapitalismus der Reproduktion der Ökonomie, einer Verselbständigung der Ökonomie zum Selbst-Zweck entbehrt, bedarf es nicht nur staatlicher Maßnahmen zur Forcierung des Außenhandels, sondern auch einer Setzung äußerlicher Zwecke der Ökonomie durch eine rationalisierte Religion. So ist die Politik-Ökonomie des Handelskapitalismus: eine metaphysische Ökonomie, in der das Allgemeine als göttlicher Logos in abstrakter Identität mit dem Besonderen ist.

In dieser Politik-Ökonomie konstituiert sich das Individuum weiterhin auf metaphysische Weise: es erlangt seine Identität, seine Verselbständigung, durch seine Aufhebung in Gott, in den religiös integrierten und legitimierten »künstlichen Menschen«: in den Staat des *Leviathan*. Als ein Besonderes ist das Individuum der Epoche unmittelbar Personifikation des Allgemeinen: des göttlichen Logos in Ökonomie und Politik. Die *metaphysische Politik-Ökonomie* ist dem *metaphysischen Individuum* analog. – Diese Formen der sozialen Integration und Individuierung des Menschen spiegeln eine tiefe Spaltung der gesellschaftlichen Welt des *Leviathan:* Indem der Einzelne seine Identität im Allgemeinen erlangt, ist aus diesem alles Nichtidentische ausgeschlossen, so daß der *Leviathan* nach innen und außen eine repressive, konformistische Einheit bildet – ein System der Spaltung durch Ungleichheit, durch Masochismus und Sadismus. Der masochistischen Erlangung von Ich-Identität der handelskapitalistischen Bürger durch Identifikation mit dem Allgemeinen entspricht ein System des Sadismus: die Unterwerfung und Versklavung der arbeitenden Klassen innerhalb Englands einerseits, die Gewalt der europäischen Welteroberung und Weltausbeutung nach 1492 andererseits (vgl. Marx: MEW 23: 741ff.).

Das Ende des Merkantilismus und des rationalen Absolutismus kommt mit den bürgerlichen Revolutionen um 1765/1820: der Industriellen Revolution, der Amerikanischen und Französischen Revolution, der Befreiung Lateinamerikas von spanischer und portugiesischer Herrschaft. Nun erst scheint sich der Logos vollends über den Mythos zu erheben und ihn hinter sich zu lassen; im Liberalismus scheint die Aufklärung verwirklicht.

2.1.1 Das Individuum in der Politik-Ökonomie des Leviathan

Der Merkantilismus kann durch eine Reihe von *Prinzipien* bestimmt werden, die besonders klar in den Schriften des herausragenden Politischen Ökonomen der Epoche: *Sir William Petty,* formuliert sind. Petty hat seine wichtigsten Schriften zwischen 1662 und 1687 verfaßt (in: Petty 1986). Von überragender Bedeutung ist *Hobbes'* politische Theorie des *Leviathan*

(1651): denn der Handels-Kapitalismus bedarf eines rationalen Staates, der die Ökonomie als Politik-Ökonomie konstituiert und funktionsfähig hält.

Die Prinzipien des Merkantilismus bestimmen eine *doppelt durch Ungleichheit – Gewalt – gespaltene frühbürgerliche Weltgesellschaft*. Weil im Handelskapitalismus die Logik des Kapitals auf die *Sphäre der Zirkulation* begrenzt ist, vermag der Merkantilismus den kapitalistischen Reichtum nicht aus sich heraus hervorzubringen; das Handelskapital entbehrt der Logik der Reproduktion der Verhältnisse. Daher bedarf der Handelskapitalismus nicht-kapitalistischer Produktionsweisen in den merkantilistischen ebenso wie in den nicht-merkantilistischen Ländern; daher bedarf der Handelskapitalismus eines Handelsstaates zur Konstitution und Funktionssicherung des Akkumulationsprozesses. – Einerseits folgt die *Sphäre der Produktion* in den merkantilistischen Ländern einem anderen gesellschaftlichen Organisationsprinzip. – Andererseits stehen die *Länder des Handelskapitals* anderen *Ländern, die nicht-kapitalistischen Prinzipien folgen,* in Form eines Verhältnisses der Ungleichheit entgegen. In Rücksicht auf diese zweite Ungleichheit zeichnen die merkantilistischen Prinzipien den Handelskapitalismus als eine Nationalökonomie aus, die auf den Weltmarkt gerichtet ist und *ungleich entwickelte* Regionen durch *ungleichen Tausch* in Beziehung setzt: als System europäischer Welteroberung und Weltausbeutung. – Endlich konstituiert ein handelskapitalistischen Interessen folgender Staat die Zirkulations-Ökonomie und integriert diese durch Gewalt mit der Sphäre der Produktion im Inneren und nach außen. – So sind die merkantilistischen Prinzipien, im weltökonomischen System der Ungleichheit, allein die Prinzipien der handelskapitalistischen Nationen: der Niederlande, dann – ab 1651 (Navigationsakte) – Englands. Analog müssen die Länder und Regionen, an denen die Nationen des Merkantilismus sich bereichern, entgegengesetzten Prinzipien folgen.

Die doppelte Ungleichheit, die den Handelskapitalismus konstituiert, setzt diesen umgekehrt als ein System innerer Gleichheit, das alles Ungleiche, Nichtidentische ausschließt; Gewalt ist das Verhältnis zu den nicht-kapitalistischen Produktionsweisen im Inneren und in den nicht-merkantilistischen Regionen. Das *Verhältnis von Individuum und handelskapitalistischer Gesellschaft* ist ein Verhältnis der Erlangung individueller Identität durch Aufhebung des Einzelnen in ein abstrakt-sinnliches Allgemeines. Das Ganze ist kein System der »Identität von Identität und Nichtidentität« (Hegel: Bd. 2: 96), sondern ein Verhältnis der Identität gegen die Nichtidentität. Die Welt des Handelskapitals ermangelt mithin einer gesellschaftlichen, übersinnlichen Allgemeinheit, die sich gegen die sinnliche Welt der lebendigen Menschen verselbständigt hat. Diese Allgemeinheit wird einerseits, traditionell, politisch bestimmt: daher ist der Merkantilismus eine »politische Ökonomie« (Petty 1691: 175). Vor allem aber besteht die Einheit der Welt weiterhin, metaphysisch: in Gott. Insofern ist dem Handelskapitalismus die, durch den Calvinismus und den Puritanismus vollzogene, religiöse Rationalisierung konstitutiv. Hobbes' *Leviathan* (1651) spricht dieses System aus: als System der ökonomisch-gesellschaftlichen Ungleichheit und Gewalt; als System der politischen und vor allem theologischen Integration, in dem der Einzelne im rationalen Allgemeinen des politisch-religiösen Staates aufgeht.

Der *erste Grundsatz* des Merkantilismus lautet in der frühen dogmatischen, noch unreflektierten Form: Das Ziel der Ökonomie ist Bereicherung als Aneignung von Geld. Geld – und das bedeutet unmittelbar: Gold und Silber – ist Reichtum im Unterschied zu Waren. Beiden, Geld und Waren, kommt ein »Wert« zu; insofern sind sie austauschbar, insofern vermag das Geld alles zu messen (Aristoteles: Nik. Ethik: V. Buch/8. Kap.). Aber der Wert des Geldes unterscheidet sich vom Waren-Wert zentral: »Silber und Gold«, lehrt Hobbes (1651: 213), haben »ihren Wert aus dem Material selbst«, so daß dieser »nicht durch die Macht eines oder mehrerer Gemeinwesen geändert werden kann« und konstant ist – die Edelmetalle sind darum unmittelbar Weltgeld. Petty (1682) wiederholt dieses Dogma bisweilen: Das Silber ist eine »Ware, deren Material mit dem Geld identisch ist« (ebd. 290). In der Sprache des Liberalismus: Im Gebrauchswert der Edelmetalle, vor allem des Silbers, liegt ihr Tauschwert. So ist das Edelmetall-Geld »ein allgemeines Maß für die Waren an allen Orten« (Hobbes 1651: 213). Die Warenwerte sind veränderlich; das Geld aber ist die Inkarnation des Werts und somit exklusiver Reichtum. Der Merkantilismus scheint insofern noch auf der Stufe der vorbürgerlichen Subsistenz-Ökonomie zu stehen, die gesellschaftlichen Reichtum als endlich-stofflich, als Subjekt-Objekt auffaßt. Weil Reichtum als gesellschaftlich-sinnlicher Gebrauchswert gefaßt ist, wird die aristotelische Lehre, der Wert des Geldes bestehe im Bedürfnis, rezipiert. Der geldorientierte Handel bedarf des konsumorientierten Käufers. – So konnten, von Aristoteles (Politik: Erstes Buch/Kap. 8-10) bis Luther (1524/20), Handel und Wucher kritisiert werden: Die Personifikationen der Chrematistik schienen, der gottähnlichen Seele abgewandt, unter den Imperativen körperlicher Interessen zu existieren. Der Handelskapitalismus jedoch rechtfertigt den Geld-Reichtum calvinistisch-puritanisch: das Bedürfnis-Geld sei Produkt masochistischer Arbeit und repräsentiere eine aufgesparte Bedürfnisbefriedigung – eben Fleiß und Sparsamkeit.

So ist der merkantilistische Edelmetall-Geld-Fetischismus, weil in ihm Naturstoff und gesellschaftliches Verhältnis – Subjekt und Objekt – zusammenfallen, theologisch begründet: *ökonomische Metaphysik.* Das Geld ist einerseits ein allgemeiner, rationaler Wert-Messer, andererseits als aufgespartes Bedürfnis Ausdruck gottgefälliger Triebunterdrückung: Befreiung der Seele für Gott – durch göttliche Gnade. Petty betont die *rationale, berechnende Seite* und folgt darin dem Empirismus Francis Bacons:

»Die ... von mir angewandte Methode ist noch nicht sehr gebräuchlich. Denn anstatt nur komparative und superlative Worte oder intellektuelle Argumente zu gebrauchen, habe ich den Weg eingeschlagen (als ein Muster der Politischen Arithmetik, das ich schon seit langem im Sinn hatte), mich in den Termini *Zahl, Gewicht* und *Maß* auszudrücken, mich nur aus sinnlicher Erfahrung abgeleiteter Argumente zu bedienen und nur solche Ursachen zu betrachten, die sichtbare Grundlagen in der Natur haben. Dabei überlasse ich solche Argumente den Erörterungen anderer, Argumente, die von wankelmütigen Neigungen, Ansichten, Gelüsten und Leidenschaften einzelner abhängen...« (Petty 1690: 221 f.)

Die berechnende Rationalität gründet in Gott: sie setzt immergleiche Kausalrelationen voraus und führt dadurch auf Gott als eine letzte Ursache zurück, die nicht wiederum als Wirkung auf eine tiefer liegende Ursache zurückverweist (Hobbes 1651: 90).

Die *Bereicherung,* die Aneignung von Edelmetall-Geld, erfolgt – wie Petty lehrt – im Handel auf dem Weltmarkt: in der Sphäre der Zirkulation. Vorausgesetzt ist, daß Waren und Geld Privateigentum und nicht Gemeineigentum oder Eigentum eines absoluten Herrschers sind – Petty (1690: 236-238) lobt die Politik der Niederlande, die das Privateigentum sichert und den Außenhandel fördert.

»Da nun der Reichtum jeder Nation hauptsächlich in dem Anteil besteht, den sie am Außenhandel mit der gesamten Handelswelt hat, vielmehr als am einheimischen Handel und Gewerbe mit gewöhnlichen Eßwaren, Getränken und Kleidern usw., die wenig Gold, Silber, Juwelen und anderen, universellen Reichtum einbringen, ...« (Petty 1690: 268)

»Der große und letzte Effekt des Handels ist nicht der Reichtum überhaupt, sondern insbesondere der Überfluß an Silber, Gold, Juwelen, die nicht vergänglich sind noch so wandelbar wie andere Waren, sondern Reichtum zu allen Zeiten und an allen Orten; wohingegen Überfluß an Wein, Korn, Geflügel, Fleisch usw. Reichtum sind, aber *pro hic et nunc.* So ist das Erzeugen solcher Waren und das Treiben solchen Handels, der ein Land mit Gold, Silber, Juwelen usw. versieht, vor anderen vorteilhaft. Aber die Arbeit der Seeleute und die Schiffsfracht sind stets von der Art einer exportierten Ware, ihr Überschuß über die Einfuhr bringt Geld ins Land usw.« (Petty 1690: 233 f.)

Die Weltökonomie ist vorausgesetzt als ein Zusammenhang von Arbeitsteilung und Austausch. Der Handel integriert die Welt zu einer handelskapitalistischen Weltökonomie. Waren werden nicht gekauft, um sie zu konsumieren, sondern um sie mit Gewinn zu verkaufen. Der Handel geht vom Geld aus, das als Kapital eingesetzt wird, um Waren zu kaufen, die dann gegen mehr Geld verkauft werden. Das läßt sich durch folgende Formel beschreiben: Geld – Ware – Geld + Geldgewinn (G–W–G') (Marx: MEW 23: 161 ff.). Das Geld, so lautet der merkantilistische Imperativ, ist nicht als Schatz aufzuhäufen, sondern stets aufs Neue in die Zirkulation zu werfen, um mehr Geld zu zeugen (Petty 1662: 40; 1682: 292, 294). Der Händler kann allerdings seine Ware nur verkaufen, wenn er auf einen konsumorientierten Käufer trifft, der Handel in der traditionellen Form Ware–Geld–Ware/Konsum treibt. Der vorausgesetzte Geldreichtum des Händlers beruht umgekehrt auf Nicht-Konsum. Der sparsame Händler wird reich, der Konsument arm.

Die Kaufleute können nun aus einem doppelten Grund für die verkauften Waren mehr Geld verlangen, als sie selbst hingaben: entweder nur deshalb, weil sie die Waren weiter beförderten und verteilten (Zwischenhandel) (Petty 1690: 233f.), oder – zusätzlich – weil sie die Waren (Rohstoffe wie Wolle oder Seide) weiter verarbeiten ließen (etwa zu Tuchen). Die Kaufleute haben daher ein Interesse an der *Rationalisierung der Produktion*, der Entwicklung von Manufakturen, der Arbeitsteilung, zur Steigerung der Arbeitsproduktivität. Petty (1683: 318) lobt die manufakturelle, städtische Produktionsweise, weil sie das »Werk eines jeden Arbeiters einfach und leicht«, das Arbeitsprodukt »wohlfeiler und besser« macht. Die Kaufleute interpretieren sich demnach als masochistische, Konsumverzicht leistende und arbeitende Individuen. Ziel der Arbeit ist nicht Bedürfnisbefriedigung, sondern Akkumulation von Geldreichtum. Durch die Manufakturen wird die gesellschaftliche Arbeitsteilung ins Innere der Werkstatt von Handwerkern verlängert.

Aber die produzierten Waren bilden bloß die Bedingung der Bereicherung, nicht den Reichtum selbst. Erst der Waren-Verkauf erbringt Reichtum: Geld, Edelmetalle. Petty (1690: 230) konstatiert: »Es ist viel mehr zu gewinnen durch Manufakturen als durch Landwirtschaft und durch Handel mehr als durch Manufakturen.« Handel einerseits und Warenproduktion andererseits fallen nach ihrem *gesellschaftlichen Organisationsprinzip* auseinander: Allein der Handel ist der genuine Ort dieser frühen bürgerlichen Ökonomie, des ökonomischen Rationalismus. In der Sphäre der Produktion herrscht, umgekehrt, vorbürgerliche *Gewalt:* persönliche Abhängigkeit, physisch-sadistischer Arbeitszwang. Die soziale Gemeinschaft kann im Merkantilismus nicht gesellschaftlich-ökonomisch integriert werden, sondern nur politisch. Der Preis der Arbeitskraft wird nicht ökonomisch-monetär, sondern politisch bestimmt. Insofern ist die Arbeitskraft im Merkantilismus keine Ware. Der Merkantilismus ist ein System der Zirkulation, obwohl er die Rationalisierung der Produktion in der Landwirtschaft und im Handwerk betreibt.

Durch Handel und rationelle Produktion in Landwirtschaft und Handwerk, durch *Fleiß und Arbeit,* durch *Verzicht auf Warenkonsum,* eignen sich die Kaufleute Geld an, das sie nicht besessen haben, und verwandeln Geld in immer mehr Geld. Der Handel, als Tausch von Ware (Nicht-Reichtum) gegen Geld (Reichtum), ist ein *ungleicher Tausch.* Indem die Kaufleute durch Waren-Verkauf fremdes Geld erhalten, bereichern sie sich – denn sie erhalten Geld, das sie reinvestieren, um Kapital zu bilden; ihre Handelspartner aber verarmen – denn sie erhalten bloß Waren, die sie konsumieren. Die Differenz von Waren und Geld entspricht der Differenz von Konsum und Triebverzicht, von Luxus und Sparsamkeit, von Faulheit und Fleiß, von Armut und Reichtum.

Um das Ziel der Aneignung von Geld-Reichtum zu realisieren, müssen mehr Waren produziert als konsumiert, mehr Waren ver- als gekauft, mehr Waren ex- als importiert werden. So ist der Ware-Geld-Tausch aus merkantilistischer Sicht ein *ungleicher Tausch:* Die Länder des Fleißes und der Sparsamkeit akkumulieren Reichtum, die Länder der Faulheit und des Konsums fallen in Armut. Die zentrale Institution, das alles überragende Ziel des Handelskapitalismus ist deshalb: eine *unausgeglichene Handelsbilanz,* ein Überschuß des Warenexports über den Warenimport. Dies ist das bekannteste Prinzip des Merkantilismus.

Die *Prinzipien des Merkantilismus* sind *nicht verallgemeinerbar.* Würden alle Nationen diesen Prinzipien folgen, würden sich Bereicherung und Verarmung am Ende ausgleichen. Die Länder des Merkantilismus bedürfen daher *nicht-merkantilistischer Länder.* Deren Ökonomie muß Prinzipien folgen, die den merkantilistischen entgegengesetzt sind.

Vor allem sind diese nicht-bürgerlichen keine Handel treibenden Länder in dem Sinne, daß Geld – vermittelt durch Warentausch – in Kapital verwandelt wird. Diese Länder folgen nicht der chrematistischen, sondern der *ökonomischen Tauschform:* Ware–Geld–Ware/Konsum. Den Merkantilisten scheinen sie dem Luxus ergeben und nicht: als sparsam.

Als *Reichtum* gilt in diesen Ländern nicht – jedenfalls nicht an erster Stelle – das Geld. Da die vorbürgerliche Ökonomie durch soziale Ungleichheit und den Grundbesitz als zentrale gesellschaftliche Institution ausgezeichnet ist, können die nicht-merkantilistischen Länder nur die Macht über Land und Menschen zugleich als Reichtum interpretieren. Die periphere Stellung des Geldes zeigt an, daß die nicht-merkantilistischen Länder nicht sozialökonomisch über interne Arbeitsteilung und einen internen Austausch integriert sind, sondern ein Mosaik von Grundherrschaften darstellen, die in sich geschlossen, nahezu autark und auf die Produktion und den Konsum von Gebrauchswerten ausgerichtet sind.

Diesem Verständnis von Reichtum entsprechend kann *Bereicherung* nur durch Gewalt: durch Krieg, Eroberung von Ländern und Unterwerfung von Menschen, erfolgen. Die Form der Herrschaft ist die persönliche Herrschaft. Durch die Verknüpfung der Herrschaft über Land mit der persönlichen Herrschaft über Menschen bilden die nicht-merkantilistischen Länder eine lose Verbindung von lokalen Subsistenzwirtschaften. Den Merkantilisten erscheinen die nicht-merkantilistischen Länder regiert von irrationaler, willkürlich-absoluter, persönlicher Gewalt.

Die nicht-merkantilistischen Länder forcieren auch nicht die Entwicklung der Arbeitsproduktivität in Landwirtschaft und Handwerk, um Waren zu produzieren für den Tausch gegen Geld. Diese Länder kaufen nicht Waren, um sie weiterzuverarbeiten und zu verkaufen, sondern um sie zu konsumieren. Wenn die merkantilistischen Länder sich als fleißig interpretieren, so gelten ihnen die Menschen in den nicht-merkantilistischen Ländern als faul.

Vor allem aber müssen die nicht-merkantilistischen Länder über *Rohstoffe* verfügen, die in den merkantilistischen Ländern verarbeitet werden. Noch wichtiger ist, das sie als *Geld-Besitzer* vorausgesetzt sind. Da das Geld nicht aus dem Handel stammen kann, muß es geraubt oder durch andere Formen von Gewalt – etwa durch Zwangsarbeit – angeeignet worden sein. Ohne diesen Geldbesitz könnten die nicht-merkantilistischen Länder ihre Funktion als Konsumenten von Waren nicht erfüllen. Im Waren-Kauf verlieren sie ihren – merkantilistischen – Reichtum; sie verarmen, aus bürgerlicher Sicht, durch ungleichen Tausch. Die nicht-merkantilistischen Länder erfüllen für die merkantilistischen die Funktion des Lieferanten von Edelmetallen, allgemein von Rohstoffen, und des Absatzmarktes für Manufakturwaren. Die merkantilistische *Bereicherung* beruht, nach handelskapitalistischem Dogma, auf der *Verarmung* nicht-merkantilistischer Länder.

Die *merkantilistische Weltökonomie* integriert mithin merkantilistische und nicht-merkantilistische Länder durch *Gewalt*. Die Bereicherung der handelskapitalistischen Länder gelingt nur: weil diese sich einerseits im Inneren auf ein System der Gewalt in der Produktion stützen; weil diese andererseits Außenhandel mit nicht-merkantilistischen Ländern betreiben, die auf Gewalt gegründet sind.

Weil sich die merkantilistischen Länder den Reichtum der nicht-merkantilistischen Länder aneignen, so daß die Bereicherung der einen Seite auf der Verarmung der anderen beruht, kann eine isolierte merkantilistische Ökonomie sich nicht erhalten. Sie kann Reichtum nicht selbst erzeugen; sie vermag sich nicht selbst zu reproduzieren. Der Handelskapitalismus ist kein selbstgeregeltes System. Er bedarf eines *Handelsstaates*, der die Logik des Merkantilismus durch *Gewalt nach innen und außen* exekutiert. Integraler Bestandteil des Handels-Kapitalismus sind daher *politische Maßnahmen:* der Merkantilismus ist eine *»Politische Ökonomie«* (Petty 1691: 175). Diese Maßnahmen gelten zunächst der inneren Wirtschafts- und Gesellschafts-Politik, dann aber vor allem dem Außenhandel des merkantilistischen Staates. Im Bereich des Außenhandels umfassen die Maßnahmen: Importrestriktionen für Manufakturwaren; Exportförderungen für Manufakturwaren durch Rückzölle, Export-Prämien, Handelsverträge und Koloniegründungen; Importförderungen für Rohstoffe; Exportrestriktionen für Rohstoffe (vgl. Smith 1776: IV. Buch/Kap. I-VIII).

Die *politischen Maßnahmen des Merkantilismus* verweisen auf die zentrale politische Voraussetzung des Handelskapitalismus, die – wie ein Blick auf das Heilige Römische Reich Deutscher Nation zeigt – um die Mitte des 17. Jahrhunderts in Europa keineswegs selbstverständlich ist: die Existenz eines *frühbürgerlichen Nationalstaates.* Nicht nur ökonomisch erfolgt im Merkantilismus eine zugleich abstrakt-übersinnliche und konkret-sinnliche soziale Integration im Medium des Geldes: besonderer Naturstoffe, die unmittelbar als gesellschaftlicher Reichtum gelten. Sondern auch die Politik bedarf einer entsprechenden abstrakt-konkreten Rationalisierung nach Maßgabe bürgerlicher Imperative, weil die Ökonomie unmittelbar *Politik-Ökonomie,* die Gesellschaft analog eine *»politische oder bürgerliche Gesellschaft«* (Locke 1690: 2./Kap.VII) ist. Der Fortschritt der Abstraktion auf diesen beiden Ebenen der Politik und der Ökonomie besteht in der Ablösung der persönlichen, willkürlich-absoluten Herrschaft von Menschen über Menschen, in der Überwindung zersplitterter feudaler Grundherrschaften, in der Konstitution einer abstrakt-konkreten, übersinnlich-sinnlichen sozialen Einheit. Der Merkantilismus fordert eine rationale Politik, die über die mythologische – Gesellschaft und Natur unmittelbar verknüpfende – Herrschaftsform des Grundeigentums hinaus ist und sich auf die Basis der Berechnung der Welt stellt: rationales Recht, vor allem eine rechtliche Garantie privaten Eigentums; ein berechenbares Steuersystem, dem alle Bürger gleichermaßen unterworfen sind; moderne bürokratische Staatsverwaltung; Rationalisierung der Staatsfinanzen; Zentralisierung der Gewalt; legitime Herrschaft. Das zentrale Instrument dieser Politik ist nicht länger die hauswirtschaftliche Buchführung, sondern die *Statistik.* Deren Begründer ist zugleich der bedeutendste merkantilistische Ökonom Englands: Sir William Petty. Allein statistisch ließ sich messen, ob politische Maßnahmen zur Steigerung nationalen Geld-Reichtums erfolgreich waren oder nicht; allein statistisch ließ sich die Handelsbilanz bestimmen. Petty (1690) nennt deshalb die »Politik-Ökonomie«: *»Politische Arithmetik«.* Diese ist die handelskapitalistische Entfaltung der divina proporzione.

Diese *Rationalisierung der Politik* erfolgt mithin, analog zur Ökonomie, auf *metaphysischer Grundlage.* Die Politik, die alles berechnet, entspricht der Geldrationalität auch darin, daß die *kausale Rationalität und Berechnung* auf Gott zurückgeführt wird: die Kausalrationalität erscheint als Form der göttlichen Welterschaffung, so daß Gott als erste Ursache, die Welt als seine Wirkung gilt. In dieser göttlichen Welteinheit, in dieser metaphysischen Einheit von Subjekt und Objekt, ist auch der merkantilistische Staat kein Abstraktum, sondern als Abstraktum ebenso ein Konkretum wie das Geld. Petty, Professor für Anatomie, zieht eine Parallele zwischen dem menschlichen Körper und dem *»Staatskörper«* – beide sind vom gleichen Logos, beide koinzidieren durch die Verschmelzung von Besonderem und Allgemeinem.

»Sir *Francis Bacon* hat in seinem Werk ›Fortschritt der Wissenschaft‹ eine in vielerlei Hinsicht scharfsinnig zu nennende *Parallele* zwischen dem *natürlichen Körper* und dem *Staatskörper* sowie der Kunst gezogen, beide bei Gesundheit und Stärke zu erhalten. Und da nun die Anatomie die solideste Grundlage für die Ausübung dieser Kunst am natürlichen Körper ist, ist es verständlich, daß die Anatomie auch diese Grundlage für ihre Anwendung an einem Staatskörper abgibt. Denn eines ist klar, das Praktizieren am Staatskörper – ohne dessen Symmetrie, Struktur und Proportion zu kennen – ist ebenso unsicher wie die Praxis alter Weiber und Pfuscher.« (Petty 1691: 129)

Wenn der Handelskapitalismus stofflich-gesellschaftlichen Geldreichtum auf der Grundlage einer gewaltsamen Produktion im Inneren der merkantilistischen Nationen durch den Außenhandel mit nicht-merkantilistischen Ländern in Kapital verwandelt, dann gründet er noch auf einer göttlichen Welteinheit, dann hat er den göttlichen Logos in die Rationalität des Geldes verwandelt. In dieser Einheit ist der Handelsstaat ein Staat des metaphysischen Individuums, das seine Identität im Allgemeinen des göttlichen Logos besitzt. Dieses Allgemeine hat Hobbes (1651), noch vor Petty, als einen *»künstlichen Menschen«* – als *Leviathan* – bezeichnet, der jenen Logos auf Erden repräsentiert und sich aus den Bürgern des metaphysischen Staates – *»natürlichen Menschen«* – zusammensetzt:

»Die *Natur* (die Kunstfertigkeit, vermittelst welcher Gott die Welt erschaffen hat und regiert), wird durch die *Kunstfertigkeit* des Menschen, wie in vielen anderen Dingen, so auch hierin nachgeahmt, daß sie ein künstliches Tier erschaffen kann. Denn da ja das Leben nur eine Bewegung von Gliedern ist, deren Beginn in irgendeinem Hauptteil liegt, warum können wir dann nicht sagen, daß alle *Automaten* (Maschinen, die sich durch Federn und Räder bewegen, wie es eine Uhr tut) ein künstliches Leben haben? Denn was ist das *Herz* anderes als eine *Feder*, was sind die *Nerven* anderes als lauter *Stränge* und die *Gelenke* anderes als lauter *Räder*, die dem ganzen Körper Bewegung verleihen, wie es vom Konstrukteur beabsichtigt wurde? Die *Kunstfertigkeit* geht noch weiter, indem sie jenes vernunftbegabte und höchst vortreffliche Werk der Natur, den *Menschen*, nachahmt. Denn durch Kunstfertigkeit wird jener große *Leviathan*, *Gemeinwesen* oder *Staat* (lateinisch *civitas*), erschaffen, der nur ein künstlicher Mensch ist (wenn auch von größerer Statur und Kraft als der natürliche Mensch, für dessen Schutz und Verteidigung er beabsichtigt wurde) und in dem die *Souveränität* eine künstliche *Seele* ist, insofern sie dem ganzen Körper Leben und Bewegung verleiht; die *Richter* und anderen *Beamten* der Jurisdiktion und Exekutive künstliche *Gelenke* sind; *Belohnung* und *Strafe* (durch die jedes Gelenk und Glied am Sitz der Souveränität befestigt ist und veranlaßt wird, seine Pflicht zu tun) die *Nerven*, die das gleiche im natürlichen Körper tun; *Wohlstand* und *Reichtum* all der einzelnen Glieder die *Kraft*; *salus populi* (die *Sicherheit des Volkes*) seine *Aufgabe*; *Ratgeber*, die ihm alle Dinge, die er wissen muß, eingeben, das *Gedächtnis*; *Billigkeit* und *Gesetze* künstliche *Vernunft* und künstlicher *Wille*; *Eintracht Gesundheit*; *Aufruhr Krankheit* und *Bürgerkrieg Tod* sind. Schließlich gleichen die *Verträge* und *Abkommen*, durch welche die Teile dieses Staatskörpers zuerst geschaffen und vereint wurden, jenem *Fiat* oder *Lasset uns Menschen machen*, das Gott bei der Schöpfung aussprach.« (Hobbes 1651: 5-7; siehe ebd. 6 f. und 208-215)

Der »künstliche Mensch« ist die Kehrseite des metaphysischen Individuums, das durch seine Erhebung zum Ebenbild Gottes mit dem Allgemeinen als einem Staat verschmilzt, der Erscheinungsform des göttlichen Logos ist. Darum gilt Hobbes der absolute *Monarch als Personifikation des göttlichen Willens*, der herrscht bis zum »zweiten Kommen« Gottes, bis zur Errichtung des »Königreichs Gottes auf der Welt«; darum verachtet er den Papst als Herrscher im »Königreich der Finsternis«, der die Menschen »an der Vorbereitung auf das künftige Königreich Gottes« hindert (ebd. 509ff.; Zitate: 509, 511; siehe: Die Bibel: Offenbarung des Johannes, 20-22).

Das dem Merkantilismus zugehörende *politische System* ist, wie Hobbes' Civil Philosophy zeigt, ein *rationaler Absolutismus* (vgl. Wallerstein 1974: 195-243), dessen Rationalität in Gott gründet. Einerseits steht der Handelskapitalismus unter der Rationalität des Geldes, das andererseits stofflich als Edelmetall-Reichtum gefaßt ist. So sind auch die Menschen auf dieser zugleich abstrakt-rationalen und sinnlichen Grundlage nicht gleich, sondern – wie in vorbürgerlichen Gesellschaften – ungleich. Der rationale Absolutismus ist eine Übergangsform. Er antizipiert metaphysisch die bürgerliche Form einer Herrschaft der unpersönlichen Vernunft (Gleichheit) auf der vorbürgerlichen Grundlage einer persönlichen Herrschaft von Menschen über Menschen. Der absolute Monarch des *Leviathan* steht unter der göttlichen Herrschaft der Geldrationalität, der berechnenden Vernunft, und übt zugleich persönliche, absolute Gewalt aus. Er verkörpert in seiner Person: den göttlichen Logos; die abstrakte Einheit der Handels-Gesellschaft, die Rationalität des Handels; die Einheit der Nation. So ist er das *Geld des Politischen:* er ist, als eine zugleich abstrakt-rationale und sinnlich-lebendige Person, die Einheit aller *»natürlichen Menschen«* – ein *»künstlicher Mensch«*. Indem der Monarch der göttlichen Kausal-Rationalität unterworfen ist, ist er weder ein Tyrann noch ein Despot. Die Konstruktion des absoluten Monarchen ist von demselben Widerspruch geprägt wie die Konstruktion des Geldes.

Die merkantilistische Politik-Ökonomie ist ein System *struktureller gesellschaftlicher, ökonomischer und politischer Ungleichheit, Gewalt:* sowohl international (merkantilistische – nicht-merkantilistische Länder) wie innernational (Handel – Produktion). *International* bereichern sich die Länder des Handelskapitalismus an den nicht-merkantilistischen Ländern, die verarmen: der ungleiche Tausch setzt eine ungleiche gesellschaftliche Entwicklung voraus und reproduziert diese. *Innernational* bedeutet die Ungleichheit: Spaltung der Gesellschaft in Kapitalisten, die aufgrund göttlicher Gnade durch den Masochismus von Fleiß und Sparsamkeit ihre Seele zu Gott erheben und dadurch Kapital akkumulieren, einerseits; triebversessene Arme andererseits, die der Gnade nicht teilhaftig sind und deshalb sadistisch an die Arbeit in Landwirtschaft und Handwerk zu setzen sind. Weil die Verhältnisse in den Nationen des Handelskapitalismus ebenso wie auf dem Weltmarkt durch Ungleichheit bestimmt sind, durch Aneignung fremden Reichtums, ist die Politik-Ökonomie des Merkantilismus und des rationalen Absolutismus bestimmt durch einen *bellum omnium contra omnes* (Hobbes 1651: 104): durch »Macht« und »Gewalt«.

Insofern ist die handelskapitalistische Gesellschaft, ist die merkantilistische Welt – im präzisen Sinn – keine Gesellschaft. Weil sie auf gesellschaftlicher Ungleichheit beruht, ist sie nicht gesellschaftlich-ökonomisch integriert, sondern politisch und religiös: eine *»politische Gesellschaft«;* die Ökonomie ist eine *»Politik-Ökonomie«*. Die politisch-religiöse Integration auf Basis sozial-ökonomischer Ungleichheit ist eine Integration im Medium von Gewalt, von Macht und Kampf. Daraus ergibt sich die zentrale Bedeutung der naturrechtlichen Staatstheorien – von Hobbes' *Leviathan* bis zu Lockes (1632-1704) *Zwei Abhandlungen über die Regierung* (1690) – für den Merkantilismus: in ihnen wird die politisch-gesellschaftliche Integration, die Einheit von politischer Gesellschaft und politischer Ökonomie, geklärt.

Weil der Merkantilismus kein in sich kreisendes System ist, ist das *Kapital* auf dieser Stufe seiner Entfaltung sich *nicht Selbstzweck*. Der Imperativ, Geld in mehr Geld – Kapital – zu verwandeln, hat zwar seit dem Spätmittelalter Vorrang gegenüber der traditionellen Ökonomie als Haus- und Landwirtschaft gewonnen. Aber das Kapital bereichert sich nur an vorbürgerlichen Produktionsweisen, die gebrauchswert- und konsumorientiert wirtschaften. Der kapitalistische Reichtum ist von äußeren, traditionellen Bedingungen abhängig und hat sich von diesen keineswegs emanzipiert. Der Zweck der Bereicherung erscheint noch als traditioneller: als religiöser Zweck. Dieser ist metaphysisch rationalisiert, nicht eliminiert. Der Merkantilismus ist die *Politische Ökonomie der calvinistischen Reformation*. Wie Descartes Naturwissenschaften und Technik noch auf das Fundament einer Metaphysik stellt, so beantwortet Petty die Frage, womit »wir« uns »beschäftigen«, wenn »wir« die reichste Nation geworden sind, calvinistisch:

»Ich antworte: mit dem Nachdenken über die Werke und den Willen Gottes, das zu fördern ist sowohl durch die Muße als auch durch die Genüsse des Leibes, sowohl durch die Ruhe als auch durch die Heiterkeit des Gemüts. Und diese Übung ist der natürliche Zweck des Menschen in dieser Welt, und sie ist zugleich diejenige, die ihn auf seine geistige Glückseligkeit in jener anderen künftigen Welt am besten einstimmt.« (Petty 1691: 123 f.)

Nicht das Geld, sondern Gott ist die Metaphysik des Merkantilismus.

Das berühmte, aufwendige Titelbild der Erstauflage des *Leviathan* von Hobbes aus dem Jahre 1651 enthält alle Bestimmungen des handelskapitalistischen, rational-absoluten Staates. Es zeigt den Oberkörper eines Mannes, der durch Krone und Zepter als König erkennbar ist. Dieser König erscheint durch das Schwert sowie durch die zahllosen Männer, die seinen Körper bilden, als körperliche Einheit einer kriegerischen Gemeinschaft. Die Untertanen sind bloße Glieder des königlichen Körpers. Der König steht beschützend über einer geordneten Stadt. Dieses Gesamtbild ruht auf zwei Säulen. Die linke zeigt in fünf Bildern Elemente einer königlichen Streitmacht: eine Festung, eine Krone, eine Kanone, Musketen, eine Schlacht. Die rechte Säule hingegen enthält – ebenfalls in fünf Bildern – Zeichen geistlicher Autorität: eine Kirche, eine Bischofmütze, Bannstrahlen, die logischen Disputationswerkzeuge philosophierender Theologen (Scholastiker), endlich ein Konzil. So ist der Leviathan ein Staat: der auf

Theologie und gewaltsamer Ungleichheit beruht; der durch einen Monarchen anschaulich-sinnlich personifiziert ist. Der Monarch aber ist – als ein Ganzes der Untertanen – nicht als *»natürlicher Mensch«,* sondern nur als abstrakte Personifikation des Staates relevant: als *»künstlicher Mensch«;* analog sind die »natürlichen Menschen«, als Glieder des Leviathan, Elemente des »künstlichen«. Der Leviathan ist ein Staat: in dem die Einzelnen im Allgemeinen aufgehen; der durch das Schwert des sinnlich-übersinnlichen Monarchen nach innen und außen integriert ist.

Der Merkantilismus ist ökonomisch der Kapitalismus als Handelskapitalismus, der Kapitalismus in der Sphäre der Zirkulation, während der Epoche der europäischen Welteroberung; der Handelskapitalismus verwandelt die Produktion von einer feudalen und zunft-handwerklichen Subsistenzproduktion in eine Warenproduktion durch rationalisierte Landwirtschaft und Handwerk. Der Merkantilismus ist politisch das System in der Epoche des rationalen Absolutismus. Der Merkantilismus findet seine Legitimation in der Reformation: durch den Calvinismus und den Puritanismus. Der Merkantilismus gehört philosophisch der Epoche der Metaphysik an.

2.1.2 Calvinismus und Puritanismus

Als politisch-ökonomische Metaphysik stehen der Handelskapitalismus und der rationale Absolutismus des *Leviathan* auf dem Boden einer immer noch göttlichen Welteinheit, einer immer noch mangelnden Differenzierung von Subjekt und Objekt, so daß Wirtschaft und Gesellschaft einer religiösen, christlichen Fundierung bedürfen.

Diese Notwendigkeit hatten die oberitalienischen Kaufleute während der Renaissance, angesichts der biblisch-mythologischen Verdammung der Chrematistik, hilflos zu lösen versucht durch Aufnahme Gottes als Teilhaber in das Geschäft, durch Spenden an die Armen und die Klöster, durch Errichtung von Kirchen und Klöstern. Auch Luthers Reformation bot keine Versöhnung von Kapitalismus und christlicher Dogmatik. Die strikte Lehre von den Zwei Reichen eröffnete die Freiheit des Christenmenschen durch Vereinigung und Versöhnung mit Gott allein in der Innerlichkeit der Seele; im Reich des Kaisers jedoch sei der Christenmensch der »Obrigkeit« »Gehorsam schuldig« (Luther 1523) – sofern die Obrigkeit die Zwei-Reiche-Lehre achtete; Widerstand sei andernfalls allein mit dem Wort Gottes zu leisten. So war die Hoffnung auf Erlösung auf die Innerlichkeit, auf das Außerweltliche gerichtet. Diesem Dogma entsprechend verdammte Luther alle, die das Reich der Freiheit im Diesseits suchten, deren Praxis von diesseitigen Interessen geleitet wurde: die aufständischen Bauern, die Händler und Wucherer, die Türken, die Juden insbesondere.

Erst mit dem *Calvinismus* und dessen Entwicklung zum *Puritanismus* läßt sich die kapitalistische Akkumulation christlich rechtfertigen: das belegt die Kaufmanns-Republik der Vereinigten Niederlande, das belegen die englischen Revolutionen von 1642/49 und 1688/89 ebenso wie das Selbstverständnis der ersten Siedler in Nordamerika. Von der Lehre Luthers unterscheiden sich diese Richtungen des asketischen Protestantismus, indem sie wohl die Versöhnung mit Gott als Unterdrückung der sinnlichen Innen- und Außenwelt des Christenmenschen explizieren, zugleich aber das Reich der Freiheit auch als diesseitiges auffassen – wie dies später Hobbes im vierten Teil des *Leviathan,* im Verweis auf die biblische *Offenbarung des Johannes,* ausspricht. So lassen sich diesseitige Interessen mit der Gewißheit der Versöhnung verknüpfen. – Indes scheint auch Calvin, in seinem Hauptwerk (1536/59: 1033-1057), Luthers Zwei-Reiche-Lehre zu folgen. Er postuliert, »daß es im Menschen ein *zwiefaches Regiment* gibt«: ein inneres in der Seele, ein äußeres im »bürgerlichen Regiment«. Es sei ein »jüdischer Wahn …, Christi Reich unter den Elementen dieser Welt zu suchen«. Anders als Luther betont Calvin aber, daß beide »Regimente« mit »vollem Recht von mir *verbunden* werden« (ebd. 1033). Denn das Reich des *»inneren* Menschen« erscheine in der Äußerlichkeit: Das weltliche Regiment »läßt zwar gewisse Anfänge des himmlischen Reiches schon jetzt auf Erden in uns beginnen« (ebd. 1034). Die Differenz der calvinistischen Reformation gegenüber dem Judentum ist nicht so radikal wie die der lutherischen Reformation. Darum entbehren die Texte Calvins der verbalen Pogrome, die sich in Luthers Schriften in großer Zahl finden.

Indes hat Calvin keine Schrift verfaßt, die – im Gegensatz zu Luthers *Von kauffshandlung und wucher* (1524/20) – den Handelskapitalismus unmittelbar rechtfertigt. – Es ist daher zunächst Calvins Lehre zu skizzieren, die dem metaphysischen Renaissance-Dogma folgt: der Mensch sei »Gottes Ebenbild«. Diese merkantilistisch-calvinistische Individualität besteht weiterhin in der Aufhebung des Besonderen im Allgemeinen; sie steht nicht auf der Stufe des späteren Kosmopolitismus, in dem »alle Menschen Brüder« werden. – Max Weber (1864-1920) hat die Lehre Calvins klassisch als christliche Rechtfertigung des Merkantilismus expliziert – daran ist im zweiten Schritt zu erinnern.

Johannes Calvin (Jean Caulvin) wurde am 10.7.1509 in Noyon (Picardie: Nord-Frankreich) geboren. Er studierte Rechtswissenschaften wie Luther. Als Anhänger der Reformation flüchtete er 1533 von Paris nach Basel. Seit

1536 war er Prediger in Genf; die Stadt hatte in diesem Jahr die Reformation angenommen. In demselben Jahr erschien Calvins Hauptwerk in der ersten Fassung: *Institutio Christianae Religionis* (Unterricht in der christlichen Religion). Er erweiterte das Werk, eine der Hauptschriften der Reformation, bis zur vierten und letzten Auflage 1559. Die Römische Kirche wies Calvin 1538 aus; der Reformator ging nach Straßburg. Dort bat eine Abordnung der Genfer Bürger, dem Kardinal Sadolet eine Antwort auf das Ansinnen zu geben, die Genfer sollten die Reformation rückgängig machen. Calvin verfaßte daraufhin im August 1539: *Musste Reformation sein?* 1541 wurde er nach Genf zurückgerufen. Weitere Schriften entstanden, etwa seine *Streitschrift gegen die Artikel der Sorbonne* (1544); *Von der ewigen Erwählung Gottes* (1551/62); *Zu den Fragen und Einwürfen irgendeines Juden* (1563). 1559 gründete Calvin die Genfer Akademie, die wichtigste Schule seiner Lehre. Er starb in Genf am 27. Mai 1564. Seine Lehre läßt sich von der kurzen Reformations-Schrift (1539) ausgehend skizzieren. Die Dogmen der Schrift sind im Hauptwerk (1536/59) äußerst umfangreich entwickelt; es kann daher nur sporadisch berücksichtigt werden. Andere Texte hingegen werden zitiert.

Calvins *reformatorische Lehre* ist deutlich vom *Geist der Renaissance* geprägt. Wie Vasari (1550/68) die *Geschichte* der Bildenden Kunst in die drei Epochen der Antike, des barbarischen Mittelalters und der rinascità einteilt, so verweist Calvin (1539: 19, 25) auf eine ursprüngliche »Alte Kirche« der Apostel; diese sei »schändlich verletzt und fast vernichtet« worden durch die »Tyrannei« der Römischen Kirche, den »römischen Papst«; dagegen müsse die Alte Kirche reformatorisch »wiederhergestellt werden«: durch einen Akt der »Wiedergeburt zu seligem Leben« der »aus dem Reich der Sünde Erlösten«, die von Christus zum »Ebenbild Gottes« umgebildet werden und ins »Reich der Gerechtigkeit« eintreten.

Die Reformation wendet sich mithin unmittelbar gegen die *»tyrannische Herrschaft« des »römischen Bischofs«* (1539: 7, 33): gegen das »Reich der Sünde« (ebd. 25). Der Papst, erkennt Calvin, sitzt »inmitten des Heiligtums Gottes« auf dem »Thron des Antichristen« (ebd. 33; vgl. ebd. 46). Tyrannisch und antichristlich sei die Römische Kirche, weil sie an die Stelle der »Autorität« des »Wortes Gottes« (ebd. 49) die »menschliche Autorität« (ebd. 35) von Papst und Klerikern gesetzt habe: weil an die Stelle Gottes nichts getreten sei als eine weltliche Herrschaft. Dadurch sei die »Wahrheit Gottes« auf eine »Willkürherrschaft« herunter gebracht (ebd. 46f.) und die »christliche Freiheit verschüttet« worden (ebd. 31).

Diese *Tyrannei des Papstes* und der Römischen Kirche insgesamt bestimmt Calvin durch eine Konstellation von gegenwärtigen *kirchlichen*

Institutionen. – Die Herrschaft einer nur »menschlichen Autorität« erscheine darin, daß die »Gläubigen« – die »einfachen und ungebildeten Menschen« – gehalten würden, »von der Sache selbst abzusehen und sich gelehrten Leuten anzuvertrauen.« (1539: 34, 36) So würden den Gläubigen der »Gehorsam« gegenüber der Kirche gelehrt, nicht gegenüber dem Wort Gottes (ebd. 44). – Auf einer höheren Ebene würde zwischen die Gläubigen und Gott die große Zahl der »Heiligen« gestellt, die zwischen den Menschen und Gott vermittelten, indem sie »Fürsprache« bei Gott einlegten. Die Heiligen würden »als Götter angerufen«, nicht Christus. Calvin vergleicht diese Heiligenverehrung mit dem »alten Götzenbilderkult« (ebd. 29). – Diese weltliche, menschliche Herrschaft der Kirche über die Gläubigen drückt sich, nach Calvin, im kirchlichen Dogma aus: daß die Gläubigen allein durch diesseitige »Bußübungen und Werke« ihre Sünden sühnen könnten (ebd. 26). Denn die »Lehrer des Christenvolkes«

»predigten uns zwar von Deiner (Gottes; G.S.) Nachsicht mit den Menschen – aber nur gegenüber denen, die sich würdig gezeigt hatten. Diese Würdigkeit verlegten sie nun in die Gerechtigkeit der Werke, so daß erst der von Dir (Gott; G.S.) in Gnaden aufgenommen wurde, der sich durch Werke mit Dir aussöhnte. Sie verheimlichten indessen nicht, daß wir armselige Sünder seien, die dabei oft an der Schwachheit des Fleisches litten. Ganz allgemein galt, allein Deine Barmherzigkeit sei der Hafen des Heils. Doch zeigten sie ja, wie man sie erlangte, wenn man Dir für Verstöße Genugtuung leiste. Damals wurde uns als Werk der Genugtuung folgendes aufgehalst: zuerst müßten dem Priester alle Sünden bekannt werden, und wir müßten um Vergebung und Absolution inständig bitten. Dann sollten wir durch gute Werke die Erinnerung an die schlechten tilgen. Zuletzt mußten wir zum Ausgleich des noch Fehlenden Opfer und feierliche Bußwerke hinzutun.« (Calvin 1539: 44 f.; zur Kritik der »Ohrenbeichte«: 28 f.; zur Kritik des Ablasses: 37)

– Wer indes die Sühne nicht erlange, wer sich der Herrschaft der Römischen Kirche nicht beuge, den erwarte nicht Gottes Wort, sondern: »Scheiterhaufen, Kreuze und Schwerter«, »Waffen und Wüten« (ebd. 43). – Besteht die »Tyrannei« der Kirche in der weltlichen Herrschaft von Menschen über Menschen, so sind die Herrschenden ganz dem Diesseits, der »Schwachheit des Fleisches« (ebd. 45) zugewandt: dem »Luxus« (ebd. 37). – Calvin faßt seine Kritik der »Tyrannei« der Römischen Kirche in der Antwort an den Kardinal Sadolet zusammen:

»Ich möchte jedenfalls nicht, Sadolet, daß du wider alles göttliche und menschliche Recht diesen abwegigen Dingen den Namen Kirche gibst und uns dadurch in Mißkredit bringst, (…) Eines entarteten Dienstes klagen wir Euch an. Euch bleibt nur ein leerer Name ohne die volle Wirklichkeit dahinter. Was die Fürsorge, das Volk zu weiden anbetrifft, so sind Eure Bischöfe und Priester stumme Bildsäulen. Kinder können's sehen. Im Ausbeuten und Verschlingen strengen sie sich mächtig an. (...) Es läßt sich zwar kaum verhindern, daß nicht durch soviel Beispiele von Hartherzigkeit, Habsucht, Ausplünderung, Unbeherrschtheit, Anmaßung, Überheblichkeit, Gelüsten, ja Verbrechen, die bei Deinen Standeskollegen an der Tagesordnung sind, die Herzen des Volkes Eurer Partei mächtig entfremdet werden. Freilich wollen wir nichts von alledem näher untersuchen. Uns haben viel stärkere Argumente hierzu (zur Reformation; G.S.) gebracht. Etwa so sah die Notwendigkeit hierfür aus: das Licht der göttlichen Wahrheit war ausgelöscht, Gottes Wort begraben und die lebendige Kraft Christi nach Einschaltung eines tiefen Vergessens in ein pastorales Amt verkehrt.« (Calvin 1539: 30 f.; vgl. 1544: 37-91)

Das Wort Gottes, der göttliche Logos, ist durch die Römische Kirche »von unverständigen und nicht gerade den besten Menschen entstellt und beschmutzt, später vom römischen Papst und seinem Anhang schändlich verletzt und fast vernichtet.« (1539: 19)

So »mußte Reformation sein« als Wiederherstellung der Alten Kirche der Apostel (1539: 19). Im Zentrum der Reformation steht die *Wiederherstellung der »Autorität« des Wortes Gottes* (ebd. 49; vgl. 1562: 117). Dies bedeutet die Abkehr von einer Kirche der weltlichen Herrschaft von Menschen über Menschen; dies bedeutet die Wiederherstellung des geistigen und unmittelbaren Verkehrs des *Gläubigen* mit Gott: in der Innerlichkeit der »Seele«, im »Gewissen« (ebd. 35, 41; 1536/59: 1033ff.; 1562: 133, 135); dies bedeutet die Wiederherstellung der *»christlichen Freiheit«* (1544: 27; 1539: 31). Der »geistige Umgang« der Gläubigen mit Gott hebt sie nicht auf eine Stufe mit Gott, aber sie werden »erneuert ... zum Ebenbild Gottes« (ebd. 31).

»Denn offenbar beweist der Mensch durch nichts anderes seinen Vorrang vor einem wilden Tier als durch den geistigen Umgang mit Gott.« (Calvin 1539: 15)

»Und wer sind wir verglichen mit Gott? Ihm sind wir doch ganz gewiß ebenso unterlegen, wie uns die vernunftlosen Tiere. Warum sollte er dann nicht auch ebensoviel Autorität über uns haben, wie wir sie über die anderen Geschöpfe beanspruchen?« (Calvin 1562: 127)

So »besteht« der Gläubige nicht in sich, sondern in Gott: »denn wir haben unser Fundament ja nicht in uns selber.« (1545: 305): »Für Gott nämlich, nicht für uns sind wir zuallererst auf der Welt« (1539: 15). Aus diesen Prinzipien resultieren alle weiteren Dogmen der Reformation Calvins.

Wenn der Gläubige sich geistig mit Gott vereint und insofern nicht in sich selbst, sondern in Gott besteht, dann sind alle Gläubigen gleichermaßen in Gott aufgehoben, in Gott eins. Das ist die *reformierte Kirche:* sie basiert auf dem Wort Gottes (1539: 17, 43; 1544: 73-79), in ihr sind die *Gläubigen* zu einer *differenzlosen geistigen Gemeinschaft* vereint – zu einer abstrakten Einheit von Allgemeinem und Besonderen. Calvin antwortet dem Kardinal Sadolet:

»Wenn Du jetzt eine richtigere Definition von Kirche als Deine bisherige annehmen kannst, so sprich hiernach: sie ist eine Gemeinschaft aller Heiligen, über den ganzen Erdkreis verbreitet, alle Zeiten überragend, doch um eine Lehre Christi und einen Geist geschart. Sie pflegt und bewahrt die Einheit des Glaubens und brüderliche Eintracht.« (Calvin 1539: 18. Vgl. 1536/59: 1033. – Zur Kirche als Leib Christi: ebd. 27 f., 52; 1562: 143; 1563: 373. – 1562: 127, bestimmt Calvin, Jesus – Gott und Mensch ineins – sei das »Haupt der Kirche«. Siehe 1563: 373, 385-401)

Die Kirche ist eine geistige Gemeinschaft der Gläubigen im Wort Gottes. In der Kirche herrschen nicht Gelehrte, Kleriker oder Heilige über die Gläubigen, sondern diese verkehren unmittelbar geistig mit Gott: darin besteht die »christliche Freiheit« (1539: 31). Darum ist alles Diesseitige aus der Kirche zu eliminieren: an die Stelle des Strebens nach eigenem »Vorteil« soll der Gottesdienst treten (ebd. 15); an die Stelle von Luxus soll den »Dienern« nur so viel »ausgezahlt werden …, wie zu einem einfachen und ihrem Stande angemessenen Fortkommen ausreicht« (ebd. 13), so daß ihnen eine »sparsame Lebensführung« auferlegt ist (ebd. 49); an die Stelle der »verbrecherischen Anbetung der Bilder« soll die von Bildern freie Kirche treten (1539: 31; 1544: 65, 67). – Weil die Kirche eine geistige Gemeinschaft in Gott ist, weil die Gläubigen in Gott und nicht in sich selbst bestehen (1545: 305), kennt die Gemeinschaft keine Besonderung im Allgemeinen, sondern einzig: Inklusion oder Exklusion – Gläubige in der Kirche und Ungläubige außerhalb. Die einen verkehren geistig mit Gott, die anderen sind dem Diesseitigen, den »Begierden« ergeben (vgl. 1536/59: 212, 281).

Ist die Kirche von einer Institution der weltlichen Herrschaft von Menschen über Menschen zu einer Einheit der Gläubigen im Wort Gottes geworden, so resultiert ein neues Verhältnis von *»Glauben« und »Werken«*. Gegen den Kardinal Sadolet, der den Reformatoren vorwirft: »daß wir dem Glauben alles übertrügen«, aber »den Werken keinen Platz« ließen (1539: 23), lehrt Calvin: *Weltliche Werke* vermögen in Rücksicht auf den »geistigen Umgang mit Gott« nichts und sind daher bis zur »Rechtfertigung bei Gott« ohne »jegliche Bedeutung«; danach aber kommt ihnen eine »beherrschende Stellung« zu (1539: 15, 25; vgl. 1544: 35, 37; 1547: 161-167, 173-177).

Das *erste Dogma,* Werke vermöchten bis zur »Rechtfertigung bei Gott« nichts (1539: 25), begründet Calvin, indem er auf den Sündenfall verweist. Er lehrt: Wir sind von Gott »gerecht, gut und aufrichtig«, mit einem »freien

Willen« erschaffen worden, aber durch den Sündenfall Adams (1562: 129, 131; 1544: 27) bloß »armselige Sünder« (1539: 45; 1559, 47): die »Begierden« herrschen über unseren Willen (1544: 27); wir leben in nichts »als lauter Elend und Armut«; wir tragen »jede Menge Unrat« in uns (1562: 97, 99). Nach dieser Ur-Sünde, nach dieser »unserer Natur« sind wir – die Menschen – alle gleich: »verdorben und verkehrt, daß wir zu allem Bösen fähig sind« und Gott »uns todfeind sein und in die Tiefen der Hölle hinabstoßen muß« (1562: 113; vgl. 131). Also vermögen wir uns durch »Werke« nicht mit Gott auszusöhnen (ebd. 97; 1539: 45). Die Versöhnung besteht allein durch das göttliche »Geschenk der Barmherzigkeit«, durch »Gottes Gnade« und »Güte« (1539: 23f.; 1559: 49): durch die »geschenkweise Erwählung Gottes« – dadurch, daß wir »von Gott angenommen (adoptiert) sind.« (ebd. 26; vgl. 1562: 97) Diese Gnadenwahl erfolgt, »ehe wir geboren und ehe die Welt erschaffen wurde.« (1562: 117, 143) Sie gilt »ewig« (ebd. 141), sie übersteigt den menschlichen »Geist« und kann nur geglaubt werden (ebd. 121ff., 141). Die Gnadenwahl allein verleiht den »Glauben«:

»Dies muß unser Ausgangspunkt sein: Die Wurzel unseres Glaubens an Jesus Christus liegt nicht in unserem eigenen Bemühen, auch nicht darin, daß wir einen so hochfliegenden oder durchdringenden Geist hätten, um die im Evangelium enthaltene himmlische Weisheit zu erfassen. Sie entspringt vielmehr der Gnade Gottes, einer Gnade, die unsere Natur übersteigt. So bleibt nun zu prüfen, ob diese Gnade ein Gemeingut aller Menschen ist oder nicht. Die heilige Schrift behauptet, daß dies nicht der Fall ist: Gott nämlich gibt seinen heiligen Geist nach eigenem Ermessen den Menschen, und er erleuchtet sie durch seinen Sohn. Das beweist die Erfahrung.« (Calvin 1562: 95; vgl. ebd. 101; 1559: 49)

Durch die unerforschliche Gnade Gottes allein ist der Christenmensch frei.

Aber es werden *nicht alle Menschen* der Gnade teilhaftig (1539: 31, 47); als Beispiel für Ungläubige, auf die Gottes Gnade nicht fiel, nennt Calvin bisweilen »Juden wie Türken und Sarazenen« (1539: 47; 1562: 105, 137); die Juden indes würdigt er in der *Institutio* ausführlich als das von Gott auserwählte Volk (1536/59: 260ff., 921). Gottes Gnade setzt die von »Natur« aus *gleichen* Menschen in ein Verhältnis der *Ungleichheit,* des »Vorrangs« der einen vor den anderen (1562: 103ff., 113, 115, 129ff.). Das ist das *Dogma der Prädestination,* das oft als Basisdogma des Calvinismus aufgefaßt wird und von den Zeitgenossen Calvins heftig erörtert wurde.

»Hierher stammt unser Satz, der Mensch werde mit Gott dem Vater durch Christus versöhnt, – « (Calvin 1539: 23; vgl. ebd. 24, 52; 1562: 97; 1563: 369)

Den durch die Gnadenwahl Gottes eröffneten Glauben bestimmt Calvin als Aufstieg des Christenmenschen zu Gott: als eine Gottes-»Erkenntnis«

des Menschen, die zurückgeht auf Gottes Erkenntnis des Menschen, so daß dieser als Gottes »Eigentum« gesetzt ist und den Glauben erlangt (1562: 101). Als sein Eigentum bilden die Gläubigen die »Herde« Gottes; Jesus Christus erhält die Gläubigen »von Gott, seinem Vater«, als »Schenkung«, als »Erbe« (1562: 107, 109). Die Ungläubigen stehen jenseits dieser »Herde«: der reformierten Kirche.

Das *zweite Dogma,* Werke nähmen nach der »Rechtfertigung bei Gott« eine »beherrschende Stellung« im »Leben der Gerechtfertigten« ein (1539: 25), enthält die Konsequenzen der Prädestinationslehre für die *Lebenspraxis* der *Gläubigen* ebenso wie der *Ungläubigen:* für die diesseitige »christliche Freiheit« (1539: 31) ebenso wie für die diesseitige Unfreiheit. Calvins reformatorische Lehre bleibt beim »geistigen Umgang« der Gläubigen mit Gott (1539: 15) sowenig stehen wie bei der Verachtung der – den diesseitigen Interessen ergebenen – Ungläubigen (1536/59: 212). Er lehrt (1562: 123, 125, 139): Die *Erwählten* sind durch die »heilige Berufung« zu einer »heiligen und untadeligen« »Lebensführung« bestimmt.

»Jedoch tut man Christus Unrecht, wenn man unter dem Vorwand der Gnade gute Werke verabscheuen würde. Denn er ist doch gekommen, daß er sich sein Volk schaffe, das Gott angenehm sei und nach guten Werken strebe. Es gibt noch viele ähnliche Zeugnisse hierfür. Sie beweisen uns, daß wir durch Christi Kommen zu guten Taten geführt und Gott angenehm sein sollen. Unsere Gegner halten uns nun dauernd vor, wir beseitigten den Eifer für gute Taten aus dem christlichen Leben, wenn wir von der geschenkten Gerechtigkeit so empfehlend sprächen. Uns kann solch leichtfertige Rede eigentlich nicht belasten. Den guten Werken sprechen wir bei einem Menschen vor seiner Rechtfertigung bei Gott jegliche Bedeutung ab; im Leben der Gerechtfertigten geben wir ihnen die beherrschende Stellung. Denn wer Christus besitzt, der hat Gerechtigkeit erlangt. Christus aber ist niemals ohne seinen Geist. Daraus folgt: die geschenkte Gerechtigkeit ist notwendigerweise mit der Wiedergeburt verbunden. (...) Wo also irgend jene Glaubensgerechtigkeit ist, die wir predigen, dort ist Christus. Wo Christus ist, da ist auch der Geist der Heiligung; sie soll die Seele zu neuem Leben in der Wiedergeburt erblühen lassen. (...) Nach unserer Lehre bringt Christus die, welche er rechtfertigt, durch Wiedergeburt zu seligem Leben. Aus dem Reich der Sünde Erlöste überführt er ins Reich der Gerechtigkeit. Er bildet sie wieder um ins Ebenbild Gottes und bringt sie durch seinen Geist zum Hören auf seinen Willen.« (Calvin 1539: 24 f.; vgl. 1559: 59)

Der »geistige Umgang« im Glauben mit Gott konstituiert, durch die »Predigt des Evangeliums«, das »Reich Gottes« (1539: 17) – auf Erden. Dieser Umgang fordert: daß der Gläubige durch ununterbrochene Arbeit seine leiblichen »Begierden« unterdrückt und das Erarbeitete nicht konsumiert – er soll *fleißig und sparsam* sein.

»Denn Gott gebietet, daß jeder von seiner Arbeit leben soll (...). Und Paulus erklärt: ›Wer nicht arbeitet, soll auch nicht essen‹ (...). Er nennt ein Leben unordentlich, wenn einer müßig und träge von der Anstrengung eines anderen lebt, und ordnet an, daß solche Leute aus der Gemeinde auszuschließen seien. Weiterhin besteht die freiwillige Armut, die Gott uns empfiehlt, darin, daß der Reiche sich, wie Paulus sagt, nach dem Beispiel Christi arm macht und seine Güter verteilt, um dem Mangel seiner Brüder abzuhelfen (...).« (Calvin 1544: 99: Das Bibel-Zitat: Zweiter Brief des Paulus an die Thessalonicher, 3. – Vgl. 1539: 13, 15, 48 f.; 1544: 27; 1562: 145)

Indes: Kein Gläubiger kann durch Arbeit und Sparsamkeit – diesseitige Werke – die Gnade Gottes erwerben. Wenn Gott durch seine Gnadenwahl den Christenmenschen den Glauben schenkt, so fügt er es, daß bei »denen, die ihn lieben, alle Dinge zum Guten« sich wenden, während bei den denen, die ihn »nicht lieben«, »alles zum Bösen, ja zum Verderben« ausschlägt (1562: 99). Gottes Gnade erscheint an einem weltlichen, eben auch an einem ökonomisch »Guten« oder »Bösen«: die einen verbleiben im »Verfall und Verderben«, auf den anderen ruht Gottes »Wohlgefallen« (1562: 101; vgl. 125).

In der *Institutio* (1536/59) hat Calvin die reformatorische *Ethik der Arbeit und Sparsamkeit* näher skizziert (a.a.O., 467-470). – Auf der einen Seite sind die Gläubigen zur Arbeit berufen: zum *»Beruf«*. Berufsarbeit heißt: Gott hat das System der gesellschaftlichen Arbeitsteilung begründet und »jedem einzelnen« die »besonderen Pflichten zugeordnet« (ebd. 470). – Auf der anderen Seite hat Gott die Arbeitsprodukte, die *»irdischen Dinge«* überhaupt, uns »anvertraut«: nicht, damit wir in »Ausschweifung, Hoffart, Prahlerei und Eitelkeit« verfallen, sondern »Enthaltsamkeit, Nüchternheit, Besonnenheit und Mäßigkeit« üben (ebd. 469; vgl. ebd. 212). Calvin kritisiert aber die »unmenschliche Philosophie«, die dem Menschen nichts verstattet als das, was »zur Notdurft erforderlich« ist (ebd. 467-469).

Die *weltliche Erscheinung der Gnadenwahl* darin, daß sich bei den Gläubigen »alle Dinge zum Guten« wenden, daß sie die »christliche Freiheit« (1539: 31) und den »Vorrang« gegenüber den Nicht-Erwählten erlangen, impliziert den Übergang von der *geistigen Einheit* der Gläubigen in der reformierten Kirche zum *»bürgerlichen Regiment«* (1536/59: 1033-1057). So stehen das »innerliche Reich Christi« und die »(weltliche) Art des Regiments *in keiner Hinsicht zueinander im Widerspruch«* (ebd. 1034). Die »christliche Freiheit« bedeutet in diesem Regiment zwar nicht, daß die Gläubigen nicht menschlicher Herrschaft unterworfen sind – aber diese muß unter dem »Willen« und dem »Recht« Gottes stehen, sie muß das göttliche Recht vollstrecken. Calvin liefert diese andere Version der Lehre

Luthers (1523), der *Christenmensch schulde der »weltlichen Obrigkeit ... Gehorsam«.*

»Wir glauben, daß die Welt nach Gottes Willen durch Gesetz und staatliche Ordnungen regiert werden soll, damit der zur Unordnung neigende Hang der Welt durch einige Zügel in Schranken gehalten wird. So hat Gott die Königreiche, Republiken und alle anderen Herrschaftsformen, seien sie erblich oder nicht, eingesetzt, auch alles, was zum Stand der Rechtspflege gehört, und will als Urheber all dessen anerkannt sein (...). Aus diesem Grund hat er das Schwert in die Hand der weltlichen Behörden gelegt, um begangene Verstöße nicht nur gegen die zweite Tafel der göttlichen Gebote, sondern auch gegen die erste zu ahnden. Um seinetwillen muß man also nicht bloß dulden, daß Höhergestellte herrschen, man muß sie auch ehren und mit aller Ehrerbietung behandeln (...), sie als seine Statthalter und Amtsträger ansehen, die er dazu bestellt hat, einen rechtmäßigen, ja heiligen Auftrag auszuführen. Wir sind daher der Überzeugung, daß man ihren Gesetzen und Vorschriften Gehorsam leisten muß, Steuern, Zölle und andere Auflagen zahlen und das Joch des Untergebenen mit gutem, freiem Willen tragen, selbst wenn es sich um Ungläubige handeln sollte, vorausgesetzt, daß die höchste Gewalt Gottes unangetastet bleibt. Wir verwerfen daher alle, die [eine staatliche] Obrigkeit nicht anerkennen, Gütergemeinschaft und -vermischung herstellen und die Ordnung der Rechtspflege umstürzen wollen.« (Calvin 1559: 75, 77. Calvin entwickelt diese Lehre ausführlich im letzten Kapitel der *Institutio:* 1536/59: 1033-1057. Zum Recht Gottes: 1562: 145: »Gottes Wille« ist »das Gesetz aller Gesetze«, das »Recht in aller Gerechtigkeit«. Dazu: 1536/59: 205ff. Vergleiche zur Frage der »Menschensatzungen« und der christlichen Gewissensfreiheit: 1544: 91-95; zur Frage des Gehorsams gegen die weltliche »Obrigkeit«: 1544: 335-367).

Der weltliche Staat hat das göttliche Recht zu vollziehen und die Einzelnen daran zu hindern, daß »jeder tun dürfte, was er wollte.« (1536/59: 212); so hat es Hobbes später im *Leviathan* entwickelt. Das »bürgerliche Regiment« hat daher die Lebenspraxis der Gläubigen zu befördern: die Konstitution einer weltlichen Gemeinschaft der Gläubigen, die Ausrichtung des Lebens auf die »himmlische Unsterblichkeit« (ebd. 468), Berufsarbeit und Sparsamkeit. Folgt die weltliche Herrschaft dem Willen Gottes, dann setzt sie diese Praxis der Unterdrückung körperlicher Begierden durch, dann vollstreckt sie durch äußerliche eine innere Unterdrückung: sie wird zum Vollzugsorgan einer masochistischen Glaubens-Gemeinschaft. Calvin faßt diese Repression zusammen: »denn wir haben keine andere Weisung, als zu gehorchen und zu leiden.« (ebd. 1056). In dieser »christlichen Freiheit« durch Herrschaft liegt die Hoffnung seiner Reformation.

Calvins Gewißheit, bereits auf der *Lebenspraxis der Gläubigen* ruhe Gottes »Wohlgefallen«, wird transzendiert durch eine absolute, *diesseitig-jenseitige Erlösungshoffnung*, die sich auf ein »künftiges und ewiges Leben«

richtet (1539: 14, 44). Das irdische Leben sei, wie der »Herr« sprach, »gewissermaßen eine Wanderschaft«, auf der die Gläubigen »zum Himmelreich streben.« (1536/59: 467) Gestützt auf die in der *Offenbarung (Apokalypse) des Johannes* im letzten Buch der *Bibel* (a.a.O., 20, 21) enthaltene Eschatologie erwartet Calvin (vgl. 1539: 44) – wie nach ihm Hobbes (1651: 511) – das »tausendjährige Reich«, in dem Christus mit den auferstandenen Gläubigen, die »um des Wortes Gottes willen ... enthauptet waren«, regiert; er erwartet das »Weltgericht«, vor dem die »Toten ... gerichtet« werden, »ein jeder nach seinen Werken«; er erwartet das zweite Kommen Gottes vom Himmel zu, so daß Gott bei den Menschen wohnt, die sein »Volk« sind (Johannes-Offenbarung, a.a.O.).

»Als feststehend wollen wir aber die Tatsache ansehen, daß keiner in Christi Schule rechte Fortschritte gemacht hat, der nicht mit Freuden auf den Tag seines Todes und der letzten Auferstehung wartet! Mit diesem Kennzeichen beschreibt nämlich Paulus alle Gläubigen ... Ich frage nur: ist es denn zu begreifen, daß in uns bloß Trauer und Entsetzen hervorruft, was doch nach dem Willen des Herrn nur dazu dienen sollte, Frohlocken und Jubel in uns zu erwecken? Wenn es so bei uns steht – weshalb rühmen wir uns dann noch des Herrn als unseres Meisters? Nein, wir wollen einen besseren Sinn in uns aufkommen lassen und gegen allen Widerstand der blinden, stumpfen Fleischesbegierde ohne Zögern das Kommen des Herrn nicht nur herbeiwünschen, sondern es mit Seufzen und Sehnsucht als das glückseligste von allen Ereignissen erwarten! Denn er wird uns als Erlöser kommen, der uns aus diesem unergründlichen Schlund von Übel und Elend herauszieht und uns in das selige Erbe seines Lebens und seiner Herrlichkeit einführt!
Es ist doch wirklich so: das ganze Volk der Gläubigen gleicht, solange es auf dieser Erde wohnt, notwendig den Schafen, die zur Schlachtbank geführt werden; denn es muß Christus, seinem Haupte, gleichgestaltet werden (...). Die Gläubigen wären also die trostlosesten unter allen Menschen, wenn sie ihr Herz nicht zum Himmel erhöben und dadurch all das, was in dieser Welt ist, überwänden und die gegenwärtige Gestalt der Dinge hinter sich ließen (...). Aber wenn sie einmal ihr Haupt über alles Irdische erhoben haben, dann sehen sie wohl, wie die Gottlosen in blühendem Reichtum und in Ehren leben, ... – aber dennoch werden sie auch solchen Übeln leichtlich standhalten. Denn vor ihren Augen steht der Tag, an dem der Herr seine Gläubigen in die Ruhe seines Reiches aufnimmt, an dem er ›alle Tränen abwischen wird von ihren Augen‹, an dem er sie mit dem Kleid der Herrlichkeit und der Freude antut, sie mit der unaussprechlichen Süßigkeit seiner Freuden weidet, an dem er sie zur Gemeinschaft an seiner erhabenen Herrlichkeit erhebt und sie endlich des Teilhabens an seiner Seligkeit würdigt! (...) Jene Gottlosen aber, die auf Erden in hoher Blüte standen, wird er in die äußerste Schmach verstoßen, ...« (Calvin 1536/59: 465 f.; vgl. ebd. 462-466; 1539: 38 f.)

In dieser prophetischen Erwartung stimmt Calvin mit jenen Erwartungen überein, die in der jüdischen Kabbala verkündet sind.

Weil Calvin über den »geistigen Umgang mit Gott« (1539: 15) hinaus die Lehre von der Gnadenwahl zur Konsequenz einer »heiligen Lebensführung« des Gläubigen entwickelt (1562: 123, 125), weil er auch den Tag des Weltgerichts erwartet, fehlt bei diesem Reformator Luthers mörderischer Antisemitismus. In der *Institutio* zitiert Calvin den Apostel Paulus: daß »die Juden ... an der gleichen Bundesgnade Anteil« haben »wie wir« (1536/59: 262; vgl. ebd. 281, 921). Dennoch nennt er in seinen Antworten auf die *Fragen und Einwürfe irgendeines Juden* (1563) die Juden: »Ungläubige«, »Gottlose«, »verlorene Menschen«, »Stumpfsinnige«, »Schweine«, »rasende Hunde«; er nennt die Fragen des Juden: »kindisch«, von »stumpfsinniger Dummheit«, »plump«, »verblendet und töricht«; die Juden seien geschlagen vom »Geist des Schwindels und der Betäubung«, sie seien von »verkommener und unüberwindbarer Hartnäckigkeit«; er erinnert an die Bedrückung der Juden durch eine »unermeßliche Menge der end- und maßlosen Leiden«, ohne daß sich irgendjemand ihrer »erbarmt« (1563: passim). Aber er verwirft nicht das Judentum wegen seiner diesseitigen Heilserwartung. Sondern weil sie Gottes Gnade »verschmähen«, habe der »Zorn Gottes« »für viele« einen »doppelten Untergang« bestimmt (ebd. 367). Calvin verwirft die »Juden« auf der Grundlage nicht der lutherischen Zwei-Reiche-Lehre, sondern des Dogmas von der Gnadenwahl. Während Luther Mord- und Kriegs-Aufrufe gegen die aufständischen Bauern, gegen die angreifenden Türken und gegen die Wucher treibenden Juden verfaßt, formuliert Calvin, in Konsequenz seiner Lehre von der Gnadenwahl und unter Berufung auf den Apostel Paulus:

»Als Brüder dürfen wir uns nicht anmaßen, einander zu verurteilen oder in Sicherheit zu bringen, als könnten wir feststellen: Dieser hier wird fallen, denn er ist ein Bösewicht; jener aber wird auf der ganzen Linie erhöht, denn er ist nach meinem Urteil ein Wohltäter. Nein, nein: es kommt unserm Herrn Jesus zu, uns zu richten: er muß uns erniedrigen, er muß uns erhöhen. Denn diese Vollmacht ist ihm von Gott, seinem Vater verliehen.« (Calvin 1562: 119)

Calvin resümiert seine Lehre als Antwort auf den Kardinal Sadolet:

»Ich möchte Dir hier aber mit einer kurzen Darlegung unseres Standpunktes helfen. Wir achten streng darauf, daß der Mensch mit seiner Selbsterkenntnis den Anfang macht, und zwar nicht so leichthin und nebenbei, sondern so, daß er sein Gewissen vor Gottes Richterstuhl stellt. Von seiner Unbotmäßigkeit wird er dann tief durchdrungen. Die Strenge solchen Richtspruches trifft alle Sünder. So sinkt er vor Gott hin und demütigt sich, denn sein Elend brachte ihn ins Wanken und erschütterte ihn. Alles Selbstvertrauen ist abgelegt, nur Seufzer eines zum Tode Verurteilten bleiben ihm. Hier zeigen wir ihm, daß die einzige Rettungsmöglichkeit in Gottes Barmherzigkeit offensteht. In Christus haben wir dies Angebot. Unser ganzes Heil liegt in ihm sorgsam bereit. Wenn also alle Sterblichen vor Gott Sünder sind – so ist unsere Überzeugung – , ist Christus unsere einzige Gerechtigkeit. Durch seinen Gehorsam hat er unsere Übertretungen ausgelöscht, durch sein Opfer den Zorn besänftigt, mit seinem Blut unsere Flecken beseitigt, mit seinem Kreuz unsere Verurteilung auf sich genommen, und schließlich mit seinem Tode für uns alles beglichen. Hierher stammt unser Satz, der Mensch werde mit Gott dem Vater durch Christus versöhnt, – durch kein eigenes Verdienst, durch keine Anrechnung von Werken, sondern durch das Geschenk der Barmherzigkeit. Da wir aber im Glauben Christus umfassen und gleichsam mit ihm tauschen möchten, nennen wir es in Anlehnung an die Heilige Schrift Glaubensgerechtigkeit.« (Calvin 1539: 23 f.)

Calvins Lehre folgt dem metaphysischen Individualismus der Renaissance und der Epoche von Merkantilismus und rationalem Absolutismus: Der Gläubige erlangt seine Gottesebenbildlichkeit (1539: 25; 1559: 45), seine Gotteserkenntnis, durch eine geistige Vereinigung mit Gott, die auf Gottes Gnadenwahl beruht. Als von Gott Erwählte sind die Gläubigen Gottes »Eigentum« (1562: 131) und vermögen durch sich selbst »überhaupt nichts« – »der Mensch« ist »wie ein Gefangener«: alles verdankt sich der »Gnade Gottes«, der deshalb über die Gläubigen ein absolutes, willkürliches »Herrschaftsrecht« ausübt (ebd. 115, 117). Absolut ist dieses »Herrschaftsrecht«, weil Gottes Gnadenwahl dem Menschen unbegreiflich und ein »Geheimnis«, ein »Mysterium« ist (ebd. 121, 133). Das Herrschaftsrecht Gottes erscheint in der Gehorsamspflicht des Gläubigen gegen jede weltliche Herrschaft, soweit diese den Willen Gottes vollstreckt (1559: 75, 77). In jener Vereinigung von Gott und Gläubigen geht das Besondere im Allgemeinen auf. Die der Gnade Gottes teilhaftig sind, genießen den »Vorrang« vor den Ungläubigen (1562: 111, 115, 119). Die reformierte Kirche ist die Kirche der Gläubigen, denen Gott seine Gnade geschenkt hat – die nicht Erwählten und »Ungläubigen« sind ausgeschlossen und im »Weltgericht« von einem »schrecklichen« Urteil bedroht (1539: 26, 38). Der masochistischen Erhebung des Gläubigen zu Gott ist eine sadistische Unterdrückung der Nichtgläubigen analog: den einen schlägt alles zum »Guten«, den anderen alles zum »Bösen« aus (1562: 99). Auch Kriege rechtfertigt Calvin durch den »Gottes Willen und Anordnung« (ebd. 147) – oder er verweist auf die menschliche Unbotmäßigkeit gegen Gott (1559: 47; 1562: 145; 1563: 379, 381). Die christliche Freiheit ist eine Freiheit durch Subsumtion des Gläubigen unter einen fremden Willen: den Willen Jesu, letztlich den unerforschlichen Willen Gottes; weltlich: unter eine Regierung, die Gottes

Recht durchsetzt (1539: 25; 1559: 75). Die Ungläubigen sind im Verhältnis zu den Gläubigen unfrei. Indem die Gläubigen der göttlichen Gnade teilhaftig werden, also allererst zu glauben vermögen, erkennen sie Gott und seine Schöpfung: »daß Gott durch seine Vorsehung alle Dinge in einer Weise regiert, daß sein Wille gleichsam die Quelle von allem ist.« (1562: 143) Die Gotteserkenntnis durch Glauben ist das Fundament der Welterkenntnis (vgl. ebd. 145; 1559: 43, 45).

Der Calvinismus wurde um 1560 in England zum Puritanismus (purus: rein) fortgebildet. Die Calvinisten in den Niederlanden und in Frankreich (Hugenotten: Eidgenossen) sowie die Puritaner in England und Nordamerika wurden die Träger des Handelskapitalismus im 16. und 17. Jahrhundert (vgl. Kilian 1979: 15-57): sie konnten sich auf die Lehre von der göttlichen Gnadenwahl berufen. Diesen Zusammenhang hat klassisch Max Weber geklärt.

Max Weber hat, durch seine *Geschichtstheorie der »Entzauberung der Welt«* (WL: 594) eine »genetische Definition« (WL: 194) der gegenwärtigen »Art des Kapitalismus« gegeben: der »rational-kapitalistischen Organisation von (formell) *freier Arbeit.«* (Weber: RS I: 7) Diese geschichtstheoretische Klärung der zeitgenössischen Politik-Ökonomie erfolgt in zwei Stufen. Auf der *ersten Stufe* rekonstruiert Weber, ausgehend von einem archaischen »Zaubergarten« (RS II: 371ff.), eine Geschichte der religiösen Rationalisierung, die bis zum Calvinismus und Puritanismus reicht. In dieser Phase wird die ursprüngliche, in den Göttern liegende Welteinheit entzweit: Subjekt und Objekt treten auseinander – auf der nun metaphysischen Grundlage einer in dem einzigen Gott vereinigten Welt. Auf der *zweiten Stufe* wird die religiöse »Stütze« der »Entzauberung« selbst beiseite geschoben, so daß eine allgemeine Objektivierung der Welt resultiert: ein »stahlhartes Gehäuse« irrationaler Rationalität (RS I: 203f.). Diese Geschichtstheorie hat Weber in seinem klassischen Werk über *Die protestantische Ethik und der Geist des Kapitalismus* (1904/05; in: RS I: 17-205) ausgeführt; wichtig ist auch das Kapitel *Religionssoziologie* in *Wirtschaft und Gesellschaft* (a.a.O., 227-356).

Das *Resultat* seiner *Theorie der religiösen Rationalisierung,* die die *Genese des Kapitalismus* expliziert, präjudiziert Weber durch zwei »Maßstäbe«, die das Maß seiner Klärung der religiösen »Entzauberung der Welt« liefern:

»Für die Stufe der Rationalisierung, welche eine Religion repräsentiert, gibt es vor allem zwei, übrigens miteinander in vielfacher innerer Beziehung stehende Maßstäbe. Einmal der Grad, in dem sie die Magie abgestreift hat. Dann der Grad systematischer Einheitlichkeit, in welche das Verhältnis von Gott und Welt und demgemäß die eigene ethische Beziehung zur Welt von ihr gebracht worden ist.« (Weber: RS I: 512)

Webers Theorie der Entmythologisierung – der »Rationalisierung« und »Intellektualisierung« (WL: 594) – der Welt rekonstruiert einen universalhistorischen Fortschritt, der darin besteht, daß die in der mythologischen Welt – zunächst in unmittelbarer Einheit koexistierenden – Formen von Subjektivität und Objektivität, von Abstraktion und Sinnlichem, sich zunehmend entzweien. Durch diese Entwicklung wird nicht nur die Religion, die ursprünglich keine besondere Institution ist, weil die Welt »von Göttern voll« (Thales) ist, sukzessiv verselbständigt, sondern auch das Denken, bis am Ende eine »Herrschaft von Abstraktionen« (Marx 1857/58: 82) resultiert: das Identitäts-Prinzip.

Weber leitet das Kapitel über die *Religionssoziologie* in *Wirtschaft und Gesellschaft* (WG: 227-363) mit einem Abschnitt über die *Entstehung der Religionen* (ebd. 227-241) ein. Er skizziert darin die »Entstehung der Religionen« aus einem archaischen »Zaubergarten« (RS II: 371ff.) durch Differenzierung von Diesseits und Jenseits, Sinnlichem und Übersinnlichem, Körper und Seele. Während die Magie noch eine vor-religiöse Weltauffassung ist, bei der jene Bereiche anfangs noch eins sind, dann aber durch »Abstraktion« sukzessiv auseinandertreten (WG: 227-229), nennt er *Religion* erst jenen Stand religiöser Rationalisierung, bei dem Diesseits und Jenseits, Sinnliches und Übersinnliches, Körper und Seele radikal geschieden sind (WG: 241), so daß eine *Herrschaft des Übersinnlichen – des Denkens* – etabliert ist. Denn durch diese Entzweiungen spaltet sich auch *Religion als selbständige Institution* ab. Die »Rationalisierung«, führt Weber aus, ist »Entwicklung des Denkens« und denkende Beherrschung der Welt (ebd. 228). Nach dieser Rekonstruktion hat sich das Denken in der Phase der religiösen Rationalisierung noch nicht selbst begründet, sondern fundiert unmittelbar in der Religion und ist darum: Metaphysik.

Diese Theorie der Verselbständigung von Religion und Denken präjudiziert durch den bestimmten Begriff der Religion die Auszeichnung der Formen des *»asketischen Protestantismus«* (RS I: 84ff.) als *Vollendung religiöser Rationalisierung*. Weber behandelt vier Gestalten des »asketischen Protestantismus«: Calvinismus und Puritanismus, Pietismus, Methodismus, Täufertum (ebd. 84). Er betont, daß *Calvinismus und Puritanismus* gegenüber Pietismus und Methodismus von höherer Konsequenz (vgl. ebd. 128ff. und 145ff., vor allem 133f., 136, 143, 145, 148 Anm. 1) und deshalb für die Darstellung des »asketischen Protestantismus« von höchster Bedeutung sind.

Weber benennt die Einheit der Gestalten des »asketischen Protestantismus« durch Merkmale, die besonders rein im Calvinismus entwickelt sind (ebd. 162f.). Alle Formen dieses Protestantismus haben eine radikale *»Entzauberung der Welt«* (ebd. 94) vollzogen, weil sie die sinnliche Welt entschieden herabsetzen und so Diesseits und Jenseits strikt trennen. Die Herabsetzung bedeutet religiös die Entwertung der Sakramente, weltlich ein asketisches Leben, eine »rationale Gestaltung des ganzen Daseins.« (ebd. 163) Die Rationalisierung ist Übergang zur Herrschaft der Abstraktion, der Identität, durch »Abwendung von aller Sinnenkultur überhaupt« (ebd. 95). Zunächst wendet sich der Mensch von seinen körperlichen Bedürfnissen, den »Lüsten« und »Trieben« (ebd. 90) ab, indem er sie arbeitend beherrscht und durch Konsumverzicht unterdrückt – durch diesen Masochismus etabliert er die Herrschaft der Ratio. Sodann wendet dieser rational lebende Mensch sich insgesamt von der diesseitig-sinnlichen Welt ab – er gehorcht allein seiner Ratio und seinem Gewissen, nicht weltlichen Autoritäten (vgl. ebd. 97 Anm. 3, 159f., 183). Gerade weil er sich von der Sinnenwelt abwendet und so die Herrschaft der Ratio konstituiert, tritt er »mit rationalen (ethischen) Forderungen« den »Irrationalitäten« der »Welt« gegenüber (ebd. 513f.).

So trägt diese religiöse Rationalisierung einen Doppelcharakter: die »Abwendung von aller Sinnenkultur überhaupt« bedeutet zugleich unmittelbar: Transzendierung der Welt durch Hinwendung zu Gott und »rationale Beherrschung der Welt« (ebd. 534). Technische, naturbeherrschende Rationalität ist unmittelbar verknüpft mit einem »metaphysischen Bedürfnis« (ebd. 572) nach »Erlösung« (ebd. 540ff.). »Instrumentelle Vernunft« (Horkheimer) und »gegründete Hoffnung« (Kant: Bd. XI: 254) koinzidieren – Technik ist metaphysische Technik, Gotteserkenntnis und gottesebenbildliche Welterschaffung, kein Instrument ökonomischer Verwertungsimperative wie im späteren liberalen Industrie-Kapitalismus.

Weber betont den Doppelcharakter der religiösen Rationalisierung. Während die zweckrationale Weltbeherrschung eine *Objektivierung* von äusserer Natur, innerer Natur und anderen Menschen bedeutet, denen der Gläubige als Subjekt – als einziges, darum einsames und privates Subjekt – gegenübersteht, impliziert die Idee der *Erlösung* in Gottes Wort beides: eine brüderliche Glaubensgemeinschaft und »Hoffnungen auf ein künftiges besseres Leben« (RS I: 246, 543f., 552; vgl. ebd. 540-552).

Weber erläutert die »Lehre von der Gnadenwahl« (RS I: 89) als das zentrale Dogma des *Calvinismus*, als Ausdruck jener »Rationalisierung«, jener »Entzauberung der Welt«. Weber referiert (ebd. 90): Gott hat das »Menschengeschlecht« gemäß dem »unerforschlichen Rat seines Willens«

in zwei Klassen gespalten. Denn da die Menschen durch den Sündenfall »gänzlich alle Fähigkeit … zu irgend etwas geistlich Gutem und die Seligkeit mit sich Führendem verloren« haben, vermag nur Gottes Gnade sie der Sünde zu entheben und ihnen »ewiges Leben« zu gewähren. Die endlichen Menschen können sich nicht einfach entschließen, sich von der sinnlichen Welt und ihrem Leib ab- und Gott zuzuwenden; sie können sich nicht einfach durch eigenen Entschluß »auf den Kopf, d.i. auf den Gedanken stell[en] und die Wirklichkeit nach diesem erbau[en]« (vgl. Hegel: Bd. 12: 529). Besteht die religiöse Rationalisierung in der Herabsetzung der Sinnenwelt, kann der Mensch nicht sinnlich – durch masochistische Arbeit – die Vereinigung mit Gott erlangen, sondern nur durch Gott, durch Gottes Gnade selbst. Darum hat Gott »einigen Menschen« seine Gnade geschenkt, so daß diese in ihm aufgehoben sind, in Gott ihre Identität erlangen und eine identisch-konformistische Glaubensgemeinschaft bilden, die sich durch den Arbeitsmasochismus erhält. Die anderen aber bleiben »böse und gottlose Menschen«, indem sie »ihren eigenen Lüsten, den Versuchungen der Welt und der Macht Satans« unterliegen. Während die Gläubigen ihre Triebe beherrschen, werden die Ungläubigen von ihren »Lüsten« dominiert (RS I: 90). Gegen sie ist der Arbeits-Zwang sadistisch zu exekutieren. So sind Calvinismus und Puritanismus Institutionen eines gewaltsamen gemeinschaftlichen Konformismus, eines masochistisch-sadistischen Arbeitsethos, das sich nach innen und außen richtet. In der religiösen Rationalisierung vollendet sich die Konstruktion der Würde des Menschen aus der Gottesebenbildlichkeit: der Auflösung des Gläubigen in Gott.

Weber würdigt die *Relevanz der religiösen Rationalisierung für die Genesis des modernen Kapitalismus:* die asketische Herabsetzung der diesseitig-sinnlichen Welt erfolgt durch Arbeit. In der *Arbeit* bewährt sich der Glaube des Calvinisten und des Puritaners; diesseitige Arbeit steht unter einem transzendenten Zweck. Weber unterscheidet zwei Bedeutungen der Arbeit in Calvinismus und Puritanismus:

»Die Arbeit ist zunächst das alterprobte *asketische Mittel,* als welches sie in der Kirche des Abendlandes, in scharfem Gegensatz nicht nur gegen den Orient, sondern gegen fast alle Mönchsregeln der ganzen Welt, von jeher geschätzt war. (…) Aber Arbeit ist darüber hinaus, und vor allem, von Gott vorgeschriebener *Selbst*zweck des Lebens überhaupt. Der paulinische Satz: ›Wer nicht arbeitet, soll nicht essen‹, gilt bedingungslos und für jedermann. Die Arbeitsunlust ist Symptom fehlenden Gnadenstandes.« (Weber: RS I: 169, 171)

Zunächst bedeutet *Arbeit* die Überwindung des »Lustprinzips« (Freud), der Orientierung am Konsum, am Gebrauchswert von Dingen. Insofern trägt sie durch »Triebunterdrückung« (Freud) zur Vergeistigung und Verinnerlichung des Gläubigen bei, der sich so von der diesseitig-sinnlichen Welt ab- und dem übersinnlich-jenseitigen Gott zuwendet. Nun vermag die Arbeit als »asketisches Handeln« (ebd. 108) – wie gute, diesseitig-sinnliche Taten überhaupt – göttliche Gnade nicht zu verschaffen. Denn Gott gewährt seine Gnade durch den »unerforschlichen Rat seines Willens« (ebd. 90). Der Sinn des Arbeitens liegt nur darin, daß sich in »rastloser Berufsarbeit« (ebd. 105), im »Erfolg der Arbeit« (ebd. 137), die göttliche Gnade bestätigt. Die Arbeit ist daher kein Mittel zur Verwirklichung eines transzendenten Zwecks, sondern »Selbstzweck« (vgl. ebd. 113-116). Weber notiert, resümierend: »der Puritanismus trug das Ethos des rationalen bürgerlichen Betriebs und der rationalen Organisation der Arbeit.« (ebd. 181) Da er beide Merkmale als Abgrenzungen des modern-okzidentalen im Unterschied zu anderen Formen des Kapitalismus anführt (ebd. 4-10), interpretiert Weber die religiöse Rationalisierung als zentrales Moment der Entstehungsgeschichte dieses rationalen Kapitalismus.

Die Arbeits-Lehre des Calvinismus mündet in eine Paradoxie: *Arbeit* verschafft *Reichtum* und soll doch *Triebunterdrückung* leisten. Weber referiert die Stellung von Calvinismus und Puritanismus zum »Reichtum«:

> »Der Reichtum als solcher ist eine schwere Gefahr, seine Versuchungen sind unausgesetzte, das Streben danach nicht nur sinnlos gegenüber der überragenden Bedeutung des Gottesreichs, sondern auch sittlich bedenklich.« (Weber: RS I: 165 f.)

Das »Streben nach Geld und Gut« wird vom Calvinismus indes sowenig verworfen wie vom Puritanismus. Was die Puritaner bloß zurückweisen ist »das Ausruhen auf dem Besitz, der Genuß des Reichtums« (ebd. 166). *Verboten ist Produktion mit dem Ziel des Konsums oder der Schatzbildung, geboten ist Kapitalbildung: aus Geld mehr Geld zu machen durch angestrengte Arbeit und Sparsamkeit.* Der Standpunkt der Calvinisten und Puritaner ist jener der niederländischen und englischen Kaufleute im Zeitalter des Merkantilismus. Muße und Genuß gelten als Sünde; Arbeit dient der »Mehrung seines« – Gottes – »Ruhms« (ebd. 167; vgl. ebd. 183, 189). Gepredigt wird die alte Mönchs-Ethik des ora et labora, begründet wird eine frühbürgerliche Rechtfertigung der Kapitalakkumulation durch Arbeit, Sparen (Askese) und Erwerben. Indem die Bildung von Reichtum sich dem Genießen entgegensetzt, von ihrem traditionellen Bezug zur Befriedigung endlicher Bedürfnisse abgehängt wird, wird das Erwerben schrankenlos – weil das Bereichern als Index göttlicher Gnade gedeutet wird. So sind nunmehr christliche Imperative mit den Imperativen der Chrematistik versöhnt und identifiziert: der Gläubige ist Kapitalist und erlangt in Gott seine konformistische, masochistisch-sadistische Identität; gegen den Nicht-Gläubige wird sadistisch der Arbeitszwang vollstreckt.

Die *Grenze dieser religiösen Rationalisierung* liegt darin, daß in ihr die *ökonomische Rationalität* nicht verselbständigt, Selbstzweck ist. Denn die Rationalisierung *in* der Welt, die asketische Beherrschung der Leidenschaften und Triebe, erfolgt um eines *transzendenten Zieles* willen; die ökonomische Rationalität – die Akkumulation von Kapital – ist religiöswertrational begründet. Die »Entzauberung der Welt« durch religiöse Rationalisierung, überlegt Weber, ist daher noch unvollendet. – Ebenso erfolgt die *technische Beherrschung* der Welt nicht als Selbstzweck, sondern als Moment der Versöhnung des Menschen mit Gott durch Abspaltung der abstrakten Rationalität und – umgekehrt – durch rationale Beherrschung der Welt. Die Technik ist metaphysische Technik: Praxis der gottesebenbildlichen Welterkenntnis und Welterschaffung. – Vor allem jedoch hat sich durch die religiöse Rationalisierung die *Vernunft* nicht von der Religion emanzipiert, sondern stützt sich weiterhin auf den Mythos; sie bleibt göttliche Vernunft. Die Philosophie ist Metaphysik; der Beweis vom Dasein Gottes steht am Anfang. – Der religiöse *Rationalismus* ist Rationalismus auf metaphysischer Basis. Das *Subjekt der Rationalität* hat sich nicht als autonomes Subjekt von der Welt und als ein Besonderes gegen andere abgegrenzt, um mit diesen eine Gesellschaft zu bilden, in der die Einheit die Nichtidentität ein- und nicht ausschließt; es schreibt der Welt nicht »seine Gesetze … vor« (Kant: V: 189).

In einem *zweiten Schritt der Entmythologisierung der Welt* muß – nach Weber – die Religion als Stütze der Vernunft, der zweckrationalen Ökonomie und der technischen Beherrschung der Welt liquidiert werden; die freigesetzte Zweckrationalität muß sich »von den alten Stützen emanzipier(en)« (RS I, 56), so daß die Metaphysik in ein System verselbständigter Vernunft übergeht. Erst wenn die Welterkenntnis, die Akkumulation von Geld als Kapital und der technische Fortschritt nicht länger um eines transzendenten Zieles willen erfolgen, sondern Selbstzweck sind, ist die »Entzauberung der Welt« vollendet. Das Resultat ist bei Weber nicht das klassisch-liberale Reich der Freiheit, sondern ein technisch-rationales »Gehäuse« der »Hörigkeit«, in dem alles objektiviert: in dem alles maschinisiert ist.

2.2 Descartes: Metaphysischer Individualismus (1628 – 1644)

Handelskapitalismus und rationaler Absolutismus bilden eine *metaphysische Politik-Ökonomie:* eine politisch-ökonomische Rationalisierung, die auf den die Welt erschaffenden Gott kausalrational zurückgeführt wird und insofern die in der Renaissance konstruierte Gottesebenbildlichkeit des Menschen zur Konsequenz bringt. Die *Metaphysik,* die hier nur vorausgesetzt wird, hat René Descartes (1596-1650) *philosophisch* expliziert und damit die Grundlage nicht nur der Gesellschaftsphilosophie, sondern auch der Naturphilosophie und der Naturwissenschaften geklärt. Zweihundert Jahre nach Manetti und Pico nimmt Descartes deren Konstruktion des Aufstiegs des Menschen zu Gottes Ebenbild, zum göttlichen Logos auf, indem er aus der – durch Skepsis erlangten – Selbstgewißheit des Ich, des *ego cogito,* den *Beweis vom Dasein Gottes* ableitet, der seinerseits den Schlüssel zum *Begreifen der daseienden Welt als Gottes Schöpfung* – als Wirklichkeit des göttlichen Logos – bildet. Wiederum gilt, daß der Mensch seine Identität im Göttlich-Allgemeinen erlangt und darin ohne Besonderung ist; daß in Gott das Allgemeine, das Besondere und das Einzelne: Gesellschaft, Individuum und Natur ihre Einheit besitzen. Der cartesianische Rationalismus ist, in Rücksicht auf das Verhältnis von »natürlichem« und »künstlichem Menschen«, der zeitgleich formulierten Lehre des *Leviathan* analog.

So beginnt mit Descartes (Cartesius) die rationalistische Philosophie der Neuzeit. Am Anfang allen Denkens, aller Erkenntnis Gottes und der Welt, steht das Ich, das *metaphysische Individuum* als *ego cogito.* Dieses Ich ist aus dem Naturzusammenhang heraus- und ihm gegenübergetreten – auf der Grundlage einer Einheit von Subjekt und Objekt in Gott. Als Gegensatz zur Natur ist das Ich ein rein denkendes Wesen, Personifikation des Denkens. Denken und denkendes Individuum teilen die Bestimmung, sich in der Bewegung der Abstraktion und Identifikation zu konstituieren: das denkende Ich erlangt seine Identität als ein abstraktes, eben allgemeines – und nicht als ein besonderes – Ich. Im ego cogito ist die alte Aufhebung des Besonderen im Allgemeinen – in Gott – enthalten, die implizit die Lehren von Manetti und Pico bis zur Politik-Ökonomie und zum Calvinismus bestimmt. Das Allgemeine ist mithin ein metaphysisches, kein vernünftiges Allgemeines.

Dieses radikal neue Philosophieren fällt in die Zeit der Religionskriege, des Dreißigjährigen Krieges, an dem Descartes selbst teilgenommen hat. Mit Descartes' metaphysischen Prinzipien des ego cogito und des daseienden Gottes verstärkt sich der Anspruch der Philosophie, die Aufgaben der

Religion zu übernehmen und diese beiseite zu schieben – ein Anspruch, der später, während der Französischen Revolution, zum Selbstverständnis der Verwirklichung der Philosophie führt. Gerade weil die Philosophie die Religion beerbt, ist ihr zentraler Begriff – der Mensch als Ich – nur im Rahmen eines ganz neuen Weltbildes zu explizieren. Descartes ist Zeitgenosse Galileo Galileis. Er teilt dessen Grundüberzeugungen über die Kraft der Rationalität sowie über die mathematische Ordnung der Natur. Im Jahre 1633 hat Descartes eine Schrift mit dem Titel *Le Monde* nahezu vollendet, die eine systematische Zusammenfassung seiner philosophisch-naturwissenschaftlichen Lehren enthält und die frühe Fassung der *Prinzipien der Philosophie* (1644) bildet. Nach der Verurteilung Galileis schreibt Descartes an einen Freund, diese habe ihn »in ein so gewaltiges Erstaunen gesetzt, daß ich fast entschlossen bin, alle meine Papiere zu verbrennen, oder sie wenigstens niemand sehen zu lassen.« Denn die Lehre von der Bewegung der Erde sei »mit allen Teilen meiner Abhandlung verknüpft« (in: Descartes 1644: VII): sowohl die cartesianische Metaphysik wie die Astronomie Galileis setzen den Menschen als ein abstraktes, nicht-sinnliches Subjekt als Zentrum und Fundament des Denkens und der Welt voraus. *Le Monde* bleibt unveröffentlicht.

Gegenüber dem nahezu zeitgleich durch *Francis Bacon* (1561-1626) begründeten englischen Empirismus scheint der Fortschritt der Entmythologisierung im cartesianischen Rationalismus weiter, weil das Subjekt als Gegensatz zur Objektivität gesetzt ist. Sehr klar formuliert Descartes (1644: 3): zur »Natur« des ego cogito gehört »nur das Denken«, nicht der »Körper«. Allein: Indem aus dem ego cogito der Beweis vom Dasein Gottes abgeleitet wird, sind Subjekt und Objekt in Gott eins, ist die Objektivität immer noch Subjektivität, die Subjektivität immer noch Objektivität. Das ist auch der Standpunkt des Empirismus. Aus der sinnlichen Welt der Natur kann nur darum durch Induktion das Allgemeine abgeleitet werden, weil die Natur als subjektive, göttliche Natur verstanden wird. Bacon beansprucht in seinem Hauptwerk: *Novum Organum* (1620), Philosophie als »Naturphilosophie« zu begründen; diese sei »die große Mutter aller Wissenschaften« (A I/79, 80). Das Werk, schreibt er in seiner Zueignung dem König James, habe er »von einem sehr alten Exemplar abgeschrieben, nämlich von der Welt selbst und von der Natur der Dinge und des menschlichen Geistes.« (ebd. 9) Die Welt gilt Bacon, wie zeitgleich Galilei, als ein Buch, als ein Text, der zu lesen und zu interpretieren ist. »Natur« heißt demnach »Natur der Dinge und des Geistes«, das Wesen der Dinge, die »Dinge selbst« (ebd. 11). Darum liegt dieses Wesen nicht offen zutage, darum muß es kommunikativ-interpretativ erforscht werden. Die »Dinge selbst« seien

»göttliche Offenbarungen«, die Natur sei eine »göttliche Natur« (ebd. 31, 33). Die geforderte Unterordnung des Geistes unter die Natur (ebd. 3, 5), die in der Tradition Leonardos steht, ist Unterordnung des Geistes unter die göttliche Schöpfung: Natur-Erkenntnis als Gottes-Erkenntnis. So ist Bacons Empirismus nur das Spiegelbild des cartesianischen Rationalismus: die Einheit beider besteht in der Voraussetzung der Welt-Einheit in Gott – in der Metaphysik.

Descartes wurde am 31.3.1596 in La Haye (Touraine, Frankreich) geboren. Zwischen 1618 und 1621 nahm er in den Diensten des Moritz von Nassau sowie des Kurfürsten von Bayern am Dreißigjährigen Krieg teil. Er lebte seit 1629 vor allem in den Niederlanden. 1649 wurde er an den Hof von Stockholm gerufen. Dort starb Descartes am 11.2.1650.

Die vorliegende Darstellung der Philosophie des René Descartes stützt sich auf folgende Werke: *Regulae ad directionem ingenii (Regeln zur Ausrichtung der Erkenntniskraft,* 1628); *Discours de la Méthode (Von der Methode,* 1637); *Meditationes De Prima Philosophia (Meditationen über die Grundlagen der Philosophie,* 1641); *Principia Philosophiae (Die Prinzipien der Philosophie,* 1644).

2.2.1 Die Bestimmung der Philosophie: Ego cogito und mathematische Naturordnung

Philosophieren heißt reflektieren: So bestimmt Descartes, in Übereinstimmung mit der auf den delphischen Imperativ »Kenne Dich!« zurückgehenden Tradition, den Begriff der Philosophie. Philosophie sei, übersetzt er nahezu wörtlich, das *»Streben nach Weisheit«* (1644: XXX). Weisheit falle nicht mit dem Spezialistenwissen des Fachmenschen, mit dem Erlernen einer einzelnen Wissenschaft, mit Technik, zusammen. Die Arbeitsteilung, führt Descartes (1628: Regel 1, 3f.) im Zeitalter der sich etablierenden Manufakturen aus, die im Bereich der »Kunstfertigkeiten« notwendig ist, ist auf den Bereich der »Wissenschaften« unzulässig übertragen worden. Die »Erkenntniskraft« sei immer eine und dieselbe, auf welche »Gegenstände« sie auch gerichtet werde; deshalb seien auch »alle Wissenschaften nichts anderes als die menschliche Weisheit, die immer eine und dieselbe bleibt« (ebd. 3). Diese Einheit zerbrächen die »vereinzelte[n] Wissenschaft[en]«, wenn sie sich auf besondere Gegenstände ausschließlich konzentrierten, wenn sie nutzenorientiert »Kenntnisse zu erwerben suchten, die den Interessen des Lebens förderlich sind« (ebd. 4). Über den »besonderen Zwecken« werde das »allgemeine Ziel« vergessen: die Reflexion auf die »universale Weisheit«.

»Und wirklich kommt es mir sonderbar vor, daß die meisten Menschen die Kräfte der Pflanzen, die Bewegungen der Sterne, die Verwandlungen der Metalle und die Gegenstände ähnlicher Wissenschaftszweige sorgfältig durchforschen und dabei fast niemand über den gesunden Verstand oder diese universale Weisheit nachdenkt, wo doch alles andere nicht so sehr um seiner selbst willen Wertschätzung verdient als vielmehr deswegen, weil es hierzu etwas beiträgt.« (1628: 3f.)

Alle Gegenstandserkenntnis ist Mittel zur Reflexion, zur Selbsterkenntnis der Weisheit – diese allein ist sich Selbstzweck. Weil alle besondere Wissenschaft die Erkenntniskraft beschränkt, weil sie die Weisheit bloß bewußtlos-unreflektiert voraussetzt, erschließt sich die »Wahrheit« nur jener »Weisheit« (ebd. 4).

Descartes' Argumentationen verweisen nun auf eine Paradoxie. Zwar ist die Weisheit sich Selbstzweck, aber das bedeutet keine arbeitsteilige Abspaltung der Vernunft. Weisheit zielt auf eine vernünftige Theorie und Praxis ineins:

»Wenn also jemand ernsthaft die Wahrheit aufspüren will, so darf er keine vereinzelte Wissenschaft wählen; sie sind nämlich alle miteinander verbunden und voneinander abhängig; sondern er sei nur darauf bedacht, das natürliche Licht der Vernunft zu vermehren, nicht um diese oder jene Schulfrage zu lösen, sondern damit in den einzelnen Vorfällen des Lebens der Verstand dem Willen vorschreibe, was zu wählen sei, und bald wird er erstaunt feststellen, daß er viel größere Fortschritte gemacht hat als die, die sich nur um Stückwerk bemühen, und nicht nur all dasselbe, was andere wünschen, erreicht hat, sondern noch Höheres, als sie erwarten können.« (Descartes 1628: 4; 1644: XXXI f.)

Philosophie als »Studium der Weisheit« ist ein Wissen »aus den ersten Ursachen«, lehrt Descartes (1644: XXXI f.) in der Tradition der aristotelischen prima philosophia. Die ersten Ursachen, die *»Prinzipien«,* sind das zentrale Thema der Philosophie. Als erste Ursachen sind die Prinzipien der Ausgangspunkt einer kausalen *Deduktion,* so daß nichts ohne die Prinzipien erkannt werden kann, diese aber aus sich selbst heraus verstanden werden müssen; ein weiterer kausaler Rückgang ist verschlossen. Descartes fordert deshalb für die Prinzipien *Klarheit und Evidenz:* sie müssen unmittelbar und nur aus sich selbst heraus einleuchten (ebd. XXXII).

Die Definition der Philosophie durch die Erforschung der ersten Ursachen bestimmt die Geschichte der Philosophie als Stufenfolge von versuchter, mißglückter und erneut versuchter Formulierung klarer und evidenter Prinzipien (ebd. XXXIV ff.). Notwendig tritt die jeweils letzte Philosophie mit dem Anspruch auf, das Prinzip erkannt zu haben, und kritisiert alle vorangegangenen Philosophien dahin, daß das von ihnen festgesetzte Prinzip nicht klar und evident ist, obwohl es so gedeutet worden war. Die Kritik zielt auf die unbewußte, unreflektierte Bestimmung der ersten Ursache: Die Philosophen haben

»alle etwas als Prinzip vorausgesetzt …, das sie selbst nicht hinreichend vollkommen erkannten.« (Descartes 1644: XXXVI)

Der Fortschritt der Philosophie stellt sich dann als reflexive Kritik undurchschauter Prinzipien und positive Setzung einer klaren und evidenten Ursache dar – wäre diese gefunden, wäre Philosophie zu ihrem Abschluß gelangt. Auf diesem Standpunkt wähnt Descartes sein System:

» … , hätte ich hier gerne *die Gründe* angegeben, um zu beweisen, daß die von mir in dem folgenden Buche dargelegten Prinzipien eben die wahren Prinzipien sind, vermöge deren man zu jener höheren Stufe der Weisheit gelangt, in der ja das höchste Gut des menschlichen Lebens besteht. Um das zu erweisen, ist bloß zweierlei erforderlich, nämlich erstens, daß sie sehr klar sind, und zweitens, daß aus ihnen alles übrige abgeleitet werden kann; denn andre als diese beiden Bedingungen kann man bei Prinzipien nicht fordern.« (Descartes 1644: XXXVII)

Das *erste Prinzip* der Philosophie ist das *Ich* des berühmten Satzes »Ich denke, also bin ich« – und nicht: *Gott.* Die Existenz Gottes ist vielmehr erst das zweite, aus dem ego cogito abgeleitete Prinzip. Weil Gott der Schöpfer der Welt ist, folgt auf das zweite das dritte Prinzip: die *»physischen Dinge«.* Im Schreiben an den Übersetzer seiner *Prinzipien der Philosophie,* Picot, bezeichnet Descartes seine drei Prinzipien:

»Daß sie (die Prinzipien; G.S.) sehr klar sind, beweise ich nun leicht erstens aus der Art ihrer Auffindung, indem ich nämlich alle Dinge zurückgewiesen habe, in denen ich die geringste Veranlassung zum Zweifel finden konnte; denn es ist sicher, daß diejenigen, welche auf diese Weise nicht zurückgewiesen werden konnten, wenn sie aufmerksam betrachtet wurden, die allerevidentesten und klarsten sind, die der menschliche Geist erkennen kann. Indem ich nun erwog, daß derjenige, welcher sich bemüht, an allem zu zweifeln, trotzdem nicht daran zweifeln kann, daß er selbst existiert, solange er zweifelt, und daß dasjenige, was so denkt (…) und nicht an sich selbst zweifeln kann, wenngleich es an allen übrigen Dingen zweifelt, nicht dasjenige sein kann, was wir als unseren Körper bezeichnen, sondern was wir unsere Seele oder unser denkendes Bewußtsein nennen (…), so habe ich die Existenz dieses denkenden Bewußtseins als erstes Prinzip angenommen, aus welchem ich alles Folgende in der evidentesten Weise abgeleitet habe, nämlich daß es einen Gott gibt, der der Urheber von all dem ist, was sich in der Welt vorfindet, und der als Urquell aller Wahrheit unseren Verstand nicht derart geschaffen hat, daß er sich in den Urteilen täuschen kann, die er über die Dinge fällt, die er in höchst klarer und distinkter Weise erfaßt. Das sind alle meine Prinzipien, deren ich mich in den immateriellen oder metaphysischen Dingen bediene, und aus ihnen leite ich in der klarsten Weise die körperlichen oder physischen Dinge ab, nämlich daß es nach

Länge, Breite und Tiefe ausgedehnte Körper gibt, die mit einer Mannigfaltigkeit von Gestalten versehen sind, und die sich auf verschiedene Weise bewegen. Das sind in wenigen Worten alle Prinzipien, aus denen ich die Wahrheit der andern Dinge ableite. Der zweite Grund zum Erweis der Evidenz der Prinzipien ist der, daß sie zu allen Zeiten bekannt und selbst von allen Menschen für wahr und unbezweifelt gehalten worden sind, (…). Wenngleich indessen alle diese Wahrheiten, die ich als meine Prinzipien ansehe, stets, und zwar allgemein, bekannt gewesen sind, so hat sie doch, soviel ich weiß, niemand bisher für die Prinzipien der Philosophie gehalten, d.h. erkannt, daß sich aus ihnen die Kenntnis aller übrigen Dinge, die es in der Welt gibt, ableiten läßt.« (Descartes 1644: XXXVIII f.)

Die Prinzipien seiner Philosophie teilt Descartes in zwei Klassen ein. Die Prinzipien in Rücksicht auf die »immateriellen oder metaphysischen Dinge« sind die *»Existenz dieses denkenden Bewußtseins« (res cogitans)* und die *Existenz Gottes;* das dritte Prinzip ist die *Existenz »ausgedehnter Körper« (res extensa).* Aus diesen Prinzipien soll die Welt abgeleitet und dadurch verstanden werden. Gelänge dies, wäre eine vernünftige Theorie und damit die Möglichkeit einer vernünftigen Praxis erlangt, die ihre Vernunft im göttlichen Logos besitzt. Descartes beansprucht, diese Prinzipien durch Reflexion bestimmt zu haben: die Prinzipien waren immer schon »bekannt«, aber als Prinzipien nicht »erkannt«. Die Transformation des Bekannten in Erkanntes ist ein Akt des Bewußtwerdens. Descartes' Skizze bestimmt diesen Prozeß als Verfahren eines radikalen Zweifels, einer radikalen Skepsis, der in der Formulierung des unbezweifelbaren Prinzips resultiert. Die kritische Reflexion erlischt in positiven Prinzipien.

Descartes bestimmt den Akt der skeptischen Freilegung der wahren philosophischen Prinzipien nicht bloß in systematischer, sondern auch in *biographischer* Rücksicht. Der radikale Zweifel an allem ist gerichtet auf das *Selbstdenken* – nichts soll gelten, weil es von »anderen behauptet« wurde, sondern weil »meine Vernunft mich … überzeugt hat.« (1637: 62; vgl. ebd. 56-58) Die eigene Vernunft ist in einer Welt, in der »kaum etwas von einem gesagt worden ist, dessen Gegenteil nicht ein anderer vorbringt« (1628: 9), die einzige Stütze. Auch die Mehrheitsmeinung bietet keine Orientierung; bei einem »schwierigen Streitpunkt« ist es eher wahrscheinlich, daß die »Wahrheit von wenigen gefunden« wird (ebd. 9f.). Descartes beschreibt den Zwang, sich selbst zu leiten, an einer Reihe von Erfahrungen. Zunächst habe er »schon auf der Schule gelernt«, daß auch das Unglaublichste bereits »von irgendeinem Philosophen behauptet« wurde; sodann habe er auf seinen Reisen »Leute« getroffen, »deren Gesinnungen den unseren geradewegs zuwiderlaufen«, die deshalb aber keineswegs »Barbaren«, sondern ebenso vernünftig oder gar vernünftiger »als wir« seien; endlich habe ihm eine

Überlegung gezeigt, daß wir »viel mehr« von »Gewohnheit und Beispiel« bestimmt würden als von »sichere[r] Einsicht«: »ein und derselbe Mensch« wird, wächst er in unterschiedlichen Kulturen auf, ein anderer (1637: 13). Zusammengefaßt stellt Descartes die Erfahrung dar, *daß es keinen Halt, keinen Stützpunkt gibt außer der eigenen Vernunft, so daß alles dem Urteil dieser Vernunft zu unterwerfen ist.* Deshalb, so berichtet Descartes, gelangte er zu der Überzeugung, alle seine »Meinungen« daraufhin überprüfen zu müssen, »ob sie wahr sind.« (ebd. 11) In geheimer Übereinstimmung mit der protestantischen Innerlichkeit verwahrt er sich jedoch dagegen, die Grenzen der Reformation der »eigenen Gedanken« zu überschreiten und zu versuchen, die »öffentlichen Angelegenheiten« – den Staat – zu »reformieren«. Der anvisierte Umsturz ist ein innerlicher, privater (ebd. 11f.). Denn es gibt »nichts«, das »völlig in unserer Macht steht außer unseren Gedanken.« Worüber wir keine Macht haben, das ist nicht machbar. Also sagt Descartes, er folge der Einsicht, »mich für die Zukunft nichts wünschen zu lassen, was ich nicht erreichte«; allein so sei es möglich, sich »zufrieden zu machen.« (ebd. 21f.) Diesen Prozeß des reflexiv-skeptischen Bewußtwerdens interpretiert Descartes als Menschwerdung des Menschen. Die Vernunft, das Selbstdenken, unterscheidet den Menschen vom Tier (1637: 2).

Descartes' *wissenschaftliche Biographie* läßt sich in drei Phasen aufteilen. – Die erste, die seine Ausbildung umfaßt, endet im Winter 1619/20. Descartes nahm zu dieser Zeit am Dreißigjährigen Krieg teil und befand sich in einem Winterquartier bei Ulm. Im *Discours de la Méthode* berichtet er (1637: erster und zweiter Teil), in jenem Quartier habe er die »Muße« zu zahlreichen Reflexionen gefunden, die alle auf den einen Entschluß führten: Durch radikalen Zweifel an allen eingeschliffenen Überzeugungen sich die Möglichkeit des Selbstdenkens zu eröffnen. Seine Studien konzentrierten sich auf das Problem einer universellen Methodologie der Wissenschaften, die er in einer Kombination von Arithmetik, Geometrie und Logik suchte; im November 1619 entdeckte Descartes die »mathesis universalis«, die universelle Wissenschaft: das Prinzip der Deduktion. – Der zweite Abschnitt ist erfüllt von der Ausarbeitung der Methode und ihrer Anwendung auf eine mathematisch konzipierte Naturlehre. Diese Phase endet im Winter 1628/29. Descartes übersiedelte von Paris nach Holland. Er war auf philosophische Grundlagenprobleme der Naturlehre – die Prinzipien der Existenz des Ich denke, Gottes und ausgedehnter Dinge – gestoßen, so daß er sich genötigt sah, eine eigene Metaphysik auszuarbeiten (1637: 24f.). – Der Formulierung der *Prinzipien der Philosophie* gilt Descartes' dritte Phase seiner wissenschaftlichen Arbeit.

Descartes' endgültiges philosophisches *System* kehrt seinen Forschungsprozeß um. An der Spitze des Systems steht die *Metaphysik*. Sie heißt Meta-Physik, weil sie – auf der Grundlage des Beweises vom Dasein Gottes – die Bedingungen der Möglichkeit einer mathematischen Naturlehre, der Physik, klärt; näher sind die »Prinzipien der Erkenntnis« ihr Thema (1644: XLI). Auf die Metaphysik folgt die *Physik*. Sie umfaßt, der Reihe nach, »die wahren Prinzipien der materiellen Dinge«, die Theorie des »Universums«, die Darstellung der »Natur dieser Erde und aller Körper«, die Darstellung der »Natur der Pflanzen, die der Tiere und besonders des Menschen« (ebd. XLI f.). Von diesen Themen umfaßt Descartes' zusammenfassendes Werk über die *Prinzipien der Philosophie* (1644) die ersten vier Problemkomplexe. Es stellt insofern den Versuch einer neuen Auffassung der Welt insgesamt, ein neues Weltbild dar. Der neue Anfang, das ego cogito als Prinzip, impliziert eine vollkommen neue Welt-Erklärung.

Aus dieser Skizze der Grundlagen der cartesianischen Philosophie ergeben sich Hinweise über ihre Nähe zur Naturlehre *Galileis*. Descartes und Galilei waren Zeitgenossen. Zwar waren sie einander nicht persönlich bekannt, aber ihre Systeme sind Ausdruck des fortgeschrittensten Bewußtseins der Zeit. Zudem bestanden indirekte Verbindungen über den *Pater Mersenne* in Paris, durch den die bedeutendsten Naturwissenschaftler miteinander korrespondierten. *Hobbes* (1588-1679), der die »Dritten Einwände« gegen Descartes' *Meditationen* (1641) vorgetragen hatte, hatte zuvor in Pisa Galilei kennengelernt. Auch für Hobbes war die Mathematik, vor allem die Geometrie, das Modell von Wissenschaft überhaupt.

Die erste zentrale Übereinstimmung zwischen der Philosophie des Descartes und der Naturlehre des Galilei besteht in der *Voraussetzung des seiner selbst bewußten, selbstdenkenden Individuums*. Die Herrschaft der Vernunft soll die Herrschaft jeder weltlichen, menschlichen Autorität durch Kritik auflösen und an ihre Stelle treten. Der letzte Satz der *Prinzipien der Philosophie* lautet:

> »Ich möchte nicht, daß jemand irgend etwas für wahr nehme, als wovon ihn klare und unwiderlegte Gründe überzeugt haben.« (Descartes 1644: 248)

Jeder Mensch – *der* Mensch – ist vernünftig und daher, der Möglichkeit nach, frei – er vermag eine bloß dogmatische Autorität zu durchschauen und sich von ihr zu emanzipieren. Weil die Vernunft allen Menschen inhäriert, sind sie einander gleich. Descartes (1637: 8) nennt diese Vernunft auch »gesunden Menschenverstand«. Die Vernunft ist dem Menschen an sich immanent; sie wird nur bisweilen durch die Beschäftigung mit Philosophie verstellt. Das Lob der Naivität ist Ausdruck der Voraussetzung der Vernunft, des vernünftigen und darum selbstdenkenden Menschen, des Individuums.

Die von Descartes wie von Galilei vorausgesetzte Vernunft ist der *göttliche Logos* in der Form der *mathematischen Rationalität.* Das wird vor allem in den *Regeln zur Ausrichtung der Erkenntniskraft* (1628) deutlich. Die Regel 2 erklärt Arithmetik und Geometrie zum Modell menschlicher Erkenntnis überhaupt (ebd. 5-8). Descartes argumentiert: Unsere »Erkenntniskraft« reicht nicht aus, über alle möglichen Gegenstände eine »zuverlässige und unzweifelhafte Erkenntnis« zu erlangen; daher bedarf es einer entsprechenden Beschränkung der Erkenntnisgegenstände. Ein sicherer Indikator für die Überschreitung unserer Erkenntniskraft ist die Existenz »zweier Urteile über dieselbe Sache«, die »in die entgegengesetzte Richtung laufen« (ebd. 5), also von Widersprüchen, die die Regeln der Logik – den Satz der Identität – verletzen. Offenbar ist dann kein Grund so »zuverlässig und unzweifelhaft«, daß er überzeugt. In allen Wissenschaften nun, sagt Descartes, herrschen solche Kontroversen vor – mit einer Ausnahme. Arithmetik und Geometrie liefern allein »zuverlässige und unzweifelhafte Erkenntnis« (ebd. 6) und verwirklichen damit die Sätze der Identität und des Widerspruches, den Imperativ widerspruchsfreier Argumentation. Descartes begründet dies damit, daß Arithmetik und Geometrie ausschließlich mit dem Mittel der *»Deduktion«,* der »reine[n] Ableitung des einen aus dem anderen«, arbeiten. Eine Ableitung könne »niemals verkehrt angestellt werden« (ebd. 7). Das Prinzip der Deduktion ist die Form der Erklärung jedes Sachverhalts als Wirkung aus einer vorangehenden Ursache, am Ende aus einem ersten Prinzip; jede Ursache kann auch als Mittel für einen folgenden Zweck aufgefaßt werden. Das Prinzip der Deduktion setzt insofern die Welt als kausalen Mechanismus, als Maschine. – Der zweite Erkenntnisweg hingegen, die Induktion, gründe das Wissen auf »Erfahrung«, sei »häufig trügerisch« und die Ursache »alle[r] Täuschung« (ebd. 7). Descartes scheint damit das Wissen radikal gegen die Sinnlichkeit verselbständigt und entmythologisiert zu haben.

Die dritte Regel der *Regulae* (1628: 9-12) komplettiert diese Bestimmungen. Descartes behauptet, unter allen »Handlungen unseres Verstandes« böten nur zwei die Gewähr für eine täuschungsfreie »Erkenntnis der Dinge« (ebd. 10). Die *Deduktion* wurde bereits erwähnt. Nun bedarf jede Ableitung, soll sie nicht in einem unendlichen Zirkel enden, in dem alles durch alles und damit nicht erklärt wird, eines ersten Satzes, der nicht deduktiv begründet ist. Descartes hat für diese, aller Deduktion vorausgesetzte Einsicht den Begriff der *»Intuition«.* Intuition richtet sich auf die Evidenz und Klarheit von Prinzipien.

»Unter Intuition verstehe ich nicht das schwankende Zeugnis der sinnlichen Wahrnehmung oder das trügerische Urteil der verkehrt verbindenden Einbildungskraft, sondern ein so müheloses und deutlich bestimmtes Begreifen des reinen und aufmerksamen Geistes, daß über das, was wir erkennen, gar kein Zweifel zurückbleibt, oder, was dasselbe ist: eines reinen und aufmerksamen Geistes unbezweifelbares Begreifen, welches allein dem Lichte der Vernunft entspringt und das, weil einfacher, deshalb zuverlässiger ist als selbst die Deduktion, die doch auch, wie oben angemerkt, vom Menschen nicht verkehrt gemacht werden kann. So kann jeder intuitiv mit dem Verstande sehen, daß er existiert, daß er denkt, ...« (Descartes 1628: 10f.).

»Geistige Intuition« und »Deduktion« kennzeichnen – nach Descartes – nicht nur jede wahrhafte Wissenschaft. Sie sind auch der Forschungsmethode und damit der Wissenschaft vorausgesetzt. Es sind »Operationen des Geistes« a priori (ebd. 14). Diese Voraussetzungen erscheinen in einem Zirkel. Intuition und Deduktion, postuliert Descartes, sind der Forschungsmethode vorausgesetzt, die wiederum lehrt, »wie man sich der geistigen Intuition zu bedienen hat, ..., und wie man die Deduktionen ausfindig machen muß« (ebd. 14). Weil Intuition und Deduktion der Forschungsmethode vorausgesetzt und von dieser gesetzt sind, erweitern Descartes' Ausführungen zur Methode die Aussagen über jene beiden grundlegenden Verstandeshandlungen. Insofern er die Methode in Rücksicht auf Arithmetik und Geometrie bestimmt, ergibt sich erneut das Thema der vorausgesetzten mathematischen Rationalität.

Descartes beansprucht nicht, eine absolut neue Forschungsmethode aufzustellen, sondern nur, eine bislang bloß »instinktiv« durchschaute reflexiv zu Bewußtsein zu bringen (1628: 86ff.). Seine Absicht ist, das Verfahren zur Problemlösung der »alten Geometer«, das neuerdings in der Algebra auf den Bereich der »Zahlen« übertragen worden sei, auf alle Wissenschaften auszudehnen (ebd. 14f.). Die anvisierte Disziplin nennt er eine »erste Vorschule der menschlichen Vernunft«, eine »Quelle« aller »Erkenntnis« (ebd. 15). Sie trägt den Namen *»Mathesis Universalis«:* allgemeine Lehre. Es handelt sich um eine »wahre Mathematik«, die aber nicht auf den Bereich von »Zahlen« und »Figuren« fixiert ist, sondern eine »allgemeine Wissenschaft«, die unabhängig von jedem »besondern Gegenstand« von »Ordnung und Maß« handelt: Eine bürgerliche, philosophisch-theologische Kosmologie in pythagoreischer Tradition (ebd. 87f.).

Descartes skizziert die Forschungsmethode in den Regeln fünf, sechs und sieben der *Regulae* (1628: 16-25). Zunächst ist zu beachten, daß die Forschung zur Wissenschaft, die durch Intuition und Deduktion strukturiert ist, führen soll; die Ordnung der Wissenschaft ist das Ergebnis der

Forschung. »Die ganze Methode«, bemerkt Descartes deshalb, besteht im Ordnen,

»in der Ordnung und Disposition dessen, worauf man sein geistiges Auge richten muß, um irgendeine Wahrheit zu finden. Und zwar werden wir diese Regel genau befolgen, wenn wir verwickelte und dunkle Propositionen (zu untersuchender, unbekannter Sachverhalt; G.S.) *stufenweise auf einfachere zurückführen und sodann von der Intuition der allereinfachsten zur Erkenntnis aller anderen über dieselben hinaufzusteigen versuchen.«* (Descartes 1628: Regel 5, S. 16)

Der Anfang der Forschung ist das Ende der Darstellung – mit dem entscheidenden Unterschied, daß der fragliche Sachverhalt erst in der Darstellung erkannt ist. Aufgabe der Forschung ist demnach, einen Problemkomplex in möglichst kleine Teilprobleme zu zerlegen (Analyse) und dann wechselseitige Abhängigkeiten dieser Teilprobleme zu bestimmen, so daß die »Dinge« in »gewissen Reihen geordnet werden« (ebd. Regel 6: 17). Die Ordnung zeigt, welche Probleme aus welchen anderen »erkannt werden können« (ebd. 17), welche Probleme also die einfachsten und intuitiv zu erkennen, welche Probleme verwickelt sind und allein durch Deduktion zu begreifen sind (ebd. 18f.). Ob die Forschung zu einer schlüssigen Darstellung geführt hat, läßt sich prüfen, indem die Deduktion auf mögliche Lücken untersucht wird (ebd. 22f.; vgl. zum Thema: 1628: Regeln 12, 13ff.; 1637: 13-17, 29f., 33f., 61f.).

Die philosophisch-theologische Voraussetzung des vernünftigen Individuums, der mathematischen Vernunft, impliziert die Idee einer *mathematisch-göttlichen Naturordnung.* In einem Brief an den Pater Mersenne schreibt Descartes: »Nach meiner Ansicht geschieht alles in der Natur auf mathematische Art« (zitiert in der Vorrede von Buchenau zu Descartes 1644: III). Diese These wird im fünften Teil der Abhandlung *Von der Methode* (1637) ausgeführt. Descartes berichtet dort über sein Werk *Le Monde,* das er nicht zum Druck gegeben hatte, nachdem ihm die Verurteilung Galileis im Jahre 1632 bekannt geworden war (ebd. 49). »Hauptinhalt dieser Abhandlung« war eine umfassende Darstellung der »Natur materieller Dinge«: zunächst eine »Theorie vom Licht«; dann eine Darstellung von Sonne und Fixsternen; der »Himmelsmaterie«; von »Planeten, Kometen und ... Erde«; der »Körper auf der Erde«; des »Menschen« (ebd. 34). Die Abhandlung stellte die Vision der Erschaffung der Welt durch Gott dar unter der Voraussetzung, daß Gott als erste Ursache der Welt kausale Naturgesetze gab (ebd. 33-35). Dadurch soll bewiesen werden, daß die Welt aufgrund von Naturgesetzen so sein muß wie sie ist – daß es eine Erde, Planeten und Gezeiten nicht nur gibt, sondern geben muß (ebd. 35f.). Weiter gilt: Die

Existenz von göttlichen Naturgesetzen vorausgesetzt, muß der Körper des Menschen so sein wie er ist (ebd. 37ff.). Die Naturgesetze sind der göttliche Logos: die Logik der Erschaffung, der Produktion und Reproduktion der Welt (ebd. 37). Natur ist a priori als zugleich göttlicher und technischer Artefakt gedacht. Die Naturwissenschaft bietet deshalb noch kein ökonomisch verwertbares Wissen, sondern erst eine theologische, *versöhnende Erkenntnis*. Die Welt der Naturgesetze ist Schöpfung Gottes: göttlicher Logos. Die naturwissenschaftliche Erkenntnis des Daseins steht unter einem die Realität transzendierenden Interesse.

Die ursprüngliche Beziehung von Naturgesetzen und göttlicher Schöpfungs-Arbeit tritt noch klarer hervor in Descartes' Darstellung des Herzmechanismus (1637: 38-44). Das Herz vergleicht er mit einer Maschine – der Uhr. Denn es folgt ebenso wie alle Maschinen den »Gesetzen der Mechanik, die mit denen der Natur identisch sind« (ebd. 41, 44). Allgemein ist der menschliche Körper nichts anderes als eine »Maschine«,

> »die aus den Händen Gottes kommt und daher unvergleichlich besser konstruiert ist und weit wunderbarere Getriebe in sich birgt als jede Maschine, die der Mensch erfinden kann.« (Descartes 1637: 45)

Gott ist ein Ingenieur-Schöpfer, die göttliche Schöpfung ist angewandte Mechanik. In Rücksicht auf den maschinengleichen Körper sind Mensch und Tier identisch (ebd. 37f., 45f.). Den Unterschied zwischen dem Menschen einerseits und Maschinen sowie Tieren andererseits bestimmt Descartes in zwei Rücksichten. Einmal sind allein Menschen in der Lage, »Worte oder Zeichen« so zu kombinieren, daß sie ihre »Gedanken verständlich« machen können, daß sie sagen, was sie denken; Maschinen könnten sich allenfalls auf einen körperlichen Reiz hin sprachlich äußern, reagieren (ebd. 46f.). Zum anderen können allein Menschen »aus Einsicht handeln«. Der Mensch ist eine bewußte Maschine, ein ego cogito und Körper ineins. Dabei ist die Rationalität die Vernunft des mechanischen Kosmos und selbst ein »Instrument«:

> »Denn die Vernunft ist ein Universalinstrument, das bei allen Gelegenheiten zu Diensten steht, während diese Organe für jede besondere Handlung einer besonderen Einrichtung bedürfen, was es unwahrscheinlich macht, daß es in einer einzigen Maschine genügend verschiedene Organe gibt, die sie in allen Lebensfällen so handeln ließen, wie uns unsere Vernunft handeln läßt.« (Descartes 1637: 46)

Die Natur ist eine Maschine, weil sie Naturgesetzen folgt, die identisch sind mit der mathematischen Rationalität. Es ist darum eine Tautologie zu sagen,

»daß es in der Mathematik sehr scharfsinnige Erfindungen gibt, die ebensosehr dazu geeignet sind, Wißbegierige zu befriedigen, wie auch die Technik zu befördern und die menschliche Arbeit zu verringern; ...« (Descartes 1637: 5)

Die mathematische Naturwissenschaft ermöglicht, indem sie Naturgesetze bewußt macht, diese Gesetze zum »Nutzen für das Leben« anzuwenden »und uns so« – nach Gottes Willen – »zu Herren und Eigentümern der Natur« zu machen (ebd. 50). Naturbeherrschung ist das immanente Ziel der Naturwissenschaft, der Rationalität überhaupt: wie Gott es im Schöpfungsakt bestimmt hat (Bibel: 1. Mose, 1, 28).

Wie bei Galilei, so führt auch bei Descartes die Annahme einer mathematisch geordneten Natur zum Versuch, das *kopernikanische Weltbild* zu beweisen (1644: 3.Teil, 64ff.). Der Beweis besteht in der Ableitung der »ganzen sichtbaren Welt« (ebd. 64) aus den Prinzipien der Philosophie, vorab aus dem Prinzip ego cogito ergo sum. *Ist das Ich nicht länger als ein körperliches Wesen definiert, so steht es auch nicht mehr körperlich-sinnlich im Mittelpunkt von Schöpfung und Welt.* Das ego cogito hat sich von der sinnlichen Welt distanziert und vermag deshalb auch diese Welt, die Erde, distanziert zu betrachten. Im Bereich der Kosmologie-Astronomie bedeutet dies: Der Mensch beginnt, die Erde gleichsam von außen zu betrachten – als einen Himmelskörper unter anderen. So interpretiert Descartes, wie Galilei, die Erde als einen Himmelskörper – sie leuchtet so wenig selbst wie der Mond, Venus, Merkur (ebd. 67). Wie Galilei, so hebt auch Descartes die Relativität von Bewegung hervor – daß wir die Sonne am Himmel wandern sehen, beweist nicht, daß die Sonne sich bewegt (ebd. 68). Aber am Begriff der Bewegung hängt auch Descartes' Abweichung von Copernicus und Galilei. Er definiert: Bewegung ist

»die Überführung eines Teiles der Materie oder eines Körpers aus der Nachbarschaft der Körper, die ihn unmittelbar berühren, und die als ruhend angesehen werden, in die Nachbarschaft anderer.« (Descartes 1644,:42)

Eine zweite Grundnahme über die körperlichen Dinge lautet: Einen leeren Raum kann es nicht geben, weil Ausdehnung immer Ausdehnung eines Körpers ist. Daraus ergibt sich folgendes Weltmodell (ebd. 69ff.): Die Sonne steht im Mittelpunkt von Kreisen, auf denen die Planeten sich bewegen. Aber, exakt gesprochen, bewegen sich die Planeten gar nicht. Da es keinen leeren Raum geben kann, lehrt Descartes die Existenz einer flüssigen Himmelsmaterie, die die Planeten umgibt. Es ist die Himmelsmaterie, die sich »nach Art eines Wirbels« um die Sonne dreht und dabei die Planeten mit sich führt. Bezogen auf diese Materie bewegen sich die Planeten nicht – nach dem Bewegungsbegriff sind sie unbeweglich. Innerhalb des großen

Wirbels um die Sonne (ebd. 74) gibt es kleinere Wirbel, so den, der die Erde zum Mittelpunkt hat und den Mond um die Erde führt sowie die Erde um ihre eigene Achse dreht (ebd. 76). Daß er der Erde »alle Bewegung« abspricht, ist – Descartes zufolge – seine Differenz zu Copernicus – obwohl sein Modell des Universums doch mit dem copernicanischen nahezu identisch ist.

Die Lehre von der Himmelsmaterie spiegelt, daß Descartes die Abstraktion auf das ego cogito rational-mythologisch, eben metaphysisch anschaulich denkt. Unsichtbare Kräfte und leere Räume sind noch so unvorstellbar wie ein »unsichtbares Selbst« (Kant: Bd. VII: 300). Abstraktion und Sinnliches sind nicht so radikal geschieden, wie es erscheint: denn die Welteinheit liegt in Gott, im schöpferischen Logos.

2.2.2 Ego cogito, ergo sum: Selbstabstraktion und Voraussetzung des Individuums

Das erste Prinzip der cartesianischen Philosophie lautet: *»ego cogito, ergo sum«, »Ich denke, also bin ich«.* Ich kommentiere dieses Prinzip nach den *Prinzipien der Philosophie* (1644) sowie nach den Erläuterungen, die Descartes in anderen Schriften vorträgt. Der erste Teil der *Prinzipien* enthält die Metaphysik, die »Prinzipien der Erkenntnis« (ebd. XLI).

Die Prinzipien der Philosophie beginnen mit diesen Paragraphen:

»1. Da wir als Kinder auf die Welt kommen und über sinnliche Gegenstände urteilen, bevor wir den vollen Gebrauch unserer Vernunft erlangt haben, so werden wir durch viele Vorurteile an der Erkenntnis der Wahrheit gehindert, und es scheint kein anderes Mittel dagegen zu geben, als einmal im Leben sich zu entschließen, an allem zu zweifeln, worin man auch nur den geringsten Verdacht einer Ungewißheit antrifft.
2. Es ist sogar nützlich, schon das Zweifelhafte als falsch anzunehmen, um desto sicherer das zu finden, was ganz sicher und ganz leicht erkennbar ist.
3. Dieser Zweifel ist indessen auf die Erforschung der Wahrheit zu beschränken. Denn im tätigen Leben würde oft die Gelegenheit zum Handeln vorübergehen, ehe wir uns aus den Zweifeln befreit hätten, und hier muß man daher oft das bloß Wahrscheinliche hinnehmen und manchmal selbst unter gleich wahrscheinlichen Dingen eine Wahl treffen.
4. Da wir hier aber bloß auf die Erforschung der Wahrheit ausgehen, wollen wir zunächst daran zweifeln, ob es überhaupt solche Dinge gibt, wie sie sich der Wahrnehmung oder der Einbildung darbieten; denn erstens bemerken wir, daß die Sinne bisweilen irren, und die Klugheit fordert, niemals denen allzusehr zu trauen, die uns auch nur einmal getäuscht haben, sodann glauben wir alle Tage im Traume eine Unzahl Dinge wahrzunehmen oder vorzustellen, die nirgends sind, und wenn

man so entschlossen ist, an allem zu zweifeln, so ermangelt man jeden Zeichens, woran man den Traum vom Wachen unterscheiden könnte.
5. Wir werden auch alles übrige bezweifeln, was wir bisher für das Gewisseste gehalten haben; selbst die mathematischen Beweise und die Sätze, die wir bisher für selbstverständlich angesehen haben. Denn einmal haben wir gesehen, daß manche in solchen Dingen geirrt und das, was uns falsch schien, für ganz gewiß und selbstverständlich angenommen haben; vor allem aber haben wir gehört, daß es einen Gott gibt, der uns geschaffen hat und alles vermag, und wir wissen nicht, ob er uns vielleicht nicht so hat schaffen wollen, daß wir immer und selbst in dem, was uns ganz offenbar scheint, getäuscht werden. Denn dies ist ebensogut möglich, als die Täuschung in einzelnen Fällen, deren Vorkommen wir bereits bemerkt haben. Denken wir uns aber, nicht der allmächtige Gott, sondern wir selbst oder irgend ein anderer hätte uns geschaffen, so wird es, je weniger mächtig wir den Urheber unseres Daseins annehmen, um so wahrscheinlicher, daß wir unvollkommen sind und immer getäuscht werden.
6. Mag nun unser Urheber sein, wer da will, und mag seine Macht einerseits, seine betrügerische Absicht andererseits noch so groß sein, so haben wir doch in uns die freie Entscheidung, dem nicht ganz Gewissen und Erforschten unsere Zustimmung zu versagen und uns so vor jedem Irrtum zu schützen.
7. Indem wir so alles nur irgend Zweifelhafte zurückweisen und es selbst als falsch gelten lassen, können wir leicht annehmen, daß es keinen Gott, keinen Himmel, keinen Körper gibt; daß wir selbst weder Hände noch Füße, überhaupt keinen Körper haben; aber wir können nicht annehmen, daß wir, die wir solches denken, nichts sind; denn es ist ein Widerspruch, daß das, was denkt, zu dem Zeitpunkt, wo es denkt, nicht existiert. Demnach ist der Satz: Ich denke, also bin ich (ego cogito, ergo sum) die allererste und gewisseste aller Erkenntnisse, die sich jedem ordnungsgemäß Philosophierenden darbietet.« (Descartes 1644: §§ 1-7, S. 1-3)

Descartes untersucht die Möglichkeiten der »Erkenntnis der *Wahrheit*« – wahrer Urteile über »sinnliche Gegenstände« – und des *Irrtums*. Durch einen radikalen *Zweifel* begründet er als »die erste und gewisseste aller Erkenntnisse« das Prinzip: *ego cogito, ergo sum.*

Descartes überlegt im Paragraphen 1: Wir sind in unserer biographischen Entwicklung als Kinder noch nicht vernünftig und gelangen allenfalls erst später zur Vernunft. Dennoch müssen wir in diesem Stadium Urteile über »sinnliche Gegenstände« fällen. So besteht unser anfängliches Wissen aus »Vorurteilen«. Diese ersten Urteile müssen dann, im Zuge der Erlangung der Vernunft, schrittweise kritisch zurückgewiesen werden, um wahren Urteilen Platz zu machen. Descartes nennt dieses Verfahren einen Akt des uneingeschränkten Zweifelns: der *Skepsis*. Das Ziel der Kritik ist die »Erkenntnis der Wahrheit«, sind wahre Urteile über »sinnliche Gegenstände«, über die körperliche Welt – das ist Descartes' Wahrheitsbegriff.

Problematisch ist also das Verhältnis von »Vernunft« und Sinnlichem, von Wahrheit, Täuschung und Irrtum in Urteilen.

Die Paragraphen 2 und 3 bestimmen das Verfahren des Zweifelns näher. Das Ziel der Wahrheit kennzeichnet alles »Zweifelhafte«, nicht nur das Falsche, als – zumindest vorläufig – nicht wahr, so daß es beiseite bleiben muß, um das ganz Unzweifelhafte – »was ganz sicher und ganz leicht erkennbar ist« – »zu finden«. Dieser Zweifel ist jedoch »auf die Erforschung der Wahrheit zu beschränken« – der Zweifel macht handlungsunfähig.

Die Paragraphen 4 und 5 beschreiben die Gegenstände des Zweifelns, den Inhalt. Zweifelhaft ist zunächst das Sinnlichgewisse – denn wir haben alle die Erfahrung gemacht, daß die »Sinne bisweilen irren«. Jeder weiß, daß die Sonne nicht so klein ist, wie sie den Augen erscheint; jeder weiß, daß der ins Wasser gehaltene Stab nicht wirklich geknickt ist, sondern nur so erscheint. Zweifelhaft ist weiter alles Wahrgenommene, weil »eine Unzahl Dinge« im Traume so sichtbar ist wie im »Wachen« – wie sollte man in dieser Rücksicht »den Traum vom Wachen unterscheiden« können? Zweifelhaft ist schließlich das Allergewisseste, die »mathematischen Beweise« und die selbstverständlichen Sätze. Denn auch hier wissen wir von früheren Irrtümern. Vor allem: Hat Gott uns so geschaffen, daß wir uns immer täuschen?

Der Paragraph 6 interpretiert die vorgetragenen Überlegungen in einem ersten Schritt: Mögen wir uns auch prinzipiell täuschen, so »haben wir doch in uns die freie Entscheidung«, zu zweifeln. Im Akt des Zweifelns liegt beides: das Problematisieren des zuvor Selbstverständlichen und die Distanzierung vom Zweifelhaften – Verzweiflung und Befreiung.

Der Paragraph 7 bringt die rückwärtsgerichtete Interpretation zu einem vorläufigen Abschluß. Universeller Zweifel resultiert nicht im Bodenlosen, sondern führt auf festen Grund. Das zweifelnde, denkende Ich kann den Zweifel nicht auf sich ausdehnen. Indem es allem Zweifel immanent, indem kein Zweifel ohne das zweifelnde Ich ist, muß dieses zweifelnde Ich unzweifelhaft existieren: »Ich denke, also bin ich«. Dieses Ich ist nichts als das Zweifeln, das Denken – an seinem »Körper« hat es ebenso gezweifelt wie an allem anderen, außer an dem »Ich denke«. Das Ich ist also keineswegs ein aus Körper und Denken zusammengesetzter Mensch.

Mit dem Satz *»ego cogito, ergo sum«,* der *Selbstgewißheit des Ich,* ist ein erster sicherer Grund gefunden. Wahrheit, bezogen auf »sinnliche Gegenstände«, ist hier aber noch nicht erlangt. Denn alles Sinnliche ist vorerst zweifelhaft. Insofern ist das Prinzip noch ganz arm und inhaltsleer.

Die Schrift *Von der Methode* (1637) enthält eine *erste Selbstinterpretation* Descartes' zum Prinzip »Ich denke, also bin ich«. Die Ableitung dieses

Grundsatzes erfolgt dort durch Darstellung der eigenen Bildungsgeschichte (ebd. 2. bis 4. Teil, 9-27). – Descartes berichtet, wie er im Winterquartier von 1619/20 den Entschluß faßte, seine »eigenen Gedanken zu reformieren«, an »allen überkommenen Grundsätzen zu zweifeln«, um sich von eingeschliffenen Überzeugungen zu befreien und auf der Grundlage neuer, wahrhaft sicherer »Fundamente« selbst zu denken, ›Ich‹ zu sein (ebd. § 4, S.9-13). Um in der Zwischenzeit, bis zum Erreichen des Zieles, nicht völlig orientierungslos zu leben, entwickelte Descartes eine »Moral auf Zeit«, die aus vier Grundsätzen bestand. Der erste lautete:

»den Gesetzen meines Vaterlandes zu gehorchen, an der Religion beharrlich festzuhalten, ..., und mich in allem anderen nach den maßvollsten, jeder Übertreibung fernsten Überzeugungen zu richten, die von den Besonnensten unter denen, mit denen ich leben würde, gemeinhin in die Tat umgesetzt werden.« (1637: 19)

Um sich dem Ziel anzunähern, durch Zweifel zum Selbstdenken zu gelangen, reiste Descartes »in der Welt herum« – in der Rolle des »Zuschauers«, der die »Muße« zur Reflexion hat, nicht in der des »Mitspielers«, der unter Handlungszwängen steht (ebd. 23f.). – Als er im Herbst 1628 nach Holland übersiedelte – in ein Land, dessen Friede die Möglichkeit zu müßigem Nachdenken bot (ebd. 25) –, reflektierte Descartes über die in den vergangenen Jahren erlangten Einsichten und leitete daraus den Satz »Ich denke, also bin ich« ab. Die Darstellung dieser Reflexionen, die er in Holland anstellte (ebd. 26), deckt sich vollständig mit der Deduktion des Prinzips in den *Prinzipien der Philosophie* (1644). – So wird aus der biographischen Erläuterung des Prinzips deutlich, daß das *»Ich« ein besonderes Individuum* bezeichnet: Descartes selbst. *Der Zweifel hat die Form der Selbsterkenntnis, der Selbstreflexion.* Denn er richtet sich gegen bereits gegebene Gedanken und stellt diese gedanklich in Frage; der »Geist« hat »sich selbst erkannt« (1644: § 13, S.4). Das Ich wird im Prozeß des Zweifelns seiner selbst bewußt, indem es sich seinen »Geist« »zum Bewußtsein« bringt (1641: § 13, S.21; vgl. ebd. § 1, S.27). In der »Antwort auf die zweiten Einwände« der *Meditationen* definiert Descartes den Begriff des Bewußtseins durch aufklärende Reflexion:

»I. Unter dem Namen ›*Bewußtsein*‹ (cogitatio, pensée) befasse ich alles das, was so in uns ist, daß wir uns seiner unmittelbar bewußt werden. (...) II. Unter dem Namen ›*Idee*‹ verstehe ich die Form eines jeden Bewußtseins, durch deren unmittelbare Erfassung ich eben dieses Bewußtseins bewußt bin; ...« (Descartes 1641: 145)

Nach dieser ersten Selbstinterpretation ist die Ableitung des Prinzips als *Selbstreflexion* zu lesen, durch die sich das *Ich als ein besonderes Individuum* konstituiert. Durch den Zweifel grenzt es sich ab von der Täuschung, von der sinnlichen Welt, von den allgemein herrschenden Vorurteilen und wie selbstverständlich geltenden Überzeugungen; es grenzt sich ab von sinnlichen Erfahrungen, dadurch von seinem eigenen Körper sowie von der äußeren Natur und von anderen Menschen, von deren Täuschungen und Vorurteilen. Durch diese *dreifache Ich-Abgrenzung, die auf Selbstreflexion* beruht, *individuiert* sich das Ich, erlangt es seine Identität als Besonderes.

Eine *zweite Selbstinterpretation* des fraglichen ersten Prinzips seiner Philosophie gibt Descartes in den *Regeln zur Ausrichtung der Erkenntniskraft* (1628). Es geht um die Differenz von Intuition und Deduktion. Gilt als einzig mögliche Form der Erklärung und des Verstehens eines Sachverhaltes dessen Ableitung – Deduktion – aus einer Ursache, so muß eine erste Ursache angenommen werden, die nicht-deduktiv begriffen wird – sonst würde am Ende alles durch alles, also nichts erklärt. Das Begreifen solcher ersten Ursachen nennt Descartes »Intuition« (1628: Regel 3: S.9ff.). Intuition heißt ein unmittelbares, »müheloses« und »deutliches« Begreifen eines Gegenstandes, »welches allein dem Lichte der Vernunft entspringt« (ebd. 10). Umgekehrt gilt, daß die Gegenstände der Intuition »höchst einfach« – also nicht zusammengesetzt, nicht komplex – und insofern »leicht« zu erkennen sind (ebd. 30). – Die Annahme einer unmittelbar-evidenten Erkenntnis einfacher Sachverhalte impliziert eine doppelte Voraussetzung. Vorausgesetzt wird einmal eine bestimmte Erkenntniskraft, die wegen der Unmittelbarkeit keine Zweifel und daher keinen Anstoß zu möglicher Reflexion erregt; vorausgesetzt wird zum anderen der Gegenstand, der ebenfalls zweifelsfrei erscheint, weil er nicht zusammengesetzt ist. Erkenntniskraft und Gegenstand der Intuition teilen diese Bestimmung: sie sind das *Prinzip der Identität.* Der Satz »Ich denke, also bin ich«, das erste Prinzip der cartesianischen Philosophie, kann nur deshalb intuitiv evident sein, weil es dem Inhalt (ego cogito) und der Form (Prinzip) nach der Grundsatz der Identität ist. Als unmittelbare Erkenntnis ist dieser Satz *nicht reflexiv und kritisch, sondern positiv.* Reflexiv könnte allein der Forschungsgang sein, der zur Erkenntnis des Prinzips führt.

Die zweite wird durch eine *dritte Selbstinterpretation* ergänzt (1637: 1. Teil: S.1-9). Der Satz »Ich denke, also bin ich« gilt allgemein, für jedes Ich. *Insofern sind alle Individuen einander gleich: insofern ist das Ich ein allgemeines.* Am Anfang der Schrift *Von der Methode* behauptet Descartes,

> »daß die Kraft, gesund zu urteilen und Wahres vom Falschen zu unterscheiden – was man recht eigentlich ›gesunden Verstand‹ oder ›Vernunft‹ nennt – von Natur gleich ist bei allen Menschen, ...« (Descartes 1637: 1)

Im *gesunden Menschenverstand* sind die *Menschen einander gleich.* Die »Verschiedenheit der Meinungen« resultiere also nicht aus einer ursprünglichen Ungleichheit, sondern daraus, daß »gesunde Geisteskräfte« nicht immer »gesund« gebraucht würden. – Diese letztere Formulierung verdeutlicht, was bereits der Begriff »gesunder Menschenverstand« besagt: Dieser Verstand wird als ein Gegebenes *vorausgesetzt.* Als Voraussetzung ist das ego cogito ein *allgemeines Ich,* das seine Setzung nicht weiß und sich darum als *besonderes* wähnt. – Später, in den *Prinzipien der Philosophie* (1644), gibt Descartes ein ähnliches Lob des naiven Bewußtseins. Er fragt dort, warum »die berufsmäßigen Philosophen sehr oft weniger weise und vernünftig sind, als andere«, obwohl sie sich doch dem »Studium der Weisheit« widmen (ebd. XXXIV)? Seine Antwort lautet: Philosophie ist der Versuch, aus ersten Ursachen – Prinzipien – die Welt zu erklären. Bislang allerdings sind die »wahren Prinzipien« unerkannt geblieben, so daß alle bisherige Philosophie auf falschen Prinzipien beruhte. Mehr noch: Der in den »letzten Jahrhunderten« vorherrschende Aristotelismus hat sogar die bei Aristoteles bereits zurückgelegten »Stufen der Weisheit« verdunkelt, »den Sinn seiner Schriften verderbt« und daher »schlechte Prinzipien« zur Grundlage der Philosophie erhoben. Mit »schlechten Prinzipien« aber

»entfernt man sich von der Erkenntnis der Wahrheit und der Weisheit. Daraus folgt, daß, wer am wenigsten von dem gelernt hat, was man bisher als Philosophie bezeichnet hat, am geeignetsten ist, die wahre Philosophie zu lernen.« (Descartes 1644: XXXVII; die zuvor zitierten Stellen finden sich: ebd. XXXIV – XXXVI)

Der Zugang zur wahren Philosophie ist hiernach vorzüglich dem naiven, gesunden Menschenverstand offen. Der Weg einer reflexiven Kritik falscher philosophischer Prinzipien ist ein Umweg. Es gilt aber in jedem Fall, diese falschen Prinzipien beiseite zu schieben – ein Wahrheitsgehalt wird ihnen nicht zuerkannt. Daher ist die reflexive Kritik nur negativ, destruktiv. Die wahren Prinzipien sind nicht in den falschen enthalten, sondern stehen neben ihnen und sind ihnen entgegengesetzt. Aufgabe der philosophischen Forschung ist es, die wahren Prinzipien als wahre zu erkennen. – Einen letzten Hinweis darauf, daß Descartes das Prinzip »Ich denke, also bin ich« mit einem allgemeinen gesunden Menschenverstand zusammendenkt und so voraussetzt, enthalten die *Meditationen* (1641). Jenes »Ich« bezeichnet Descartes dort als eine »Idee meiner selbst« und nennt diese wiederholt »eingeboren« (ebd. 42). Eine eingeborene Idee ist ein positiv Gegebenes, eine logische Voraussetzung und ein historisch-biographisch Ursprüngliches. Solche Idee mag verstellt sein und wäre deshalb kritisch freizulegen – die Erkenntnis der Idee selbst hingegen stünde jenseits jeder Kritik und

Reflexion; sie ist eine Voraus-Setzung ohne Bewußtsein der Setzung, der Genesis des Gesetzten.

Die *vierte Selbstinterpretation* läßt die sich abzeichnende Problematik der reflexionslosen Voraussetzung des Prinzips »Ich denke, also bin ich« weiter hervortreten. Die ersten beiden *Meditationen über die Grundlagen der Philosophie* (1641: 11ff., 17ff.) enthalten eine ausführliche Version der – nach den *Prinzipien* von 1644 zitierten – Ableitung. Descartes expliziert hier den *Prozeß des Zweifelns als Verfahren der Abstraktion.* Der Begriff des Zweifels kennzeichnet eine Kritik, die Sätze daraufhin befragt, ob sie falsch oder wahr sind, ob sie eliminiert oder akzeptiert werden müssen. Daher wird in einem Verfahren des Zweifelns zunächst notwendig jeder zweifelhafte Satz beiseite gelassen, um zweifelsfreie Sätze positiv auszufiltern – das ist Descartes' Weg. Nachdem er den Satz »Ich bin, ich existiere« als Resultat des Zweifels formuliert hat, fragt er, »wer ich denn bin«, und gibt den methodischen Weg an, auf dem die Antwort gefunden werden soll:

> »Ich will deshalb jetzt von neuem erwägen, was ich denn früher zu sein geglaubt habe, bevor ich noch auf diese Gedanken verfallen war. Und davon will ich denn alles abziehen, was durch die oben beigebrachten Gründe auch nur im geringsten hat erschüttert werden können, so daß schließlich genau nur das übrigbleibt, was von unerschütterlicher Gewißheit ist.« (Descartes 1641: 18)

Von etwas absehen, etwas »abziehen«, heißt abstrahieren. Das Problem der Abstraktion besteht darin, daß immer schon bekannt sein muß, was abgezogen wird und was das Resultat des Abziehens ist. Ein komplexer Sachverhalt zerfällt nicht von selbst in überflüssige Elemente und den verbleibenden Bestandteil. Es muß vorher bekannt sein, unter welchem Gesichtspunkt abstrahiert wird. So sagt Descartes, er filtere aus seinem Wissen das Prinzip »Ich denke, also bin ich« bloß heraus. Dieses Prinzip ist deshalb als bekannte, immer schon vorhandene Voraussetzung bestimmt, die für sich selbst unmittelbar zugänglich und evident, somit erkannt ist (vgl. 1637: 11-13).

Die *fünfte Selbstinterpretation* Descartes' belegt, daß die Form der Voraussetzung des Prinzips »Ich denke, also bin ich« eine zentrale inhaltliche Konsequenz hat. Nachdem er in den Prinzipien der Philosophie (1644) den Grundsatz ego cogito abgeleitet hat, fragt er, »wer wir sind« (ebd. § 8: S.3). Das Prinzip ist Resultat eines universellen Zweifels, der alles – »Gott«, »Himmel«, »Körper« – infrage stellt, nur eines nicht: den Zweifel, das Denken. *Das »Ich denke«, das »Ich«, ist deshalb »nur das Denken«;* alles, »was man dem Körper zuschreibt«, gehört nicht »zu unserer Natur« (ebd. 3). »Das Denken«: das ist kein besonderer, inhaltlicher Gedanke, sondern das Denken schlechthin als reine Form: das *Denken im allgemeinen,* das Denken eines *allgemeinen Ich.* – In der Schrift *Von der Methode* (1637) nennt Descartes das »Ich« auch »Seele« (ebd. 26f.), in den *Meditationen*

»denkendes Ding (res cogitans), d.h. Geist (mens), Seele (animus), Verstand (intellectus), Vernunft (ratio) …« (Descartes 1641: 20)

Wenn das Ich nichts ist als das Denken, so ist zu fragen, was Denken ist:

»Unter Denken verstehe ich alles, was derart in uns geschieht, daß wir uns seiner unmittelbar aus uns selbst bewußt sind. Deshalb gehört nicht bloß das Einsehen, Wollen, Einbilden, sondern auch das Wahrnehmen hier zum Denken.« (Descartes 1644: § 9: S. 3)

Auch das »Wahrnehmen« heißt »Denken«; das »Wahrnehmen« ist nicht sinnliche Wahrnehmung, sondern »Bewußtsein (conscientia)«, etwa das Bewußtsein »meines Sehens oder Gehens« (ebd. 3). – Descartes definiert das Denken so als Selbstreflexion des Geistes (ebd. § 13: S.4f.), daß die Reflexion immer schon aufgehoben ist: Des Denkens sind wir uns »unmittelbar aus uns selbst bewußt« (ebd. 3). Die Ableitung des Prinzips »Ich denke, also bin ich« ist dann als Weg zur Selbsterkenntnis des Geistes durch Zweifel an aller Gegenstandserkenntnis zu lesen. Vor aller inhaltlichen Erkenntnis richtet sich der Geist auf sich. Descartes betont, daß

»es unmöglich ist, daß wir etwas anderes erkennen, ohne daß uns dies nicht auch und zwar viel sicherer zur Erkenntnis unseres Geistes führte. Wenn ich z.B. annehme, daß es eine Erde gibt, weil ich sie fühle oder sehe, so muß ich danach noch weit eher annehmen, daß mein Geist existiert. Denn es ist möglich, daß ich meine, die Erde zu berühren, obgleich es gar keine Erde gibt, aber es ist unmöglich, daß ich dies meine und mein Geist, der dies meint, nicht sei.« (1644: § 11, S. 4)

Die Ableitung des Prinzips ist die Isolierung des aller Gegenstandserkenntnis immanenten, vorausgesetzten »Ich denke«. Dieses »Ich« ist von der, dem Denken gegenüber, sinnlich-äußeren Welt abgespalten; zur äußeren Welt gehört auch der menschliche Körper. So impliziert der Satz »Ich denke, also bin ich« die *absolute Trennung von »Geist« und »Körper«* (ebd. § 12: S.4). – Die Abstraktion auf den Geist ist eine Abstraktion auf das *Denken überhaupt.* Wird von allen Gegenständen – allem Inhalt – des Denkens abstrahiert, so vermag sich das Denken nicht in verschiedene bestimmte Gedanken – die das Denken eines Gegenstands sind – zu differenzieren. Insofern ist *das Denken das Identische, die reine Form* der Gedanken; in den Gedanken verbindet sich die Form mit einem Inhalt, einem Etwas, das gedacht wird. Das »Ich« nun, das dieses reine Denken ist, ist ebenso ein *Ich überhaupt, das Identische aller besonderen Individuen, ein abstrakt-allgemeines Ich:* Jeder, alle sagen »Ich« zu sich – insofern unterscheiden sie sich nicht voneinander. Die zentrale Intention des Begriffs »Ich«, die Abgrenzung gegen ein anderes »Ich«, die Bezeichnung eines besonderen Individuums, ist im »Ich überhaupt« nicht enthalten. Das Ich als ego cogito ist ein Allgemeines, kein Besonderes: es ist ein kollektives Ich, ein »künstlicher Mensch« (Hobbes). Der Satz »Ich denke, also bin ich« bedeutet: *das Ich ist ein Ich überhaupt; das Denken ist ein Denken überhaupt; die Existenz dieses »Ich denke« ist somit Existenz überhaupt – ein reines Sein.* Das ist die Konsequenz jener Trennung von »Ich denke« als reines Denken von der körperlichen Welt, von Form und Inhalt (vgl. 1641: 2. Meditation, S.17-26).

Ist das Ich, im erläuterten Sinn, reines Denken, so ist es sinnlich nicht erfahrbar. Das betont Descartes in einer *sechsten Selbstinterpretation* seines ersten Prinzips (1637: 30).

Eine *letzte Selbstinterpretation* betont den theologischen Gehalt des Prinzips. In der Trennung von Geist und Körper steckt die Lehre vom sterblichen Körper und von der unsterblichen Seele (1641: XI ff.). So wird das »Ich denke« zu einer überzeitlichen Abstraktion. – Da sich im »Ich denke« das reine Denken von allem Gedachten abgespalten hat, setzt das Prinzip eine Differenz zwischen einer sinnlichen, von Entstehen und Vergehen geprägten Welt und einer zugrundeliegenden ewigen Welt der reinen Denkform, eines reinen Ich.

Die referierten *Selbstinterpretationen* Descartes' zerfallen in drei Gruppen. Die *erste Deutung* expliziert als Anspruch den Zusammenhang von Selbstreflexion und Konstitution des Ich als eines besonderen Individuums. Die *zweite, dritte und vierte Deutung* erweisen das fragliche Prinzip als unreflektierte Voraussetzung. Die *fünfte Deutung* läßt das Ich als allgemeines Ich und als reine Form des Denkens hervortreten; die *sechste und siebente Deutung* unterstreichen diese Konsequenz und betonen – durch den Verweis auf die Unsterblichkeit der Seele – den theologische Gehalt. – Der Zusammenhang zwischen der zweiten und dritten Gruppe ist einfach. Das ego cogito ist als Prinzip allem vorausgesetzt, ohne selbst weiter abgeleitet werden zu können; es ist eine erste Ursache. Ein Prinzip aber, als ein allem Vorausgesetztes, aus dem alles deduziert wird, ist allgemein (vgl. Adorno 1956: 15, 30ff.). Wird ein Ich vorausgesetzt, so ist es kein besonderes Individuum, sondern ein *allgemeines Ich: sein Denken ist ein Denken überhaupt, seine Existenz ist eine Existenz überhaupt.* Dieses allgemeine Ich ist, als unsterbliches, *gottähnlich:* so enthält das ego cogito die Lehre von der Gottesebenbildlichkeit des Menschen in Gott, so enthält das ego cogito die Konsequenz dieser Gottesebenbildlichkeit – die *Identität des besonderen*

Ich mit dem Allgemeinen. – Nun hatte Descartes zwar einen allgemeingültigen Satz, aber das Ich auch als ein besonderes Individuum explizieren wollen. Dieser Satz sollte Resultat eines Zweifels, einer Reflexion sein. Die Selbstinterpretationen erweisen einen *bewußtlosen, aber realitätsgerechten Widerspruch.* Der Zweifel ist nicht die Reflexion, die er sein soll; das Ich ist nicht das besondere Individuum, das es sein soll. Dieses *Selbstmißverständnis* wird erst durch die kritische Konfrontation der Selbstinterpretationen deutlich. Descartes identifiziert Reflexion und abstrahierenden Zweifel, allgemeines Ich und besonderes Ich.

Die Selbsttäuschung bei Descartes ist kein subjektiver Denkfehler, sondern *Ausdruck der frühbürgerlichen Gesellschaft.* In ihr sind Individuum und Gesellschaft, besonderes und allgemeines Ich, nicht differenziert. Ein »natürlicher Mensch« ist als *Leviathan* unmittelbar als die Personifikation des göttlichen Logos: ein »künstlicher Mensch«, der sich aus allen einzelnen Staatsbürgern zusammensetzt, die in ihm aufgehoben sind, in ihm ihre Identität besitzen – nicht als Besondere, sondern als Momente des Allgemeinen. Im Kern der politisch-ökonomischen Sozialintegration gilt – analog – ein besonderes Geldmaterial (Gold und Silber) unmittelbar als allgemeiner Reichtum. Im Calvinismus, der die frühe Politik-Ökonomie legitimiert, erlangt der Einzelne seine Identität im Allgemeinen Gottes. Diese *unmittelbare Identität von abstrakter Allgemeinheit und Besonderem, von Gesellschaft und Individuum,* ist die Grundlage der cartesianischen Philosophie. Weil abstraktes und besonderes Ich nicht getrennt sind, sind auch *Abstraktion und Sinnliches nicht klar differenziert: nur das besondere Ich existiert sinnlich, nicht das allgemeine Ich.* Weil Descartes das ego cogito wesentlich als reine Form expliziert, ist die Existenz dieses Ich reine Form: Sein überhaupt. Somit impliziert das ego cogito bereits den Fortgang in der cartesianischen Philosophie zum *Beweis vom Dasein Gottes.*

Descartes gibt den Weg an, auf dem sich das besondere Individuum allein konstituieren könnte: Selbstreflexion. Aber dieser Weg konnte erst beschritten werden, nachdem sich real, in der klassisch-liberalen Epoche, Individuum, Gesellschaft und Natur gegeneinander entzweiten, so daß die Welteinheit in Gott zerfiel und durch das philosophische Dogma von der Herrschaft der Vernunft substituiert werden konnte. Die Descartes-Kritik Kants in der *Kritik der reinen Vernunft* stützt sich zwar auf logische Gründe, aber diese konnten ihrerseits erst erkannt werden auf einer veränderten gesellschaftlichen Grundlage. Der theoretische Fortschritt hatte einen gesellschaftlichen zur Bedingung.

2.2.3 Der Beweis vom Dasein Gottes: Selbstbespiegelung und Selbstüberschreitung des ego cogito

Im ersten Paragraphen der *Prinzipien der Philosophie* (1644) gibt Descartes das Problem seiner *Metaphysik* an: die »Erkenntnis der Wahrheit«, die Formulierung wahrer Urteile über »sinnliche Gegenstände«. Denn die Metaphysik klärt vor allem die Bedingungen der Möglichkeit einer mathematischen Naturlehre: der *Physik.*

In einem ersten Schritt hat Descartes das Prinzip *ego cogito, ergo sum* als Resultat eines universellen Zweifels an allen möglichen Gegenständen des Denkens, an allen möglichen Erfahrungen solcher Gegenstände, an allen möglichen bestimmten Gedanken gewonnen. Im Prinzip ist daher das Denken als reines Denken – als bloße Form – isoliert. Nichts ist vorerst gewiß als dieser eine Satz »Ich denke, also bin ich« – es ist die allerärmste Abstraktion. Der Fortschritt zur »Erkenntnis der Wahrheit« muß über die *abstrakte Selbstgewißheit* des ego cogito hinaus. Das leistet das zweite Prinzip der Metaphysik: das Dasein Gottes. Dieses Prinzip ist angedeutet in der Interpretation des *ego cogito als allgemeines, übersinnliches, unsterbliches Ich.* Indem Descartes vom *ego cogito zum Dasein Gottes* fortschreitet, formuliert er eine äußerst nüchterne Version des weltgeschichtlichen Anspruchs der Renaissance: daß der Mensch *gottesebenbildlich* Gott und seine Schöpfung zu erkennen vermag.

Das zweite Prinzip der cartesianischen Philosophie lautet also: *Gott existiert.* Dieses Prinzip ist wiederum nach den *Prinzipien der Philosophie* (1644: §§ 13-22, S.4-8) sowie nach den Erläuterungen zu kommentieren, die Descartes in weiteren Schriften darlegt. Ziel ist eine erweiterte Darstellung der Schwierigkeiten, die dem Prinzip ego cogito – dem Begriff des Ich – immanent sind.

Den Fortgang zum Beweis vom Dasein Gottes eröffnet Descartes (1644) mit dem Problem, daß »der Geist, der zwar sich selbst erkannt hat«, seine ganz abstrakte Selbstgewißheit überschreiten und »seine Kenntnisse ausdehnen« muß, will er zur »Erkenntnis der Wahrheit« gelangen (ebd. § 13: S.4f.). Descartes geht ganz empirisch vor. Der Geist findet »in sich die Ideen (idea) von vielen Dingen«. Ebenso findet er »auch gewisse Gemeinbegriffe (communes quasdam notiones)«. Als Beispiel für den Begriff »Idee« nennt Descartes die »Ideen der Zahlen«; als Beispiel für »Gemeinbegriffe« den Satz, »daß Gleiches zu Gleichem hinzugetan Gleiches gibt« (ebd. 5). Wiederum ergeben sich zwei Zweifelsgründe, analog zur Ableitung des Prinzips ego cogito, ergo sum. In Rücksicht auf die Ideen ist ein Irrtum dann möglich, wenn der Geist »behauptet« oder »leugnet«, daß etwas den Ideen »ähnliches außerhalb ihrer bestehe«. In Rücksicht auf Gemeinbegriffe ist ein Irrtum möglich, weil aus Gemeinbegriffen dadurch etwas bewiesen wird, daß es aus ihnen deduziert wird, etwa der Satz, »daß die drei Winkel eines Dreiecks gleich zwei rechten sind usw.«, wir aber nicht wissen, ob wir uns nicht auch in dem »anscheinend Unzweifelhaftesten« täuschen, insofern der »Urheber unseres Daseins« uns prinzipiell irren läßt (ebd. 5). Der eine Zweifel gilt dem Verhältnis von *Ideen und Dasein*, der andere Zweifel der *Deduktion von Aussagen aus vorangegangenen Sätzen.* So scheint das Ich nichts anderes unzweifelhaft zu wissen als den einen Satz: »Ich denke, also bin ich«. Will das Ich über sich hinaus, müssen die beiden genannten Zweifelsgründe ausgeräumt werden. Dazu benötigt das Ich *eine Idee, der ein Dasein zweifelsfrei entspricht und die nicht aus anderem deduziert ist.* Diese Idee ist, wie Descartes zeigen will, die *Idee Gottes.*

Durch den *Beweis vom Dasein Gottes* gelangt Descartes über die abstrakte Selbstgewißheit des ego cogito hinaus:

> »14.Wenn der Geist dann unter seinen verschiedenen Ideen die eines allweisen, allmächtigen und höchst vollkommenen Wesens betrachtet, welche bei weitem die vornehmste ist, so erkennt er darin dessen Dasein nicht bloß als möglich oder zufällig, wie bei den Ideen anderer Dinge, die er distinkt erfaßt, sondern als durchaus notwendig und ewig. So wie z.B. der Geist bei der Idee eines Dreiecks es als notwendig darin enthalten erkennt, daß seine drei Winkel gleich zwei rechten sind und deshalb überzeugt ist, daß ein Dreieck drei Winkel hat, die gleich zwei rechten sind, so muß er lediglich daraus, daß er einsieht, daß in der Idee eines höchst vollkommenen Wesens das notwendige und ewige Dasein enthalten ist, folgern, daß das höchst vollkommene Wesen existiert.« (Descartes 1644: § 14: S. 5)

Gott, »das höchst vollkommene Wesen«, muß existieren – sonst wäre er nicht »höchst vollkommen«. Das Dasein Gottes ist nicht nur »notwendig«, sondern auch »ewig«, also unveränderlich – was sich verändert, ist nicht vollkommen. Das ist der Beweis vom Dasein Gottes: Der »Geist« des ego cogito findet in sich unter vielen Ideen eine einzige, die den Geist überschreitet, weil sie das Dasein notwendig impliziert. Allein in Rücksicht auf die Idee Gottes entfällt der Zweifel, der alle Ideen trifft, wenn sie mit Ähnlichem außerhalb ihrer in Verbindung gebracht werden (vgl. ebd. § 13). Allein durch die Idee Gottes vermag das in seine Selbstgewißheit eingesperrte Ich auszubrechen und zur »Erkenntnis der Wahrheit« vorzustoßen; die Idee Gottes bildet die Verbindung des Ich zum äußeren Dasein. In Gott, dem bloß zweiten Prinzip!, liegt die Einheit von ego cogito, von Subjektiv-Innerlichem und Objektiv-Äußerlichem: die Einheit der Welt. So verkehrt sich das zweite in das erste Prinzip.

Mit diesem ersten Beweisgang ist indes erst der *Zweifel gegenüber Ideen,* gegenüber dem Verhältnis von Ideen und Dasein, nicht aber der *Zweifel gegenüber Gemeinbegriffen* ausgeräumt, der die Deduktion von Aussagen aus anderem betrifft. Descartes führt gegen einen möglichen Zweifel, ob die Idee Gottes nicht eine »willkürliche Idee« sei, bei der »das Dasein nicht zum Wesen gehört« (1644: § 16: S.6), einen *zweiten Beweisgang* an, der den Begriff Gottes fortbestimmt. – In einem ersten Schritt unterscheidet Descartes die Ideen von ihren Ursachen:

»Wenn z.B. jemand die Idee einer künstlichen Maschine hat, so kann man mit Recht nach der Ursache fragen, woher er sie hat; ...« (Descartes 1644: § 17: S. 6)

Ursache und Idee verhalten sich zueinander wie »Urbild (archetypus)« (ebd. § 18: S.7) und »Bild« (ebd. § 17: S.6). Die Vollkommenheit des Bildes muß der des Urbildes entsprechen (ebd. 6). – In einem zweiten Schritt ergibt sich der Schluß auf die Existenz Gottes. Wir, die Menschen, haben in uns die Idee eines »höchst vollkommenen Wesens«. Nun sind wir nicht vollkommen, wie die eingangs aufgeführten Zweifel (ebd. 1f.) belegen. Daher können wir die Idee Gottes nicht aus uns selbst geschöpft haben. Ursache der Gottesidee kann nur der »wirklich daseiende Gott« sein, der uns jene Idee »eingeflößt« hat (ebd. § 18: S.6f.). Weil die Idee Gottes Gott selbst zur Ursache hat, ist diese Idee auch von dem Zweifel, der sich auf die Deduktion von Sätzen aus anderem bezieht, frei: Wäre Gott nicht die Ursache von allem, wäre er nicht »höchst vollkommen«. – In einem dritten Schritt schließlich fragt Descartes, »von wem wir selbst sind«? Wir können nur von Gott erschaffen sein:

»Denn nach dem natürlichen Licht kann offenbar ein Ding, welches etwas Vollkommeneres weiß, als es selbst ist, nicht von sich kommen; denn sonst hätte es sich selbst alle die Vollkommenheiten zugeteilt, deren Idee es in sich hat, und deshalb kann es auch nur von jemand kommen, der alle jene Vollkommenheiten in sich trägt, d.h. der Gott ist.« (Descartes 1644: § 20, S.7 f.)

Weil Gott uns geschaffen, produziert hat, vermag er allein uns auch zu reproduzieren, zu erhalten (ebd. § 21: S.8). – Der Paragraph 22 der *Prinzipien* beschließt den Beweis vom Dasein Gottes. Wenn wir die Idee »Gott« von Gott selbst empfangen haben, so ist sie uns gleichsam »eingeboren«. Gott aber ist »höchst vollkommen«: also »ewig« – er muß ewig-unveränderlich sein, weil Veränderung nur an etwas Unvollkommenem denkbar ist; »allwissend« – sonst wäre er nicht vollkommen; »allmächtig« – denn Gott ist der Schöpfer nicht nur der Idee Gottes, sondern auch des ego cogito und der äußeren Dinge; »die Quelle aller Güte und Wahrheit« – weil Gott vollkommen ist, kann er nicht die Quelle von Wahrem und Falschem, der Möglichkeit des Irrtums, sein; der »Schöpfer aller Dinge« – denn nichts ist vollkommener außer Gott, so daß jener nicht bloß den Menschen, sondern die Welt insgesamt erschaffen hat.

Descartes gibt zwei *Selbstinterpretationen zur Ableitung des Gottesbeweises* und weitere fünf *Selbstinterpretationen zum Gottesbegriff.*

Die *erste Selbstinterpretation zur Ableitung des Gottesbeweises* ist enthalten in der dritten Meditation »über die Grundlagen der Philosophie« (1641: §§ 7-18: S.29-32). Sie hebt das Problem des Gottesbeweises hervor: Es geht um die Selbstüberschreitung des ego cogito, um wahre Urteile über außer mir existierende, »sinnliche Gegenstände«. Ausgangspunkt der Argumentation ist – wie im referierten Text aus den *Prinzipien der Philosophie* – der Begriff der Idee. Descartes unterscheidet drei »Bewußtseinsarten« – »Ideen«, »Willensäußerungen oder Gemütsbewegungen« und »Urteile« – unter dem Gesichtspunkt, ob in ihnen »Wahrheit oder Falschheit liegt.« (ebd. §§ 8, 9: S.29) – Ideen sind »Bilder der Dinge« (ebd. § 9). Sie können »nicht eigentlich falsch sein«, wenn sie nur für sich »betrachtet«, auf nichts Äußeres bezogen werden. Um von Wahrheit zu sprechen, bedarf es eines Maßstabs, an dem das Problematische gemessen werden könnte. Diese Differenz fehlt (ebd. § 10: S.29). – »Willensäußerungen« stellen eine Beziehung zwischen meinem »Bewußtsein« und einem »Objekt meines Bewußtseins« dar. Entscheidend für den Willen ist nicht, daß etwas ist, sondern, daß etwas sein soll (ebd. § 9: S.29). Somit liegt auch im Willen weder »Wahrheit« noch »Falschheit« – der Wille kann gut oder schlecht, aber nicht wahr oder falsch sein. Denn ich kann auch etwas wollen, »was es in aller Welt nicht gibt« (ebd. § 11: S.30). – »Wahrheit oder Falschheit« kommen allein Urteilen zu. Urteile beziehen Ideen auf »außer mir befindliche Dinge« und behaupten eine Ähnlichkeit oder Unähnlichkeit (ebd. §§ 9 und 12: S.29 f.). Ihr Wahrheitsgehalt ist überprüfbar, weil sie selbst einen Maßstab aufstellen, an dem sie gemessen werden können. Erheben allein Urteile einen Wahrheitsanspruch, so implizieren allein sie auch die Möglichkeit des Irrtums.

»Der vorzüglichste und häufigste Irrtum aber, den man in ihnen (den Urteilen, G.S.) vorfinden kann, besteht darin, daß ich urteile, die in mir vorhandenen Ideen seien gewissen außer mir befindlichen Dingen ähnlich oder entsprechend; ...« (Descartes 1641: § 12: S.30)

Die Umkehrung des Urteils, des Verhältnisses von Idee und äußerem Ding, gibt die Beziehung zwischen dem Ursprung der Idee und dieser Idee. Komplementär zur Frage nach einem wahren Urteil über sinnliche Gegenstände ist daher das Problem des »wahren Ursprungs« der Ideen; analog zur Differenz zwischen den drei »Bewußtseinsarten« geht es jetzt nur um die Ideen, die »von gewissen außer mir befindlichen Dingen« herzurühren scheinen (1641: § 13: S.30). Descartes untersucht zwei Gründe, denen zufolge bestimmte Ideen von äußeren Dingen »entnommen« und diesen »ähnlich« sind. Der erste lautet: das lehrt mich die Natur; der zweite: diese Ideen – etwa die Empfindung der Wärme – hängen »nicht von meinem Willen, also auch nicht von mir selbst« ab (ebd. § 14: S.30). Beide Gründe sind nicht verläßlich (ebd. §§ 15-17: S.31f.). Der erste fällt unter den universellen Zweifel, weil er auf »Natur« – einen »in mir liegenden Trieb« – rekurriert, nicht auf Vernunft (ebd. § 15: S.31); der zweite überzeugt nicht, weil er die Möglichkeit einer »in mir« liegenden, unbewußten Produktion von Ideen vernachlässigt (ebd. § 16: S.31). So ergibt sich, daß der »wahre Ursprung« der Ideen bislang unbekannt ist; umgekehrt: daß wahre Urteile über sinnliche Gegenstände zumindest vorerst unmöglich sind (ebd. § 18: S.32). Denn das Ich hat – noch nicht – den Schlüssel in der Hand, um aus seiner Immanenz hinauszugelangen. Das Problem ist die Selbstüberschreitung des ego cogito, die nur – wie sich tautologisch ergibt – auf dem Wege des reinen Denkens erfolgen kann. Nach dem universellen Zweifel ist dieser Weg allein offen.

Eine *zweite Selbstinterpretation zur Ableitung des Gottesbeweises* enthält die dritte Meditation »über die Grundlagen der Philosophie« (1641: §§ 19-27: S.32-37). Descartes versucht einen »anderen Weg, um zu prüfen, ob einige von den Dingen, deren Ideen in mir vorhanden sind, außer mir existieren.« (ebd. § 19: S.32) Wie zuvor, so wird auch jetzt nach dem »wahren Ursprung« der Ideen gefragt. Aber Descartes zielt auf einen dritten – den vorerst einzig möglichen – Grund, der aus dem ego cogito herausführt auf den Ursprung einer Idee, der Gottes-Idee. Die Argumentation ist wesentlich identisch mit dem referierten Text aus den *Prinzipien der Philosophie* (1644): Zwischen den verschiedenen Ideen, die ich habe, besteht ein Unterschied hinsichtlich des Gehalts an *»objektiver Realität«*. Nun ist nach der

»natürlichen Einsicht offenbar, daß zum mindesten ebensoviel Realität in der gesamten wirkenden Ursache (causa efficiens) vorhanden sein muß, wie in der Wirkung eben dieser Ursache.« (Descartes 1641: § 19: S. 32)

Daraus folgt erstens, daß nicht »etwas aus dem Nichts«, und zweitens, daß nicht »etwas Vollkommeneres … aus dem weniger Vollkommenen entstehen kann.« (ebd. § 20: S.33) Die Ursache verhält sich zur Idee wie das »Urbild« zum »Bild«; im Urbild ist die Realität »in formaler«, im Bild in »objektiver Weise« vorhanden (ebd. § 22: S.34). Descartes zieht die Konsequenz:

»Nun, wenn die objektive Realität irgendeiner meiner Ideen so groß ist, daß ich dessen gewiß bin, daß diese weder in formaler noch in eminenter Weise in mir enthalten ist, daß folglich ich selbst nicht die Ursache dieser Idee sein kann, so folgt daraus notwendig, daß ich nicht allein in der Welt bin, sondern daß auch irgendeine andere Sache, welche die Ursache dieser Idee ist, existiert. Findet sich aber keine solche Idee in mir, so habe ich offenbar gar keinen Beweisgrund, der mich der Existenz irgendeiner von mir verschiedenen Sache versicherte, …« (Descartes 1641: § 23: S. 34)

Descartes unterscheidet die Ideen und ihre Urbilder untereinander nach der *Größe ihrer Realität.* Die quantitative Differenz setzt voraus, daß zuvor eine Einheit bestimmt wurde, in der die Verschiedenen qualitativ gleich sind – das ist hier die »Realität«. Eine Einheit aber ist stets ein Allgemeines, sonst könnte sie nicht quantitative Differenzen messen. »Realität« muß daher Realität überhaupt, *abstrakt-allgemeine Realität* sein – wie das Sein des ego cogito. – Descartes führt nun das »Ich« als einen Maßstab von einer bestimmten Größe an Realität ein. Die Ideen werden mit dem Ich nach dem Realitätsgehalt verglichen. Habe ich eine Idee, die meinen Realitätsgehalt übersteigt, so liegt die Ursache der Idee außer mir. Damit hätte sich das Ich auf dem Wege reinen Denkens überschritten. Indes ist deutlich, daß Descartes seinen problematischen Begriff des Ich nur erneut zur Geltung bringt. Das Ich ist, als Maßstab, ein Allgemeines und eine Voraussetzung ineins. Es ist bestimmte Menge abstrakter Realität. Das Ich ist ein Allgemeines – denn es impliziert die Abstraktion auf ein qualitativ Gleiches; das Ich ist eine Voraussetzung – denn als Maßstab ist das Ich den zu messenden Ideen vorgeordnet. Indem das Ich die Ideen auf sich bezieht, bespiegelt es sich in ihnen. Diese Selbstbespiegelung, der Vergleich, ist das Medium der Selbstüberschreitung des ego cogito. *Durch diesen Vergleich ist beides als Abstraktion gesetzt: das Ich und das Dasein außerhalb des Ich, die »objektive Realität«.* – Descartes führt einen Vergleich verschiedener Ideen mit dem Ich durch (ebd. §§ 24-25, S.34-36) und gelangt zu dem Resultat, daß »einzig die Idee Gottes« das Ich überschreitet (ebd. § 26: S.36). Also existiert Gott notwendig (ebd. § 27: S.36f.). – Nach dem Selbstverständnis Descartes' ist durch den Beweis vom Dasein Gottes die Bedingung der Möglichkeit wahrer Urteile über »sinnliche Gegenstände« gegeben (ebd. § 23: S.34). Die Realität indes, von der er hier spricht, ist nicht die qualitativ-konkrete, empirische, sinnliche Realität, sondern eine abstrakt allgemeine Realität, eine Realität schlechthin – das Sein des ego cogito. Der Fortgang über das »Ich denke« hinaus verbleibt innerhalb dieses Ich: denn auch dieses ist bloß ein *Ich schlechthin, das schlechthin denkt und damit schlechthin ist – Descartes identifiziert wiederum Sinnliches und Abstraktion,* Besonderes und Allgemeines, weil ihm die Welteinheit in Gott selbstverständlich ist.

Die *zweite Gruppe von Selbstinterpretationen* gilt dem *Begriff Gottes.*

Die *erste Selbstinterpretation zum Gottesbegriff* reflektiert den Unterschied zwischen Gott als einem unendlichen und höchst vollkommenen und den Menschen als endlichen und weniger vollkommenen Wesen (1641: §§ 19, 20: S.32f.). Da das Ich vorerst einzig als »Ich denke« gewiß ist, muß jene Differenz auf der Ebene des reinen Denkens bestehen. Descartes rekurriert auf die sokratische Unterscheidung von göttlicher und menschlicher Weisheit, wenn er sagt (1644: XXXI f.): Die menschliche Weisheit besteht in einem Wissen aus »ersten Ursachen«, aber »allein Gott« ist »vollkommen weise«. Denn Gott vermag sich nicht zu täuschen, der Mensch aber ist sich seiner Einsichten nicht immer gewiß und muß sie anzweifeln. Die menschliche Erkenntnis wächst »gradweise« an und ist prinzipiell »immer noch eines weiteren Zuwachses fähig«; Gottes Erkenntnis hingegen ist »aktuell unendlich«: vollkommen (1641: §§ 32, 33: S.38f.). Daher kann der Mensch – auch wenn er die Idee Gottes in sich vorfindet und dessen Existenz als notwendig einsieht – »das Unendliche nicht begreifen« (ebd. § 31: S.38; 1644: §§ 25-27: S.9f.). Wenn wir jedoch nur das Endliche begreifen, so ist dennoch die Idee Gottes dafür die entscheidende Bedingung.

Der zuletzt angesprochene Sachverhalt wird in einer *zweiten Selbstinterpretation des Gottesbegriffs* betont. Descartes hat den Gottesbeweis konstruiert im Rahmen einer Selbstüberschreitung des ego cogito durch das reine Denken. Darin liegt beschlossen, daß nicht bloß die Seele, sondern auch Gott sinnlich nicht zu erfahren ist (1637: 30). Dennoch ist die Idee Gottes die Voraussetzung der Beseitigung des Zweifels an der Existenz einer – gegenüber dem »Ich denke« – äußeren Welt, zu der der menschliche Körper ebenso gehört wie Erde und Sterne (ebd. 31). Wie die Erkenntnis der Welt konzipiert ist, zeigt Descartes in den *Prinzipien der Philosophie* (1644: §§ 23, 24: S.8f.). Wenn Gott eine höchste Vollkommenheit darstellt, so ist er einfach, unteilbar, »kein Körper« (ebd. 8); wäre er teilbar, Körper, also aus mindestens zwei Elementen zusammengesetzt, so hinge er von diesen als einem Vorgängigen ab und wäre nicht vollkommen. *Vollkommenheit impliziert, daß ein Rückgang hinter Gott unmöglich ist; Gott ist höchste Ursache, Ursprung von allem.* Alles, außer Gott, ist – mehr oder weniger – unvollkommen, teilbar, und geht deshalb auf einen höheren Ursprung zurück. Die theologische Konstruktion der Welt-Schöpfung durch Gott wird unmittelbar als Deduktion, als Kausalzusammenhang interpretiert;

Welt-Erkenntnis hat die Form einer deduktiven Kausalerklärung: der Logik der göttlichen Welterschaffung.

»Da also Gott allein von allem, was ist oder sein kann, die wahre Ursache ist, so folgen wir offenbar dem richtigsten Weg im Philosophieren, wenn wir versuchen, aus der Erkenntnis Gottes selbst die Erklärung der von ihm geschaffenen Dinge abzuleiten, da wir so das vollkommenste Wissen, nämlich die Kenntnis der Wirkung aus der der Ursachen gewinnen.« (Descartes 1644: § 24: S. 9)

Welt-Erkenntnis ist Erklärung jedes Sachverhalts aus einer Ursache, zu der der Sachverhalt die Wirkung ist; alle Ursachen können auf weitere Ursachen zurückgeführt werden, so daß sie zugleich Wirkung sind. Am Ende des Kausalzusammenhangs steht eine erste Ursache, die alles erklärt, aber durch nichts als sich selbst begriffen werden kann.

Die *dritte Selbstinterpretation des Gottesbegriffs* expliziert dessen *utopischen Gehalt* (1641: 3. Meditation §§ 28-43: S.37-43). Descartes hatte die Existenz Gottes abgeleitet, indem er das Ich und seine Ideen unter dem Gesichtspunkt der Vollkommenheit miteinander verglich. Die Idee Gottes, die im Ich gegeben ist, kann nicht vom Ich gebildet sein und gilt deshalb als diesem »eingeboren« (ebd. § 41: S.42). Die Selbstüberschreitung des ego cogito hat allererst den Sinn, die Möglichkeit der Welterkenntnis, wahrer Urteile über sinnliche Gegenstände, zu eröffnen. Aber Descartes zieht aus dem Vergleich von Ich und Gott auch eine andere Konsequenz:

»Wie sollte ich es sonst auch verstehen, daß ich zweifle, daß ich etwas wünsche, d.i. daß mir etwas mangelt und ich nicht ganz vollkommen bin, wenn gar keine Idee eines vollkommeneren Wesens in mir wäre, durch dessen Vergleichung ich meine Mangelhaftigkeit erkenne?« (Descartes 1641: § 28: S. 37)

Indem das Ich auf sich reflektiert, indem es sich mit der Idee Gottes – mit Gott – vergleicht, erkennt es nicht nur seine »Mangelhaftigkeit«, sondern zugleich, daß es »nach Größerem und Größerem oder nach Besserem ohne Grenzen strebt« (ebd. § 42: S.42). Nun hatte Descartes in seiner Biographie dargelegt, daß das Ziel der Selbstaufklärung nicht Weltveränderung, sondern innerliche Selbstveränderung sei (1637: 11f.). Das Ziel der Veränderung ist jetzt in Gott gegeben und daher für endliche Wesen unerreichbar. Indem das Ich sich auf sich selbst fixiert, die Selbstüberschreitung mit Gott verknüpft, ist es hoffnungslos-hoffnungsvoll. Diese Form von Hoffnung ist zugleich Bedingung der Möglichkeit wahrer Urteile über sinnliche Gegenstände.

Die *vierte Selbstinterpretation zum Gottesbegriff* expliziert die *Möglichkeit menschlicher Irrtümer*, indem die Selbstüberschreitung des Ich durch die Gottes-Idee mit dem menschlichen Willen verglichen wird (1644: §§

28-42: S.10-14; 1641: 4. Meditation, S.44ff.). Descartes legt dar, daß in der Vollkommenheit Gottes die Unmöglichkeit von Irrtum und Täuschung beschlossen ist (ebd. § 29: S.10). Weil ein »höchst vollkommenes Wesen« (ebd. § 14: S.5) nur mit Wahrheit, mit »aktuell unendlicher« Erkenntnis (1641: §§ 32, 33: S.38f.) zusammengedacht werden kann, kann Gott uns »nicht betrügen noch auch im eigentlichen oder positiven Sinne die Ursache der Irrtümer sein, denen wir uns ausgesetzt sehen.« (1644: § 29: S.10) Das »Ich denke« – »das natürliche Licht (lumen naturae) oder das von Gott uns verliehene Erkenntnisvermögen« – kann sich nicht täuschen, wenn es einen Gegenstand »klar und deutlich erkannt« hat (ebd. § 30: S.11), weil dieses Ich durch seine Gottesidee sich selbst überschreitet, also von Gott erschaffen wurde (ebd. § 20: S.7f.). Worin liegt also der »Ursprung und die Ursache unserer Irrtümer«? (ebd. § 31: S.11) Descartes' Antwort lautet: Unser Wille zur Wahrheit überschreitet unser begrenztes Erkenntnisvermögen und läßt uns über Dinge urteilen, die uns verschlossen sind. – In dieser Antwort steckt die *Differenz von »Wille« und »Erkenntnisvermögen«* (ebd. § 32: S.11f.). Beide sind »Bewußtseinsarten«. Die »Wirksamkeit des Verstandes« heißt auch »Vorstellen (perceptio)«; »Arten des Vorstellens« sind das »Wahrnehmen, das Einbilden und das reine Denken« (ebd. 11f.). Wie nun die menschliche Weisheit im Unterschied zur göttlichen unvollkommen ist, so ist das »Vorstellen des Verstandes« »immer sehr eingeschränkt«, nicht »unendlich« (ebd. § 35: S.12). – Zur »Wirksamkeit des Willens«, dem »Wollen (volitio)«, gehören »das Begehren, Ablehnen, Behaupten, Verneinen und (vgl. ebd. § 6: S.2; G.S.) Zweifeln« (ebd. § 32: S.11f.). Der Wille ist »unendlich« (ebd. § 35: S.12) und insofern göttlich (1641: 48): Ich kann etwas wollen, obwohl das Gewollte unerreichbar, unerkennbar oder nichtexistent ist. Weil dieser unendliche, unbeschränkte Wille eine »Freiheit der Wahl« impliziert (1641: 47) und das Handeln des Menschen bestimmen kann, bestimmt der Mensch sich selbst – so ist er frei (1644: § 37: S.12). – Die Möglichkeit der Täuschung liegt allein im »Zusammenwirken« von »Verstand« und »Willen« (1641: 47). Ein Irrtum ergibt sich dann, wenn das Ich durch seinen unendlichen Willen den endlichen Verstand über seine Grenzen hinaustreibt und etwas »einsehen« will, das ihm verschlossen ist (ebd. 49). Entsprechend der Bestimmung, daß allein im Urteil – der Beziehung einer Idee auf ihr Urbild – Wahrheit und Falschheit, also mögliche Irrtümer beschlossen liegen, deutet Descartes Urteile als Verbindungen von Verstand und Wille:

»Zum Urteilen gehört zwar Verstand, weil man über eine Sache, die man auf keine Weise erfaßt, nicht urteilen kann; aber es ist dazu auch Wille erforderlich, um der vorgestellten Sache die Zustimmung zu erteilen. Es ist dazu aber nicht die volle und erschöpfende Erkenntnis der Sache erforderlich (wenigstens um irgend ein Urteil zu fällen); denn man kann vielem zustimmen, was man nur sehr verworren und dunkel erkennt.« (Descartes 1644: § 34: S. 12)

Um wahre Urteile fällen zu können, müssen Verstand und freier Wille zusammenstimmen; Irrtümer hingegen zeigen einen »Mangel« im »Gebrauche der Freiheit« an (ebd. § 38: S.13). – Impliziert jedes Urteil das Moment des Willens, des Bejahens (»ist«) oder Verneinens (»ist nicht«), so ist die Möglichkeit des Irrtums für den Menschen prinzipiell gegeben. Zwar ist der Wille zu irren eine logische Unmöglichkeit – niemand kann sich absichtlich selbst täuschen. Aber darin liegt ein Wille zur Wahrheit – der Wille geht per se über den Verstand, mit dem er unauflöslich verknüpft ist, hinaus (1644: § 42: S.14). Das Ich vermag den Irrtum zu vermeiden, indem es sich auf diese Differenz von Verstand und Wille besinnt, indem es die Beschränktheit des Verstandes beachtet.

Die *letzte Selbstinterpretation zum Gottesbegriff* enthält ein erstes Resultat in Rücksicht auf jenen universellen Zweifel, der zum Prinzip ego cogito, ergo sum führte. Descartes' Argumentation ist, durch den Gottesbeweis zur Erkenntnis wahrer Urteile über sinnliche Gegenstände vorzustoßen und so die Skepsis, die am Anfang der gesamten Denkbewegung stand, zurückzudrängen. Ein zentraler Zweifel, der zunächst erhoben wurde, ist mit dem Gottesbeweis zurückgewiesen: der Zweifel an der Gewißheit »mathematischer Beweise«. Wenn Gott mich nicht täuscht, so weiß ich, daß alles, was ich »klar« und »deutlich« erfasse, auch »wahr« ist (1644: § 30: S.11). Denn mit dem Gottesbeweis weiß das Ich, daß Gott als ein vollkommenes Wesen existiert, den Menschen und die Gottesidee erschaffen hat. Das Ich kann sich deshalb nicht prinzipiell täuschen, weil es von Gott geschaffen wurde (ebd. § 5: S.2). Der Verstand, klare und deutliche Erkenntnis, ist das Korrektiv gegen den ihn übersteigenden Willen (vgl. 1637: 31f.; 1641: §§ 13-18: S.57-60). So ist der Gottesbeweis nicht nur der Schlüssel zur Erkenntnis der daseienden Dinge, sondern auch die Grundlage für die Geltung der Mathematik: er begründet, als metaphysisches Prinzip, die Physik als mathematische Naturwissenschaft. Denn der »Gegenstand der reinen Mathematik«, allererst der Geometrie, ist die »gesamte körperliche Natur« (1641: § 18: S.60).

So hat Descartes durch sein zweites metaphysisches Prinzip – nach seinem Selbstverständnis – die »mathesis universalis« bewiesen. Aber wiederum ist das Beweisverfahren nicht reflexiv, sondern abstrahierend. Die Gottesidee ist im Geist positiv enthalten und muß in ihrer Bedeutung nur adäquat aufgefaßt werden. Sodann wird das Dasein Gottes tautologisch bestimmt und bewiesen: Im reinen Denken soll der Übergang ins Dasein möglich sein, als ob das Prädikat »vollkommen« nicht nur in der Idee, sondern auch in der Realität die Existenz implizierte. Kant wird später in der *Kritik der reinen Vernunft* (1781) darlegen: Descartes setze das Urteil als Verbindung zweier Begriffe – Gott ist vollkommen – gleich mit dem Urteil als Beziehung des Begriffs auf die bezeichnete Sache. So hebt er Nichtbegriffliches in Begriffe, Konkretes in Abstraktes, Besonderes in Allgemeines auf. Die Aporie des ersten Prinzips »Ich denke, also bin ich« wiederholt sich im zweiten: Descartes identifizierte zunächst – beim ersten Prinzip – bewußtlos das besondere Ich mit dem Ich im allgemeinen, die konkrete Existenz des besonderen Ich mit der Existenz schlechthin des Ich schlechthin, das Nichtidentische mit der Identität, das Sinnliche mit der Abstraktion. Descartes identifiziert nun die Selbstüberschreitung dieses Ich durch den Gottesbegriff ins Dasein als eine Selbstüberschreitung, die zwar im Medium des reinen Denkens erfolgt, aber über dieses Denken hinaus ins »Nichtdenken« (Hegel: Bd. 2: 25ff., 35ff.) übergeht: indem er ein logisches Urteil mit einem Existential-Urteil identifiziert.

Durch diese Identifikation von Identität und Nichtidentischem stehen sich *empiristischer und rationalistischer Individualismus* weit näher, als es der gegensätzliche Ansatz – Induktion gegen Deduktion, sinnliche Erfahrung gegen reines Denken – vermuten läßt. Indem beide mathematisch-rationale Strukturen bewußtlos auf die Welt projizieren, verfehlen sie jene Individuierung des Menschen durch Abgrenzung des Ich gegen die natürliche und soziale Welt, die sie durch ihren individualistischen Vernunftanspruch postulieren. Die *Entzweiung des Ich gegenüber der äußeren Natur, der eigenen Natur und anderen Menschen,* die die mythologische und metaphysische Welteinheit überschreitet, ist erst das Produkt der weiteren praktisch-theoretischen Entwicklung der bürgerlichen Gesellschaft bis hin zur Epoche des Liberalismus. *Das ›Ich‹ in der Epoche des Merkantilismus und Absolutismus ist noch wesentlich in unmittelbarer Einheit mit Natur und Gesellschaft: mit der Voraussetzung einer Welteinheit in Gott.* Darum ist der Denkfehler bei Descartes nicht subjektiv aufzufassen, sondern Ausdruck der Verhältnisse: des Handelskapitalismus und des rationalen Absolutismus als politisch-ökonomischer Erscheinungsformen der Metaphysik.

2.2.4 *Die Existenz ausgedehnter Körper: Selbstüberschreitung des Ich zu den daseienden Dingen*

Durch die ersten beiden metaphysischen Prinzipien seiner Philosophie hat Descartes, nach einem universellen Zweifel an allem verfügbaren Wissen, zunächst den festen Grund der Selbstgewißheit des ego cogito, ergo sum erlangt und dann in der Idee Gottes die Brücke gefunden, die aus dem reinen Denken ins Dasein führt. Gott, so soll der Gottesbeweis zeigen, existiert nicht nur, sondern er ist der Schöpfer des ego cogito und der Welt: die Einheit der Welt liegt in Gott, im göttlichen Logos, und dieser ordnet die Welt in Form der deduktiven Kausalität. Einzig auf der Grundlage dieser Einheit treten im Menschen das »Denken« und der »Körper«, treten – allgemeiner – das ego cogito und die von Gott »geschaffenen Dinge« auseinander (vgl. 1644: 2-4, 9). Zu erörtern ist das *dritte Prinzip* der cartesianischen Philosophie: die Existenz ausgedehnter Körper.

In der sechsten seiner *Meditationen über die Grundlagen der Philosophie* (1641: 61-78) kehrt Descartes zum Problem sinnlicher Gewißheit und wahrer Urteile über sinnliche Gegenstände zurück: »Es erübrigt noch, zu untersuchen, ob materielle Dinge existieren.« (ebd. § 1: S.61)

Descartes erinnert zunächst (1641: §§ 7-12: S.63ff.) an die »Dinge«, die er »früher, als durch die Sinne erfaßt, für wahr gehalten« hat (ebd. 63). Diese Dinge sind: einerseits der eigene, menschliche »Körper« mit den entsprechenden »Begehrungen« wie »Hunger« und »Durst«, mit »körperlichen Neigungen« zu »Affekten«, mit dem »Gefühle der Lust« und der »Empfindung des Schmerzes«; andererseits äußere Körper mit ihrer »Ausdehnung«, »Bewegung«, den »Berührungsqualitäten« wie »Härte« und »Wärme«, »Licht, Farben, Gerüche, Geschmäcke und Töne«. Er berichtet, daß die »Gründe«, aus welchen er diese Dinge »früher ... für wahr gehalten« hatte, darin lagen, daß sich die »Ideen aller jener Beschaffenheiten« seinem Bewußtsein ohne seine »Zustimmung« aufgedrängt hätten und außerdem »viel lebendiger und ausdrucksvoller« gewesen seien als jene Ideen, die er sich selbst in seinem »Denken« gebildet hatte. So schien es ihm gewiß, daß diese Ideen nicht von ihm selbst, sondern von jenen äußeren Dingen – dem eigenen und den äußeren Körpern – »herrührten« und diesen »ähnlich seien« (ebd. 63f.).

Sodann referiert Descartes den Zweifel an der sinnlichen Gewißheit (ebd. 65ff.). Sowohl das »Urteil« der »äußeren Sinne« erwies sich als »trügerisch« als auch das »Urteil« der »inneren Sinne«, sowohl die »Erfahrung« äußerer Körper als auch die des eigenen Körpers. Noch allgemeiner ist ein zweiter Zweifelsgrund: Alles, was »während des Wachens« empfunden wird, kann auch »im Schlafe« empfunden werden. Schließlich: Ist der »Urheber meines Daseins« unbekannt, weiß ich nicht, ob ich mich nicht in dem, was »mir am allerwahrsten zu sein schien«, getäuscht habe. Diese drei Zweifelsgründe richten sich insgesamt gegen die sinnliche Gewißheit von Körpern und lassen allein die Selbstgewißheit des ego cogito übrig.

Das Resultat des Zweifels, das Prinzip »Ich denke, also bin ich«, impliziert die Lehre der Trennung von Geist und Körper, eine *Zwei-Substanzen-Lehre* (1644: §§ 45-64: S.15ff.). Nachdem er die Prinzipien ego cogito und »Gott« expliziert hat, erläutert Descartes in den *Prinzipien der Philosophie* seinen Begriff der Erkenntnis unter der Perspektive *wahrer Urteile über sinnliche Gegenstände.*

Zur wahren Erkenntnis gehört *»Klarheit« und »Deutlichkeit«* (ebd. 15). Klarheit bezieht sich auf die Evidenz von Prinzipien, ersten Ursachen. Deutlichkeit hingegen setzt die Stufe der Klarheit voraus und bezeichnet eine Erkenntnis, welche

> »von allen übrigen so getrennt und unterschieden (sejuncta et praecisa) ist, daß sie gar keine andren als klare Merkmale in sich enthält.« (Descartes 1644: 15)

Deutlichkeit gilt – im Unterschied zu Prinzipien, die einfach und unteilbar sind – Zusammengesetztem, Abgeleitetem; Deutlichkeit fordert eine Analyse komplexer Sachverhalte und Erkenntnis bis hin zur Einfachheit, Klarheit.

Vor diesem Hintergrund gibt Descartes eine Aufzählung aller »einfachen Begriffe« oder »Ideen«,

> »aus denen unsere Gedanken (cogitationes) sich zusammensetzen«, um zu »zeigen, was in den einzelnen klar und was dunkel ist, oder worin wir irren können.« (Descartes 1644: § 47: S.16)

Descartes geht bei dieser Aufzählung der Ideen ganz empirisch vor, als ob es sich um Tatsachen handelte. Indes zeigt sich, daß wesentlich tautologische Reformulierungen der beiden metaphysischen Prinzipien geliefert werden. Der Paragraph 48 des ersten Teils der *Prinzipien der Philosophie* enthält die angekündigte Aufzählung:

> »Alles von uns Vorgestellte betrachten wir entweder als *Ding* oder als *Eigenschaft (affectio) eines Dinges* oder als eine *ewige Wahrheit,* die keine Existenz außerhalb unseres Denkens hat. Von dem, was wir als Dinge annehmen, sind die allgemeinsten die Substanz, die Dauer, die Ordnung, die Zahl und was sonst noch sich auf alle Arten von Dingen erstreckt. Ich erkenne aber *zwei oberste Gattungen (summa genera) von Dingen* an: die der *geistigen oder denkenden Dinge,* d.h. die, welche zum Geiste oder zur *denkenden Substanz* gehören, und die der *körperlichen Dinge oder*

> *der zur ausgedehnten Substanz, d.h. zum Körper gehörenden.* Die Vorstellung (vgl. ebd. § 32: S.11; G.S.), das Wollen (volitio) und alle Arten (modi) des Vorstellens und Wollens gehören zur denkenden Substanz; dagegen gehört zur ausgedehnten die Größe oder die Ausdehnung nach Länge, Breite und Tiefe, Gestalt, Bewegung, Lage und die Teilbarkeit der einzelnen Teile und dgl. Dagegen erfahren wir in uns auch anderes, was sich nicht auf den Geist allein und nicht auf den Körper allein bezieht, und was, …, von der *engen und innigen Verbindung des Geistes mit dem Körper* herrührt, nämlich die Gefühle (appetitus) des Hungers, des Durstes usw.; ebenso die Erregungen oder Leidenschaften der Seele (animi pathemata), die nicht in bloßem Denken bestehen, wie die Erregung zum Zorn, zur Fröhlichkeit, zur Traurigkeit, zur Liebe usw.; endlich alle Empfindungen, wie die des Schmerzes, des Kitzels, des Lichtes und der Farben, der Töne, der Gerüche, der Geschmäcke, der Wärme, der Härte und der anderen unter den Tastsinn fallenden Qualitäten.« (Descartes 1644: § 48: S.16 f.; Hervorhebungen von mir, G.S.)

Das »Vorgestellte«, der Gegenstand des Vorstellens, der »Wirksamkeit des Verstandes« in Wahrnehmung, Einbildung und reinem Denken (ebd. 11), zerfällt in drei Klassen, von denen die wichtigste die Klasse der »Dinge« ist. Die Dinge zerfallen wiederum in »geistige oder denkende Dinge« und »körperliche Dinge«. Denkende Dinge sind identisch darin, daß sie zur »denkenden Substanz« *(res cogitans)* gehören; körperliche gehören zur »körperlichen Substanz« *(res extensa).* Beide Substanzen sind gegenüber den aufgezählten Dingen gleichsam die allgemeinsten Dinge; die aufgelisteten Dinge sind ihnen gegenüber Attribute. Die Dinge, das Vorgestellte, sind »Ideen«. Es ergibt sich folgende schematische Anordnung:

Vorgestelltes = Dinge = Ideen

denkende Substanz	körperliche Substanz
denkende Dinge = Attribute der denkenden Substanz	körperliche Dinge = Attribute der körperlichen Substanz

Die zuletzt gegebenen Bestimmungen folgen aus der Definition von »Substanz«. Diese ist ein »Ding«, »das so existiert, daß es zu seiner Existenz keines anderen Dinges bedarf« (1644: 17). Der Begriff ist an der Idee Gottes gebildet; im genauen Sinn ist nur Gott eine – die einzige – Substanz (ebd. 17f.). Da Gott kein Körper ist, ist »Gott« die »Idee einer denkenden, unerschaffenen und unabhängigen Substanz«. Ist außerdem von »Substanz« die Rede, so können es nur »erschaffene« Substanzen sein. Descartes unterscheidet unter diesem Oberbegriff die »erschaffene denkende Substanz« von der »körperlichen Substanz« (ebd. 18f.). Diese

Lehre von den zwei Substanzen gibt die Elemente an, auf die sich zunächst eine deutliche und dann eine klare Erkenntnis bezieht. Allgemein wird die »die Substanz« durch ihre »Attribute« erkannt, die uns »affizieren«. Die »vorzügliche Eigenschaft«, das wichtigste Attribut der denkenden Substanz ist »das Denken«, der körperlichen Substanz »die Ausdehnung in die Länge, Breite und Tiefe« (ebd. 18).

Die Zwei-Substanzen-Lehre suggeriert, das Denken sei von den Körpern radikal getrennt. Indes ist nicht von sinnlichen Körpern die Rede, sondern von »körperlicher Substanz«, einem abstrakt-allgemeinem Ding. Was differenziert wird ist nur das Denken im allgemeinen gegenüber dem Körper im allgemeinen. Der Schritt über das »Ich denke« hinaus verbleibt innerhalb des reinen Denkens, der Abstraktion jenes Seins, jener Existenz dieses Ich; der Schritt wird vollzogen durch die Idee Gottes als einer »denkenden Substanz« (ebd. 19). Descartes identifiziert, wie im Kontext der beiden metaphysischen Prinzipien, die Abstraktion mit dem Sinnlichen. Allein so vermag er vom abstrakten »Ich denke« zu wahren Urteilen über »sinnliche Gegenstände« fortzuschreiten.

Aus verschiedenen Textstellen (1628: 39-44; 1641: 6. Med.: §§ 1-5, 18-20, 26) läßt sich ein Modell der denkenden Substanz erstellen, das den Fortgang vom Zweifel an der sinnlichen Gewißheit zu wahren Urteilen über sinnliche Gegenstände eröffnet. Descartes definiert die denkende Substanz durch die Attribute »Vorstellung« und »Wollen« (1644: 16). Das Vorstellen wiederum zerlegt er in das »Wahrnehmen« oder die »Sinnesempfindung« einerseits, »das Einbilden und das reine Denken« andererseits (ebd. 11 und 15f.). Genauer ergeben sich folgende Zusammenhänge, die dem Begriff der denkenden Substanz (res cogitans) zukommen:

Denkende Substanz			
Vermischung Geist – Körper			Reiner Geist
Sinnesempfindung	Gedächtnis	Einbildung	reine Verstandestätigkeit
Ideen der Sinnendinge aufnehmen und erkennen	Zuwendung zu Figuren (Körpern) durch Erinnerung	Anwendung der Erkenntniskraft auf den Körper	Das Reich des »Ich denke«: Selbsterkenntnis

Nach diesem Modell ist deutlich, daß Descartes die Selbstüberschreitung des ego cogito zu den sinnlichen, daseienden Dingen allein deshalb behaupten kann, weil er das Sinnlich-Körperliche in die denkende Substanz hineinnimmt und so unter der Hand in Abstrakt-Allgemeines verwandelt. Diese Identifikation ist indes kein subjektiver Denkfehler, sondern erfolgt auf einer selbstverständlichen metaphysischen Grundlage: der Voraussetzung einer Welteinheit im göttlichen Logos.

Descartes' Beweis der Existenz körperlicher Dinge erfolgt auf dem Hintergrund des Begriffs der denkenden Substanz. Teil dieser Substanz ist die Sinnesempfindung, also eine »passive Fähigkeit«, »die Ideen der Sinnendinge aufzunehmen und zu erkennen« (1641: 68). Diese »Ideen« können, nach Descartes, aus zwei Gründen nicht aus der reinen Verstandestätigkeit stammen. Einerseits drängen sich jene Ideen – etwa die der Wärme – oft »gegen meinen Willen« mir auf; andererseits hat die Produktion der Ideen »keine Denktätigkeit zur Voraussetzung«. Würden die Ideen aus dem Ich kommen, wäre das Ich sich dessen per definitionem bewußt. Nun kennt Descartes außerhalb des ego cogito nur zwei Sphären, die deshalb die möglichen unmittelbaren Ursprünge der fraglichen Ideen sind: Gott einerseits, die Welt der Körper andererseits (ebd. 68). Wäre Gott der »unmittelbare« Ursprung, hätte er das Ich betrogen, weil es nichts anderes glauben kann, als daß körperliche Dinge der gesuchte Ursprung sind. Da Gott aber kein Betrüger ist, müssen die »Ideen der Sinnendinge« unmittelbar von diesen selbst abstammen – vermittelt indes stammen sie von Gott, insofern die Dinge von ihm »geschaffen« sind (1644: I, § 24, S.9). Der Beweis der Existenz körperlicher Dinge stützt sich somit auf den Beweis vom Dasein Gottes: auf Gott als Schöpfer der Dinge; auf Gott als wahrhaftigen Schöpfer des Menschen; auf den göttlichen Logos, der deduktiven Logik kausaler Rationalität.

»Da nun Gott aber kein Betrüger ist, so ist es ganz offenbar, daß er diese Ideen nicht unmittelbar von sich oder auch durch Vermittlung irgendeines Geschöpfes in uns sendet, in dem die objektive Realität derselben nicht in formaler, sondern nur in eminenter Weise enthalten wäre. Denn da Gott mir durchaus keine Fähigkeit gegeben hat, dies zu erkennen, sondern im Gegenteil einen großen Hang, zu glauben, sie würden von körperlichen Dingen entsandt, so sehe ich nicht ein, in welcher Art man erkennen könnte, daß er nicht ein Betrüger sei, wenn sie anderswoher, als von den körperlichen Dingen kämen. – Folglich existieren die körperlichen Dinge.« (Descartes 1641: § 21, S.68; vgl. Descartes 1644: 31 f.)

Was an den körperlichen Dingen erkannt wird, ist nicht das Sinnliche selbst, sondern bloß die »Ideen der Sinnendinge«. Diese Ideen sind nicht das, was die Sinne wiedergeben, sondern was die Mathematik – allererst die Geometrie – konstruiert. Die sinnliche Gewißheit selbst bleibt, nach

Descartes eigener Einsicht, auch nach dem Beweis von der Existenz der körperlichen Dinge problematisch (1641: 68f.).

Diese Ausgrenzung der sinnlichen Wahrnehmung aus dem Bereich der klaren und deutlichen Erkenntnis hat, bei Descartes, keine Unüberwindlichkeit des Zweifels zur Konsequenz (1641: 69ff.). Zunächst bezog sich der Zweifel keineswegs auf das Vorhandensein der Sinnesempfindungen, sondern darauf, ob diese zu einem wahren Urteil über sinnliche Gegenstände taugen. Deshalb zweifelt Descartes auch jetzt nicht die sinnliche Wahrnehmung an; deshalb ist auch weiterhin der Zusammenhang von sinnlicher Gewißheit und wahren Urteilen über sinnliche Gegenstände problematisch. – Gegeben ist mithin die Tatsache, daß Ich – nicht das ego cogito, sondern das Ich der sinnlichen Gewißheit und des Zweifels – »Empfindungen des Schmerzes, Hungers, Durstes usw.« habe, und daß diese Empfindungen mehr sind als reines Denken. Gegeben sind weiter Empfindungen, die sich auf äußere Körper beziehen – »Farben, Töne, Gerüche, Geschmäcke, Wärme, Härte und dergleichen« (ebd. 69f.).

»Und daraus, daß einige dieser Wahrnehmungen mir angenehm, andere unangenehm sind, kann ich mit vollkommener Gewißheit folgern, daß mein Körper oder vielmehr mein gesamtes Ich, sofern ich aus Körper und Geist zusammengesetzt bin, von den umgebenden Körpern in mannigfacher Weise zuträglich und unzuträglich beeinflußt werden kann.« (Descartes 1641: 70)

Die angenehmen Wahrnehmungen faßt Descartes zusammen als »Gefühl der Lust«, die unangenehmen als »Gefühl des Schmerzes« (ebd. 71). Das ist der *Sinn der sinnlichen Empfindungen:* Sie zeigen dem Ich – jetzt bestimmt als Einheit von Geist und Körper –, was ihm »zuträglich oder unzuträglich ist«. Sie besagen aber nichts über das »Wesen der außer mir befindlichen Körper«. Der *Irrtum der sinnlichen Gewißheit* liegt darin, daß die Bereiche der Wahrheit einerseits, der Lust andererseits nicht getrennt werden, so daß von der Lustempfindungen auf das »Wesen« der Dinge geschlossen wird (ebd. 72).

Descartes beansprucht, durch den Nachweis der Selbstgewißheit des »Ich denke«, den »Beweis vom Dasein Gottes« und den Beweis von der Existenz »körperlicher Dinge« die Möglichkeit wahrer Urteile über »sinnliche Gegenstände« dargelegt zu haben (1644: 1). Durch Selbsterkenntnis soll das Ich, über die Erkenntnis Gottes, zur Erkenntnis der körperlichen Welt gelangen. Anvisiert ist ein reflexives Verhältnis des Ich zu sich selbst, zum eigenen Körper und zu äußeren Körpern. In diesem Rahmen beansprucht Descartes, meta-physisch die Geltung mathematischer Naturwissenschaft (Physik) und technischer Naturbeherrschung legitimiert zu haben.

Die kritische Interpretation der cartesianischen Texte hat das realitätsgerechte Scheitern dieser Intention dargelegt. Durch Identifikation von aufklärender Reflexion mit abstrahierendem Zweifel wird das Ich vorausgesetzt und als Prinzip – als ein Allgemeines – gesetzt. Dadurch jedoch ist alles als ein Abstrakt-Allgemeines gesetzt: das Denken, das Sein des ego cogito, der daseiende Gott, die mathematisch rekonstruierten körperlichen Dinge, das Sein. Indem Descartes die philosophische Reflexion auf Abstraktion und Deduktion reduziert, setzt er meta-physisch voraus, was er legitimieren will: die mathematische Naturerkenntnis. Die vorausgesetzte mathematische Rationalität projiziert er bewußtlos als göttlichen Logos auf die Welt. Von dieser Annahme geht Galilei aus: *Das Dogma einer mathematischen Naturordnung ist die Kehrseite des neuzeitlichen ego cogito. Es entspricht der Ökonomie der Zeit: der Identifikation eines Naturstoffes als eines allgemeinen, quantifizierbaren Wertes.* Das Ich dieser Welt des Merkantilismus, des Absolutismus und der sich etablierenden mathematischen Naturwissenschaft hat sich gegenüber der Gesellschaft sowie gegenüber der eigenen und der äußeren Natur nur auf der Grundlage der dogmatisch vorausgesetzten göttlichen Welteinheit abgegrenzt. Der revolutionäre Anspruch vernünftiger Individualität ist erst als Metaphysik formuliert. Er wird im weiteren Verlauf der Aufklärung entwickelt: indem, im Liberalismus, die Vernunft an die Stelle Gottes tritt.

2.3 Metaphysischer Individualismus in der Naturphilosophie. Galileis Begründung der mathematischen Naturwissenschaft

Die Philosophen der italienischen Renaissance: Petrarca, vor allem Manetti und Pico, haben durch die biblische Lehre der Gottesebenbildlichkeit die Würde des Menschen expliziert und das mittelalterliche Dogma des sündigen Menschen und der Welt als Jammertal überwunden. Die rinascità trat mit dem welthistorischen, theoretisch-praktischen Anspruch auf: der Mensch könne Gottes-Schöpfung erkennen und sich sowie seine Welt vernünftig erschaffen. Die Renaissance-Philosophie erkannte jene Gottesebenbildlichkeit in der unsterblichen Seele des Menschen und schied somit – auf der Grundlage einer Welteinheit im göttlichen Logos – Seele und Körper. Calvinismus und Puritanismus haben diese Lehre zum Fundament einer religiösen Rationalisierung erhoben, die sich gegen die weltliche Autorität der Römischen Kirche richtete. Bei Descartes nimmt jenes Dogma die Form des Beweises vom Dasein Gottes aus dem Ideen-Reservoir des ego cogito an. So steht das rationale Ich, als res cogitans, im Zentrum der göttlichen, vom Menschen rational rekonstruierbaren Weltschöpfung. Das war zunächst die Basis der Kosmologie des Copernicus: Das in Gott mit sich identische Ich steht nicht mehr mythologisch-sinnlich, sondern rational im Mittelpunkt der Welt. Die Erde ist nicht länger der sinnliche Mittelpunkt der Welt, sondern die Welt ist rational-mathematisch – aus dem Logos der Identität – konstruiert. Den theoretisch-praktischen Gehalt dieser metaphysischen Kosmologie hat Galilei erkannt und dadurch nicht nur die mathematische Naturerkenntnis auf metaphysischer Basis begründet, sondern die Naturwissenschaften implizit auch als Reflexionsprodukt metaphysischen Individuums kenntlich gemacht.

Galileo Galilei wurde am 15.2.1564 in Pisa geboren. Er lehrte dort als Professor zwischen 1589 und 1592, danach bis 1610 in Padua. Hier entdeckte er auch 1609/10 mit dem Fernrohr Himmelserscheinungen, die er als Beweise des copernicanischen Weltbildes erkannte und als *Sidereus Nuncius (Nachricht von Sternen)* in lateinischer Sprache (März 1610 in Venedig) publizierte; erst seit diesen Entdeckungen verteidigte er die neue Kosmologie. Galilei lehrte nach 1610 wiederum in Pisa und war Mathematiker am Hof in Florenz. Wegen seiner copernicanischen Theorie fand 1615/16 in Rom der erste Inquisitionsprozeß statt; Galilei wurde zum Schweigen verurteilt. 1616 wurde durch ein Indexdekret für jede Darstellung der copernicanischen Kosmologie die Form der hypothetischen Erörterung vorgeschrieben. Dennoch publizierte Galilei 1632 in Florenz, diesmal in italienischer Sprache, *Dialogo sopra i Due Massimi Sistemi del Mondo, Tolemaico e Copernicano (Dialog über die Weltsysteme),* eine nach der Methode platonischer Dialoge verfaßte Schrift zur Verteidigung des copernicanischen Systems. Sie enthielt auch Argumente zur Wurf- und Fallbewegung, die die moderne Kinematik begründeten. 1633 wurde Galilei in einem zweiten Inquisitionsprozeß unter Androhung der Folter zum Widerruf seiner Lehre gezwungen und zur Haft verurteilt. Während der Haft setzte er aber seine Forschungen fort. Er erblindete 1637. Galileo Galilei starb am 8.1. 1642 in Arcetri bei Florenz.

Im folgenden wird zunächst die *Nachricht von Sternen* (1610), danach der *Dialog über die Weltsysteme* (1632) diskutiert. Im Mittelpunkt der Darstellung steht das Verhältnis des zur Gottesebenbildlichkeit aufgestiegenen rationalen Individuums zur Natur und zur Gesellschaft.

2.3.1 Sidereus Nuncius *(1610)*

Descartes schreibt im November 1633, nachdem er von der Verurteilung Galileis erfahren hat, an seinen Freund Pater Mersenne, die Lehre Galileis von der Bewegung der Erde sei die Grundlage auch seiner Metaphysik und »mit allen Teilen« seiner nahezu vollendeten Abhandlung *Le Monde* konform (zitiert in: Descartes 1644: VII). Denn auch Galileis Astronomie und Physik setzt das Ich als jenes abstrakte, nicht sinnliche Subjekt voraus, das durch die Lehre von der Gottesebenbildlichkeit des Menschen ausgesprochen wurde. Insofern steht Galilei auf dem Standpunkt der cartesianischen Metaphysik und der auf die italienische Renaissance-Philosophie zurückreichenden Tradition: daß der Mensch, durch seine Seele, nicht nur den göttlichen Logos und damit die von Gott erschaffene Welt erkennen könne, sondern in diesem Logos auch sein Selbst-Bewußtsein – seine Identität – besitze. So tritt der Mensch, als gottesebenbildliches ego cogito, eben nicht als sinnliches Ich, ins Zentrum der Welt und unterwirft diese den Ansprüchen seiner Vernunft.

Bertolt Brecht (1898-1956) hat die Grundüberzeugungen Galileis in seinem Schauspiel *Leben des Galilei* (1938-43) in ihrer religionskritischen Konsequenz dargestellt. Die folgende Szene ist ein Dialog zwischen Galilei und seinem Freund Sagredo, der den Mond durch ein Fernrohr betrachtet:

»SAGREDO, durch das Fernrohr schauend, halblaut: Der Sichelrand ist ganz unregelmäßig, zackig und rauh. Auf dem dunklen Teil, in der Nähe des leuchtenden Rands, sind leuchtende Punkte. Sie treten einer nach dem anderen hervor. Von diesen Punkten aus ergießt sich das Licht, wachsend über immer weitere Flächen, wo es zusammenfließt mit dem größeren leuchtenden Teil.
GALILEI: Wie erklärst du dir diese leuchtenden Punkte?
SAGREDO: Es kann nicht sein.
GALILEI: Doch. Es sind Berge.
SAGREDO: Auf einem Stern?
GALILEI: Riesenberge. Deren Spitzen die aufgehende Sonne vergoldet, während rings Nacht auf den Abhängen liegt. Du siehst das Licht von den höchsten Gipfeln in die Täler niedersteigen.
SAGREDO: Aber das widerspricht aller Astronomie von zwei Jahrtausenden.
GALILEI: So ist es. Was du siehst, hat noch kein Mensch gesehen, außer mir. Du bist der zweite.
SAGREDO: Aber der Mond kann keine Erde sein mit Bergen und Tälern, so wenig die Erde ein Stern sein kann.
GALILEI: Der Mond kann eine Erde sein mit Bergen und Tälern, und die Erde ein Stern sein. Ein gewöhnlicher Himmelskörper, einer unter Tausenden. Sieh noch einmal hinein. Siehst du den verdunkelten Teil des Mondes ganz dunkel?
SAGREDO: Nein. Jetzt, wo ich darauf achtgebe, sehe ich ein schwaches, aschfarbenes Licht darauf ruhen.
GALILEI: Was kann das für ein Licht sein?
SAGREDO: ?

GALILEI: Das ist von der Erde.
SAGREDO: Das ist Unsinn. Wie soll die Erde leuchten, mit ihren Gebirgen und Wäldern und Gewässern, ein kalter Körper?
GALILEI: So wie der Mond leuchtet. Weil die beiden Sterne angeleuchtet sind von der Sonne, darum leuchten sie. Was der Mond uns ist, das sind wir dem Mond. Und er sieht uns einmal als Sichel, einmal als Halbkreis, einmal voll und einmal nicht.
SAGREDO: So wäre kein Unterschied zwischen Mond und Erde?
GALILEI: Offenbar nein.
SAGREDO: Vor noch nicht zehn Jahren ist ein Mensch in Rom verbrannt worden. Er hieß Giordano Bruno und hatte eben das behauptet.
GALILEI: Gewiß. Und wir sehen es. Laß dein Auge am Rohr, Sagredo. Was du siehst, ist, daß es keinen Unterschied zwischen Himmel und Erde gibt. Heute ist der 10. Januar 1610. Die Menschheit trägt in ihr Journal ein: Himmel abgeschafft.
SAGREDO: Das ist furchtbar.«
(Bertolt Brecht: Leben des Galilei [1938/43]. Frankfurt 1966: 27f.)

Brecht konstruiert den Fortgang des Dialogs, indem er eine weitere zentrale Überzeugung Galileis herausstellt:

»SAGREDO: Hast du allen Verstand verloren? Weißt du wirklich nicht mehr, in was für eine Sache du kommst, wenn das wahr ist, was du da siehst? Und du es auf allen Märkten herumschreist: daß die Erde ein Stern ist und nicht der Mittelpunkt des Universums.
GALILEI: Ja, und daß nicht das ganze riesige Weltall mit allen Gestirnen sich um unsere winzige Erde dreht, wie jeder sich denken konnte!
SAGREDO: Daß da also nur Gestirne sind! – Und wo ist dann Gott?
GALILEI: Was meinst du damit?
SAGREDO: Gott! Wo ist Gott?
GALILEI zornig: Dort nicht! So wenig wie er hier auf der Erde zu finden ist, wenn dort Wesen sind und ihn hier suchen sollten!
SAGREDO: Und wo ist also Gott?
GALILEI: Bin ich Theologe? Ich bin Mathematiker!
SAGREDO: Vor allem bist du ein Mensch. Und ich frage dich, wo ist Gott in dienem Weltsystem?
GALILEI: In uns oder nirgends!
SAGREDO schreiend: Wie der Verbrannte gesagt hat?
GALILEI: Wie der Verbrannte gesagt hat!
SAGREDO: Darum ist er verbrannt worden! Vor noch nicht zehn Jahren!
GALILEI: Weil er nichts beweisen konnte! Weil er es nur behauptet hat! (…)
SAGREDO: Galilei, ich habe dich immer als einen schlauen Mann gekannt. Siebzehn Jahre in Padua und drei Jahre in Pisa hast du Hunderte von Schülern geduldig das Ptolemäische System gelehrt, das die Kirche verkündet und die Schrift bestätigt, auf der die Kirche beruht. Du hast es für falsch gehalten mit dem Kopernikus, aber du hast es gelehrt.

GALILEI: Weil ich nichts beweisen konnte.
SAGREDO ungläubig: Und du glaubst, das macht einen Unterschied?
GALILEI: Allen Unterschied! (...) Ich glaube an den Menschen, und das heißt, ich glaube an seine Vernunft!«
(Brecht 1938/43: 33-35)

Brechts Schauspiel stellt das Revolutionäre der Entdeckung Galileis heraus. Revolutionär ist nicht die Annahme eines heliozentrischen Weltbildes – das hatte lange vor Galilei, Nicolaus Copernicus im Anschluß an die Pythagoreer aufgestellt, ohne in Konflikt mit der Kirche zu geraten. Revolutionär ist, daß Galilei die scheinbar rein naturwissenschaftliche Entdeckung in ihrer philosophischen, metaphysischen Tragweite ausspricht – erst dies ist ein Angriff auf die Religion, die traditionelle Weltordnung insgesamt. Brechts Text beschreibt Galileis philosophische, reflektierende Erkenntnis: Beobachtet wird der Himmel, erkannt wird die Erde; beobachtet werden Gestirne, erkannt wird ein neues, übersinnlich-innerliches, individualistisch-rationales Verhältnis von Mensch und Gott, so daß die äußerliche Autorität der Kirche fällt. Die nach außen gerichtete Erkenntnis wird auf die Erde, auf den Menschen zurückgebeugt – Galilei reflektiert: philosophiert. Die Übernahme der platonischen Dialogform – der Dialektik – in seinem *Dialog über Weltsysteme* ist nicht bloß der Versuch einer eleganten Darstellungsweise. Das alte Weltbild des Ptolemäus (85–160) paßte zur Lehre der Kirche, weil die mythologische Annahme, daß die Erde sinnlicher Mittelpunkt der Welt ist, mit dem Dogma, daß sich im Menschen die Welt-Schöpfung vollendete, zusammenstimmt – jeweils ist eine mythologisch-sinnliche Identität des Menschen stillschweigend vorausgesetzt, jeweils scheint der göttliche Logos dem Menschen entzogen und die Autorität der Kirche absolut. Galileis erste Konsequenz seiner Entdeckung ist aber, daß der Mensch sowenig sinnlich im Zentrum der Welt steht wie die Erde. Diese Herabsetzung des Menschen schlägt um in eine Erhöhung. Indem sie auf reflexive, aufklärende Weise die religiöse Dogmatik – das Wissen in der Form des Glaubens – der Vernunft unterwirft, wird der Mensch als vernünftiges Wesen zur Grundlage der Welt-Konstruktionen: dieser Mensch, der sich innerlich, in seiner Seele, mit Gott vereint, ist das metaphysische Individuum, das seine Identität im göttlichen Logos besitzt. Der Mensch steht nicht länger sinnlich-anschaulich, eben mythologisch, sondern rational – als denkendes Wesen – im Mittelpunkt. Das neue Weltbild setzt implizit eine neue Identität des Menschen. Der Mensch tritt als gottesebenbildliches, den göttlichen Logos verkörperndes Wesen der sinnlichen Welt gegenüber und konstruiert diese aus der internalisierten metaphysischen Vernunft des göttlichen Logos. So entspricht Galileis Astronomie der frühen, utopisch-praktisch gerichteten bürgerlichen Aufklärung ebenso wie den Gestalten der religiösen Rationalisierung.

Revolutionär ist daher Galileis Vertrauen auf die Überzeugungskraft des Beweises – der Beobachtung und der Vernunft. Ist in dieser rationalen Form der Mensch in einer paradoxen Denkbewegung erneut an die Spitze gerückt, und radikaler als je zuvor, so kann die Existenz Gottes nicht mehr sinnlich vorgestellt, sondern nur noch in der geistigen Innerlichkeit gesucht werden. Das neue protestantische Prinzip gelangt zum Vorschein. So kann das Revolutionäre der Entdeckung Galileis darin bestimmt werden, daß er eine naturwissenschaftliche Beobachtung im Rahmen der alten philosophischen Einsicht, daß Welterkenntnis nicht ohne Selbsterkenntnis gelingt, interpretiert. Galilei befreit die Naturwissenschaften von mythologischen Dogmen, indem er sie philosophischer Metaphysik unterstellt: dem rationalen, gottesebenbildlichen ego cogito. Insofern treibt er Naturphilosophie. Diese geht in Naturwissenschaft erst über mit der Liquidierung der Metaphysik durch Kants Kritik des ontologischen Gottesbeweises, im Zeitalter der Industriellen Revolution. Galilei ist Revolutionär als Philosoph. Er betrachtet den Mond und blickt zurück auf die Erde. Er betrachtet den Himmel und erkennt den Menschen als metaphysisches Individuum. Er setzt die Ordnung der Welt als Produkt der Vernunft in der Gestalt des göttlichen Logos. So tritt das bürgerliche Individuum in die Geschichte. Nichts äußerlich Gegebenes gilt mehr.

Im März 1610 erscheint Galileo Galileis erste Veröffentlichung in Venedig: *Sidereus Nuncius,* die *Nachricht von Sternen.* Die »Astronomische Mitteilung« beginnt mit einem Satz, der belegt, daß Galilei lange erhoffte Entdekkungen gelungen sind: »Große Dinge lege ich in dieser kleinen Abhandlung den einzelnen Naturforschern zur Untersuchung und Betrachtung vor.« (1610: 83) Galilei ist überzeugt, die Beweise der Wahrheit der Lehre des Copernicus gefunden zu haben; Anhänger der Lehre war er bereits seit vielen Jahren (Blumenberg 1980, 7).

Voraussetzung jener Beweise ist die Nachkonstruktion des Fernrohrs im Jahre 1609. Daher eröffnet Galilei (1610) seine »Mitteilung« mit der Nachricht, wie ihm der Bau des Fernrohrs gelang (ebd. 84-87). Durch ein »Gerücht« wurde ihm bekannt, daß ein »Belgier« – Jan Lapprey, Jacob Metius, Zacharias Jansen – ein »Augenglas entwickelt« hatte, durch das man weit entfernte Gegenstände wie aus nächster Nähe betrachten konnte. Galilei überlegte nun, wie ein solches Glas konstruiert sein müsse. Seine Lösung war ein Rohr mit einer Konvexlinse als Objektiv und einer Konkavlinse als Okular. Auf diese Weise gelang ihm der Bau eines Gerätes, das Gegenstände »ungefähr tausendmal größer und mehr als dreißigmal näher« erscheinen läßt. Weil seine Beweise auf dem Fernrohr beruhen, gibt Galilei auch eine Anweisung, wie das Instrument zum Zwecke der Himmelsbeobachtung konstruiert werden muß (ebd. 85-87). Das Fernrohr soll die Beweislast einer revolutionären Einsicht tragen: Daß nicht die Erde, sondern die Sonne im »Zentrum der Welt« (ebd. 80) steht, wird nunmehr – das ist Galileis Hoffnung – zur »sinnlichen Gewißheit« (ebd. 83 und öfter). Im *Sidereus Nuncius* berichtet Galilei von drei Entdeckungen, die ihm mit Hilfe des Fernrohrs gelungen sind.

Die *erste Entdeckung* betrifft das »Antlitz des Mondes« (1610: 83, 87-105). Die alten »Philosophen« hatten geglaubt, die »Oberfläche des Mondes« sei »glatt, regelmäßig und von vollkommener Rundung« (ebd. 87). Galilei bezieht seine Beobachtung sogleich auf die Erde zurück: Die »Oberfläche des Mondes« ist

> »im Gegenteil uneben, rauh und ganz mit Höhlungen und Schwellungen bedeckt ..., nicht anders als das Antlitz der Erde selbst, das durch Bergrücken und Talsenken allenthalben unterschiedlich gestaltet ist.« (Galilei 1610: 88; vgl. ebd. 83)

Damit ist die Annahme einer Sonderstellung der Erde in der Welt in Rücksicht auf die Oberflächenbeschaffenheit zerstört – daß die Erde nicht so sei wie alle Himmelskörper, galt als Beweis ihrer zentralen Stellung in der Welt. Galilei beschreibt, wie er den Mond durch das Fernrohr sieht. Zugleich interpretiert er das Gesehene, indem er den Standpunkt eines Beobachters imaginiert, der »die Erdkugel aus großer Entfernung« anschaut (ebd. 91): er sieht schwarze Flecken in der hellen Mondhälfte – und vergleicht sie mit Tälern auf der »Erde um die Zeit des Sonnenaufgangs, wenn ... die Täler noch nicht vom Licht durchflutet sind« (ebd. 89); er sieht »leuchtende Spitzen innerhalb des finsteren Mondteiles« – und vergleicht sie mit den gerade sonnenbeschienenen Berggipfeln vor Sonnenaufgang (ebd. 89). Galilei erblickt, was diese *reflexive Optik* bestätigt (ebd. 100ff.): nicht nur der helle Mondteil empfängt Licht, auch der dunkle – er ist nicht absolut dunkel. Er sagt Unerhörtes: Die Erde beleuchtet den Mond, wie der Mond nachts die Erde beleuchtet (ebd. 103f.). Auch deshalb muß die »alte Ansicht der Pythagoreer« aufgenommen werden, »daß nämlich der Mond gleichsam eine zweite Erde sei« (ebd. 91). Die Erde wird in den »Reigen der Sterne« aufgenommen (ebd. 105).

Auch die *zweite Entdeckung* Galileis ist, recht verstanden, die Entdeckung der Erde als Stern (ebd. 110ff.). Das »Wichtigste in der vorliegenden Arbeit« (ebd. 110) ist die Mitteilung von der Entdeckung der vier Jupiter-Monde im Januar und Februar 1610. Die unterschiedlichen Konstellationen, die Galilei zwischen dem Jupiter und jenen Himmelskörpern beobachtet, führen ihn zur Gewißheit, »daß die sich zeigende Veränderung nicht im Jupiter, sondern in den beobachteten Sternen begründet sei.« (ebd. 112) Daraus folgt, daß diese vier Körper um den Jupiter kreisen, alle zusammen aber sich innerhalb von zwölf Jahren um die Sonne bewegen (ebd. 129). Die Entdeckung der Jupiter-Monde zerstört einen anderen Beweis von der Sonderstellung der Erde in der Welt, einen anderen Einwand gegen das System des Copernicus – nicht nur die Erde wird von einem Mond umkreist, sondern auch der Jupiter, und dieser sogar von vier (ebd. 130).

Die *dritte Entdeckung* Galileis macht die Problematik seiner Beweise deutlich (ebd. 105-110). Berichtet wird von Beobachtungen der Fixsterne, die Rede aber ist von der Ungewißheit sinnlicher Gewißheit. – Zunächst beschreibt Galilei, daß Fixsterne durch das Fernrohr nicht ebenso stark vergrößert erscheinen wie der Mond. Der Grund ist, daß diese Sterne vom blossen Auge nicht in ihrer wirklichen relativen Größe wahrgenommen werden, sondern »von einem gewissen Glanz umstrahlt« sind, durch den sie größer erscheinen, als sie sind. Dieses Phänomen tritt beim Mond nicht auf. Das Fernrohr entkleidet die Fixsterne ihres Strahlenkranzes und scheint sie dann nicht so stark zu vergrößern wie den Mond (ebd. 105f.). – Sodann macht das Fernrohr nie Gesehenes sichtbar – neue, für das Auge unsichtbare Sterne (ebd. 106-108). Auch das ist eine unerhörte Erfahrung. Nie zuvor wurde gewußt, das das Auge nicht alles zu sehen vermag. – Eine ähnliche Erfahrung ist endlich die Beobachtung, daß die Milchstraße und die Nebel nichts anderes sind als »Ansammlung[en] von unzähligen, in Haufen gruppierten Sternen.« (ebd. 109) – Zusammengefaßt ergibt sich eine grundlegende Erschütterung sinnlicher Gewißheit. Nachdrücklich verdeutlicht das Fernrohr, daß nicht nur eine sichtbare, sondern auch eine unsichtbare Welt existiert. Und obwohl durch das neue Instrument bislang Unsichtbares sichtbar wird, so hat doch die damit einhergehende Zerstörung sicherer Wahrnehmung die Gewißheit genommen, jemals alles sehen zu können. Der Horizont des Sichtbaren wird offen, unbegrenzt. In einer paradoxen Argumentation beruft Galilei sich aber doch auf die – durch das Fernrohr gewährleistete – »sinnliche Gewißheit«, die dasselbe Fernrohr als prinzipiell fragwürdig denunziert hatte (ebd. 83, 109, 130). Hatte die alte sinnliche Gewißheit das alte Weltbild gestützt, so soll die neue die Wahrheit des copernicanischen Systems beweisen. Auf die Problematik sinnlicher Gewißheit, die begriffliche Formierung sinnlicher Erfahrung, reflektiert Galilei nicht.

Galileis Erwartung in die überzeugende Kraft des Fernrohrs, der sinnlichen Gewißheit, ist bewußtlos und insofern naiv. Die Naivität ist Ausdruck des ungebrochenen Vertrauens in sinnliche Gewißheit, der mangelnden Differenzierung zwischen Sinnlichem und Abstraktion, empeiría und theoría. Zwar ist Galilei durchaus bewußt, daß seine Darstellung eine Revolutionierung des Weltbildes impliziert – das ist ja seine ausdrückliche Absicht. Aber ihm ist nicht zureichend deutlich, daß jede sinnliche Gewißheit bereits begrifflich vermittelt ist: daß seine Fernrohr-Beweise das zu Beweisende immer schon voraussetzen, weil sie auf der reflexiven Optik einer Himmels-Beobachtung als Erd-Beobachtung, einer Sternen-Erkenntnis als Menschen-Erkenntnis beruhen. Denn keineswegs sieht Galilei, was er zu sehen vorgibt: am Mond bemerkt er dunkle Flecken – er glaubt Täler zu sehen; er sieht Himmelskörper in der Nähe des Jupiter in unterschiedlichen Konstellationen, die er exakt beschreibt und aufzeichnet (ebd. 111-128) – »um den Jupiter kreisen« (ebd. 129) kann er sie nicht sehen. Wäre das neue Weltbild mit sinnlicher Gewißheit beweisbar, wäre es immer schon bekannt gewesen – denn die dunklen Flecken auf dem Mond sind mit bloßem Auge zu erkennen.

Das alte, auf Aristoteles zurückgehende Vertrauen auf das mit Augen Sehbare lieferte nicht nur Argumente für die Annahme einer Sonderstellung der Erde in der Welt, sondern setzte das aristotelisch-ptolemäische System voraus. Der Mensch galt, nach mythologisch-christlicher Tradition, als Abschluß und Höhepunkt der göttlichen Schöpfung – alles wurde interpretiert unter dem Gesichtspunkt des Gebrauchswert-Nutzens für den Menschen. Eine unsichtbar-unverfügbare Welt war undenkbar (Galilei 1632: 216-219; Blumenberg 1980: 15). Diese Problematik sinnlicher Gewißheit durchschaut Galilei und behandelt sie im *Dialog über die Weltsysteme* von 1632 ausführlich. Aber damit ist für ihn das Vertrauen in sinnliche Gewißheit nicht prinzipiell erschüttert. Nur deshalb kann er hoffen, mit Hilfe des Fernrohrs die Wahrheit des copernicanischen Systems zu beweisen. Unreflektiert ist diese Hoffnung, weil Galilei nicht erkennt, daß seine neue sinnliche Gewißheit, daß sein Griff zum Fernrohr bereits das copernicanische System und damit das rationale, gottesebenbildliche Ich zur Voraussetzung hat (Blumenberg 1980: 13 und 21-23), das er doch erst beweisen will. Dieser Sachverhalt schlägt ihm entgegen in der Weigerung der »Hauptphilosophen unseres Gymnasiums«, durch das Fernrohr zu blicken, sogar bloß das Fernrohr anzusehen (ebd. 9). Vertreter des ptolemäischen Systems fordern gar, das Gesehene auszuradieren (ebd. 10f.). Diese Reaktionen sind indes unbewußter Ausdruck des Protestes gegen das in die neue sinnliche Gewißheit eingelassene neue Weltbild, gegen den metaphysischen Individualismus. Mit seinen Gegnern teilt Galilei diesen Mangel an Bewußtsein: *die Reflexion, die er gegen das alte Weltbild richtet, mangelt seinem neuen Weltbild* – er setzt es bewußtlos voraus. So sehen weder die Anhänger des Ptolemäus noch Galilei, daß die Welt sich nicht schlicht durch sinnliche Gewißheit erschließt, daß die Welt keine ansichseiende Faktizität ist, sondern daß *in der Konstruktion des Kosmos eine neue Anthropologie, eine neue Gesellschaftsform erschein*t.

Galilei greift sogleich in der Absicht zum Fernrohr, durch »Beobachtungen der Himmelskörper« (1610: 85) die Erde als Stern zu erkennen, die Wahrheit der Lehre des Copernicus sinnfällig nachzuweisen. Die Perspektive des Sehens ist reflexiv, also revolutionär – sie zerstört die Differenz von Erde und Himmel, Diesseits und Jenseits. Nicht nur ist jetzt die Erde an den Himmel versetzt. Galilei imaginiert auch einen Beobachter, der vom Himmel aus Erde und Mond betrachtet und miteinander vergleicht als ein gottesebenbildlicher Weltschöpfer. Indem die Rationalität der Weltbetrachtung sich vom empirischen Standpunkt der Erde emanzipiert, ist die mit dem Jenseits verknüpfte *Hoffnung auf Erlösung säkularisiert,* ist der *göttliche Logos zum Logos des Menschen* geworden. – Das christlich-mittelalterliche Erlösungs-Versprechen ist für Galilei paradox. Zwar erreicht, nach diesem Dogma, die Schöpfung mit der Erschaffung des Menschen ihren Höhepunkt und Abschluß, zwar steht darum die Erde im sinnlichen Zentrum der Welt – aber die Erde gilt zugleich als Diesseits, als »eine Jauche aus Schmutz und Bodensatz der Welt« (ebd. 105). Das ist der Standpunkt des Mittelalters, nach dem die Krisen vor allem des 14. Jahrhunderts Erscheinungsformen des göttlichen Zorns, Reaktionen Gottes auf den Sündenfall sind. – Indem Galilei Übereinstimmungen in der Oberflächenbeschaffenheit von Mond und Erde erkennt, indem er die Jupitermonde ausmacht und die Sonderstellung der Erde in der Welt liquidiert, reduziert er aber nicht das Jenseits auf das Diesseits. Umgekehrt wird die Erde zum Stern erhoben (ebd. 104f.). Diese Erkenntnis ist utopisch-praktisch (vgl. Blumenberg 1980: 27-29). Es ist dieser Bruch mit der christlich-mittelalterlichen Dogmatik, der die Grundlage der sinnlichen Gewißheit Galileis bildet. Die neue, durch das Fernrohr ermöglichte reflexive Optik bricht nicht bloß mit einer traditionellen astronomischen Welt-Konstruktion, sondern mit einer allgemein gültigen, fundamentalen gesellschaftlichen Selbstverständlichkeit: mit einem Welt- und Selbstbild des Menschen, das zentraler Bestandteil der mittelalterlichen religiösen Dogmatik war, die die gesellschaftliche Integration leistete. Galileis Optik impliziert einen Bruch mit der gesellschaftlichen Identität seiner Zeit, mit dem christlichen Mythos vom Sündenfall; seine Optik entspricht der hoffnungsfrohen Lehre von der Gottesebenbildlichkeit des Menschen, durch die das Erlösungs-Versprechen säkularisiert wurde.

1615/16 findet der erste Inquisitionsprozeß in Rom statt. Fortan darf Galilei die Lehre des Copernicus nur noch hypothetisch vortragen.

Daß erst Galilei, nicht schon Nicolaus Copernicus, in Konflikt mit der Kirche gerät, ist auf den ersten Blick erstaunlich. Copernicus formulierte die ersten Annahmen eines heliozentrischen Weltbildes bereits zu Beginn des 16. Jahrhunderts, vor allem in seinem – im Todesjahr 1543 erschienenen – Hauptwerk *De revolutionibus orbium caelestium libri VI (Sechs Bücher über die Umläufe der Himmelkörper).* Galilei berichtet im *Dialog über die Weltsysteme* vom Forschungsgang des Copernicus (1632: 213f.). Copernicus hatte, nach eigenem Zeugnis, eine Reform der Astronomie auf den »Voraussetzungen des Ptolemäus« versucht, um die Berechnung der Planetenbahnen zu verbessern. Das Unbefriedigende des alten Systems empfand er, als er die einzelnen berechneten Planetenbahnen zusammenfügte – nicht Ordnung, sondern ein Chaos stand vor seinen Augen. Um daher die Welt als Ordnung konstruieren, um die Welt nach Maßstäben der divina proporzione begreifen zu können, bedurfte es eines Bruchs mit den Voraussetzungen des Ptolemäus und der Einführung neuer Voraussetzungen. Diese fand er in der antiken Überlieferung. »Einige Pythagoreer« hatten der Erde eine »tägliche Umdrehung«, sogar eine »jährliche Bewegung« zugeschrieben (ebd. 214). Eine Revolution des Weltbildes war vollzogen – von der Kirche nicht beanstandet.

Galilei liefert aber einen Hinweis auf den entscheidenden Schritt, der ihn über Copernicus hinaus führt und in Konflikt mit der Inquisition bringt. Er beansprucht allererst, das System des Copernicus zu beweisen (1632: 210-212). Nun gelingt der Beweis einer Welt-Konstruktion nur, wenn unterstellt wird, daß die Vernunft, die einem anderen Menschen etwas beweist, auch in der Welt herrscht – wenn die Vernunft die gesellschaftliche Welt und die Welt der Natur gleichermaßen ordnet. Damit ist einmal die christlich-mittelalterliche Dogmatik, daß dem Menschen die göttliche Schöpfung letztlich unverständlich bleiben müsse, zentral getroffen. Der Mensch erhebt sich in der neuen mathematischen Naturwissenschaft zur Gottesebenbildlichkeit (vgl. Blumenberg 1980: 31). Dieser revolutionäre Erkenntnisanspruch implizierte, schon bei Manetti und noch mehr bei Pico, sogleich den praktischen Anspruch: daß der rationale Mensch sich selbst und seine Welt kraft Vernunft schaffen könne.

Dieser revolutionäre Erkenntnisanspruch impliziert einen paradox *metaphysischen Individualismus.* Denn einerseits muß nun die Gottesebenbildlichkeit des Menschen als Aufstieg zu Gott und Vereinigung mit Gott gedacht werden – als Erlangung individueller Identität in der Allgemeinheit Gottes. Insofern liquidiert die Rationalität den Anspruch des Klerus auf privilegierten Zugang zur göttlichen Offenbarung und substituiert diesen durch einen metaphysischen Individualismus, der als Angriff auf die Kirche als Institution und Autorität aufgefaßt werden muß. Das bedeutet keineswegs die Voraussetzung gesellschaftlicher Gleichheit im göttlichen Logos. Auch Galileis revolutionärer Erkenntnisanspruch hebt die Spaltung der Menschen in göttliche und animalische Wesen nicht auf; seine Astronomie impliziert eine Spaltung der Menschen in jene, die der göttlichen Gnade einer Vereinigung mit Gott teilhaftig sind und die anderen, die diese Gnade nicht erfahren. Die Überwindung der mittelalterlichen Überzeugung vom sündigen Menschen und von der Erde als Jauche-Pfuhl (1610: 105) säkularisiert das christliche Erlösungsversprechen zur Utopie einer Gemeinschaft von metaphysischen Individuen – zu einer vernunftgegründeten Hoffnung. Galileis Optik ist, der Zeit entsprechend, metaphysisch. Als Metaphysik ist die Entdeckung des Mondes als »zweiter Erde« (ebd. 91) gleichwohl revolutionär. Die *Nachricht von Sternen* ist die Nachricht von einer neuen gesellschaftlichen Welt, von einem metaphysischen Anti-Autoritarismus, wie sie alsbald von Hobbes verkündet werden sollte.

2.3.2 Dialog über die Weltsysteme *(1632)*

Galileis Versuch aus dem Jahre 1610, das copernicanische System durch den Blick durch das Fernrohr zu beweisen, ist nur ein erster Schritt. Die Berufung auf sinnliche Gewißheit belegt, daß er zwar auf der Grundlage neuer Voraussetzungen die Welt betrachtet, daß er sich dieser Voraussetzungen aber nicht bewußt ist und sie deshalb bewußtlos an den Himmel und auf die Erde projiziert. Diese bewußtlosen Voraussetzungen bestehen in der impliziten Annahme einer Gottesebenbildlichkeit des Menschen: als eines sophós. Indem Galileis reflexive Optik den Standpunkt eines Menschen einnimmt, der die Erde vom Himmel aus betrachtet, dem somit die klare Unterscheidung von Himmel und Erde nicht länger gegeben ist, gerät ihm der Mensch nicht nur zu einem reflektierten, abstrakten ego cogito, sondern auch zu einem Subjekt, das als Schöpfer-Gott auf die Erde blickt, das den Himmel auf die Erde holt. Für die äußere Autorität der Kirche ist in diesem System des göttlichen Logos und der individuellen, abstrakten Innerlichkeit kein Platz.

Der Versuch, mittels des Fernrohrs die neue Kosmologie zu beweisen, rekurriert mithin nicht bloß auf sinnliche Gewißheit, sondern – im Beweisanspruch – vorrangig auf Rationalität. So hatte schon Leonardo zwischen einem bewußtlosen Sehen und einem bewußten Schauen unterschieden. Daß die Vernunft – und das hieß für den Mathematiker Galilei:

die mathematische Rationalität als göttlicher Logos – die Welt beherrscht, ist seine Voraussetzung. So wird er zum Begründer der modernen Natur-Wissenschaften. Metaphysische Rationalität – weder äußerliche Autorität, noch Dogmatik, noch Offenbarung – übernimmt die Funktion einer letzten Begründung der Welt-Erkenntnis.

Einen entscheidenden Schritt der Selbstaufklärung vollzieht Galilei in seinem 1632 publizierten *Dialog über die Weltsysteme.* In Form eines platonischen Dialogs, einer aufklärenden Kritik des falschen Welt-Verständnisses des aristotelisch-ptolemäischen Systems, entwickelt Galilei nunmehr rational-abstrakte Gründe zum Beweis des copernicanischen Systems. Das Ich ist damit vor allem als ein abstraktes, gottesebenbildliches ego cogito gesetzt, nicht länger als ein sensualistisches, mythologisches Ich, das über eine nur menschliche Weisheit verfügt (vgl. Platon: Apologie: 20d, e).

Noch bevor der *Dialog* in Druck geht, muß Galilei die Auflagen der Zensur und die Forderungen des Inquisitionsprozesses von 1615/16 erfüllen (Blumenberg 1980: 64f.). Gefordert wurden eine Einleitung und ein Schluß, die die päpstlichen Argumente zur Frage der göttlichen Allmacht darlegen sollten. Galilei konzipiert daher zunächst, gemäß der Forderung von 1615/16, eine Trennung von wissenschaftlicher, mathematischer »Hypothese« und Wahrscheinlichkeit einerseits sowie religiöser Wahrheit andererseits. Daher formuliert er in der ›Vorrede‹, um die implizite Annahme einer Gottesebenbildlichkeit des Menschen auf der Ebene der Welt-Erkenntnis und der Welt-Schöpfung zurückzunehmen:

»Diese Untersuchungen werden hoffentlich der Welt beweisen, daß andere Nationen zwar in größerem Umfange Schiffahrt betreiben mögen, daß wir ihnen aber in wissenschaftlicher Forschung nichts nachgeben; daß, wenn wir uns bescheiden, die Unbeweglichkeit der Erde zu behaupten, und die gegenteilige Annahme nur als eine mathematische Grille betrachten, dies nicht aus Unkenntnis der Ideen anderer geschieht; daß wir vielmehr, von anderem abgesehen, dies aus Gründen tun, welche die Frömmigkeit, die Religion, die Erkenntnis der göttlichen Allmacht und das Bewußtsein von der Unzulänglichkeit des Menschengeistes uns an die Hand geben.« (Galilei 1632: 138)

Am Ende der Schrift wird die Trennung von Wahrscheinlichkeit, menschlichem Wissen und Wahrheit als göttlicher Weisheit durch eine Vermittlung präzisiert: Gott will, daß wir unseren Geist bestätigen, auf Welterkenntnis abzielen. Indem wir dabei die Welt als unerforschlich erfahren, erkennen wir seine »Allweisheit«, seine Allmacht (ebd. 226). Dieser agnostizistische Rückzug, hofft Galilei, würde der päpstlichen Forderung genügen. Nach Eröffnung des Inquisitionsprozesses bietet er, unter der angedrohten Folter, weitere Ergänzungen des Werkes an, um eine »Widerlegung des kopernikanischen Systems« deutlich zu machen (Blumenberg 1980: 13). Freilich zeigt sein erzwungener Rückzug seine zentrale metaphysische Annahme: daß er nicht länger das Dogma von der »Unzulänglichkeit des Menschengeistes« teilt, sondern vielmehr supponiert, der Mensch könne, gottesebenbildlich, den göttlichen Logos erkennen: er könne vom philósophos zum sophós aufsteigen. Mit dieser Annahme erhebt sich die Mathematik über die Religion, das Wissen über den Glauben: der Anspruch der Kirche, das offenbarte Wort Gottes allein zu verkünden, fällt.

Galileis aufklärender und insofern umstürzlerischer *Dialog über die Weltsysteme* ist methodisch orientiert am Vorbild der platonischen Dialoge, der platonischen Dialektik. Platon hat, in der *Politeia* (551a-e; 532a-535a), die Dialektik bestimmt als kritische Aufklärung bewußtloser Voraussetzungen, die notwendig bewußtlos auf Dinge projiziert werden; die Aufklärung erfolgt durch einen genetischen Rückgang hinter diese Voraussetzungen und durch eine analoge Aufklärung der Projektionen. Insofern beweist eine dialektische Argumentation das zu Beweisende nicht positiv, sondern durch Kritik voraussetzungsvoller, bewußtlos im Geist einer Zeit befangener Theorien. Galilei referiert, dieser Logik folgend, stets das alte aristotelisch-ptolemäische System, um es in einem zweiten Schritt einer Kritik zu unterziehen, durch die er sein eigenes System expliziert. Dadurch setzt er sich einer weiterreichenden Meta-Kritik aus. Dieser Logik folgend konstruiert Galilei einen Diskurs zwischen drei Dialogpartnern. Simplicio verteidigt das aristotelisch-ptolemäische System; Salviati vertritt die Argumente Galileis zugunsten der Lehre des Copernicus; Sagredo steht zwischen beiden, übernimmt aber bisweilen die Rolle Salviatis. Platonisch-dialektisch ist die Konstruktion, weil sie – mit Ausnahme der Gezeiten-Theorie – kein einziges positives, sondern nur kritische, aufklärende Argumente für den Copernicanismus enthält; weiter, weil in zentralen Abschnitten Galilei den Simplicio selbst aufgrund eigener Kenntnisse und eigener Vernunft das explizit verworfene neue Weltbild bauen läßt (vgl. Galilei 1632: 203ff.; Blumenberg 1980: 53f.). Zugrunde liegt die Voraussetzung, daß das copernicanische System die vernünftige Weltordnung ausspricht und von jedem vernünftigen Subjekt aus sich heraus selbständig nachkonstruiert werden kann. Weil der göttliche Logos, der die Welt strukturiert, mit der Vernunft des Menschen identisch ist, vermag dieser – gottesebenbildlich – auf dem Wege der Erinnerung – Anamnesis – die Welt zu erkennen. Galilei formuliert diese doppelte Voraussetzung der vernünftigen Weltordnung und des vernünftigen Subjekts.

Die *erste Voraussetzung* der vernünftigen Weltordnung drückt Galilei zunächst klassisch aus:

»Die Philosophie ist in dem großen Buch niedergeschrieben, das immer offen vor unseren Augen liegt, dem Universum. Aber wir können es erst lesen, wenn wir die Sprache erlernt haben und uns die Zeichen vertraut gemacht haben, in denen es geschrieben ist. Es ist in der Sprache der Mathematik geschrieben, deren Buchstaben Dreiecke, Kreise und andere geometrische Figuren sind; ohne diese Mittel ist es dem Menschen unmöglich, auch nur ein einziges Wort zu verstehen.« (Galilei 1623. Zitiert bei: Blumenberg 1980: 53)

Diese Voraussetzung einer mathematischen Naturordnung begründet die modernen Naturwissenschaften.

Die *zweite Voraussetzung* des Menschen als eines vernünftigen – und darum freien – Wesens ist drastisch formuliert in Galileis handschriftlichen Zusätzen zum *Dialog:*

»Wie kann man zweifeln, daß es zu den schwersten Ärgernissen führen muß, wenn die von Gott frei geschaffenen Geister gezwungen werden sollen, sich sklavisch fremdem Willen zu fügen? Wenn man die eigenen Sinne verleugnen und sie fremder Willkür soll unterwerfen müssen? Wenn man Leute, die jeder Sachkenntnis ermangeln, zu Richtern über Fachmänner macht und ihnen eine Autorität verleiht, vermöge deren sie diese nach ihrem Gutdünken behandeln? Das sind die Neuerungen, welche den Ruin eines Gemeinwesens, die Untergrabung eines Staates herbeiführen können.« (Galilei 1632: 228)

»Viele tun sich etwas zugute darauf, wenn sie zur Bestätigung ihrer Ansichten zahlreiche Autoritäten anführen können; ich möchte die meinigen zuerst und allein gefunden haben.« (Galilei 1632: 228)

Gegen den Dogmatismus von kirchlicher Zensur und Inquisition vertritt Galilei vehement das Recht des autonomen, vernünftigen Subjekts. Nichts soll gelten, was sich bloß durch »Autorität« legitimiert. Die Herrschaft der »Autorität« ist Sklaverei und »Willkür«. – Beide Voraussetzungen zusammen eröffnen die Möglichkeit eines rationalen Beweises der Lehre des Copernicus.

Der *Dialog über die Weltsysteme* enthält eine ›Vorrede‹ und den Dialog, der sich auf vier Tage verteilt. Wichtig sind die Themen der drei ersten Tage: Am *ersten Tag* wird vor allem der Begriff der Bewegung untersucht, am *zweiten* die tägliche Bewegung der Erde um sich selbst, am *dritten* die jährliche Bewegung der Erde um die Sonne. Der kritische Kommentar der Argumentation Galileis ergibt eine Konstellation von Problemen, die abschließend unter dem Gesichtspunkt des Verhältnisses von Individuum, Gesellschaft und äußerer Natur zusammengefaßt werden: die für den Prozeß der Entmythologisierung konstitutive Ich-Abgrenzung gegenüber innerer Natur, äußerer Natur und anderen Menschen ist in der rationalen

Kosmologie Galileis zum Standpunkt der Metaphysik vorangeschritten, die den Menschen als gottesebenbildlich setzt und daher die Ratio als wohl göttlichen, aber den Menschen nicht entzogenen Logos supponiert.

Die Erörterungen des *»ersten Tages«* gelten der »Kritik am Bewegungsbegriff des Aristoteles« (1632: 140ff.; siehe: Copernicus 1543: 109-122). Denn dieser Begriff wird von Vertretern des ptolemäischen Systems herangezogen, um die Annahme des Copernicus, daß die Erde ein »bewegte[r] Himmelskörper« sei, als »unmöglich« nachzuweisen (ebd. 140). Zur Diskussion steht zunächst der Bewegungsbegriff des Aristoteles, wie er durch Galilei referiert wird; sodann Galileis, an Copernicus anschließende Kritik; endlich eröffnet diese Kritik eine immanente Metakritik.

Galilei referiert: Aristoteles' Absicht war, unter Abstraktion von der »sinnlichen Welt«, den »Bauplan des Weltalls zu entwerfen« (ebd. 140). Dabei nimmt der Begriff der Bewegung eine zentrale Stellung ein. Aristoteles differenziert zunächst zwischen »einfachen« und »gemischten« Bewegungen. Die »einfachen« zerfallen in »kreisförmige« und »geradlinige«. Die geradlinigen Bewegungen werden ihrerseits unterteilt. Während die kreisförmige eine Bewegung »um die Mitte« ist, ist die gerade eine Bewegung entweder »nach der Mitte« oder »von der Mitte«. Den Bewegungsarten entsprechend unterscheidet Aristoteles zwischen einfachen und zusammengesetzten »Naturkörpern« (ebd. 141). – Galilei referiert weiter: Die »Kreisbewegung« ist »im Vergleich zu der geradlinigen vollkommener« (ebd. 146). Die »gerade Linie« ist aus zwei Gründen »unvollkommen«:

> »darum nämlich unvollkommen, weil sie entweder im Falle der Unendlichkeit keinen Abschluß und keine Grenze hat, oder im Falle der Endlichkeit nach einem ausserhalb derselben gelegenen Punkte verlängert werden kann.« (Galilei 1632: 146)

Die Kreisbewegung ist vollkommen, weil sie in Rücksicht sowohl auf die »Unendlichkeit« als auch auf die »Endlichkeit« in sich selbst vollendet ist: sie ist begrenzt und grenzenlos zugleich. Aus dieser Vollkommenheit der »einfachen, kreisförmig sich bewegenden Körper« folgen – gemäß der aristotelischen Metaphysik – die »Merkmale« des »Nicht-Leichten«, »Nicht-Schweren«, »Unentstandenen«, »Unvergänglichen«, »Unveränderlichen« (ebd. 146). Denn alles Bestimmte – etwa das Schwere – ist unvollkommen, eben nicht in sich vollendet, weil es anderes ausschließt und auf dieses verwiesen ist; die Rede von ›Schwere‹ ist nur möglich im Unterschied zum ›Leichten‹. Da etwas nur bestimmt werden kann durch Abgrenzung gegen anderes, Negation von anderem, kann Vollkommenheit nur ausgedrückt werden durch Negation dieser Negation. Vollkommenheit wäre erst erreicht, wenn die Grenze der Bestimmtheit, wenn Endliches negierend überschritten ist. Vollkommenes ist un-vergänglich, un-veränderlich. Das ist die Basis der aristotelischen Zwei-Substanzen-Lehre, die in der »Natur« eine »himmlische«, »unveränderlich[e]« und »unzerstörbar[e]« Substanz gegen eine »elementare«, »veränderlich[e] und vergänglich[e]« abhebt (ebd. 140). – Aristoteles ordnet nun den verschiedenen Bewegungen entsprechende Naturkörper zu. Er beruft sich auf die »sinnliche Erfahrung« (ebd. 149) und sagt (ebd. 145f., 149-153): »Erde« und »Wasser« bewegen sich als »schwere Körper« geradlinig abwärts zum Mittelpunkt (ad medium); »Feuer« und »Luft« als leichte Körper aufwärts, geradlinig vom Mittelpunkt weg (a medio). Letztere Bewegung ist eine Bewegung »nach oben«, auf eine »größere Kugeloberfläche als die der Erde hin«, und dies ist die »Wölbung der Mondsphäre«, die identisch ist mit dem »Umfange der Welt«. Wenn also die leichten Körper von jedem »beliebigen Punkt der Erdoberfläche« so aufsteigen, muß der »Mittelpunkt der Erde« zugleich »Mittelpunkt der Welt« sein (ebd. 153).

Galilei kritisiert am Bewegungsbegriff des Aristoteles einen Zirkelschluß – er setze voraus, was erst zu beweisen sei. Die Kritik gilt allererst der Argumentationsform, der Logik, und darüber vermittelt dem Inhalt. – Aristoteles – sagt Galilei – will beweisen, daß der »Erdball im Mittelpunkte« steht (ebd. 153). Dies zu Beweisende sei aber dem Beweis vorausgesetzt in der Gleichsetzung von Weltumfang und »Wölbung und Mondsphäre«. Die »Kugelfläche« sei definiert durch die Erde als Mittelpunkt, so daß die leichten Körper als geradlinig von der Erde als Zentrum aufsteigend betrachtet werden müßten. Zudem setze Aristoteles nur einen Punkt als Bezugspunkt aller Bewegung voraus (ebd. 142f.). So werde die Erde als in sich ruhend angenommen (ebd. 150). Zwar lehre Aristoteles die Abwärtsbewegung der Erde als Teil, aber er definiere die Erde als Ganze durch eine Ruhestellung, die sie als Mittelpunkt des Kosmos auszeichne. Aristoteles begehe einen Zirkelschluß durch die begriffliche Unterscheidung von kreisförmiger und geradliniger Bewegung sowie durch die sinnliche Gewißheit von den geradlinig von der Erde aufsteigenden leichten Körpern. Unter diesen Voraussetzungen könne die Erde nur Mittelpunkt der Welt sein. Es werde »vorausgesetzt, was erst ermittelt werden soll.« (ebd. 152; vgl. ebd. 143, 145, 153) Damit widerlegt Galilei ein zentrales Argument des ptolemäischen Systems.

Eingefügt in diese kritische Argumentation liefert Galilei im *Dialog des ersten Tages* selbst die Skizze eines eigenen Weltmodells (ebd. 147f.). Er erklärt sich

»einverstanden mit einer seiner (gemeint ist Aristoteles; G.S.) bisherigen Behauptungen, daß nämlich die Welt mit allen Dimensionen ausgestattet und darum von höchster Vollkommenheit ist.« (Galilei 1632: 147)

Daraus soll folgen, daß alle Körper im Weltall sich kreisförmig bewegen müssen, weil die Kreisbewegung gegenüber der geradlinigen vollkommener ist. Unter der Voraussetzung von Bewegung hat der Kreis gegenüber der geraden Linie den Vorzug, daß jeder Körper immer zu seinem Ausgangspunkt zurückkehrt, so daß die Weltordnung unveränderlich ist (ebd. 147). Aus Aristoteles' Voraussetzung soll immanent folgen, daß die Erde sich im Kreis dreht, nicht der Mittelpunkt der Welt ist – das copernicanische System.

Galilei teilt, indem er seine Kritik des aristotelisch-ptolemäischen Weltsystems in eine positive Konstruktion wendet, das aristotelische Verfahren der Weltkonstruktion und fällt daher, im Sinne seiner platonisch-dialektischen Tradition, unter seine eigene Kritik. Auf rein gedanklichem Wege sollen die »ersten Fundamente« des Weltbildes gefunden werden (ebd. 147). Galilei, der das voraussetzungsvoll-zirkuläre Verfahren des Aristoteles einer platonisch-dialektischen Kritik unterwirft, zieht nicht die Konsequenz, daß jeder Versuch, aus ersten Annahmen durch Anwendung der Logik fortzuschreiten, fehlgehen muß. Er sieht nicht, daß *jede* Voraussetzung den von ihm bemerkten Zirkel impliziert; aber auch darin folgt er Platon (Politeia: 511b), der intendierte, durch einen kritischen Rückgang hinter bewußtlos Vorausgesetztes zum »Nichtvoraussetzungshaften« positiv zu gelangen. Ein auf Voraussetzungen beruhender Beweis kann indes im Resultat die Voraussetzungen nur bestätigen, weil er die Resultate nicht bewiesen, sondern aus den Voraussetzungen bloß konsequenzlogisch-tautologisch abgeleitet hat. Auch Galilei argumentiert zirkulär. – Durch seine explizite Absicht, die »ersten Fundamente« neu zu fassen, setzt Galilei (1632) voraus: Aristoteles' Begriff einer vollkommenen Welt; die Regeln der Logik. Die Logik ist als »Instrument« aufgefaßt, das auf alle möglichen Gegenstände anwendbar ist, weil es unabhängig von allen möglichen Gegenständen zeitlose Gültigkeit beanspruchen kann. Genauer setzt Galilei die Mathematik voraus, die die Logik in Beweisen benutzt. Erst durch die Voraussetzung der Logik in der Mathematik kann die Welt a priori konstruiert, als mathematisch strukturiert verstanden werden. Weil Galilei die Logik unreflektiert-bewußtlos voraussetzt, weil er unterstellt, auf rein logischem Wege den Logos der Welt bestimmen zu können, projiziert er die Logik in die Welt, unterstellt ihr eine logisch-mathematische Struktur. – Gegen diesen Dogmatismus steht das dialektische Verfahren der Kritik: über die unreflektierten Voraussetzungen des Aristoteles aufzuklären. Durch die Kritik destruiert Galilei die sinnlich-mythologische Welt- und Selbst-Identität des Menschen. Durch seine Konstruktion setzt er an deren Stelle eine mathematische, metaphysisch-rationale Identität.

Galilei behandelt am *»zweiten Tag«* (1632: 160-195) die tägliche Bewegung der Erde um sich selbst.

Um die Annahme, daß nicht der Himmel, sondern die Erde sich bewegt, als Möglichkeit nachzuweisen, untersucht Galilei in einem Argumentationsgang (ebd. 169ff.) kritisch die »Gründe für die gegenteilige Meinung« (ebd. 169): die »Meinung« des aristotelisch-ptolemäischen Systems. Wiederum diagnostiziert er einen Zirkelschluß bei seinen Kontrahenten.

Galilei referiert Aristoteles' Beweis von der Unbeweglichkeit der Erde (ebd. 170f.): Ein senkrecht in die Höhe geworfener Körper kehrt an seinen Ausgangspunkt zurück. Das sei unmöglich, wenn die Erde sich bewege.

Galilei kritisiert erneut den Zirkelschluß: Aristoteles setze voraus, was erst bewiesen werden solle. Die »zu beweisende und mithin unbekannte Schlußfolgerung ist die Unbewegtheit der Erde«; die »Prämisse« aber ist »der geradlinig lotrechte Fall des Steines« (ebd. 172). Nun liegt in der Prämisse bereits die Schlußfolgerung, weil die Behauptung vom lotrechten Fall des Steines die Behauptung vom Stillstand der Erde voraussetzt (ebd. 173). Galileis Nachweis des Argumentationszirkels enthält eine Kritik der sinnlichen Gewißheit. Er überlegt: Gesetzt, die Erde bewegte sich. Würde ein Stein aus einem Turm abwärts geworfen, so daß er an diesem entlangstreifte, dann wäre die Bewegung des Steines eine zusammengesetzte. Mit dem Turm teilte der Stein die Erdbewegung, allein ihm käme die Abwärtsbewegung zu. Ein auf der Erde stehender Beobachter sähe zwar den Stein senkrecht den Turm hinabfallen, weil auch er der Erdbewegung unterworfen wäre. In Wahrheit wäre aber die Bewegung des Steines die Resultante aus der kreisförmigen Erdbewegung und der geradlinigen Abwärtsbewegung. Das könnte jedoch nur ein Beobachter bemerken, der von einem fixen Punkt aus die Erde und den Stein betrachtete. Indem Aristoteles diese Möglichkeit nicht denkt, indem er die sinnliche Wahrnehmung zum Prüfstein erhebt, setzt er das zu Beweisende – den Stillstand der Erde – voraus. Aristoteles denkt sinnlich-konkret, Galilei abstrakt-reflexiv – er betrachtet gedanklich die Erde von außen.

Galileis Argumentationen des zweiten teilen mit denen des ersten Tages nicht nur die Beweisform einer Kritik von Voraussetzungen und Zirkelschlüssen, sondern auch das zentrale Thema der »Bewegung«. Dabei setzt er sich wiederum einer Meta-Kritik aus, die seine Kritik überbietet. – Galileis Begriff der Bewegung geht reflexiv über den aristotelischen hinaus. Das Gedankenexperiment vom fallenden Stein rekurriert auf eine Einsicht in jede Bewegung, die den Universalitätsanspruch der aristotelisch-ptolemäischen Lehre bricht. Eine Bewegung, konstatiert Galilei, erscheint als nicht vorhanden, wenn alle Dinge gleichermaßen von ihr ergriffen sind (ebd. 164) – darum scheint der am Turm hinabfallende Stein lotrecht zu fallen, weil die beobachtenden Menschen die Erdbewegung mit Stein und Turm teilen. Jede Bewegung ist nur Bewegung in Relation auf Unbewegtes (ebd. 165). So können die Menschen als Bewohner der Erde von der Erdbewegung nur erfahren, wenn sie an den Himmel blicken. Nur die Bewegung, die an allen Himmelskörpern gleichermaßen zu beobachten ist, kann Ausdruck der Erdbewegung sein (ebd. 161f.). Reflexiv ist diese Erkenntnis, weil die Erkenntnis des Anderen auf den Erkennenden zurückgebeugt wird – der Mensch steht nicht a priori sinnlich in der Weltmitte. – Die besagte, an allen Himmelskörpern beobachtete Bewegung beweist noch nicht, daß die Erde sich bewegt. Sie könnte ebenso auch eine reale Bewegung aller Himmelskörper sein. Beides ist möglich (ebd. 162), und darum steht das copernicanische zumindest gleichberechtigt neben dem ptolemäischen System. – Galilei trägt in diesem Kontext »Gründe« vor, »welche zugunsten der Bewegung der Erde zu sprechen scheinen« (ebd. 163). Der zentrale Grund lautet (ebd. 163-166): Wenn die Bewegung der Erde und die Bewegung des »Weltalls« zwei logisch gleichrangige Möglichkeiten sind, dann scheint aufgrund der relativen »Kleinheit des Erdballs« eine Bewegung des Weltalls »unvernünftiger« (ebd. 163). Galilei schreibt damit der Natur eine geradezu ökonomische Rationalität zu. Sie versuche, ein Ziel durch geringsten Aufwand zu realisieren (ebd. 165). Die Natur, das ist die revolutionäre Voraussetzung, verhält sich rational. Dies jedoch ist wiederum eine Projektion mathematischer, subjektiver Rationalität auf die Objektivität. Indem die Natur an sich als System des Logos erscheint, indem sie subjektiviert ist, ist sie die Natur jener Metaphysik, die zeitgleich F. Bacon in seinem *Novum Organum* (1620) voraussetzt.

Thema des *»dritten Tages«* (1632: 195-224) ist die Frage der »jährlichen Umdrehung unseres Erdballs« um die Sonne (ebd. 195; vgl. ebd. 162f.). Dieses Thema gilt zentral der Frage, ob die Erde im »Mittelpunkt des Universums, der Welt« steht oder nicht (ebd. 199). Galilei führt dazu eine Reihe von Beobachtungen an. Sie führen zur Konstruktion des Planetensystems, in dessen Mittelpunkt die Sonne unbeweglich steht; um die Sonne kreisen Merkur, Venus, Erde, Mars, Jupiter und Saturn (ebd. 201-208).

Erneut begründet Galilei das neue Weltmodell in Form einer dialektischen Kritik des alten. Er läßt – nach dem Vorbild der platonischen Dialoge – den Simplicio, einen gelehrten Vertreter des aristotelisch-ptolemäischen

Systems, selbst das copernicanische Weltbild aus den verfügbaren Beobachtungen deduzieren. Simplicio wird im Dialog aufgefordert, ausschließlich seiner »Vernunft« – nicht einer »Autorität« (ebd. 200) – zu folgen (ebd. 203).

Wie selbstverständlich setzt Galilei voraus, daß die Vernunft zugleich die menschliche Erkenntnis leitet und das Weltall ordnet. Die Berufung auf die Vernunft soll zeigen, wie Aristoteles selbst sein Weltbild korrigiert hätte, wären ihm die neuesten Beobachtungen bekannt gewesen (ebd. 200f.). In der Vernunft sollen sich die Vertreter des ptolemäischen und des copernicanischen Systems versöhnen – und das copernicanische als das vernunftgemäße erkennen. In der Vernunft, nicht in einer dogmatischen Autorität, liegt die Möglichkeit eines Konsensus. Vernunft herrscht in der Natur; sie soll auch sozial herrschen. Das ist metaphysisch gedacht: Der Mensch vermag den Logos der Natur zu erkennen, ohne Vermittlung einer weltlichen Autorität; dabei kommt dem Logos in der Natur der Primat zu. Diese gesellschaftlich-revolutionäre Implikation der modernen Naturwissenschaften, der Annahme einer mathematischen Naturordnung, ist durch Galilei ausgesprochen.

Galileis dialektische Argumentation überwindet die alte mythologische Weltauffassung und etabliert eine neue, metaphysische. Diese *metaphysische Naturphilosophie und Naturwissenschaft Galileis* ist zunächst an den vier zentralen *Voraussetzungen* seiner Argumentation zu bestimmen: den Voraussetzungen einer rationalen Naturordnung, eines rationalen Ich, einer rationalen Gesellschaft, endlich der Rationalität selbst. – Sodann sind diese Voraussetzungen als *metaphysisch-bewußtlose Selbstreflexion* zu diskutieren. Diese zeigt sich am mangelnden Verständnis Galileis sowohl des alten wie des neuen Weltbildes. – Zusammenfassend ist die voraussetzungsvolle, unreflektierte Begründung der neuen Kosmologie als neue, *rationale Mythologie* in Form der Metaphysik zu erklären – als Fortsetzung des mythologischen auf der Ebene des metaphysisch-rationalen Bewußtsein eines Individuums, das sich zur Gottesebenbildlichkeit erhoben hat und beansprucht, Gottes Schöpfung zu erkennen und zu vollenden. Diese Aufklärung der Voraussetzungen Galileis nimmt seine Kritik der Voraussetzungen des aristotelisch-ptolemäischen Systems auf, um sie *meta-kritisch,* also immanent zu überbieten und gegen sich zu wenden. So werden die bislang gegen Galilei vorgetragenen Einwände weiter entwickelt, um *seine Naturphilosophie als Ausdruck der Zeit* zu explizieren.

Als *erste Voraussetzung* der Erörterungen aller drei Tage erweist sich die Annahme einer *mathematisch-rationalen Naturordnung.* Galilei (1632) bestimmt seine Entdeckung als eine astronomisch-philosophische, die die

Argumentationen der »Fachastronomen« überschreitet. Die Fachastronomen (ebd. 213-215) sähen ihre Aufgabe darin, die »Erscheinungen an den Himmelskörpern« und die »Bewegungen der Gestirne« zu berechnen. Basis der Berechnungen sei ein Modell des Himmels, ein »Aufbau durch Zusammensetzung von Kreisen«; Ziel die Erklärung und Voraussage. Galilei zitiert in diesem Kontext Copernicus (ebd. 213f.): Copernicus berichtet, er habe das System des Ptolemäus überschritten, als er versuchte, aus den vielen »Einzelkonstruktionen« ein Welt-Modell insgesamt zu bauen. Auf Grundlage des ptolemäischen Systems sei ein »Ungetüm« entstanden, das zwar die Absicht des berechnenden »Fachastronomen« befriedigt hätte, aber nicht den »Astronomen als Philosophen«. Das Philosophische besteht darin, die Welt nach den Regeln der mathematischen Logik, den Gesetzen der Geometrie – der divina proporzione – zu konstruieren, aus einfachsten Elementen konsequent-harmonisch aufgebaut zu denken. Dies wurde dem Copernicus, nach seinem Zeugnis, möglich, indem er zwei alte, bei den Pythagoreern formulierte »Voraussetzungen« wieder aufnahm: die »tägliche Umdrehung« und die »jährliche Bewegung« der Erde (ebd. 214). – Worin die harmonisch-geometrische Rekonstruktion des Kosmos besteht, kann durch Erinnerung an die Bildende Kunst der Renaissance bestimmt werden: Rekonstruktion der Welt aus einem sinnlich-rationalen Punkt der Identität, der definiert ist durch die Identität des Weltbetrachters – »Der Mensch ist das Maß aller Dinge«. Wie in den Perspektive-Konstruktionen alle Linien im Auge des Betrachters als Identitäts-Punkt zusammenlaufen, so kritisiert Galilei das aristotelisch-ptolemäische Weltmodell aus der Sicht eines Betrachters, der einen rational-sinnlichen, fixen Identitätspunkt in der Welt – außerhalb der Erde – einnimmt, weil er im Anderen – etwa dem Mond oder dem Jupiter – eine »zweite Erde« (1610: 91) erkennt. – Diese reflexive Optik, die auf ein reflexives Ich zurückverweist, erkennt Galilei freilich nicht, kantisch, als Konstitutionsleistung des erkennenden Subjekts, sondern mythologisch-metaphysisch als objektiv-subjektiven Logos. Die Formulierung, »die Philosophie« sei »in dem großen Buch niedergeschrieben, …, dem Universum« (Galilei 1623: zitiert bei Blumenberg 1980: 53; vgl. Bacon 1620: 9, 29), und von den erkennenden Menschen zu lesen, supponiert eine mathematische Struktur des Kosmos a priori und setzt das Erkenntnissubjekt als passiv-kontemplatives Individuum. Die Voraussetzung der mathematischen Naturordnung ist die bewußtlose Setzung einer rationalen Objektivität, eines subjektivierten Kosmos: eines vom göttlichen Logos erschaffenen und geordneten Kosmos.

So ist die *zweite Voraussetzung* in der ersten enthalten: der *Mensch als rationales und freies Individuum.* Zwar ist Galileis Erdbeobachtung reflexiv

– sie richtet sich vom Himmel auf die Erde, auf den Menschen zurück. Aber die Reflexion erweist sich als eigentümlich reflexionslos, als abgebrochene Reflexion, indem die Rationalität als gegebene Struktur dem Kosmos vindiziert wird. Schon Leonardo, später F. Bacon (1620: 29) und Hobbes (1651: 9ff.) setzten voraus, der Logos des Kosmos sende Strahlen oder einen mechanischen Druck aus, die das menschliche Auge sowie die menschlichen Sinne träfen und die Erkenntnis konstituierten: nicht der Mensch, sondern die Natur sei das Aktive, das Konstituierende von Erfahrung und Erkenntnis. Galilei könnte diese Rationalität nur als menschliche Subjektivität erkennen, wenn er durch die Reflexion auf das konstitutive Ich zugleich die Annahme einer mathematischen Naturordnung als Verdinglichung und diese Verdinglichung als bewußtlose Projektion eines irrational-rationalen Ich durchschaute. Dieses Ich setzt sich, am Beginn des neuzeitlich-bürgerlichen Prozesses der Entmythologisierung der Welt, dem mythologisch-sinnlichen Ich erst entgegen; es setzt sich metaphysisch voraus, ohne sein Selbstbewußtsein als autonomes Individuum erlangt zu haben: denn jede Selbstreflexion ist erst a posteriori möglich, wenn die Verhältnisse schwankend geworden sind.

Die *dritte Voraussetzung* Galileis ist mit der zweiten gegeben. Wird das rationale Ich vorausgesetzt, so wird zugleich die gesellschaftliche Konstitution des Ich – die *bestimmte Gesellschaft dieses Ich* – vorausgesetzt, und das historisch-besondere Ich erscheint als Mensch schlechthin. Diese Schwierigkeit kann am zentralen Begriff der Bewegung abgelesen werden. Bewegungen, sagt Galilei wiederholt, werden nur jenen sichtbar, die nicht davon betroffen werden. Darum können die Menschen aus Erdbeobachtungen keine Beweise über Bewegung oder Stillstand der Erde ableiten. Dieser Umstand gerät zur Voraussetzung bei Aristoteles, Ptolemäus und anderen. – Um die Stellung Galileis deutlich zu machen, kann die Bewegung der Erde, der alle Menschen als Bewohner der Erde unterliegen, von der – metaphorisch gesprochen – Bewegung unterschieden werden, der die Zeitgenossen Galileis als Mitglieder einer bestimmten Gesellschaft unterworfen sind. Erstere Bewegung ist eine natürliche Voraussetzung aller Erkenntnis, die zweite eine soziale Voraussetzung. Diese Differenz klärt, daß die natürliche Voraussetzung nicht notwendig die Lehre des Ptolemäus, daß die Erde stillsteht, zur Konsequenz hat. Obwohl der sinnlich existierende Mensch die Bewegung der Erde teilt und sie in diesem Sinne für ihn – wie Galilei sagt – nicht vorhanden ist, vermag er sie doch zu erfahren durch einen Blick an den Himmel. Das System des Ptolemäus ist demnach nicht rein in der Natur begründet, sondern in einer gesellschaftlichen, mythologischen Natur-Identität des Menschen: Er überschreitet nicht den Horizont seiner

Sinne, er denkt sinnlich. Zur natürlichen muß eine soziale Voraussetzung der Welterkenntnis hinzutreten. Obwohl auch Galilei als Mensch der Erdbewegung unterworfen ist, so setzt er doch die Bewegungslosigkeit der Erde nicht voraus. Er hat sich, in Zeiten der Religionskriege, von einer bislang geltenden und nun brüchig gewordenen zentralen allgemeinen Vorstellung und Identität des Menschen emanzipiert (1632: 184). Damit teilt Galilei nicht länger die – soziale – Bewegung der Vertreter des ptolemäischen Systems; er steht außerhalb dieses gesellschaftlichen Selbstverständnisses, außerhalb der Dogmatik der Römischen Kirche. Galilei durchschaut die Erdbewegung, weil er zugleich den Standpunkt eines Beobachters außerhalb der Erde und außerhalb der katholischen Gemeinschaft einnimmt: er ist Kritiker des aristotelisch-ptolemäischen Weltbildes als Kritiker der Römischen Kirche. So gewinnt er Einsicht in die Bewegung der Erde und in ein soziales Selbstverständnis, das sich bei Aristoteles in einem logischen Zirkelschluß äußert. Galilei lehrt, gemäß der sokratischen Methode der Kritik eines falschen Selbstverständnisses und der platonischen Dialektik, daß jede Voraussetzung des zu Beweisenden die Absicht, zu beweisen, zerstört; daß jede Voraussetzung die sinnliche Wahrnehmung prägt, so daß ein blindes Vertrauen auf die Sinne bereits den logischen Fehlschluß impliziert – die Voraussetzung formiert den Gegenstand, die Erde, immer schon ihrer Absicht gemäß. Die voraussetzungsvolle Erkenntnis ist tautologisch. – Indem Galilei allein die Erdbewegung diskutiert, vernachlässigt er die gesellschaftliche Voraussetzung seiner Aufklärung: er begreift sowenig den Grund der Irrtümer des Ptolemäus und des Aristoteles wie den Grund seiner Einsichten. Daher ist Galileis Natur-Erkenntnis der bewußtlose Ausdruck seiner Zeit.

Die *vierte Voraussetzung* der Argumentationen Galileis endlich liegt allen anderen Voraussetzungen zugrunde. Vorausgesetzt wird die *Geltung von Mathematik und Logik* in Rücksicht sowohl auf die Natur, als auch auf den erkennenden Menschen, als auch auf die Gesellschaft des rationalen Ich. Das Problem des Zusammenhangs von Voraussetzungen, sinnlicher Gewißheit und Zirkelschlüssen, das Galilei bei seinen Kontrahenten so genau beschreibt, erkennt er nicht bei sich selbst. Seine Argumentation ist keineswegs voraussetzungslos, sondern sucht mit den Gegnern eine neue »Gemeinschaft« zu begründen (vgl. 1632: 185). Bereits die Erwägungen des ersten Tages belegen, daß Galilei Geometrie und Arithmetik voraussetzt. Diese Logik gilt fraglos. Sie sei wie ein »Instrument« nur noch auf ihren Gegenstand anzuwenden, also a priori gegeben. Zeigte Galilei an seinen Kontrahenten, daß ihnen aufgrund ihrer – ihnen unbewußten – Voraussetzung die Erde als unbeweglich erschien, daß ihnen im Erkenntnisgegenstand nur ihre eigene Voraussetzung, nicht aber dieser selbst erschien, so erliegt er nun gleichfalls solch täuschender Projektion. Weil er die Mathematik voraussetzt, gilt ihm wie selbstverständlich die Welt geometrisch, logisch geordnet. Die unbewußte Voraussetzung fixiert die Setzung zum Ansich. Die Natur verhält sich, Galilei zufolge, wie ein rationales Subjekt. Sie benutzt, um ein Resultat zu erzielen, die geringsten Mittel (ebd. 165f.); die Ordnung der Himmelskörper erfolgt nach der Zeit, in der sie ihren Kreis durchlaufen (ebd. 166f.); Galilei ersinnt ideale Experiment-Bedingungen und behauptet, ohne das Experiment durchzuführen, die Natur müsse sich so verhalten, wie die Logik es sage (ebd. 179-184, 191); er ordnet die Erde aus Gründen logischer Konsequenz den bewegten Himmelskörpern zu, weil sie wie die unzweifelhaft sich bewegenden Planeten des Lichtes entbehrt (ebd. 192f.). Seine Lehre ist allgemein: Im Weltall herrscht die mathematische Logik, die Ordnung der Geometrie: die divina proporzione. Das setzt er wie selbstverständlich voraus.

Die *Kritik der Voraussetzungen* der Argumentationen Galileis, die fundamental in der Voraussetzung der mathematischen Rationalität bestehen, ist in zwei Richtungen näher zu erläutern: in Rücksicht auf die *Genese* und in Rücksicht auf die *Gegenstandskonstitution* abstrakten Denkens. Besteht das Denken in der doppelten Bewegung von Abstraktion verschiedener Gegenstände auf ein gemeinsames Merkmal (Induktion) und Identifikation jener Gegenstände durch dieses Merkmal (Deduktion), dann vergißt eine voraussetzungsvolle, reflexionslose Argumentation zunächst die *Abstraktion,* die Genese des Begriffs, und *projiziert* diesen dann umgekehrt durch die *Identifikation* bewußtlos auf den Gegenstand.

Das *Vergessen der Genese des Begriffs durch Abstraktion* ist ein Vergessen der gesellschaftlichen Voraussetzungen von Erkenntnis im »Geist der Zeit« (Hegel: Bd. 20: 462), in der kollektiven Identität einer bestimmten Gesellschaft. Nun ist die Abstraktion zwar ein Akt des Denkens, aber nicht des arbeitsteilig im gesellschaftlichen Zusammenhang als ›Theorie‹ isolierten Denkens. Die von Galilei an seinen Gegnern kritisierte Identifikation von »Erdmitte und Weltmitte«, durch die der Mensch ins Zentrum des Weltalls gesetzt ist, ist eine gesellschaftliche Voraussetzung. Nicht nur wird eine natürliche »Gemeinschaft« mit der Erdbewegung fixiert, sondern – wie über Galilei hinausgehend zu ergänzen ist – auch eine soziale »Gemeinschaft« der Menschen untereinander. Diese soziale Gemeinschaft kündigt Galilei unausdrücklich auf, und darum gerät er in Konflikt mit der Römischen Kirche. Er teilt gleichsam nicht länger diese »Bewegung« seiner Zeit und kann diese daher durchschauen (1632: 185). – Indes ist diese Einsicht zentral begrenzt. Galilei diskutiert das Problem der Voraussetzung nur in bezug auf die Erdbewegung, nicht aber als auch gesellschaftliches, als allgemein logisches. Insofern wird die reflexive Einsicht, weil sie sich bloß auf Naturphänomene richtet, reflexionslos. Das ist die Grenze der metaphysischen, mathematischen Naturwissenschaft. Im Apriori der mathematischen Natur ist die Gesellschaft unmittelbar mit der Natur eins: Naturgesetze verlängern sich zu gesellschaftlichen Gesetzen. Die rationale Identität der mathematischen Natur ist das Apriori und der Logos der gesellschaftlichen Identität: beides koinzidiert in der Voraussetzung einer göttlichen Welteinheit.

Das *Vergessen begrifflicher Gegenstandskonstitution durch bewußtlose Identifikation des Gedachten* ist die Kehrseite des Vergessens der gesellschaftlichen Genese des Begriffs durch Abstraktion. Wird hier die gesellschaftliche Identität als Bedingung der Möglichkeit von Abstraktion ausgeblendet, so dort die gesellschaftliche Formierung des Gegenstands. – Nachdem Galilei einen gelehrten Vertreter des aristotelisch-ptolemäischen Weltbildes das System des Copernicus hat konstruieren lassen, indem ausschließlich die Vernunft als Leitfaden der Konstruktion fungierte, so daß das neue Weltbild als vernunftgemäß ausgezeichnet ist, behandelt er die Frage, warum dieses System »im Fortgang der Jahrtausende« – seit den Pythagoreern – »so wenig Anhänger gefunden hat« (1632: 209). Warum findet die Vernunft keine Anerkennung? Galileis Antwort ist unbefriedigend. Er unterscheidet zwei Hindernisse: die Dummheit und die Sinneseindrücke. – Gegen »Dummköpfe«, sagt Galilei, helfen keine »Beweise« – sie können nicht selbst denken (ebd. 209). Nun stimmt dieses Urteil zusammen mit dem Vorwurf gegen die Vertreter des alten Weltbildes: sie seien bloß »demütige Lakaien des Aristoteles«, dieser »Autorität« hörig (ebd. 200); sie verstünden die Argumente des Aristoteles nicht als Beweise, sondern als Dogmen, die auswendig zu lernen seien (ebd. 161). Galileis Forderung ist zirkulär: Die Vernunft findet nur Anerkennung bei Menschen, die immer schon vernünftig sind. Reflexion, die Vernunft zutage fördert, ist ausgeblendet. Daran ändert auch Galileis Rezeption der platonischen Dialogform nichts (vgl. ebd. 198ff.). Insofern steht Galilei dem alten Weltbild ebenso hilflos wie dogmatisch gegenüber. – Die »Dummköpfe«, fährt Galilei fort, seien nicht ernst zu nehmen, aber das Problem der »Sinneseindrücke« (ebd. 210). Das copernicanische System stehe geradezu im Gegensatz zu den sinnlichen Erfahrungen. Copernicus habe den »eigenen Sinnen Gewalt« antun müssen, um der Vernunft zur Herrschaft zu verhelfen – daher gilt Galileis ganze »Bewunderung« dem Copernicus (ebd. 210f.). Die Frage nach der veränderten Stellung zur sinnlichen Gewißheit im Übergang vom alten zum neuen Weltbild diskutiert Galilei indes in diesem Kontext nicht. Auf welcher neuen Grundlage vermochte sich Copernicus von der Dominanz der traditionalen sinnlichen Gewißheit zu befreien? – Galilei hatte gezeigt, daß Aristoteles in seinen Beweisen, die er mit Berufung auf sinnliche Erfahrung durchführte, die Annahme einer Bewegungslosigkeit der Erde immer schon voraussetzte und so nur zirkulär argumentierte. Demnach muß Copernicus diese Voraussetzung – zumindest stillschweigend – aufgegeben haben und daher die sinnliche Gewißheit, die die ptolemäische Zentralthese insofern zu stützen scheint, als sie die durch reine Erdbeobachtung unsichtbare, im Verhältnis zwischen Erde und Menschen nicht existierende Erdbewegung verleugnet, unterdrücken. Der Übergang vom alten zum neuen Weltbild vollzieht sich als Wechsel der Voraussetzungen, der »Paradigmata« (Thomas Kuhn). Da die natürlichen Voraussetzungen – die Erdbewegung – unverändert bleiben, kann sich jener Wechsel der Voraussetzungen nur in der Dimension des Verhältnisses der Menschen zueinander, der Gesellschaft, zutragen. Daß Galilei auch in diesem Kontext das Problem der Voraussetzungen nicht zureichend reflektiert, belegt zunächst, daß er nicht sieht, daß das System des Ptolemäus die *Projektion einer Lebensform an den Himmel* ist, daß diese Lebensform der Herrschaft der metaphysischen Vernunft entgegensteht und die Herrschaft persönlicher »Autorität« stützt.

Die Voraussetzungen der Argumentationen Galileis indizieren eine *mangelnde Selbstreflexion des metaphysischen Individuums.* Das zeigt sich in zwei Rücksichten: im mangelnden Verständnis des alten und im mangelnden Selbstverständnis des neuen Weltbildes.

Das *mangelnde Verständnis der alten Kosmologie* zeigt sich an Galileis Erklärung des Zirkelschlusses bei Aristoteles. Die Frage, wie es möglich sei, daß Aristoteles als »Vater der Logik« einen so schlichten Denkfehler begangen haben soll, beantwortet Galilei hilflos und auf problematische Weise (1632: 152f.): Die »Logik« sei das »Instrument der Philosophie« und Aristoteles ein »Instrumentenmacher« – aber ein Instrumentenbauer müsse nicht notwendig sein Instrument auch virtuos spielen können. Das »Beweisen« lerne man daher nicht bei Aristoteles, sondern bei den Mathematikern, die die Logik anwendeten. – Diese Erklärung, die auf dem Bild eines Instruments, das man zu bauen und zu spielen habe, beruht, setzt wie selbstverständlich voraus, daß Beweise die Logik reflexionslos anwenden. Damit wird die Logik reflexionslos: ein Instrument a priori; es wird vorab und insofern zeitlos als gültig gesetzt. Die Logik wird in die Ewigkeit des Göttlichen erhoben. – Auf diesem Hintergrund will Galilei den logischen Fehler bei Aristoteles erklären. Die Erklärung mißlingt, weil Galilei selbst die Basis eines Zirkels legt. Wäre die Logik jedem Beweis wie ein Instrument vorausgesetzt, so ließe sich die Geltung der Logik selbst nur zirkulär, also nicht rechtfertigen. Galilei unterläßt es, das Problem der Voraussetzung an der Logik zu untersuchen. Warum die Logik keine Anerkennung findet, ist ihm ein Rätsel, das er sich nur durch Vermutung subjektiver Defizite – Dummheit oder mangelnde Übung bei der Anwendung der Logik – zu erklären vermag. So erscheint die alte Kosmologie als ein Produkt von Menschen, die zu dumm oder zur Anwendung der Logik nicht fähig sind. – Das scheinbar Naheliegende ist Galilei fremd: daß das Problem der Anerkennung von Argumenten keine rein intellektuelle oder individuelle, sondern eine gesellschaftliche Frage ist. Die Irrationalität der alten Kosmologie wäre demnach nicht subjektiven Defiziten geschuldet, sondern beruhte auf gesellschaftlich-objektiven Gründen; die Überwindung der Irrationalität wäre auch keine bloß intellektuelle, sondern eine Frage der des Umsturzes der gesellschaftlichen Verhältnisse (vgl. Hegel: Bd. 20: 483-485; Marx, Engels: MEW 3: 38). Indem Galilei die gesellschaftliche Konstitution von Rationalität und Individualität ausblendet, projiziert er sie auf die äußere Natur. Dieses »Buch«, diesen subjektiv-objektiven Text, so scheint es ihm, müsse der Mensch nur lesen. Daß dies mißlingt, weil die Konstruktion des Kosmos eine Lebensform impliziert, ist ihm rätselhaft.

Das *mangelnde Selbstverständnis der neuen Kosmologie* ist die andere Seite des mangelnden Verständnisses der alten: Galilei mißversteht diese, weil er jene unreflektiert voraus- und beide einander entgegensetzt. Jeweils ist die gesellschaftliche Voraussetzung von der Reflexion ausgeschlossen: unbewußt. Zwar weiß Galilei, daß er den Begriff des Menschen als eines allein seiner Vernunft folgenden Wesens zugrundelegt, aber er setzt diesen Begriff nur voraus. Hätte er das Problem der Voraussetzung allgemein-logisch, nicht nur in Rücksicht auf Natur, sondern auch auf Gesellschaft erkannt, hätte er die Logik sowenig voraussetzen können wie das selbstdenkende Individuum oder die mathematisch geordnete Welt. Ein vorausgesetztes aber ist kein seiner selbst bewußtes, sich selbst durchschauendes und daher selbstdenkendes Individuum; sowenig es sich durchschaut, sowenig durchschaut es seine Konstitution des Erkenntnisgegenstandes. Das ist der zentrale Widerspruch Galileis. Seine Einsicht ist revolutionär, aber er weiß sie nicht als revolutionär. Er ist Naturwissenschaftler, sein Blick ist auf die Natur gerichtet. – Daß Galilei das bürgerliche als ein metaphysisches Individuum voraussetzt heißt, daß er dieses Individuum nicht als historisch bestimmte Gestalt des Menschen erkennt, daß ihm die gesellschaftliche Konstitution des metaphysischen Individuums nicht bewußt ist, sondern daß er dieses zum Menschen schlechthin verallgemeinert. Galilei blickt auf die Natur, er sieht am Himmel die Erde – aber er sieht weder, daß die ptolemäische Lehre eine Gesellschaft an den Himmel projiziert, noch, daß die copernicanische Kosmologie die Weltordnung des metaphysischen Individuums ist und auf die soziale Revolution der Renaissance zurückverweist. Galilei vergißt, daß die gesellschaftlich-historischen Verhältnisse in die Begriffsbildung (Abstraktion) genetisch eingehen und konzentriert sich daher auf die Identifikation. Er versteht das neue nicht als bürgerliches Weltbild der Epoche von Handelskapitalismus und rationalem Absolutismus, sondern als objektives Weltbild. So ist Galileis reflexive Optik und dialektische Argumentation doch reflexionslos. – Diese Aporie prägt alle Aufklärung. Das metaphysische Individuum befreit sich reflexiv von alten Autoritäten, es bestimmt sich geradezu durch Reflexion, und setzt sich doch reflexionslos voraus, mißversteht sich als Menschen schlechthin. Weil jede Aufklärung ihren Gegenstand in bewußtlosen Verhältnissen hat, prägen diese noch die aufklärende Kritik, indem sie das Bewußtmachen des allgemeinen Bewußtlosen an die dogmatischen Grundannahmen der neuen, herrschenden Verhältnisse binden.

Das mangelnde Verständnis der alten und das mangelnde Selbstverständnis der neuen Kosmologie bezeichnet den Widerspruch der frühen bürgerlichen Welt in seinem Kern- und Ausgangspunkt: dem *metaphysischen Individualismus.* Durch die abgebrochene Selbstreflexion setzt sich der *alte Mythos in neuer, rationaler Form* fort: als Metaphysik: weil er so unaufgeklärt ist wie das Neue. Der *fortdauernde Mythos* erscheint in einer weiterhin supponierten *göttlichen Welteinheit:* in einer mangelnden *Abgrenzung* des metaphysischen Ich gegenüber der Gesellschaft, gegenüber der äußeren Natur und gegenüber der eigenen Natur. Im rationalisierten Mythos der Metaphysik wird Gott als ein rein geistiges Wesen, als Mathematiker: als Logos phantasiert und der Mensch als sein Ebenbild (Bibel: Johannes 1/1-14).

Die Identifikation des Individuums mit dem Menschen impliziert eine problematische Bestimmung des Verhältnisses von *Individuum und Gesellschaft.* Unzweifelhaft ist Galileis Absicht eine doppelte. Zunächst gilt ihm das einzelne Individuum als vernünftig und darum frei, wenn er schreibt:

> »Viele tun sich etwas zugute darauf, wenn sie zur Bestätigung ihrer Ansichten zahlreiche Autoritäten anführen können; ich möchte die meinigen zuerst und allein gefunden haben.« (Galilei 1632: 228)

Sodann soll diese Bestimmung unmittelbar allgemein gelten – jeder ist potentiell vernünftig und frei; die von »Gott« »geschaffenen Geister« sind »frei« (ebd. 228) – in Gott. – Galileis Formulierung ist seiner Absicht entgegen. Wird das Individuum vorausgesetzt und damit zum Menschen schlechthin verallgemeinert, so fällt zunächst das Individuum als Besonderes aus der Formulierung heraus – zur Darstellung gelangen nur allgemeine Merkmale der Natur des Menschen schlechthin. Sodann wird von der gesellschaftlich-historischen Formierung des Menschen abstrahiert, so daß dieser implizit als unmittelbar vergemeinschaftet gedacht ist, als ein distanzlos mit einer Gemeinschaft identisches Wesen, die ihre Einheit in Gott besitzt. Diese Parteinahme für das Allgemeine ist, als Konsequenz einer Voraussetzung, unbewußt. Seit Anbeginn widerruft das bürgerliche Individuum seine Idee von sich selbst durch Selbstabstraktion. Galilei reproduziert in Rücksicht auf dieses Verhältnis von Individuum und Gesellschaft den Widerspruch im Begriff des ego cogito bei Descartes. Die Entzweiung von Individuum und Gesellschaft, das Zerbrechen der göttlichen Welteinheit, erfolgt erst im Fortschritt der bürgerlichen Aufklärung und Revolution im 17. und 18. Jahrhundert.

Der mangelnden Ich-Abgrenzung gegen die Gesellschaft entspricht eine *mangelnde Ich-Abgrenzung gegen die äußere Natur.* Die Welt erscheint dem rationalen Individuum an sich als mathematisch geordnet, weil es die mathematische Logik bewußtlos als ein Instrument a priori voraussetzt und so auf den Kosmos projiziert. Die Natur gilt diesem bewußtlos-rationalen Individuum als ein Anderes, als eine subjektive Objektivität: als Text, als »Buch« (Zitat bei Blumenberg 1980: 53), das zu lesen und zu interpretieren ist. So ist die Natur dem Individuum gegenüber, aber sie ist dieses Gegenüber nicht als Objekt gegenüber dem Subjekt, sondern als ein alter ego, zu dem ein kommunikatives, sprachliches Verhältnis besteht – und kein Verhältnis der technischen Beherrschung durch Berechnung.

Der mangelnden Ich-Abgrenzung gegen die äußere Natur entspricht eine *mangelnde Ich-Abgrenzung gegen die eigene Natur.* Nicht nur Galileis frühe Fernrohr-Beweise belegen, daß er gegen die alte sinnliche Gewißheit eine neue setzt, daß jeweils aber die sinnliche Gewißheit ihre Geltung bewußtlos aufgrund von anthropologisch-gesellschaftlichen Voraussetzungen erlangt. Nur weil der Kosmos als Buch der Mathematik-Philosophie gilt, kann er sinnlich-rational ineins gelesen werden. Die Voraussetzung der mathematischen Rationalität konstituiert nicht nur eine mathematische äußere Objektivität, sondern auch die Annahme, über diese Objektivität könne sinnlich-anschaulich und rational ineins etwas bewiesen werden. Der Empirismus der Naturwissenschaft Galileis ist metaphysisch. Die sinnliche Erfahrung ist auf bewußtlose Weise gedanklich vermittelt.

Die bezeichneten Schwierigkeiten der Abgrenzung des Ich gegenüber der Gesellschaft, der äußeren und der eigenen Natur verweisen auf die Konzeption einer *metaphysischen Welt-Einheit in Gott* zurück. Das kann an Galileis Reflexionen über »Macht und Grenzen des« – menschlichen –

»Verstandes« (1632: 154-159) belegt werden. Ausgehend von der sokratischen Differenzierung zwischen göttlicher und menschlicher Weisheit (ebd. 154f.) wird der menschliche Verstand zwar herabgesetzt bis zum Nichts. Aber obwohl der Mensch nur wenig zu erkennen vermag, so vermag er das Wenige doch vollkommen zu erkennen (ebd. 156f.). Zu diesen vollkommenen Erkenntnissen gehören die »rein mathematischen Erkenntnisse, nämlich die Geometrie und die Arithmetik.« Hier gleicht die menschliche der göttlichen Weisheit, auch wenn sie sich der Form nach von ihr unterscheidet (ebd. 157 f.). Die Voraussetzung der Logik geht so in die zentrale Stellung des Menschen in der Welt über. In der Mathematik *erhebt sich der Mensch zu Gott* und wird zum gottesebenbildlichen Welt-Konstrukteur. Die mathematische Welterkenntnis ist Weltberechnung, aber unter theologischen Voraussetzungen. Sie erfolgt nicht unter technisch-ökonomischen, sondern unter metaphysischen Prämissen. Der Ort des mathematischen Menschen ist der Himmel: von hier aus blickt Galilei geistig auf die Erde zurück. Galileis Naturwissenschaft ist noch auf theologischen Grundlagen wie die Technik-Utopie des Francis Bacon (1624). Die Einheit der Welt ist metaphysisch imaginiert. Der Dogmatismus der Voraussetzungen in den Argumentationen Galileis, der dem alten Dogmatismus entgegengesetzt wird, teilt mit diesem die Legitimationsbasis: die Idee Gottes. Diese Idee ist jetzt rationalisiert: Weisheit ist mathematische Logik; der rationale Mensch ist gottesebenbildlich; die Mathematik ist göttlicher Logos.

Die gesellschaftlichen und anthropologischen Voraussetzungen der Naturerkenntnis Galileis erweisen diese als Ausdruck der Epoche des Handelskapitalismus, des rationalen Absolutismus und der Reformation – sie sind daher kein subjektiver Denkfehler, keine bloß logische Inkonsequenz. Fraglich erscheinen sie erst in der Krise der metaphysischen Politik-Ökonomie, die in den Liberalismus führt. Die liberale Aufklärung der gesellschaftlichen Metaphysik produziert die revolutionäre Utopie des vernünftigen Individuums als Bürger einer vernünftigen Gesellschaft.

3 Liberalismus (1760 – 1870): Verständiges Individuum, entzweite Welt

Die Epoche des Liberalismus beginnt mit den ökonomischen, gesellschaftlichen, politischen und technischen Revolutionen des 18. und frühen 19. Jahrhunderts. Sie dauert bis zur Großen Depression von 1873-79. Es ist ökonomisch die Epoche der Industriellen Revolutionen zuerst im Sektor der Konsumtions-, dann im Sektor der Produktionsmittel-Produktion; es ist ökonomisch die Epoche des englischen Freihandels; es ist politisch die Epoche der revolutionären Durchsetzung der Menschenrechte vor allem in Nordamerika, Frankreich und England, mit Wirkungen auf die gesamte Welt; es ist gesellschaftlich die Epoche der Konstitution sozialer Klassen, des Auftritts des bürgerlichen Individuums; es ist philosophisch die Epoche, die die Herrschaft der Vernunft proklamiert.

In dieser Epoche emanzipiert sich das *bürgerliche Individuum* vom mythologischen und metaphysischen Weltzusammenhang und erhebt den Anspruch, *unverwechselbar, besonders* zu sein. Erstmals scheint das Individuum seine Identität nicht nur in der Einheit mit dem Allgemeinen, sondern zugleich als ein *Besonderes im Gegensatz gegen das Allgemeine* zu erlangen: im *privaten Interesse,* im *Widerspruch gegen die politischen, gesellschaftlichen und ökonomischen Verhältnisse,* im *Widerstand* gegen traditionelle Gewaltverhältnisse. Durch diese *konkrete Einheit* von Individuum und Gesellschaft wird die alte *abstrakte Einheit,* das Freund-Feind-Verhältnis überwunden: Individuum und bürgerliche Gesellschaft sind *weltbürgerlich.*

Im Kontext jener Revolutionen hat die bürgerliche Aufklärung die mythologische und metaphysische Welteinheit in Gott zerbrochen. *Entzweiung und Entfremdung* sind das Signum der Epoche (Hegel: Bd. 2: 20ff.): die *Gegensätze* von »gesellschaftlicher Welt« und »Welt der Natur« (Vico 1725: § 331), von Gesellschaft und Individuum, von Kapitalisten und Arbeitern, von Ökonomie und Politik, von Übersinnlichem und Sinnlichem, von Abstraktion und Stofflichem, von Seele und körperlicher Natur des Menschen, von Öffentlichkeit und Privatheit, von allgemeinem und einzelnem Interesse, von gegenwärtiger Freiheit und Gewalt-Geschichte – von Subjekt und Objekt. Durch diese Gegensätze tritt die *Vernunft* an die Stelle Gottes: sie wird den bislang herrschenden Zuständen entgegengesetzt, so daß ein ganz neues Zeitalter angebrochen scheint. Der Mensch, zuvor zur Gottesebenbildlichkeit aufgestiegen und dadurch mit dem Selbstverständnis versehen, Gottes Schöpfung erkennen und selbst eine eigene Welt erschaffen zu können, tritt nun mit dem Anspruch auf: dies nicht als

Gottes Ebenbild, durch Vereinigung mit Gott, leisten zu können, sondern kraft eigener Vernunft eine vernünftige Wirklichkeit zu setzen. Der liberale Mensch postuliert, seiner selbst und seiner Verhältnisse bewußt: frei zu sein. Diese zugleich allgemeine und individuelle Freiheit erscheint im Anspruch, daß der Mensch autonom ist: daß er sich seine Gesetze selbst gibt. *Der Mensch, so scheint es, ist nun erst zum Menschen geworden.* Seine Autonomie richtet das Individuum gegen die traditionellen Mächte, gegen die bisherige Geschichte als »Schlachtbank« (Hegel, Bd. 12: 35) – durch *Kritik.* Das hat Kant 1781, noch vor der Französischen Revolution, betont:

»Unser Zeitalter ist das eigentliche Zeitalter der *Kritik,* der sich alles unterwerfen muß. *Religion,* durch ihre *Heiligkeit,* und *Gesetzgebung,* durch ihre *Majestät,* wollen sich gemeiniglich derselben entziehen. Aber alsdann erregen sie gerechten Verdacht wider sich, und können auf unverstellte Achtung nicht Anspruch machen, die die Vernunft nur demjenigen bewilligt, was ihre freie und öffentliche Prüfung hat aushalten können.« (Kant: Bd. III: 13 Anm.)

Die Kritik ist unmittelbar die *Unter-Scheidung* (krineín): von »gesellschaftlicher Welt«, Individuum und »Welt der Natur« (Vico 1725: § 331). Durch diese Unterscheidung bricht sie die mythologische und metaphysische Welt nicht nur auf, sondern unterwirft sie – theoretisch und praktisch-revolutionär – den Ansprüchen der »Vernunft«. Die Epoche des Liberalismus erscheint als *kritisch-revolutionäre Verwirklichung der Utopie des vernünftigen Individuums als Bürger einer vernünftigen Gesellschaft.* Der Mensch, so erfahren es die philosophierenden Zeitgenossen, stellt »sich auf den Kopf, d.i. auf den Gedanken« und erbaut »die Wirklichkeit nach diesem« (Hegel: Bd. 12: 529). Indem das Individuum seine Besonderheit in der Gesellschaft und gegen die Gesellschaft zugleich erlangt, scheint der – bei Luther, Calvin und Hobbes hervortretende – Freund-Feind-Gegensatz überwunden: das Reich »ewigen Friedens« (Kant) scheint erreicht.

Dieser gesellschaftliche, aufklärerische Entzweiungszusammenhang des revolutionären Liberalismus wird freilich durch die Form der Entgegensetzung fixiert: das Entgegengesetzte ist, auf beiden Seiten, ein Vorausgesetztes – ohne daß die Einheit des Entzweiten bewußt ist. Die Vernunft, als Voraussetzung, erscheint durch die Entgegensetzung gegen die vergangene Gewaltgeschichte als Verwirklichung einer uralten Utopie, ist aber deshalb unreflektiert gesetzt: *»Verstand«,* nicht »Vernunft« (Platon: Politeia: 511a-e, 532a-535a; Hegel: Bd. 2: 20ff.). Der Verstand ist ein seiner selbst *bewußtloses Bewußtsein:* ein unbewußtes Allgemeines. In der liberalen Politik-Ökonomie tritt dieses Gesellschaftlich-Unbewußte den Individuen gegenüber: als »invisible hand« (Smith), als »übersinnliche Natur« (Kant, Hegel), als »List der Vernunft« (Hegel), als »Fetischcharakter der Ware« (Marx). So sind *Gesellschaft und Individuen entgegengesetzt.* – Dieser Gegensatz verlängert sich zunächst zum *Gegensatz der Individuen gegeneinander:* der metaphysische Freund-Feind-Antagonismus ist nicht wahrhaft überwunden, sondern nun in der weltbürgerlichen Gesellschaft aufgehoben – die alte Gewaltgeschichte dauert rationalisiert fort. – Dieser Gegensatz verlängert sich sodann zum *Gegensatz in den Individuen* selbst: als Gegensatz von Gesellschaftlich-Unbewußtem und Individuell-Bewußtem. Die intraindividuelle, negative Einheit erscheint als paradox *gesellschaftliches Privatinteresse.*

Indem die Individuen der gesellschaftlichen Verhältnisse nicht bewußt: indem sie nur *verständige Individuen* sind, werden sie zu Personifikationen der Verhältnisse und gehen, als Besondere, erneut im Allgemeinen auf und unter. Dem *Gegensatz von Gesellschaft und Individuum* ist eine *repressive, abstrakte Identität* immanent. Hegel (Bd. 5: 74) hat diese Struktur auf die Formel »Identität der Identität und Nichtidentität« gebracht: dem Individuum treten die gesellschaftlichen Verhältnisse als ein bewußtloses Allgemeines gegenüber, aber dadurch werden die Besonderen zu Personifikationen des Allgemeinen. Beide Seiten sind Ausdruck einer Gesellschaft, in der die Individuen ihrer selbst und ihrer Verhältnisse nicht bewußt sind, so daß ihnen die Einheit von Identität und Nichtidentität unbewußt ist: darum wähnen sie sich autonom. Hegels Satz ist bereits Kritik der *verständigen Gesellschaft verständiger Individuen.* So hat die liberale Aufklärung beides produziert: die *Ent-Mythologisierung* und die *Re-Mythologisierung* der Verhältnisse, die Utopie des vernünftigen Individuums und deren Liquidierung – indem die bewußt Handelnden zu bewußtlosen Marionetten der invisible hand werden. Der *Fetischisierung* der Verhältnisse entspricht deren *Individualisierung:* der Konstitution des bürgerlichen Individuums als *Privatsubjekt. Die liberale bürgerliche Gesellschaft ist eine nur verständige Gesellschaft verständiger Individuen,* die unter der Voraussetzung gesellschaftlicher Bewußtlosigkeit bewußt handeln.

In der zeitgenössischen, liberalen Gesellschaftstheorie koinzidiert daher die *logisch-historische Voraussetzung der Verhältnisse* mit *anthropologischen Grundannahmen:* jene Voraussetzung verweist auf den gesellschaftlichen Fetischismus, die Anthropologie auf die gesellschaftliche Individualisierung. Weil die *liberale Anthropologie* der bewußtlose Ausdruck des Gesellschaftlich-Unbewußten ist, tritt in ihr die bewußtlose, *negative Einheit* von Identität und Nichtidentität zunächst im Verhältnis von Individuum und Gesellschaft, sodann in der Innenwelt des Individuums selbst auf: als *abstrakte, gegensätzliche Einheit zweier Antriebe und »Neigungen«*

des Menschen – zur Vergesellschaftung einerseits, zur Vereinzelung andererseits. Der Zusammenhang: daß die Vereinzelung eine *gesellschaftliche Vereinzelung* ist, daß das *private ein gesellschaftliches Interesse* ist, bleibt unbegriffen.

So ist die Epoche des Liberalismus eine *Epoche des Übergangs*. Die liberale bürgerliche Aufklärung bricht die mythologische, unmittelbar die metaphysische Welteinheit auf und setzt die Welt als Entzweiungszusammenhang. Durch diese entgegensetzende, die verständige Vernunft voraussetzende Form der Aufklärung schlägt diese unmittelbar um in eine rationale Re-Mythologisierung der gesellschaftlichen Welt. Marx hat diese *Dialektik der bürgerlichen Aufklärung* als *Warenfetischismus* aufgeklärt. Im Fetischcharakter der Ware ist beides enthalten: die Aufklärung der metaphysischen Politik-Ökonomie ebenso wie die Mythologisierung der verständigen, liberalen Politik-Ökonomie. Der Warenfetischismus enthält, als Aufklärung, den *utopisch-vernünftigen Vorschein einer »neuen Gesellschaft«* (siehe: Marx 1857/ 58: 365; MEW 26.3: 422), als Mythos den *negativen Vorschein einer total verdinglichten, die Gewaltgeschichte rationalisierenden gesellschaftlichen Welt*, in der die Aufklärung allenfalls als »bestimmte Negation« (Hegel, Bd. 3: 74; Bd. 5: 49; vgl. Freud: III: 371ff.) aufgehoben ist. Der Warenfetischismus ist eine Ideologie, die zugleich die Verhältnisse fixiert und utopisch über sich hinausweist. Die repressive Seite des liberalen Fetischismus erscheint im nachfolgenden Imperialismus.

Die liberale, verständige Aufklärung, die in der Bewußtlosigkeit, im Fetischismus des weltbürgerlichen Verhältnisses von Individuum und Gesellschaft erscheint, das die alte Gewaltgeschichte rationalisiert, dem zugleich aber der Vorschein utopischer Vernunft immanent ist, haben in der liberalen bürgerlichen Sozialphilosophie und Gesellschaftstheorie Adam Smith (1723-1790) und Immanuel Kant (1724-1804) bewußtlos, also realitätsgerecht, ausgesprochen: durch die Voraussetzung der Verhältnisse in Form systematischer gesellschaftstheoretischer Grundannahmen, historischer Ursprungskonstruktionen sowie transhistorischer Gesetze der Geschichte, endlich und fundamental: anthropologischer Setzungen von Vergesellschaftung und Vereinzelung. *(Abschnitt 3.1)*

Karl Marx (1818-1883) hat den Fetischismus der bewußtlosen Verhältnisse, die gesellschaftlich-bewußtlose Vereinzelung, durch eine radikalisierte Aufklärung, durch eine Kritik der bürgerlichen Aufklärung, zu Bewußtsein gebracht. Diese Kritik klärt die liberale Liquidierung der liberalen Utopie des vernünftigen Individuums – die bürgerlichen »Robinsonaden« – nicht anthropologisch, sondern gesellschaftstheoretisch auf. Dadurch wird das unbewußte Bewußtsein, durch das sich das bürgerliche Privatsubjekt auszeichnet, als negative Einheit von Gesellschaft und Individuum aufgeklärt. Dadurch wird die Utopie der Vernunft: einer bewußten Gesellschaft ihrer selbst bewußter Individuen, bewahrt – ohne diese positiv-voraussetzungsvoll und entgegensetzend zu entfalten. *(Abschnitt 3.2)*

Der liberale Fetischismus ist durch den Positivismus in zwei konträren Formen zur Konsequenz gebracht worden: durch einen technischen Rationalismus einerseits, durch einen ethischen Irrationalismus andererseits. Der Positivismus hat die Zerstörung der Utopie schon in der Epoche des revolutionären Liberalismus fixiert und damit die Logik des kommenden Imperialismus expliziert. *(Abschnitt 3.3)*

Der naturwissenschaftliche Positivismus, klassisch begründet durch Claude-Henri de Saint-Simon (1760-1825) und Auguste Comte (1798-1857), hat den Fetischismus einer gesellschaftlich-bewußtlosen »zweiten Natur« zur »ersten Natur« (vgl. Hegel: Bd. 12: 57) verdinglicht und daraus die Konsequenz einer »Physik der Gesellschaft« einerseits, einer Biologie des Individuums andererseits gezogen. Dieser technische Rationalismus ist die eine Form der totalen Verdinglichung des unbewußten Allgemeinen; er weiß von keinem Unbewußten und hat sich daher von der Aufklärung verabschiedet. Die biologische Anthropologie hat Joseph Arthur Comte de Gobineau (1816-1882) zu einer Lehre der Menschenrassen entwickelt. Charles Darwin (1809-1882) endlich hat diese biologische Lehre vom Menschen aufklärend gewendet durch die Konzeption einer Geschichte der Natur. *(Abschnitt 3.31)*

Der geisteswissenschaftliche Positivismus, entstanden durch die Historische Schule des Rechts in Deutschland, entfaltet vor allem durch Friedrich Carl von Savigny (1779-1861) während des Wiener Kongresses (1814/15), hat die bewußtlosen Verhältnisse zu einem Unaufklärbaren: zu einem Gesellschaftlich-Irrationalen verdinglicht und sich damit ausdrücklich von der Vernunft-Utopie verabschiedet. Während der naturwissenschaftliche Positivismus die Resultate der Französischen Revolution rationalistisch zu retten suchte, ist der geisteswissenschaftliche Positivismus die Theorie der anti-revolutionären Gegenaufklärung. So ist dieser Positivismus die andere Form der totalen Verdinglichung des unbewußten Allgemeinen. In Übereinstimmung mit dem revolutionären Liberalismus wissen die Geisteswissenschaften – von Savigny bis zu Dilthey, von Le Bon bis zum Ordo- und Neoliberalismus – explizit vom »Unbewußten«; das unterscheidet sie vom rationalistischen Positivismus. Aber sie erklären das Unbewußte zu einem Unerkennbaren und Unaufklärbaren, das sie nur als Faktisches beschreiben und dem Sozialatom zurechnen: daher kommt ihnen der Titel der Gegen-Aufklärung zu. Durch den gesellschaftlichen

Irrationalismus reduziert dieser Positivismus die Vernunft-Moral der liberalen Gesellschaftstheorie auf privatistischen Sinn: die als vernunftlos gesetzte Gesellschaftsgeschichte wird auf die Biographie des Individuums zurückgeführt und auf die Methode des Sinnverstehens reduziert, die die aufklärerische Idee der vernünftigen Verständigung beerbt. *(Abschnitt 3.32)*

Im Zusammenhang von naturwissenschaftlichem und geisteswissenschaftlichem Positivismus: in der Positivierung des liberalen Fetischismus, erscheint der Zusammenhang des *Umschlags der bürgerlichen Aufklärung* in das *Gesellschaftlich-Naturgesetzliche* einerseits, in die *gegenaufklärerische Apologie des Gesellschaftlich-Irrationalen* andererseits. So sind beide Formen des Positivismus theoretisch gekennzeichnet durch eine *Theorie der Gesellschaft ohne Begriff der Gesellschaft,* deren Gegenbild ein *methodischer Individualismus ohne Individuum* ist. Beide Seiten bezeichnen schon die irrational-rationale Logik des Imperialismus.

3.1 Das verständige Individuum in der Politik-Ökonomie und in der Moralphilosophie

Die liberale Sozialphilosophie tritt als Wissenschaft der Politischen Ökonomie, allgemeiner als Moralphilosophie auf. In beiden Formen ist sie eine kritische, bürgerlich-revolutionär gerichtete Theorie der bürgerlichen Gesellschaft, die die Verselbständigung der gesellschaftlichen Verhältnisse in der Epoche des Liberalismus und damit deren Bewußtlosigkeit – nicht reflektiert, sondern bloß ausspricht. So bricht sie die mythologische und metaphysische Welteinheit in Gott auf: durch diese Kritik, durch diese Ent-Mythologisierung ist sie Aufklärung, durch diese Ent-Mythologisierung tritt die Vernunft – als bewußtlos herrschende Vernunft: als »List der Vernunft« (Hegel: Bd. 12: 49) – an die Stelle Gottes. Als liberale Theorie der liberalen Gesellschaft steht die Sozialphilosophie indes auf dem Standpunkt jenes bewußtlosen Allgemeinen: dieses ist die unaufgeklärte Voraussetzung der bürgerlichen Aufklärung. Die bürgerliche Aufklärung ist die »Entzauberung der Welt« (Weber: WL: 594) auf dem Standpunkt des seiner selbst bewußtlosen *»Verstandes«* (Hegel). Darum werden die vorausgesetzten gesellschaftlichen Verhältnisse auf die entgegengesetzte Objektivität bewußtlos projiziert. Deren Logos erscheint als *gesellschaftliches Naturgesetz,* als *historischer Ursprung,* als *überhistorisches Gesetz,* als *anthropologische Konstante.*

Die bürgerlich-liberale Gesellschaftstheorie impliziert mithin: eine historische Ursprungskonstruktion, eine positive Geschichtstheorie und eine liberale Anthropologie; der Bürger der liberalen Gesellschaft ist das *verständige, gesellschaftlich bewußtlose Individuum.* Weil es gesellschaftlich bewußtlos ist, steht es den Verhältnissen entfremdet gegenüber: es pocht, historisch erstmals, auf seine *Besonderheit,* auf sein Recht der vernünftigen, theoretischen und praktischen Kritik. Weil es gesellschaftlich bewußtlos ist, ist es zugleich die Marionette der entfremdeten Verhältnisse: es scheint sich zu *vereinzelnen,* weil es vollkommen *vergesellschaftet* ist. So ist die Besonderung gesellschaftlich konstituiert, so ist der Gegensatz des Individuums gegen die bewußtlose Gesellschaft noch durch diese gesetzt. Das bürgerliche Individuum ist, als *negative Einheit von Besonderung und Vergesellschaftung,* ein privates Subjekt. Diese bewußtlose, widerspruchsvoll-negative Einheit von Identität und Gegensatz im Verhältnis von Individuum und Gesellschaft ist den gesellschaftlich bewußtlosen Individuen entzogen und wird darum – in der liberalen Anthropologie – zu *abstrakt-gegensätzlichen »Neigungen« des Menschen* verdinglicht.

Die bewußtlos herrschenden Verhältnisse scheinen historisch ursprünglich; der Mensch erscheint a priori als Bürger, als Kapitalist oder »arbeitender Armer«. So schlägt die bürgerliche Aufklärung in die scheinbar überwundene Mythologie zurück: indem sie die unbewußt-bewußte Vernunft-Mythologie der bürgerlichen Gesellschaft nur ausspricht, aber nicht aufklärt. Weil alle Aufklärung nur als rückwärtsgerichtete Aufklärung eines Unbewußten möglich ist, ist diese ihrer selbst unbewußte Aufklärung der liberalen Sozialphilosophie kein subjektiver Denkfehler, sondern systematisch notwendig. Die Aufklärung der bürgerlichen Aufklärung gelingt erst in der Epoche des Untergangs der liberalen Gesellschaft: post festum, wenn das allgemeine Unbewußte schwankend, fraglich wird (vgl. Hegel, Bd. 20: 483-485).

3.1.1 A. Smith: Invisible hand und empirisches Ich – Sympathie und Egoismus

Die Moralphilosophie und Politische Ökonomie *Adam Smiths* aus Kirkcaldy in Schottland steht auf dem Standpunkt des Verstandes: der bürgerlichen Aufklärung, der bürgerlichen Revolutionen. Die bei Thomas Hobbes (1651) im *Leviathan* vorausgesetzte abstrakte Einheit der Natur und der politischen Gesellschaft, des rationalen absoluten Herrschers und seiner Untertanen im göttlichen Logos bricht auf. Gesellschaft und Natur treten einander als Gegensätze gegenüber in der politisch-ökonomischen Lehre vom Tausch- und Gebrauchswert der Waren; Gesellschaft und Individuum werden durch die Lehre von der invisible hand als Gegensätze vorausgesetzt (Smith 1759:

316; 1776: IV/II/216). Indem das gesellschaftliche Verhältnis, indem der Tauschwert den Individuen als invisible hand entgegengesetzt ist, werden diese zu bewußtlosen Agenten des Allgemeinen: sie verfolgen bewußt ihr privates und dadurch unbewußt das gesellschaftliche Interesse. Smith formuliert berühmte Metaphern dieser widersprüchlichen Einheit von Gesellschaft, Individuum und Natur, aber er vermag den Zusammenhang nicht aufzuklären: das unbewußte Allgemeine ist die Voraussetzung seiner moralphilosophischen Politik-Ökonomie. In Smiths politisch-ökonomischem Hauptwerk: *An Inquiry into the Nature and Causes of the Wealth of Nations* (1776), ist die liberale gesellschaftliche Bewußtlosigkeit leitend. Die Individualisierung der bewußtlosen Verhältnisse, die liberale Anthropologie, tritt aber im früheren, moralphilosophischen Hauptwerk: *Theory of Moral Sentiments* (1759), deutlicher hervor. Beide Schriften sind aus Smiths Lehrtätigkeit hervorgegangen. Nachdem er von 1748 bis 1750 Vorlesungen in Edinburgh gehalten hatte, wurde er 1751 an die Universität von Glasgow berufen, erst als Professor für Logik, dann (1752) als Professor für Moralphilosophie. So las er in Glasgow bis 1764 über Theologie, Ethik, Jurisprudenz und Politische Ökonomie.

Smiths späteres Hauptwerk: *Wealth of Nations* (1776), ist in fünf Bücher gegliedert. Im Zentrum der ersten drei Bücher steht eine dogmatische Theorie des Tauschwerts als des gesellschaftlichen Verhältnisses der Waren produzierenden und Waren tauschenden bürgerlichen Gesellschaft, näher die Lehre vom Gegensatz des Tauschwerts gegen den Gebrauchswert der Waren. Das vierte Buch fundiert die Theorie durch Kritik der bislang herrschenden Theorie und Politik-Ökonomie: des Merkantilsystems und der Physiokratie. Das fünfte Buch enthält eine Theorie des Staats: der Staatseinnahmen und -ausgaben sowie der Staatsschulden. Insgesamt erweist das umfangreiche Werk den Autor als einen sowohl theoretisch-systematisch als auch historisch äußerst gebildeten Schriftsteller, der vollkommen auf der Höhe der Zeit ist, mit einer Ausnahme: die gesellschaftliche Produktion beschreibt er noch in der Form des Manufaktursystems, nicht in der des aufkommenden Fabriksystems.

Smiths politisch-ökonomische Theorie ist eine bürgerliche Theorie der bürgerlichen Gesellschaft. Der Autor expliziert darin das zentrale Verhältnis von *Gesellschaft und Individuum* nach dem Ende der mythologischen und metaphysischen, in Gott liegenden Welteinheit. Die gesellschaftliche Welt erscheint nun als in sich entzweit in *das allgemeine und das private Interesse;* der Zusammenhang wird nicht länger durch Gott gestiftet – sondern durch eine *invisible hand.* Diese berühmte Metapher tritt im gesamten Werk an einer nachrangigen Stelle erst im vierten Buch auf:

»Das jährliche Einkommen jeder Gesellschaft stimmt immer genau mit dem Tauschwert des gesamten jährlichen Produkts ihrer Gewerbetätigkeit überein oder ist vielmehr genau dieselbe Sache wie dieser Tauschwert. Da also jeder einzelne Mensch, so gut er kann, versucht, sowohl sein Kapital zur Unterstützung des heimischen Gewerbefleißes zu beschäftigen als auch diesen Gewerbefleiß so zu lenken, daß sein Produkt den größten Wert einnimmt, arbeitet er notwendigerweise darauf hin, das jährliche Einkommen der Gesellschaft so groß zu machen, wie er es vermag. Allerdings strebt er im allgemeinen weder danach, das öffentliche Interesse zu fördern, noch weiß er, in welchem Maße er es fördert. Indem er die Unterstützung der heimischen gegenüber der auswärtigen Gewerbetätigkeit bevorzugt, verfolgt er lediglich die eigene Sicherheit. Indem er diese Gewerbetätigkeit in solch einer Weise lenkt, daß ihr Produkt den höchsten Wert erlangen kann, hat er lediglich seinen eigenen Gewinn im Auge. Er wird hierbei wie in vielen anderen Fällen durch eine unsichtbare Hand geleitet, einen Endzweck zu fördern, der keinen Teil seiner Zielstellung ausgemacht hatte. Die Gesellschaft ist auch nicht immer schlechter dran, daß dies nicht der Fall war. Indem er sein Interesse verfolgt, fördert er häufig jenes der Gesellschaft wirksamer, als wenn er dessen Förderung wirklich beabsichtigt. Ich habe niemals viel Gutes kennengelernt, das jene, die des Gemeinwohls wegen Handel zu treiben vorgaben, ausgerichtet hätten. Es ist dies allerdings eine unter Kaufleuten nicht weit verbreitete Pose, und es bedarf nur sehr weniger Worte, um sie davon abzubringen.« (Smith 1776: Buch IV / Kap. II / 216)

Smith beobachtet: Indem der »einzelne Mensch« bewußt »sein Interesse verfolgt«, fördert er – ohne dies zu beabsichtigen, ohne sich dessen bewußt zu sein – das »Interesse … der Gesellschaft«; indem er seinen »eigenen Gewinn im Auge« hat, fördert er das »Gemeinwohl«. Dem Einzelnen ist das *gesellschaftliche Interesse* als ein unbewußtes Allgemeines *entfremdet;* zugleich ist der Einzelne das *ausführende Organ des allgemeinen Interesses.* Smith ist sich sicher: versuchte der Einzelne, das Interesse der Gesellschaft bewußt zu fördern, resultierte nicht »viel Gutes«; darum muß man solche Kaufleute von dieser Intention abbringen. Warum indes das *private Interesse,* als *Interesse des Einzelnen* erscheinend, das *gesellschaftliche Interesse* enthält und verwirklicht, begreift Smith nicht. Er setzt die *Vermittlung* des Entgegengesetzten in ein *Drittes* und benennt dieses durch eine Metapher: als invisible hand. So sind das egoistische und das allgemeine Interesse *Entgegengesetzte* durch die Bewußtlosigkeit des Allgemeinen; so ist die *Einheit des Entgegengesetzten* dem Politik-Ökonomen selbst ein Bewußtloses. Smith bewegt sich in der Darstellung von Gegensätzen, deren Einheit er nicht begreift, sondern nur metaphorisch bezeichnet: er steht auf dem Standpunkt des – von Hegel kritisierten – voraussetzungsvollen

»Verstandes«, der nur verständigen Aufklärung. Da er das einzelne wie das allgemeine Interesse in Rücksicht auf den »Tauschwert« der Arbeitsprodukte bestimmt, muß das Problem der *Einheit des Entgegengesetzten:* der Einheit von Gesellschaft und Individuum, von allgemeinem und einzelnem Interesse, an der Wert-Theorie Smiths geklärt werden.

Die systematische grundlegende *Theorie des Werts* entwickelt Smith im ersten Buch, Kapitel I bis VI. – Im ersten Kapitel *Von der Arbeitsteilung* (I/I/9-19) beschreibt Smith die Steigerung der Arbeitsproduktivität durch die Arbeitsteilung innerhalb einer Manufaktur. Indem die Arbeit des einzelnen Arbeiters immer einfacher, immer maschineller wird, ist die Arbeitsteilung die Grundlage der Erfindung von Maschinen, die den Arbeiter ersetzen. Wird die Arbeitsproduktivität durch Arbeitsteilung gesteigert, wendet sich also jeder dem Arbeitszweig zu, in dem er besonders geschickt ist, so steigt der allgemeine Wohlstand: »Ein allgemeiner Überfluß breitet sich von selbst auf alle Klassen der Gesellschaft aus.« (I/I/17) – Im zweiten Kapitel *Von dem die Arbeitsteilung bewirkenden Prinzip* (I/II/20-24) geht Smith hinter die Arbeitsteilung zurück: sie sei die »Folge einer gewissen Neigung der menschlichen Natur ... zum Tausch« (I/II/20). Denn ohne Austausch verfügte jeder der arbeitsteilig Produzierenden nur über ein Produkt und könnte den gesamten Umfang seiner Bedürfnisse nicht befriedigen. – Im dritten Kapitel *Dass die Arbeitsteilung durch die Ausdehnung des Marktes begrenzt ist* (I/ III/25-30) konstatiert Smith: die »Ausdehnung des Marktes« begrenzt die Intensivierung der Arbeitsteilung. Ist die »gesamte Welt als Markt« offen, ist die Arbeitsteilung maximal und der Wealth of Nations real (I/III/27). – Im vierten Kapitel *Vom Ursprung und der Verwendung des Geldes* (I/IV/31-39) bestimmt Smith diese arbeitsteilig produzierende und Waren tauschende Welt-Gesellschaft als »handeltreibende Gesellschaft« (I/IV/31). Er untersucht nun deren Gesetze durch die *Theorie des Werts.*

»Welche Regeln die Menschen beim Austausch von Ware gegen Ware oder gegen Geld natürlicherweise berücksichtigen, werde ich nun untersuchen. Diese Regeln bestimmen das, was man als relativen oder Tauschwert der Waren bezeichnen kann.

Es ist zu beachten, daß das Wort *Wert* zwei verschiedene Bedeutungen besitzt. Es drückt manchmal die Nützlichkeit eines bestimmten Gegenstandes aus und manchmal die durch den Besitz dieses Gegenstandes verliehene Fähigkeit, andere Waren zu kaufen. Das eine kann man *Gebrauchswert,* das andere *Tauschwert* nennen. Die Gegenstände, die den größten Gebrauchswert haben, besitzen häufig einen geringen oder gar keinen Tauschwert, während andererseits diejenigen, die den größten Tauschwert haben, oft einen geringen oder keinen Gebrauchswert besitzen. Nichts ist nützlicher als Wasser, aber man kann damit kaum etwas kaufen oder

eintauschen. Ein Diamant hingegen hat kaum irgendeinen Gebrauchswert, aber eine grosse Menge anderer Waren ist häufig dafür im Austausch erhältlich.
Um die Grundsätze zu erforschen, die den Tauschwert der Waren bestimmen, werde ich mich bemühen, folgende Fragen darzulegen:
Erstens: Was ist das wirkliche Maß dieses Tauschwertes, oder worin besteht der reale Preis aller Waren?
Zweitens: Welches sind die verschiedenen Teile, aus denen sich der reale Preis bildet oder zusammensetzt?« (Smith 1776: I / IV / 38 f.)

Der Tauschwert der Ware ist die »Regel« des Austauschs Waren Produzierender und Waren Tauschender: das bestimmte gesellschaftliche Verhältnis der globalen »handeltreibenden Gesellschaft«. Der Gebrauchswert der Waren ist deren »Nützlichkeit« zur Befriedigung menschlicher Bedürfnisse: es ist das Verhältnis der Waren als Natur zur menschlichen Natur. Smith setzt nun den Tauschwert der Waren voraus und dadurch dem Gebrauchswert entgegen: denn er sucht nicht den Tauschwert zu bestimmen, sondern nur zu messen – durch ein »Maß«, das immer schon Tauschwert sein muß. So bleibt der Tauschwert ebenso unbegriffen wie die Einheit von Tausch- und Gebrauchswert. – Im fünften Kapitel *Vom realen und nominellen Preis der Waren oder von ihrem Preis in Arbeit und ihrem Preis in Geld* (I/V/40-61) erklärt Smith: Das gesuchte »wirkliche Maß dieses Tauschwertes« ist »die Arbeit« – als Tätigkeit, als Produkt, als Arbeitskraft, als »Mühe«, als »abstrakter Begriff« (I/V/40-42). Weil Smith den Tauschwert nur als Quantum zu bestimmen sucht, also voraussetzt, muß ihm »die Arbeit« als Maß immer schon Tauschwert-Arbeit sein und gleichfalls begriffslos vorausgesetzt werden. – Im sechsten Kapitel *Von den Bestandteilen des Preises der Waren* (I/VI/62-70) muß Smith die Arbeits-Tauschwert-Theorie revidieren, weil er bewußtlos, aber realitätsgerecht im Begriff der Arbeit sehr Verschiedenes identifizierte. Vor allem wäre nach dieser Theorie der Tauschwert der Arbeitsprodukte dem Tauschwert der Arbeitskraft gleich, so daß dieser »das gesamte Arbeitsprodukt« gehörte (I/VI/62). Unter kapitalistischen Bedingungen ist dies offenkundig nicht der Fall. Darum lehrt Smith nun, für diese Gesellschaft: Der Preis der Ware »zerfällt« in Lohn, Profit und Rente (I/VI/65). Der Lehrsatz gilt, zirkulär, auch umgekehrt: »Lohn, Profit und Rente sind die drei ursprünglichen Quellen allen Einkommens ebenso wie allen Tauschwerts.« (I/VI/68)

Diese Wert-Theorie ist das systematische Fundament der gesamten Wissenschaft der Politischen Ökonomie Smiths als einer bürgerlich-liberalen Theorie der bürgerlich-liberalen Gesellschaft. Die liberale Theorie der liberalen Gesellschaft ist durch die Theorie des Tauschwerts formal bestimmt als eine *voraussetzungsvolle, in Gegensätzen sich bewegende Theorie,* die

die *Einheit des Entgegengesetzten nicht begreift* und insofern eine Theorie der verständigen Aufklärung ist. Das trifft zentral die Bestimmung des Verhältnisses von *Gesellschaft und Individuum.* Smiths Wert-Theorie ist in ihren Konsequenzen nicht nur gesellschaftstheoretisch von zentraler Bedeutung, sondern auch geschichtsphilosophisch und anthropologisch.

Gesellschaftstheoretisch ist die Voraussetzung des Tauschwerts als gesellschaftliches Verhältnis der »handeltreibenden« Welt-Gesellschaft von überragender Relevanz. Dadurch wird das *gesellschaftliche Verhältnis* der ›*Natur*‹ in Form des Gebrauchswerts entgegengesetzt: beide sind nicht länger in metaphysischer Einheit, so daß die Natur gesellschaftlich, die Gesellschaft Natur wäre – wie in Hobbes' (1651: 213) Lehre, »Silber und Gold« besäßen »ihren Wert aus dem Material selbst«. Die Gesellschaft ist vollends subjektiviert, die Natur objektiviert. Smith steht auf dem Standpunkt der *bürgerlichen Aufklärung.* – Als Voraussetzung ist der Tauschwert aber auch den Menschen ein Anderes, Entfremdetes: ein *bewußtloses Allgemeines.* Diese *Bewußtlosigkeit,* diesen *Gegensatz von gesellschaftlichem Verhältnis und Einzelnen* drückt Smith (1776) im Bild der bewußtlos wirkenden invisible hand aus, die die Entgegengesetzten eint. Da die Einheit in ein Drittes gelegt und durch eine Metapher bezeichnet ist, ist sie unbegriffen. – Durch jenen Gegensatz von gesellschaftlichem Verhältnis und Einzelnen geraten diese, paradox, zu *Marionetten der ihnen voraus- und somit entgegengesetzten Verhältnisse,* eben der invisible hand. Indem der Einzelne, erklärt Smith, bewußt seinen »eigenen Gewinn im Auge hat«, fördert er – wie »durch eine unsichtbare Hand geleitet« – das »Interesse ... der Gesellschaft« (IV/II/216). Der *Gegensatz* von Individuum und Gesellschaft hat zur Voraussetzung die *bewußtlose Einheit* beider: indem die Verhältnisse den Einzelnen nicht bewußt sind und ihnen daher entfremdet gegenüberstehen, werden die Individuen zu deren bewußtlosen Vollzugsorganen – der abstrakte Gegensatz impliziert eine abstrakte Identität. So ist das private Interesse beides: es ist, als egoistisches Interesse, unmittelbar ein gesellschaftliches. Weil Smith aber den Tauschwert voraussetzt, weil er die Einheit nur metaphorisch bezeichnet, begreift er das *private Interesse nicht als negative Einheit von einzelnem und allgemeinem Interesse* (vgl. Marx: MEGA II/5: 634-636) – er begreift nicht die *Individualisierung der Verhältnisse.* Daher mündet seine Politische Ökonomie als Gesellschaftstheorie in eine *bewußtlose Anthropologie.* – Analog gilt für den Gegensatz von *Tauschwert und Gebrauchswert:* Wird der Tauschwert: das gesellschaftliche Verhältnis, dem Gebrauchswert: dem Verhalten des Menschen als Natur zum Naturstoff, *entgegen-, also vorausgesetzt,* so schlägt der bewußtlose Gegensatz in die *bewußtlose Identität* beider um: in eine Fetischisierung der

Verhältnisse, in eine rationale *Gesellschafts-Mythologie.* Daher identifiziert Smith im Begriff der Arbeit bewußtlos, aber realitätsgerecht, die sinnliche Tätigkeit ebenso wie das sinnliche Arbeitsprodukt mit einem »abstrakten«, übersinnlichen Begriff, so daß alle Arbeit immer schon als Tauschwert erscheint. – Jene gegensätzliche Einheit von Gesellschaft und Einzelnen verlängert sich endlich zur *gegensätzlichen Einheit der Einzelnen* selbst, die jeweils entweder den Gebrauchs- oder den Tauschwert der Waren verkörpern. Das beschreibt Smith (1776: I/II/21f.) an einer trivialen Beobachtung: Wer von einem Anderen etwas kaufen will, muß der Regel folgen: »Gib mir, was ich wünsche, und du wirst das bekommen, was du verlangst!« Wer beim Bäcker ein Brot kaufen will, muß nicht an dessen »Menschlichkeit« appellieren, sondern an dessen »Eigenliebe«, an dessen egoistisches Interesse: den Tauschwert des Brotes zu realisieren; dann erhält der Käufer, was er wünscht – das Brot als Gebrauchswert zur Stillung seines Hungers. Der Gegensatz von Tausch- und Gebrauchswert wird zum Gegensatz der Bürger in der handeltreibenden Gesellschaft.

Geschichtsphilosophisch ist die Voraussetzung des Tauschwerts die Grundlage sowohl einer historischen Ursprungskonstruktion wie der Annahme überhistorischer gesellschaftlicher Gesetze: alle Arbeit scheint immer schon, seit Beginn aller Geschichte, Waren produzierende Arbeit zu sein. Eine andere Gesellschaft ist systematisch undenkbar. Smith erzählt darum von einer phantasierten Vorzeit, in der »Jäger und Hirten« »Pfeil und Bogen« gegen »Vieh und Wildbret« tauschten und damit denselben Regeln folgten wie die Individuen der zeitgenössischen globalen »handeltreibenden Gesellschaft« (I/II/22; vgl. I/IV/31).

Anthropologisch ist die Voraussetzung des Tauschwerts die Grundlage der ökonomischen »Robinsonaden« (Marx: MEW 23: 90f.). *Der Einzelne,* der Mensch überhaupt, erscheint immer schon als *Personifikation des Allgemeinen, des Tauschwerts.* Zugleich ist er der ihn beherrschenden, ihm entfremdeten invisible hand *entgegengesetzt.* Der Austausch, sagt Smith, ist der »menschlichen Natur« als »Neigung« einbeschrieben (1776: I/II/20): der Mensch ist das arbeitsteilig Waren produzierende und Waren tauschende Wesen. Zugleich verfolgt der Einzelne seine Interessen bewußt, das Interesse der Gesellschaft unbewußt. Er ist zugleich *vergesellschaftet,* in dieser Vergesellschaftung aber gegen andere *vereinzelt.* Die *negative Einheit von Vergesellschaftung und Vereinzelung* bleibt unbegriffen: dem homo oeconomicus ebenso wie dem Politik-Ökonomen Smith, der darum beides unabhängig voneinander als *»Hang« oder »Prinzip« der »Natur« des Menschen* zuschreibt. Das Unbegriffene ist das *Gesellschaftlich-Unbewußte.* Denn dieses unbewußte Allgemeine konstituiert den Einzelnen in seiner *widerspruchsvollen, bewußtlosen Identität* mit den Verhältnissen: als deren Personifikation; dieses unbewußte Allgemeine konstituiert den Einzelnen in seinem *Gegensatz* zur invisible hand. Smith, dem das bewußtlose Wirken der invisible hand – wie seine berühmte Metapher zeigt – doch bekannt ist, hat dieses Bekannte nicht erkannt, sondern durch die Voraussetzung des Tauschwerts nur realitätsgerecht benannt. Erst die *Kritik,* die Aufklärung des Unbewußten der bürgerlichen Aufklärung, kann die fragliche *bewußtlos-verständige Einheit der Identität und Nichtidentität von Gesellschaft und Individuum, von Vergesellschaftung und Vereinzelung* bestimmen (vgl. Marx: MEW 26.2: 510, 514), dadurch das nur verständige Individuum über sich aufklären und die Idee des vernünftigen Individuums bewahren – ohne diese erneut positiv, voraussetzend und entgegensetzend, zu setzen.

Smith hat diese gesellschaftstheoretische Anthropologie klarer und detaillierter bestimmt in seinem früheren Hauptwerk: *Theory of Moral Sentiments* (1759). Oberflächlich betrachtet erscheint dieses Werk gegenüber dem späteren als Gegensatz: im *Wealth of Nations* beginnt der Autor mit der »Eigenliebe« – dem egoistischen Interesse – des Bäckers, an die der potentielle Käufer von Brot appellieren muß; in der *Theory of Moral Sentiments* dagegen steht am Anfang: die *Sympathie* (sympátheia) (1759: 1-9). Bei näherer Lektüre dagegen erweisen sich die Prinzipien beider Werke als identisch.

Smiths *methodisches Verfahren* in der *Theorie der ethischen Gefühle* ist im Untertitel des Werks angedeutet: *»Versuch einer Analyse der Prinzipien, mittels welcher die Menschen naturgemäß zunächst das Verhalten und den Charakter ihrer Nächsten und sodann auch ihr eigenes Verhalten und ihren eigenen Charakter beurteilen«.* Der Autor verfährt zunächst ganz *empirisch,* indem er sich der Bestimmung von Sympathie durch Beschreibung alltäglicher Erfahrungen nähert, etwa: Eine Mutter erleidet »Qualen«, weil sie »das Ächzen ihres kleinen Kindes hört«, das krank danieder liegt. Worin liegt dieses *»Mitleid«,* wie kommt es zustande? Von diesen Erfahrungen schreitet er fort zu *allgemeinen Prinzipien,* die in der Empirie enthalten sind und in ihr erscheinen: zu »allgemeinen Regeln« der Moral (ebd. 250). Die Argumentationsweise folgt der Tradition des englischen Empirismus:

> »Die allgemeinen Grundsätze der Sittlichkeit werden wie alle anderen Grundsätze aus Erfahrung und Induktion gebildet. Wir bemerken an der großen Mannigfaltigkeit von Einzelfällen, was unserem moralischen Vermögen gefällt oder mißfällt, was dieses billigt oder mißbilligt, und durch Induktion aus diesen Erfahrungen bilden wir jene allgemeinen Regeln.« (Smith 1759: 532; siehe ebd. 529-534)

Ausgehend von der *Empirie* sollen durch *Induktion* die »allgemeinen Regeln« der *Moral* gewonnen werden, deren »Quelle« die *»Vernunft«* ist.

Diesem Verfahren folgend analysiert Smith empirische Beispiele von Sympathie (ebd. 1-9): Wir nehmen »an dem Schicksal anderer Anteil«, die ein Leid erdulden, ohne dieses Leid unmittelbar selbst zu empfinden und ohne zu wissen, wie der Leidende leidet – und ob er überhaupt leidet. Wir empfinden ein »Mitleid«, überlegt er, weil wir uns in unserer »Phantasie« in den anderen hineinversetzen; weil wir uns nicht nur unmittelbar in den anderen hinversetzen, sondern in seine »Situation«, um uns dann vorzustellen, wie wir in derselben Lage leiden würden. Das »Mitgefühl« besteht demnach darin, daß wir mit dem anderen in der »Phantasie« »eine Person« werden, indem wir von uns abstrahieren und mit dem anderen identifizieren. Dadurch wird »Mitleid« ausgelöst: eine Empfindung. *»Sympathie«* impliziert das Mitleid, bezieht sich aber auch alle möglichen »Affekte«, etwa auch auf eine »freudige Gemütsbewegung« des anderen.

»Bei allen Affekten, deren das menschliche Gemüt fähig ist, entsprechen die Gemütsbewegungen des Zuschauers immer dem Bilde, das dieser sich von den Empfindungen des Leidenden macht, indem er sich in dessen Fall hineindenkt. ›Erbarmen‹ und ›Mitleid‹ sind Wörter, die dazu bestimmt sind, unser Mitgefühl mit dem *Kummer* anderer zu bezeichnen. Das Wort ›Sympathie‹ kann dagegen, obgleich seine Bedeutung vielleicht ursprünglich die gleiche war, jetzt doch ohne Verstoß gegen den Sprachgebrauch dazu verwendet werden, um unser Mitgefühl mit jeder Art von Affekten zu bezeichnen.« (Smith 1759: 4)

Sympathie ist: das Mitfühlen mit dem alter ego, indem das ego durch seine »Phantasie« von sich abstrahiert und sich darüber in das alter ego hineinversetzt. Das Mitfühlen hebt das ego durch seine Selbstabstraktion auf die Stufe der *Allgemeinheit:* auf eine »allgemeine Vorstellung von irgendeinem Glück oder Unglück«, also auf *Prinzipien,* ohne zu wissen, ob das Vorgestellte den Empfindungen des alter ego entspricht. Indem wir uns so in das alter ego hineinversetzen, empfinden wir erst Sympathie und näher Mitleid, indem wir die Empfindungen des alter ego in seiner Situation kennen und indem wir dann das nachempfundene Leid auf unsere eigene Situation beziehen (ebd. 9). Sympathie ist ein Mitfühlen des ego mit einem alter ego, das durch Abstraktion von uns selbst auf eine *Allgemeinheit* und durch das Bewußtwerden des fremden Leids oder Glücks entsteht: *Sympathie ist ein reflexives, auf allgemeinen Prinzipien beruhendes Mitempfinden.* Indem es auf der Ebene des Allgemeinen erfolgt, impliziert es: »Menschenliebe« (ebd. 7). So gelangt Smith, über die Beschreibung eines empirisch gegebenen Mitleids, auf die Ebene des Allgemeinen: diese setzt er voraus – indem er die Sympathie auf »gewisse Prinzipien« in der »Natur« des Menschen zurückführt, »die ihn dazu bestimmen, an dem Schicksal anderer Anteil zu nehmen« (ebd. 1).

Die Empfindung der Sympathie impliziert, durch die Selbstabstraktion des Ich, zunächst die *Abwendung von seinen egoistischen Interessen,* von seinen »selbstischen Neigungen«, und die *Hinwendung zu seinen »sozialen und wohlwollenden Neigungen«,* durch die es bestimmt wird, die »Glückseligkeit« anderer nicht nur nicht zu »verletzen«, sondern sogar zu »befördern« (ebd. 52, 442). In den entsprechenden Tugenden der »Gerechtigkeit« und der »Wohltätigkeit« besteht die »Menschenliebe«: als *kosmopolitisches* moralisches Empfinden.

Durch diese Explikation der Sympathie setzt Smith *zwei grundlegende Interessen und Neigungen des Menschen* voraus und einander entgegen: *Sympathie und Egoismus.* Er nennt die »egoistischen Affekte« die »ursprünglichen«; sie seien in der »menschlichen Natur« ebenso verankert wie die Sympathie (ebd. 1, 23, 200). – Die *Sympathie* ist grundlegend, weil sie die Bedingung eines Zusammenlebens der Menschen in der Gesellschaft ist: und »nur in Gesellschaft« vermag der Mensch zu »bestehen« (ebd. 127). Der *Egoismus* ist, als Gegensatz, keine die Gesellschaft auflösende Neigung, umfaßt aber alle »Affekte«, die wir »um unseres *eigenen* Glücks oder Unglücks willen empfinden« (ebd. 55-60). Der Egoist folgt der »Natur«, indem er »sein eigenes Glück dem Glück aller anderen« vorzieht und »auf deren Kosten« befriedigt, indem er zuallererst für sich selbst sorgt (ebd. 122; vgl. ebd. 506f.). – Weil Smith beide Neigungen voraus- und einander entgegensetzt, vermag er die *Einheit von Sympathie und Egoismus* nur in ein Drittes zu setzen: einen »unparteiischen Zuschauer« als eine *»dritte Person«,* die das ego und das alter ego betrachtet, moralisch beurteilt und dadurch die Sympathie gegen den Egoismus durchsetzt (ebd. 201). Daß die Sympathie den Egoismus, der Egoismus die Sympathie implizieren könnte, so daß beide eine Einheit von Identität und Nichtidentität bilden, entzieht sich Smiths liberaler, voraussetzungsvoller Aufklärung. Zwar bestimmt er den Egoismus durch den Vorrang gegenüber altruistischen Neigungen; zwar bestimmt er die Sympathie durch die Zurücksetzung egoistischer Interessen; zwar bemerkt er, es sei weniger »die Liebe zur Menschheit«, die uns zur Sympathie treibe, sondern »das Verlangen nach Größe, Würde und Erhabenheit unseres Charakters« (ebd. 203), also ein durchaus egoistisches Interesse – indem er aber beide Neigungen der menschlichen Natur zuschreibt, reflektiert er deren *Vermittlung* nicht und muß diese in ein Drittes, in eine *äußerliche Synthesis* setzen.

Die Selbstabstraktion, durch die das ego sich in das alter ego versetzt: die Ebene der *Allgemeinheit,* bezeichnet Smith durch die zitierte Metapher:

als einen »unparteiischen Zuschauer, den wir uns in unserem Innern vorstellen« (ebd. 443), als einen »inneren Menschen« (ebd. 203f.) – der, als allgemeiner, die *Menschheit in uns* ist; bisweilen jedoch beschreibt er diesen »unparteiischen Zuschauer« als einen sinnlich existierenden, äußeren Menschen (vgl. ebd. 52, 100, 214). Dieser *»unparteiische Zuschauer«* erst ermöglicht es, nach dem Untertitel der *Theory*, daß wir »das Verhalten und den Charakter« des »Nächsten« wie unser »eigenes Verhalten« und unseren »eigenen Charakter« beurteilen: der »unparteiische Zuschauer« ist die Ebene der Reflexion und Selbstreflexion, der Erkenntnis und moralischen Beurteilung (ebd. 100) des alter ego und darüber des ego – begriffslos bestimmt. Reflexion und Selbstreflexion, *Erkenntnis und Selbsterkenntnis* gelingen dem Einzelnen, nach Smiths metaphorisch formulierter Einsicht, allein in *Gesellschaft.* Allein in Gesellschaft sind *moralische Beurteilungen* des eigenen Verhaltens möglich.

Dem *»unparteiischen Zuschauer«* kommt es zu, über die Empfindungen des Egoismus und der Sympathie zu urteilen.

> »Wir bemühen uns, unser Verhalten so zu prüfen, wie es unserer Ansicht nach irgendein anderer gerechter und unparteiischer Zuschauer prüfen würde. Wenn wir uns erst in seine Lage versetzen und wir dann immer noch an allen Affekten und Beweggründen, die unser Verhalten bestimmten, durchaus inneren Anteil nehmen, dann billigen wir dieses Verhalten aus Sympathie mit der Billigung dieses gerechten Richters, den wir in Gedanken aufgestellt haben. Fällt die Prüfung anders aus, dann treten wir seiner Mißbilligung bei und verurteilen unser Verhalten.
> Wäre es möglich, daß ein menschliches Wesen an einem einsamen Ort bis zum Mannesalter heranwachsen könnte ohne jede Gemeinschaft und Verbindung mit Angehörigen seiner Gattung, dann könnte es sich ebenso wenig über seinen Charakter, über die Schicklichkeit oder Verwerflichkeit seiner Empfindungen und seines Verhaltens Gedanken machen, als über die Schönheit oder Häßlichkeit seines eigenen Gesichts. All das sind Gegenstände, die es nicht leicht erblicken kann, auf die es natürlicherweise nicht achtet, und für die es doch auch nicht mit einem Spiegel ausgerüstet ist, der sie seinem Blicke darbieten könnte. Bringe jenen Menschen in Gesellschaft anderer und er ist sogleich mit dem Spiegel ausgerüstet, dessen er vorher entbehrte. Dieser Spiegel liegt in den Mienen und in dem Betragen derjenigen, mit denen er zusammenlebt, die es ihm stets zu erkennen geben, wenn sie seine Empfindungen teilen, und wenn sie sie mißbilligen; hier erst erblickt er zum erstenmal die Schicklichkeit und Unschicklichkeit seiner eigenen Affekte, die Schönheit und Häßlichkeit seines eigenen Herzens.« (Smith 1759: 167 f.)

Die Verwirklichung des antiken Imperativs: *»Kenne dich!«*, erfolgt durch reflexive Erkenntnis – und allein im gesellschaftlichen Zusammenhang. Nur in Gesellschaft vermag sich der Einzelne zu individuieren, nur in der *Einheit mit anderen* vermag er sich zum *Besonderen* zu bilden. So steht

Smiths liberale Moralphilosophie gegen jede Robinsonade ebenso wie gegen die alte metaphysische Auflösung des Besonderen in das Allgemeine, so daß das Besondere ausgeschlossen ist. Die schottische Moralphilosophie ist *kosmopolitisch* über den Gegensatz von Freund und Feind hinaus.

Weil er über dem ego einerseits, über dem alter ego andererseits steht, ist der »unparteiische Zuschauer« eine *allgemeine Person,* die *parteilich für das Allgemeine* ist: für die *Sympathie,* für die *»sozialen und wohlwollenden Neigungen«* (ebd. 52), für die *»allgemeinen Regeln«* oder »Gesetze« der Moral (ebd. 250), für das *allgemeine Interesse* – gegen den Egoismus. In der Metapher des »unparteiischen Zuschauers« ist bei Smith bewußtlos ausgedrückt: die moralische Instanz, die uns selbst und andere nach den *»allgemeinen Regeln« der Moral* beurteilt – das *»Über-Ich«* (Freud); die Ebene der *Reflexion und Selbst-Reflexion;* die allgemeine »Menschenliebe« – der *Kosmopolitismus* der Menschenrechte; die *Herrschaft des Allgemeinen:* die *Herrschaft des allgemeinen über das private Interesse.*

Indem Smith diese Ebene der Erkenntnis anderer und der Selbsterkenntnis nur als Metapher bezeichnet, drückt er aus, daß die reflexive Erkenntnis auf einer unreflektierten Voraussetzung beruht: daß die Aufklärung eine nur *verständige Aufklärung* ist. Das unreflektiert vorausgesetzte Allgemeine jenes »unparteiischen Zuschauers« und der »allgemeinen Regeln« der Moral ist als ein *allgemeines Ich im Inneren des ego* gesetzt: als »Prinzip« in unserer »Natur«, als anthropologische gesellschaftliche »Neigung«, die den egoistischen »Neigungen« *entgegengesetzt,* diesen vorausgesetzt ist wie ein transzendentaler Beobachter und moralischer »Richter« (ebd. 167). Dieser innere Richter agiert, als vorausgesetzte Instanz, *bewußtlos.* Bewußtlos konstituiert er die *repressive Einheit von Sympathie und Egoismus,* indem er die Unterdrückung des Egoismus, die Selbstunterdrückung des ego erzwingt: Herrschaft der gesellschaftlichen Neigungen durch *»Selbstbeherrschung«* (ebd. 214ff., 443). Das liberale, moralische Über-Ich konstituiert das Individuum als masochistischen Charakter. – Smith expliziert kosmopolitisch die Besonderung im Allgemeinen. Indem er dieses aber metaphorisch-bewußtlos voraussetzt, drückt er realitätsgerecht aus, daß das *Verhältnis von Allgemeinem und Besonderem kein versöhntes, herrschaftsfreies,* sondern ein repressives ist: *»Gewalt«* (ebd. 203). So ist die verständige Aufklärung, die liberale Moralphilosophie, nicht substantiell über das metaphysische, gewaltsame Verhältnis von Individuum und Gemeinschaft hinaus: sie hat die alte Gewalt nur rationalisiert.

Smith erhebt den Anspruch, daß durch die Ebene des *»unparteiischen Zuschauers«,* durch die »Selbstbeherrschung«, eine äußere und vor allem innere *Herrschaft der Vernunft, der Vernunft-Moral,* gesetzt ist. Der »unparteiische Zuschauer« hebt den Einzelnen über die *Willkür seiner egoistischen Interessen* auf die Ebene des *allgemeinen und darum vernünftigen Interesses.*

»Wenn unsere passiven Gefühle fast immer so gemein und egoistisch sind, wie kommt es, daß die Prinzipien, die unser Handeln bestimmen, oft so edelmütig und vornehm sind? Wenn uns immer alles das, was uns selbst betrifft, um so viel tiefer berührt als alles das, was andere betrifft, was ist es dann, was den Edelmütigen in allen Fällen, den niedrig Denkenden wenigstens manchmal fähig macht, seine eigenen Interessen den größeren Interessen anderer zu opfern? Es ist nicht die sanfte Gewalt der Menschlichkeit, es ist nicht jener schwache Funke von Wohlwollen, den die Natur im menschlichen Herzen entzündet hat, die derart imstande wären, den stärksten Antrieben der Selbstliebe entgegenzuwirken. Es ist eine stärkere Gewalt, ein zwingenderer Beweggrund, der sich in solchen Fällen äußert. Es ist Vernunft, Grundsatz, Gewissen, es ist der Inwohner unserer Brust, der innere Mensch, der große Richter und Schiedsherr über unser Verhalten. Er ist es, der uns, so oft wir im Begriffe stehen, so zu handeln, daß wir die Glückseligkeit anderer in Mitleidenschaft ziehen, mit einer Stimme, die imstande ist, unsere vermessensten Leidenschaften in Bestürzung zu versetzen, zuruft, daß wir nur *einer* aus der Menge sind und in keinerlei Hinsicht besser als irgendein anderer dieser Menge; und daß wir, wenn wir uns so blind und so schändlich vor allen anderen den Vorzug geben, das Vergeltungsgefühl, den Abscheu und die Verwünschungen der Menge verdienen. Dieser unparteiische Zuschauer allein lehrt uns die wirkliche Geringfügigkeit unseres eigenen Selbst und alles dessen, was uns angeht, erkennen und nur durch das Auge dieses unparteiischen Zuschauers können die natürlichen Täuschungen der Selbstliebe richtiggestellt werden. Er zeigt uns, … wie schön es ist, auf den größten eigenen Vorteil zu verzichten und ihn dem noch größeren Interesse anderer Menschen aufzuopfern, und wie häßlich es ist, einem anderen auch nur das geringste Unrecht zuzufügen, um dadurch für uns selbst einen Vorteil zu erlangen, und wäre dieser auch noch so groß.« (Smith 1759: 202 f.; zur Vernunft-Moral: 532 f.)

Der Einzelne wird nicht länger durch äußere, sinnliche Mächte wie den *Leviathan* beherrscht, sondern durch übersinnliche, innere Mächte: durch Vernunft, durch das Gewissen – das, gegenüber der Reformation Luthers und vor allem Calvins, entzaubert ist.

Die bewußtlos ausgeübte Funktion des »unparteiischen Zuschauers« beschreibt Smith, die spätere Version im *Wealth of Nations* antizipierend, als *invisible hand,* die das egoistische Interesse beherrscht und in das gesellschaftliche Interesse aufhebt.

»Der Ertrag des Bodens erhält zu allen Zeiten ungefähr jene Anzahl von Bewohnern, die er zu erhalten fähig ist. Nur daß die Reichen aus dem ganzen Haufen dasjenige auswählen, was das Kostbarste und ihnen Angenehmste ist. Sie verzehren wenig mehr als die Armen; trotz ihrer natürlichen Selbstsucht und Raubgier und obwohl

sie nur ihre eigene Bequemlichkeit im Auge haben, obwohl der einzige Zweck, welchen sie durch die Arbeit all der Tausende, die sie beschäftigen, erreichen wollen, die Befriedigung ihrer eigenen eitlen und unersättlichen Begierden ist, trotzdem teilen sie doch mit den Armen den Ertrag aller Verbesserungen, die sie in ihrer Landwirtschaft einführen. Von einer unsichtbaren Hand werden sie dahin geführt, beinahe die gleiche Verteilung der zum Leben notwendigen Güter zu verwirklichen, die zustandegekommen wäre, wenn die Erde zu gleichen Teilen unter alle ihre Bewohner verteilt worden wäre; und so fördern sie, ohne es zu beabsichtigen, ja ohne es zu wissen, das Interesse der Gesellschaft und gewähren die Mittel zur Vermehrung der Gattung. Als die Vorsehung die Erde unter eine geringe Zahl von Herren und Besitzern verteilte, da hat sie diejenigen, die sie scheinbar bei ihrer Teilung übergangen hat, doch nicht vergessen und nicht ganz verlassen. Auch diese letzteren genießen ihren Teil von allem, was die Erde hervorbringt. In all dem, was das wirkliche Glück des menschlichen Lebens ausmacht, bleiben sie in keiner Beziehung hinter jenen zurück, die scheinbar so weit über ihnen stehen. In dem Wohlbefinden des Körpers und in dem Frieden der Seele stehen alle Lebensstände einander nahezu gleich und der Bettler, der sich neben der Landstraße sonnt, besitzt jene Sicherheit und Sorglosigkeit, für welche Könige kämpfen.
Das gleiche Prinzip, die gleiche Liebe zum geordneten Ganzen, die gleiche Rücksicht auf die Schönheit der Ordnung, der Kunst und wohl ersonnener Pläne, trägt häufig auch sehr viel dazu bei, uns jene Einrichtungen zu empfehlen, die bestimmt sind, die allgemeine Wohlfahrt zu fördern.« (Smith 1759: 316 f.; vgl. 317-320)

Das Allgemeine, das »Interesse der Gesellschaft«, setzt sich durch die »Selbstsucht und Raubgier« der Einzelnen vermittelt durch: ohne Wissen und Wollen der Handelnden. Das drückt Smith als Metapher aus: realitätsgerecht, eben begriffslos. Er setzt theoretisch voraus, was in der liberalen bürgerlichen Gesellschaft praktisch vorausgesetzt ist: ein unbewußtes, übersinnliches Allgemeines, das darum die Einzelnen in ihrer Innenwelt bestimmt. Das ist Smiths bürgerlich-verständige Aufklärung.

Weil dieses *unbewußte Allgemeine* in der *Theory* unaufgeklärt bleibt, ist es einerseits nur metaphorisch erfaßt, andererseits zur Natur des Menschen verdinglicht. Der »unparteiische Zuschauer«, der äußerlich – als Synthesis: als »dritte Person« (ebd. 201) – den Zusammenhang von Sympathie und Egoismus stiftet, indem er die Sympathie gegen den Egoismus gewaltsam durchsetzt, ist als Voraussetzung durch das Bild des »inneren Menschen« (ebd. 201, 203) ausgedrückt – und als »Statthalter Gottes in uns« (ebd. 250), als »Halbgott in unserer Brust« (ebd. 195). Die »Gottheit« erst habe die »allgemeinen Regeln, die unser moralisches Vermögen beobachtet«, »in uns gesetzt« (ebd. 250). So ist die unreflektierte Voraussetzung der moralischen Regeln noch einmal metaphysisch formuliert. Die andere Seite dieser Voraussetzung der moralischen »Gesetze« (ebd.) als »göttliche Tugenden«

(ebd. 203) ist ihre Verdinglichung zu einer *anthropologischen* »Neigung«, die der anderen des Egoismus entgegengesetzt ist. Die Einheit der entgegengesetzten Neigungen und Interessen: die *Einheit von Individuum und Gesellschaft,* kann, weil beide Interessen vorausgesetzt sind, allein in die Synthesis der »dritten Person« des »inneren Menschen« gelegt werden (ebd. 201).

Smiths Moralphilosophie und Politik-Ökonomie folgt der liberalen, *verständigen Aufklärung:* weil sie die Epochen des Mythos und der vorangegangenen Metaphysik entzaubert, dies aber unter der unaufgeklärten Voraussetzung einer Herrschaft der »Vernunft« (ebd. 203). Indem die liberale Aufklärung selbst unaufgeklärt ist, stellt sie sich dem Alten entgegen – so daß dieses in rationalisierter Form wiederkehrt. Smith steht mithin auf dem Standpunkt der *Herrschaft des Allgemeinen:* der Herrschaft von Verhältnissen, die sich zum *Warenfetisch* verdinglichen, die *»Personen« zu »Personifikationen ökonomischer Kategorien«* herabsetzen (vgl. Marx: MEW 23: 16, 85ff.). Die Aufklärung des Warenfetischismus impliziert: die Aufklärung der unbewußten Einheit von Individuum und Gesellschaft; die Aufklärung der Vermittlung von privatem und allgemeinem Interesse (vgl. ebd. 190); die Aufklärung der Anthropologisierung und Naturalisierung gesellschaftlicher Verhältnisse.

Die *Aufklärung* der moralphilosophischen Politik-Ökonomie Smiths radikalisiert diese, der Form nach: denn die liberale Theorie der Gesellschaft löst die alte Metaphysik auf, indem sie das Dogma der Gottesebenbildlichkeit der Menschen von Gott emanzipiert und auf die Herrschaft der Vernunft stellt. Die somit etablierte äußere und verinnerlichte Herrschaft (vgl. Smith 1759: 203) rationalisiert wohl den alten Masochismus ebenso wie den Imperativ der Auflösung besonderer in das allgemeine Interesse. *Insofern ist das Neue auch das Alte, in neuer Form.* Aber diese neue Form impliziert, als liberale, verständige Aufklärung über die Metaphysik, eine *Utopie,* die sie transzendiert und die von einer radikalisierten Aufklärung aufgenommen werden kann. Smith erhofft sich, weil die Metaphysik überwunden scheint, von der Herrschaft des »inneren Menschen« über die »Selbstliebe« (vgl. ebd. 217): eine »Vollkommenheit der menschlichen Natur«, so daß die christliche Nächstenliebe in einer Vernunft-Moral aufgehoben ist (ebd. 28f.); eine »allgemeine Wohlfahrt« (ebd. 317); den »ganzen Frieden der menschlichen Gesellschaft« (ebd. 204).

3.1.2 Kant: Transzendentales und reales Subjekt

Die *kritische* Philosophie *Immanuel Kants* aus Königsberg ist, nach Hegels Wort, »die methodisch gemachte Aufklärung« (Hegel, Bd. 20: 333). Kants Kritik gilt der Metaphysik: erkenntniskritisch allererst den Prinzipien der cartesianischen Philosophie – ego cogito (res cogitans), Gott, res extensa. Er verwirft diese Prinzipien nicht, aber er will zeigen: daß die Existenz Gottes nicht beweisbar ist, Gott gleichwohl das »regulative Prinzip« der Erkenntnis bleibt. Dadurch fällt, methodisch, die metaphysische Grundannahme einer Welteinheit in Gott; damit fällt die metaphysische Identifikation von einzelnem und allgemeinem Ich; dadurch fällt die Behauptung, durch die Erkenntnis Gottes und seiner Schöpfung die Dinge-an-sich – Wahrheit – erkennen zu können. So formuliert Kant die Erfahrung einer Entzweiung von Gesellschaft, Individuum und Natur, so formuliert er vor allem die Erfahrung des *abstrakten Gegensatzes* und der *repressiven Identität* von Gesellschaft und Individuum. Dieser Erfahrungsgehalt kann erkenntniskritisch an der *Kritik der reinen Vernunft* (1781), moralphilosophisch an der *Kritik der praktischen Vernunft* (1788) und geschichts- sowie sozialphilosophisch an der kleinen Schrift *Idee zu einer allgemeinen Geschichte in weltbürgerlicher Absicht* (1784) demonstriert werden. Die erste kritische Schrift gilt der Frage: *»Was kann ich wissen?«*, die zweite der Frage: *»Was soll ich tun?«* Indem Kant jeweils die Bewußtlosigkeit des Allgemeinen voraussetzt und darum den abstrakten Gegensatz wie die repressive Identität von Gesellschaft und Individuum bewußtlos formuliert, fundiert er seine Philosophie anthropologisch: *»Was ist der Mensch?«*, die *»Anthropologie«*, sei die grundlegende und übergreifende Frage (Werke VI: 448).

Erkenntniskritisch hat Kant in der *Kritik der reinen Vernunft* (1781, Werke III/IV), gegen die cartesianische Metaphysik, am ego cogito den *Gegensatz von übersinnlich-allgemeinem und sinnlich-einzelnem Ich*, von »transzendentalem Subjekt« und »realem Subjekt« aufgeklärt (a.a.O., 341-399).

Descartes hatte, in seiner Deduktion dieses ersten Prinzips seiner Philosophie sowie in seinen Erläuterungen, das ego sowohl – durch den Verweis auf die eigene Bildungsgeschichte – als Besonderes als auch als Allgemeines, als Ich überhaupt, expliziert. Die bewußtlose Identifikation beider Bedeutungen hatte das Dogma von der metaphysischen Welteinheit in Gott zur Voraussetzung. Fällt diese Identifikation, so fällt auch der Beweis vom Dasein Gottes; so fällt auch der Anspruch, wahre Urteile über »sinnliche Gegenstände« (Descartes 1644: 1) formulieren, Wahrheit erkennen zu können: indem alles als Wirkung auf Gott als erste Ursache zurückgeführt, aus diesem deduktiv abgeleitet werden kann (vgl. Hegel, Bd. 20: 333). Kant verwirft freilich den metaphysischen Wahrheitsanspruch nicht:

»Die menschliche Vernunft hat das besondere Schicksal in einer Gattung ihrer Erkenntnisse: daß sie durch Fragen belästigt wird, die sie nicht abweisen kann, denn sie sind ihr durch die Natur der Vernunft selbst aufgegeben, die sie aber auch nicht beantworten kann, denn sie übersteigen alles Vermögen der menschlichen Vernunft.« (Kant, Werke III / IV: 11)

Die »Natur der Vernunft« zwingt sie, nach der *Wahrheit* zu forschen. Insofern bleiben ego cogito, Gott und Kosmos die *»regulativen Prinzipien«* aller Erkenntnis. Wenn indes die Existenz Gottes unbeweisbar ist, vermag das erkennende Ich nicht immanent über sich hinauszugelangen zur Erkenntnis der »Dinge-an-sich«, der »Sache selbst«: das Ich vermag alles nur zu erkennen durch seine subjektiven Erkenntnisformen – es vermag nur *Erscheinungen* zu erkennen. Insofern nennt Kant die Untersuchung der subjektiven Bedingungen möglicher Erkenntnis: *transzendental.* Würde versucht, über den Beweis vom Dasein Gottes in die Welt der Dinge-an-sich zu springen und Wahres zu erkennen, überstiege die Erkenntnis ihr Vermögen und würde: *transzendent.* Indes: welches ego cogito ist nun das erkennende Subjekt?

Kant untersucht diese Frage in der *Kritik der reinen Vernunft.* Die Kritik ist eingeteilt in: *I. Transzendentale Elementarlehre* (III/IV: 67-605), und: *Transzendentale Methodenlehre* (ebd. 607-712). Die *Elementarlehre* zerfällt in die *transzendentale Ästhetik* (ebd. 69-96), die Raum und Zeit als Anschauungsformen a priori im Subjekt untersucht, einerseits; in die *transzendentale Logik* (ebd. 97-605) andererseits. Diese *Logik* ist unterteilt in: *Die transzendentale Analytik* (ebd. 107-307) einerseits, *Die transzendentale Dialektik* (ebd. 308-605) andererseits. Die *Analytik* enthält die »Wissenschaft von den Verstandesregeln«: der »Gegenstand« des »Verstandes« ist die – durch die Anschauung gegebene – »Sinnlichkeit«, die unter »Kategorien« gebracht wird. Die *Dialektik* untersucht die »Vernunft«, deren Gegenstand der »Verstand« ist: die »regulativen Prinzipien« der Verstandeserkenntnis, die »Einheit aller möglichen empirischen Verstandeshandlungen« – die »kollektive Einheit« der Erkenntnis als deren Apriori. In der *Dialektik* werden die drei großen Prinzipien der Metaphysik kritisch verhandelt: Ich (ebd. 339-399), Kosmos (ebd. 399-512), Gott (ebd. 512-563).

Kant kritisiert das erste metaphysische, von Descartes klassisch formulierte Prinzip: *ego cogito, ergo sum,* in der Transzendentalen Dialektik, Zweites Buch, Erstes Hauptstück (ebd. 341-399) – in seiner *»Kritik der rationalen Seelenlehre«,* der »rationalen Psychologie«. Deren Thema sei:

»*Ich,* als denkend, bin ein Gegenstand des innern Sinnes, und heiße Seele. Dasjenige, was ein Gegenstand äußerer Sinne ist, heißt Körper. Demnach bedeutet der Ausdruck Ich, als ein denkend Wesen, schon den Gegenstand der Psychologie, welche die rationale Seelenlehre heißen kann, wenn ich von der Seele nichts weiter zu wissen verlange, als was unabhängig von aller Erfahrung (welche mich näher und in concreto bestimmt) aus diesem Begriffe *Ich,* so fern er bei allem Denken vorkommt, geschlossen werden kann.« (Kant, Werke III / IV: 341)

So hatte es auch Descartes (1644: I/§8) expliziert: Zur »Natur« des »Ich denke« gehört »nur das Denken«, nicht der »Körper«. Allgemein kritisiert Kant (III/IV: 341ff.) an der »rationalen Seelenlehre« nun eine Reihe von »Paralogismen«, von falschen Vernunftschlüssen »der Form nach«. Er will vor allem demonstrieren, daß in der traditionellen Metaphysik zu Unrecht von einer Idee auf einen sinnlichen Gegenstand geschlossen wird – daher bringt er im Begriff des Ich eine entscheidende Differenz an, die freilich bei Descartes schon bewußtlos enthalten und nun bewußt formuliert ist. Kant unterscheidet (krinein) zwischen dem *»Transzendentalsubjekt«* und dem *empirischen Subjekt,* zwischen dem *»logischen Subjekt«* und dem *»realen Subjekt«* (ebd. 363, 367). Er kritisiert: Die cartesianische Metaphysik expliziert den Satz: »Ich denke, also bin ich«, als Aussage über ein besonderes Ich einerseits – indem Descartes diesen Satz aus seiner Bildungsgeschichte bestimmt; über ein allgemeines Ich, weil in diesem Satz von aller Besonderheit, von aller körperlichen Natur auf ein Ich überhaupt und ein Denken überhaupt abstrahiert wird. Indem Descartes beide Bedeutungen in Anspruch nimmt, aber begrifflich nicht differenziert, schließt er fälschlich und bewußtlos vom »Ich denke« als einem »logischen Subjekt« auf ein »reales«, sinnlich existierendes Subjekt (vgl. ebd. 344-349). Nach Kants Aufklärung der Differenz besteht nun, in Konsequenz der cartesianischen Argumentation, eine unüberbrückbare Kluft zwischen dem »logischen Subjekt« und dem »realen Subjekt«: das reale muß sich im Erkenntnisakt den Standpunkt des transzendentalen vindizieren, vermag diesen aber nie zu erreichen, sondern einzig, sich ihm anzunähern.

Kants allgemeine Kritik läßt sich exemplarisch vor allem an seiner Diskussion des zweiten Paralogismus der »transzendentalen Psychologie« demonstrieren (ebd. 364-370). Diesen »Paralogism der Simplizität« nennt er den »Achilles aller dialektischen Schlüsse der reinen Seelenlehre«. Descartes (1644) hatte in skeptischer Form den Satz: »Ich denke, also bin ich«, abgeleitet und das Ich als reines, inhaltsleeres Denken expliziert (ebd. I/§§1-8), dann aber – in der Ableitung des ontologischen Gottesbeweises – diesem »Ich denke« »Ideen (ideae) von vielen Dingen« – unter anderem von Gott – zugeschrieben (ebd. I/§13). So ist das Ich zugleich als allerärmste, abstrakte Identität und als Einheit mannigfacher Vorstellungen bestimmt. Kant (III/IV: 364ff.) kritisiert:

»Der so genannte nervus probandi dieses Arguments liegt in dem Satze: daß viele Vorstellungen in der absoluten Einheit des denkenden Subjekts enthalten sein müssen, um einen Gedanken auszumachen. Diesen Satz aber kann niemand *aus Begriffen* beweisen.« (Kant, Werke III / IV: 365)

Nach Kant liegt dem Ich der Metaphysik eine doppelte Bestimmung von Einheit zugrunde: Einheit als »absolute Einheit des Subjekts« einerseits, »kollektive Einheit« des »Gedankens, der aus vielen Vorstellungen besteht«, andererseits (ebd.). Die erste ist das Denken schlechthin als inhaltsleere, abstrakte Identität, die zweite die Sichselbstgleichheit des »realen Subjekts«: Einheit von Mannigfaltigem. Die eine Einheit fällt in den Bereich des identifizierenden Begriffs, die andere in den der sinnlichen Anschauung (vgl. ebd. 97f.; Adorno: GS 6: 145f. Anm.). Indem die Metaphysik beide Formen von Einheit identifiziert, schließt sie, das »Ich denke« existiere.

»Der Satz: *Ich bin einfach,* muß als ein unmittelbarer Ausdruck der Apperzeption angesehen werden, so wie der vermeintliche kartesianische Schluß, cogito, ergo sum, in der Tat tautologisch ist, indem das cogito (sum cogitans) die Wirklichkeit unmittelbar aussagt. *Ich bin einfach,* bedeutet aber nichts mehr, als daß diese Vorstellung: *Ich,* nicht die mindeste Mannigfaltigkeit in sich fasse, und daß sie absolute (obzwar bloß logische) Einheit sei.
(...) Die Einfachheit aber der Vorstellung von einem Subjekt ist darum nicht eine Erkenntnis von der Einfachheit des Subjekts selbst, denn von dessen Eigenschaften wird gänzlich abstrahiert, wenn es lediglich durch den an Inhalt gänzlich leeren Ausdruck Ich (welchen ich auf jedes denkende Subjekt anwenden kann) bezeichnet wird.
So viel ist gewiß: daß ich mir durch das Ich jederzeit eine absolute, aber logische Einheit des Subjekts (Einfachheit) gedenke, aber nicht, daß ich dadurch die wirkliche Einfachheit meines Subjekts erkenne. (...)
Jedermann muß gestehen: daß die Behauptung von der einfachen Natur der Seele nur sofern von einigem Werte sei, als ich dadurch dieses Subjekt von aller Materie zu unterscheiden und sie folglich von der Hinfälligkeit ausnehmen kann, der diese jederzeit unterworfen ist. Auf diesen Gebrauch ist obiger Satz auch ganz eigentlich angelegt, daher auch mehrenteils so ausgedrückt wird: die Seele ist nicht körperlich.« (Kant, Werke III / IV: 366 f.)

Die »notwendige Einheit des Subjekts, als die Bedingung der Möglichkeit eines jeden Gedankens«, fällt in die Sphäre der »logischen«, nicht der sinnlichen oder anschaulichen Einheit. Die Selbsterkenntnis des realen Ich aber ist, nach Kant, allein durch die Synthesis von Anschauung und Begriff möglich.

So expliziert die *Kritik der reinen Vernunft* den *Dualismus* von Transzendentalsubjekt und realem Subjekt. Der Dualismus trägt die Form eines *unvermittelten Gegensatzes,* so daß die Entgegengesetzten nur äußerlich verknüpft sind: durch Synthesis. Als Entgegengesetzte aber sind die Extreme *vorausgesetzt.* Das Erste ist das reine, logische Subjekt, das Transzendentalsubjekt; das Erste ist das reine, »an Inhalt gänzlich leere« (ebd. 367) Denken. Als Vorausgesetztes ist es ein Apriori, ein Konstituierendes: ungeworden, »Bedingung der Möglichkeit eines jeden Gedankens« (ebd. 365), und deshalb denkend nicht weiter zu rechtfertigen. So kehrt Kant den metaphysischen Objektivismus um in einen metaphysik-kritischen Subjektivismus (vgl. ebd. 347). Darin besteht die *Aufklärung:* in der Trennung von Subjekt und Objekt, in der Erhebung des Subjekts als eines logisch-allgemeinen, in der Erhebung der Identität des reinen Denkens zu einem Ersten. Dieser Standpunkt ist, nach Kant, der des Verstandes; die darüber hinausliegende Vernunft ist nur ein »regulatives Prinzip«. Daß dieser Standpunkt der logischen Identität, nach Kants eigenem Zeugnis (ebd. 367), ein durch Abstraktion Gewordenes ist, wird durch die Entgegen- und Voraussetzung verdrängt.

Nun ist bei Descartes (1644) das erste Prinzip: ego cogito, ergo sum, durch die bewußtlose Identifikation von allgemeinem und besonderem, von übersinnlichem und sinnlichem Ich Ausdruck einer Welteinheit in Gott; insofern geht bei Descartes aus diesem ersten Prinzip das zweite konsequent hervor: Gott existiert. Umgekehrt gilt in der *Kritik der reinen Vernunft:* daß durch die *Entgegensetzung von logischem und realem Subjekt* eine *universelle Entgegensetzung von Übersinnlichem und Sinnlichem* gesetzt ist, durch die der Beweis vom Dasein Gottes fällt, so daß alle Erkenntnis nur Erkenntnis von Erscheinungen sein kann.

Moralphilosophisch hat Kant in der *Kritik der praktischen Vernunft* (1788; Werke VII: 103-302) den erkenntniskritisch eingeführten Dualismus von »logischem« oder »transzendentalem Subjekt« und »realem Subjekt« als Dualismus von allgemeinem und einzelnem Willen, von Individuum und Gesellschaft aufgeklärt (siehe: VII: 141ff.; XI: 37-39). *Liberal* ist diese Moralphilosophie, diese *praktische* Philosophie, indem Kant bestimmt: Praxis sei ein Handeln nicht nach Gesetzen der »sinnlichen«, sondern nach Gesetzen der »übersinnlichen Natur« (ebd. 156): »Praktisch ist alles, was durch Freiheit möglich ist.« (III/IV: 673)

Die *Kritik der praktischen Vernunft* ist, analog zur *Kritik der reinen Vernunft,* eingeteilt in: *Erster Teil: Elementarlehre der reinen praktischen Vernunft* (VII: 123-283); *Zweiter Teil: Methodenlehre der reinen praktischen*

Vernunft (ebd. 285-299). Die *Elementarlehre* wiederum zerfällt in die *Analytik der reinen praktischen Vernunft* (ebd. 125-234) sowie die *Dialektik der reinen praktischen Vernunft* (ebd. 234-283). Die *Analytik* bestimmt den Willen des Menschen zunächst *abstrakt gegensätzlich* danach, ob er ein Sinnen- oder ein Vernunftwesen ist; sodann wird der Zusammenhang als *abstrakte Identität* expliziert: der vernunftbestimmte Wille muß durch Zwang gegen das Sinnliche durchgesetzt werden. Die *Dialektik* geht hinter diese Verstandes-Ebene zurück und verhandelt den *»Widerstreit* der Vernunft mit sich selbst.« (ebd. 235) Dieser »Widerstreit« wird an den drei »Postulaten« der »reinen praktischen Vernunft« vorgeführt: Freiheit, Unsterblichkeit, Gott (ebd. 264-266); diese Postulate sind den drei »regulativen Prinzipien« der *Kritik der reinen Vernunft* analog: Ich, Kosmos, Gott. Kant erläutert den »Widerstreit« in Form einer *Kritik* der »reinen praktischen Vernunft«: Die Vernunft zielt nicht auf die »Erscheinungen«, sondern auf die »Sachen an sich selbst«, also auf das »Unbedingte«, die *Freiheit:* theoretisch auf die Wahrheit, praktisch auf das Gute. Zugleich sucht sie, diesen »Grundsatz, das Unbedingte allem Bedingten vorauszusetzen«, auf »Erscheinungen« anzuwenden: den Willen des sinnlichen Menschen vernünftig zu formen. Der »Widerstreit« besteht also darin: daß die Vernunft das, was ihr »aufgegeben« ist, nicht abweisen, aber auch nicht einlösen kann, weil sie als ein Übersinnliches die Sinnenwelt transzendiert. Würde die Verwirklichung der Vernunft konstruiert, so würde dies die Grenzen der Vernunft überschreiten – die Vernunft würde transzendent und verwickelte sich in den Widerspruch, sich als ein Nicht-Sinnliches als Logos des Sinnlichen zu setzen. Als eine »transzendentale« Idee aber ist sie eine durch die Vernunft gegründete Utopie eines *»göttlichen Willens«,* dem sich die Menschen nur ins »Unendliche« anzunähern vermögen – so ist das Postulat der *»Unsterblichkeit«* notwendig (ebd. 252-254); darum ist die Vernunft ein die vernünftig-endlichen Menschen Beherrschendes, zugleich eine diese Herrschaft transzendierende Idee (ebd. 235). In Kants praktischer Philosophie wird, erneut, der *abstrakte Gegensatz und die repressive Identität* von Übersinnlichem und Sinnlichem, allgemeinem und einzelnem Willen, *Gesellschaft und Individuum* vorgeführt – mit dem utopisch-gewaltsamen Telos, das Sinnliche vollständig ins Übersinnliche, das Individuum vollständig in die Verhältnisse aufzuheben.

In der *Analytik der reinen praktischen Vernunft* (ebd. 125-234) expliziert Kant den Grundbegriff der *Kritik:* den *freien Willen.* Der *Wille* des »Menschen«, als eines zugleich »vernünftigen« und »endlichen Wesens« (ebd. 59, 142f.), enthält *zwei mögliche »Bestimmungsgründe des Willens«:* die *»Vernunft«,* die als ein *übersinnliches* Apriori »unbedingt« ist, oder das auf eine »begehrte Wirkung« gerichtete und insofern »bedingte«, *sinnliche »Begehrungsvermögen«.* Bestimmt die Vernunft im Menschen seinen Willen, handelt es sich um einen *unbedingten, eben freien,* also *»kategorischen Imperativ«;* bestimmt das durch äußere Wirkungen *bedingte* Begehrungsvermögen den Willen, handelt es sich um einen *»hypothetischen Imperativ«* (ebd. 59, 125-127, 264-266, 276). Also ist nur der »kategorische Imperativ« ein Imperativ, der allein den »Willen als Willen« bestimmt, während der »hypothetische Imperativ« den auf »etwas anderes« gerichteten Willen bestimmt und deshalb eine bloß »praktische Vorschrift« zur Erreichung eines äußeren Zwecks ist. Also ist der Mensch im Willen nur dann »an sich selbst Zweck«, wenn er einem »kategorischen Imperativ« folgt (ebd. 60, 127). Weil dieser Imperativ von allem »Begehrungsvermögen« unabhängig ist, ist der »kategorische Imperativ« nicht bloß eine subjektive »Maxime«, auch nicht bloß eine »praktische Vorschrift«, sondern ein »objektives«, »praktisches Gesetz«, das »für den Willen jedes vernünftigen Wesens gültig erkannt wird.« (ebd. 125) So ist der »kategorische Imperativ«: durch »reine Vernunft« bestimmt, insofern unbedingt, frei, übersinnlich, allgemein – der abstrakte Gegensatz zu einem durch das »Begehrungsvermögen« bestimmten Willen.

Nach dem von Kant aufgestellten Gegensatz von »hypothetischem« und »kategorischem Imperativ« gilt in Rücksicht auf die *Freiheit:* Wird der Wille des Menschen durch das auf ein »Objekt« gerichtete »Begehrungsvermögen«, wird er durch ein Äußeres bestimmt, ist er abhängig und daher: *heteronom, unfrei* (ebd. 127-135, 144). In dieser Rücksicht ist der Mensch ein zur *»Sinnenwelt«* gehöriges Sinnenwesen: eine *»Person«* (ebd. 155, 210). Der unfreie Wille setzt ein »Objekt (Materie) des Begehrungsvermögens, als Bestimmungsgrund des Willens«, voraus. So ist der Wille durch den Inhalt des Willens, das Gewollte, bedingt. Es ist ein einzelner Wille Einzelner – denn bedingte Willen sind so viele wie »endliche Wesen«, Bedürfnisse und Objekte des Willens existieren: daher folgt der einzelne Wille der »Selbstliebe«. Dieser bedingte Wille ist, als einzelner, »Willkür« – er folgt keiner Regel, die als Regel nur allgemein sein kann. Weil der unfreie Wille sich auf ein Objekt richtet, ist er mit dem sinnlichen Gefühl der »Lust oder Unlust« verbunden, also mit der »Vorstellung der Existenz einer Sache« und deren Verhältnis zum Begehren (ebd. 127-129, 144, 146-148, 194).

Der *»freie Wille«* des Menschen ist der abstrakte Gegensatz zum unfreien (ebd. 135-140). Dieser Wille ist durch die Vernunft, also durch sich selbst als einem Inneren, Übersinnlichen bedingt: so gibt er sich selbst das Gesetz, so ist er autonom (ebd. 144). Weil er unabhängig »von aller Materie, mithin von allem Objekte, des Wollens« bestimmt ist, ist er ein »reiner Wille«;

das »Gewollte« dieses Willens ist das »höchste Gut«, das aber eben nicht »Bestimmungsgrund« dieses Willens sein kann (ebd. 237). In Rücksicht auf diesen reinen Willen ist der Mensch ein zur *»intelligibelen Welt«* gehöriges »vernünftiges Wesen«: eine *»Persönlichkeit«* (ebd. 155, 210, 300). Ist der freie Wille unabhängig vom Gewollten, vom Inhalt, von einem Äußeren, vom Sinnlichen, so ist er allein »der Form nach« zu bestimmen; er ist allgemein und insofern singulär (ebd. 184). Im freien Willen ist das einzelne Subjekt ein vernünftiges, allgemeines, übersinnliches, von allem »Begehrungsvermögen« unabhängig: es ist das Subjekt »praktischer allgemeiner Gesetze«, einer »allgemeinen Gesetzgebung«; seine subjektiven »Maximen« sind identisch mit einem »allgemeinen praktischen Gesetze« (ebd. 135f.; vgl. ebd. 125, 145), sein Interesse ist ein allgemeines, also »reines sinnenfreies Interesse« (ebd. 201). Der »freie Wille« ist mithin ein »allgemeiner Wille«, aber nicht der »Wille aller«: im »Willen aller« besteht nur eine zufällige Übereinstimmung einzelner, eben unfreier Willen – der »Wille aller« ist nicht durch die Vernunft bestimmt wie der »allgemeine Wille« (ebd. 137). Dieser ist, weil er unabhängig vom Gewollten ist, kein »Gegenstand der Sinne«, der Welt der »Erscheinungen«: er ist unabhängig vom »Gesetze der Kausalität«, und deshalb frei im »transzendentalen Verstande« (ebd. 138).

Kant muß nun den *Zusammenhang der Bestimmungen über den freien und den unfreien Willen,* den »kategorischen« und den »hypothetischen Imperativ« darstellen: denn der Mensch ist zugleich ein »vernünftiges« und ein »endliches Wesen«, ein Bürger der übersinnlichen wie der sinnlichen Welt zugleich. Daher vermag er den vernünftigen Willen nicht rein auszubilden und zu verwirklichen. Kant stellt diese Betrachtungen unter dem »Grundgesetz der reinen praktischen Vernunft« an: der Formulierung des *»kategorischen Imperativs«.*

»Handle so, daß die Maxime deines Willens jederzeit zugleich als Prinzip einer allgemeinen Gesetzgebung gelten könne.« (Kant, Werke VII: 140)

Die Maxime ist subjektiv und ein Allgemeines gegenüber den einzelnen Willen des Einzelnen; ebenso ist das Prinzip ein Allgemeines gegenüber vielen Gesetzen, die allgemein gelten. So ist das Prinzip: die Form der Allgemeinheit. Die Forderung lautet also: der Einzelne soll so handeln, daß seine subjektive Maxime die Form der Allgemeinheit trägt, daß sein einzelner Wille identisch ist mit einem allgemeinen, vernünftigen Willen, daß er selbst ein allgemeines, vernünftiges, übersinnliches Subjekt sei. Jeder Wille des Einzelnen wäre somit identisch mit der »bloßen Form des Gesetzes«. Dann ist der Wille selbstbestimmt: frei. Denn er ist nicht bedingt durch ein äußeres Objekt, durch einen Inhalt, sondern »unbedingt«: bestimmt allein durch die »unmittelbar gesetzgebende« Vernunft des »vernünftigen Wesens« (ebd. 141f.).

Aber das »vernünftige« ist zugleich ein »endliches Wesen«: *»Person«.* Der freie Wille kann deshalb nur, aufgrund des abstrakten *Gegensatzes* von Vernunft und »Bedürfnissen«, aufgrund der *Voraussetzung* der Vernunft, in der Form einer *Herrschaft der Vernunft* über die Bedürfnisse: in der Form der Herrschaft des Übersinnlich-Inneren über das Sinnlich-Äußere zur Geltung gelangen. So bildet sich die »Person« zur *»Persönlichkeit«* (ebd. 210). Weil die Vernunft ein Übersinnliches ist, ist ihre Herrschaft keine äußere, sondern innerliche, verinnerlichte. Daher konnte Freud (Bd. I: 500, 591) Kants kategorischen Imperativ in die Lehre vom Über-Ich übersetzen. Kant drückt jene *innere Repression,* die Freiheit verbürgt, unmißverständlich aus:

»Reine Vernunft ist für sich allein praktisch, und gibt (dem Menschen) ein allgemeines Gesetz, welches wir das *Sittengesetz* nennen. (...) Dieses Prinzip der Sittlichkeit nun, eben um der Allgemeinheit der Gesetzgebung willen, ..., erklärt die Vernunft zugleich zu einem Gesetze für alle vernünftigen Wesen, ... Es schränkt sich also nicht bloß auf Menschen ein, sondern geht auf alle endlichen Wesen, die Vernunft und Willen haben, ja schließt sogar das unendliche Wesen, als oberste Intelligenz, mit ein. Im ersteren Falle aber hat das Gesetz die Form eines Imperativs, weil man an jenem zwar, als vernünftigem Wesen, einen *reinen,* aber, als mit Bedürfnissen und sinnlichen Bewegursachen affiziertem Wesen, keinen *heiligen* Willen, d.i. einen solchen, der keiner dem moralischen Gesetze widerstreitenden Maximen fähig wäre, voraussetzen kann. Das moralische Gesetz ist daher bei jenen ein *Imperativ,* der kategorisch gebietet, weil das Gesetz unbedingt ist; das Verhältnis eines solchen Willens zu diesem Gesetze ist *Abhängigkeit,* unter dem Namen der Verbindlichkeit, welche eine *Nötigung,* obzwar durch bloße Vernunft und dessen objektives Gesetz, zu einer Handlung bedeutet, die darum *Pflicht* heißt, weil eine pathologisch affizierte (...) Willkür einen Wunsch bei sich führt, der aus *subjektiven* Ursachen entspringt, daher auch dem reinen objektiven Bestimmungsgrunde oft entgegen sein kann, und also eines Widerstandes der praktischen Vernunft, der ein innerer, aber intellektueller, Zwang genannt werden kann, als moralischer Nötigung bedarf.« (Kant, Werke VII: 142 f.; vgl. ebd. 202 – 205, 209)

Im Menschen, diesem sinnlich-übersinnlichen Wesen, gelangt die Freiheit nur durch »inneren ... Zwang«: Masochismus, zur Geltung. Er muß dem Allgemeinen, das gegen seine Bedürfnisansprüche nur als »Imperativ« auftreten kann, gehorchen; er muß das Allgemeine verinnerlichen, er muß pflichtgemäß handeln. Die Verwirklichung der Freiheit erfolgt durch einen äußeren-inneren Befehl und Gehorsam, durch Triebunterdrückung – daher verursacht die Befolgung des »Sittengesetzes« dem Menschen einen »Schmerz« (ebd. 193; vgl. ebd. 202).

Freilich ist Kant diese Aporie der Freiheit durch Befehl und Pflicht bewußt. Die Aporie ist die Konsequenz der *Voraussetzung* der Vernunft-Idee der Freiheit, der daraus folgenden *abstrakten Entgegensetzung* gegen das Sinnliche, endlich der *abstrakten Identität* durch gewaltsame Subsumtion des Einzelnen unter das Allgemeine. Ausdrücklich erklärt Kant: Der vernünftige und zugleich endliche Mensch ist nur eines »reinen Willens« fähig – er vermag sich der Freiheit durch Selbstunterdrückung nur zu »nähern«. *Frei* ist der Mensch allein als ein *inneres, allgemeines Wesen; als endliches Wesen* bleibt er unaufhebbar *unfrei. Frei* ist deshalb allein das *»unendliche Wesen«,* die »oberste Intelligenz«: ein rein übersinnliches Wesen, dem darum allein ein »heiliger Wille« zukommt – »Gott« (ebd. 191, 226f.). Kant fährt fort:

»In der allergenugsamsten Intelligenz wird die Willkür, als keiner Maxime fähig, die nicht zugleich objektiv Gesetz sein konnte, mit Recht vorgestellt, und der Begriff der *Heiligkeit,* der ihr um deswillen zukommt, setzt sie zwar nicht über alle praktische, aber doch über alle praktisch-einschränkende Gesetze, mithin Verbindlichkeit und Pflicht weg. Diese Heiligkeit des Willens ist gleichwohl eine praktische Idee, welche notwendig zum *Urbilde* dienen muß, welchem sich ins Unendliche zu nähern das einzige ist, was allen endlichen vernünftigen Wesen zusteht, und welche das reine Sittengesetz, das darum selbst heilig heißt, ihnen beständig und richtig vor Augen hält, ...« (Kant, Werke VII: 143; vgl. ebd. 204-207)

So ist die Vernunft ein transzendentales, dem Menschen unerreichbares, gleichwohl als notwendige Idee gesetztes Utopia, dem er sich als vernünftiges Wesen durch Unterdrückung seiner selbst als eines »endlichen Wesens« annähern muß, das er als endliches Wesen aber nie zu erreichen, nie rein zu verwirklichen vermag (vgl. ebd. 206). In der verwirklichten Utopie fiele die *uneingeschränkte Freiheit des Menschen* mit *absoluter Selbstunterdrückung* zusammen.

Die Logik der *Kritik der praktischen Vernunft* steht unter der *Voraussetzung* der Vernunft-Idee: der Freiheit und des Guten, und deren *abstrakten Gegensatz* gegen die »Sinnenwelt«, zu der der Mensch als ein »endliches« und deshalb unaufhebbar unfreies und bösartiges Wesen gehört. Jene Idee ist die des »heiligen Willens«; des Willens eines rein übersinnlichen Wesens. Sie herrscht im Menschen, insofern dieser auch ein vernünftiges Wesen ist; daß die Vernunft herrscht, indiziert ihre Voraussetzung, ihre Setzung als ein den endlichen Menschen entfremdetes, bewußtloses Allgemeines. Kant expliziert, am Ende der *Kritik,* diese verinnerlichte Herrschaft als übersinnliches Gewissen, in dem das reale Subjekt ein »unsichtbares Selbst« ist – das Gewissen ist die *invisible hand,* der »unparteiische Zuschauer« (Smith).

»Zwei Dinge erfüllen das Gemüt mit immer neuer und zunehmender Bewunderung und Ehrfurcht, je öfter und anhaltender sich das Nachdenken damit beschäftigt: *Der bestirnte Himmel über mir, und das moralische Gesetz in mir.* Beide darf ich nicht als Dunkelheiten verhüllt, oder im Überschwenglichen, außer meinem Gesichtskreise, suchen und bloß vermuten; ich sehe sie vor mir und verknüpfe sie unmittelbar mit dem Bewußtsein meiner Existenz. Das erste fängt von dem Platze an, den ich in der äußern Sinnenwelt einnehme, und erweitert die Verknüpfung, darin ich stehe, ins unabsehlich-Große mit Welten über Welten und Systemen von Systemen, überdem noch in grenzenlose Zeiten ihrer periodischen Bewegung, deren Anfang und Fortdauer. Das zweite fängt von meinem unsichtbaren Selbst, meiner Persönlichkeit, an, und stellt mich in einer Welt dar, die wahre Unendlichkeit hat, aber nur dem Verstande spürbar ist, und mit welcher (dadurch aber auch zugleich mit allen sichtbaren Welten) ich mich nicht, wie dort, in bloß zufälliger, sondern allgemeiner und notwendiger Verknüpfung erkenne. Der erstere Anblick einer zahllosen Weltenmenge vernichtet gleichsam meine Wichtigkeit, als eines *tierischen Geschöpfs,* … Der zweite erhebt dagegen meinen Wert, als einer *Intelligenz,* unendlich, durch meine Persönlichkeit, in welcher das moralische Gesetz mir ein von der Tierheit und selbst von der ganzen Sinnenwelt unabhängiges Leben offenbart, (…) Der Fall eines Steins, die Bewegung einer Schleuder, in ihre Elemente und dabei sich äußernde Kräfte aufgelöst, und mathematisch bearbeitet, brachte zuletzt diejenige klare und für alle Zukunft unveränderliche Einsicht in den Weltbau hervor, die, bei fortgehender Beobachtung, hoffen kann, sich immer nur zu erweitern, niemals aber, zurückgehen zu müssen, fürchten darf.
Diesen Weg nun in Behandlung der moralischen Anlagen unserer Natur gleichfalls einzuschlagen, kann uns jenes Beispiel anrätig sein, und Hoffnung zu ähnlichem guten Erfolg geben. Wir haben doch die Beispiele der moralisch urteilenden Vernunft bei der Hand. Diese nun in ihre Elementarbegriffe zu zergliedern, in Ermangelung der *Mathematik* aber ein der *Chemie* ähnliches Verfahren, der *Scheidung* des Empirischen vom Rationalen, … vorzunehmen, kann uns beides *rein,* und, was jedes für sich allein leisten könne, mit Gewißheit kennbar machen, …« (Kant, Werke VII: 300-302. Siehe Smiths ähnlichen Vergleich von Gesetzen der Natur und der Moral: 1759: 250)

Als *Sinnenwesen* steht der Mensch unter der von Sir Isaac Newton (1643-1727) um 1666 entdeckten *invisible hand in der Natur:* dem Gravitationsgesetz; als *übersinnliches Wesen* steht der Mensch hingegen unter der *invisible hand in der moralischen Welt.* So sind beide Welten: die Sinnenwelt und die moralische Welt, zwar strukturell analog, dem Menschen aber doch gegensätzlich, so daß das »moralische Gesetz in mir« eine zwar vernünftige, aber zugleich bewußtlose Voraussetzung ist. Weil der Mensch in diesem »Sittengesetz« ein allgemeines und übersinnliches Subjekt ist,

ist er in jenem Gesetz identisch mit der »Menschheit«, die – als ob sie *ein* Subjekt wäre – in ihm als »Idee der Menschheit«: als moralisches Gesetz, als Gewissen, herrscht (vgl. ebd. 60; III/IV: 325).

Kant entwickelt nun in der *»Dialektik der reinen praktischen Vernunft«* (VII: 234-283) den *»Widerstreit* der Vernunft mit sich selbst« (ebd. 235): daß sie wohl im Menschen als einem vernünftigen Wesen vorhanden ist und seinen Willen bestimmen muß, daß sie dem Menschen aber, als endlichem Wesen, ein Vorgängiges und Unbedingtes ist, das ihn beherrscht, das er aber nicht verwirklichen kann. So ist dieser »Widerstreit«, so ist diese Dialektik unauflösbar. Die Vernunft ist dem Menschen als vernünftigem Wesen, als Bürger der »intelligibelen Welt«, ein Immanentes; sie ist dem Menschen als Sinnenwesen, als Bürger der »Sinnenwelt«, ein Transzendentes. Beide Bestimmungen zusammen ergeben: daß die Vernunft herrscht, weil sie in die Grenzen des Übersinnlichen gesperrt ist; daß sie eine utopische Idee ist, die über diese Grenzen des Übersinnlichen hinausweist. Der Anspruch der Vernunft ist unabweisbar und uneinlösbar ineins (vgl. ebd. 244). So transzendiert der Vernunft-Anspruch die Vernunft utopisch.

Geschichts- und sozialphilosophisch hat Kant in seiner kleinen geschichtsphilosophischen Schrift (1784; in: Werke XI: 31-50) den *Gegensatz von übersinnlich-allgemeinem und sinnlich-einzelnem Ich* als movens der Geschichte und als fundamentale Struktur der »bürgerlichen Gesellschaft« ausgezeichnet. Seine Geschichtsphilosophie, knapp skizziert, setzt einen Logos der Geschichte voraus, der wie ein überindividuelles, den sinnlichen Menschen entzogenes und ihnen *bewußtlos* gegenüberstehendes *allgemeines und vernünftiges Subjekt* wirkt; der Mechanismus des bewußtlosen Fortschritts ist ein *»Antagonism« in den menschlichen Neigungen,* der sich zu einem *»Antagonism« zwischen den Menschen* entwickelt und diese antreibt. Diese Philosophie entfaltet Kant in einer kurzen Einleitung und neun »Sätzen«.

In der *Einleitung* (XI: 33f.) bestimmt Kant den Gegenstand seiner Abhandlung: Die Klärung der »allgemeinen Naturgesetze«, denen die »menschlichen Handlungen« als »Erscheinungen« des »Willens« unterworfen sind, so daß an der Geschichte der menschlichen »Gattung« eine »Regel« aufweisbar ist. Diese »Naturgesetze« wirken auf eine »stetig fortgehende obgleich langsame Entwicklung der Anlagen« der »einzelnen Subjekte« in der »Gattung«. Sie setzen sich, für die Handelnden, bewußtlos durch. Indem die Menschen »einer oft wider den andern ihre eigene Absicht verfolgen«, gehen sie »an der Naturabsicht, die ihnen selbst unbekannt ist, als an einem Leitfaden« fort; sie handeln nicht wie »vernünftige Weltbürger nach einem verabredeten Plane«.

Der *Erste Satz* (ebd. 35) gibt eine erste Explikation des Themas: Die »gesetzmäßige … Natur« zielt darauf, daß die »Naturanlagen« eines jeden »Geschöpfes« sich »vollständig und zweckmäßig« entwickeln.

Der *Zweite Satz* (ebd. 35f.) erläutert diese »teleologische Naturlehre«: Die »Vernunft« des Menschen, durch die er seine »Naturanlagen« gebraucht, ist nicht a priori gegeben und fertig, sondern muß in der Gattung entwickelt werden, so daß die Gattungsgeschichte der Fortschritt der Entfaltung der Vernunft und darüber der Fortschritt der Entwicklung und des Gebrauchs der »Naturanlagen« ist. Die Geschichte ist somit ein Fortschritt der Verwirklichung der »Idee des Menschen« in der »Gattung«.

Der *Dritte Satz* (ebd. 36f.) setzt diese Gattungsgeschichte, diese Entfaltung der menschlichen Vernunft und Naturanlagen, unter die Absicht der »Natur«: sie habe »gewollt«, daß der Mensch »durch eigene Vernunft« »alles, was über die mechanische Anordnung seines tierischen Daseins geht, gänzlich aus sich selbst herausbringe«. Die »Vernunft« des Menschen und sein »freier Wille« sind mithin bestimmt durch die »Natur«.

Der *Vierte Satz* (ebd. 37-39) bestimmt nun das »Mittel, dessen sich die Natur bedient, um ihre Absicht zu verwirklichen: Es ist ein »Antagonism« – die »ungesellige Geselligkeit des Menschen«, der einen »Hang« habe, »sich zu vergesellschaften«, zugleich aber den entgegengesetzten »Hang«, »sich zu vereinzelnen«. Dieser innere Gegensatz im Menschen erscheint im äußeren Gegensatz eines allseitigen »Widerstands gegen andere«, einer allseitigen »Zwietracht« unter den Menschen. Durch diese Zwietracht realisiert sich der geschichtliche Fortschritt einer Menschwerdung des Menschen.

Der *Fünfte Satz* (ebd. 39f.) zeichnet diesen Antagonismus im Menschen und zwischen den Menschen, durch die jeder frei sein kann, ohne die Freiheit des anderen zu hindern, als Strukturmerkmal der »bürgerlichen Gesellschaft« aus. Damit die Freiheit aller möglich ist, bedarf es einer »vollkommen gerechten bürgerlichen Verfassung«: sonst schlüge der Antagonismus in einen bellum omnium contra omnes um, sonst triumphierte nicht die »Geselligkeit«, sondern die »Ungeselligkeit« des Menschen.

Der *Sechste Satz* (ebd. 40f.) bezeichnet das Problem der konstitutionellen Setzung dieses geschichtlichen Fortschritt verbürgenden gesellschaftlichen Antagonismus: Wenn jeder »alles bloß nach seinem Sinne richten« will (Vierter Satz), dann ist nicht zu sehen, wer jene Verfassung formulieren und durchsetzen könnte, die den möglichen Gesellschaftskrieg pazifiziert. Kant formuliert das Problem martialisch: Der Mensch brauche einen »Herrn, der ihm den eigenen Willen breche«, um gegen die egoistischen Interessen den »allgemein-gültigen Willen« durchzusetzen. Da es einen solchen Herrn nicht gibt, der die Personifikation des allgemeinen Willens ist, ist nur eine »Annäherung zu dieser Idee« einer »vollkommen gerechten bürgerlichen Verfassung« möglich.

Der *Siebente Satz* (ebd. 41-45) erweitert das Problem der »vollkommen gerechten bürgerlichen Verfassung«: es bedarf einer Pazifizierung nicht nur des Verhältnisses der ungesellig-geselligen Menschen, sondern auch der ungesellig-geselligen Staaten durch einen »Völkerbund«, in dem der »vereinigte Wille« institutionalisiert wäre.

Der *Achte Satz* (ebd. 45-47) kehrt zum Ausgang des Textes zurück: Das Telos der Geschichte ist die Verwirklichung eines »allgemeinen weltbürgerlichen Zustands«, in dem der Mensch zum Menschen geworden, in dem seine Vernunft und seine Naturanlagen in der Gattung vollständig entwickelt sind. Diese Verwirklichung erfolgt nach einem »verborgenen«, also den Menschen unbewußten »Plan der Natur«.

Der *Neunte Satz* (ebd. 47-50) schließt: »Ein philosophischer Versuch, die allgemeine Weltgeschichte nach einem Plane der Natur, der auf die vollkommene bürgerliche Vereinigung in der Menschengattung abziele, zu bearbeiten, muß als möglich, und selbst für diese Naturabsicht beförderlich angesehen werden.«

Der *Grundbegriff* dieser Philosophie der Geschichte und der bürgerlichen Gesellschaft ist der *Begriff der Natur.* ›Natur‹ ist vor allem eine Metapher. Wenn Kant einleitend vermerkt, daß die handelnden Menschen »ihre eigene Absicht« nach ihrem »Sinne« und »einer oft wider den anderen« verfolgten, sie dabei aber »unbemerkt an der Naturabsicht, die ihnen selbst unbekannt ist, als an einem Leitfaden« fortgingen, dann beschreibt er durch ein Bild: daß die Einzelnen bewußt ihre egoistischen Interessen, aber bewußtlos eine allgemeine Absicht realisierten. Daß Kant dieses allgemeine Bewußtlose durch eine Metapher beschreibt, zeigt an, daß ihm das Bekannte kein Erkanntes ist: daß er es nicht aufklärt, sondern begrifflich nur verdoppelt. Daher nennt er das Bewußtlose der Gattungsgeschichte ›Natur‹: es wirkt wie ein Gesetz der sinnlichen Natur, aber es ist ein Gesetz der Geschichte und der bürgerlichen Gesellschaft. Dieses Gesetz bestimmt die Gattungsgeschichte, die Entwicklung der menschlichen Vernunft und »Naturanlagen« in der Gattung. Es ist diese »Natur«, die »gewollt« hat (Dritter Satz, Vierter Satz). – In der *Kritik der praktischen Vernunft* (VII: 156f.; X: 202) bestimmt Kant diesen metaphorischen Begriff der Natur: indem er die »sinnliche Natur« von der »übersinnlichen Natur«, das »Gesetz« der »Sinnenwelt« vom Gesetz der »Verstandeswelt« oder dem »moralischen Gesetz« unterscheidet. Die Gesetze der »Sinnenwelt« seien »empirisch bedingt« und deshalb dem Reich der Notwendigkeit zugehörig, die Gesetze der Verstandeswelt dagegen »von aller empirischen Bedingung unabhängig« und insofern Gesetze des Reichs der Freiheit. Die »übersinnliche Natur« ist mithin der Bereich bewußtlos wirkender moralischer Gesetze, die Gesetze der Freiheit sind. Diese Gesetze stehen, als bewußtloses Allgemeines, den sinnlichen Menschen gegenüber und bestimmen sie. Der Gegensatz ist ganz abstrakt, unvermittelt. Weil Kant das Bewußtlose nicht aufklärt, ist es ihm ein Gegebenes: Vorausgesetztes, Entgegengesetztes. Er vermag weder die Genese des Bewußtlosen darzustellen noch dessen Projektion auf das entgegengesetzte Sinnliche: die Einheit von »Sinnenwelt« und »Verstandeswelt« ist ihm entzogen – zwischen beiden Bereichen scheint ein absoluter Bruch.

Die bewußtlosen Naturgesetze von Geschichte und Gesellschaft implizieren somit einen *abstrakten Gegensatz dieser Gesetze gegen die sinnlichen Menschen:* Sie zielen auf die Verwirklichung der »Idee des Menschen« (Zweiter Satz): eine anthropologische und gesellschaftliche Utopie. Aber diese Utopie, formuliert Kant ausdrücklich, ist ein wohl notwendiger »Leitfaden« einer Philosophie der Geschichte (Neunter Satz), empirisch jedoch nicht zu verwirklichen; sie setze sich nur durch eine unendliche »Annäherung« durch. So bleibt der abstrakte Gegensatz von bewußtlosem, übersinnlichem Allgemeinem und sinnlichen Menschen unaufhebbar.

Weil Kant die bewußtlosen Gesetze der übersinnlichen Natur nur ausspricht, nicht aufklärt, projiziert er das Bewußtlose bewußtlos auf die sinnlichen Menschen und schreibt ihnen einen *inneren Gegensatz* zu: die »Neigung, sich zu vergesellschaften«, und den »großen Hang, sich zu vereinzelnen (isolieren)« (Vierter Satz). Beides steht einander unvermittelt und unaufgeklärt gegenüber: als *anthropologisches* Dogma.

Aus dieser Anthropologie entwickelt Kant die Struktur der bürgerlichen Gesellschaft. Der innere »Antagonism« erscheint als ein *äußerer »Antagonism« der Menschen in der bürgerlichen Gesellschaft:* als »Widerstand« aller gegen alle. Jeder kann seine gesellschaftlichen »Mitgenossen ... nicht wohl leiden«, aber auch von ihnen »nicht lassen« (Vierter Satz).

Realitätsgerecht drückt Kants liberale Philosophie aus: daß die bürgerlichen Revolutionen die mythologische und metaphysische Welt wohl radikal entzaubert, aber durch den abstrakten Gegensatz gegen die *alte Gewaltgeschichte diese nicht überwunden, sondern nur rationalisiert* haben: der bellum omnium contra omnes gilt als apriorisches und überhistorisches, eben unaufhebbares Gesetz. Auch die bürgerliche Gesellschaft sei eine antagonistische Gesellschaft; um diese zu pazifizieren und die »Ungeselligkeit« niederzuhalten, müsse man dem Menschen »den eigenen Willen brechen« (Sechster Satz). Kants *Anthropologie* ist eine *Apologie dieses notwendigen gesellschaftlichen Zwangs:* sie demonstriert bewußtlos, daß die bürgerliche Freiheit (libertas) ein System rationaler Gewalt ist. So weist die libertas über die Epoche des Liberalismus utopisch hinaus.

3.2 Marx: Kritik des verständigen und Utopie des vernünftigen Individuums

Die *Kritik der politischen Ökonomie* von Karl Marx aus Trier ist eine kritische Theorie der Gesellschaft, die den Erfahrungsgehalt der bürgerlich-liberalen, als Aufklärung auftretenden Gesellschaftstheorie aufnimmt: die Herrschaft der Vernunft als ein bewußtloses Allgemeines, so daß die Vernunft erst in Form des Verstandes gegeben ist, der als Vorschein der Vernunft zugleich über sich hinausweist. Marx bewahrt diesen Erfahrungsgehalt, indem er seinerseits die bürgerliche Aufklärung durch Ideologie-Kritik über sich selbst aufklärt, so daß die Kritik die Erbschaft der bürgerlichen Vernunft-Utopien als Ideen antritt. Als immanente, nicht als wiederum entgegen- und voraussetzende Kritik zielt die Kritik der Politischen Ökonomie theoretisch und praktisch auf die *wahrhafte Verwirklichung der Vernunft* ab: auf einen »Verein freier Menschen« (MEW 23: 92f.), in dem die *Menschen ihrer selbst* und *ihrer Verhältnisse bewußt* sind. Das gelingt einzig, indem der »List der Vernunft« nicht eine wahre, ihrer selbst bewußte Vernunft als Vorausgesetztes und damit ebenfalls Bewußtloses – als Verstand – entgegengesetzt wird, sondern durch Kritik jener »List« im »System der bürgerlichen Ökonomie«. Marx verwahrt sich explizit dagegen, die Kritik auf die Grundlage einer positiven Sozialutopie zu stellen (ebd. 675f. Anm. 89; MEW 19: 357).

Das *bewußtlose Allgemeine in der Form des Werts* ist der übergreifende, zentrale Gegenstand der Marxschen Kritik der politischen Ökonomie. Der Wert: das ist das *übersinnliche* »gesellschaftliche Produktionsverhältnis« (MEW 13: 22f.) der kapitalistischen Produktionsweise – das, was bürgerliche Gesellschaft und Politik-Ökonomie integriert, das *»Identische«* der Gesellschaft universeller Warenproduktion im Gegensatz zur *sinnlichen* »Welt der Natur«, zur Welt der Gebrauchswerte, zur Welt leiblicher Menschen (MEW 26.3: 125-132; vgl. MEW 23: 85ff.). Als Gesellschaftlich-Unbewußtes wird der Wert in seiner unbewußten Erscheinungsform als Wertform – als Warenform (MEW 23: 76) – aufgeklärt. Das Allgemeine des Werts erscheint adäquat in der Verallgemeinerung der Warenform. Ist, nach Smith, »die Arbeit« der »Maßstab des Tauschwerts«, so ist die Warenform verallgemeinert, wenn die Arbeitskraft zur Ware geworden ist (vgl. MEW 23: 181-184). Marx spricht, ausdrücklich auf Engels' frühe

Einsicht in die »Bewußtlosigkeit der Beteiligten« in seinen *Umrissen zu einer Kritik der Nationalökonomie* (1844; MEW 1: 515) verweisend, von der Naturwüchsigkeit der bürgerlichen Ökonomie, die als gesellschaftliches »Naturgesetz« erscheint (MEW 23: 89):

»Indem sie (»die Menschen«; G.S.) ihre verschiedenartigen Produkte einander im Austausch als Werte gleichsetzen, setzen sie ihre verschiednen Arbeiten einander als menschliche Arbeit gleich. Sie wissen das nicht, aber sie tun es.« (MEW 23: 88)

Marx zitiert zustimmend I. I. Kaufman, einen russischen Rezensenten des ersten *Kapital*-Bandes, der bemerkt hat:

»Marx betrachtet die gesellschaftliche Bewegung als einen naturgeschichtlichen Prozeß, den Gesetze lenken, die nicht nur von dem Willen, dem Bewußtsein und der Absicht der Menschen unabhängig sind, sondern vielmehr umgekehrt deren Wollen, Bewußtsein und Absichten bestimmen … Wenn das bewußte Element in der Kulturgeschichte eine so untergeordnete Rolle spielt, dann versteht sich von selbst, daß die Kritik, deren Gegenstand die Kultur selbst ist, weniger als irgend etwas andres, irgendeine Form oder irgendein Resultat des Bewußtseins zur Grundlage haben kann.« (I. I. Kaufman; zitiert in: MEW 23: 26)

In der ersten Auflage des *Kapital* formuliert Marx entsprechend, im Kontext der Aufklärung des Fetischcharakters der Ware:

»Es steht dem Werth nicht auf der Stirn geschrieben, *was* er ist. Um ihre Produkte auf einander als Waaren zu beziehn, sind die Menschen gezwungen, ihre verschiednen Arbeiten abstrakt menschlicher Arbeit gleichzusetzen. Sie wissen das nicht, aber sie *thun* es, indem sie das materielle Ding auf die Abstraktion *Werth* reduciren. Es ist dieß eine naturwüchsige und daher bewußtlos instinktive Operation ihres Hirns, die aus der besondern Weise ihrer materiellen Produktion und den Verhältnissen, worin diese Produktion sie versetzt, nothwendig herauswächst. Erst ist ihr Verhältniß praktisch da. (…) Später suchen sie durch die Wissenschaft hinter das Geheimniß ihres eignen gesellschaftlichen Produkts zu kommen, denn die Bestimmung eines Dings als *Werth* ist *ihr* Produkt, so gut wie die Sprache.« (MEGA II/5: 46; vgl. MEGA II/3.1: 210)

Nun ist diese Erfahrung des bewußtlosen Allgemeinen kein Fund von Marx; bereits Smith (1759: 316f.), Kant (Bd. XI: 34) und Hegel (Bd. 7: §§ 189, 199) haben diese Bewußtlosigkeit ausgesprochen. Vor allem Smith und Kant stehen darum auf dem Standpunkt der bürgerlichen, liberalen Aufklärung. Marx geht über diese Erfahrung hinaus, indem er den Wert der Waren als »List der Vernunft« nicht bloß – wie die bürgerliche Aufklärung – voraussetzt und beschreibt, sondern jene bloß verständige Aufklärung durch eine vernunftgerichtete Aufklärung zu begreifen sucht: durch Darstellung der Genesis des Werts der Waren einerseits, seiner Projektion auf sinnliche

Menschen und Dinge andererseits (vgl. Platon: Politeia: 509b-511e). Darin besteht die dialektische Aufklärung, die die bürgerliche Aufklärung radikalisiert: über sich hinaustreibt und kritisch gegen sich wendet (MEW 23: 27).

Smiths Politische Ökonomie hat dieses bewußtlose Allgemeine als invisible hand ausgesprochen, aber nicht aufgeklärt: er hat den Tauschwert in der Suche nach einem »Maß des Tauschwerts« realitätsgerecht-bewußtlos vorausgesetzt, dadurch als *gesellschaftliches Naturgesetz,* als *historischen Ursprung* und als *anthropologische Konstante* gesetzt. Indem Smith »die Arbeit« als jenes gesuchte Maß bestimmte, hat er zugleich die »Arbeit« vorausgesetzt, so daß alle Arbeit immer schon als Tauschwert-Arbeit gesetzt war: als gesellschaftliches, geschichtliches, anthropologisches Apriori. In dieser liberalen Anthropologie erscheint der Mensch immer schon als arbeitendes Wesen, als Bürger und Kapitalist. – Die *Marxsche Kritik* ist darum notwendig: *gesellschaftstheoretisch* eine Kritik bewußtloser gesellschaftlicher Verhältnisse; *geschichtsphilosophisch* eine Kritik historischer Ursprungskonstruktion ebenso wie eine Kritik der Konstruktion überhistorischer Gesetze der Geschichte (vgl. MEW 19: 111f.); endlich eine *Kritik der bürgerlichen Anthropologie.* Die Kritik hat hinter die bürgerlich-liberalen Voraussetzungen des Tauschwerts und der Arbeit *genetisch und utopisch* gerichtet zurückzufragen (vgl. MEW 23: 62): durch die Differenzierung im Arbeitsbegriff nach Maßgabe des Gegensatzes von Gebrauchswert und Wert. Marx stellt die Lehre vom »*Doppelcharakter der in den Waren dargestellten Arbeit*« als »Springpunkt« dar, »um den sich das Verständnis der politischen Ökonomie dreht« (vgl. ebd. 56, 94f. Anm. 31, 32; MEW 32: 11). Durch diese, hinter die bewußtlosen Voraussetzungen der liberalen Politischen Ökonomie zurückfragende, Kritik zielt Marxens bewußtmachende, dialektische Kritik der bewußtlosen gesellschaftlichen Verhältnisse auf die praktische Verwirklichung der Utopie vernünftiger Verhältnisse und eines vernünftigen Individuums ineins.

Nun scheinen in der Kritik der politischen Ökonomie *anthropologische Fragen* eine allenfalls untergeordnete Rolle zu spielen. Die »Verwirklichung der Philosophie«, erklärt schon der junge Marx (MEW 1: 391; vgl. MEW 40: 328f.), gelingt einzig durch die revolutionäre Aufhebung des Proletariats. Auf der Darstellungsstufe des Kapitels über *Die Ware* im *Kapital* ist aber von einem Klassenverhältnis ausdrücklich noch nicht die Rede (siehe: MEW 23: 59, Anm. 15). Hier treten allenfalls Menschen als »Privateigentümer« von Waren, als Käufer und Verkäufer gegenüber: als ökonomische, bürgerliche Individuen (ebd. 99ff., 118ff.). Marx bemerkt im Vorwort zur ersten Auflage des ersten *Kapital*-Bandes:

»Zur Vermeidung möglicher Mißverständnisse ein Wort. Die Gestalten von Kapitalist und Grundeigentümer zeichne ich keineswegs in rosigem Licht. Aber es handelt sich um die Personen nur, soweit sie Personifikation ökonomischer Kategorien sind, Träger von bestimmten Klassenverhältnissen und Interessen. Weniger als jeder andere kann mein Standpunkt, der die Entwicklung der ökonomischen Gesellschaftsformation als einen naturgeschichtlichen Prozeß auffaßt, den einzelnen verantwortlich machen für Verhältnisse, deren Geschöpf er sozial bleibt, so sehr er sich auch subjektiv über sie erheben mag.« (Marx, MEW 23: 16; vgl. ebd. 99f.)

Wenn, wie Smith (1776: IV/II/216) realitätsgerecht formuliert, die Menschen im System der bürgerlichen Ökonomie »durch eine unsichtbare Hand geleitet« werden, das »Interesse« der »Gesellschaft« zu fördern, indem sie ihre egoistischen »Interessen« verfolgen, so drückt er bewußtlos-metaphorisch aus, was Marx aufklärt: daß das allgemeine Interesse unbewußt durch die bewußte Verfolgung individueller Interessen sich realisiert – daß die Einzelnen nur »Personifikationen ökonomischer Kategorien«, Marionetten des bewußtlosen Allgemeinen sind. Indem dies Allgemeine ein Unbewußtes ist, steht es den Einzelnen gegenüber: darin liegt der *Gegensatz von Gesellschaft und Individuum.* Indem das Allgemeine ein Unbewußtes ist, geraten die Einzelnen zu Personifikationen des Allgemeinen und sind mit diesem *identisch.* Die *Individualisierung* der Verhältnisse ist ihrer *Fetischisierung* analog: das gesellschaftlich bewußtlose ist das total vergesellschaftete Atom, das sich aufgrund der Bewußtlosigkeit als ein autonomes Besonderes wähnt. Dieser Zusammenhang von entfremdeten gesellschaftlichen Naturgesetzen einerseits, bewußtloser gesellschaftlicher Konstitution des Einzelnen andererseits ist diesen *verborgen:* Kant (Bd. XI: 37f.) hat das anthropologisch ausgedrückt im Dogma, die Menschen hätten einen »Hang«, einerseits sich zu *»vereinzelnen«,* andererseits sich zu *»vergesellschaften«.* So wähnen sich die gesellschaftlich bewußtlosen, verständigen Individuen um so mehr vereinzelt, je stärker sie unter das Allgemeine subsumiert sind. Jener *Zusammenhang von Vergesellschaftung und Vereinzelung,* jene *Einheit von fetischisierten gesellschaftlichen Verhältnissen und sozialem Atomismus,* ist der zentrale Gegenstand einer *Kritik,* die diesen Zusammenhang als Gesellschaftlich-Unbewußtes aufklärt: die das verständige Individuum als *total vergesellschaftetes* und dadurch *gesellschaftlich atomisiertes* bewußt macht. Auch für den Autor des *Kapital* gilt die Einsicht, daß das »menschliche Wesen ... das ensemble der gesellschaftlichen Verhältnisse« ist; auch für den Autor des *Kapital* gilt die Einsicht, daß die Verwirklichung der Vernunft einzig durch eine »revolutionäre Praxis« gelingt, in der das »Ändern der Umstände« mit der »Selbstveränderung« zusammenfällt (MEW 3: 6).

In der Aufklärung des doppelten Verhältnisses von Individuum und Gesellschaft als Entzweiung und Identität ist die *Kritik der bürgerlichen Anthropologie* enthalten: die Darstellung der Gesellschaft als Zusammenhang von »vereinzelten Einzelnen« durch eine Kritik der bürgerlichen »Robinsonaden«. Auf dieser *anthropologischen* Ebene des liberalen *Fetischismus* nimmt Marx in der *Einleitung* zu seinen *Grundrissen der Kritik der politischen Ökonomie* die Kritik auf:

»In Gesellschaft produzierende Individuen – daher gesellschaftlich bestimmte Produktion der Individuen ist natürlich der Ausgangspunkt. Der einzelne und vereinzelte Jäger und Fischer, womit Smith und Ricardo beginnen, gehört zu den phantasielosen Einbildungen der 18.-Jahrhundert-Robinsonaden, die keineswegs, wie Kulturhistoriker sich einbilden, bloß einen Rückschlag gegen Überverfeinerung und Rückkehr zu einem mißverstandenen Naturleben ausdrücken. Sowenig wie Rousseaus contrat social, der die von Natur independenten Subjekte durch Vertrag in Verhältnis und Verbindung bringt, auf solchem Naturalismus beruht. Dies Schein und nur der ästhetische Schein der kleinen und großen Robinsonaden. Es ist vielmehr die Vorwegnahme der ›bürgerlichen Gesellschaft‹, die seit dem 16. Jahrhundert sich vorbereitete und im 18. Riesenschritte zu ihrer Reife machte. In dieser Gesellschaft der freien Konkurrenz erscheint der Einzelne losgelöst von den Naturbanden usw., die ihn in frühren Geschichtsepochen zum Zubehör eines bestimmten, begrenzten menschlichen Konglomerats machen. Den Propheten des 18. Jahrhunderts, auf deren Schultern Smith und Ricardo noch ganz stehn, schwebt dieses Individuum des 18. Jahrhunderts – das Produkt einerseits der Auflösung der feudalen Gesellschaftsformen, andrerseits der seit dem 16. Jahrhundert neuentwickelten Produktivkräfte – als Ideal vor, dessen Existenz eine vergangne sei. Nicht als ein historisches Resultat, sondern als Ausgangspunkt der Geschichte. Weil als das Naturgemäße Individuum, angemessen ihrer Vorstellung von der menschlichen Natur, nicht als ein geschichtlich entstehendes, sondern von der Natur gesetztes. Diese Täuschung ist jeder neuen Epoche bisher eigen gewesen. Steuart, der in mancher Hinsicht im Gegensatz zum 18. Jahrhundert und als Aristokrat mehr auf historischem Boden steht, hat diese Einfältigkeit vermieden.

Je tiefer wir in die Geschichte zurückgehen, je mehr erscheint das Individuum, daher auch das produzierende Individuum, als unselbständig, einem größren Ganzen angehörig: erst noch in ganz natürlicher Weise in der Familie und der zum Stamm erweiterten Familie; später in dem aus dem Gegensatz und Verschmelzung der Stämme hervorgehenden Gemeinwesen in seinen verschiednen Formen. Erst in dem 18. Jahrhundert, in der ›bürgerlichen Gesellschaft‹, treten die verschiednen Formen des gesellschaftlichen Zusammenhangs dem Einzelnen als bloßes Mittel für seine Privatzwecke entgegen, als äußerliche Notwendigkeit. Aber die Epoche, die diesen Standpunkt erzeugt, den des vereinzelten Einzelnen, ist grade die der bisher entwickeltsten gesellschaftlichen (allgemeinen von diesem Standpunkt aus) Verhältnisse. Der Mensch ist ... nicht nur ein geselliges Tier, sondern ein Tier, das nur in der Gesellschaft sich vereinzeln kann.« (Marx 1857/58: 5 f.; vgl. MEW 23: 90 f.)

Indem Marx die Konstitution des »vereinzelten Einzelnen« aus einem *bewußtlosen Gegensatz* und einer *bewußtlosen Identität* von Individuum und Gesellschaft aufklärt, indem er das bürgerliche Sozialatom als seiner selbst bewußtlose »Identität der Identität und der Nichtidentität« (Hegel Bd. 2: 96) bewußt macht, erklärt er die Paradoxie: daß der Einzelne der Gesellschaft gegenübersteht und dadurch Personifikation der Verhältnisse ist – so daß er sich als autonomes, vernünftiges Individuum wähnt.

Im *Kapital* ist dieser Zusammenhang von *bewußtlosem Gegensatz* und ebenso *bewußtloser Identität* von *Gesellschaft und bürgerlichem, verständigem Individuum* implizit im Abschnitt über die *Wertform* enthalten (MEW 23: 62-98). Denn der *Wert,* das bewußtlose und übersinnliche »gesellschaftliche Produktionsverhältnis« (MEW 13: 34), muß an den entgegengesetzten sinnlichen Menschen und Dingen *erscheinen:* das Verhältnis ist ein Tauschverhältnis, durch das sinnliche Menschen sinnliche Dinge aufeinander beziehen (MEW 26.3: 127). So werden sinnliche Menschen und Dinge durch den Wert *identifiziert,* bleiben als *nichtidentische* aber unverzichtbar (ebd. 122-134). Der *Widerspruch* von Wert-Identität und menschlicher sowie dinglicher Nichtidentität wird, indem der Wert auf Menschen und Dinge projiziert wird und die Wertformen konstituiert, zu einem daseienden Widerspruch von fetischisiertem Allgemeinem und entgegengesetztem Besonderen. Beide Seiten erscheinen als Gegensätze, beide sind aber gesellschaftlich, durch den Wert konstituiert. So bringt die Darstellung der Wertformen beides zu Bewußtsein: die *Erscheinung des abstrakten Gegensatzes von Individuum und Gesellschaft,* so daß die Einzelnen als »vereinzelte Einzelne« gesetzt sind; die *abstrakte Einheit von Gesellschaft und Vereinzelten* im Gesellschaftlich-Unbewußten. Diese Aufklärung ist Kritik des Fetischismus der bürgerlichen Politik-Ökonomie und ihrer »Robinsonaden« ineins.

Durch Kritik dieses fetischisierten, verständigen Individuums expliziert Marx einerseits die Erscheinungsform des bürgerlichen Individuums und bewahrt andererseits die in der Erscheinung enthaltene Utopie eines *vernünftigen, seiner selbst und seiner Verhältnisse bewußten Individuums* – eine Utopie, die nur als *Utopie einer vernünftigen Gesellschaft* möglich ist. In den *Theorien über den Mehrwert* findet sich eine der wenigen Stellen, in der diese gesellschaftlich-anthropologische Utopie expliziert ist:

»Ricardo betrachtet mit Recht, für seine Zeit, die kapitalistische Produktionsweise als die vorteilhafteste für die Produktion überhaupt, als die vorteilhafteste zur

Erzeugung des Reichtums. Er will die *Produktion der Produktion halber,* und dies ist *recht.* Wollte man behaupten, wie es sentimentale Gegner Ricardos getan haben, daß die Produktion nicht als solche der Zweck sei, so vergißt man, daß Produktion um der Produktion halber nichts heißt als Entwicklung der menschlichen Produktivkräfte, also *Entwicklung des Reichtums der menschlichen Natur als Selbstzweck.* Stellt man, wie Sismondi, das Wohl der einzelnen diesem Zweck gegenüber, so behauptet man, daß die Entwicklung der Gattung *aufgehalten* werden muß, um das Wohl der einzelnen zu sichern, daß also z.B. kein Krieg geführt werden dürfe, worin einzelne jedenfalls kaputtgehn. (Sismondi hat nur recht gegen die Ökonomen, die diesen Gegensatz *vertuschen,* leugnen.) Daß diese Entwicklung der Fähigkeiten der Gattung *Mensch,* obgleich sie sich zunächst auf Kosten der Mehrzahl der Menschenindividuen und ganzer Menschenklassen macht, schließlich diesen Antagonismus durchbricht und zusammenfällt mit der Entwicklung des einzelnen Individuums, daß also die höhere Entwicklung der Individualität nur durch einen historischen Prozeß erkauft wird, worin die Individuen geopfert werden, wird nicht verstanden, abgesehn von der Unfruchtbarkeit solcher erbaulichen Betrachtungen, da die Vorteile der Gattung im Menschenreich wie im Tier- und Pflanzenreich sich stets durchsetzen auf Kosten der Vorteile von Individuen, weil diese Gattungsvorteile zusammenfallen mit den Vorteilen *besondrer Individuen,* die zugleich die Kraft dieser Bevorzugten bilden.« (Marx, MEW 26.2: 110 f.)

Diese geschichtsphilosophisch formulierte Erwartung einer freien »Entwicklung des einzelnen Individuums« in einer nicht länger antagonistischen Gesellschaft ist freilich allzu geschichtsobjektivistisch geprägt. Sie folgt der vom Frühsozialismus begründeten, die Marxschen Schriften bis 1848 prägenden Theorie der Geschichte: daß der historische Fortschritt auf dem Widerspruch der befreienden Kraft der Produktivkraft-Entfaltung und der diese fesselnden Produktionsverhältnisse beruht, bis endlich der »Verein freier Menschen« hervortreten kann (Marx/Engels: MEW 3, 50ff., 70ff.; Marx: MEW 13, 8f.). Radikaler ist die Marxsche Enthaltung von aller Antizipation einer Verwirklichung der vernünftigen Gesellschaft vernünftiger Individuen, in der die negative Einheit von Gesellschaft und Individuum überwunden ist, im *Kapital* (MEW 23: 675f. Anm. 89; vgl. MEW 1: 343-346).

Freilich verbleibt die Marxsche Kritik auf der Ebene der aufklärenden *Wertform-Kritik* sowie der aufklärenden *Kritik der bürgerlichen »Robinsonaden«* nur, solange er von der Ware, vom Austauschprozeß sowie vom Geld handelt (MEW 23: Erstes bis Drittes Kapitel: 49-160). Ist die Warenform des Arbeitsprodukts erst verallgemeinert, wenn – wie Smith voraussetzt – die Arbeitskraft zur Ware geworden ist, so geht mit dem Fortgang-Rückgang von der Zirkulation zur Produktion (ebd. Viertes Kapitel: 161-191) die Entwicklung von der Robinsonade zum Klassenverhältnis über: zur Aufklärung der Arbeitskraft als der Ware, durch die der Wert sich verwertet und sich zum Kapital entwickelt. Erst an diesem systematischen Ort ist die Kritik des Arbeitsbegriffs bei Smith, die Aufklärung der liberalen Aufklärung, zur Konsequenz gebracht. Indem die Warenform der Arbeitskraft als Vollendung des bürgerlichen Fetischismus erscheint, erscheinen die Träger dieser Warenform als Subjekte einer »revolutionären Praxis«, in der das »Ändern der Umstände« mit der »Selbstveränderung« zusammenfällt (MEW 3: 6): in der die revolutionäre Befreiung von heteronomen Verhältnissen der Logik einer theoretischen und praktischen Aufklärung folgt, die auf die wahrhafte Verwirklichung der gesellschaftlichen Vernunft-Utopien abzielt. Unter Bedingungen einer verallgemeinerten Warenform ist nicht bloß das *Individuum* das *Objekt* der »Herrschaft der Verhältnisse« (Marx 1857/58: 82) und das *Subjekt* einer emanzipatorischen Praxis, sondern die arbeitende Klasse (vgl. MEW 2: 37f.).

Diese *gesellschaftlich-anthropologische Vernunft-Utopie* hat bereits der junge Marx, von der Feuerbachschen Anthropologie kritisch beeinflußt, als *»Humanismus«* bezeichnet. Im Jahre 1844 begreift er die Widersprüche der bürgerlichen Gesellschaft und der bisherigen Geschichte als »Entfremdung«, wesentlich als »entfremdete Arbeit« (MEW 40: 510-522). Diese Entfremdung beschreibt Marx, ausgehend »von den Voraussetzungen der Nationalökonomie« (ebd. 510), zunächst in drei Dimensionen. Am Anfang steht die Entfremdung des Arbeiters von seinem Produkt, so daß die »Verwirklichung der Arbeit« zur »Entwirklichung des Arbeiters« gerät: sein Produkt tritt ihm »als ein fremdes Wesen« gegenüber (ebd. 511f.). Aus dieser grundlegenden Entfremdung folgt eine zweite Erscheinungsform: dem Arbeiter wird nicht erst sein Produkt, sondern schon seine Tätigkeit: die Arbeit, fremd; die Arbeit wird zu einer Tätigkeit der »Entäußerung« – zur »Zwangsarbeit« (ebd. 514). Wenn aber dem Arbeiter seine Tätigkeit fremd wird, dann wird ihm sowohl sein »Leib« wie sein »geistiges Wesen« fremd, dann wird ihm sein Verhältnis als Naturwesen zur äußeren Natur fremd – er wird sich selbst ein fremdes Wesen (ebd. 515-517). Marx führt diese drei Formen der Entfremdung auf eine vierte, grundlegende zurück: die »Entfremdung des Menschen von dem Menschen« (ebd. 517). Denn nur der Mensch kann die fremde, »unabhängige Macht« (ebd. 511) sein, unter der die Arbeit stattfindet:

> »Das *fremde* Wesen, dem die Arbeit und das Produkt der Arbeit gehört, in dessen Dienst die Arbeit und zu dessen Genuß das Produkt der Arbeit steht, kann nur der *Mensch* selbst sein.« (Marx, MEW 40: 518)

Die Entfremdung ist daher, wie die herrschende »Nationalökonomie« belegt, gesellschaftstheoretisch der Grundbegriff, sondern auch geschichtsphilosophisch: Alle bisherige Geschichte, notiert Marx 1844, ist bestimmt vom »Widerstreit zwischen dem Menschen mit der Natur und mit dem Menschen« (ebd. 536); alle bisherige Geschichte ist erst die »Entstehungsgeschichte des Menschen« (ebd. 570): »alle menschliche Tätigkeit« ist bisher »entfremdete Tätigkeit« (ebd. 542f.). Diese Entfremdung ist im modernen Verhältnis von Kapital und Arbeitskraft ins Extrem getrieben (ebd. 533, 537), so daß von hier aus nicht nur das Gleiche der »Vorgeschichte« (MEW 13: 9) sichtbar wird (MEW 40: 521, 525), sondern auch die Utopie einer Abschaffung der Entfremdung des Menschen von sich selbst und von anderen Menschen:

»Der *Kommunismus* als *positive* Aufhebung des *Privateigentums* als *menschlicher Selbstentfremdung* und darum als wirkliche *Aneignung* des *menschlichen* Wesens durch und für den Menschen; darum als vollständige, bewußt und innerhalb des ganzen Reichtums der bisherigen Entwicklung gewordne Rückkehr des Menschen für sich als eines *gesellschaftlichen,* d.h. menschlichen Menschen. Dieser Kommunismus ist als vollendeter Naturalismus = Humanismus, als vollendeter Humanismus = Naturalismus, er ist die *wahrhafte* Auflösung des Widerstreits zwischen dem Menschen mit der Natur und mit dem Menschen, die wahrhafte Auflösung des Streits zwischen Existenz und Wesen, zwischen Vergegenständlichung und Selbstbestätigung, zwischen Freiheit und Notwendigkeit, zwischen Individuum und Gattung. Er ist das aufgelöste Rätsel der Geschichte und weiß sich als diese Lösung.« (Marx, MEW 40: 536; vgl. ebd. 538)

Der »Kommunismus« wäre, als »Humanismus«, die *Verwirklichung des Menschen als Mensch:* in einem Zustand, in dem sich der Mensch nicht selbst fremd wäre, in dem ihm weder die Gesellschaft noch die Natur als fremde Mächte erschienen – in dem die bürgerliche negative Einheit von verständigem Individuum und bewußtloser Gesellschaft überwunden wäre (vgl. ebd. 531, 538).

3.3 Die Verdinglichung des verständigen Individuums in der positivistischen Anthropologie

Die *liberale Aufklärung* hat, theoretisch und praktisch, die »gesellschaftliche Welt« der »Welt der Natur« voraus- und entgegengesetzt (Vico 1725: § 331), so daß die mythologische und metaphysische Welteinheit zerbrach und entzaubert war. So war die Bewußtlosigkeit der gesellschaftlichen Verhältnisse ein welthistorischer Schritt der Aufklärung, zugleich aber auch die Fortsetzung des alten Mythos in der Form des neuen Fetischismus (Marx, MEW 23: 85ff.). Dieser drückt sich zentral in der *liberalen Anthropologie* aus: der Voraussetzung des Menschen, der zwei Grundtriebe aufweist

– sich zu vergesellschaften, sich zu vereinzelnen. Während *Marx* die verständige bürgerliche Aufklärung durch eine vernunftgerichtete Aufklärung radikalisierte und so die bürgerliche Anthropologie aus dem unbewußten Allgemeinen begriff, hat der *Positivismus* die *»List der Vernunft«* von ihrem aufklärerischen Gehalt gereinigt und zu einer *»List« ohne Vernunft* verdinglicht. Diese Fetischisierung des unbewußten Allgemeinen tritt in den Formen eines technischen Rationalismus einerseits, eines ethischen Irrationalismus andererseits auf. Beide Formen legitimieren sich aus einer Kritik der Französischen Revolution.

Der *naturwissenschaftliche Positivismus* Saint-Simons und Comtes hat die Erfahrung einer bewußtlosen »zweiten (übersinnlichen) Natur« (Kant, Bd. X: 202; Hegel, Bd. 12: 57) verdinglicht zur Erfahrung einer sinnlichen, technisch-rational strukturierten »ersten Natur«. Eine als Naturwissenschaft aufgefaßte Theorie vom logos der societas: die Soziologie, wird auf die Grundlage einer biologischen Lehre vom Individuum gestellt. Weil das naturgesetzliche Allgemeine unüberschreitbar ist, kann es nur aus dem Atom, aus der Natur dieses Atoms, abgeleitet werden; weil es aus dem Atom abgeleitet werden kann, ist dieses a priori total vergesellschaftet. So fallen die Naturgesetze der Gesellschaft mit denen des Menschen zusammen. Der naturwissenschaftliche Positivismus hat eine universale Natur-Theorie entwickelt, die die äußere Natur ebenso wie die leibliche Natur des Menschen, die das Individuum ebenso wie die Gesellschaft umfaßt und begrifflich als Einheit eines Natur-Kosmos konstruiert. In dieser Einheit ist die bewußtlose Konstitution von Gesellschaft und Individuum, die in der liberalen Sozialphilosophie als gegensätzliche Einheit ausgedrückt ist, in eine naturgesetzlich-abstrakte Einheit verwandelt. In dieser Einheit ist die Erfahrung einer Entzweiung und Entfremdung von Individuum und Gesellschaft transformiert in ein naturgesetzliches Kontinuum. An die Stelle der liberalen, revolutionären Aufklärung tritt der Fetischismus eines Kosmos instrumenteller Rationalität. Biologie und vor allem Soziologie sind zwar anti-revolutionär konzipiert, sollen aber die Resultate der Französischen Revolution bewahren, indem deren Destruktivität durch eine sozialtechnische Gesellschaft überwunden wird. Von hier ist die Theorie der »Naturgeschichte« als Theorie der *Abstammung des Menschen* (Darwin) ebenso ausgegangen wie die Rassentheorie vom Menschen (Gobineau). *(Abschnitt 3.31)*

Der *geisteswissenschaftliche Positivismus* von der Historischen Schule bis zu Dilthey und weiter bis schließlich zum Neoliberalismus Hayeks begründet sich dagegen in einer gegenaufklärerischen Abkehr von der Französischen Revolution: durch eine »Kritik der historischen Vernunft«

(Dilthey Bd. VII: 191ff.). Gegenaufklärerisch ist dieser Positivismus, weil er das liberale Gesellschaftlich-Unbewußte ausdrücklich als »Unbewußtes« kennt, aber als ein Unerkennbares, Unaufklärbares bestimmt, das nur beschrieben werden könne und am Einzelnen aufweisbar sei. Hegels »List der Vernunft« gerät dadurch zur Apologie eines unaufklärbaren gesellschaftlichen Irrationalismus, der einzig erkenntnis-anthropologisch begründbar ist. Das Individuum der Geisteswissenschaften ist der bewußtlose, entindividualisierte Bürger einer gegensatzlosen »Gemeinschaft« (Tönnies 1887): eines sozialen Kosmos, der durch undurchschaute Traditionen, durch den »Wesenwillen« (ebd. 71-143) integriert ist. *(Abschnitt 3.32)*

Beide Positivismen, der natur- und der geisteswissenschaftliche, stehen einander daher nur zum Scheine gegenüber wie Rationalismus und Irrationalismus. Sie berühren sich in ihrem jeweiligen *»methodologischen Individualismus«* (Hayek 1952: 31ff.): in einem gesellschaftlichen Fetischismus ohne aufklärerische Potenz. Dabei ist der *geisteswissenschaftliche Positivismus systematisch grundlegend* und insofern überlegen: er beschreibt individualistisch jenes »Unbewußte«, von dem der *naturwissenschaftliche Positivismus* in seiner Erscheinung als gesellschaftlicher Naturgesetzlichkeit ausgeht. Das hat Max Weber erkannt und als Autoritarismus eines irrational-rationalen »Gehäuses der Hörigkeit« dargestellt.

3.3.1 Naturwissenschaftlicher Positivismus: Sozialbiologisches Individuum (Comte, Darwin, Gobineau)

Der naturwissenschaftliche Positivismus ist, als Reaktion auf die Französische Revolution und die nachrevolutionären Ereignisse, nach 1800 von den Begründern Saint-Simon aus Paris und vor allem Comte aus Montpellier bis zu dessen Tod 1857 ausgearbeitet worden. Seinen Siegeszug hat dieser Positivismus jedoch erst in der Epoche des Imperialismus – beginnend mit der Großen Depression 1873/79 – angetreten: von Westeuropa bis nach Mexico, der Türkei und Brasilien. Die Version Comtes wurde weiterentwickelt durch den Wiener Kreis (um 1920), den darauf antwortenden Kritischen Rationalismus Poppers (nach 1934), die Geschichtstheorien des Sozialen Wandels (Ogburn 1922) und der Modernisierung (Lewis 1955; Rostow 1960). Der nach 1975 sich durchsetzende Neoliberalismus hat die Bedeutung des naturwissenschaftlichen Positivismus relativiert, diesen aber nicht eliminiert.

Comte (1844) hat den naturwissenschaftlichen Positivismus durch zwei Gesetze begründet. Das *Dreistadiengesetz* (ebd. 4-41) enthält die historische Erfahrung der Theorie: daß die Französische Revolution als Stadium der Kritik wohl die alte Ordnung des ancien régime zerstört und insofern dem Fortschritt zum Durchbruch verholfen, aber keine neue Ordnung etabliert habe, so daß die Revolution in die napoleonischen Kriege und die Reaktion zurückschlagen mußte. Um die Verdienste der Revolution zu retten, entwirft der Positivismus eine neue, mit dem Fortschritt versöhnte Ordnung: das positive Stadium einer technischen Beherrschung der Natur durch die Industrie und einer technischen Beherrschung der Gesellschaft durch die Technokratie. Dieses positive Stadium ist durch die positiven Wissenschaften geprägt. – Das *enzyklopädische Gesetz* (ebd. 204-219) konstruiert eine »Rangordnung der Wissenschaften«: an der Spitze steht die Mathematik, darunter die Physik; diese enthält von der Astronomie bis zur Biologie und zur Soziologie alle vorhandenen Wissenschaften – die Soziologie nennt Comte schon früh (1822) »soziale Physiologie« oder »soziale Physik«. Die Soziologie ist die höchste Wissenschaft, indem sie durch das Dreistadiengesetz den Weg der Menschheit zum positiven Stadium darstellt und selbst die wissenschaftliche Basis dieses letzten Stadiums ist. Sie ist eine Naturwissenschaft von der Geschichte und der positiven Gesellschaft; sie gründet sich auf die vorangehende Biologie, die Wissenschaft vom Menschen als Individuum.

So ist zunächst das *Dreistadiengesetz* zu skizzieren und damit die zentrale Theorie der *Soziologie.* Sodann sind Comtes Ausführungen zum *enzyklopädischen Gesetz,* insbesondere zur *Biologie* als *Anthropologie* relevant. Endlich sind *Darwins Theorie der Abstammung des Menschen* und *Gobineaus Rassentheorie des Menschen und der Nationen* zu skizzieren.

Die Grundzüge der Geschichtstheorie des *Dreistadiengesetzes* hat Saint-Simon (1977, passim) seit 1802 entwickelt. Comte hat der Theorie den Namen gegeben und sie stringent sowohl skizziert (in: 1844) als auch mit großer Ausführlichkeit entfaltet (in: 1830/42). Er unterscheidet, offenbar vor dem Hintergrund der Erfahrung der Französischen Revolution, drei Geschichts-Stadien; in der Evolution kommt der »Entwicklung des menschlichen Geistes« die Führung zu (1822: 54f., 66-69; 1830/42: 83f., 144f.).

Das erste ist das *»theologische oder fiktive Stadium«* (Comte 1844: 4-17; vgl. 1830/42: 167-267): das »alte System«, das ancien régime (1822: 35f.; 1844: 104ff.). Dieses System ist eine Ordnung ohne Fortschritt. Das Stadium enthält die Entwicklung vom Zeitalter des »Fetischismus« zu jenem des »Polytheismus« und endlich zum Zeitalter des »Monotheismus«. – Unter dem Gesichtspunkt der *geistigen Entwicklung* ist dieses Stadium geprägt durch Theologie und theologisierende Philosophie. Die Welt erscheint dem theologisierenden Denken als »geleitet« durch »übermenschliche

Beschlüsse« und »ideale Mächte«, denen der Mensch eine »unbeschränkte Herrschaft« zuschreibt (1830/42: 148f.): die Welt der Objektivität wird anthropomorphisiert (1844: 7). Diese Form des Wissens zielt darum auf eine absolute Erkenntnis: auf die Erkenntnis von »Erstursachen« und »Endursachen« (ebd.), von »ersten Ursachen« und »letzten Zielen« aller Entwicklung (1830/42: 2). Tatsachen werden nicht durch Beobachtung festgestellt; erkannt wird in den Formen von »Phantasie« und »Einbildungskraft« (1844: 9). Comte (ebd. 13, 31; 1830/42: 3f.) betont die Notwendigkeit dieser Denkformen: da es unmöglich sei, ohne »theoretische Ansichten« Beobachtungen von Tatsachen anzustellen, konnte das Wissen anfangs nicht auf die Grundlage der Tatsachenerkenntnis gestützt sein. – Unter dem Gesichtspunkt *der Politik und der sozialen Organisation* ist dieses Stadium das feudal-theologische oder theologisch-militärische System der Monarchen (1822: 76f.; 1830/42: 167ff.). Die Politik ist auf die Theologie aufgebaut: auf die Idee eines göttlichen Rechts. Die Herrschaft wird durch Papst und Monarch willkürlich ausgeübt. Im Inneren sind die Gesellschaften geprägt durch die persönliche Sklaverei der Produzierenden (1830/42: 160ff.); nach außen sind Krieg und Eroberung die Formen der Erlangung von Reichtum. So ist die Gesellschaft: militärisch.

Das zweite ist das *»metaphysische oder abstrakte Stadium«* (Comte 1844: 16-25; vgl. 1830/42: 267-319). Dieses Stadium ist eine Phase der Zerstörung der alten Ordnung (ebd. 23-25): eine Epoche der »Desorganisation«; ein bloß negatives, kritisches Stadium des Fortschritts ohne Ordnung (ebd. 107); ein Zeitalter der Revolution, der »Anarchie« durch Freiheit und Gleichheit (1822: 35, 43; 1830/42: 47). – Unter dem Gesichtspunkt der *geistigen Entwicklung* ist dieses Stadium geprägt durch die Metaphysik: eine »Zwischenphilosophie« (ebd. 17), die gleichfalls nach »absoluter Erkenntnis« strebt, die jedoch die übernatürlichen Ideen der Theologie durch »personifizierte Abstraktionen« – das ›Höchste Wesen‹ und die ›Natur‹ (ebd. 21) – ersetzt. Dennoch bleibt die Einbildungskraft herrschend. Die Metaphysik ist: kritisch, negativ, destruktiv. Ihre Formen sind die Kritik, die Diskussion, die Argumentation, die Skepsis (ebd. 21). – Unter dem Gesichtspunkt *der Politik und der sozialen Organisation* ist dieses Stadium das System der Doktrin der Völker: die »Demokratie« (1822: 40-45; 1830/42: 43-58). Sie substituiert die »Willkür der Monarchen« durch die »Willkür der Völker« (ebd. 44). Die theoretische Grundlage der Doktrin hat, nach Comte, Rousseaus Lehre vom Sozialvertrag gelegt und damit die Naturrechte des Menschen begründet: Freiheit des Gewissens und der öffentlichen Meinung, Gleichheit, Volkssouveränität, volonté générale, Trennung von Staat und Gesellschaft (ebd. 76f.; 1830/42: 44). Comte kritisiert diese Naturrechte als anarchisch: die öffentliche Diskussion zur Ausbildung des allgemeinen Willens sei eine unendliche Prüfung ohne Entscheidung (1830/42: 46); die Meinungsfreiheit sei Willkür (1822: 44); das Gleichheitspostulat leugne die »geistigen und moralischen Ungleichheiten« der Menschen (1830/42: 48); die »sozialen Fragen« seien allzu »verwickelt«, um sie durch das Volk – statt durch Fachleute – klären zu lassen (ebd. 61). Weil diese Lehre eine Theorie des Staatsrechts sei, seien im metaphysischen Stadium die Juristen politisch führend. Gesellschaftlich sei die persönliche Sklaverei nur ersetzt durch die industrielle Sklaverei. Dennoch würdigt Comte dieses Stadium als notwendig: allein durch die Kritik der Metaphysik sei es gelungen, das ancien régime zu zerstören und die Aussicht auf ein kommendes positives Stadium zu eröffnen.

Das dritte und letzte ist das *»positive oder reale Stadium«* (Comte 1844: 25-41). Diese Epoche geht von den Resultaten des metaphysischen Stadiums aus und zielt auf eine »Versöhnung von Ordnung und Fortschritt« (ebd. 41ff., 115-129), um die Revolution vor dem Rückfall in die Restauration zu bewahren (vgl. 1822: 37-39). Comtes Positivismus ist anti-revolutionär, um die Ergebnisse der Revolution durch eine technische Systemrationalität zu sichern.

Unter dem Gesichtspunkt der *geistigen Entwicklung* ist dieses letzte Stadium der Evolution das Zeitalter »rationaler Positivität« (Comte 1844): der Erforschung von immergleichen Tatsachen durch Beobachtung; der kausalen Verknüpfung von Tatsachen zu immergleichen Naturgesetzen (ebd. 27, 43), die Erklärungen, Voraussagen und technische Handlungsanleitungen erlauben; des »Nützlichen«, »Gewissen« und »Genauen«, der Organisation (ebd. 85-87). Comte hebt die zentrale Bedeutung der »rationalen Voraussicht« hervor: »Ainsi, le véritable esprit positif consiste surtout à *voir pour prévoir«* (ebd. 34). Angesichts einer unverrückbaren Faktizität sind moralische Fragen obsolet und werden durch das Postulat wissenschaftlicher Werturteilsfreiheit eliminiert (1822: 125). Das Wahrheitskriterium ist die Übereinstimmung von Theorien und Tatsachen (1844: 27). Erst im positiven Stadium ist alles Wissen auf Tatsachen gegründet – aber nicht vollständig. Da, wie Comte (ebd. 13, 31) betont, eine theoriefreie Tatsachen-Feststellung unmöglich ist, ist das Tatsachen-Wissen die »ideale Grenze« des Erkenntnisfortschritts. Wäre die Grenze erreicht, wäre dieses Wissen immer noch unvollständig: Tatsachen sind unüberschreitbar, so daß jene »absoluten Forschungen«, wie sie die theologisierende Philosophie und die Metaphysik anstrebten, unmöglich sind (ebd. 27-31). Das Anti-Revolutionäre der Theorie ist offenkundig: Comte fixiert das Bestehende als Tatsachenwelt; die kausale Verknüpfung von Tatsachen substituiert die

Aufklärung durch die Erklärung, die vernunftgegründete Utopie durch die Voraussage, die weltverändernde Praxis durch eine Natur und Gesellschaft beherrschende Technik (ebd. 57ff.), die vernünftige Moral durch das Dogma von bloß subjektiven Werturteilen. Insgesamt ist dieses – die gesellschaftliche und außergesellschaftliche Natur beherrschende – Wissen, betont Comte: nicht negativ, kritisch und destruktiv, sondern positiv und konstruktiv. Es dient der »Reorganisation« der Gesellschaft nach der Epoche der metaphysischen »Desorganisation« (1822: 35f.). Die Wissenschaften sind daher: entweder Mathematik oder Physik: von der Astronomie bis zur Biologie und Soziologie. Die Soziologie ist die höchste Wissenschaft: sie klärt das »Dreistadiengesetz«; soziologisch wird die positive Gesellschaft als Ganze technisch-rational konstituiert und gelenkt.

Unter dem Gesichtspunkt *der Politik und der sozialen Organisation* ist dieses Stadium das System naturwissenschaftlicher Rationalität, der wissenschaftlich-technischen Beherrschung von Natur und Gesellschaft. Die rationale Beherrschung der äußeren Natur ist institutionalisiert im System der Industrie. Die rationale Beherrschung der Natur des Menschen, der Leidenschaften, besteht in der Herrschaft der gesellschaftlichen über die egoistischen Instinkte. Die rationale Beherrschung der Gesellschaft besteht in einer politischen Technokratie – gestützt auf eine »wissenschaftliche Lehre der Politik« (1822: 77, 100-114; 1830/42: 61). In dieser Politik-Ökonomie treten an die Stelle der liberalen Vernunft-Moral der Menschenrechte: naturgesetzliche Notwendigkeit, soziale Ungleichheit, Technokratie als Herrschaft einer regierenden Elite über die Gesellschaft. Die gesellschaftliche Ordnung besteht in ihrer Naturgesetzlichkeit; der Fortschritt besteht in fortschreitender Beherrschung der gesellschaftlichen und außergesellschaftlichen Natur. So ist das positive Stadium keine Rückkehr zum ancien régime, sondern geht von dessen Destruktion durch die Metaphysik aus, um den metaphysischen Fortschritt auf die Grundlage einer systemrationalen Ordnung zu stellen.

Das *enzyklopädische Gesetz* stellt eine *Rangordnung der Wissenschaften* auf (Comte 1844: 204-219; 1830/42: 21ff.); Comte antwortet mit diesem Gesetz auf die von Jean Le Rond d'Alembert und Denis Diderot zwischen 1751 und 1780 herausgegebene *Enzyklopädie* – das Hauptwerk der französischen Aufklärung, in dem die zentralen Ideen der Revolution entwickelt wurden.

An der Spitze dieser Comte'schen Enzyklopädie steht die *Mathematik:* die abstrakte Mathematik als Analysis; die konkrete Mathematik als Geometrie und Mechanik. Darunter steht die *Physik:* als Naturphilosophie, als Sozialphilosophie. Die *Naturphilosophie* umfaßt: die *unorganische Physik*

(Astronomie; Physik der Erde, einschließlich der Chemie); die *organische Physik* als Biologie. Die *Sozialphilosophie* ist ebenfalls: organische Physik – das ist die *Soziologie*, die *»soziale Physik«* (1822: 136ff.), die »Physiologie der Gattung« (ebd. 144). Die Soziologie ist der Höhepunkt der Wissenschaftsentwicklung, die höchste Wissenschaft: die Wissenschaft von der positiven Gesellschaft (1830/42: 115-118).

Die *Soziologie* als Naturwissenschaft von der Gesellschaft (societas), von der »Gattung« (1830/42: 25), ist unterschieden in die Lehre von der *Statik oder der Ordnung* (Arbeitsteilung; Regierung) einerseits (ebd. 118ff.), in die Lehre von der *Dynamik oder vom Fortschritt* (Dreistadiengesetz) andererseits (ebd. 137ff.). Da diese Naturwissenschaft immergleiche Tatsachen zu immergleichen Naturgesetzen verknüpft, formuliert sie eine übergeschichtliche Theorie der Gesellschaft und der Geschichte, die unübersteigbar, also unaufklärbar, also dogmatisch gesetzt ist. Deshalb ist sie eine Fachwissenschaft vom logos der societas: eine Theorie der Gesellschaft ohne einen Begriff der Gesellschaft. Sie kann deshalb nur aus der »Naturgeschichte des Individuums« (1822: 144): aus der vorangehenden Biologie, deduziert werden. Natur des Menschen und der Gesellschaft sind analog (vgl. 1822: 139ff.).

Die *Biologie*, als ein Zweig der organischen Physik, ist die *Theorie des Menschen, des »Individuums«* (1830/42: 25) – sie ist die positivistische *Anthropologie:* die Wissenschaft, die die »Gesetze der menschlichen Natur darlegt« (1830/42: 116). Das biologisch begriffene *Individuum* ist der Bürger der soziologisch konstruierten positiven *Gesellschaft:* der Mensch eines naturgesetzlichen, technisch strukturierten und beherrschten sozialen Kosmos – einer Maschinengesellschaft; der Mensch in einem sozialen Kosmos nicht der Freiheit, sondern der Notwendigkeit; der Mensch in einem sozialen Kosmos nicht der weltbürgerlichen Gleichheit, sondern der naturhaften Ungleichheit; der Mensch in einem sozialen Kosmos, in dem jeder dem anderen Mittel zur Durchsetzung eigener Zwecke ist (vgl. Marx 1857/58: 155f.). Diesen Kosmos nennt Nietzsche, im Anschluß an Kant: ein System der »Menschenverachtung« – wenn »man jedermann nur als Mittel zu *seinem* Zwecke oder gar nicht gelten läßt« (Nietzsche Bd. I: 699; vgl. Kant Bd. VII: 61-63). – Wie die Soziologie unübersteigbare Naturgesetze der Gesellschaft formuliert und insofern keinen Begriff der Gesellschaft besitzt, so ist die Biologie die Naturwissenschaft eines *Individuums ohne Individualität:* die eine Wissenschaft konstruiert die *Gesellschaft*, die andere das *Individuum als Maschine*. Das Individuum als ein naturgesetzliches Wesen gleicht einem technischen Artefakt: einem Wesen immergleicher Kausalrelationen. Es ist daher ohne Besonderheit, es ist ein Immergleiches, technisch beherrschendes, technisch beherrschbares Wesen. Der naturalistisch-individualistische Ansatz der Soziologie verfehlt mithin beides: das Individuum, die Gesellschaft.

So bilden *Soziologie und Biologie* einen Zusammenhang, so formulieren beide das *Natur-Verhältnis* von *Gesellschaft und Individuum.* Schon in seiner frühen Schrift aus dem Jahre 1822 nennt Comte (a.a.O., 139, 144) die Soziologie eine »Physiologie der Gattung« oder eine »soziale Physik«, die die »*Kultur*geschichte … als die Folge und die notwendige Ergänzung der *Natur*geschichte des Menschen« auffaßt. Eine Trennung der »Physiologie der Gattung und der der Individuen« (1822: 142) sei nur deshalb notwendig, weil es der »menschlichen Intelligenz« unmöglich sei, »eine »allzu lang ausgedehnte Kette von Deduktionen zu verfolgen.« (ebd. 140) Die Biologie ist somit eine transzendentale Theorie der Soziologie: sie untersucht logisch und historisch die Bedingungen der Möglichkeit von Gesellschaft im »vereinzelten Einzelnen« (Marx):

»Der Physiologie kommt es ausschließlich zu, auf positive Weise die Ursachen festzustellen, welche das Menschengeschlecht einer beständig ansteigenden Kultur fähig machen, soweit der Zustand des Planeten, den es bewohnt, dem kein unübersteigbares Hindernis entgegenstellt. Sie allein kann den wahrhaften Charakter und den notwendigen allgemeinen (naturgesetzlichen; G.S.) Gang dieser Kultur kennzeichnen. Sie allein endlich gestattet, die Bildung der ersten menschlichen Gruppen zu erklären und die Geschichte der Kindheit unseres Geschlechtes bis zu dem Punkt zu führen, wo dieses beginnt, der Kultur den ersten Aufschwung durch die Schaffung einer Sprache zu geben.
An diesem Punkte hört aber naturgemäß die Rolle der direkten physiologischen Betrachtungen in der sozialen Physik auf, da diese von dort ab ausschließlich auf die unmittelbare Beobachtung der Fortschritte des Menschengeschlechtes begründet werden muß. Von dieser Stelle an würde die Schwierigkeit der Deduktion alsbald gar zu groß werden, weil von hier ab der Gang der Kultur plötzlich eine sehr viel größere Geschwindigkeit annimmt, so daß die Glieder, welche miteinander in Zusammenhang gebracht werden müssen, sich plötzlich vervielfältigen. Andererseits hört die Hilfe, welche die Physiologie für das Studium der Vergangenheit liefert, an dieser Stelle auf, notwendig zu werden. Sie hat dann nicht mehr den Zweck, den Mangel der unmittelbaren Beobachtungen zu ersetzen. Denn seit der Schaffung einer Sprache bestehen unmittelbare Daten über die Entwicklung der Kultur, so daß in der Gesamtheit der positiven Forschungen keine Lücke mehr entsteht.

Dem Gesagten ist folgendes hinzuzufügen, damit die wirkliche Rolle der Physiologie in der sozialen Physik vollständig übersehbar wird. Wie *Condorcet* sehr gut bemerkt hat, ist die Entwicklung der Art nur die Resultierende der individuellen Entwicklungen, welche sich von Generation zu Generation verketten; sie muß deshalb notwendigerweise Züge einer allgemeinen

Übereinstimmung mit der Naturgeschichte des Individuums darbieten. Durch diese Analogie gewährt das Studium des Individuums gewisse weitere Mittel der Verifikation und der Beurteilung der Gattungsentwicklung, die von den oben angegebenen verschieden sind und die, wenn sie auch geringere Bedeutung haben, doch den Vorzug besitzen, daß sie sich über alle Zeiten erstrecken.« (Comte 1822: 143 f.)

Die Physiologie der Individuen (ebd. 142) als Theorie des menschlichen Organismus ist in doppelter Hinsicht der »sozialen Physik«, der Wissenschaft vom »sozialen Organismus« (1830/42: 83), vorgeordnet. Sie thematisiert erstens den vorhistorischen Zustand der Menschen bis zur »Bildung der ersten menschlichen Gruppen«. Sie formuliert zweitens die überhistorische »Naturgeschichte des Individuums« als überhistorische Grundlage der »Gattungsentwicklung« (1822: 143f.). Soziologie und Biologie sind einander ergänzende, aufeinander verweisende Wissenschaften, weil die Natur-Wissenschaft vom logos der societas nur auf einen naturalistisch-individualistischen Ansatz gegründet sein kann.

Comte differenziert die Biologie wie die Soziologie in die *Lehre von der Statik* einerseits, in die *Lehre von der Dynamik* andererseits, und betont somit das Besondere des naturwissenschaftlichen Positivismus: die »Versöhnung von Ordnung und Fortschritt« (1844: 115ff.).

»Bei der Soziologie muß man für jedes politische System das Studium der Existenzbedingungen der Gesellschaft von dem der Bewegungsgesetze unterscheiden. Dieser Unterschied führt zu zwei Hauptwissenschaften, der sozialen Statik und der sozialen Dynamik; beide unterscheiden sich ebenso wie die Anatomie von der Physiologie.
Um die praktische Tragweite dieser Einteilung anzudeuten, bemerke ich, daß sie den beiden Begriffen der Ordnung und des Fortschrittes entspricht.« (Comte 1830 / 42: 83)

Die *Soziologie* als Theorie sozialer Ordnung behandelt die Struktur der Gesellschaft in Rücksicht auf Arbeitsteilung und Integration der gesellschaftlich geteilten Arbeit durch eine technokratische Politik; die *Biologie* als Theorie der Ordnung ist die Anatomie. Die *Soziologie* als Theorie sozialen Fortschritts ist die Theorie der drei Stadien; die *Biologie* als Theorie des Fortschritts ist die Physiologie, die Lehre von der »Naturgeschichte des Menschen« (1822: 139).

Die *Biologie als Anatomie*, als Theorie der *Struktur des Individuums*, ist eine Theorie der menschlichen Natur als Basis der Gesellschafts-Natur. Diese Struktur entwickelt Comte in Rücksicht auf die Bedürfnisse einerseits, auf die »Triebe« des Menschen andererseits. Comte spricht von zwei »sozialen Eigentümlichkeiten der menschlichen Natur«, von einer doppelten

»Hilfe, welche die *Soziologie* von der *Biologie* empfängt.« (1830/42: 119-122) Beide Eigentümlichkeiten gelten der *gesellschaftlichen Arbeit*.

Zunächst beschreibt Comte das *Verhältnis von Bedürfnissen und Arbeit* in der positivistischen Ökonomie (1830/42: 119f.): Nur eine stetige, »durch die Einsicht geleitete Arbeit«, konstatiert er, verspricht »Erfolg« (ebd. 119, 122). Da aber geistige Arbeit zur schnellen »Ermüdung« führt, meidet der Mensch diese Anstrengung. Indes zwingt das »Übergewicht der Fähigkeiten des Begehrens« den Menschen zur Arbeit und erweckt so »den Verstand aus seinem Schlafe« (ebd. 119). In dieser Überlegung ist die menschliche Natur in Gestalt der *Bedürfnisse* grundlegend: Der Mensch ist ein vom *»Lustprinzip«* (Freud) geprägtes Wesen, das – gemäß seinem Streben nach Lust – eine natürliche Abneigung gegen nicht-lustvolle, anstrengende *Arbeit* hat. Da aber Nicht-Arbeit keine Bedürfnisse befriedigen kann, überwindet der lustbestimmte Mensch doch seine Abneigung gegen Arbeit – um am Ende seine Lust, seine Bedürfnisse zu befriedigen. Die Arbeit steht somit unter der Herrschaft des »Begehrens«, der »Leidenschaften« – einerseits negativ, indem der Mensch die Arbeit vermeidet, andererseits positiv, indem der Mensch arbeitet, um Bedürfnisse zu befriedigen. Der »Verstand«, der geweckt wird, ist die instrumentelle Rationalität, die auf naturbeherrschende Arbeit ausgerichtet ist. Durch diese Lehre antizipiert Comte die Dogmen der späteren positivistischen Wirtschaftstheorie, der Volkswirtschaftslehre.

Sodann beschreibt Comte (1830/42: 120-122) das Verhältnis von *Vereinzelung und Vergesellschaftung* im System der gesellschaftlich geteilten Arbeit aus der menschlichen Natur. Der Mensch, lehrt er, wird durch zwei *»biologische Triebe«* bestimmt – einen *»egoistischen Instinkt«* (»selbstische Gefühle«) und einen *»sozialen Instinkt«* (»soziale Gefühle«). Der »egoistische Instinkt«, der die »eigenen Interessen« definiert, hat das »Übergewicht«. Weil aber das »allgemeine Interesse« aus den »Einzelinteressen« »von selbst« (ebd. 87) hervorgeht, weil die Tatsachenwelt und die Naturgesetze der Gesellschaft sich aus den Handlungen biologischer Menschen naturwüchsig-harmonisch zusammensetzen (ebd.), leitet der »persönliche« den »sozialen Instinkt«. Es ergibt sich ein »doppelter Gegensatz«, der sich zu einem Kreis zusammenschließt, an dessen Anfangs- und Endpunkt das »private Glück« steht: Zunächst widerstrebt der »egoistische Instinkt« dem »sozialen Zustand« und lenkt andererseits doch den »sozialen Instinkt«, der jenen Zustand »aufrecht erhält«; durch den »egoistischen Instinkt« wird jeder Einzelne an seine besondere Arbeit in der gesellschaftlich geteilten Arbeit gebunden, leistet damit aber automatisch einen Beitrag zur gesellschaftlichen Gesamtarbeit. Sodann »begründet« der »soziale Instinkt« den

»sozialen Zustand« und bringt zugleich das »private Glück« hervor: die Bedürfnisse der Einzelnen lassen sich allein durch die gesellschaftliche Gesamtarbeit befriedigen. Comte erinnert zudem an das christliche Gebot, man solle seinen Nächsten lieben wie sich selbst, um darzulegen, daß der Mensch die Freuden und Schmerzen eines anderen »mitgenießen« und »miterleiden« kann (»Sympathie«), darüber das Privatinteresse vergißt und das »gemeinsame Glück« begründet. So liegt im Gegensatz von »egoistischem« und »sozialem Instinkt« eine Steigerung privaten Glücks – eine utilitaristische Annahme. Im Frühwerk von 1822 behauptet Comte eine »instinktive Tendenz des menschlichen Geschlechtes, sich zu vervollkommnen.« (a.a.O., 96) Im *System der positiven Philosophie* heißt es: »Dieser doppelte Gegensatz bildet den Keimtrieb der Erhaltung (Ordnung; G.S.) und Verbesserung (Fortschritt; G.S.).« (1830/42: 122) Das ist die *biologisch-triebtheoretische Grundlegung* der soziologischen Lehre von der sozialen Statik.

Auch die *soziologische Lehre von der Dynamik* oder vom Fortschritt wird von Comte auf eine *biologische Grundlage* gestellt. Diese unterscheidet sich indes nicht von der »Trieb«- oder »Instinkt«-Lehre, die die Ordnungslehre fundiert. Indirekt supponiert Comte erneut ein natürliches Streben des Menschen nach privatem Glück:

> »Bei einer methodischen Darstellung der politischen Philosophie dürften zunächst diejenigen individuellen Triebe zu untersuchen sein, welche die Elemente der treibenden Kraft der menschlichen Gattung sind. Man kann sie auf den Trieb zurückführen, der den Menschen ohne Unterlaß bestimmt, seine Lage zu verbessern, oder, mit anderen Worten, sein physisches, moralisches und geistiges Leben zu entwickeln.« (Comte 1830 / 42: 90)

Dieser Trieb begründet den Fortschritt der Menschen und der Menschheit. Damit ist die Lehre von der sozialen Dynamik doppelt definiert: Erstens betont Comte, der Fortschritt sei »Entwicklung« – denn Fortschritt könne in nichts anderem bestehen als einer Entwicklung »der Fähigkeiten, welche die menschliche Natur ausmachen« und die insofern vorausgesetzt sind. Zweitens kann die Entwicklung nicht zu einer »grenzenlosen Vervollkommnung« führen – sie erfolgt »innerhalb der dem menschlichen Organismus gezogenen Grenzen.« (ebd. 94f.) Daß der Fortschritt in »einer steten Entfaltung der menschlichen Natur« besteht, definiert seinen Verlauf als naturgesetzlich und naturgeschichtlich; daß die »Entwicklung« zugleich ein Fortschritt ist, setzt Comte als »unbestreitbare Tatsache«; daß schließlich das Ziel des Fortschritts der positive Zustand ist, besagt das Dreistadiengesetz (ebd. 93f.). Ist im Ziel des Fortschritts die ursprünglich gegebene menschliche Natur bloß entfaltet, so muß der »Geist des Positivismus« in dieser Natur – den Instinkten – stecken: Comte setzt den Positivismus als anthropologische Struktur und als Naturgeschichte des Individuums voraus (vgl. ebd. 137-139).

Im *Plan* von 1822 hat Comte die biologische Begründung des sozialen Fortschritts weiter ausgeführt (a.a.O., 88-99). Zunächst, sagt er, ist die menschliche Natur die Grundlage des Kulturfortschritts:

»Die zweite fundamentale Idee (»die den Geist der positiven Politik festlegt«: ebd. 90; G.S.) besteht darin, *daß der Fortschritt der Kultur sich nach einem notwendigen Gesetz vollzieht.* Die Erfahrung der Vergangenheit beweist auf das bestimmteste, daß die Kultur in ihrer fortschreitenden Entwicklung einen natürlichen und unabänderlichen Weg nimmt, welcher durch die Gesetze der menschlichen Organisation (die durch die Physiologie erforscht werden; vgl. ebd. 139 ff.; G.S.) bedingt ist und welcher daher seinerseits das oberste Gesetz aller politischen Vorgänge darstellt.« (Comte 1822: 91)

Das »Naturgesetz« der kulturellen Entwicklung geht zurück auf das Naturgesetz der »menschlichen Organisation«. Comte definiert den Begriff der Kultur durch rationale Naturbeherrschung:

»Genau gesprochen besteht die Kultur einerseits in der Entwicklung des menschlichen Geistes und andererseits in der Entwicklung der Einwirkungen des Menschen auf die Natur, welche die Folge der ersten ist. Mit anderen Worten, die Elemente, aus denen sich die Idee der Kultur zusammensetzt, sind die Wissenschaften, die Künste, die Industrie, wobei das letzte Wort in seinem ausgedehnten Sinne, wie immer bei mir, zu nehmen ist.« (Comte 1822: 88)

Der »Kulturzustand« wiederum »bestimmt notwendig den Zustand der sozialen Organisation«, vor allem deshalb, weil die Kultur »den Zweck der Betätigung der Gesellschaft festlegt.« (ebd. 88) So ist die »bürgerliche Ordnung« bloßer »Ausdruck des jeweiligen Kulturzustandes.« Das ist die erste »Grundidee, die den Geist der positiven Politik festlegt«. Endlich bestimmt die »bürgerliche Ordnung« die »politische Ordnung« (ebd. 90).

So hat Comte, gegen den revolutionären Liberalismus, gegen die klassische liberale Sozialphilosophie, eine *Fachwissenschaft von der Gesellschaft und vom Individuum* erarbeitet, die *Naturwissenschaft* ist. Biologie und Soziologie sind wohl anti-revolutionär konzipiert, sollen aber die Resultate der Revolution gegen die drohende Restauration bewahren. Dieses Interesse des naturwissenschaftlichen Positivismus manifestiert sich, indem eine zentrale Erfahrung der liberalen Sozialphilosophie von Vico und Mandeville bis zu Kant und Hegel der gesellschaftlichen Erinnerungslosigkeit verfällt: die aufklärende Erfahrung der Bewußtlosigkeit von Gesellschaft und Geschichte. Die in der Erfahrung einer »zweiten (übersinnlichen) Natur« (Kant Bd. X: 202; Hegel: Bd. 12: 57) ausgesprochene *Entfremdung und Entzweiung* wird auf eine naturgesetzliche Grundlage gestellt und damit in die *Einheit* von Gesellschafts- und Menschen-Natur aufgehoben. Der naturwissenschaftliche Positivismus ist das fetischistische Bewußtsein einer fetischistischen Gesellschaft: *Umschlag der liberalen Aufklärung in eine technisch-rationale Mythologie.* In dieser, in der Theorie einer Maschinengesellschaft von Maschinenmenschen, ist die *Vernunft-Utopie* einer Gesellschaft, in der die Menschen ihre Freiheit im Bewußtsein ihrer selbst und ihrer Verhältnisse verwirklichen, *untergegangen.*

Comte hat die Soziologie als Naturwissenschaft von der Gesellschaft auf die Grundlage der Biologie als Wissenschaft vom Menschen gestellt und damit die Geschichte der »Gattung« auf die Grundlage der *»Naturgeschichte des Menschen«* (1822: 139). Eine solche »Naturgeschichte« hat *Charles Darwin* aus Shrewsbury/England geliefert und ist dadurch einer der Begründer der Biologie als Fachwissenschaft. Denn seine »Naturgeschichte« hat die Wissenschaft vom Menschen vom mythologischen Dogma der biblischen Schöpfungsgeschichte befreit: daß Gott den Menschen, nach den Tieren und Pflanzen, als sein Ebenbild erschaffen hat. Dagegen hat Darwin ein »genealogisches« System entwickelt, das die Kontinuität von Tier- und Menschenwelt aufzeigt, so daß eine Linie von Fischen und Amphibien bis zu Vögeln und endlich zum Menschen führt (Darwin 1871: 162-184), der seinerseits eine Entwicklung von den »wilden« zu den »civilisirten Rassen« aufweist (ebd. 20, 23, 96). Indem der Naturforscher die Naturgeschichte aus einem Kampf von Menschen gegen die umgebende Natur und gegen andere Menschen um knappe Nahrungsmittel expliziert, hat er nicht nur die *politisch-ökonomische Erfahrung des liberalen Konkurrenzkapitalismus* (vgl. Marx an Engels, 18.6.1862. In: MEW 30: 248f.) auf die Natur übertragen, sondern in der Natur auch ein *positivistisches System instrumenteller, selbsterhaltender Rationalität* erkannt, das schon er selbst auf die Anthropologie und die Theorie der Gesellschaftsgeschichte zurück übertragen konnte und das deshalb von der späteren ökonomischen Theorie – der *Volkswirtschaftslehre* (von C. Menger bis zum Neoliberalismus F. A. von Hayeks) – in die ökonomische Theorie der Gesellschaft integriert werden konnte.

Freilich ist Darwins Positivismus von dem Comtes wesentlich verschieden. Comte hat durch sein Dreistadiengesetz eine technisch-rationale Steuerung von Gesellschaft und Geschichte anvisiert – er hat die instrumentelle Rationalität als Systemrationalität aufgefaßt. Bei Darwin hingegen setzt sich der Fortschritt naturwüchsig durch, so daß die einzelnen Organismen technisch-rational unter Bedingungen eines undurchschauten Ganzen handeln – erst der Erfolg im Überlebenskampf zeigt, daß sie technisch richtig handelten. Das technisch-rationale Handeln der Organismen ist bei Darwin ein *versuchsweises Handeln Einzelner;* der naturgesetzliche Fortschritt setzt sich durch dieses Handeln der Atome blind und doch rational durch (vgl. Darwin 1859: 215-219, 276-280). So ist Darwins Theorie, durch seinen *atomistischen technischen Rationalismus* und seinen *latenten Ökonomismus,* sowohl natur- wie sozialwissenschaftlich höchst folgenreich geworden.

Die Grundlage seiner Theorie der *»Naturgeschichte«* als *»Evolution«* (1859: 558, 560f.) ist Darwins enzyklopädisches empirisches Wissen auf den Gebieten des organischen Lebens und der Geologie. Er hat einerseits alle relevanten Autoren rezipiert (ebd. 1-11), vor allem aber hat er auf einer Forschungsreise zwischen 1831 und 1836, die ihn nach Südamerika, nach Südafrika, in den Pazifik und endlich nach Australien und Neuseeland führte, umfangreiches Material über die Tier- und Pflanzenwelt gesammelt. Mit einer faszinierenden wissenschaftlichen Phantasie hat er dieses Material ausgewertet, in Zusammenhang gebracht und endlich seine revolutionäre Theorie formuliert. Darwins erstes Hauptwerk erschien 1859: *On the Origins of Species by Means of Natural Selection* (›Über die Entstehung der Arten durch natürliche Zuchtwahl *oder* die Erhaltung der begünstigten Rassen im Kampfe um's Dasein‹). Die in diesem Werk ausführlich entwickelte und materialreich begründete allgemeine Theorie der Naturgeschichte hat Darwin in seinem 1871 publizierten zweiten Hauptwerk: *The Descent of Man and Selection in Relation to Sex* (›Die Abstammung des Menschen‹) zur Theorie der Naturgeschichte des Menschen entwickelt.

Ich skizziere zunächst Darwins allgemeine Theorie der *»Naturgeschichte«* nach seinem ersten, danach seine Theorie der *Abstammung des Menschen* nach seinem zweiten Hauptwerk.

Darwin hat in seinem Werk *Über die Entstehung der Arten* die *allgemeine Theorie der »Naturgeschichte«* in den Kapiteln 1 bis 5 dargestellt; die Kapitel 6 bis 13 beschäftigen sich mit »Schwierigkeiten und Einwänden« gegen die Theorie (1859: 189); in den Schlußkapiteln 14 und 15 wird die systematische Bedeutung der Theorie erläutert und ein Resümee formuliert.

Die *Theorie der Naturgeschichte* skizziert Darwin gleich zu Beginn des Werks, noch vor dem ersten Kapitel (ebd. 11-25). Er stellt den Zusammenhang von *System* und *Geschichte* der Natur heraus: Das hierarchisch und deduktiv konstruierte System von Klassen, Ordnungen, Familien, Unterfamilien, Gattungen (Genera), Arten (Species), Unterarten, Varietäten (Rassen), Untervarietäten und endlich einzelnen Individuen (ebd. 482f.) sei als ein »Natursystem« (ebd. 491) aufzufassen, das sich aus der »Descendenz« (»Abstammung«) ergäbe; darum sei das System ein »genealogisches« (ebd. 489), ein »Stammbaum« (ebd. 152, 232, 491). Die »Blutsverwandtschaft«, konstatiert Darwin, ist das »unsichtbare Band«, das die Natur zur Einheit eines »Systems« zusammenschließt (ebd. 489, 504, 522). Das »Natursystem« ist ein System der »Naturgeschichte« (ebd. 560f.). In diesem System steht am Anfang ein erster Organismus, der durch Zeugung, Abstammung und Vererbung mit allen späteren Organismen verbunden ist (ebd. 481, 559f.). Die Genese des ersten Organismus kann Darwin jedoch nur aus dem doch überwundenen Schöpfungsmythos erklären (ebd. 555f.).

Darwin hat dieses »genealogische Natursystem« freilich empirisch nicht vorfinden können: es ist eine gedankliche, nur empirisch gestützte Konstruktion. Dabei hat der Naturforscher, wie er mehrfach betont, das von *Thomas Robert Malthus* (1766-1834) 1798 aufgestellte *Bevölkerungsgesetz* rezipiert. Malthus hatte, um Smiths Theorie vom *Wealth of Nations* zurückzuweisen, argumentiert (a.a.O., 13-27): Die Bevölkerung wächst »in geometrischer Reihe« (1, 2, 4, 8, 16, etc.), die Menge der verfügbaren Nahrungsmittel aber nur in »arithmetrischer Reihe« (1, 2, 3, 4, etc.). Daraus resultiert das »große Gesetz unserer Natur« und der »gesamten belebten Natur«: die Menschheit ist »zu einem unablässigen Auf und Ab von Glück und Elend verurteilt« (ebd. 13f.; vgl. ebd. 24-27). Die *Nahrungsmittel* sind – volkswirtschaftlich ausgedrückt – prinzipiell *knapp*, so daß der *Kampf um Nahrungsmittel* ebenso unvermeidlich ist wie das Elend von Menschen. Das ist die Grundlage der Theorie Darwins:

»Ein Kampf um's Dasein tritt unvermeidlich ein in Folge des starken Verhältnisses, in welchem sich alle Organismen zu vermehren streben. Jedes Wesen, welches während seiner natürlichen Lebenszeit mehrere Eier oder Samen hervorbringt, muss während einer Periode seines Lebens oder zu einer gewissen Jahreszeit oder gelegentlich einmal in einem Jahre eine Zerstörung erfahren, sonst würde seine Zahl zufolge der geometrischen Zunahme rasch zu so ausserordentlicher Grösse anwachsen, dass kein Land das Erzeugte zu ernähren im Stande wäre. Da daher mehr Individuen erzeugt werden, als möglicher Weise fortbestehen können, so muss in jedem Falle ein Kampf um die Existenz eintreten, entweder zwischen den Individuen einer Art oder zwischen denen verschiedener Arten, oder zwischen ihnen und den äusseren Lebensbedingungen. Es ist die Lehre von MALTHUS in verstärkter Kraft auf das gesammte Thier- und Pflanzenreich übertragen; denn in diesem Falle ist keine künstliche Vermehrung der Nahrungsmittel und keine vorsichtige Enthaltung vom Heirathen möglich. Obwohl daher einige Arten jetzt in mehr oder weniger rascher Zahlenzunahme begriffen sein mögen: alle können es nicht zugleich, denn die Welt würde sie nicht fassen.

Es gibt keine Ausnahme von der Regel, dass jedes organische Wesen sich auf natürliche Weise in einem so hohen Masse vermehrt, dass, wenn nicht Zerstörung eintrete, die Erde bald von der Nachkommenschaft eines einzigen Paares bedeckt sein würde. Selbst der Mensch, welcher sich doch nur langsam vermehrt, verdoppelt seine Anzahl in fünfundzwanzig Jahren, und bei so fortschreitender Vervielfältigung würde die Erde schon in weniger als tausend Jahren buchstäblich keinen Raum mehr für seine Nachkommenschaft haben. LINNÉ hat schon berechnet, dass, wenn eine einjährige Pflanze nur zwei Samen erzeugte (...) und ihre Sämlinge im nächsten Jahre wieder zwei gäben u.s.w., sie in zwanzig Jahren schon eine Million Pflanzen liefern würde.« (Darwin 1859: 83; vgl. die anderen Versionen dieser Theorie: ebd. 11 f., 18, 24)

Diesen »Kampf um's Dasein« *(struggle for life)* nennt Darwin: einen *»Krieg der Natur«* (ebd. 11, 18, 97). Durch diesen Krieg, durch diesen bellum omnium contra omnes um »Leben« und »Tod« – um die »Selbsterhaltung« – wird eine *natural selection* (»natürliche Zuchtwahl«) vollzogen (ebd. 18, 81, 97). In diesem Krieg um knappe Nahrungsmittel kämpfen die Organismen einerseits *gegen die »umgebende«, die anorganische »Natur«* (ebd. 11), um diese durch Anpassung an die Naturgesetze zu beherrschen. In diesem Krieg kämpfen die Organismen andererseits *gegen Konkurrenten.* Das Resultat des – nach der Logik der Selbsterhaltung: *technisch-rational* geführten – Krieges der Organismen gegen die unorganische Natur und gegen konkurrierende Organismen ist das »Überleben des Passendsten« *(survival of the fittest)* einerseits, das »Aussterben« der »Unpassendsten« andererseits (ebd. 80f., 99, 190): es siegen die Organismen, die sich der Umgebung am besten angepaßt haben, die auf Umweltveränderungen durch *maximale Anpassung* reagieren: durch Ausbildung von Varietäten (ebd. 74, 97-106, 495). Das ist: die natural selection durch eine »Concurrenz« (ebd. 74, 95), durch einen »Wettkampf« (ebd. 80f.) der Lebewesen um das Überleben. Die durch maximale Anpassung, durch Differenzierung Siegreichen vererben ihre Anpassungsleistung und machen diese dadurch allgemein (ebd. 502f.). Im »Krieg der Natur«, resümiert Darwin, überlebt, herrscht und »vermehrt« sich »der Kräftige, der Gesunde und Glückliche«, während der Schwache, Kranke und Unglückliche beherrscht und endlich eliminiert wird (ebd. 16, 97, 481-483, 500): der »Krieg der Natur« konstituiert das genealogische »Natursystem« (ebd. 489-491). Das Wissen um dieses System ist technisch umsetzbar: in eine »künstliche Zuchtwahl« (ebd. 17, 49, 115-121).

Darwin hat in seinem zweiten Hauptwerk über die *Abstammung des Menschen* (1871) diese – ohnehin sozialphilosophisch und politisch-ökonomisch inspirierte – *allgemeine Theorie der Naturgeschichte* auf die *Geschichte des Menschen und der menschlichen Gesellschaft* angewendet (ebd. 1f.). Er hat dadurch *den Menschen und seine Gesellschaft* a priori als ein System konstruiert, in dem die Menschen nach der *instrumentellen Logik der Selbsterhaltung* um *knappe Lebensmittel konkurrieren* – in dem um Sieg oder Niederlage, um *Leben und Tod* gekämpft wird und am Ende der Angepaßteste, der »Kräftige, Gesunde und Glückliche« überlebt. Darwin hat mithin die Logik der kapitalistischen Produktionsweise erst auf die Natur übertragen, wie er explizit vermerkt (1859: 83), also total verdinglicht, und diese verdinglichte Logik dann auf den Menschen und seine Gesellschaft zurück übertragen. So konnte seine Theorie vom verdinglichten Bewußtsein der neoliberalen Volkswirtschaftslehre gleichfalls auf den Menschen und die Gesellschaft angewendet werden. Im Zirkel dieser Übertragung und Rückübertragung erscheint die gesellschaftliche Bewußtlosigkeit, der gesellschaftliche Dogmatismus der herrschenden Verhältnisse.

Wenn die Geschichte des Menschen und seiner Gesellschaft ein Moment der allgemeinen Naturgeschichte sind, wenn die *Abstammung des Menschen* die Theorie der Naturgeschichte auf »eine Art einzeln genommen« anwendet (1871: 2), dann ist der *Mensch nur aus der Evolution der organischen Natur hervorgegangen, nur ein höheres Tier.* So bestimmt Darwin den Gegenstand seines zweiten Hauptwerks:

> »Die einzige Aufgabe dieses Werkes ist, zu untersuchen, erstens, ob der Mensch, wie jede andere Species, von irgend einer früher existierenden Form abstammt, zweitens, welches die Art seiner Entwicklung war, und drittens, welchen Werth die Verschiedenheiten zwischen den sogenannten Menschenrassen haben.« (Darwin 1871: 2; siehe zur Genese des Menschen aus dem Tierreich: ebd. 162 – 184)

Indem Darwin die Theorie der Naturgeschichte auf den Menschen anwendet, erkennt er die Geltung der Theorie von *Malthus* für die menschliche Gesellschaft an, so daß die Lehre von einem »Krieg der Natur« zur Lehre von einem *Gesellschaftskrieg* um *knappe Lebensmittel* mit der Konsequenz einer *»natürlichen Selektion«* erweitert wird:

> »Bei dieser Untersuchung würde man dann zunächst zu der wichtigen Frage kommen, ob der Mensch zu einer im Verhältnis so rapiden Zunahme neigt, daß hierdurch gelegentlich heftige Kämpfe um das Dasein und in Folge dessen wohlthätige Abänderungen veranlaßt werden, gleichviel ob am Körper oder am Geiste, welche dann bewahrt bleiben, während die nachtheiligen beseitigt werden. Greifen die Rassen oder Arten, gleichviel welcher Ausdruck hier angewandt wird, über einander über und ersetzen einander, so daß einige schließlich unterdrückt werden? Wir werden sehen, daß alle diese Fragen, …, bejahend beantwortet werden müssen, in derselben Weise wie bei den niederen Thieren.« (Darwin 1871: 7 f.)

Der Mensch ist nicht als Gottes Ebenbild erschaffen. Er wird, nach Darwin, geboren aus Nahrungsmittelknappheit, Anpassung an die Lebensbedingungen, Ausbildung von Varietäten, Krieg, Selektion und Herrschaft – er ist der Sieger im »Krieg der Natur« (1859: 97), er ist der Herrscher über die Natur. Innerhalb der Menschheit dominieren Krieg, Auslese und Herrschaft der Stärksten. So erscheint Hobbes' bellum omnium contra omnes als Naturgesetz des Menschen und der Menschheit. Diese Theorie ist relevant in Rücksicht auf die *logische Struktur,* vor allem aber in Rücksicht auf die *Logik der Geschichte* des *Menschen* und seiner *Gesellschaft.*

Wenn der Mensch aus der allgemeinen Naturgeschichte hervorgegangen ist, dann ist die *Anthropologie* – wie in Comtes Enzyklopädischem Gesetz – als Biologie *der Naturwissenschaft der Gesellschaft logisch-systematisch und historisch vorgeordnet,* dann ist die Gesellschafts-Natur das Produkt der Natur des Menschen. Comte hatte darum im Menschen zwei *»Instinkte«* unterschieden: den »egoistischen« und den »sozialen«. Analog lehrt Darwin (1871): Im Menschen koexistieren ein *egoistischer »Instinct«,* der auf individuelle »Selbsterhaltung« abzielt, und ein *»socialer Instinct«* (ebd. 121), der auf kollektive Selbsterhaltung ausgerichtet ist. Der soziale Instinkt ist freilich kein a priori naturhaft Gegebenes, sondern hat sich bewußtlos durch »Gewohnheiten, Unterricht und Beispiel« erst entwickelt, ist dann zur menschlichen Natur geworden und als solche vererbt worden (ebd. 74, 132, 137). Der soziale Instinkt ist Produkt der Menschheits- als Naturgeschichte und reproduziert diese Geschichte, indem er die Vergesellschaftung und dadurch die kollektive Selbsterhaltung in einem allgemeinen bellum omnium contra omnes sichert (ebd. 110-119). Durch den sozialen Instinkt konstituiert sich die Gesellschaft als ein aggressiver Gesamtorganismus, der die Kampfkraft der Einzelnen nach außen steigert; das gelingt freilich nur, indem im Inneren der Gesellschaft der egoistische Selbsterhaltungstrieb durch »Selbstbeherrschung« unterdrückt wird (ebd. 120). Menschliche Gesellschaften werden durch Instinkte, also organisch integriert: als Abstammungs-, als »Blut«-Gemeinschaften (vgl. ebd. 29). Bei Darwin, wie bei Comte, besteht ein Kontinuum zwischen der Naturwissenschaft vom Menschen und der Naturwissenschaft von der Gesellschaft.

Die *Struktur des Menschen und seiner Gesellschaft* beschreibt Darwin (1871) einerseits aus dem *Krieg mit den äußeren »Lebensbedingungen«* (ebd. 3): aus der lebensnotwendigen Beherrschung der umgebenden Welt durch Anpassung – das gelte für Tiere, also auch für Menschen. Darwin lehrt: Die Unterschiede von Lebensbedingungen der Menschen, die sich aus unterschiedlichen sozialen Klassen (»Rangclassen«) und aus unterschiedlichen Positionen im System der gesellschaftlich geteilten Arbeit (»verschiedene Beschäftigungen«) ergeben, manifestieren sich in der Differenzierung einer menschlichen »Rasse« (Art) in »Varietäten«. *Die gesellschaftlichen Verhältnisse verfestigen und reproduzieren sich als Natureigenschaften von Menschen;* die Klassengesellschaft verdinglicht sich zu einer Gesellschaft von Rassen und Varietäten. Als Beleg für diese Einsicht zitiert Darwin aus Untersuchungen, die ergeben haben, »daß bessere Nahrung und größerer Komfort die Körpergröße beeinflussen.« Die Arbeits- und Lebensbedingungen des Proletariats umgekehrt beeinträchtigen die Körpergröße (ebd. 35). Da die Proletarier »mit ihren Händen und Füßen arbeiten«, werden sie zunehmend mit großen Händen geboren. Da sie zudem »grobe, ungekochte Nahrung« kauen müssen, entwickeln sich ihre Kaumuskeln und Kiefer entsprechend (ebd. 36f.). Die so entstandenen Varietäten von Menschen bilden die Basis – gleichsam das Material – des »Kampfes um's Dasein« und der »natürlichen Selektion«.

Als die zweite, wesentliche Seite des »Krieges der Natur« hatte Darwin (1859: 11, 97) den *Krieg eines »Organismus mit dem anderen«* bezeichnet. Die Ursache dieses Krieges explizierte er durch das *Bevölkerungsgesetz von Malthus.* Aus ihm sollen der *»Kampf um's Dasein«* und die *»natürliche Selektion«* notwendig folgen. Das ist auch der Argumentationsgang in *Die Abstammung des Menschen* (1871: 48-68).

»Man weiß, daß civilisierte Völker unter günstigen Bedingungen, wie in den Vereinigten Staaten, ihre Zahl in fünfundzwanzig Jahren verdoppeln, ...« (1871: 48 f.)

»Die frühen Urerzeuger des Menschen müssen auch wie alle andern Thiere die Neigung gehabt haben, über das Maß ihrer Subsistenzmittel hinaus sich zu vermehren; sie müssen daher gelegentlich einem Kampfe um die Existenz ausgesetzt gewesen sein und in Folge dessen dem starren Gesetze der natürlichen Zuchtwahl unterlegen sein. Wohlthätige Abänderungen aller Arten werden daher entweder gelegentlich oder gewöhnlich erhalten, schädliche beseitigt worden sein.« (Darwin 1871: 52; vgl. ebd. 68)

So folgt die Naturgeschichte der Logik der Selbsterhaltung durch Anpassung an die Lebensbedingungen und Herrschaft: durch Unterjochung der unorganischen sowie der organischen Natur in einem Kampf, in einem Krieg um Leben und Tod. Der *Mensch* stellt den Höhepunkt der Naturgeschichte dar: er hat sich im »Krieg der Natur« durchgesetzt, er ist die *Personifikation der Logik der Selbsterhaltung, der Herrschaft und des Krieges* – er ist Produkt dieser Logik, die er zugleich reproduziert. Der Mensch ist Krieger, die menschliche Gesellschaft bildet einen Zusammenhang durch den pazifizierten »Krieg« der Konkurrenz sowie durch einen nicht-pazifizierten

Krieg zwischen Nationen. Sie befindet sich, als Ganze, im Krieg mit der unorganischen Natur.

Vor allem liefert Darwin eine Darstellung der *Geschichts-Logik des Menschen und seiner Gesellschaft.* Diese Geschichte ist, als Teil der allgemeinen Naturgeschichte, eine Geschichte des »Kampfes um's Dasein«.

»Der Mensch ist selbst in dem rohesten Zustand, in welchem er jetzt existiert, das dominierendste Thier, was je auf der Erde erschienen ist. Er hat sich weiter verbreitet als irgend eine andere hoch organisierte Form und alle andern sind vor ihm zurückgewichen. Offenbar verdankt er diese unendliche Überlegenheit seinen intellectuellen Fähigkeiten, seinen socialen Gewohnheiten, welche ihn dazu führten, seine Genossen zu unterstützen und zu vertheidigen, und seiner körperlichen Bildung. Die äußerst hohe Bedeutung dieser Charactere ist durch endgültige Entscheidung des Kampfes um's Dasein bewiesen worden. Durch seine intellectuellen Kräfte ist die articulierte Sprache entwickelt worden, und von dieser haben seine wundervollen Fortschritte im Wesentlichen abgehangen. (...) Er hat verschiedene Waffen, Werkzeuge, Fallen u.s.w. erfunden und ist fähig, sie zu gebrauchen; und damit vertheidigt er sich, tödtet er oder fängt er seine Beute und vermag sich auf andere Weise Nahrung zu verschaffen.« (Darwin 1871: 53)

Der Mensch ist, in seinen *körperlichen* und *intellektuellen* Eigenschaften, das Tier, das sich im »Kampf um's Dasein« – im »Krieg der Natur« – durchgesetzt hat, weil es selbst das effizienteste Kriegs-Instrument ist. Er herrscht über die organische und anorganische Natur einerseits durch seine körperliche Ausstattung: Hände, Füße, aufrechter Gang (ebd. 54-59). Er herrscht andererseits durch seinen »Intellect«, der fähig ist, Waffen zu erfinden und anzuwenden (ebd. 53, 141). Er hat sich zudem in jenem Krieg durchgesetzt, weil er sich *vergesellschaftet* (ebd. 69f.). Der Mensch und die menschliche Gesellschaft sind Produkte und rational-effiziente Waffen im »Krieg der Natur«: Das ist das Dogma sowohl der Anthropologie, wie der Gesellschafts-, wie der Geschichtstheorie Darwins.

Nach dieser anthropologischen und sozialen Theorie der Naturgeschichte ist der *Fortschritt teleologisch und naturgesetzlich,* aber den agierenden Organismen gegenüber bewußtlos verlaufen (1859: 564f.). Denn erst durch den Fortschritt sind *Körper und Geist des Menschen* aus der Geschichte der Organismen durch Anpassung, Ausbildung von Varietäten, Kampf und Selektion *entstanden* und entwickeln sich durch diese Mechanismen immer weiter (ebd. 214f.); durch diesen teleologischen Fortschritt, durch dieses Anpassungshandeln, werden Körper und Intellekt des Menschen zu bloßen »Mitteln« zur Durchsetzung eigene gegen fremde Zwecke (ebd.). Weil der Fortschritt naturgesetzlich, technisch-rational, also zweckrational verläuft und die Menschen selbst zweckrational formt, ist die Naturgeschichte als Ganze, die Geschichte des Menschen und seiner Gesellschaft insbesondere, durch die Logik der Naturbeherrschung geprägt: durch die Logik der Arbeit, der Produktion (ebd. 143ff., 207). Der Mensch ist: ein technisch-rationales, der Naturgeschichte blind subsumiertes Lebewesen, das einerseits in einem Krieg gegen die Umgebung diese arbeitend zu beherrschen sucht; das andererseits seine Zwecke in einem Überlebenskampf um knappe Nahrungsmittel gegen andere einzelne Menschen technisch-rational durchzusetzen will; das sich endlich vergesellschaftet, um in einem Kampf um's Dasein das Überleben gegen andere Gemeinschaften kollektiv zu sichern intendiert.

Darwins *Theorie naturgeschichtlichen Fortschritts* durch den universellen Daseinskampf enthält eine *Theorie des Verfalls und der Regression.* Wenn der Mensch, um sein Überleben im bellum omnium contra omnes zu sichern, sich vergesellschaftet und dabei seinen egoistischen Instinkt zugunsten des sozialen Instinkts unterdrücken muß; wenn er also, um den äußeren Krieg von Gesellschaften gegen Gesellschaften zu bestehen, den inneren Gesellschafts-Krieg überwinden muß, dann unterdrückt er den Motor des Fortschritts: den Kampf (1871: 128). Der Verfall ist vollständig, wenn der soziale Trieb sich auf die gesamte Menschheit ausdehnt, so daß nicht nur die Stärksten, sondern auch die Schwächsten überleben (ebd. 148, 153, 155). Der von Kant als Verwirklichung der Vernunft ausgezeichnete weltbürgerliche Friedenszustand erscheint bei Darwin als Zustand des Verfalls (ebd. 133-138, 140-161). Damit steht dieser Naturforscher, der einen so bedeutenden Beitrag zur Ent-Mythologisierung der Welt geleistet hat, auf dem Standpunkt Nietzsches, der die klassisch-liberale Friedensutopie verspottet (Werke III: 491, 700f.) und zynisch notiert: »Daß die Natur des Menschen *böse* ist, ist mein Trost: es verbürgt die *Kraft!*« (ebd. 433) So ist Darwins Theorie der Naturgeschichte eine anklagende Apologie des Gesellschafts-Krieges: eine Theorie, die den Fortschritt vom Liberalismus zum Imperialismus ausdrückt.

Graf Gobineau, geboren 1816 nahe Paris, hat die *biologische Lehre vom Individuum* zur Theorie der *Ungleichheit von Menschenrassen (Essais sur l'inégalité des races humaines,* vier Bände: 1853/55) entwickelt. Er teilt damit die gesellschaftliche Erfahrung des naturwissenschaftlichen Positivismus Comtes, auch die Darwins. Aber Gobineaus Theorie ist weder auf die Bewahrung der Verdienste der Französischen Revolution gerichtet wie die Comtes, noch kann sie als aufklärende Ent-Mythologisierung gelten wie die Darwins. Gobineaus Rassentheorie, formuliert noch in der Epoche des

Liberalismus, entbehrt jeden Bezugs zur liberalen Aufklärung, zum revolutionären Liberalismus: sie steht bereits auf dem Boden des Imperialismus.

Freilich ist schon bei *Comte* der Übergang von der biologischen Anthropologie zur *Rassentheorie*, wenn nicht zum rationalen Rassismus vollzogen. Im *Plan* von 1822 stellt er die »gegenwärtige Krisis« der widersprüchlichen Einheit von untergehender metaphysischer »Desorganisation« und kommender positivistischer »Reorganisation« der Gesellschaft (a.a.O., 35) als eine Krisis dar, die »offenbar gleichförmig bei allen Völkern des westlichen Europas« besteht und darum eine »europäische Behandlung erforderlich« macht (ebd. 69). Die »Vereinigung« der Völker Westeuropas soll unter einer »positiven«, technokratischen Politik erfolgen. Das sei die Alternative zur »Heiligen Allianz« (ebd. 69-73). Da Comte die Gesetze der Gesellschaft als Naturgesetze auffaßt, die aus einer unwandelbaren und überall gleichen menschlichen Natur herrühren (ebd. 117), begreift er das soziologische Grundgesetz – das Dreistadiengesetz – nicht nur als Gesetz der gesellschaftlichen Entwicklung Frankreichs oder Westeuropas, sondern der Menschheit (vgl. ebd. 117; 1844: 155; 1830/42: 90f.). Daraus folgt die Perspektive einer *Ausdehnung der technokratischen Integration von Westeuropa »auf die ganze Gattung Mensch«* (1830/42: 514). In dieser Welt kommt der »weißen Rasse«, ist Comte überzeugt, eine dominierende Stellung zu. Da sie im naturgesetzlichen Entwicklungsgang – schreibt er – am weitesten fortgeschritten ist, übernimmt sie naturwüchsig die Funktion einer »Elite« (ebd. 444f.) – denn die technokratische Systemsteuerung spaltet die Gesellschaft, der naturgesetzlichen Ungleichheit der Menschen entsprechend, in eine Elite von Steuerern und eine Masse von Gesteuerten (vgl. ebd. 130f.; 1822: 54-56, 66). Dieser unverhohlene *Rassismus* ist nicht zufällig: Er resultiert aus der Apologie sozialer *Ungleichheit* und der Begründung der Soziologie durch die *Biologie* – aus der Verabschiedung gesellschaftstheoretischer Aufklärung. Als *neuer Individualismus* wird der methodische Solipsismus zur normativen Grundlage der positiven Sozial-, zumal der Wirtschaftswissenschaften.

Freilich ist schon bei *Darwin* der Übergang von der biologischen Anthropologie zu einer Theorie der Naturgeschichte vollzogen, die die Genese des Menschen aus dem Tierreich zwar entmythologisierend konstruiert, aber die Geschichte des Menschen und seiner Gesellschaft als Abstammung erklärt: als »Bluts«-Zusammenhang.

Gobineau steht auf demselben Standpunkt des gesellschaftlichen Fetischismus, aber er radikalisiert Comtes und Darwins Fetischismus zur Lehre vom *ungleichen »Blut«-Wert der Menschen und Nationen,* der *ungleiche »Zivilisationen«* hervorbringt. Diese »Blut«-Wert-Theorie von den

Menschenrassen ist zunächst allgemein und dann zunächst gesellschaftstheoretisch, danach geschichtsphilosophisch vorzustellen. Ich zitiere in der folgenden Skizze nach den Auszügen des vierbändigen *Versuch über die Ungleichheit der Menschenrassen* in den *Ausgewählten Schriften* (Gobineau 1853/55).

Die »Blut«-Wert-Theorie, die *Theorie eines »relativen Werts« der »Menschenrassen« und »Nationen« im allgemeinen* begründet und expliziert Gobineau gegen eine verbreitete Ansicht. Danach sind es klimatische und geographische Bedingungen: Hitze oder Kälte, Vegetation und Bodenschätze, Höhenlagen oder flaches Land, die die »Entwicklung der Völker« bestimmen (ebd. 18). Gobineau beobachtet jedoch, daß die »Rothautstämme« Nordamerikas trotz der sehr günstigen Naturbedingungen keineswegs aus der »Barbarei« herausgefunden haben, in Ägypten, Indien und China aber – trotz sehr ungünstiger Naturbedingungen – Hochkulturen entstanden sind (ebd. 19, 33). Also, schließt der Rassentheoretiker, wird der »relative Wert der Menschenrassen«, der »soziale Wert« der »Nationen« (ebd. 18, 22), nicht durch äußere Naturbedingungen bestimmt – die »Menschenrassen« und »Nationen« bringen diesen »Wert« immer schon mit. Dieser »innere Wert«, dieser »relative Wert«, konstatiert Gobineau (ebd. 19-25), besteht im »Blut«: in den »Anlagen« der »Rasse«, im »Blut in [ihren] Adern«. Er erscheint: in der Ausbeutung der Bodenschätze, in der Landwirtschaft, im Handwerk, in Handel und Gewerbe, in Städten und Märkten, im »Wohlstand«. So ist der »innere Wert«, der »Bluts«-Wert, unmittelbar ein »sozialer Wert«.

Durch diese Bluts-Wert-Theorie hat Gobineau *gesellschaftliche Verhältnisse* vollständig naturalisiert, individualisiert, anthropologisiert: er erklärt sie aus dem Verhältnis der Blut-Natur des Menschen zur äußeren Natur. Insofern ist diese Rassentheorie: *Rassismus* – Projektion gesellschaftlicher Verhältnisse auf die Natur, Erklärung gesellschaftlicher Verhältnisse aus einer phantasierten Menschen-Natur. *Antisemit* ist Gobineau darum allenfalls latent: er würdigt »die Juden« »als Krieger, als Ackerbauern, als Kaufleute« – als »auserwählte Rasse«, als ein »freies, ein starkes, ein kluges Volk«, das »der Welt fast ebenso viele weise Meister als Kaufleute geliefert hatte« (ebd. 22f.). Die *Rassentheorie als Theorie der Gesellschaft* setzt an die Stelle der libertas die Blut-Natur, an die Stelle der Gleichheit die Ungleichheit aller Menschen: eben den »relativen Wert«.

Gobineau expliziert seine *Rassentheorie der Gesellschaft* einerseits auf der Ebene der *Weltgesellschaft*. Die Ungleichheit der Menschenrassen erkennt er vor allem in der weltgeschichtlichen Herrschaft der »germanischen Rasse« als »Eliterasse« (ebd. 34). Der »Natur der Weißen«, behauptet er, haftet unzerstörbar ein »Hang zur Freiheit« an (ebd. 36). Gobineau konstruiert die Überlegenheit der »germanischen Rasse« aus einem Gegensatz zum Romanischen. In seiner Skizze des Niedergangs des *Römischen Reiches* (ebd. 39ff.) notiert er, nicht die Germanen hätten Rom zerstört, sondern das Römische Reich sei bereits an sich selbst zugrunde gegangen – durch »Blutmischung«. Die Germanen seien vielmehr bereits die »Quelle« des kaiserlichen Rom gewesen und hätten nach dessen Niedergang die Reste der römischen Zivilisation bewahrt (ebd. 41-43). In dieser Perspektive erscheint das *Mittelalter* nicht länger als eine dunkle Zeit des Rückfalls hinter die antike Kultur, sondern als Fortschritt (ebd. 44ff.). Im Unterschied zum »unfruchtbaren Geist des Römertums« (ebd. 47) ist, nach Gobineau, das »Denken« des Mittelalters »kraftvoll und gesund«, gespeist »von einem Wissens-, einem Tatendrange ohne Grenzen«. Im Mittelalter sei »die ganze Überlegenheit der modernen Zivilisation über das alte Römertum begründet.« (ebd. 46) Der historische Fortschritt, alle Zivilisation ist germanisch: »Es gibt nichts Glorreicheres in der Geschichte der Menschheit als die Rolle der Völker des Nordens.« (ebd. 43) – Eine »Elite« stellen die »Weißen« dar, weil sie anderen Rassen überlegen sind. Die Überlegenheit setzt sich, dem Naturalismus der Blut-Wert-Theorie entsprechend, im Überlebenskampf von Rassen durch. Gobineau erklärt die gewaltsame Eroberung Nordamerikas durch die »angelsächsischen Reste« als »Erfindung der Neuzeit«, als Durchsetzung der Zivilisation durch eine »siegreiche oder vorherrschende Rasse« (ebd. 24).

»Nicht der Brahmane, nicht der Magier haben das Bedürfnis empfunden, alles, was sich ihrer Denkart nicht anschloß, ringsum aufs allergründlichste verschwinden zu lassen. Unsere Zivilisation ist die einzige, welche diesen Instinkt und zugleich diese Gewalt des Mordens besessen hat; sie ist die einzige, die ohne Zorn, ohne Aufregung, im Gegenteil in dem Wahne, über alle Maßen mild und mitleidig zu sein, und unter Verkündung der unbegrenztesten Sanftmut unaufhörlich daran arbeitet, sich mit einem Horizonte von Gräbern zu umgeben. Der Grund hiervon ist der, daß sie nur lebt, um das Nützliche zu finden; daß alles, was ihr in ihren Bestrebungen nicht nützt, ihr schadet, und daß konsequenterweise alles, was schadet, im voraus verurteilt und, wenn der Augenblick gekommen ist, vertilgt wird.« (Gobineau 1853/55: 49)

Ist soziale Herrschaft auf die pure Physis des Menschen reduziert, wird der *Kampf der Nationen und Zivilisationen* zu einem *naturnotwendigen Überlebenskampf*, die Herrschaft einer Nation über andere zu einer mörderischen Rassenherrschaft. Der Fortschritt der Zivilisation vollzieht sich – nach dieser Theorie – als Völkermord.

Gobineau expliziert seine *Rassentheorie der Gesellschaft* anderseits auf der Ebene der *inneren Verhältnisse einer Gesellschaft: der Ungleichheit der Klassenstruktur.* Seine zu einer Rassentheorie naturalisierte Klassentheorie expliziert den Klassengegensatz als Gegensatz des »Blutes«. Wenn das »Blut« der Ursprung der Zivilisation ist, so liegt – Gobineau zufolge – im »Blut« die gesellschaftliche Ungleichheit in Form von zivilisierten und unzivilisierten Rassen. Der Rassentheoretiker formuliert die These: »daß der modernen Kultur diejenigen Volksbestandteile widerstreben, die von den Urhebern dieser Kultur nicht dem Blute nach abstammen.« Als ein Beispiel führt er den »Abgrund« an, der in Frankreich »zwischen Paris und dem übrigen Lande liege«: »vor den Toren der Hauptstadt beginne ein ganz anderes Volk« (ebd. 25). Die »Völker« Frankreichs glichen einander auf gar keine Weise. Die »Masse unserer Landbevölkerung« könne »weder lesen noch schreiben« und zeige zudem ein »entschiedenes Widerstreben«, Kinder zur Schule zu schicken (ebd. 26). Dahinter verberge sich »ein Gefühl unbesiegbarer Feindseligkeit gegen unsere Zivilisation«. Aber nicht nur die Bauern, auch die Arbeiter Frankreichs erscheinen dem Rassentheoretiker als Zivilisationsfeinde. Die Arbeiter lernen wohl das Lesen und Schreiben, aber nur, um sich gegen die bürgerliche Gesellschaft zu erheben:

> »Unsere östlichen Departements und unsere großen Fabrikstädte zählen viele Arbeiter, die gern lesen und schreiben lernen. Sie leben in einer Sphäre, wo ihnen die Nützlichkeit derartiger Kenntnisse in die Augen springt. Aber sobald diese Leute die ersten Anfangsgründe des Unterrichts in ausreichendem Maße innehaben, was machen sie dann zumeist daraus? Mittel, um sich diese und jene Vorstellungen und Ansichten anzueignen, welche der bestehenden Gesellschaftsordnung nicht mehr nur instinktiv, sondern fortan aktiv feindselig sind.« (Gobineau 1853 / 55: 27)

Die Ursache dieser Zivilisationsfeindschaft erkennt Gobineau im »Blut«. Denn die »Arbeiterbevölkerung des Nordostens«, die ebenfalls »Elementarkenntnisse« erwerbe, revoltiere nicht – weil sie der »germanischen Rasse weit näher« stehe (ebd. 27f.).

Gobineaus Rassentheorie der Gesellschaft impliziert eine *Rassentheorie der Geschichte:* als Durchsetzung der »germanischen« »Eliterasse« (ebd. 34): »die Geschichte aller bisherigen Gesellschaft« ist ihm nicht »die Geschichte von Klassenkämpfen« (Marx, Engels: MEW 4: 462), sondern von Rassenkämpfen. Das Apriori des historischen Fortschritts sind in der Theorie Gobineaus menschliche »Rassen«, die in ihrem »Blut« die »Anlage« zu »Zivilisation« und Herrschaft tragen: die »Weißen«, die »Völker des Nordens«, die »germanische Rasse«, aber auch die Ägypter, Inder, Chinesen, Phönizier, Juden (ebd. 20-23, 36, 39ff.). Diese »Rassen« werden nun ihrem »Blut« gerecht, indem sie ihre Zivilisation durch Eroberung verbreiten (ebd. 12ff.). Entweder führt die Eroberung zur Eliminierung der Eroberten – das wäre Fortschritt (ebd. 49); oder sie führt zur Verbreitung der Zivilisation durch »Mischung des Blutes« (ebd. 32) – die mögliche Folge ist ein Zivilisations-Verfall. Erfolgte die »Mischung« mit »blutsverwandten Völkern«, würden wenigstens jene Kulturelemente bewahrt, die von der Eroberten begriffen wurden (ebd. 34). Erfolgte die Verbreitung der Kultur durch Eroberung mittels einer »Blut«- und »Rassenmischung« der erobernden mit eroberten »minderwertigen« Rassen, die einen »Widerwillen« gegen die Zivilisation der Eroberer zeigen (ebd. 31-33, 35ff.), veränderte sich durch die »Verschmelzung« der Rassen der »Rassencharakter« der Herrschenden, bis diese »verschwinden« (ebd. 14f., 55): dieser Ausgang des Rassenkampfes muß der Regelfall sein, weil eine Eroberung nur gegen »minderwertige«, unterlegene Rassen möglich ist. So erfolgt, durch die machtvolle Eroberung der »minderwertigen« durch die wertvollen Rassen, durch die gewaltsame Verbreitung der Kultur, voraussichtlich eine »Degeneration« der herrschenden Rassen, ein »Rassendurcheinander« (ebd. 54) und ein Verfall der Kultur (ebd. 10ff.). Die Vereinigten Staaten sind Gobineau das gegenwärtige Beispiel einer degenerativen »Rassenmischung«. Er vermag deshalb in Amerika keine Möglichkeiten einer »Erneuerung der menschlichen Gesellschaft«, der »Schaffung einer überlegenen …. Zivilisation« zu erkennen (ebd. 48ff., 55). Gobineau expliziert diese Lehre vom historischen Fortschritt und Verfall als Theorie, die die »Ursachen von Leben und Tod der Völker« im »Innern des menschlichen Individuums« und im »Innern eines sozialen Körpers« – nämlich im »Blut«, im »innern Wert« – aufweist (ebd. 9-11).

Indem Gobineaus Rassentheorie Ausdruck total verdinglichter gesellschaftlicher Verhältnisse ist, so daß diese vollständig naturalisiert und anthropomorphisiert sind, hat er den naturwissenschaftlichen Positivismus vollständig von der Intention gereinigt, die Ergebnisse der Französischen Revolution durch ein System der Industrie und der Technokratie, der Ordnung und des Fortschritts, zu bewahren. Er hat den naturwissenschaftlichen Positivismus in eine Apologie innernationalen und internationalen Rassenkampfes ums Überleben verwandelt. Damit steht er schon auf dem Boden des kommenden Imperialismus: des Zusammenhangs von Krise und Krieg.

Der *naturwissenschaftliche Positivismus* hat das bewußtlose Allgemeine des revolutionären Liberalismus: die »List der Vernunft«, die »zweite Natur« (vgl. Hegel, Bd. 12: 49, 57), zu einer »ersten Natur« verdinglicht. Durch diese

Verdinglichung erscheinen äußere Natur und leibliche Natur des Menschen, Individuum und Gesellschaft als Momente eines universalen Naturzusammenhangs, durch diese Verdinglichung ist alle Wissenschaft: Mathematik und Naturwissenschaft (Physik). In dieser Natur-Einheit ist die revolutionäre, aufklärende Erfahrung einer Entzweiung von Gesellschaft, Natur und Individuum verloren und damit die Einsicht in die Bewußtlosigkeit der Verhältnisse: jene Einsicht, die das mythologische und metaphysische Dogma von einer theologischen Welteinheit zerbrach und die deshalb den Anspruch auf Vernunft erhob. Der Mensch der positivistischen Biologie und »sozialen Physik«, der technisch-rationalen Welteinheit, ist ein *Maschinenmensch,* ausgestattet mit Instinkten, die bei allen Menschen gleich sind. So ist dieser Mensch total vergesellschaftet, so kann aus der »Naturgeschichte des Menschen« die »Kulturgeschichte« unmittelbar hervorgehen (Comte 1822: 139, 144): der positivistische Maschinenmensch ist kein Besonderes in gegensätzlicher Einheit mit dem Allgemeinen einer Maschinengesellschaft, sondern deren unmittelbare Personifikation – er ist ein *Individuum ohne Individualität.* Freilich tritt, bei Saint-Simon und auch bei Comte, der naturwissenschaftliche Positivismus mit der paradoxen Intention einer Kritik der Französischen Revolution auf, die die Verdienste der Revolution gegen die drohende und reale Restauration zu retten beansprucht. In der weiteren Entwicklung der biologischen Anthropologie nach Saint-Simon und Comte ist bei Darwin noch eine fundamentale Ent-Mythologisierung der Welt, eine naturwissenschaftlich-kritische Aufklärung enthalten. Bei Gobineau ist diese ganz verloren. Indem der Positivismus die bürgerliche Aufklärung hinter sich läßt, läßt er die liberale *Reproduktion der Gewaltgeschichte* rein hervortreten: als technisch-rational ausgeübte Gewalt von Menschen über Menschen, von Nationen über Nationen – als positivistischen bellum omnium contra omnes.

3.3.2 Geisteswissenschaftlicher Positivismus: Gesellschaftsgeschichte und Biographie-Erforschung (Historische Schule, Dilthey)

Der geisteswissenschaftliche Positivismus formuliert, im Gegensatz zu Saint-Simons und Comtes naturwissenschaftlichem Positivismus, a priori ein anderes historisches Interesse: eine Kritik der Französischen Revolution, die auf die Restauration zielt (Marx: MEW 1: 80f.). Dieser Positivismus geht aus von der deutschen Historischen Schule des Rechts, die zu Zeiten des Wiener Kongresses (1814/15) gegen das französische Vernunftrecht polemisiert.

Im Unterschied zum naturwissenschaftlichen Positivismus weiß dieser Positivismus vom *»Unbewußten«*. Dennoch stimmt der geisteswissenschaftliche mit dem naturwissenschaftlichen Positivismus wesentlich überein: indem er das Unbewußte als ein Unaufklärbares setzt, verabschiedet er sich von der Aufklärung und vollzieht eine Fetischisierung und Individualisierung der Verhältnisse, eine Auflösung des Individuums in die Gesellschaft. Dieser Positivismus verdinglicht das unbewußte Allgemeine, in dem der liberale Vernunftanspruch enthalten war, explizit zu einem allgemeinen Irrationalen ohne aufklärerischen Gehalt, so daß das Irrationale auf die Grundlage eines sozialen Atomismus gestellt und dann nur noch beschrieben wird. Daher wird die liberale Vernunft-Moral auf einen privatistisch-irrationalen Sinn verkürzt, daher wird die liberale Konstruktion einer öffentlichen, aufgeklärten Verständigung verkürzt auf ein privatistisches Sinnverstehen, durch das das verstehende Subjekt sich entweder in das zu verstehende Objekt hineinversetzt – oder umgekehrt: dieses in den eigenen Sinnentwurf auflöst. In beiden Versionen erfolgt eine abstrakte Identifikation des Einzelnen mit dem Allgemeinen, die Konstitution einer konformistischen Einheit von Individuum und Gesellschaft, die sich so in eine Gemeinschaft verwandelt (vgl. Tönnies 1887). Während der naturwissenschaftliche Positivismus das Individuum als ein Besonderes auflöst, indem er durch seinen *methodischen Individualismus* den Menschen zu einem bloßen Moment eines naturgesetzlichen, technisch-rationalen Kosmos herabsetzt, löst der geisteswissenschaftliche Positivismus durch seinen *methodischen Individualismus* des Sinnverstehens das Individuum in das ethisch Irrationale der undurchschauten gemeinschaftlichen Tradition auf (vgl. Weber: WL: 9, 17, 505). Das naturwissenschaftlich-positivistische Individuum ist der technisch-rational konforme, das geisteswissenschaftlich-positivistische Individuum ist der irrational konforme Mensch.

Die Reduktion der liberalen »List der Vernunft« (Hegel) auf ein *irrationales Allgemeines* hat zuerst die *Historische Schule des Rechts* durch ihre Kritik der Französischen Revolution vollzogen. Die Schule wurde durch *Gustav Hugo* (1764-1844) und *Friedrich Carl von Savigny* (1779-1861) aus Frankfurt am Main begründet. Savigny antwortete in seiner klassischen rechtstheoretischen Schrift: *Vom Beruf unserer Zeit für Gesetzgebung und Rechtswissenschaft* (1814), gegen Anton Friedrich Justus Thibaut gerichtet, auf ein politisch-gesellschaftliches Problem in Deutschland zu Zeiten der Gründung des Deutschen Bundes.

Nach dem Ende der napoleonischen Herrschaft, durch die die Rheinbund-Staaten unter das Revolutionsrecht – den Code Civil (Code Napoléon)

– gestellt worden waren, stand die Frage nach der Neuordnung Deutschlands auf der Tagesordnung. Diese Frage war a priori als eine rechts- und staatsphilosophische gestellt: denn es galt, sich vom französischen Rationalismus in der Form des *Staatsrechts* abzusetzen, wie Jean-Jacques Rousseau es im *Contrat Social* entworfen hatte und wie es in die Menschenrechtserklärung vom August 1789 eingegangen war. Der Kern jenes Rechts war die Idee der volonté générale, des vernünftigen allgemeinen Willens, durch den die Staatsbürger sich zur Republik vereinigen. Die Frage nach der Neuordnung Deutschlands hätte scheinbar leicht entschieden werden können durch Rückkehr zum alten Recht. Aber Savigny (1814: 130ff., 150ff.) bemerkt: In denjenigen Ländern, »in welchen bis jetzt gemeines Recht und Landesrecht (nur etwa unterbrochen durch die kurze Herrschaft des Code) galt«, herrscht ein ganz unübersichtlicher Zustand in Rücksicht auf die »Rechtsquellen«, so daß ein »Rufen nach Gesetzbüchern« entstanden ist (ebd. 95, 97ff., 136f.). Das tradierte Recht, konstatiert Savigny, ist »uns« fremd geworden, so daß »wir« es nicht mehr verstehen – die Tradition, die deutsche Identität ist brüchig geworden und kann nur durch eine »streng historische Methode« sinnverstehend – hermeneutisch – wieder angeeignet werden. Es gelte demnach, Recht nicht durch Vernunft neu zu setzen, sondern die »organische« Rechtsentwicklung historisch-hermeneutisch fortzuschreiben. Die Historische Schule hat die historische Methode des Quellenstudiums in der Absicht etabliert, die deutsche Identität auf eine unreflektierte Tradition zu stellen, so daß ein Gegensatz zur Vernunft des kosmopolitischen Liberalismus gesetzt war.

Die Historische Schule hat mithin rechtstheoretisch die deutsche Identität im Gegensatz zum kosmopolitischen Vernunftrecht konzipiert und auf das Fundament einer anti-rationalen, »organisch« wirkenden Tradition gestellt. Das kollektive Subjekt dieses blind tradierten, sinnverstehend angeeigneten Rechts konnte nur die Partikularität der Volks-Gemeinschaft sein: das deutsche Volk – eine abstrakt-identische, im undurchschauten Allgemeinen aufgehende *konformistische Gemeinschaft,* die sich anderen als Fremden entgegensetzt. Der Bürger dieser Volks-Gemeinschaft mußte als ein Subjekt aufgefaßt werden, das die blinde Tradition sinnverstehend nicht aufklärt, sondern als blinde Tradition wieder in Kraft setzt, so daß es selbst in dieser aufgeht – durch Anpassung. So war durch die deutsche Historische Schule das deutsche Volk als Subjekt der Gegenaufklärung und als ein Volk ohne Individuen gesetzt, die gegen das Allgemeine ihre Besonderheit hätten zur Geltung bringen können: der Einzelne ist in der Gegenaufklärung der *Untertan.* Diese Apologie der blinden Tradition ist eine *Apologie der Restauration.*

Von diesem, durch die Historische Schule etablierten, methodischen Individualismus des Sinnverstehens und des Quellenstudiums ist im 19. Jahrhundert erst die Geschichtswissenschaft, später die deutsche Volkswirtschaftslehre (Gustav von Schmoller), endlich allgemeiner die Kulturwissenschaft (Heinrich Rickert) ausgegangen.

Am Ende des 19. und zu Beginn des 20. Jahrhunderts hat *Wilhelm Dilthey* (1833-1911) aus Wiesbaden die Logik der Geisteswissenschaften im allgemeinen expliziert. Sein Hauptwerk erschien im Jahre 1883: *Einleitung in die Geisteswissenschaften. Versuch einer Grundlegung für das Studium der Gesellschaft und der Geschichte. Erster Band* (GS I); die Vorarbeiten begannen um 1865. Nach 1883 arbeitete Dilthey, bis zu seinem Tode, am Text des geplanten zweiten Bandes der *Einleitung*, der eine erkenntnistheoretische Fundierung der Geisteswissenschaften liefern und diese reflektieren sollte. Die wichtigsten, teils publizierten, teils unveröffentlichten Texte wurden zwischen 1905 und 1910 verfaßt; sie stehen unter dem Titel: *Der Aufbau der geschichtlichen Welt in den Geisteswissenschaften* (GS VII).

Vor allem hat Dilthey in diesen grundlegenden Werken den *methodischen Individualismus* und *gesellschafts-geschichtlichen Irrationalismus* der Geisteswissenschaften – im Anschluß und im Gegensatz zu Hegels *Philosophie des Geistes* – betont. Bereits der Titel des ersten Hauptwerks deutet *Diltheys Verhältnis zu Hegel* an: Geisteswissenschaften stehen in Kontinuität zur Philosophie des Geistes und teilen darum deren Gegenstand. Aber die *Wissenschaften* des Geistes differieren von der *Philosophie* des Geistes wie Einzelwissenschaften von der »Weltweisheit« (Hegel: Bd. 12: 528): ihre Erkenntnis zielt nicht auf das Ganze, und darum fallen sie hinter den Anspruch der Vernunft zurück. So setzt die Wissenschaft des Geistes ihren Gegenstand bewußtlos als Faktizität voraus. Darin liegt der Positivismus: die Aufklärung des Gesellschaftlich-Unbewußten ist verloren und damit die Idee einer vernunftgerichteten theoretischen und praktischen Aufklärung.

Zunächst ist dieses Verhältnis der Geisteswissenschaften Diltheys zu Hegels Philosophie des Geistes zu skizzieren; daraus ergibt sich die Bestimmung des Gegenstands der Geisteswissenschaften: Gesellschaft und Geschichte als vernunftlose Welten; Dilthey gibt sodann eine Darstellung der subjektiven Konstitution von Gesellschaft und Geschichte; weiter entwickelt er ausführlich die Methode der subjektiven Erkenntnis des Gegenstands; schließlich wird das Verhältnis von Geistesphilosophie und Geisteswissenschaften zusammenfassend aufgenommen und unter dem Gesichtspunkt des Verhältnisses von Individuum und Gesellschaft resümiert.

Hegels philosophisches System, umrissen in der *Enzyklopädie der philosophischen Wissenschaften* (1817[1], 1827[2], 1830[3]: Werke 8 bis 10), beginnt mit der »Darstellung Gottes …, wie er in seinem ewigen Wesen vor der Erschaffung der Natur und des endlichen Geistes ist« (Bd. 5: 44): mit der *Wissenschaft der Logik* (Bd. 8). Es folgt die *Naturphilosophie* (Bd. 9). Am Schluß steht die *Philosophie des Geistes* (Bd. 10): die Darstellung der »geistigen Welt«, der »Geschichte« (Bd. 20: 455). Die Philosophie des Geistes hat Hegel differenziert in die Darstellung des *subjektiven Geistes:* Anthropologie, Phänomenologie des Geistes, Psychologie. Es folgt die Darstellung des *objektiven Geistes:* Recht, Moralität und Sittlichkeit (Familie, bürgerliche Gesellschaft, Staat, Verhältnis der Staaten als Weltgeschichte). Am Ende der Geistesphilosophie und damit des gesamten Systems steht die Darstellung des *absoluten Geistes:* Kunst, Religion, Philosophie. Der Fortschritt der Philosophie des Geistes ist konstruiert als Fortschritt der Verwirklichung der Vernunft, als Fortschritt eines vernünftigen Begreifens der Welt. Während Hegel auf der Ebene des objektiven Geistes noch, entsprechenden Formulierungen A. Smiths folgend, darlegt, daß in der bürgerlichen Gesellschaft die Menschen nur bewußtlos das vernünftige allgemeine Interesse verwirklichen, daß in der Weltgeschichte eine »List der Vernunft« herrscht, beansprucht er, durch die Philosophie dieses bewußtlose Allgemeine zu Bewußtsein zu bringen und dadurch den bewußtlosen Verstand in die Vernunft aufzuheben. So scheint die Verwirklichung der Vernunft auf dem Boden der Philosophie zu gelingen – und eben nicht in der »empirischen Gegenwart« (Bd. 17: 344).

Die *Geisteswissenschaften* expliziert *Dilthey,* mit *Hegel,* durch die Gegenstände der Philosophie des *objektiven Geistes:* insofern gelten diese Wissenschaften dem *Studium der Gesellschaft und der Geschichte* (Dilthey, GS I: Untertitel). *Gegen Hegels* Philosophie des Geistes bestimmt Dilthey die Geistes-Wissenschaften durch die Abkehr vom Anspruch, den *objektiven Geist* als den seiner selbst bewußtlosen Verstand zu Bewußtsein zu bringen, in die Vernunft des *absoluten Geistes* aufzuheben – weil er *im objektiven Geist keinen Vorschein der Vernunft* zu erkennen vermag. Die Erkenntnis des objektiven Geistes konzipiert Dilthey vielmehr durch dessen Rückübersetzung in den *subjektiven Geist.* So steht Dilthey auf dem Boden nicht nur der *Gegenaufklärung* der Historischen Schule; sondern er drückt auch bewußtlos die Erfahrung einer bürgerlichen Gesellschaft aus, deren realer und theoretischer Logos eine *Ideologie ohne Utopie* ist. Die Geisteswissenschaften sind insofern zentral: *»Kritik der historischen Vernunft«* (Dilthey, GS VII: 191ff.) – Gesellschafts- und Geschichts-Wissenschaft auf dem Boden der Gesellschaft als des bewußtlosen Allgemeinen. Dieses Bewußtlose kann nur noch auf die Ebene des *subjektiven Geistes* zurückgebeugt werden: durch die Methode des *Sinnverstehens.* Die Geisteswissenschaften reduzieren die »List der Vernunft«, das *unbewußte Allgemeine,* auf das *»Irrationale« des »Lebens«* (ebd. 218), das einzig durch einen *methodischen Individualismus* verstanden werden kann. Das *Individuum der Geisteswissenschaften* ist: ein gesellschaftlich unaufhebbar *bewußtloses,* durch das Sinnverstehen mit dem allgemeinen Irrationalen *konformes* Subjekt.

Dilthey hat durch diesen Anschluß und diese Abkehr von Hegels Philosophie des objektiven Geistes den *Gegenstand der Geisteswissenschaften* bestimmt. Einerseits begreift er den objektiven Geist nicht als Objektivation der Vernunft in der Form des Verstands, sondern als Objektivation des subjektiven Geistes. Andererseits vermag er den objektiven Geist nicht durch die Gestalten des absoluten Geistes, vorab die Philosophie, in die Vernunft aufzuheben, sondern nur in den subjektiven Geist zu übersetzen.

»Ich habe die Bedeutung des objektiven Geistes für die Möglichkeit der geisteswissenschaftlichen Erkenntnis dargelegt. Ich verstehe unter ihm die mannigfachen Formen, in denen die zwischen den Individuen bestehende Gemeinsamkeit sich in der Sinnenwelt objektiviert hat. In diesem objektiven Geist ist die Vergangenheit dauernde beständige Gegenwart für uns. Sein Gebiet reicht von dem Stil des Lebens, den Formen des Verkehrs zum Zusammenhang der Zwecke, den die Gesellschaft sich gebildet hat, zu Sitte, Recht, Staat, Religion, Kunst, Wissenschaften und Philosophie. Denn auch das Werk des Genies repräsentiert eine Gemeinsamkeit von Ideen, Gemütsleben, Ideal in einer Zeit und Umgebung. Aus dieser Welt des objektiven Geistes empfängt von der ersten Kindheit ab unser Selbst seine Nahrung. Sie ist auch das Medium, in welchem sich das Verständnis anderer Personen und ihrer Lebensäußerung vollzieht. Denn alles, worin sich der Geist objektiviert hat, enthält ein dem Ich und dem Du Gemeinsames in sich. Jeder mit Bäumen bepflanzte Platz, jedes Gemach, in dem Sitze geordnet sind, ist von Kindesbeinen ab uns verständlich, weil menschliches Zwecksetzen, Ordnen, Wertbestimmen als ein Gemeinsames jedem Platz und jedem Gegenstand im Zimmer seine Stelle angewiesen hat. Das Kind wächst heran in einer Ordnung und Sitte der Familie, die es mit deren andern Mitgliedern teilt, und die Anordnung der Mutter wird von ihm im Zusammenhang hiermit aufgenommen. Ehe es sprechen lernt, ist es schon ganz eingetaucht in das Medium von Gemeinsamkeiten.« (Dilthey, GS VII: 208 f.; siehe Diltheys weitere Bestimmungen des objektiven Geistes: ebd. 70, 79, 82, 84, 86)

Der »objektive Geist« ist zunächst ein Nicht-Sinnliches, dann eine »Gemeinsamkeit … zwischen den Individuen«, weiter ein »Zwecksetzen, Ordnen, Wertbestimmen«, endlich die Objektivation jener »Gemeinsamkeit … in der Sinnenwelt«: der objektive Geist gehört dem Bereich nicht des Seins, sondern des Sollens an, erscheint aber an Seiendem. Als eine Objektivation ist die Gemeinsamkeit durch Verstehen ins Innere, Übersinnliche zurückzuübersetzen. Das Verstehen transzendiert nicht den »objektiven Geist« durch vernünftige Aufklärung, sondern verwandelt das objektivierte Geistige zurück in das reine, übersinnliche Geistige: die pure »Gemeinsamkeit«. Die Methode des Verstehens setzt den objektiven Geist als ein vernunftloses Sollen voraus und intendiert nur, diesen Geist in den subjektiven aufzulösen. So stiftet das Verstehen eine innere, vernunftlose Werte-Gemeinschaft und integriert das Subjekt in diese Gemeinschaft – auf distanzlose, vernunftlose, irrationale Weise. Der Individualismus des Sinnverstehens setzt die Gesellschaft als eine vernunftlose Welt ent-individualisierter, konformistischer Untertanen.

Dilthey skizziert die geisteswissenschaftliche Theorie der *Konstitution von Gesellschaft und Geschichte:* der *Objektivation des subjektiven Geistes.* Diese Konstitution faßt er, der Setzung des Erkenntnisgegenstands als vernunftloser Werte-Gemeinschaft konformistischer Individuen, als eine gemeinschaftliche und subjektivistische ineins. Dilthey hat den Inhalt, vor allem aber die Methode der Geisteswissenschaften zusammengefaßt in der berühmten Formulierung: »Die Geisteswissenschaften sind so fundiert in diesem Zusammenhang von Leben, Ausdruck und Verstehen.« (VII: 87; vgl. 191ff.) Grundlegend ist der – von Hegel entlehnte – Begriff des *Lebens.* Hegel hat seine vernunftgerichtete Philosophie anfangs unter den Begriff der Liebe, alsbald unter den des Lebens, schließlich unter den des Geistes gestellt. ›Leben‹ ist bei Dilthey jedoch vom Bezug auf die Vernunft befreit:

> »Leben ist der Zusammenhang der unter den Bedingungen der äußeren Welt bestehenden Wechselwirkungen zwischen Personen, aufgefaßt in der Unabhängigkeit dieses Zusammenhangs von den wechselnden Zeiten und Orten. Ich gebrauche den Ausdruck Leben in den Geisteswissenschaften in der Einschränkung auf die Menschenwelt; …« (Dilthey, GS VII: 228)

> »Hebt man aber das heraus, was überall und immer in der Sphäre der Menschenwelt stattfindet und als solches das örtlich und zeitlich bestimmte Geschehen möglich macht, nicht durch eine Abstraktion von diesem letzteren, sondern in einer Anschauung, die von diesem Ganzen in seinen immer und überall gleichen Eigenschaften zu den räumlich zeitlich differenzierten hinführt – dann entsteht der Begriff des Lebens, der die Grundlage für alle einzelnen Gestalten und Systeme, die an ihm auftreten, für unser Erleben, Verstehen, Ausdrücken und vergleichendes Betrachten derselben enthält.« (Dilthey, GS VII: 229)

»Leben« ist der Begriff für den allgemeinsten, raum- und zeitunabhängigen »Zusammenhang der … Wechselwirkungen zwischen Personen«, des *Verhältnisses* aller Menschen schlechthin. Weil das Leben das »Ganze« ist, dem »immer und überall gleiche Eigenschaften« zukommen, so ist es das

Unübersteigbare und Unerkennbare: das Irrationale. Nur innerhalb dieses Ganzen ist »das örtlich und zeitliche bestimmte Geschehen möglich« (ebd.), und dieses ist erkennbar unter jener Voraussetzung des Irrationalen. – Das »Leben« verhält sich nun wie das *»Ganze«* zu den Teilen, dem raum- und zeitgebundenen »Geschehen«; dabei ist das Ganze kein Teil neben den Teilen, sondern als Verhältnis den Teilen immanent (VII: 229, 243). Das Leben impliziert seine Erscheinung in den Teilen: seine *Objektivation.* Durch das »Leben«, als Verhältnis, gehen die Teile ineinander über: das Leben ist, als »Totalität« (ebd. 151), Werden, *Geschichte.* – Das Leben verhält sich zum raumzeitlichen Geschehen, zur Geschichte, wie der Geist zu seinen Objektivationen (ebd. 243): Das Leben erscheint im *»Ausdruck«,* in *»Lebensäußerungen«.* »Ausdruck« ist die Projektion von Geist auf Sinnliches, von Innerem auf Äußeres (ebd. 205). Dadurch konstituiert sich objektiver Geist: »Staaten, Kirchen, Institutionen, Sitten, Bücher, Kunstwerke« (ebd. 84). – *»Verstehen«* ist schließlich die Rückübersetzung des entäußerten Geistes, der Gesamtheit seiner »Objektivationen«, ins Innere des total vergemeinschafteten Individuums (ebd. 205). Die Geisteswissenschaften treten *neben* die Naturwissenschaften, das Sinnverstehens tritt *neben* die Kausalerklärung.

Dilthey behandelt ausführlich die *Forschungsmethode,* das *Studium der Gesellschaft und Geschichte.* Dieses Studium kann, analog zur subjektiven Konstitution des Gegenstands, nur *subjektivistisch* erfolgen: durch *»Erleben« und »Verstehen«.* Gegenstandskonstitution und Gegenstandserkenntnis verhalten sich zirkulär zueinander: wird der Gegenstand gemeinschaftlich-subjektivistisch gesetzt, so wird er gemeinschaftlich-subjektivistisch angeeignet. Die geisteswissenschaftliche Forschungsmethode steht auf dem Standpunkt ihres Gegenstands, den sie nur verdoppelt, aber nicht aufklärt: einer vernunftlosen Gemeinschaft ent-individualisierter Individuen. Die Forschung gilt mithin dem »objektiven Geist« als einer gesellschaftlichen und geschichtlichen Werte-Welt: dem »Leben«.

Daher beginnt die Erforschung und Aneignung des objektiven Geistes: mit dem *Er-leben.* Alle geisteswissenschaftliche Erkenntnis, schreibt Dilthey (VII: 131), ist *»Lebensbezug«,* Bezug des erkennenden Subjekts zum »Leben«, dem es angehört. Die Erkenntnis beginnt beim singulären *»Erleben«* und führt über Stufen der Verallgemeinerung zum *»Verstehen«* des »objektiven Geistes«. Dieser »Lebensbezug« wird notwendig konstituiert in der *Dimension des Sollens und Wollens:* der »Werte«, »Zwecke« und »Bedeutungen« (ebd. 82f., 201f.). Denn allein das Sollen und Wollen impliziert jenes *Verhältnis,* das »Lebensbezug« heißt. Die *Be-Deutung* einer Person oder einer Sache setzt die *»Deutung«* durch ein Subjekt voraus: indem dieses die Welt deutet, verleiht es Dingen und Personen eine »Bedeutung«, einen Wert, der eine »Beziehung« (ebd. 73) zwischen dem Subjekt und dem Bedeutsamen sowie zwischen dem Bedeutsamen und einem anderem mehr oder weniger Bedeutsamem ist. – Das Sollen und Wollen stiftet näher ein Verhältnis zwischen einer Person und der Welt in Form von Geschichte. Indem das Bedeutete in eine Beziehung gesetzt wird, löst sich sein isoliertes Sein auf, verweist es auf Anderes. So konstituiert sich die Einheit allen Seins nicht nur systematisch, sondern auch historisch. *Systematisch* konstituiert sich jene Einheit als Verhältnis von Ganzem und Teilen (ebd. 233, 238); *historisch* konstituiert sich jene Einheit als Kontinuum von »Entwicklung« (ebd. 232): als Kontinuum von Vergangenheit, Gegenwart und Zukunft. Dabei gilt die »Bedeutung« der Vergangenheit, der »Wert« der Gegenwart und der »Zweck« der Zukunft (ebd. 201, 232, 235).

Am Beginn der Erkenntnis steht das *Erleben:* ein einzelner Mensch erlebt einzelne Menschen oder einzelne Dinge; es ist ein »Wissen von einem Einmaligen« und bezogen auf »unser eigenes Leben« (VII: 141). Eine Folge von Erlebnissen eines Menschen ergibt einen »Zusammenhang innerhalb eines Lebenslaufs« und endlich die *Biographie* (ebd. 71-73, 80, 132, 140). *»Lebenserfahrung«* heißt nicht bloß Anhäufung von Erlebnissen, sondern strukturierte Erinnerung der Erlebnisse, »Verallgemeinerung« aus einer wachsenden Zahl von Erlebnissen durch »Induktion« (ebd. 132). Durch weitere Verallgemeinerung konstituiert sich aus der »Lebenserfahrung« eines Menschen eine *»allgemeine Lebenserfahrung«:* das ist der »Gemeingeist«, der *»objektive Geist«* einer »Gemeinschaft« (ebd. 96, 98, 112, 133) – die kollektive Geschichte, die kollektive Identität. So geht aus dem Erleben der gesellschaftlich-geschichtlichen Welt diese wiederum hervor. Das erkennende Subjekt gehört seinem Gegenstand an und reproduziert diesen.

Geht der *objektive Geist* durch Verallgemeinerung aus dem Erleben hervor, so kann er nur durch eine Methode erfaßt werden, die sich ebenfalls durch induktive Verallgemeinerung aus dem Erleben gebildet hat: das ist das *Verstehen.* Ist das Erleben das singuläre Wissen eines singulären Menschen von einem singulären Gegenstand, so ist der erste Gegenstand des Verstehens die Übersetzung der Gesellschafts-Geschichte in den eigenen Lebensverlauf: die Gegenstandserkenntnis ist unmittelbar Selbsterkenntnis, weil das Selbst Moment des Gegenstands: des objektiven Geistes, ist. Das Sich-selbst-Verstehen drückt sich aus in der *»Selbstbiographie«* (VII: 199-202, 246-251). In der Autobiographie ist das Subjekt Subjekt-Objekt des Verstehens: es übersetzt das Äußere des eigenen Lebens in das eigene Innere, es übersetzt den von ihm selbst verwirklichten Lebenszusammenhang als Zweckzusammenhang in eigene Werte, in den eigenen Sinn. Dadurch freilich wird die Selbstbiographie zum *Modell des Verstehens der geistigen Welt insgesamt:* das Subjekt geisteswissenschaftlicher Erkenntnis erkennt sich selbst nur, indem es sich in seinen Objektivationen erkennt.

»Das Auffassen und Deuten des eigenen Lebens durchläuft eine lange Reihe von Stufen; die vollkommenste Explikation ist die Selbstbiographie. Hier faßt das Selbst seinen Lebensverlauf so auf, daß es sich die menschlichen Substrate, geschichtlichen Beziehungen, in die es verwebt ist, zum Bewußtsein bringt. So kann sich schließlich die Selbstbiographie zu einem historischen Gemälde erweitern; ...« (Dilthey, GS VII: 204)

Das geisteswissenschaftliche Verfahren des Verstehens setzt das Individuum und seine Geschichte – die Biographie – als unmittelbaren, unaufgeklärten Ausdruck der Gattungsgeschichte: Der Einzelne »repräsentiert doch in seiner Art, wie eine Monade von Leibniz, das geschichtliche Universum.« (ebd. 199) Darum geht die Darstellung der individuellen Geschichte über in die Rekonstruktion der »Zeitgeschichte« (ebd. 250). Die »Biographie«, formuliert Dilthey, ist die »Urzelle der Geschichte« (ebd. 246).

Das Verstehen, hervorgegangen aus dem Erleben, ist ein *allgemeines Wissen eines kollektiven Subjekts von einem allgemeinen Gegenstand:* dem *»objektiven Geist«.* Im Verstehen gehen das erkennende ebenso wie das zu verstehende Subjekt – ego und alter ego – im kollektiven Subjekt auf.

»Das Verstehen erst hebt die Beschränkung des Individualerlebnisses auf, wie es anderseits dann wieder den persönlichen Erlebnissen den Charakter von Lebenserfahrung verleiht. Wie es sich auf mehrere Menschen, geistige Schöpfungen und Gemeinschaften erstreckt, erweitert es den Horizont des Einzellebens und macht in den Geisteswissenschaften die Bahn frei, die durch das Gemeinsame zum Allgemeinen führt.
Das gegenseitige Verstehen versichert uns der *Gemeinsamkeit,* die zwischen den Individuen besteht. Die Individuen sind miteinander durch eine Gemeinsamkeit verbunden, in welcher Zusammengehören oder Zusammenhang, Gleichartigkeit oder Verwandtschaft miteinander verknüpft sind. Dieselbe Beziehung von Zusammenhang und Gleichartigkeit geht durch alle Kreise der Menschenwelt hindurch. Diese Gemeinsamkeit äußert sich in der Selbigkeit der Vernunft, der Sympathie im Gefühlsleben, der gegenseitigen Bindung in Pflicht und Recht, die vom Bewußtsein des Sollens begleitet ist.
Die Gemeinsamkeit der Lebenseinheiten ist nun der Ausgangspunkt für alle Beziehungen des Besonderen und Allgemeinen in den Geisteswissenschaften. Durch die ganze Auffassung der geistigen Welt geht solche Grunderfahrung der Gemeinsamkeit hindurch, in welcher Bewußtsein des einheitlichen Selbst und das der Gleichartigkeit mit den Anderen, Selbigkeit der Menschennatur und Individualität miteinander verbunden sind. Sie ist es, die die Voraussetzung für das Verstehen

bildet. Von der elementaren Interpretation ab, die nur die Kenntnis von der Bedeutung der Worte und von der Regelhaftigkeit, mit der sie in Sätzen zu einem Sinn verbunden sind, sonach Gemeinsamkeit der Sprache und des Denkens fordert, erweitert sich beständig der Umkreis des Gemeinsamen, welcher den Verständnisvorgang möglich macht, in dem Maß, in welchem höhere Verbindungen von Lebensäußerungen den Gegenstand dieses Vorganges ausmachen.« (Dilthey, GS VII: 141; vgl. ebd. 152)

»Wir verstehen nur Zusammenhang.« (GS VII: 257)

Die Methode des Verstehens setzt ein bestimmtes Verhältnis von Individuum und Gesellschaft voraus: Das erkennende Subjekt übersetzt das Äußere des »objektiven Geistes« ins Innere. Aber dieses Innere ist nicht Individualität, Individualpsychologie (VII: 84f.), sondern verinnerlichte Gesellschaft, verinnerlichtes kollektives Unbewußtes. *Das Verstehen konstituiert und reproduziert eine bewußtlose »Gemeinsamkeit« ent-individualisierter Menschen: das Verstehen bewegt sich im hermeneutischen Zirkel von Voraussetzungen und Setzungen.* Gehört das Erkenntnissubjekt dem Erkenntnisobjekt an, und ist dieses ein unaufklärbares Gegebenes, dann ist jener Zirkel unvermeidlich: er indiziert den Dogmatismus, den gesellschaftlichen Irrationalismus der Geisteswissenschaften (vgl. ebd. 227, 262). Nur deshalb kann Dilthey lehren, daß durch das Verstehen die »geschichtliche Welt« auf die Geschichte des Individuums, in »meinen Lebenslauf«, »meine« Biographie zurückgeführt wird.

»Das Verstehen ist ein Wiederfinden des Ich im Du; der Geist findet sich auf immer höheren Stufen von Zusammenhang wieder; diese Selbigkeit des Geistes im Ich, Du, in jedem Subjekt einer Gemeinschaft, in jedem System der Kultur, schließlich in der Totalität des Geistes und der Universalgeschichte macht das Zusammenwirken der verschiedenen Leistungen in den Geisteswissenschaften möglich. Das Subjekt ist hier eins mit seinem Gegenstand, und dieser ist auf allen Stufen seiner Objektivation derselbe. Wenn durch dies Verfahren die Objektivität der im Subjekt geschaffenen geistigen Welt erkannt wird, entsteht die Frage, wieviel dies beitragen kann zur Lösung des Erkenntnisproblems überhaupt.« (Dilthey, GS VII: 191. – An anderer Stelle macht Dilthey klar, daß die Anpassung des Individuums an die Gesellschaft umgekehrt eine Projektion individueller Voraussetzungen auf die Gesellschaft ist: GS VII: 161)

So impliziert die Methode des Verstehens eine spezifische Erfahrung der Gesellschaft. Sie setzt eine *Individualisierung (Atomisierung) der Gesellschaft* (vgl. VII: 160) und eine *totale Vergesellschaftung des Individuums* ineins. Beides kennzeichnet die bürgerliche Gesellschaft in der nach-liberalen Phase der Gegenaufklärung. Das Gesellschaftlich-Unbewußte wird dethematisiert.

Das nennt Dilthey: die »Aufgabe ... einer Kritik der historischen Vernunft« (ebd. 191). Die Methode des Verstehens ist insofern ebenso *irrational* wie die Methode des Erlebens:

»So ist in allem Verstehen ein Irrationales, wie das Leben selber ein solches ist; es kann durch keine Formeln logischer Leistungen repräsentiert werden.« (Dilthey, GS VII: 218)

Das Verstehen ist mehr als eine »Denkleistung«: es umfaßt – besonders in der Form des Nacherlebens – die »Totalität des Seelenlebens«; das Denken aber analysiert, zertrümmert den »Fluß des Lebens« in unlebendige, fixe Elemente (VII: 280; vgl. I: 92; VII: 281, 291).

Weil das Verstehen die Welt des objektiven Geistes ins Innere des Subjekts übersetzt und dadurch die besondere Subjektivität des Verstehenden ebenso liquidiert wie die des zu Verstehenden, fordert Dilthey vom Verstehenden, sich im Akt des Verstehens »zu verlieren« (VII: 201; vgl. I: 91, 94). Er führt zwei Formen »höheren Verstehens« (ebd. 210-213) an, in denen die *methodische Liquidierung des Individuums* vollzogen wird. – Die erste Form ist die Auflösung des Objekts in das Subjekt durch ein *»Sichhineinversetzen«* in »einen Menschen oder ein Werk« (ebd. 213f.). Dabei wird eine Lebensäußerung oder ein Werk verstanden, indem es auf eigene »verwandte Lebenslagen« bezogen wird, so daß durch diese Identifikation die fremde Lebensäußerung wie eine bekannte eigene erlebt und verstanden wird. Es erfolgt eine »Übertragung des eigenen Selbst in einen gegebenen Inbegriff von Lebensäußerungen.« (ebd. 214) – Die zweite Form ist die Auflösung des Subjekts in das Objekt durch das *»Nachbilden oder Nacherleben«* (ebd. 241 ff.). Dilthey nennt dies »die höchste Art, in welcher die Totalität des Seelenlebens im Verstehen wirksam ist«. Dabei »versetze« ich mich »in die Umstände« der zu verstehenden Lebensäußerung eines Menschen und erlebe und verstehe diese Äußerung dann »in der Linie des Geschehens selber«. Dilthey betont, diese Form des Verstehens sei der geläufigen entgegengesetzt: Meist werde eine gegebene Lebensäußerung wie ein Resultat verstanden, indem auf das in ihr erscheinende Geistige zurückgegangen werde; beim Nacherleben hingegen folgt das Verstehen dem »Lebensverlauf« (ebd. 214, 216).

Dilthey setzt den Gegenstand der Geisteswissenschaften, die Gestalten des objektiven Geistes, als ein Vernunftloses voraus. Analog erfolgt auch die Übersetzung dieses Vernunftlosen in das erkennende Subjekt nicht durch aufklärende Vernunft. *Der irrationalen Gesellschaft und Geschichte entspricht das irrationale Individuum.* Indem dieses die gesellschaftliche Welt nicht zu begreifen, sondern nur zu erleben und zu verstehen vermag, ist es implizit als vollkommen vergesellschaftet, als *Personifikation des Gesellschaftlich-Unbewußten* aufgefaßt. Dilthey beschreibt diesen Zusammenhang von Gesellschaft und Individuum mit Hegels Begriffen des »objektiven« und des »subjektiven Geistes« (vgl. VII: 148ff.). Er nennt das Individuum einen »Kreuzungspunkt« (ebd. 135) von allgemeinen Verhältnissen, die sich gegenüber den Individuen verselbständigt und in Institutionen und Organisationen – Familie, Staat, Religion – ihre »Objektivation« erhalten haben. Durch die Verselbständigung setzen die Verhältnisse die Individuen zu ihrer Erscheinung herab; die *extreme Entzweiung* schlägt um in eine *repressive Identität.* Ein *Individuum* läßt sich mithin nur verstehen durch das Verstehen dieser Objektivationen des *»Gemeingeistes«,* durch das Verstehen von »Gesellschaft und Geschichte«, weil es die Individualisierung der Gesellschaft ist. Umgekehrt: »Gesellschaft und Geschichte« lassen sich verstehen und studieren an »Individuen«, weil diese »Kreuzungspunkt« gesellschafts-geschichtlicher Verhältnisse sind (I: 51; VII: 251).

»Ein unendlicher Lebensreichtum entfaltet sich in dem individuellen Dasein der einzelnen Personen vermöge ihrer Bezüge zu ihrem Milieu, zu anderen Menschen und Dingen. Aber jedes einzelne Individuum ist zugleich ein Kreuzungspunkt von Zusammenhängen, welche durch die Individuen hindurchgehen, in denselben bestehen, aber über ihr Leben hinausreichen und die durch den Gehalt, den Wert, den Zweck, der sich in ihnen realisiert, ein selbständiges Dasein und eine eigene Entwicklung besitzen. Sie sind so Subjekte ideeller Art. Es wohnt denselben irgendein Wissen von der Wirklichkeit bei; es entwickeln sich in ihnen Gesichtspunkte der Wertschätzung; Zwecke werden in ihnen realisiert; sie haben im Zusammenhang der geistigen Welt eine Bedeutung und behaupten diese.
Dies ist schon in einigen Systemen der Kultur der Fall, in denen eine ihre Glieder zusammenfassende Organisation nicht besteht, wie durchgängig in der Kunst und der Philosophie. Weiter dann entstehen organisierte Verbände. So schafft sich das wirtschaftliche Leben Genossenschaften; in der Wissenschaft entstehen Zentren zur Verwirklichung ihrer Aufgaben; die Religionen entwickeln unter allen Kultursystemen die festesten Organisationen. In der Familie, in verschiedenen Zwischenformen zwischen ihr und dem Staat und in diesem selber findet sich die höchste Ausbildung einheitlicher Zwecksetzung innerhalb einer Gemeinschaft. (…)
Der Punkt ist erreicht, an welchem sich nun Gesellschaft und Geschichte vor uns auftun. Es wäre indes irrtümlich, wollte man Geschichte auf das Zusammenwirken von Menschen zu gemeinsamen Zwecken einschränken. Der einzelne Mensch in seinem auf sich selber ruhenden individuellen Dasein ist ein geschichtliches Wesen. Er ist bestimmt durch seine Stelle in der Linie der Zeit, seinen Ort im Raum, seine Stellung im Zusammenwirken der Kultursysteme und der Gemeinschaften. Der Historiker muß daher das ganze Leben der Individuen, wie es zu einer bestimmten Zeit und an einem bestimmten Ort sich äußert, verstehen. Es ist eben der ganze

Zusammenhang, der von den Individuen, sofern sie auf die Entwicklung ihres eigenen Daseins gerichtet sind, zu Kultursystemen und Gemeinschaften, schließlich zu der Menschheit geht, der die Natur der Gesellschaft und der Geschichte ausmacht. Die logischen Subjekte, über die in der Geschichte ausgesagt wird, sind ebenso Einzelindividuen wie Gemeinschaften und Zusammenhänge.« (Dilthey, GS VII: 134 f.)

Die »Zusammenhänge«, objektiviert in gesellschaftlichen Institutionen: »Gesellschaft und Geschichte«, bilden »Subjekte ideeller Art«, ein überindividuelles, den empirischen Individuen gegenüber verselbständigtes Bewußtsein (vgl. VII: 264). Der *individualistische Ansatz* der Geisteswissenschaften, die Übersetzung eines äußeren objektivierten allgemeinen Geistes in das Innere des Individuums, ist unmittelbar ein *gesellschaftlicher Ansatz,* weil das Individuum den objektivierten Geist nur versteht, sofern es selbst Personifikation dieses Geistes ist (vgl. ebd. 191). *Das Subjekt des individualistischen Ansatzes ist das liquidierte, total vergesellschaftete Individuum:* die Verselbständigung der Gesellschaft ist so total, daß die Differenz von Individuum und Gesellschaft egalisiert wird (vgl. I: 15, 28ff.). Daher ist es von systematischem Interesse, daß Dilthey den Begriff des »Individuums« teils als »Person« übersetzt, teils als »Lebenseinheit« oder als »psychophysische Einheit« (VII: 256, 257, 258). Soweit das Individuum ein Besonderes, gegenüber der Gesellschaft ein Nichtidentisches ist, vermag es die Objektivation des »Gemeingeistes« nicht zu verstehen. Darin besteht der Zirkel des Verstehens, die Dogmatik der Geisteswissenschaften: die *methodische Irrationalität.* Die gesellschaftliche, individualisierte Irrationalität wird positivistisch wie eine Tatsache konstatiert durch das Sinnverstehen.

Die geisteswissenschaftliche Erkenntnis des »objektiven Geistes« durch die Methode des Sinnverstehens indiziert, daß die gesellschaftliche Bewußtlosigkeit, die Naturwüchsigkeit der Gesellschaftsgeschichte, nicht wie selbstverständlich gegeben, sondern zu rekonstruieren ist: die *Gegenaufklärung* kritisiert die Aufklärung als Zerstörung eines eingelebten Lebenszusammenhanges. Nur deshalb ist das Verstehen des »objektiven Geistes« eine notwendige Aufgabe der Geisteswissenschaften. Es gilt, nach dem Kultus der Vernunft während der Französischen Revolution, wissenschaftlich eine vorwissenschaftliche, traditionale Werte-Gemeinsamkeit zu restituieren: ein Aufgehen von »Ich« und »Du«, von ego und alter ego, in die brüchig gewordene, normativ konstituierte *Gemeinschaft.* Das Verstehen ist die Methode der Gegenaufklärung, der Restauration.

»Das Verstehen erwächst zunächst in den Interessen des praktischen Lebens. Hier sind die Personen auf den Verkehr miteinander angewiesen. Sie müssen sich gegenseitig verständlich machen. Einer muß wissen, was der andere will. So entstehen zunächst die elementaren Formen des Verstehens.« (Dilthey, GS VII: 207)

»Die Auslegung wäre unmöglich, wenn die Lebensäußerungen gänzlich fremd wären. Sie wäre unnötig, wenn in ihnen nichts fremd wäre. Zwischen diesen beiden äußersten Gegensätzen liegt sie also. Sie wird überall erfordert, wo etwas fremd ist, das die Kunst des Verstehens zu eigen machen soll.« (Dilthey, GS VII: 225)

Die geisteswissenschaftliche Gegenaufklärung intendiert, als eine »Kritik der historischen Vernunft« (VII: 191ff.), den zuvor naturwüchsig gegebenen Lebenszusammenhang als »Willenseinheit« (I: 74): als Wert- und Sinn-Gemeinschaft zu restituieren, ohne das Bewußtlose aufzuklären. Sie reduziert die volonté générale auf die volonté de tous (Rousseau 1762: I/Kap. 6; II/Kap. 3), wenn nicht auf den *Wesenwillen* (Tönnies 1887: 71ff.), die Verständigung durch Reflexion und Dialog auf Verstehen: »Hermeneutik« (V: 317ff.), die vernunftgegründete Moral auf irrationalen Wert und Sinn.

Zusammenfassend ergibt sich aus Diltheys Darstellungen des Gegenstands der Geisteswissenschaften, seinen Bemerkungen zur Konstitution und vor allem seiner ausführlichen Darstellung der Erforschung des Gegenstands durch die Methode des Sinnverstehen: Das konstituierende und sinnverstehende Individuum ist ein total *vergemeinschaftetes, entindividualisiertes Individuum,* weil im Sinnverstehen der Konformismus von Subjekt und Objekt gesetzt ist. Darin liegt die zentrale *Differenz von Hegels Philosophie und Diltheys Wissenschaft des objektiven Geistes.* Dilthey stellt die Differenz explizit heraus (VII: 148-152): Die »Objektivation des Lebens« bezeichne er »mit dem Namen des objektiven Geistes«. Bei Hegel sei »objektiver Geist« einerseits die Vergegenständlichung des »subjektiven Geistes«: Recht, Moralität, die Sittlichkeit in den Gestalten der Familie, der bürgerlichen Gesellschaft und des Staates bis hin zur Weltgeschichte; andererseits sei der objektive Geist der Gegenstand einer Aufklärung durch Kunst, Religion und Philosophie, in denen dieser bewußtlose objektive Geist sein Selbstbewußtsein erlange und so in den »absoluten Geist« übergehe. Hegels Begriff des objektiven Geistes ist – auch nach Diltheys Verständnis – auf die Bewegung der Objektivation des bewußtlosen Geistes und der Selbstaufklärung des Geistes bezogen: auf eine »allgemeine Vernunft«. In der Geisteswissenschaft aber ist der Begriff des objektiven Geistes von der Idee der Vernunft abgelöst und gilt dem »Leben in seiner Totalität«, der »Macht des Irrationalen« (VII: 151):

»Aber die Voraussetzungen, auf die Hegel diesen Begriff (des »objektiven Geistes«, G.S.) gestellt hat, können heute nicht mehr festgehalten werden. Er konstruierte die Gemeinschaften aus dem allgemeinen vernünftigen Willen. Wir müssen heute von der Realität des Lebens ausgehen; im Leben ist die Totalität des seelischen Zusammenhanges wirksam. Hegel konstruiert metaphysisch; wir analysieren das Gegebene. Und die heutige Analyse der menschlichen Existenz erfüllt uns alle mit dem Gefühl der Gebrechlichkeit, der Macht des dunklen Triebes, des Leidens an den Dunkelheiten und den Illusionen, der Endlichkeit in allem, was Leben ist, auch wo die höchsten Gebilde des Gemeinschaftslebens aus ihm entstehen. So können wir den objektiven Geist nicht aus der Vernunft verstehen, sondern müssen auf den Strukturzusammenhang der Lebenseinheiten, der sich in den Gemeinschaften fortsetzt, zurückgehen. Und wir können den objektiven Geist nicht in eine ideale Konstruktion einordnen, vielmehr müssen wir seine Wirklichkeit in der Geschichte zugrunde legen. Wir suchen diese zu verstehen und in adäquaten Begriffen darzustellen. Indem so der objektive Geist losgelöst wird von der einseitigen Begründung in der allgemeinen, das Wesen des Weltgeistes aussprechenden Vernunft, losgelöst auch von der ideellen Konstruktion, wird ein neuer Begriff desselben möglich: in ihm sind Sprache, Sitte, jede Art von Lebensform, von Stil des Lebens ebensogut umfaßt wie Familie, bürgerliche Gesellschaft, Staat und Recht. Und nun fällt auch das, was Hegel als den absoluten Geist vom objektiven unterschied: Kunst und Religion und Philosophie unter diesen Begriff, ja gerade in ihnen zeigt sich das schaffende Individuum zugleich als Repräsentation von Gemeinsamkeit, und eben in ihren mächtigen Formen objektiviert sich der Geist und wird in denselben erkannt.« (Dilthey, GS VII: 150 f.)

Dilthey identifiziert den objektiven und den absoluten Geist, weil er die Differenz des Gesellschaftlich-Unbewußten und des Gesellschaftlich-Vernünftigen, des blinden und des bewußten gesellschaftlichen Verhältnisses nicht denkt. So ist ihm Wirklichkeit keine Vernunft-Utopie, sondern positivistische Tatsachenwelt, die »verstanden« wird. Das »Verstehen« ist vernunftlose Identifikation mit dem irrationalen »Gegebenen«; »Vernunft« hingegen wäre das Resultat einer Aufklärung über die »zweite Natur« (Hegel) durch Reflexion. Weil Dilthey den Fortgang des objektiven zum absoluten Geist nicht denkt, vollzieht er den Rückgang des objektiven auf den subjektiven Geist. Im Verstehen bezieht sich das Individuum auf den »objektiven Geist«, die geistig-geschichtliche Welt, und verdoppelt deren Bewußtlosigkeit: »Es (das Individuum, G.S.) versteht die Geschichte, weil es selbst ein historisches Wesen ist.« (VII: 151) Das Verstehen ist die Methode der geisteswissenschaftlichen Tatsachenforschung. Deren Gegenstand, das »Leben« (ebd. 131, 157), ist der positiv-bewußtlose Begriff einer *irrationalen Gesellschaft konformistischer, ent-individualisierter Individuen: die Gemeinschaft, das Volk* (vgl. Tönnies 1887).

Indem die Geisteswissenschaften Gesellschaft und Geschichte als irrationale, unüberschreitbare, unaufklärbare Welten setzen, können sie diese nur als ein »Gegebenes« – als Faktizität – setzen. Insofern bestimmt der geisteswissenschaftliche Irrationalismus die Voraussetzung des naturwissenschaftlich-positivistischen Rationalismus. Die Konstruktion gesellschaftlicher und geschichtlicher Naturgesetze, die der Logik instrumenteller Rationalität folgen, hat die Setzung von Gesellschaft und Geschichte als einer irrationalen Welt zur Voraussetzung: der positivistische Rationalismus beruht auf einem positivistischen Irrationalismus – auf der dogmatischen, jeder Aufklärung entsagenden Setzung einer »geschichtlichen Irrationalität« und einer »ethisch irrationalen Welt« (Weber: WL: 9, 17, 505).

Diesen Zusammenhang von Irrationalismus und Rationalismus, von Sinnverstehen und Kausalerklärung, hat Max Weber (1864-1920) als erster systematisch untersucht. Soziologisch hat er diesen Zusammenhang des methodischen Individualismus im natur- wie im geisteswissenschaftlichen Positivismus, diesen Zusammenhang des methodisch vorausgesetzten *naturwissenschaftlich-konformen Individuums* einerseits, des *geisteswissenschaftlich-konformen Individuums* andererseits, in der Rekonstruktion eines zweckrationalen *»Gehäuses der Hörigkeit«* expliziert und dieses geschichtstheoretisch aus dem Fortschritt der *»Entzauberung der Welt«* bestimmt. Horkheimer und Adorno haben Webers Theorie aufgenommen in der Theorie des *autoritären Staates* einerseits, in der Geschichtsphilosophie der *Dialektik der Aufklärung* andererseits.

4 Imperialismus (1870 – 1918/29): Der Untergang des Individuums in der atomisierten Masse

Die Epoche des Liberalismus wird beendet durch die Große Depression von 1873/79. Der folgende Imperialismus fixiert die liberale »List der Vernunft« zu einer irrational-rationalen List ohne Vernunft; er fixiert den liberalen Fetischismus zu einem total verdinglichten gesellschaftlichen Kosmos. Der Imperialismus setzt die liberale Rationalisierung der Gewaltgeschichte, die nur das Spiegelbild der großartigen liberalen Sozialutopien war, durch den Zusammenhang von Krise und Krieg frei: die neue Ideologie ist eine Ideologie ohne Utopie. So sind Liberalismus und Imperialismus in gegensätzlicher Kontinuität. Der Imperialismus findet politisch-militärisch sein Ende mit dem Ende des Ersten Weltkrieges; ökonomisch bildet die Große Depression von 1929/33 den Übergang zum angelsächsischen Staatsinterventionismus und zum deutschen Nationalsozialismus. (Zum folgenden: Stapelfeldt 2008a)

Das *erste Merkmal des Imperialismus,* das schon in der Krise von 1873 erschien, ist eine Konstellation von *strukturellen Veränderungen des Systems der bürgerlichen Ökonomie.* – Hervorstechend ist, kurz vor und vor allem nach 1873, die hohe *Kapitalkonzentration.* Diese ist Ausdruck einer Rationalisierung sowohl der Produktions- wie der Zirkulations-Sphäre. – Die *Rationalisierung der Produktionssphäre* erfolgt durch eine weitere Steigerung der »organischen Kapitalzusammensetzung« (Marx: MEW 23: 640ff.) mit dem Ziel, den »tendenziellen Fall der Profirate« (Marx: MEW 25: 221ff.) aufzuhalten. Um die Produktion von Mehrwert und Profit zu forcieren, bedarf es einer noch stärkeren Erhöhung der Arbeitsproduktivität zur Verkürzung der notwendigen Zeit zur Reproduktion des variablen Kapitals. – Diese Steigerung der Arbeitsproduktivität erfolgt einerseits durch eine *Rationalisierung der Arbeitsorganisation:* das *scientific management,* den Taylorismus, den Fordismus – also vor allem durch die Verselbständigung der Hand- gegen die Kopfarbeit und durch die Mechanisierung der manuellen Tätigkeiten. Diese Steigerung der Arbeitsproduktivität erfolgt andererseits durch die *Zweite Industrielle Revolution,* die – im Unterschied zur Ersten von 1765 ff. – Wissenschaft systematisch in Technik umsetzt: erfunden, erbaut und angewendet werden etwa das Automobil, der Verbrennungsmotor, der luftgefüllte Gummireifen, der Diesel-Motor, die dreiflügelige Schiffsschraube für Dampfschiffe, das Zeppelin-Luftschiff, das Flugzeug, die Telegraphie, das Telefon, Zelluloid und Bakelit, künstliche Textilfasern, die Glühdraht-Birne, die elektrische Straßenbahn, elektrische Haushaltsgeräte,

Waffen wie das U-Boot oder der Panzer. Die Wissenschaft wird zu einer grundlegenden Produktivkraft. Zu führenden Industriezweigen rücken jetzt auf: die chemische Industrie, die Elektro- und Automobil-Industrie. – Um die neuen Technologien im Produktionsprozeß zu implementieren, bedarf es eines immer größeren konstanten Kapitals: einer Konzentration von Kapital. – Das hochkonzentrierte Kapital rationalisiert aber nicht nur die Produktions-, sondern auch die *Zirkulationssphäre:* durch eine oligopolistische, wenn nicht monopolistische Marktbeherrschung. Die invisible hand des Wertgesetzes, der Freihandel und die freie Konkurrenz scheinen durch *ökonomische Macht* überlagert und deformiert, wenn nicht substituiert. – Die *Kapital-Konzentration* nimmt verschiedene *Formen* an: Kapitalfusionen zu Großunternehmen; die Großunternehmen heißen Trusts, wenn sie eine monopolistische Marktbeherrschung erlangen; Interessengemeinschaften werden durch Absprachen rechtlich selbständiger Unternehmen zur Marktaufteilung gebildet; die IG's heißen Kartelle, wenn sie Monopolmacht besitzen; Syndikate sind Kartelle, die auch den Absatz der produzierten Waren in Regie nehmen. Kartellunternehmen sind meist, Trusts immer: Aktiengesellschaften. – In den Aktiengesellschaften treten die *Verfügung über Kapital* (Management) und das Eigentum an Kapital (Aktionär) auseinander. – Indem Produktion und Zirkulation wissenschaftlich rationalisiert werden, tritt eine neue soziale Klasse auf: das »eingeschulte Fachmenschentum« (Weber) in Gestalt der von der Handarbeit entlasteten Kopfarbeiter – die *Angestellten.* So weit sie wissenschaftlich gebildet sind, erfolgt ihre Ausbildung auf den *neuen Universitäten,* die nicht länger die Bildung autonomer Individuen zum Ziel haben, sondern die Ausbildung verwertbarer Menschen. – Gesellschaftlich erfolgt durch diesen Fortschritt kapitalistischer Rationalisierung: eine Verallgemeinerung der Warenform der Arbeitskraft, eine Urbanisierung der bürgerlichen Gesellschaft.

Das *zweite Merkmal des Imperialismus* ist eine Konstellation von *strukturellen Veränderungen des bürgerlichen Staates: der Politik.* – Hervorstechend ist die Verwandlung der Idee der Republik in einen *autoritären Machtstaat nach innen und nach außen.* – Da die invisible hand zur Selbststeuerung des System der bürgerlichen Ökonomie entfällt, muß diese durch eine visible hand (E. Hobsbawm) ersetzt werden. Die vom anonymen Wertgesetz gesteuerte Ökonomie verwandelt sich in eine *Macht-Ökonomie;* die kosmopolitische Ökonomie verwandelt sich in eine staatlich regulierte *Nationalökonomie;* die kosmopolitische Idee der Politik verwandelt sich in die Apologie *politischer Macht* in einem weltgesellschaftlichen bellum omnium contra omnes. So bilden Ökonomie und Politik aufeinander verwiesene, ineinander verschränkte *Macht*-Systeme. – Wie nun die Ökonomie wissenschaftlich-technisch rationalisiert wird, so der Staat: den Angestellten in der Ökonomie entsprechen die wissenschaftlich geschulten Beamten im Staat: Juristen vor allem, aber auch Ökonomen, Städteplaner, Bürokratie-Fachleute. Der rationalisierte Staat verwandelt sich – nach Max Webers Einsicht – in einen »Betrieb«. – Der Staat hat die *Macht-Ökonomie zu konstituieren und abzusichern:* durch eine zentralen Wirtschafts-, Finanz- und Währungspolitik; durch rechtliche, gesetzliche Regulierung der Ökonomie vom Unternehmens- bis zum Börsen-Recht; durch Förderung von Kapitalkonzentration, Monopolen und Oligopolen, Kartellen, Interessengemeinschaften. Zur Sicherung der Monopolmacht bedarf es nach außen einer Schutzzollpolitik einerseits, einer militärisch ausgeführten territorialen Expansion (Koloniepolitik) andererseits; die Kolonien dienen als Rohstoff-Reservoirs, Absatzmärkte für Waren und vor allem als Territorien des Kapitalexports.

Das *dritte Merkmal des Imperialismus* ist eine Konstellation von strukturellen *Veränderungen der bürgerlichen Gesellschaft.* Hervorstechend ist die Entwicklung des *»organisierten Kapitalismus«.* Die Klasse der Kapitalisten konstituiert und organisiert sich in Verbänden der Industriellen und der Großagrarier. Das Proletariat konstituiert und organisiert sich in großen Gewerkschaften, nationalen Arbeiterparteien und in der Internationalen Arbeiterassoziation. Von zentraler Bedeutung ist hier die Spaltung der Arbeiterklasse vor allem nach 1914 in die reformistische Sozialdemokratie und den revolutionären Kommunismus (vgl. Lenin 1916; Horkheimer 1926/31: 281 ff.). Zwischen beide Klassen tritt die neue Mittelschicht der Angestellten: materiell proletarisiert, ideologisch dem Kapital verpflichtet.

Das *vierte Merkmal des Imperialismus* ist eine fundamentale *Veränderung der bürgerlichen Ideologie* (siehe: Hilferding 1910: 421ff., vor allem 453-459), die die Möglichkeiten einer substantiellen theoretischen und praktischen Kritik zu verstellen scheint. Bürgerliche Ökonomie und bürgerlicher Staat bilden nun ein System wissenschaftlich-technischer Weltbeherrschung, ein System der Macht, in dem mit technisch-rationalen Mitteln um die Durchsetzung partikular-irrationaler Zwecke gekämpft wird. Das System der Macht bildet mithin einen Zusammenhang von ethischer Irrationalität (Zwecke) und technischer Rationalität (»sozialer Physik«). Die liberale Vernunft-Moral der Menschenrechte erscheint obsolet im neuen Dogma von der Irrationalität und Partikularität der Werte; die Idee aufgeklärter Verständigung tritt zurück hinter das Verfahren atomistisch-konformistischen Sinn-Verstehens; die liberale Idee der Freiheit wird beiseite geschoben durch gesellschaftliche, ökonomische und politische Naturgesetze; die liberale Idee der Gleichheit wird beiseite geschoben durch die Apologie universaler Ungleichheit; an die Stelle der Idee eines autonomen und vernünftig aufgeklärten Individuums tritt die Apologie eines sozialbiologischen-ungleichen Menschen, die Apologie von Rassen; die Idee ewigen Friedens wird von der Apologie des Krieges zwischen Nationen verdrängt; Wissenschaften sind nun auf Kapitalverwertung und Krieg ausgerichtet statt auf Aufklärung, Vernunft und Bildung. Diese Konstellation einer Strukturveränderung der bürgerlichen Ideologie muß in einem fundamentalen Problem erscheinen: sind nunmehr alle liberalen Sozialutopien kassiert, ist die zugrundeliegende aufklärerische Vernunft im irrationalen Rationalismus des Positivismus untergegangen, so kann angesichts der fortdauernden politisch-ökonomischen Krisen an kein kritisch-utopisches Potential mehr angeschlossen werden: der liberale Zusammenhang von *Krise und Kritik* ist durch den imperialistischen Zusammenhang von *Krise und Krieg* substituiert.

Das *Verhältnis von Individuum und Gesellschaft* ist strukturell verändert. Während sich die Gesellschaft, die bürgerliche Politik-Ökonomie, in ein total fetischisiertes, irrationales System instrumenteller Rationalität verwandelt, werden die Menschen durch die »soziale Physik« und die analoge soziale Biologie ent-individualisiert; die Individuen verlieren ihre Besonderheit gegen das Allgemeine und konstituieren sich durch die rational erzwungene Anpassung vollends als dessen Personifikation: sie werden durch die fixierte gesellschaftliche Bewußtlosigkeit zugleich sozial *atomisiert* und – als Spiegelbild des Atomismus – zur *Masse.* Als Atomisierte befinden sich die Menschen in einem Darwin'schen Kampf um's Überleben: innerhalb einer Nation, zwischen Nationen. Die Atomisierten konstituieren sich zugleich, durch ihre Ent-Individualisierung, als Masse. Die Masse bildet die Grundlage des Volkes als einer *Gemeinschaft* der Abstammung und des Blutes (naturwissenschaftlicher Positivismus) sowie der blinden Traditionen (geisteswissenschaftlicher Positivismus).

Strukturell verändert ist auch das liberale *Klassenverhältnis.* Marx konnte noch ideologiekritisch beanspruchen, die bürgerliche Aufklärung zu radikalisieren und dadurch die bürgerlichen Sozialutopien als allererst zu verwirklichende Vernunft-Ideen zu bewahren. So konnte sich die theoretische Kritik als Moment einer praktischen begreifen, ohne die sie nicht wäre: denn »alle Formen und Produkte des Bewußtseins« lösen sich nicht »durch geistige Kritik« auf, sondern nur durch den »praktischen Umsturz der realen gesellschaftlichen Verhältnisse« (Marx, Engels: MEW 3: 38), durch ein »Ändern der Umstände« und »Selbstveränderung« ineins (Marx: MEW 3, 6). Weil das unbewußte Allgemeine der liberalen Politik-Ökonomie sich in einer gesamten gesellschaftlichen Welt materialisiert (vgl. Hegel:

Bd. 20: 506-508), muß diese gesamte Welt durch eine Krise erschüttert und fraglich (vgl. ebd. 484; Marx: MEW 23: 28), dann theoretisch aufgeklärt und praktisch verändert werden. Die theoretische Aufklärung gelingt mithin nicht ohne die praktische. – Unter dem Imperialismus aber verliert die bürgerliche Ideologie ihren utopisch-aufklärerischen Gehalt: so ist das liberale Verhältnis von Krise und Kritik verloren. Keine Kritik, kein kritisches Subjekt kann eine gegebene Aufklärung radikalisieren und dadurch soziale Utopien in weltverändernder Absicht bewahren. Dem Subjekt bleibt, individuell und kollektiv, nur noch die *autoritäre Anpassung:* die »konformistische Revolte« entweder eines Sozialatoms oder einer Masse (Horkheimer 1974: 164). Im System der liquidierten Utopien, der atomisierten Masse, muß die gesellschaftliche Solidarität des Proletariats als eines kritischen Subjekts erodieren. Sozialdemokraten und Kommunisten indes glauben, frühsozialistisch, die Entfaltung der Produktivkräfte in der Zweiten Industriellen Revolution ebenso wie die planwirtschaftlichen Elemente des »Monopolkapitalismus« (Lenin) könnten als befreiende Kräfte gegen fesselnde Produktionsverhältnisse kritisch gewendet werden (vgl. Marx: MEW 13: 8f.; siehe: Stapelfeldt 2008b: 299-418). So wird die arbeitende Klasse nochmals als revolutionäres Subjekt anerkannt – freilich wesentlich anders als in der Marxschen Kritik. Auf der Grundlage der neuen Verhältnisse muß die »revolutionäre Praxis« als *Technik,* die Arbeiterorganisation als *bürokratische Massenorganisation,* der »Verein freier Menschen« als *Kosmos technischer Beherrschung von Gesellschaft und Natur* erscheinen. Das hat Horkheimer 1942 sehr treffend beschrieben:

»Daß der Kapitalismus die Marktwirtschaft überleben kann, hat sich im Schicksal der proletarischen Organisationen längst angekündigt. Die Parole der Vereinigung in Gewerkschaften und Parteien war gründlich befolgt, aber diese führten weniger die unnatürlichen Aufgaben der vereinigten Proletarier durch, nämlich den Widerstand gegen die Klassengesellschaft überhaupt, als daß sie den natürlichen Bedingungen ihrer eigenen Entwicklung zur Massenorganisation gehorchten. Sie fügten sich den Wandlungen der Wirtschaft ein. (...) Die großen Organisationen förderten eine Idee der Vergesellschaftung, die von der Verstaatlichung, Nationalisierung, Sozialisierung im Staatskapitalismus kaum verschieden war. Das revolutionäre Bild der Entfesselung lebte nur noch in den Verleumdungen der Konterrevolutionäre fort. Wenn überhaupt die Phantasie sich vom Boden der Tatsachen entfernte, setzte sie an die Stelle der vorhandenen staatlichen Apparatur die Bürokratien von Partei und Gewerkschaft, an Stelle des Profitprinzips die Jahrespläne der Funktionäre. Noch die Utopie war von Maßregeln ausgefüllt. Die Menschen wurden als Objekte vorgestellt, gegebenenfalls als ihre eigenen.« (Horkheimer 1942: 14 f.)

Weder *das Individuum noch das Proletariat* können unter dem Imperialismus noch unmittelbar als Subjekte von theoretischer Aufklärung, Vorschein einer humanen Gesellschaft und emanzipatorischer Weltveränderung gelten. Mit dem Verfall der Vernunft scheint auch die Theorie als kritische Gesellschaftstheorie obsolet: die imperialistischen Verhältnisse haben, so scheint es, die Möglichkeit ihrer theoretischen und praktischen Kritik verstellt.

Während die bürgerliche und marxistische Imperialismus-Theorie – Hobson, Hilferding, Luxemburg, Lenin, Bucharin, Grossmann – die neue Politik-Ökonomie gesellschaftstheoretisch zu begreifen sucht, begründet sich die bürgerliche ökonomische Wissenschaft durch die Werke Carl Mengers (1840-1921) als fachwissenschaftliche *Volkswirtschaftslehre* (1871/83). Diese ökonomische Theorie entspricht dem Geist der Zeit: weil sie von einem biologisch bedürftigen Sozialatom ausgeht; weil sie die gesellschaftliche Welt als naturgesetzlich begreift; weil sie den ökonomischen Robinson als ein total vergesellschaftetes, ent-individualisiertes Individuum voraussetzt, so daß der methodische Individualismus unmittelbar eine Volksgemeinschafts-Ökonomie impliziert; weil sie die Gesellschaft in der Form der Volks-Gemeinschaft voraussetzt und darum Volks-Wirtschaftslehre heißt; weil sie eine Apologie der Ungleichheit durch den Begriff der Knappheit liefert; weil sie die Idee der Freiheit verwirft; weil sie die Aufklärung durch Erklärung, die Utopie durch Prognose, die Praxis durch technische Handlungsanleitungen ersetzt. *(Abschnitt 4.1)*

Eine bürgerliche Kulturkritik der gesellschaftlichen Maschinenwelt von Maschinenmenschen liefern Friedrich Nietzsche (1844-1900) und Max Weber (1864-1920) zwischen 1870 und 1920. Sie stellen eindringlich den *Verfall des Individuums* in den Formen der »Herde« und des Sozialatoms unter dem Imperialismus und die analoge Ausbildung eines irrational-rationalen, autoritären »Gehäuses der Hörigkeit« dar – ohne eine substantielle Kritik formulieren zu können. *(Abschnitt 4.2)*

Eine verspätete, aber später vielfach rezipierte bürgerliche Kulturkritik der »Lebenskrisis des europäischen Menschentums«, der positivistischen Tatsachenwelt von *»Tatsachenmenschen«*, legt Edmund Husserl (1859-1938) 1935 vor: *Die Krisis der europäischen Wissenschaften und die transzendentale Phänomenologie.* Der Sohn eines jüdischen Tuchhändlers, beschreibt die Zeit um 1935 als eine Sinnkrise und bietet eine neue Metaphysik, die sich in das Reich eines »entweltlichten Ich« flüchtet, als Ausweg an. *(Abschnitt 4.3)*

Gustave Le Bon (1841-1931) endlich, und vor allem Sigmund Freud (1856-1939), der eine in der Tradition der Gegenaufklärung, der andere in jener der Aufklärung, entdecken 1895/1921 das unbewußte Allgemeine wieder und damit den Untergang des Individuums in der Masse einerseits, in deren Spiegel als Sozialatomismus andererseits. Weil das atomisierte Individuum total vergesellschaftet, weil es nicht länger auch ein Besonderes gegen das Allgemeine ist, kann Freud aus dessen Analyse gesellschafts- und geschichtstheoretische Einsichten entwickeln, die vom Marxismus nach 1930 aufgenommen werden. *(Abschnitt 4.4)*

4.1 Menger: Die biologische Robinsonade der Volkswirtschaftslehre

Seit dem Aufstieg der Chrematistik zur herrschenden Form untersucht die Theorie die bürgerliche Ökonomie zuerst – in der Renaissance – auf der Ebene der kaufmännischen Buchhaltung, um dort die divina proporzione (L. Pacioli) zu entdecken. Um 1650/90 entwickeln Hobbes, Petty und Locke die Theorie zu einer metaphysischen Theorie des Handelskapitalismus. Unter dem Liberalismus tritt die ökonomische Theorie, bei Smith und Ricardo (1772-1823), als eine die theoretische und praktische Metaphysik aufklärende, kosmopolitische Moralphilosophie und Gesellschaftstheorie auf, die Anspruch auf Vernunft erhebt und die »Sprache der noch revolutionären Bourgeoisie« spricht (Marx: MEW 26.1: 273; vgl. MEW 13: 37; MEW 23: 95 Anm. 32). Um die Mitte des 19. Jahrhunderts verwandelt sich die Theorie – bei Friedrich List (1789-1846) – in eine »Volks-Ökonomie«, die den ökonomischen Machtkampf der Nationen ausspricht und befördert; zugleich entwickelt H. H. Gossen (1810-1858) seine berühmten Gesetze. Auf dieser Grundlage formulieren zwischen 1871 und 1874 Carl Menger (1840-1921) aus Wien, William Stanley Jevons (1835-1882) aus Liverpool und Léon Walras (1834-1910) aus Évreux/Schweiz die grenznutzentheoretischen Grundsätze der neuen Fachwissenschaft der Ökonomie, die im deutschen Sprachraum den gegenaufklärerischen Titel einer *»Volkswirtschaftslehre«* (Menger) erhält. In Wien folgen auf Menger so berühmte Ökonomen wie F. von Wieser (1851-1926), E. von Böhm-Bawerk (1851-1914), L. von Mises (1881-1973) und F. A. Hayek (1899-1992), das Haupt des Neoliberalismus, der die Werke Mengers herausgab und dadurch dessen Bedeutung für den neuen Liberalismus dokumentierte. Diese Denkbewegung von der Renaissance zum Liberalismus und zur neoliberalen Volkswirtschaftslehre kann als Fortschritt bürgerlicher Aufklärung und deren Umschlag in Gegenaufklärung dargestellt werden: als *Dialektik der ökonomischen Rationalisierung* (Stapelfeldt 2014).

Die *klassische, liberale Theorie der Politischen Ökonomie* war, von A. Smith bis zu Ricardo, eine Theorie der Gesellschaft: Smith beginnt sein ökonomisches Hauptwerk mit den gesellschaftlichen Verhältnissen in Form der Arbeitsteilung und des Austauschs, um dann das gesellschaftliche Tauschverhältnis als Tauschwert zu untersuchen; Ricardo beginnt sein Hauptwerk (1817) gleich mit einem Kapitel ›Über den Wert‹. Die *ökonomische Fachwissenschaft* dagegen betrachtet die bürgerliche Ökonomie unter der unreflektierten Voraussetzung gesellschaftlicher Verhältnisse: als ein Subsystem der Gesellschaft. Die *Klassik* spricht die Sprache der bürgerlichen Aufklärung, indem sie die metaphysische Welteinheit, ökonomisch konzentriert in den Formen des Edelmetall-Geldes und der Kapitalakkumulation nach Maßgabe calvinistischer und puritanischer Dogmen, aufbricht in der Lehre vom Gebrauchs- und Tauschwert der Waren, im Dogma des sich unbewußt-vernünftig selbst regulierenden Systems der Politik-Ökonomie. Die *ökonomische Fachwissenschaft* dagegen expliziert die gesellschaftlichen Gesetze als Gesetze einer universalen kausalen, allerdings durch die Aufklärung vom Göttlichen befreiten Natur. Die *Klassik* expliziert das Verhältnis von Gesellschaft und Individuum doppelt: als Entzweiung von unbewußt-vernünftiger invisible hand und bewußt handelndem Einzelnem einerseits, als eine analog fetischistische Robinsonade andererseits. Die *ökonomische Fachwissenschaft* dagegen kennt kein Gesellschaftlich-Unbewußtes, keine Aufklärung, daher auch keine Entzweiung und Entfremdung von Individuum und Gesellschaft: sie setzt anthropologisch an, durch die Konstruktion einer Robinsonade. Die *Klassik* setzt das bürgerliche Individuum als ein Subjekt voraus, das politische Herrschaft, gesellschaftliche Verhältnisse und religiöse Dogmen unter die Forderungen der Vernunft stellt und nach deren vernünftiger Legitimation befragt. Die *ökonomische Fachwissenschaft* dagegen konstruiert einen Robinson, der als biologisches Wesen ein bloßes Moment der kausalrational strukturierten Welt ist. Die *Klassik* beansprucht nichts als: aufzuklären, daß das System der bürgerlichen Ökonomie wie ein vernünftiger Automat funktioniert. Die *ökonomische Fachwissenschaft* dagegen gewinnt aus der supponierten universalen Kausalität Erklärungen und Prognosen, vor allem aber eine wissenschaftlich-sozialtechnische Handlungsrationalisierung – der liberale ökonomische Automat ist, so scheint es, disfunktional geworden, der Einzelne handelt sowenig aus individueller Vernunft wie gesellschaftliche und politische Institutionen.

Diesen offenkundigen *Gegensätzen* von klassischer Politischer Ökonomie und Volkswirtschaftslehre liegt die *Einheit* zugrunde: der Fortschritt von der »List der Vernunft« (Hegel) zur List ohne Vernunft, der Fortschritt vom liberalen Fetischismus zum volkswirtschaftlichen, dann zum neoliberalen *gesellschaftlichen Irrationalismus,* erscheinend als unüberschreitbarer instrumenteller Rationalismus. Dieser Rationalismus indes differiert zentral vom System-Rationalismus des naturwissenschaftlichen Positivismus Comtes: Ist das Ganze das Irrationale, das als Naturkausalität nur erscheint, dann ist eine *technische Handlungsrationalität* nur als Rationalität *Einzelner* und *post festum* möglich. Dieser Einzelne – das Individuum der Volkswirtschaftslehre – ist, weil ihm die Verhältnisse nicht auch entfremdet gegenüberstehen, unmittelbar, gegensatzlos vergesellschaftet: es ist a priori das Subjekt einer Gemeinschaft. Daher ergeben sich aus den Gesetzen der Robinsonaden-Ökonomie umstandslos die Gesetze der Gemeinschafts-, der Volks-Ökonomie. Der homo oeconomicus der Volkswirtschaftslehre ist ein Individuum, das nicht als ein Besonderes der Gemeinschaft auch gegenübersteht, sondern seine Identität unmittelbar im Allgemeinen hat: es ist das Subjekt der Masse, das zugleich als ein Sozialatom erscheint, weil es ohne distanzierende Reflexion zu den Verhältnissen, ohne ein Bewußtsein der Verhältnisse ist und sich daher als ein freies, außer- und ungesellschaftliches Sozialatom wähnt. Die Volkswirtschaftslehre ist eine ökonomische Theorie, die sich anthropologisch auf die Natur – die Biologie – eines Einzelnen stellt und daraus die ökonomischen Natur-Gesetze der »Volksgemeinschaft« (Tönnies 1887: XXX VIII) ableitet. Die Volkswirtschaftslehre spricht, im Gegensatz zur Klassik, die Sprache eines kategorischen ökonomischen Autoritarismus.

Carl Menger hat seine Volkswirtschaftslehre in seinen beiden Hauptwerken entwickelt: *Grundsätze der Volkswirthschaftslehre* (Wien 1871: Werke I), *Untersuchungen über die Methode der Socialwissenschaften, und der Politischen Oekonomie insbesondere* (Leipzig 1883: Werke II). Das zweite Werk eröffnete die klassische Theorie-Debatte zwischen der reinen und der bis dahin im deutschen Sprachraum dominierenden historisch-geisteswissenschaftlichen Wirtschaftswissenschaft, die am prominentesten vertreten wurden durch Gustav von Schmoller (1838-1917). Durch diese Debatte setzte sich Mengers Richtung durch.

Menger beginnt die *Grundsätze der Volkswirtschaftslehre,* im ersten Kapitel, mit der Konstruktion einer »isolirten Wirthschaft« (Werke I: 30): einer *Robinsonade.* Die Darstellung einer *Gemeinschaftsökonomie* ist aus dieser Robinsonade abgeleitet und beginnt mit der »Lehre vom Tausche« erst im vierten Kapitel (ebd. 153ff.). In der Robinsonade steht ein einzelner Mensch, ohne jeden gesellschaftlichen Zusammenhang, mit einem Bedürfnis einem Ding gegenüber, das das Bedürfnis befriedigen könnte. Unter bestimmten Bedingungen wird aus dem Ding ein »Gut«:

»Wenn demnach unsere Person aus dem Zustande des Bedürfens in jenen des befriedigten Bedürfnisses treten soll, so müssen ausreichende Ursachen hiefür vorhanden sein, das ist, es müssen entweder die in unserem Organismus waltenden Kräfte unseren gestörten Zustand beseitigen, oder aber äussere Dinge auf uns einwirken, welche ihrer Natur nach geeignet sind, jenen Zustand herbeizuführen, welchen wir die Befriedigung unserer Bedürfnisse nennen.
Diejenigen Dinge, welche die Tauglichkeit haben, in Causal-Zusammenhang mit der Befriedigung menschlicher Bedürfnisse gesetzt zu werden, nennen wir *Nützlichkeiten,* wofern wir diesen Causal-Zusammenhang aber erkennen und es zugleich in unserer Macht haben, die in Rede stehenden Dinge zur Befriedigung unserer Bedürfnisse thatsächlich heranzuziehen, nennen wir sie *Güter.*
Damit ein Ding ein Gut werde, oder mit anderen Worten, damit es die Güterqualität erlange, ist demnach das Zusammentreffen folgender vier Voraussetzungen erforderlich:
1. Ein menschliches Bedürfniss.
2. Solche Eigenschaften des Dinges, welche es tauglich machen, in ursächlichen Zusammenhang mit der Befriedigung dieses Bedürfnisses gesetzt zu werden.
3. Eine Erkenntnis dieses Causal-Zusammenhanges Seitens der Menschen.
4. Die Verfügung über dies Ding, so zwar, dass es zur Befriedigung jenes Bedürfnisses thatsächlich herangezogen werden kann.« (Menger, Werke I: 1 – 3)

Diese Robinsonade basiert auf vier Abstraktionen, die der Volkswirt nicht reflektieren muß, weil er explizit von »vier Voraussetzungen« des Güter-Begriffs spricht.

Die *erste Abstraktion* betrifft das Subjekt der Szene: die »Person«, der »Mensch«, die »Menschen«. Der Mensch steht allein, ohne jeden gesellschaftlichen Zusammenhang, einem »Ding« gegenüber. Er ist einsam und allein: ein absolut Einzelner. Menger abstrahiert von allen gesellschaftlichen Verhältnissen auf einen Menschen schlechthin. Ausdrücklich bemerkt der Volkswirt, anläßlich der Darstellung des Werts der Güter: die grundlegenden Sätze der ökonomischen Theorie gälten »unabhängig von der menschlichen Wirthschaft in ihrer socialen Erscheinung, unabhängig auch von der Rechtsordnung, ja auch von dem Bestande der Gesellschaft«; die entsprechenden Phänomene und Gesetze seien »auch in der isolirten Wirthschaft zu beobachten« (ebd. 80 Anm.). – Der ungesellschaftliche Einzelne, ohne Beziehung auf Andere, vermag freilich kein Bewußtsein seiner selbst zu erlangen: dazu müßte er sich, in Einheit mit Anderen, von diesen abgrenzen. Dieser Einzelne wäre weder zu einem Bewußtsein seiner selbst noch zum Bewußtsein Anderer fähig. Er hätte überhaupt kein Bewußtsein: er könnte nicht von sich abstrahieren, sich nicht von sich distanzieren, sich nicht in Anderen reflektieren. – Aber Menger spricht nicht von einem bestimmten Einzelnen, nicht von Peter oder Paul, sondern von der »Person«, vom Menschen. Der Mensch schlechthin existiert aber sowenig wie das Tier oder die Blume: es ist eine Abstraktion von allem, was einst Mensch heißen konnte, was gegenwärtig Mensch heißen kann, was zukünftig Mensch heißen wird, auf ›den Menschen‹ – ein abstrakt-allgemeines, überzeitliches, übergesellschaftliches Wesen. Der total Vereinzelte ist unmittelbar ein Abstrakt-Allgemeiner. – Darum kann Menger aus diesem Robinson umstandslos die Naturgesetze der Gesellschaft ableiten. So führt der Volkswirt schon wenige Sätze nach der Robinsonade die »Cultur« und unterschiedliche Kulturstufen ein; so spricht er von »Firmen, Kundschaften, Monopolen, Verlagsrechten, Patenten, Realgewerberechten, Autorrechten« als besonderen Gütern (ebd. 4f.). Die Robinsonade gilt also für einen vorgesellschaftlichen Zustand ebenso wie für die zeitgenössische Politik-Ökonomie: sie ist eine Abstraktion von aller Gesellschaftsgeschichte auf eine überzeitliche Anthropologie. – Menger expliziert einmal die gesellschaftliche Bewußtlosigkeit als Basis seiner Robinsonade:

»Wenn die wirthschaftlichen Verhältnisse eines Volkes hoch entwickelt sind, so sind der Regel nach die verschiedenen complementären Güter höherer Ordnung (das sind die Produktionsmittel für Güter, die unmittelbar der Bedürfnisbefriedigung dienen; G. S.) in den Händen verschiedener Personen. Die Producenten jedes einzelnen Artikels führen *der Regel nach* in mechanischer Weise ihr Geschäft fort, während die Producenten der complementären Güter ebensowenig sich es in den Sinn kommen lassen, dass die Güterqualität der Dinge, die sie produciren oder verarbeiten, durch das Vorhandensein anderer Güter bedingt sei (die Produktionsmittel sind erst Güter, wenn sie Konsumgüter hervorbringen und auf diese vermittelte Weise der Bedürfnisbefriedigung dienen; G.S.), die sich gar nicht in ihrem Besitz befinden, und es kann der *Irrthum,* dass die Güter höherer Ordnung auch für sich und ohne alle Rücksicht auf das Vorhandensein complementärer Güter die Güterqualität besitzen, in der That am leichtesten in Ländern entstehen, wo durch einen regen Verkehr und eine hochentwickelte Volkswirthschaft fast jedes Product unter der stillschweigenden, ja der Regel nach dem Producenten gar *nicht bewussten Voraussetzung* entsteht, dass andere mit ihm durch Verkehr verbundene Personen für die complementären Güter rechtzeitig vorsorgen werden. *Erst wenn diese stillschweigende Voraussetzung bei einem Wechsel der Verhältnisse nicht zutrifft,* und die Gesetze, unter welchen Güter stehen, ihre Einwirkung bis auf die Oberfläche der Erscheinungen erstrecken, pflegt dann der gewohnte mechanische Geschäftsbetrieb unterbrochen zu werden, und die öffentliche Aufmerksamkeit sich solchen Erscheinungen und ihren tiefer liegenden Ursachen zuzuwenden.« (Menger, Werke I: 16; Hervorhebungen von mir – G.S.)

Der Einzelne wähnt sich als Sozialatom unter der Voraussetzung eines bewußtlosen Zusammenhangs; erst wenn dieser disfunktional wird, wird der Sozialatomismus als Schein fraglich. Menger gelangt durch diese Erkenntnis jedoch nicht zur Konsequenz: seine Robinsonade als gesellschaftlichen Fetischismus zum Ausgang einer Aufklärung des bewußtlosen Allgemeinen zu nehmen. Dann hätte er den Zusammenhang bestimmen können: daß der konstruierte Robinson als Einzelner die Personifikation des Abstrakt-Allgemeinen ist; daß die reflexionslose Identität von Einzelnem und Allgemeinem einzig auf der Grundlage bestimmter gesellschaftlicher Verhältnisse möglich ist. Die Robinsonade entspricht einer total bewußtlosen Gesellschaft, in der der Einzelne als ein Besonderer liquidiert ist und darum als Robinson erscheint.

Die *zweite Abstraktion* betrifft das »menschliche Bedürfnis«: das Bedürfnis des ökonomischen Robinson. Insofern dieser eine ungesellschaftliche »Person« ist, ist das Bedürfnis ebenfalls ungesellschaftlich, vorkulturell: rein biologisch. Das betont Menger: »Die Bedürfnisse entspringen unseren Trieben, diese aber wurzeln in unserer Natur«; das Leben ist entsprechend ein rein physisches, biologisches Leben (ebd. 32). – Einerseits abstrahiert Menger davon, daß selbst Grundbedürfnisse wie Essen, Trinken, Wohnen oder Bekleidung gesellschaftliche Bedürfnisse sind – es gibt eine historisch, gesellschaftlich bestimmte Kultur des Essens, Trinkens, Wohnens, der Bekleidung. Solche Bedürfnisse sind körperliche, aber auch gesellschaftliche; andere Bedürfnisse, wie Lesen, sind vollends kulturell. Auch das betont Menger: er rechnet ausdrücklich mit Bedürfnissen und dem entsprechenden Güter-Bedarf in Abhängigkeit von der »Bildungsstufe« und den »Gewohnheiten« einer »Person« (ebd. 34 Anm.). – So konstruiert Menger die Bedürfnisse sowenig als rein biologisch-sinnliche wie er den Menschen als Einzelnen festzuhalten vermag. Er spricht nicht vom Essen oder Trinken, er spricht nicht vom Durst des Einzelnen hier und jetzt, sondern: vom Bedürfnis schlechthin; er abstrahiert von sinnlichen Bedürfnissen auf das »menschliche Bedürfnis«, in dem alle qualitativ-besonderen Bedürfnisse gleich, vergleichbar, meßbar sind. Meßbar sind sie: als kaufkräftige Nachfrage, also in ihrem Geldausdruck (vgl. ebd. 34 Anm.). Das Geld behandelt Menger jedoch nicht im Kontext der Robinsonade, sondern erst als Form der Volks-Ökonomie: im abschließenden achten Kapitel seines Werks (ebd. 250ff.).

Die *dritte Abstraktion* betrifft das »Ding«. Es erscheint als ein Einzelnes: »dies Ding«. Es ist aber so abstrakt-allgemein wie »der Mensch« und das »menschliche Bedürfnis«. Vor allem sind die Dinge reine Mittel für menschliche Zwecke: sie sind objektiviert, Dinge in einem »Causal-Zusammenhang«. Menger setzt die Ent-Mythologisierung der Welt, die Objektivierung, die Setzung der Natur als kausaler Mechanik voraus. Das Ding ist für sich nichts, es ist nur ein Mittel für menschliche Zwecke.

Die *vierte Abstraktion* betrifft die Rationalität der handelnden »Person«: sie handelt kausalrational, zweckrational. Sie erkennt, daß das Ding »Eigenschaften« besitzt, durch die es – als Ursache – ein menschliches Bedürfnis – als Wirkung – zu befriedigen vermag. Die Person ist mithin ein Mensch in einer ent-mythologisierten, von Göttern freien Welt; es ist ein Mensch, der die Natur als kausale Mechanik voraussetzt. Menger abstrahiert von der Geschichte der Ent-Subjektivierung, der Objektivierung der Ding-Welt: der Mensch ist abstrakt wie seine Bedürfnisse und das »Ding«. – Ohne diese Abstraktion wäre die Person ohne ein Wissen der Kausalität. Diese ist ein Verhältnis: der homo oeconomicus muß die »Eigenschaften des Dinges« ins Verhältnis zum eigenen Bedürfnis, dieses Bedürfnis ins Verhältnis zu den »Eigenschaften des Dings« setzen – er muß vom Bedürfnis, er muß vom Ding, er muß auch vom Imperativ unmittelbarer Bedürfnisbefriedigung zurücktreten und, in dieser Distanzierung, über jene Kausalität reflektieren. – Vor allem bewegt sich die »Erkenntnis dieses Causal-Zusammenhanges« auf der Ebene der Rationalität einer »ersten«, technisch zu beherrschenden, nicht auf der Ebene einer bewußtlosen, allererst aufzuklärenden »zweiten Natur« (Kant, Hegel). Der homo oeconomicus erkennt die Welt unter der Voraussetzung immergleicher Tatsachen, die zu immergleichen Kausalrelationen verknüpft sind: er setzt dieses Immergleiche voraus, er reproduziert dies Immergleiche, er setzt sich als Moment dieses Immergleichen, er ist selbst ein Immergleiches: ein Tatsachenmensch, ein Maschinenmensch einer mechanischen Maschinenwelt.

Die *fünfte Abstraktion* betrifft die »Verfügung über dies Ding«. Menger abstrahiert von der klassisch-liberalen Frage nach der Eigentums-Legitimation. Er abstrahiert auch von der geschichtsphilosophisch-ökonomischen Frage nach der »sogenannten ursprünglichen Akkumulation« (Marx: MEW 23: 181ff., 741ff.). Er abstrahiert von der ökonomischen Gewaltgeschichte: der homo oeconomicus verfügt über ein Gut – wie er dazu gelangte, was der Verfügung Legitimation verleiht, ist verdrängt.

Durch diese Bestimmungen ist das »Ding« erst als Gut, noch nicht als wirtschaftliches Gut bestimmt. Damit aus einem »Gut« ein *»wirthschaftliches Gut«* wird (Werke I: 32-76), muß es knapp sein. Zwar findet sich bei Menger der Begriff der Knappheit noch nicht, jedoch dessen Definition: Ein Gut ist dann knapp, also ein wirtschaftliches Gut, wenn »der Bedarf der Menschen an einem Gute« größer ist »als die ihnen verfügbare Quantität desselben.« (ebd. 57; vgl. ebd. 77f.) Knappheit ist ein »Quantitätenverhältniss« zwischen dem Bedarf und dem Gut (ebd. 61). Der *wirtschaftlich Handelnde* handelt also: *bewußt kausalrational,* weil er ein Ding als Mittel (Ursache) zur Befriedigung seines Bedürfnisses (Zweck) erkennt; er berechnet die Größe seines Bedürfnisses und die verfügbare Gütermenge – *er objektiviert und berechnet sich selbst und die Dinge,* er beherrscht sich selbst und die Dinge durch objektivierende Berechnung (vgl. Weber: WL: 392-397).

So implizieren die volkswirtschaftlichen Begriffe des »Gutes« und des »wirthschaftlichen Gutes«, durch jene »vier Voraussetzungen« (Menger: Bd. I: 3), eine *ökonomische Anthropologie.* Der homo oeconomicus, als vorgesellschaftlicher Einzelner eingeführt, ist keine bloße Phantasie, sondern – nach Mengers eigener Bemerkung – das Produkt der Verhältnisse: insofern Mengers »Person« gesellschaftlich bewußtlos ist, wähnt sie sich als ein *außergesellschaftliches, vor- und transhistorisches, freies Individuum,* je mehr sie durch diese Bewußtlosigkeit zur unmittelbaren *Personifikation der Verhältnisse* geworden ist. Der extreme Sozialatomismus ist das Produkt einer Auflösung alles Besonderen in das herrschende, entfremdete Allgemeine: unbewußter gesellschaftlicher Heteronomie. Der extreme *Individualismus* ist Index einer *Zerstörung jeder Utopie des Individuums;* die solipsistisch gedachte Freiheit ist Index autoritär-rationaler Verhältnisse. Die Volkswirtschaftslehre beruht auf dieser bewußtlosen Voraussetzung einer *autoritären Gesellschaft autoritärer Charaktere.* Diese sind gesellschaftlich bewußtlos, irrational, und berechnen auf dieser Grundlage die eigenen Bedürfnisse und die Dinge, um diese und sich selbst kausalrational, technisch zu beherrschen.

Menger hat auf diese Konsequenz selbst verwiesen. In den ersten Sätzen des ersten Kapitels seiner *Grundsätze der Volkswirtschaftslehre* (1871) bezeichnet er seinen *Robinson als Moment einer Kausalität der Welt.*

»Alle Dinge stehen unter dem Gesetze von Ursache und Wirkung. Dieses grosse Princip hat keine Ausnahme und vergebens würden wir im Bereiche der Empirie nach einem Beispiele von seinem Gegentheile suchen. Die fortschreitende menschliche Entwicklung hat nicht die Tendenz, dies Princip zu erschüttern, sondern vielmehr den Erfolg, dasselbe zu befestigen, die Erkenntnis des Gebietes seiner Geltung immer mehr zu erweitern und die unerschütterte und wachsende Anerkennung desselben ist somit geknüpft an den menschlichen Fortschritt.
Auch unsere eigene Persönlichkeit und jeder Zustand derselben sind Glieder dieses grossen Weltzusammenhanges und der Uebergang unserer Person aus einem Zustande in einen hievon verschiedenen ist in anderer Weise undenkbar, als unter dem Gesetze der Causalität. Wenn demnach unsere Person aus dem Zustande des Bedürfens in jenen des befriedigten Bedürfnisses treten soll, so müssen ausreichende Ursachen hiefür vorhanden sein, das ist, es müssen entweder die in unserem Organismus waltenden Kräfte unseren gestörten Zustand beseitigen, oder aber äussere Dinge auf uns einwirken, welche ihrer Natur nach geeignet sind, jenen Zu-

stand herbeizuführen, welchen wir die Befriedigung unserer Bedürfnisse nennen.« (Menger, Werke I: 1)

Der von Menger konstruierte homo oeconomicus ist ein unfreies Moment einer kausalrational strukturierten Welt; er steht unter dem allgemeinen Gesetz der Kausalität wie »alle Dinge«, wie alle Menschen. »Unsere Person« ist bis in ihre Bedürfnisse und ihr Bewußtsein hinein von jenem »Princip« bestimmt. Es herrscht pure Notwendigkeit: das Immergleiche des ›immer wenn x, dann y‹. In der Volkswirtschaft gibt es keine Willensfreiheit, keine Individuierung als Besonderung gegen das Allgemeine. Daher ist die Robinson-Ökonomie unmittelbar eine Volks-Ökonomie.

»Ob und unter welchen Bedingungen ein Ding mir *nützlich,* ob und unter welchen Bedingungen es ein *Gut,* ob und unter welchen Bedingungen es ein *wirthschaftliches Gut* ist, ob und unter welchen Bedingungen dasselbe *Werth* für mich hat, und wie gross das *Mass* dieses Werthes für mich ist, ob und unter welchen Bedingungen ein *ökonomischer Austausch* von Gütern zwischen zwei wirthschaftenden Subjecten statthaben, und die Grenzen, innerhalb welcher die *Preisbildung* hiebei erfolgen kann u.s.f., all' dies ist von meinem Willen ebenso unabhängig, wie ein Gesetz der Chemie von dem Willen des practischen Chemikers. (...) Die theoretische Volkswirthschaftslehre beschäftigt sich nicht mit praktischen Vorschlägen für das wirthschaftliche *Handeln,* sondern mit den *Bedingungen,* unter welchen die Menschen die auf die Befriedigung ihrer Bedürfnisse gerichtete vorsorgliche Thätigkeit entfalten.« (Menger, Werke I: IX)

Weil der Einzelne unmittelbar Personifikation des Allgemeinen ist, wähnt er sich als vorgesellschaftlicher, außergesellschaftlicher Robinson – und ist doch total, bis ins Innere, vergesellschaftet: der Zusammenhang ist dem Volkswirt – realitätsgerecht – nicht bewußt.

Mengers Konstruktion steht nicht bloß unter dem Logos des Systems der bürgerlichen Ökonomie in der Epoche des Imperialismus. Der Volkswirt bezeichnet, schon in der »Vorrede« seiner *Grundsätze der Volkswirthschaftslehre,* das *gesellschaftliche Erkenntnisinteresse* der ökonomischen Fachwissenschaft: die wissenschaftliche Handlungs-Rationalisierung.

»Nie hat es ein Zeitalter gegeben, welches die wirthschaftlichen Interessen höher stellte, als das unsere, niemals war das Bedürfnis nach einer wissenschaftlichen Grundlage des wirthschaftlichen Handelns ein allgemeineres und tiefer gefühltes, niemals auch die Fähigkeit der Practiker auf allen Gebieten menschlichen Schaffens, die Errungenschaften der Wissenschaft sich nutzbar zu machen, grösser, als in unseren Tagen. Nicht die Folge des Leichtsinnes oder der Unfähigkeit der Practiker kann es demnach sein, wenn dieselben, unbekümmert um die bisherigen Entwickelungen unserer Wissenschaft, bei ihrer wirthschaftlichen Thätigkeit lediglich die eigenen Lebenserfahrungen zu Rathe ziehen, ... Der Grund einer so auffälligen Gleichgiltigkeit kann vielmehr nirgends anders gesucht werden, als in dem gegenwärtigen Zustande unserer Wissenschaft selbst, in der Unfruchtbarkeit der bisherigen Bemühungen, die empirischen Grundlagen derselben zu gewinnen.« (Menger, Werke I: V-VI)

Die wissenschaftliche Rationalisierung der Ökonomie zielt nicht auf deren Gesamtsteuerung, sondern auf die *Rationalisierung des Handelns Einzelner:* das Handeln der »Practiker« soll kausalrational, also technisch geformt werden. Diese atomistische Handlungsrationalisierung ist um so vollendeter, je mehr der »Practiker« sich in dem System der universalen Notwendigkeit *anpaßt:* indem er die Welt technisch beherrscht, verliert er sein Selbst.

»Der Zweck der theoretischen Wissenschaften ist das Verständnis, die über die unmittelbare Erfahrung hinausreichende Erkenntniss und die Beherrschung der realen Welt. Wir verstehen die Erscheinungen durch Theorien, indem dieselben in jedem concreten Falle lediglich als Exemplificationen einer allgemeinen Regelmässigkeit vor unser Bewusstsein treten, wir erlangen eine über die unmittelbare Erfahrung hinausreichende Erkenntnis der Erscheinungen, indem wir im concreten Falle, auf Grundlage der Gesetze der Coexistenz und der Erscheinungsfolge, aus gewissen beobachteten Thatsachen auf andere, unmittelbar nicht wahrgenommene schliessen; wir beherrschen die reale Welt, indem wir, auf der Grundlage unserer theoretischen Erkenntnisse, die in unserer Gewalt befindlichen Bedingungen einer Erscheinung setzen und solcherart diese letztere selbst herbeizuführen vermögen.« (Menger, Werke II: 33)

Die *wissenschaftlich-technische Handlungs-Rationalisierung* zielt auf »die Beherrschung der realen Welt«. Die Umsetzung der Kausalität, der Relation von Ursache und Wirkung, in ein Verhältnis von fraglichen Mitteln (Ursache) und angestrebten Zwecken (Wirkung), ist nur die Umkehrung der *Erklärung* von gegebenen Wirkungen aus fraglichen Ursachen und der *Prognose* von fraglichen Wirkungen aus gegebenen Ursachen.

Die Volkswirtschaftslehre scheint somit der *Logik des naturwissenschaftlichen Positivismus* zu folgen. Menger bezeichnet seine Theorie, in seiner Methodenschrift (1883: Werke II), als *exakte Richtung der theoretischen Wirtschaftswissenschaften* und grenzt sie ab: gegen die *»historischen«,* die *»praktischen«* sowie die *empirisch-theoretischen Wirtschaftswissenschaften* (ebd. 249ff.). Im *Unterschied zur historischen Forschung,* die Erscheinungen »in ihrer Stellung in Raum und Zeit« betrachte, also »individuelle« Phänomene untersuche, sei die theoretische Richtung nicht am »Wechsel«, sondern an Wiederholungen, am Gleichbleibenden, am »Generellen« interessiert: an »Typen«, an »typischen« Erscheinungen und »typischen« Relationen (ebd. 3f., 252-256). Gegen die *empirischen Wirtschaftswissenschaften* betont Menger die Differenz von »Typen« und Realität: die realen Wiederholungen erfolgten »bald mit grösserer, bald mit geringerer Genauigkeit« (ebd. 4); die Realität weiche also von den theoretischen Konstruktionen ab. Darum könne sich die theoretische Forschung nicht naiv auf die sinnliche Erfahrung berufen. Ihre Konstruktionen seien aber keine Hirngespinste, sondern notwendige Bedingungen zur Erkenntnis der Realität. Ohne die typenbildende Theorie gäbe es überhaupt keine »Erkenntniss«, die Erscheinungen »ordne(t)«, sondern bloß eine zusammenhanglose »unmittelbare Beobachtung« (ebd. 5). Insofern legt die Theorie die »Grundlage« für das »Verständniss concreter Thatsachen« (ebd. 18; vgl. Werke I: VI-IX). Im *Unterschied zu den »praktischen Wirthschaftswissenschaften«*, legt Menger sodann dar, lehrt die theoretische Richtung »was ist«, nicht, was »sein soll« (ebd. 7).

Nach diesem methodischen Selbstverständnis steht am Anfang der Volkswirtschaftslehre wohl eine »Person« ohne gesellschaftlichen Zusammenhang, aber diese ist kein besonderes, sondern immer schon ein allgemeines Subjekt, ein sich Wiederholendes, ein »Generelles«: ein »Typus«. Die ökonomische Anthropologie klärt dies Einzelne-Allgemeine nicht auf, sondern rekonstruiert es nur und legt so den systematischen Anfang einer Theorie, die unmittelbar der Gemeinschafts-Ökonomie: der Volkswirtschaft, gilt.

Diese methodische Konstruktion ist nicht bloß die Übersetzung des *naturwissenschaftlichen Positivismus* in die Fachwissenschaft der Ökonomie, sondern auch dessen Verkürzung von einer gesellschaftlichen auf eine sozialatomistische Rationalität. Denn sie steht zugleich in der Tradition des gegenaufklärerischen *geisteswissenschaftlichen Positivismus.* Wenn das Problem des homo oeconomicus nur die »Exemplification einer allgemeinen Regelmässigkeit« ist (Werke II: 33), wenn also die gesamte Welt ein immergleicher Kausalmechanismus ist, dann kann dieser weder theoretisch noch praktisch als Ganzer erkannt und verändert werden: es gibt kein immanentes Draußen, das den Blick auf das Ganze erlaubt. Insofern beruht die Konstruktion einer *kausalrationalen* Welt, eines kausalrational integrierten und handelnden Menschen, auf der *Irrationalität* und Unveränderlichkeit der Totalität. In dieser irrationalen Rationalität scheinen naturwissenschaftlicher und geisteswissenschaftlicher Positivismus zu koinzidieren: der naturwissenschaftlich-positivistische Versuch, die Resultate der Französischen Revolution gegen die Reaktion zu retten, und die geisteswissenschaftlich-positivistische Gegenaufklärung Burkes und Savignys. Indes ist durch die Einsicht in die Irrationalität des kausalrationalen Ganzen der gesellschaftliche Rationalismus des von Saint-Simon und Comte begründeten Rationalismus entscheidend verkürzt: auf die Handlungs-Rationalisierung eines ökonomischen Robinson. Nur durch diese Reduktion des Comte'schen Positivismus ergibt sich die Koinzidenz von Kausalerklärung und Gegenaufklärung. Das hat Menger vor allem im Vierten Kapitel seiner Methodenschrift hervorgehoben und damit die anti-sozialistische, anti-revolutionäre Richtung seiner Lehre betont:

»Die Ideen *Burke's* wurden in Deutschland zunächst die Veranlassung zur Bekämpfung des Pragmatismus in der Jurisprudenz, welcher sowohl in der Behandlung des positiven Rechtes, als auch in der Philosophie des letztern zur einseitigen Geltung gelangt war. Schon *Hugo* hatte die Reaction gegen die obige Richtung durch seine Studien auf dem Gebiete der Rechtsgeschichte angebahnt; *Savigny* und *Niebuhr* traten im vollen Bewußtsein der Aufgabe an die Spitze der neuen Bewegung. Ihnen ist das Recht … zum mindesten ursprünglich, ähnlich wie die Sprache, nicht das Produkt einer auf die Hervorbringung desselben hinzielenden bewußten Thätigkeit der öffentlichen Gewalten überhaupt und der positiven Gesetzgebung insbesondere, sondern das unreflectirte Ergebniss einer höheren Weisheit, der geschichtlichen Entwickelung der Völker; …
In diesen dem Standpunkte Burke's auf dem Gebiete des Staatsrechtes analogen Anschauungen, in dem Gegensatze zu dem Pragmatismus und Rationalismus auf dem Gebiete der Jurisprudenz, … liegt das Wesen der von *Savigny* und *Niebuhr* begründeten Juristenschule.
Adam Smith und seine Schüler hatten die Bedeutung des Geschichtsstudiums für die Politische Oekonomie und die Relativität socialer Einrichtungen … keineswegs verkannt; was ihnen dagegen … mit Recht zum Vorwurf gemacht werden kann, ist ihr Pragmatismus, welcher der Hauptsache nach nur ein Verständniss für *positive* Schöpfungen der öffentlichen Gewalten hatte, die Bedeutung der ›organischen‹ Socialgebilde für die Gesellschaft überhaupt und die Volkswirthschaft insbesondere indess nicht zu würdigen verstand und desshalb dieselben zu *conserviren* auch nirgends bedacht war. Es ist der einseitige rationalistische Liberalismus, das nicht selten übereilte Streben nach Beseitigung des Bestehenden, … was die Lehren A. Smith's und seiner Schüler charakterisirt. (…)
Die organisch gewordenen Institutionen der Volkswirthschaft hatten zumeist so weise für die Lebenden, die bereits Bestehenden, für das Nahe, das Gegenwärtige, gesorgt; …
Gegen diese Bestrebungen der Smith'schen Schule eröffnete sich unserer Wissenschaft ein unermeßliches Gebiet fruchtbarer Thätigkeit im Sinne der Richtung *Burke-Savigny's* – … Das Ziel der hier in Rede stehenden Bestrebungen mußte vielmehr das volle Verständniss der bestehenden socialen Einrichtungen überhaupt und der auf organischem Wege entstandenen Institutionen insbesondere sein, die Festhaltung des Bewährten gegen die einseitig rationalistische Neuerungssucht auf dem Gebiete der Volkswirthschaft. Es galt die Zersetzung der organisch gewordenen Volkswirthschaft durch einen zum Theil oberflächlichen Pragmatismus

zu verhindern, einen Pragmatismus, der gegen die Absicht seiner Vertreter unausweichbar zum Socialismus führt.« (Menger, Werke II: 203-208; vgl. ebd. 139 ff., 216 ff., 271-287)

Hayek hat diese Textstelle immer wieder als Explikation des gesellschaftlichen Interesses des Neoliberalismus zitiert: um die Tradition des Imperativs eines »freiwilligen Konformismus« (Hayek 1960: 78f.) zu belegen.

Die von Menger beschriebene Koinzidenz von gesellschaftlichem Irrationalismus und sozialatomistischem technischem Rationalismus, von geisteswissenschaftlichem und naturwissenschaftlichem Positivismus, von Sinnverstehen und Kausalerklärung, ist die systematische Grundlage der soziologischen Gesellschaftstheorie *Max Webers:* der Konstruktion von »Idealtypen«. Weber hat, durch diese Begriffsbildung, den gesellschaftlichen Erfahrungsgehalt der volkswirtschaftlichen Typen ausgesprochen: das irrational-rationale »Gehäuse der Hörigkeit«.

4.2 Kritik des Maschinenmenschen der Maschinengesellschaft

Das von Menger realitätsgerecht als Typus konstruierte irrational-rationale System der Volkswirtschaft, in dem der homo oeconomicus als ein Robinson bewußtlos den Logos der Ökonomie personifiziert und dadurch als eine vor- und außergesellschaftliche »Person« erscheint, haben zwischen 1870/80 und 1920 *Friedrich Nietzsche* aus Röcken bei Leipzig und *Max Weber* aus Erfurt als eine autoritäre gesellschaftliche Welt kritisiert, in der die Utopie des Individuums keinen Ort hat. Sie haben die Genesis dieser Welt als einen Fortschritt expliziert, der in »Rückschritt«, in »décadence«, in Verfall umschlägt. Freilich haben beide Kritiker keine Möglichkeit erkannt, diese Kritik rational darzustellen: Nietzsche rekurriert auf die Kunst, Weber verweist nur hilflos auf die unwiederbringlich verlorenen »altmodischen Ideale« des klassischen Liberalismus. Das Individuum, so scheint es beiden, ist in den Untertan des technisch-rationalen »Gehäuses der Hörigkeit« verwandelt.

4.2.1 Nietzsche: »Herdenmensch« und »Übermensch«

Nietzsche ist der deutsche Philosoph des Zeitalters des Imperialismus. Der Grundbegriff seiner Philosophie, der *»Wille zur Macht«*, reflektiert die bürgerliche Gesellschaft in der Epoche eines ökonomischen, politischen und militärischen Weltbürgerkrieges. Den sozialen Kosmos expliziert er als eine Totalität technischer Rationalität, in der nichts begriffen ist, weil alles identifiziert wurde. Das Urbild des identifizierenden Denkens ist, nach Nietzsche, das *»Ich«:* ein Individuum ohne Individualität, das alles sich gleich macht, weil es selbst das *Identitäts-Prinzip* ist. So klärt Nietzsche die Epoche auf als *»décadence«:* als Verfall von Vernunft, Individualität, Moral, Hoffnung, Religion. Über die rationale *»Welt der identischen Fälle«* (Nietzsche: Werke III: 526), die aufgrund der Projektion des Identitäts-Prinzips auf nichtidentische Dinge irrational ist, führt nichts hinaus: sie ist realer *»Nihilismus«.* Die irrationale Rationalität fesselt die Erkenntnis an die universale Täuschung. Um diese doch noch zu durchschauen, konstruiert Nietzsche die Metapher vom »Übermenschen« und rettet die aufklärende Erkenntnis durch die Kunst. Nur durch diese paradoxe Klärung: die Darstellung der rationalen, universalen Täuschung und deren dann doch mögliche Reflexion, resultiert das *Nichts,* das Nietzsches Philosophie ihren Titel gibt.

Gesellschaftstheoretisch hat Nietzsche die irrational-rationale bürgerliche Gesellschaft als »verwaltete Welt« (Horkheimer Bd. 8: 340) skizziert. In seiner, in den Achtzigerjahren verfaßten, Aphorismensammlung: »Der Wille zur Macht. Versuch der Umwertung aller Werte« (III: 415-925; zum Titel: II: 897; III: 634), beschreibt er in einer knappen Skizze die gegenwärtige Tendenz zur Ausbildung einer technisch-rationalen, bürokratisch gesteuerten Weltgesellschaft und Weltökonomie, in der »Mensch und Menschheit« »Nivellierte« sind: ein bloßes »Räderwerk«, austauschbare Instrumente der Ökonomie und der Naturbeherrschung.

»Die *Notwendigkeit* zu erweisen, daß zu einem immer ökonomischeren Verbrauch von Mensch und Menschheit, zu einer immer fester ineinander verschlungenen ›Maschinerie‹ der Interessen und Leistungen *eine Gegenbewegung gehört.* Ich bezeichne dieselbe als *Ausscheidung eines Luxus-Überschusses der Menschheit:* in ihr soll eine *stärkere* Art, ein höherer Typus ans Licht treten, der andre Entstehungs- und andre Erhaltungsbedingungen hat als der Durchschnitts-Mensch. Mein Begriff, mein *Gleichnis* für diesen Typus ist, wie man weiß, das Wort ›Übermensch‹.
Auf jenem ersten Wege, der vollkommen jetzt überschaubar ist, entsteht die Anpassung, die Abflachung, das höhere Chinesentum, die Instinkt-Bescheidenheit, die Zufriedenheit in der Verkleinerung des Menschen – eine Art *Stillstands-Niveau des Menschen.* Haben wir erst jene unvermeidlich bevorstehende Wirtschafts-Gesamtverwaltung der Erde, dann kann die Menschheit als Maschinerie in deren Diensten ihren besten Sinn finden: – als ein ungeheures Räderwerk von immer kleineren, immer feiner ›anzupassenden‹ Rädern; (…); als ein Ganzes von ungeheurer Kraft, dessen einzelne Faktoren *Minimal-Kräfte, Minimal-Werte* darstellen.
Im Gegensatz zu dieser Verkleinerung und Anpassung der Menschen an eine spezialisiertere Nützlichkeit bedarf es der umgekehrten Bewegung – der Erzeugung

des *synthetischen,* des *summierenden,* des *rechtfertigenden* Menschen, für den jene Machinalisierung der Menschheit eine Daseins-Vorausbedingung ist, als ein Untergestell, auf dem er seine *höhere Form zu sein* sich erfinden kann.
Er braucht die *Gegnerschaft* der Menge, der ›Nivellierten‹, das Distanz-Gefühl im Vergleich zu ihnen; er steht auf ihnen, er lebt von ihnen. Diese höhere Form des *Aristokratismus* ist die der Zukunft. – Moralisch geredet, stellt jene Gesamt-Maschinerie, die Solidarität aller Räder, ein Maximum in der *Ausbeutung des Menschen* dar: aber sie setzt solche voraus, derentwegen die Ausbeutung *Sinn* hat. Im anderen Falle wäre sie tatsächlich bloß die Gesamt-Verringerung, *Wert*-Verringerung des Typus Mensch, – ein *Rückgangs-Phänomen* im größten Stile.
– Man sieht, was ich bekämpfe, ist der *ökonomische* Optimismus: wie als ob mit den wachsenden Unkosten aller auch der Nutzen aller notwendig wachsen müßte. Das Gegenteil scheint mir der Fall: die Unkosten aller summieren sich zu einem Gesamt-Verlust: der Mensch wird geringer – so daß man nicht mehr weiß, wozu überhaupt dieser ungeheure Prozeß gedient hat. Ein Wozu? ein neues Wozu? – das ist es, was die Menschheit nötig hat.« (Nietzsche, Werke III: 628 f.; vgl. Werke II: 223 – 225, 249, 788 f., 875, 899 f.)

»Wirtschafts-Gesamtverwaltung« und »Maschinerie« stehen unter derselben Logik der technischen Beherrschung von objektivierten Menschen und Dingen. Insofern erfolgt eine gigantische »Ausbeutung des Menschen«, ebenso eine »Natur-Vergewaltigung mit Hilfe der Maschinen und der so unbedenklichen Techniker- und Ingenieur-Erfindsamkeit« (II: 854). Die steigende Rationalität der Beherrschung von Menschen und Dingen, kritisiert Nietzsche, ist deshalb kein Fortschritt, sondern ein *»Rückgangs-Phänomen* im größten Stile« – die Menschen werden reduziert auf Objekte, auf »immer feiner ›anzupassende‹ Räder«, auf »Minimal-Werte«. Im Fortschritt wird »der Mensch ... geringer«: er wird in seiner »Arbeit« zu einem bloßen »Mittel« (II: 66). Die auf einfache »spezialisierte« Nützlichkeiten reduzierten Menschen verlieren in ihrer Funktion ihre Individualität; sie werden »Nivellierte«, eine bloße »Menge«, eine »Herde« (III: 667, 892; II: 121), eine »Masse«: »wo Massen sind, da gibt es ein Bedürfnis nach Sklaverei.« (II: 138; vgl. II: 781-785) Dieser rückschrittliche Fortschritt ist sinnlos: es ermangelt des »Wozu«, des Telos. Die *Rationalität des Fortschritts ist destruktiv,* irrational. Der »Ausbeutung« steht, als »Unkosten«, kein »Nutzen« gegenüber, der die Kosten überbietet – vielmehr »summieren« sich die »Unkosten« zu einem »Gesamt-Verlust«. Daher nennt Nietzsche (II: 65) die »industrielle Kultur ... die gemeinste Daseinsform, die es bisher gegeben hat.«

In seinen Reden *Über die Zukunft unserer Bildungs-Anstalten* (in: III: 175-263) hat Nietzsche jene Formierung des Menschen zu einem Instrument des ökonomischen, industriellen Systems als Produkt der zeitgenössischen

»Bildungsanstalten« beschrieben. Dieser Mensch ist nicht gebildet, aber vorzüglich ausgebildet; er ist gesellschaftlich dumm, aber höchst rational; er ist ein Mittel für fremde Zwecke, aber kein Selbstzweck; er beherrscht in der total gewordenen »Maschinerie« die Dinge, die Natur, weil er selbst beherrscht wird. In der allgemeinen Instrumentalisierung von Menschen und Dingen verliert der Mensch sein Selbst: er verliert sich als besonderes Individuum, als Selbstzweck (vgl. Kant: Werke VII: 61-63). Insofern ist jenes System eine Totalität rationaler »Menschenverachtung« (Nietzsche: I: 699). Nietzsche kritisiert die *Zerstörung von Bildung* durch den »Trieb nach möglichster *Erweiterung* und *Verbreitung* der Bildung«: »Die allerallgemeinste Bildung ist eben die Barbarei.« (III: 191f.) Denn jene Verallgemeinerung subsumiert die Bildung des Menschen zu einem autonomen Individuum der Ökonomie, verwandelt sie in eine Ausbildung für heteronome Zwecke und resultiert in »Pseudo-Bildung«, in »Bildungsbarbarei« (ebd. 194, 195). Der Verfall von Bildung vollzieht sich durch ihre Ausdehnung auf die »Herde«, auf instrumentalisierte und somit austauschbare Menschen, durch die Subsumtion von Bildung unter die Logik der Nivellierung und der Identität.

»Ich glaube bemerkt zu haben, von welcher Seite aus der Ruf nach möglichster Erweiterung und Ausbreitung der Bildung am deutlichsten erschallt. Diese Erweiterung gehört unter die beliebten nationalökonomischen Dogmen der Gegenwart. Möglichst viel Erkenntnis und Bildung – daher möglichst viel Produktion und Bedürfnis – daher möglichst viel Glück – so lautet etwa die Formel. Hier haben wir den Nutzen als Ziel und Zweck der Bildung, noch genauer den Erwerb, den möglichst großen Geldgewinn. Die Bildung würde ungefähr von dieser Richtung aus definiert werden als die Einsicht, mit der man sich ›auf der Höhe seiner Zeit‹ hält, mit der man alle Wege kennt, auf denen am leichtesten Geld gemacht wird, mit der man alle Mittel beherrscht, durch die der Verkehr zwischen Menschen und Völkern geht. Die eigentliche Bildungsaufgabe wäre demnach, möglichst ›courante‹ Menschen zu bilden, in der Art dessen, was man an einer Münze ›courant‹ nennt. (...) Dem Menschen wird nur so viel Kultur gestattet als im Interesse des Erwerbs ist, aber so viel wird auch von ihm gefordert.« (Nietzsche, Werke III: 191 f.)

Die Ökonomie, konstatiert Nietzsche realitätsgerecht, fordert die Verwandlung von Bildung in Ausbildung: eines Wissens, dessen Idee die Konstitution eines autonomen Individuums ist, in ein Wissen, das das Subjekt in ein verwertbares, nützliches Objekt verwandelt – in ein Subjekt, das sich als ein Mittel widerstandslos heteronomen Zwecken fügt: allererst dem Zweck, einen »möglichst großen Geldgewinn« zu erwirtschaften. Die Menschen werden zu »Münzen« gebildet, zu Geld, das mehr Geld gebiert.

Die wissenschaftliche Arbeitsteilung macht den Menschen zu einem Spezialisten, der – entsprechend – fast allen Problemen »unbekümmert«

wie der »vulgus« gegenübersteht (ebd. 193). Weil er die gesellschaftlichen Zusammenhänge nicht durchschaut, wird er zum »Werkzeug« (ebd. 521):

»So ein exklusiver Fachgelehrter ist dann dem Fabrikarbeiter ähnlich, der sein Leben lang nichts anderes macht als eine bestimmte Schraube oder Handhabe zu einem bestimmten Werkzeug oder zu einer Maschine, worin er dann freilich eine unglaubliche Virtuosität erlangt. In Deutschland, wo man versteht, auch solchen schmerzlichen Tatsachen einen gloriosen Mantel des Gedankens überzuhängen, bewundert man wohl gar diese enge Fachmäßigkeit unserer Gelehrten und ihre immer weitere Abirrung von der rechten Bildung als ein sittliches Phänomen: ... die Unbildung jenseits des Fachs wird als Zeichen edler Genügsamkeit zur Schau getragen.« (Nietzsche, Werke III: 193)

Diese »Pseudo-Bildung« ist die *Bildung der »Herde«:* das »Herdentier, sogar höchst intelligent«, ist vollkommen dressiert, den gesellschaftlichen, vor allem den ökonomischen Mechanismen angepaßt und als Personifikation sozialökonomischer Gesetze erfolgreich (ebd. 434). Die Wissenschaft »gehört als solche zu einer mittleren Art Mensch« (ebd. 709), weil sie den Menschen in die »Maschinerie« der Ökonomie einpaßt, ihn für seine spezielle Funktion schult, verkleinert.

»Die Aufgabe ist, den Menschen möglichst nutzbar zu machen und ihn, soweit es irgendwie angeht, der unfehlbaren Maschine zu nähern: zu diesem Zwecke muß er mit *Maschinen-Tugenden* ausgestattet werden (– er muß die Zustände, in welchen er machinal-nutzbar arbeitet, als die höchstwertigen empfinden lernen: dazu tut not, daß ihm die *anderen* möglichst verleidet, möglichst gefährlich und verrufen gemacht werden).
Hier ist der erste Stein des Anstoßes die *Langeweile,* die *Einförmigkeit,* welche alle machinale Tätigkeit mit sich bringt. Diese ertragen zu lernen – und nicht nur zu ertragen –, die Langeweile von einem höheren Reiz umspielt sehen lernen: dies war bisher die Aufgabe alles höheren Schulwesens. Etwas lernen, das uns nichts angeht; und eben darin, in diesem ›objektiven‹ Tätigsein, seine ›Pflicht‹ empfinden; die Lust und die Pflicht voneinander getrennt abschätzen lernen – das ist die unschätzbare Aufgabe und Leistung des höheren Schulwesens. Der Philologe war deshalb bisher der Erzieher *an sich:* weil seine Tätigkeit selber das Muster einer bis zum Großartigen gehenden Monotonie der Tätigkeit abgibt; unter seiner Fahne lernt der Jüngling ›ochsen‹: erste Vorbedingung zur einstmaligen Tüchtigkeit machinaler Pflichterfüllung (als Staats-Beamter, Ehegatte, Büro-Sklave, Zeitungsleser und Soldat).« (Nietzsche, Werke III: 630)

Wissenschaft, die solche Anpassung impliziert, steht zur Bildung quer (ebd. 205, 434).

Freilich kritisiert Nietzsche die »bevorstehende Wirtschafts-Gesamtverwaltung der Erde«, die absehbare Konstitution der »Menschheit« als

»Maschinerie«, die »industrielle Kultur« (III: 628f.; II: 65), in der der Mensch seine autonome Individualität selbst als Möglichkeit einbüßt, nicht aus äußerlichen Gründen: es ist nicht bloß die äußerliche Subsumtion der Bildung unter die ökonomischen Imperative, es ist nicht bloß die äußerlich gesetzte wissenschaftliche Arbeitsteilung, die die Liquidierung des Individuums produziert. Vielmehr gelangt in dieser gesellschaftlichen Welt, nach Nietzsches *Erkenntniskritik,* das Denken, die Rationalität, zur Konsequenz. Die *Welt als Maschinerie* ist eine *rationale Welt rationaler und dadurch entindividualisierter Menschen, die rational sich selbst und die Natur beherrschen.* Die Einpassung des ausgebildeten, rationalen Menschen in das ökonomische System gelingt, nach Nietzsches Einsicht, so umstandslos, weil die *Rationalität* der *Identitätslogik* folgt, die im *Geld* gegenständlich ist: die Rationalität, das Denken, hat sich ursprünglich an der Geldrechnung gebildet:

»Preise machen, Werte abmessen, Äquivalente ausdenken, tauschen – das hat in einem solchen Maße das allererste Denken des Menschen präokkupiert, daß es in einem gewissen Maße *das* Denken ist: ...« (Nietzsche, Werke II: 811; vgl. Werke III: 191 f.; vgl. auch die Bemerkungen des Pythagoreers Aristoxenos: DK 58 B 2; ferner Heraklit: DK 22 B 90; Marx, MEW 40: 571 f.)

Die Ökonomie ist wie das Denken von der Logik der Identität bestimmt. Wie das begriffliche Denken die Dinge gleichsetzt, so setzt das Geld ungleiche Waren gleich. Was philosophisch als *Logifizierung der Welt* bezeichnet werden muß, wäre ökonomisch als Reduktion ungleicher Gebrauchswerte auf gleiche Werte zu bestimmen, als *Monetarisierung der Welt.* Jeweils erfolgt eine Verwandlung von nichtidentischen Menschen und Dingen in identische, darum nützliche und verwertbare Menschen und Gegenstände: in Mittel. Ausbildung ist Aneignung eines Wissens, das von der Identitätslogik bestimmt ist: es ist ein Wissen von immergleichen Tatsachen und immergleichen, kausalen Prozessen; es ist ein Wissen, das Subjekte in »identische Fälle« verwandelt, ent-individualisierte Menschen produziert; es ist ein Wissen, das durch die Voraussetzung immergleicher Tatsachen und Naturgesetze der Zweck-Mittel-Rationalität folgt. *Verwertbares Wissen erzeugt verwertbare Menschen.*

Nietzsche hat erkenntniskritisch die Formen der *Identitätslogik des Denkens und des Geldes* entfaltet. In seinem kleinen Essay über *Wahrheit und Lüge im außermoralischen Sinn* (in: III: 309-322; vgl. II: 115-124) erläutert er an einem klassischen Beispiel, daß die Erkenntnis kein Wissen von den »Dingen selbst« hervorbringt, sondern nur eine Täuschung. Denn der »Begriff« werde gebildet durch das »Gleichsetzen des Nichtgleichen«

– kein Blatt sei »einem andern ganz gleich«, und doch werde im »Begriff Blatt« von allen »individuellen Verschiedenheiten« abstrahiert (ebd. 312-316; siehe: Leonardo 1490/98: 170, 207; Hegel, Bd. 6: 53). Diese Abstraktion freilich erfolgt, nach Nietzsche, »unbewußt«: »die Wahrheiten sind Illusionen, von denen man vergessen hat, daß sie welche sind.« (III: 314) Es ist der Mensch, das Erkenntnis-Subjekt, das die ungleichen Erkenntnisgegenstände unbewußt im Begriff gleichsetzt und dadurch den Begriff auf die Sache projiziert. Durch diese bewußtlose Projektion entsteht die Annahme, die »Dinge selbst« zu erkennen – durch diese bewußtlose Projektion entstehen aber nur: »Illusionen«, Täuschungen. So werden die Dinge subjektiviert (III: 316, 318f.; vgl. Leonardo 1490/98: 371f.), so erscheinen die »Dinge selbst« als daseiende Abstraktionen. Das Subjekt, der Mensch aber, der dieses »Gleichsetzen des Nichtgleichen« vollzieht, kann selbst kein Individuell-Verschiedenes sein, sondern nur ein Gleiches: er ist nichts als die Personifikation des Begriffs, der »Herrschaft der Abstraktionen« – er ist, als Denkender, als ein *»›vernünftiges‹* Wesen«, ein ent-individualisiertes, abstrakt-allgemeines und darum rationales Subjekt (III: 314).

Wenn diese Einsicht in das begriffliche Denken überhaupt die Täuschung freilegt, kann sie nicht begrifflich gestützt sein. Die »Dinge selbst«, lehrt Nietzsche, sind das »Individuelle und Wirkliche«; in der »Natur« gibt es »keine Formen und Begriffe«. Diese Natur-Erfahrung stützt er: auf die »anschaulichen ersten Eindrücke«, auf die »individuelle« und nichtidentische »Anschauungsmetapher«, auf das »Bild«, aus dem der Begriff hervorgeht (III: 314f.). Die Kunst, die sich in der Anschauung bewegt, eröffnet die Möglichkeit der Kritik begrifflichen Denkens: der »Wissenschaft«. Nur durch die Anschauung gelingt das Überschreiten der begrifflichen »starren neuen Welt«, die nichts ist als eine »Zwingburg« (ebd. 319; siehe ebd. 316).

Nietzsche hat diese *Kritik der Rationalität,* die das *»Gleichmachen des Nichtgleichen«* auf seiten des *Erkenntnis-Objekts* und deshalb vor allem auf seiten des *Erkenntnis-Subjekts* aufklärt, in zahllosen Aphorismen entfaltet. Die Kritik variiert das Thema: die subjektiv-unbewußte, begriffliche Konstitution einer *»Welt der identischen Fälle«.*

»Die Logik ist geknüpft an die Bedingung: *gesetzt, es gibt identische Fälle.* Tatsächlich, damit logisch gedacht und geschlossen werde, *muß diese* Bedingung erst als erfüllt fingiert werden. Das heißt: der Wille zur *logischen Wahrheit* kann erst sich vollziehen, nachdem eine grundsätzliche *Fälschung* alles Geschehens angenommen ist. Woraus sich ergibt, daß hier ein Trieb waltet, der beider Mittel fähig ist, zu-

erst der Fälschung und dann der Durchführung seines Gesichtspunktes: die Logik stammt *nicht* aus dem Willen zur Wahrheit.
Die Optik aller organischen Funktionen, aller stärksten Lebensinstinkte: die irrtum *wollende* Kraft in allem Leben; der Irrtum als Voraussetzung selbst des Denkens. Bevor ›gedacht‹ wird, muß schon ›gedichtet‹ worden sein; das *Zurechtbilden* zu identischen Fällen, zur *Scheinbarkeit* des gleichen ist ursprünglicher als das *Erkennen* des *gleichen.«* (Nietzsche, Werke III: 476 f.; vgl. ebd. 526, 733)

Nietzsche kritisiert die Formen der Identitätslogik, die unbewußt auf die Dingwelt projiziert werden: den »Satz von der Identität«: A ist A (III: 457); den »Satz vom Widerspruch«: A ist nicht Non-A (ebd. 537-539); das identifizierende Urteil: »Dies und dies ist so« (ebd. 476); die Annahme empirischer Regelmäßigkeiten in Form immergleicher kausaler Prozesse: »immer wenn x, dann y« (ebd. 768, 804f., 865f.); die Reduktion von Neuem auf Bekanntes, Unveränderliches, Identisches (ebd. 462, 768, 805); die Berechnung der immergleichen »Welt des Bleibenden« (ebd. 548f., 768, 776f.).

Diese logische Konstruktion einer »Welt der identischen Fälle« ist, nach Nietzsches Überlegung, die *unbewußte Projektion des »Menschen«, der Rationalität des Subjekts, auf die Dinge* (ebd. 482). Aber dieses Subjekt des begrifflichen Gleichmachens von Ungleichem, Individuellem, kann nur ein gleiches und allgemeines, eben kein besonderes und individuelles Subjekt sein. So kritisiert Nietzsche die logische *»Vermenschlichung« der Welt* (II: 116, 120). Das begreifende Denken, das einst den Mythos überwand, erneuert ihn im Medium des identifizierenden, berechnenden Denkens. Nietzsche erklärt: Das Urbild der Sichselbstgleichheit, aus der die Begriffe ›Identität‹, ›Einheit‹ und ›Ding‹, damit die gesamte Logik abgeleitet sind, ist das *»Ich«* (III: 777). ›Ich‹ entsteht, wenn der »Täter vom Tun« getrennt, gegen die Handlung isoliert wird. Das ist das Modell der Abspaltung von Ursache und Wirkung (ebd. 767; vgl. II: 789f.): »Das ›Ich‹ (wird) zur Vielheit seiner Vorgänge« hinzugedacht (III: 909), und ebenso die Ursache zu Prozessen, die in Wirkungen resultieren (vgl. ebd. 480, 487f., 490, 673f., 915). Die Vorstellung von Kausalität, Gesetzmäßigkeit, Unbedingtem und Bedingtem ist eine Täuschung, ein *»Fehler«,* der aus der *»Hineindichtung des Subjekts«* (ebd. 489) entsteht. Mit der Täuschung fällt auch die Deutung eines ›gesetzmäßigen‹ Vorgangs nach dem Vorbild des »Gehorsams gegen ein Gesetz oder einen Gesetzgeber« (ebd. 489), allgemein die Subjektivierung der Welt. Indes impliziert die *Anthropomorphisierung der Welt* durch die Logik der Identität zugleich eine *Ent-Individualisierung des Ich:* Das Subjekt, das durch Projektion identische Fälle produziert, ist selbst ein »identischer Fall«: »Die Annahme der gleichen Fälle setzt die ›gleiche Seele‹ voraus.« (ebd. 892) Die »gleiche Seele« ist die Seele von »Herdenmenschen« als »Herdentieren«, die ihrem »Herden-Instinkt« folgen (ebd. 667, 892, 1009), von nivellierten Menschen (ebd. 628f.): von Menschen, die Personifikationen des identifizierenden Denkens sind, die asketisch sind: die die »Leiblichkeit zur Illusion herabsetzen« (II: 860).

Kritisiert Nietzsche die Projektionen des *identifizierenden Denkens* als »Illusionen« und »Täuschungen«, so würdigt er sie zugleich als lebensnotwendige Täuschungen: jenes Denken formiert die Wirklichkeit zu einem Gegenstand, der technisch beherrschbar ist. Identifizierendes Denken ist *naturbeherrschende Rationalität.* Erkenntnis, notiert Nietzsche, ist »Mittel zur Erhaltung des Individuums«, Mittel zur »Erhaltung des Lebens« (III: 310, 456, 458, 556; II: 117, 118f., 124, 215). Die *»Kategorien der Vernunft«* haben ihre »Wahrheit« in ihrer »Nützlichkeit« (ebd. 762; vgl. ebd. 726-728; dagegen: II: 206-208):

»Man soll diese *Nötigung*, Begriffe, Gattungen, Formen, Zwecke, Gesetze zu bilden (*›eine Welt der identischen Fälle‹*) nicht so verstehen, als ob wir damit die *wahre Welt* zu fixieren imstande wären; sondern als Nötigung, uns eine Welt zurechtzumachen, bei der *unsre Existenz* ermöglicht wird: – wir schaffen damit eine Welt, die berechenbar, vereinfacht, verständlich usw. für uns ist.« (Nietzsche, Werke III: 526; vgl. Werke II: 124, 859, 861)

Nietzsche bringt die unbewußte Konstitution der »Welt der identischen Fälle« als Täuschung zu Bewußtsein, aber diese Täuschung gilt ihm als unaufhebbar und unüberschreitbar: ohne die Logik des Identifizierens, ohne die Logik der Naturbeherrschung, ist keine Selbsterhaltung möglich – in der das Selbst sich als Individuum verliert. Die rationalisierte Welt ist die Welt der »Herde«, der »Masse« (II: 138; III: 667).

So kritisiert Nietzsche, *geschichtsphilosophisch,* die rationale Welt rationaler Menschen, die identische Welt identischer Menschen, als *»Rückgangs-Phänomen* im größten Stile« (III: 629). Der Fortschritt in der Beherrschung von Menschen und Dingen, in der Beherrschung der äußeren wie der leiblichen Natur des Menschen (II: 172, 195f.), ist ein Rückschritt und folgt der Tendenz zum »vollkommenen Nihilismus« (III: 635). *Nihil:* das ist der Mangel an Sinn.

»Was ich erzähle, ist die Geschichte der nächsten zwei Jahrhunderte. Ich beschreibe, was kommt, was nicht mehr anders kommen kann: *die Heraufkunft des Nihilismus.* Diese Geschichte kann schon jetzt erzählt werden: denn die Notwendigkeit selbst ist hier am Werke. (...) Unsre ganze europäische Kultur bewegt sich seit langem schon mit einer Tortur der Spannung, die von Jahrzehnt zu Jahrzehnt wächst, wie auf eine Katastrophe los: unruhig, gewaltsam, überstürzt: einem Strom ähnlich, der ans *Ende* will, der sich nicht mehr besinnt, der Furcht davor hat, sich zu besinnen.« (Nietzsche, Werke III: 634)

»Diese lange Fülle und Folge von Abbruch, Zerstörung, Untergang, Umsturz, die nun bevorsteht: wer erriete heute schon genug davon, um den Lehrer und Vorausverkünder dieser ungeheuren Logik von Schrecken abgeben zu müssen, den Propheten einer Verdüsterung und Sonnenfinsternis, derengleichen es wahrscheinlich noch nicht auf Erden gegeben hat?« (Nietzsche, Werke II: 205; siehe Werke II: 115, 127, 164, 279 f., 340, 348, 501, 523; Werke III: 737)

Ist die »Menschheit als Maschinerie« vollständig in das universale »Räderwerk« integriert, dann vermag sie die totale »Ausbeutung«, den destruktiven Fortschritt nicht länger zu durchschauen – es mangelt der Möglichkeit einer distanzierten »Verwunderung« (Platon). Die Rationalität der bürokratisierten Weltökonomie liquidiert die Bedingung, sie reflexiv zu durchschauen – sie zerstört die Grundlagen der »Besinnung«, so scheint es.

Dieser Schein entsteht, weil Nietzsche wohl die »Unbewußtheit« (III: 314) des identifizierenden, das Identitätsprinzip auf das Nichtidentische projizierenden Denkens benennt, aber der Logik der naturbeherrschenden Rationalität verhaftet bleibt: die Identitätslogik verdinglicht er zur Bedingung der Selbsterhaltung. Nietzsche negiert die Möglichkeit, das Unbewußte durch Aufklärung zu Bewußtsein zu bringen. Er setzt die Beherrschung der »ersten Natur« mit der Notwendigkeit einer »zweiten Natur«, er setzt eine »sinnliche Natur« mit einer »übersinnlichen Natur« gleich (vgl. Kant: Bd. VII: 156; Hegel: Bd. 12: 57) und entspricht dadurch dem Fetischismus des Systems der bürgerlichen Ökonomie. Nietzsche liefert eine positivistische Selbstreflexion des naturwissenschaftlichen Positivismus. Er erkennt in der Rationalität keine Möglichkeit, das identifizierende Denken, die Menschheit als »Maschinerie«, die Zerstörung des Individuums zu benennen und zu kritisieren. An die Stelle der Aufklärung tritt beim Nihilisten eine Metapher: das Subjekt der Reflexion ist der *»Übermensch«* (vgl. II: 56f.). Er könnte die »Ausbeutung« nicht bloß durchschauen, sondern auch dem nihilistischen Prozeß jenen Sinn verleihen, der liquidiert scheint (vgl. III: 628f.). Das Medium seiner überlegenen Einsicht ist: die Kunst.

Der »Übermensch«: das wäre jenes in der Rationalität untergegangene Individuum, das sich reflexiv, theoretisch und praktisch über die Identitätslogik erheben könnte.

»Wir aber *wollen die werden, die wir sind* – die Neuen, die Einmaligen, die Unvergleichbaren, die Sich-selber-Gesetzgebenden, die Sich-selber-Schaffenden!« (Nietzsche, Werke II: 197)

Diese »Einmaligen« beherrschten, gegen die Identitätslogik, weder die eigene noch die äußere Natur: sie verwandelten die »Dinge selbst« – etwa das Blatt – nicht in deren Begriffe, um sie zu unterjochen. Sie wären zur *Erfahrung von Nichtidentischem* fähig und darum selbst *nichtidentische, besondere Menschen,* autonome Individuen. Sie wären nicht ausgebildet, sondern wahrhaft gebildet. Bildung wäre: Formierung des Menschen zu einem autonomen Individuum, das sich Selbstzweck sein kann, weil es die Natur nicht instrumentalisiert, sondern als Selbstzweck erfährt.

»Sehr viel muß der Mensch lernen, um zu leben, um seinen Kampf ums Dasein zu kämpfen: aber alles, was er in dieser Absicht als Individuum lernt und tut, hat noch nichts mit der Bildung zu schaffen. Diese beginnt im Gegenteil erst in einer Luftschicht, die hoch über jener Welt der Not, des Existenzkampfes, der Bedürftigkeit lagert. (...) Mancher wird, bei einer stoisch-engen Umschränkung seiner Bedürfnisse, sehr bald und leicht in jene Sphäre sich erheben, in der er sein Subjekt vergessen und gleichsam abschütteln darf, um nun in einem Sonnensystem zeitloser und unpersönlicher Angelegenheiten sich ewiger Jugend zu erfreuen. (...) Denn die wahre Bildung verschmäht es, sich mit dem bedürftigen und begehrenden Individuum zu verunreinigen: (...) Ich will euch, meine Freunde, ein Beispiel geben. Wollt ihr einen jungen Menschen auf den rechten Bildungspfad geleiten, so hütet euch wohl, das naive zutrauensvolle, gleichsam persönlich-unmittelbare Verhältnis desselben zur Natur zu stören: zu ihm müssen der Wald und der Fels, der Sturm, der Geier, die einzelne Blume, der Schmetterling, die Wiese, die Bergeshalde in ihren eigenen Zungen reden, in ihnen muß er gleichsam sich wie in zahllosen auseinandergeworfenen Reflexen und Spiegelungen, in einem bunten Strudel wechselnder Erscheinungen wiedererkennen; so wird er unbewußt das metaphysische Einssein aller Dinge an dem großen Gleichnis der Natur nachempfinden und zugleich an ihrer ewigen Beharrlichkeit und Notwendigkeit sich selbst beruhigen. (...) Die anderen (»jungen Menschen«; G.S.) müssen frühzeitig eine andre Wahrheit lernen: wie man die Natur sich unterjocht. Hier ist es mit jener naiven Metaphysik zu Ende: (...): an dessen Stelle jetzt ein kluges Berechnen und Überlisten der Natur getreten ist.« (Nietzsche, Werke III: 230, 231, 232)

Nietzsche nimmt die Bestimmungen der klassischen Bildungs-Idee von Sokrates bis Hegel auf: Philosophie – Bildung – ist nicht auf Broterwerb gerichtet (vgl. III: 233f.), kein Mittel für äußerliche Zwecke, sondern sich Selbstzweck. Darum konstituiert sie das *gebildete Subjekt nicht als ein Mittel, als Werkzeug, sondern als Selbstzweck, als ein singuläres Individuum.* Darum ist sie zentral bestimmt durch ein *kontemplatives, nicht aneignendes, herrschaftsfreies Verhältnis zur Natur.* Dieses freilich ist dem Nihilisten nicht das Telos einer vernünftigen Aufklärung über das Unbewußte des identifizierenden Denkens: denn dieses ist sowohl lebensnotwendig als auch absolut – im Denken scheint keine Möglichkeit, die rationale Täuschung als solche zu erkennen. So kann sich das Individuum, so kann sich die Erfahrung der »Dinge selbst« allein auf die *Kunst* stützen und sich an dieser bilden: »Die Kunst ist mächtiger als die Erkenntnis, denn *sie* will das Leben, und jene erreicht als letztes Ziel nur – die Vernichtung.« (ebd. 271; vgl. ebd. 691-694) Erst auf dieser Grundlage kann die identifizierende Erkenntnis als Täuschung, die Nivellierung der Menschen zur Herde erkannt und kritisiert werden – der Herde ist die Einsicht, die Nietzsche beschreibt, verborgen. Nietzsche rettet Individualität und Reflexion durch die Metapher vom *»Übermenschen«*.

4.2.2 Weber: Der Untertan im »Gehäuse der Hörigkeit«

Mehr als eine Generation nach Nietzsche hat *Max Weber* (1864-1920) dessen Erfahrung eines Fortschritts als *décadence* soziologisch reformuliert. Webers Erfahrung, formuliert zwischen 1895 und 1920, ist der destruktive Fortschritt zum »Gehäuse der Hörigkeit« ohne Freiheit, ohne Individualität, ohne Hoffnung: die Genesis eines technisch rationalen, gesellschaftlich irrationalen Systems von Politik und Ökonomie – eines Systems von Macht und bürokratischer Organisation in »Staat und Wirtschaft« (PS: 333).

»Eine leblose Maschine ist *geronnener Geist. Nur* daß sie dies ist, gibt ihr die Macht, die Menschen in ihren Dienst zu zwingen und den Alltag ihres Arbeitslebens so beherrschend zu bestimmen, wie es tatsächlich in der Fabrik der Fall ist. *Geronnener Geist* ist auch jene *lebende Maschine*, welche die bürokratische Organisation mit ihrer Spezialisierung der geschulten Facharbeit, ihrer Abgrenzung der Kompetenzen, ihren Reglements und hierarchisch abgestuften Gehorsamsverhältnissen darstellt. Im Verein mit der toten Maschine ist sie an der Arbeit, das Gehäuse der Hörigkeit der Zukunft herzustellen, in welche vielleicht dereinst die Menschen sich, wie die Fellachen im altägyptischen Staat, ohnmächtig zu fügen gezwungen sein werden, *wenn ihnen eine rein technisch gute und das heißt: eine rationale Beamtenverwaltung und -versorgung der letzte und einzige Wert ist, der über die Art der Leitung ihrer Angelegenheiten entscheiden soll.* Denn das leistet die Bürokratie ganz unvergleichlich viel besser als jegliche andere Struktur der Herrschaft. (…)
Wie ist es angesichts dieser Übermacht der Tendenz zur Bürokratisierung *überhaupt noch möglich, irgendwelche* Reste einer in *irgend*einem Sinn ›individualistischen‹ Bewegungsfreiheit zu retten? Denn schließlich ist es eine gröbliche Selbsttäuschung, zu glauben, ohne diese Errungenschaften aus der Zeit der ›Menschenrechte‹ vermöchten wir heute (auch der konservativste unter uns) überhaupt zu leben.« (Weber, PS: 332 f.; vgl. ebd. 63-65)

Diese zentrale Erfahrung bestimmt Weber: methodisch, geschichtstheoretisch, gesellschaftstheoretisch.

Methodisch bestimmt Weber das »Gehäuse der Hörigkeit« durch die Form des *Idealtypus:* eine Begriffskonstruktion, die den naturwissenschaftlichen ebenso wie den geisteswissenschaftlichen Positivismus in sich aufheben, die die Kausalerklärung mit dem Sinnverstehen verknüpfen soll.

Die *Kausal-Erklärung* gilt dem Sein. Vorausgesetzt sind empirische »Regelmäßigkeiten« der Form: »immer wenn x, dann y« (WL: 526, 528f., 570). Gesetzt ist eine strukturell immergleiche Welt: immergleiche Tatsachen, die in immergleichen kausalen Relationen stehen. Wie seit Comte bekannt, erlauben konstante Ursache-Wirkung-Relationen: Erklärungen, Prognosen, technische Rationalisierungen eines Mittel-Zweck-Handelns. In diesem Handlungs-Typus sind Zwecke als ein Sollen gegeben; sie werden mit rational adäquaten Mitteln realisiert. Diese Handlungs-Rationalisierung schließt alle Zwecke aus, die sich nicht technisch realisieren lassen, weil das Machenkönnen eine Objektivierung der Welt voraussetzt: Liebe oder Glück, Verständigung oder Frieden, Aufklärung oder Freiheit lassen sich nicht herstellen. Die Mittel-Rationalität verhält sich nicht gleichgültig gegen die technisch realisierbaren Zwecke. Insofern ist die technische Handlungs-Rationalisierung wohl auf gewollte Zwecke gerichtet, aber allererst sich Selbst-Zweck. Da dieser Zweck kein Mittel ist, ist er: technisch irrational. Die kausalrationale Mittel-Zweck-Rationalität ist, als Selbstzweck, ein Sollen und darum irrational: sie ist eine *irrationale Rationalität.* Das technisch rationalisierte Handeln ist ein »typisches Handeln« (ebd. 550f.), weil es immergleiche Prozesse voraussetzt und reproduziert; die Wissenschaft, die solche Handlungs-Rationalisierungen bietet, ist eine »generalisierende Wissenschaft« (ebd. 559f.). Als irrationale Rationalität verweist die technische Handlungsrationalität auf die Methode des Sinn-Verstehens.

Das *Sinn-Verstehen* gilt dem Sollen: Werten, Zwecken. Weber würdigt diese Methode als die dem »soziologischen Erkennen« spezifische Leistung, durch die sie sich von der »Naturwissenschaft« abhebt: »Soziale Gebilde« unterschieden sich dadurch von »Organismen«, daß sie sinnkonstituiert seien (ebd. 554f.); durch den Sinn verwandelt sich ein Verhalten in eine Handlung. Sinn ist nun, im Unterschied zur Moral, ein Sollen, das nicht allgemein-vernünftig ist, sondern singulär, privatistisch, irrational. Weber spricht, ausdrücklich an Savignys Historische Schule des Rechts anschließend, von einer »ethisch irrationalen Welt« (ebd. 505), von einer »geschichtlichen Irrationalität« (ebd. 17), von einem »irrationalen Recht« (ebd. 9): Sinn ist »subjektiv gemeinter Sinn« (ebd. 542). Das Verstehen von Sinn bezieht einen fremden auf den eigenen Sinn und gelingt nur dann, wenn beide identisch sind; Fremdverstehen ist unmöglich, weil das Moment der Rationalität, der Vernunft, die Verständigung fehlt (vgl. ebd. 123, 215-265; vgl. auch: Schütz 1932). So gilt das Sinn-Verstehen: Individuellem, das kollektiv und fraglos geteilt wird. Die Aporie des Sinn-Verstehens ist dadurch gegeben, daß die Frage des Verstehens bei Unverständlichem entsteht; das Unverständliche ist aber verständlich nur dann, wenn es sich auf bekannten eigenen, auf einen konformen Sinn zurückführen läßt: auf eine kollektiv geteilte Meinung.

Im *Idealtypus* koinzidiert die *Kausal-Erklärung* mit dem *Sinn-Verstehen*, weil der konforme Sinn ein empirisch regelmäßiges Handeln konstituiert. Da die Kausal-Erklärung eine *technische Handlungs-Rationalisierung* gestattet, die sich *Selbst-Zweck* ist, weil sie alle technisch nicht realisierbare Zwecke ausschließt, koinzidieren Kausal-Erklärung und Sinn-Verstehen dann, wenn einem Einzelnen und einer Gemeinschaft das technische Handeln nach Mitteln und Zweck der Selbstzweck ist. Nicht zufällig erläutert Weber diese Koinzidenz an repressiven und extrem rigiden Handlungsmodellen: am »militärischen Kommando«, am »Strafgesetz« (WL: 64). In beiden Fällen ist der vom ego explizierte Sinn mit dem Sinn des alter ego identisch: die Sinn-Definition ist mit der Sinn-Interpretation kongruent. Der *Idealtypus* enthält das *Modell einer autoritären Gesellschaft autoritärer Charaktere:* von Menschen, die immergleich und technisch-rational handeln, weil sie konformistisch-irrational einen kollektiven Sinn teilen: vorab den Zweck, technisch rational zu handeln. Dieses Handeln, die Erscheinung des Idealtypus, bestimmt Weber als *»zweckrationales Handeln«:*

> »Zweckrational handelt, wer sein Handeln nach Zweck, Mittel und Nebenfolgen orientiert und dabei sowohl die Mittel gegen die Zwecke, wie die Zwecke gegen die Nebenfolgen, wie endlich auch die verschiedenen möglichen Zwecke gegeneinander rational *abwägt:* also jedenfalls *weder* affektuell (und insbesondere nicht emotional) *noch* traditional handelt.« (Weber, WG: 13 § 4)

Weil der Zweck, das Handeln nach dem Verhältnis von Mittel und Zweck zu rationalisieren, die Grundlage des zweckrationalen Handelns ist, ist das Sinn-Verstehen der Kausal-Erklärung vorgeordnet (WG: 1 § 1). Freilich wäre eine Gemeinschaft zweckrational Handelnder keine gegensatzlose Gemeinschaft. Sie ist zwar integriert durch den gemeinschaftlich und fraglos anerkannten *Zweck, technisch-rational zu handeln.* Aber die *Zwecke,* die auf dieser kollektiven Grundlage zweckrational verfolgt werden, entziehen sich der Verständigung und sind nur gegeneinander durchzusetzen: in einem mit technisch-rationalen Mitteln geführten *Macht-Kampf,* der mit Sieg oder Niederlage endet – oder mit einem Kompromiß (vgl. ebd. 15, 20f.; PS: 506).

Der Idealtypus setzt somit eine *ethisch irrationale, technisch rationale Gesellschaft,* eine *irrational-rationale Wissenschaft* voraus. Diese »entzaubert« die Welt (WL: 593f.), indem sie diese durch die kausale Rationalität objektiviert und durch Berechnung technisch zu beherrschen sucht (ebd. 594, 607). Das »Erkenntnisinteresse« (ebd. 161) der technischen Weltbeherrschung ist, als Zweck, nicht »mit den Mitteln der Wissenschaft beweisbar« – es kann nur als »Sinn« gedeutet werden, man kann es »ablehnen oder annehmen« (ebd. 599). Die »ethisch irrationale Welt« ist, als eine konformistische Gemeinschaft, eine zum Selbstzweck entwickelte technisch rationale Welt: es ist eine irrational-rationale Welt konformistischer Bürger, die keine Individuen als Besondere gegen das Allgemeine sind – sie sind, gerade in ihrem Macht-Kampf gegeneinander zur Durchsetzung ihrer privatistischen Zwecke, Personifikationen des Allgemeinen. So impliziert Webers Idealtypus jene Gemeinschaft als *»Gehäuse der Hörigkeit«*, das doch idealtypisch begriffen werden soll: Weber *verdoppelt*, was er zu explizieren sucht. Indem er den naturwissenschaftlichen Positivismus auf die Grundlage des geisteswissenschaftlichen, die Kausal-Erklärung auf die Grundlage des Sinn-Verstehens stellt, läßt er die klassisch-liberale Erfahrung unbewußter Verhältnisse, die Idee der Aufklärung hinter sich und folgt einem gesellschaftlich bewußtlosen methodischen Individualismus ohne Individuum. Insofern ist seine Reflexion, wie jene Nietzsches, eine positivistische Selbstreflexion des Positivismus.

Idealtypen sind, wie Weber betont: kein Abbild der Empirie, sondern eine »Utopie« – denn sie bezeichnen keine pure Faktizität, sondern auch ein Sollen (WL: 189-191); kein Werturteil, sondern von empirischem Gehalt – denn sie drücken nicht bloß einen Sinn, sondern auch eine empirische Regelmäßigkeit aus; keine Erzählung der empirischen Geschichte, aber eine »genetische Definition« (ebd. 194) – indem sie konformistischen ›Sinn‹ enthalten, enthalten sie bewußtlos tradierte Wertorientierungen als ein Telos. Insofern bestimmt Weber seine Erfahrung des »Gehäuses der Hörigkeit« in Form des Idealtypus: durch die *Geschichts-Theorie* der »okzidentalen Rationalisierung«. Diese Theorie ist *keine aufklärende Geschichts-Philosophie*, die genetisch hinter die existierenden Verhältnisse zurückfragt (Marx 1857/58: 21-29); vielmehr setzt sie bestimmte Verhältnisse bewußtlos voraus.

Die *Theorie der okzidentalen »Rationalisierung«* (RS I: 1ff.; siehe oben: 187 ff.) ist die »genetische Definition« des zeitgenössischen *»bürgerlichen Betriebskapitalismus mit seiner rationalen Organisation der freien Arbeit«* (ebd. 10). Weber rekonstruiert dessen Genesis aus der *Logik der Religionsentwicklung*, aus dem Fortschritt der *»Entzauberung der Welt«* (WL: 594). Darum sind seine *Gesammelten Aufsätze zur Religionssoziologie* (RS I, II, III) für seine Theorie der bürgerlichen Gesellschaft und der kapitalistischen Ökonomie von zentraler Relevanz; im Mittelpunkt steht die klassische Abhandlung:

Die protestantische Ethik und der Geist des Kapitalismus (1904/ 05; in: RS I: 17-206).

Die Bedeutung der Religionsentwicklung resultiert aus dem Übergang des Mythos in den Logos seit der Antike. Die Weltanschauung und Lebenspraxis der frühen Antike kann an den Epen Homers (um 700 v. Chr.) abgelesen werden: Subjekt und Objekt, Mensch und Natur, Denken und Sinnliches waren noch weitgehend ununterschieden – die Welt erschien als ein »Zaubergarten« (RS II: 371ff.). Der gesamte Kosmos wurde als subjektiv, von Göttern erfüllt, erfahren. Weber (1904/05) expliziert den Fortschritt der »Entzauberung«, der Rationalisierung, in *zwei Stufen.* Auf der *ersten* wird die Welt objektiviert, indem sich die Religion verselbständigt bis zur metaphysischen Rationalisierung: in dieser Form treibt sie den modernen Kapitalismus an. Auf der *zweiten* wird die Religion, wird die Metaphysik aufgelöst; der Kapitalismus emanzipiert sich von den religiösen Imperativen und gerät zum Selbstzweck. Durch das bewußtlose, voraussetzungsvolle Verfahren der positivistischen Geschichtstheorie Webers werden auf der ersten Stufe Calvinismus und Puritanismus als Religion, auf der zweiten die Logik des Kapitalismus in seiner neuesten Erscheinungsform als Idealtypen vorausgesetzt, so daß andere Formen – Religionen und Ökonomien – am Vorausgesetzten gemessen, mit diesem verglichen werden können (siehe: RS I: 512).

Auf der ersten Stufe der von Weber idealtypisch konstruierten Geschichte (siehe: WG: 227-241) differenzieren sich Objekt und Subjekt, Gedachtes und Denken, sinnliche und übersinnliche Welt, Körper und Seele, Diesseits und Jenseits, durch »Abstraktion« in einer bis zur protestantischen *Reformation* reichenden Entwicklung. In diesem Prozeß verselbständigt sich das Denken bis hin zum cartesianischen Dogma ego cogito ergo sum gegen die Natur und etabliert sich als naturbeherrschende Rationalität; zugleich verselbständigt sich mit der Differenzierung des Jenseits auch die Religion. – Im vorläufigen Resultat dieser welthistorischen religiösen Rationalisierung lehrt Calvin: Der Christenmensch erlangt durch göttliche Gnade sein Selbstbewußtsein als ein geistiger Mensch, indem er sich in der Seele mit Gott vereinigt; er reinigt die Seele von den leiblichen Triebansprüchen durch masochistische Arbeit. Dadurch wendet er sich vom Diesseits insgesamt ab, um es der berechnenden, alles objektivierenden, repressiven technischen Rationalität zu unterwerfen – im Namen und durch die Gnade Gottes. Der asketische Protestantismus (siehe: RS I: 17-206), vor allem Calvinismus und Puritanismus, setzen die triebunterdrückende Arbeit, die Askese, die naturwissenschaftliche Technik und den Kapitalismus frei. – So entsteht, nach Webers Darstellung des asketischen Protestantismus, das

Kapital aus Fleiß und Sparsamkeit – durch Gottes Gnade. Die Logik des Kapitalismus ist, in dieser Version, identisch mit der Logik rationaler, technischer Natur-Beherrschung: der berechnenden Beherrschung der eigenen und der äußeren Natur. Diese Logik, die technische Rationalität, ist freilich noch begründet: durch den jenseitigen Gott. So hat die religiöse Rationalisierung den Imperativ »rastloser Berufsarbeit« gesetzt (ebd. 105, 169, 171, 181). – Die *Rationalisierung* erfolgt noch als Metaphysik: Die Akkumulation von Kapital und die Naturwissenschaft mit dem Ziel der Unterjochung der inneren und äußeren Natur erfolgen um eines transzendenten Zweckes willen: darin liegt ihre Grenze.

Daher emanzipieren sich Kapitalismus, technische Naturwissenschaften und Arbeit in einem *zweiten Schritt* »von den alten Stützen« der Religion (RS I: 56), setzen sich als Selbstzweck und bringen so die »Entzauberung der Welt« zu ihrem Abschluß: in einem System zweckrationalen Handelns, das die technische Handlungs-Rationalisierung zum Selbstzweck erhoben hat. Die protestantische Innerlichkeit schlägt um in eine radikale Äußerlichkeit. *Es resultiert eine vollständig rationale, technisch beherrschbare, berechenbare und objektivierte Welt – eine Arbeits-Welt rationaler, entsubjektivierter, rein sachlicher Zwänge.* Diese Welt kennt kein Jenseits, keine »gegründete Hoffnung« (Kant: Bd. XI: 251), kein vernünftiges Sollen. Sie ist zu einem Kosmos immergleicher Tatsachen und Kausalrelationen, zu einer Maschinenwelt von Maschinenmenschen, zu einem geschlossenen System totaler rationaler Herrschaft geworden. Dieses System ist *irrational-rational:* die technische Rationalität der Naturbeherrschung durch Arbeit folgt der Logik der Kausalität des Seins; sie entbehrt, als Selbstzweck, einer Rationalität, einer Vernunft des Sollens.

»Der Puritaner *wollte* Berufsmensch sein, – wir *müssen* es sein. Denn indem die Askese aus den Mönchszellen heraus in das Berufsleben übertragen wurde und die innerweltliche Sittlichkeit zu beherrschen begann, half sie an ihrem Teile mit daran, jenen mächtigen Kosmos der modernen, an die technischen und ökonomischen Voraussetzungen mechanisch-maschineller Produktion gebundenen, Wirtschaftsordnung erbauen, der heute den Lebensstil aller einzelnen, die in dies Triebwerk hineingeboren werden – *nicht* nur der direkt ökonomisch Erwerbstätigen –, mit überwältigendem Zwange bestimmt und bestimmen wird, bis der letzte Zentner fossilen Brennstoffs verglüht ist. Nur wie ›ein dünner Mantel, den man jederzeit abwerfen könnte‹, sollte nach Baxters Ansicht die Sorge um die äußeren Güter um die Schultern seiner Heiligen liegen. Aber aus dem Mantel ließ das Verhängnis ein stahlhartes Gehäuse werden. Indem die Askese die Welt umzubauen und in der Welt sich auszuwirken unternahm, gewannen die äußeren Güter dieser Welt zunehmende und schließlich unentrinnbare Macht über den Menschen, wie niemals zuvor in der Geschichte. Heute ist ihr Geist – ob endgültig, wer weiß es? – aus diesem Gehäuse entwichen. Der siegreiche Kapitalismus jedenfalls bedarf, seit er auf mechanischer Grundlage ruht, dieser Stütze nicht mehr. Auch die rosige Stimmung ihrer lachenden Erbin: der Aufklärung, scheint endgültig im Verbleichen und als ein Gespenst ehemals religiöser Glaubensinhalte geht der Gedanke der ›Berufspflicht‹ in unserm Leben um. (...) Niemand weiß noch, wer künftig in jenem Gehäuse wohnen wird und ob am Ende dieser ungeheuren Entwicklung ganz neue Propheten oder eine mächtige Wiedergeburt alter Gedanken und Ideale stehen werden, oder aber – wenn keins von beiden – mechanisierte Versteinerung, mit einer Art von krampfhaftem Sich-wichtig-nehmen verbrämt. Dann allerdings könnte für die ›letzten Menschen‹ dieser Kulturentwicklung das Wort zur Wahrheit werden: ›Fachmenschen ohne Geist, Genußmenschen ohne Herz: dies Nichts bildet sich ein, eine nie vorher erreichte Stufe des Menschentums erstiegen zu haben.‹ – « (Weber, RS I: 203 f.)

Der Kern dieser Genesis einer total entfremdeten gesellschaftlichen Welt, eines *total autoritären Systems,* ist die *ratio:* die Wissenschaft, die Wissenschaftler. Die nachmetaphysische Wissenschaft faßt Weber in seiner Rationalisierungstheorie als eine irrationale Rationalität, die in ihrer Logik den Kern des *modernen Kapitalismus,* der *»autoritären Gesellschaft«* und des *»autoritären Staates«* bildet. In dieser Wissenschaft ist die alte Idee emanzipatorischer Bildung, die Idee des vernünftig-autonomen Individuums verloren. Der Wissenschaftler ist eine Personifikation des »eingeschulten Fachmenschentums« (RS I: 3), der diplomierte *»autoritäre Charakter«* (Fromm, Horkheimer): ein »Nichts«, das sich »krampfhaft« wichtig nimmt (ebd. 204).

Weber hat den zeitgenössischen okzidentalen Kapitalismus, der ausgezeichnet ist durch »die rational-kapitalistische Organisation von (formell) freier Arbeit« und die dadurch gegebene Klassenstruktur von »Bourgeoisie« und »Proletariat« (RS I: 7; vgl. ebd. 9f.), durch die Theorie okzidentaler Rationalisierung genetisch – *geschichts-theoretisch* – bestimmt. Auf dieser Grundlage entwickelt er diesen spezifisch okzidentalen Kapitalismus *gesellschaftstheoretisch* als ein irrational-rationales System der zum Selbstzweck verselbständigten technischen Rationalität: der *Zweckrationalität.* Die zweckrationale Gemeinschaft ist integriert durch den fundamentalen Zweck, Zwecke mit rationalen Mitteln zu realisieren; auf diesem sinn-konformistischen Fundament suchen die Einzelnen ihre privatistischen, inkommunikablen Zwecke gegeneinander in einem *Macht-Kampf* um Sieg oder Niederlage durchzusetzen – oder einen *Kompromiß* als Macht-Gleichgewicht zu erzielen. So ist die zweckrational verfaßte Gemeinschaft beides: ein sinn- *konformistischer* sozialer Kosmos; ein sozial *atomisierter* Kosmos – eine *atomisierte Masse.*

Dieses zweckrationale System eines allgemeinen Macht-Kampfes erscheint als System der »Bürokratie in Staat und Wirtschaft«: als *Maschinengesellschaft von Maschinenmenschen* (PS: 332f.). Das System des Macht-Kampfes ist eine *Politik-Ökonomie:* der ökonomische Macht-Kampf ist ein politischer Kampf, weil ›Macht‹ eine Kategorie der Politik ist.

»›Politik‹ würde für uns also heißen: Streben nach Machtanteil oder nach Beeinflussung der Machtverteilung, sei es zwischen Staaten, sei es innerhalb eines Staates zwischen den Menschengruppen, die er umschließt.
Das entspricht im wesentlichen ja auch dem Sprachgebrauch. Wenn man von einer Frage sagt: sie sei eine ›politische‹ Frage, von einem Minister oder Beamten: er sei ein ›politischer‹ Beamter, von einem Entschluß: er sei ›politisch‹ bedingt, so ist damit immer gemeint: Machtverteilungs-, Machterhaltungs- oder Machtverschiebungsinteressen sind maßgebend ... Wer Politik treibt, erstrebt Macht: Macht entweder als Mittel im Dienst anderer Ziele (idealer oder egoistischer), – oder Macht ›um ihrer selbst willen‹: um das Prestigegefühl, das sie gibt, zu genießen.« (Weber, PS: 506 f.)

Indem Weber das System der Politik-Ökonomie idealtypisch als ein System zweckrationalen Macht-Kampfes expliziert, klärt er den paradoxen Zusammenhang von gesellschaftlichem Konformismus und gesellschaftlicher Vereinzelung, von Masse und Sozialatom.

Ökonomie-theoretisch hat Weber, indem er den Kapitalismus idealtypisch als System zweckrationalen Handelns bestimmt, die volkswirtschaftliche Robinsonade auf ihren gesellschaftlichen Grund zurückgeführt: den Sinn-Konformismus – der volkswirtschaftliche Robinson erscheint nicht als blanke Illusion, sondern als realitätsgerechter Ausdruck einer Gemeinschaft total vergesellschafteter und insofern ent-individualisierter Atome, die bloße Momente einer universalen Kausalrationalität sind und sich und die Dingwelt durch Berechnung beherrschen. Die ökonomische Institution der Berechnung, der »formalen Rationalität«, aber ist: das Geld (Weber, WG: 44-48). Als Selbstzweck ist es: das Kapital (ebd. 48-53, 58-79).

So beginnt Weber, in *Wirtschaft und Gesellschaft* (WG), die Darstellung des Systems der bürgerlichen Ökonomie mit der Bestimmung der »vier typischen Maßregeln *rationalen* Wirtschaftens« (ebd. 35-37: § 4). – Die ersten *drei »Maßregeln«* enthalten eine Reformulierung der Grundsätze der volkswirtschaftlichen Grenznutzentheorie: Ein scheinbar *isolierter homo oeconomicus* – ein Robinson – berechnet, nach dem Modell der Gossenschen Gesetze, seine Bedürfnisse, die verfügbaren Güter und die erforderliche Mühe zur Erlangung der Güter, um seinen Genuß zu maximieren. Diese Maximierung ist nicht als Hedonismus mißzuverstehen: denn der homo oeconomicus objektiviert, berechnet und beherrscht sich sowie die Dingwelt. Er ist ein kalkulierender Buchhalter seiner selbst und vermag dies nur, indem er seine Bedürfnisse und die entsprechenden Güter immer schon in die Formen von Geld und Preis verwandelt – der Robinson ist das Produkt einer hoch entwickelten Tausch-, also Gesellschafts-Ökonomie (vgl. Weber: WL: 131f. Anm. 2; 394). Das Geld nennt Weber (WG: 45) das »formal rationalste Mittel der Orientierung wirtschaftlichen Handelns«: es ist die ökonomische Institution der technischen Rationalität und entwickelt sich als Selbstzweck zum Kapital; dessen erste Erscheinungsform ist der »Erwerbstausch«: Geld-Ware-Geld+Geldgewinn (ebd. 48, 181-183). – So kann Weber, in der *vierten »Maßregel«*, unmittelbar zur *Gesellschafts-Ökonomie* fortschreiten, die sich als Basis der Robinsonade erwiesen hat: zum »Tausch« und zur »Herstellung eines Verbandes« (WG: 36) – der homo oeconomicus erlangt durch diese Vergesellschaftungen (ebd. 364-367) die begehrten Güter.

Die erste Form der *ökonomischen Vergesellschaftung* ist der *»Tausch«*. In der Form des *rationalen Tausches* treten zwei zweckrational Handelnde in ein Verhältnis, um ihre jeweiligen Zwecke: die Erlangung des in anderer Verfügung befindlichen Gutes zu ihrem Knappheitspreis, zu realisieren. Dabei ist der Tausch weder ein Äquivalententausch, wie die klassisch-liberale Politische Ökonomie lehrt, noch ein ungleicher Tausch, wie Mengers Volkswirtschaftslehre darlegt, sondern ein *»rationaler Tauschkampf«* (WG: 37): die Tauschenden kämpfen gegeneinander und gegen interessierte Dritte auf der Basis der Geldrechnung um den Preis – der Tauschkampf ist ein »Preiskampf« und, im letzteren Fall, auch ein »Konkurrenzkampf« (ebd. 36, 49). Gekämpft werden muß, weil die *privatistischen Zwecke* der Tauschenden sich der Verständigung entziehen, so daß jeder dem anderen ein Objekt, ein Mittel ist; gekämpft wird auf der *gemeinsamen Grundlage* der technischen, der »formalen Rationalität« der *Geldrechnung* (ebd. 45). So werden die trennenden, gegensätzlichen Zwecke durch eine »Vergemeinschaftung kraft Geldgebrauchs« verfolgt, »als ob eine … abgezweckte Ordnung geschaffen worden wäre.« (ebd. 364) Der technisch-rationale Macht-Kampf drückt den Gegensatz ökonomischer Interessen auf konformistischer Grundlage aus (vgl. WL: 463f.). Im Resultat des Macht-Kampfes besteht ein Macht-Gleichgewicht in Form eines *Kompromisses* (ebd. 120; WG: 36). Das Tausch-System – der *»Markt«* – ist, als ein System wechselseitiger Objektivierung und Berechnung von Tauschenden, die sich selbst objektivieren und berechnen, ein System purer Sachlichkeit, das »nur Ansehen der Sache, kein Ansehen der Person, keine Brüderlichkeits- oder Pietätspflichten, keine der urwüchsigen von den persönlichen Gemeinschaften getragenen menschlichen Beziehungen« kennt (WG: 365).

Der Markt setzt die Selbstabstraktion und gegenseitige Abstraktion der Tauschenden voraus; jeder kann nur dann seinen privatistischen Zweck durchsetzen, wenn er von seinem Selbst abstrahiert.

Ist das Geld die Institution der »formalen«, technischen Rationalität, so muß das *Kapital* als verselbständigtes, zum Selbstzweck gewordenes Geld als verselbständigte technische Rationalität, als sachliche Notwendigkeit aufgefaßt werden. Das *Klassenverhältnis* verdinglicht Weber, durch seine idealtypische Konstruktion, zur technischen Notwendigkeit.

»Die Expropriation des *einzelnen* Arbeiters vom Besitz der sachlichen Beschaffungsmittel ist rein *technisch* bedingt: ...« (Weber, WG: 77)

Denn nur dann, wenn der Arbeiter von den Produktionsmitteln getrennt ist, kann die Arbeitskraft »nach dem technischen Leistungsoptimum der Arbeiter« eingesetzt werden (ebd. 72). So treten das Kapital und die Arbeiter einander gegenüber wie die technische Rationalität und die manuelle Tätigkeit. Weber würdigt, konsequent, den *Taylorismus* als technisch rationale Form kapitalistischer Produktion (ebd. 62ff., 86f.). Er hat diese Arbeitsorganisation ausführlich untersucht in: *Methodologische Einleitung für die Erhebungen des Vereins für Sozialpolitik über Auslese und Anpassung (Berufswahl und Berufsschicksal) der Arbeiterschaft der geschlossenen Großindustrie* (1908; in: SoSp: 1-60), sowie in: *Zur Psychophysik der industriellen Arbeit* (1908/ 09, in: SoSp: 61-255).

Die zweite Form der *ökonomischen Vergesellschaftung* ist der *»Verband«*. Der Verband ist ein zweckrational handelndes Kollektiv-Subjekt, das von Einzelnen konstituiert ist durch eine »gesatzte Ordnung« und sich nach außen gegen andere Verbände in einem Tausch-, Preis- und Konkurrenzkampf befindet. Intern ist der Verband nach der Logik der Zweck-Mittel-Rationalität strukturiert. Der *»Leiter«* repräsentiert den Zweck, alle anderen bilden die Mittel zur Ausführung des Zwecks – den *»Verwaltungsstab«* (WG: 26). Der Leiter repräsentiert, nach der Organisation des Taylorismus, die Zweckrationalität, der Stab führt das rational Geplante aus. Dem Leiter kommt die Funktion des Führers zu, dem der Stab ein bloßes Mittel ist. Die Mitglieder des Stabs fungieren als Mittel, indem sie den vorgegebenen Zweck wie einen eigenen ausführen. Insofern ist die Verbandsstruktur nicht durch »Macht« geprägt, sondern durch *»Herrschaft«*. Während im Falle der Machtausübung ein eigener gegen andere Zwecke durchgesetzt wird, besteht Herrschaft dann, wenn »die Chance« besteht, »für einen Befehl bestimmten Inhalts bei angebbaren Personen Gehorsam zu finden« (ebd. 28) – Herrschaft setzt eine Introjektion der äußeren Autorität voraus, so daß die Beherrschten heteronom so handeln, als seien sie autonom. Herrschaft fordert: technisch-rationale Untertänigkeit. Der »Verband« bildet einen *»Betrieb«,* wenn das Handeln des Verwaltungsstabes »ein kontinuierliches Zweckhandeln« ist (ebd. 28). Der »Verband« bildet eine *»Bürokratie«,* wenn er den Idealtypus zweckrationalen Handelns repräsentiert (ebd. 122ff.). – Die *ökonomische Form* des Betriebs ist der moderne okzidentale *»Betriebskapitalismus«* mit »stehendem Kapital« und »rationaler Organisation freier Arbeit« (ebd. 139; vgl. RS I: 7, 10). Der *Arbeiter* ist – wie der *Angestellte* – frei, weil er frei durch die Expropriation von Lebens- und Produktionsmitteln ist – er gehört nicht, wie in der vor- und frühbürgerlichen Ökonomie, als ein unfreies Element zu den Produktionsmitteln hinzu (ebd. 69-79). Angestellte und Arbeiter stehen unter der Arbeitsorganisation des Taylorismus: die Angestellten leisten die geistige, die Arbeiter die körperliche Arbeit für einen vorgegebenen, fremden Zweck; die Angestellten bilden die Bürokratie, die Arbeiter die ausführende manuelle Warenproduktion. Weil die Angestellten die Geistesarbeiter sind, sind sie rationale Mittel und insofern »Fachmenschen«, die spezialisierte Aufgaben unter fremder Weisung erledigen (ebd. 665). Ihre Zahl, notiert Weber, wächst aufgrund der ökonomischen Rationalisierung »statistisch rascher als die der Arbeiter« (PS: 321f.).

Die dritte und letzte Form der *ökonomischen Vergesellschaftung* ist der *»rationale Staat«.* Diese Konsequenz ergibt sich, weil die Ökonomie, als System eines *Macht*-Kampfes, immer schon *Politik-Ökonomie* ist (vgl. PS: 506). – Der »rationale Staat« ist die Verlängerung der ökonomischen Rationalität in die Sphäre der Politik. Der »rationale Kapitalismus«, konstatiert Weber (WG: 174), entwickelt ein »Bedürfnis nach *Berechenbarkeit* und Verläßlichkeit des Fungierens der Rechtsordnung und Verwaltung«; er bedarf des »berechenbaren Rechts und der Verwaltung nach formalen Regeln« – sonst versagt die »Kalkulation« (RS I: 11). Insofern ist der rationale Staat, wie das moderne kapitalistische Unternehmen, ein »Betrieb«, ausgezeichnet durch eine zweckrational organisierte Verwaltung – die Staats-Bürokratie (PS: 320ff.; WG: 650ff.).

»In einem modernen Staat liegt die wirkliche *Herrschaft,* welche sich ... in der *Handhabung der Verwaltung* im Alltagsleben auswirkt, notwendig und unvermeidlich in den Händen des *Beamtentums.* Des militärischen wie des zivilen. Denn vom ›Büro‹ aus leitet ja der moderne höhere Offizier sogar die Schlachten. Wie der sogenannte Fortschritt zum Kapitalismus seit dem Mittelalter der eindeutige Maßstab der Modernisierung der Wirtschaft, so ist der Fortschritt zum bürokratischen, auf Anstellung, Gehalt, Pension, Avancement, fachmäßiger Schulung und Arbeitsteilung, festen Kompetenzen, Aktenmäßigkeit, hierarchischer Unter- und Überordnung ruhenden Beamtentums der ebenso eindeutige Maßstab der Moderni-

sierung des Staates. (…) Die Privatangestellten wachsen statistisch rascher als die Arbeiter, und es ist eine höchst lächerliche Vorstellung unserer Literaten, daß sich die geistige Arbeit im Kontor auch nur im mindesten von derjenigen im staatlichen Büro unterscheide.
Beide sind vielmehr im Grundwesen ganz gleichartig. Ein ›Betrieb‹ ist der moderne Staat, gesellschaftswissenschaftlich angesehen, ebenso wie eine Fabrik: das ist gerade das ihm historisch Spezifische. Und gleichartig bedingt ist auch das Herrschaftsverhältnis innerhalb des Betriebes hier und dort. (…) Diese entscheidende ökonomische Grundlage: die ›Trennung‹ des Arbeiters von den sachlichen Betriebsmitteln: den Produktionsmitteln in der Wirtschaft, den Kriegsmitteln im Heer, den sachlichen Verwaltungsmitteln in der öffentlichen Verwaltung, den Forschungsmitteln im Universitätsinstitut und Laboratorium, den Geldmitteln bei ihnen allen, ist dem modernen macht- und kulturpolitischen und militärischen Staatsbetrieb und der kapitalistischen Privatwirtschaft als entscheidende Grundlage *gemeinsam.*« (Weber, PS: 320-322; siehe weiter: ebd. 323 ff.)

Der Staat ist, als Ganzes, ein System zweckrationalen Handelns: ein System technischer Rationalität, gegründet auf dem irrational-konformistischen Interesse der technischen Weltbeherrschung als Selbstzweck. Intern ist der Staat geeint-entzweit durch Konformismus und Sozialatomismus; nach außen tritt er als Macht-Staat in einem internationalen Macht-Kampf auf.

Der Logik technischer Rationalität und ethischer Irrationalität entsprechend ist der Staat nicht integriert durch eine Vernunft-Moral in der Tradition der volonté générale (Rousseau) oder des kategorischen Imperativs (Kant), sondern durch die Basis-Norm des Überlebens; der technisch-rationale Macht-Kampf wird um Sieg oder Niederlage, Leben oder Tod geführt. Die Staatsbürger sind gleich als physische Wesen, nicht als moralische Personen oder Persönlichkeiten.

»Positiv steht aber das gleiche Wahlrecht rein staatspolitisch in einer engen Beziehung zu jener Gleichheit gewisser *Schicksale,* die wiederum der moderne Staat als solcher schafft. ›Gleich‹ sind die Menschen vor dem Tod. Annähernd gleich sind sie auch in den unentbehrlichsten Bedürfnissen des körperlichen Lebens. Eben dies Ordinärste und andererseits jenes pathetisch Erhabenste aber umfassen auch diejenigen Gleichheiten, welche der moderne Staat allen seinen Bürgern wirklich dauernd und unbezweifelbar bietet: die rein physische Sicherheit und das Existenzminimum zum Leben, und: das Schlachtfeld für den Tod.« (Weber, PS: 268)

Gleich sind die Staatsbürger als biologische Wesen; sie werden Staatsbürger nicht durch Beitritt zum Gesellschaftsvertrag, sondern durch den biologischen Akt der Geburt, durch die Abstammung. Die soziale Integration erfolgt nicht in Form der Konstitution der Gesellschaft, sondern einer »Volksgemeinschaft« (Tönnies 1887: XXXVIII). Der Staat ist ein technisch-rationales, effizientes, dadurch zugleich ein amoralisches Macht-System, in dem von aller Geschichte und Kultur ebenso abstrahiert ist wie von der sozialen Identität der Bürger. Diese sind zu reinen Naturwesen objektiviert.

Die »Grundfunktionen« des auf selbsterhaltender Vernunft beruhenden rationalen Staates definiert Weber durch fünf Aufgabenbereiche:

»die Setzung des Rechts (Legislative), den Schutz der persönlichen Sicherheit und öffentlichen Ordnung (Polizei), den Schutz der erworbenen Rechte (Justiz), die Pflege von hygienischen, pädagogischen, sozialpolitischen und anderen Kulturinteressen (die verschiedenen Zweige der Verwaltung), endlich und namentlich auch der organisierte gewaltsame Schutz nach außen (Militärverwaltung) ...« (Weber, WG, 615)

Die wachsende ökonomische Bedeutung des Staates ist hier nicht explizit verzeichnet, und doch rechnet Weber überall mit neuen Aufgaben, die dem liberalkapitalistischen Staat fremd waren: Der Staat ist der »im Frieden ... größte Wirtschaftsunternehmer« (WL: 539); er sichert die ökonomische Weltaufteilung militärisch ab. Den Ersten Weltkrieg erklärt Weber zwar ausdrücklich als Austragung politischer Machtkämpfe – in denen freilich wirtschaftliche Interessen, die Kämpfe um Kolonien, eine entscheidende Rolle spielen (PS: 30f., 112ff, 130ff., 157ff.).

Den rationalen Staat stellt Weber dar als *»plebiszitäre Führerdemokratie«* (Mommsen 1974: 44ff.). Die *Struktur dieses Staates* weist zwei Ebenen auf: die *Politik,* die charismatische Führer, Parteien und das Parlament umfaßt, sowie die *staatliche Verwaltung.*

Auf der Ebene der *Politik* ist das Verhältnis von Führer, Parteien und Parlament zweckrational strukturiert. – Der *Führer* steht an der Spitze. Er verkörpert den Staats-Zweck. Da dieser sich nicht auf moralische Vernunft, sondern auf ethische Irrationalität stützt, vermag der Führer den Zweck nicht durch eine allgemeine Moral annehmlich zu machen, sondern allein durch sein »Charisma«: er muß über Eigenschaften verfügen, durch die die »Menschen ... an ihn glauben« und ihm »außeralltägliche ... Kräfte« zuschreiben (PS: 508; WG: 140). Der Führer setzt seine Zwecke gegen Konkurrenten in einem rationalen Macht-Kampf durch; er selbst zeichnet sich durch seinen »Machtinstinkt« aus (ebd. 546). Die »Gefolgschaften« des Führers dienen diesem als Mittel zur Realisierung seiner Zwecke. Insofern repräsentiert der Führer nicht nur die Zwecke, sondern auch die Zweck-Mittel-Rationalität. Durch diese Bestimmungen: Zweck-Repräsentation, Zweck-Rationalität und Macht-Kampf, bestimmt Weber den Führer als »Politiker«, als »politischen Führer« (ebd. 524). Die »Gefolgschaften« sind dagegen unpolitisch. – Sind die Gefolgschaften *politische Parteien,* sind diese nach dem Modell von Führer und Untergebenen bürokratisch organisiert (ebd. 324-328). Die Partei-Gefolgschaften sind, als unpolitische Mittel, eine lebendige »Maschine« (ebd. 328, 532f.). Die Parteimitglieder »gehorchen« den Führern »blind, solange sie Erfolg haben« und dadurch ihr Charisma bestätigen (ebd. 348). Insofern diese Mitglieder bloße Instrumente für einen fremden Zweck sind, sind sie »Parteibeamte«, keine Politiker. In den Parteien triumphieren Disziplin und Anpassung über die Individualität; »inhaltliche politische Ideale« treten hinter dem Machtstreben als Selbstzweck zurück (ebd. 324-328, 348-350, 384 ff., 391f.). Als idealtypisch zweckrational organisierte Partei bezeichnet Weber die *Sozialdemokratische Partei Deutschlands* (SPD): hier werde der blinde Gehorsam von Untertanen eingeübt.

»Und kein Schatten von Wahrscheinlichkeit spricht dafür, daß die ökonomische ›Vergesellschaftung‹ als solche entweder die Entwicklung innerlich ›freier‹ Persönlichkeiten oder aber ›altruistischer‹ Ideale in ihrem Schoße bergen müsse. Finden wir etwa irgendwelche Keime von irgend etwas derartigem bei denen, welche, nach ihrer Ansicht, von der ›materiellen Entwicklung‹ zum unvermeidlichen Siege getragen werden? In den Massen drillt die ›korrekte‹ Sozialdemokratie den geistigen Parademarsch und verweist sie, statt auf das jenseitige Paradies (welches, im Puritanismus, doch *auch* recht respektable Leistungen im Dienste der diesseitigen ›Freiheit‹ aufzuweisen hatte), auf das diesseitige, – und macht dabei aus ihm eine Art von Schutzpockenimpfung für die Interessenten der bestehenden Ordnung. Sie gewöhnt ihre Zöglinge an Gefügigkeit gegen Dogmen und Parteiautoritäten, an erfolglosen Massenstreikspektakel und an den tatenlosen Genuß jenes entnervenden, in den Augen der Gegner ebenso harmlosen wie schließlich lächerlichen, Wutgebrülls ihrer Preßpfründner, – an einen ›hysterischen Affektgenuß‹ also, welcher ökonomisches und politisches Denken und Handeln ersetzt und verdrängt. Auf diesem sterilen Boden kann, wenn das ›eschatologische‹ Zeitalter der Bewegung vergangen ist und Generation auf Generation vergebens die Faust in der Tasche geballt oder die Zähne gen Himmel gefletscht hat, nur geistige Stumpfheit erwachsen.« (Weber, PS: 65; vgl. ebd. 327 f.)

– Die Parteien, als zweckrationale Systeme, stoßen im *Parlament* mit ihren einzelnen Zwecken in einem Macht-Kampf aufeinander, der durch einen Kompromiß geschlichtet wird (ebd. 306ff.).

Unterhalb dieser Ebene der Politik, des politischen Macht-Kampfes, steht die *staatliche Verwaltung*, die die politisch gesetzten Zwecke auszuführen hat und deshalb das unpolitische Mittel im System der Zweckrationalität ist. Als Instrument ist die bürokratische Verwaltung eine *»lebende Maschine«* und darum so effizient wie eine »tote« (PS: 332). Weber nennt dies als Grund für die Durchsetzung dieser Form:

»ihre rein technische Ueberlegenheit über jede andere Form. Ein voll entwickelter bürokratischer Mechanismus verhält sich zu diesen genau wie eine Maschine zu den nicht mechanischen Arten der Gütererzeugung.« (Weber, WG: 660)

– Die Träger der bürokratischen Verwaltung des Staates sind die *Beamten* (vgl. PS: 320-322). Im großen Kapitel über die »Bürokratie« in *Wirtschaft und Gesellschaft* beschreibt Weber die »spezifische Funktionsweise des modernen Beamtentums« in sieben Hauptpunkten (WG: 650-655): Zunächst sind in einer Bürokratie die »Kompetenzen« durch juristisch fixierte Regeln (»Gesetze und Verwaltungsreglements«) eindeutig definiert und gegeneinander abgegrenzt. Sodann ist die Bürokratie ein hierarchisches System, bei dem allgemeine Regeln (Gesetze) auf Einzelfälle angewendet werden (Deduktion). Weiter sind Büro und »Privatbehausung« getrennt wie in der Ökonomie der »Erwerbstausch« vom »haushaltsmäßigen Tausch«. Die »Amtstätigkeit« von Beamten ist eine »spezialisierte Amtstätigkeit«, setzt also Spezialistenwissen voraus, das über »eingehende Fachschulung« erworben wurde und durch Diplome beglaubigt ist – die Tätigkeit impliziert eine sozialtechnische Wissenschaft von Politik und Gesellschaft, eine Reduktion von Bildung auf Ausbildung. In der Bürokratie herrscht nicht persönliche Abhängigkeit, sondern ein ganz sachliches Verhältnis der Amtsträger – jeder führt seine Sache als bloßer Funktionsträger aus. Beamte werden »von einer übergeordneten Instanz ernannt«. Die Beamten-Laufbahn ist Aufstieg von unten nach oben. Weber charakterisiert die Figur des Beamten zusammenfassend, indem er sie gegen die des Politikers abgrenzt: Der Beamte ist zur Selbstabstraktion, zur »Selbstverleugnung« fähig – er muß auch einen »ihm falsch erscheinenden Befehl ... so ausführen, als ob er seiner eigenen Überzeugung entspräche« (PS: 524). Der Beamte soll nicht Zwecke setzen, sie verkörpern oder für sie einstehen, sondern sie in blindem Gehorsam ausführen; er soll in der Bürokratie-Maschine als lebendiges Werkzeug funktionieren.

Das Funktionsprinzip der Bürokratie ist die *Legalität.* Gesetze und Verwaltungsvorschriften regeln den formalen bürokratischen Prozeß und bestimmen inhaltlich die Aufgabe der Verwaltung. Daher geht die Entstehung der Bürokratie zusammen mit der Genese des rationalen, formalen Rechts (dazu: WG: 385-512). Dieses Recht bestimmt Weber durch folgende Merkmale: es ist »rational-systematisch« aufgebaut; die »Begriffe ... haben den Charakter abstrakter Normen« (ebd. 457); die Sätze stehen in einem Verhältnis logischer Konsequenz (ebd. 458); die Urteile gründen sich auf – durch »Zeugen« verbürgte – »Tatsachen« (ebd. 468); der »Rechtsformalismus« läßt »den Rechtsapparat wie eine technisch rationale Maschine funktionieren« (ebd. 468). Weil im Recht die Inhalte und Regeln der Bürokratie kodifiziert sind, kommt dem Stand der Juristen im rationalen Staat eine herausragende Rolle zu (vgl. PS: 517, 522-524; RS I: 272).

Dieser aus den Sphären der Politik und der bürokratischen Verwaltung gebildete rationale Staat ist als ein System zweckrationalen Handelns: ein System rationalen Machtkampfes, ein »Herrschaftsverhältnis von Menschen über Menschen«. Wodurch »fügen« sich die »beherrschten Menschen der beanspruchten Autorität der jeweils herrschenden« (Weber: PS: 507)? Weber beantwortet diese zentrale Frage, indem er *»drei reine Typen der legitimen Herrschaft«* entwirft (WL: 475ff.; WG: 122ff.; PS: 507f.). Die *traditionale Herrschaft* legitimiert sich durch unreflektierte Überlieferung; die *charismatische Herrschaft* durch den Glauben an außeralltägliche Kräfte des Führers (persönliche Herrschaft); die *legale Herrschaft* durch den »Glauben an die Geltung legaler Satzung und der durch rational geschaffene Regeln begründeten sachlichen ›Kompetenz‹, also: der Einstellung auf Gehorsam in der Erfüllung satzungsmäßiger Pflichten« (PS: 507). Weil die auf dem Formalrecht beruhende legale Herrschaft nicht anerkannt wird durch seine rationale Konstitution, sondern durch seine rationale Deduktion, ist das Recht ein dogmatisches, »beliebiges Recht« (Weber: WG: 125). Das Recht gilt nicht, weil es vernünftig begründet, sondern weil es formallogisch stringent aufgebaut und konsequent angewendet wird. Bestimmt das Recht kein Sein, sondern ein Sollen, so kann es gar nicht begründet werden, wenn Rationalität nur in der Form der Zweckrationalität bekannt ist. Insofern entbehrt die legale Herrschaft einer rationalen Legitimität – sie muß geglaubt werden.

Ein Recht auf Widerspruch, ein *Recht auf Widerstand* gegen eine illegitime Herrschaft ist im rationalen Staat nicht gegeben. Verliert der Herrscher sein Charisma, wird er abgelöst und durch einen anderen ersetzt. Wird das legale Recht nicht formal korrekt gesetzt und angewendet, kann beides eingeklagt werden – aber die Legalität ist nicht auf eine tieferliegende Legitimität zu hinterfragen. Über den rationalen Staat weist kein Vernunftanspruch hinaus, mit dem er kritisch konfrontiert werden könnte (vgl. Kant, Bd. III: 13 Anm.): in der technischen Rationalität der Mittel ist das Sein strukturell immergleich; die Ebene der Zwecke ist ethisch irrational und entzieht sich dadurch ebenfalls jeder immanenten, auf Veränderung der Verhältnisse abzielenden Kritik.

So konstituieren der moderne Kapitalismus und der moderne Staat (PS: 320), die »rational-kapitalistische Organisation von (formell) freier Arbeit« und der rationale Staat, so konstituiert das übergreifende System »der Bürokratie in Staat und Wirtschaft« ein *»Gehäuse jener Hörigkeit«*, in dem die

»Gefolgschaften« der Führer zu rationalen und zugleich blind gehorchenden Instrumenten degradiert sind: zu *rational ausgebildeten Untertanen*. Dieses irrational-rationale, autoritäre System ist, nach Webers Einsicht im Jahre 1918, nirgends so idealtypisch entwickelt wie in Deutschland:

»Wie die Italiener und nach ihnen die Engländer die moderne kapitalistische Wirtschaftsorganisation, so haben die Byzantiner, nach ihnen die Italiener, dann die Territorialstaaten des absolutistischen Zeitalters, die französische revolutionäre Zentralisation und schließlich, alle anderen übertreffend, die *Deutschen* die rationale, arbeitsteilige, fachmäßige *bürokratische* Organisation aller menschlichen Herrschaftsverbände, von der Fabrik bis zum Heer und Staat, virtuosenhaft entwickelt und sich nur in der Technik der Parteiorganisation von anderen Nationen, insbesondere den Amerikanern, vorläufig und teilweise übertreffen lassen. Der jetzige Weltkrieg aber bedeutet vor allem den Siegeszug dieser Lebensform über die ganze Welt. Er war ohnehin im Gange.« (Weber, PS: 329 f.)

Deutschland, so scheint es Weber am Ende des Ersten Weltkrieges, ist das Land der autoritären Politik-Ökonomie, bewohnt von autoritären »Fachmenschen ohne Geist« (RS I: 204).

Webers radikale, geschichts- und gesellschaftstheoretisch entfaltete *Kritik* ist ebenso *begriffs- wie hoffnungslos*. Die »genetische Definition« des »bürgerlichen Betriebskapitalismus« durch die Konstruktion des Idealtypus verdoppelt, was es aufzuklären gälte. Die Integration von geisteswissenschaftlichem und naturwissenschaftlichem Positivismus reproduziert eine sinnkonforme, darum kausal erklärbare Gemeinschaft ebenso wie ein Individuum, das als Bürger einer Totalität »sozialer Physik« und zugleich einer sinnkonformistischen Gemeinschaft ohne Individualität: das konform und dadurch atomisiert ist. Webers Idealtypus ist das »stahlharte Gehäuse« ohne Individuen immanent, gegen das der Liberale andenkt. So vermag er seine Kritik nur durch ein Lob vergangener Zeiten zu fundieren: »›Wider den Strom‹ der materiellen Konstellationen sind wir ›Individualisten‹ und Parteigänger ›demokratischer‹ Institutionen.« (PS: 64) Indes weiß Weber sehr genau, daß die Berufung auf den klassischen Liberalismus hilflos ist:

»Die historische Entstehung der modernen ›Freiheit‹ hatte einzigartige, niemals sich wiederholende Konstellationen zur Voraussetzung.« (Weber, PS: 64)

So hat Webers Theorie der zeitgenössischen kapitalistischen Politik-Ökonomie geschichts- und gesellschaftstheoretisch den gegenwärtigen, den kommenden Autoritarismus ausgesprochen – und ist diesem »Gehäuse der Hörigkeit«, über das scheinbar nichts mehr hinausführt, doch erlegen.

Durch diese Schwierigkeit ist Webers Theorie produktiver geworden als es marxistische Theorien der Zweiten Internationale waren, die sich über die Frage täuschten: Wie eine kapitalistische Politik-Ökonomie, wie eine bürgerliche Gesellschaft theoretisch und praktisch kritisiert werden könnte, nachdem die klassisch-liberale »List der Vernunft« sich zu einer List ohne Vernunft, zu einem irrational-rationalen System verdinglicht hatte, nachdem der bürgerliche Fortschritt in décadence umschlug. Die Kritischen Theoretiker um Horkheimer und Adorno haben deshalb, in der *Dialektik der Aufklärung,* in den Theorien des autoritären Staates und des autoritären Charakters, auf Webers Theorien rekurriert, um die *Kritik der Politischen Ökonomie* zur Kritik des »Monopolkapitalismus« und der »Barbarei« zu entwickeln.

4.3 Exkurs: »Tatsachenmensch« und »entweltlichtes Ich« in Husserls transzendentaler Phänomenologie

Nietzsche und Weber haben den irrational-rationalen Kosmos des Systems der bürgerlichen Politik-Ökonomie und die bürgerliche Gesellschaft in der Epoche des Imperialismus als ein »Gehäuse der Hörigkeit« kritisiert, in dem die Bürger zu blind gehorsamen, aber rational zu Fachmenschen ausgebildeten Untertanen geworden sind.

Erst nach dem Ende der imperialistischen Epoche, schon unter dem *Nationalsozialismus,* wurde noch einmal eine prominente und folgenreiche bürgerliche Kritik der positivistisch gewordenen, autoritären bürgerlichen Gesellschaft und Politik formuliert. *Edmund Husserl* (1859-1938) aus Proßnitz (Mähren) hielt im Mai 1935 in Wien einen Vortrag über *Die Philosophie in der Krisis der europäischen Menschheit;* es folgten im November 1935 zwei Vorträge an der Tschechischen Universität in Prag über *Die Krisis der europäischen Wissenschaften und die Psychologie.* 1936 wurde ein erster Teil dieser Überlegungen in Belgrad publiziert: *Die Krisis der europäischen Wissenschaften und die transzendentale Phänomenologie* (jetzt: Hamburg, 1982²); weitere wichtige Texte zum Thema enthält der sechste Band der Werke Husserls (Husserliana Bd. VI, Den Haag 1954). – Die *Krisis*-Schrift eröffnet, im Gesamtwerk Husserls, eine dritte und letzte Phase. Das erste Hauptwerk, die *Logischen Untersuchungen,* erschien in zwei Bänden 1900/ 01. Das zweite Hauptwerk folgte 1913: *Ideen zu einer reinen Phänomenologie und phänomenologischen Philosophie.* Hatte Husserl in seinen ersten Schriften die Philosophie auf die Phänomenologie verpflichtet, auf die voraussetzungslose Schau des Wesens der Dinge, so kritisiert er im *Krisis*-Werk die objektivistische Einstellung der positivistischen Wissenschaften, um deren Konstitution zunächst in der »Lebenswelt«, dann in einem »entweltlichten Ich« aufzuklären. Diese Rationalitäts-Kritik wurde in der Philosophie aufgenommen durch Husserls Schüler und Nachfolger an der Universität Freiburg, *Martin Heidegger;* sie wurde in der Sozial- und Wirtschaftswissenschaft rezipiert durch den Ordo-Liberalismus Wilhelm Röpkes: *Die Gesellschaftskrisis der Gegenwart* (1942).

Husserl beginnt seine *Krisis*-Schrift (1936) mit einer Skizze des *zeitgenössischen Problems,* das die von ihm konzipierte transzendentale Phänomenologie aufzuklären und zu lösen sucht: der Autor erkennt eine *»radikale Lebenskrisis des europäischen Menschentums«,* die ihren »Ausdruck« in einer *»Krisis der Wissenschaften«* hat (ebd. 1-18). Zur Kritik stehen die »positiven Wissenschaften«; die Krisis ist eine – das ganze »menschliche Dasein« betreffende – *Sinn-Krise.*

»Unseren Ausgang nehmen wir von einer an der Wende des letzten Jahrhunderts hinsichtlich der Wissenschaften eingetretenen Umwendung der allgemeinen Bewertung. Sie betrifft nicht ihre Wissenschaftlichkeit, sondern das, was sie, was Wissenschaft überhaupt, dem menschlichen Dasein bedeutet hatte und bedeuten kann. Die Ausschließlichkeit, in welcher sich in der 2. Hälfte des 19. Jahrhunderts die ganze Weltanschauung des modernen Menschen von den positiven Wissenschaften bestimmen und von der ihr verdankten ›prosperity‹ blenden ließ, bedeutete ein gleichgültiges Sichabkehren von den Fragen, die für ein echtes Menschentum die entscheidenden sind. Bloße Tatsachenwissenschaften machen bloße Tatsachenmenschen. Die Umwendung der öffentlichen Bewertung war insbesondere nach dem Kriege unvermeidlich, und sie ist, wie wir wissen, in der jungen Generation nachgerade zu einer feindlichen Stimmung geworden. In unserer Lebensnot – so hören wir – hat diese Wissenschaft uns nichts zu sagen. Gerade die Fragen schließt sie prinzipiell aus, die für den in unseren unseligen Zeiten den schicksalvollsten Umwälzungen preisgegebenen Menschen die brennendsten sind: die Fragen nach Sinn oder Sinnlosigkeit dieses ganzen menschlichen Daseins.« (Husserl 1936: 4 f.)

Nun hat Husserl, im Titel des ersten Teils der *Krisis*-Abhandlung, die »Krisis der Wissenschaften« als »Ausdruck« der »radikalen Lebenskrisis des europäischen Menschentums« bezeichnet. Nach dieser Ankündigung wäre eine Darstellung erst jener »Lebenskrisis« und dann des »Ausdrucks« in der »Krisis der Wissenschaften« zu erwarten. – Husserls *anthropologisierende* Formulierung einer Krisis des »europäischen Menschentums« zeigt indes schon an, daß der Philosoph zu starken *Abstraktionsleistungen* fähig ist. Immerhin ist, im Jahre der Vorträge Husserls, Hitler seit zwei

Jahren Reichskanzler; es existierten seit 1933 die ersten Konzentrationslager in Dachau, Oranienburg, Esterwegen und Lichtenburg; 1935 wurden die ›Nürnberger Gesetze‹ – das ›Reichsbürgergesetz‹ und das ›Gesetz zum Schutz des deutschen Blutes und der deutschen Ehre‹ – erlassen. Dieses und vieles andere kommt in Husserls Schrift nicht vor. Dem Philosophen erscheinen *gesellschaftliche Verhältnisse und Prozesse* als undurchschaubare, mythologische, *»schicksalvollste Umwälzungen«,* denen die »Menschen« hilflos ausgeliefert, eben »preisgegeben« sind. Husserl kennt nur eine *kollektive Anthropologie:* das »europäische Menschentum«. Dieses freilich befindet sich in einer »Lebenskrisis«: es ist nicht bedroht durch den nationalsozialistischen Staatsterror, sondern erfährt eine *»Sinnkrise«* – darin besteht die *»Lebensnot«.* – Diese *Not* findet auch nicht ihren »Ausdruck« in einer »Krisis der Wissenschaften«, sondern ist durch den Fortschritt der Wissenschaften, *durch die Entstehung und den Erfolg der »positiven Wissenschaften« verursacht:* diese Wissenschaften beschreiben Tatsachen, fesseln die Menschen an Tatsachen, und blenden die Dimension des Sollens: Moral und Sinn, aus. Darum herrscht, wie Husserl weiß, »in der jungen Generation« eine »feindliche Stimmung« gegen die Wissenschaften vor.

Freilich ist Husserl kein Wissenschafts-Stürmer. Er erkennt die »theoretischen Leistungen«, die »dauernd zwingenden Erfolge« der »positiven Wissenschaften« ausdrücklich an: Mathematik, »exakte Naturwissenschaften« und »konkrete Geisteswissenschaften« gelten auch ihm als »Vorbilder strenger und höchst erfolgreicher Wissenschaftlichkeit« (ebd. 2; vgl. ebd. 1-4). »Fraglich geworden« sei die objektivistische, auf die Faktizität verpflichtete Einstellung von Natur- und Geisteswissenschaften:

»Was hat über Vernunft und Unvernunft, was hat über uns Menschen als Subjekte dieser Freiheit (sich »in seinem Verhalten zur menschlichen und außermenschlichen Umwelt frei« zu »entscheiden«; »frei in seinen Möglichkeiten« zu sein, sich und seine Umwelt vernünftig zu gestalten« – G.S.) die Wissenschaft zu sagen? Die bloße Körperwissenschaft selbstverständlich nichts, sie abstrahiert ja von allem Subjektivieren. Was andererseits die Geisteswissenschaften anlangt, die doch in allen besonderen und allgemeinen Disziplinen den Menschen in seinem geistigen Dasein betrachten, also im Horizont seiner Geschichtlichkeit, so fordert, sagt man, ihre strenge Wissenschaftlichkeit, daß der Forscher alle wertenden Stellungnahmen, alle Fragen nach Vernunft und Unvernunft des thematischen Menschentums und seiner Kulturgebilde sorgsam ausschalte. Wissenschaftliche, objektive Wahrheit ist ausschließlich Feststellung dessen, was die Welt, wie die physische so die geistige Welt, tatsächlich ist. Kann aber die Welt und menschliches Dasein in ihr in Wahrheit einen Sinn haben, wenn die Wissenschaften nur in dieser Art objektiv Feststellbares als wahr gelten lassen, wenn die Geschichte nichts weiteres zu lehren hat, als daß alle Gestalten der geistigen Welt, alle den Menschen jeweils haltgebenden Lebensbindungen, Ideale, Normen, wie flüchtige Wellen sich bilden und wieder auflösen, daß es so immer war und sein wird, daß immer wieder Vernunft zum Unsinn, Wohltat zur Plage werden muß? Können wir uns damit beruhigen, können wir in dieser Welt leben, deren geschichtliches Geschehen nichts anderes ist als eine unaufhörliche Verkettung von illusionären Aufschwüngen und bitteren Enttäuschungen?« (Husserl 1936: 5)

Zur Kritik steht der Positivismus der objektivistisch verfahrenden Natur- und Geisteswissenschaften – nicht die positivistische Gesellschaft, schon gar nicht der Nationalsozialismus, das »Gehäuse der Hörigkeit«. Wenn aber die »positiven Wissenschaften« durch Husserls Kritik keineswegs überwunden werden sollen, geht es einzig darum, diese durch eine Philosophie zu fundieren, die im »geschichtlichen Geschehen« nicht eine immergleiche Faktizität erkennt, sondern den Fortschritt zu »Vernunft«, zu »Wohltat«, zur »Freiheit«. Husserl formuliert nicht die Aufgabe, die bestehende »Lebensnot« genetisch aufzuklären; seine Intention ist es vielmehr, in der Geschichte von »Unvernunft«, »Unsinn« und »Plage« das Telos der »Vernunft« zu offenbaren: »diese Wissenschaft« hat »uns nichts zu sagen« (ebd. 4). Sie soll etwas sagen: zur Vernunft, zur Freiheit, zum Sinn. Die Überwindung der herrschenden »Unvernunft« kommt, nach Husserls autoritärer Omnipotenzphantasie, nicht den sich selbst durch eine weltverändernde Praxis befreienden Untertanen zu, sondern dem Philosophen, der endlich die Antwort – eine rein philosophische Antwort – gibt.

»Wir sind also – wie könnten wir davon absehen – in *unserem* Philosophieren *Funktionäre der Menschheit.* Die ganz persönliche Verantwortung für unser eigenes wahrhaftes Sein als Philosophen in unserer innerpersönlichen Berufenheit trägt zugleich in sich die Verantwortung für das wahre Sein der Menschheit, das nur als Sein auf ein *Telos* hin ist, und *wenn überhaupt,* zur Verwirklichung nur kommen kann durch Philosophie – durch *uns, wenn* wir im Ernste Philosophen sind. Gibt es hier – in diesem existenziellen ›Wenn‹ – ein Ausweichen?« (Husserl 1936: 17 f.)

Vernunft und Freiheit werden nicht verwirklicht durch den praktischen Umsturz versklavender Verhältnisse – sondern durch eine neue, nichtobjektivistische Philosophie, die die objektivistischen Wissenschaften nicht eliminiert, sondern nur fundiert: durch Husserls *Transzendentale Phänomenologie.* Eine vernünftige Gesellschaft wird nicht verwirklicht durch einen gesellschaftlichen und praktischen, sondern durch einen individualistischen und intellektuellen Akt. Wie Husserl die gegenwärtige Krisis *anthropologisch* als »Lebenskrisis des europäischen Menschentums« begreift, so erkennt er auch nur eine *anthropologische* Möglichkeit der Überwindung der Krisis.

Husserl (1936) präzisiert seine *Kritik der Krisis,* sein Konzept einer letzten Philosophie, die die *Krise genetisch zu Bewußtsein bringt* und damit ihre *Überwindung* verspricht: Der Objektivismus der »Tatsachenwissenschaften«, der »positiven« »Körper«- und »Geisteswissenschaften« (ebd. 4f.) soll, wie einst bei Descartes die *Physik,* durch eine neue *»Metaphysik«* fundiert werden (ebd. 8), die radikal alles Physische, Weltliche hinter sich läßt, um es allererst zu konstituieren.

Die »Krisis der Wissenschaften« klärt Husserl auf durch eine *Kritik des Positivismus:* die »positiven Wissenschaften« hätten sich von der Metaphysik abgekehrt. Das Bewußtsein der Krisis fordert, analog, eine *Erneuerung der Metaphysik,* die zugleich über die Krisis hinaus ist.

»Der positivistische Begriff der Wissenschaft in unserer Zeit ist also – historisch betrachtet – ein *Restbegriff.* Er hat alle Fragen fallen gelassen, die man in die bald engeren, bald weiteren Begriffe von Metaphysik einbezogen hatte, darunter alle die unklar sogenannten ›höchsten und letzten Fragen‹. Genau besehen haben sie, und alle zum Ausschluß gekommenen überhaupt, ihre unabtrennbare Einheit darin, daß sie ... die *Probleme der Vernunft* – der Vernunft in allen ihren Sondergestalten – enthalten. Ausdrücklich ist sie das Thema in den Disziplinen von der Erkenntnis (sc. der wahren und echten, der vernünftigen Erkenntnis), von der wahren und echten Wertung (echte Werte als Werte der Vernunft), von der ethischen Handlung (das wahrhaft gute Handeln, das Handeln aus praktischer Vernunft); dabei ist Vernunft ein Titel für ›absolute‹, ›ewige‹, ›überzeitliche‹, ›unbedingt‹ gültige Ideen und Ideale. Wird der Mensch zum ›metaphysischen‹, zum spezifisch philosophischen Problem, so ist er in Frage als Vernunftwesen und ist seine Geschichte in Frage, so handelt es sich um den ›Sinn‹, um die Vernunft in der Geschichte. Das Gottesproblem enthält offenbar das Problem der ›absoluten‹ Vernunft als der teleologischen Quelle aller Vernunft in der Welt, des ›Sinnes‹ der Welt. Natürlich ist auch die Frage der Unsterblichkeit eine Vernunftfrage, wie nicht minder die Frage der Freiheit. Alle diese ›metaphysischen‹ Fragen, weit gefaßt, die spezifisch philosophischen in der üblichen Rede, übersteigen die Welt als Universum der bloßen Tatsachen.« (Husserl 1936: 7 f.)

Die *»Tatsachenwissenschaften«* (ebd. 4) sind nicht abzuschaffen, sondern durch eine erneuerte *Metaphysik* zu »übersteigen«; die Tatsachenwelt ist zu »übersteigen«, so daß eine metaphysische Welt betreten wird. In dieser Metaphysik bewegt sich die Philosophie, nach Husserl, im Bereich nicht der aufklärenden, sondern der »ewigen« Vernunft, der »überzeitlichen« »Ideen und Ideale«: jenseits des »Universums der bloßen Tatsachen«, jenseits der »Welt« des Objektivismus. Indem er diese Welt des Faktischen nicht aufklärt, sondern transzendiert: indem er über die objektivistischen Wissenschaften zu einer restituierten Metaphysik fortschreitet, verspricht Husserl, Fragen der Vernunft, der Freiheit, der wahren Erkenntnis und des guten Handelns, des Sinns und der Unsterblichkeit im *Reich der Ewigkeit,* die über der Tatsachenwelt liegt, zu klären. Dieses Reich jenseits der *»Tatsachenmenschen«* kann nur das Reich des Menschen als eines »Vernunftwesens« sein, das als Wesen der Metaphysik ein »überzeitliches« Subjekt ist: ein *»entweltlichtes Ich«* (ebd. 90). Im Reich des »Tatsachenmenschen« bleibt alles, wie es ist: es erweist sich nur als begründet durch die sinn-konstituierende Metaphysik, die in der »Geschichte«, in der »Welt«, doch noch einen »Sinn«, eine »Vernunft« erkennt.

Die »Krisis der Wissenschaften« klärt Husserl aber auch auf durch eine *Kritik der bisherigen Metaphysik:* durch die Darstellung des »beständigen Mißlingens der Metaphysik«. Die »Gründe dieses jahrhundertelangen Versagens« bildeten seit Hume und Kant einen zentralen Gegenstand der Philosophie (ebd. 10). Sie können, nach der vorgetragenen Argumentation, nur darin liegen: daß das Übersteigen der Tatsachenwelt auf eine überzeitliche Welt nicht radikal genug vollzogen, daß die Faktizität des weltlichen Objektivismus nicht radikal genug auf eine überzeitliche, überweltliche Subjektivität hin transzendiert wurde.

Husserl (1936) entwickelt seine *Begründung und Bestimmung der Metaphysik* einerseits *systematisch* durch eine *Kritik der »positiven Wissenschaften«,* die die Tatsachenwelt übersteigt und das überzeitliche Reich der Metaphysik betritt, indem er zwischen der »Lebenswelt«, der wissenschaftlich konstruierten Welt und der Welt der Metaphysik unterscheidet.

Husserl argumentiert: In der *»Lebenswelt«* gilt die vorhandene Welt als etwas Gegebenes, Faktisches; aber was faktisch ist, stellt sich verschiedenen Menschen verschieden dar. Darum übersteigen die *»positiven Wissenschaften«* die »Lebenswelt«, indem sie Regeln etablieren, nach denen es den verschiedensten Wissenschaftlern möglich ist, mit Gründen eine einzige objektive, faktische Welt als wahre Welt zu identifizieren. Die neue *Metaphysik,* eben die *transzendentale Phänomenologie,* übersteigt nun sowohl die Lebenswelt als auch die wissenschaftlich wahre Welt, indem sie den Objektivismus beider als konstituiert durch ein transzendentales Subjekt aufklärt. Die Metaphysik ist eine *»Transzendentalphilosophie«* (ebd. 77), weil sie die Bedingungen der Möglichkeit wissenschaftlicher Wahrheit klärt; sie ist eine *»Phänomenologie«,* weil diese Begründung das wissenschaftlich beschreibbare Faktische keineswegs in Frage stellt, sondern nur auf dessen transzendental-subjektive Konstitution verweist – das unterscheidet Husserls Transzendentalphilosophie von der Kants. Husserls Argumentation ist in diesen drei Schritten vorzuführen.

Die *»Lebenswelt«* ist die alltägliche Welt, wie sie sich dem vorwissenschaftlichen Bewußtsein des Menschen darstellt, wie er sie erfährt, wie er in ihr handelt. Das »Sein« dieser Welt erscheint als »fraglose Selbstverständlichkeit«, als selbstverständliche Objektivität (ebd. 76).

»Der Transzendentalismus ... sagt: der Seinssinn der vorgegebenen Lebenswelt ist *subjektives Gebilde*, ist Leistung des erfahrenden, des vorwissenschaftlichen Lebens. In ihm baut sich der Sinn und die Seinsgeltung der Welt auf, und jeweils *der* Welt, welche dem jeweilig Erfahrenden wirklich gilt.« (Husserl 1936: 75)

Daß der »Seinssinn der vorgegebenen Lebenswelt ... subjektives Gebilde« ist, ist erst die Einsicht des »Transzendentalismus«, nicht schon des Bürgers der Lebenswelt: diesem ist die subjektive Sinn-Konstitution verborgen. Ebenso ist dem lebensweltlichen Menschen die Konstitution der »Seinsgeltung der Welt« nicht bewußt. Also »gilt« die Lebenswelt dem darin Lebenden als eine Objektivität, deren subjektive Konstitution undurchschaut ist. Husserl deutet das Problem an: dem »jeweilig Erfahrenden« gilt ›seine‹ Welt – jeder lebt in ›seiner‹ objektiven Welt, jeder lebt in seiner Meinung, in seiner doxa.

Die *»positiven Wissenschaften«* überschreiten diese »Lebenswelt«, um dem vermeintlichen Subjektivismus der »jeweilig« erfahrenen Welt zu entgehen und festzustellen, was wirklich, was »objektiv« ist. Sie beanspruchen, die Welt der doxa, der subjektiven Interessen und Meinungen hinter sich zu lassen und die Welt der episteme: der interesselosen Erkenntnis und Wahrheit, zu betreten (Husserliana VI: 314ff.). Die Wissenschaften suchen, die Subjektivität zu eliminieren und eine rein objektive Welt zu konstruieren. Indem sie den Objektivismus der Lebenswelt radikalisieren, gilt ihnen »das Sein der Welt« als das »an sich Erste« (1936: 76). So sind beide, Lebenswelt und wissenschaftlich wahre Welt, objektivistisch konstruiert: so hat sich die Wissenschaft nur zum Schein von den Interessen der Lebenswelt gelöst.

»Das Charakteristische des *Objektivismus* ist, daß er sich auf dem Boden der durch Erfahrung selbstverständlich vorgegebenen Welt bewegt und nach ihrer ›objektiven Wahrheit‹ fragt, nach dem für sie unbedingt, für jeden Vernünftigen Gültigen, nach dem, was sie an sich ist. Das universal zu leisten, ist Sache der Episteme, der Ratio bzw. der Philosophie. Damit werde das letztlich Seiende erreicht, hinter das zurückzufragen keinen vernünftigen Sinn mehr hätte.
(...) Was die ›objektiv wahre‹ Welt anlangt, die der Wissenschaft, so ist sie *Gebilde höherer Stufe* aufgrund des vorwissenschaftlichen Erfahrens und Denkens bzw. seiner Geltungsleistungen.« (Husserl 1936: 75)

Wie dem lebensweltlichen Menschen, so ist auch dem Wissenschaftler die subjektive Konstitution seiner objektiven Welt verborgen: indem er methodisch alle Subjektivität zu eliminieren sucht. Das Resultat dieses Objektivismus, dieser Fetischisierung von Tatsachen, ist eine »ethisch irrationale Welt« (Weber, WL: 505): die Sinnkrise der Tatsachenwelt (Husserl 1936: 4f.).

Husserl klärt den Objektivismus, die Logik der *»positiven Wissenschaften«*, an deren historischen Ursprung: an *Galileis* Begründung der mathematischen Physik. Er würdigt Galilei kritisch: dieser habe die »Urstiftung der neuen Naturwissenschaft«, der objektivistisch verfahrenden Wissenschaften, geliefert (ebd. 80).

»Galilei in seiner Blickrichtung auf die Welt von der Geometrie und von dem her, was sinnlich erscheint und mathematisierbar ist, *abstrahiert* von den Subjekten als Personen eines personellen Lebens, von allem in jedem Sinne Geistigen, von allen in der menschlichen Praxis den Dingen zuwachsenden Kultureigenschaften. In dieser Abstraktion resultieren die puren körperlichen Dinge, die aber wie konkrete Realitäten genommen und in ihrer Totalität als eine Welt thematisch werden. Man kann wohl sagen, daß erst durch Galilei die Idee einer Natur als einer in sich real *abgeschlossenen Körperwelt* an den Tag tritt. Ineins mit der zu schnell zur Selbstverständlichkeit gewordenen Mathematisierung ergibt das als Konsequenz eine in sich geschlossene Naturkausalität, in der alles Geschehen eindeutig und im voraus determiniert ist. Offenbar ist damit auch der *Dualismus* vorbereitet, der alsbald bei Descartes auftritt.« (Husserl 1936: 65; vgl. ebd. 67)

Die Notwendigkeit dieser Abstraktion vom Subjekt ergab sich, nach Husserl, aus der Schwierigkeit, das »objektive Sein der Welt« »intersubjektiv« verbindlich zu bestimmen. Dem dient die »empirische Meßkunst« als eine »apriorische, allumfangende systematische Methode« (ebd. 26f.).

»Was ist der Sinn dieser Mathematisierung der Natur, wie rekonstruieren wir den Gedanken, der sie motivierte?
Die Welt ist vorwissenschaftlich in der alltäglichen sinnlichen Erfahrung subjektiv-relativ gegeben. Jeder von uns hat seine Erscheinungen, und jedem gelten sie als das wirklich Seiende. Dieser Diskrepanz unserer Seinsgeltungen sind wir im Verkehr miteinander längst inne geworden. Wir meinen aber darum nicht, es seien viele Welten. Notwendig glauben wir an *die* Welt mit denselben uns nur verschieden erscheinenden Dingen. Haben wir nichts weiter als die leere notwendige Idee von an sich objektiv seienden Dingen? Ist nicht in den Erscheinungen selbst ein Gehalt, den wir der wahren Natur zusprechen müssen? Dahin gehört doch – ich beschreibe, ohne selbst Stellung zu nehmen, die das Galileische Denken motivierende ›Selbstverständlichkeit‹ – alles, was in der Evidenz absoluter Allgemeingültigkeit die reine Geometrie und überhaupt die Mathematik der reinen Raumzeitform hinsichtlich der in ihr idealiter konstruierbaren reinen Gestalten lehrt.« (Husserl 1936: 22)

So scheinen die mathematischen Naturwissenschaften, so scheint der wissenschaftliche Objektivismus den vermeintlichen Subjektivismus der Lebenswelt hinter sich zu lassen und eine wahrhaft objektive Erkenntnis der objektiven Welt zu eröffnen (ebd. 28f.). Aber diese Welt, ursprünglich die der Geometrie (ebd. 52), betont Husserl, existiert nicht: sie ist eine subjektive Konstruktion und Projektion auf die Dinge.

»So alltäglich vertraut ist der Wechsel zwischen apriorischer Theorie und Empirie, daß wir gewöhnlich geneigt sind, Raum und Raumgestalten, über welche die Geometrie spricht, von Raum und Raumgestalten der Erfahrungswirklichkeit nicht zu scheiden, als ob es einerlei wäre. (...)
In der anschaulichen Umwelt erfahren wir in der abstraktiven Blickrichtung auf die bloßen raumzeitlichen Gestalten ›Körper‹ – nicht geometrisch-ideale Körper, sondern eben *die* Körper, die wir wirklich erfahren und mit dem Inhalt, der wirklich Erfahrungsinhalt ist. (...)
Die Dinge der anschaulichen Umwelt stehen ja überhaupt und in allen ihren Eigenschaften im Schwanken des bloß Typischen; ihre Identität mit sich selbst, ihr Sich-selbst-Gleichsein und in Gleichheit zeitweilig Dauern ist ein bloß ungefähres, ebenso wie ihr Gleichsein mit anderem. (...) Die Gradualität charakterisiert sich als eine solche größerer oder geringerer Vollkommenheit.« (Husserl 1936: 23 f.; vgl. ebd. 25 f., 29)

Durch diese bewußtlose Projektion der geometrischen Konstruktion »idealer Gestalten« (ebd. 26) auf die »Empirie«, durch diese blinde Konstitution einer objektiven Welt, entgeht die objektivistische Wissenschaft nicht dem Subjektivismus der Lebenswelt, sondern rationalisiert ihn nur methodisch – und radikalisiert so den lebensweltlichen Objektivismus. Die Wissenschaft ist nicht über die lebensweltliche doxa hinaus, sie ist nicht im Reich der episteme: sie ist nur eine kollektivierte doxa, eine ihrer selbst unbewußte Welt-Konstruktion a priori (ebd. 32f.). Dadurch, kritisiert Husserl, hat Galilei die »idealisierte Natur« mit der »vorwissenschaftlich anschaulichen Natur« identifiziert (ebd. 53; vgl. ebd. 46, 52, 55).

Aus dieser Kritik der »Lebenswelt« und der wissenschaftlich konstruierten Welt scheint sich als Aufgabe einer kommenden *Metaphysik* zu ergeben: Die *unbewußte* Subjektivität und deren *unbewußte* Projektion auf die Empirie *aufzuklären,* durch den *kritischen* Nachweis des Widerspruchs von Sein und Schein den in Objektivismus umschlagenden lebensweltlichen und wissenschaftlichen Subjektivismus zu Bewußtsein zu bringen. Diese aufklärende Kritik des subjektivistischen Objektivismus wäre indes keine Meta-Physik vor der Physik, kein Positives vor der Kritik. Wenn Husserl über die »positiven Wissenschaften« hinausgeht in das Reich der Metaphysik, formuliert er keine aufklärende Kritik des Objektivismus als einer bewußtlosen »zweiten Natur« (Hegel: Bd. 12: 57), sondern sucht ein Positivum zu erlangen: die konstituierende Subjektivität. Die anvisierte

Metaphysik intendiert keineswegs, den lebensweltlichen und wissenschaftlichen Objektivismus aufzuheben, sondern nur, ihn subjektiv zu begründen: die Tatsachenwelt der »Tatsachenmenschen« (Husserl 1936: 4) bleibt unangetastet.

Husserls *transzendentale Phänomenologie,* als eine letzte *Metaphysik,* überschreitet den Objektivismus der »Lebenswelt« ebenso wie den der »positiven Wissenschaften«, um die *Subjektivität,* die subjektive Konstitution von »Seinssinn« und »Seinsgeltung« in einem *überweltlichen* Reich aufzuklären und positiv zu bestimmen. Das metaphysische Subjekt ist ein Ich, das nicht weltliches Ich, sondern überweltliches, *»entweltlichtes Ich«* ist (ebd. 90): erst das Ich der Metaphysik hat sich von den Interessen, den »Selbstverständlichkeiten« und den »Vorurteilen« (ebd. 79) der Lebenswelt gelöst, abgewandt. Durch dieses Überschreiten des lebensweltlichen und wissenschaftlichen Objektivismus eröffnet sich allererst die Möglichkeit, interesselos die gegenwärtige Sinnkrisis zu begreifen und zu lösen.

»Nur ein radikales Zurückfragen auf *die* Subjektivität, und zwar auf die *letztlich* alle Weltgeltung mit ihrem Inhalt und in allen vorwissenschaftlichen und wissenschaftlichen Weisen zustande bringende Subjektivität sowie auf das Was und Wie der Vernunftleistungen kann die objektive Wahrheit verständlich machen und den *letzten Seinssinn* der Welt erreichen. Also nicht das Sein der Welt in seiner fraglosen Selbstverständlichkeit ist das an sich Erste, und nicht die bloße Frage ist zu stellen, was ihr objektiv zugehört; sondern das *an sich Erste ist die Subjektivität* und zwar *als* die das Sein der Welt naiv vorgebende und dann rationalisierende oder, was gleich gilt: objektivierende.« (Husserl 1936: 75 f.)

Husserl erneuert die Metaphysik als prima philosophia: als Bestimmung des Ersten der Erkenntnis, des Seins, des Sinns. Die »Subjektivität« als Erstes kann weder zur Welt der »Seinsgeltung« noch zu jener des »Seinssinns« gehören; sie kann, als das allem Zugrundeliegende, nur eine allgemeine Subjektivität sein, kein empirisches, sinnliches Subjekt.

Nun scheint es, als ob Husserl dieses Subjekt als das bestimmte, *weltliche Subjekt* des bestimmten Philosophen auffaßt:

»Ich möchte hier gleich bemerken: das Wort ›*Transzendentalphilosophie*‹ ist seit Kant gebräuchlich geworden, … Ich selbst gebrauche das Wort ›transzendental‹ *in einem weitesten Sinne* für das … originale Motiv, das durch Descartes in allen neuzeitlichen Philosophien das sinngebende ist … Es ist das Motiv des Zurückfragens nach der letzten Quelle aller Erkenntnisbildungen, des Sichbesinnens des Erkennenden auf sich selbst und sein erkennendes Leben, … Radikal sich auswirkend, ist es das Motiv einer rein aus dieser Quelle begründeten, also letzten Universalphilosophie. Diese Quelle hat den Titel *Ich-selbst* mit meinem gesamten wirklichen und vermöglichen Erkenntnisleben, schließlich meinem konkreten Leben überhaupt.« (Husserl 1936: 108)

Das »Ich-selbst«, so scheint es, ist das sich selbst über sein Unbewußtes aufklärende, philosophierende Individuum – etwa der Philosoph Husserl. Die Transzendentalphilosophie, lehrt er, kommt

»allererst … zu ihrem wirklichen und wahren Anfang, wenn der Philosoph zu einem klaren Verständnis seiner selbst als der urquellend fungierenden Subjektivität sich durchgerungen hat, …« (Husserl 1936: 110)

Indes ist Aufklärung nicht als privater Akt möglich. Denn das Unbewußte kann nur ein unbewußtes Allgemeines, ein Gesellschaftlich-Unbewußtes sein: es beherrscht, als Unbewußtes, den Einzelnen, ist ihm gegenüber eine entfremdete, also allgemeine Macht. Die Aufklärung ist somit nur als ein gesellschaftlicher Akt möglich, der die Materialisierungen des Unbewußten umstürzt. Aber Husserl versteht die Aufklärung nicht als einen solchen theoretischen und praktischen, gesellschaftlichen Akt, durch den Unbewußtes bewußt, durch den eine vernünftige Gesellschaft vernünftiger Individuen verwirklicht würde. Er formuliert ausdrücklich: Das »Rückfragen« zielt darauf, eine »Subjektivität« freizulegen, die ein »Erstes«, Ursprüngliches ist und allen »Seinssinn« und alle »Seinsgeltung« – alle Objektivität der »Lebenswelt« ebenso wie der wissenschaftlich wahren Welt – überhaupt erst konstituiert (siehe: ebd. 18, 76). Eine solche Subjektivität ist ein *singuläres, allgemeines Ich* vor allen »Mit-Ichen« (ebd. 90). Den Begriff, die Idee dieses »Ich« klärt Husserl näher in seiner Metaphysik-Kritik.

Husserl entwickelt seine *Begründung und Bestimmung der Metaphysik* andererseits *philosophiegeschichtlich* durch eine *Kritik der bisherigen, stets mißlungenen Metaphysik.*

Nun hat Husserl (1936: 8) die Metaphysik bestimmt durch die »letzten Fragen« nach der »Vernunft«, nach »überzeitlich … gültigen Ideen und Idealen«. Insofern steht die *Metaphysik jenseits der Geschichte.* Die Ideenwelt der Metaphysik ist ungeworden, ewig, unveränderlich: eine historisch- *dogmatische Voraussetzung,* ein historischer *Ursprung,* eine *überhistorische* Welt, ein historisch *Letztes.* Die anvisierte Metaphysik kann nur eine ursprüngliche, immer schon existierende, in einer letzten Philosophie erscheinende Idee sein. Husserl erinnert an die »revolutionäre Umwendung« des »europäischen Menschentums« in der Renaissance, an die Wiedergeburt des »antiken Menschentums« am Beginn der Neuzeit. In der Antike, in der Renaissance, bemerkt Husserl, beherrschte die positivistische Vorstellung von »Objektivität« noch nicht die »Wissenschaft« (ebd. 6-9). Die Philosophie war vielmehr auf die »reine Vernunft« gerichtet:

»Das europäische Menschentum vollzieht in der Renaissance bekanntlich in sich eine revolutionäre Umwendung. (...) Sein bewundertes Vorbild hat es am antiken Menschentum. Diese Daseinsart will es an sich nachbilden.
Was erfaßt es als das Wesentliche des antiken Menschen? Nach einigem Schwanken nichts anderes als die ›philosophische‹ Daseinsform: das frei sich selbst, seinem ganzen Leben seine Regel aus reiner Vernunft, aus der Philosophie Geben. Theoretische Philosophie ist das Erste. (...) Der theoretischen Autonomie folgt die praktische. In dem die Renaissance leitenden Ideal ist der antike Mensch der sich in freier Vernunft einsichtig Formende. Darin liegt für den erneuerten ›Platonismus‹: es gilt, nicht nur sich selbst ethisch, sondern die Ganze menschliche Umwelt, das politische, das soziale Dasein der Menschheit aus freier Vernunft, aus den Einsichten einer universalen Philosophie neu zu gestalten.« (Husserl 1936: 6 f.)

Diese Idee eines vernünftigen Menschen, einer vernünftigen Menschheit, die in der Antike gesetzt und in der Renaissance erneuert wurde, nennt Husserl: die »griechische Urstiftung«, die »wahre Geburt des europäischen Geistes überhaupt.« (ebd. 78) Weil in dieser »Urstiftung« das »europäische Menschentum« seine Identität besitzt, ist die »Urstiftung« ein »teleologischer Anfang«, der das Endziel der Geschichte enthält: eine letzte, wahrhafte Metaphysik als »Endstiftung«, in der die »Urstiftung« zu ihrer Verwirklichung gelangt (ebd. 79). Seinen Entwurf einer transzendentalen Phänomenologie faßt Husserl als Entwurf jener »Endstiftung« auf, in der der Ursprung zu sich kommt, in der das überzeitliche Reich ewiger Ideen eröffnet und entfaltet ist: die neue Metaphysik ist eine letzte Philosophie, die Möglichkeit einer wahrhaften Verwirklichung des in der Antike eröffneten Ideals einer »›philosophischen‹ Daseinsform« (vgl. ebd. 18).

Nun ist diese Idee einer zugleich ursprünglichen und letzten, im Überzeitlichen sich bewegenden Metaphysik offenbar *dogmatisch:* der historische Ursprung und das anvisierte historische Ende sind undurchschaute Setzungen – und eben nicht: Vernunft, sondern Verstand. Eine dogmatische Begründung der Metaphysik verführe zirkulär. Husserl reklamiert für seine Begründung der letzten Metaphysik jedoch das Verfahren einer *»Aufklärung der Geschichte«* (ebd. 78).

»Die latente Vernunft zum Selbstverständnis ihrer Möglichkeiten zu bringen und damit einsichtig zu machen die Möglichkeit einer Metaphysik als einer wahren Möglichkeit – das ist der einzige Weg, um eine Metaphysik bzw. universale Philosophie in den arbeitsvollen Gang der Verwirklichung zu bringen. Damit allein entscheidet sich, ob das dem europäischen Menschentum mit der Geburt der griechischen Philosophie eingeborene Telos, ein Menschentum aus philosophischer

Einsicht sein zu wollen und nur als solches sein zu können – in der unendlichen Bewegung von latenter zu offenbarer Vernunft und im unendlichen Bestreben der Selbstnormierung durch diese seine menschheitliche Wahrheit und Echtheit – ein bloßer historisch-faktischer Wahn ist, ...; oder ob nicht vielmehr im griechischen Menschentum erstmalig zum Durchbruch gekommen ist, was als *Entelechie* im Menschentum als solchem wesensmäßig beschlossen ist. Menschentum überhaupt ist wesensmäßig Menschsein in generativ und sozial verbundenen Menschheiten, und ist der Mensch Vernunftwesen, *(animal rationale)*, so ist er es nur, sofern seine ganze Menschheit Vernunftmenschheit ist – ... Philosophie, Wissenschaft wäre demnach *die historische Bewegung der Offenbarung der universalen, dem Menschentum als solchem ›eingeborenen‹ Vernunft.«* (Husserl 1936: 15; vgl. ebd. 76 f.)

Diese philosophische »Bewegung von latenter zu offenbarer Vernunft« begreift Husserl als »historische und kritische Rückbesinnung« auf das, »was ursprünglich und je als Philosophie gewollt ... war« (ebd. 15, 18). Diese »Rückbesinnung«, diese »Aufgabe der Selbstbesinnung«, formuliert er, ist »aus der ›Zusammenbruchs‹-Situation unserer Zeit, mit ihrem ›Zusammenbruch der Wissenschaft‹ selbst, erwachsen« (ebd. 63). Die Krise, so scheint Husserl zu überlegen, produziert Aufklärung als Kritik: die gegenwärtige Krisis, die »Lebensnot«, enthält offenbar ein das Bestehende transzendierendes Bedürfnis nach »Sinn«: nach einer die Wissenschaft, die über die »Tatsachenwissenschaften« hinaus liegt (ebd. 4f.).

Zwar fordert die Logik der Aufklärung, den Ausgang zu nehmen von einem Unaufgeklärten, Bewußtlosen, das als Faktizität erscheint, aber durch eine Krise erschüttert, also problematisch ist, und hinter diese bewußtlose Faktizität genetisch zurückzufragen, um es als Gewordenes und deshalb auch Veränderbares bewußt zu machen. Zwar ist die Logik der Aufklärung die Logik der Kritik: des Nachweises eines unbewußten Widerspruchs von Sein und Schein, so daß die Kritik das Unaufgeklärte durch eine utopisch gerichtete Erinnerung überschreitet. Aber Husserls »Rückbesinnung« verspricht die Einsicht in ein Ursprüngliches, in die »Urstiftung« eines ungewordenen Anfangs, der ein Telos impliziert: diese »Rückbesinnung« endet in einem Vorausgesetzten, Unaufgeklärten, Positiven, eben in einem *Dogma* – die transzendentale Phänomenologie prätendiert, als »Endstiftung« über die Kritik, über alle Voraussetzungen – Vorurteile – hinauszugelangen (ebd. 77-79, 94 f.). Nur deshalb kann der Philosoph der Anmaßung verfallen, »Funktionär der Menschheit« (ebd. 17) zu sein: das Telos der »Vernunftmenschheit« aus privater, dogmatischer Einsicht zu erkennen. Nur deshalb kann der Philosoph der Anmaßung verfallen, die »Krisis der europäischen Wissenschaften« und vor allem die »Lebenskrisis des europäischen Menschentums«, die Sinnkrise (ebd. 1, 4f.), nicht bloß zu erkennen, sondern durch eine letzte Metaphysik – rein philosophisch – auch zu überschreiten. Diese ist: ein *Dogma.* Das drückt sich aus in Husserls *mythologischer* Formulierung: die dem »Menschen als solchem ›eingeborene‹ Vernunft« trete nicht durch aufklärende Kritik hervor, sondern durch *»Offenbarung«.* Diese erhofft er sich durch ein »Erschauen … *von innen* her«: der »geistigen Einheit«, die die »Gesamtheit der Geschichte« zu einer Geschichte verbindet und die nichts ist als ein »personaler«, »historischer Gesamtzusammenhang« von »Philosophengenerationen« (ebd. 76-79). Die Einheit der Geschichte besteht in einem *überhistorischen Gesamt-Philosophen,* der die Existenzweise der »Vernunftmenschheit« ist, weil er sich »von allen Vorurteilen« befreit hat (ebd. 15, 79). Indem der besondere Philosoph, Husserl, jene »›eingeborene‹ Vernunft« innerlich erschaut, indem sich ihm dies Überhistorische offenbart, verwandelt er sich in den Gesamt-Philosophen: in das *Subjekt der Metaphysik,* das über den »Tatsachenmenschen« und die Tatsachenwelt hinaus ist. Weil sich ihm das Geheimnis durch innerliches »Erschauen« offenbart, enthält die *transzendentale Phänomenologie* als letzte Philosophie die *»Endform der Psychologie«* (ebd. 77). Das Ungeheure der Aufgabe, diese Anmaßung des Philosophen, erahnt er selbst, indem er das Heroische seiner Anstrengung herausstellt: der »Philosoph« der letzten Philosophie habe sich »zu einem klaren Verständnis seiner selbst, als der urquellend fungierenden Subjektivität … durchgerungen« (ebd. 110).

Nun gibt Husserl ein ausführliches Beispiel der projektierten Darstellung der *Philosophiegeschichte,* durch die die »latente Vernunft« (ebd. 15) freigelegt werden soll. Er behandelt die ursprünglich von *Descartes* formulierte, und verfehlte, Metaphysik. – Descartes sei, durch seine »Idee der universalen Philosophie« als »Universalmathematik«, der *»urstiftende Genius* der gesamten neuzeitlichen Philosophie« (ebd. 80f.); mit dem Dualismus von res cogitans und res extensa beginne die Philosophiegeschichte als Spannung zwischen »Objektivismus« und »Transzendentalismus«. Schon Descartes hat demnach, durch das erste Prinzip seiner Metaphysik: ego cogito, den Anfang des »Transzendentalismus« gesetzt – er hat die »Subjektivität« als das »an sich Erste« ausgezeichnet (ebd. 75f.). Von Descartes an, konstatiert Husserl, ist die »ganze Geschichte der Philosophie« geprägt von der Spannung zwischen Objektivismus und Transzendentalismus: die Entwicklung der Philosophie sei ausgerichtet »auf eine *Endform* der Transzendentalphilosophie – als *Phänomenologie* – in der als aufgehobenes Moment die *Endform der Psychologie* liegt« (ebd. 76f.). – Eine solche Entwicklung ist nur möglich, weil Descartes wohl den Weg des Transzendentalismus eröffnet, aber eben auch verfehlt hat (ebd. 80-82). Zwar hat Descartes, würdigt Husserl (ebd. 82-86), durch die Ableitung des ego cogito aus einem radikalen Zweifel an allem: »der Geltung der bisherigen *Wissenschaften«*, der »Lebenswelt«, der »Welt der sinnlichen Erfahrung«, die moderne »Erkenntniskritik« und den Versuch begründet, die Philosophie auf eine absolute, voraussetzungslose und unbezweifelbare Basis zu stellen. Auf das entdeckte »Ich« muß »alle wissenschaftliche Erkenntnis zurückführen« (ebd. 86). Aber Descartes hat, kritisiert Husserl, seinen Zweifel nicht radikal ausgeführt, weil er noch vom »Interesse am Objektivismus« gefangen war (ebd. 86-91): von der Voraussetzung einer mathematisch-rationalen Erkenntnis der Natur als eines in sich geschlossenen Kosmos. Daher hat er das ego cogito nicht vollends vom Objektivismus gelöst und es als »reine Seele«, als »eigenes seelisches Ich«, als »psychologische Immanenz« aufgefaßt (ebd. 88f.). Dieses »psychologische« Ich ist immer noch ein weltliches Ich. Descartes hätte den Zweifel weitertreiben müssen bis zum Überschreiten dieses Ich: er hätte das ego cogito als *»entweltlichtes Ich«* explizieren müssen – als ein ego, das »andere oder viele Mit-Iche« nicht »außer sich haben kann« (ebd. 90), weil es als »absolutes ego« ein singuläres, allgemeines Ich nicht in der Welt, sondern vor aller Welt, aber welt-konstituierend ist. So führt, nach Husserl, ein Weg von Descartes zur *transzendentalen Phänomenologie* als der Vollendung der neuzeitlichen Philosophie, der Philosophie überhaupt, der »philosophischen Daseinsform« des Menschen (ebd. 6).

Husserls Begründung der transzendentalen Phänomenologie als einer letzten Philosophie, durch die er den Objektivismus der Lebenswelt und der wissenschaftlichen Welt zu überschreiten sucht, fällt in deren *Dogmatismus* zurück: so verbleibt diese Transzendentalphilosophie im Bereich der doxa. Denn diese letzte prima philosophia intendiert nicht, die Bewußtlosigkeit jenes Objektivismus durch aufklärende Kritik zu Bewußtsein zu bringen und somit theoretisch und praktisch aufzulösen, sondern nur, ihn positiv-subjektiv zu überschreiten und zu begründen. Dadurch bleibt das, was faktisch ist, wie eine »erste Natur« (Hegel, Bd. 12: 57) bestehen, dadurch bleibt die Lebenswelt ebenso wie die wissenschaftlich konstruierte idealtypische Welt unangetastet. Eine *aufklärende Kritik des lebensweltlichen und wissenschaftlichen Objektivismus* hätte keine neue und letzte Metaphysik gefordert, sondern eine *Kritik der Metaphysik:* jeder prima philosophia.

So *positiviert* Husserl, im Jahre 1935, das *Faktisch-Seiende:* den Objektivismus der »Lebenswelt« vor allem, deshalb auch den Objektivismus der durch die »positiven Wissenschaften« konstruierten Welt. Er hält weder der Lebenswelt noch den Wissenschaften vor, Hirngespinste zu produzieren. Vielmehr bewundert er ausdrücklich die »reine Mathematik« und die »exakten Naturwissenschaften« als »Vorbilder strenger und höchst erfolgreicher Wissenschaftlichkeit«. Ähnlich äußert er sich über die »konkreten Geisteswissenschaften«. Die »positiven Wissenschaften« insgesamt könnten zu Recht auf die *»prosperity«* verweisen, die ohne sie unmöglich gewesen wäre (1936: 2-4). Dieser Erfolg liegt, nach Husserl, in der Sache. Zwar konstruierten die objektivistisch verfahrenden Wissenschaften, durch ihre »Mathematisierung der Natur« (ebd. 22ff.), »ideale Gestalten«, denen die »Dinge der anschaulichen Umwelt« nur in Annäherungen entsprächen (ebd. 25f., 53). Aber er konstatiert doch: Diese »Dinge der anschaulichen Umwelt« verhielten sich »unter typisch ähnlichen Umständen ähnlich«; die »empirisch anschauliche Umwelt« wiese einen »empirischen Gesamtstil«, einen »invarianten allgemeinen Stil« auf. Die »anschauliche Welt« sei integriert durch eine universale kausale Regelung«, so daß »Hypothesen«, »Induktionen« und »Voraussichten« möglich seien (ebd. 30f.; vgl. ebd. 32f.). Der »universale Kausalstil« (ebd. 31) sei die Basis einer technischen Weltbeherrschung. Der *Objektivismus* der »positiven Wissenschaften« sei nicht einfach realitätsgerecht, das falsche Bewußtsein einer falschen Wirklichkeit, sondern *lebensnotwendig:*

»Diese wirklich anschauliche, wirklich erfahrene und erfahrbare Welt, in der sich unser ganzes Leben praktisch abspielt, bleibt, als die sie ist, in ihrer eigenen Wesensstruktur, in ihrem *eigenen* konkreten Kausalstil ungeändert, was immer wir kunstlos oder als Kunst tun. Sie wird also auch nicht dadurch geändert, daß wir eine besondere Kunst, die geometrische und Galileische Kunst erfinden, die da Physik heißt. Was leisten wir durch sie wirklich? Eben eine ins Unendliche erweiterte Voraussicht. Auf Voraussicht, wir können dafür sagen, auf Induktion beruht alles Leben. In primitivster Weise induziert schon die Seinsgewißheit einer jeden schlichten Erfahrung. Die ›gesehenen‹ Dinge sind immer schon mehr als was wir von ihnen ›wirklich und eigentlich‹ sehen. Sehen, Wahrnehmen ist wesensmäßig ein Selbsthaben ineins mit Vor-haben, Vor-meinen. Alle Praxis mit ihren Vorhaben impliziert Induktionen, nur daß die gewöhnlichen, auch die ausdrücklich formulierten und ›bewährten‹ induktiven Erkenntnisse (die Voraussichten) ›kunstlose‹ sind gegenüber den kunstvollen ›methodischen‹, in der Methode der Galileischen Physik ins Unendliche in ihrer Leistungsfähigkeit zu steigernden Induktionen.« (Husserl 1936: 54 f.)

Indem das Wissen zur »Erkenntnismacht« wird, indem die Wissenschaft eine technische »Herrschaft« des Menschen über die Welt eröffnet: auch über die »zur realen Umwelt gehörige Menschheit«, werde der Mensch zum »Ebenbild Gottes« (ebd. 72).

Während zahllose Fachkollegen Husserls, überwiegend Juden wie er selbst: Theologen, Philosophen, Sozialwissenschaftler, Ökonomen und Naturwissenschaftler emigrierten, verhaftet und auch umgebracht worden waren, flüchtet sich Husserl in das Reich des »entweltlichen Ich«. Während Adorno, Arendt, Benjamin, Bloch, Carnap, Cassirer, Freud, Fromm, Grossmann, Horkheimer, König, Kuczynski, Lazarsfeld, Löwith, Marcuse, Neumann, Plessner, Pollock, Popper, Rüstow, Schumpeter, A. Weber und viele andere nach 1933 aus Deutschland und Österreich flohen, erklärt Husserl die Unveränderlichkeit der Welt, um ihr, aus dem Wolkenreich jenes »absoluten ego« (ebd. 90), doch noch einen höheren Sinn zu verleihen – und damit den Weg aus der gegenwärtigen »Lebensnot« (ebd. 4) zu weisen. So hat das »Gehäuse der Hörigkeit« selbst seine Opfer an das Bestehende gefesselt.

4.4 Sozialpsychologische Einsichten in das Unbewußte: Konforme Masse und atomisiertes Subjekt

Nietzsche zuerst, dann Max Weber haben die bürgerliche Anthropologie in der Epoche des Imperialismus dargestellt und kritisiert. Im Fortgang von der liberalen »List der Vernunft« zu einer »List« ohne »Vernunft«, im Fortschritt der Verdinglichung der Verhältnisse des Systems der bürgerlichen Politik-Ökonomie und Gesellschaft zu einem irrational-rationalen sozialen Kosmos erscheint dieser in einer *konformen »Masse«* von zugleich *atomisierten Menschen.* Denn der liberale Fetischismus hat sich fixiert zu einer »ethisch irrationalen Welt« (Weber: WL: 505), in der die vernünftig-bewußtlosen Verhältnisse ihren aufklärerischen Gehalt eingebüßt haben und bloß noch irrational sind; auf diesem Fundament irrational-konformistischen Sinns erscheint die gesellschaftliche Welt als naturgesetzlich, kausalrational strukturiert und also: kausal erklärbar, prognostizierbar und technisch durch Berechnung beherrschbar. Der *Bürger dieser irrational-rationalen Welt* ist: einerseits das Element einer *sinn-konformen Gemeinschaft* – einer Masse; andererseits wähnt er sich, weil er gesellschaftlich bewußtlos ist, als Sozialatom, als freier *Robinson.* Weber hat den Zusammenhang idealtypisch konstruiert: auf der Grundlage eines Sinn-Konformismus handeln die Bürger im System der zum Selbstzweck entwickelten Zweckrationalität technisch-rational; indem sie technisch-rational handeln, setzen sie ihre privatistischen Zwecke in einem Macht-Kampf gegeneinander durch. So sind sie abstrakt geeint und zugleich abstrakt getrennt: *Masse und Robinson.* Dieser Zusammenhang bildet ein *»Gehäuse der Hörigkeit«* (Weber, PS: 332): denn der irrational-konforme Sinn ebenso wie die technische Rationalität haben die Logik der Aufklärung unbewußter Verhältnisse hinter sich gelassen; beide scheinen eine gesellschaftliche Erinnerung ebenso wie eine gesellschaftliche Hoffnung zu verstellen; beide fixieren die Verhältnisse und ketten die Menschen durch eine sozialatomistische Ent-Individualisierung an die Umstände.

Eine *Aufklärung* der herrschenden Verhältnisse, die am gesellschaftlichen Fetischismus anzusetzen hat, ist darum auf dessen paradoxe Erscheinungsform verwiesen: den *Untergang der liberalen Utopie* des aufgeklärten, seiner selbst und seiner Verhältnisse bewußten Individuums in der *»Masse«* einerseits, im *atomisierten Subjekt* andererseits. Die *Kritik der bürgerlichen Anthropologie* wird unter dem Imperialismus zum Ansatz der *Gesellschaftskritik.*

Weil die imperialistischen Verhältnisse mit der bürgerlichen Aufklärung auch die aufklärende gesellschaftliche Erinnerung und die gesellschaftliche Utopie negiert haben, weil ein gesellschaftlicher Widerspruch gegen die widerspruchsvollen Verhältnisse unmittelbar verstellt ist, ist das Objekt der gesellschaftlichen Herrschaft ebenso wie das Subjekt des gesellschaftlichen Widerspruchs nicht länger allererst eine bestimmte soziale Klasse: das *Proletariat.* Dieses hat der Marxismus der Epoche als revolutionäres Subjekt nur retten können durch das Dogma von der befreienden Kraft der Produktivkräfte. Erweist sich deren Logik als Logik des »Gehäuses der Hörigkeit«, so zeigt sich: daß ein Bewußtsein der Verhältnisse als »Klassenbewußtsein« verstellt scheint; daß die Solidarität der Klasse in der Masse ebenso wie im Sozialatomismus untergegangen ist; daß die Kritik an keine gesellschaftliche Aufklärung und Hoffnung anzuknüpfen vermag, um diese, radikalisierend, gegen die Verhältnisse zu richten. Weber spricht noch, in seiner Wirtschafts-Soziologie, von sozialen Klassen, vom Kapitalisten und vom Proletariat; er nennt auch die Expropriation der freien Arbeiter von den Produktionsmitteln das Fundament der Herrschaft. Aber dieses Proletariat ist, in der irrational-rationalen bürgerlichen Politik-Ökonomie, gesellschaftlich nicht länger geeint durch ein utopisch gerichtetes Klassenbewußtsein, das aufklärend die gesellschaftliche Bewußtlosigkeit kritisieren und revolutionär die Verwirklichung eines utopischen Vorscheins anvisieren könnte. Auf dem Grund der materiell noch existierenden Klassenverhältnisse kapitalistischer Ausbeutung erfolgt eine Erosion der *Klassen* durch die *Masse* und die *Atomisierung.* An die Stelle der utopisch gerichteten gesellschaftlichen Erinnerung, an die Stelle der Befreiung durch Revolution, tritt: das fetischistische Bewußtsein, der *Konformismus,* die »konformistische Revolte« (Horkheimer 1974: 164). Je zwingender ein gesellschaftlicher Widerspruch gegen die gesellschaftlichen Verhältnisse ist, insofern die Menschen im System der bürgerlichen Ökonomie total vergesellschaftet sind, je weniger ist – durch denselben Fetischismus – ein gesellschaftlicher Widerspruch möglich. Sowohl die Masse wie das Sozialatom vermögen sich nicht als Besondere gegen das irrationale Allgemeine zu stellen; im Sozialatomismus ist jeder gesellschaftliche Zusammenhang, auch jener der kritischen Solidarität, im unbewußten Allgemeinen unsichtbar. Die *Zerstörung der liberalen Utopien* im total gewordenen gesellschaftlichen Fetischismus manifestiert sich in der *Zerstörung eines gesellschaftlichen Subjekts,* das theoretisch und praktisch einen Widerspruch gegen die widerspruchsvollen Verhältnisse geltend machen könnte: das Proletariat als gesellschaftliches Subjekt verliert, mit der Negation der liberalen Utopien, seinen gesellschaftlichen Zusammenhang an das Sozialatom und die Masse; es verliert die »Aussicht auf eine neue Gesellschaft« und damit die Grundlage einer theoretischen und praktischen Kritik (Marx, MEW 26.2: 422). *Die imperialistischen Verhältnisse produzieren eine Krisis des theoretischen Widerspruchs und des praktischen Widerstands gegen widerspruchsvolle Verhältnisse.* Es resultiert ein *Konformismus* auch da, wo kritische Intentionen zur Verwirklichung drängen.

Die *Sozialpsychologie* erlangt schon unter dem Imperialismus die Einsicht in das *»Unbewußte«* als ein allgemeines und setzt daher beim bürgerlichen *Fetischismus* in der Form der *bürgerlichen Anthropologie* an: beim paradoxen Zusammenhang von *Sozial-Atom und »Masse«.* Während *Gustave Le Bon* (1895) das Unbewußte zwar als ein Bekanntes beschreibt, aber als ein Unerkennbares und Unaufklärbares fixiert und individualisiert, geht auch *Sigmund Freud* (1921) vom Fetischismus des Sozialatoms aus, um jedoch in dessen Innenwelt die unbewußten autoritären Verhältnisse der autoritären Gesellschaft aufzuklären – unmittelbar in der Absicht einer Veränderung des Individuums, darüber hinaus aber auch in der Absicht einer Veränderung der Umstände. So steht Le Bon in der Tradition der Gegenaufklärung, Freud in der Tradition der Aufklärung. Freud hat Le Bons Beschreibungen des Unbewußten und seiner Erscheinungen rezipiert, um sodann hinter diese aufklärend zurückzugehen. An Freuds Psychoanalyse wird jedoch das Problem manifest: wie unter Bedingungen einer total fetischisierten bürgerlichen Politik-Ökonomie, die die liberale »List der Vernunft« zu einem irrational-rationalen System fixiert, die die bürgerliche Gesellschaft in eine in sich atomisierte Masse verwandelt und als einzige Aussicht scheinbar nur noch die negative Utopie des »Gehäuses der Hörigkeit« enthält, eine utopisch und praktisch gerichtete Aufklärung noch möglich ist? An Freuds Aufklärungen konnte nach 1933 der Marxismus anknüpfen. Der an Freud gebildete Marxismus rezipierte nicht nur die psychoanalytische Aufklärung der in sich atomisierten Masse, also die Kritik der neuesten bürgerlichen Anthropologie, sondern auch Freuds triebtheoretische Begründung der aufklärenden Kritik.

4.4.1 Le Bon: Psychologie der Massen *(1895)*

Im Jahre 1894 publizierte *Gustave Le Bon* aus Nogent-le-Rotrou bei Paris eine Untersuchung über die »Rassenseele«: *Die psychologischen Grundgesetze der Völkerentwicklung* (siehe: Le Bon 1895: XXXIX). Ein Jahr später folgte: *Psychologie des Foules* (Psychologie der Massen). Le Bon stellt die Bedeutung dieses Werks heraus: »Das Zeitalter, in das wir eintreten, wird in Wahrheit das *Zeitalter der Massen* sein.« (ebd. 2) Das »Geheimnis« der »Kraft« der Massen sei: das »Unbewußte« (ebd. XLI). Während die Rassen-Menschen gesellschaftlich unbewußt, aber individuell bewußt handeln, agieren die Massen-Menschen vollkommen unbewußt. Obwohl die Massen das gegenwärtige, das kommende Zeitalter prägten, sei das Phänomen bislang nur von »wenigen Autoren« und nur in Rücksicht auf *Die verbrecherische Masse* (Scipio Sighele, 1892) untersucht worden (ebd. 7 Anm.). Le Bons Schrift wurde höchst einflußreich: sie wurde rezipiert durch Max Weber und Freud; sie regte die späteren Studien von McDougall (1920), Ortega y Gasset (1930) und Canetti (1960) an; die Studien über den autoritären Charakter von Fromm, Horkheimer (1936) und Adorno (1950) sind über Freud auch von Le Bon geprägt.

Le Bons (1895) Theorie ist in drei Schritten darzustellen und zu diskutieren. Zunächst, am Ende seiner Untersuchung, gibt der Autor seiner *Psychologie der Massen* einen geschichtstheoretischen Rahmen. Sodann erörtert er, anfangs, das Phänomen der Rasse als logische und historische Voraussetzung der Masse. Die *Psychologie der Masse* gibt endlich eine systematische und anthropologische »Schilderung der Massenseele« (ebd. 9-51). Le Bons Darstellung der »Meinungen und Glaubenslehren der Massen« (ebd. 53-111) ebenso wie seine »Einteilung und Beschreibung der verschiedenen Arten von Massen« (ebd. 113-153) sind weitgehend zu vernachlässigen, weil sie die systematische Darstellung nur empirisch erweitern.

Le Bon (1895) beschließt seine Untersuchung der Massenpsychologie mit einem knappen *»geschichtsphilosophischen Ergebnis«* (ebd. 151-153), der einen Hinweis auf den Zusammenhang von »Masse« und gesellschaftlicher Atomisierung gibt.

Er skizziert eine Dreistadien-Theorie der Geschichte: am Anfang steht die »Masse«; es bildet sich im Kulturfortschritt die »Rasse«; darauf folgt der gesellschaftsgeschichtliche »Niedergang«, der Rückfall in die »Masse«. Der Motor von Fortschritt und Niedergang sind die »Ideen« (ebd. 38-41).

»Wenn wir in großen Zügen die Entstehung der Größe und des Niedergangs der Kulturen der Vergangenheit betrachten, so sehen wir folgendes:
Beim Erwachen dieser Kulturen einen zusammengewehten Haufen von Menschen verschiedenster Abstammung, zufällig vereinigt durch Wanderungen, Überfälle und Eroberungen. Von verschiedenem Blut, verschiedener Sprache und ebenso verschiedenen Anschauungen, hält diese Menschen kein andres Band zusammen als das halb anerkannte Gesetz eines Häuptlings. In ihrem verworrenen Haufen finden sich die psychologischen Merkmale der Massen im höchsten Maße. Sie zeigen den Zusammenhang für den Augenblick, den Heldenmut, die Schwächen, die Triebhandlungen und die Gewalttätigkeiten. Nichts ist bei ihnen von Dauer. Sie sind Barbaren.
Dann vollendet die Zeit ihr Werk. Gleichheit der Umgebung, wiederholte Kreuzungen, das Bedürfnis eines Gemeinschaftslebens fangen langsam an zu wirken. Die verschiedenen Bestandteile des Haufens beginnen zu verschmelzen und eine Rasse zu bilden, d.h. ein Aggregat mit gemeinsamen Eigenschaften und Gefühlen, die sich durch Vererbung immer mehr befestigen. Die Masse ist ein Volk geworden, und dies Volk kann sich aus der Barbarei erheben.
Es wird sie aber erst dann völlig hinter sich haben, wenn es sich … ein Ideal errungen hat. (…) es wird imstande sein, allen einzelnen der Rasse, die sich bilden will, vollkommene Einheit des Fühlens und Denkens zu verleihen.
Nun kann eine neue Kultur mit ihren Einrichtungen, Glaubensformen und Künsten entstehen. Von ihrem Wunschtraum fortgerissen, wird die Rasse nach und nach alles gewinnen, was Glanz, Kraft, Größe verleiht. Zuweilen wird sie zweifellos Masse sein, aber hinter den beweglichen und wechselnden Eigenschaften der Masse wird das feste Gefüge, die Rassenseele, stehen, welche die Schwingungsweite eines Volkes genau bestimmt und den Zufall regelt.
Nach Vollendung ihrer schöpferischen Wirkung aber beginnt die Zeit jenes Zerstörungswerk, dem weder Götter noch Menschen entgehen. Ist die Kultur auf einer gewissen Höhe der Macht und Mannigfaltigkeit angelangt, so hört sie auf zu wachsen, und sobald sie zu wachsen aufhört, ist sie zu raschem Niedergang bestimmt. Bald schlägt die Stunde des Alters.
Diese unentrinnbare Stunde ist stets durch das Verblassen des Ideals gekennzeichnet, das die Rassenseele erhob. In dem Maße, als dieses Ideal abstirbt, beginnen alle von ihm geschaffenen religiösen, politischen und gesellschaftlichen Gebilde zu wanken.
Mit dem fortschreitenden Schwinden ihres Ideals verliert die Rasse mehr und mehr alles, was ihren Zusammenhalt, ihre Einheit und Stärke bildete. Der einzelne kann an Persönlichkeit und Verstand wachsen, gleichzeitig tritt aber an die Stelle des Gemeinschaftsegoismus der Rasse die übermäßige Entfaltung des Einzelegoismus, die von einer Schwächung des Charakters und einer Verringerung der Tatkraft begleitet wird. Was ein Volk, eine Einheit, einen Block bildete, wird zuletzt ein Haufen

zusammenhangloser einzelner, die nur noch künstlich durch Überlieferungen und Einrichtungen zusammengehalten werden. Dann geschieht es, daß die Menschen … sich nicht mehr regieren können … und daß der Staat seinen verzehrenden Einfluß ausübt.
Mit dem endgültigen Verlust des früheren Ideals verliert die Rasse zuletzt auch ihre Seele, und sie ist dann nur noch eine Menge alleinstehender einzelner und wird wieder, was sie am Ausgangspunkt war, eine Masse. (…) Der Pöbel herrscht, und die Barbaren dringen vor. (…)
Aus der Barbarei von einem Wunschtraum zur Kultur geführt, dann, sobald dieser Traum seine Kraft eingebüßt hat, Niedergang und Tod – in diesem Kreislauf bewegt sich das Leben eines Volkes.« (Le Bon 1895: 151-153)

Die *geschichtliche Entwicklung* ist ein »Kreislauf«: zunächst ein Fortschritt von der »Masse« zur »Rasse«, dann ein »Niedergang« – eine Regression – von der »Rasse« zur »Masse«. »Masse« und »Rasse« sind unterschiedliche Formen des Zusammenlebens von Menschen.

Die *Stadien der »Massen«* sind Stadien der »Barbarei«. In ihnen bilden Menschen, die nahezu ohne jedes vereinigende »Band« und daher von einem »Einzelegoismus« – ohne bewußtes »persönliches Interesse« – bestimmt sind, einen »Haufen zusammenhangloser einzelner«. Die Masse besteht also keineswegs aus namen- und gesichtslosen Subjekten, sondern aus gesellschaftlich und individuell völlig unbewußten und daher atomisierten Menschen, die nur äußerlich, »künstlich« integriert sind. So sind Masse und Sozialatome keine Gegensätze: die Masse ist die unbewußte Vereinigung von gesellschaftlich und individuell unbewußten Sozialatomen. Sie ist ohne Beständigkeit, ohne dauerndes »Ideal«; sie wird nur »künstlich« zusammengehalten durch den »Staat«.

Das *Stadium der »Rasse«* ist das Stadium eines Kultur-»Ideals«, eines kollektiven »Wunschtraums«: einer »Rassenseele«. Die Menschen einer Rasse bilden eine Gemeinschaft, ein »Volk« mit »gemeinsamen Eigenschaften und Gefühlen«: sie bilden eine »vollkommene Einheit des Fühlens und Denkens«. Die »Rassenseele« bildet ein »Erbgut« und wird darum durch »Vererbung« tradiert (vgl. ebd. 1).

Warum die ursprüngliche Masse zugrunde und in die Rasse übergeht, erklärt Le Bon nicht. Warum diese Rasse zugrunde und in die Masse übergeht, erklärt er aus der Erosion des Rassen-Ideals: »der unsichtbaren Veränderungen des menschlichen Denkens«, der »Anschauungen, der Begriffe und des Glaubens«. Diese Veränderungen erscheinen als »sichtbare Wirkungen« in den »politischen Veränderungen«, in den »großen Erschütterungen, welche den Kulturwenden vorangehen« (ebd. 1f.; vgl. ebd. 38f.).

Historisch und logisch fundamental ist also die *»Rasse«* mit ihrer einigenden »Seele«. Diese bildet die »unbewußte Grundlage« der »bewußten Handlungen« (Le Bon 1895: 14).

»Der Inbegriff der gemeinsamen Merkmale, die allen Angehörigen einer Rasse durch Vererbung zuteil wurden, macht die Seele dieser Rasse aus.« (Le Bon 1895: XXXIX)

Die »Rasse« beschreibt Le Bon als *unbewußt-bewußte, irrational-rationale soziale Einheit Verschiedener* (ebd. 14).

Die Rasse ist auf der Ebene des *Allgemeinen* ein *unbewußter* sozialer Kosmos, in dem die Einzelnen als *Besondere untergehen.* Die Rasse weist unbewußte »allgemeine Charaktereigenschaften«, »gemeinsame Merkmale«, »ähnliche Triebe«, »gemeinsame Eigenschaften und Gefühle«, gemeinsame Vorstellungen über »Politik, Moral, Sympathien und Antipathien« auf, also ein gemeinsames unbewußtes »Ideal«, einen gemeinsamen »Wunschtraum«: eine gemeinsame »Rassenseele«, die durch »Vererbung« tradiert wird (ebd. 14, 152; vgl. ebd. 38-41). Die »Seele« ist die Identität der Rasse, eben eines *kollektiven Individuums;* in dieser Seele »ähneln sich alle einzelnen dieser Rasse« (ebd. 14) – deshalb ist diese Rassen-Seele auch die Identität des *einzelnen Menschen.* Le Bon konstatiert: »Das Ungleichartige versinkt im Gleichartigen« (ebd. 14). Er setzt diese zugleich atomistische und kollektive Seele methodisch voraus und leitet aus ihr die »Einrichtungen und Gesetze« ab. Insofern folgt er einem *methodischen Individualismus.*

»Sorgfältige Beobachtung der geschichtlichen Tatsachen hat mir nämlich stets gezeigt, daß es ganz und gar nicht in unserer Macht steht, die sozialen Organismen, die ebenso kompliziert sind wie andere Organismen, jäh tiefgehenden Umwandlungen zu unterwerfen. Zuweilen ist die Natur radikal, doch nicht so, wie wir es verstehen; daher gibt es nichts Traurigeres für ein Volk als die Leidenschaft der großen Umgestaltungen, so vortrefflich sie theoretisch scheinen mögen. Nützlich wären sie nur dann, wenn es möglich wäre, die Seelen der Völker plötzlich zu ändern. Die Zeit allein hat diese Macht. Die Menschen werden von Ideen, Gefühlen und Gewohnheiten geleitet, von Eigenschaften, die in ihnen selbst stecken. Einrichtungen und Gesetze sind Offenbarungen unserer Seele, der Ausdruck ihrer Bedürfnisse. Da die Einrichtungen und Gesetze von der Seele ausgehen, wird sie von ihnen nicht beeinflußt.« (Le Bon 1895: XL; vgl. ebd. 1 f.)

Wenn die atomistische und kollektive *»Rassenseele«* vorausgesetzt wird, wird sie implizit als *Unbewußtes* und also *Unerkennbares* gesetzt: in diesem Unbewußten »ähneln sich alle einzelnen dieser Rasse« (ebd. 14). Darum konstatiert Le Bon: Die »sozialen Organismen« entziehen sich aus zwei Gründen »jähen tiefgehenden Umwandlungen« durch die Menschen: weil die den »Einrichtungen und Gesetzen« vorausgesetzte kollektive und atomistische »Rassenseele« als Voraussetzung unbewußt und also träge ist; weil die »Organismen« hochkomplexe Gebilde und darum »in ihrer Gesamtheit« weder erkennbar noch vorhersagbar, weil sie *»unbewußt«* sind (ebd. XLI).

Die Rasse ist auf der Ebene der *einzelnen Menschen* zugleich ein Kosmos *»bewußter Handlungen« und »persönlicher Interessen«,* in denen die Einzelnen sich voneinander »unterscheiden«, in denen sie *Besondere* sind (ebd. 14, 36). Auf der Grundlage des unbewußten Allgemeinen sind nur dessen Erscheinungen erkennbar: das, was der *»Beobachtung«* zugänglich ist – in ihren »bewußten Anlagen ... unterscheiden« sich die Einzelnen einer Rasse (ebd. 14). So gilt für die Erkenntnis und die Lebenspraxis des Rasse-Volkes (vgl. ebd. 152) ein *methodischer Atomismus* auf der Ebene der Seele, dem ein *methodischer Atomismus* auf der Ebene der Beobachtung und Beschreibung einzelner Tatsachen entspricht. Beides drückt die Bewußtlosigkeit der vorausgesetzten atomistischen kollektiven Seele aus, die Le Bon methodisch nur verdoppelt, statt sie aufzuklären.

»Der Philosoph, der die sozialen Erscheinungen studiert, muß sich vor Augen halten, daß sie neben ihrem theoretischen auch praktischen Wert haben und daß dieser Gesichtspunkt der Kulturentwicklung der einzig bedeutsame ist. (...) Die sozialen Tatsachen sind so verwickelt, daß man sie in ihrer Gesamtheit nicht umfassen und die Wirkungen ihrer wechselseitigen Beeinflussung nicht voraussagen kann. Auch scheinen sich hinter den sichtbaren Tatsachen oft Tausende von unsichtbaren Ursachen zu verbergen. Die sichtbaren sozialen Tatsachen scheinen die Folgen einer riesigen, unbewußten Wirkungskraft zu sein, die nur zu oft unserer Untersuchung unzugänglich ist.« (Le Bon 1895: XLI)

Schon die »Rasse«, das Volk, ist eine soziale Einheit, die sich – als Ganze – der *rationalen Erkenntnis verschließt,* so daß die »sichtbaren sozialen Tatsachen ... die Folgen einer riesigen, unbewußten Wirkungskraft zu sein« scheinen. Erkennbar sind einzelne, *»sichtbare soziale Tatsachen«,* weil sie sich der »Beobachtung« (ebd. XL; vgl. ebd. XLI f.) erschließen und *beschrieben* werden können; *unerkennbar* ist die Gesamtheit der »sozialen Tatsachen«, vor allem das tieferliegende, *»unsichtbare« Unbewußte.* Während das Ganze das Irrationale ist, ist die Rationalität auf das Einzelne: einzelne Menschen und einzelne Tatsachen, begrenzt. Nicht das Ganze ist das Bewußte, aber der Einzelne handelt – als Vereinzelter – im Kontext der allgemeinen und unbewußten »Rassenseele« bewußt (ebd. XXXIX).

Das *Rasse-Volk* ist also ein *irrational-rationaler* Kosmos: ein Kosmos, indem das Allgemeine in sich in Einzelne zersplittert ist. Le Bons *gesellschaftstheoretischer Agnostizismus* begründet sein Argument gegen die

»Leidenschaft der großen Umgestaltungen« (ebd. XL): insofern steht er in der Tradition der *Gegen-Aufklärung.*

Le Bon bestimmt zu Beginn seines Werks (1895: XXXIX-XLII, 1-51) das *Phänomen der »Masse«* im allgemeinen *systematisch, deskriptiv* und *anthropologisch:* durch eine »genaue Schilderung der Massenseele« (ebd. 12). Indem er dieses Phänomen als zentrales Merkmal des bevorstehenden »Zeitalters« auszeichnet, bestimmt er seine Gegenwart als »Periode des Übergangs« vom Stadium der »Rasse« zum Stadium der »Masse« (ebd. 1-7).

Die *»Masse«* entsteht auf der Grundlage der »Rasse«, wenn sich einzelne »Angehörige« der »Rasse« »zur Tat« vereinigen:

»Wenn sich jedoch eine gewisse Anzahl solcher einzelnen massenweise zur Tat vereinigt, so zeigt sich, daß sich aus dieser Vereinigung bestimmte neue psychologische Eigentümlichkeiten ergeben, die zu den Rassenmerkmalen hinzukommen und sich zuweilen erheblich von ihnen unterscheiden.« (Le Bon 1895: XXXIX; vgl. ebd. 12, 21)

Le Bon bestimmt den Übergang genauer: Aus der Rasse geht die Masse hervor, wenn das »Ideal« der Rasse – die »Rassenseele« – erodiert und sich die Gemeinsamkeit der »Rasse« auflöst, so daß deren »Angehörige« sich *atomisieren.* Der »Haufen« der Masse wird nur noch äußerlich, »künstlich durch Überlieferungen und Einrichtungen zusammengehalten«: »Der Pöbel herrscht, und die Barbaren dringen vor.« (ebd. 152f.)

Vor allem herrscht in der Masse das *»Unbewußte«* über das Bewußtsein: es herrscht die »unbewußte Massenseele«, eine »Gemeinschaftsseele« (ebd. XLI, 13f.).

»Die unbewußte Wirksamkeit der Massen, die an die Stelle der bewußten Tatkraft der einzelnen tritt, bildet ein wesentliches Kennzeichen der Gegenwart.« (Le Bon 1895: XXXIX)

Nun hat Le Bon bereits allgemein, für alle »sozialen Erscheinungen«, »unbewußte Wirkungskräfte« festgestellt und daraus auf die Unerkennbarkeit und Unveränderbarkeit der »sozialen Tatsachen« in ihrer »Gesamtheit« geschlossen (ebd. XLI). Das »Unbewußte« der Masse bestünde dann darin, daß auf der Grundlage des allgemeinen Unbewußten auch kein bewußtes Handeln »der einzelnen« erfolgt (ebd. 16): es besteht, im Rahmen eines irrationalen Allgemeinen, *kein atomistischer Rationalismus* – »Die bewußte Persönlichkeit ist völlig ausgelöscht« und damit auch das »persönliche Interesse« (ebd. 16, 36). Weil nun alles unbewußt ist, konstatiert Le Bon einen »außerordentlichen geistigen Tiefstand der Massen« (ebd. XXXIX; vgl. ebd.

XLI, 15). Insofern befindet sich die Masse auf der Stufe der »Barbarei« (ebd. 152); der Massenmensch gleicht einem »Wilden«, einem »Urmenschen« (ebd. 19, 31).

Im *Außenverhältnis* ist die Masse, weil sie durch eine »unbewußte Massenseele« integriert ist, durch »Herrschsucht *(autoritarisme)* und Unduldsamkeit« bestimmt (ebd. 33-35; vgl. ebd. 46-51). Sie ist autoritär, weil das integrierende Moment sich jeder rationalen Einsicht, jeder argumentativen Begründung entzieht: die Masse bildet eine abstrakte Identität und kennt daher nur eine kollektive Meinung, nur einen gemeinsamen »Glauben«, nur die Unterscheidung von »Wahrheit oder Irrtum«, von Freund oder Feind, von »Anbetung« oder »Haß« (ebd. 33, 47). Die Masse tendiert nach außen zum *Sadismus.*

Im *Binnenverhältnis* dominiert derselbe *Autoritarismus* wie im Außenverhältnis. Erscheint der äußere »Andersgläubige« als Feind, so bilden die Mitglieder einer Masse einen *konformen* Zusammenhang, der alles Besondere, Nichtidentische unterdrückt und ausschließt. Die »Herrschsucht« nach außen spiegelt sich in der Unterwerfung unter undurchschaute Mächte – seien es Ideen, seien es charismatische Führer – im Innern (ebd. 47f.). Der äußere Autoritarismus findet die interne Entsprechung im Bedürfnis, sich »Tyrannen« zu unterwerfen: dem äußeren Sadismus entspricht ein interner *Masochismus.* Insofern dominieren in den Massen die »Beharrungsinstinkte« über »revolutionäre Triebe« (ebd. 34f.).

Der innere autoritäre Konformismus der Masse erscheint im paradoxen Zusammenhang von *Masse und Sozialatomismus, von Vereinzelung, Bewußtlosigkeit und Verlust der Individualität* (ebd. 10-18). Ist die Masse ein sozialer Kosmos totaler Bewußtlosigkeit, sind die Einzelnen weder ihrer selbst noch ihrer Verhältnisse bewußt, so wähnen sie sich um so mehr als Atome, je weniger sie eine Identität als Besondere ausbilden. Daher ist die Masse ein »Haufen zusammenhangloser einzelner«, daher entfaltet sich in der Masse der »Einzelegoismus« (ebd. 153) von Einzelnen, die keine sind, denen daher ein bewußtes »persönliches Interesse« (ebd. 36) mangelt: die total Atomisierten sind total vergesellschaftet.

»Unter bestimmten Umständen, und nur unter diesen, besitzt eine Versammlung von Menschen neue, von den Eigenschaften der einzelnen, die diese Gesellschaft bilden, ganz verschiedene Eigentümlichkeiten. Die bewußte Persönlichkeit schwindet, die Gefühle und Gedanken aller einzelnen sind nach derselben Richtung orientiert. Es bildet sich eine Gemeinschaftsseele, die wohl veränderlich, aber von ganz bestimmter Art ist. Die Gesamtheit ist nun das geworden, was ich mangels eines besseren Ausdrucks als organisierte Masse oder, wenn man lieber will, als psychologische Masse bezeichnen werde. Sie bildet ein einziges Wesen und unterliegt dem

Gesetz der seelischen Einheit der Massen (loi de l'unité mentale des foules).« (Le Bon 1895: 10)

Weil die Einzelnen in der Masse ihre »bewußte Persönlichkeit« einbüßen, verwandeln sie sich in Charaktere, die ihrem bewußten Ich widersprechen. Le Bon erinnert daran, daß sich »unter den wildesten, grausamsten Konventmitgliedern gutmütige Bürger« befanden (ebd. 12). Die »Gemeinschaftsseele« ist mithin, als Gegensatz gegen die »bewußte Persönlichkeit«, ein dieser entfremdetes, unbewußtes Allgemeines: als Massen-Menschen handeln die Einzelnen anders, als sie es »für sich« täten. Der Einzelne scheint von einer überindividuellen unbewußten Macht beherrscht, er wird zum »Sklaven seiner unbewußten Kräfte« (ebd. 13, 16-18). Während das Sozialatom, seiner selbst und seiner Verhältnisse nicht bewußt, als Vereinzelter erscheint, ist er als Besonderer liquidiert: er ist »nicht mehr er selbst, er ist ein Automat geworden, dessen Betrieb sein Wille nicht mehr in der Gewalt hat.« (ebd. 17)

Wird in der Masse das Bewußte der Persönlichkeit eliminiert, so erodiert die Fähigkeit zur rationalen, objektivierenden Beherrschung der Innenwelt ebenso wie der Außenwelt: der Massenmensch muß den inneren und äußeren Imperativen »immer gehorchen« (ebd. 20).

In Rücksicht auf die *Innenwelt* des Massenmenschen fällt die Differenz von Denken und Körper, von Abstraktion und Sinnlichem. Es herrschen die sinnlichen *Triebe:* der Massen-Mensch ist ein »Triebwesen, also ein Barbar«. – Weil er vom Unbewußten getrieben ist: ist der Massen-Mensch alogisch, unberechenbar, verantwortungslos, unfähig zu »ausdauerndem Wollen«, beherrscht von der »Überschwenglichkeit der Gefühle« (ebd. 15, 17, 19, 21, 30-33). An die Stelle begrifflichen, abstrakten Denkens tritt das sinnliche Vorstellen in Bildern: der Mythos, die »Legende«, die »Glaubenssätze« (ebd. 29f., 33, 44, 53-111). Le Bon beschreibt insbesondere die *unbewußten »Glaubenssätze«* der Masse als Ausdruck eines »religiösen Gefühls«, das keinesfalls an eine Gottheit gebunden sein muß, sondern ebenso gegenüber Menschen und »politischen Ideen« möglich ist (ebd. 46-51). Das Gefühl ist Ausdruck eines Unbewußten; es äußert sich in der »Anbetung eines vermeintlich höheren Wesens«; in der »blinden Unterwerfung« unter dieses Wesen bis hin zur Bereitschaft, »sein Leben für sein Idol zu opfern«; im Totalitätsanspruch gegenüber der angebeteten Idee; im Imperativ, dieser Idee durch ihre Verbreitung totale, allgemeine Geltung zu verschaffen; in der Setzung aller als »Feind«, die der Idee nicht folgen; im »Haß« gegen alle, die sich nicht unterwerfen; in der Anbetung von »Anführern«, denen ein Charisma – eine übernatürliche, gottähnliche Kraft – zugeschrieben wird. – Weil die Gesetze der Logik – die Prinzipien der Identität und der Widerspruchslosigkeit – fehlen, weist die Masse die »entgegengesetztesten Vorstellungen« auf (ebd. 39). In den mythologischen Bildern schwindet die Differenz von Subjekt und Objekt, die Fähigkeit, etwas »sachlich« zu beurteilen – die traumähnliche »Phantasie« übernimmt die Führung gegenüber der »Beobachtung« (ebd. 23 f., 43-46). – Die triebgesteuerte Masse, beobachtet Le Bon, ist charakterisiert durch die Unfähigkeit zu triebbeherrschendem Denken: durch die »Neigung zur unverzüglichen Verwirklichung der eingeflößten Ideen.« (ebd. 17) In der Masse strebt der Mensch nach unmittelbarer »Triebbefriedigung« und gleicht darin ebenso sehr dem »Wilden« wie dem »Kinde« (ebd. 19; vgl. ebd. 21, 36).

In Rücksicht auf die *Außenwelt* schwindet gleichfalls die Subjekt-Objekt-Trennung: die rationale Ich-Abgrenzung. Sachverhalte verlieren den Charakter des »Sachlichen«; »Kollektivtäuschungen«, »Kollektivhalluzinationen« aufgrund von »Kollektivbeobachtungen« stellen sich ein (ebd. 23-30). Die *»äußeren Reize«*, etwa in Form von Manipulationen durch einen charismatischen Führer, herrschen (ebd. 19-22, 25-27, 44-46).

Befindet sich die Masse auf einem »geistigen Tiefstand«, ist sie vollkommen zu *manipulieren:* Le Bon beschreibt die »übermäßige Beeinflußbarkeit und Leichtgläubigkeit der Massen« (ebd. 22-30). Rationale Argumente, logisches und begriffliches Denken erreichen die Masse nicht; sie ist unfähig zur Kritik – sie denkt in Bildern, in der »Verknüpfung ähnlicher Dinge«: das ist die »Massenlogik« (ebd. 19, 22, 27, 39, 42-46). Le Bon bemerkt »Erscheinungen hypnotischer Art« (ebd. 15).

»Die Massenpsychologie zeigt, wie außerordentlich wenig Einfluß Gesetze und Einrichtungen auf die ursprüngliche Natur der Massen haben und wie unfähig diese sind, Meinungen zu haben außer jenen, die ihnen eingeflößt wurden; Regeln, welche auf rein begrifflichem Ermessen beruhen, vermögen sie nicht zu leiten. Nur die Eindrücke, die man in ihre Seelen pflanzt, können sie verführen.« (Le Bon 1895: 6)

Der geistigen Primitivität (vgl. ebd. 3) der Massen, dem Verlust der »bewußten Persönlichkeit« in der Masse, entspricht ein charismatischer *»Führer«* (ebd. 18; vgl. ebd. 46-51), der sie wie ein *»Hypnotiseur«* steuert; dabei gleicht die Masse *»Hypnotisierten«* (ebd. 16f.). »In der Masse«, schreibt Le Bon, »ist jedes Gefühl, jede Handlung übertragbar.« (ebd. 15 und öfter)

Wie nun der Einzelne in der Masse zum »Hypnotisierten« wird, so können die »Handlungen« der Masse – je nach dem Einfluß des Hypnotiseurs – »besser oder schlechter sein.« Die Masse, beobachtet Le Bon, ist »oft verbrecherisch, oft aber auch heldenhaft.« (ebd. 18; vgl. ebd. 5) Als bloßes

Mittel des Führers ist die Masse ein Instrument, das ebenso *für Gutes wie für Schlechtes* benutzbar ist: für »Mordtaten« ebenso wie für »Hingabe, Aufopferung und Uneigennützigkeit« (vgl. ebd. 20, 35-37). Das Gute besteht indes nicht in einem autonomen Willen, in einem Sittengesetz: es beruht auf Bewußtlosigkeit und Unterwürfigkeit, es ist flüchtig wie das Triebhafte (vgl. ebd. 17, 21, 35, 37).

Das Unbewußte der Masse muß sich in einem *Omnipotenzanspruch* – einem »Gefühl unüberwindlicher Macht« (ebd. 15; vgl. ebd. 21, 31) – manifestieren. Weil die Masse von diesem Unbewußten nicht einmal weiß, schreibt sie sich die Fähigkeit zu, die »sozialen Tatsachen ... in ihrer Gesamtheit« zu erkennen und die »sozialen Organismen«, »Einrichtungen und Gesetze« »jäh tiefgehenden Umwandlungen zu unterwerfen« (ebd. XL f.). – Zwar beschreibt Le Bon an den Massen die Dominanz der »Beharrungsinstinkte« über die »revolutionären Triebe« und führt dieses Festhalten am Bestehenden auf das autoritäre Bedürfnis, sich den »Tyrannen« zu unterwerfen, zurück. Aber er konstatiert: haben die »Despoten« ihre »Macht eingebüßt«, werden sie als »Schwache eingereiht«, so befriedigen sie nicht länger das masochistische Bedürfnis und werden gestürzt (ebd. 34f.). Das ist, so scheint es Le Bon, die Situation der Gegenwart: des »Niedergangs« der »Kultur« (ebd. 152). Die erodierende Rassenseele produziert den *autoritären Aufstand der Massen.*

Die freigesetzte »Leidenschaft der großen Umgestaltungen« (ebd. XL) erkennt Le Bon in der zeitgenössischen *Arbeiterbewegung*, in den Gewerkschaften, im »primitiven Kommunismus«, der nichts ist als ein Rückfall hinter die Kultur in die *Barbarei:*

»Die Geburt der Macht der Masse entstand zuerst durch die Verbreitung gewisser Gedankengänge, die langsam von den Geistern Besitz ergriffen, sodann durch die allmähliche Vereinigung der einzelnen zur Verwirklichung der bisher theoretischen Anschauungen. Die Vereinigung ermöglichte es den Massen, sich, wenn auch nicht sehr richtige, so doch wenigstens ganz bestimmte Ideen von ihren Interessen zu bilden und das Bewußtsein ihrer Kraft zu erlangen. Sie gründen Syndikate, denen sich alle Machthaber unterwerfen, Arbeitsbörsen, die allen Wirtschaftsgesetzen zum Trotz die Bedingungen der Arbeit und des Lohnes zu regeln suchen. Sie entsenden in die Parlamente Abgeordnete, denen aller Unternehmungsgeist, alle Selbständigkeit fehlt, ...
Heute werden die Forderungen der Massen nach und nach immer deutlicher und laufen auf nichts Geringeres hinaus als auf den gänzlichen Umsturz der gegenwärtigen Gesellschaft, um sie jenem primitiven Kommunismus zuzuführen, der vor dem Beginn der Kultur der normale Zustand aller menschlichen Gemeinschaft war. Begrenzung der Arbeitszeit, Enteignung von Bergwerken, Eisenbahnen, Fabriken

und Boden, gleiche Verteilung aller Produkte, Abschaffung aller oberen Klassen zugunsten der Volksklassen usw. – das sind ihre Forderungen.
Je weniger die Masse vernünftiger Überlegung fähig ist, um so mehr ist sie zur Tat geneigt.« (Le Bon 1895: 2 f.; vgl. ebd. 38 – 41)

Die *Barbarei* besteht im Anspruch, die Verhältnisse vernünftig zu gestalten; der »Gebrauch der Vernunft«, die *Aufklärung* (ebd. XLI; vgl. Kant: Bd. XI: 51), zerstört alle Kultur. Wenn »soziale Organismen« im allgemeinen unerkennbar und deshalb nicht »jäh« zu verändern sind, dann kann jeder Versuch, solche »Umgestaltungen« dennoch durchzuführen, nur in der *»Zerstörung«* und »Auflösung« bestehen, nicht aber in der Konstitution von »Kultur«: »fester Regeln, Zucht, den Übergang vom Triebhaften zum Vernünftigen« (ebd. 4; vgl. ebd. 36). »Kultur«: das ist für Le Bon alles, was den sozialistischen Forderungen entgegengesetzt ist, also der herrschende Zustand.

Weil alle »sozialen Erscheinungen … oft unserer Untersuchung unzugänglich« sind, gilt noch mehr für das *Unbewußte der Masse:* daß es »uns« »unbekannt« ist:

»In den meisten Fällen zeigt die Handlungsweise der Massen eine außerordentliche niedrige Geistigkeit; aber in anderen Handlungen scheinen sie von jenen geheimnisvollen Kräften gelenkt zu werden, welche die Alten Schicksal, Natur, Vorsehung nannten, die wir als die Stimmen der Toten bezeichnen, und deren Macht wir nicht verkennen können, so unbekannt uns auch ihr Wesen ist. Oft scheint es, als ob die Völker in ihrem Schoß verborgene Kräfte tragen, von denen sie geführt werden. Kann etwas verwickelter, logischer, wunderbarer sein als die Sprache? Und entspringt nicht dies wohlgeordnete und feine Gebilde der unbewußten Massenseele?« (Le Bon 1895: XLI)

Allgemein erklärt Le Bon das *»unsichtbare« »Unbewußte« hinter* und in den »sozialen Tatsachen« für unerkennbar, *unaufklärbar.*

»Der Gebrauch der Vernunft ist für die Menschheit noch zu neu und zu unvollkommen, um die Gesetze des Unbewußten enthüllen zu können und besonders, um es zu ersetzen. Der Anteil des Unbewußten an unseren Handlungen ist ungeheuer und der Anteil der Vernunft sehr klein. Das Unbewußte ist eine Wirkungskraft, die wir noch nicht erkennen können. Wollen wir uns also in den engen, aber sicheren Grenzen der wissenschaftlich erkennbaren Dinge halten und nicht auf dem Felde unbestimmter Vermutungen und nichtiger Voraussetzungen umherirren, so dürfen wir nur die Erscheinungen feststellen, die uns zugänglich sind, und müssen uns damit begnügen. Jede Folgerung, die wir aus unseren Beobachtungen ziehen, ist meistens voreilig; denn hinter den wahrgenommenen Erscheinungen gibt es solche, die wir undeutlich sehen, und hinter diesen wahrscheinlich noch andere, die wir überhaupt nicht erkennen.« (Le Bon 1895: XLI f.; vgl. ebd. 14)

Erkennbar sind nur die »sichtbaren sozialen Tatsachen«; auf dieser Ebene bewegt sich auch das mögliche bewußte Handeln Einzelner (vgl. ebd. XLI). *Unerkennbar* aber ist das »unsichtbare« Unbewußte, das sich im Sichtbaren manifestiert und darum auch dessen Erkennbarkeit relativiert: denn die »bewußten Handlungen entspringen einer unbewußten Grundlage, die namentlich durch Vererbungseinflüsse geschaffen wird.« (ebd. 14)

Indem Le Bon vom »Unbewußten« weiß und dessen Erscheinungen beschreibt, aber es doch für – zumindest vorläufig – unerkennbar erklärt, steht er in der Tradition der *Gegenaufklärung*, die das Unbewußte zum Irrationalen fixiert und dessen Sprachrohr ist. Kritisieren kann er es einzig auf der Grundlage der sozialatomistischen Rationalität des bewußten Einzelnen, aber nicht als Gesellschaftlich-Unbewußtes: nicht durch Aufklärung des Vorscheins einer vernünftigen Gesellschaft im gesellschaftlichen Fetischismus. So liefert Le Bon die Apologie einer unbewußten Gesellschaft bewußt handelnder Einzelner: die Apologie des untergehenden Rasse-Volkes (vgl. ebd. XL f., 13f., 152).

4.4.2 Freuds Psychoanalyse: Individual- als Sozialpsychologie

Im Jahre 1921 publiziert Sigmund Freud aus Freiberg (Österreich-Ungarn), der Begründer der Psychoanalyse: *Massenpsychologie und Ich-Analyse* (in: IX: 61-134). Er stützt sich dabei auf die sozialpsychologischen Einsichten Le Bons (1895) und auf William McDougalls: *The Group Mind* (1920). Freud nimmt die Erscheinung der total fetischisierten bürgerlichen Politik-Ökonomie auf: die neue Anthropologie einer in sich *atomisierten Masse.* Aber er formuliert, anthropologisch ansetzend, eine *Kritik* der zeitgenössischen bürgerlichen Anthropologie. *Massenpsychologie und Ich-Analyse* steht auf der Grundlage seiner Arbeiten um 1920, in denen die endgültige Version der Psychoanalyse als Theorie der »psychischen Persönlichkeit«, der Individual- und Gattungsgeschichte, als Forschungs- und Behandlungsmethode entwickelt ist.

Auch bei Freud steht das *»Unbewußte«* im Mittelpunkt seiner Psychologie; sie unterscheide sich durch die Aufklärung des Unbewußten von der »Schulpsychologie« und sei insofern eine *»Tiefenpsychologie«:* eine »Wissenschaft vom seelisch Unbewußten« (EB: 297, 322). Aber er *individualisiert* dieses Unbewußte nicht, sondern begreift es als einen *undurchschauten gesellschaftlichen Zwang,* der sich ins *Innere des Individuums* übersetzt und dessen Triebansprüche *unterdrückt,* so daß diese als ein *inneres Unbewußtes* wirksam sind. Der *gesellschaftliche Autoritarismus* konstituiert ein *autoritäres Ich:*

»Über die Bedeutung der Autorität brauche ich Ihnen nicht viel zu sagen. Die wenigsten Kulturmenschen sind fähig, ohne Anlehnung an andere zu existieren oder auch nur ein selbständiges Urteil zu fällen. Die Autoritätssucht und innere Haltlosigkeit der Menschen können Sie sich nicht arg genug vorstellen. Die außerordentliche Vermehrung der Neurosen seit der Entkräftung der Religionen mag Ihnen einen Maßstab dafür geben. Die Verarmung des Ich durch den großen Verdrängungsaufwand, den die Kultur von jedem Individuum fordert, mag eine der hauptsächlichen Ursachen dieses Zustands sein.
Diese Autorität und die enorme von ihr ausgehende Suggestion war bisher gegen uns. Alle unsere therapeutischen Erfolge sind gegen diese Suggestion erzielt worden; es ist zu verwundern, daß unter solchen Verhältnissen überhaupt Erfolge zu gewinnen waren.« (Freud, EB: 127 f.)

Freud *beschreibt* das äußere und innere Unbewußte nicht, sondern *klärt es auf* in der *praktischen Absicht,* »den Schrei nach jenen Veränderungen in unserer Kultur verstärken [zu] helfen«, derer es bedarf, um den pathogenen, Neurosen produzierenden kulturellen Druck abzuschaffen (EB: 132). Er verwirft die *individualisierenden Beschreibungen* Le Bons und McDougalls nicht, sondern geht von ihnen aus: als realitätsgerechten Darstellungen der Erscheinung des Unbewußten in einer in sich atomisierten Masse. Freuds *gesellschaftliche Aufklärung der Masse von Sozialatomen* fordert, das *Unbewußte* nicht anthropologisch vorauszusetzen, sondern genetisch dahinter zurückzufragen. Insofern ist die Psychoanalyse der »Massenpsychologie« nicht abstrakt entgegengesetzt, sondern deren Kritik. Le Bon folgt der Tradition der Gegenaufklärung, die vom Unbewußten weiß, aber die Möglichkeit seiner Aufklärung negiert; Freud hingegen folgt der Tradition der Aufklärung. Daher ist seine Psychoanalyse der »Masse« von herausragender Bedeutung für jede kritische Theorie der Gesellschaft in der Nachfolge von Hegel und Marx.

An Freuds psychoanalytischer Kritik der zeitgenössischen bürgerlichen Anthropologie zeigt sich indes, daß unter den Bedingungen des Imperialismus, der totalen Fetischisierung der gesellschaftlichen Verhältnisse, deren *Aufklärung* weder in Rücksicht auf aufklärende Strukturen noch in Rücksicht auf den Vorschein einer freien Menschheit freier Individuen möglich ist – beide Ansatzpunkte einer Kritik, auf die sich einst Marx und die sozialistisch-kommunistische Arbeiterbewegung in der Epoche des revolutionären Liberalismus stützen konnten, scheinen verloren. So entdeckt Freud, anthropologisch: einen *gesellschafts-kritischen* Sprengsatz in den *Trieben* der »psychischen Persönlichkeit«.

Darzustellen ist zunächst die theoretische Grundlage der Aufklärungen Freuds: Die Psychoanalyse als eine Theorie und Behandlungsmethode, die

die Verinnerlichung unbewußten äußeren, vor allem gesellschaftlichen Zwangs durch das Individuum, die Genese unbewußten innerlich-äußeren, individuell-gesellschaftlichen Zwangs aufklärt. – Diese theoretische Grundlage ist sodann zu vertiefen durch eine Skizze der Theorie der »psychischen Persönlichkeit«. – Diese Theorie erlaubt eine nähere Bestimmung der Krankheit, der die psychoanalytische Aufklärung gilt, ebenso wie eine präzisere Explikation der Behandlungs- und Forschungsmethode. – Relevant sind, für diese drei Problemkomplexe, die *Schriften zur Behandlungstechnik* (StA: EB) und die 1932/33 erschienene *Neue Folge der Vorlesungen zur Einführung in die Psychoanalyse* (StA I: 447-608). – Endlich ist Freuds Schrift *Massenpsychologie und Ich-Analyse* zu diskutieren.

Schon in den einleitenden Bemerkungen seiner Schrift über *Massenpsychologie und Ich-Analyse* (IX: 65f.) hebt Freud sein *gesellschaftstheoretisches Interesse* hervor.

Die *psychoanalytische Aufklärung*, betont Freud (ebd.), sei als *»Individualpsychologie«* sogleich eine *»Sozialpsychologie«*. Nur mit der einen Ausnahme der »von uns narzißtisch genannten Vorgänge« abstrahiere die psychoanalytische »Individualpsychologie« von den gesellschaftlichen Verhältnissen des »Einzelnen«. Im allgemeinen aber sei das »Verhältnis des Einzelnen zu seinen Eltern und Geschwistern, zu seinem Liebesobjekt, zu seinem Lehrer und zu seinem Arzt« der »Gegenstand der psychoanalytischen Untersuchung«. Es sei systematisch bedeutungslos, daß die Anzahl der von der Psychoanalyse gewürdigten relevanten Personen »sehr gering« sei im Vergleich zur »großen Anzahl von Personen«, mit denen die »Massenpsychologie« rechne und sich dadurch von der »Individualpsychologie« abgrenze: gesellschaftstheoretische, sozialpsychologische Einsichten ergeben sich weder aus puren Quantitäten noch aus statistischen Wahrscheinlichkeiten, sondern aus der *Erkenntnis der gesellschaftlichen Verhältnisse*, des logos der societas. Also, betont Freud, falle der Gegensatz von Individual- und Sozialpsychologie in die Individualpsychologie selbst, insofern diese neben den narzißtischen Störungen allererst das »Seelenleben des Einzelnen« untersuche, in dem »der andere als Vorbild, als Objekt, als Helfer und Gegner in Betracht« komme. So ist die Psychoanalyse eine Untersuchung des »Seelenlebens des Einzelnen«, um in diesem Gesellschaftliches aufzudecken. Die Massenpsychologie hingegen, die der »großen Anzahl von Personen« gilt, individualisiert: Indem sie den Einzelnen nur als Mitglied einer Masse behandelt, zerreißt sie den genetischen Zusammenhang von Individuum und Gesellschaft, um die massenpsychologischen Phänomene sodann »als Äußerungen eines besonderen, weiter nicht zurückführbaren Triebes anzusehen, des sozialen Triebes – *herd instinct, group mind* –, der in anderen Situationen nicht zum Ausdruck kommt.« (alle Zitate: IX: 65f.) Die Massenpsychologie verfährt, nach Freud, wie eine Individualpsychologie: sie vindiziert sich eine Einsicht in das Allgemeine durch die große Zahl; die Psychoanalyse als Individualpsychologie dagegen ist eine Sozialpsychologie, die im Inneren des Einzelnen das Allgemeine erkennt.

Nun beansprucht Freud für seine Psychoanalyse, gegen die Beschreibungen der Massenpsychologie, den Status einer *»Tiefenforschung«* (IX: 66): die Massenpsychologie *individualisiert* und *beschreibt* das *Unbewußte,* die Psychoanalyse erkennt das *Unbewußte* als undurchschauten *gesellschaftlichen Zwang,* der sich in einen pathologischen *inneren Zwang* übersetzt und die unterdrückten *Triebansprüche ins Unbewußte* abschiebt, so daß sie als *Symptome* in Erscheinung treten. Die Psychoanalyse zielt darauf, zunächst dieses innere und damit auch das äußere Unbewußte zu Bewußtsein zu bringen: den Patienten durch *Aufklärung* zu heilen. Freud erklärt (EB: 297), durch diese Aufklärung sei die Psychoanalyse eine »Tiefenpsychologie oder Psychologie des Unbewußten«. Die Differenz zwischen der »Schulpsychologie« und der Psychoanalyse bestehe im »Gegensatz ... zwischen bewußt und unbewußt«; die Schulpsychologie ist eine Bewußtseinspsychologie und somit: »Individualpsychologie« (EB: 284, 289, 346f.).

Schon in seinen frühen Arbeiten aus den Jahren zwischen 1886 (Eröffnung einer Privatpraxis für Nervenleiden in Wien) und 1896, in denen er noch die »Seelenbehandlung« durch die *Hypnose* beschreibt und praktiziert, erkennt Freud den *Zusammenhang, der das innere Unbewußte konstituiert* (siehe: EB: 13-35). Die Patienten zeigen körperliche Symptome wie Kopfschmerz, Ermüdung der Beine oder Magenbeschwerden; »die nächste Ursache der Störung« sei im Seelischen zu suchen – im Unterschied zur naturwissenschaftlichen Medizin, die das Seelische stets nur als »bestimmt durch das Körperliche« auffaßte; das Seelische wiederum sei durch »entferntere« äußere Ursachen bestimmt (EB: 17f., 20). Das *Leiden* der Patienten begreift Freud mithin als *Verinnerlichung eines undurchschauten äußeren Zwanges,* der sich in den unbewußten Zwang des Seelischen über das Körperliche verlängert. Damit der äußere Zwang verinnerlicht werden kann, muß er ein bewußtlos wirkender, anonymer, also unpersönlicher, und übersinnlicher Zwang sein. Dieser gesellschaftliche Zwang wird durch jene Introjektion zur Identität des Patienten: insofern ist diesem die Ursache des Leides nicht bewußt – er ist ohne Distanz zu den pathogenen Umständen, er ist zur Personifikation des Zwangs geworden. Unterdrückung und Selbstunterdrückung bilden die »zweite Natur« des Patienten. Und nicht nur die des Patienten: was beim Leidenden als Krankheit erscheint, bestimmt schon das »Normale« – denn die Ursache der Krankheit ist ein Allgemeines, ein gesellschaftlicher Zwang (EB: 20). Der krankmachende Zwang kann nur aufgehoben werden durch Veränderung der repressiven gesellschaftlichen Welt und des Selbst ineins. Weil der gesellschaftliche Zwang das Denken und die Bedürfnisse des Kranken – und des »Normalen« – prägt, ist dessen Aufhebung kein rein intellektueller, sondern ein praktischer Akt: ein theoretisch-praktischer Bildungsprozeß. In diesem wird dem Erkrankten das Unbewußte bewußt. Er beginnt zunächst, an der Heteronomie zu leiden, er beginnt, das Leiden nicht länger als bloß körperliches zu erfahren, sondern als seelisches. Das Leiden erscheint als Interesse, die Pathogenese so weit zu erinnern, daß die körperlichen Symptome schwinden und die Krankheit sich in ein alltägliches Unglück verwandelt. Die Heilung besteht in der Überwindung der inneren Heteronomie, in der Ausbildung individueller Autonomie. Erst wenn das Unbewußte vollkommen bewußt wäre: erst wenn eine vernünftige Gesellschaft verwirklicht wäre, in der die Menschen ihrer selbst und ihrer Verhältnisse bewußt wären, wäre die Erinnerung vollständig geglückt. Schon um 1890 weiß Freud, daß ein solcher Heilungsprozeß nur gegen einen starken inneren Widerstand möglich ist: der introjizierte Zwang wendet sich gegen jede heilende Veränderung des Ich und seiner Umstände – das Ich ist durch eine innere Fessel an den Zwang gebunden (EB: 34). – So arbeitet Freud, bis 1896, mit der Technik der Hypnose: der verinnerlichte äußere, übersinnlich-anonyme Zwang soll mit hypnotischem Gegen-Zwang, durch den übersinnlich-anonymen »Zauber des Wortes« unter Hypnose, niedergerungen werden (EB: 26-30). Die pathologische Kausalität soll durch eine heilende Kausalität nicht erinnernd aufgelöst, sondern nur überboten werden. Der Hypnotiseur beherrscht, heilend, die Seele, die ihrerseits ihren pathogenen Zwang gegenüber dem Körper verliert. So ist die Hypnose zur Pathogenese gegenläufig. – Der Hypnotiseur Freud erkennt, noch vor der Begründung der Psychoanalyse: daß seelisches Leiden auf verinnerlichtem, unbewußt wirkendem gesellschaftlichem Zwang beruht, daß also im Inneren des Individuums repressive gesellschaftliche Verhältnisse als ein Unbewußtes wirken, das sich einer schlichten intellektuellen Erkenntnis widersetzt. Die Aufklärung dieses Unbewußten fordert eine theoretische und vor allem praktische Veränderung der Welt und des Selbst, die nur gegen innere und äußere Widerstände gelingt.

Freud hat dieses Verfahren der Hypnose alsbald durch die *»kathartische Methode«* ersetzt, die den Übergang zur Psychoanalyse darstellt (EB: 37-119). Immer noch unter einer Hypnose, nun ausgeführt durch eine »Drucktechnik« (EB: 64ff.), fordert der Arzt den Patienten zur Erinnerung an den »psychischen Zustand« auf, »in welchem das Symptom zum erstenmal aufgetreten war.« Freud versteht in dieser Phase die Pathogenese als unbewußten Akt der »Abwehr« oder »Verdrängung« einer »Vorstellung«, die mit der Identität des Patienten »unverträglich« war (EB: 63). Den umgekehrten Akt der Heilung dagegen beschreibt er metaphorisch als »Ablauf« der »eingeklemmten Affekte« (EB: 49, 101, 109). So ist hier erstmals die Erinnerung systematisch relevant, aber sie ist noch auf die Symptome begrenzt und wird nur suggestiv erlangt. Wiederum erfährt Freud den unbewußten »Widerstand«, in dem sich die unbewußte Verdrängung reproduziert, so daß der Patient sich nicht umstandslos zu erinnern vermag (EB: 61-76). Daher müsse der Arzt eine erhebliche »psychische Arbeit« gegen den Widerstand aufbringen (EB: 62). Er müsse den Patienten auffordern, »Bilder« oder »Gedanken« unkontrolliert mitzuteilen und seine Aufmerksamkeit dem scheinbar Unwichtigen zu widmen, das durch die Kraft des Widerstands in seiner pathogenetisch zentralen Bedeutung herabgesetzt worden sei. So stelle der Patient, unter der Anleitung und der Manipulation des Arztes, verlorene »Zusammenhänge« her: »Man wirkt, so gut man kann, als Aufklärer« (EB: 76). Durch die aufklärende Erinnerung der unbewußten verinnerlichten Zwänge: der unbewußten Verdrängung, des ins Unbewußte abgeschobenen Verdrängten, erlangt der Patient die Einheit seines Ich: seine Autonomie (EB: 91).

Im Jahre 1900 begründet Freud in seinem großen Werk über *Die Traumdeutung* die *Psychoanalyse*. Die Psychoanalyse besteht, im Unterschied zur Hypnose, nicht in der Niederringung des unbewußten, verinnerlichten Zwangs. Vielmehr soll der äußere Zwang, der die Möglichkeiten einer Verarbeitung durch das bewußte Ich überstieg und sich deshalb in den inneren unbewußten Zwang der Verdrängung übersetzte, so daß sich ein unbewußtes Verdrängtes ausbildete, das nun einzig in Symptomen erscheinen konnte, *erinnert* werden (siehe: EB: 99-106). Freud beschreibt den Zusammenhang metaphorisch: das innere Unbewußte, als Verlängerung des gesellschaftlichen Unbewußten, ist ein »inneres Ausland«:

»Das Symptom stammt vom Verdrängten ab, ist gleichsam der Vertreter desselben vor dem Ich, das Verdrängte ist aber für das Ich Ausland, inneres Ausland, so wie die Realität … äußeres Ausland ist. Vom Symptom her führte der Weg zum Unbewußten, zum Triebleben, zur Sexualität, und das war die Zeit, da die Psychoanalyse die geistvollen Einwendungen zu hören bekam, der Mensch sei nicht bloß ein Sexualwesen, er kenne auch edlere und höhere Regungen.« (Freud, Bd. I: 496)

Durch die Erinnerung der Verdrängung und des Verdrängten wird die Pathogenese zu Bewußtsein gebracht und die Krankheit der unbewußten Unterdrückung und Selbstunterdrückung des Ich: die *Neurose*, geheilt. Freud bestimmt die Psychoanalyse als *Aufklärung über ein verinnerlichtes Gesellschaftlich-Unbewußtes:*

»Diese Therapie ist also auf die Einsicht gegründet, daß unbewußte Vorstellungen – besser: die Unbewußtheit bestimmter seelischer Vorgänge – die nächste Ursache der krankhaften Symptome ist.« (Freud, EB: 117)

»Unser Unbewußtes ist nicht ganz dasselbe wie das der Philosophen, und überdies wollen die meisten Philosophen vom ›unbewußten Psychischen‹ nichts wissen. Stellen Sie sich aber auf unseren Standpunkt, so werden Sie einsehen, daß die Übersetzung dieses Unbewußten im Seelenleben der Kranken in ein Bewußtes den Erfolg haben muß, deren Abweichung vom Normalen zu korrigieren und den Zwang aufzuheben, unter dem ihr Seelenleben steht. Denn der bewußte Wille reicht soweit als die bewußten seelischen Vorgänge, und jeder psychische Zwang ist durch das Unbewußte begründet.« (Freud, EB: 118)

Die Aufklärung der unbewußten Verdrängung, des ins Unbewußte abgeschobenen Verdrängten, wird in der Psychoanalyse nicht länger durch die manipulative »Drucktechnik« der »kathartischen Methode« erlangt; sie ist auch nicht auf die Symptome begrenzt. Sondern an die Stelle der Manipulation treten nun die *Assoziationen des Patienten* unter Bedingungen herabgesetzter Selbstkontrolle (EB: 103; die psychoanalytische Forschungs- und Behandlungsmethode ist ausführlich dargestellt in: Stapelfeldt 2004: 337-365): Der Kranke liegt auf einer Couch; der Analytiker sitzt, den Blicken des Patienten entzogen, an seinem Kopfende. Die »Einfälle des Kranken« werden einer Sprachanalyse unterzogen, die sich auf die sprachlichen Erscheinungen des inneren Unbewußten konzentriert: auf Erinnerungslücken, auf zeitliche und logische Inkonsistenzen, auf Widersprüche, auf Metaphern, auf Träume, auf Fehlleistungen (EB: 104). Im Mittelpunkt der Analyse stehen die *Widerstände* gegen die Erinnerung, weil in ihnen der Vorgang der Verdrängung sich reproduziert (EB: 118); im Mittelpunkt der Analyse steht das Verhältnis des Patienten zum Analytiker, weil der Kranke die pathogenen gesellschaftlichen Umstände auf dieses soziale Verhältnis *überträgt.* So ist die psychoanalytische *Aufklärung eine Erinnerung des verinnerlichten gesellschaftlichen Unbewußten* durch die *theoretische und praktische Selbstveränderung des Patienten* – daher die lange Zeitdauer der Analyse (EB: 106). Die Psychoanalyse ist, als eine *Individualpsychologie zur Behandlung der Neurose eines Individuums,* a priori eine *Sozialpsychologie.* Ihr unmittelbares Ziel ist die Aufhebung der »Abweichung vom Normalen« (EB: 118); ihr weiteres Ziel aber ist die *Aufhebung des anonymen und übersinnlichen äußeren und inneren Zwangs* überhaupt.

Freud hat zwischen 1900 und 1920 die psychoanalytische Aufklärung der Neurose: pathogener, unbewußter äußerer und innerer Zwänge, auf die Grundlage einer *Theorie der »psychischen Persönlichkeit«* gestellt (siehe: I: 496-516; EB: 285-290). Bekanntlich unterscheidet Freud im »seelischen Apparat« drei »Instanzen«: Es, Ich und Über-Ich. Er erläutert diese Instanzen einzeln und in ihrem Zusammenhang unter einem *»topischen«,* einem *»dynamischen«* und einem *»ökonomischen* Gesichtspunkt« (EB: 367).

Unter *topischem oder systematischem Gesichtspunkt* (vgl. I: 509) ist das *›Es‹* der urspüngliche, tiefere Teil des »seelischen Apparates« (EB: 283-290; I: 511f.). Das Es ist der »psychische Ausdruck« der »Triebbedürfnisse« des »Somatischen«; es bezieht seine »Energie« aus den Trieben. Das Es kennt keine logischen Gesetze, es kennt weder den Satz der Identität noch den des Widerspruchs: es ist chaotisch, widersprüchlich, gegensätzlich, ohne Zeit, ohne »Gesamtwillen«, unorganisiert, ohne »Wertungen«, ohne »Moral«, ohne Realitäts-Bewußtsein. Insofern kann Freud das Es »mythologisch« nennen (IX: 283). Das Es kennt nur eines: ein »blindes Streben nach Triebbefriedigung« (EB: 288). – Aus dem Konflikt zwischen dem Es und der Außenwelt, bei dem die Außenwelt dem Es als »fremd« und »feindlich« erschien, hat sich das *›Ich‹* gebildet (EB: 286-290; I: 512-516). Das Ich ist ein Teil des Es, seine »äußere, peripherische Schicht«: es vertritt gegenüber dem Es, und zum »Heil des Es«, die »Außenwelt«. Denn das Es würde, weil es ohne Rücksicht auf die Realität Triebbefriedigung verlangt, der »Vernichtung nicht entgehen«. Das Ich ist mithin wesentlich: Wahrnehmung, Bewußtsein, Rationalität, »Denkarbeit«, Anerkennung der Realität, »Triebbeherrschung« zur Beherrschung der Außenwelt. Freud betont, daß das Ich keineswegs ein reines ego cogito ist: es sei nur an seiner »äußersten Oberfläche« das »Bewußtsein« von Außen- und Innenwelt. In dieser Rücksicht vermittelt es zwischen den »Sinnesreizen« (Außenwelt) sowie der Wahrnehmung der »Körperbedürfnisse« (Innenwelt) einerseits und den »motorischen Akten« andererseits (EB: 286). So dient das Ich unmittelbar zwei Herren: dem Es, der Außenwelt. Es dient zudem: dem Über-Ich. Die Aufgabe des Ich ist es, die »Ansprüche und Forderungen« dieser »drei gestrengen Herren … miteinander in Einklang zu bringen.« (I: 514) Im Unterschied zum Es ist das Ich ausgezeichnet durch ein »sehr merkwürdiges Streben nach Vereinheitlichung, nach Synthese«, nach »Organisation«, nach Identität und Widerspruchsfreiheit (EB: 288). – Das *›Über-Ich‹* endlich (EB: 314f.; I: 497-510) hat sich aus dem Ich differenziert durch Verinnerlichung der »ersten Objektbesetzungen des Es«, der Anforderungen vor allem der Eltern, die dabei ihrem eigenen Über-Ich folgten, dann auch weiter der unpersönlichen gesellschaftlichen Institutionen. Die

Introjektion der Elternbeziehung ins Innere des Individuums erfolgte durch den Akt der Identifizierung des Kindes mit den Eltern: indem es so sein wollte wie sie – indem es die Eltern zum ersten »Objekt seiner Wahl« machte (I: 501f.). Durch die Aufgabe der ersten Objektbesetzungen, lehrt Freud, ist das Über-Ich der »Erbe des Ödipuskomplexes« (I: 502, 516; III: 315, 351). Das Über-Ich des Kindes aber ist, weil schon die Eltern in ihren Forderungen an das Kind ihrem Über-Ich folgten, »Träger der Tradition«, die als Tradition von Forderungen eine moralische Tradition ist; sie hält das Individuum wesentlich in der Vergangenheit (I: 505). Das Über-Ich ist der Träger des Gewissens, der »Moralität«, des »Ichideals«: es setzt das Es und das Ich unter eine moralische Beobachtung, die sich im »Richten und Strafen«, in »Melancholie«, im »Schuldgefühl« und im Strafbedürfnis ausdrückt (I: 497-499; EB: 314f.). Freud nennt seine Lehre vom Über-Ich die psychoanalytische Übersetzung des Kategorischen Imperativs Kants (III: 302, 315, 351).

Unter *dynamischem Gesichtspunkt* ist das *Es* erfüllt von den *»Trieben«* – »Körperbedürfnissen« – und gewinnt aus diesen seine »Energie«; es ist die seelische Repräsentanz jener körperlichen »Triebbedürfnisse« (EB: 291f.; I: 511f., 517-543). Die Triebe erstreben nichts anderes als: »Befriedigung«, so daß die Bedürfnisse »erlöschen« und »Lust« empfunden wird (EB: 291). Freud nennt seine *Trieblehre,* der Struktur des Es entsprechend: seine »Mythologie« (I: 529; vgl. EB: 384-386; IX: 283). – Freud bestimmte die Triebe zunächst durch die großen Körperbedürfnisse: *»Hunger und Liebe«,* die zwei fundamentalen »Absichten« entsprächen: »Selbsterhaltung« und »Arterhaltung«, ausgedrückt in den »Ichtrieben« und den »Sexualtrieben« (I: 529; EB: 291). Kurze Zeit später wurde diese Lehre gegensätzlicher Triebe durch die Annahme des *Narzißmus* ersetzt (I: 535f.). – In der endgültigen Version der Psychoanalyse unterscheidet Freud zwischen dem *»Eros«* und dem *»Aggressions-«, »Destruktions-« oder »Todestrieb«* (I: 517-543, vor allem: 536f., 540). Beide Triebe treiben »den seelischen Apparat zur Tätigkeit«. Sie folgen dem »Lustprinzip«, weil sie »Befriedigung« der Bedürfnisse fordern, unmittelbar, ohne Verzögerung und ohne Rücksicht (EB: 292): der Eros in progressiver Richtung durch die Vergesellschaftung des Individuums, also durch das Ziel, »immer mehr lebende Substanz zu größeren Einheiten zusammenballen« zu wollen; der Todestrieb durch Regression zum vorgeburtlichen Zustand, also durch das Streben, »das Lebende in den anorganischen Zustand zurückzuführen« (I: 540; EB: 386). – Weil die Bedürfnisbefriedigung »nur mit Hilfe der Außenwelt« gelingt, muß das *Ich* in Funktion treten: zum »Heil des Es«; »seine Energien hat es dem Es entlehnt« (EB: 291f.; I: 512-514). Den Es-Imperativ der rücksichtslosen Befriedigung vermittelt das Ich mit dem »Einspruch der realen Außenwelt«, versucht also, das Ziel das Es auf realitätsgerechte Weise durch »Anpassung« an die Außenwelt oder durch deren »Veränderung« zu verwirklichen. Insofern ist das Ich durch das »Realitätsprinzip« regiert. Um die Ziele des Es zu realisieren, muß das Ich die »Leidenschaften« des Es »zügeln« und die Aufschiebung der Bedürfnisbefriedigung: »Triebbeherrschung« durch »Verdrängung«, durchsetzen (EB: 292).

Unter *ökonomischem oder quantitativem Gesichtspunkt* folgt die psychische Persönlichkeit, ausgehend vom *Lustprinzip des Es,* Lust-Unlust-Empfindungen (I: 511f.). Um das Luststreben des Es zu befriedigen, um Bedürfnisbefriedigung – also eine »Abfuhr der Energie« – zu erlangen, muß das *Ich* befristete Unlustempfindungen durchsetzen. Freud bestimmt die »ökonomische Aufgabe« des Ich: eine »Harmonie« gegenüber den Anforderungen von Außenwelt, Es und Über-Ich herzustellen (I: 515).

Freuds Unterscheidungen von ›bewußt‹, ›vorbewußt‹ und ›unbewußt‹ lassen sich nun, auf der Grundlage der skizzierten Theorie der psychischen Persönlichkeit, explizieren (siehe: I: 509, 515; EB: 289f.). – *›Bewußt‹* ist allererst das ›Ich‹: die Instanz, die die Realität wahrnimmt, erkennt und rational beherrscht. – *›Vorbewußt‹* ist jenes Unbewußte, das ohne Widerstand – also »leicht« – bewußt wird (I: 508f.). Das Vorbewußte ist ein nur gelegentlich Vergessenes, das aber rein intellektuell erinnert werden kann, weil es dem Ich integriert ist, es also nicht wie eine anonyme innerliche Macht beherrscht. – *›Unbewußt‹* ist ein vielschichtiger Ausdruck (I: 507-510). Das Es insgesamt ist unbewußt insofern, als es die psychische Repräsentanz des »Somatischen« – des Gegensatzes zum Bewußtsein – ist (I: 511). Darum gilt, »daß alles, was im Es vorgeht, unbewußt ist und bleibt und daß die Vorgänge im Ich bewußt werden *können,* sie allein.« (EB: 289) – *Unbewußt* ist das Es vor allem, weil seine Triebansprüche im Konflikt mit dem Ich und dem Über-Ich sind. Das Ich muß den Es-Imperativ unmittelbarer Bedürfnisbefriedigung unterdrücken, um die Außenwelt »zum »Heil des Es« zu erkennen, zu beherrschen, arbeitend umzugestalten (vgl. I: 308). Das Über-Ich beherrscht die Es-Forderungen, indem es diese moralischen Ansprüchen unterwirft. In beiden Fälle werden Triebansprüche verdrängt, ins Unbewußte abgeschoben und machen sich dann unbewußt mit ihren keineswegs erledigten Ansprüchen durch die Symptombildung geltend. Unbewußt ist also das Verdrängte des Es. – *Unbewußt* ist auch der vorangegangene Akt der Verdrängung. Der Verdrängungs-Zusammenhang beruht zunächst darauf, daß das Kind sich unbewußt mit den Eltern identifiziert, deren unbewußtes Über-Ich in sich aufnimmt und ein unbewußtes Über-Ich ausbildet: unbewußt wirkt diese erste *gesellschaftliche Außenwelt* auf das Kind ein, das dann dieses *Unbewußte als Über-Ich* in sich aufrichtet – als wesentliches Moment seiner Identität.

Das *Unbewußte* als: unbewußt wirkende gesellschaftliche Welt (Tradition, Moral, Eltern-Über-Ich), als verdrängende Instanz (Über-Ich, Ich), als Verdrängung, als Verdrängtes (unterdrückte Triebansprüche des Es), ist nicht einfach zu Bewußtsein zu bringen wie das Vorbewußte. Weil dieses Unbewußte durch eine unbewußte Unterdrückung, Verdrängung, dem Ich integriert wurde, setzt sich der Aufklärung ein *unbewußter Widerstand* – Spiegel der Verdrängung – entgegen: das Individuum vermag sich der Verdrängung und des Widerstands nur zu erinnern, indem es seine Identität verändert. Nicht das Verdrängte also leistet den Widerstand (I: 506), sondern darin erscheint die Verdrängung; das Verdrängte hingegen dringt auf seine realitätsgerechte Erscheinung als Symptom. – Freud differenziert den *unbewußten Widerstand* (EB: 314f.). Er konstatiert den »Widerstand des Über-Ichs«: der Widerstand der unbewußten Moral-Instanz. Von einem »Widerstand des Es« spricht er insofern, als die unterdrückten Triebansprüche von ihrem Weg der Erscheinung als Symptom auf den Weg autonomer Triebbefriedigung geführt werden sollen, sich dem aber unmittelbar widersetzen. – Wenn das Ziel der *Psychoanalyse als Therapie* die Aufklärung des Unbewußten ist, dann sind die ersten Gegenstände dieser Aufklärung: die *Widerstände* des Kranken gegen die Aufklärung, in denen sich die Pathogenese der ursprünglichen Verdrängung wiederholt (EB: 312-315); das Verhältnis des Patienten zum Analytiker, weil der Kranke den ursprünglichen gesellschaftlichen Zwang durch *»Übertragung«* auf den Analytiker projiziert (EB: 316-319).

Das Modell der psychischen Persönlichkeit konstruiert einen *inneren »Entzweiungs«-Zusammenhang* (vgl. EB: 314) des Individuums. Die Instanz des Ich ist, als Instanz der Erkenntnis und Beherrschung der Außenwelt: äußere Natur und Gesellschaft, die Instanz instrumenteller Rationalität. Das Es ist die Instanz der inneren Natur. Das Über-Ich ist die Instanz der Gesellschaft als eines moralischen kollektiven Subjekts. Der genetische Zusammenhang der Instanzen liegt im Es: das Ich entstammt dem Es; das Über-Ich geht aus dem Ich hervor. Der systematische Zusammenhang der Instanzen liegt in der Ich-Instanz, die »drei gestrengen Herren … in Einklang miteinander zu bringen« hat: das Ich beherrscht die Außenwelt; das Ich agiert zum »Heil des Es«; das Ich steht unter der Beobachtung des Über-Ich; das Ich ist die Instanz der logischen Einheit des Vielen (vgl. EB: 288; I: 514). Freud erkennt in der inneren Entzweiung des Individuums die Möglichkeit der Selbstreflexion:

»Wir wollen das Ich zum Gegenstand dieser Untersuchung machen, unser eigenstes Ich. Aber kann man das? Das Ich ist ja doch das eigentlichste Subjekt, wie soll es zum Objekt werden? Nun, es ist kein Zweifel, daß man dies kann. Das Ich kann sich selbst zum Objekt nehmen, sich behandeln wie andere Objekte, sich beobachten, kritisieren, Gott weiß was noch alles mit sich selbst anstellen. Dabei stellt sich ein Teil des Ichs dem übrigen gegenüber. Das Ich ist also spaltbar, es spaltet sich während mancher seiner Funktionen, wenigstens vorübergehend.« (Freud, I: 497; vgl. EB: 289 f.)

Freud unterscheidet das ›Ich‹ als Einheit von Es, Ich und Über-Ich vom ›Ich‹ als Ich-Instanz. Die Möglichkeit der Selbstreflexion bestimmt er als Gegenüberstellung eines »Teils des Ichs« gegen die anderen: das Über-Ich kann das Ich, das Ich das Es »zum Objekt« nehmen. Durch den genetischen und systematischen Zusammenhang der drei intraindividuellen Instanzen kann jede der anderen als Spiegel dienen.

Die Möglichkeit einer *psychischen Erkrankung* besteht, nach dem Modell der psychischen Persönlichkeit, darin: daß die inneren Ich-Grenzen erodieren, daß die Ich-Instanz ihre Herrschaft über die Außenwelt, das Es und das Über-Ich verliert.

Die alltäglichen, aber möglicherweise schon pathologischen Fälle einer Überschreitung jener Grenzen liegen in den *drei Formen der Angst* (siehe: I: 517-528) vor:

»Wenn das Ich seine Schwäche einbekennen muß, bricht es in Angst aus, Realangst vor der Außenwelt, Gewissensangst vor dem Über-Ich, neurotische Angst vor der Stärke der Leidenschaften im Es.« (Freud, I: 515. – Die Realangst als »Kastrationsangst« des Knaben bezeichnet Freud als die früheste, erste Verdrängungen von Triebregungen produzierende Angst: I: 521 ff.)

Im Falle der Real-Angst überschreitet die Außenwelt die Ich-Abgrenzung; im Falle der Gewissensangst bricht das Über-Ich in den Bereich des Ich ein; im Falle der neurotischen Angst wird das Ich vom Es gleichsam überschwemmt.

Das Modell der psychischen Persönlichkeit erlaubt es vor allem, in Rücksicht auf seelische Krankheiten die zentrale *Differenz von Neurose und Psychose* präzise zu bezeichnen (EB: 292-295). Die Möglichkeit einer pathogenen Störung zwischen Es, Ich und Außenwelt liegt – nach Freud – in den »sehr frühen Kinderjahren«, weil »das kleine Lebewesen« noch wesentlich vom Es bestimmt ist und »keine zureichende Ichorganisation entwickelt hat«; seine Ich-Instanz ist noch zu schwach, um die Realität realitätsgerecht zu beherrschen. Wenn dieser kaum entwickelte kleine Mensch

»einen Triebanspruch aus dem Es erlebt, dem er bereits widerstehen möchte, weil er errät, daß dessen Befriedigung gefährlich ist«, weicht er vor der mächtigen Außenwelt zurück, indem er vor sich selbst wie vor einer äußeren Gefahr flieht. Er leistet eine »Verdrängung dieser Triebregungen«; verdrängt werden vor allem die »sexuellen Triebregungen« (zur Sexualentwicklung: V: 81ff., 112ff.; EB: 297-308). Dadurch gibt das Kind seine Herrschaft über diesen nun unbewußten Teil des Es auf. Das Verdrängte, dem die »normale Befriedigung versagt ist«,

»bricht endlich in einer unkenntlich entstellten Ersatzbildung ins Ich und zum Bewußtsein durch, schafft das, was man ein Symptom nennt. Mit einem Male sehen wir den Sachverhalt einer nervösen Störung vor uns: ein Ich, das in seiner Synthese gehemmt ist, das auf Teile des Es keinen Einfluß hat« (Freud: EB: 294).

Das ist die »Entstehung der *Neurose*«: Im Es sind, unter dem Druck der Außenwelt, einzelne Triebe verdrängt, der Herrschaft des Ich und des Bewußtseins entzogen; sie verfolgen ihre Ziele nun ungehemmt. Die Neurose besteht mithin in einem »Konflikt« zwischen Außenwelt und Es, der sich intraindividuell übersetzt in den Konflikt zwischen Ich und Es (EB: 294).

Zwei bedeutsame Erscheinungsformen der Neurose sind der Masochismus und der Sadismus; in beiden vermischen sich Eros und Aggressionstrieb (I: 537f.). Der *Masochismus* ist früher als der Sadismus. Er besteht in der Lust der Selbstzerstörung als äußerster Form der Introjektion äußerlichen Zwangs, der nun zum Bedürfnis geworden ist. Beim *Sadismus* wird das Unterdrückte vom Ich unbewußt auf ein alter ego projiziert und an diesem bekämpft; dabei bereitet die Mißhandlung des anderen Lust.

Die *»Psychose«* ist, im Gegensatz zur Neurose, dadurch gekennzeichnet, daß das Ich nicht »das Es bekämpft«, sondern »sich vom Es fortreißen läßt und seine Rücksicht auf die Außenwelt verleugnet« (EB: 294f.).

Das *»therapeutische Ziel«* (EB: 295f.) in Rücksicht auf die *Neurose* besteht darin, dem Kranken durch »Erinnerung« an den pathogenen Konflikt aus der frühen Kindheit die »Herrschaft über das Es« wiederzugeben. Die Erinnerung ist möglich, weil die ursprüngliche Verdrängung im *Widerstand* (EB: 312-315) gegen die analytische Aufklärung erscheint – aber genau darin besteht auch die Arbeit der Erinnerung. Die Erinnerung ist möglich, weil der Kranke das pathogene soziale Verhältnis durch *Übertragung* auf sein Verhältnis zum Analytiker projiziert (EB: 316-319). – Warum die *Psychose* durch die Psychoanalyse nicht zu behandeln ist, ist nach der Explikation dieser Krankheit leicht zu sehen. Die Psychoanalyse ist Sprachanalyse, setzt ein logisch und realitätsgerecht denkendes Subjekt voraus – und genau dies ist der Psychotiker, durch seine Ergebenheit gegenüber dem Es und seinen Realitätsverlust, nicht. Zwar weist auch das Ich des Neurotikers eine Schwäche auf, aber es steht unter den Anforderungen der Realität und hat sich deshalb »ein gewisses Maß von Zusammenhalt, ein Stück Einsicht für die Anforderungen der Wirklichkeit bewahrt« (EB: 412).

Die psychoanalytische Behandlung ist: *»Aufklärung«* (EB: 76, 84; siehe: Stapelfeldt 2004: 337-365) – das Unbewußte zu Bewußtsein (EB: 93) zu bringen.

Der Aufklärungsprozeß gilt beim *Patienten* nicht einem *Vorbewußten* oder einem *Nicht-Gewußten,* so daß der Analytiker durch eine informierende Mitteilung Abhilfe schaffen könnte, sondern einem *Unbewußten,* das sich dem Zugang zum Bewußtsein widersetzt. Daher setzt der Aufklärungsprozeß nicht nur eine seelische, in körperlichen Symptomen erscheinende Krankheit voraus (EB: 277-279), die vor der Therapie durch einen Mediziner als mögliche körperliche Krankheit ausgeschlossen werden muß, sondern auch ein Heilungsbedürfnis des Kranken: dieser bringt sein Leiden, seine Einsicht in die seelische Verursachung des Leidens und vor allem einen »Heilungswunsch« als »Motor der Therapie« mit – sonst wäre alle Analyse umsonst (vgl. EB: 202, 244f., 280, 331-334). Zu Beginn der Analyse verpflichtet sich der Kranke nicht nur zur Einhaltung des analytischen »Zeremoniells« (EB: 193f.), sondern auch zur Mitteilung aller Einfälle (EB: 167, 175-179, 281).

Auf seiten des *Analytikers* setzt die psychoanalytische Aufklärung selbstredend voraus, daß dieser die *Analyse erlernt* habe. Eine aufklärende Wissenschaft im allgemeinen kann allein durch Aufklärung, die Psychoanalyse im besonderen allein erlernt werden, indem sich der zukünftige Analytiker »selbst einer Analyse« unterzieht und diese Selbstanalyse auch später fortsetzt (EB: 126f., 319, 339, 386-389). Formal besteht die Ausbildung in der Aneignung der Logik einer Aufklärung des Unbewußten, material in der Aneignung der Theorie der psychischen Persönlichkeit, der Theorie der Onto- und Phylogenese, endlich der Theorie der Neurose (EB: 337-341).

Der psychoanalytische Aufklärungsprozeß ist unmittelbar ein *dialogischer Prozeß,* in dem es um nichts geht als: »Worte, Worte und wiederum Worte« (EB: 279f.). Während der Patient unlizensiert seine Einfälle mitteilt (EB: 175-179), erfolgt auf seiten des Analytikers – analog – eine unlizensierte Rezeption der Mitteilungen des Patienten (EB: 171-176). Weil der Patient unter unbewußten Verdrängungen leidet, müssen diese in der analytischen Therapie – im Verhältnis von Therapeut und Krankem – in Form von Widerständen und Übertragungen *wiederkehren* (EB: 210f., 317f.). – *Formal* unterzieht der Therapeut die Mitteilungen des Patienten einer *Sprachanalyse* (EB: 279): erst einer »Deutung« einzelner Einfälle (EB: 149-156, 398), dann einer »Konstruktion« des Zusammenhangs der Einfälle: der Kausalität der Pathogenese, allgemein der Lebensgeschichte des Patienten (EB: 393-406). Deutung und Konstruktion gelten der in sprachlichen Deformationen erscheinenden Genese und Struktur der seelischen Desintegration (EB: 84-87, 309-319). Die unbewußten Verdrängungen und deren Wiederkehr in den unbewußten Widerständen erscheinen zunächst in Verletzungen logischer Gesetze, in Verletzungen kausaler und chronologischer Abläufe, sodann in mythologischen Bildern, vor allem in Traumbildern, in Symbolen, weiter in scheinbar zusammenhanglosen Einfällen und Assoziationen (EB: 124f., 261f., 310 f.). – *Material* gilt die Aufklärung unmittelbar der *individuellen Biographie* des Kranken: seiner Pathogenese – der Geschichte der Verdrängungen. Da der intraindividuelle Zwang nur ein verinnerlichter äußerer, gesellschaftlicher Zwang ist, gilt die Aufklärung der individuellen Geschichte als Erscheinung der *Gesellschaftsgeschichte:*

»Die andere, ... auch zutreffendere Auffassung wäre, daß im Seelenleben des Kindes noch heute dieselben archaischen Momente nachweisbar sind, die einst in den Urzeiten der menschlichen Kultur allgemein geherrscht haben. Das Kind würde in seiner seelischen Entwicklung die Stammesgeschichte in abkürzender Weise wiederholen, wie es die Embryologie längst für die körperliche Entwicklung erkannt hat.« (Freud, EB: 302 f.)

Die Entzifferung der sprachlichen Deformationen des Patienten setzt beim Analytiker gute Kenntnisse nicht der naturwissenschaftlichen Medizin, auch nicht der Psychiatrie (EB: 321-335) voraus, sondern wichtiger *»Geisteswissenschaften«:* eine »Vertrautheit mit Kulturgeschichte und Mythologie«, auch mit der »Literaturwissenschaft« (EB: 301-308; siehe weiter: EB: 337-341, 343, 348).

Als Aufklärer verfügt der Analytiker nicht a priori, also dogmatisch, über das heilende Wissen, um es dem Patienten mitzuteilen. Würde er so verfahren, nähme er sich einerseits vom Aufklärungs-Zusammenhang aus und provozierte andererseits nur den Verdrängungs-Widerstand des Patienten (EB: 310-312). Weil der pathogene Akt der Verdrängung auf undurchschauten gesellschaftlichen Verhältnisse beruhte, unter denen auch der Analytiker lebt, ist dieser ein *Beteiligter des Aufklärungsprozesses,* freilich nicht in derselben Weise wie der Erkrankte: er ist diesem der reflektierende Spiegel, ohne den es eine Selbstreflexion nicht geben kann. Der psychoanalytische Aufklärungsprozeß vollzieht sich in dieser Hinsicht im sozialen Verhältnis von Patient und Analytiker, von Selbstreflexion und Reflexion, von Aufklärung und Dialog, von *»Übertragung« und »Gegenübertragung«* pathogener Erfahrungen (EB: 126f., 157ff., 217ff.).

Die psychoanalytische Aufklärung zielt mittelbar auf die Erinnerung des unbewußten äußeren Zwangs, unmittelbar auf die Erinnerung der Introjektion dieses Zwangs in das Innere des Individuums durch Verdrängung, die im Widerstand gegen die Erinnerung erscheint (vgl. EB: 312-315). So sind unmittelbar der *Widerstand,* darüber vermittelt die pathogene *Verdrängung* die zentralen Gegenstände der Analyse. Die durch Deutung und Konstruktion gewonnenen Einsichten des Analytikers kann dieser, weil Aufklärung keine Information über Nicht-Gewußtes ist (vgl. EB: 139, 201), dem Patienten erst dann *mitteilen,* wenn diesem das Aufzuklärende nahezu selbst bewußt geworden ist – sonst regte sich der Widerstand gegen die heilende Einsicht (EB: 133-141, 199f., 214f., 311-315, 416f.). Weil im Aufklärungsprozeß der Analytiker auch Beteiligter ist, ist der Akt der *Analyse* zugleich: Erinnerung, Heilung des Patienten durch Selbsterkenntnis, Erkenntnis des Patienten durch den Analytiker – Behandlung und »Forschung« zugleich (EB: 347).

Die *Analyse ist gelungen,* wenn der Kranke sich das ihn beherrschende innere Unbewußte durch erinnernde Aufklärung integriert, also seine Identität entsprechend umgeformt hat (vgl. EB: 207). Im konstruierbaren Endpunkt dieser »Selbsterkenntnis« (EB: 280, 416) koinzidierte dies mit der *Verwirklichung der sozialen Utopie* einer Gesellschaft, in der die Menschen ihrer selbst und ihrer Verhältnisse bewußt sind. Als »Individualpsychologie«, die immer schon »Sozialpsychologie« ist, gibt sich die Psychoanalyse jedoch mit einem bescheideneren Ergebnis zufrieden: daß der *Kranke* den äußeren, introjizierten Mächten nicht länger hilflos ausgeliefert, sondern sich ihrer so weit bewußt ist, daß sich das »hysterische Elend in gemeines Unglück« verwandelt und er sich »zur Wehre setzen« kann (EB: 97). Dann wäre der so weit Gesundete *zur Kritik, zu Widerspruch und Widerstand fähig.*

Die Analyse bleibt, solange das utopische Telos nicht verwirklicht ist, eine *»unendliche« Aufgabe* (EB: 351-392). In einer vorsichtigen Version formuliert Freud die Forderung, der »Staat« möge angesichts der allgemeinen kulturellen Triebunterdrückung die »Pflicht« empfinden, durch Ausbildung einer größeren Zahl von Analytikern eine »Psychotherapie fürs Volk« zu realisieren (EB: 248f.; vgl. 340). In einer radikaleren Version erkennt Freud, als Konsequenz der psychoanalytischen Aufklärung, die Notwendigkeit der Verwirklichung eines »wahrheitsgemäßeren und würdigeren Zustands der Gesellschaft« – *fundamentaler gesellschaftlicher »Veränderungen«:*

»Sollen wir also unsere Bemühungen zur Aufklärung über den geheimen Sinn der Neurotik als im letzten Grunde gefährlich für den einzelnen und schädlich für den Betrieb der Gesellschaft aufgeben, darauf verzichten, aus einem Stück wissenschaftlicher Erkenntnis die praktische Folgerung zu ziehen? Nein, ich meine, unsere Pflicht geht doch nach der anderen Richtung. Der Krankheitsgewinn der Neurosen ist doch im ganzen und am Ende eine Schädigung für die einzelnen wie für die Gesellschaft. Das Unglück, das sich infolge unserer Aufklärungsarbeit ergeben kann, wird doch nur einzelne betreffen. Die Umkehr zu einem wahrheitsgemäßeren und würdigeren Zustand der Gesellschaft wird mit diesen Opfern nicht zu teuer erkauft sein. Vor allem aber: alle die Energien, die sich heute in der Produktion neurotischer Symptome im Dienste einer von der Wirklichkeit isolierten Phantasiewelt verzehren, werden, wenn sie schon nicht dem Leben zugute kommen können, doch den Schrei nach jenen Veränderungen in unserer Kultur verstärken helfen, in denen wir allein das Heil für die Nachkommenden erblicken können.« (Freud, EB: 132)

So geht die aufklärende Psychoanalyse in eine utopisch-praktisch gerichtete kritische Theorie der Gesellschaft über.

Freilich identifiziert Freud die *Logik der Aufklärung:* die Dialektik, mit der *Logik instrumenteller Rationalität.* Dieser Umschlag ist gesellschaftlich produziert. Die Psychoanalyse ist Kritik der bürgerlichen Anthropologie im Stadium total fetischisierter gesellschaftlicher Verhältnisse. Der Imperialismus hat mit der »List der Vernunft« (Hegel: Bd. 12: 49) des revolutionären Liberalismus (vgl. Marx: MEW 26.1: 273) den aufklärenden Blick sowohl auf die »Vorgeschichte« der »untergegangnen Gesellschaftsformen« als auch auf einen »neuen Gesellschaftszustand« (Marx 1857/58: 26, 360-365) negiert und sich zum System einer bürgerlichen Anthropologie fixiert, in dem das Individuum in einer in sich atomisierten Masse untergegangen ist. Die psychoanalytische Kritik dieser bürgerlichen Anthropologie kann sich daher unmittelbar auf keine aufklärenden Strukturen: weder auf eine gesellschaftsgeschichtliche Erinnerung noch auf eine durch Vernunft »gegründete Hoffnung« (Kant: Bd. XI: 251) stellen. Freud erkennt in der kritisierten Anthropologie, in der Triebstruktur, aber doch eine kritische Instanz gegen die autoritären Verhältnisse, gegen das autoritätssüchtige Individuum. Gegen seine aufklärerische Intention erliegt er den fetischistischen Verhältnissen: indem er das utopische Bedürfnis nicht gesellschaftlich, sondern anthropologisch-naturalistisch bestimmt.

Die *Identifikation* der Logik der Aufklärung mit der Logik instrumenteller Rationalität erscheint gelegentlich darin, daß Freud mit dem Gedanken spielt, in einer entfernten Zukunft statt mit »psychologischen Mitteln … mit besonderen chemischen Stoffen die Energiemengen und deren Verteilungen im seelischen Apparat direkt zu beeinflussen.« (EB: 421) An die Stelle der Aufklärung träte dann die *technische Manipulation des Kranken durch Psychopharmaka.*

Jene *Identifikation* erfolgt, in der Theorie der »psychischen Persönlichkeit«, zunächst in Rücksicht auf die *Ich-Instanz.* Das »Bewußtwerden eines seelischen Vorgangs« schreibt Freud der »äußersten Oberfläche« des Ichs zu, die den »Reizen der Außenwelt« ebenso zugewandt ist wie den »Sensationen im Es« und den weiteren »Vorgängen im Ich« (EB: 290). Weil das Ich die Instanz technisch-rationaler Welt-Erkenntnis und Welt-Beherrschung ist, identifiziert Freud somit die Aufklärung einer unbewußten »zweiten Natur« mit der instrumentellen Beherrschung einer »ersten Natur« (Hegel: Bd. 12: 57). Daher formuliert er sehr prägnant als Ziel der psychoanalytischen Aufklärung: »Wo Es war, soll Ich werden.« (I: 516) Nicht die Befreiung von unbewußten inneren und äußeren Zwängen wäre, nach dieser Version, das Ziel, sondern deren technische Beherrschung durch listige *Anpassung* an die Gesetze einer »ersten« und »zweiten Natur«: »Überwindung des Lustprinzips«, Unterwerfung unter das Realitätsprinzip, unter die »Normalität« (EB: 229, 365). Das angepaßte Ich aber wäre kein autonomes Individuum, sondern ein *autoritätssüchtiges* Ich (vgl. EB: 127f.). Freud verdinglicht, durch *diese* Explikation der Logik psychoanalytischer Erkenntnis, die innere und äußere Herrschaft.

Jene Identifikation erfolgt in Rücksicht auf die *Außenwelt des ›Ich‹*. Ist das Ich, als Instanz des »Bewußtwerdens«, die Instanz des Welt- und Selbstbewußtseins, der technisch-rationalen Welt- und Selbstbeherrschung, dann heißt »Außenwelt« beides: Natur als »erste Natur«, Gesellschaft als unbewußte »zweite Natur«. Bewußtlose Gesetze einer gesellschaftlichen Natur sind verdinglicht zu Gesetzen einer äußeren, objektivierten Natur.

Der *Verdinglichung* des Unbewußten zur »ersten Natur« als Objekt einer rationalen Weltbeherrschung entspricht das berühmte *geschichtstheoretische Diktum* Freuds: »Es scheint vielmehr, daß sich jede Kultur auf Zwang und Triebverzicht aufbauen muß« (IX: 141; vgl. 18, 144f., 177, 225-227, 243). »Unser ganzes Kulturleben« – jedes »Kulturleben« – sei deshalb »neurotisch« (EB: 298; vgl. 300). Eine herrschaftsfreie »Kultur« sei eine Illusion:

»Es ist unsere beste Zukunftshoffnung, daß der Intellekt – der wissenschaftliche Geist, die Vernunft – mit der Zeit die Diktatur im menschlichen Seelenleben erringen wird.« (Freud, I: 598)

Die »Vernunft«: die theoretische und praktische Utopie des Menschen, der seiner selbst und seiner Verhältnisse bewußt ist, verkehrt sich in den

Alptraum einer technischen Welt- und Selbstbeherrschung des Menschen. Freuds »Tiefenpsychologie oder Psychologie des Unbewußten« (I: 586) verkehrt sich in dieser Version, die dem naturwissenschaftlichen Positivismus folgt, in eine *rationale Verdinglichung bürgerlicher, entzauberter Herrschaft.*

Der *Kern dieser Verdinglichungen* liegt, in der Theorie der »psychischen Persönlichkeit«, in der Konstruktion des unaufhebbar *unbewußten Es.* Unbewußt nennt Freud das Es, insofern es die psychische Repräsentanz des Somatischen ist; unbewußt nennt er es aber auch, insofern die Triebregungen durch das Über-Ich und das Ich unterdrückt werden. Insofern ist das Es beides: »erste« und »zweite Natur«. Das Es ist das unbewußt Unterdrückte und das gegen die Unterdrückung Aufbegehrende – verinnerlichter Zwang und utopischer Anspruch auf unmittelbare Bedürfnisbefriedigung, auf – philosophisch gesprochen – Glück. *Freud verdinglicht im Es die soziale Herrschaft ebenso wie die soziale Utopie.* Der utopische Anspruch ist ihm in der Triebstruktur verankert; die Herrschaft erscheint ihm, analog, als Invariante aller Kultur.

Auf dieser Grundlage der Psychoanalyse als einer zugleich aufklärenden und doch in instrumentelle Rationalität umschlagenden kritischen *»Lehre vom seelisch Unbewußten«* (EB: 338) hat Freud 1921 Le Bons und McDougalls deskriptive, gegenaufklärerische Massenpsychologie kritisch rezipiert und reformuliert: *Massenpsychologie und Ich-Analyse* (IX: 65-134).

Freuds kritische Theorie der »Masse« und des »Massenindividuums« (in: a.a.O.) beginnt mit einer Rezeption der Beschreibungen Le Bons und McDougalls (IX: Abschnitte II und III); sodann liefert Freud theoretische Aufklärungen des Verhältnisses von Masse und Massenindividuum zunächst im allgemeinen (IX: Abschnitt IV), dann in Rücksicht auf die Kirche und das Heer als zwei besonderen Formen der »Masse« (IX: Abschnitt V); endlich stellt er die kritisch reformulierte Massenpsychologie auf das Fundament der psychoanalytischen Theorie des Individuums (IX: Abschnitte VI-VIII) und der »Herde« (IX: Abschnitte IX und X), um am Ende zur Sozialpsychologie des Individuums zurückzukehren (IX: Abschnitt XI). Abschließende Nachträge (IX: Abschnitt XII) liefern zusätzliche Erklärungen. (Zum folgenden: Stapelfeldt 2008b, 143-169)

Freud beginnt seine Abhandlung mit einer ausführlichen Rezeption der *Beschreibungen Le Bons und McDougalls* (IX: 67-82), die er durch längere Zitate belegt, dann aber – jene Autoren überschreitend – in die aufklärende Sprache der Psychoanalyse übersetzt. – Vor allem konzentriert sich Freud auf das von Le Bon herausgestellte Merkmal des *Unbewußten* der Masse und des Massen-Menschen, durch das der Einzelne zum Kind, die Masse zum »Primitiven« regrediert (Le Bon 1895: 17, 19). Freud übersetzt diese Beschreibung: In der Masse verlieren die »Massenindividuen alle individuellen Hemmungen«; die »destruktiven Instinkte, die als Überbleibsel der Urzeit im Einzelnen schlummern«, gelangen »zur freien Triebbefriedigung« (IX: 73). Der Massen-Mensch ist von seinem – sonst kulturell unterdrückten – Es bestimmt, vom Eros ebenso wie vom Destruktionstrieb. Das *Unbewußte* sind, in dieser Hinsicht, die unterdrückten, verdrängten Triebansprüche. Zugleich ist der Massen-Mensch »autoritätsgläubig«; er will »beherrscht und unterdrückt werden«; »die Masse ist eine folgsame Herde« und verlangt nach einem »Führer« (IX: 73, 75). Das *Unbewußte* ist, in dieser Hinsicht, nicht das Verdrängte, sondern die verdrängende Instanz. Das Charisma des Führers entspricht den Bedürfnissen der Masse: seiner Omnipotenz-Phantasie, seinem Macht-Bedürfnis, seinem Bedürfnis nach Unterdrückung und Selbst-Unterdrückung. – Nun hatte Le Bon (1895: 19-37, 151-153) die Masse und den Massen-Menschen als »Barbaren« beschrieben, die zu »Gewalttätigkeiten« neigen, aber auch edle »Helden« sein können. Freud (IX: 77-82) übersetzt: Le Bon habe seine Beschreibung der Masse an »Massen kurzlebiger Art«, etwa der »revolutionären Massen, besonders der großen Französischen Revolution«, gebildet (IX: 78). Aber auch für »stabile Massen oder Vergesellschaftungen« (IX: 83-87, 88, 109-113, 114-119) gälten die »beiden Sätze« der Massenpsychologie von der »Affektsteigerung und der Denkhemmung in der primitiven Masse« (IX: 83). Nicht nur die gegenwärtige Masse, sondern alle »menschliche Gesellschaft« sei immer schon der Darwin'schen »Urhorde« vergleichbar, die eines »Führers« bedurfte (IX: 114f.); die *Autoritätssucht,* Ausdruck der kulturellen Triebunterdrückung, erscheint mithin – wie diese (IX: 42) – als *historische Konstante* (IX: 109). – Freud (IX: 68) würdigt die *Psychologie der Massen:* Le Bon beschreibe »die Veränderungen des Individuums in der Masse … in Ausdrücken, welche mit den Grundvoraussetzungen unserer Tiefenpsychologie in guter Übereinstimmung stehen.« Freilich bestehe eine *zentrale Differenz zwischen der Massenpsychologie und der Psychoanalyse* in Rücksicht auf den Begriff des Unbewußten: Le Bon kenne nicht das »unbewußte Verdrängte« (IX: 69 Anm. 1) – er verdränge damit die gesellschaftliche Herrschaft über das Individuum, die sich ins Innere des Individuums übersetze und die Ursache der Neurose sei, und verdingliche diese Herrschaft anthropologisch zu »Vererbungseinflüssen« (Le Bon 1895: 14). Freud reklamiert für die Psychoanalyse die Aufklärung dieses unbewußten Zusammenhangs von äußerer und verinnerlichter gesellschaftlicher Herrschaft. In der Masse kämen die verdrängten Triebansprüche, gegen die rationale Ich-Instanz, zur Erscheinung – aber nicht in Form freier Triebbefriedigung, sondern in der Form einer Freisetzung ihrer repressiven Verstümmelung, ihrer Unterdrückung: im Bedürfnis nach Unterdrückung durch einen »Führer« (IX: 69). So ist die Revolte der Masse repressiv, destruktiv; der Führer gleicht einem »Hypnotiseur«, der nicht heilend wirksam ist, sondern die gesellschaftlichen Zwänge durchsetzt (IX: 71, 75; Le Bon 1895: 16).

Freud nimmt Le Bons Beschreibung der *Destruktivität der Masse und den Massen-Menschen* auf, indem er eine *gesellschaftstheoretische* und zugleich *triebtheoretische Aufklärung* versucht. – Einerseits muß Freud auf den *Eros* rekurrieren. Nach der Triebtheorie zielen die »erotischen Triebe«, die erotische Energie (Libido), darauf ab, dem Lustprinzip Geltung zu verschaffen, indem »immer mehr lebende Substanz zu größeren Einheiten« zusammengeballt wird (I: 540). Insofern bestimmt Freud sein Erkenntnis-Interesse: es gelte nicht der »Masse kurzlebiger Art« und deren Destruktivität, sondern der »stabilen Masse oder Vergesellschaftung« und ihrer Sittlichkeit, nicht der gesellschaftlichen Desintegration, sondern der gesellschaftlichen Integration (IX: 73f., 78f.). Seine Absicht sei es, zur »Aufklärung der libidinösen Struktur einer Masse« beizutragen (IX: 121). – Andererseits muß Freud auf den *Destruktions-Trieb* rekurrieren. Wenn alle Kultur auf Triebunterdrückung aufgebaut ist (III: 251f., 353f.), dann koinzidiert alle erotische Vereinigung des »Organischen zu immer größeren Einheiten« (III: 252), dann koinzidiert alle erotisch angetriebene »Sittlichkeit« mit der nach innen gerichteten Destruktivität (III: 354). – Jede »Vergesellschaftung« beruht also, triebtheoretisch betrachtet, auf der *»Triebvermischung« von Eros und Todestrieb;* jede Vergesellschaftung gelingt nur durch einen »moralischen *Masochismus«* (III: 354). Die Kehrseite der nach innen gerichteten wäre eine nach außen gewendete lustgerichtete Destruktivität: der *Sadismus.* Freud notiert: »es sieht wirklich so aus, als müßten wir anderes und andere zerstören, um uns nicht selbst zu zerstören, um uns vor der Tendenz zur Selbstdestruktion zu bewahren.« (I: 538) – So *verdinglicht* Freud, was er aufzuklären versucht: die *Vergesellschaftung (Eros)* ebenso wie den gesellschaftlichen, vom Individuum *introjizierten Zwang (Destruktivität).* Die *Konstitution der Masse* führt er durch seine Triebtheorie auf den Eros zurück; die *Destruktivität der Masse* führt er durch seine Triebtheorie nicht auf den introjizierten unbewußten gesellschaftlichen Zwang, sondern auf den unbewußten Destruktionstrieb zurück (IX: 73). Er reduziert das Gesellschaftlich-Unbewußte auf ein Trieb-Unbewußtes, ein gesellschaftsgeschichtliches Verhältnis auf einen überhistorischen Trieb, eine »zweite« auf eine »erste Natur« (Hegel). Durch diese triebtheoretische Verdinglichung, durch diese materialistische Anthropologie, erscheint *alle Gesellschaft,* zu allen Zeiten, als *repressiv.* Durch diese triebtheoretische Verdinglichung erscheint auch der *Widerspruch* gegen die kulturelle Triebunterdrückung – als Trieb, als das Lustprinzip.

Diese zugleich aufklärende und verdinglichende *Trieb-Theorie der Vergesellschaftung,* des gesellschaftlichen Zwangs, entfaltet Freud näher in den Kapiteln IV bis XII seiner *Massenpsychologie und Ich-Analyse* (IX: 83-134). Die Trieb-Theorie soll insbesondere das Phänomen »der Wandlung des Einzelnen in der Masse«, das Aufgehen des Einzelnen in der »Massenseele« (IX: 83, 86) klären.

Das *»Wesen der Massenseele«,* erklärt Freud, besteht in »Liebesbeziehungen«, in »Libidobindungen«: diese reichen von der »Geschlechtsliebe« bis zur »Eltern- und Kindesliebe« und endlich bis zur »allgemeinen Menschenliebe« sowie zur »Hingebung an konkrete Gegenstände oder abstrakte Ideen« (IX: 85f., 95). Allein der *Eros* vermöchte die Masse zusammenzuhalten; das Aufgehen in der Masse, das konforme Agieren mit der Masse, erfolge der anderen »zuliebe« (IX: 86f.). Durch die Integration des Einzelnen in die Masse, so versteht es Freud, geht der Narzißmus – »Egoismus« – der Individuen, der Andere ausschließt, unter; an seine Stelle tritt ein uneingeschränkter »Altruismus« – Liebe. Die Individuen benähmen sich in der Masse, »als wären sie gleichförmig«, als duldeten sie »die Eigenart des anderen«. Sie verlieren, so scheint es nach dieser paradoxen Formulierung, ihre Besonderheit und tolerierten dadurch ihre Besonderheit. Die »Liebe als Kulturfaktor« erscheine durch diese »Wendung vom Egoismus zum Altruismus« (IX: 96f.).

Die besondere Form der Liebe, die in der *Integration von Individuen zur Masse* wirksam sei, sei eine von den »direkten Sexualzielen« abgelenkte »Gefühlsbindung«, eine »unsinnliche Liebe«: die *»Identifizierung«* mit anderen Personen (IX: 97, 104f., 128-134). Das Urbild dieser Identifizierungen sei die Identifizierung des kleinen Knaben mit dem Vater auf der Basis einer vor-sprachlichen, sinnlichen Identität (IX: 98-103). In diesem Verhältnis, legt Freud (IX: 98) dar, »möchte« der »kleine Knabe ... so werden und so sein wie« der Vater, während er »zur Mutter eine glatt sexuelle Objektbesetzung« zeigt. Der *»Ödipuskomplex«* entsteht, wenn diese beiden »psychologisch verschiedenen Bindungen« zum Vater und zur Mutter durch die Ausbildung der vereinheitlichenden Ich-Instanz zusammentreffen. Nun will der Knabe, sich mit dem Vater identifizierend, diesen »bei der Mutter ... ersetzen«. Die Identifizierung schlägt von »Zärtlichkeit« um in den Wunsch der »Beseitigung« und Vernichtung: der Eros tritt zurück, der Destruktionstrieb hervor. Der Ödipuskomplex ist der Ausgang des Widerstreits durch die Unterdrückung des Eros und des Destruktionstriebs zugleich. An die Stelle der »sexuellen Objektbesetzung« tritt die Repression des Eros, der »sinnlichen Liebe«, und die Etablierung einer »zielgehemmten«, abstrakten »Zärtlichkeit« (IX: 104). Indem diese »unsinnlich« ist, ist ihr Objekt unsinnlich: es wird zur Personifikation des »Ich-Ideals«, es wird idealisiert (IX: 105). An die Stelle des nach außen gerichteten tritt ein nach innen gerichteter Destruktionstrieb – die Verdrängung. Diese dauert die gesamte »Latenzzeit« (IX: 128, 130-133).

Die *»Identifizierung«, die die Masse integriert,* steht in der Folge der Identifizierung des Knaben mit dem Vater, also des Ödipuskomplexes, und ist deshalb ebenso liebevoll wie aggressiv. Nicht die erotischen Triebe werden emanzipiert, sondern die Triebunterdrückung, die Verwandlung des Eros in unsinnliche Zärtlichkeit, in eine »sublimierte Hingabe an eine abstrakte Idee«. Die Masse wird integriert durch ein *»gleiches Ichideal«* (III: 304), personifiziert durch einen *Vater-Führer* (vgl. IX: 75, 77, 106, 108). Unter diesem Ichideal handeln die Einzelnen wie unter Hypnose: sie sind vollständig gefügig, manipulierbar (IX: 107). Das Ichideal, das Über-Ich, ist äußere Herrschaft, intra-individuell aufgerichtet: als verinnerlichte *»äußere Autorität«,* als *»innere Autorität«,* die masochistisch äußere Autorität verlangt (III: 296ff.; IX: 145, 252-255). In der »Idealisierung« (IX: 105) verbirgt sich die Projektion des Ideals auf ein Liebesobjekt, die Anbetung des Ich-Ideals und damit der *gesellschaftlich-autoritären Verhältnisse* – die Kehrseite der Selbst-Unterdrückung. Nicht der nach außen gerichtete Destruktionstrieb wird freigesetzt, sondern die Selbstunterdrückung (vgl. I: 538).

Der unbewußte Eros, die unbewußte libidinöse Energie, treibt mithin – nach Freuds Überlegungen – den *Einzelnen zur Selbstaufgabe in der Masse:* zur destruktiven Selbstunterdrückung, zur Gleichförmigkeit der Individuen (IX: 96). Der *Führer,* der die Erbschaft des Vaters nach der Lösung des Ödipuskomplexes antritt, personifiziert beides: die übersinnlich-libidinöse Gefühlsbindung der Einzelnen an die Masse und die Liquidierung der Einzelnen in der Masse. *Herrschaft wird – nach Freuds Konstruktion – zum libidinösen Bedürfnis:* der Führer wirkt, wie schon Le Bon es beschrieb, als ein »Hypnotiseur«, der das »Ichideal« personifiziert und absolute Herrschaft über das Massen-Individuum auszuüben vermag (IX: 107f.). Der unterdrückte, verdrängte *Eros* impliziert eine innengerichtete *Destruktivität:* so erscheint alle Vergesellschaftung als repressiv, so erscheint aller gesellschaftlichen Integration die Tendenz zur Desintegration immanent. Freud verweist auf Darwins Konstruktion einer »Urhorde« (IX: 114-119), um zu belegen, daß in der »Masse« – in der Gesellschaft (vgl. IX: 78, 88) – ein historisch Gleiches erscheint: Triebunterdrückung.

Freuds Verdinglichung der Vergesellschaftung und des gesellschaftlichen Zwangs durch das Apriori der Triebe und den daraus folgenden Ödipuskomplex erscheint darin, daß er ein Individuum vom Zwang der Triebunterdrückung ausnimmt und als freies Subjekt konstruiert: den *Führer, der alle beherrscht, ohne Selbstbeherrschung zu üben.* Das Urbild des Führers, der Vater der »Urhorde«, konnte allein seine »direkten sexuellen Strebungen« befriedigen (IX: 116).

»Die Individualpsychologie muß vielmehr ebenso alt sein wie die Massenpsychologie, denn von Anfang an gab es zweierlei Psychologien, die der Massenindividuen und die des Vaters, Oberhauptes, Führers. Die Einzelnen der Masse waren so gebunden, wie wir sie heute finden, aber der Vater der Urhorde war frei. (...)
Zu Eingang der Menschheitsgeschichte war er der *Übermensch,* den Nietzsche erst von der Zukunft erwartete. Noch heute bedürfen die Massenindividuen der Vorspiegelung, daß sie in gleicher und gerechter Weise vom Führer geliebt werden, aber der Führer selbst braucht niemand anderen zu lieben, er darf von Herrennatur sein, absolut narzißtisch, aber selbstsicher und selbständig.« (IX: 115)

Der Psychoanalytiker Freud und der Nihilist Nietzsche teilen dieselbe Auffassung vom Individuum und von der Masse. Der Führer vermag, einsam und allein, der Masse gegenüberstehend und die Massenindividuen beherrschend wie ein Hypnotiseur den Hypnotisierten, ein Individuum, also frei zu sein: ein *»Übermensch«* (Nietzsche) – so repräsentiert er die bürgerliche Freiheit als Freiheit durch Herrschaft.

Im Kapitel V über *Kirche und Heer* (IX: 88-93) skizziert Freud diesen Zusammenhang von Liebe und Unterdrückung. In beiden »künstlichen Massen« sei jeder Einzelne libidinös an den Führer und – dadurch vermittelt – an die anderen Einzelnen gebunden. Der jeweilige Führer, Christus oder der Feldherr, bilde für die Masse der Gläubigen oder der Soldaten einen »Vaterersatz« (IX: 89f.). Durch diese Identifikation mit dem Vater-Führer werde das rationale Selbstinteresse der Einzelnen zurückgedrängt; der Einzelne gehe in der Masse auf: daher die »Unfreiheit des Einzelnen in der Masse« (IX: 90). Erodiere die libidinöse Bindung an den Führer in einer »drohenden Gefahr«, »zersetze« sich die Masse und es komme zur Panik: den ihrer Rationalität und Individualität beraubten Massen-Menschen erschiene jede Gefahr als grenzenlos, als unbeherrschbar; es verbreite sich eine »riesengroße, sinnlose«, »neurotische Angst« (IX: 90-93).

Diese Konstruktionen Freuds erlangen ihre Plausibilität freilich nur dann, wenn dem Eros, zumal der Identifikation, ein Umschlag in den Destruktionstrieb zugeschrieben wird: wenn Liebe nicht nur als ein von Herrschaft freies Verhältnis von Subjekt und Objekt gedacht ist (vgl. Hegel, Bd. 1: 242), sondern zugleich als innere und äußere Unterdrückung des

Selbst durch Selbstaufgabe, durch Selbsthingabe. Unter Freuds triebtheoretischen Voraussetzungen ist aber die Herrschaft des Führers nicht das Apriori verinnerlichter Herrschaft, sondern das Aposteriori der Triebstruktur des Individuums. Freud verdinglicht anthropologisch die Unfreiheit des Einzelnen in der Masse, die Personifikation der libidinös besetzten Repression durch den Führer.

Freuds Überlegungen sind *widerspruchsvoll.* Im Begriff des Eros, in der Konstruktion der Identifizierung, setzt er das *utopische Bedürfnis* nach Freiheit von Herrschaft, nach individueller Besonderheit und wechselseitiger Anerkennung der Besonderen, mit dem realitätsgerechten *Bedürfnis nach Herrschaft* gleich. Einerseits erklärt er die Vergesellschaftung von Menschen triebtheoretisch aus dem Eros, aus der libidinösen Energie, und würdigt die »Liebe als Kulturfaktor« (IX: 97). Andererseits expliziert er die libidinöse Vergesellschaftung als Triebunterdrückung in der Nachfolge des Ödipuskomplexes: als Unfreiheit. Durch diesen Widerspruch schlägt die Utopie *erotischer* Vergesellschaftung um in die realitätsgerechte Rekonstruktion *destruktiver* sozialer Herrschaft. Der Umschlag ist ein anderer Ausdruck für Freuds Identifikation von *Aufklärung* und *instrumenteller Rationalität* in der Darstellung der psychoanalytischen Behandlungs- und Forschungsmethode. Nach seiner eigenen Überlegung wird nicht der »Altruismus« in der Masse freigesetzt; auch nicht die Toleranz gegenüber der »Eigenart des anderen«; auch nicht die »Liebe als Kulturfaktor« (IX: 96f.): sondern die äußerlich-innerliche Herrschaft, die Unterdrückung des Eros, die Verwandlung des Eros in die Hingabe an eine übersinnliche Idee, die Verdrängung. So expliziert Freuds Aufklärung der libidinösen Verbindung von Individuen zur Masse eine Gesellschaft, in der die »Verhältnisse« als übersinnliche »Abstraktionen« herrschen, in der die *Verhältnisse autoritativ* sind und die Individuen bis ins Innerste als *»autoritäre Charaktere«* bestimmen (vgl. Marx 1857/58: 82; Horkheimer et al. 1936, 58: 77ff.). Diese Aufklärung einer total verdinglichten, sich zu einer sozial atomisierten Masse fixierenden Gesellschaft, als Individual- unmittelbar eine Sozialpsychologie, erliegt den kritisierten Verhältnissen, indem sie sich selbst naturalistisch-anthropologisch auf eine Triebnatur des Menschen stützt: sowohl in Rücksicht auf die gesellschaftliche Utopie des Eros wie auf die Rekonstruktion gesellschaftlicher Destruktivität.

Freud hat in *Massenpsychologie und Ich-Analyse* das Thema der gegenaufklärerischen Massenpsychologie Le Bons und McDougalls aufgenommen und durch seine »Lehre vom seelisch Unbewußten« (EB: 338) kritisch reformuliert: die Entwicklung der bürgerlichen Gesellschaft zu einer in sich sozial *atomisierten,* total *unbewußten Masse,* zum gesellschaftlichen und individuellen *Autoritarismus.*

Unter dem Imperialismus ist der Einzelne nicht länger das Individuum des Liberalismus, das sich *auch* als ein Besonderes gegen die Verhältnisse weiß, sondern zur bewußtlosen Personifikation der irrationalen Verhältnisse geworden: er ist total vergesellschaftet. Darum kritisiert Freud den von der »Massenpsychologie« behaupteten »Gegensatz von Individual- und Sozial- oder Massenpsychologie«: in der Psychoanalyse werde der Einzelne immer schon in seinen sozialen Verhältnissen, am Einzelnen würden die sozialen Verhältnisse untersucht (IX: 65f.). Die *Psychoanalyse* ist insofern als eine *kritische bürgerliche Theorie der bürgerlichen Gesellschaft im Stadium ihrer totalen Fetischisierung* zu würdigen, die allein als Kritik des Untergangs der daseienden Utopie des Individuums im Sozialatomismus und dessen Spiegel: der Masse, möglich scheint. Die unbewußte Gesellschaft im Zeitalter ihrer Irrationalität, in der die »List« der »Vernunft« beraubt ist, verdinglicht sich zu einer »ethisch irrationalen Welt« (Weber: WL: 505) als Basis einer »sozialen Physik«: zu einem »Gehäuse« der »Hörigkeit« (Weber: PS: 63, 332), über das scheinbar nichts utopisch hinaus-, hinter das scheinbar nichts genetisch zurückführt. Diese Gesellschaft erscheint als eine Welt von *Individuen ohne Individualität:* die sich nicht auch als Besondere gegen das Allgemeine wissen, sondern *total vergesellschaftet* sind – die eine Masse von Sozialatomen bilden. Die irrationale Gesellschaft fordert eine Theorie der Gesellschaft, die die Verhältnisse am Sozialatom aufklärt, dieses also nicht anthropologisch fixiert: darin liegt die Bedeutung der Psychoanalyse.

Die Psychoanalyse ist *Kritik:* denn sie klärt die Verinnerlichung gesellschaftlich-unbewußten Zwangs in das Individuum auf – den Zusammenhang von gesellschaftlichem und individualistischem Autoritarismus (EB: 127f.; IX: 254). Sie ist eine *bürgerliche* Kritik: denn sie erklärt *alle* Kultur triebtheoretisch und technisch-rationalistisch als Zwang, sie verdinglicht triebtheoretisch den gesellschaftlichen Zwang ebenso wie die Utopie, die über die Verhältnisse kritisch hinausweist. Insofern erliegt die Psychoanalyse den Aporien der »Massenpsychologie« Le Bons doch: den total verdinglichten Verhältnissen der Epoche des Imperialismus – das Unbewußte ist bekannt, wird beschrieben, soll *aufgeklärt* werden, und wird doch durch das positivistische Selbstverständnis der Psychoanalyse zur negativen Utopie einer Herrschaft der Ich-Instanz (I: 516), einer »Diktatur« der »Vernunft« (I: 598), verdinglicht. »Wahrheit«, erklärt der positivistische Freud (I: 597), ist die »Übereinstimmung« des »wissenschaftlichen Denkens« »mit der Realität«, mit der »realen Außenwelt«, kein gesellschaftlicher Zustand. Die Kehrseite dieses Wahrheitsbegriffs wäre nicht weltverändernde *Praxis* (vgl. EB: 132), sondern *Technik* als listige Anpassung an die Verhältnisse.

So ist Freuds Konstruktion der *Autonomie des Individuums* durch die Herrschaft der Ich-Instanz über das Es die Konstruktion eines angepaßten, ent-individualisierten, *sich selbst unterdrückenden, die Welt technisch beherrschenden Individuums.* Die Psychoanalyse bleibt, als Kritik der Verhältnisse, diesen doch verhaftet. – Nun kennt Freud nur den Gegensatz zwischen dem narzißtischen Ich und dem Massen-Ich, nicht aber die Vernunft-Utopie des sich in der Gesellschaft kosmopolitisch individuierenden, autonomen Ich. Das narzißtische Ich ist selbstverliebt und also egoistisch; das Massen-Ich zeigt umgekehrt Nächstenliebe und »Altruismus«. Das narzißtische Ich setzt alles, was ihm nicht gleicht, als Fremden und Feind, das Massen-Ich hingegen duldet »die Eigenart des anderen« (IX: 96). – Diese »Wendung vom Egoismus zum Altruismus« (IX: 97) erklärt Freud auch aus dem »Neid« des narzißtischen Ich (IX: 109-113). Es versucht, als Egoist, aus einer Masse herauszuragen, seine Besonderheit darzustellen; mißlingt dies, fordert es Gleichheit, Gerechtigkeit. Die soziale Gleichheit eliminiert, nach Freud, die Individualität und konstituiert die Herde, genauer: die Horde. Der Narzißmus, dem die Erfüllung versagt ist, fordert Gleichheit nicht als allgemeine, kosmopolitische Vernunft-Freiheit, sondern als allgemeine Unterdrückung narzißtischer Individualität.

»Was man dann später in der Gesellschaft als Gemeingeist, *esprit de corps* usw. wirksam findet, verleugnet nicht seine Abkunft vom ursprünglichen Neid. Keiner soll sich hervortun wollen, jeder das gleiche sein und haben. Soziale Gerechtigkeit will bedeuten, daß man sich selbst vieles versagt, damit auch die anderen darauf verzichten müssen, oder was dasselbe ist, es nicht fordern können. Diese Gleichheitsforderung ist die Wurzel des sozialen Gewissens und des Pflichtgefühls. (...)
Das soziale Gefühl ruht also auf der Umwendung eines erst feindseligen Gefühls (Neid; G.S.) in eine positiv betonte Bindung von der Natur der Identifizierung. (...) Nun vergessen wir aber nicht, daß die Gleichheitsforderung der Masse nur für die Einzelnen derselben, nicht für den Führer gilt. Alle Einzelnen sollen einander gleich sein, aber alle wollen sie von einem beherrscht werden. Viele Gleiche, die sich miteinander identifizieren können, und ein einziger ihnen allen Überlegener, das ist die Situation, die wir in der lebensfähigen Masse verwirklicht finden. Getrauen wir uns also, die Aussage Trotters, der Mensch sei ein *Herdentier,* dahin zu korrigieren, er sei vielmehr ein *Hordentier,* ein Einzelwesen einer von einem Oberhaupt angeführten Horde.« (Freud, IX: 112 f.)

Das Massen-Ich ist, in seiner Nächstenliebe, kein autonomes, andere in ihrer »Eigenart« tolerierendes, sondern ein *unterdrücktes, allgemeine Unterdrückung forderndes Ich:* es ist das Ich als Resultat der frühkindlichen Identifizierung mit dem Vater, es ist das Ich einer unterdrückten, sublimierten Liebe. Allein in dieser repressiven Form ist die »Liebe« ein »Kulturfaktor« (IX: 97). – Nicht das Massen-Ich ist das erste Subjekt der technischen Rationalität der Herrschaft, der »Diktatur« der Ich-Instanz, die über das Es hinausführt, sondern der *Vater-Führer.* Er objektiviert und beherrscht technisch-rational die Außenwelt der Gesellschaft und der Natur ebenso wie die innere Natur des Es; er ist die Personifikation nicht nur des Über-Ich, des kollektiven Ich-Ideals, sondern auch der instrumentellen Rationalität – er repräsentiert das Realitätsprinzip. Dadurch entspricht er dem Bedürfnis des vergesellschafteten Menschen: dem introjizierten gesellschaftlichen Zwang. – Der *Massen-Mensch* ist, durch diese Introjektion, das nachgeordnete Subjekt der technischen Rationalität. Allein der Vater-Führer, so erscheint es Freud, repräsentiert Freiheit durch Unterdrückung: Individualität (vgl. IX: 115). Die unterdrückten Massen-Menschen aber, die der Unterdrückung bedürfen, entbehren dieser Freiheit: sie zeigen einen »Mangel an Selbständigkeit und Initiative« (IX: 109), sie »sollen einander gleich sein« (IX: 113). – So koinzidiert in der Masse der Untergang des Individuums: sowohl in seiner narzißtischen Form wie in der Möglichkeit der Führer-Freiheit. Zugleich setzt sich in der Masse jeder dem anderen entgegen: indem jeder jeden objektiviert und technisch zu beherrschen sucht. *Die Masse ist eine soziale Einheit Atomisierter, die eines Führers bedarf.* In besonderen Zuständen zieht sich die technische Rationalität der Ich-Instanz auf den Führer zurück und die Masse regrediert (IX: 109). – Indem Freud die Logik der dialogischen, dialektischen Aufklärung der Psychoanalyse als Logik monologischer technischer Rationalität mißversteht, schwindet ihm die Vernunft-Utopie einer Gesellschaft, in der die Menschen ihrer selbst und ihrer Verhältnisse bewußt: in der alle frei sind. So entspricht der *Logik technischer Beherrschung* einer äußeren, inneren und gesellschaftlichen Natur eine *Theorie der anthropologischen Natur:* des Menschen als eines Triebwesens.

Freuds *technischer Rationalismus, seine entsprechende triebtheoretische Anthropologie,* reproduziert den gesellschaftlichen und individuellen *Autoritarismus* (siehe: EB: 127f.), gegen den der *Aufklärer* Freud doch so entschieden angeht. Der Mensch der Horde ist ein sich selbst und andere unterdrückendes, technisch-rationaler Unterdrückung durch einen Führer bedürfendes Wesen. Durch jenen Widerspruch: durch die Reduktion der Aufklärung auf technische Rationalität, durch die Reduktion der

Logik der Befreiung auf die Logik der Herrschaft, ist die Psychoanalyse dem *positivistischen Marxismus* der Zweiten Internationale verwandt, der sich – unter dem Titel eines positiven *Materialismus* – auf das vermeintlich emanzipatorische Potential der Produktivkraft-Entwicklung stellt und im bürokratisch organisierten Kapitalismus den Vorschein des »Vereins freier Menschen« (Marx) erkennt. Dieser Marxismus muß sich in Freuds Triebtheorie spiegeln: als einer positiv-materialistischen Theorie, als einer naturalistisch-anthropologischen Theorie der Innenwelt des Menschen. Die »Tiefenpsychologie« exponiert sich, durch ihre Reduktion der Aufklärung auf die instrumentelle Rationalität, einer *radikalisierten Aufklärung*, durch die sie in eine praktisch gerichtete kritische Theorie des »Gehäuses der Hörigkeit« (Weber) aufgehoben wird.

Mit der Psychoanalyse ist die Begründung einer *kritischen Theorie der Gesellschaft* als einer *Kritik der bürgerlichen Anthropologie* gesetzt, die sich weder unmittelbar – wie einst Marx – auf den aufklärerischen Gehalt, auf die »List der Vernunft« des *revolutionären Liberalismus*, noch auf die frühsozialistische, unter dem *Imperialismus* vom Marxismus der Zweiten Internationale aufgenommene Utopie einer *Befreiung durch technische Naturbeherrschung* (Marx: MEW 13: 8f.) stützen kann. Diese anstehende kritische Theorie weiß sich daher auch nicht im Kontext einer revolutionären Arbeiterbewegung, sondern einer *»konformistischen Revolte«* (Horkheimer) *konformistischer, zur »Masse« vereinigter Sozialatome.* Solche *Kritik* der bürgerlichen Anthropologie hat Freuds psychoanalytische Aufklärung der Massenpsychologie metakritisch zu radikalisieren: indem sie deren triebtheoretische Verdinglichungen gesellschaftstheoretisch aufhebt. Das freilich kann nicht umstandslos in Anlehnung an die Marxsche Kritik der liberalen Politischen Ökonomie gelingen: weil sich das liberale Gesellschaftlich-Unbewußte zum imperialistischen Gesellschaftlich-Irrationalen verfestigt hat. Freuds psychoanalytische Gesellschaftstheorie, ebenso wie deren Aporien, sind das Produkt dieses bürgerlichen Fortschritts und keine subjektivistischen Denkfehler.

5 Nationalsozialismus (1933 – 1945): Der Untergang des Individuums im autoritären Charakter

In der Großen Depression von 1929/33, durch die die Epoche des Imperialismus in die des *staatsinterventionistischen Kapitalismus* überging, manifestierte sich, daß schon unter dem Imperialismus – durch den irrationalen Rationalismus des »Systems der bürgerlichen Ökonomie« – der liberale Zusammenhang von *Krise und Kritik* verloren war: daß die Verhältnisse des Imperialismus die *Krise eines theoretischen Widerspruchs und eines praktischen Widerstands des organisierten Proletariats* produziert hatten. Der Marxismus der Zweiten Internationale hatte sich in einen positivistischen Marxismus verwandelt, der die instrumentelle Rationalität der Produktivkraft-Entwicklung fetischisierte; die Arbeiterbewegung spaltete sich in die reformistische Sozialdemokratie und den dogmatischen Partei-Kommunismus. Auch die *liberale Utopie des Individuums* war in der atomisierten Masse untergegangen. Die Große Depression produzierte in den USA den geplanten Kapitalismus des New-Deal-Systems, in Deutschland die »konformistische Revolte« (Horkheimer), den SS-Staat und den Zweiten Weltkrieg. Während der Nationalsozialismus 1945 besiegt wurde, brach der nordamerikanische geplante Kapitalismus mit der Weltwirtschaftskrise um 1971/81 zusammen.

In den *USA* bestand die Reaktion auf die Große Depression nicht in einer Abkehr vom kapitalistischen Fortschritt, sondern in dessen technisch-rationaler Steuerung durch die *Politik des New-Deal* unter dem Präsidenten F. D. Roosevelt. So war diese Politik-Ökonomie Ausdruck der *Dialektik der bürgerlichen Aufklärung,* der Genese des naturwissenschaftlichen Positivismus aus dem liberalen Gesellschaftlich-Unbewußten. Theoretisch inspiriert war die New-Deal-Politik durch W. F. Ogburns *Theorie Sozialen Wandels,* vor allem aber durch J. M. Keynes 1936 publizierte *Allgemeine Theorie der Beschäftigung, des Zinses und des Geldes.* Nach Ogburns Theorie, manifestiert in dem Regierungsbericht: *Recent Social Trends in the U.S.,* der von einer Kommission unter seiner Leitung erarbeitet und 1933 vorgelegt worden war, bestand die Krise nicht in einer Krise des Gesamtsystems, sondern nur im ungleichen Fortschritt der gesellschaftlichen Teilsysteme (Theorie des *cultural lag),* vorab der Produktion einerseits, der Konsumtion andererseits. Der New-Deal bestand darum in keinem Gesamtplan zur Steuerung des Gesamtsystems, sondern in einer Fülle von binnen- und außenwirtschaftlichen Maßnahmen zur Behebung der Ungleichheit zwischen den Teilsystemen. Sie beruhten alle auf der Annahme, die Krise sei eine *Unterkonsumtionskrise* und müsse mit defizitär finanzierten staatlichen Maßnahmen zur *Steigerung der Nachfrage* bewältigt werden. – *Binnenwirtschaftlich* ausgerichtet waren unter anderem: die Kontrolle des Wertpapier-Handels und die Reform des Bankwesens; Reformen des Industriesektors zur Sicherung des Wettbewerbs, zur Reduktion der Arbeitszeiten und zur Förderung der gewerkschaftlichen Organisierung; die Reduktion der landwirtschaftlichen Überproduktion; Arbeitsbeschaffungs-Maßnahmen; Regionalpolitik. – *Außenwirtschaftlich* ragten drei Maßnahmen heraus, die zum Bretton-Woods-System (1944) und zum GATT (1948) führten: Abwertung des Dollar gegenüber dem Gold zur Förderung des Warenexports; Auslandshilfe zur Stützung der Auslandsnachfrage; Organisierung des Außenhandels nach den Prinzipien der Meistbegünstigung und der Reziprozität. – Die Gesamtheit der Maßnahmen bedeutete eine Zentralisierung und technokratische Ausrichtung der US-Politik. Den *Autoritarismus* dieser Politik-Ökonomie hat Keynes ausgedrückt, indem er im Vorwort zur deutschen Ausgabe (1936) seiner *General Theory* bemerkte, die Theorie sei eher auf »Zustände anwendbar, in denen die staatliche Führung ausgeprägter ist« als in den »angelsächsischen Ländern« – daher könne die »Theorie der Produktion als Ganzes ... viel leichter den Verhältnissen eines totalen Staates angepaßt werden« (a.a.O., IX).

Deutschland war nach 1933 das Land dieses Autoritarismus, weil hier das vorläufige Ende der Geschichte des *Umschlags der bürgerlichen Aufklärung* in eine irrational-rationale Gesellschafts-Mythologie mit den Konsequenzen der *deutschen Gegenaufklärung* koinzidierte. So nahm im Deutschen Reich die »konformistische Revolte« als Reaktion auf die Große Depression die Form des *Nationalsozialismus* an: eines Sozialismus ohne gesellschaftsgeschichtliche Erinnerung, ohne vernunftgegründete Utopie – eines Systems *vollendeter gesellschaftlicher Bewußtlosigkeit.* Am 30. Januar 1933 wurde Hitler zum Reichskanzler ernannt. Die nationalsozialistische Politik-Ökonomie war die deutsche Version des geplanten Kapitalismus (siehe: Stapelfeldt 2009a: 79-162).

Franz Neumann (1900-1956) hat in seiner klassischen Studie: *Behemoth. Struktur und Praxis des Nationalsozialismus 1933-1944* (1942/44) die Traditionen bezeichnet, auf die sich der Nationalsozialismus politisch-ökonomisch stützte: er nannte Fichte den »Vorläufer des völkischen Nationalismus«; List sei mit seiner Volksökonomie der »erste ausgesprochene Nationalsozialist« gewesen (a.a.O., 136, 139). Als Traditionen sind zudem die »Jüngere Historische Schule der deutschen Nationalökonomie« zu nennen, außerdem Mengers Volkswirtschaftslehre, die sich ausdrücklich auf die ältere Historische Schule berief (vgl. Jaeger 1988: 178).

Ideologisch und praktisch basierte die nationalsozialistische Politik-Ökonomie auf dem Konzept des *Volkes;* die deutsche Nationalökonomie hieß nun »völkische Wirtschaft«. Die Identität des Volkes ist die irrationale Rationalität der in einer Gesellschafts-Mythologie zur Konsequenz gelangenden bürgerlichen Aufklärung. Das Volk ist darum das kollektive Subjekt der Gegenaufklärung: eine Gemeinschaft, die integriert ist durch die gemeinsame Abstammung (Blut), das gemeinsam bewohnte Territorium (Boden) und die Gemeinsamkeit undurchschauter Traditionen. So ist das Volk der Gegensatz gegen die liberale Gesellschaft (vgl. Tönnies 1887), freilich in bewußtloser Einheit mit dieser durch die Dialektik der Aufklärung. Das Volk ist mithin unmittelbar entgegengesetzt: der liberalen Aufklärung; dem politischen und ökonomischen Liberalismus und Rationalismus, also den Menschenrechten, den Utopien ewigen Friedens, kosmopolitischer Freiheit und Gleichheit, der Demokratie und dem Kapitalismus; dem aufklärerisch-revolutionären, internationalistischen Sozialismus und Kommunismus; allem Fremden, besonders dem Judentum. So ist das Volk eine autoritäre soziale Welt, die nach innen masochistisch alle Gegensätze unterdrückt und nach außen sadistisch Fremde als Feind bekämpft. Der Bürger der *autoritären Volks-Gemeinschaft* und des *autoritären Staates* ist der *autoritäre Charakter:* er ist die Personifikation der Gemeinschaft, total vergesellschaftet, ohne Besonderheit gegen das Allgemeine – denn dieses Allgemeine hat, als ein Irrationales, unmittelbar alle transzendierenden Vernunft-Ansprüche hinter sich gelassen, auf die sich ein vernünftiger Widerspruch, ein vernünftiger Widerstand stützen könnte. In der autoritären, *bewußtlosen* Volks-Gemeinschaft gelangt die unter dem Imperialismus ausgebildete, in sich *atomisierte Masse* zur Konsequenz.

Die nationalsozialistische *Volks-Gemeinschaft* konstituierte sich als eine scheinbar klassenlose, eben totalitäre Gemeinschaft: eine Gemeinschaft, die über die liberale Entzweiung von Individuum und Gesellschaft ebenso hinaus ist wie über den proletarischen Klassenkampf. »Volkstum« und »Rasse«, schrieb Hitler in *Mein Kampf,* sind die Basis des Staates. Der Staat ist bloßes Mittel zur Verwirklichung des »höchsten Zweckes des Daseins der Menschen«: der »Bewahrung ihrer Art« (zit. bei Neumann 1942/44: 92). Das Volk ist somit als eine weitgehend biologische Entität aufgefaßt (ebd.; vgl. ebd. 131ff., 136 ff.). Innerhalb dieser *Volksgemeinschaft* scheinen alle Gegensätze liquidiert – sie erscheint als *klassenlose Gemeinschaft.* Parteien und ökonomische Interessen-Verbände, die partikulare Interessen gegen das Allgemeine geltend machen könnten, stehen zur Volksgemeinschaft in Gegensatz und müssen eliminiert werden. Am Anfang der nationalsozialistischen Herrschaft standen daher die Auflösung oder das Verbot von Parteien und Gewerkschaften. Während die bürgerlichen Parteien (Zentrum, Deutschnatinale Volkspartei, Bayrische Volkspartei) sich selbst auflösten (Juni/Juli 1933), wurden die Aktivitäten der SPD verboten und das Parteivermögen beschlagnahmt (Mai/Juni 1933); die KPD war bereits nach dem Reichstagsbrand aufgelöst, die Parteimitglieder verhaftet worden (Februar 1933) (ebd. 96). Am 2. Mai 1933 stürmten Nationalsozialisten alle Gewerkschaftsbüros; am 12. Mai 1933 wurde das Gewerkschaftsvermögen beschlagnahmt (ebd. 479). Mit Gesetz vom 14.7.1933 wurde die Neugründung von Parteien verboten (siehe die bei Hofer 1982: 60-63 abgedruckten Dokumente). – Auf Basis der Idee vom *einen Volk* konstituierte sich ein *»totalitärer«, ein »autoritärer Staat«* (Neumann 1942/44: 75ff., 271). Mit dem ›Gesetz zur Behebung der Not von Volk und Reich‹ *(›Ermächtigungsgesetz‹)* vom 24.3.1933 (Text in: Hofer 1982: 58f.), das vom Reichstag gegen die Stimmen der SPD beschlossen wurde, waren alle verfassungsmäßigen Rechte des Parlamentes – zunächst bis zum 1.4.1937 – auf die Regierung übertragen worden. Als schließlich Hitler, nach Hindenburgs Tod am 2.8.1934, neben dem Amt des Reichskanzlers auch das des Reichspräsidenten übernahm, war der lange zuvor von M. Weber prognostizierte rational-autoritäre Führerstaat wirklich geworden. Er gründete sich nicht auf Vernunft und Moral, sondern – der deutschen Tradition folgend – auf den gegenaufklärerischen gesellschaftlichen Irrationalismus, sowie – auf dieser Grundlage – auf einen technischen Rationalismus.

Dieser irrational-rationale, auf die Selbsterhaltung der »Rasse« gerichtete, Zusammenschluß der Volks-Gemeinschaft war unmittelbar die Institutionalisierung des gegenaufklärerischen *politischen Anti-Liberalismus* – Gegensatz und Konsequenz des kosmopolitischen Liberalismus (vgl. Jaeger 1988: 176-178). Der politische Antiliberalismus erschien in der nationalsozialistischen Propaganda unmittelbar als Diffamierung der Weimarer Republik. Diese Republik habe die Erfüllung des entwürdigenden Vertrages von Versailles betrieben; in dieser Republik sei »Freiheit zur Anarchie verkommen«; der Parlamentarismus sei »unfähig, eine Entscheidung zu fällen«; die Parteien entzweiten durch ihren Streit um Macht die Einheit der Volksgemeinschaft; endlose Debatten verstellten jede Kraft zur Dezision (siehe: Neumann 1942/44: 68-75; Hofer 1982: 28).

Indem *ökonomisch* der Liberalismus mit dem Kapitalismus identifiziert wurde, war der Anti-Liberalismus der nationalsozialistischen Propaganda unmittelbar ein *Anti-Kapitalismus,* der sich mit dem Titel eines Sozialismus der arbeitenden Klasse empfahl. Der Kapitalismus wurde als bloß materialistisch denunziert (Neumann 1942/44: 68) – er habe »das Primat der Politik« gegenüber der Ökonomie umgekehrt. Ziel des Nationalsozialismus sei daher, diese Perversion zurückzunehmen (ebd. 284f.): der Staat habe dem Volk, die Wirtschaft aber Volk und Staat zu dienen – sie sei »völkische Wirtschaft« (siehe: Hofer 1982: 84). Darum spielten Wirtschaftsfragen in der politischen Strategie eine nachgeordnete Stellung (Barkai 1988: 27ff.).

Zentral war die *»Gleichsetzung von Kapitalismus und Judentum«* (Neumann 1942/44: 146) in der anti-kapitalistischen Propaganda, im Massenmord des SS-Staates (Kogon 1945/48) an den Juden. Der Kapitalismus wurde auf das Handels- und Geld- sowie auf das Finanzkapital reduziert. Dies war allerdings der Wirtschaftssektor, in den die Juden seit Jahrhunderten gezwungen worden waren (Neumann 1942/44: 149; vgl. Claussen 1987: 21ff.). Trotz einer differenzierten »Berufs- und Wirtschaftsstruktur der Juden in Deutschland« blieb die »Konzentration der Juden im Handel und in handelsnahen Tätigkeiten ... bestimmendes Phänomen jüdischer Erwerbstätigkeit«; akademische Berufe, die die Möglichkeit wirtschaftlicher Selbständigkeit boten (Arzt, Rechtsanwalt), wurden bevorzugt (Plum 1993: 268, 282ff.). Der Anti-Kapitalismus konnte daher unmittelbar als *Antisemitismus* artikuliert werden, ohne den (Industrie-)Kapitalismus zu tangieren. Im Parteiprogramm der NSDAP vom Februar 1920 wurde im Punkt 11 die »Abschaffung des arbeits- und mühelosen Einkommens, Brechung der Zinsknechtschaft« gefordert und in Punkt 18 ein »Kampf gegen diejenigen« angekündigt, »die durch ihre Tätigkeit das Gemeininteresse schädigen«. Konsequenz: »Wucherer und Schieber ... sind mit dem Tode zu bestrafen ...« (Text abgedruckt bei: Hofer 1982: 28-31; vgl. Neumann 1942/44: 279f.).

Neumann (1942/44) hat in diesem Kontext auf eine sehr wichtige Entwicklung des Kapitalismus zwischen 1900/1910 und 1930/33 hingewiesen (ebd. 372-383): Das *Finanzkapital* existiere in der Form, wie es von Hilferding um 1910 beschrieben worden war, weitgehend nicht mehr. Nach der Phase der Abhängigkeit des Industrie- vom Bankkapital durch Kredite und Aktien-Emissionen, notierte Neumann, sei das Industriekapital zunehmend mehr in der Lage gewesen, die »Expansion aus unverteilten Gewinnen zu finanzieren« und somit »von den Banken nahezu unabhängig« zu werden. »In der letzten Phase« schließlich drang das Industriekapital in »Banken und Versicherungen« ein und kehrte damit die alte Abhängigkeit um. Insbesondere die schwere Bankenkrise von 1931 hatte die traditionell zentrale Stellung des Bankkapitals in Deutschland schwer erschüttert (vgl. Barkai 1988: 195ff.). – Noch stärker als das Finanzkapital war das *Handelskapital* von einer Erosion seiner gesellschaftlichen Bedeutung betroffen. Der nach 1918/19 weiter zunehmende Prozeß der Kapitalkonzentration und Kartellbildung schränkte die Sphäre der Zirkulation, die Existenzbasis vieler Juden, immer stärker ein (Horkheimer 1939: 136). So waren Juden von den Wirtschaftskrisen der Weimarer Republik besonders betroffen. Weil sie selbständig waren, hatten sie nicht einmal Anspruch auf Arbeitslosenunterstützung. – Der nationalsozialistische Antisemitismus richtete sich mithin gegen *untergehende Formen des Kapitals.* Indem das »raffende« Kapital angegriffen wurde, konnte das »schaffende« Kapital ungestört den Akkumulationsprozeß fortsetzen (vgl. Hilferding 1910: 377, 379). In einer 1941 vom ›Beauftragten des Führers für die Überwachung der gesamten geistigen und weltanschaulichen Schulung und Erziehung der NSDAP‹, Alfred Rosenberg, herausgegebenen Schrift wurden das »schaffende und das parasitäre Prinzip« unterschieden: ein von Parasiten »befallener Körper« – ob ein menschlicher Körper oder ein Staat –

> »muß die eingedrungenen Parasiten überwinden oder er wird von ihnen überwunden. (...) Bei derartigen Auseinandersetzungen und Vorgängen können humanitäre Grundsätze überhaupt nicht herangezogen werden, ebensowenig wie bei der Desinfektion eines Körpers oder eines Raumes.« (Text in: Hofer 1982: 279 f.; vgl. ebd. 280 ff.)

Der Antisemitismus war eine Ersatzrevolte gegen den Kapitalismus: Ersatzform einer anstehenden *Kritik* der kapitalistischen *Krisen* von 1922/23, vor allem von 1929/33.

Der *Bürger* dieser differenzlosen, scheinbar klassenlosen Volksgemeinschaft, dieses Volks-Staates, konnte nur die Personifikation des Anti-Liberalismus, des Anti-Kapitalismus und Anti-Semitismus sein: ein Individuum, das *ohne Besonderheit* gegen das Allgemeine der abstrakt-identischen Gemeinschaft ist, das deshalb seine Individualität unbewußt *masochistisch* unterdrücken, das Unterdrückte auf andere projizieren und an diesen *sadistisch* bekämpfen muß. Dieser unterdrückte Bürger, der die Unterdrückung unbewußt verinnerlicht hat und darum gegen andere richtet, ist sich weder seiner selbst noch seiner Verhältnisse bewußt: darum konstituiert er die ent-individualisierte »Masse«, darum ist er sozial atomisiert. Die Anderen, die sich als jene Projektionsflächen eignen, müssen einerseits *das Unterdrückte repräsentieren,* also das »Lustprinzip« – sonst wäre der Masochismus ohne seinen Gegenstand. Die Anderen müssen andererseits mögliche *Personifikationen jener Unterdrückung* sein, die das masochistische Individuum gegen sich selbst vollstreckt – so koinzidiert die Revolte gegen die Unterdrückung mit der Reproduktion der Unterdrückung. Der masochistisch-sadistische Kampf befriedigt ein doppeltes Bedürfnis: Kritik des repressiven Kapitalismus, Repression utopisch-emanzipatorischer Triebe. Durch diese Bedürfnisbefriedigung sind Masochismus und Sadismus nicht bloß destruktiv, sondern auch lustvoll. Das ist die Logik der *»konformistischen Revolte«* (Horkheimer 1974: 164).

Dieses ent-individualisierte Individuum ist der *masochistisch-sadistische,* der *autoritäre Charakter* als Bürger des autoritären Staates. Im autoritären Charakter manifestiert sich das Zusammenfallen der Dialektik der bürgerlichen Aufklärung mit der Gegenaufklärung: die zur Konsequenz gebrachte Bewußtlosigkeit und Verdinglichung gesellschaftlicher Verhältnisse. Im autoritären Charakter manifestiert sich der Untergang nicht nur der Utopie des Individuums, sondern vor allem des proletarischen Widerspruchs und Widerstands im blinden Konformismus der atomisierten Masse. Die autoritären Verhältnisse enthalten einen utopischen Vorschein allein noch in dem, was der autoritäre Charakter an sich selbst und an anderen *sado-masochistisch* unterdrücken muß.

So haben die marxistischen Kritiker des *SS-Staates* diesen *autoritären,* diesen *masochistisch-sadistischen Charakter* untersucht. Auf der Grundlage der Marxschen Kritik der Politischen Ökonomie und im Anschluß an die Psychoanalyse Freuds suchten sie das Neue zu begreifen: das *Ende des Zusammenhangs von Krise und befreiender theoretisch-praktischer Kritik,* den *Untergang der Utopie des Individuums,* die *»Krise« – wenn nicht die »schwere Niederlage«* (Reich 1933: 5) *– der »Arbeiterbewegung«.* Die *totale gesellschaftliche Verdinglichung,* die vollendete Konsequenz des liberalen Gesellschaftlich-Unbewußten in einem irrational-rationalen Kosmos (vgl. Horkheimer 1941: 197), erschien im Untergang solidarischen Widerspruchs und Widerstands, im Untergang des Individuums in der Masse und in der sozialen Atomisierung ineins. *In der Masse:* denn die irrational-rationale Volksgemeinschaft enthält keine transzendierenden Vernunftansprüche, auf die sich ein Widerspruch, ein Widerstand stützen könnte; so ist die Masse unmittelbar gegensatzlos durch die totale Repression des Nicht-Identischen, des Besonderen. *Im Sozialatomismus:* denn der Bürger der Volksgemeinschaft ist, gerade durch die totale Vergesellschaftung, ohne Bewußtsein der Verhältnisse und wähnt sich darum als ein Robinson. Im gesellschaftlich unbewußten Individualismus vollendete sich die Zerstörung des Individuums.

»Der Zustand, in dem das Individuum verschwindet, ist zugleich der fessellos individualistische, … Daß die Freisetzung des Individuums durch die ausgehöhlte Polis nicht etwa den Widerstand stärkt, sondern ihn, ja die Individualität selber eliminiert, wie es dann in Diktaturstaaten sich vollendet, ist das Modell eines der zentralen Widersprüche, die vom neunzehnten Jahrhundert in den Faschismus trieben.« (Adorno 1944 / 47: 197)

Die dialektische Kritik der Gesellschaft, die gegen das Unwahre nicht das Wahre zu setzen, sondern das Unwahre aufzuklären hat, hatte deshalb beim vollendeten Fetischismus anzusetzen: anthropologisch beim autoritären Charakter. Dieser ist jene Monade, von der Dilthey (VII: 199) – in einer Apologie des irrationalen Allgemeinen – bemerkte: in ihm sei das »geschichtliche Universum« enthalten, und darum könne an dieser Monade das Ganze studiert werden. Die Kritischen Theoretiker um Max Horkheimer haben also mit Marx das »System der bürgerlichen Ökonomie« (MEW 13: 7) bestimmt, mit einem marxistisch verstandenen Freud aber die Innenwelt des autoritären Charakters untersucht, um in diesem die logische Struktur des autoritären Staates und der autoritären Gesellschaft aufzuklären: den Nationalsozialismus. Die Verbindung von *Kritik der Politischen Ökonomie* und *Psychoanalyse:* die *Gesellschafts-Kritik der bürgerlichen Anthropologie,* erschien zwingend aufgrund der *Dialektik der Aufklärung:* des bürgerlichen Fortschritts von der »List der Vernunft« (Hegel) zur »List« ohne »Vernunft« – des bürgerlichen Fortschritts zur »Barbarei« (Reich, Horkheimer, Adorno). Es ist – nach Keynes' Bemerkung über den Autoritarismus des geplanten Kapitalismus – kein Widerspruch, wenn die *Studien zum autoritären Charakter* (1950) diesen Autoritarismus ebenfalls in der großstädtischen Mittelschicht der USA feststellten.

Freilich mußte die Verbindung der Theorien von Marx und Freud deren *Aporien* reproduzieren. – Auf der einen Seite hatte der Marxismus nach Marx sich in eine positivistische Politik-Ökonomie verwandelt. Unter den veränderten Verhältnissen des Systems der bürgerlichen Ökonomie schob dieser Marxismus die Aufklärung der gesellschaftlich-bewußtlosen Verhältnisse in der Darstellung des Fetischcharakters der Ware beiseite, stellte sich auf die scheinbar kritische Potenz der Produktivkraft-Entwicklung, konstruierte die Logik des Kapitals und der Geschichte als ein naturgesetzliches Sein und reklamierte damit für die arbeitende Klasse noch einmal die Rolle eines revolutionären Subjekts. Dem entsprach Freuds naturwissenschaftlich-positivistisches Selbstmißverständnis, konzentriert in der Triebtheorie. Auf diese Strukturanalogie von Kritik der Politischen Ökonomie und Psychoanalyse stützten sich, in einer konsequent orthodoxen Form, *Wilhelm Reich* (1897-1957) und *Siegfried Bernfeld* (1892-1953). Aber auch die Kritischen Theoretiker um *Max Horkheimer* (1895-1973) und *Erich Fromm* (1900-1980) sind in den dreißiger Jahren – besonders augenfällig in den *Studien über Autorität und Familie* (1936) – vom »orthodoxen Marxismus« (K. Korsch, G. Lukács) noch so weit geprägt, daß auch sie die gesellschaftliche Bewußtlosigkeit nicht politisch-ökonomisch, sondern psychoanalytisch und kulturkritisch zu begreifen suchen und analog den ›Verein freier Menschen‹ (Marx) als ›verwaltete Welt‹ (Horkheimer) phantasierten. – Um 1923 aber haben *Karl Korsch* (1886-1961) und *Georg Lukács* (1885-1971) jenen positivistischen Marxismus, die Marxsche Theorie des Warenfetischismus wieder entdeckend, einer dialektischen, aufklärenden Kritik unterworfen (siehe: Stapelfeldt 2008b: 369-418). In dieser Linie haben *Max Horkheimer* (1895-1973) und *Theodor W. Adorno* (1903-1969) nach 1939/40 die Dialektik der Kritik der Politischen Ökonomie mit den dialektischen Gehalten der Psychoanalyse zu einer kritischen, aufklärenden Geschichtsphilosophie der »Barbarei« (Horkheimer/Adorno1944/47) verknüpft, die freilich über die Aporien des Marxismus der Zweiten Internationale nicht vollständig hinausgelangte und daher ihre Kritik wesentlich auf die Freudsche Triebtheorie stützte. Zu nennen sind, in dieser Linie, die »dialektische Anthropologie« in der *Dialektik der Aufklärung* (1944/47), Adornos *Minima Moralia* (1944/47), endlich die *Studien zum autoritären Charakter* (Adorno et al., 1950).

Die eine, von *Reich,* aber auch von *Horkheimer* und *Fromm* in den dreißiger Jahren vertretene *Kritik,* die in der Tradition der Kritik der Politischen Ökonomie und der Psychoanalyse der Aufklärung der Strukturen des autoritären Staates galt, war zunächst unmittelbar durch den *Fortschritt vom Liberalismus zum Imperialismus* bestimmt. Der *Marxismus der Zweiten Internationale* hatte, angesichts des bürgerlichen Fortschritts nach der Krise von 1873/79, in der Entfaltung der Produktivkräfte durch die Zweite Industrielle Revolution ebenso wie in den Strukturen des bürokratisch gesteuerten Monopolkapitalismus: im System technisch-rationaler Beherrschung von Natur und Gesellschaft, den positiven Vorschein eines »Vereins freier Menschen« erkannt. Dieser *positivistisch-rationalistische Marxismus,* der sich auf die Traditionen von Saint-Simon bis zum jungen Marx (MEW 3: 50ff., 70-77; MEW 13: 8f.) stützen konnte, hatte sich von der dialektischen Aufklärung unbewußter gesellschaftlicher Verhältnisse (vgl. Engels: MEW 1: 515; Marx: MEW 23: 25-28, 85-98) verabschiedet, um im Bestehenden die positiven Elemente einer vernünftigen Gesellschaft zu identifizieren; Marx' Theorie des Warenfetischismus blieb unbeachtet. Indem die in den Produktivkräften vergegenständlichte technische Rationalität zum Hebel der Kritik erhoben wurde, wurde diese auf die Basis einer technischen Beherrschung der »ersten Natur« und der Gesellschaft gestellt; indem die Aufklärung der gesellschaftlichen Fetischisierungen zurückgelassen wurde, wurden bewußtlos erste und »zweite Natur« (Hegel: Bd. 12: 57), Technik und Aufklärung identifiziert; indem die naturbeherrschende Rationalität fetischisiert wurde, wurde die arbeitende Klasse wiederum als revolutionäres Subjekt gewürdigt. So erlag der orthodoxe Marxismus, so erlag noch die frühe Kritische Theorie den gesellschaftlichen Fetischisierungen und proklamierte als Materialismus, was Fetischismus war. – Dieser *marxistische Materialismus* verband sich, die Orthodoxie zugleich bewahrend und revidierend, mit der *Triebtheorie der Psychoanalyse:* als einer scheinbar *materialistischen Sozialpsychologie.* Die Rezeption der Lehre Freuds erschien zwingend: Trotz der Großen Depression war die proletarische Revolution ausgeblieben, hatte der »Nationalsozialismus« über den »wissenschaftlichen Sozialismus« gesiegt (Reich 1933, 16). Pur »orthodox« ließ sich einzig eine »proletarische Erhebung« (Horkheimer 1977: IX) begreifen, nicht aber eine »konformistische Revolte« (Horkheimer 1974: 164). Auf dem Boden des orthodoxen Marxismus, so schien es, war die Barbarei einzig psychoanalytisch und kulturkritisch aufzuklären, mußten der Innenwelt des Menschen und der Kultur eigene, von der Politik-Ökonomie unabhängige Gesetze vindiziert werden. Aus der Perspektive des psychoanalytisch aufgeklärten orthodoxen Marxismus schien es also, als ob es möglich sei, am autoritären Charakter – weil dieser sich durch ein widersprüchliches Bedürfnis konstituierte – nicht nur das introjizierte repressive Allgemeine monadologisch zu studieren, sondern sich dabei auch auf die unterdrückten utopisch-emanzipatorischen Bedürfnisse zu stützen, die Freud triebtheoretisch-naturwissenschaftlich zum Eros verdinglicht hat. In der Innenwelt des »vereinzelten Einzelnen« schien die Gesellschaftsgeschichte als Gewaltgeschichte ebenso wie als Geschichte sozialer Utopien, die sich im Antrieb zur Revolte gegen das unwahre Allgemeine manifestierten, sedimentiert. So schien die Kritik die Theorie der Gesellschaft, durch die totale Verdinglichung erzwungen, auf eine Anthropologie zu reduzieren.

Nachdem aber der positivistisch-materialistische Marxismus, durch die *dialektischen,* explizit an der *Dialektik der Wertform* gebildeten Kritiken von Korsch und Lukács, als Ausdruck des gesellschaftlichen Fetischismus aufgeklärt und als »orthodoxer Marxismus« begriffen worden war (siehe: Lukács 1923: 58ff.; Korsch 1931), wandte sich das Interesse der an Marx anschliessenden Kritik der Lehre Freuds in anderer Weise zu: als *Aufklärung des Gesellschaftlich-Unbewußten* in der Innenwelt des total vergesellschafteten, ent-individualisierten Sozialatoms. Diese Wendung deutete sich in der Kritischen Theorie Horkheimers in den dreißiger Jahren, bewußtlos mit der Orthodoxie verknüpft (vgl. Stapelfeldt 2004: 149-173; 2008b: 449-479), auch an, gelangte aber erst nach 1939/42 zur Konsequenz: in Horkheimers Essay *The End of Reason* (1941) zuerst, dann vor allem in der *Dialektik der Aufklärung* (Horkheimer/Adorno 1944/47): der Geschichtsphilosophie des Umschlags der Entmythologisierung der gesellschaftlichen Welt in einen neuen rationalen Mythos. – Durch diese, an Webers Theorie der »Entzauberung der Welt« (Weber: WL, 594; Horkheimer/Adorno 1944/47: 13) orientierte, Geschichtstheorie ließen Horkheimer und Adorno den orthodoxen Marxismus hinter sich und wandten sich radikal der *Kulturkritik* zu. Weil sie die Logik der Produktivkraft-Entwicklung nunmehr nicht als Logos der Befreiung, sondern der Herrschaft begriffen, schien eine Kritische Theorie der Gesellschaft nicht länger durch eine Kritik der Politischen Ökonomie begründbar. Die Kritische Theorie formulierte wesentlich eine *psychoanalytisch aufgeklärte Kulturkritik der Barbarei:* der bürgerlichen Gesellschaft im Stadium ihrer fetischistischen Anthropologisierung. Nur in diesem Rahmen wurde Marx' Kritik in ihrem philosophischen Gehalt rezipiert: als Aufklärung des Warenfetischismus. – Adornos Aphorismensammlung *Minima Moralia* (1944/47) hat die klassische kritische Aufklärung der bürgerlichen Anthropologie im Stadium des »autoritären Staates« geliefert; Adorno war auch Ko-Autor der *Studien zum autoritären Charakter* (1950). Die »dialektische Anthropologie« vermag das Subjekt der Kritik nicht länger in der arbeitenden Klasse zu erkennen: denn das »System der bürgerlichen Ökonomie« hatte sich schon unter dem Imperialismus, vollends unter dem autoritären Staat, zu einem System totaler Bewußtlosigkeit ohne Gehalte vernunftgegründeter Erinnerung und Utopie entwickelt. Dem entsprach, gesellschaftlich, die Konstitution einer ent-individualisierten Masse von Sozialatomen. Der Bildung eines kritischen Gesamtsubjekts – einer Klassen-Solidarität – war durch den Atomismus der Boden entzogen; zugleich war durch die Bildung der Masse die Grundlage einer »konformistischen Revolte« bereitet. Diese Kritische Theorie rekurrierte, weil ihr in der Aufklärung alle kritisch-utopischen Gehalte eliminiert schienen, auf utopische Gehalte der negierten Mythologie: auf das Judentum, auf die Kunst, auf Freuds mythologische Triebtheorie.

Diese Konsequenz ist indes nur zwingend, wenn der Umschlag der Aufklärung in »instrumentelle Vernunft« (Horkheimer 1946) absolut, immanent unüberschreitbar scheint. Kann aber gezeigt werden, daß im bürgerlichen Fortschritt von der »List der Vernunft« zum irrational-rationalen System einer »List« ohne »Vernunft« die kritisch-utopischen Gehalte durch »bestimmte Negation« aufgehoben, aber nicht eliminiert sind, dann ist ein kritischer Widerspruch gegen den gesellschaftlichen Irrationalismus auch anders zu denken: als geschichtsphilosophische Erinnerung jener »bestimmten Negation« der Vernunft im Fortschritt der Dialektik der Aufklärung. Das Subjekt der Kritik erscheint dann als ein Individuum, das die gesellschaftlich negierten Utopien anachronistisch revoltierend erinnert, ohne sich auf transzendierende Tendenzen stützen zu können, ohne die eine praktische Kritik nicht ist. Ist aber die theoretische Kritik, als Aufklärung, nicht ohne eine Selbst- und Weltveränderung möglich, so erstarrt das revoltierende Individuum im Dogmatismus, über den es nur soweit hinaus gelangt, wie die Erinnerung dessen Zwang reflektiert. Das ist die Aporie einer kritischen Theorie der Gesellschaft als Kritik der »Barbarei«.

5.1 Reichs orthodoxer Freud-Marxismus: *Massenpsychologie des Faschismus* (1933)

Freuds Psychoanalyse ist schon in den zwanziger Jahren von zahlreichen Autoren studiert und sehr kontrovers diskutiert worden, die einerseits in der Tradition der Lehre von Marx standen, andererseits Psychoanalytiker waren (siehe Bernfeld et al. 1970): Jurinetz (1925), Bernfeld (1926), Reich (1929), Sapir (1929), Stoljarov (1930); zu nennen ist auch Erich Fromm (1932). Adorno, der nicht zu diesem Kreis zu rechnen ist, hatte ebenfalls in den zwanziger Jahren die Psychoanalyse studiert (1927).

Sowohl diese an der Psychoanalyse interessierten Marxisten wie jene an der Marxschen Kritik interessierten Psychoanalytiker bewegten sich auf dem Boden des – von Lukács (1923) und Korsch (1931) im Anschluß an Hegel kritisierten – *»orthodoxen Marxismus«:* eines Marxismus, der sich unter dem Imperialismus auf das scheinbar kritische Potential der Produktivkraftentfaltung, also auf die technische Rationalität gestellt und sich dadurch von der dialektischen Aufklärung unbewußter gesellschaftlicher Verhältnisse durch die Lehre vom Fetischcharakter der Ware verabschiedet hatte. So erlag dieser positive Marxismus, dem das gesellschaftliche Subjekt naturbeherrschender Rationalität, die arbeitende Klasse, als emanzipatorisches Subjekt erscheinen mußte, dem gesellschaftlichen Fetischismus unbewußter Verhältnisse, verdinglichte diese zum *»Materialismus«* und die *Dialektik* als Aufklärung unbewußter Verhältnisse zum Logos des Seins – des Seins der Gesellschaft und der Natur ineins. Marx' Bemerkung gegen Lassalle, daß eine Wissenschaft erst »durch Kritik ... auf den Punkt« zu bringen ist, »um sie dialektisch darstellen zu können« (MEW 29: 275), blieb unbeachtet: die materialistische Dialektik wurde vom orthodoxen Marxismus – im Anschluß an Engels' *Dialektik der Natur* (1873-83) und Lenins *Materialismus und Empiriokritizismus* (1908/09) – ihres kritischen Gehalts benommen und zur unveränderlichen logischen Struktur der Welt verdinglicht. Analog wurde auch die Psychoanalyse Freuds keineswegs »durch Kritik« in die Kritik der Politischen Ökonomie aufgehoben, sondern als eine positive, mit der Lehre von Marx strukturell übereinstimmende Erfahrungswissenschaft rezipiert. Der »orthodoxe Marxismus« war dem naturwissenschaftlichen Positivismus Comtes näher als der Dialektik Hegels: er erlag dem unaufgeklärten gesellschaftlichen Fetischismus, verdinglichte mithin die bewußtlose gesellschaftliche »zweite Natur« zu einer »ersten Natur« (Hegel: Bd. 12: 57; Lukács 1916/20: 54ff.). Auf dieser Grundlage bewegte sich der orthodoxe Marxismus in Gegensätzen: von Methode und Inhalt der Theorie, von Tatsachenerkenntnis und Werturteilen, von Sein und Bewußtsein, von Theorie und Praxis.

Soweit die Psychoanalyse in den zwanziger Jahren aufgenommen wurde, untersuchten die orthodoxen Marxisten einerseits, die Psychoanalytiker andererseits *strukturelle Analogien zwischen den Lehren Marx' und Freuds:* die »äußerst nahe Verwandtschaft« der »Freudschen Psychologie« zur »wissenschaftlichen Methode der Marxschen Sozialwissenschaft« (Bernfeld 1926: 47; vgl. Reich 1929: 137). Verwiesen wurde vor allem auf den ›*Materialismus*‹, aber auch auf das *Dialektische* und das *Historische* der Psychoanalyse. Das wissenschaftliche und politische Interesse galt der Möglichkeit, dogmatisch fixierte, also positive Lehrsätze des Marxismus durch ebenso positive Lehrsätze der Psychoanalyse abzustützen und vermeintliche Leerstellen des Historischen Materialismus im Rekurs auf Freud zu füllen: allererst die *Vermittlung von Sein und Bewußtsein,* die durch die Verdrängung der Lehre vom Fetischcharakter der Ware als ungeklärt erschien. Eine *geschichtsphilosophisch* begründete Frage nach einer fälligen *Kritik der bürgerlichen Anthropologie* unter Bedingungen eines *Fortschritts gesellschaftlicher Bewußtlosigkeit und Fetischisierungen* nach dem Zusammenbruch des liberalen Kapitalismus wurde zunächst nicht formuliert.

Als freilich die Krise von 1929/33 nicht die proletarische Revolution: den theoretischen Widerspruch und praktischen Widerstand der Arbeiterbewegung, produzierte, sondern die »Barbarei« (Reich), verwandelte sich das marxistische Interesse an der Psychoanalyse von einem peripheren in ein substantielles. Es galt, die »Niederlage« der Arbeiterbewegung zu begreifen, also des Gesamtsubjekts, das nach orthodoxer Auffassung zur Befreiung der Menschheit durch Ent-Fesselung der Produktivkräfte berufen war. Wilhelm Reich (1933) hielt zwar am orthodoxen Marxismus fest, insbesondere an der mechanistisch aufgefaßten Lehre, daß das Sein das Bewußtsein bestimme (vgl. Marx/Engels: MEW 3: 26f.); darum aber mußte er den »Faschismus« psychoanalytisch erklären.

Der Psychoanalytiker *Siegfried Bernfeld* (1892-1953) war seit 1922 für das Lehrinstitut der Wiener Psychoanalytischen Vereinigung, zwischen 1925 und 1932 in der Berliner Psychoanalytischen Abteilung tätig; er emigrierte

1934 in die USA. Bernfeld hat an der Lehre von Freud deren historische, materialistische und dialektische Logik hervorgehoben und damit die wesentliche Verwandtschaft zur Lehre von Marx: *Sozialismus und Psychoanalyse* (1926).

Zunächst verfahre die Psychoanalyse *historisch:* sie stehe auf einem »genetischen Standpunkt«; die »Gegenstände ihrer psychologischen Forschung« untersuche sie »bedingungslos« nach ihrer »Geschichte« (ebd. 47f.). – Sodann verfahre die Psychoanalyse *materialistisch.* Freud, argumentiert Bernfeld, führe die »individuellen psychischen Vorgänge« ebenso wie die »kollektiven« auf »seelische Erscheinungen eines niedrigeren Wertegrades« zurück – nicht auf »höhere« »geistige Erscheinungen«, sondern auf den *»primären Sexualtrieb«* (ebd. 48f.). Zwar weist Bernfeld die Annahme zurück, Freud habe »den vulgären sogenannten Materialismus der älteren Naturwissenschaft übernommen«: denn es sei ein Grundsatz der Psychoanalyse, daß »körperliche Erscheinungen ... durch psychische Prozesse herbeigeführt« würden. Dennoch würdigt er, Freud erwarte »von der Forschung den Anschluß der libidinösen (beziehungsweise psychischenergetischen) Prozesse an die chemischen Umsetzungen der körperlichen Energie.« (ebd. 50f.). – *Materialistisch* verfahre die Psychoanalyse auch in Rücksicht auf ihren »zweiten Hauptbegriff«, den Begriff des »Unbewußten«. Freud habe die »unbewußten Motive« als die entscheidenden »Motive für unser Handeln« erkannt (ebd. 48f.). – Endlich hebt Bernfeld das *Dialektische* der Psychoanalyse hervor. Freud konstruiere durchgängig eine Einheit von Gegensätzen: etwa: Eros – Todestrieb, Lustprinzip – Realitätsprinzip, Ich – Es. Auch die Forschungs- und Behandlungsmethode sei dialektisch: »Die gesamte Deutungstechnik ist (prinzipiell) dialektisch.« (ebd. 51f.) Dennoch sei die Ausarbeitung einer »dialektischen Psychologie ... eine Zukunftsaufgabe«; aber Freuds Psychoanalyse sei »der erste Ansatz« einer solchen ausstehenden Psychologie (ebd. 53).

Leicht erkennbar verfährt Bernfeld *dogmatisch:* er setzt eine vermeintliche logische Struktur der Lehre von Marx voraus – einen Historischen Materialismus, einen Dialektischen Materialismus. An dieser vorausgesetzten Struktur prüft er nun, ob die Psychoanalyse dem Marxismus entspricht oder nicht. – Auf der Grundlage der konstatierten strukturellen Analogie der Lehren von Marx und Freud bestimmt Bernfeld die *inhaltliche Aufgabe* eines durch die Psychoanalyse erweiterten Marxismus: Freud habe »nie in den Gegenstand der Marxschen Forschung eingegriffen«; aber umgekehrt habe Marx nie das von Freud »angeschnittene« Problem behandelt: »wie die psychischen Mechanismen beschaffen sind, mittels derer in den Köpfen der lebenden und wirtschaftenden Menschen gegebene Produktionsverhältnisse die ihnen entsprechende Ideologie erzeugen.« (ebd. 54f.) Die Psychoanalyse also soll die *Vermittlung des Sein-Bewußtsein-Dualismus* (vgl. Marx/Engels, MEW 3: 26f.) und die Frage nach der »Produktion des Bewußtseins« (ebd. 37ff.) beantworten. Diese Frage des Klassenbewußtseins, deutet Bernfeld an (1926: 47f.), ohne das Thema weiter zu untersuchen, wäre »von größtem Interesse«: »für die Technik (! G.S.) des Klassenkampfes«. – Wiederum argumentiert Bernfeld *orthodox-dogmatisch.* Das dem Bewußtsein entgegengesetzte Sein ist ein gesellschaftlicher Kosmos von Tatsachen, die nicht als ›Tatsachen‹ einer bewußtlosen »zweiten Natur« aufgeklärt werden können. Nur unter der Voraussetzung »dieser sogenannten Tatsachen« (Lukács 1923: 64) erscheint ein Dualismus von Sein und Bewußtsein, nur unter dieser Voraussetzung gerät auch der »Klassenkampf« – die revolutionäre Veränderung der Welt – zu einer »Technik« (Bernfeld 1926: 46).

Durch die Darstellung der *Strukturanalogien* von Psychoanalyse und Marxismus sowie durch die Bestimmung der *Ideologieproduktion* als zentraler *inhaltlicher, revolutionär gerichteter Aufgabe* eines Freud-Marxismus hat Bernfeld die weitere Rezeption der Psychoanalyse durch *orthodox*-marxistische Autoren vorgezeichnet.

Wilhelm Reich, 1897 in Galizien geboren und 1939 in die USA emigriert, wo er 1957 starb, war schon 1920 Mitglied der Wiener Psychoanalytischen Vereinigung; von 1924 bis 1930 hatte er die Leitung des Wiener Seminars für psychoanalytische Therapie inne; seit 1927 war er Mitglied der Kommunistischen Partei Österreichs. Reich war, durch die Ausarbeitung der neuen »Forschungsrichtung« der *»Sexualökonomie«* (1933: 42), in den zwanziger und dreißiger Jahren der bedeutendste Theoretiker der »jungen, noch unentwickelten sexualpolitischen Bewegung« *(Sexpol)* (ebd. 10, 15). In die Debatte über die Beziehung von Marxismus und Psychoanalyse hat er früh eingegriffen: *Dialektischer Materialismus und Psychoanalyse* (1929).

Schon die ›*Vorbemerkung*‹ der kleinen Abhandlung (1929: 137-142) enthält die zentralen Dogmen des zeitgenössischen orthodoxen Marxismus, der jede immanente – theoretische und praktische – Kritik in die abstrakt-unkritische Frage nach ›wahr‹ oder ›falsch‹ verwandelt (vgl. Hegel: Bd. 3: 39 ff.). So setzt Reich (1929) den »dialektischen Materialismus von Marx und Engels« als ein Positives voraus und erörtert in dieser Hinsicht allein die Frage, ob die Psychoanalyse diesem »widerspricht« oder ob sie, »wie so viele Naturwissenschaften, auf ihrem Gebiete die materialistische Dialektik tatsächlich aufgedeckt und dementsprechende Theorien entwickelt hat.« (ebd. 137, 140) Nur dann, wenn die Psychoanalyse jenem Materialismus entspräche, sei die »Basis für eine Diskussion ihrer Beziehungen zur proletarischen Revolution und zum Klassenkampf gegeben« (ebd. 137). Der »dialektische Materialismus«, als ein vorausgesetzter Standpunkt, ist für Reich eine »philosophische Methode und Weltanschauung«, die der »psychologischen Weltanschauung« der Psychoanalyse entgegengesetzt ist (ebd. 138, 140). Der Psychoanalyse, kritisiert er, ist »das Phänomen des Klassenbewußtseins kaum zugänglich«; »Probleme wie das der Massenbewegung, der Politik, des Streiks .... können nicht Objekte ihrer Methode sein.« (ebd. 139) Dennoch würdigt Reich den Beitrag, den die Psychoanalyse leisten kann: die »Marxsche Soziologie« als »Wissenschaft« sei eine »Gesellschaftslehre« und könne darum keine »neurotischen Erscheinungen ... aufklären«; die Psychoanalyse dagegen behandele »die seelischen ... Erscheinungen«. Also könnten der »Marxismus« und die Psychoanalyse einander »Hilfswissenschaften« sein (ebd. 137, 140). Später hebt Reich den »objektiv revolutionären Charakter der Psychoanalyse« hervor (ebd. 151).

So diskutiert Reich:

»1.Die materialistische Grundlage der psychoanalytischen Theorie.
2. Die Dialektik im Seelenleben.
3. Die soziologische Stellung der Psychoanalyse.«
(Reich 1929: 142)

In Rücksicht auf diese drei Problemkomplexe befindet sich Reich in erheblicher Übereinstimmung mit Bernfelds Überlegungen.

Reich würdigt zunächst den zentralen *materialistischen Gehalt der Psychoanalyse* (ebd. 143-158). – Die psychoanalytische Theorie sei *materialistisch* einerseits durch ihre *Trieblehre* (ebd. 146ff.), insbesondere durch ihre Theorie des Sexualtriebs und ihre Theorie der Libido als der »Energie des Sexualtriebes«. Materialistisch sei diese Theorie, weil sie als »Quelle der Libido« einen noch nicht erforschten »chemischen Prozeß im Organismus« annehme, also einen »Sexualchemismus«: die »seelische Tätigkeit« werde somit als eine »aus dem Organischen sich entwickelnde und an seine Existenz gebundene Funktion betrachtet.« (ebd. 145-147, 150) Dennoch differenziert Reich: Nicht nur das »Realitätsprinzip«, auch das »Lustprinzip« verändere sich mit Veränderungen des »gesellschaftlichen Seins« (ebd. 150-152). – Eine *materialistische* Ausrichtung schreibt Reich der Psychoanalyse andererseits in Rücksicht auf den Begriff des *Unbewußten* zu (ebd. 152ff.). Das Unbewußte sei einerseits die Es-Instanz: der »biologische Anteil an der Persönlichkeit«, zugleich das durch gesellschaftlichen, introjizierten Zwang »Verdrängte« (ebd. 153-155). Das Unbewußte sei andererseits die Über-Ich-Instanz: die durch gesellschaftlichen Zwang intraindividuell ausgebildete Moral. Die Konstruktion des Es-Unbewußten sei materialistisch, weil es teils biologisch, teils Produkt der gesellschaftlichen »Außenwelt« sei. Die Konstruktion des Über-Ich-Unbewußten sei »materialistisch«, weil die Moral des Ich nicht metaphysisch vorausgesetzt, sondern auf die »Angst vor Strafe«, auf die ambivalente »Liebe zu den Erziehungspersonen« zurückgeführt werde (ebd. 155f.).

Reich würdigt sodann den zentralen *dialektischen Gehalt der Psychoanalyse:* die »Dialektik im Seelischen« (ebd. 159-179; vgl. ebd. 148). Er entwickelt seine Argumentation in einer besonders krud dogmatischen Form. – Reich formuliert, im *ersten Schritt* (ebd. 159-161), im Anschluß an Lenins *Materialismus und Empiriokritizismus,* in sieben Punkten die »Hauptsätze des dialektischen Materialismus«. Als Voraussetzungen eingeführt, setzen diese Sätze die Dialektik als logische Struktur der »Materie«, des »Denkens«, des »materiellen Geschehens der objektiven Wirklichkeit«, der »unvermeidbaren und notwendigen« »Entwicklung« von Natur und Gesellschaft durch Widersprüche. – Im *zweiten Schritt* weist Reich, nun nicht mehr überraschend, die »Dialektik« im »menschlichen Seelenleben« nach (ebd. 161-165). Er rekonstruiert die von Freud dargelegte Symptombildung nach bekannten Schemata (ebd. 161-165): Ein »schwaches Ich« ist dem Widerspruch zwischen einem »Triebanspruch« einerseits und dem Anspruch der »Realität« andererseits ausgesetzt, den es bewußt nicht lösen kann. Also wird der Trieb negiert (verdrängt). Aber der negierte Trieb ist noch wirksam und durchbricht die Verdrängung durch eine Negation der Negation: indem er als Symptom erscheint. Das Symptom ist nun eine Einheit von Gegensätzen: es ist Ausdruck des Triebanspruchs wie des Anspruchs der Realität. – Im *dritten Schritt* (ebd. 165-179) demonstriert Reich, nach dem Modell der Symptom-Beschreibung, »weitere Dialektik im Seelischen«: »Spannung und Entspannung« in Rücksicht auf den Sexualtrieb; »narzißtische Libido« und »Objektlibido«; »Bewußtes« und »Unbewußtes« (ebd. 166); »Liebe und Haß«; »Perversion und Neurose« (ebd. 165-167). – Im *vierten Schritt* zieht Reich die Konsequenz aus seiner ›dialektischen‹ Reformulierung psychoanalytischer Lehren. Er nimmt die Darstellung der Symptombildung auf und erläutert an der »säkularen Sexualverdrängung« (ebd. 167-170) das orthodox-marxistische Dogma: es sei nicht das Bewußtsein, das das Sein, sondern *das Sein, das das Bewußtsein bestimme.* Denn das kleine Kind werde, mit seinen ursprünglichen Trieben, in die Gesellschaft hineingeboren und integriert: es sei immer schon dem »Gegensatz zwischen den Triebbedürfnissen und der gesellschaftlichen Ordnung« ausgesetzt, introjiziere diesen äußeren Gegensatz und entwickle dadurch den inneren Gegensatz von »Trieb-Ich und Über-Ich«. Es ist also die *Psychoanalyse,* die klärt, »auf welche Weise ... die gesellschaftliche Ideologie auf das Individuum« einwirkt (ebd. 158). Das sei *materialistisch:* denn die interne Struktur des Individuums wird auf die gesellschaftliche Außenwelt zurückgeführt (vgl. ebd. 145, 152ff.). Das sei *dialektisch:* denn die Genese der internen Struktur des Individuums wird auf den Gegensatz von Anforderungen der Triebe einerseits, der Gesellschaft andererseits zurückgeführt.

Wenn also die *Psychoanalyse* in ihrem Bereich der Erforschung »seelischer Erscheinungen« (ebd. 140) – »wenn auch unbewußt« (ebd. 177) – materialistisch und dialektisch verfährt, dann ist sie mit jener Dialektik von Materie, Denken und gesellschaftlicher Entwicklung konform, die durch Widersprüche und die Form der doppelten Negation hindurch vor allem den »unvermeidbar und notwendig« eintretenden erst evolutionären, dann revolutionären Fortschritt von der »kapitalistischen Produktionsweise« zur »sozialistischen Produktionsweise« erzwingt (vgl. ebd. 159-161). In diesem Sinne kann Reich festhalten: daß die Psychoanalyse von einem *»objektiv revolutionären Charakter«* ist (ebd. 151, Herv. von mir, G.S.; vgl. ebd. 185). – Innerhalb der materialistisch-dialektischen Lehre von Marx und Engels, die die Gesetze jenes Fortschritts ausspricht, nimmt die – von Reich recht verstandene – Psychoanalyse einen systematischen Ort in der *Ideologienlehre* ein. Sie vermag die Vermittlungsschritte von »ökonomischer Struktur der Gesellschaft und ideologischem Überbau«, von »materieller Daseinsweise« und »Ideen«, durch die »Psychologie des vergesellschafteten Menschen« zu klären (ebd. 176). Produktivkräfte, Religion, Moral oder Wissenschaft werden dann, nach Reich (ebd.), als Formen »sublimierter Libido« kenntlich. So ist die Psychoanalyse dem orthodox verstandenen Marxismus eine positive, nützliche Ergänzung – ohne daß sie durch Kritik in eine Kritik der Politischen Ökonomie aufgehoben werden müßte. In dieser Version ist der Freud-Marxismus eine Ontologie des Seins von Natur, Gesellschaft und Individuum – eine ungeschichtliche, apriorische Theorie der Geschichte.

Wenn die *Psychoanalyse* innerhalb der »materialistischen Geschichtsauffassung« von Marx und Engels ihren systematischen Ort in der *Ideologienlehre* hat: in der Klärung der Vermittlung von »ökonomischer Struktur der Gesellschaft« und »ideologischem Überbau« (ebd. 176), dann ist dies einerseits auch der Ort ihrer gesellschaftlichen *»Entstehung«.* Reich skizziert (ebd. 179-183) diese Entstehung: Durch die »bürgerliche Revolution des 19. Jahrhunderts« wurde die »religiöse Moral«, insbesondere der Sexualmoral, überwunden; bald nach der Revolution jedoch erneuerte sich die alte »kirchliche Sexualmoral« der radikalen Triebunterdrückung in Form ihrer kapitalistischen Rationalisierung; die Folge sei ein »Zusammenbruch« dieser Moral durch die Überhandnahme »seelischer Erkrankungen« gewesen. Freud sei als der Forscher aufgetreten, der diese Unterdrückung aussprach und dadurch »an die Wurzeln der Sexualverdrängung« rührte (ebd. 181). – Weil die Psychoanalyse die herrschende Sexualmoral untersucht, aufklärt und unterminiert, muß diese »revolutionäre Theorie« (ebd. 185) vom Bürgertum »abgelehnt« werden: außerhalb der Psychoanalyse, nach einer Phase vehementer Verdammung, durch Relativierung ihrer Lehrsätze insbesondere über die Bedeutung der Sexualunterdrückung; innerhalb der Psychoanalyse durch verschiedenste Formen eines Revisionismus von Jung bis Adler. In dieser Ablehnung durch scheinbare Akzeptanz liegt die *»Stellung« der Lehre Freuds »in der heutigen Gesellschaft«* (ebd. 179, 183-186). Sie habe, überlegt Reich, *»eine Zukunft nur im Sozialismus«* (ebd. 186-188; Herv. von mir; G.S.): als »Hilfswissenschaft im Rahmen des historischen Materialismus« bei der »Erforschung der Urgeschichte der Menschheit«; »auf dem Gebiete der seelischen Hygiene«; »auf dem Gebiete der … sozialistischen Erziehung« (ebd. 187f.).

1933 nun, als der noch 1929 als »unvermeidbar und notwendig« erkannte Fortschritt vom Kapitalismus zum Sozialismus (Reich 1929, 160) trotz der Großen Depression ausgeblieben war, publiziert Wilhelm Reich: *Massenpsychologie des Faschismus. Zur Sexualökonomie der politischen Reaktion und zur proletarischen Sexualpolitik* (Kopenhagen, Prag, Zürich 1933). Geschrieben wurde der Text zwischen 1930 und 1933 in der Absicht, »der noch jungen sexualpolitischen Bewegung ein Stück theoretischer Grundlage zu geben«; der Autor wendet sich ausdrücklich an den »durchschnittlichen Arbeiterfunktionär« (ebd. 9). Reich ist in dieser Schrift der zwar psychoanalytisch aufgeklärte, aber doch orthodoxe Marxist geblieben, der er schon in den zwanziger Jahren war. Er nimmt auch das bereits herausgestellte Thema auf: das Verhältnis von Sein und Bewußtsein, marxistisch-psychoanalytisch gefaßt. Deshalb jedoch kann er die Genese der *»Barbarei«* (ebd. 21) nicht in den Kategorien der Kritik der Politischen Ökonomie erklären, die – nach orthodoxer Auffassung – das notwendige Eintreten des Sozialismus, erkämpft durch das organisierte Proletariat, explizieren, sondern allein psychoanalytisch. Deshalb jedoch entdeckt er wohl das Gesellschaftlich-Unbewußte: aber nicht im »System der bürgerlichen Ökonomie«, also nicht im Warenfetischismus und dessen Fixierung zu einem poltisch-ökonomischen Kosmos irrationaler Rationalität, sondern in der Charakterstruktur des Bürgers des »autoritären Staates«: auf der Ebene der bürgerlichen Anthropologie, des Bewußtseins, der Kultur. Eine *marxistisch fundierte Psychoanalyse* soll das historisch Neue begreifen: die *»konformistische Revolte«* (Horkheimer), ausgeführt vom *sado-masochistischen, autoritären Charakter.*

Reich stellt, in der ›Vorrede‹ seiner *Massenpsychologie des Faschismus* (1933: 5-11), das Problem dar, das die an Marx anschließende theoretische und praktische Kritik zu begreifen hat. Die Widersprüche des Kapitalismus manifestieren sich zwischen 1929 und 1933 in einer historischen *Krise,* der Großen Depression, die – nach klassischer Auffassung (vgl. Marx: MEW 23: 28) – den Geist des Widerspruchs: eine theoretische und praktische *Kritik* durch die unterdrückte Klasse des Proletariats, produzieren müßte. Denn diese Krise scheint den »Zusammenbruch« des Kapitalismus zu besiegeln, der dann von der revolutionären Arbeiterbewegung zu begreifen und zu realisieren wäre (Reich 1933: 9). Sogar der Zwang zur Weltveränderung besteht: die »materielle Not«, der »Hunger der Massen«, die »Verelendung« in »tiefster Krise« (ebd. 16, 100; vgl. Marx/Engels, MEW 2: 37f.). Allein: nicht der »wissenschaftliche Sozialismus« hat gesiegt, sondern die »Mystik der Nationalsozialisten«; nicht der »Sozialismus« hat gesiegt, sondern – die *»Barbarei«* (ebd. 16, 20). Reich stellt noch einmal die Daten dieses Sieges für das Deutsche Reich zusammen (ebd. 25): Die NSDAP erhielt, während der Krisis, bei den Wahlen von 1928 = 800.000, 1930 = 6,4 Mio., 1932 = 13 Mio., im Januar 1933 = 17 Mio. Stimmen; davon waren etwa 30 bis 40% Arbeiter- und 60 bis 70% Angestellten-Stimmen. Insofern bestehe die »Massenbasis des Faschismus« im »rebellierenden Kleinbürgertum« (ebd. 17). Aber auch die arbeitende Klasse hat die »Barbarei« gewählt: den etwa 19 bis 20 Mio. Stimmen von NSDAP und Deutschnationalen standen »zuletzt« 12 bis 13 Mio. Stimmen von SPD und KPD gegenüber (ebd. 25). Zudem gelte, daß der Faschismus eine »internationale« und in der »Geschichte neuartige Massenbewegung« sei (ebd. 13f.).

Dieser Sieg des »Faschismus« ist, nach Reich, allererst marxistisch zu begreifen, indem der »dialektische Materialismus« auf diese »Erscheinung« angewandt wird; in den Texten von *Marx und Engels* sei darüber nichts zu finden, weil beiden der »Faschismus« nicht bekannt war; auch Lenin kannte die Bewegung kaum (ebd. 17). – Der Sieg der »Barbarei« erschüttert, wie Reich wiederholt notiert, grundlegende Dogmen des *orthodoxen Marxismus.* Aber *Reich ist selbst orthodox.* Zwar formuliert er wiederholt, der psychoanalytisch belehrte Marxismus habe »unbewußte Vorgänge« zu Bewußtsein zu bringen, also aufzuklären: das »Leiden im bürgerlichen Menschen bewusst zu machen« (ebd. 241, 251, und öfter). Gleichwohl nennt er den Marxismus einen »Klassenstandpunkt« (vgl. ebd. 130, 155, 160 und öfter); er kritisiert den »Standpunkt der politischen Reaktion«, indem er ihn in seinem »Zusammenhang mit den Interessen der … herrschenden Klasse« darstellt (ebd. 130); er substituiert den Zusammenhang von Aufklärung unbewußter gesellschaftlicher Verhältnisse und Revolution durch den Zusammenhang von »kommunistischer Aufdeckungsarbeit«, »revolutionärer Propaganda«, »Massenbeeinflussung«, »revolutionärem Bekenntnis« und historischer Gewißheit des kommenden »Reichs der Freiheit« (ebd. 104-109, 240f.). So vertritt auch Reich die orthodoxe Lehre, nach der der »geschichtliche Prozeß« einer »eisernen Logik« folgt (ebd. 6); auch Reich unterschreibt die mechanistische Theorie vom »Zusammenbruch« des Kapitalismus (ebd. 9), vom »Untergang des Kapitalismus« als eines »*unerbittlichen* Schicksals« (ebd. 8), vom naturnotwendigen Eintreten der »Expropriation der Expropriateure« und vom Proletariat als der »notwendigerweise aufsteigenden Klasse« (ebd. 21; vgl. ebd. 99 und Marx, MEW 23: 789-791). Reich spricht darum von »Aufklärung« als einer »naturwissenschaftlichen Aufklärung« (ebd. 237); Reich faßt darum die weltverändernde Praxis als technisch-rationale Anpassung an die »Notwendigkeiten des lebendigen Lebens« auf (ebd. 227). Auch Reich erliegt dem Mythos der »unendlich schöpferischen«, eine eigene »Lebenskultur« entwickelnden Arbeiterklasse (ebd. 107-109). Jene objektivistische Geschichtstheorie tastet der Psychoanalytiker nicht an, und darum ist er sich sicher: daß »Hitler« eben diese Gesetze der Geschichte »gegen sich hat«, daß er sogar »das Rad der Geschichte rückwärts drehen« will (ebd. 8, 131; vgl. ebd. 58), daß also der Faschismus nicht auf lange Frist bestehen kann und überwunden werden wird. – Dennoch *kritisiert Reich den »vulgären Marxismus«,* dem auf der Grundlage jener Dogmen unbegreiflich ist, warum die Große Depression nicht in den Sozialismus geführt hat, sondern in die »Barbarei« (vgl. ebd. 21, 26-29). Denn dieser Marxismus setzt voraus, daß der Zusammenbruch des Kapitalismus, vereint mit der allgemeinen Verelendung, sich »unmittelbar« in ein revolutionäres Klassenbewußtsein der Arbeiter umsetzt, so daß diese den Zusammenbruch revolutionär verwirklichen (ebd. 19, 27). Durch den Sieg des Nationalsozialismus ist *der – »vulgäre« – Marxismus gescheitert.* – Gescheitert ist allgemein die »Arbeiterbewegung«: der faschistische Sieg ist die *»Niederlage« der »Arbeiterklasse«:*

»Die deutsche Arbeiterklasse hat eine schwere Niederlage erlitten und mit ihr alles, was es an Fortschrittlichem, Revolutionärem, Kulturgründendem, den alten Freiheitszielen der arbeitenden Menschheit Zustrebendem gibt. Der Faschismus hat gesiegt und baut seine Positionen mit allen verfügbaren Mitteln, in erster Reihe durch kriegerische Umbildung der Jugend, stündlich aus. Aber der Kampf gegen das neu erstandene Mittelalter, gegen imperialistische Raubpolitik, Brutalität, Mystik und geistige Unterjochung, für die natürlichen Rechte der arbeitenden und schaffenden, von der wirtschaftlichen Ausbeutung durch eine Handvoll Geldfürsten schwer betroffenen Menschen, für die Beseitigung dieser mörderischen gesellschaftlichen Ordnung wird weitergehen. Doch kommt es nicht nur darauf an, dass er weitergeht, sondern in erster Linie ob, wie und in welcher Zeit er zum Siege des internationalen Sozialismus führen wird.« (Reich 1933: 5)

Die *theoretische Aufgabe* besteht mithin darin, den Sieg des Faschismus zu begreifen, um *praktisch* dem »internationalen Sozialismus« zum »Siege« zu verhelfen. Diese Aufgabe gilt, nach Reichs Orthodoxie, weder den Naturgesetzen der Geschichte noch dem widerspruchsvollen ökonomischen Sein des Kapitalismus (vgl. ebd. 6, 8, 19, 21), sondern der Frage: warum der ökonomische Zusammenbruch, also das Sein, kein sozialistisch-revolutionäres Bewußtsein und somit auch keine sozialistisch-revolutionäre Praxis produzierte, sondern eben – die »Barbarei«? Im Verhältnis von *Sein und Bewußtsein* liegt mithin das zu klärende Problem: *warum die Krise keine Kritik gebar?* Diese Frage, fügt Reich an (ebd. 9f.), ist durch keine »am Schreibtisch« ersonnene »Theorie« zu beantworten, sondern allein durch eine »Wissenschaft«, die »ihre Anschauungen aus dem wirklichen Leben der Menschen durch innigen Kontakt mit ihnen schöpft« – die »Massenpsychologie«. Er bestimmt die *»Fragestellung der Massenpsychologie«* entsprechend (ebd. 33-41): sie habe nicht das »rational-zweckmässige« Handeln und Denken der Menschen – vor allem der Unterdrückten und Ausgebeuteten – zu erklären, sondern das »irrationale«. Das *»rationale«* Denken und Handeln bestehe in der Übereinstimmung von »ökonomischer Situation« (Sein) und »Ideologie« (Bewußtsein), etwa, wenn der »Ausgebeutete« streikt; beim *»irrationalen«* Denken und Handeln sind umgekehrt Sein und Bewußtsein im Widerspruch (ebd. 34f., 272f.). Fraglich ist mithin, »was die Entwicklung des Klassenbewusstseins« des Proletariats »hemmt« (ebd. 35); fraglich ist, wie die »herrschenden Gedanken« – die »Gedanken der herrschenden Klasse« – zu den Gedanken und Handlungen der »Unterdrückten« werden (ebd. 39-41; Marx, Engels: MEW 3, 46); fraglich sind das »irrationale« Bewußtsein ebenso wie die »irrationalen« Handlungen, so daß es zur revolutionären »Expropriation der Expropriateure« nicht kommt, sondern zur *»Barbarei«*.

Weil Reich, als orthodoxer Marxist, politisch-ökonomisch vom schicksalhaften geschichtlichen Fortschritt zum »Reich der Freiheit«, vom naturnotwendigen »Untergang des Kapitalismus« ausgeht (ebd. 6, 8), vermag er den *Irrationalismus* des Fortschritts zur Barbarei nicht in den Begriffen der Kritik der Politischen Ökonomie zu klären, sondern nur durch Rekurs auf die *Psychoanalyse:* also auf der Ebene nicht des Seins, sondern des *Bewußtseins.* Hier, und nicht im Warenfetischismus, entdeckt er das

Gesellschaftlich-Unbewußte der Barbarei: als Innenwelt der ihrer selbst und ihrer Verhältnisse nicht bewußten Bürger des »autoritären Staates« (ebd. 84). So erkennt Reich, psychoanalytisch, *den Umschlag der liberalen Aufklärung in die anachronistische »Mystik der Nationalsozialisten«* (ebd. 16), in den »Mystizismus« der nationalsozialistischen »Bewegung« (ebd. 123-146). Wiederholt belegt er, daß Hitler ausdrücklich »betont ..., dass man der Masse nicht mit Argumenten, Beweisen und Bildung, sondern nur mit Gefühlen und Glauben kommen dürfe.« (ebd. 125; vgl. ebd. 126ff. die Analyse von Alfred Rosenbergs *Mythus des 20. Jahrhunderts* [1930]).

Jene Frage, warum die große Krisis kein revolutionäres Klassenbewußtsein, keine revolutionäre Praxis des Proletariats produzierte, diskutiert Reich unter dem Titel: *»Die Schere«* (ebd. 13-22). Als orthodoxer Marxist setzt er voraus, daß das ökonomische Sein an sich revolutionär ist, weil der Kapitalismus mit Naturnotwendigkeit zum »Untergang« treibt; »eine wirtschaftliche Krise solchen Ausmasses wie die von 1929-1933« sei daher eine potentiell revolutionäre Krisis (ebd. 8, 19). Als ein zwar orthodoxer, aber doch psychoanalytisch aufgeklärter Marxist ist er sich jedoch bewußt, daß die potentiellen Revolutionäre sich in dieser Krisis eigentümlich resistent gegen die ökonomische Objektivität verhalten, daß sie das historisch bestimmte »Schicksal« des Kapitalismus nicht vollziehen.

»Es ergab sich eine *Schere* zwischen der Entwicklung in der ökonomischen Basis, die nach links drängte, und der Entwicklung der Ideologie breiter Schichten, die nach rechts erfolgte. Diese Schere wurde (vom »vulgären Marxismus«; G.S.) übersehen.« (Reich 1933: 19)

»Nach links« drängte die »ökonomische Basis«, weil sie in der Großen Depression vor dem »Zusammenbruch« stand, so daß der Fortschritt zum »Sozialismus« absehbar schien. »Nach rechts« entwickelte sich die »Ideologie breiter Schichten«, weil trotz der Krise die revolutionäre »Expropriation der Expropriateure« ausblieb und statt dessen die »Mystik der Nationalsozialisten« siegte (ebd. 21). Diese *»Schere«* in der Entwicklung des ökonomischen Seins einerseits, des ideologischen Bewußtseins andererseits erklärt Reich, indem er – in einem ersten Schritt – die beiden Seiten der gegensätzlichen Prozesse einander gegenüberstellt. – Das *ökonomische Sein* ist, nach Reich, durch die Marxsche Kritik der Politischen Ökonomie untersucht und zutreffend analysiert worden (ebd. 20f.). *Marx* habe die *»objektiven* Prozesse der Wirtschaft« durch die »Methode des dialektischen Materialismus« (ebd. 17; vgl. ebd. 16) in Form einer *»Sozialökonomie«* (ebd. 30, 34, und öfter) oder »Soziologie« (ebd. 43) untersucht und dabei vor allem den notwendigen Zusammenbruch des Kapitalismus und das ebenso notwendige Eintreten des Sozialismus nachgewiesen. Diese Einsichten seien grundlegend und von fragloser Gültigkeit. – Das *ideologische Bewußtsein* hingegen rechnet Reich zum »sogenannten *›subjektiven Faktor‹* der Geschichte« (ebd. 17). Die Wissenschaft, die diese Seite untersucht, ist aber nicht die »Sozialökonomie«, sondern: die *»Massenpsychologie«* (Titel des Werkes; vgl. ebd. 16, 30, 33-41), die »marxistische Massenpsychologie« (ebd. 35), die »analytische Psychologie« (ebd. 29), die »naturwissenschaftliche, d.h. marxistische Psychologie« (ebd. 33), die »dialektisch-materialistische Psychologie« (ebd. 29), die sich – kritisch – auf Freuds Psychoanalyse stützt (vgl. ebd. 44-46). Der Kern dieser Massenpsychologie ist die *»Sexualökonomie«,* die Marx' »Soziologie« mit Freuds Psychoanalyse verbindet, »indem sie eine »Soziologie des menschlichen Geschlechtslebens durch Anwendung des dialektischen Materialismus auf dieses Gebiet« entwickelt (ebd. 42f.).

In einem zweiten Schritt behandelt Reich den *Zusammenhang der gegensätzlichen Entwicklungen von Sein und Bewußtsein,* Objektivität und Subjektivität, Sozialökonomie und »Psychologie der Massen« (ebd. 16). Die grundlegenden Einsichten zu dieser Frage findet der Psychoanalytiker bei Marx. Allgemein habe Marx erkannt, daß das Sein das Bewußtsein, die »Ideologie« bestimme: daß sich »das Materielle (das Sein) im Menschenkopfe in Ideelles (in Bewusstsein) umsetzt« (ebd. 22, 29). Allgemein sei Marx auch die »Rückwirkung der Ideologie auf die ökonomische Basis«, so daß die Ideologie zu einer »geschichtlichen Kraft« – zu einer »materiellen Kraft« – wird, bewußt gewesen (ebd. 22, 27, 30f.). Näher habe der »Soziologe« Marx entdeckt, daß das »gesellschaftliche Leben beherrscht [ist] von den Bedingungen der wirtschaftlichen Produktion und den aus ihnen … hervorgehenden Klassenkämpfen.« Nun werde die gesellschaftliche Herrschaft »durch die Besitzer der Produktionsmittel … selten« mit dem »Mittel der brutalen Gewalt« ausgeübt, sondern mit »ideologischer Macht«: die Herrschaft wird also, nach Reich, durchaus äußerlich-sinnlich ausgeübt, stützt sich aber nicht auf eine äußerlich-sinnliche, sondern auf eine verinnerlichte und übersinnliche Gewalt. Diese Seite, also die »Struktur der handelnden Menschen, der sog. ›subjektive Faktor der Geschichte‹«, wurde vom Soziologen Marx nicht erforscht – »weil es damals keine naturwissenschaftliche Psychologie« (ebd. 43), weil es insbesondere »keine Sexualwissenschaft gab«, aus der Marx eine »Sexualsoziologie« hätte entwickeln können (ebd. 31). Marx konnte also keine Auskunft darüber geben, *»wie* das geschieht«: wie sich das Sein ins Bewußtsein »umsetzt« und wie dieses dann auf das Sein zurückwirkt (ebd. 29). Jene erforderliche »naturwissenschaftliche Psychologie« wurde erst durch Freud entwickelt, der

»den Prozess, der das Seelenleben beherrscht«, entdeckte (ebd. 43). An Freud kann deshalb die »naturwissenschaftliche, d.h. marxistische Psychologie« anknüpfen (ebd. 33) und die fragliche »Schere« klären: also den *widerspruchsvollen Zusammenhang von ökonomischer und ideologischer Entwicklung* – den »Sieg« des »Faschismus« über den »wissenschaftlichen Sozialismus« in einer potentiell revolutionären Phase (ebd. 16).

Reich beansprucht also, in der Zeit der Großen Depression, des Sieges des Nationalsozialismus und der historischen »Niederlage« der »deutschen Arbeiterklasse« (ebd. 5) durch seine *»Massenpsychologie des Faschismus«* eine zentrale Frage des Marxismus allererst zu klären: die »Schere«.

»Die Menschen unterliegen ihren Seinsverhältnissen auf doppelte Art: direkt der unmittelbaren Einwirkung ihrer ökonomischen und sozialen Lage, und indirekt vermittels der ideologischen Struktur der Gesellschaft; sie müssen also immer wieder einen Widerspruch in ihrer psychischen Struktur entwickeln, der dem Widerspruch zwischen der Einwirkung durch ihre materielle Lage und der Einwirkung durch ihre ideologische Struktur der Gesellschaft entspricht. Der Arbeiter etwa ist sowohl seiner Klassensituation wie der allgemeinen Ideologie der bürgerlichen Gesellschaft ausgesetzt. Indem die Menschen der verschiedenen Schichten aber nicht nur Objekte dieser Einwirkungen sind, sondern sie auch als tätige Subjekte reproduzieren, muss ihr Denken und Handeln ebenso widerspruchsvoll sein, wie die Gesellschaft, der es entspringt. Indem aber eine Ideologie die psychische Struktur der Menschen verändert, hat sie sich nicht nur in diesen Menschen reproduziert, sondern was bedeutsamer ist, sie ist in Gestalt des derart konkret veränderten und infolgedessen verändert und widerspruchsvoll handelnden Menschen zur aktiven Kraft, zur materiellen Gewalt geworden. (...) Die Feststellung, dass sich die Ideologie langsamer umwälzt als die ökonomische Basis, erfährt hier bestimmte Präzision. Da die psychischen Strukturen, die einer bestimmten historischen Situation entsprechen, in der frühen Kindheit in den Grundzügen formiert werden und einen weit konservativeren Charakter haben als die technischen Produktivkräfte, so ergibt sich, dass mit der Zeit die psychischen Strukturen hinter der Entwicklung der Seinsverhältnisse, denen sie entsprangen und die sich rasch weiterentwickeln, zurückbleiben und mit den späteren Lebensformen in Konflikt geraten müssen. Das ist der Grundzug des Wesens der sogenannten Tradition, die wir aber dadurch noch nicht inhaltlich begreifen.« (Reich 1933: 32 f.)

Die gesellschaftliche »Schere« von Sein und Bewußtsein reproduziert sich mithin, nach Reich, in der innerlich-äußerlichen Struktur der »handelnden Menschen«: diese sind einerseits, durch ihre »ökonomische Lage«, »revolutionär« und rational, und andererseits, durch die Ideologie, »reaktionär« und irrational – sie sind rebellisch und unterwürfig zugleich (vgl. ebd. 34f., 37, 40-42). Die angedeutete Erklärung dieser »Schere« rekurriert auf die psychoanalytische Theorie des Sozialisationsprozesses. Reich zieht daraus offenbar die Konsequenz, daß der Faschismus hinter der »Entwicklung der Seinsverhältnisse« zurückgeblieben ist und einer frühen »historischen Situation« entspricht – etwa dem »Mittelalter« und der »Mystik« (vgl. ebd. 5). So erscheint ihm der *Nationalsozialismus,* aufgrund der anthropologischen Triebstruktur und der Verdrängungen von Triebansprüchen, als ein *regressives Phänomen* und keineswegs als ein Produkt des kapitalistischen Fortschritts, der vielmehr auch durch »Hitler« »niemals« zu »bannen« sei (ebd. 8). Durch diesen Widerspruch von Fortschritt und Regression, von Rationalismus und Irrationalismus, erklärt Reich den Sieg der »Barbarei« in der potentiell revolutionären Krise (ebd. 21f., 26).

Die angedeutete *Erklärung der gegensätzlichen Entwicklung von Sein und Bewußtsein,* die aber den Fortschritt zum Sozialismus nur hemmen, nicht aufhalten kann, kann nicht auf Marx' *»Sozialökonomie«* rekurrieren, die jenen Fortschritt als notwendig nachgewiesen hat (vgl. ebd. 6, 8, 20f.), sondern ist auf *Psychoanalyse* verwiesen. – Allgemein würdigt Reich die Lehre Freuds als eine »Naturwissenschaft« (ebd. 44; vgl. ebd. 33) und verkehrt dadurch zunächst Marx' Kritik des »Materialismus der bürgerlichen Gesellschaft« (MEW 1: 369; vgl. Marx 1857/58: 579) in einen positiven Materialismus (Reich 1933: 29, 34), um diesen dann auf eine Naturwissenschaft zu reduzieren. – Er führt insbesondere vier Entdeckungen Freuds auf, die für die »Massenpsychologie des Faschismus« von zentraler Bedeutung sind (ebd. 44-46). Erstens: Die Psychoanalyse sei eine »Naturwissenschaft« durch die Entdeckung unbewußter Prozesse. Zweitens: Schon das »kleine Kind« entwickle »eine lebhafte Sexualität ..., die nichts mit der Fortpflanzung zu tun hat«. Diese Sexualität, als eine »biologische Voraussetzung«, treffe »im Seelischen« mit den »sozialen Bedingungen des Lebens« aufeinander; beide Seiten stünden »in Konflikt«. Drittens: Die »kindliche Sexualität« werde »aus Angst vor Strafe für sexuelles Tun und Denken (im Kern ›Kastrationsangst‹) verdrängt«. Die Verdrängung erfolge unbewußt und erscheine in »Störungen des Seelebens«. Viertens: Die »moralischen Instanzen im Menschen« seien das Resultat der »Erziehungsmaßnahmen der Eltern«, vor allem jener Maßnahmen, »die sich gegen die Sexualität des Kindes richten.« Die Familie, ein »autoritärer Miniaturstaat«, produziere das unterdrückte, sich selbst unterdrückende Subjekt (alle Zitate: ebd. 44f., 50). – Durch diese Rezeption entdeckt Reich das Unbewußte, das gesellschaftlich Irrationale des Nationalsozialismus zwar nicht im »System der bürgerlichen Ökonomie«, jedoch psychoanalytisch in der Charakterstruktur des Subjekts. Aber Reich verkehrt Freuds psychoanalytische Logik der Aufklärung einer unbewußten »zweiten Natur« (Hegel) in die Logik einer Wissenschaft der »ersten Natur«; er verkürzt die biologistisch verstandene Triebtheorie erst auf die Lehre vom Lustprinzip und vom Eros, um den Eros sodann auf die Sexualität zu reduzieren. Freuds triebtheoretische Verdinglichung der Sozialutopien wird bei Reich nicht kritisiert, sondern radikalisiert. In der Konzentration auf die Sexualität, in der Erklärung der Barbarei aus der Sexualunterdrückung – die besonders nachdrücklich in Reichs Interpretation der »Symbolik des Hakenkreuzes« (ebd. 147-153) erscheint – liegt bereits der Ansatz seiner späteren Theorie des Orgasmus und deren Verdinglichung zum »Orgon« als Prinzip des Seins: *Die Entdeckung des Orgons. Band 1: Die Funktion des Orgasmus. Sexualökonomische Grundprobleme der biologischen Energie* (New York 1942). Den Todestrieb, die triebtheoretische Verdinglichung der Gewaltgeschichte, schiebt Reich (1933) mit der schlichten Bemerkung beiseite: »nicht die kulturelle Tätigkeit an sich, sondern nur die gegenwärtigen Formen dieser Tätigkeit« erforderten die Unterdrückung der Sexualität (ebd. 48).

Die somit durch Freud belehrte »naturwissenschaftliche, d.h. marxistische Psychologie« (ebd. 33) als »Massenpsychologie« ist konsequent eine Theorie der gesellschaftlichen »Sexualunterdrückung«: eine *»Sexualökonomie«* – eine »Soziologie des menschlichen Geschlechtslebens« (ebd. 42). In der »Sexualunterdrückung« liegt, Reich zufolge, das Zentrum der Verinnerlichung gesellschaftlicher Herrschaft, so daß die Entwicklung der Ideologie hinter jener des ökonomischen Seins zurückbleibt: so daß es zur Ausbildung eines revolutionären proletarischen, rationalen Klassenbewußtseins nicht kommt, sondern zur Durchsetzung der irrationalen »Mystik des Nationalsozialismus« (ebd. 16, 34f., 37, 40-42; vgl. dazu: ebd. 123-146). Reichs Psychologie ist eine *»Massenpsychologie«:* einmal, weil sie die Klärung *gesellschaftlicher* Herrschaftsverhältnisse verspricht und insofern eine Sozialpsychologie ist; zum anderen, weil durch die Introjektion der Herrschaft das *Subjekt seine Individualität – seine mögliche Autonomie – einbüßt,* zur Personifikation der herrschenden Verhältnisse wird und seine gesellschaftliche Existenzweise in der atomisierten Masse besitzt. Durch diese Aufklärung beansprucht Reich, ein zentrales Moment des Historischen Materialismus zu erfassen, das sich der »Sozialökonomie« entzieht; durch diese Aufklärung beansprucht Reich zugleich, Freud auf die Füße zu stellen, indem gezeigt wird, aus »welchem soziologischen Grunde ... die Sexualität von der Gesellschaft unterdrückt und vom Individuum zur Verdrängung gebracht« wird – nämlich zur Stabilisierung der »Klassenteilung« der Gesellschaft, des »Privateigentums an den Produktionsmitteln« (ebd. 47-49). Reich umreißt die grundlegenden Annahmen der »Sexualökonomie« (ebd. 41-55):

Reich behandelt zunächst – orthodox-marxistisch gesprochen – die *Umsetzung des Seins in das Bewußtsein,* das sich dabei in ein konformistisches, gesellschaftlich *irrationales* (vgl. ebd. 35) Bewußtsein verwandelt. Er liefert eine triebtheoretische *Darstellung der Genese des autoritären Charakters.* – Die äußere Klassenherrschaft, legt Reich dar, wird durch die Unterdrückung und unbewußte Verdrängung der »kindlichen Sexualität« verinnerlicht und zur zweiten Natur des Menschen, der somit zum *masochistischen* Charakter gebildet ist (siehe ebd. 33, 45, 85, 138). Weil dieser Charakter seine Identität in der Anpassung an die Herrschaft durch Unterdrückung und Selbstunterdrückung besitzt, richtet er die unterdrückende Gewalt gegen alles, was ihm als unangepaßt, abweichend, nicht-integriert, fremd erscheint: der masochistische ist ein *sadistischer,* ein *sado-masochistischer* Charakter (vgl. ebd. 53, 259f.), der das Unterdrückte durch Projektion auf einen fremden Anderen verschiebt und an diesem bekämpft. Jener Fremde erscheint dem autoritären Charakter als Personifikation des Unterdrückten (vgl. ebd. 135f.): der Lust, der unmittelbaren und vollständigen Bedürfnisbefriedigung. – Das Unterdrückte am Fremden wird nicht als Vorschein der Freiheit aufgefaßt, sondern: als kulturell Tiefstehendes, als »sexueller Schmutz«, als Animalisches »im Sinne des Teuflischen, Dämonischen, das zu bändigen ist.« (ebd. 133f.; vgl. ebd. 136, 139) Die äußere, sinnliche Repression eliminiert durch die Introjektion die »sexuelle Lust«, das Streben nach »Glück« (ebd. 49, 240, 252). Das Unterdrückte und dessen Personifikationen: »Juden«, »Neger«, sozialistische Arbeiter (ebd. 115, 123-127, 141f., 149f.), erscheinen als Bedrohung – und nicht die Unterdrückung. Der autoritäre Charakter ist *paranoid* (ebd. 150). – Das Resultat der »Sexualunterdrückung und -verdrängung« (ebd. 48) ist der *»autoritätsfürchtige« Untertan,* der nicht aufbegehrt, sondern sich anpaßt, weil ihm das utopische Bedürfnis genommen, weil ihm der *utopische Vorschein ein Bedrohliches* ist und durch eine *repressive Sexual-Moral* unterdrückt werden muß (vgl. ebd. 153, 163-165). Der sado-masochistische Charakter wehrt deshalb die Aufklärung »unbewußter Vorgänge«, die einzig durch eine Veränderung seiner Identität und der gesellschaftlichen Herrschafts-Verhältnisse möglich wäre (vgl. ebd. 246-271), durch *»Widerstand«* ab (ebd. 241-246). Insofern ist der autoritäre Charakter ein *»unpolitischer Mensch«* (ebd. 52, 271-276). Seine gesellschaftliche Welt ist ein Gehäuse der »Autorität« und »Hörigkeit« (ebd. 259).

»Die moralische Hemmung der natürlichen Geschlechtlichkeit des Kindes, deren letzte Etappe die schwere Beeinträchtigung der *genitalen* Sexualität des Kleinkindes ist, macht ängstlich, scheu, autoritätsfürchtig, gehorsam, im bürgerlichen Sinne brav und erziehbar; sie lähmt, weil nunmehr jede aggressive Regung mit schwerer

Angst besetzt ist, die auflehnenden Kräfte im Menschen, setzt durch das sexuelle Denkverbot eine allgemeine Denkhemmung und Kritikunfähigkeit; kurz, ihr Ziel ist die Herstellung des an die privateigentümliche Ordnung angepassten, trotz Not und Erniedrigung sie duldenden Staatsbürgers. Als Vorstufe dazu durchläuft das Kind den autoritären Miniaturstaat der Familie, an deren Struktur sich das Kind zunächst anpassen muss, um später dem allgemeinen gesellschaftlichen Rahmen einordnungsfähig zu sein. Die Umstrukturierung des Menschen erfolgt ... zentral durch Verankerung sexueller Hemmung und Angst am lebendigen Material der sexuellen Antriebe.« (Reich 1933: 50 f. Zur Frage der »sexuellen Hemmung und Angst« vor der *»sinnlichen,* körperlichen Sexualität« als »Kern der faschistischen Rassetheorie« vergleiche: ebd. 84, 86, 88, 93 f., 128-146, 242-244)

So hat Reich früh die Struktur des autoritären Charakters beschrieben. Dieser Charakter ist die Form eines, durch unbewußte Unterdrückung und masochistische Selbstunterdrückung der Sexualität, *ent-individualisierten Menschen* – eines Menschen ohne »Selbstbewusstsein« (ebd. 86), eben ohne Bewußtsein seiner selbst; weil die Unterdrückung gesellschaftlich unbewußt erfolgt, ist der autoritäre Charakter ohne Bewußtsein seiner gesellschaftlichen Verhältnisse (vgl. ebd. 99) und erscheint darum als Individuum in einem *»individualistischen«* Konkurrenzkampf (vgl. ebd. 82, 85f., 89, 99-102). Der autoritäre Charakter ist mithin: ein atomistischer Massen-Mensch, ein – wie Reich paradox formuliert – »Massenindividuum« (ebd. 98ff.). Dieses seiner selbst und seiner Verhältnisse unbewußte »Individuum« ist der Bürger einer total bewußtlosen Gesellschaft: die »Barbarei« ist ein System des allgemeinen *»Mystizismus«* (ebd. 123-146). So erkennt Reich, zwar nicht durch eine aufklärende Kritik der Politischen Ökonomie, aber durch eine psychoanalytisch belehrte Kritik der bürgerlichen Anthropologie, die *Dialektik der bürgerlichen Aufklärung:* den Umschlag des klassischen Zusammenhangs von *Krise und Kritik* in den neuen Zusammenhang von *Krise und Autoritarismus.*

Reich erkennt ebenfalls früh die *zentrale Funktion der monogamen patriarchalischen Familie* bei der Produktion des autoritären Charakters, der autoritären bürgerlichen Ideologie, insbesondere bei der Produktion einer repressiven Sexual-Moral: sie sei die »gesellschaftliche Kerninstitution« des allgemeinen Autoritarismus, sie sei ein »autoritärer Miniaturstaat« (ebd. 50; vgl. ebd. 137 und ausführlich: ebd. 154-168). Struktur und Funktion der patriarchalischen Familie erklärt er in erheblicher Übereinstimmung mit Freuds Entdeckung des Ödipuskomplexes (ebd. 92 Anm.). Danach erfolgt eine erst liebevolle Identifizierung (»so sein wie er«) des »kleinen Knaben« mit dem Vater, die mit einer »glatt sexuellen Objektbesetzung« der Mutter zusammengeht, so daß schließlich die Identifizierung mit dem Vater in

Aggression (Vernichtung durch Einverleibung) umschlägt (Freud: Bd. IX: 98-103). Den Vater nennt Reich (1933) den »Vertreter« des »autoritären Staates ... in jeder Familie«, die frühe Gestalt des späteren »Führers«, der die Nation verkörpert und dem eine infantile Phantasie Omnipotenz zuschreibt (ebd. 84, 97f.). Der Vater, »Untertan« seiner »Vorgesetzten« und allgemein der »Obrigkeit«, ist in seiner Familie die Obrigkeit, die einerseits die Frau als »Sexualwesen« unterdrückt (ebd. 156-158) und andererseits den Kindern die »Untertanenstellung« aufzwingt (ebd. 84): durch eine unbewußte Sexualunterdrückung, so daß die Mutterbindung fixiert und die Mutterliebe zum Urbild der Liebe zu »Heimat und Nation« wird (ebd. 90-93; vgl. ebd. 97-103). Die ambivalente Identifizierung der Kinder mit dem Vater ist die erste Form der Identifizierung mit jeder »Obrigkeit«, der Hörigkeit gegenüber dem »Führer« (ebd. 85, 122f.).

»Die Verknüpfung der sozialökonomischen mit der sexuellen Struktur der Gesellschaft und die ideologische Reproduktion der Gesellschaft erfolgen in den ersten vier bis fünf Lebensjahren und in der Familie. Die Kirche setzt diese Funktion später nur fort. So gewinnt der Klassenstaat sein ungeheures Interesse an der Familie: Sie ist seine Struktur- und Ideologiefabrik geworden.« (Reich 1933: 49 f.; vgl. ebd. 82-95, 154-168. Ist der Vater der patriarchalischen Familie das Urbild aller Obrigkeit, so ist die »Vaterrechtstheorie« die Theorie der »politischen Reaktion«, die von Johann Jakob Bachofen erforschte und 1861 dargestellte »Mutterrechtstheorie« aber die Theorie des »Marxismus«: ebd. 131-135)

Die patriarchalisch-familial ausgeführte, masochistische Sexualunterdrückung ist, nach Reich, die unbewußte Verankerung der Klassenherrschaft im Subjekt: die »Reproduktion eines gesellschaftlichen Systems in den Strukturen seiner Mitglieder« (ebd. 85). So ist diese innere Repression die Produktion einer Ideologie, die die befreienden Kräfte der »ökonomischen Basis« fesselt und – statt zum rationalen »Sozialismus« – zur irrationalen »Barbarei« drängt (ebd. 51; vgl. ebd. 19, 21). Daher ist der »Schutz der Familie«, wie Reich dokumentiert (ebd. 95-97, 154ff.), das »erste Gebot der reaktionären Kulturpolitik«.

Die typische *soziale Klasse des autoritären Charakters* ist, nach Reich, das *»rebellierende Kleinbürgertum«*, das die »Massenbasis des Faschismus« bildet (ebd. 17; siehe ebd. 65-77): Heimarbeiter, Hausangestellte, Sozialrentner, untere Angestellte, untere Beamte, »mittlere Kaufmannschaft«, »mittleres und kleines Bauerntum« (ebd. 24, 65). Im Proletariat sind kleinbürgerliche Einstellungen vor allem in der sozialdemokratischen *»Arbeiteraristokratie«*, die durch die »sozialpolitischen Errungenschaften« materiell korrumpiert ist, aber auch im materiell ebenfalls korrumpierten *»Lumpenproletariat«* zu finden (ebd. 66, 88, 91, 103-114): beide Arbeiter-Schichten tendieren in der Krise, trotz Verelendung, nicht zur Ausbildung eines proletarischen Klassenbewußtseins, sondern zur »Verbürgerlichung«. – Typisch für die aufgeführten kleinbürgerlichen Schichten sei, mit Ausnahme der Beamten und unteren Angestellten, das »Zusammenfallen von Familie und Produktionsweise«, also die *familiale Wirtschaftsform;* diese sei besonders ausgeprägt in der »kleinen und mittleren Bauernwirtschaft«, die durch eine Verordnung vom 12.5.1933 als Existenzweise der »Verbundenheit von Blut und Boden« anerkannt ist (ebd. 77-82, 96f.). Reich nennt jene Schichten auch einen »Mittelstand«: eine soziale Klasse »zwischen Obrigkeit und Proletariat« (ebd. 75). Die idealtypische Personifikation des Kleinbürgertums ist: Hitler (ebd. 60-64). – Reich beschreibt die *ökonomische Stellung* dieses Kleinbürgertums um 1933. Zwar sei die »wirtschaftliche« Lage der kleinbürgerlichen Schichten durchaus verschieden (ebd. 71). Was diese Schichten freilich ökonomisch eine, sei ihre »fortschreitende Proletarisierung«: sie seien der »Konkurrenz der billiger und rationaler arbeitenden Grossindustrie nicht gewachsen« (ebd. 72). Weil in den ökonomischen Sektoren des Kleinbürgertums eine individualisierende »wirtschaftliche Konkurrenz« dominiere, komme es nicht zur Solidarisierung der Kleinbürger miteinander (ebd. 72-74, 82, 85f.). Weil die »Proletarisierung« in der Krise drohe und gefürchtet werde, komme es nicht zur Solidarisierung mit dem Proletariat (ebd. 74). Also identifiziere sich das Kleinbürgertum, obwohl es sich gegen das herrschende und existenzbedrohende »Grosskapital« wende (ebd. 67), gegen seine objektiven Interessen, mit dem »Dienstgeber«: den »adeligen Häusern«, dem Staat, dem Unternehmen, der Nation (ebd. 75f., 82). Dadurch aber halte das Kleinbürgertum »den revolutionären Untergang der kapitalistischen Herrschaft auf.« (ebd. 66) – Reich hebt hervor, daß wohl die ökonomische Stellung des Kleinbürgertums, trotz der gemeinsamen Bedrohung durch das hochkonzentrierte Kapital, verschieden sei, nicht aber die *»familiäre Situation«;* diese sei der »Schlüssel zum Verständnis seiner Ideologie« (ebd. 71; ausführlich: ebd. 77-97, 154-168). – Jene Identifikation mit den herrschenden Klassen bei gleichzeitig prekärer ökonomischer Lage und familialer Wirtschaftsweise führt zur Ausbildung einer spezifisch *kleinbürgerlichen Moral,* die der Einzelne gegen sich selbst zwanghaft-äußerlich durchzusetzen hat (ebd. 82-89, 136-138, 158-162): der autoritären Imperative der Pflicht, der Ehre, der Tapferkeit, der Anpassung, der »Selbstbeherrschung«, der masochistischen Sexualunterdrückung.

Reich behandelt sodann die Frage der *Rückwirkung des autoritären Bewußtseins auf das Sein,* so daß die autoritäre Ideologie zu einer »materiellen Kraft« wird (vgl. ebd. 22f., 29, 31). – Er erklärt als die eine Seite dieser Rückwirkung, daß der autoritäre Charakter auf eine Krise durch eine

Rebellion gegen seine Verelendung und Unterdrückung reagiert, die nicht die revolutionäre Abschaffung der *Repression,* sondern *gegen-revolutionär* deren Verallgemeinerung verlangt. Diese *autoritäre Rebellion* erfolgt nach dem Modell der ambivalenten Identifikation des Kindes mit dem Vater der patriarchalischen Familie, dann nach dem Modell der widerspruchsvollen Identifikation des Kleinbürgertums mit der ökonomischen und politischen Obrigkeit. – Insofern das Kleinbürgertum die soziale Klasse des autoritären Charakters ist, ist diese Rebellion eine »Rebellion des Mittelstandes« (ebd. 66-71). Insofern das Kleinbürgertum in der Krise seine Proletarisierung fürchtet, ist die Rebellion *anti-sozialistisch* und *anti-utopisch* auf die Fixierung des Bestehenden gerichtet (ebd. 67, 70f., 73); insofern das Kleinbürgertum in der Krise durch das »Grosskapital« bedroht ist, ist die Rebellion *»antikapitalistisch«* und explizit *»sozialistisch«* (ebd. 67f.) – ohne das »Grosskapital« substantiell zu »entrechten« (ebd. 68; vgl. ebd. 104f., 147f.). – An der Person Hitlers exemplifiziert Reich diese Paradoxie einer kleinbürgerlichen »Rebellion gegen die Autorität bei gleichzeitiger Anerkennung und Unterwerfung« unter die Autorität (ebd. 60f.; vgl. ebd. 74-77, 103ff.). Die Identifikation des Einzelnen und der Schichten des Kleinbürgertums mit der unterdrückenden Obrigkeit erfolgt durch Selbstunterdrückung und Unterdrückung anderer, auf die das unterdrückte Bedürfnis nach Glück projiziert wird: durch *Masochismus* und *Sadismus.* Das alter ego ist dem »nationalistischen Faschismus« die »fremde Rasse«, allererst die »Juden«, die scheinbar ein Leben nach dem archaischen, animalischen Lustprinzip führen (ebd. 135f., 115ff.). Insofern dieser Sadismus das masochistische Bedürfnis befriedigt, bereitet er ebenso Lust wie der Masochismus selbst. – Diese gegen-revolutionäre, anti-sozialistische, autoritäre Rebellion (vgl. ebd. 63) ist »irrational«, weil sie weder mit der potentiell revolutionären Entwicklung der Produktivkräfte konform ist noch der »ökonomischen Situation« der Großen Depression entspricht (vgl. ebd. 34f.; 54). Sie ist die Rebellion eines »unpolitischen Menschen«, der sich mit der »Obrigkeit« – gegen die er aufbegehrt – identifiziert.

»Die Unterdrückung der grob materiellen Bedürfnisbefriedigung erzielt ein anderes Resultat als die der sexuellen Bedürfnisse. Erste treibt zur Rebellion, die zweite jedoch verhindert dadurch, dass sie die sexuellen Ansprüche zur Verdrängung bringt, sie dem Bewusstsein entzieht und sich als moralische Abwehr innerlich verankert, den Vollzug der Auflehnung aus *beiden* Arten von Unterdrückung. Ja auch die Hemmung der Auflehnung selbst ist unbewusst. Es findet sich beim durchschnittlichen unpolitischen Menschen im Bewusstsein nicht einmal ein Ansatz dazu.« (Reich 1933: 52; zum »unpolitischen Menschen«: ebd. 271-276)

»Ist nämlich die Sexualität durch den Prozess der Sexualverdrängung aus den naturgemäss gegebenen Bahnen der Befriedigung ausgeschlossen, so beschreitet sie Wege der Ersatzbefriedigung verschiedener Art. So zum Beispiel steigert sich die natürliche Aggression zum brutalen Sadismus, der ein wesentliches Stück der massenpsychologischen Grundlage desjenigen Krieges bildet, der von einigen wenigen aus imperialistischen Interessen insceniert wird.« (Reich 1933: 53)

Die Praxis des autoritären, des *sado-masochistischen Charakters* ist die *»konformistische Revolte«* (Horkheimer 1974: 164): die Verallgemeinerung gesellschaftlicher Unterdrückung durch *»Judenverfolgung«* (Reich 1933: 115).

Reich gibt, als andere Seite jener *Rückwirkung des autoritären Bewußtseins auf das Sein,* eine massenpsychologische Version des Dogmas von der Fesselung der Produktivkräfte durch die Produktionsverhältnisse (ebd. 22f., vgl. Marx: MEW 13: 8f.). Für die Wissenschaft der *»Sexualökonomie«* reklamiert er die Klärung jener zum Verständnis der »Sozialökonomie« zentralen Frage, warum die auf Freiheit ausgerichtete *Entwicklung der Produktivkräfte* nicht zur Wirklichkeit gelangt, warum nicht der »Sozialismus« siegte, sondern die *»Barbarei«:*

»Wenn die materielle Verelendung breiter Massen nicht zu einer Revolutionierung im Sinne der proletarischen Revolution geführt hat, wenn sich aus der Krise objektiv gesehen der Revolution konträre Ideologien ergeben haben, so hat die Entwicklung der Ideologie der Masse in den letzten Jahren die Entfaltung der Produktivkräfte, die revolutionäre Lösung des Widerspruchs zwischen den Produktivkräften des monopolistischen Kapitalismus und seiner Produktionsweise gehemmt.« (Reich 1933: 22 f.; vgl. ebd. 100)

Indes vermag die geschichtliche Tendenz: der Widerspruch von befreienden Produktivkräften einerseits, von zur Fessel werdenden Produktionsverhältnissen andererseits, durch die »Barbarei« nicht auf Dauer fixiert werden. »Hitlers« Nationalsozialismus, so erscheint es Reich 1933, stemmt sich gegen die »Richtung des fortschreitenden gesellschaftlichen Prozesses« (ebd. 58), aber er vermag den notwendigen »Untergang des Kapitalismus … niemals [zu] bannen« (ebd. 8). Darum kann dieser »Führer« nicht *»endgültig* Geschichte« machen, sondern »nur *vorübergehend«* (ebd. 58). Das letzte Wort behält historisch: der Sozialismus.

Reich verweist auf das *Verhältnis von Theorie und Praxis* (vgl. ebd. 227 f.): die »Sexualpolitik« als Praxis der »Sexualökonomie« (ebd. 246-271). Das Verhältnis ist nach der *Form* einerseits, nach dem *Inhalt* andererseits zu bestimmen.

Die *Praxis der Sexualökonomie* muß, *der Form nach,* eine andere sein als die Praxis der »Sozialökonomie«. Marx' *Sozialökonomie,* ist Reich überzeugt, hat mit dem Widerspruch der Entwicklung von Produktivkräften und Produktionsverhältnissen den notwendigen »Untergang des Kapitalismus«, den kommenden Sieg des revolutionären, klassenbewußten Proletariats dargelegt (vgl. ebd. 6, 8, 20f.). Ist dieser Fortschritt als ein »unerbittliches Schicksal« (ebd.) vorgeschrieben, bleibt der revolutionären Praxis allenfalls, den fälligen Sozialismus sozialtechnisch zu verwirklichen. Die *»Sexualökonomie«* aber kann mit einer solchen Notwendigkeit nicht rechnen. Da die Verinnerlichung äußerer Herrschaft durch unbewußte Sexualunterdrückung, vor allem aber durch unbewußte Sexualverdrängung erfolgt, gilt es, die Bewußtlosigkeit dieser »zweiten Natur« zu Bewußtsein zu bringen: durch *Aufklärung*. Zwar zählt Reich zu dieser Aufklärung auch die »Massenbeeinflussung« und die »revolutionäre Propaganda« (ebd. 104-109, 240f., 254f.), die propagandistische Verbreitung des richtigen Klassen-»Standpunkts«. Zwar nennt Reich die »ideologische Beeinflussung« in der Sowjetunion eine »naturwissenschaftliche Aufklärung« (ebd. 237). Aber er expliziert zugleich die *Logik der psychoanalytischen Aufklärung* des introjizierten Unbewußten, der verinnerlichten gesellschaftlichen Unterdrückung.

»Zunächst ist festzuhalten, dass wir in der sexualpolitischen Arbeit eine andere Aufgabe vor uns haben als in der individuellen analytischen Behandlung. Hier haben wir Verdrängungen zu beseitigen und die psychische Gesundheit herzustellen. Das ist nicht die Aufgabe der Sexualpolitik, die einzig den *Widerspruch* und das Leiden im bürgerlichen Menschen *bewusst zu machen hat.«* (Reich 1933: 251; vgl. dazu: ebd. 250-260)

Die Psychoanalyse, als Therapie Einzelner, kann nur zur Erinnerung der Unterdrückungs-Geschichte verhelfen und den Einzelnen dadurch instand setzen, das »hysterische Elend in gemeines Unglück zu verwandeln.« (Freud: EB: 97) Reichs (1933) Sexualökonomie zieht aus Freuds Einsichten die radikalere Konsequenz: die pathogenen gesellschaftlichen Verhältnisse nicht individuell zu verarbeiten, sondern gesellschaftlich umzustürzen. Das Bewußtmachen des nach Aufklärung verlangenden Leidens zielt, die »Widerstände« gegen die Selbstveränderung überwindend, auf die Abschaffung der »gesellschaftlichen Ursachen des Leidens.« (ebd. 251-254, Zitat: 253)

»Die wirkliche, konsequente sexualpolitische Arbeit macht stummes Leiden laut, schafft neue und verschärft vorhandene Widersprüche, bringt die Menschen in die Lage, ihre Situation nicht mehr ertragen zu können.« (Reich 1933: 253)

Die sexualpolitische Arbeit setzt also voraus: zunächst die »Zunahme der neurotischen Erkrankungen« (ebd. 257); sodann die Sehnsucht nach »sexuellem Glück«, also ein Leiden an der Sexualunterdrückung (ebd. 252); schließlich eine Erschütterung der Widerstände gegen die Aufklärung durch die ökonomische Erosion der kleinbürgerlichen Existenz, durch die Erosion der kleinbürgerlichen Familie, durch die Erosion der kleinbürgerlichen Sexualmoral (ebd. 255-259); endlich eine »straffe internationale sexualpolitische Organisation« (ebd. 271). Die sexualpolitische Aufklärung richtet sich allererst an Kinder und Jugendliche (ebd. 261-268): denn die sexuelle Unterdrückung und Verdrängung erfolgt in der frühen Kindheit (ebd. 49-51); sie richtet sich sodann an die in der patriarchalischen Familie unterdrückten Frauen (ebd. 251f., 269f.). Die sexualpolitische Aufklärung verwirklicht sich in einer »sexuellen Revolution« (ebd. 138), in einer allgemeinen Revolutionierung der Verhältnisse (ebd. 258).

Die *Praxis der Sexualökonomie* zielt, *dem Inhalt nach:* sexualpolitisch auf »sexuelles Glück« (ebd. 252), sozialökonomisch aber auf das Telos gesellschaftsgeschichtlichen Fortschritts: die *Freisetzung der Produktivkräfte* (ebd. 20f.). Wenn die, durch die patriarchalische und monogame Familie durchgesetzte, Sexualunterdrückung und -verdrängung eine Fesselung der Produktivkräfte durch eine reaktionäre »Ideologie« darstellt, dann bedeutet die Abschaffung jener Unterdrückung und Verdrängung die revolutionäre Freisetzung der Produktivkräfte. Insofern ist die sexualpolitische Praxis der Kern eines Kampfes gegen die nationalsozialistische »Barbarei« (ebd. 21). Insofern verhilft die Sexualpolitik der proletarischen Revolution allererst zum Durchbruch, insofern ist die Revolutionierung der sexuellen Verhältnisse die Bedingung eines rationalen Klassenbewußtseins und einer allgemeinen Revolutionierung der Verhältnisse (ebd. 247f.). Die durch Freuds Psychoanalyse belehrte »Massenpsychologie« und »Sexualökonomie« zielt mithin, durch *»sexualpolitische Arbeit«,* auf eine *»sexuelle Rebellion«,* auf eine »sexuelle Befreiung oder sexuelle Revolution« (ebd. 85, 138) als »Kern« einer Revolutionierung des irrationalen Bewußtseins: einer »Kulturrevolution« (ebd. 130, 167f., 246). Darum gelte es, fordert Reich gegen den Partei-Kommunismus, das »Privat- und Geschlechtsleben zu politisieren.« (ebd. 275; vgl. ebd. 248)

»Man muss die Bedeutung der Vorstellung von der Kastration als der Strafe für sexuelle Vergehen und sexuelles Begehren kennen, man muss den sexualpsychologischen Hintergrund der Ritualmordphantasien wie des Antisemitismus überhaupt erfassen und zudem das sexuelle Schuldgefühl und die sexuelle Angst des kleinbürgerlichen Menschen richtig einschätzen, … Hier liegt die psychologische Wurzel des Antisemitismus der Nationalsozialisten. Das sollen nur Vernebelungsaktionen sein? Gewiss, auch Vernebelung. Aber daneben übersah man leicht, dass der Faschismus ideologisch das Aufbäumen einer sexuell ebenso wie wirtschaftlich totkranken Gesellschaft gegen die schmerzhaften, aber entschiedenen Tendenzen des Bolschewismus zur sexuellen ebenso wie ökonomischen Freiheit ist, einer Freiheit, bei deren blossen Vorstellung den *bürgerlichen* Menschen Todesangst überkommt. Das heisst: mit der Herstellung der ökonomischen Freiheit durch den Kommunismus geht die Auflösung der alten ideologischen und kulturellen sowie insbesondere sexuellen Einrichtungen einher, der der bürgerliche Mensch und auch der Proletarier, soweit er bürgerlich fühlt, nicht ohne weiteres gewachsen ist. Insbesondere die Angst vor der ›sexuellen Freiheit‹, die sich in der Vorstellung des bürgerlichen Denkens als sexuelles Chaos und als sexuelle Verlotterung darstellt, wirkt sich hemmend gegenüber der Sehnsucht nach Freiheit vom Joch der wirtschaftlichen Ausbeutung aus. (...) Daher gehört die Sexualpolitik in das Zentrum der Politik überhaupt. Und je höher die Stufe des Kapitalismus, je weiter und tiefer die ideologische Verbürgerlichung des Proletariats somit gegriffen hat, desto entscheidendere Bedeutung gewinnt die revolutionäre Arbeit an der kulturellen Front, als deren Kernelement wir die sexualpolitische Arbeit erkennen.« (Reich 1933: 94 f. Im III. Kapitel seiner Schrift behandelt Reich die »Rassetheorie«, die »in Form der Judenverfolgung mit allen Mitteln in die Praxis umgesetzt« werde: ebd. 115-146. Er skizziert die sozialdarwinistische Begründung dieser Theorie, betont deren objektive imperialistische Funktion, fügt aber der angedeuteten sexualtheoretischen Erklärung des »Antisemitismus« nur den – durch Stellen aus Hitlers *Mein Kampf* fundierten – Satz hinzu, eine der »stärksten Quellen« der »politischen Weltanschauung« und des »Antisemitismus des Nationalsozialismus« sei die »Syphilisangst« als Symbol einer phantasierten »Vergiftung des Volkskörpers« durch »Rassenvermischung«, durch »Blutsvermischung«: ebd. 124 f.)

Die »sexualpolitische Arbeit« und die »sexuelle Rebellion« erscheinen bei Reich als Zentren einer Revolutionierung der bürgerlichen, den geschichtlichen und ökonomischen Fortschritt hemmenden Ideologie, der diese Ideologie produzierenden und reproduzierenden patriarchalischen Familie.

Reichs *Massenpsychologie des Faschismus* steht fraglos auf der Höhe der Zeit: der Großen Depression; der »Niederlage« der »deutschen Arbeiterklasse«; des Sieges des Nationalsozialismus in Deutschland; eines Umschlags der bürgerlichen Aufklärung, so daß diese mit der Gegenaufklärung koinzidiert und sich in einem gesellschaftlichen »Mystizismus« (ebd. 123-146) manifestiert. – Ebenso fraglos setzt Reich die Tradition des Marxismus der Zweiten Internationale fort, der Marx' Aufklärung des Warenfetischismus beiseite geschoben und sich unter veränderten politisch-ökonomischen Verhältnissen auf die scheinbar befreienden Potentiale der technischen Rationalität gestellt hat: der Entwicklung der Produktivkräfte in der Zweiten Industriellen Revolution; der Bürokratisierung in Wirtschaft und Staat durch die Formierung ökonomischer Monopole;

der Zerstörung der Zirkulationssphäre und der analogen Ausbildung eines planwirtschaftlich gesteuerten Kapitalismus; der Zerstörung der alten liberalen Sozialutopien und deren Substitution durch die negative Utopie eines naturwissenschaftlich-positivistischen gesellschaftlichen Kosmos und eines naturnotwendigen geschichtlichen Fortschritts, realisiert durch das klassenbewußte Proletariat. Fraglos ist auch, daß Reich – paradox – das Scheitern dieses Marxismus und die damit verbundene Niederlage der Arbeiterbewegung 1933 begriffen hat. – Weil Reich jedoch am orthodoxen, positivistischen Marxismus festhält, erscheinen ihm die Gesetze der bürgerlichen Politik-Ökonomie ebenso wie die Gesetze der Gesellschaftsgeschichte dennoch auf den Sozialismus zu verweisen. Um den Sieg des Nationalsozialismus aufzuklären, kann er nicht auf Marx' *Kritik der Politischen Ökonomie* – auf die Aufklärung des Warenfetischismus als des erscheinenden Gesellschaftlich-Unbewußten – rekurrieren, sondern muß sich an Freuds *Psychoanalyse* halten: nur psychoanalytisch und kulturkritisch, auf der Ebene des autoritär-irrationalen Bewußtseins des autoritären Charakters, erkennt Reich den irrationalen Rationalismus der Barbarei.

Eine Theorie, die diese Marx'sche Aufklärung durch die Kritik der Politischen Ökonomie aufnimmt, wie Lukács' in *Geschichte und Klassenbewußtsein* (1923) und Korsch in *Marxismus und Philosophie* (1923), hätte den Nationalsozialismus, hätte den autoritären Charakter nicht allererst psychoanalytisch und kulturkritisch, sondern ökonomiekritisch aufklären können. Dieser Rückgang auf die Kritik der Politischen Ökonomie wäre immanent dem Argument Reichs gefolgt: daß der autoritäre Charakter geformt ist durch die Introjektion äußerer Herrschaft – daß also erst dieser Rückgang hinter die Lehre Freuds zur Lehre von Marx den gesellschaftlich-anthropologischen Autoritarismus aufzuklären vermag. Eine solche Kritik der Politischen Ökonomie hätte die Barbarei nicht als geschichtliche Regression, sondern als Erscheinung kapitalistischen Fortschritts durch Vertiefung und Verknöcherung des unbewußten Allgemeinen zu einem irrationalen Allgemeinen in Form einer Kritik der Politischen Ökonomie des Imperialismus und den nationalsozialistischen Staatskapitalismus aufklären können. – Zu dieser Konsequenz hat die folgende *Kritische Theorie der Gesellschaft* einen herausragenden Beitrag geleistet: allerdings nicht auf dem Gebiet der Politischen Ökonomie, sondern durch eine Theorie der Gesellschaft in der Tradition von Marx, die den positivistischen Marxismus der Zweiten Internationale durch eine dialektische, kritische Theorie überwindet und die Barbarei geschichtsphilosophisch und kulturkritisch als Resultat kapitalistischen Fortschritts erklärt. Auch die Kritische Theorie vermag, wie Reich, den Nationalsozialismus nicht aus dem Fortschritt des »Systems der bürgerlichen Ökonomie« aufzuklären. – Denn die bezeichnete *Aporie Reichs:* sein Festhalten am *orthodoxen Marxismus der Zweiten Internationale* und der daraus resultierende Versuch, die Niederlage der Arbeiterbewegung und den Sieg des Nationalsozialismus allererst psychoanalytisch aufzuklären, ist kein bloß subjektiver Denkfehler. Jene Aporie war durch den Fortschritt des »Systems der bürgerlichen Ökonomie« von einem System der »List der Vernunft« zu einem irrational-rationalen System erzwungen. Die marxistischen Theoretiker des Imperialismus analysierten kein System, das sich aufklärend zur vergangenen Geschichte verhielt und darum den utopischen Vorschein einer »neuen Gesellschaft« bot. Die Frage mithin, wie unter diesen Verhältnissen deren immanent aufklärende, revolutionär gerichtete Kritik möglich sei, war auch von Reich nicht philologisch und durch eine einfache Anstrengung des Begriffs zu beantworten. – So stand die *Kritische Theorie* ebenfalls unter dieser Frage: ob die Barbarei nur psychoanalytisch, nicht – tieferliegend – durch eine Kritik der Politischen Ökonomie aufgeklärt werden könnte, die den kapitalistischen Fortschritt als Fortschritt von der »List der Vernunft« zu einer »List« ohne »Vernunft« explizierte. Eine solche Kritik der Politischen Ökonomie hätte sich auf keinen aufklärenden Gehalt, auf keine utopisch gerichtete Erinnerung in der Struktur der bürgerlichen Ökonomie stützen können, sondern einzig deren »bestimmte Negation« (Hegel, Bd. 5: 49; Horkheimer/Adorno 1944/47: 37; vgl. Freud, Bd. III: 371ff.) geschichtsphilosophisch aufklären können: durch eine *Dialektik der ökonomischen Rationalisierung.*

5.2 Kritische Theorie der Gesellschaft (1931 – 39): *Studien über Autorität und Familie* (1936)

Der »orthodoxe« Marxismus der Zweiten Internationale hatte sich auf die Geschichts- und Gesellschafts-Theorie der widersprüchlichen Entwicklung von Produktivkräften und Produktionsverhältnissen gestellt und die proletarische Revolution als eine sozialtechnischen Akt, ausgeführt durch bürokratische Massenorganisationen des Proletariats, abzielend auf einen ›Verein freier Menschen' als einen Kosmos technischer Rationalität, phantasiert und organisiert. Dieser positivistische Marxismus verfiel um 1918/23 der Kritik: im Kontext der gescheiterten Revolutionen und der Spaltung der Arbeiterbewegung. Georg Lukács (1923) und Karl Korsch (1923) würdigten, gegen die Orthodoxie, Marx' dialektische Aufklärung des Warenfetischismus. Korsch hob die Aufgabe hervor, den Historischen Materialismus auf sich selbst anzuwenden, die Kritik der Politischen Ökonomie gesellschaftsgeschichtlich zu reflektieren und nicht philologisch-dogmatisch wiederherzustellen (1923: 96f., 107; 1929, 120ff.), um den Zusammenhang von Dialektik und Revolution unter veränderten Bedingungen aufzuklären. Lukács' Kritik der Orthodoxie (1923: 58ff.) war ähnlich gerichtet. So mußte Reichs Verbindung der Lehren Marx' und Freuds neu gefaßt werden: die Erklärung von »Barbarei« und »autoritärem Charakter«, die Aufklärung des neuen Zusammenhangs von Krise und Konformismus. Diese Konsequenz zog die *Kritische Theorie der Gesellschaft* von Max Horkheimer, Erich Fromm und Herbert Marcuse in den *Studien über Autorität und Familie* (Paris 1936).

Lukács hat bereits 1916/20, ausgehend von der Tradition des vernunftkritischen Hegelianismus der Philosophie des objektiven Geistes, in seiner *Theorie des Romans* die gesellschaftliche Welt als eine unbewußte »zweite Natur« expliziert (a.a.O., 5-17, 54ff.). Der Roman, die literarische Reflexions-Form des bürgerlichen Individuums, ist Lukács der Gegenstand, an dem er geschichtsphilosophisch den Fortschritt von einer mythologischen Welteinheit zum liberalen Zeitalter der Entzweiung und Entfremdung von Individuum und Gesellschaft (ebd. 49ff., 54ff., 60ff.) bis hin zur Epoche der gesellschaftlichen Atomisierung (ebd. 28, 136f.) aufklärt, von der aus endlich die Utopie einer praktischen Überwindung der Entfremdung in einer »neuen Welt« (ebd. 136-138) sichtbar wird. So geht Lukács über die Geisteswissenschaften hinaus zu Hegel zurück, fortschreitend zu Marx.

In *Geschichte und Klassenbewußtsein. Studien über marxistische Dialektik* (1923) zieht Lukács die Konsequenz. Die Sammlung von Aufsätzen beginnt mit einer kritischen, dialektischen Aufklärung eines der gesellschaftlichen zweiten Natur – dem Warenfetischismus – verfallenen Bewußtseins: *Was ist orthodoxer Marxismus?* (ebd. 58-93). Gegenstand der Kritik sind nicht die »Gedankenformen« der liberalen Politik-Ökonomie Smiths und Ricardos, nicht die Waren- und Wertformen (Marx, MEW 23: 89f.; vgl. ebd. 94f., Anm. 31 und 32), sondern die »Gedankenformen« des Marxismus der Zweiten Internationale. Dieser Marxismus der Epoche des Imperialismus hat sich, angesichts der theoretischen und praktischen Liquidierung von bürgerlicher Aufklärung, bürgerlicher Sozialutopie und Geschichtsphilosophie, auf den scheinbar kritischen Standpunkt der technischen Rationalität gestellt: der Produktivkraft-Entfaltung während der Zweiten Industriellen Revolution, der bürokratischen Rationalisierung von Wirtschaft, Gesellschaft und Staat. Daher folgt Rudolf Hilferding (1910: 19-21) methodisch den Formen des naturwissenschaftlichen Positivismus: Werturteilsfreiheit in der Wissenschaft; »Kausalzusammenhänge« von Tatsachen; »Determination« als Form von Notwendigkeit; die Durchsetzung des »Sozialismus«

durch eine gesellschaftsgeschichtliche »Notwendigkeit«. Die Konsequenz dieser Methodik ist, bei Hilferding (ebd. 24, 321-323, 503) ebenso wie bei Rosa Luxemburg (1913: 39ff., 51-53, 78, 99-101), die Idee des Sozialismus als »verwaltete Welt« (Horkheimer). – Lukács' (1923) Kritik dieses – von Engels bis Hilferding reichenden – positivistischen Marxismus ist, vermittelt durch die Theorie-Kritik (vgl. ebd. 103-105), eine aufklärende Kritik der gesellschaftlichen zweiten Natur in der Epoche des Imperialismus, der totalen Verdinglichung gesellschaftlicher Verhältnisse zu einer positivistischen Politik-Ökonomie. Insofern wird die Marxsche Aufklärung des Warenfetischismus, der *Theorie des Romans* folgend, *geschichtsphilosophisch* erweitert: ausgeführt als Kritik gesellschaftlicher Fetischisierungen, die sich zu positivistischen Strukturen entwickelt, also verfestigt haben. Im Zentrum der Kritik von Lukács steht der *Sein-Bewußtsein-Dualismus* des zeitgenössischen Marxismus, der sich realitätsgerecht zum Dogmatismus von Tatsachen und Tatsachen-Erkenntnis verfestigt hat. Gegen diesen Dualismus wendet Lukács (ebd. 64-71) ein: Tatsachen sind sowohl gesellschaftsgeschichtlich wie methodisch als Tatsachen konstituiert. Blendet das erkennende Bewußtsein die gesellschaftliche Genese der Tatsachen methodisch aus, so blendet es bewußtlos die Erkenntnis von Gesellschaft und Geschichte aus, reflektiert also weder auf den gesellschaftlichen Gehalt seiner Methode noch auf den geschichtlichen Gehalt der Tatsachen und reproduziert das Bewußtlose (Marx: MEGA II/5, 46) des Warenfetischismus. Das *Bewußtsein* vom Kapitalismus kann darum nur ein Bewußtsein von der in der Gegenwart aufgehobenen und verborgenen *Genesis* der fetischisierten Realität: von der *Geschichte* sein (Lukács 1923: Titel).

»Hier muß jedoch sogleich die Frage auftauchen, was diese sogenannten Tatsachen, mit denen in der ganzen revisionistischen Literatur ein Götzendienst getrieben wird, methodisch zu bedeuten haben? (...) Selbstredend geht jede Erkenntnis der Wirklichkeit von Tatsachen aus. (...) Der bornierte Empirismus bestreitet freilich, daß die Tatsachen bloß in einer solchen ... methodischen Bearbeitung überhaupt erst zu Tatsachen werden. Er glaubt, in jeder Gegebenheit, jeder statistischen Zahl, jedem factum brutum des ökonomischen Lebens eine für ihn wichtige Tatsache finden zu können. Dabei übersieht er, daß die einfachste Aufzählung, die kommentarloseste Aneinanderreihung von ›Tatsachen‹ bereits eine ›Interpretation‹ ist: daß schon hier die Tatsachen von einer Theorie, von einer Methode aus erfaßt ... worden sind. Die gebildeteren Opportunisten ... bestreiten dies auch keineswegs. Sie berufen sich aber auf die Methode der Naturwissenschaften, auf die Art, wie diese durch Beobachtung, Abstraktion, Experiment usw. ›reine‹ Tatsachen zu ermitteln und ihre Zusammenhänge zu ergründen fähig sind. (...)
Das auf den ersten Anblick Bestechende einer solchen Methode liegt darin, daß die kapitalistische Entwicklung selbst die Tendenz hat, eine Struktur der Gesell-

schaft hervorzubringen, die solchen Betrachtungsweisen sehr weit entgegenkommt. (...) Hier wird nun von den Opportunisten stets übersehen, daß es zum Wesen des Kapitalismus gehört, die Erscheinungen in dieser Weise zu produzieren. (...) Es entstehen ›isolierte‹ Tatsachen, isolierte Tatsachenkomplexe, eigengesetzliche Teilgebiete (Ökonomie, Recht usw.), die schon in ihren unmittelbaren Erscheinungsformen für eine solche wissenschaftliche Erforschung weitgehends vorgearbeitet zu sein scheinen. So daß es als besonders ›wissenschaftlich‹ gelten muß, diese – den Tatsachen selbst innewohnende – Tendenz zu Ende zu denken und zur Wissenschaft zu erheben. (...)
Die Unwissenschaftlichkeit dieser scheinbar so wissenschaftlichen Methode liegt also darin, daß sie den *geschichtlichen Charakter* der ihr zugrunde liegenden Tatsachen übersieht und vernachlässigt. (...)
Der geschichtliche Charakter jener ›Tatsachen‹ ... kommt jedoch in einer noch verhängnisvolleren Weise zur Geltung. Sie sind nämlich als Produkte der geschichtlichen Entwicklung nicht nur in einer ständigen Umwandlung begriffen, sondern *sie sind – gerade in der Struktur ihrer Gegenständlichkeit – Produkte einer bestimmten Geschichtsepoche: des Kapitalismus.«* (Lukács 1923: 64, 65, 66, 67)

Die Möglichkeit einer Erkenntnis der kapitalistischen Wirklichkeit besteht mithin nicht in einer unmittelbaren Erkenntnis dieser Wirklichkeit, sondern in einer Kritik der gesellschaftlichen, durch den Warenfetischismus produzierten Tatsachen, vermittelt durch eine Kritik des »verdinglichten Bewußtseins« (ebd. 342; vgl. Horkheimer 1942: 25), das methodisch die Wirklichkeit als Tatsachen-Wirklichkeit setzt. Die Kritik der Politischen Ökonomie erfolgt vermittelt durch eine Ideologiekritik der liberalen Wissenschaft der Politischen Ökonomie; sie erlangt Einsicht in das gesellschaftliche »Sein« nicht vor der Deduktion des ideologischen Bewußtseins, sondern durch dieses hindurch. So erlangt das Bewußtsein eine sich selbst und die Wirklichkeit zugleich reflektierende kritische Einsicht in die gesellschaftsgeschichtliche und methodische Tatsachen-Konstitution: es erkennt die Tatsachen als geworden, als aufgehobene Geschichte.

Lukács (1923) reflektiert freilich nicht das zentrale Problem einer ideologiekritisch ausgeführten Gesellschaftskritik unter den veränderten Bedingungen des Imperialismus und des kommenden technokratischen Staatsinterventionismus: Auf welche transzendierenden Utopien sich eine Kritik der total fetischisierten, positivistisch gewordenen bürgerlichen Welt, vermittelt durch eine Kritik des positivistischen Marxismus, stellen kann, nachdem die liberale »List der Vernunft« im irrationalen Rationalismus einer »List« ohne »Vernunft«, nachdem das bürgerliche Individuum in einer atomisierten Masse untergegangen ist? Weil Lukács diese Frage nach einer dialektischen Kritik des irrational-rationalen Systems der bürgerlichen Ökonomie nicht einmal stellt, supponiert er die Möglichkeit einer Kritik nach dem Vorbild des *Kapital.* Dadurch erhebt er die Dialektik zu einem *überhistorischen Logos:* er *verdinglicht* sie zum Logos des kapitalistischen Widerspruchs und des Widerspruchs und Widerstands des Proletariats gegen widerspruchsvolle Verhältnisse (vgl. ebd. 88, 113, 116, 154, 452ff.). Nochmals, in anderer Weise orthodox, wurde der Logik des Kapitals der Sprengsatz eines Zusammenbruchs, vollzogen durch eine proletarische Revolution, einbeschrieben. Weil keine Aufklärung über das Aufzuklärende hinaus ist, war auch die an Lukács anschließende Richtung des Marxismus noch von jenen Verhältnissen affiziert, die die Orthodoxie produziert hatten und insofern selbst orthodox.

Das traf zentral die *Aufklärung der »Barbarei«, des »autoritären Charakters«.* Auch der aufgeklärte Marxismus in der Tradition von Korsch und Lukács mußte, weil die Dialektik ontologisiert wurde, den autoritären Charakter noch *psychoanalytisch und kulturkritisch* begreifen. Denn die objektiven Tendenzen schienen, nun durch den dialektischen und nicht durch den instrumentellen Logos, auf den kapitalistischen Zusammenbruch und die »proletarische Erhebung« (Horkheimer 1977: IX; vgl. ders. 1937: 533, 540f., 546f.). zu verweisen, nicht aber auf die »konformistische Revolte« (Horkheimer 1974: 164). War die orthodox fixierte Kritik der Politischen Ökonomie, nach Reichs Einsicht, durch den Sieg des Nationalsozialismus gescheitert, so vermochte auch der dialektisch aufgeklärte Marxismus jenen Sieg nicht durch eine unter veränderten Verhältnissen ausgeführte Kritik der Politischen Ökonomie zu explizieren – diese Kritik schien, in beiden Versionen, 1933 an ihr Ende, an ihre Grenze gelangt: als mögliche Aufklärung der Barbarei.

Im Anschluß an Lukács' dialektische Kritik des positivistischen Marxismus hat *Max Horkheimer* im Jahre 1931 in seiner Antrittsrede als Direktor des Instituts für Sozialforschung und Professor für Sozialphilosophie an der Universität Frankfurt das Programm einer *Kritischen Theorie der Gesellschaft* geschichtsphilosophisch durch eine Skizze der Sozialphilosophie nach Hegel entfaltet, die die Tradition dialektischer Aufklärung formal und inhaltlich aufnimmt. – Der Titel der Theorie ist ausdrücklich der *Kritik der Politischen Ökonomie* von Marx entlehnt (Horkheimer 1937, 539 Anm. 14; 576). Die Kritische Theorie tritt explizit auf als Kritik des geisteswissenschaftlichen ebenso wie des naturwissenschaftlichen Positivismus (vgl. Horkheimer 1934), schließt kritisch an Hegels Dialektik (Horkheimer 1937) an und stellt sich somit in die Tradition der Aufklärung unbewußter Verhältnisse: »Insofern bewahrt die kritische Theorie über das Erbe des deutschen Idealismus hinaus das der Philosophie schlechthin« (ebd. 577; vgl. ebd. 531, 533 und öfter). – Formal bestimmt Horkheimer (1931) die Kritische Theorie durch das Programm einer »dialektischen Durchdringung und Entwicklung von philosophischer Theorie und einzelwissenschaftlicher Praxis« (ebd. 40), von »philosophischer Konstruktion und Empirie« (ebd. 42). Inhaltlich entwirft der Sozialphilosoph das Programm einer empirisch gehaltvollen Theorie, in der die Lehren von Marx und Freud zu einer Kritik des Monopolkapitalismus fortgeschrieben werden. Diese Kritik umfaßt: eine *Kritik der Politischen Ökonomie;* eine *Kritik der bürgerlichen Anthropologie;* eine *Kritik der bürgerlichen Kultur.*

»Nicht bloß innerhalb der Sozialphilosophie im engeren Sinne, sondern ebenso in den Kreisen der Soziologie wie in denen der allgemeinen Philosophie haben sich die Diskussionen über die Gesellschaft allmählich immer deutlicher um eine Frage kristallisiert, die nicht bloß gegenwärtig wirksam, sondern zugleich die aktuelle Fassung ältester und wichtigster philosophischer Probleme ist, nämlich um die Frage nach dem Zusammenhang zwischen dem wirtschaftlichen Leben der Gesellschaft (Marx' Kritik der Politischen Ökonomie; G.S.), der psychischen Entwicklung der Individuen (Freuds Psychoanalyse; G.S.) und den Veränderungen auf den Kulturgebieten im engeren Sinn, zu denen nicht nur die sogenannten geistigen Gebilde der Wissenschaft, Kunst und Religion gehören, sondern auch Recht, Sitte, Mode, öffentliche Meinung, Sport, Vergnügungsweisen, Lebensstil usf.« (Horkheimer 1931: 43)

Dieses Programm hat Horkheimer nach 1932 in seinen sozialphilosophischen Essays, publiziert in der *Zeitschrift* des Instituts für Sozialforschung, entwickelt: als Programm einer kritischen Theorie, die die Marxsche Kritik unter veränderten gesellschaftlichen Bedingungen ausführt.

Freilich gelangt die Kritische Theorie Horkheimers erst langsam, konsequent um 1940, zur Konsequenz einer *dialektischen Kritik* der bürgerlichen Gesellschaft und Politik-Ökonomie. Die programmatische Antrittsrede Horkheimers als Direktor des Instituts für Sozialforschung von 1931 und die in den dreißiger Jahren in der *Zeitschrift für Sozialforschung* publizierten Essays sind noch erheblich vom *orthodoxen Marxismus* geprägt: vom Dogma der befreienden Kraft der Produktivkräfte, von der geschichtstheoretischen Konsequenz dieses Dogmas, von der Phantasie des ›Vereins freier Menschen‹ als einer Gemeinschaft, die technisch die Natur beherrscht und die die Ökonomie plant (siehe: Horkheimer 1933: 116f.; 1936: 34; 1937: 581). So identifiziert Horkheimer, in diesen Jahren, die dialektische Vernunft mit der instrumentellen Rationalität (vgl. Stapelfeldt 2008b: 449-479). Auf dieser formalen Grundlage wird auch die *Psychoanalyse dogmatisch rezipiert:* als eine wesentlich naturwissenschaftliche, materialistische Theorie, deren Basis die Triebtheorie ist. Der »Monopolkapitalismus« (Horkheimer 1934: 123, 155) erscheint, theoretisch aus der Perspektive der Lehren von Marx und Freud, als ein System der »Liquidierung des Individuums« (ebd. 143, 174; 1941: 376).

Die erste große Verwirklichung des Programms von 1931 ist der 1936 in Paris erschienene, von Max Horkheimer herausgegebene fünfte Band des Instituts für Sozialforschung: *Studien über Autorität und Familie.* Unverkennbar ist der erhebliche methodische und inhaltliche Einfluß des Psychoanalytikers Erich Fromm, dessen Argumentationen erhebliche Übereinstimmungen mit denen Reichs aufweisen. – Die *Studien* analysieren theoretisch und empirisch den Untergang des Individuums als Genese und Struktur eines »autoritären Charakters«, des Bürgers einer »autoritären Gesellschaft« und eines »autoritären Staates«: nicht als geschichtliche Regression, sondern als Resultat des bürgerlichen Fortschritts. Freilich bewegt sich die Analyse nicht auf der Ebene der Kritik der Politischen Ökonomie. Die Autoren klären den Autoritarismus – wie zuvor Reich – *psychoanalytisch und kulturkritisch:* denn die Entfaltung der Produktivkräfte scheint auf die Emanzipation, nicht auf die Versklavung des Menschen zu deuten. Das Dogma von der widerspruchsvollen Entwicklung der Produktivkräfte und der Produktionsverhältnisse konnte die Erwartung einer »proletarischen Erhebung« begründen (Horkheimer 1977: IX), nicht aber die »konformistische Revolte«, die in die Barbarei führte. – Die 947 Seiten umfassende Studie wurde von mehr als zwanzig Autoren verfaßt. Sie ist in drei »Abteilungen« eingeteilt. Die »Erste Abteilung: Theoretische Entwürfe über Autorität und Familie« enthält drei philosophisch und psychoanalytisch ausgerichtete Abhandlungen von Horkheimer, Fromm und Herbert Marcuse; die Redaktion dieses Teils lag bei Horkheimer. Die »Zweite Abteilung: Erhebungen« dokumentiert die Ergebnisse empirischer Erhebungen bei Arbeitern, Angestellten, Jugendlichen, Arbeitslosen und Sachverständigen; die Redaktion lag bei Fromm. Die »Dritte Abteilung: Einzelstudien« umfaßt Studien etwa über »Wirtschaftsgeschichtliche Grundlagen der Entwicklung der Familienautorität« (Karl August Wittfogel), »Beiträge zu einer Geschichte der autoritären Familie« (Ernst Manheim), Studien über Autorität und Familie in der »deutschen Soziologie bis 1933« (Marcuse), »in der französischen Geistesgeschichte« (Paul Honigsheim), »in der englischen Soziologie« (J. Rumney), »in der amerikanischen Soziologie der Gegenwart« (Arthur W. Calhoun), »in der italienischen Soziologie« (Adolfo Luini); die Redaktion lag bei Leo Löwenthal.

Die systematisch bedeutendsten Beiträge der *Studien* sind die leitenden Abhandlungen Horkheimers und Fromms: weil in diesen Essays der Zusammenhang von Politik-Ökonomie, psychischer Struktur der Individuen und Kultur zu einer Theorie der »autoritären Gesellschaft«, des »autoritären

Staates« und des »autoritären Charakters« entwickelt ist. Sie belegen, daß die Kritische Theorie zu dieser Zeit, trotz ihrer Verpflichtung auf die dialektische Vernunft, noch erheblich dem orthodoxen Marxismus verhaftet ist, so daß sie die Kritik des gesellschaftlichen und anthropologischen Autoritarismus weitgehend nur *psychoanalytisch und kulturkritisch,* nicht aber als *Kritik der Politischen Ökonomie,* formulieren kann. Denn der bürgerlichen Ökonomie schien entweder in den Produktivkräften, in der temporär gegensätzlichen Entwicklung von Produktivkräften und Produktionsverhältnissen, oder in ihrer dialektischen Logik ein Widerspruch immanent, der einen Widerspruch und Widerstand des Proletariats gegen die widerspruchsvollen Verhältnisse produzierte. Der politisch-ökonomischen Objektivität schien mithin, in beiden Versionen, ein *emanzipatorisches Potential* immanent – und nicht das *masochistisch-sadistische* der *autoritären Rebellion.*

5.2.1 *Horkheimer: Geschichtsphilosophische Bestimmung des autoritären Charakters*

Horkheimer (1936) eröffnet die *Studien über Autorität und Familie* mit einem *Allgemeinen Teil* (ebd. 3-76), der in drei Abschnitte gegliedert ist: »I. Kultur« (ebd. 3ff.), »II. Autorität« (ebd. 22ff.), »III. Familie« (ebd. 49ff.). Er argumentiert darin: geschichtsphilosophisch, kulturkritisch und psychoanalytisch.

Den zentralen Begriff des *»autoritären Charakters«* bestimmt Horkheimer unter dem Titel der »Familie« unter Verweis auf die Psychoanalyse:

> »Die einzelnen Mechanismen, welche bei der autoritären Charakterbildung in der Familie wirksam sind, hat vornehmlich die moderne Tiefenpsychologie untersucht. Sie hat gezeigt, wie einerseits die Unselbständigkeit, das tiefe Minderwertigkeitsgefühl der meisten Menschen, die Zentrierung des ganzen Seelenlebens um die Begriffe von Ordnung und Unterordnung, andrerseits jedoch auch die kulturellen Leistungen der Menschen durch die Beziehungen des Kindes zu den Eltern oder ihren Vertretern und zu den Geschwistern bedingt sind. Die Begriffe von Verdrängung und Sublimierung als Ergebnissen des Konflikts mit der gesellschaftlichen Realität haben das Verständnis dieser Vorgänge weitgehend gefördert. Für die Herausbildung des autoritären Charakters ist besonders entscheidend, dass die Kinder unter dem Druck des Vaters lernen, jeden Misserfolg nicht bis zu seinen gesellschaftlichen Ursachen zurückzuführen, sondern bei den individuellen stehen zu bleiben und diese entweder religiös als Schuld oder naturalistisch als mangelnde Begabung zu hypostasieren. (...) Die heute vorherrschenden Menschentypen sind nicht dazu erzogen, den Dingen auf den Grund zu gehen, und nehmen die Erscheinung für das Wesen.« (Horkheimer 1936: 58 f.)

Die Bildung des autoritären Charakters erfolgt, nach Horkheimer, wenigstens nicht unmittelbar im Bereich des Systems der bürgerlichen Ökonomie, sondern in der Familie. Daher rekurriert er nicht auf die Kritik der Politischen Ökonomie, sondern auf die Psychoanalyse. In dieser Tradition konstruiert er die Genese des autoritären Charakters: Gegeben sind »gesellschaftliche Ursachen« eines individuellen »Misserfolgs« der Kinder. Als vermittelnde Instanz tritt der »Druck des Vaters« auf. Dieser Druck, und nicht der ökonomische Fetischismus, bewirkt eine Verdrängung jener »gesellschaftlichen Ursachen«. Dem somit gesellschaftlich analphabetischen Kind erscheinen dann die »individuellen Ursachen« des »Misserfolgs« als ein Letztes: das Individuum fühlt entweder »Schuld« oder »mangelnde Begabung«.

Der *autoritäre Charakter* ist demnach ein gesellschaftlich bewußtloser, also *total vergesellschafteter* Charakter, der sich darum als ein *soziales Atom* wähnt. Dieses Atom ist, weil es gesellschaftlich bewußtlos ist: ohne eine gesellschaftliche Erinnerung seines »Misserfolgs«; ohne eine gesellschaftliche, transzendierende Utopie; ohne Bewußtsein seiner gesellschaftlichen Konstitution als Atom; ohne Bewußtsein der Differenz von Erscheinung und Wesen – es lebt in der Erscheinung der ihm unbewußten gesellschaftlichen Welt, es lebt in einer gesellschaftlichen Mythologie. Weil dieses Atom total vergesellschaftet ist, ist es ohne Besonderheit gegen das Allgemeine: ohne die Möglichkeit eines theoretischen Widerspruchs, eines praktischen Widerstands. Der autoritäre Charakter differiert mithin zentral vom kosmopolitischen Individuum der Epoche des revolutionären Liberalismus: er ist nicht in »negativer Einheit« (Hegel, Bd. 6: 51, 65 und öfter), sondern in abstrakter Identität (Hegel, Bd. 2: 37f.; Bd. 6: 39-41) mit dem Allgemeinen. Daher kann am autoritären Charakter das Allgemeine unmittelbar studiert werden. – Die *Gesellschaft des autoritären Charakters* kann nur eine total bewußtlose, also erinnerungs- und hoffnungslose Gesellschaft sein, hinter die nichts zurück-, über die nichts hinausweist: eine Gesellschaft, die jede Kritik verstellt, die einzig *Anpassung* kategorisch fordert. Diese autoritäre Gesellschaft differiert somit zentral von der Gesellschaft des revolutionären Liberalismus: sie ist abstrakt identisch, irrational-mythologisch, ohne vernunftgegründete Erinnerung und Hoffnung (vgl. Kant, Bd. XI: 251). Die Erscheinungsformen dieser autoritären Gesellschaft sind, weil das Allgemeine das Irrationale ist: atomisierte Sachverhalte und atomisierte Menschen. Bei diesen Formen hat die Gesellschafts-Erkenntnis zu beginnen, hinter diese Formen hat sie aufklärend zurückzufragen.

So steht im Zentrum der Überlegungen Horkheimers (1936), einige Jahre nach der großen ökonomischen Krisis von 1929/33, eine Frage: Warum eine solche *Krisis* nicht, wie noch im 19. Jahrhundert angenommen wurde, zur theoretischen und praktischen *Kritik* führte? *Warum der politisch-ökonomische Widerspruch keinen Widerspruch gegen die Verhältnisse produzierte?* Warum keine befreiende Revolution eintrat, warum die Krise den Nationalsozialismus gebar? Die Kritische Theorie muß diesen Umschlag des liberalen Verhältnisses von *Krise und Kritik* in das irrational-rationale Verhältnis von *Krise und Autoritarismus* nach innen und außen aufklären. Um diesen Umschlag zu begreifen, so scheint es, reicht die Marxsche Kritik der Politischen Ökonomie nicht hin; darum rekurrieren Horkheimer und seine Mitarbeiter auf Freuds Psychoanalyse. Ohne die Aufklärung der »Beziehungen des Kindes zu den Eltern« scheinen weder der »autoritäre Charakter« noch die »kulturellen Leistungen der Menschen« erklärbar.

Nun ist jener Umschlag von *Krise und Kritik* in das *Verhältnis von Krise und Autoritarismus,* obwohl offenkundig erscheinend, eben nicht einfach aufzuklären. Auf der Grundlage eines *total vergesellschafteten* und insofern *atomisierten* Individuums führt aus dem erinnerungs- und hoffnungslosen, irrational-rationalen »Gehäuse der Hörigkeit« (M. Weber) kein Weg hinaus – außer dem einen: die versteinerten Verhältnisse als eine *»bestimmte Negation«* (Hegel, Bd. 3: 74; Bd. 5: 49) der liberalen »List der Vernunft« (Hegel, Bd. 12: 49), also *geschichtsphilosophisch* durch diese *Genese der Negation* vorzuführen. Denn auch die völlig *unbewußte Gesellschaft* verweist, durch die Negation der Vernunft, noch auf diese zurück. Diesen Weg freilich wählt Horkheimer nicht, wie schon seine Bestimmung des »autoritären Charakters« andeutet: er rekurriert, um die Genese dieses Charakters zu explizieren, auf die *Psychoanalyse,* nicht auf die Kritik der Politischen Ökonomie.

Horkheimer (1936) skizziert *geschichtsphilosophisch* die *Genese des gesellschaftlichen und anthropologischen Autoritarismus* im ersten Teil seines Essays: *»I. Kultur«* (ebd. 3-22). – Er verweist zunächst auf die seit dem 17. Jahrhundert gängige *Einteilung der Weltgeschichte* in »Altertum, Mittelalter und Neuzeit« (ebd. 3). Diese Einteilung der »Einheit« der Geschichte in Perioden mit jeweils »eigentümlichen Strukturmomenten« sei begründet in der »eigenen Zeit« der »Geschichtsphilosophen und Soziologen«; die Geschichtsphilosophie sei selbst geschichtlich zu reflektieren (ebd. 4f.). – Horkheimer lehnt seine Geschichtsphilosophie zunächst an *Marx* an: Es sei die »ökonomische Dynamik, welche für den Ablauf der Zeitalter, ihre Entfaltung und ihren Untergang bestimmend ist« (ebd. 6, 9f.). Es sind also politisch-ökonomische Krisen, die innerhalb der Einheit der Geschichte strukturelle Veränderungen der Gesellschaft und dadurch den Fortschritt produzieren. – Horkheimer betont aber, die *Psychoanalyse* rezipierend: weder die »menschliche Seele« noch die »Kultur« seien einfach aus der »ökonomischen Dynamik« zu deduzieren. Beide besäßen vielmehr eine »Eigengesetzlichkeit«, beide seien nicht unmittelbar das Produkt der Politik-Ökonomie, beide wirkten darum auch auf die Ökonomie ein (ebd. 9f., 12; vgl. Reich 1933).

Durch diese geschichtsphilosophische Konstruktion des Verhältnisses von Ökonomie, psychischer Struktur der Individuen und Kultur gelangt Horkheimer zur zentralen Frage: *Wie es zu begreifen ist, daß ökonomische Krisen keine Kritik produzieren?* Denn einerseits befindet sich die bürgerliche Gesellschaft in ihrer gegenwärtigen Gestalt in »heller Krise«; sie ist »ein aus immanenten Gründen zum Untergang treibendes Gebilde« (ebd. 8). Andererseits resultiert die Krise nicht in einem Widerspruch und Widerstand gegen die Verhältnisse, sondern in einem »Sich-Einfügen in eine gegebene Ordnung« (ebd. 11). Diesen Umschlag des liberalen Zusammenhangs von *Krise und Kritik* in den von *Krise und Konformismus* expliziert Horkheimer *nicht* durch eine *politisch-ökonomische Dialektik der Aufklärung*, die den Übergang von der Epoche des revolutionären Liberalismus zur »autoritären Gesellschaft« und zum »autoritären Staatswesen« (ebd. 75; siehe Fromm 1936: 117f.) aufklärt, sondern *psychoanalytisch und kulturkritisch*. Das Argument lautet: Für die Frage nach der »Aufrechterhaltung oder Auflösung der jeweiligen Gesellschaftsform« ist, wegen der »Eigengesetzlichkeit« von menschlicher Seele und Kultur, keineswegs nur die ökonomische Entwicklung entscheidend, die vielmehr zum »Untergang« führt. Entscheidend ist vor allem, ob die »Einrichtungen und Vorgänge auf allen Kulturgebieten ... als zusammenhaltende beziehungsweise auflösende Momente der gesellschaftlichen Dynamik erscheinen«, ob sie die Funktion eines »Mörtels« oder »Kitts« übernehmen oder die eines »Sprengstoffes« (ebd. 10; siehe ebd. 9). Als »Kitt« wirken menschliche Seele und kulturelle Institutionen dann, wenn der zumindest ursprünglich »physische Zwang« sozialer Herrschaft rationalisiert – »vergeistigt« – und dadurch verinnerlicht, in den »psychischen Apparat der Mitglieder einer Klassengesellschaft« eingewandert: in »das moralische Bewußtsein, Gewissen und Pflichtvorstellungen« (ebd. 13) transformiert ist. Dann produziert der rationalisierte und introjizierte Zwang ein »Sich-Einfügen in eine gegebene Ordnung« (ebd. 11) – der verinnerlichte »Zwang« entfaltet intraindividuell eine »Eigengesetzlichkeit« (ebd. 12, 14f.) und verfestigt sich in Form eines »Glaubens an Autorität« (ebd. 22). Kulturkritisch und psychoanalytisch erklärt Horkheimer die Stabilität von Gesellschaftsformationen: ihre Erhaltung trotz tiefer ökonomischer Krisen:

»Die Rolle des Zwangs ... besteht nicht bloss in den Strafen gegen jeden, der die auferlegte Ordnung bricht, sondern auch im Hunger des Einzelnen und der Seinen, der ihn dazu antreibt, sich den gegebenen Bedingungen der Arbeit, zu denen sein Wohlverhalten auf den meisten Lebensgebieten gehört, immer wieder zu unterwerfen. Aber im Laufe der Entwicklung konnten – wenigstens für gewisse ökonomisch ausgezeichnete Zeitabschnitte – die Grausamkeit und die Öffentlichkeit der Strafen gemildert werden; ihre Drohung ist immer mehr differenziert und vergeistigt worden, so daß wenigstens teilweise der Schrecken und die Furcht in Vorsicht sich verwandelt haben. (...) Dies allein bedeutet schon, daß der Zwang in seiner nackten Gestalt keineswegs genügt, um zu erklären, warum die beherrschten Klassen auch in den Zeiten des Niedergangs einer Kultur, in denen die Eigentumsverhältnisse wie die bestehenden Lebensformen überhaupt offenkundig zur Fessel der gesellschaftlichen Kräfte geworden waren, und trotz der Reife des ökonomischen Apparats für eine bessere Produktionsweise das Joch so lange ertragen haben. Der Geschichtsforscher bedarf hier des Studiums der gesamten Kultur; die Kenntnis der materiellen Verhältnisse bildet freilich die Grundlage des Verständnisses.« (Horkheimer 1936: 12 f.; vgl. ebd. 20)

Das Thema der gesamten Untersuchung über Autorität und Familie lautet demnach: Warum ist die »in Europa vorherrschende Gesellschaftsform«, trotz ihrer ökonomischen Tendenz zum »Untergang« (ebd. 8), so stabil – warum produziert die gesellschaftlich-ökonomische Krisis keine theoretische und praktische Kritik, warum kommt es nicht zu einer sozialen Revolution, warum leitet die Krisis nicht über zu einer neuen historischen Epoche? Horkheimers Antwort lautet, mit Freud: Weil die *rationalisierte soziale Herrschaft* sich in *intra-individuellen Zwang* verlängert hat und die »Charakterzüge der jeweiligen Individuen« prägt (ebd. 14) – weil die soziale Herrschaft sich durch einen »autoritären Charakter« (ebd. 57, 59, 75) der Beherrschten »reproduziert« (vgl. ebd. 14f., 20, 22).

Die gesellschaftliche, *politisch-ökonomische Basis der Genese einer autoritären gesellschaftlichen Welt* ist mithin: die *Rationalisierung des Zwangs*, die Genese eines übersinnlichen Zwangs – die Genese der »Herrschaft der Verhältnisse« als Herrschaft von »Abstraktionen« (Marx 1857/58: 82; vgl. Marx/Engels: MEW 3: 424). Horkheimer übersetzt diese Marxsche Aufklärung im zweiten Teil seines Essays unter dem Titel: *»II. Autorität«* (a.a.O., 22-49) in Form einer geschichtsphilosophischen Skizze. – Horkheimer übersetzt den Satz von Marx und Engels: »Die Geschichte aller bisherigen Gesellschaft ist die Geschichte von Klassenkämpfen« (MEW 4: 462), in den Satz: daß »Autorität« eine »für die gesamte bisherige Geschichte entscheidende Realität« ist. Vom »Übergang zu sogenannten autoritativen Staatsformen in der gegenwärtigen Periode« falle ein Licht auf die *Weltgeschichte* (a.a.O., 22). Somit erklärt Horkheimer auch die Festigkeit aller bisherigen Herrschaftsformen aus der Introjektion der Verhältnisse, aus der Bestimmung des Einzelnen durch das repressive Allgemeine: bis in seine »Triebe und Leidenschaften«, bis in seinen »Geist« und seine »Vorstellungen«, bis in seine »grundlegenden Begriffe und Urteile«, bis in seine »Vorlieben und Wünsche« (ebd. 23). Dieses *Gleiche aller bisherigen Geschichte* tritt freilich in *historisch differierenden Formen* auf von der mythologischen Welt bis zur Gesellschaft abstrakten Zwangs (ebd. 23ff.). – Am Anfang steht »Autorität« als unmittelbar-persönliche Herrschaft von Menschen über Menschen, als unmittelbarer Zwang, legitimiert durch religiöse Vorstellungen gesellschaftlicher Ungleichheit. – Die bürgerlichen Revolutionen haben diese Autorität zerstört, aber nicht Autorität überhaupt. »Das bürgerlichen Denken« hat zwar alle Verhältnisse den Vernunftansprüchen eines sich autonom dünkenden Individuums unterworfen, aber dadurch eine »Herrschaft der Verhältnisse« (Marx) etabliert (ebd. 26-32): »Die Verhältnisse selbst wurden autoritativ.« (ebd. 31) Horkheimer belegt dies an der Herrschaft undurchschauter, abstrakt-unpersönlicher ökonomischer Gesetze (ebd. 32f.), die sich für das Proletariat im »furchtbaren Ausbeutungsmechanismus der Manufakturen« manifestierten (ebd. 31; vgl. ebd. 44f., 48). So schlug die Befreiung von traditioneller Autorität um in die Herrschaft rational-unpersönlicher Autorität, »scheinbar natürlicher Umstände« (ebd. 39). Im Übergang zur klassischen bürgerlichen Gesellschaft tritt an die Stelle der *persönlichen eine unpersönliche Herrschaft,* an die Stelle *unmittelbar physischen ein scheinbar sachlicher, anonymer Zwang der Verhältnisse.* Da Dinge-an-sich keinen Zwang entfalten können, da Zwang ein Verhältnis von Menschen zu Menschen und zu Dingen ist, dieser Zwang aber keinen singulären Personen unmittelbar zuzurechnen ist, muß der ursprünglich *persönliche und sinnlich-physische* sich in einen *abstrakt-übersinnlichen Zwang* verwandelt haben und so *ins Innere, in die Innenwelt der Subjekte eingewandert* sein; allein durch *Projektion – die die Introjektion umkehrt* – erscheint er als Zwang von Sachen. Den Individuen bleibt nichts, als »sich diesem Schicksal durch aktive oder passive Methoden anzupassen, anstatt es nach einheitlichem Plan zu bestimmen.« (ebd. 34; vgl. ebd. 35) – Diese sachliche Autorität der Verhältnisse, diese vollständige Verinnerlichung gesellschaftlichen Zwanges, die während der liberalen Ära durchgesetzt wurde, bleibt – nach Horkheimers Verständnis – auch in der »Periode des totalitären Staats« wirksam (ebd. 41ff.). Jedoch wird die Autorität so unmittelbar, daß sie die Menschen vollkommen durchdringt und den utopischen Schein individueller Autonomie auflöst. »Die weitaus größte Zahl der Menschen verliert tatsächlich ihre Individualität und wird zur Masse, die nur heteronom zu handeln vermag.« (Horkheimer 1934a: 174) So schlägt die bürgerliche Befreiung von persönlicher Herrschaft um in eine »Herrschaft der Verhältnisse«; die Autonomie des Individuums vollendet sich in der »Liquidierung des Individuums«: im »autoritären Charakter«.

Indes konstatiert Horkheimer bloß den Fortschritt von der gesellschaftlichen Welt des kosmopolitischen Liberalismus zum *autoritären* Kosmos als *Fortschritt der totalen Vergesellschaftung von Individuen und Sachen,* so daß nichts Nichtidentisches, nichts Besonderes auch gegen das Allgemeine einen Widerspruch zu erheben, einen Widerstand geltend machen könnte. Die Frage nach einer politisch-ökonomischen Rationalisierung als *Fortschritt der gesellschaftlichen Fetischisierungen* beantwortet er nicht durch Rekurs auf die Marxsche Kritik der Politischen Ökonomie, sondern auf die *Psychoanalyse* Freuds: als Frage nach dem »Kitt« in der »menschlichen Seele« und in der Kultur (ebd. 9f., 12). Im dritten Teil seines Essays unter dem Titel: *»III. Familie«* (ebd. 49-76) entwickelt Horkheimer den »Kitt«, durch den das liberale Verhältnis von Krise und Kritik unter Bedingungen des »totalitären Staats« (ebd. 41) in das von Krise und Konformismus umschlägt. Dieser »Kitt« werde nicht durch »absichtlich auf Menschenbildung gerichtete Akte«, nicht durch »bewußte Maßnahmen von Kirche, Schule, sportlichen und politischen Verbänden, Theater, Presse und so fort« produziert, sondern vor allem »auf Grund vom Bewußtsein nicht kontrollierter Prozesse«. Es sei allererst die Familie, die familiale Erziehung, durch die die »menschlichen Charaktere ... zu dem spezifisch autoritären Verhalten« geformt würden, »von dem der Bestand der bürgerlichen Ordnung abhängt.« (ebd. 49f.) Es sei die Familie der liberalen und der autoritären Epoche, durch die die notwendige Verinnerlichung äußeren Zwangs erfolge (ebd. 51-59).

Wenn es *Familie und Kultur* sind, die den »autoritären Charakter« als *»Kitt«* brüchig gewordener Verhältnisse konstituieren, die also die Funktion des »Fetischcharakters der Ware« (Marx, MEW 23: 85-98) übernehmen, dann kann eine Kritik dieses Fetischismus nur durch Verweis auf *kritische Potentiale von Familie, Kultur und Charakterstruktur des Individuums* begründet werden. Horkheimer (1936: 63) würdigt insofern die Familie auch als gesellschaftlichen Ort des Widerspruchs und Widerstands gegen die versteinerten, autoritären Verhältnisse: als »Hort des Widerstands« gegen die »bürgerliche Ordnung«. Die Familie habe, als Zusammenhang von Liebe, Fürsorge und Solidarität, stets der kalten Rationalität des Marktes und der Konkurrenz auch entgegengestanden und die »Ahnung eines besseren menschlichen Zustands« genährt (ebd. 64). Sie enthalte, neben der Bildung des »autoritären Charakters«, dieses »antiautoritäre Moment« (ebd. 67; vgl. ebd. 73f.).

Nun hatte Horkheimer gleich anfangs die Familie nur als eine vermittelnde Instanz bei der »Herausbildung des autoritären Charakters« bezeichnet; zugrunde lägen »gesellschaftliche Ursachen« (ebd. 58f.). Das hatte schon Freud ausgeführt: die inneren Zwänge des Individuums seien nur die Verinnerlichungen äußerer Zwänge. Jene Bedeutung der Familie, jene Notwendigkeit autoritärer Charaktere, erkennt Horkheimer angesichts der Tendenz der »in Europa vorherrschenden Gesellschaftsform« zum »Untergang«, angesichts der »hellen Krise« der bürgerlichen Welt. Daß diese nicht länger die Welt des revolutionären Liberalismus ist, ist dem kritischen Theoretiker bewußt: die »gegenwärtige« sei die »Periode« des »Übergangs zu sogenannten autoritativen Staatsformen« (ebd. 22), zu »autoritativen … Verhältnissen« (ebd. 31). Dennoch skizziert Horkheimer nirgends jene später vorgelegte *Dialektik der Aufklärung* in Rücksicht auf den *ökonomischen, gesellschaftlichen und politischen Fortschritt* vom revolutionären Liberalismus zum Imperialismus und zum allgemeinen Autoritarismus: als Fortschritt zu einer totalen Mythologisierung der Welt, in der die Individuen vollends gesellschaftlich blind, ebenso erinnerungswie hoffnungslos, darum zugleich Momente einer »Masse« und soziale Atome sind. Dennoch wird im gesamten sehr voluminösen Werk dieser Fortschritt auch von anderen Autoren nicht behandelt. Der Grund für diese Auslassung liegt einzig darin, daß die Kritische Theorie der dreißiger Jahre dem Marxismus der Zweiten Internationale noch so weit folgt, daß Horkheimer auch im Fortschritt von der liberalen »List der Vernunft« zu einem irrational-rationalen Kosmos noch eine Zusammenbruchs-Tendenz, eine Tendenz zum »Untergang« erkennt, die auf den Sozialismus verweist, nicht aber auf die totale Fetischisierung der Verhältnisse. Horkheimer stützt sich, wie jener Marxismus nach Marx, um 1936 auf das Dogma von der befreienden Potenz der Produktivkräfte (siehe: 1933: 116f.; 1937: 533, 540f., 546, 552; vgl. Pollock 1932: 19), aus dem sich einzig die Erwartung einer »proletarischen Erhebung«, nicht aber einer »konformistischen Revolte« ergibt. Auf dieser *dogmatischen* Grundlage ist die Kritische Theorie von beiden Aufgaben entlastet: die Kritik der Politischen Ökonomie zu einer *Kritik des Imperialismus und des autoritären Staates* zu entwickeln; die *Psychoanalyse durch Kritik* »erst auf den Punkt« zu bringen, um sie in eine Kritik der Politischen Ökonomie des autoritären Staates aufzuheben (vgl. Marx an Engels, 1.2.1858: MEW 29: 275).

Wäre Horkheimer – in seinem *Allgemeinen Teil* – jenem Fortschritt vom klassischen Liberalismus zum Imperialismus und zum autoritären Staat immanent in der Absicht der Aufklärung gefolgt, hätte er beides nicht allein *psychoanalytisch und kulturkritisch* rekonstruieren müssen:

den Fetischismus des gesellschaftlichen Kitts und die utopischen Potentiale der scheinbar total fixierten Verhältnisse. Er hätte vielmehr durch eine geschichtsphilosophisch entwickelte Aufklärung des Warenfetischismus, durch eine *Kritik der autoritären Politischen Ökonomie,* die Genese des autoritären Kosmos als eine »bestimmte Negation« der Politik-Ökonomie des revolutionären Liberalismus nachweisen können, die den liberalen Fetischismus wohl zur Konsequenz einer »List« ohne »Vernunft« bringt, die aber die alten vernunftgegründeten Sozialutopien nicht eliminiert, sondern in der Form der »bestimmten Negation« noch enthält. Er hätte dann, Freuds Psychoanalyse kritisch rezipierend, entweder die Verinnerlichung des äußeren Logos der autoritären Politik-Ökonomie oder diesen Logos im Inneren des »autoritären Charakters« aufklären können. Weil er dies nicht leistet, nicht einmal programmatisch andeutet, beschränkt Horkheimer sich auf die Darstellung von familialer und kultureller Konstitution des autoritären Charakters und des »Kitts«: also auf bloße Vermittlungsinstanzen vorausgesetzter, unaufgeklärter autoritativer Verhältnisse.

Das Verdienst dieser Kritischen Theorie ist jedoch außerordentlich: Eine dialektische Aufklärung des bürgerlichen Fortschritts zu autoritären, total bewußtlosen und verdinglichten gesellschaftlichen Verhältnissen, die sich in die Tradition der Lehre von Marx stellt. Von hier konnte die Kritik, durch den immanenten Rückgang hinter die Argumentationsebene der Kulturkritik und der psychoanalytisch belehrten Kritik der bürgerlichen Anthropologie, fortschreiten zu einer *Dialektik der ökonomischen Rationalität:* zu einer Entfaltung der *Dialektik der Aufklärung* auf der Ebene der Politischen Ökonomie (vgl. Stapelfeldt 2004², 2009a, 2009b, 2010, 2012). Die Aufklärung der autoritären Verhältnisse durch eine *geschichtsphilosophisch reflektierte Kritik der autoritativen Politischen Ökonomie* vermag freilich die *psychoanalytische Kritik des gesellschaftlichen Autoritarismus* nicht zu ersetzen; sie hat solche Kritik aber – auch nach Horkheimers Konstruktion – systematisch zu begründen. So würde die Kritische Theorie auf ihren *Ausgangspunkt:* die Kritik der Politischen Ökonomie (Horkheimer 1937: 539 Anm., 576ff.), zurückgeführt und zu einer *dialektischen* Theorie der Gesellschaft entwickelt.

5.2.2 *Fromm: Psychoanalytische Bestimmung des sado-masochistischen Charakters*

Horkheimer (1936) hat die Genese des autoritären Charakters geschichtsphilosophisch aus der Genese autoritativer Verhältnisse angedeutet und die innere Struktur dieser Gestalt des untergegangenen Individuums umrissen.

Der Psychoanalytiker Erich Fromm hat dann, im zweiten, *Sozialpsychologischen Teil* der *Studien über Autorität und Familie,* den autoritären Charakter näher aufgeklärt: als sado-masochistischen Charakter, als autoritären Bürger einer »autoritären Gesellschaft« und eines »autoritären Staates«. Auch Fromm bewegt sich, auf der Grundlage eines immer noch orthodoxen Marxismus, auf den Ebenen der psychoanalytischen Kritik der bürgerlichen Anthropologie sowie einer Kulturkritik. Übereinstimmungen mit Reichs *Massenpsychologie des Faschismus* sind unübersehbar. Fromms Einfluß auf die *Studien* läßt sich ablesen an seinen programmatischen Essays, die er 1932 im ersten Jahrgang der *Zeitschrift für Sozialforschung* publizierte.

Exkurs

Fromm hatte schon 1932, im ersten Jahrgang der *Zeitschrift für Sozialforschung,* das 1931 von Horkheimer vorgestellte Arbeitsprogramm in Rücksicht auf die »psychische Entwicklung der Individuen« (Horkheimer 1931: 43) ausgeführt: als Rezeption der Psychoanalyse Freuds durch eine an Marx orientierte kritische Gesellschaftstheorie. Der erste Essay Fromms trägt den Titel: *Über Methode und Aufgabe einer analytischen Sozialpsychologie* (a.a. O., 28-54); in einem zweiten Essay behandelt Fromm, ebenfalls im ersten Jahrgang der Zeitschrift: *Die psychoanalytische Charakterologie und ihre Bedeutung für die Sozialpsychologie* (a.a.O., 253-277). Vor allem im ersten Essay bewegt sich Fromm weitgehend im Rahmen der *orthodoxen* Rezeption der Psychoanalyse durch Bernfeld und Reich. Er würdigt die Lehre Freuds als *materialistisch,* als *historisch,* als *sozialpsychologisch* und als bedeutsam für die *Ideologienlehre* des Historischen Materialismus: eben als strukturell mit der positiv vorausgesetzten Lehre von Marx übereinstimmend und in diese *positiv* integrierbar.

In den einleitenden Sätzen bereits hebt Fromm den *Materialismus* der Lehre Freuds hervor:

»Die Psychoanalyse ist eine naturwissenschaftliche, materialistische Psychologie. Sie hat als Motor menschlichen Verhaltens Triebregungen und Bedürfnisse nachgewiesen, die von den physiologisch verankerten, selbst nicht unmittelbar beobachtbaren ›Trieben‹ gespeist werden. Sie hat aufgezeigt, daß die bewußte Seelentätigkeit nur einen relativ kleinen Sektor des Seelenlebens ausmacht, daß viele entscheidende Antriebe seelischen Verhaltens dem Menschen nicht bewußt sind. Sie hat insbesondere private und kollektive Ideologien als Ausdruck bestimmter, trieblich verankerter Wünsche und Bedürfnisse entlarvt und auch in den ›moralischen‹ und ideellen Motiven verhüllte und rationalisierte Äußerungen von Trieben entdeckt.« (Fromm 1932: 28)

Materialismus heißt, nach Fromm: *»naturwissenschaftlich«,* Erklärung von Unbewußtem, von Bedürfnissen, von Ideologien aus »physiologisch verankerten ... ›Trieben‹«. Das Naturwissenschaftliche besteht nicht in der Aufklärung einer gesellschaftlichen »zweiten Natur«, sondern in der Explikation von »menschlichem Verhalten« aus der menschlichen »ersten Natur«: aus den »biologischen Tatbeständen« der »Triebe« – aus »Selbsterhaltungstrieben« und »Sexualtrieben« (ebd. 28f., 31). *Diese »erste« identifiziert Fromm mit der »zweiten Natur«:* die »Triebe« seien »biologisch«, und sie seien das »Unbewußte« – das Nicht-Bewußte des *Physischen,* das Unbewußte des *Verdrängten.* Dieses Unbewußte setzt Fromm daher, als ein naturhaft Gegebenes, dem *»gesellschaftlichen Sein«* gleich (siehe ebd. 33). Freuds Triebtheorie, so scheint es, steht methodisch auf einer Stufe mit der Marxschen Erforschung des gesellschaftlichen Seins: beides sind »materialistische Wissenschaften«, beide verfahren »naturwissenschaftlich« (ebd. 29, 33).

Sodann erkennt Fromm die *historische* Methode der Psychoanalyse an. Zwar setze Freud die Triebstruktur als innere Natur des Menschen voraus, aber diese Triebstruktur werde durch die Geschichte des Individuums geformt.

»Die Eigenart der spezifischen Triebstruktur eines Menschen sieht Freud durch zwei Faktoren bedingt: die mitgebrachte Konstitution und das Lebensschicksal, vor allem das Schicksal seiner frühen Kindheit. Er geht davon aus, daß mitgebrachte Konstitution und Erleben eine ›Ergänzungsreihe‹ bilden und daß die spezifisch analytische Aufgabe die Erforschung des Einflusses des Erlebens auf die gegebene Triebkonstitution ist. Die analytische Methode ist also eine exquisit *historische:* sie fordert *Verständnis der Triebstruktur aus dem Lebensschicksal.«* (Fromm 1932: 29)

Den Einfluß des »Lebensschicksals« auf die Triebstruktur erkennt Fromm vor allem bei den Sexualtrieben: diese seien »elastischer und geschmeidiger« als die »Selbsterhaltungstriebe« aufgrund ihrer »Aufschiebbarkeit, Verdrängbarkeit, Sublimierbarkeit und Verwandelbarkeit« (ebd. 29-31). In der »Verdrängbarkeit« der Sexualtriebe läge deren Entfernung »aus dem Bewußtsein« und deren Verschiebung ins »Unbewußte«. – Fromms Bestimmung der psychoanalytischen Forschungs- und Behandlungsmethode hebt zwar die Erforschung der Individualgeschichte hervor, aber er beschreibt die Genese des Unbewußten in geisteswissenschaftlichen Begriffen – »Lebensschicksal«, »Erleben« –, nicht in Begriffen einer *dialektischen, genetischen* Aufklärung des Unbewußten: denn dieses gilt ihm als »biologischer Tatbestand«, als »Trieb« (ebd. 31, 33). Fromm zieht daher nicht die scheinbar naheliegende Konsequenz: die *»historische« Methode der Psychoanalyse auf sie selbst anzuwenden* und zu fragen: Unter welchen gesellschaftlichen Bedingungen entsteht überhaupt die gesellschaftliche Formung der inneren Natur des Menschen, die gesellschaftliche Bildung eines inneren »Unbewußten«? Welche gesellschaftlichen Verhältnisse haben die Begründung der Psychoanalyse allererst produziert? Ist das Unbewußte ein biologischer Trieb, ist es naturwissenschaftlich zu erforschen, nicht durch Aufklärung einer bewußtlosen »List der Vernunft«?

Weiterhin bestimmt Fromm die Psychoanalyse als eine *»Sozialpsychologie«*, weil sie im Inneren des Individuums – im *»Unbewußten«* – Strukturen der »Gesellschaft« erkennt. Da Fromm im Begriff der Triebe und des *Unbewußten* die »erste« mit der »zweiten Natur« identifiziert hatte, die Triebstruktur ihm also ein Biologisches ebenso ist wie ein gesellschaftlich Verdrängtes (ebd. 33), ist ihm das Gesellschaftlich-Unbewußte eine Gesellschafts-Natur.

»Freud hat sich ursprünglich – und auch späterhin vorwiegend – mit der Psychologie des Individuums beschäftigt. Nachdem aber einmal in den Trieben die Motive menschlichen Verhaltens, im Unbewußten die geheime Quelle der Ideologien und Verhaltungsweisen entdeckt waren, konnte es nicht ausbleiben, daß die analytischen Autoren den Versuch machten, vom Problem des Individuums zu dem der Gesellschaft, von der Personalpsychologie zur *Sozialpsychologie* vorzustoßen. Es mußte der Versuch unternommen werden, mit den Mitteln der Psychoanalyse den geheimen Sinn und Grund der im gesellschaftlichen Leben so augenfälligen irrationalen Verhaltungsweisen, wie sie sich in der Religion und in Volksbräuchen, aber auch in der Politik und Erziehung äußern, zu finden.« (Fromm 1932: 31; siehe zu Fromms Darstellung der Psychoanalyse als Sozialpsychologie: ebd. 33-39)

Das Gesellschaftliche im Individuum ist, nach diesen Überlegungen, enthalten: in den »Trieben«, soweit diese durch das »Lebensschicksal« des Menschen geformt sind; im »Unbewußten«, soweit die »Sexualtriebe« verdrängt sind, die Verdrängung also Gesellschaftliches und Biologisches enthält (vgl. ebd. 29-31). Näher bezeichnet Fromm das »Unbewußte« als »Quelle der Ideologien und Verhaltungsweisen«, der »irrationalen Verhaltungsweisen«. Es scheint, als ob ein unmittelbarer, naturwissenschaftlicher Zugang zum Trieb-Unbewußten als einem Gesellschaftlich-Unbewußten möglich sei, so daß dann aus diesem die Ideologien abgeleitet werden könnten.

Aus diesen, von Fromm zusammengestellten, Strukturanalogien eines dogmatisierten Marxismus einerseits, einer dogmatisierten Psychoanalyse andererseits, ergibt sich als Aufgabe der Psychoanalyse für die Lehre von Marx – die Fromm »historischer Materialismus« nennt – die *Ideologienlehre.*

»Die Soziologie, mit der die Psychoanalyse die meisten Berührungspunkte, aber auch die meisten Gegensätze zu haben scheint, ist der historische Materialismus. Die meisten Berührungspunkte – denn sie sind beide materialistische Wissenschaften. Sie gehen nicht von ›Ideen‹, sondern vom irdischen Leben, von Bedürfnissen aus. Sie berühren sich im besonderen in ihrer gemeinsamen Einschätzung des Bewußtseins, das ihnen weniger Motor menschlichen Verhaltens als Spiegelbild anderer geheimer Kräfte zu sein scheint. Aber hier, bei der Frage nach dem Wesen dieser eigentlichen, das Bewußtsein bestimmenden Faktoren scheint ein unversöhnlicher Gegensatz zu bestehen. Der historische Materialismus sieht im Bewußtsein einen Ausdruck des gesellschaftlichen Seins, die Psychoanalyse einen des Unbewußten, der Triebe. Es entsteht die unabweisbare Frage, ob diese beiden Thesen in einem Widerspruch zueinander stehen und, wenn nicht, in welcher Weise sie sich zueinander verhalten und endlich, ob und warum eine Benutzung psychoanalytischer Methoden für den historischen Materialismus eine Bereicherung darstellt.« (Fromm 1932: 33)

Fromm verwandelt die Marxsche Kritik der Politischen Ökonomie ebenso wie die Psychoanalyse Freuds von einer kritischen, aufklärenden in eine positive Wissenschaft: die eine ist eine *Naturwissenschaft des »gesellschaftlichen Seins«,* eine »Soziologie«, die andere eine *Naturwissenschaft der Triebstruktur des Menschen.* Als positive Wissenschaften entbehren beide der gesellschaftlichen Begründung: so sind sie – zumindest in Rücksicht auf das Verhältnis von Sein, Trieben und Bewußtsein – »Thesen«, also nicht weiter begründbare, eben dogmatisch gesetzte Lehrsätze. Als Dogmen lassen sich beide nur vergleichen, also danach untersuchen, ob sie übereinstimmen oder nicht. – Sind beide Lehren dogmatisch gesetzt, konstituieren sie sich nicht durch eine aufklärende Ideologiekritik des fortgeschrittensten Bewußtseins, formulieren sie durch diese Vermittlung keine Kritik des »gesellschaftlichen Seins«. Vielmehr setzen beide, als positive Naturwissenschaften, das Sein und damit auch das Wissen vom Sein ebenso voraus wie den *Dualismus von Sein und Bewußtsein.* Das Bewußtsein, als *Ideologie,* gilt es, auf der Grundlage des Seins, allererst abzuleiten. Insofern kommt der Marxschen »Soziologie«, als Lehre vom »gesellschaftlichen Sein«, Vorrang zu; die Psychoanalyse vermag dann die Umsetzung des Seins in Bewußtsein zu klären.

»Analytische Sozialpsychologie heißt also: die Triebstruktur, die libidinöse, zum großen Teil unbewußte Haltung einer Gruppe aus ihrer sozialökonomischen Struktur heraus zu verstehen. (…) Die Familie ist das Medium, durch das die Gesellschaft bzw. die Klasse die ihr entsprechende, für sie spezifische Struktur dem Kind und damit dem Erwachsenen aufprägt; *die Familie ist die psychologische Agentur der Gesellschaft.«* (Fromm 1932: 34)

Das Unbewußte ist nicht dem »gesellschaftlichen Sein« immanent, sondern erst den Trieben, soweit diese biologisch, physiologisch und durch das »Lebensschicksal« des Individuums gegeben oder geformt sind. Mit diesem »Unbewußten« hat es die Kritik der Politischen Ökonomie nicht zu tun, und darum vermag sie, nach Fromm, die *Genese von Ideologien* nicht zu explizieren (vgl. ebd. 28, 31). Das vielmehr kann erst die Psychoanalyse leisten.

Fromm gelangt zu dieser Konsequenz, weil er das von Marx untersuchte »gesellschaftliche Sein« nicht als ein Sinnlich-Übersinnliches, nicht als Gesellschaftlich-Unbewußtes auffaßt. Die schon durch den Marxismus der Zweiten Internationale – aus Gründen struktureller Veränderungen des »Systems der bürgerlichen Ökonomie« (Marx: MEW 13: 7) beim Übergang vom Liberalismus zum Imperialismus – bewußtlos beiseite geschobene Aufklärung des *»Fetischcharakters der Ware«* (MEW 23: 85ff.) bedeutet die Verdrängung der erscheinenden Basis-Ideologie, des unbewußten Allgemeinen der liberalen Politik-Ökonomie. Wie sich jener Marxismus auf die befreiende Potenz der Produktivkraft-Entfaltung stellt, so reduziert Fromm die Lehre von Marx auf eine den Naturwissenschaften verwandte Wissenschaft vom gesellschaftlichen Sein, so daß das *Unbewußte* und die *Ideologien* allererst im Rekurs auf die psychoanalytisch untersuchte *Triebstruktur* des Menschen und die zwischen dem ökonomischen Sein und der Triebstruktur des Kindes vermittelnde Instanz der *Familie* geklärt werden könnten.

So skizziert Fromm *Methode und Inhalt* einer »analytischen Sozialpsychologie«, die die Lehren von Marx und Freud systematisch verknüpft:

> »Die konsequente Anwendung der Methode der analytischen Personalpsychologie auf soziale Phänomene ergibt folgende sozialpsychologische Methode: *Die sozialpsychologischen Erscheinungen sind aufzufassen als Prozesse der aktiven und passiven Anpassung des Triebapparates an die sozialökonomische Situation. Der Triebapparat selbst ist – in gewissen Grundlagen – biologisch gegeben, aber weitgehend modifizierbar; den ökonomischen Bedingungen kommt die Rolle als primär formenden Faktoren zu. Die Familie ist das wesentlichste Medium, durch das die ökonomische Situation ihren formenden Einfluß auf die Psyche des einzelnen ausübt. Die Sozialpsychologie hat die gemeinsamen – sozial relevanten – seelischen Haltungen und Ideologien – und insbesondere deren unbewußte Wurzeln – aus der Einwirkung der ökonomischen Bedingungen auf die libidinösen Strebungen zu erklären.«* (Fromm 1932: 39 f.)

Das *Unbewußte* ebenso wie die *Ideologien* sind nicht der Gegenstand der Kritik der Politischen Ökonomien, sondern: der an der Psychoanalyse gebildeten Sozialpsychologie.

»Wie stellt sich nun ... das Verhältnis zwischen Psychoanalyse und historischem Materialismus dar?

Die Psychoanalyse kann die Gesamtauffassung des historischen Materialismus an einer ganz bestimmten Stelle *bereichern, nämlich in der umfassenden Kenntnis eines der im gesellschaftlichen Prozeß wirksamen Faktoren, der Beschaffenheit des Menschen selbst, seiner ›Natur‹*. Sie reiht den Triebapparat des Menschen in die Reihe der natürlichen Bedingungen ein, die selber modifizieren, aber in deren Natur auch die Grenzen der Modifizierbarkeit liegen. Der Triebapparat des Menschen ist eine der ›natürlichen‹ Bedingungen, die zum Unterbau des gesellschaftlichen Prozesses gehören. Aber nicht der Triebapparat ›im allgemeinen‹, in seiner biologischen ›Urform‹. Als solcher erscheint er in Wirklichkeit niemals, sondern immer schon in einer bestimmten, eben durch den gesellschaftlichen Prozeß veränderten Form. (...) Der historische Materialismus verlangt eine Psychologie, d.h. eine Wissenschaft von den seelischen Eigenschaften des Menschen. Erst die Psychoanalyse hat eine Psychologie geliefert, die für den historischen Materialismus brauchbar (! G.S.) ist.

Diese Ergänzung ist besonders aus folgendem Grunde wichtig. Marx und Engels konstatierten die Abhängigkeit allen ideologischen Geschehens vom ökonomischen Unterbau, sahen im Geistigen ›das in den Menschenkopf umgesetzte Materielle‹. Gewiß konnte in vielen Fällen der historische Materialismus auch ohne alle psychologischen Voraussetzungen richtige Antworten geben. Aber doch nur entweder da, wo die Ideologie einen mehr oder weniger zweckrationalen Charakter mit Bezug auf gewisse Klassenziele trägt oder da, wo es sich darum handelt, richtige Zuordnungen zwischen ökonomischem Unterbau und ideologischem Überbau vorzunehmen, ohne doch zu erklären, wie der Weg von der Ökonomie zum menschlichen Kopf oder Herz geht. Aber über das *Wie* der Umsetzung des Materiellen in den Menschenkopf konnten und wollten – mangels einer brauchbaren Psychologie – Marx und Engels keine Antwort geben. Die Psychoanalyse kann zeigen, daß die Ideologien die Produkte von bestimmten Wünschen, Triebregungen, Interessen, Bedürfnissen sind, die, selber zum großen Teil nicht bewußt, als ›Rationalisierung‹ in Form der Ideologie auftreten; (...) *Die Psychoanalyse kann also zeigen, wie sich auf dem Wege über das Triebleben die ökonomische Situation in Ideologie umsetzt.«* (Fromm 1932: 45-47; siehe ebd. 54)

Weil Fromm die Kritik der Politischen Ökonomie in eine »Soziologie« verwandelt (dagegen: Horkheimer 1937: 571), in eine positive Naturwissenschaft von der Gesellschaft, verdrängt er die Marxsche Aufklärung des »Fetischcharakters der Ware« als Erscheinung der »bewußtlos instinktiven Operation ihres Hirns«: der »Abstraktion« eines »materiellen Dings auf« den »Werth« (Marx: MEGA II/5: 46). Ist die Ware ein »sinnlich übersinnliches Ding« (ebd. 44), ist sie kein empirisch erforschbarer Gegenstand, sondern nur durch aufklärende Ideologiekritik des Unbewußten darzustellen (ebd. 46f. Anm. 26 und 47). Fromm entzieht sich, indem er den Logos des gesellschaftlichen Seins als ein »Naturgesetz« auffaßt (ebd. 12), die Erkenntnis, daß Marx das »System der bürgerlichen Ökonomie« kritisiert vermittelt durch eine dialektische Ideologie-Kritik der liberalen Gesellschaftstheorie der Politischen Ökonomie vor allem Smiths und Ricardos (vgl. Lukács 1923: 64ff., 102ff.; Horkheimer 1942: 25). Auf dieser dogmatischen, dem Warenfetischismus erliegenden Grundlage verdrängt Fromm, analog, Freuds Darstellung seiner Behandlungs- und Forschungsmethode, in der dieser sich gegen die Reduktion der Psychoanalyse auf eine Naturwissenschaft wendet und das Interesse an einer Aufklärung, durch die Individuen und Gesellschaft verändert werden, betont (Freud, EB: 126f., 132, 337). Das Problem der Aufklärung des unbewußten Allgemeinen durch eine dialektische Ideologie-Kritik sinkt – im naturwissenschaftlich-positivistischen, gesellschaftlich bewußtlosen Selbstverständnis Fromms – zu einem Sekundären herab, das nicht durch eine Kritik der Politischen Ökonomie, sondern psychoanalytisch – triebtheoretisch – zu erklären ist.

So ist Fromm, in seinem grundlegenden Beitrag zum ersten Jahrgang der *Zeitschrift für Sozialforschung,* ein ebenso dogmatischer Marxist wie Psychoanalytiker, der sich darin nur peripher von den Positionen Bernfelds und Reichs unterscheidet. Lukács' (1916/20; 1923) von den Geisteswissenschaften angeregter Rekurs auf Hegels Aufklärung der »zweiten Natur« und deren Radikalisierung durch Marx' Aufklärung des Waren-Fetischismus ist nicht die Grundlage der von Fromm (1932) konstruierten Verbindung der Kritik der Politischen Ökonomie mit der Psychoanalyse.

Fromm hat nun, auf der Grundlage seines in den Essays von 1932 explizierten methodischen und inhaltlichen Selbstverständnisses einer »analytischen Sozialpsychologie«, nicht nur den – nach Horkheimers Essay – zweiten grundlegenden Beitrag zu den *Studien über Autorität und Familie* unter dem Titel: *Sozialpsychologischer Teil* (1936: 77-135) verfaßt, sondern auch die Redaktion der *Zweiten Abteilung* der Studien: *Erhebungen* (ebd. 229-469) übernommen. Im *Sozialpsychologischen Teil* ist die *inhaltliche* Bestimmung der Verbindung von Marxscher und Freudscher Lehre unübersehbar: der Beitrag, den die psychoanalytische Erkenntnis von individueller Charakterstruktur und Familie zu einer marxistisch orientierten

Kritik der autoritären Gesellschaft und des autoritären Staates leisten soll. In den *Erhebungen* manifestiert sich Fromms *methodische* Orientierung am naturwissenschaftlichen Positivismus: die empirische Arbeit kann kaum beanspruchen, der Form einer psychoanalytischen Aufklärung von Individuum und Gesellschaft zu entsprechen (vgl. Stapelfeldt 2004: 173-194).

Horkheimer hat im *Allgemeinen Teil* der *Ersten Abteilung* der *Studien* den Begriff des *autoritären Charakters* bestimmt, die Rolle der *Familie* bei der Bildung dieses Charakters umrissen, vor allem aber eine *geschichtsphilosophische* Darstellung der Genese autoritativer Verhältnisse als Grundlage der Bildung des autoritären Charakters geliefert. Fromms (1936) zentraler Beitrag besteht nun darin, psychoanalytisch den »autoritären« als *»sado-masochistischen Charakter«* zu erklären.

»In der autoritären Gesellschaft wird der sado-masochistische Charakter durch die ökonomische Struktur erzeugt, welche die autoritäre Hierarchie notwendig macht. Wie in der bürgerlichen Gesellschaft überhaupt so ist auch im autoritären Staat das Leben des Einzelnen umso mehr, je tiefer er in der Hierarchie steht, dem Zufall preisgegeben. Die relative Undurchschaubarkeit des gesellschaftlichen und damit des individuellen Lebens schafft eine schier hoffnungslose Abhängigkeit, an die sich das Individuum anpasst, indem es eine sado-masochistische Charakterstruktur entwickelt.« (Fromm 1936: 117 f.; vgl. ebd. 122, 125 f.)

Wenn, nach Horkheimers (1936: 58f.) Bestimmung, der »autoritäre Charakter« gesellschaftlich bewußtlos und insofern sozial atomisiert, erinnerungs- und hoffnungslos ist, dann wird er zur bewußtlosen Marionette der Verhältnisse durch Selbstunterdrückung: *Masochismus.* Die Kehrseite ist der *Sadismus: die bewußtlose Projektion des Unterdrückten auf Andere, die als Unterdrücker erscheinen, weil sie als nicht-unterdrückt phantasiert werden; die Verallgemeinerung der Selbstunterdrückung zur Unterdrückung Anderer.* So leistet der Sado-Masochismus zugleich: Selbst-Unterdrückung; Aufbegehren gegen Unterdrücker; Totalisierung der Selbst-Unterdrückung durch Unterdrückung der scheinbaren Unterdrücker. Der sado-masochistische Charakter vollzieht mithin die »Herrschaft der Verhältnisse« (Marx 1857/58: 82) gegen sich und andere: die Herrschaft ist ihm zum Bedürfnis geworden. So ist er der Bürger der »autoritären Gesellschaft« und des »autoritären Staates«.

Fromm (1936) folgt in dieser Konstruktion des »autoritären Charakters« der Psychoanalyse Freuds: daß die »psychische Persönlichkeit« wesentlich konstituiert ist durch die *bewußtlose Verinnerlichung äußeren Zwangs;* daß deshalb gesellschaftliche Verhältnisse am Individuum studiert werden können; daß deshalb die aufklärende Bildung des Individuums mit einer aufklärenden Bildung der Gesellschaft zusammengedacht werden muß.

– Nun ist der *gesellschaftliche Zwang*, der den »autoritären Charakter« formt, ein anderer als jener, der das bürgerliche Individuum der Epoche des revolutionären Liberalismus prägt; die *liberale bürgerliche Gesellschaft* ist nicht identisch mit der *»autoritären«* (Horkheimer 1936: 31, 41f., 51f.). Denn das liberale Individuum ist nicht nur die Personifikation der invisible hand, sondern als eine solche auch ein Besonderes gegen das entfremdete Allgemeine; der autoritäre Charakter aber ist total vergesellschaftet, in abstrakter Identität mit den autoritativen Verhältnissen (ebd. 59). Horkheimer hat diesen Fortschritt von einem bürgerlichen Kosmos der »List der Vernunft« zu einem Kosmos der irrationalen Rationalität jedoch nicht durch eine *Dialektik der ökonomischen Rationalisierung* (Stapelfeldt 2004[2]) aufgeklärt: durch eine geschichtsphilosophische Aufklärung der fortschreitenden Fetischisierung bewußtloser gesellschaftlicher Verhältnisse. Er hat den »Kitt«, der in der ökonomischen Krise nicht zu theoretischem Widerspruch und praktischem Widerstand, sondern zum Konformismus führt, nicht aus der Politik-Ökonomie, sondern aus der Kultur, der Familie und der Charakterstruktur des Einzelnen begriffen. – Dem folgt auch Fromm (1936). Der *Autoritarismus*, der der »autoritären Gesellschaft«, dem »autoritären Staat« und dem »autoritären Charakter« immanent ist, bestimmt er nicht als ein historisch besonderes gesellschaftliches Verhältnis, sondern durch eine gesellschafts-geschichtlich neutrale Definition (ebd. 77-80). Danach ist *»Autorität im psychologischen Sinne«* ein Verhältnis von Menschen, bei dem Personen sich dem Willen anderer fügen aufgrund von physischem Zwang, vor allem aber aufgrund einer »gefühlsmässigen Bindung einer untergeordneten zu einer übergeordneten Person oder Instanz.« Das *autoritäre Verhältnis* erscheint als ein »Sichfügen«: als *Konformismus* (ebd. 79).

»Leichter als eine positive Bestimmung scheint es zunächst, zu sagen, was wir nicht unter Autorität verstehen wollen. Das *Autoritätsverhältnis* ist nicht ein bloss erzwungenes Verhalten. Der Kriegsgefangene oder politische Gefangene, der sich den Anordnungen der Machthaber fügt, ohne seine feindselige und ablehnende Stellung aufzugeben, ist kein Beispiel für ein Autoritätsverhältnis. Wenn Simmel sagt, in der Autorität müsse immer ein Rest von Freiwilligkeit vorhanden sein, so ist damit wohl gemeint, dass das Sichfügen zwar auf Grund eines Zwanges erfolgen kann, dass wir aber von Autorität nur dann sprechen, wenn dieser Zwang innerlich nicht rein als solcher empfunden wird, sondern wenn er durch gefühlsmässige Beziehungen ergänzt und verstärkt wird. Positiv ausgedrückt gehört zu einem jeden Autoritätsverhältnis die gefühlsmässige Bindung einer untergeordneten zu einer übergeordneten Person oder Instanz. Das Autoritätsgefühl scheint immer etwas von Furcht, Ehrfurcht, Respekt, Bewunderung, Liebe und häufig auch Hass zu haben, aber die Rolle, die quantitativ in jedem Falle den einzelnen Komponenten dieses Gefühlskomplexes zukommt, scheint völlig verschieden und diese Schwierigkeit noch kompliziert durch die Tatsache zu sein, dass die Komponenten manchmal bewusst und manchmal unbewusst, manchmal direkt und manchmal in Reaktionsbildungen auftreten können.« (Fromm 1936: 79 f.)

Fromm betont zwar, daß »die folgende Untersuchung«, obwohl sie »sich auf die psychologische Dynamik der Einstellung zur Autorität« konzentriere, dennoch »niemals den Zusammenhang mit der spezifischen Lebenspraxis verlieren« dürfe. Aber erklärt dennoch Genese und Struktur des *autoritären, konformistischen Charakters nicht* im Rekurs auf die Marxsche Aufklärung des *Warenfetischismus,* sondern *psychoanalytisch:* mit Freud (ebd. 80).

Fromm hat, indem er den Begriff der Autorität – des »autoritären Charakters«, der »autoritären Gesellschaft«, des »autoritären Staates« – gesellschaftlich und geschichtlich nicht näher bestimmt, indem er die Einheit und Differenz von liberaler und autoritärer Epoche nicht aufgeklärt hat, den Autoritarismus als ein gesellschaftliches Verhältnis gefaßt, das »die gesamte bisherige Geschichte« (Horkheimer 1936, 22) ebenso prägt wie die unterschiedlichsten Formen der zeitgenössischen Sozialstruktur (Fromm 1936: 77-80). Er weiß zwar, daß die Verinnerlichung äußeren Zwangs dessen Verwandlung von einem sinnlich-physischen in einen übersinnlich-abstrakten, bewußtlos wirkenden Zwang voraussetzt: der Zwang muß eine Formverwandlung durchlaufen haben vom System der Sklaverei, des Feudalismus und des Leviathan zur übersinnlichen invisible hand (vgl. ebd. 117f.). Allein: Wenn die liberale »Herrschaft der Verhältnisse« bereits eine Herrschaft von »Abstraktionen« ist (Marx 1857/58: 82), dann ist bereits die Politik-Ökonomie des revolutionären Liberalismus eine autoritäre Politik-Ökonomie, dann ist bereits die »Republik« (Rousseau, Kant) der »autoritäre Staat«. Die *Dialektik der Aufklärung* als Fortschritt vom Liberalismus zum Imperialismus und zum »autoritären Staat«, als Fortschritt von der »List der Vernunft« zum irrationalen Rationalismus einer »List« ohne »Vernunft«, ist bei Fromm so unaufgeklärt wie bei Horkheimer. Auf dieser unaufgeklärten, also gesellschaftlich und geschichtlich dogmatischen Grundlage, fragt Fromm: Wie der äußere gesellschaftliche Zwang ins Innere des Individuums einwandert und zum inneren, bewußtlos wirkenden Zwang wird – wie die »autoritäre Gesellschaft« sich zur Innenwelt des »autoritären Charakters« verallgemeinert? Ist der äußere Zwang, der Autoritarismus von Gesellschaft und Staat, unaufgeklärt, so bleibt auch die Aufklärung des verinnerlichten Zwangs dogmatisch: Fromm erweitert eine dogmatische *Kritik* der Politischen Ökonomie durch eine dogmatisch, eben nicht durch *Kritik* rezipierte Psychoanalyse. Also rekonstruiert er die *Introjektion des gesellschaftlichen Autoritarismus* durch unmittelbare Reproduktion der Lehre Freuds vom *Über-Ich.*

Fromm (1936) referiert in Rücksicht auf die Introjektion des äußeren Zwangs durch *Bildung des Über-Ich* weitgehend die entsprechenden Passagen der Theorie der psychischen Persönlichkeit (ebd. 80-92). Er skizziert Freuds Rekonstruktion der Genese des Über-Ich aus den Strukturen der patriarchalischen Kleinfamilie: aus der bewußtlosen Verinnerlichung väterlicher Ge- und Verbote durch die primäre und vor allem die sekundäre Identifikation des kleinen Kindes mit dem Vater. Der zentrale Ödipuskomplex, die Reaktion auf den erzwungenen Fortschritt von einer körperlich-sinnlichen zu einer abstrakt-sprachlichen Ich-Identität (vgl. ebd. 81-83), impliziert die Verinnerlichung nicht bloß des väterlichen unmittelbaren Zwangs, sondern des väterlichen Über-Ich, also der bewußtlosen gesellschaftlichen Imperative im allgemeinen (ebd. 82, 91). So ist es möglich, notiert Fromm, »dass die in einer Gesellschaft herrschende Gewalt tatsächlich so wirkungsvoll ist, wie uns das die Geschichte (im allgemeinen! G.S.) zeigt.« (ebd. 83) Wird die »äussere Gewalt« in eine »innere Gewalt verwandelt«, bedarf es zur Durchsetzung der Autorität, des herrschenden entfremdeten Willens, nicht länger »physischer Gewalt« – das »Sichfügen« wird zum bewußtlosen Bedürfnis des »autoritären Charakters« (ebd. 79, 84).

Die bewußtlose Verinnerlichung äußeren Zwangs erscheint aber nicht nur in diesem *Konformismus,* sondern auch in der *Projektion* der verinnerlichten abstrakten Autorität auf eine sinnliche Person, die den Zwang repräsentiert und reproduziert (ebd. 84f., 87). Diese Rolle übernimmt der *»Führer«.* Ihm gegenüber bilden die »autoritären Charaktere«, weil sie den gesellschaftlichen Zwang vollkommen und unbewußt verinnerlicht haben, eine *»Masse«* von Individuen, die zwar ohne die Fähigkeit zum Widerspruch und zum Widerstand, die also *ohne Besonderheit* gegen das Allgemeine sind, die aber aufgrund ihrer totalen und bewußtlosen Vergesellschaftung sich umso mehr als Atome wähnen, je weniger sie Individuen sind.

Der zentrale Mechanismus der bewußtlosen Verinnerlichung äußeren, abstrakten Zwangs ist die *»Verdrängung«* (ebd. 93-110). Solange die Unterdrückung sinnlich-physisch erfolgt, reagiert das Individuum mit Realangst. Erfolgt die Unterdrückung durch abstrakt-übersinnlichen und verinnerlichten Zwang, wird die Realangst durch eine neurotische Angst substituiert. Durch die Selbstunterdrückung müssen Triebansprüche des Es abgewehrt, ins Unbewußte verdrängt werden. Darum bezeichnet Fromm die »Verdrängung« als eine »entscheidende psychologische Funktion der Autorität« (ebd. 100). Das unterdrückte, sich selbst bewußtlos unterdrückende Individuum gerät in eine »hypnoseähnliche Beziehung« zu einem Führer (ebd. 106-108). Der Führer erscheint als omnipotent, das liquidierte Individuum erfährt sich als gesellschaftlich impotent: dem Willen des Führers, den irrationalen Schicksalsmächten der Gesellschaft ausgeliefert (ebd. 118-122).

Das Resultat der bewußtlosen Verinnerlichung äußeren Zwangs durch die Ausbildung des Über-Ich, durch Verdrängung der Triebansprüche des Es, ist der *»autoritär-masochistische Charakter«* (ebd. 110-135): das unterdrückte, sich selbst unterdrückende Individuum, das *ohne die Fähigkeit zu Widerspruch und Widerstand* gegen die *herrschenden Verhältnisse* ist – weil diese weder genetisch noch utopisch über sich hinausweisen (vgl. Marx 1857 /58: 24-28, 360-365), weil diese vollkommen bewußtlos, also irrational geworden sind. Die Verhältnisse sind jedoch nicht widerspruchsfrei, aber der gesellschaftliche Widerspruch ist so unbewußt, so irrational geworden, daß er ohne jenes aufklärerische Moment ist, das dem liberalen Logos konstitutiv war: insofern ist die irrational-rationale Gesellschaft abstrakt-identisch. Analog ist der autoritäre Charakter bestimmt: als ein Charakter, dem die Verhältnisse so sehr zur zweiten Natur wurden, daß er in ihnen aufgeht – nicht widerspruchsfrei, aber vollkommen unbewußt. Diese *irrational-rationale Gesellschaft* produziert den *konformistischen Charakter* – und nicht das revolutionäre bürgerliche Individuum der Epoche des revolutionären Liberalismus, schon gar nicht ein revolutionäres proletarisches Individuum. Weil der äußere, gesellschaftliche Zwang als Unbewußtes in das Individuum eingewandert und zu dessen zweiter Natur geworden ist, empfindet der konformistische Charakter »Lust am Gehorsam und an der Unterwerfung« (Fromm 1936: 110, 112): es wähnt sich als autonom, weil es einem fremden Willen unbewußt folgt. So ist der unterdrückte, sich selbst unterdrückende ein »masochistischer Charakter« (ebd. 113, 115). Der *Masochismus* erscheint nicht nur am Aufgehen in der autoritären, abstrakt-identischen Gemeinschaft, sondern auch am *Sadismus* gegen die Anderen, Fremden. Die masochistische Lust an der Selbst-Qual wird zur sadistischen Lust am Quälen aller, die nicht angepaßt, also nicht Atome der Gemeinschaft, sondern Besondere sind, die das Quälen nicht gegen sich vollstrecken und darum als frei, als Unterdrücker erscheinen (ebd. 115). Der sado-masochistische Charakter verwirklicht die *Verallgemeinerung der Unterdrückung:* die Zerstörung des Individuums, der Freiheit, der moralisch-gesellschaftlichen Gleichheit, der Vernunft (ebd. 117f., 125). Alle sollen sich fügen, sich unterdrücken: in dieser *Ersatzrevolte* gegen phantasierte Unterdrücker liegt die Lust, das »Glück« (vgl. ebd. 118-121, 123) des Bürgers des autoritären Staates.

So hat Fromm, mit Freud, im sado-masochistischen Charakter die Struktur der *»autoritären Gesellschaft«* und des *»autoritären Staates«* entdeckt, die nicht länger die Struktur der Epoche des Liberalismus ist: der Epoche der Herrschaft der »List der Vernunft« (vgl. Hegel Bd. 12: 49, 529). Die neue Epoche des Autoritarismus ist wohl, wie die liberale, von bewußtlosen Verhältnissen bestimmt (vgl. Kant: Bd. XI: 34, 37-39, 45). Aber sie ist nicht länger die Epoche der Entzweiung: von Subjekt und Objekt, von Gesellschaft und Natur, von Gesellschaft und Individuum – Gesellschaft und Individuum sind nun in einer abstrakten Identität; sie sind verschmolzen in einem total unbewußten, irrationalen gesellschaftlichen Kosmos (vgl. Horkheimer: ZfS 1941: 195f.). In diesem ist der utopisch erinnernde Gehalt des klassisch-liberalen Logos zerstört: Vernunft, Freiheit, Gleichheit, Wealth of Nations, ewiger Friede, Utopia. Dem sado-masochistischen Charakter erscheint der logos der autoritären societas als »Undurchschaubarkeit des gesellschaftlichen und damit des individuellen Lebens«, als mythologische *Schicksalsmacht:*

»Der masochistische Charakter erlebt sein Verhältnis zur Welt unter dem Gesichtspunkt des unentrinnbaren Schicksals. Er liebt nicht nur jene Gegebenheiten, die das menschliche Leben einschränken und die menschliche Freiheit begrenzen; er liebt auch das Unterworfensein unter ein blindes und allmächtiges Fatum. (...) Es wird als ›Fatum‹ erlebt, dass es Kriege geben müsse, oder als ebenso unabänderlich die Tatsache, dass ein Teil der Menschen von einem andern beherrscht werden müsse, oder dass das Mass an Leiden in der Welt nie wesentlich geringer sein könne, als es bisher war. (...) Der masochistische Charakter vergottet die Vergangenheit. Wie es ewig war, muss es ewig bleiben; etwas zu wollen, was noch nie gewesen ist, ist Verbrechen oder Wahnsinn.« (Fromm 1936: 118 f.)

So ist die autoritäre Gesellschaft autoritärer Charaktere eine Gesellschaft des Konformismus: eines »Kitts«, dessen Festigkeit angesichts der Krise von 1929/33, angesichts der Realität des Nationalsozialismus, unübertrefflich ist. Die konformistische Gesellschaft ist, paradox, eine ent-individualisierte, darum atomisierte Gesellschaft durch ihre totale Bewußtlosigkeit: durch ihre Erinnerungs- und Hoffnungslosigkeit. Wenn die *Psychoanalyse* diesen gesellschaftlichen Autoritarismus im Individuum als *verinnerlichte Herrschaft* aufklärt, so verweist sie auf die Struktur *des zugrunde liegenden logos der societas.* Dieser wäre, in der Tradition der Marxschen Kritik, durch eine *Dialektik der ökonomischen Rationalisierung* aufzuklären, die die Entwicklung des politisch-ökonomischen Fetischismus zu einem gesellschaftlichen Irrationalismus geschichtsphilosophisch nachzeichnete. Gesellschaftstheoretisch entspräche dem eine *Kritik der bürgerlichen Anthropologie.* Die Kritik könnte indes nicht, in der Epoche des Umschlags der bürgerlich-liberalen Ideologie in den gesellschaftlichen Autoritarismus, durch eine radikalisierte Aufklärung den autoritären gesellschaftlichen Kosmos unmittelbar utopisch transzendieren. Darum auch vermag sich der theoretische Widerspruch nicht im Kontext eines praktischen Widerstands zu entfalten: die Atomisierung der Gesellschaft, die Verallgemeinerung und Fixierung der gesellschaftlichen Bewußtlosigkeit, eliminiert den ausstehenden Widerstand und reduziert den Widerspruch auf die Erinnerung der – durch das irrationale Allgemeine – negierten »Vernunft«.

Jenen »Kitt«, den Fromm (1936) im sado-masochistischen Charakter als verinnerlichten gesellschaftlichen Zwang entdeckt hat, vermag er – auf orthodoxer Grundlage – nicht in Kategorien der Kritik der Politischen Ökonomie zu begreifen, die vielmehr auf eine »proletarische Erhebung« (Horkheimer 1977: IX) verweist, sondern allein durch eine weitgehend unkritisch aufgenommene Psychoanalyse. So wiederholt er in seinem Beitrag zu den *Studien* sein Dogma: daß durch die Psychoanalyse der Dualismus von Sein und Bewußtsein, von Basis und Überbau in seinem Zusammenhang, in seiner Vermittlung begriffen werden könnte.

»Es soll in dieser Arbeit gerade gezeigt werden, dass eine seelische Instanz wie das Über-Ich und das Ich, ein Mechanismus wie die Verdrängung, Impulse wie die sado-masochistischen, welche das Fühlen, Denken und Handeln der Menschen in so entscheidender Weise bedingen, nicht etwa ›natürliche‹ Gegebenheiten sind, sondern dass sie selbst von der Lebensweise der Menschen, letzten Endes von der Produktionsweise und der daraus resultierenden gesellschaftlichen Struktur jeweils mit bedingt sind. Indem Freud nachgewiesen hat, dass die Menschen weitgehend nicht von ihren rationalen, bewussten Absichten, sondern von ihren unbewussten Leidenschaften getrieben werden und indem er gerade die Elastizität und Anpassungsfähigkeit dieser Leidenschaften aufweist, hat er den Schlüssel zum Verständnis der Frage geliefert, wie die gesellschaftliche und ökonomische Struktur eben durch Vermittlung der von ihr geformten Triebstruktur den ganzen Menschen und damit seine Anschauungen und Wünsche, kurz den ganzen kulturellen Überbau verändert. Er hat aber infolge bestimmter Voreingenommenheiten von diesem Schlüssel nur für das Verständnis der individuellen Unterschiede der Menschen innerhalb einer Gesellschaft und nicht für das der gemeinsamen Züge der Menschen je nach den verschiedenen Gesellschaften und Klassen Gebrauch gemacht.« (Fromm 1936: 92)

Weil Fromm noch 1936 an jenen Marxismus der Zweiten Internationale anschließt, der an die Stelle der Aufklärung des Warenfetischismus die instrumentelle Rationalität der Produktivkraft-Entfaltung und die daraus folgenden Dualismen von Sein und Bewußtsein, Basis und Überbau setzt, wähnt er sich der Aufgabe enthoben, die er doch formuliert: zu zeigen, daß die Innenwelt des Individuums durch die »Produktionsweise« und die »daraus resultierende gesellschaftliche Struktur ... mit bedingt« ist. Das »Sein« der »Produktionsweise« setzt er als bekannt und gegeben voraus. Also ist die Frage nach dem Bewußtseins-»Kitt« offen. Darum rekurriert der marxistische Psychoanalytiker auf die Psychoanalyse – und eben nicht auf eine dialektisch verstandene, als Kritik des Imperialismus und der autoritären Gesellschaft ausgeführte Kritik der Politischen Ökonomie. Ihm wäre sonst bewußt geworden, daß in der autoritären, vollkommen bewußtlosen, erinnerungs- und hoffnungslosen, sozial atomisierten Gesellschaft die Hoffnung auf eine »proletarische Erhebung« substanzlos geworden ist. Es bedurfte dazu erst einer weiteren Entwicklung der Kritischen Theorie zur *Dialektik der Aufklärung* (1944/47) und zur *Kritik der instrumentellen Vernunft* (1946).

5.3 Kritische Theorie der Gesellschaft (1941 – 50)

Die Kritische Theorie vollzieht bereits in der Antrittsrede Max Horkheimers (1931), im Anschluß an Lukács und Korsch, eine Abkehr vom »orthodoxen Marxismus«: durch die geschichtsphilosophische Begründung einer Sozialphilosophie in der Tradition Hegels; durch die Kritik des geistes- und naturwissenschaftlichen Positivismus als bürgerlicher Philosophien nach Hegel; durch das methodische Programm einer »dialektischen Durchdringung und Entwicklung von philosophischer Theorie und einzelwissenschaftlicher Praxis« (a.a.O., 40, 42); durch das inhaltliche Programm der Untersuchung des »Zusammenhangs zwischen dem wirtschaftlichen Leben der Gesellschaft, der psychischen Entwicklung der Individuen und den Veränderungen auf den Kulturgebieten im engeren Sinn« (ebd. 43). So kann die kritische Theorie den Titel eines *Hegel-Marxismus* für sich beanspruchen. – Unmittelbar verbunden mit diesem Anschluß an die Tradition *dialektischer Aufklärung* ist freilich, bis etwa 1939/42, eine *orthodoxe* Rezeption der *Kritik der Politischen Ökonomie:* der Lehre von der befreienden Kraft der Produktivkräfte und der technischen Utopie des ›Vereins freier Menschen‹ als einer freien Gesellschaft, die technisch die Natur beherrscht und die Politik-Ökonomie plant. Auf dieser Grundlage wird das Gesellschaftlich-Unbewußte: der »autoritäre Charakter« als Bürger einer »autoritären Gesellschaft« und eines »autoritären Staates«, nicht in Rücksicht auf *Marx' Darstellung des Warenfetischismus* aufgeklärt, sondern im Anschluß an *Freuds Psychoanalyse:* zur Klärung des unbewußten gesellschaftlichen »Kitts« vor allem, aber auch zur »Ahnung eines besseren menschlichen Zustands« (Horkheimer 1936: 64). Das »System der bürgerlichen Ökonomie«, das System der gesellschaftlichen Arbeit, so scheint es, ist auch im Monopolkapitalismus in sich so unbewußt-bewußt, so repressiv und von emanzipatorisch-utopischem Gehalt, so widerspruchsvoll und zum Widerspruch und Widerstand treibend, wie einst unter dem Liberalismus (vgl. Horkheimer 1937: 531-533, 539-542). Die orthodox aufgefaßte Kritik der Politischen Ökonomie erscheint mithin als ungeeignet, die »konformistische Revolte«, die »Barbarei« (Reich 1933: passim), aufzuklären. Horkheimer (1937) setzt, weil er noch dem Monopolkapitalismus emanzipatorische Potentiale in Form der Produktivkraft-Entfaltung vindiziert, die kritische Theorie der Gesellschaft in die Tradition der Kritik der Politischen Ökonomie und dem Cartesianismus – und eben nicht dem geistes- und naturwissenschaftlichen Positivismus – entgegen (ebd. 576ff.); darum argumentiert er in Form eines Gegensatzes von traditioneller und kritischer Theorie – und dogmatisiert so die Kritik der Politischen Ökonomie.

Um 1939/42 freilich, in den Essays: *Die Juden und Europa* (1939), *The End of Reason* (1941) und *Autoritärer Staat* (1942), erkennt Horkheimer, daß der »Geist der Administration« (1942: 15), daß die »technische Rationalität« (Horkheimer/Adorno 1944/47: 145) nicht die Logik der Freiheit, sondern der »Herrschaft« ist. Dem System der gesellschaftlichen Arbeit, der bürgerlichen Politik-Ökonomie, kommt – nach der nun erlangten Einsicht des kritischen Theoretikers – unter dem autoritären Staat das liberale Moment der transzendierenden Aufklärung, der vernünftigen Erinnerung und des emanzipatorisch-utopischen Gehalts, nicht zu. Die Logik der Produktivkraft-Entfaltung erweist sich als Logik der Herrschaft, als Resultat einer Selbstzerstörung der Vernunft: als positivistischer »Mythos« (Horkheimer/Adorno 1969: IX). Das *Proletariat* kann darum auch *nicht als gesellschaftliches Subjekt der Befreiung* gelten. Gerade weil Horkheimer die instrumentelle Rationalität zuvor als befreiende Kraft auffaßte und mit der aufklärenden Vernunft identifizierte, verwirft er sie nun als vollendeten, immanent unüberschreitbaren gesellschaftlichen Fetischismus: die alte Aporie durch ihre Umkehrung reproduzierend. Wiederum wird die *Kritik der Politischen Ökonomie* nicht zum Medium der aufklärenden Kritik der bürgerlichen, autoritären Gesellschaft und des autoritären Charakters; wiederum hält sich die kritische Theorie an die *psychoanalytische Kritik* des sado-masochistischen Charakters und an die *Kulturkritik*, um den gesellschaftlichen Kitt einerseits, transzendierende Momente der Verhältnisse andererseits zu begreifen: um die »Barbarei« (Horkheimer/Adorno 1944/47: 5) aufzuklären.

Diese, an Max Webers *Geschichtsphilosophie* der »Entzauberung der Welt« (ebd. 13; Weber: WL, 594) gebildete, Einsicht in den irrational-rationalen Kosmos des »autoritären Staates« erst eröffnet die radikale, positivismuskritische Verwirklichung des Programms einer *dialektischen Theorie der Gesellschaft.* Das Programm wird weiterhin im Anschluß an Hegel, Marx, Lukács und Korsch verfolgt: nicht als Kritik der Politischen Ökonomie, aber diese Kritik als Aufklärung des Warenfetischismus doch *philosophisch* entwickelnd. Nun erst also wird die Aufklärung des »Fetischcharakters der Ware« (MEW 23: 85ff.) in ihrer geschichtsphilosophischen Tragweite bewußt: als Erfahrung einer total unbewußten und verdinglichten, anthropologisch ent-individualisierten und darum atomisierten Gesellschaft. Es ist nun das *Individuum,* und nicht das *Proletariat,* das als *Objekt der Herrschaft* und als mögliches *Subjekt der Befreiung* gilt. Die *Marxsche Aufklärung,* von der Kritik der Politischen Ökonomie auf ihren philosophischen Gehalt reduziert, wird mit einer nun *aufklärerisch verstandenen Psychoanalyse* verknüpft: am prominentesten in jenen Passagen der *Dialektik der Aufklärung* (1944/47), die der *Odyssee* Homers gelten.

Freilich ist diese Wendung der Kritischen Theorie eben mit der alten Aporie einer Identifikation von dialektischer Vernunft und instrumenteller Rationalität immer noch behaftet: weil sie nun, negativ, die instrumentelle Rationalität – die Logik der Beherrschung einer »ersten Natur« – mit der Logik gesellschaftlicher Herrschaft, dem Logos einer unbewußten »zweiten Natur«, verknüpft. An die Stelle der Kritik der Politischen Ökonomie tritt die *Kritik der instrumentellen Vernunft* (Horkheimer 1946), die eine *Kritik der bürgerlichen Anthropologie* impliziert (ebd. 124-152). Es scheint, als ob in der Aufklärung – von Homer bis zum logischen Positivismus – alle Vernunft-Utopie, alle Kritik verloren sei: so daß die Kritik sich allein auf die utopischen Gehalte des zurückgelassenen, rational erneuerten Mythos stellen kann – die Kunst, die Triebstruktur des Menschen, das Judentum. So ist die *Psychoanalyse* erneut in doppelter Hinsicht bedeutsam: zur Klärung des *Gesellschaftlich-Unbewußten* in der Epoche der Barbarei, zur Bestimmung *utopisch-kritischer* Potentiale.

Zur Diskussion steht zunächst Max Horkheimers Essay: *The End of Reason* (1941a), der zentrale Lehren der folgenden *Dialektik der Aufklärung* (Horkheimer/Adorno 1944/47) formuliert. Sodann ist die klassische Aphorismensammlung Theodor Wiesengrund Adornos: *Minima Moralia* (1944/47), die die »Liquidierung des Individuums« aufklärt, exemplarisch zu umreißen. Endlich sind die 1950 erschienenen *Studien zum autoritären Charakter* (Adorno et al. 1950; Adorno 1950/73) vorzustellen.

5.3.1 *Horkheimer:* The End of Reason *(1941)*

Max Horkheimer hat bereits 1939, in: *Die Juden und Europa* (in: ZfS Jg. 8: 115-137), die zwei Jahre zuvor herausgestellte Orientierung der Kritischen Theorie an der Marxschen Kritik der Politischen Ökonomie relativiert: das liberale System der »List der Vernunft« sei transformiert in ein System planmäßiger, technisch-rationaler Ausbeutung; die kapitalistische Politik-Ökonomie habe die Logik der Krise zumindest vor ihrer Konsequenz bewahrt: dem Zusammenbruch. Die politisch-ökonomischen »Dualismen« und Widersprüche der liberalen Ära scheinen in der »autoritären Gesellschaft« so unbewußt wirksam, so »verdunkelt« (Horkheimer 1941: 195, 197; 1946: Titel), daß sie keinen kritischen Widerspruch, keinen Widerstand mehr produzieren.

»Der Liberalismus enthielt die Elemente einer besseren Gesellschaft. Das Gesetz besass noch eine Allgemeinheit, die auch die Herrschenden betraf. Der Staat war nicht unmittelbar ihr Instrument.« (Horkheimer 1939: 134)

»National Socialism originated in the collapse of German liberalism, (...) Since all the functions of the market are replaced by functions of the government in the new totalitarian order, the economic position of the Jews is shattered because in Germany as in many other countries it rested essentially upon their role in banking and commerce.« (Horkheimer 1939: 136)

»Die totalitäre Gesellschaft hat ökonomische Chancen auf lange Frist. Zusammenbrüche stehen nicht in naher Aussicht. Die Krisen waren rationale Zeichen, die entfremdete Kritik der Marktwirtschaft, die, wenn auch blind, am Bedürfnis orientiert war. In der totalitären Wirtschaft erscheint der Hunger zu Kriegs- und Friedenszeiten nicht so sehr als Störung wie als vaterländische Pflicht. Für den Faschismus als Weltsystem wäre ökonomisch kein Ende abzusehen. Die Ausbeutung reproduziert sich nicht mehr planlos über den Markt, sondern in der bewussten Ausübung der Herrschaft. Die Kategorien der politischen Ökonomie: Äquivalententausch, Konzentration, Zentralisation, sinkende Profitrate und so fort haben auch heute noch reale Gültigkeit, nur ist ihre Konsequenz, das Ende der politischen Ökonomie, erreicht. Die Konzentration in den faschistischen Ländern schreitet eilends fort. Sie ist jedoch in die Praxis planmässiger Gewalt eingegangen, die die sozialen Gegensätze unmittelbar zu meistern sucht. Die Ökonomie hat keine selbständige Dynamik mehr. Sie verliert ihre Macht an die ökonomisch Mächtigen. Das Versagen der freien Marktwirtschaft offenbart die Unfähigkeit weiterer Fortschritte in den Formen der antagonistischen Gesellschaft überhaupt.« (Horkheimer 1939: 122; vgl. Horkheimer 1941: 195 – 198)

Im *autoritären System der bürgerlichen Ökonomie,* so scheint es, ist alle *Utopie liquidiert,* ist die Herrschaft unmittelbar und technisch-rational geworden. Die Implikationen dieser Einsicht sind absehbar: daß eine *kritische*

Theorie der Gesellschaft nicht länger in Form einer *Kritik der Politischen Ökonomie* zu entfalten ist und sich auf die Marxsche nur so weit stützen kann, wie die »Kategorien der politischen Ökonomie« trotz allem »auch heute noch reale Gültigkeit« besitzen – aber eben *keinen kritischen,* utopisch-vernünftigen Gehalt; daß die Logik der Politik-Ökonomie nun ohne den Sprengsatz eines absehbaren Zusammenbruchs ist; daß die Logik der Produktivkraft-Entfaltung, die *technische Rationalität,* zur *Logik gesellschaftlicher Herrschaft* geworden ist; daß darum das *Proletariat nicht länger als Subjekt einer praktischen Kritik,* der Befreiung, gelten kann. Allein: Auf welche vernünftig-utopische Instanz vermag sich eine *kritische Theorie,* eine *kritische Praxis* noch zu stützen, um den Nationalsozialismus zu begreifen, um gegen die Barbarei einen vernünftigen *Widerspruch* zu erheben, der sich in einem vernunftgegründeten *Widerstand* verwirklicht?

Die Konsequenz aus diesen Überlegungen hat Horkheimer 1941 gezogen: *The End of Reason* (1941a. In: ZfS: 366-388). Der Essay wurde, in der deutschen Übersetzung: *Vernunft und Selbsterhaltung* (1941b), dem hektographiert verbreiteten Band: *Walter Benjamin zum Gedächtnis* (New York 1942) beigefügt – Benjamin hatte sich auf der Flucht vor der Gestapo an der geschlossenen spanischen Grenze bei Port Bou am 26.9.1940 das Leben genommen.

In *The End of Reason* skizziert Horkheimer – geschichtsphilosophisch, philosophiegeschichtlich und psychoanalytisch – die Selbstzerstörung der Vernunft als Fortschritt von der Epoche des Liberalismus zur autoritären, irrationalen Gesellschaft technischer Rationalität, in der das Individuum liquidiert ist. Die liberale Vernunft, argumentiert er, ist im autoritären Staat in einem allgemeinen Fetischismus untergegangen und mit dieser die gesellschaftliche, dialektische Aufklärung, der Vorschein einer auf Vernunft gegründeten gesellschaftsgeschichtlichen Erinnerung und Utopie. Auf jene Vernunft allein konnte sich ein die bewußtlose gesellschaftliche Welt umstürzendes Subjekt durch Widerspruch und Widerstand stützen und dadurch seine Besonderheit gegen das falsche Allgemeine geltend machen. Dieser liberale Zusammenhang von *Krise und Kritik* ist, lehrt Horkheimer, liquidiert und durch den Zusammenhang von *planvoller, technisch-rationaler Herrschaft und Konformismus* substituiert. Im unbewußten Ganzen ist die Gesellschaft in eine Masse atomisierter, ent-individualisierter Individuen transformiert. Die *Kritische Theorie* ist nun wesentlich: eine *Kritik der instrumentellen Vernunft;* eine *Kritik der bürgerlichen Anthropologie,* der *gesellschaftlichen Zerstörung des Individuums,* die sich einzig auf *utopische Gehalte im Individuum* stützen kann. Diese Kritische Theorie ist geschichtsphilosophisch an *Webers Theorie der »Entzauberung der Welt«,* anthropologie-kritisch an *Freuds Psychoanalyse* orientiert – mehr als bereits in den dreißiger Jahren.

The End of Reason (1941a) ist Horkheimers entschiedener geschichtsphilosophischer Versuch, durch eine Kritik der bürgerlichen Anthropologie sowie durch eine Kulturkritik die *Barbarei* aufzuklären und so die mögliche *Freiheit* doch noch zu bewahren. Der Schlußsatz des Essays formuliert dessen Thema:

»The progress of reason, that leads to its self-destruction has come to an end; there is nothing left but barbarism or freedom.« (Horkheimer 1941a: 388)

Die Genese der Barbarei ist der Prozess der *Selbstzerstörung der Vernunft.* Dieser Fortschritt koinzidiert mit der *Zerstörung der Utopie des Individuums:* denn die Idee der Vernunft ist die Welt- und Selbsterkenntnis – das autonome, keinen entfremdeten und undurchschauten Mächten unterworfene Individuum.

»The collapse of reason and the collapse of individuality are one and the same.« (Horkheimer 1941a: 376)

Ist die Gesellschaft total fetischisiert, ist das Ganze zu einer »List« ohne »Vernunft« entwickelt, scheint nichts über es hinauszuführen, keine immanente und zugleich transzendierende Erkenntnis des irrationalen Allgemeinen möglich: dann bleibt nichts als ein sozialer Atomismus, in dem die Einzelnen ohne Besonderheit, in dem sie zu vollkommenen Personifikationen der atomisiert erscheinenden Verhältnisse geworden sind. Die *Objekte* der Herrschaft sind diese ent-individualisierten Charaktere; sie allein könnten darum auch die *Subjekte* einer Befreiung sein.

Horkheimer (1941a; 1941b) expliziert die *Selbstzerstörung der Vernunft* als Fortschritt *vom Liberalismus zum autoritären Staat* in Form einer Skizze der neueren Philosophiegeschichte: als Fortschritt *von der aufklärenden zur empirischen, instrumentellen Vernunft.* Die *liberale Epoche* noch war die Epoche der Aufklärung, der Idee der *Vernunft:*

»The fundamental concepts of civilization are in a process of rapid decay. The rising generation no longer feels any confidence in them, and Facism has strengthened their suspicions. (…) The decisive concept among them was that of reason, and philosophy knew of no higher principle. It was supposed to order the relationships among men and to justify all the performances demanded of them. The church fathers and the guiding spirits of the Enlightenment agreed in their praise of reason. (…) It is from this ideal of reason that the ideas of freedom, justice, and truth derived their justification. (…) The era of reason is the title of honor claimed by the enlightened world.« (Horkheimer 1941a: 366; vgl. 1941b: 81)

Die *Selbstzerstörung der Vernunft* erkennt Horkheimer bereits in ihrem Ursprung. »Bürgerliche Philosophie«, argumentiert er, war zunächst *rationalistisch,* dann aber auch *skeptisch* und *empirisch.* In ihren jeweiligen Richtungen folgte sie den Kriterien der Strenge, Klarheit und Deutlichkeit. Diese durch den Rationalismus etablierten Kriterien wurden ihm freilich vom Skeptizismus und Empirismus kritisch so entgegengehalten, daß der Begriff der Vernunft reduziert wurde und erodierte (1941a: 366f.; 1941b: 81). Der Skeptizismus übernahm die Funktion, die »bürgerliche Rationalität aufs Bestehende« zu beschränken und auf einen Empirismus zu verpflichten (ebd. 370; 1941b, 82). *Selbstzerstörung der Vernunft* heißt daher zunächst: Zerstörung des rationalistischen Elements der Vernunft durch die skeptische Kritik, die das empirische Element zu universeller Geltung befreit. Der siegreiche *Empirismus* aber ist die Vernunft, die auf reine Selbsterhaltung – *»self-preservation«* – ausgerichtet ist (ebd. 370). Horkheimer spricht, synonym, von einer Reduktion der Vernunft auf ihre instrumentelle, zweckrationale, pragmatische Bedeutung (ebd. 368; 1941b: 84, 100). Selbsterhaltung hat dann nicht nur den Sinn einer *Erhaltung des Menschen durch die Naturnotwendigkeit der naturbeherrschenden Arbeit,* sondern auch einer *Erhaltung des bestehenden gesellschaftlichen Zustands.* Die instrumentelle Vernunft konstituiert die »Welt der Natur« ebenso wie die »gesellschaftliche Welt« (Vico 1725: § 331) als einheitlichen Kosmos einer »ersten Natur«, ebnet mithin die Differenz von »erster« und gesellschaftlicher, bewußtloser »zweiter Natur« (Hegel: Bd. 12: 57) ein. In der instrumentellen Vernunft ist keine Erinnerung, keine Utopie, keine Hoffnung. Vernunft, die einst beanspruchte, die Welt- mit Selbsterkenntnis zu verbinden, wird auf die blinde und doch rationale Reproduktion des Bestehenden verpflichtet: »Now, in authoritarian society, this selfsame irrational rationality becomes madness with method.« (Horkheimer 1941: 197) Die instrumentelle Rationalität ist *gesellschaftlich irrational,* weil sie das Ganze voraussetzt und nur unter dieser bewußtlosen Voraussetzung eine Rationalisierung der Verhältnisse betreibt. Dieser gesellschaftliche Irrationalismus ist die rationale Reproduktion des uralten *Mythos.* Horkheimer formuliert 1941 die zentrale These der späteren *Dialektik der Aufklärung:* »Reason, in destroying conceptual fetishes, ultimately destroyed itself.« (1941a: 367) So tritt im Faschismus an die Stelle des *liberalen Warenfetischismus* die *Bewußtlosigkeit der instrumentellen, naturbeherrschenden Vernunft, der irrationalen Rationalität:* »The tattered veil of money has been replaced by the veil of technology.« (ebd. 384) Die »rationalistische Gesellschaft«, die Epoche der Aufklärung, ist zur empiristischen, positivistischen Gesellschaft geworden (ebd. 379).

Ist, nach Horkheimer, die *naturbeherrschende Vernunft* die Rationalität der Herrschaft über Natur und Menschen, dann setzt diese Rationalität die Logik des Bestehenden blind voraus; insofern ist diese Rationalität gesellschaftlich irrational. Das irrationale Allgemeine *atomisiert und liquidiert* die gesellschaftlichen *Individuen:* denn es liefert diese den Verhältnissen aus und reduziert sie zu deren bloßen, zu keinem Widerspruch, zu keinem Widerstand fähigen Marionetten, die sich – gesellschaftlich vollkommen bewußtlos – als autonome soziale Atome wähnen. Die totale Vereinzelung ist das Produkt des totalisierten Allgemeinen. Die *Selbstzerstörung der Vernunft* ist die *Selbstzerstörung der Utopie des Individuums;* die instrumentelle Vernunft hat das Individuum beseitigt: »self-preservation has lost ist ›self‹« (ebd. 376). Horkheimer bestimmt diese allgemeine Erkenntnis durch eine Konstellation von Entwicklungen auf den Gebieten der Politischen Ökonomie, der Sprache, des Sozialisationsprozesses und der internen Struktur des Ich, der großen metaphysischen Frage des Todes.

Im Bereich der *Politik-Ökonomie* beschreibt Horkheimer die Zerstörung des Individuums als *Zerstörung des privaten Eigentums,* als Fortschritt von der liberalen, durch den Warentausch vermittelten, zur unmittelbaren Herrschaft in der Form des *»racket«* (1941a: 374f.; vgl. Horkheimer: GS 12: 287-291). Ein racket ist zunächst eine Gangster-Bande, eine Gangster-Organisation in den großen Städten der USA, die über einen Teil der Bevölkerung herrscht, indem sie dieser Schutz anbietet und dafür eine Beute erpreßt; zum racket gehören die Raubenden wie die Unterdrückten. Das racket ist streng hierarchisch geordnet; es tendiert zur Zentralisation. Derselbe Mechanismus nun, der in diesem Phänomen sichtbar ist, beherrscht auch die bürgerliche Ökonomie im Stadium des Monopols (ebd. 375). Im Monopol ist soziale Herrschaft auf ihr Wesen zurückgeführt: »Protection is the archetype of domination.« So ist auch in Deutschland die Herrschaft zur Gangster-Herrschaft geworden (ebd. 374). – Dieser Fortschritt vom Liberalismus zum Monopolkapitalismus, überlegt Horkheimer, nimmt dem Individuum seine ökonomische Position, die einst nicht nur darin bestand, Marionette der *invisible hand* zu sein, sondern auch darin, sein *privates Interesse* dem allgemeinen entgegenzusetzen: als privater Eigentümer. Indem die bewußtlose invisible hand des Warentausches durch die visible hand des unmittelbar, technisch-rational herrschenden racket ersetzt wird, wird das Privateigentum liquidiert und mit ihm das bürgerlich-verständige Individuum, das noch das Versprechen eines vernünftigen Individuums mit sich führte.

»With the disappearance of independent economic subjects, the subject as such disappears. It is no longer a synthetic unit; it has become senseless for it to preserve itself for some distant future or to plan for its heirs. In the present period the individual has opportunities only on short term. Once secure property has vanished as the goal of acquisition, the intrinsic connection between the experiences of the individual disappears. Concern for property under orderly competition and the rule of law has always been constitutive of the ego. Slaves and paupers had no individuality. (…) Property and the orderly functioning of property relations were the referents of the notion of one's own past and future. Today the individual ego has been absorbed by the pseudo-ego of totalitarian planning.« (Horkheimer 1941a: 377)

Eigentum war, nach bürgerlichem Selbstverständnis, konstitutiv für das Individuum, weil es politisch-ökonomisch der Bereich des privaten, mit dem allgemeinen in negativer Einheit verbundenen Interesses war. So konnte das Individuum gegen das unbewußte Allgemeine der invisible hand kritische Distanz gewinnen. Die Kritik hatte ihren Ort in der Aufklärung und Selbst-Aufklärung: in der Reflexion und Selbst-Reflexion.

Als theoretische Reflexion ist die *aufklärende Vernunft* unmittelbar auf die Metaebene der *Sprachkritik* verwiesen: die Form, nicht den Inhalt des Gesprochenen. Auf der Metaebene der Form wird untersucht, ob das, was gesagt werden sollte, auch zum Ausdruck gelangte; ob sich eine Argumentation in bewußtlosen Voraussetzungen, Zirkelschlüssen und Widersprüchen bewegt; ob der Sprecher in seinem Wort mit sich identisch ist. – Auf dieser Ebene erscheint die *Zerstörung des Individuums* als *Zerstörung der Aufklärung* dessen, was »die Welt im Innersten zusammenhält«: die herrschende Sprachform klärt nicht die Einheit der Welt auf, sondern erklärt solches Erkenntnisinteresse für obsolet; sie gilt nicht einem Welt- und Selbstbewußtsein. Vielmehr ist die Sprache zu einem »medium of information, orientation, and command« (1941a: 377) geworden. Die Welt wird zu Fakten atomisiert, das Welt-Bewußtsein wird zum Bewußtsein einer unendlichen Menge von Fakten, deren Zusammenhang ins Unbewußte abgeschoben ist; das Selbst-Bewußtsein steht daher unter der unbewußten Herrschaft des *Gesellschaftlich-Irrationalen* – der Herrschaft, des Befehls. So verfallen, realitätsgerecht, Sprache und rationale Argumentation; so wird das Wissen auf bloßes »Faktenwissen« reduziert. Das Faktenwissen wird nicht in müßiger Reflexion erlangt, sondern durch angestrengtes Erlernen von Auswendigem, das auswendig bleibt. Das ist der Positivismus: »factual knowledge«. Das Auswendige beherrscht, als Entfremdetes, das Individuum: »in positivism reason sustains itself through self-liquidation.«

(ebd. 379) Die positivistische Rationalität subsumiert den Wissenden dem irrationalen Allgemeinen.

Die politisch-ökonomische Liquidierung des bürgerlichen Privatsubjekts ebenso wie die irrationale Rationalität des Positivismus implizieren ein verändertes *Verhältnis von Individuum und Gesellschaft:* beide stehen zueinander nicht länger im liberalen Verhältnis einer »Identität der Identität und der Nichtidentität« (Hegel: Bd. 2: 96). An die Stelle der Entzweiung ist die unmittelbare, abstrakte Identität getreten (vgl. Horkheimer 1941: 195f.). Dieses neue Verhältnis, in dem das Individuum als bürgerlich-verständiges und als vernünftige Utopie untergeht, wird in der *Familie,* im *Sozialisationsprozeß,* produziert und reproduziert. – Zunächst wird dem Kind in der autoritären Gesellschaft nicht mehr, wie in der »rationalistic society«, ein realitätsfreier Raum der Legenden und Märchen zugestanden, ein Bereich der »utopia of eternal happiness«: des *Lustprinzips.* Das Kind wird nunmehr in das Realitätsprinzip, in die instrumentelle Vernunft integriert, noch ehe es zu Bewußtsein kommt.

»Children learn quickly to know the automobile and radio inside out. They are born with the knowledge, which is not essentially different from knowledge of the most complicated machine, and they can do without science. School physics is obsolete … The teacher cannot mediate between the realm of theory and practice, since the transition from practical observation to theory is no longer recognizable. (…) Education is no longer a process taking place between individuals …« (Horkheimer 1941a: 380)

»Since Freud, the relation between father and son has been reversed. Now, the rapidly changing society which passes its judgement upon the old is represented not by the father but by the child. The child, not the father, stands for reality.« (Horkheimer 1941a: 381)

Das Kind wird durch die Eliminierung der Utopie des Lustprinzips und durch die theoriefreie, reflexionslose Aneignung der Funktionen technischer Artefakte bewußtlos unter die instrumentelle Rationalität: unter das Realitätsprinzip, subsumiert. Das Ich ist nur noch Ich, nicht länger zunächst ein Es. – Aber auch das *Über-Ich* ist liquidiert. Das wird in der Adoleszenzkrise manifest, in der dem Jugendlichen die gesellschaftlichen Normen problematisch werden. Diese Krise, notiert Horkheimer, ist nur noch ein biologischer Prozeß, nicht länger ein Konflikt des Kindes mit dem Vater, der die Autorität der Gesellschaft repräsentierte. Denn die liberale Vernunft-Moral ist liquidiert, wie Nietzsche gezeigt hat; Freuds Theorie des Über-Ich hat Kants ›Kategorischen Imperativ‹ demaskiert und als verinnerlichte moralische Herrschaft nachgewiesen. Das moralische Gesetz, das eine Allgemeinheit – einen allgemeinen Willen – prätendierte, aber reale Antagonismen perpetuierte, mußte deshalb erodieren (ebd. 376). So läßt sich in der Adoleszenzkrise durch den Jugendlichen die Gesellschaft nicht mehr mit ihren eigenen moralischen Idealen konfrontieren; so manifestiert sich auch hier: das uneingeschränkte, empiristische Realitätsprinzip. – Insgesamt resultiert ein Charakter, der nicht länger durch die inneren Entzweiungen von Ich, Es und Über-Ich, durch die äußere Entzweiung von Individuum und Gesellschaft geprägt ist. Die äußere abstrakte Identität von Besonderem und Allgemeinem verlängert sich im Inneren des autoritären Charakters zur uneingeschränkten Herrschaft der Ich-Instanz: der Instanz der rationalen Anpassung an das Bestehende, der instrumentellen Vernunft, der Trieb-Unterdrückung. Wie die Gesellschaft ihre Utopien liquidiert hat, so sind im liquidierten Individuum die Utopie des Lustprinzips und die moralischen Ideale der Gesellschaft vollkommen unterdrückt, wenn nicht liquidiert.

Die Zerstörung des Individuums in der autoritären Gesellschaft erscheint an einer zentralen Frage der *Metaphysik:* dem *Tod.* Nach der Auflösung der mythologischen Weltauffassung und Lebenspraxis, die keine klare Trennung von Subjekt und Objekt kannte und damit auch den Tod nicht als absolutes und hoffnungsloses Ende, hat die Metaphysik mit ihren Prinzipien: ego cogito, Gott und Kosmos, die mythologische und theologische Hoffnung, mit dem Tod möge nicht alles zu Ende sein, in die Philosophie eingeholt. Die Aufklärung des 18. Jahrhunderts aber, die die Theologie stürzte und die Herrschaft der Vernunft etablierte, hat den Tod als Ende fixiert: »To men in the bourgeois era … death meant absolute catastrophe.« (Horkheimer 1941a: 384) Freilich ist die Herrschaft der Vernunft nicht hoffnungslos: vielmehr wird die säkulare Verwirklichung der Vernunft erwartet. Der Faschismus aber liquidiert alle Hoffnung: die des Mythos ebenso wie die der Theologie, der Metaphysik und der Vernunft. Nun erst ist das, was ist, alles: nun erst zeigt der Tod, daß das Leben hoffnungslos ist und allein unter dem Imperativ einer rationalen Anpassung an das Bestehende steht – daß schon das Leben abgetötet ist, weil das Subjekt in ein Objekt, das Besondere in ein Allgemeines verwandelt wurde.

»Facism … strikes down that which is tottering, the individual, by teaching him to fear something worse than death. Fear reaches farther than the identity of his consciousness. The individual must abandon the ego and carry on somehow without it. Under Fascism the objects of organization are being desorganized as subjects.« (Horkheimer 1941a: 384)

»Pain is the means of calling men back from the noumenal world … Pain leads the resistant and wayward, the phantast and utopian back to themselves. It reduces them to the body, to part of the body. Pain levels and equalizes everything, man and man, man and animal. (…) Mutilation of the ego, with which the whole of mankind has been afflicted, thus again repeats itself in each case of torture. (…) Pain is the archetype of labor in a divided society and at the same time its organon.« (Horkheimer 1941a: 386)

Schmerz, Folter und Massenmord reduzieren Menschen auf Körper, rufen sie aus der intelligiblen Welt zurück, egalisieren alles. Der Geist wird zerstört und mit ihm alle Hoffnung: die Folter verwandelt lebendige Menschen in lebende Tote. Insofern ist der Furcht vor dem Schmerz »worse than death«.

Der von Horkheimer entfalteten Konstellation von Entwicklungen, in denen die *Zerstörung des Individuums* erscheint, liegt die *Zerstörung der Vernunft* und die Durchsetzung des positivistischen Logos zugrunde: die Logik der instrumentellen Vernunft, die *Logik der Selbsterhaltung – ohne Selbst* (1941a: 376). Allein ein Selbst, ein Individuum, könnte indes dieses *End of Reason* beim Namen nennen, begreifen, gewahren. Horkheimer formuliert im Schlußsatz seines Essays die *Hoffnung:* »there is nothing left but barbarism or freedom.« (ebd. 388) Wäre die Barbarei alles, wäre das Ende der Vernunft absolut, wäre der Faschismus unbegreiflich. Horkheimer bezeichnet die *unzerstörte Vernunft-Utopie:*

»What remains of reason in its contemporary decline, however, is not just the perseverance of self-preservation and the persistance of that horror in which it culminates. The age old definition of reason in terms of self-preservation already implied the curtailment of reason itself. The propositions of idealistic philosophy that reason distinguishes man from the animal … contain the truth that through reason man frees himself of the fetters of nature. This liberation, however, does not entitle man to dominate nature (as the philosophers held) but to comprehend it. Society, governed by the self-preserving rationality of élites, has always also preserved the life of the masses, although in a wrong and accidental form. Reason has borne a true relation not only to one's own existence but to living as such; this function of transcending self-preservation is concomitant with self-preservation, with obeying and adapting to objective ends. Reason could recognize and denounce the forms of injustice and thus emancipate itself from them. As the faculty of calling things by their name, reason is more than the alienated life that preserves itself in the destruction of others and of itself.« (Horkheimer 1941a: 387)

Die Vernunft, gesteht Horkheimer zu, ist wohl auf Selbsterhaltung bezogen, auf die Befreiung von den Fesseln der Natur. Wird diese Emanzipation aber als Naturbeherrschung gefaßt, wird die Vernunft ganz formal und erschöpft sich in der Ordnung und der Entqualifizierung der Gegenstände; sie wird dann einer Rechenmaschine gleich (ebd. 371). So wird die *Vernunft beschnitten.* – Die *uneingeschränkte Vernunft* verwirklicht sich dagegen in der Anerkennung des Besonderen und dadurch in einer wahrhaften Allgemeinheit. Sie ist so das Vermögen, in »qualitative terms« zu denken; die Objekte so zu empfangen, wie sie sind – die »Sache selbst« zu begreifen, die Dinge bei ihrem Namen zu nennen. Wird die Natur also verstanden und nicht beherrscht, wird die Vernunft von Herrschaft emanzipiert, dann ist sie auf die allgemeine Selbsterhaltung bezogen und nicht nur auf eine partikulare. Die Vernunft kann somit ihre Reduktion auf eine formale, naturbeherrschende Vernunft im Namen einer die Natur verstehenden, die Sache selbst begreifenden, qualitativen Vernunft durchschauen und sich *von der Herrschaft befreien:* der Herrschaft von *Menschen über die Natur,* der Herrschaft von *Menschen über Menschen.* Diese Vernunft-Utopie ist keineswegs liquidiert: das Verstehen der Natur, das Begreifen der Sache selbst, die Erhaltung allen Lebens. Ohne diese Utopie wäre die instrumentelle, alles beherrschende Vernunft undurchschaubar, wäre die Barbarei das letzte Wort und nicht die Freiheit.

Jene Rationalität der Naturbeherrschung, die Horkheimer noch 1933 (a.a.O., 116f.) als befreiende Kraft feierte, kritisiert er nun als Rationalität der Beherrschung von Natur und Menschen, als gesellschaftliche Irrationalität, in der die alte Entzweiung von Subjekt und Objekt, von erster und zweiter Natur, von Natur und Gesellschaft, von Individuum und Gesellschaft in einer bewußtlos-abstrakten Identität untergegangen ist (1941: 195f.). Eine *Befreiung* scheint, durch die Selbstzerstörung der Vernunft, nur als Befreiung der beherrschten äußeren und inneren Natur denkbar: als Versöhnung mit der Natur (Horkheimer/Adorno 1944/47: 53-57), als Begreifen der Sache selbst (ebd. 35-37). Der Imperativ der unbeherrschten inneren Natur ließ sich, mit Freud, triebtheoretisch formulieren: als Eros, als Lustprinzip (ebd. 42-51).

Freilich ergeben sich diese Konsequenzen nur, wenn die herrschende Einebnung der Entzweiung von »erster« und »zweiter Natur« nicht aufgeklärt, sondern bewußtlos theoretisch reproduziert wird: durch Verkürzung der *Kritik der Politischen Ökonomie* auf eine *Kritik der instrumentellen Vernunft* (Horkheimer 1946). Diese Vernunft ist aber nur deshalb die Radikalisierung des Warenfetischismus, des »veil of money« (Horkheimer 1941a: 384), weil sie die liberale *»List der Vernunft«* zur »irrational rationality« (1941: 197), zur *gesellschaftlichen Irrationalität,* entwickelt und fixiert hat. Zur Aufklärung stünde deshalb nicht der Fortschritt von der aufklärenden zur instrumentellen, von der rationalistischen zur empiristischen Vernunft, sondern jener von der *»List der Vernunft« zur gesellschaftlichen Irrationalität.* Die Irrationalität des Allgemeinen ist die Grundlage der instrumentellen, empiristischen Rationalität; jene ist das Wesen, diese die Erscheinung. Diesen Fortschritt von der liberalen »List der Vernunft« zur gesellschaftlichen Irrationalität hat Horkheimer nur beschrieben, nicht aber auf der tiefer liegenden Ebene der Kritik der Politischen Ökonomie aufgeklärt. Die Konsequenz der Kritischen Theorie ist zwingend: daß die *Gesellschaft der irrationalen Rationalität eine Gesellschaft von ent-individualisierten, atomisierten Mensch*en ist – daß nicht länger das Proletariat, sondern das Sozialatom das *erste Objekt der Herrschaft*, daß nicht länger das Proletariat, sondern das Sozialatom das *Subjekt einer möglichen Befreiung* ist. Horkheimer hätte aber durch die Aufklärung des Fortschritts vom Unbewußten der »List der Vernunft« zum Unbewußten der gesellschaftlichen Irrationalität die *Idee der Versöhnung* anders bestimmen müssen: nicht als Gegensatz gegen die instrumentelle Vernunft, nicht als Versöhnung mit der Natur gegen die geltende Beherrschung der Natur; sondern in Rücksicht auf die gesellschaftliche Irrationalität, die durch die »bestimmte Negation« der »List der Vernunft« deren utopische Gehalte – von Platons *Politeia* bis zu Kants *ewigem Frieden* – noch negativ enthält. Die Lehre Freuds wäre dann anders, und kritisch, zu rezipieren: als eine Aufklärung verinnerlichter gesellschaftlich-unbewußter Herrschaft in Form des irrationalen Allgemeinen, die darum auf die äußere Herrschaft im »System der bürgerlichen Ökonomie« verweist; als eine triebtheoretisch verdinglichte Utopie der Freiheit, die auf die unabgegoltenen gesellschaftlichen Utopien verweist.

Horkheimer und Adorno aber sind in der *Dialektik der Aufklärung* (1944/47) anders verfahren: Sie klären nicht den Fortschritt von der liberalen »List der Vernunft« zur autoritären gesellschaftlichen Irrationalität, von der liberalen Aufklärung zur autoritären Negation der Aufklärung und Gegenaufklärung auf, sondern explizieren die *naturbeherrschende, positivistische Rationalität* als letzte Gestalt der sich selbst zerstörenden Aufklärung (ebd. 15-24). So bleibt die gesellschaftliche Irrationalität als Basis der instrumentellen Rationalität unaufgeklärt; so vermögen die kritischen Theoretiker die anstehende Selbstbesinnung der Aufklärung nur im Rekurs auf die utopischen Gehalte des zurückgelassenen, rational reproduzierten Mythos zu begründen: die Kunst, die Triebstruktur des Menschen, das Judentum (vgl. ebd. 28ff., 35ff., 42ff.). Jene Dialektik hingegen als *Fortschritt von der »List der Vernunft« zur gesellschaftlichen Irrationalität* aufzuklären, lag offenbar um 1940/45 nicht zutage: im Zeitalter des technokratischen Staatsinterventionismus. Die Darstellung der Genese des irrationalen Allgemeinen hätte bereits dem zeitgleich sich ausbildenden *Neoliberalismus* gegolten. Dieser ist die Apologie der »irrational rationality«: der gesellschaftlichen Irrationalität als Grundlage eines technisch rationalen Handelns nach dem

Modell von »trial and error« (Popper). Der Neoliberalismus enthält die Vernunft-Utopien der liberalen Aufklärung und darüber der gesamten Philosophie in Form der »bestimmten Negation«; insofern ist er der Barbarei wahlverwandt.

5.3.2 Adorno: Minima Moralia *(1944/47) und* Studien zum autoritären Charakter *(1950)*

Das Werk Theodor Wiesengrund Adornos, des Ko-Autors der *Dialektik der Aufklärung,* ist nach 1944/47 geprägt von der darin erlangten Einsicht in den Fortschritt der Ent-Mythologisierung und Re-Mythologisierung der gesellschaftlichen Welt bis hin zur naturbeherrschenden Logik des Positivismus als letzter Gestalt der Aufklärung, die im »Mythos dessen, was der Fall ist« (Horkheimer/Adorno 1969: IX), endet. Diese *geschichtsphilosophische Erinnerung* der total mythologisierten bürgerlichen Gesellschaft impliziert die *Aufklärung utopischer Potentiale,* die über das Bestehende doch noch hinausweisen. So hat auch Adorno seine Kritik auf die Kunst, die Triebtheorie der Psychoanalyse und das Judentum gegründet; so hat auch Adorno die positivistische Gesellschaft als eine Gesellschaft ent-individualisierter Sozialatome aufgefaßt, in deren entfremdeter und unbewußter Innenwelt nicht nur die gesellschaftliche Herrschaft, sondern auch die triebtheoretisch explizierte Basis eines möglichen Widerspruchs und Widerstands aufgeklärt werden kann. Ein Kritiker der Politischen Ökonomie ist Adorno, trotz seiner immer wiederkehrenden Berufung auf Marx' Aufklärung des Warenfetischismus, aus systematischen Gründen nicht.

Adorno hatte schon früh, in seinem Entwurf einer Habilitationsschrift: *Der Begriff des Unbewußten in der transzendentalen Seelenlehre* (1927. In: GS 1: 79-322), Freuds Psychoanalyse studiert in der »Absicht« der »Aufklärung« (ebd. 81); er hat 1969 diese Schrift kritisiert, weil in ihr »das von Anbeginn in Freud vorhandene materialistische Moment, das bei ihm durch den fundamentalen Begriff der Organlust bezeichnet wird, vernachlässigt« ist (siehe: Editorische Nachbemerkung: GS 1: 381f.). 1938 ist Adorno in einem wichtigen Essay für die *Zeitschrift für Sozialforschung* als Musiktheoretiker erstmals auf die »Liquidierung des Individuums« aufmerksam geworden: *Über den Fetischcharakter in der Musik und die Regression des Hörens* (in: GS 14: 14-50; Zitat ebd. 21, 26). In diesem Essay erscheinen die Individuen als Objekte einer total gewordenen, unbewußten Herrschaft und deshalb auch als die einzig möglichen Subjekte, die in der Phase der absoluten Vergesellschaftung der Individuen einen darum nur gesellschaftlich möglichen Widerspruch und Widerstand leisten könnten (vgl. ebd.

50). Adorno hat die Idee der Aufklärung über das unbewußte Allgemeine früh in Form einer »dialektischen Anthropologie« (Horkheimer/Adorno 1944/47: 12) ausgesprochen und sich dabei stets auf Freuds »materialistische« Triebtheorie gestützt.

Nach Beendigung der Arbeiten an der *Dialektik der Aufklärung* nun, zwischen 1944 und 1947, hat Adorno eines der herausragenden Werke der Philosophie des 20. Jahrhunderts verfaßt: die Aphorismensammlung *Minima Moralia.* Die Texte umkreisen ein Thema: die »Liquidierung des Individuums« in einer total verdinglichten Gesellschaft ohne Erinnerung, ohne vernunftgegründete Hoffnung. Wenige Jahre später befaßt sich Adorno anders mit diesem Thema: als Ko-Autor eines klassischen Werks empirischer Sozialforschung: *Studien über den autoritären Charakter* (Theodor W Adorno, Else Frenkel-Brunswik, Daniel J. Levinson, R. Nevitt Sanford: New York 1950). Die *Studien* sind Teil der fünfbändigen *Studies in Prejudice* (New York, 1949/50). Beide Texte Adornos sind kritisch zu würdigen.

Adornos *Minima Moralia. Reflexionen aus dem beschädigten Leben,* erschienen 1951 in Frankfurt am Main. Das Werk enthält eine Zueignung für Max Horkheimer und 153 durchnummerierte Texte oder zusammengefaßte Gruppen von Gedankensplittern: teils aus einem Satz bestehend, teils einige Seiten lang. Sie sind zunächst äußerlich, chronologisch angeordnet nach dem Jahr der Niederschrift: 1944, 1945, 1946-1947. Sie sind sodann auch systematischer gruppiert: Begonnen wird in jenen drei Teilen der Schrift jeweils mit dem »engsten privaten Bereich, dem des Intellektuellen in der Emigration«. Es folgen, auf allgemeinerer und distanzierterer Ebene, »Erwägungen weiteren gesellschaftlichen Umfangs«. Am Schluß stehen Reflexionen zu grundlegenden Fragen der Philosophie unter Bedingungen einer autoritären Gesellschaft autoritärer Charaktere (Adorno 1944/47: 11).

Für dieses Werk insbesondere gilt, was Adorno einmal allgemein notierte: »Was ich schreibe, opponiert geradezu der Resümierbarkeit.« (GS 8: 574) Wären die *Reflexionen* referierbar, substituierte das Referat den Text, der sich somit als künstlich aufgeblähte Darstellung von etwas erwiese, was sich anders, und prägnanter, sagen ließe. So wird im folgenden nur versucht, zentrale Motive Adornos herauszuheben, die Licht auf das komplexe Ganze werfen, ohne dieses auszuschöpfen. Begonnen wird mit einem einfachen Satz (Adorno 1944/47: Text 29; ich zitiere im folgenden nach der Nummerierung Adornos; Seitenangaben werden mit ›S.‹ bezeichnet), der das Thema aller Texte trifft : daß die »objektiven Mächte … die individuelle Existenz bis ins Verborgendste bestimmen«, daß die »gegenwärtige Phase der geschichtlichen Bewegung« bestimmt ist durch die »Auflösung des

Subjekts« (ebd. S.7f.). Es folgt die Explikation einiger gesellschaftstheoretischer Aufklärungen über die »Liquidierung des Individuums« (Texte 45, 97). In diesen Skizzen verweist Adorno bereits, geschichtsphilosophisch, auf jenen Fortschritt vom Liberalismus zum »Faschismus«, den er in weiteren Texten variierend umkreist (Texte 58, 66). Diese geschichtsphilosophischen Erwägungen werden verallgemeinert zu Reflexionen über Geschichtsphilosophien, die einen notwendigen und linearen Fortschritt konstruieren (Texte 98, 100). Dabei ist schon das Thema der Utopie erreicht, das Adorno im abschließenden Text (153) aufnimmt. Retrospektiv sind alle Texte nach ihrer formalen Ordnung zu reflektieren: der Entfaltung des Gedankens in Konstellationen (siehe: Adorno: GS 11: 27-29; dazu: Texte 44, 152).

Unter dem Titel *Zwergobst* findet sich dieser singulär stehende Satz:

»Bei vielen Menschen ist es bereits eine Unverschämtheit, wenn sie Ich sagen.« (Adorno 1944/47: Text 29)

Wer ›*Ich*‹ sagt, behauptet, das *Subjekt des gedachten Gedankens, des Gesagten, der Handlung* zu sein: ›Ich denke‹, ›Ich sage‹, ›Ich werde das tun‹. Die Behauptung impliziert, daß es Gedanken, Aussagen und Handlungen gibt, die ich denke, formuliere und ausführe, in denen ich aber etwas denke, sage und ausführe, worin *ich mit mir nicht identisch* bin. In Rücksicht auf Gedanken träfe dies auf alles Gedachte zu: bei dem das Ich denkt, was allgemein gedacht wird; bei dem das Ich etwas denkt, das ihm bekannt erscheint, das es aber nicht erkannt hat (vgl. Hegel: Bd. 3: 35); bei dem das Ich etwas in Form anthropologischer Grundannahmen, überhistorischer Gesetze oder gesellschaftlicher Naturgesetze voraussetzt; bei dem das Ich eine Meinung, also eine nicht weiter begründete Behauptung äußert; bei dem das Ich unter unbewußten Zwängen – etwa traumatischer Erfahrungen – steht; bei dem das Ich nicht seiner selbst bewußt ist; bei dem das Ich nicht über das notwendige Welt-Bewußtsein verfügt; bei dem das Ich nicht als ein vollkommen rationales Wesen denkt. Bei Aussagen oder Handlungen ist das Ich zudem nicht mit sich identisch, wenn es: Befohlenes sagt und ausführt; wenn es unter der Androhung oder Ausübung von physischer oder psychischer, materieller oder immaterieller Gewalt etwas sagt oder ausführt, was es ohne Zwang nicht sagen oder ausführen würde. Zudem ist daran zu erinnern, daß kleine Kinder – können sie sprechen – sich selbst erst mit ihrem Namen nennen, bevor sie ›Ich‹ sagen: weil die Erlernung des Wortes ›Ich‹ die komplexe Fähigkeit voraussetzt, sich selbst als ein Besonderes mit einem Wort zu explizieren, das alle ›Ich‹ auf sich anwenden, das also allgemein ist. – Diese Hinweise auf die Bedingungen, unter denen das »Ich sagen« gilt: als Aussage, daß das *Ich mit sich identisch* ist, daß es das Subjekt ›seiner‹ Gedanken, Aussagen und Handlungen ist, deuten an, daß es keinen Menschen gibt, der jene Bedingungen erfüllt. Das »Ich sagen« ist eine *anthropologische Utopie.* Es ist auch eine *gesellschaftliche:* daß alle Menschen ›Ich‹, mit sich identisch sind. Ist das ›Ich‹ nicht mit sich identisch, ist es nicht autonom, sondern heteronom, so steht es unter physischen oder psychischen, materiellen oder immateriellen, bewußten oder unbewußten Zwängen: unter äußeren oder verinnerlichten äußeren Zwängen – unter gesellschaftlichen Zwängen. Daher gilt, daß ein ›Ich‹ nur dann »Ich sagen« kann, wenn es alle können: wenn alle in einer Gesellschaft leben, in der alle frei sind, in der kein Zwang, keine Gewalt herrscht, in der die Menschen ihrer selbst und ihrer Verhältnisse bewußt sind. – Wenn nun »Menschen ... Ich sagen« und dies eine »Unverschämtheit« ist, so gilt einschränkend, daß sie nicht bloß im emphatischen Sinn keine ›Ich‹ sind: daß sie also ihrer Selbst-Bestimmung nicht entsprechen und einer Selbst-Täuschung unterliegen; sondern daß sie anmaßend als ›Ich‹ auftreten: in der Form, wie umgangssprachlich von »selbstbewußten« Menschen gesprochen wird. – So enthält dieser Satz Adornos, dieses »Zwergobst«, das Ganze der Aphorismensammlung: die Erfahrung des Verschwindens des Subjekts, der »Vernichtung des Individuellen« durch seine totale Vergesellschaftung; aber auch die Idee der »Versöhnung von Allgemeinem und Besonderem« (ebd. S.9f.). Gerade weil das Individuum durch und durch vergesellschaftet ist, »vermag die gesellschaftliche Analyse ... der individuellen Erfahrung unvergleichlich mehr zu entnehmen, als Hegel konzedierte« (ebd. S.10). Das Individuum, das gesellschaftlich liquidiert ist, ist daher auch das einzige gesellschaftliche Subjekt eines theoretischen Widerspruchs, eines praktischen gesellschaftlichen Widerstands (ebd. S.11).

Adorno hat diese komprimiert formulierte Erfahrung der »Liquidierung des Individuums« *gesellschaftstheoretisch* in einer Reihe von Variationen entfaltet. Unter dem Titel: *»Wie scheint doch alles Werdende so krank«* (Text 45) formuliert er, implizit gegen den sozialen Atomismus des Positivismus gerichtet: daß die Konstitution ebenso wie die Destruktion des Individuums gesellschaftlich aufzuklären ist:

> »Das dialektische Denken widersetzt sich der Verdinglichung auch in dem Sinn, daß es sich weigert, ein Einzelnes je in seiner Vereinzelung und Abgetrenntheit zu bestätigen: es bestimmt gerade die Vereinzelung als Produkt des Allgemeinen.« (Adorno 1944/47: Text 45)

Der Robinson der Wiener Volkswirtschaftslehre könnte, als Robinson, sich gar nicht wissen: sein Selbst-Bewußtsein vermag er nur in Abgrenzung gegen Andere, also in Einheit mit Anderen zu erlangen. Als Robinson wähnt er sich allein unter der Voraussetzung ihm unbewußter gesellschaftlicher Verhältnisse, so daß er sich selbst als Apriori erscheint, so daß er die ihm vorausgesetzten unbewußten Verhältnisse unbewußt auf Menschen und Dinge projiziert. Ihm ist nicht bewußt, »was die Welt im Innersten zusammenhält«: er erfährt sich selbst, andere Menschen und die Welt der objektivierten Dinge atomistisch. Als ein Sozialatom aber ist er kein Besonderer, sondern total vergesellschaftet: die Marionette unbewußt ihn beherrschender Verhältnisse. Die volkswirtschaftlichen Robinsonaden drücken eine Epoche jenseits der »List der Vernunft« aus: eine Epoche des zum irrationalen Allgemeinen fixierten Gesellschaftlich-Unbewußten. – »Dialektisches Denken« geht, wie Platon in der *Politeia* (511a-e; 531d-535a) erläutert, gegen diese unbewußten Voraussetzungen: indem ihre Genese einerseits, ihre Projektion auf die sinnliche Welt andererseits aufgeklärt wird. Der Satz, der Mensch sei das »ensemble der gesellschaftlichen Verhältnisse« (Marx: Sechste These ad Feuerbach: MEW 3: 6), formuliert – gegen alle Anthropologie – die grundlegende Einsicht einer dialektischen, kritischen Anthropologie.

Adorno hat diese *gesellschaftstheoretische Einsicht in die Konstitution und Destruktion des Individuums* näher expliziert unter dem Titel: *Monade* (Text 97). Die Argumentation verläuft über drei Stufen: Adorno bestimmt zunächst die Genese und vor allem den Verfall des Individuums. Sodann referiert er die »reaktionäre Kritik der Kultur« an jenem Verfall. Endlich überbietet er diese »reaktionäre« durch eine dialektische Kritik. – *Die »reaktionäre Kritik«* weiß vom »Verfall der Individualität« und der »Krise der Gesellschaft«, aber sie erklärt beides nicht gesellschaftlich, sondern anthropologisch: sie »bürdet die ontologische Verantwortung dafür dem Individuum an sich, als einem losgelösten und inwendigen, auf«. Indem diese Kritik sich auf den Standpunkt des Sozialatoms stellt, verfällt sie dem Gesellschaftlich-Unbewußten, durch das der Einzelne sich als ein Sozialatom erfährt – durch das er aber als Besonderes liquidiert wird. Die »reaktionäre« Kritik der »Liquidierung des Individuums« reproduziert, was sie anklagt. – Die *dialektische Kritik* des »Verfalls der Individualität« überbietet die reaktionäre Kritik, indem sie die *gesellschaftliche Genese des Individuums* und deren Umschlag in die *gesellschaftliche Liquidierung des Individuums* aufklärt:

»Das Individuum verdankt seine Kristallisation den Formen der politischen Ökonomie, insbesondere dem städtischen Marktwesen. Noch als Opponent des Drucks der Vergesellschaftung bleibt es deren eigenstes Produkt und ihr ähnlich. Was ihm den Widerstand erlaubt, jeder Zug von Unabhängigkeit, entspringt im monadologischen Einzelinteresse und dessen Niederschlag als Charakter. Das Individuum spiegelt gerade in seiner Individuation das vorgeordnete gesellschaftliche Gesetz der sei's noch so sehr vermittelten Exploitation wider. Das besagt aber auch, daß sein Verfall in der gegenwärtigen Phase selber nicht individualistisch, sondern aus der gesellschaftlichen Tendenz abgeleitet werden muß, wie sie vermöge der Individuation und nicht als deren bloßer Feind sich durchsetzt.« (Adorno 1944/47: Text 97)

Adorno expliziert »das Individuum« nicht als Utopie, sondern als eine bürgerliche Faktizität: als verständiges Individuum. Dieses Individuum, entstanden in der spätmittelalterlichen Stadt-Ökonomie, verselbständigte sich erst durch die liberale Aufklärung und praktische Revolutionierung der metaphysischen Welteinheit: in der Epoche der liberalen Entzweiung der Welt. Die nun in Form einer »List der Vernunft« herrschenden Verhältnisse: die invisible hand und die volonté générale, wurden als ein den Individuen gegenüberstehendes unbewußt-vernünftiges Allgemeines erfahren; als solches aber bestimmten sie die Einzelnen zur Marionette des Allgemeinen. So konnte das Verhältnis von Gesellschaft und Individuum als ein aufgeklärter Zusammenhang von Identität und Nichtidentität dargestellt werden. Das Individuum war beides ineins: bewußtlose Marionette des unbewußten Allgemeinen, ein seiner selbst bewußtloses Besonderes als Widerpart und Produkt des Allgemeinen. – Als hingegen, mit dem Übergang des klassischen Liberalismus in den Imperialismus, jenes aufklärerische, revolutionäre Verhältnis von Gesellschaft und Individuum obsolet war, geriet das Individuum zur bloßen Marionette des Allgemeinen, ohne Widerspruch, ohne Widerstand. Indem es nun total vergesellschaftet war, erlag es der Selbst-Täuschung der vorgesellschaftlichen, außergesellschaftlichen Individualität. So bestimmt Adorno den *gesellschaftlichen »Verfall der Individualität«* als Liquidierung des Individuums durch seine Atomisierung:

»Unter den Verdiensten Jakob Burckhardts griechischer Kulturgeschichte ist nicht das geringste, daß er die Verödung der hellenischen Individualität nicht bloß mit dem objektiven Verfall der Polis, sondern gerade mit dem Kultus des Individuums zusammenbringt: (...) Der Zustand, in dem das Individuum verschwindet, ist zugleich der fessellos individualistische, (...) Daß die Freisetzung des Individuums durch die ausgehöhlte Polis nicht etwa den Widerstand stärkt, sondern ihn, ja die Individualität selber eliminiert, wie es dann in Diktaturstaaten sich vollendet, ist das Modell eines der zentralen Widersprüche, die vom neunzehnten Jahrhundert in den Faschismus trieben.« (Adorno 1944/47: Text 97)

Dieser Zusammenhang des »Verfalls der Individualität« durch Individualisierung ist eben kein Fund Adornos, sondern schon gegenaufklärerisch von Le Bon ausgesprochen, aufklärerisch bei Freud dargelegt. Adorno fügt dem die gesellschaftsgeschichtliche Aufklärung hinzu: den Verweis auf den Fortschritt »vom neunzehnten Jahrhundert« zum »Faschismus«, vom revolutionären Liberalismus zum autoritären Staat. Er deutet – zum Ende des Aphorismus 97 – an, daß dies der Weg von der »List der Vernunft« zur gesellschaftlichen instrumentellen Rationalität ist – er deutet nicht den Weg von jener »List« zur gesellschaftlichen Irrationalität an, die doch die Basis der instrumentellen Rationalität ist und allein die Rede von einer »irrational rationality« (Horkheimer 1941: 197) rechtfertigen kann.

»Gesellschaftlich zeigt die Verabsolutierung des Individuums den Übergang von der universalen Vermittlung des gesellschaftlichen Verhältnisses, die als Tausch stets zugleich auch Einschränkung des in diesem realisierten je eigenen Interesses erheischt, zur unmittelbaren Herrschaft an, deren die Stärksten sich bemächtigen. Durch diese Auflösung alles Vermittelnden im Individuum selber, vermöge dessen es doch auch ein Stück gesellschaftliches Subjekt war, verarmt, verroht und regrediert es auf den Stand des bloßen gesellschaftlichen Objekts. Als im Hegelschen Sinn abstrakt verwirklichtes hebt das Individuum sich selber auf: die Zahllosen, die nichts mehr kennen als sich und ihr nacktes schweifendes Interesse, sind die gleichen, die kapitulieren, sobald Organisation und Terror sie einfängt. Wenn heute die Spur des Menschlichen am Individuum als dem untergehenden zu haften scheint, so mahnt sie, jener Fatalität ein Ende zu machen, welche die Menschen individuiert, einzig, um sie in ihrer Vereinzelung vollkommen brechen zu können. Das bewahrende Prinzip ist allein noch in seinem Gegenteil aufgehoben.« (Adorno 1944/47: Text 97)

Die Rede von einer »unmittelbaren Herrschaft« setzt die instrumentelle Rationalität, nicht die Fixierung des Gesellschaftlich-Unbewußten zur gesellschaftlichen Irrationalität voraus: eine Gesellschaft der Selbsterhaltung ohne Selbst (vgl. Horkheimer 1941a: 376).

Adornos gesellschaftstheoretische Skizze einer dialektischen Kultur-Kritik des »Verfalls des Individuums« enthält bereits den *geschichtsphilosophischen* Verweis auf den *Fortschritt »vom neunzehnten Jahrhundert«, eben von der Epoche des revolutionären Liberalismus, zum »Faschismus«* (Text 97). Diesen »Übergang« (ebd.) stellt er in immer anderen Variationen dar. Von zentraler Bedeutung für die *Reflexionen aus dem beschädigten Leben* ist der Text: *Die Wahrheit über Hedda Gabler* (Text 58). An Henrik Ibsens Drama aus dem Jahre 1890 expliziert Adorno den *Verfall der Idee des »Guten« zur »Güte«* als Verfall des Individuums. Wiederum verläuft die Argumentation über drei Stufen. Zunächst reflektiert Adorno den Verfall der Idee des Guten als Genese der »Güte«. Dann referiert er die bürgerliche, bei Ibsen vorliegende Kritik des Verfalls, um diese endlich »materialistisch« zu radikalisieren. – *Das »Gute«:* dies ist, in Hesiods *Theogonie*, gegeben von den olympischen Göttern (a.a.O., Vers 46), allererst von Zeus (ebd. Vers

73f.). Das »Gute«: dies ist, in Platons *Politeia,* die »Idee« der Ideen, das »Seligste von allem Seienden« (a.a.O., 518c-519d, 526d-527b) – die Idee der Vernunfterkenntnis, die Idee eines guten Lebens in einer Polis, die unter der Herrschaft der Vernunft steht (vgl. ebd. I/24, 471c-V541b). Das Gute – das »höchste Gut« (Kant, Bd. VII: 21f., 235-241; Hegel, Bd. 7: 245, 286) – ist, seit der Antike: die Idee einer vernünftigen Erkenntnis, einer vernünftigen Moral, einer vernünftigen Lebenspraxis, eines vernünftigen Staates – das Gute ist ein Vernünftig-Allgemeines. Adorno handelt darum in seiner Aphorismensammlung von der Philosophie als der »Lehre vom richtigen Leben«, vom guten Leben – in einem Zeitalter, in dem die Idee »der Vergessenheit verfiel« (1944/47: S.7): in dem das Gute auf die Güte eingeschränkt, in ihren Gegensatz verkehrt wurde. – *Die »Güte«* ist ebenfalls eine Tugend: aber keine allgemeine Vernunft-Utopie, sondern eine subjektivistische Sinn-Setzung ohne Anspruch auf ein allgemeines gutes und vernünftiges Leben. Die »Güte« setzt eine nicht-gute gesellschaftliche Welt voraus, um die existierenden Nöte bloß zu lindern, nicht abzuschaffen: der Gütige hilft dem Notleidenden, ohne das Allgemeine der Not anzurühren, und befestigt dadurch das Bestehende. Indem die Güte subjektivistisch ist, auf seiten des Gütigen wie des Notleidenden, reproduziert sie die Abhängigkeit des Notleidenden vom Gütigen und verletzt dessen Individualität: dessen mögliche Autonomie. Das Gute, als Vernunft-Praxis, impliziert die Verwirklichung des Individuums; das Gütige, als Tugend, setzt den Notleidenden als abhängigen Menschen und liquidiert dessen mögliche Individualität.

»Güte selber ist die Deformation des Guten. Indem sie das moralische Prinzip vom gesellschaftlichen abtrennt und in die private Gesinnung verlegt, beschränkt sie es im doppelten Sinn. Sie verzichtet auf die Verwirklichung des im moralischen Prinzip mitgesetzten menschenwürdigen Zustands. Jeder ihrer Handlungen ist etwas von tröstender Resignation einbeschrieben: sie zielt auf Milderung ab, nicht auf Heilung, und das Bewußtsein der Unheilbarkeit paktiert am Ende mit dieser. Damit wird Güte beschränkt auch bei sich selber. Ihre Schuld besteht in Vertraulichkeit. Sie spiegelt unmittelbare Beziehungen zwischen den Menschen vor und überspringt die Distanz, in der allein der Einzelne vor dem Angetastetwerden durchs Allgemeine sich zu schützen vermag.« (Adorno 1944/47: Text 58)

In Ipsens Drama behauptet Hedda Gabler ihre Besonderheit gegen die Güte, die sie falsch und »bewußtlos« mit dem »Guten« identifiziert, durch Berufung auf die »ohnmächtige Utopie des Schönen«: die Idee der »Harmonie« des Ich mit sich selbst – das individualistisch gegen den Atomismus revoltiert und diesen damit reproduziert. Hedda Gabler und Lövberg verüben Suizid: »Tu es in Schönheit«, fordert Hedda. Im physischen Ende des

Individuums soll dessen gesellschaftliches Ende individualistisch überwunden, Individualität gerettet werden. – Adorno verwirft den bewußtlosen »Einspruch des Schönen gegen das Gute« nicht, sondern radikalisiert ihn. Er verweist auf die scheinbare Unmöglichkeit einer *Kritik der Verhältnisse* nach dem Verfall des Guten:

»Die Kritik konfrontierte die bürgerliche Gesellschaft wie ökonomisch so moralisch mit ihren eigenen Normen. Dagegen blieb der herrschenden Schicht, wollte sie nicht einfach der apologetischen Lüge und ihrer Ohnmacht verfallen wie die Hofpoeten und staatserhaltenden Romanciers, nichts anderes übrig, als das Prinzip selber zu verwerfen, an dem die Gesellschaft gemessen wird, also ihre eigene Moral.« (Adorno 1944/47: Text 58)

Einst konnte die Kritik die Idee des Guten gegen deren falsche Verwirklichung wenden und eine wahrhafte Verwirklichung theoretisch und praktisch einklagen. Die Güte aber hat die Utopie des Guten verworfen und der Kritik scheinbar den Boden entzogen. Das manifestiert sich bei Ipsen: im »Einspruch des Schönen«. Dies freilich ist, nach Adorno, keineswegs zwingend. Die bürgerliche Kritik der verfallenen bürgerlichen Moral kann »materialistisch« überboten werden:

»In der Immanenz der Gesellschaft ist das Bewußtsein ihres negativen Wesens versperrt, und nur die abstrakte Negation steht für die Wahrheit ein. Indem Antimoral das Unmoralische der Moral, Repression, verwirft, macht sie zugleich ihr innerstes Anliegen sich zu eigen: daß mit jeder Beschränkung auch jede Gewalt verschwinde. Darum fallen in der Tat die Motive der unnachgiebigen bürgerlichen Selbstkritik zusammen mit der materialistischen, welche jene zum Bewußtsein ihrer selbst bringen.« (Adorno 1944/47: Text 58)

Indem im »Einspruch des Schönen« das Individuum sich gegen den Sozialatomismus der Güte wendet, zielt er bewußtlos auf jenes vernünftige Allgemeine, das in der Güte unterging und das die »materialistische« Kritik gegen jenen Verfall einklagt, um jenes Individuum zu retten (vgl. Adorno: GS 14: 50), das einzig als ein seiner selbst und seiner Verhältnisse bewußtes Individuum möglich ist – als Bürger des ›Vereins freier Menschen‹.

Adorno liefert unter dem Titel: *Melange* (Text 66) einen anderen geschichtsphilosophischen Verweis auf den *Fortschritt »vom neunzehnten Jahrhundert«, eben von der Epoche des revolutionären Liberalismus, zum »Faschismus«* (Text 97): einen Forschritt der Liquidierung der Vernunft, der Liquidierung des Individuums. Der Aphorismus enthält die schlichteste, die großartigste Formulierung der Utopie des Individuums des gesamten Werkes. Das Thema ist: der Umschlag der *»Toleranz«,* die einst ein gewaltfreies Verhältnis Verschiedener sichern sollte, in die Barbarei der

»Konzentrationslager«. Dagegen richtet sich eine Kritik, die die »Gleichheit« aller Menschen fordert und insofern ohnmächtig ist, als sie bewußtlos reproduziert, wogegen sie angeht. So überbietet Adorno diese Kritik durch die wahrhafte Utopie des Individuums. – Adorno reflektiert zunächst den Verfall, den Umschlag der Toleranz in die Barbarei:

»Das geläufige Argument der Toleranz, alle Menschen, alle Rassen seien gleich, ist ein Bumerang. Es setzt sich der bequemen Widerlegung durch die Sinne aus, und noch die zwingendsten anthropologischen Beweise dafür, daß die Juden keine Rasse seien, werden im Falle des Pogroms kaum etwas daran ändern, daß die Totalitären ganz gut wissen, wen sie umbringen wollen und wen nicht. (...) Die Technik der Konzentrationslager läuft darauf hinaus, die Gefangenen wie ihre Wächter zu machen, die Ermordeten zu Mördern. Der Rassenunterschied wird zum absoluten erhoben, damit man ihn absolut abschaffen kann, wäre es selbst, indem nichts Verschiedenes mehr überlebt.« (Adorno 1944/47: Text 66)

Die Idee der Toleranz ist eine Idee der Waren-Zirkulation wie die »Menschenrechte« überhaupt: Freiheit, Gleichheit, Eigentum, Privatinteresse und dessen »prästabilisierte Harmonie« mit dem allgemeinen Interesse (Marx: MEW 23: 189f.). Verschiedene erkennen sich, nach jener Idee, als Gleiche an, so daß ihre Verschiedenheit jenseits der Gleichheit unangetastet bestehen bleiben kann und geduldet wird: dem Verschiedenen gegenüber besteht Gleich-Gültigkeit. Das Verschiedene steht jenseits der gesellschaftlichen Anerkennung wie der Gebrauchswert jenseits der Abstraktion auf den Wert verbleibt. Darum nannte Goethe die tolerante Duldung eine Beleidigung und forderte, weitergehend, die wechselseitige »Anerkennung« des Fremden. Zum »Bumerang« wird die Toleranz, wenn die gesellschaftliche Gleichheit verabsolutiert wird, wenn das Verschiedene liquidiert wird. Dann schlägt die Norm, die eine gewaltfreie Duldung zwischen Fremden in Fragen der Religion sichern sollte, in Gewalt um. – So ist Adornos Einwand gegen die bürgerliche Kritik der Toleranz und des Antisemitismus-Rassismus zwingend:

»Wollte man dem gegenüber die Gleichheit alles dessen, was Menschenantlitz trägt, als Ideal fordern, anstatt sie als Tatsache zu unterstellen, so würde das wenig helfen. Die abstrakte Utopie wäre allzu leicht mit den abgefeimtesten Tendenzen der Gesellschaft vereinbar. Daß alle Menschen einander glichen, ist es gerade, was dieser so paßte.« (Adorno 1944/47: Text 66)

Die Gesellschaft der zur Konsequenz der Egalität gebrachten Toleranz ist eine Gesellschaft der Liquidierung des Fremden, des Nichtidentischen, in der die gesellschaftlich liquidierten Individuen die anderen physisch liquidieren: »umbringen«, damit alle gleich sind. – Die Utopie, die die in der Toleranz gesetzte Intention der Gewaltfreiheit ausspricht, ist nicht jene »abstrakte Utopie« der Gleichheit, sondern die Utopie der Anerkennung des Verschiedenen:

»Eine emanzipierte Gesellschaft jedoch wäre kein Einheitsstaat, sondern die Verwirklichung des Allgemeinen in der Versöhnung der Differenzen. Politik, der es darum im Ernst noch ginge, sollte deswegen die abstrakte Gleichheit der Menschen nicht einmal als Idee propagieren. Sie sollte statt dessen auf die schlechte Gleichheit heute, die Identität der Film- mit den Waffeninteressenten deuten, den besseren Zustand aber denken als den, in dem man ohne Angst verschieden sein kann.« (Adorno 1944/47: Text 66)

Das Individuum ist keine Faktizität, es ist auch keine anthropologische, sondern die *gesellschaftliche Utopie* »ewigen Friedens« (vgl. Text 100), weil der Mensch »nur in der Gesellschaft sich vereinzeln kann.« (Marx 1857/58: 6)

Daß Adorno den Fortschritt vom Liberalismus zum »Faschismus«, von der Epoche des bürgerlichen Individuums zur »Liquidierung des Individuums«, als Freisetzung instrumenteller Rationalität – und eben nicht gesellschaftlicher Irrrationalität – auffaßt, zeigt sich an seinen *geschichtsphilosophischen* Aufklärungen des »Verfalls der Individualität«, die nicht auf den Fortschritt vom Liberalismus zum Faschismus beschränkt sind, sondern der *Geschichtsphilosophie im allgemeinen* gelten. Unter dem Titel *»Vermächtnis«* (Text 98) kritisiert er Geschichtstheorien, die einen notwendigen und linearen, eben naturgesetzlich-gesellschaftlichen Fortschritt konstruieren und eben deshalb die instrumentelle Rationalität positivistisch verabsolutieren. Adorno verweist nicht explizit auf Marx und Engels (siehe: MEW 3; MEW 13: 8f.; MEW 23: 789-791) – aber er könnte die bekannten Texte zitieren. Denn er reflektiert einleitend die Aporie allen »dialektischen Denkens«, aller immanenten Kritik, die als Aufklärung des Bestehenden nicht über dieses hinaus, sondern von diesem auch bewußtlos bestimmt ist. Eine Theorie der Geschichte also, die einen notwendigen Fortschritt über Produktionsweisen und Krisen konstruiert, projiziert bewußtlos den herrschenden Logos der Gesellschaft auf die »Vorgeschichte«, statt ihn zu Bewußtsein zu bringen, und ist deshalb ihrerseits immanent und geschichtlich aufzuklären: als Ausdruck der »Zeit« (vgl. Hegel, Bd. 7: 26).

»Dialektisches Denken ist der Versuch, den Zwangscharakter der Logik mit deren eigenen Mitteln zu durchbrechen. Aber indem es dieser Mittel sich bedienen muß, steht es in jedem Augenblick in Gefahr, dem Zwangscharakter selber zu verfallen: die List der Vernunft möchte noch gegen die Dialektik sich durchsetzen.

(...) Durch die Alleinherrschaft der Negation wird nach dem Schema des immanenten Gegensatzes die Bewegung des Gedankens wie der Geschichte eindeutig, ausschließlich, mit unerbittlicher Positivität geführt. Alles wird unter die in der gesamten Gesellschaft historisch je maßgebenden wirtschaftlichen Hauptphasen und ihre Entfaltung subsumiert: ... Daß das Unheil gerade von der Stringenz solcher Entfaltung bewirkt wird; daß jene geradezu mit der Herrschaft zusammenhängt, ist in der kritischen Theorie zumindest nicht explizit, welche wie die traditionelle vom Stufengang auch das Heil erwartet. Stringenz und Totalität, die bürgerlichen Denkideale von Notwendigkeit und Allgemeinheit, umschreiben in der Tat die Formel der Geschichte, aber eben darum schlägt in den festgehaltenen herrschaftlich großen Begriffen die Verfassung der Gesellschaft sich nieder, gegen welche dialektische Kritik und Praxis sich richten.« (Adorno 1944/47: Text 98)

Eine Theorie der Geschichte, die eine Logik als Stufenfolge von Produktionsweisen konstruiert, ist anti-aufklärerisch: weil die Logik der Aufklärung nicht vom Ursprung ausgehend das Gegenwärtige begreift, sondern vom Gegenwärtigen ausgehend nach dessen Genesis fragt (siehe: Marx 1857/58: 28). Die Supposition einer Geschichtslogik also ist die Projektion der Gesellschaftslogik auf die Geschichte und insofern mit der bestehenden »Herrschaft« konform. Adorno zielt indes nicht darauf ab, dieses zum irrationalen Allgemeinen verfestigte Gesellschaftlich-Unbewußte als Voraussetzung der kritisierten Geschichtstheorie aufzuklären. Vielmehr verweist er, als Hebel der Kritik, auch auf das »Ungleichzeitige«, insbesondere auf die Kunst (vgl. Bloch, GA Bd. 3: 57).

»Was die herrschende Gesellschaft transzendiert, ist nicht nur die von dieser entwickelte Potentialität, sondern ebenso wohl das, was nicht recht in die historischen Bewegungsgesetze hineinpaßte. Die Theorie sieht sich aufs Quere, Undurchsichtige, Unerfaßte verwiesen, das als solches zwar vorweg ein Anachronistisches an sich trägt, aber nicht aufgeht im Veralteten, weil es der historischen Dynamik ein Schnippchen schlug. An der Kunst läßt sich das am ehesten einsehen.« (Adorno 1944/47: Text 98)

Die »Stringenz und Totalität« der kritisierten Geschichtstheorie reflektiert Adorno nicht als Projektion der herrschenden Verhältnisse auf die Geschichte, sondern erkennt einerseits in der »herrschenden Gesellschaft« noch eine transzendierende »Potentialität«, andererseits in der Geschichte ein Ungleichzeitiges, »Unerfaßtes« – so daß die Kritik zumindest nicht vollends als immanente gedacht ist, sondern auch als »abstrakte« (vgl. ebd. Texte 58, 97 Schlußsatz).

Nun ist eine *Theorie der Geschichte,* die eine notwendige und lineare Stufenfolge von Produktionsweisen konstruiert, von »unerbittlicher Positivität«: positivistisch – weil die supponierte Logik des Fortschritts ein überhistorisches Naturgesetz ist, das der instrumentellen Rationalität entspricht (vgl. Marx, MEW 19: 111f.). Daher erkennt jene Geschichtstheorie der Entfaltung der Produktivkräfte eine herausragende Stellung zu: als movens und telos der Geschichte ineins. Adorno kritisiert, im letzten Aphorismus des Jahres 1945, unter dem Titel *Sur l'eau* (Text 100) jene *instrumentelle Geschichtstheorie* und *Gesellschafts-Utopie,* unter der das *Selbst in der allgemeinen Selbsterhaltung verschwindet* (vgl. Horkheimer 1941a: 376).

»Auf die Frage nach dem Ziel der emanzipierten Gesellschaft erhält man Antworten wie die Erfüllung der menschlichen Möglichkeiten oder den Reichtum des Lebens. So illegitim die unvermeidliche Frage, so unvermeidlich das Abstoßende, Auftrumpfende der Antwort, welche die Erinnerung an das sozialdemokratische Persönlichkeitsideal vollbärtiger Naturalisten der neunziger Jahre aufruft, die sich ausleben wollten. Zart wäre einzig das Gröbste: daß keiner mehr hungern soll. Alles andere setzt für einen Zustand, der nach menschlichen Bedürfnissen zu bestimmen wäre, ein menschliches Verhalten an, das am Modell der Produktion als Selbstzweck gebildet ist. In das Wunschbild des ungehemmten, kraftstrotzenden, schöpferischen Menschen ist eben der Fetischismus der Ware eingesickert, der in der bürgerlichen Gesellschaft Hemmung, Ohnmacht, die Sterilität des Immergleichen mit sich führt. Der Begriff der Dynamik, der zu der bürgerlichen ›Geschichtslosigkeit‹ komplementär gehört, wird zum Absoluten erhöht, (...) Die naiv unterstellte Eindeutigkeit der Entwicklungstendenz auf Steigerung der Produktion ist selber ein Stück jener Bürgerlichkeit, die Entwicklung nach einer Richtung nur zuläßt, weil sie, als Totalität zusammengeschlossen, von Quantifizierung beherrscht, der qualitativen Differenz feindlich ist. (...) Vielleicht wird die wahre Gesellschaft der Entfaltung überdrüssig und läßt aus Freiheit Möglichkeiten ungenützt, anstatt unter irrem Zwang auf fremde Sterne einzustürmen.« (Adorno 1944/47: Text 100)

Adornos Kritik gilt, wie die Horkheimers (1946), der »instrumentellen Vernunft«, nicht der – jener »rationality« – zugrundeliegenden Irrationalität (vgl. Horkheimer 1941: 197), nicht dem vollends verknöcherten allgemeinen Unbewußten. Vor jener rationality aber, wird sie isoliert und nicht nach ihrem zugrundeliegenden Verhältnis reflektiert, versagt die Aufklärung. Die Kritik muß sich dann auf Potentiale jenseits der irrational rationality stützen.

Adorno zieht diese Konsequenz, utopisch-kritische Gehalte nicht länger in der herrschenden Rationalität zu suchen, im letzten Aphorismus der *Minima Moralia* unter dem Titel: *Zum Ende* (Text 153). Über die Gesellschaft der liquidierten Vernunft, der liquidierten Utopie, des liquidierten Individuums scheint nur noch eine *Hoffnung* hinaus, die Adorno in Anlehnung an die jüdische Eschatologie anruft:

»Philosophie, wie sie im Angesicht der Verzweiflung einzig noch zu verantworten ist, wäre der Versuch, alle Dinge so zu betrachten, wie sie vom Standpunkt der Erlösung aus sich darstellten. Erkenntnis hat kein Licht, als das von der Erlösung her auf die Welt scheint: alles andere erschöpft sich in der Nachkonstruktion und bleibt ein Stück Technik. (...) Ohne Willkür und Gewalt, ganz aus der Fühlung mit den Gegenständen heraus solche Perspektiven zu gewinnen, darauf allein kommt es dem Denken an. Es ist das Allereinfachste, weil der Zustand unabweisbar nach solcher Erkenntnis ruft, ja weil die vollendete Negativität, einmal ganz ins Auge gefaßt, zur Spiegelschrift ihres Gegenteils zusammenschießt. Aber es ist auch das ganz Unmögliche, weil es einen Standort voraussetzt, der dem Bannkreis des Daseins, wäre es auch nur um ein Winziges, entrückt ist, während doch jede mögliche Erkenntnis nicht bloß dem was ist erst abgetrotzt werden muß, um verbindlich zu geraten, sondern eben darum selber auch mit der gleichen Entstelltheit und Bedürftigkeit geschlagen ist, der sie zu entrinnen vorhat. Je leidenschaftlicher der Gedanke gegen sein Bedingtsein sich abdichtet um des Unbedingten willen, um so bewußtloser, und damit verhängnisvoller, fällt er der Welt zu. Selbst seine eigene Unmöglichkeit muß er noch begreifen um der Möglichkeit willen.« (Adorno 1944/47: Text 153)

Diese Betrachtung der »Dinge« vom »Standpunkt der Erlösung« fordert eine Darstellungsweise, die zur herrschenden quer steht. Adorno entwirft die Idee eines Denkens in Konstellationen: *Für Nach-Sokratiker* (Text 44; dazu: Texte 46, 152). Er verweist auf Hegels Metapher, das »System« sei »als ein Kreis von Kreisen« zu entwickeln (Bd. 8: 60; vgl. Bd. 9: 10). Allein eine solche Entwicklung ist nicht nur als Kritik der Liquidierung der Vernunft, sondern auch als Kritik der Liquidierung des Individuums angemessen. –Wenn, nach Platons Bestimmung in der *Politeia* (511a-e; 532a-535a), die Dialektik als Kritik aller Dogmen – Meinungen – gegen alle nicht weiter begründbare Voraussetzungen geht, um deren Genesis einerseits, deren bewußtlose Projektion auf das Gedachte andererseits aufzuklären, ohne gegen das Vorausgesetzte neue Voraussetzungen einzuführen, so ist der systematische Fortgang aus dem Anfang als Rückgang hinter den Anfang vorzuführen, um den notwendig vorausgesetzten Anfang als Setzung bewußt zu machen (vgl. Hegel Bd. 5: 65-79). Allein durch diese Kreisbewegung wird das verständig Vorausgesetzte aufgeklärt, zur Vernunft erhoben, die ihrer selbst bewußt ist. – Die Kreisbewegung aber ist auch der Bewahrung der Idee des Individuums angemessen: würde dessen Begriff unter einen allgemeinen subsumiert, wäre es weder vernünftig noch autonom. – Adorno expliziert das Verfahren dialektischer, aufklärender Kritik:

»Dialektisch denken heißt, ..., daß das Argument die Drastik der These gewinnen soll und die These die Fülle ihres Grundes in sich enthalten. Alle Brückenbegriffe, alle Verbindungen und logischen Hilfsoperationen, die nicht in der Sache selber sind, alle sekundären und nicht mit der Erfahrung des Gegenstands gesättigten Folgerungen müßten entfallen. In einem philosophischen Text sollten alle Sätze gleich nahe zum Mittelpunkt stehen. Ohne daß Hegel das je ausgesprochen hätte, legt sein ganzes Verfahren Zeugnis ab von dieser Intention.« (Adorno 1944/47: Text 44; vgl. ebd. Texte 46, 152).

Adorno hat die in den *Minima Moralia* philosophisch entfaltete Kritik der *»Liquidierung des Individuums«* wenige Jahre später erneut ausgeführt: als Ko-Autor der *Authoritarian Personality* (Adorno, Frenkel-Brunswik, Levinson, Sanford: New York 1950), die als erster Band der fünfbändigen *Studies in Prejudice* (ed. M. Horkheimer, S. H. Flowerman) erschien. Im Jahre 1973 wurde erstmals eine deutsche Übersetzung der von Adorno verfaßten oder mitverfaßten Beiträge unter dem Titel *Studien zum autoritären Charakter* (Adorno 1950/73) publiziert; nach dieser Ausgabe wird im folgenden zitiert.

Die *Studien* gelten den möglichen »Aussichten eines faschistischen Sieges in den USA« (Adorno 1950/73: 14). Vorangegangen waren, als Voraussetzung der Untersuchung (ebd. 41): Forschungen des Instituts für Sozialforschung über antisemitische Arbeiter; Befragungen nach einer Antisemitismus- und einer Ethnozentrismus-Skala; klinische Untersuchungen. – Das empirische Material wurde seit 1945 erhoben. Das Sample bildeten weiße, in den USA zwischen 1910 und 1925 geborene, vor allem in San Francisco lebende Angehörige des »sozioökonomischen Mittelstandes«: Studenten, Lehrer, Teilnehmer an der Erwachsenen-Bildung, Mitglieder von Gesellschaftsclubs (ebd. 25ff.). Die *Studien* intendierten nicht, unmittelbar Antisemiten zu identifizieren; vielmehr sollte das Potential in der Bevölkerung gemessen werden, das in Zeiten einer ökonomischen Krise für faschistische Propaganda anfällig war – also für eine »konformistische Revolte«. – Im Vergleich zu den *Studien über Autorität und Familie* (Horkheimer et al. 1936) sind die *Studien zum autoritären Charakter* in ihrer theoretischen Begründung deutlich zurückhaltender angelegt, im empirischen Teil dafür jedoch anspruchsvoller und methodisch gereifter. Eine *Theorie* wird bloß sporadisch skizziert (Adorno 1950/73: 175-179, 280-284), aber explizit nicht beansprucht (ebd. 108f.). Die theoretischen Annahmen stützen sich auf »Literatur über Antisemitismus und Faschismus« sowie einschlägige empirische Untersuchungen, etwa »Inhaltsanalysen von Reden antisemitischer Agitatoren« (ebd. 41). Diese Annahmen leisten nunmehr nur eine »theoretische Orientierung« (ebd. 40, 44) bei der Formulierung von »Hypothesen« (ebd. 3, 108-110, 122, 311), die dann empirisch getestet, durch das erhobene Material belegt oder »erhellt« werden (ebd. 115, 122). Die *empirische* Arbeit ist geleitet durch die berühmte F-Skala (Faschismus-

Skala) (ebd. 37-104, insbesondere: 79-91); realisiert werden quantitative und qualitative, an Freuds Tiefenhermeneutik orientierte Verfahren der Daten-Erhebung und Auswertung; Adornos Beitrag lag auf diesem Gebiet bei der »qualitativen« Auswertung (ebd. 175). Im vorliegenden Kontext sind allein die »Hypothesen« relevant; die empirische Forschungsmethode und die Auswertungen des erhobenen Materials habe ich an anderem Ort (2004: 213-233) diskutiert.

Der *theoretische Teil* der *Studien* ist geprägt durch Horkheimers 1931 skizziertes Programm der Kritischen Theorie der Gesellschaft: die »dialektische« Verbindung von »philosophischer Konstruktion und Empirie«; die Untersuchung des Zusammenhangs von Ökonomie, »psychischer Entwicklung der Individuen« und Kultur (a.a.O., 40, 42f.; Adorno 1950/73: 1, 7). Wie die früheren Arbeiten der Kritischen Theorie, so legen auch die *Studien* den Schwerpunkt auf die Bereiche der *Sozialpsychologie* und der *Kultur.* Adorno et al. folgen damit implizit der orthodoxen, durch Lukács (1923) nur modifizierten Auffassung, dem System der Politik-Ökonomie sei die Tendenz zum Zusammenbruch immanent; daher könne eine »konformistische Revolte«, daher könne die »Barbarei« nicht ökonomiekritisch geklärt werden. Ausdrücklich betont Adorno (1950/73): »Unsere Theorie der Charakterstruktur lehnt sich eng an Freud an« (ebd. 7); die »Hypothesen« wurden »nach der psychoanalytischen Theorie formuliert« (ebd. 311). Durch die Psychoanalyse des autoritären Charakters soll die Vermittlung von Sein und Bewußtsein, sollen die »Zusammenhänge zwischen der Ideologie und den soziologischen Faktoren, die in der Entwicklung des Individuums wirksam waren«, bestimmt werden (ebd. 7). Der Schwerpunkt der Untersuchung liegt beim Zusammenhang von Charakterstruktur und Ideologie (vgl. ebd. 3, 10).

Die herausragende Bedeutung der *Psychoanalyse* und die weitgehende Bedeutungslosigkeit der *Kritik der Politischen Ökonomie* in den *Studien* erscheinen in den zentralen Kategorien des *Unbewußten* und des *Irrationalen.* Das Syndrom der »politischen, wirtschaftlichen und gesellschaftlichen Überzeugungen eines Individuums«, argumentiert Adorno (ebd. 1; vgl. ebd. 5f.), ist der »Ausdruck verborgener Züge der individuellen Charakterstruktur«. Daher ist für die Untersuchung des »potentiell faschistischen Individuums« nicht das rationale ökonomische Interesse entscheidend, sondern das Unbewußte der psychischen Persönlichkeit. Sehr wohl wird die Bestimmung der Persönlichkeit durch die ökonomische Situation beachtet (ebd. 7). Aber das Unbewußte der Charakterstruktur wird nicht als Introjektion äußerer, übersinnlich-abstrakter Herrschaft untersucht, also nicht in Rücksicht auf die »irrationale Rationalität« (Horkheimer 1941: 197) des autoritären Systems der Politik-Ökonomie. Vielmehr bewegt sich die psychoanalytische Aufklärung innerhalb der psychischen Persönlichkeit. Adorno (1950/73) formuliert nicht nur den bescheidenen Anspruch, daß eine Erklärung der »Existenz antisemitischer Vorstellungen aus unserer Gesellschaft« nicht versucht werde und daher »mehr die psychologische als soziologische oder geschichtliche Dimension in den Mittelpunkt« gerückt sei; er ordnet durch diese Bemerkung das Gesellschaftlich-Unbewußte – die »Irrationalität« (ebd. 12, 175ff.) – der »psychologischen Dimension« zu, also der psychoanalytischen Aufklärung, und nicht der Aufklärung des total fixierten Warenfetischismus durch die Kritik der Politischen Ökonomie. Die »Empfänglichkeit des Individuums« für den »Antisemitismus« hänge »in erster Linie von psychologischen Bedürfnissen« ab (ebd. 3). So wird der »individuellen Charakterstruktur« eine eigene Gesetzlichkeit zugeschrieben; sie bleibe wohl »modifizierbar«, sei jedoch »gegen tiefgreifende Veränderungen häufig resistent« (ebd. 7f.). Darum seien Ideologien vor allem aus »untergründigen emotionalen Trieben«, aus »irrationalen Zügen«, aus »verborgenen Bedürfnissen der Charakterstruktur« und nicht aus einem »rationalen Selbstinteresse« aufzuklären (ebd. 8, 10-13). Durch diese psychoanalytisch fundierte Untersuchung des irrationalen Allgemeinen im Individuum steht Adornos Beitrag zu den *Studien* in der Linie der *psychoanalytischen und kulturkritischen Aufklärung von »konformistischer Revolte« und »Barbarei«* von Reich (1933), Horkheimer und Fromm (1936).

Den für die Studie zentralen Begriff der *»Charakterstruktur«* definiert Adorno (1950/73) in Übereinstimmung mit Freuds Theorie der »psychischen Persönlichkeit« durch die Instanzen des Ich, des Es und des Über-Ich (ebd. 7, 14f., 105ff.). Die Dynamik dieser Struktur erklärt er durch *»Charakterkräfte«:* »Triebe, Wünsche, emotionale Impulse«. Die »Organisation von Bedürfnissen« wird als das Wesen des »Charakters« ausgezeichnet. Die Triebe gelten allerdings nicht als eine überhistorische Basis des Individuums; der Trieb-Charakter entwickle sich »unter dem Druck der Umweltbedingungen«, in der individuellen Biographie anfangs vor allem durch die familiäre Erziehung. Insofern sind im Charakter *gesellschaftliche,* »soziologische Faktoren« abgelagert (ebd. 7). Auf der anderen Seite hingen »Meinungen, Attitüden und Wertvorstellungen« der Individuen – ihre *»Ideologien«* (dazu: ebd. 2f.) – »von menschlichen Bedürfnissen« ab (ebd. 7). So steht die »Charakterstruktur« – die interne Verfassung des Individuums – vermittelnd zwischen der Gesellschaft einerseits und dem Reich der Ideologien andererseits (ebd. 8), ohne vollständig durch die eine oder die andere Seite determiniert zu sein.

Nach dieser psychoanalytisch bestimmten Charakterstruktur des »Individuums« im allgemeinen bestimmt Adorno, zunächst allgemein, den *autoritären* als *sado-masochistischen Charakter:*

»Das Konzept des vorliegenden Kapitels geht von der allgemeinen Annahme aus, daß die – weitgehend unbewußte – Feindschaft, die aus Versagung und Repression resultiert und sozial vom eigentlichen Objekt abgewandt wird, ein Ersatzobjekt *braucht,* durch das sie einen realistischen Aspekt für das Subjekt gewinnt, das radikaleren Äußerungen eines gestörten Kontaktes mit der Realität, das heißt einer Psychose, ausweichen muß. Dieses ›Objekt‹ unbewußten Vernichtungswillens, keineswegs nur oberflächlich als ein ›Sündenbock‹ zu verstehen, muß bestimmte Bedingungen erfüllen, um seiner Funktion zu genügen. Es muß greifbar genug, aber auch nicht *zu* greifbar sein, damit die eigene Wirklichkeit es nicht zunichtemacht. Es muß historisch fundiert sein und als ein unbestreitbares Element der Tradition erscheinen. Es muß in starren und wohlbekannten Stereotypen definiert sein, und schließlich muß es Merkmale besitzen oder zumindest im Sinne von Merkmalen wahrgenommen und verstanden werden können, die den destruktiven Tendenzen des Vorurteilsvollen entgegenkommen. Einige dieser Züge, wie übertriebenes Eigengruppen-Denken, unterstützen diese Rationalisierungen, andere, wie Schwäche oder Masochismus, geben der Destruktivität einen psychologisch adäquaten Anreiz. Es ist kaum zu bezweifeln, daß alle diese Bedingungen in hohem Maße von dem Phänomen ›Jude‹ erfüllt werden. Das heißt nicht, daß Juden Haß auf sich ziehen *müssen* oder daß eine unabwendbare historische Notwendigkeit sie eher als andere zum idealen Angriffsziel sozialer Aggressivität macht. Es genügt, daß sie diese Funktion im psychischen Haushalt vieler Individuen erfüllen *können.* Dem Problem der ›Einzigartigkeit‹ des jüdischen Phänomens und folglich des Antisemitismus kann man nur durch Rekurs auf eine Theorie nahekommen, die den Rahmen dieser Studie überschreitet. Eine solche Theorie würde weder eine Vielfalt von ›Faktoren‹ aufzählen, noch einen spezifischen als ›den‹ Anlaß auswählen, sondern eher einen geschlossenen Rahmen entwickeln, in dem alle ›Elemente‹ konsistent miteinander verbunden sind, was auf nichts weniger als auf eine Theorie der modernen Gesellschaft als Ganzer hinauslaufen würde.« (Adorno et al. 1950 / 73: 108 f.; siehe ebd. 110. Zur psychoanalytischen Bestimmung des Antisemiten: siehe 136, 139. Zur weiteren Begründung siehe: ebd. 322-324, 328. Vergleiche die ähnlichen Ausführungen bei Fenichel 1946: 215-223, 230)

Der autoritäre Charakter ist, nach diesen Bestimmungen, *masochistisch:* bestimmt durch »unbewußte … Versagung und Repression«, eben durch Triebunterdrückung, praktiziert zunächst durch die »Erziehung des Kindes« und dann unbewußt verfestigt auch unter »veränderten sozialen Bedingungen« (ebd. 7f.). Der masochistische Charakter ist unmittelbar *sadistisch* durch eine »pathische Projektion«: die »Übertragung gesellschaftlich tabuierter Regungen des Subjekts auf das Objekt« und die Bekämpfung dieser

»Regungen« durch Unterdrückung jenes »Objekts«, so daß die Selbst-Unterdrückung zur Unterdrückung des Anderen verallgemeinert wird (Horkheimer/Adorno 1944 /47: 226). Das Subjekt rebelliert, statt gegen die Unterdrückung und die Unterdrücker, gegen ein »Ersatzobjekt« oder einen »Sündenbock«, der als Unterdrücker erscheint, weil er als frei von Selbst-Unterdrückung phantasiert ist. So ist der sado-masochistische Charakter *psychotisch:* er radikalisiert nicht das Realitätsprinzip, wie der Neurotiker, sondern die Triebansprüche – er handelt nicht radikal realitätsgerecht, sondern ist *paranoid,* weil er überall die bedrohlichen Triebansprüche wahrnimmt. Als »Sündenbock« eignet sich freilich nicht jedes mögliche Individuum. Es muß die übertragenen »Regungen« plausibel repräsentieren: es muß als frei von Triebunterdrückungen erscheinen, scheinbar ein Leben im Lustprinzip führen, von archaischer Sexualität bestimmt sein; es muß diese »Regungen« immer schon, gesellschaftlich zu Traditionen verfestigt, repräsentiert haben; es muß jenseits der Gemeinschaft der masochistischen Individuen, der allgemeinen Unterdrückung stehen; es muß die gesellschaftliche, ökonomische Unterdrückung repräsentieren. Adorno (1950/73) resümiert: »Es ist kaum zu bezweifeln, daß alle diese Bedingungen in hohem Maße von dem Phänomen ›Jude‹ erfüllt werden.« (ebd. 108) Der autoritäre, der sado-masochistische Charakter ist: *Antisemit* (ebd. 105-174).

Adorno et al. untersuchen diesen autoritären Charakter, der allgemeinen Bestimmung folgend, durch eine Konstellation von neun »Variablen«.

»a) *Konventionalismus.* Starre Bindung an die konventionellen Werte des Mittelstandes.
b) *Autoritäre Unterwürfigkeit.* Unkritische Unterwerfung unter idealisierte Autoritäten der Eigengruppe.
c) *Autoritäre Aggression.* Tendenz, nach Menschen Ausschau zu halten, die konventionelle Werte mißachten, um sie verurteilen, ablehnen und bestrafen zu können.
d) *Anti-Intrazeption.* Abwehr des Subjektiven, des Phantasievollen, Sensiblen.
e) *Aberglaube und Stereotypie.* Glaube an die mystische Bestimmung des eigenen Schicksals; die Disposition, in rigiden Kategorien zu denken.
f) *Machtdenken und ›Kraftmeierei‹.* Denken in Dimensionen wie Herrschaft – Unterwerfung, stark – schwach, Führer – Gefolgschaft; Identifizierung mit Machtgestalten; Überbetonung der konventionalisierten Attribute des Ich; übertriebene Zurschaustellung von Stärke und Robustheit.
g) *Destruktivität und Zynismus.* Allgemeine Feindseligkeit, Diffamierung des Menschlichen.
h) *Projektivität.* Disposition, an wüste und gefährliche Vorgänge in der Welt zu glauben; die Projektion unbewußter Triebimpulse auf die Außenwelt.
i) *Sexualität.* Übertriebene Beschäftigung mit sexuellen ›Vorgängen‹.«

(Adorno et al. 1950/73: 45; siehe die ausführliche Darstellung: ebd. 46-61)

Diese »Variablen« stellen als Eigenschaften des autoritären Charakters, als empirisch zugängliche Erscheinungen des verborgenen Unbewußten (ebd. 5) heraus: die Identität des Individuums in unmittelbarer, unreflektierter Einheit mit dem undurchschauten Allgemeinen, so daß es zu dessen Personifikation wird (a, e, h); den Masochismus (b, d); den Sadismus (c, f, g); die »pathische Projektion« (h); die psychotische Tendenz (i). – Diese Variablen wurden von Adorno et al. in schließlich 39 Skalensätze (Indikatoren; Items) übersetzt, denen die Probanden zustimmen (bis +3) oder die sie ablehnen (bis −3) konnten (siehe ebd. 81-84). Die Formulierung der Skalensätze orientierte sich an Artikeln in Tageszeitungen oder an Bemerkungen von Probanden in vorangegangenen Interviews (ebd. 44). Dieses Verfahren sollte durch eine tiefenhermeneutische Analyse der erhobenen Oberflächenmeinungen, also durch Umgehung der Ich-Instanz, unbewußte Vorurteile enthüllen: »präfaschistische Neigungen im Individuum«; in den Befragungen durfte »dieser Zweck« nicht »sichtbar« sein (ebd. 20, 37, 39; vgl. ebd. 62).

Adorno betont (ebd. 108f.): Der Antisemitismus des autoritären Charakters sei zwar in den *Studien* das zentrale Thema, erfordere dennoch zur Aufklärung »eine Theorie der modernen Gesellschaft als Ganzer«, die den »Rahmen dieser Studie überschreitet« (vgl. ebd. 3, 122). Den Autoren ist bewußt, daß eine empirische Untersuchung der Charakterstruktur nicht hinreicht, um die – mögliche – *Barbarei* aufzuklären.

Adornos weitere Reflexionen in der *Dialektik der Aufklärung* und den *Minima Moralia* belegen, daß er auch hier – aus systematischen Gründen – auf den Ebenen der *Geschichtsphilosophie*, der *sozialphilosophischen Kulturkritik* und der *kritisch reformulierten Psychoanalyse* verbleibt. Ganz selbstverständlich geht seine Gesellschafts-Kritik der bürgerlichen Anthropologie davon aus, daß die inneren autoritären Strukturen des Bürgers der autoritären Gesellschaft einen verinnerlichten äußeren Autoritarismus darstellen (vgl. ebd. 303-310): daß also der logos der autoritären societas in der Innenwelt des Subjekts studiert und aufgeklärt werden kann.

Aber diese Kritik der bürgerlichen Anthropologie und die Kulturkritik gehen nicht immanent über den autoritären Charakter hinaus, hinter dessen Innenwelt zurück zur Aufklärung des logos der autoritären, irrational-rationalen Politik-Ökonomie, die »kritische Einsichten blockieren muß« (ebd. 185). Die Kritiken schreiten nicht fort zu einer *Dialektik der ökonomischen Rationalisierung*, die Marx' dialektisch aufklärende Kritik der Politischen Ökonomie entwickelt zu einer Kritik des irrationalen

Rationalismus der bürgerlichen Ökonomie des Imperialismus, des autoritären Staates und des angelsächsischen Staatsinterventionismus (New-Deal; Keynes). Eine solche *Dialektik* hätte die von Adorno immer wieder zitierte Theorie des Warenfetischismus *geschichtsphilosophisch* auszuführen als Aufklärung der total fixierten liberalen »List der Vernunft« im System des politisch-ökonomischen Irrationalismus: eines Systems der »List« ohne »Vernunft«. Auf dieser Grundlage könnte Horkheimers, Fromms und Adornos *geschichtsphilosophisch* begründete, *psychoanalytisch* orientierte Kritik der bürgerlichen Anthropologie in die Kritik der Politischen Ökonomie aufgehoben, die Kritische Theorie auf ihren Ausgang von der Marxschen Kritik zurückgeführt werden, ohne die Lehre von Marx wiederum zu dogmatisieren.

Weiterhin supponiert die Kritische Theorie um 1950, daß das Unbewußte im Individuum nicht vollends durch das Unbewußte, die Irrationalität der Politik-Ökonomie aufzuklären ist: daß der Innenwelt des Individuums eine »Eigengesetzlichkeit« zuerkannt werden muß, die nicht durch eine Kritik der Politischen Ökonomie aufzuklären ist (vgl. Horkheimer 1936: 9f., 12). Der Untergang des Individuums im *autoritären Charakter,* die *»konformistische Revolte«* und die *»Barbarei«,* so scheint es, werden durch den Geschichtsobjektivismus des *orthodoxen Marxismus* der Zweiten Internationale verdrängt, durch den *aufgeklärten Marxismus* der Kritischen Theorie aber nur geschichtsphilosophisch, kulturkritisch und psychoanalytisch, nicht durch eine unter veränderten Verhältnissen ausgeführte Kritik der Politischen Ökonomie, expliziert. Der irrationale Rationalismus der *»Barbarei«* bleibt jeweils, in seinem Fundament, unaufgeklärt und behält Macht über die Kritik.

Die irrationale Rationalität der politisch-ökonomischen Verhältnisse der autoritären Politik-Ökonomie, der autoritären Gesellschaft und des autoritären Staates, die sich der Aufklärung durch die Theorien der Gesellschaft in der Tradition von Marx wesentlich entzog, wird durch den um 1938/44 begründeten, die Tradition der deutschen Gegenaufklärung aufnehmenden und perpetuierenden *Neoliberalismus* und *Ordoliberalismus* apologetisch expliziert. Der neue Liberalismus ist, durch seine gesellschaftliche Irrationalität, gesellschaftsgeschichtlich erinnerungslos und daher die herrschende Gestalt der »Wiederkehr des Verdrängten«. Der Untergang des Individuums im autoritären Charakter wird, auf der Grundlage des unaufgeklärten gesellschaftlichen Irrationalismus, transformiert in dessen Untergang im neoliberalen Sozialatomismus. Dieser Individualismus kann dem autoritären Charakter nur explizit entgegengesetzt werden. Die gesellschaftsgeschichtliche Erinnerungslosigkeit des Neoliberalismus erscheint als *Negation des Vergangenen,* als *dogmatisch-irrationale Setzung des Bestehenden,* als *Negation utopischer Vernunft.* Das ist die Logik der Verdrängung des nationalsozialistischen Terrors durch den neuen Liberalismus. *An der Schwierigkeit, die Politik-Ökonomie des Neoliberalismus aufzuklären, erscheinen die Aporien der Kritischen Theorie der dreißiger und vierziger Jahre.* Der neue Liberalismus kann, durch seine Erinnerungslosigkeit, die »Barbarei« einzig durch Individualisierung, pathische Projektion und historische Musealisierung verdrängen. Daher sind Neoliberalismus und Ordoliberalismus nur zu erkennen durch Aufklärung der verdrängten Barbarei. So ist die geschichtsphilosophische Rückführung der Kritischen Theorie von der psychoanalytischen Kritik der bürgerlichen Anthropologie und der sozialphilosophischen Kulturkritik auf ihren Ausgang als Kritik der Politischen Ökonomie zwingend.

6 Neo- und ordoliberaler Kapitalismus (1948/1973 ff.): Der Untergang des Individuums im konformistischen Sozialatom

Während das irrational-rationale System des deutschen Nationalsozialismus 1945 besiegt wurde, ohne daß die »Ursachen des Vergangenen beseitigt« waren (Adorno, GS 10.2: 555, 572), brach der systemrationale, an der Theorie von Keynes orientierte geplante Kapitalismus der USA, des Bretton-Woods-Systems und der Mitgliedstaaten dieses Systems in den Weltwirtschaftskrisen von 1971, 1975 und 1981 zusammen. Zur dominanten Ordnung stieg national, regional und endlich global der *Neoliberalismus* mit seiner monetären Variante, dem *Monetarismus,* auf: durch die Krisen der fortgeschrittenen kapitalistischen Nationalökonomien (Erste Welt) um 1975; durch die Verschuldungs-Krise der Entwicklungsländer (Dritte und Vierte Welt) nach 1982 (Mexico-Krise); endlich durch die Zusammenbruchs-Krise des autoritären Staatssozialismus (Zweite Welt) um 1990.

Der *Neoliberalismus* ist die *Wettbewerbsordnung* von Wirtschaft und Gesellschaft, der *Monetarismus* die *Geld- und Finanzordnung* von neoliberaler Ökonomie und neoliberalem Staat. Der neue Liberalismus fordert die administrative De-Regulierung der vordem administrativ regulierten Ökonomie und, weil diese administrativ freigesetzt wurde, deren administrative Re-Regulierung, so daß diese funktioniert, als ob sie selbstreguliert sei. Der Monetarismus fordert analog eine De-Regulierung der Geld- und Finanzmärkte sowie ein Ende der defizitär finanzierten staatlichen Wirtschaftssteuerung – ausgeglichene Staatshaushalte als Index der De-Regulierungen. Beide: Neoliberalismus und Monetarismus, stehen *gegen* jeden – klassisch-liberalen oder sozialistischen – Versuch, Wirtschaft und Gesellschaft als Ganze *vernünftig* einzurichten; sie stehen daher gegen jede vernunftgegründete Erinnerung und Hoffnung. Beide stehen ebenso explizit *gegen* jeden Versuch, Wirtschaft und Gesellschaft als Ganze technisch-rational einzurichten: gegen das technokratische Konzept einer *systemrationalen* Steuerung der Politik-Ökonomie von Comte bis Keynes, von F. D. Roosevelt (New Deal) bis Hitler.

Vollends irrational sind beide Ordnungsprinzipien nicht: sie richten sich gegen die Vernunft und den System-Rationalismus, aber nicht gegen das *rationale Handeln Einzelner.* So ist die neue Ordnung das System eines irrationalen Allgemeinen, das den Sozialatomen als transzendentes Schicksal gegenübersteht: es ist die Ordnung eines gesellschaftlich unbewußten Sozialatoms, das auf der Grundlage des gesellschaftlichen Irrationalismus technisch-rational handelt. Dieses irrational-rationale Sozialatom steht im Zentrum: und insofern eine *theoretische und praktische Anthropologie.*

Die Krise des *Übergangs vom keynesianischen Staatsinterventionismus zum Neoliberalismus* erschien zuerst im *Zusammenbruch des 1944 vertraglich vereinbarten Weltwährungssystems von Bretton-Woods.* Das System hatte die US-Politik des New-Deal internationalisiert, indem einerseits eine nationale Währung: der US-Dollar in seiner 1934 administrativ fixierten Parität gegenüber dem Gold, zum Weltgeld erhoben und andererseits alle Mitgliedswährungen ihrerseits in eine administrativ fixierte Parität gegenüber dem Dollar gesetzt wurden. Darüber hinaus hatte das System die US-Politik einer Förderung der Auslandsnachfrage nach US-Waren durch Auslandshilfe zum System der Weltbank globalisiert. Endlich war im GATT (General Agreement on Tariffs and Trade, 1948) die New-Deal-Außenhandels-Politik nach den Prinzipien der Reziprozität und Meistbegünstigung zur Welt-Ordnung erhoben worden. – Nun war, seit 1934, der Goldpreis auf den Goldmärkten so angestiegen, daß die ursprüngliche Dollar-Unterbewertung in eine Überbewertung umgeschlagen war. Weil die US-Ökonomie diese Überbewertung nicht durch analoge Produktions-Rationalisierungen kompensieren konnte, büßten die USA auf den Weltmärkten ihre Konkurrenzvorteile ein und verloren erhebliche Weltmarktanteile. Die Überbewertung forcierte die Importe und restringierte die Exporte der USA. Die Folge war: eine zunehmende Staatsverschuldung der USA; eine zunehmende Unfähigkeit des US-Zentralbanksystems, die administrativ fixierte Gold-Dollar-Parität und dann auch die administrativ fixierte Parität zu den Bretton-Woods-Mitgliedswährungen zu garantieren. – So fiel 1971 die Gold-Dollar-Parität, dann – 1973 – die Parität des Dollar zu den weiteren Mitgliedswährungen. An die Stelle des administrativ gesteuerten Weltwährungssystems trat eine marktwirtschaftliche Ordnung: die Währungen wurden nun auf den Devisenmärkten fixiert. So wurde nach 1971/73 das Weltwährungssystem *de-reguliert:* auf die marktwirtschaftliche Logik des *Monetarismus* gestellt (vgl. Friedman 1962: 90ff.).

Die Ursache und Konsequenz dieser Krisis und monetaristischen Neuordnung des Weltwährungs-Systems war eine *ökonomische Krisis.* Denn einerseits hatte die US-Ökonomie nach 1933 keine Rationalisierungs-Fortschritte zu verzeichnen, die die sukzessive Überbewertung des Dollar gegenüber dem Gold hätten kompensieren können. Andererseits waren IMF-Mitgliedswährungen, analog zur Dollar-Überbewertung, unterbewertet, so daß Weltmarkt-Anteile erlangt werden konnten, denen keine ökonomische Leistung entsprach. – Die Folge der monetaristischen Umstellung des Weltwährungssystems war unvermeidlich: eine Abwertung des US-Dollar gegen das Gold; eine Aufwertung wichtiger IMF-Mitgliedswährungen wie der Deutschen Mark gegenüber dem Dollar. In der neuen Ordnung war der US-Dollar nicht länger das administrativ stabilisierte Zentrum der kapitalistischen Weltwährungs- und Weltfinanz-Ordnung. – Nun wird durch die Bewertung von Währungen darüber entschieden, welcher Anteil der jeweilige Nationalökonomie am Weltkonsum und an der Weltproduktion zukommt: die Währungsbewertung bestimmt die Kaufkraft einerseits, die Verkaufspreise und damit die Konkurrenzfähigkeit eines Produkts andererseits. Hatte die Krise des Bretton-Woods-Systems eine Krisis der US-Ökonomie zur Grundlage, so implizierten die Währungs-Aufwertungen als Folge der De-Regulierungen des Weltwährungs-Systems einen Rationalisierungsdruck auf die betroffenen Nationalökonomien: eben eine Krise. Die kapitalistische Weltwirtschaft wuchs 1975 um nur 1,73%, 1981 um 0,9% – beides Wachstumsraten unter 3%, also Symptome einer Weltwirtschaftskrise, die eine neue Ordnung nach dem Modell der de-regulierten Devisenmärkte kategorisch gebot.

Wurde die Währungs-Bewertung nach 1971/73 an den Devisenmärkten vorgenommen, so mußte eine *allgemeine De-Regulierung der kapitalistischen Weltökonomie* erfolgen: der Kapital-, Waren-, Dienstleistungs- und Arbeitsmärkte. So wurde die Weltwirtschaft auf die Logik des *Neoliberalismus* gestellt: zuerst die Nationalökonomien der Länder des kapitalistischen Fortschritts, dann die Nationalökonomien der Länder des Dritten Weges, endlich die Nationalökonomien der Länder des autoritären Staatssozialismus. Diese *neoliberalen De-Regulierungen* galten – und gelten – in den Ländern des kapitalistischen Fortschritts den Instrumenten des keynesianischen Staatsinterventionismus. Sie gelten in den Ländern der ehemaligen Dritten Welt dem interventionistischen System der Importsubstitution. Sie gelten in den Ländern des ehemaligen COMECON (Council for Mutual Economic Assistance) der umfassenden, autoritär-staatlichen Lenkung der Ökonomie. Oberflächlich erscheinen die neoliberalen De- und Re-Regulierungen als ein *abstrakter Gegensatz* zum Interventionismus: ihre positiven Bestimmungen erscheinen als Bruch mit dem bislang Geltenden, als bloße Umkehrung, als Negation der interventionistischen Mittel und Ziele.

Der keynesianische Interventionismus hatte theoretisch die Große Depression von 1929/33 als Unterkonsumtionskrise aufgefaßt und konsequent eine Krisen-Überwindung durch eine administrative Förderung der Nachfrage anvisiert. Die Förderung erfolgte durch eine innernationale wie internationale, defizitär finanzierte sozialstaatliche Politik: Erweiterung des öffentlichen Sektors in den Nationalökonomien; Ausbau der Infrastruktur und der öffentlichen Dienstleistungen; Arbeitsbeschaffungs-Programme; Regulierungen von Preisen und Märkten; Ausbau des Systems der nationalen Sozialversicherung; Unterstützung gewerkschaftlicher Organisationen; Abwertung des Dollar gegenüber dem Gold und damit gegenüber anderen relevanten Währungen; Auslandshilfe. – Der Neoliberalismus nun begreift die Krise nicht nur des keynesianischen Interventionismus, sondern alle ökonomischen Krisen als Überkonsumtionskrisen und zielt darum auf eine Senkung des Konsums, analog auf eine Steigerung der Produktion. Durch diese abstrakte Entgegensetzung sucht er die interventionistischen Maßnahmen zu beseitigen: durch drastische Reduktionen sozialstaatlicher Leistungen, durch drastische Begrenzungen gewerkschaftlicher Steuerungen des Arbeitsmarktes, durch Privatisierung öffentlicher Unternehmen, durch allgemeine Absenkung der Reallöhne, durch Forcierung der Arbeitsproduktivität und durch Steigerung der Arbeitszeit, durch Währungs-Abwertungen, durch den kurzfristigen Ausgleich der öffentlichen Haushalte und durch die langfristige Senkung der öffentlichen Verschuldung.

Paradox bedeuten die neoliberalen De-Regulierungen keine Ent-Staatlichung der Nationalökonomien und der Weltwirtschaft. Denn es kann nur der Staat sein, der die staatlichen Regulierungen zurücknimmt und die marktwirtschaftliche Ordnung setzt. Hatte im New-Deal-System der USA der Staat nur partielle Überproduktions- oder Unterkonsumtionskrisen zu bewältigen, so *hat der neoliberal-monetaristische Staat das Ganze zu konstituieren* und durch administrative *Re-Regulierungen* zu ordnen, als ob es selbstreguliert wäre. Durch diese umfassende De- und Re-Regulierung der Ökonomie ist der neoliberale Staat so omnipotent wie nie zuvor ein ökonomischer Staat: das zeigt sich an der 2007/08 einsetzenden globalen Krise des Neoliberalismus. Die ökonomische Ordnung des neuen Liberalismus hat sich mithin nicht naturwüchsig, sondern administrativ durchgesetzt: erst nationalstaatlich in England (1979), den USA (1981) und Deutschland (1982); dann regional in der Europäischen Union durch die Implementierung des Gemeinsamen Marktes (1993) und der gemeinsamen Währung (2002); endlich weltwirtschaftlich durch die Globalisierung (nach 1990).

Die neue Ordnung präsentierte sich theoretisch, noch vor ihrer Realisierung, als *abstrakte Negation der alten:* als Kritik des National-Sozialismus insbesondere, aller Sozialismen überhaupt; als Kritik des Keynesianismus und der New-Deal-Politik; als Kritik des Sozialstaates und der Gewerkschaften. Indes ist die Form der abstrakten Negation, des abstrakten Gegensatzes, die Erscheinungsform der *Verdrängung des unaufgeklärten Alten* (vgl. Freud: Bd. III: 371-377): indem das Neue dem Alten entgegengesetzt wird, ohne daß die *Einheit der Entgegengesetzten* bewußt ist, erscheint das Neue als Bruch mit dem Alten – es läßt das Alte, so scheint es, hinter sich, ohne dieses aufzuklären, so daß die alte Ordnung unbewußt Macht über die neue behält und sich in ihr erhält. *Die neue Ordnung ist daher: gesellschaftsgeschichtlich erinnerungslos, systematisch bewußtlos, gesellschaftlich hoffnungslos.* Darum bestanden, in West-, aber auch in Ost-Deutschland nach 1945 die »Ursachen des Vergangenen« fort (Adorno: GS 10.2: 572). Durch die abstrakte Entgegensetzung wird die Vergangenheit verdrängt. So ist der Neoliberalismus eine Form der »Wiederkehr«, keineswegs der Wiederholung des »Verdrängten« (Freud: Bd. III: 115 und öfter): in der Negation gelangt das unbewußte Verdrängte ins Bewußtsein, indem es bewußtlos abgewehrt wird. Durch diese Wiederkehr des Unaufgeklärten reproduziert sich, in neuer Form, die irrational-rationale Politik-Ökonomie ebenso wie der Untergang des Individuums in der atomisierten Masse, im autoritären Charakter.

Bestimmt sich der Neoliberalismus als abstrakter Gegensatz gegen den alten Liberalismus, gegen den Nationalsozialismus und gegen den keynesianischen Staatsinterventionismus, so bleiben, tautologisch, beide Entgegengesetzte unbegriffen, unaufgeklärt: eine Ordnung steht gegen die andere, die eine erscheint ebenso möglich wie die andere. Das Unaufgeklärte perpetuiert sich als Unbegriffenes. – Nun ist, formal, der Gegensatz bestimmt durch die Form der Negation: einem A wird ein Anderes als B entgegengesetzt. Wenn im abstrakten Gegensatz dieses A unaufgeklärt ist, kann das entgegengesetzte B nur im A enthalten sein: denn das A bleibt in Kraft. Der Gegensatz, der das Alte verdrängt, ist mithin in diesem enthalten. Erst die *Kritik* des abstrakten Gegensatzes klärt die *Einheit* des Entgegengesetzten auf.

Der *Nationalsozialismus*, dem sich der Neoliberalismus entgegensetzt, enthält jenen *unbewußten, verdrängenden Gegensatz:* als Gegensatz von »totalitärem Staat« (Horkheimer 1936: 41; Neumann 1942/44: 75) und Individuum, von »Volksgemeinschaft« und Einzelnem, von »Masse« und Sozialatom. Die Einheit dieser Entgegengesetzten hat die Massenpsychologie seit Le Bon ausgesprochen, auch aufgeklärt: der total vergesellschaftete, gesellschaftlich bewußtlose Mensch ist nichts als die Personifikation der Verhältnisse und insofern ein Massenmensch – der sich immer schon als ein »Robinson« wähnen muß, weil ihm nicht bewußt wird, daß er das »ensemble der gesellschaftlichen Verhältnisse« (Marx: MEW 3: 6) ist. So ist das Sozialatom nur die andere Seite der »Liquidierung des Individuums« (Adorno) gegen den Massenmenschen. Diese *Einheit von Sozialatomismus und Masse* entzieht sich dem Bewußtsein des »vereinzelten Einzelnen«

(Marx 1857/58: 6), weil dieser weder seiner selbst noch seiner Verhältnisse bewußt ist. Das Sozialatom wähnt sich der Masse entgegengesetzt. Der Neoliberalismus, der sich dem »autoritären Staat« des Nationalsozialismus durch einen »methodischen Individualismus« entgegensetzt, reproduziert in der Form einer »Wiederkehr des Verdrängten«, wogegen er sich wendet: so ist er dem Nationalsozialismus wahlverwandt. – Umgekehrt: Der »autoritäre Charakter« als Bürger des »autoritären Staates« vermochte sich seiner Verbrechen gesellschaftsgeschichtlich *nicht zu erinnern,* weil er seiner selbst *nicht gesellschaftlich bewußt* war. So konnte er die Ordnung, die der autoritären folgte, nur als Bruch mit dieser auffassen. So konnte er das Vergangene nur als ein mit der Gegenwart nicht vermitteltes Vergangenes auffassen, das einzig informativ anzueignen ist, ohne das Gegenwärtige zu tangieren. So konnte er das Vergangene nur entweder als unbegreifliches Schicksal verstehen oder die Taten individualistisch zuordnen. Der autoritäre Charakter war schon *gesellschaftlich so bewußtlos, geschichtlich so erinnerungslos, so hoffnungslos* wie es das neoliberale Sozialatom ist.

Der *keynesianische Staatsinterventionismus,* dem sich der Neoliberalismus entgegensetzt, enthält gleichfalls jenen Gegensatz, durch den sich der Neoliberalismus von ihm absetzt: denn die technokratische, systemrationale Steuerung von Wirtschaft und Gesellschaft setzt gesellschaftliche kausale Naturgesetze voraus, also total fetischisierte, verdinglichte, eben irrationale Verhältnisse. Der Neoliberalismus, der dem gesellschaftlichen Rationalismus einen Irrationalismus entgegensetzt, perpetuiert nur den heimlichen Irrationalismus des Rationalismus. Weil er den Irrationalismus ausspricht und den Rationalismus darum auf das Sozialatom begrenzt, ist er von größerer Konsequenz als der Interventionismus und diesem überlegen.

Die abstrakten Gegensätze, durch die sich der *Neoliberalismus* und dessen deutsche Variante: der *Ordoliberalismus,* begründen, enthalten die zentralen *Strukturmerkmale der neuen Ordnung:* gesellschaftliche Bewußtlosigkeit in der Form der gesellschaftlichen Irrationalität; geschichtliche Erinnerungslosigkeit: die Dogmen von der ›Stunde Null‹ und vom ›Ende der Geschichte‹; gesellschaftliche Hoffnungslosigkeit: das Dogma vom ›Ende der Utopien‹; Sozialatomismus als andere Form der »Liquidierung des Individuums«. Die dialektische Aufklärung nun gilt dieser gesellschaftlichen und individuellen Bewußtlosigkeit, also der gesellschaftlichen und geschichtlichen Einheit von Neoliberalismus und »autoritärem Staat«. Diese Aufklärung macht die Ordnung der neuen Freiheit bewußt: als eine gesellschaftlich total unbewußte Ordnung gesellschaftlich total unbewußter, total vergesellschafteter und also ent-individualisierter, konformistischer Menschen. So ist diese Ordnung, unter dem Schein sozialatomistischer

Freiheit: *gesellschaftlich und anthropologisch autoritär.* Neo- und Ordoliberalismus sind die gegenwärtigen Erscheinungsformen der in Mythologie umgeschlagenen Aufklärung.

6.1 Hayeks »methodologischer Individualismus«: Die Anthropologie des Neoliberalismus

Das theoretische Haupt des *Neoliberalismus* ist *Friedrich August von Hayek* (1899-1992). Er studierte, forschte und lehrte an den Zentren der neoliberalen Schule: in Wien zuerst (bis 1931), dann in London (bis 1950), Chicago (bis 1962) und Freiburg (bis zur Emeritierung 1967). Hayek gehörte zum Kreis der Neoliberalen, die 1938 der Einladung von Louis Rougier zu einer Konferenz in Paris: dem ›Walter Lippmann Kolloquium‹, folgten. Er hielt 1947, auf der Gründungskonferenz der neoliberalen Organisation: der *Mont Pèlerin Society,* den programmatischen Eröffnungsvortrag: *Freie Wirtschaft und Wettbewerbsordnung* (in: 1948: 141-155). Seit 1948 war Hayek Mitherausgeber der Zeitschrift *ORDO. Jahrbuch für die Ordnung von Wirtschaft und Gesellschaft,* in der das Freiburger Konzept des Ordo-Liberalismus entwickelt und propagiert wurde. 1974 erhielt Hayek, inmitten der Weltwirtschaftskrise, zeitgerecht den Preis der Schwedischen Reichsbank für Wirtschaftswissenschaften in Erinnerung an Alfred Nobel. Die Preisverleihung würdigte Hayeks »bahnbrechende Arbeiten auf dem Gebiet der Geld- und Konjunkturtheorie«, zugleich seine »tiefgründige Analyse der wechselseitigen Abhängigkeiten wirtschaftlicher, sozialer und institutioneller Phänomene« – in Hayeks späteren Werken, etwa nach 1940, ragen, neben den Reflexionen zur Wettbewerbstheorie, sozial- und rechtsphilosophische Schriften wie *Der Weg zur Knechtschaft* (1944) oder *Die Verfassung der Freiheit* (1960) heraus.

Freilich beginnt die neoliberale Theorie nicht mit Hayek. Schon in den zwanziger Jahren hat *Ludwig von Mises* (1881-1973), mit dem Hayek seit 1927 das Österreichische Institut für Konjunkturforschung leitete, wichtige Dogmen in Form einer Kritik des »Dorf- und Bezirkssozialismus«, des weiter entwickelten »Nationalsozialismus« und endlich der konsequenten Form aller Sozialismen: des »Weltsozialismus«, vorgelegt: *Die Gemeinwirtschaft. Untersuchungen über den Sozialismus* (1922/32: Zitat III). Etwa vierzig Jahre zuvor hatte der Begründer der Wiener Schule der Volkswirtschaftslehre, *Carl Menger* (1840-1921), dessen Werke von Hayek herausgegeben wurden, den Sozialismus als Konsequenz des »Pragmatismus und Rationalismus« der klassisch-liberalen Dogmen Adam Smiths und der französischen Aufklärung sowie der Französischen Revolution kritisiert (Werke II: 200-208). Er berief sich dabei auf *Edmund Burkes* (1790) und *Friedrich Carl von Savignys* (1814) Kritik der Französischen Revolution: auf die englische und die deutsche Gegenaufklärung.

Mises und Menger folgend und unter Berufung auf Burkes und Savignys Gegenaufklärung hat Hayek daher, wie alle Neo- und Ordoliberalen, den neuen Liberalismus stets *abgegrenzt:* gegen den *klassischen Liberalismus* nicht in der schottisch-englischen Überlieferung (Locke, Mandeville, Hume, A. Ferguson, A. Smith, E. Burke), sondern in der französischen revolutionären Tradition der Enzyklopädisten, Rousseaus und Robespierres (1945: 12-24; 1960: 65ff.); gegen den *Rationalismus* von Descartes bis Saint-Simon und Comte (1945: 19ff.; 1952: 109ff., 219ff.); gegen den »deutschen Individualismus«, vertreten »besonders« von »Goethe und Wilhelm von Humboldt«, der sich in der »Errichtung eines totalitären Staates« vollendete (1945: 40f.); gegen den *Sozialismus und Kommunismus* (1944; 1945: 42-44; 1948: 156-267); gegen den *Nationalsozialismus* (1944); gegen den *sozialstaatlich gewendeten Sozialismus* von Keynes, realisiert durch Roosevelts New-Deal-Politik oder durch die Verstaatlichungspolitik der englischen Labour-Party nach 1948 (1960: 323ff.; 1968). Dies alles sei, von Descartes bis Marx, von Rousseau bis zum Sozialstaat, gleichermaßen: *Der Weg zur Knechtschaft.* Denn der Versuch, Wirtschaft und »Gesellschaft als Ganze« (1980: 78) vernünftig oder nur positivistisch-rationalistisch zu erkennen und einzurichten: also auf der Grundlage von »Plan-Theorien« der Gesellschaft (1945: 19f.; 1960: 70) eine *»gemachte Ordnung«* zu realisieren (1980: 55ff.), verwandle freie Subjekte in unfreie Objekte planender Verfügung autoritär herrschender Technokraten. Der Versuch müsse auch fehlschlagen: denn Wirtschaft und Gesellschaft seien als Ganze überkomplex und entzögen sich jeder wissenschaftlichen Erkenntnis (1980: 27, 31, 63, und öfter); zudem setze eine staatliche Planwirtschaft sozialökonomische Naturgesetze voraus und könne diese nur technokratisch als Sachzwänge reproduzieren (1960: 136).

Diese Konstellation von Abgrenzungen des Neoliberalismus ist *gesellschaftstheoretisch* grundlegend: durch sie wird die neoliberale Ordnung negativ bestimmt als eine Ordnung gegen die klassisch-liberale Vernunft, als eine Ordnung gegen den positivistischen Systemrationalismus – als gesellschaftlich irrationale, sozialatomistisch-rationale Ordnung. Weil sie gesellschaftlich irrational ist, impliziert diese Ordnung explizit eine Abkehr von jedem geschichtstheoretischen Rationalismus (1960: 51, 69, 73-78) – eine geschichtliche Erinnerungslosigkeit, eine Aopologie »unbewußter Entwicklung« (1960: 77); sie impliziert, analog, eine Abkehr von jeder vernunftgegründeten Hoffnung (1960: 21-23). So erscheint der *gesellschaftliche Irrationalismus* als *Sozialatomismus.*

Diese Konstellation von Abgrenzungen des Neoliberalismus ist auch *geschichtstheoretisch* grundlegend. Nach dieser Theorie führte ein Weg vom französischen Rationalismus und von der Französischen Revolution zum Sozialismus und zum Nationalsozialismus (1960: 65-88); der Wohlfahrts- und Gewerkschaftsstaat habe diese Tradition aufgenommen. Nicht der Kapitalismus also (vgl. Horkheimer 1939: 115), sondern der Sozialismus gilt den Neoliberalen als Ursprung des Nationalsozialismus. Dagegen sei der neue Liberalismus aufzurichten, als Wiederherstellung – nicht als Wiederholung – des alten und als »zukünftige Gesellschaft« und »Utopie« (Hayek 1960: 388; 1980: 16).

Die Abgrenzungen begründen die Forderung nach *Anerkennung der zentralen neoliberalen Dogmen:* der Unerkennbarkeit von Wirtschaft, Gesellschaft und Geschichte, so daß *weder eine vernünftige Erkenntnis der Gegenwart, noch eine vernünftige Erinnerung, noch eine »gegründete Hoffnung«* (Kant: Bd. XI: 251) möglich sind; der Freiheit des Einzelnen in einer undurchschaubaren, rational unveränderbaren gesellschaftlichen, geschichtlichen Welt; der Freiheit, die nicht durch Vernunft als allgemeine Freiheit aufgeklärt ist und darum mit moralischer Gleichheit zusammengeht, sondern die – durch die Abwendung von der liberalen Vernunft – mit gesellschaftlicher Ungleichheit zusammengedacht ist; der Rationalität als sozialatomistischer Rationalität unter der Voraussetzung eines irrationalen Allgemeinen. Die Irrationalität der Gesellschaft sei die Grundlage; das freie Individuum, das sich dem Unveränderlichen kausal-rational durch Versuch und Irrtum fügt, deren Spiegelbild. Der Neoliberalismus wendet die *»konformistische Revolte«* (Horkheimer 1974: 164) in die Apologie einer Freiheit des Einzelnen durch *»freiwilligen Konformismus«* (Hayek 1960: 78f.).

Das *erste Dogma des Neoliberalismus* ist also: daß Wirtschaft, Gesellschaft und Geschichte *als Ganze unerkennbar* seien und daher weder vernünftig aufgeklärt noch systemrational geplant und gelenkt werden könnten. Wirtschaft und Gesellschaft seien als eine *»spontane Ordnung«* anzuerkennen (1945: 16f., 28-32; 1980: 55ff.). Hayek zeichnet seine Lehre paradox als eine »Gesellschaftstheorie« aus (1945: 15; 1980: 144, 154), die erklärt, daß die Gesellschaft als Ganze unerkennbar ist.

»Viel wichtiger ... ist aber eine unbestreitbare intellektuelle Tatsache, ... und das ist die naturbedingte Begrenztheit des Wissens und der Interessen des Menschen, die Tatsache, daß er nicht mehr kennen *kann* als einen winzigen Teil des Ganzen, das wir Gesellschaft nennen, ... All die möglichen Unterschiede in der moralischen Einstellung der Menschen wägen in ihrer Bedeutung für die Organisation der

Gesellschaft wenig im Vergleich zu der Tatsache, daß der Mensch nur die Dinge des engen Kreises wirklich erfassen kann, dessen Mittelpunkt er ist; …« (Hayek 1945: 25)

»Der charakteristische Irrtum der konstruktivistischen Rationalisten in dieser Hinsicht ist, daß sie dazu tendieren, ihr Argument auf das zu gründen, was die *synoptische Täuschung* genannt worden ist, d.h. auf die Fiktion, daß alle relevanten Tatsachen irgendeinem Geist bekannt sind und daß es unmöglich ist, aus diesem Wissen der Einzelheiten eine wünschenswerte soziale Ordnung zu errichten. Sie scheinen überhaupt nicht zu bemerken, daß dieser Traum das zentrale Problem schlicht wegdenkt, das jede Anstrengung, die Ordnung der Gesellschaft zu verstehen oder zu formen, aufwirft: unsere Unfähigkeit, alle die Daten, die in die Gesellschafts-Ordnung eingehen, zu einem überschaubaren Ganzen zusammenzusetzen.« (Hayek 1980: 30; vgl. ebd. 27, 31)

Hayeks Begründung der Unerkennbarkeit von Gesellschaften beruht auf der empiristischen Unterstellung, die Aufklärung unbewußter Verhältnisse bestehe in der Sammlung aller Fakten, die sich der sinnlichen Erkenntnis darbieten. Seine Theorie, die erklärt, daß sie ihren Gegenstand nicht begreift, ist eine *Anti-Theorie.* Daher kann der neoliberale Gesellschaftstheoretiker das, was er expliziert, nur glauben machen, aber nicht begründen: die Theorie ist ein *»Glaubensbekenntnis«* – sie ist das, »woran wir glauben« (Hayek 1960: 85, 2). Denn einzig die Erkenntnis dessen, was als unerkennbar gesetzt ist, könnte die Unerkennbarkeit argumentativ darlegen; was geglaubt wird, muß hingegen durch *»Propaganda«* verbreitet und annehmlich gemacht werden (vgl. Friedman 1962: 38-45). Jahrhunderte, nachdem sich das Wissen vom Glauben emanzipiert hatte, fällt es in den Glauben zurück. So kann Hayek die unerkennbare Gesellschaft nur als einen Komplex bestimmen, der von mythologischen »Kräften« gelenkt ist – von »spontanen Ordnungskräften«, von den »anonymen und anscheinend irrationalen Kräften der Gesellschaft« (1945: 38), die von den Handelnden kategorisch *»Anpassung«* verlangen.

»Da eine spontane Ordnung sich daraus ergibt, daß die einzelnen Elemente sich Umständen anpassen, die unmittelbar nur auf einige von ihnen wirken und die in ihrer Gesamtheit keinem einzelnen bekannt zu sein brauchen, so kann sie sich auf Umstände ausdehnen, die so komplex sind, daß kein Geist sie alle erfassen kann. Infolgedessen wird der Begriff besonders wichtig, sobald wir uns von mechanischen zu jenen ›höher organisierten‹ oder in ihrem Wesen komplexen Erscheinungen wenden, denen wir in den Bereichen des Lebens, des Geistes und der Gesellschaft begegnen. Hier haben wir es mit ›gewachsenen‹ Strukturen zu tun, die einen Grad von Komplexität haben, den sie nur erreicht haben und erreichen konnten, weil sie von spontanen Ordnungskräften gebildet wurden. Sie bieten uns infolgedessen

besondere Schwierigkeiten bei unserem Bemühen, sie zu erklären, wie bei jedem Versuch, ihren Charakter zu beeinflussen. Da wir bestenfalls die Regeln kennen können, die von den Elementen verschiedener Arten befolgt werden, aus denen die Strukturen bestehen, aber nicht alle individuellen Elemente und nie alle besonderen Umstände, in denen sich jedes von ihnen befindet, ist unser Wissen auf den allgemeinen Charakter der Ordnung beschränkt, die sich bildet. Und selbst da, wo wir, wie es bei einer menschlichen Gesellschaft der Fall ist, vielleicht in der Lage sind, zumindest einige der Verhaltensregeln zu ändern, die die Elemente befolgen, so werden wir dadurch nur den allgemeinen Charakter der sich ergebenden Ordnung beeinflussen können, nicht aber ihre Einzelheiten.
Das bedeutet, daß, obwohl der Gebrauch von spontanen Ordnungskräften uns in die Lage versetzt, die Bildung einer so komplexen Ordnung herbeizuführen (...) wie wir sie nie geistig beherrschen oder absichtlich anordnen können, wir weniger Macht über die Einzelheiten einer solchen Ordnung haben, als es bei einer der Fall wäre, die wir durch Anordnung hervorbringen.« (Hayek 1980: 63 f.; vgl. Hayek 1945: 16 f.)

Die »spontane Ordnung« ist, nach dieser Bestimmung, historisch »gewachsen« und gesellschaftlich unübersichtlich. Gleichwohl kann sie gesetzt werden: nicht die »Einzelheiten«, aber die »Regeln«, nach der das Ganze abläuft.

Diese *»Regeln« der »spontanen Ordnung«* können weder die gesellschaftlichen Naturgesetze sein, die der naturwissenschaftliche Positivismus Saint-Simons und Comtes voraussetzt. Sie können auch nicht die Regeln der unbewußten »zweiten Natur« der Gesellschaft sein, die Gegenstand einer vernünftigen, dialektischen Aufklärung sind (vgl. Kant, Bd. X: 202; Hegel, Bd. 12: 57). Sie können nur jene bewußtlosen, tradierten Regeln des Rechts sein, von denen seit Savigny die *Geisteswissenschaften* ausgehen: Regeln, die als »Konventionen und Gebräuche« bewußtlos gegeben, aber entfremdet sind, so daß das Subjekt sie sinnverstehend aneignen, auslegen und weiterentwickeln muß, ohne sie aufzuklären (Hayek 1960: 77-80). Insofern begründen die bewußtlosen Regeln eine *gesellschaftliche, eine geschichtliche und eine utopische Bewußtlosigkeit.* Die hermeneutische Aneignung und Entwicklung der Regeln erfolgt nach dem Vorbild des englischen Common Law; sie sind also Regeln des »gewachsenen Rechts« (nómos) oder das »Produkt spontanen Wachstums« im Unterschied zu Regeln des rational gesetzten Rechts (thésis) (Hayek 1980: 105ff., 133ff., 169ff.). Durch dieses Verständnis der gesellschaftlichen Regeln ist der Neoliberalismus allererst eine *Rechts- und Morallehre,* die der ökonomischen Theorie vorangestellt ist und diese begründet: als Wirtschafts-Ethik.

Das Spiegelbild des ersten ist das *zweite Dogma des Neoliberalismus:* daß die »Gesellschaftstheorie«, weil sie die Unerkennbarkeit des Ganzen voraussetzt, von einem *»methodologischen Individualismus«* ausgehen müsse (Hayek 1952: 18ff.; 1968: 7). Der methodisch vorausgesetzte »wahre« oder »echte Individualismus« (Hayek 1945: 9ff.), den Hayek in der Tradition Burkes und Savignys erkennt, impliziert eine Konstellation von theoretischen und praktischen Bestimmungen des Verhältnisses von Individuum und Gesellschaft in der neoliberalen Ordnung.

Zunächst folgt das neoliberale Individuum den rechtlich-moralischen *Regeln der »spontanen Ordnung« unbewußt.* Es hat diese Regeln verinnerlicht, es ist nichts als die Personifikation dieser Regeln: es ist ein ethisch konformes Subjekt ohne jede Distanz, ohne Besonderung unter dem irrationalen Allgemeinen. Das neoliberale Individuum handelt vollständig regel-, also rollenkonform – es entspricht generalisierten Verhaltenserwartungen:

»Was sind nun die wesentlichen Züge des echten Individualismus? … Seine grundlegende Behauptung … lautet, daß es keinen anderen Weg zum Verständnis der sozialen Erscheinungen gibt als über das Verständnis des Handelns des Einzelnen, das sich nach den Nebenmenschen richtet und von deren zu erwartendem Verhalten bestimmt wird.« (Hayek 1945: 15. – Habermas: 1968, 381-385, bezeichnet die rollentheoretische Annahme einer Kongruenz von Wertorientierung und Bedürfnisbefriedigung, von Rollendefinition und Rolleninterpretation sowie von geltenden Normen und Verhaltenskontrollen als einen »pathologischen Grenzfall«, weil diese Kongruenz »Freiheitsgrade des Handelns« ausschließt und »nur um den Preis des Verzichts auf Individuierung zu erreichen ist«: ebd. 383)

Die neoliberale Freiheit ist eine *Freiheit als »freiwilliger Konformismus«.*

»Nun müssen wir noch jene Verhaltensregeln betrachten, die … sowohl ein Ergebnis als auch eine Vorbedingung der Freiheit sind. Unter den Konventionen und Gebräuchen des menschlichen Verkehrs sind die Moralregeln die wichtigsten, doch keineswegs die einzigen, die Bedeutung haben. Wir verstehen einander, vertragen uns und können erfolgreich nach unseren Plänen handeln, weil in den meisten Dingen sich die Mitglieder unserer Zivilisation nach unbewußten Verhaltensformen richten, in ihrem Handeln eine Regelmäßigkeit zeigen, die nicht die Folge von Befehl und Zwang, oft nicht einmal von der bewußten Einhaltung bekannter Regeln ist, sondern die Folge von fest eingewurzelten Gewohnheiten und Überlieferungen. Die allgemeine Beobachtung dieser Konventionen ist eine notwendige Voraussetzung für die Geordnetheit der Welt, in der wir leben, für die Möglichkeit, uns darin zurechtzufinden, obwohl wir ihre Bedeutung nicht kennen und uns vielleicht nicht einmal ihrer Existenz bewußt sind. In manchen Fällen wäre es zu einem reibungslosen Funktionieren der Gesellschaft notwendig, eine ähnliche Gleichförmigkeit durch Zwang zu sichern, wenn solche Konventionen oder Regeln nicht häufig genug befolgt würden. Zwang mag daher manchmal nur

deshalb vermeidbar sein, weil in hohem Grade freiwilliger Konformismus besteht, und das bedeutet, daß freiwillige Konformität eine Bedingung für die wohltätige Auswirkung der Freiheit sein mag. (...)
Es ist dieses Sich-fügen in nicht bewußt geschaffene Regeln und Konventionen, deren Sinn und Wichtigkeit wir zum Großteil nicht verstehen, es ist diese Ehrfurcht vor dem Traditionellen, das die rationalistische Denkungsart so fremd findet, obwohl es für das Funktionieren einer freien Gesellschaft unentbehrlich ist.« (Hayek 1960: 78 f.; vgl. Hayek 1945: 36-41)

Indem das neoliberale Individuum sich unbewußten, tradierten Regeln fügt, unterliegt es einem *verinnerlichten Anpassungs-Zwang:* dieses Individuum ist ohne Besonderheit gegen das Allgemeine und insofern entindividualisiert. Wo der »freiwillige Konformismus« der Selbst-Unterdrückung und Anpassung nicht gegeben ist, muß *äußerlich-physischer »Zwang«* angewendet werden (vgl. Hayek 1945: 29, 38-40). Die neoliberale Freiheit ist eine *masochistische Freiheit* unter der Voraussetzung einer »Herrschaft der Verhältnisse« (Marx, Engels: MEW 3: 424). Unfreiheit ist dem Neoliberalismus nur, wo Herrschaft persönlich ausgeübt wird (vgl. Hayek 1960: 13-17).

Das neoliberale Individuum, der neoliberale Theoretiker, vermag freilich die geltenden rechtlich-moralischen *Regeln der »spontanen Ordnung«* zum Erkenntnisgegenstand zu erheben: durch die *Methode des Sinnverstehens.* Das Individuum versteht die tradierten Regeln, indem es diesen äußeren objektiven Sinn auf den eigenen inneren Sinn als einen analogen bezieht.

»In dem Sinn, in dem wir hier einen Gegensatz zwischen dem ›subjektiven Ansatz‹ der Sozialwissenschaften und dem ›objektiven Ansatz‹ der Naturwissenschaften konstatieren, sagt er kaum mehr, als was gewöhnlich ausgedrückt wird, wenn wir sagen, daß die ersteren vor allem das Denken der Individuen oder geistige Phänomene behandeln und nicht direkt materielle Erscheinungen. Sie behandeln Erscheinungen, welche nur verstanden werden können, weil der Gegenstand unserer Studien einen Verstand hat, dessen Struktur unserem eigenen Verstand ähnlich ist.« (Hayek 1952: 22)

Das Sinnverstehen, wie Hayek es bestimmt, besteht in der *Konformität von gesellschaftlichem und individuellem Sinn.* Durch diese Konformität wird das Unbewußte der tradierten Regeln nicht aufklärend zu Bewußtsein gebracht, sondern zu einer volonté de tous verdoppelt. Das sinnverstehende Individuum ist das konformistische Subjekt: die Methode des Sinnverstehens ist die Methode des liquidierten Individuums. Der »methodische Individualismus« ist unmittelbar ein gesellschaftlicher Irrationalismus, der sich gegen den Systemrationalismus des naturwissenschaftlichen Positivismus ebenso wendet wie gegen die aufklärende Vernunft.

Durch den Sinn-Konformismus der neoliberalen Individuen bildet die »spontane Ordnung« einen *Handlungs-Zusammenhang empirischer »Regelmäßigkeit«:* der Sinn-Zusammenhang erscheint als ein naturgesetzlicher, *kausaler Zusammenhang,* in dem Erscheinungen erklärt und prognostiziert werden können, in dem die Kausalität ein Handeln nach »Plänen« erlaubt (1945: 37; 1960: 78). Das Ganze ist, als unbewußter und unaufklärbarer Zusammenhang, zwar *irrational;* auf dieser Basis jedoch kann das Handeln der Individuen technisch *rational* sein. Darum nennt Hayek seine Lehre nicht irrationalistisch, sondern einen *»Antirationalismus«* (ebd. 87; vgl. 1945: 18f., 21): die technische Rationalität wird von einer szientistischen Systemrationalität auf eine atomistische Rationalität beschränkt. – In Übereinstimmung mit Poppers *Kritischem Rationalismus* betont Hayek: Gerade weil das Ganze von Wirtschaft und Gesellschaft als Sinn-Zusammenhang sich einer Erkenntnis nach dem Modell der Naturwissenschaften entzieht, kennt kein Handelnder a priori die Gesetze und Erscheinungen der Gesellschaft, sondern kann sich der gesellschaftlichen Umwelt nur durch *Hypothesenbildung und Falsifikation:* durch Versuch und Irrtum, durch Konstruktion und Kritik, annähern (Hayek 1945: 27; 1960: 34, 51, 88; vgl. Popper 1984: 119, 243-262). Erst post festum, durch den Handlungserfolg, wird deutlich, ob die Annäherung – die *Anpassung* an das Undurchschaute – gelang oder nicht. – Erst wenn dieser atomistische Rationalismus zum Systemrationalismus erweitert wird und den irrationalen Sinnzusammenhang technokratisch in Regie nimmt, schlägt die Rationalität in Knechtschaft um: weil dann alle Menschen durch eine steuernde und planende Elite objektiviert, ihrer Freiheit zum konformen Handeln durch *Konstruktion und Kritik* (Popper), beraubt werden.

Die neoliberalen Dogmen der *Unerkennbarkeit von Wirtschaft und Gesellschaft als Ganzer* einerseits, des *freiwillig konformistischen oder unter Regeln gezwungenen Individuums* andererseits ergeben zusammen das *realitätsgerechte Modell einer irrational-rationalen, konformistisch-atomisierten Gesellschaft,* die sich nach außen und innen in einem *bellum omnium contra omnes* befindet. Die ökonomische »spontane Ordnung« ist die Ordnung des naturwüchsigen und doch gesetzten Wettbewerbs.

Indem die neoliberalen Individuen den Regeln der »spontanen Ordnung« gänzlich unbewußt oder sinnverstehend folgen, bilden sie eine konformistische Gemeinschaft, die sich nach außen durch *Exklusion des Fremden* abgrenzt: gesetzt ist das Verhältnis von Freund und Feind. Der Andere, Fremde, ist der Unverstandene: mit dem eine Verständigung, ein

Verstehen unmöglich ist, sondern einzig Kampf. Das masochistische Individuum verhält sich darum gegen das Fremde durch *Sadismus:* indem es den internalisierten Zwang zu verallgemeinern sucht. Hayek spricht diesen »Zwang« aus: er sei nur »vermeidbar …, weil in hohem Grade freiwilliger Konformismus besteht«, ist aber auch dann nicht vollständig überflüssig, sondern nur »auf ein Mindestmaß herabgesetzt« (1960: 78f.). Was sich nicht fügt, muß unterdrückt werden. Insofern ist die »spontane Ordnung« doch »gemacht« – und nicht das naturwüchsige Resultat naturwüchsiger Traditionen. Das »Monopol der Zwangsausübung« besitzt der Staat: nach innen und außen (ebd. 28).

Indem die neoliberalen Individuen den Regeln der »spontanen Ordnung« gänzlich unbewußt oder sinnverstehend folgen, bilden sie eine konformistische Gemeinschaft, die *im Inneren durch soziale Atomisierung gespalten* ist. Weil die Einzelnen sich der moralisch-rechtlichen Regeln der spontanen Ordnung nicht bewußt sind, wähnen sie sich umso mehr als Individuen, je mehr sie ent-individualisierte Personifikationen der Verhältnisse sind. So koinzidiert der »freiwillige Konformismus« mit einer atomistischen – und eben nicht: allgemeinen – Freiheit. Die *Freiheit des Sozialatoms* geht daher nicht mit Gleichheit, sondern mit *Ungleichheit* zusammen. So erscheint es dem neoliberalen Individuum, so erscheint es dem neoliberalen Theoretiker:

»Die grenzenlose Vielfalt der menschlichen Natur – der weite Variationsbereich der individuellen Fähigkeiten und Entwicklungsmöglichkeiten – ist eine der bemerkenswertesten Eigenschaften der menschlichen Rasse. Die Entwicklung hat sie wahrscheinlich zu der vielfältigsten Art aller Lebewesen gemacht. Es wurde mit Recht gesagt, ›die Biologie, deren Gegenstand die veränderliche Vielfalt ist, schreibt jedem menschlichen Individuum ein einzigartiges Bündel von Eigenschaften zu, die ihm die Würde geben, die er sonst nicht besäße. Jedes neugeborene Kind ist in seinen Entwicklungsmöglichkeiten eine unbekannte Größe, weil es viele tausende von unbekannten, in Beziehung zueinander stehende Gene und Genstrukturen gibt, die zu seiner Konstitution beitragen. Als Ergebnis von Natur und Aufzucht kann aus dem Neugeborenen einer der größten Männer oder Frauen werden, die je gelebt haben. In jedem Fall besitzt es die Struktur einer besonderen Persönlichkeit … Wenn die Verschiedenheiten nicht sehr wichtig sind, dann ist auch Freiheit nicht sehr wichtig und der Begriff des persönlichen Wertes nicht sehr wichtig.‹ Der Verfasser (Roger J. Williams; G.S.) fügt mit Recht hinzu, daß die weitverbreitete Theorie von der Gleichheit der menschlichen Natur ›die an der Oberfläche den Idealen der Demokratie zu entsprechen scheint …. mit der Zeit die ganzen grundlegenden Ideale der Freiheit und des persönlichen Wertes untergraben und das Leben wie wir es verstehen, sinnlos machen würde.‹« (Hayek 1960: 106; das

Zitat im Text: R. J. Williams: Free and Unequal: The Biological Basis of Individual Liberty. Austin 1953: 23 und 70. Vgl. Hayek 1945: 27 f., 45-47)

War dem klassischen Liberalismus die Freiheit durch aufklärende Vernunft begründet und daher nur als allgemeine Freiheit möglich, die Gleichheit impliziert, so ist dem antirationalen Neoliberalismus das Egalitätspostulat ein Freiheit zerstörendes Dogma. Der Neoliberalismus muß, um den Zusammenhang von »freiwilligem Konformismus« und Sozialatomismus, von Freiheit und Ungleichheit auszudrücken, diese *Ungleichheit als einen biologischen Tatbestand* setzen: als genetische Bestimmung des Einzelnen. Denn die Regeln der spontanen Ordnung gelten allgemein und für alle gleich; also scheint die Ungleichheit nicht in diesen rechtlich-moralischen Regeln zu liegen, sondern einzig in der menschlichen Natur (vgl. ebd. 105).

Der Zusammenhang von gesellschaftlicher Irrationalität und atomistisch-technischer Rationalität, von Konformismus und Atomismus, von solipsistischer Freiheit und biologischer Ungleichheit erscheint konsequent in *Hayeks Rückübersetzung der Theorie Darwins in die Gesellschaftstheorie.* Die »spontane Ordnung« beschreibt er als einen Daseinskampf um knappe Ressourcen mit »selektiver Ausmerzung« und »Überleben der Erfolgreichen« (ebd. 34, 69).

»Aus diesen Vorstellungen entwickelte sich allmählich ein Corpus sozialwissenschaftlicher Theorie, die erklärte, wie in der Beziehung zwischen Menschen komplizierte und geordnete und in einem ganz bestimmten Sinn zweckmäßige Einrichtungen entstehen könnten, die nicht auf einem Plan beruhten, die nicht erfunden wurden, sondern aus den getrennten Handlungen vieler Menschen entsprungen sind, die nicht wußten, was sie taten. (…) Zum ersten Male wurde gezeigt, daß eine offensichtliche Ordnung, die nicht das Produkt einer planenden menschlichen Vernunft war, deshalb nicht einem höheren übernatürlichen Geist zugeschrieben werden muß, sondern daß es eine dritte Möglichkeit gibt, nämlich das Entstehen einer Ordnung als Ergebnis *anpassender Entwicklung* (Herv. von mir; G.S.).
Da die Betonung, die wir auf die Bedeutung der Auslese in diesem Prozeß der sozialen Entwicklung werden legen müssen, heute leicht den Eindruck erwecken könnte, als ob wir diese Idee aus der Biologie entlehnt hätten, soll darauf hingewiesen werden, daß es tatsächlich umgekehrt war; es kann kaum ein Zweifel bestehen, daß Darwin und seine Zeitgenossen die Anregung zu ihren Theorien von den Theorien der sozialen Entwicklung empfangen haben. Tatsächlich hat einer der schottischen Sozialphilosophen, die jene Theorien zuerst entwickelten, Darwins Lehre sogar im biologischen Gebiet vorweggenommen (Hayek verweist auf: A. O. Lovejoy; G.S.); und die spätere Anwendung dieser Grundgedanken durch die verschiedenen ›historischen Schulen‹ im Bereich der Sprache und des Rechts machte die Vorstellung, daß Ähnlichkeiten der Struktur durch einen gemeinsamen Ursprung erklärt werden könnten, im Studium der Sozialerscheinungen zu einer

Binsenweisheit, lange bevor sie auf die Biologie angewendet worden ist. Es ist schade, daß die Sozialwissenschaften später, anstatt in ihrem Gebiet auf diesen Anfängen weiterzubauen, einige dieser Ideen aus der Biologie zurückübernommen haben und mit ihnen Begriffe wie ›natürliche Zuchtwahl‹, ›Kampf ums Dasein‹ oder ›Überleben der Tüchtigsten‹ hineinbrachten, die in ihrem Gebiet nicht angemessen sind; denn in der sozialen Entwicklung ist der entscheidende Faktor nicht die Auswahl der physischen und vererblichen Eigenschaften der Individuen, sondern die Auswahl durch Nachahmung der erfolgreichen Institutionen und Bräuche. Obwohl auch hier die Wirkungsweise der Erfolg von Individuen oder Gruppen ist, so sind das Entwicklungsergebnis nicht vererbliche Eigenschaften der Individuen, sondern Anschauungen und Fertigkeiten, kurz gesagt, das ganze kulturelle Erbe, das durch Lernen und Nachahmung weitergegeben wird.« (Hayek 1960: 72-74)

»In der Verfolgung der jeweiligen Ziele des Menschen muß sich die Bewährung all der Erfindungen der Zivilisation erweisen: die unzweckmäßigen werden fallen gelassen und die zweckmäßigen werden beibehalten werden. (...) Welche Individuen und welche Gruppen erfolgreich sind und sich erhalten, hängt ebensosehr von den Zielen ab, die sie verfolgen, und den Werten, die ihr Handeln bestimmen, wie von den Werkzeugen und Fähigkeiten, über die sie verfügen. Ob eine Gruppe gedeiht oder untergeht, hängt ebensosehr von den Moralregeln ab, die sie befolgt oder von den Idealen von Schönheit und Wohlbefinden, die sie leiten, wie von dem Ausmaß, in dem sie gelernt hat, ihre materiellen Bedürfnisse zu befriedigen. Innerhalb einer gegebenen Gesellschaft werden bestimmte Gruppen gedeihen oder verfallen, je nach den Zielen, die sie verfolgen, und den Verhaltensweisen, die sie beachten. Und die Ziele der erfolgreichen Gruppe werden schließlich die Ziele aller Mitglieder der Gesellschaft werden.« (Hayek 1960: 46)

»Die Entwicklung des Wissens und die Entwicklung der Zivilisation sind nur dann dasselbe, wenn wir ›Wissen‹ so verstehen, daß alle Anpassungen des Menschen an die Umgebung, die auf vergangener Erfahrung beruhen, mit eingeschlossen sind. Nicht alles Wissen in diesem Sinn ist Teil unseres Intellekts, noch ist unser Intellekt die Gesamtheit unseres Wissens. Unsere Gewohnheiten und Fertigkeiten, unsere gefühlsmäßigen Einstellungen, unsere Werkzeuge und unsere Einrichtungen – sie alle sind in diesem Sinn Anpassungen an die vergangene Erfahrung, die sich durch selektive Ausmerzung weniger geeigneten Verhaltens ergeben haben. Sie sind eine ebenso unentbehrliche Grundlage für erfolgreiches Handeln wie unser bewußtes Wissen.« (Hayek 1960: 34)

Die »offene Gesellschaft« (Popper) ist eine irrational-rationale Gesellschaft des allgemeinen Überlebenskampfes: weil der zugrundeliegende Sinn aufgrund seiner Bewußtlosigkeit nur Zustimmung oder Ablehnung, nur Freund oder Feind kennt; weil das zweckrationale Anpassungshandeln der Logik der Selbsterhaltung folgt. Nach innen wie nach außen ist die neoliberale Gesellschaft ein *bellum omnium contra omnes.* Die neue Freiheit koinzidiert nicht mit einem »ewigen Frieden« (Kant), sondern mit einem offenen oder pazifizierten Gesellschafts-Krieg (vgl. Darwin 1859: 97). Daher gilt den Neoliberalen eine in Reiche und Arme gespaltene Gesellschaft nicht als Skandal (vgl. Hayek 1960: 53-59); daher gilt ihnen auch ein Mensch als »frei«, der »hungert«. Ökonomisch heißt dies: Güter sind prinzipiell knapp. Zur Ökonomie der Freiheit gehört mithin auch das Elend: »Vor allem müssen wir verstehen, daß wir frei und zugleich elend sein können.« (ebd. 24) Ist die »offene Gesellschaft« auf das Überleben ausgerichtet, so impliziert sie die Norm der Ungleichheit: daß es nicht für alle reicht, daß zur neoliberalen Freiheit auch das Elend, das Verhungern gehört (siehe das von Plehwe/Walpen 1999: 230f., mitgeteilte Interview Hayeks in der chilenischen Tageszeitung El Mercurio vom 19.4.1981).

Die *Ökonomie der neoliberalen spontanen Ordnung* ist die *Wettbewerbsökonomie* (Hayek 1968). Der Wettbewerb ist ein irrational-rationales System der Vergemeinschaftung und Atomisierung: ein *Kampf* mindestens zweier Wettbewerber. Nach der Epoche des keynesianischen Staatsinterventionismus kann der Wettbewerb nur durch staatliche *De-Regulierung* der vordem staatlichen Regulierung installiert und dann nur durch staatliche *Re-Regulierung* in Funktion gehalten werden. Der Wettbewerb erfolgt im Rahmen administrativ gesetzter rechtlich-moralischer Regeln, deren Einhaltung durch staatlichen »Zwang« garantiert wird. Dieser Zwang richtet sich, als Gegensatz zum keynesianischen Staatsinterventionismus, gegen staatliche und privatwirtschaftliche Monopole, allererst gegen das gewerkschaftliche Monopol auf dem Arbeitsmarkt. Der *neoliberale Wettbewerb* ist mithin eine Institution, die sich von der *gesellschaftlich-natürwüchsigen »invisible hand« (A. Smith) des revolutionären Liberalismus* zentral unterscheidet: es ist eine Ordnung nicht der »List der Vernunft« (Hegel), sondern des gesellschaftlichen Irrationalismus; es ist eine Ordnung, die nach der Epoche des Staatsinterventionismus einzig administrativ installiert werden kann; es ist die Ordnung einer Ökonomie, die längst die Phase der Selbststeuerung hinter sich gelassen hat – die eine Politik-Ökonomie ist, weil die Politik, als Wirtschafts-Administration, nicht bloß den Rahmen setzt oder partielle Krisen abfedert, sondern das Ganze konstituiert und funktionsfähig erhält (vgl. Eucken 1950: 160-190); es ist nicht eine Ordnung kosmopolitischer Freiheit und Gleichheit, sondern eine Veranstaltung sozialatomistischer Freiheit und Ungleichheit.

Die Konkurrenten in der Wettbewerbsökonomie *vergemeinschaften* sich durch die freiwillige oder administrativ erzwungene Anerkennung vorgegebener und rational nicht weiter begründbarer rechtlich-moralischer Wettbewerbs-Regeln; sie *vergemeinschaften* sich weiterhin, indem sie dasselbe Ziel anstreben; sie *isolieren sich gegeneinander,* indem sie unter jenen Regeln mit rationalen Mitteln gegeneinander um Sieg und Niederlage kämpfen. – Gegeben, gesetzt sind also *moralisch-rechtliche Regeln* als ein kollektives Sollen, als ein kollektiver Imperativ, der naturwüchsig tradiert, sinnhaft verstanden und administrativ gesetzt ist. Er wirkt wie ein »Zwang«: er erzwingt regelkonformes Handeln, er konstituiert eine »Freiheit unter dem Gesetz« (Hayek 1945: 31). Unter diesen Regeln handeln die Wettbewerber *rational* nach dem Modell von Versuch und Irrtum. Sie agieren gegeneinander, sie kämpfen gegeneinander: in der Wahl ihrer Mittel sind sie frei und unterscheiden sich voneinander; das Ziel steht vorher fest und ist das Gemeinsame – die Zielerreichung als Sieg. – Das *Ganze ist unerkennbar* und undurchschaubar: wer gewinnt, wer verliert, steht a priori nicht fest. Daher erweist sich erst post festum, wer die rationalsten Mittel wählte. Daher kann auch niemand beweisen, daß der Wettbewerb selbst ein rationales Instrument ist, um Ziele zu erreichen – eben weil der Wettbewerb voraussetzt, daß das Ganze unerkennbar ist.

»Demgegenüber ist es nützlich, sich ins Gedächtnis zu rufen, daß *überall* dort, wo wir uns des Wettbewerbs bedienen, dies nur damit gerechtfertigt werden kann, daß wir die wesentlichen Umständen *nicht* kennen, die das Handeln der im Wettbewerb Stehenden bestimmen. Im Sport und bei Prüfungen, bei dem Vergeben von Regierungsaufträgen oder der Verleihung von Preisen für Gedichte und nicht zuletzt in der Wissenschaft, wäre es offensichtlich sinnlos, einen Wettbewerb zu veranstalten, wenn wir im voraus wüssten, wer der Sieger sein wird. Daher möchte ich … den Wettbewerb einmal systematisch als ein Verfahren zur Entdeckung von Tatsachen betrachten, die ohne sein Bestehen entweder unbekannt bleiben oder doch zumindest nicht genutzt werden würden.
Daß es sich beim Wettbewerb immer um ein solches Entdeckungsverfahren handelt, mag zunächst so selbstverständlich erscheinen, … Aus der ausdrücklichen Feststellung ergeben sich jedoch sofort Folgerungen, die keineswegs so selbstverständlich sind. Die erste ist, daß Wettbewerb *nur* deshalb und nur insoweit wichtig ist, als seine Ergebnisse unvoraussagbar und im ganzen verschieden von jenen sind, die irgend jemand bewußt anstreben hätte können sowie auch, daß sich seine wohltätige Wirkung darin zeigen muß, daß er gewisse Absichten vereitelt und gewisse Erwartungen enttäuscht.
Die zweite Folgerung … ist methodologischer Art. (…) Es ist nämlich eine notwendige Folge des Grundes, aus dem allein wir uns des Wettbewerbs bedienen, daß die Gültigkeit der Theorie des Wettbewerbs *für jene Fälle, in denen sie interessant ist,* nie empirisch nachgeprüft werden kann. (…) Wo wir aber die Tatsachen, die wir mit Hilfe des Wettbewerbs entdecken wollen, nicht schon vorher kennen, können wir auch nicht feststellen, wie wirksam er zur Entdeckung aller relevanten Umstände führt, die hätten entdeckt werden können. Was sich empirisch nachprüfen läßt,

ist nicht mehr, als daß Gesellschaften, die sich zu diesem Zweck des Wettbewerbs bedienen, dieses Ergebnis in höherem Maße verwirklichen als andere – eine Frage, die mir die Geschichte der Zivilisation nachdrücklich zu bejahen scheint.« (Hayek 1968: 3 f.)

Der Wettbewerb legitimiert sich, nach Hayeks Überlegung, selbst: durch seine Effizienz im Wettbewerb mit anderen Ordnungssystemen, die als Konkurrenten betrachtet werden. Rational begründbar ist diese Ordnung sowenig wie ihre Effizienz empirisch nachprüfbar ist.

Hayeks Beispiele (1968: 3) belegen, daß er den *Wettbewerb als ein universelles Instrument* in einer undurchschaubaren Welt betrachtet: er spricht von einem Wettbewerb im Bereich des Sports, der Ökonomie, der Wissenschaft, der Moral, der Poesie, des Glaubens (vgl. 1960: 46). Auf allen Gebieten schiebt sich, vor die jeweiligen Ideale des Wealth of Nations, der Wahrheit, des Guten, des Schönen und der Versöhnung das *Ideal des Wettbewerbs,* der Wettbewerbs-Effizienz: Sieg oder Niederlage. Die spezifischen Ideale etwa der wissenschaftlichen Wahrheit, des moralisch Guten oder des Kunst-Schönen existieren nun nicht unterhalb des Wettbewerbs-Ideals unbeschädigt fort. Eine Ordnung des regelkonformen und insofern pazifizierten Kampfes verwirft: die Utopie vom ewigen Frieden, die Utopie der Vernunft, die Utopie des guten Lebens, die Kommunikations-Utopie der Verständigung, die theologisch-philosophische Utopie der Versöhnung. Alles wird unter den Imperativ eines technisch effizienten Kampfes gebracht: alles wird dem Modell einer atomisierten Gemeinschaft, eines *bellum omnium contra omnes* subsumiert. Insofern gilt: der Wettbewerb ist kein Instrument zur Verwirklichung oder Erlangung des Friedens, der Verständigung, der Versöhnung, des allgemeinen Wohls; durch Wettbewerb ist keine Gesellschaft zu verwirklichen, in der die Menschen ihrer selbst und ihrer Verhältnisse bewußt sind. Wettbewerb zerstört vielmehr: das Wahre, das Gute, das Schöne – die Ideale der Humanität.

Der Wettbewerb ist ein bellum omnium contra omnes, weil er die Freiheit des Menschen nur als *atomistische Freiheit* kennt und daher mit der *Ungleichheit* der Menschen verknüpft. Zunächst wird der Wettbewerb dort eingesetzt, wo es nicht für alle reicht: bei *knappen Gütern,* eben bei Gütern, bei denen eine *Ungleichheit* zwischen verfügbaren Gütern und dem Bedarf nach ihnen besteht – ökonomisch etwa bei Lebensmitteln oder Arbeitsplätzen, sportlich bei Meisterschaften. Sodann steht der Wettbewerb um knappe Güter unter Regeln. Niemand ist frei, die Regeln in Frage zu stellen, zu verändern, neue Regeln zu setzen, die Regeln zu mißachten – alle müssen *konform* handeln, alle müssen generalisierten Verhaltenserwartungen entsprechen. Im Wettbewerb ist jeder – für sich – frei, seine Mittel zur Zielerreichung zu finden und einzusetzen. Diese *Freiheit ist eine atomistische:* würden alle Konkurrenten dieselben Mittel einsetzen, wäre der Wettbewerb sogleich aufgehoben. Weil der Wettbewerb um knappe Güter mit Sieg oder Niederlage endet, ist er eine *Ordnung doppelter Ungleichheit:* der Güter im Verhältnis zum Bedarf; der Sieger und Unterlegenen, der Starken und Schwachen.

Wer siegt im Wettbewerb? Da der Wettbewerb die Ordnung einer atomisierten Gemeinschaft ist, siegt, wer gegenüber dem Konkurrenten die *effizienteren Mittel wählte* und wer sich der gesellschaftlichen Umgebung am besten *anpaßte:* wer dem Bedarf, den Interessen Dritter am besten entsprach. Darum, argumentiert Hayek, ist – vor aller inhaltlich bestimmten Kompetenz – die Fähigkeit zentral, sich selbst zu vermarkten, *sich selbst zu verkaufen.*

»Es gehört zum Wesen einer freien Gesellschaft, daß Wert und Entlohnung eines Menschen nicht von den Fähigkeiten als solchen, sondern von deren erfolgreicher Verwendung in konkreten Dienstleistungen abhängen, die für andere nützlich sind, die entgelten können. Und der Hauptzweck der Freiheit ist, sowohl die Gelegenheit als auch den Anreiz zu bieten, um die höchstmögliche Nutzung der Kenntnisse zu sichern, die ein Einzelner erreichen kann. (...) Doch kann nicht bezweifelt werden, daß die Entdeckung einer besseren Verwendung von Dingen oder der eigenen Fähigkeiten einer der größten Beiträge ist, die ein Einzelner in unserer Gesellschaft zum Wohl seiner Mitmenschen machen kann, und daß eine freie Gesellschaft deshalb um so viel prosperierender werden kann als andere, weil sie dafür die größte Gelegenheit bietet. Die erfolgreiche Nutzung dieser Unternehmerbegabung (und in der Entdeckung der besten Verwendung für unsere Fähigkeiten sind wir alle Unternehmer) ist die höchst entlohnte Tätigkeit in einer freien Gesellschaft, während derjenige, der es anderen überläßt, eine nützliche Verwendung seiner Fähigkeiten zu finden, sich mit einer geringen Entlohnung begnügen muß.« (Hayek 1960: 100; vgl. Hayek 1945: 35)

Sieger im Wettbewerb ist der maximal Angepaßte.

Weil im Wettbewerb jeder, für sich, mit selbstgesetzten Mitteln gegen den Anderen kämpft, sind beide *Kämpfer gegeneinander isoliert.* Beide sind auch für ihren Sieg, oder ihre Niederlage, insofern verantwortlich, als jeder seine Mittel ohne Vorgabe durch andere wählte (Hayek 1960: 89ff.). *Jeder ist seines Glückes, oder Unglückes, Schmied:*

»Eine freie Gesellschaft verlangt wahrscheinlich mehr als eine andere, daß die Menschen in ihrem Handeln von Verantwortungsbewußtsein getragen werden, das über die vom Gesetz auferlegten Pflichten hinausgeht, und daß die communis opinio es für richtig hält, daß die Einzelnen sowohl für den Erfolg als auch für den

Mißerfolg ihrer Bemühungen verantwortlich gemacht werden. Wenn die Menschen handeln können, wie sie es für richtig halten, müssen sie auch für die Ergebnisse ihrer Handlungen verantwortlich gemacht werden.« (Hayek 1960: 95; vgl. ebd. 89, 101)

So werden ökonomische Krisen im allgemeinen, so wird die Arbeitslosigkeit, so wird die Armut von Einzelnen oder von Nationen individualisiert. *Strukturelle Gründe von Krisen* sind unter dem gesellschaftlichen Irrationalismus so undenkbar wie praktische Solidarität. Daher gilt: daß Arme oder Arbeitslose keinen Rechtsanspruch auf wohlfahrtsstaatliche Leistungen haben, sondern allenfalls auf eine mildtätige Fürsorge hoffen dürfen. Daher gilt, daß hochverschuldete Staaten in einer neoliberalen Weltordnung für ihre Misere verantwortlich gemacht werden: weil sie überkonsumierten. Denn die Armut von Einzelnen, von Gemeinden oder Staaten kann, nach der sozial atomistischen Auffassung des Neoliberalismus, nur das Produkt von zu geringer Leistung (Arbeit; Selbstvermarktung) einerseits, zu hohen Konsums andererseits sein. Es sind die Armen, selbst die Hungernden, die überkonsumierten.

Nun könnte das neoliberale Basis-Dogma von der Unerkennbarkeit der Gesellschaft, nun könnte das neoliberale Modell einer atomisierten Gemeinschaft, als *Glaube* bloß ausgesprochen werden. Aber die Neoliberalen müssen das, was sich der Erkenntnis scheinbar entzieht, als Erkanntes doch setzen: sie müssen das *Wissen des Nicht-Wißbaren* reklamieren und somit *begründen,* was explizit als nicht begründbar gesetzt ist. Dieses Problem der Erkenntnis des Unerkennbaren übersetzt sich in das Verhältnis von neoliberaler *Theorie und Praxis.* Wenn der »spontanen Ordnung« historisch die »gemachte« vorangegangen ist, so kann die *»spontane« nur »gemacht«* sein – in ihren Strukturen, nicht im Detail. Der Neoliberalismus beansprucht also keineswegs, daß seine Ordnung sich blind durchgesetzt habe: *sondern sie wird bewußt so gesetzt, als ob sie naturwüchsig entstanden sei.* Hayek erklärt dies bisweilen am Fußballspiel: die Regeln seien gesetzt, aber nicht das Spielergebnis (vgl. 1968: 3ff.; vgl. Friedman 1962: 38). Insofern muß der Neoliberalismus durchaus *begründet* werden: durch die *kritische* Entgegensetzung der »spontanen« gegen die »gemachte Ordnung«, durch die kritische Negation der unterschiedlichen Formen einer »gemachten Ordnung« – von der Französischen Revolution bis zum Sozialismus, zum Nationalsozialismus und zum Wohlfahrtsstaat. Durch diese Begründung und Realisierung in Form einer abstrakten Kritik exponiert sich die neoliberale Dogmatik der aufklärenden Kritik durch eine *Dialektik der ökonomischen Rationalisierung,* die geschichtsphilosophisch die Entwicklung vom liberalkapitalistischen Warenfetischismus zum »autoritären Staat« und zum gesellschaftlichen Irrationalismus nachzeichnet: indem die neoliberale abstrakte Negation der unterschiedlichsten Gestalten einer »gemachten Ordnung« als eine »bestimmte Negation« (Hegel) kritisch erinnert wird, so daß die bewußtlose Einheit von Neoliberalismus und Autoritarismus zutage tritt.

6.2 Röpke und Rüstow: Der Mensch als »Maß« und »Mitte«. Die Anthropologie des Ordoliberalismus

Die Freiburger Variante des Neoliberalismus ist der *Ordoliberalismus.* Beide Versionen eines neuen Liberalismus wurden etwa zeitgleich formuliert: um 1930/50. Beide wurden jedoch zu ungleichen Zeiten implementiert: der Ordoliberalismus wurde, in der Form der Sozialen Marktwirtschaft, zur Wirtschafts- und Gesellschaftsordnung Westdeutschlands nach 1948, der Neoliberalismus hingegen setzte sich weltweit zwischen 1971 und 1990 durch. Darum trifft Adornos Diktum: »der Nationalsozialismus lebt nach« (GS 10.2: 555), den Ordo- mehr als den Neoliberalismus. Darum sind gesellschaftlicher Irrationalismus, gesellschaftliche Erinnerungs- und Hoffnungslosigkeit des Ordoliberalismus früher wirksam.

Beide Liberalismen unterscheiden sich weder im unmittelbaren Anlaß ihrer Begründung noch in ihrem politischen und wissenschaftlichen Interesse: der Kritik des Nationalsozialismus als einer Variante des Sozialismus. Sie unterscheiden sich auch nicht in ihrer Berufung auf die Tradition der deutschen Gegenaufklärung um 1815 und der daraus hervorgegangenen Geisteswissenschaften; darum werden beide Liberalismen wesentlich geschichtstheoretisch und narrativ expliziert. Sie unterscheiden sich nicht in ihrer Kritik der Vernunft und des Rationalismus des naturwissenschaftlichen Positivismus (siehe: Röpke 1944: 101-167). Sie unterscheiden sich deshalb nicht in ihren Grundannahmen: dem Dogma von der Unerkennbarkeit von Gesellschaft, Wirtschaft und Geschichte, dem Dogma also von der Irrationalität der Gesellschaft, der Wirtschaft und der Geschichte als Ganzer; dem analogen Dogma von den anthropologischen Fundierung der Theorie. Spricht Hayek von einem »methodologischen Individualismus«, so sprechen die Ordoliberalen vom »Menschen«, der »im Mittelpunkt allen Geschehens steht« (Erhard 1957: 189). Stärker als Hayek stellen die Ordoliberalen explizit die Rolle des Staates heraus (vgl. Röpke 1944: 169-234; Eucken 1952: 187-190): als Institution der Konstituierung und der Funktionssicherung des ökonomischen Wettbewerbs. Die wesentliche Übereinstimmung beider Gestalten des neuen Liberalismus erscheint auch darin, daß deren Hauptvertreter: Hayek, Röpke und Rüstow, an dem 1938 von Louis Rougier nach Paris einberufenen ›Kolloquium Walter Lippmann‹ teilnahmen; daß Rüstow (1957: 81) seinen Ordoliberalismus auch als »Standpunkt neoliberaler Wirtschaftsfreiheit« sowie als »Soziale Marktwirtschaft« bezeichnet; daß Hayek, Eucken und Müller-Armack der Mont-Pèlerin-Society angehörten.

Der Titel des ›*Ordoliberalismus*‹ verweist auf die Zeitschrift, in der die wichtigsten Beiträge zur Begründung und Entwicklung dieser Lehre publiziert wurden: *ORDO. Jahrbuch für die Ordnung von Wirtschaft und Gesellschaft* (Freiburg, seit 1948), herausgegeben von Franz Böhm (1895-1977) und Walter Eucken (1891-1950); Mitherausgeber waren Hayek, Wilhelm Röpke (1899-1966) und Alexander Rüstow (1885-1963). *ORDO* setzte die Entfaltung des neuen Liberalismus fort, die seit 1936 in der Schriftenreihe: *Die Ordnung der Wirtschaft,* herausgegeben von F. Böhm, W. Eucken und Hans Grossmann-Doerth, geleistet worden war. Neben diesen Herausgebern wurde der Ordoliberalismus – unter dem Titel *Soziale Marktwirtschaft* – prominent vertreten durch Alfred Müller-Armack (1901-1978) und Ludwig Erhard (1897-1977). Während die Sozialen Marktwirtschaftler Nationalsozialisten waren, waren die Ordoliberalen – wie der Neoliberale Hayek – ausdrückliche Kritiker des SS-Staates: Böhms Professur wurde, wegen seiner Kritik der Judenverfolgung, 1940 ausgesetzt; Röpke und Rüstow emigrierten nach Istanbul, und Röpke ging dann – 1937 – in die Schweiz, während Rüstow 1950 nach Deutschland (Heidelberg) zurückkehrte.

Wilhelm Röpke und *Alexander Rüstow* können mithin zu den prominentesten Vertretern des Ordoliberalismus gerechnet werden. Beide formulierten klassische Texte zur Begründung der Lehre: Röpke publizierte 1942 den – an Husserls *Krisis*-Aufsatz (1935) orientierten – ersten Band einer Tetralogie: *Die Gesellschaftskrisis der Gegenwart.* Es folgten: *Civitas Humana: Grundfragen der Gesellschafts- und Wirtschaftsreform* (1944); *Die deutsche Frage* (1945); *Internationale Ordnung* (1945). Im ersten Band hat Röpke sein wissenschaftliches und politisches Interesse formuliert: den Ersten »Weltkrieg, mit allem, was ihm bis heute gefolgt ist, nicht als einen stupiden Unfall der Geschichte« aufzufassen, sondern die Frage nach den »unheilvollen Bedingungen der Weltkrise« zu beantworten, ein »Verständnis der Gegenwart« im Interesse einer »bessern Zukunft« zu erlangen (1942: 12f.). Rüstow schrieb – mit demselben Interesse einer zukunftsgerichteten, geschichtlichen Aufklärung der Gegenwart – zwischen 1933 und 1949 seine »universalgeschichtliche Kulturkritik« als Trilogie: *Ortsbestimmung der Gegenwart. Eine universalgeschichtliche Kulturkritik.* Der erste

Band: *Ursprung der Herrschaft*, erschien 1950; es folgten der zweite Band: *Weg der Freiheit* (1952) und der dritte Band: *Herrschaft oder Freiheit?* (1957). Das Gesamtwerk bezeichnet Rüstow als »Umriß einer humanistischen Universalgeschichte des Abendlandes« (1952: 12). – Wegen der erheblichen Übereinstimmung mit der Lehre Hayeks beschränke ich mich auf eine Skizze der Dogmen des Ordoliberalismus, wie sie in den genannten Texten niedergelegt sind (ausführlich: Stapelfeldt 2012: 410-474). Ich gehe aus von den Schriften Röpkes, vor allem von seiner *Gesellschaftskrisis*-Schrift (1942), und verweise jeweils auf einige Textstellen in den Werken Rüstows. Der bereits bei Hayek zentrale *Zusammenhang von gesellschaftlichem Irrationalismus und »methodischem Individualismus«* (Hayek 1952) ist bei *Röpke* (1942) durch seine systematische *Dreistadien-Theorie der Geschichte* dreifach gegeben: als Phantasie eines ursprünglichen Liberalismus; als Theorie der gegenwärtigen Krisis; als Phantasie der Gesellschaft des zukünftigen neuen Liberalismus (vgl. 1944: 101-167).

Jenen *Zusammenhang der Dogmen von der Irrationalität der Gesellschaftsgeschichte und dem immergleichen Wesen des Menschen überhaupt* hat Röpke im *Gesellschaftskrisis*-Buch (1942: 39-43) durch seine »Etikettierung« der neuen liberalen Lehre ausgesprochen. Er bezeichnet diese Doktrin als einen »Dritten Weg«, der die »unfruchtbare Alternative zwischen Laissez-faire und Kollektivismus« überwindet. Er beansprucht, gegen den *»historischen* Liberalismus« des 19. Jahrhunderts, durch seinen »konstruktiven« oder »revisionistischen Liberalismus« jenseits jener »besonderen Form« den *Liberalismus im allgemeinen:* den *überhistorischen* Gehalt des Liberalismus, zu bewahren und zur Geltung zu bringen. Für die »Vertreter unseres Programms« einer »neuen Marktwirtschaft« (1944: 13, 52) faßt Röpke die doppelte Abgrenzung zusammen:

»Diese Entschiedenheit in der Ablehnung des Kollektivismus läßt zugleich erkennen, daß den Vertretern unseres Programms nichts ferner liegt als der Gedanke an eine grundsätzliche Kampfstellung gegen den Liberalismus als solchen. Nur klammern sie sich keineswegs an jene besondere Form, die der Liberalismus im Laufe des 19. Jahrhunderts in Theorie und Praxis angenommen hatte und die ihn schließlich hoffnungslos diskreditiert hat. Worauf es ihnen allein ankommt, ist der Liberalismus in einem allgemeineren, unantastbaren und über die Jahrtausende hinweg immer wieder frischen Sinne: demjenigen der Persönlichkeitskultur, der dem Menschen angemessenen Ausgewogenheit von Freiheit und Bindung und der von der Erbsünde der Gewalt und Ausbeutung erlösten *nicht*-kollektivistischen und *nicht*-feudalen-mittelalterlichen Gesellschaft.« (Röpke 1942: 41 f.; vgl. 1944: 18-29)

Der Liberalismus nahm, nach Röpke, zunächst die Form des *Laissez-faire-Liberalismus* an, der bloß eine »besondere«, längst »hoffnungslos diskreditierte« Form ist – offenbar, weil sie dem überhistorischen Sinn des Liberalismus nicht länger entsprach: der »Persönlichkeitskultur«, der »dem Menschen angemessenen Ausgewogenheit von Freiheit und Bindung«. Insofern verhält sich der neue Liberalismus kritisch zum alten. – Der neue Liberalismus verhält sich aber vor allem kritisch zum *»Kollektivismus«,* der aus der Krisis des alten Liberalismus hervorging: er grenzt sich besonders scharf ab gegen den *Sozialismus* im allgemeinen, gegen den Nationalsozialismus im besonderen: weil im »Kollektivismus« die »Persönlichkeit«, der Mensch, unterging. – So empfiehlt Röpke den *neuen Liberalismus* als einen Ausweg aus dem »Kollektivismus«, der kein Rückfall in den Laissez-faire-Liberalismus ist, sondern der das *überhistorische Wesen des Liberalismus* zur Geltung bringt und insofern beansprucht: das Apriori, das Immergleiche und die Vollendung der Geschichte zu sein: das »unveränderte Endziel jeder freien Persönlichkeitskultur« (ebd. 41). Dieser überhistorische, unveränderliche, »unantastbare« Liberalismus entzieht sich jeder kritischen Distanzierung und kann mithin nur als *dogmatische,* als *systematische* und *historische Voraussetzung von Gesellschaft und Geschichte* ausgesprochen werden: als *Anthropologie* und *Ersatzreligion.* Röpke verweist auf die »dem Menschen angemessene Ausgewogenheit von Freiheit und Bindung«; er erwartet die Erlösung »von der Erbsünde der Gewalt und Ausbeutung«. So erscheint die Verwirklichung dieses neuen Liberalismus: als das wahrhafte »tausendjährige Reich«, wenn nicht als das Reich Gottes, als das wahrhafte Dritte Reich (vgl. Die Bibel: Die Offenbarung des Johannes, 20, 21, 22). Diese Verheißung kann indes, als dogmatische, anthropologische Voraussetzung nur die Projektion eines Bewußtlosen, eines Unreflektierten auf alle Geschichte sein. Die gesamte Geschichte erscheint – bei Hayek, Röpke und Rüstow – als Kampf zwischen *Freiheit und Sozialismus* (siehe: Rüstow 1950: 18f.; 1952: 27f., 39, 137-147, 170, 174, 185-187, und passim).

Die *Gesellschaftsgeschichte* weist mithin, nach Röpke, *drei Stadien* auf: ursprünglicher, historischer Liberalismus; Krisis dieses Liberalismus und nachfolgender Kollektivismus-Sozialismus; neuer, überhistorischer Liberalismus. Rüstow (siehe: 1950: 109-113) konstruiert die Geschichte ähnlich, aber weiter ausgreifend: der Fortschritt führe von einem ursprünglichen »Paradies« der Gemeinschaft zur hochkulturellen Gesellschaft, bis endlich als antirationale Utopie die Restitution des Paradieses der Gemeinschaft kleiner Eigentümer in Landwirtschaft und Gewerbe aufscheint. In der Geschichte der Neuzeit (Rüstow 1952: 403-436; 1957: 11f.) führe ein Weg von Rousseau und der terroristischen Phase der Französischen Revolution (Robespierre) zum Sozialismus des 19. Jahrhunderts (Marx), zur Russischen Revolution (Lenin, Stalin) und zum Nationalsozialismus (Hitler). Weil der Nationalsozialismus aus dem Sozialismus hervorging, überlegt Rüstow am Ende des dritten Bandes seiner Trilogie (1957: 501-526), trat nach 1945 der »Bolschewismus« das legitime Erbe des Nationalsozialismus an, während die freie Bundesrepublik Deutschland mit ihrer ordoliberalen Sozialen Marktwirtschaft für sich beanspruchen könne, der Hort des Widerstands zu sein und den Bruch mit der verbrecherischen Vergangenheit vollzogen zu haben.

Diese *Gesellschaftsgeschichte,* betont Röpke (1944: 103ff.), ist in Rücksicht auf die *Gesellschaftskrisis der Gegenwart* eine Geschichte des »Verfalls einer Gesellschaft«, der eine *»Geschichte der Wege und Irrwege der Vernunft«* zugrunde liegt. Die »Irrwege« bestehen in einer »Hybris der Vernunft« (ebd. 107ff.; vgl. Rüstow 1950: 205ff., 254-256; Hayek 1952 und 1980: 52) und des Rationalismus: im »ahnungslosen Vertrauen in die Vernunft«, in einem »grenzenlosen Optimismus« (Röpke 1944: 105f.). – Rüstow argumentiert ähnlich. Im dritten Band seiner Trilogie (1957: 11f.) gilt das erste Kapitel (ebd. 13-194) *Rationalistischen Tendenzen* vom Pragmatismus bis zum »entarteten Kapitalismus« und zum Nihilismus, das zweite Kapitel dem »Umschlag« des Rationalismus (ebd. 187-194) in *Irrationalistische Gegentendenzen* (ebd. 195-499) von der Jugendbewegung bis zum Marxismus, Bolschewismus und Nationalsozialismus. Der Rationalismus zielt nämlich auf eine uneingeschränkte technische Herrschaft des Menschen über die äußere Natur, die eigene Natur und andere Menschen (ebd. 49-89). Er muß in Irrationalismus umschlagen, indem er alte Traditionen in einen Nihilismus auflöst und sich zum Selbst-Zweck – zur »Ersatzreligion« (ebd. 79, 184-194) – erhebt. Durch seinen neuen Liberalismus hofft Rüstow, in der Tradition der Gegenaufklärung und der Geisteswissenschaften, »die verhängnisvoll falsche und unfruchtbare Frontstellung Irrationalismus gegen Rationalismus und Rationalismus gegen Irrationalismus« aufzuheben (1952: 441; vgl. ebd. 472). – So verwahren sich Röpke und Rüstow gegen den Vorwurf, dem »Irrationalismus« das Wort zu reden; es geht ihnen ausdrücklich nur um die Beachtung der Grenzen der Vernunft, um die Betonung der »Unkalkulierbarkeit des Lebens« (ebd. 106, 108; vgl. Rüstow 1952: 428f.). – Der neue Liberalismus also ist, gegen den Vernunftanspruch und gegen den Rationalismus des alten Liberalismus, vor allem aber gegen den Irrationalismus des Kollektivismus-Sozialismus, eine Ordnung der begrenzten Vernunft und Rationalität: eine Ordnung nicht des Irrationalismus, sondern des »Antirationalismus« (Hayek 1960: 87). Weil Röpke und Rüstow die Geschichte aus der Perspektive dieses neuen, antirationalistischen Liberalismus schreiben, bestimmen sie nicht nur die letzte Epoche der Gesellschaftsgeschichte wesentlich *anthropologisch,* sondern auch den anfänglichen Liberalismus, die Krisis und den Kollektivismus-Sozialismus: die antirationalistische Darstellung kann die Geschichte als Ganze nur erzählen, nicht geschichtsphilosophisch aufklären. Die Anthropologie als Basis der ordoliberalen Geschichtsauffassung bezieht sich unmittelbar auf den Menschen, vermittelt auf die Gesellschaft und die Gemeinschaft, insofern Röpke das Allgemeine keineswegs nur metaphorisch in Analogie zum menschlichen Körper und seinen Zuständen bestimmt.

Nach Röpkes (1942) Auffassung der *Gesellschaftsgeschichte* hat es also einen *Liberalismus* immer schon gegeben: »über die Jahrtausende hinweg« (ebd. 42). Im Vorwort des *Krisis*-Buches (ebd. 7f.; vgl. ebd. 22ff.) bezeichnet er, indem er die Krisis als »Krankheitszustand unserer zivilisierten Welt« bestimmt, den *ursprünglichen Gesellschaftszustand* als einen Zustand der »Gesundheit«. Die »Gesundheit des sozialen Körpers« (ebd. 26) zeichne sich aus durch die Geltung des »Beständigen und Gewachsenen« (ebd. 29), in der die Familie die »natürlichste Gemeinschaftszelle« sei, in der das »gesunde Menschentum« seine Existenz in den »noch unzersetzten Schichten des Bauern- und Handwerkertums« besitze, also im »ländlichen Gemeinschaftsleben« (ebd. 31f., 44-48). – Dieser »gesunde« Zustand der menschlichen Gemeinschaft dauerte, wie Röpke andeutet, bis zum 19. Jahrhundert, bis zum Ersten Weltkrieg, bis zur Großen Depression von 1929/33 (vgl. ebd. 9-15). Er phantasiert diese Zeit, insbesondere das »Jahrhundert des liberalen Kapitalismus«, als glückliche Epoche des *Wealth of Nations:* als Epoche der »Fortschrittsfreudigkeit, Ordnung, Stabilität und Wohlstandssteigerung«, als »Zeitraum der Ordnung, des Friedens, der Freiheit und des allgemeinen Wohlstands« (ebd. 12f.). Der »historische Liberalismus« ging jedoch mit dem Kommenden schwanger durch seine »Verirrungen«, durch seine »Irrwege« (ebd. 41).

So enthielt der *alte Liberalismus* schon den Verfall: *die Krisis.* Auf die Periode der »Gesundheit« folgte mit dem Beginn des Ersten Weltkriegs 1914, spätestens durch den »ökonomisch-politischen Ausbruch der Katastrophe Ende 1929«, die »Periode der Zerrüttung« (ebd. 12): *die »Krise«,* der »unheimliche Krankheitsprozeß«, der »unsere Welt ergriffen« hat (ebd. 9; vgl. ebd. 7f.). – Auf diese Krisis hat, nach Röpke, der *Kollektivismus-Sozialismus-Nationalsozialismus* mit einem Programm geantwortet, das die allgemeine Pathologie nicht überwindet, sondern vertieft. Darum kann der *neue Liberalismus,* gegen den alten und gegen den Kollektivismus, allein beanspruchen, die Ursachen der Krisis zu beseitigen. – Jene soziale Pathologie beschreibt Röpke einerseits in *Analogie zum menschlichen Körper* (vgl.

ebd. 25): als »Krankheitszustand unserer zivilisierten Welt« (ebd. 7); als »ökonomisch-soziale Erkrankung« (ebd. 22); als »pathologischen Zustand« (ebd. 26); als »Entartungsprozeß« (ebd. 22, 27). Die soziale Pathologie beschreibt Röpke andererseits durch Natur-Metaphern: als ob die »Menschen ... von einer Lawine verschüttet« seien und dadurch »jede Orientierung und jedes Gefühl für Oben und Unten verloren« hätten – und nun die »Orientierungen« durch den Ordoliberalen benötigten (ebd. 7); als ob eine Flut – eine »Menschenhochflut« (ebd. 28) – die Welt bedrohte. Die Pathologie der Krisis bestimmt Röpke in zwei Richtungen (vgl. ebd. 16).

Zum einen ist die Krisis eine *»geistig-moralische« Krise des alten Liberalismus* (ebd. 16-20). Denn die »pathologische Entartung unserer abendländischen Gesellschaft« (ebd.) besteht in der »Auflösung und Zersetzung aller überkommenen Werte und Normen«: in der Zerstörung der fraglos geltenden Traditionen und des christlichen Glaubens, in der Erosion der »Wertvorstellungen« der »Wissenschaft« durch den rationalistischen und wert-relativistischen Positivismus (ebd. 17-20, 29). Der Kern dieser Krisis ist die Auflösung des klassischen Imperativs: daß der *Mensch das Maß aller Dinge* sei.

»Hand in Hand nämlich mit dem Erlahmen der woher immer stammenden Glaubens- und Überzeugungskräfte ist den Menschen auch eine gewisse natürliche *Instinktsicherheit* und der *Kompaß des menschlich Wesensgemäßen* in so hohem Maße *verloren gegangen,* daß ihr Verhältnis zu den elementarsten Dingen – zu Arbeit und Muße, zur Natur, zu Zeit und Tod, zum anderen Geschlecht, zum Kinde und zur Geschlechterfolge, zu Jugend und Alter, zum natürlichen Lebensgenuß, zum Numinosen und Überweltlichen, zum Eigentum, zu Krieg und Frieden, zu Verstand und Gefühl, und zur Gemeinschaft – in ernstester Weise in Unordnung geraten ist. Sie haben weitgehend das Maß verloren, das im Menschen selbst liegt, ... Daß die Altersstufe der ... Jugend, in unserer Zeit eine unsinnige Überwertung erfahren hat, ist ein besonders charakteristischer Ausdruck dieses allgemeinen Verlustes an natürlicher Orientierung, eines Verlustes, der die Lebensweisheit von Jahrtausenden in Frage stellt.« (Röpke 1942: 19 f.)

So ist die Erfahrung der Krisis auf eine Anthropologie gestellt: daß der Mensch die »letzten Quellen des Glaubens und der Gewißheit« und damit das »menschlich Wesensgemäße«, das in der fraglos geltenden Tradition liegt, durch den positivistischen Rationalismus verloren hat. Der Kollektivismus-Sozialismus hat auf diese Krise durch einen »humanitären Kollektivismus« reagiert, der das »Sehnen der Menschen nach Gleichheit, Gerechtigkeit und Menschlichkeit« zwar aufnimmt, die Utopien der »Humanität« aber in ihren Gegensatz verkehrt: in »Kollektivität« und »Bestialität« (Röpke 1944: 72).

Zum anderen ist die Krisis eine dreifache: eine *»politisch-sozial-ökonomische (soziologische)« Krise des alten Liberalismus* (Röpke 1942: 16-20).

Die *ökonomische Pathologie* (ebd. 22) beschreibt Röpke als *»entarteten Kapitalismus«* (ebd. 31), oder als »entartete Marktwirtschaft«, oder als »entarteten Liberalismus« (1944: 18f., 38f.). Zwar habe der »historische Liberalismus« des 19. Jahrhunderts die Freiheit des Menschen »gegen die Zwangsgewalt staatlicher Verwaltungsorgane« verwirklicht, nicht aber »gegen die Bedrohung der Bürger gegeneinander« (Eucken 1952: 50): gegen Monopolbildungen. Denn das Laissez-faire-System habe die Ökonomie sich selbst überlassen, also »unreguliert« belassen, statt eine »Wettbewerbsordnung« administrativ zu setzen (Röpke 1944: 18, 39f., 82). Röpke beklagt die Folgen der allgemeinen Zentralisierung von Menschen und Kapital, die Rationalisierung der Produktion, die Spaltung der Gesellschaft in Klassen.

»Gewiß kann man kaum genug betonen, daß es nicht vor einem Jahrzehnt zu einem wirklichen Kollaps unseres Wirtschaftssystems gekommen wäre, wenn nicht die außerwirtschaftlichen Erschütterungen, die seit 1914 über die Welt gekommen sind, eine Belastung gebracht hätten, unter denen ein anderes Wirtschaftssystem wahrscheinlich schon weit früher und in einer wirklich unwiderruflichen Weise zusammengebrochen wäre. Indessen dürfte es kaum zweifelhaft sein, daß sich die Menschen auch ohnedies früher oder später gegen ein Wirtschaftssystem aufgelehnt hätten, das, so unantastbar auch seine elementaren Prinzipien sind, doch in der Art, wie man es sich nun einmal leider in vielen Ländern hat entwickeln lassen, die Kritik in so hohem Maße herausfordert: durch seine Unstabilität; durch seinen Mangel an Gerechtigkeit; durch den Raum, den es in steigendem Maße der monopolistischen Bereicherung und erpresserischer Interessenpolitik gewährt hat; durch das mangelhafte Funktionieren vieler Einzelmärkte; durch Proletarisierung, Kommerzialisierung, Konzentration und Machtzusammenballung; durch spekulative Übertreibungen und Kapitalvernichtungen; durch eine Überschraubtheit und Unnatur, die den Menschen Lebensumstände aufzwingen, gegen die sie sich schließlich in einem vagen Unbehagen und mit unklaren Zielen aufbäumen.« (Röpke 1942, 36)

Der »entartete Kapitalismus« erst hat, nach Röpke, die »Rebellion« der Menschen »gegen das abendländische Wirtschaftssystem« produziert: den *»Antikapitalismus«* des *»Sozialismus* und *Kollektivismus«* in den Gestalten des Staatssozialismus der Sowjetunion und des deutschen Nationalsozialismus. Der Sozialismus freilich hebt die Krisis nicht durch »Erlösung« auf, sondern geht die pathologischen »Irrwege erst voll zu Ende« (ebd. 37; Röpke 1944: 53f., 73): indem er den Monopolismus in eine staatliche »Kommandowirtschaft« zu verwandeln sucht, die vor allem den Mechanismus der »freien Preisbildung« in Regie nimmt, indem sie die Ökonomie als Ganze rationalistisch zu steuern sucht (Röpke 1944: 21, 33-35, 39, 47-69, 171-188).

Die *soziale Pathologie* (Röpke 1942: 22; ders. 1944: 237-267; Rüstow 1950: 109-113) ist in der ökonomischen enthalten: als »soziologischer Entartungsprozeß« (ebd. 27). Die Erscheinungsformen dieser Pathologie erkennt Röpke, Ortega y Gassets *Aufstand der Massen* (1929) folgend, einerseits in der *»Vermassung«*, andererseits in der *Atomisierung* der Menschen. Sie werden zu »Massenmenschen« (ebd. 24), indem sie Personifikationen von »Klassen, Schichten und Interessengruppen« sind (ebd. 14). Als Träger von »Klasseninteressen« (ebd.) stehen sie zugleich in »anonymen Beziehungen äußerer und mechanischer Art« (ebd. 23), sind einander entfremdet, gegeneinander atomisiert. So verlieren sie ihre Individualität, die einzig in einer »wirklichen Gemeinschaft« möglich ist.

»Die Krankheit, von der die Gesellschaft der abendländischen Länder seit über hundert Jahren in fortschreitendem Maße befallen ist, kennzeichnet sich durch einen die Gesellschaftsstruktur zerstörenden Zerbröckelungs- und Verklumpungsprozeß, für den der Ausdruck ›*Vermassung*‹ geprägt worden ist, ... Eine gesunde und fest in sich selbst ruhende Gesellschaft besitzt eine echte ›Struktur‹ mit vielen Zwischenstufen; sie weist einen notwendigerweise ›hierarchischen‹ (d.h. nach den gesellschaftswichtigen Funktionen, Leistungen und Führerqualitäten) Aufbau auf, in dem der einzelne das Glück hat, zu wissen, wo er steht. Während eine solche Gesellschaft sich auf die gruppierende Funktion echter, mit menschlicher Wärme erfüllter Gemeinschaften (der Nachbarschaft, der Familie, der Gemeinde, der Kirche, des Berufes) stützt, hat sich die Gesellschaft in den letzten hundert Jahren von einem solchen Ideal immer weiter entfernt und sich in Haufen von abstrakten Individuen aufgelöst, die als Menschen ebenso einsam und isoliert wie als bloße soziale Funktionsträger termitenartig zusammengepreßt sind. (...) An die Stelle der echten Integration durch wirkliche Gemeinschaft, die das Band der Nähe, die Natürlichkeit des Ursprungs und die Wärme der unmittelbaren menschlichen Beziehung braucht, ist die *Pseudointegration* durch Markt, Konkurrenz, zentrale Organisation, äußere Zusammenpferchung, Stimmzettel, Polizei, Gesetz, Massenversorgung, Massenvergnügen, Massenemotionen und Massenbildung getreten, eine Pseudointegration, die dann im kollektivistischen Staate ihre äußerste Steigerung erfährt.« (Röpke 1942: 23 f.; vgl. Röpke 1944: 239-263; Rüstow 1950: 111 f.)

Gegen diesen »soziologischen Entartungsprozeß«, gegen diese abstrakt-rationale Sozialintegration, geht der Kollektivismus-Sozialismus ebenso an wie gegen den »entarteten Kapitalismus«: indem er die »Entartung« nicht aufhebt, sondern seine »extreme Fortsetzung« ist (ebd. 30f.; vgl. ebd. 14f.).

Die *politische Pathologie* beschreibt Röpke als »schwere Krise des abendländischen Staatssystems«, als *»Krise der Demokratie«* (1942: 22, 33-37). Aus dieser Krise sei eine »neue Herrschaftsform« hervorgegangen: die »Ära der

Tyrannis«, die »Herrschaftsform des *kollektivistischen Staates«,* der »Totalitarismus« (ebd. 34, 37; siehe: 1944: 171-188). Durch die »Vermassung«, durch die »interventionistisch-planwirtschaftliche Wirtschaftspolitik« sei die »organische Vertikalstruktur de[s] Staatsaufbau[s] mechanisiert« worden, so daß die »erkrankte Demokratie von heute bereits im Keime gewisse Merkmale der kollektivistischen Herrschaft« enthält (ebd. 34f.).

Röpkes (1942) *kritische Darstellung der Krisen des alten Liberalismus* enthält zugleich die *Kritik des Kollektivismus-Sozialismus:* dieser richte sich wohl gegen die »pathologischen Entartungen unserer abendländischen Gesellschaft« (ebd. 16) – indem er deren »Entartung« und Pathologie noch steigere. Nicht der Kollektivismus-Sozialismus führe über jene Pathologien hinaus, sonder *der neue, der überhistorische, der »konstruktive« oder »revisionistische Liberalismus«* (ebd. 43). Dieser Liberalismus erst setze die »unantastbaren« und »elementaren Prinzipien« frei (ebd. 36), die im alten Liberalismus nur unvollkommen verwirklicht wurden.

Die Kritik des »historischen Liberalismus« spricht bereits die *Prinzipien des neuen Liberalismus* aus (Röpke 1942: 45-48; 1944: 40-47). – Die *»geistig-moralische Krise«* wird überwunden durch neue »Orientierungen« sowie durch eine Begrenzung positivistischer Rationalität (ebd. 7; 1944: 103, 112-123). – Die *ökonomische Pathologie* wird überwunden: durch eine »positive Wirtschaftspolitik« (1944: 74-81); durch eine Marktwirtschaft nach dem »Individualprinzip« (ebd. 83); durch eine »Antimonopolpolitik« (ebd. 74-76); durch eine Politik der »Dezentralisierung der Industrie« und der Förderung des »Klein- und Mittelbetriebs« (ebd. 293-309); durch einen administrativ konstituierten und funktionsfähig gehaltenen Wettbewerb (ebd. 18, 38f., 74-76); durch eine von den Konsumenten über Knappheitspreise gesteuerte »neue Marktwirtschaft« (ebd. 13, 74, 83f.); durch marktkonforme »Interventionen« (ebd. 69, 76-79); durch eine Gemeinschafts-Ökonomie; durch eine Ökonomie von »Bauern und Handwerkern« (1942: 24, 27, 32; 1944: 83, 313-329). – Die *soziale Pathologie* wird überwunden durch Restitution des dem Menschen »Wesensgemäßen« und durch Konstitution einer »organischen« Gemeinschaft: durch eine Politik der »Entmassung, Deproletarisierung, Entkollektivierung, Verbäuerlichung, Verhandwerkerlichung und Dezentralisierung« (1942: 19f., 42; 1944: 84, 268-289). – Die *politische Pathologie* wird überwunden durch eine »organische« Staatsstruktur, durch einen »gesunden Staat« (ebd. 34; 1944: 171-188). – Kurz: Der neue Liberalismus verspricht die Verwirklichung geistiger, ökonomischer, sozialer und politischer *»Gesundheit«* – die Verwirklichung einer Welt, die dem vorsokratischen Prinzip genügt: daß der *Mensch das Maß aller Dinge* sei (ebd. 19f., 26, 46f.; 1944: 171, 272f.).

Diesen *ordoliberalen Idealzustand* erkennt Röpke, der seit 1937 in Genf lebt, in der *Schweiz.* Dort gewahrt er das Land Nirgendwo: keine Vernunft-Utopie, sondern die Wirklichkeit eines ursprünglichen, übergeschichtlichen Imperativs der Anthropologie.

»Was uns aber am meisten Hoffnung gibt und die schwächlichen Einwände derjenigen, die unser Programm für eine verstiegene Utopie halten, am schlagendsten widerlegt, ist der Umstand, daß es unter den geistig und wirtschaftlich führenden Ländern des euro-amerikanischen Kulturkreises ja tatsächlich Länder gibt, in denen das meiste dessen, was wir für dringend geboten halten, bereits in mehr oder weniger vollkommener Weise vorhanden ist und eine geradezu herausfordernde Gesundheit bewiesen hat. Kein Land ist uns jedoch bekannt, für das dies mehr gelten würde als jenes, in dem die vorliegende Schrift zu dieser tragischen Stunde Europas erscheinen kann. Man würde diesem Lande, der *Schweiz,* den allerschlechtesten Dienst erweisen, wenn man ihm zu seiner Vollkommenheit mit gleißnerischer Freundlichkeit gratulieren würde, und es würde eines der Hauptmerkmale seiner Gesundheit verlieren, wenn es je die moralische Kraft und die geistige Einsicht zur ständigen und rücksichtslosen Selbstkritik einbüßen und damit das verderbliche Beispiel großer Länder nachahmen würde. Aber gerade weil wir es für so gesund halten, daß es Lob so gleichmütig wie Tadel ertragen kann, dürfen wir dieses Land ... der übrigen nach Orientierung strebenden Welt als höchst lebendige und überzeugende Entkräftung der Behauptung vorhalten, daß die Grundprobleme der Massenzivilisation, der Demokratie und der Moralkrise des Abendlandes unlösbar seien. Gewiß ist die Schweiz eine Ausnahme in dem Sinne wie alles in der Geschichte einigermaßen Gelungene, aber doch nicht in dem Sinne von etwas, dem nicht als einem Ideal überall kräftig nachzustreben wäre. Ein Werk genossenschaftlich verbundener und freiheitsliebender Bauern und Bürger, hat es der Welt den harmonischen Ausgleich von Bauerntum und Stadtkultur vorgelebt und aus dieser Kombination die Kraft bezogen, die konservativen und vorwärtstreibenden Kräfte der Gesellschaft, Kontinuität und Beweglichkeit, Tradition und Modernität, Vernunft und Glauben, Technik und Humanität, Tapferkeit und Friedensliebe, Ordnung und Freiheit, Gemeinschaft und Individuum, Wohlstand und Innerlichkeit zu einer die Extreme meidenden Einheit zu verschmelzen.« (Röpke 1942: 46 f. Siehe Röpkes, an Trivialliteratur erinnernde, Beschreibung eines Schweizer Dorfes, in der eine Idylle zur Utopie erhoben wird: 1944: 80 f. Siehe auch: Rüstows Skizze seines »Zukunftsziels«, das er als Verwirklichung der »unveränderlichen Natur des Menschen« bestimmt: 1950: 16 f., 133, 176, 263-270; 1952: 12 f., 346)

Die Schweiz also ist das existierende antirationale Utopia Röpkes: die Verwirklichung jener »letzten elementaren Konstanten, in denen die Menschen übereinstimmen« und die der »Natur der Dinge« entsprechen (ebd. 14). Diese »Konstanten« gelten *übergeschichtlich:* es sind die »allgemeinen Möglichkeiten und Bedingungen menschlicher Kultur und Gesellschaft«; diese »Konstanten« sind ein *historisches Apriori* und daher von der »Prähistorie«, von der »Ethnologie und Anthropologie aufzuhellen« (ebd. 11). Weil Röpke diese anthropologische »Natur« voraussetzt, ist seine Utopie eine schlichte Projektion: Produkt einer Phantasie, die vom Bestehenden okkupiert ist.

Röpkes – und Rüstows – Dreistadien-Theorie der Geschichte hat, wie die Gesellschaftstheorie Hayeks, *methodisch* einen *gesellschaftlichen Irrationalismus* und eine spiegelbildliche *dogmatische Anthropologie* zur Voraussetzung: daß der *Mensch das »Maß« aller Dinge* sei, gilt als historisches und systematisches *Apriori*, als *überhistorische* Gewißheit und als *»Zukunftsziel«* der ordoliberalen Theorie und Praxis.

Weil jene *»letzten Dinge«* (Röpke 1942: 14), jene Voraussetzungen »menschlicher Kultur und Gesellschaft« und jenes »menschlich Wesensgemäße« (ebd. 19; 1944: 158, 171), vor sowie über aller Geschichte liegen und somit unüberschreitbar sind, entziehen sie sich jeder Begründung, jeder Erkenntnis konstituierenden Distanzierung. Diesen Rückzug der Erkenntnis auf die willkürliche Setzung eines nicht weiter aufzuklärenden »Standpunkts«, auf ein *anthropologisch gefaßtes Werturteil,* feiert Röpke (1944: 101-167), unter Berufung auf die »Geisteswissenschaften« (ebd. 121f.), als *antirationalistische Überwindung der positivistischen »Hybris der Vernunft«:*

»Die Menschen besinnen sich darauf, daß … man bestimmte letzte Dinge glauben muß, weil es absurd wäre, nicht daran zu glauben. Jedenfalls wüßte ich keine andere Erklärung für die überaus tröstliche und aufmunternde Erfahrung, daß man, sobald man nur das rechte Wort gefunden und dem, was allgemein empfunden wird, deutlichen Ausdruck gegeben hat, eine immer wieder überraschende Zustimmung finden und die Entdeckung einer großen unsichtbaren Gemeinde von Gleichfühlenden und Gleichdenkenden machen kann, einer Gemeinde der Gutwilligen, die sich quer durch alle Klassen, Schichten und Interessengruppen ausdehnt. Auch dies müssen wir wieder lernen, sofern wir es unter dem Einfluß einer grundfalschen soziologischen Lehre des 19. Jahrhunderts vergessen haben sollten, daß die Menschen nicht allein und nicht einmal überwiegend durch ihre Klasseninteressen bestimmt werden, sondern mindestens ebenso sehr durch *allgemeine und elementare Wertvorstellungen und Gefühle,* die sie jenseits aller Klassen- und Interessenscheidungen vereinen, die überhaupt erst Gesellschaft und Staat möglich machen und die man nur anzurufen braucht, um ein Echo zu finden: schlichten Sinn für Gerechtigkeit, Wunsch nach Frieden, Ordnung und Zusammenhalt, Heimatliebe und Verbundenheit mit der nationalen Kultur- und Geschichtstradition, Opfersinn und Hilfsbereitschaft, Ritterlichkeit und Fairneß.« (Röpke 1942: 14 f.; ebenso: 1944: 82, 107 f. Rüstow folgt dieser anthropologischen Dogmatik fast wörtlich und ebenfalls unter Berufung auf Diltheys Geisteswissenschaften: 1950: 14 f., 205 f.; 1952: 338 f., 346-348, 391 ff.)

So ist Röpkes (1942) und Rüstows Sozialutopie, so ist ihre Kritik des alten Liberalismus und des Kollektivismus-Sozialismus, »des Faschismus und des Nationalsozialismus« (ebd. 15), auf nichts gegründet als auf den Standpunkt einer *normativen Anthropologie:* auf »Werturteile«, die »kein gesunder Mensch ... in Frage stellt« und die man deshalb nur »glauben« kann, die also *irrational* sind. Rüstow (1952: 428f.; 1957: 11f.) expliziert diese Irrationalität anthropologisch: der Mensch sei nicht nur ein denkendes, rationales Wesen, sondern auch ein Wesen des »Herzens« und des »Gefühls«. Der Herzensmensch Röpke hofft, während in den Konzentrations- und Vernichtungslagern ein historisch singulärer Massenmord verübt wird, während ein Krieg die Welt in ein Schlachtfeld verwandelt: auf die Wirkung des »rechten Wortes«, auf die »Gemeinde der Gutwilligen« – die eben seinem Glaubensbekenntnis, seinen »Orientierungen« folgt und vom »Irrpfad« (1942: 11) abläßt!

Dieses gefühlte und normative, *anthropologisch gesetzte Glaubensbekenntnis* leitet Röpkes und Rüstows *Geschichtsauffassung:* die Annahme eines ursprünglichen, glücklichen Zustands; die Klärung der Krise und des Kollektivismus: des Sozialismus-Nationalsozialismus; die antirationale Utopie. Die Ordoliberalen bestimmen nicht nur den Ursprung, mehr noch ihre Utopie anthropologisch und individualisierend als *»Humanismus«,* sondern auch den Gegensatz: die *Inhumanität* des Sozialismus-Nationalsozialismus. Beide Seiten des Gegensatzes gelten als *Glaubenssätze,* beide Seiten werden *individualisiert:* indem das Entgegengesetzte vorausgesetzt wird und unaufgeklärt bleibt, indem der eigene »Standpunkt« den Gegensatz durch Projektion setzt. – Röpke (1942: 14f.) nennt seine Anthropologie einen *Glauben;* Rüstow (1957: 291-320) bezeichnet Karl Marx als »Religionsstifter des Kommunismus«, als »Utopisten und Propheten«, der – einem historischen Determinismus und einer Fetischisierung technischen Fortschritts verfallen – das notwendige Eintreten des »Goldenen Zeitalters« der Zukunft verkündete. – Röpke und Rüstow stellen *»den Menschen«,* das menschliche »Maß«, ins Zentrum. Darum führen sie den Sozialismus ebenso wie den Nationalsozialismus, hinter die geschichtlichen Entstehungsbedingungen zurückgehend, auf die *Persönlichkeitsstruktur eines Menschen* zurück: Marx (Rüstow 1957: 291-322) und Hitler (ebd. 394-499). Nach dieser Konstruktion steht hinter den Klassenkämpfen des 19. Jahrhunderts *Marx:* der »größte aller Hasser« (ebd. 305, 308f., 322), getrieben von jenem »leidenschaftlichen Vernichtungswillen« (ebd. 301), der dann zu den folgenden »totalitären Bewegungen« führte, also zum »Kommunismus«, zum »Faschismus und Nationalsozialismus« – beides Formen eines Sozialismus ohne die Marxsche Eschatologie (ebd. 311f., 319f.). Nach dieser Konstruktion ist der

Nationalsozialismus wesentlich durch die Person *Hitlers* zu erklären (ebd. 394-499), der einen »geschichtlichen Kairos ... schmählich mißbraucht« habe (ebd. 394f.). Nach dieser Konstruktion basiert der nationalsozialistische Antisemitismus auf Hitlers Erkenntnis, daß er »Vierteljude« sei, so daß – auf der Grundlage einer »blutempörten Verwandtenhaßpsychose« – ein »infernalischer Judenhaß« resultieren mußte (ebd. 471-477, Zitate: ebd. 475-477). – So wird ein Glaube gegen den anderen gesetzt, so wird die ordoliberale Anthropologie als Wertmaß gegen die Inhumanität des »Kollektivismus« gesetzt: wie das »Gesunde« gegen das »Kranke« (Röpke 1944: 171; Rüstow 1950: 54, 111-113, 263ff.). Beide Seiten des *Gegensatzes* bleiben *unbegriffen* (vgl. Röpke 1944: 153-155; Rüstow 1950: 18f.): so behält das Vergangene Macht über die Erkenntnis des Gegenwärtigen und die zukunftsgerichtete Phantasie.

Röpkes – und Rüstows – Ordoliberalismus ist, durch die *Gesellschaftsmythologie* und die spiegelbildliche *Anthropologie,* eine *Anti-Theorie,* eine *realitätsgerechte, irrationale Theorie der irrationalen Gesellschaft:* der bürgerlichen Gesellschaft, die nach dem Übergang der Epoche des klassischen Liberalismus in die des Imperialismus den Fetischismus der Verhältnisse zu einem *irrationalen Allgemeinen* fixierte, auf dessen Basis eine *technische Handlungsrationalität* möglich war. Die Anti-Theorie positiviert zu einem *neuen Liberalismus,* was als *»Gehäuse der Hörigkeit«* (M. Weber) aufzuklären wäre: sie feiert die »letzten Dinge«, letzte »Wertvorstellungen und Gefühle«, die »elementaren Konstanten, in denen die Menschen übereinstimmen« (Röpke 1942: 14), das »menschlich Wesensgemäße« (ebd. 19), das »Maß ... im Menschen« (ebd. 19f.), das Echte (ebd. 24), das »Gesunde« (ebd. 26, 31f.; 1944: 171ff.), die »organischen Gemeinschaften« (ebd. 30). Die Anti-Theorie verwirft die »Verstandeskultur« (ebd. 25), die »mechanistisch-positivistische Zivilisation«, die »traditionslos-materialistisch-rationalistische Lebensführung« (ebd. 29). Die Anti-Theorie erhebt ein »schweizerisches Dorf« (Röpke 1944: 80f.) zur antirationalistischen »Utopie« (Röpke 1942: 46f.), während jede Vernunft-Utopie als antihuman diskreditiert wird. Rüstow (1952: 222, 236, 269-291) erkennt nicht nur in Luthers Reformation, sondern in der jüdischen »Erlösungsreligion« einen Ursprung jener »Unterwürfigkeit« gegen die Machtansprüche des weltlichen Staates, die zu den »entsetzlichen Zerstörungen und Vernichtungen, die sich vor unseren Augen vollzogen und vollziehen«, führten: die Personifikationen des »Geistes der Utopie« (Bloch) haben, nach Rüstows Geschichtsauffassung, den Weg in die Barbarei geebnet – Auschwitz hatte, so scheinen die Ordoliberalen anzunehmen, seinen Ursprung im Judentum. Der ordoliberale autoritäre Charakter verkehrt, durch Projektion, die Opfer in Täter, die Täter in Opfer.

Röpke (1942) reproduziert die reale *Gesellschafts-Mythologie* und überbietet durch seine Anthropologie, was er als *anthropologische Pathologie* kritisiert: die »Vermassung« und abstrakte Individualisierung der Menschen (ebd. 23). Das »Maß«, das im »Menschen« liegt, ist jenes unbewußte Allgemeine, das sich zur Robinsonade verdinglicht. Jener *»Mensch« schlechthin* ist ein Abstrakt-Allgemeines, Personifikation des Allgemeinen und insofern ohne jene Besonderheit gegen die Verhältnisse, die Bedingung ihrer Aufklärung wäre. So wähnt sich der ordoliberale »Mensch« als Individuum – gegen den »Kollektivismus«. Die ordoliberale Anthropologie reproduziert mithin unbewußt den kritisierten Zusammenhang von *Masse und sozialem Atom;* der *ordoliberale Mensch* ist eine andere Erscheinung des *autoritären Charakters.* – Weil die ordoliberale Anti-Theorie ihre Kritik des klassischen Liberalismus, des Sozialismus und des Nationalsozialismus auf den Standpunkt einer dogmatischen Anthropologie stellt, die die »Liquidierung des Individuums« (Adorno) bewußtlos positiviert, vermag sie *nicht zu leisten, was sie doch beansprucht* (vgl. ebd. 12f.): die Gegenwart durch ihre Geschichte im Interesse einer »bessern Zukunft« zu erklären. Sie vermag die Gesellschaft des »konstruktiven Liberalismus« sowenig aufzuklären (vgl. Rüstows Anspruch: 1950: Motto) wie das Vergangene und die »Gegenwart« des Nationalsozialismus. Der SS-Staat wird, noch während der millionenfachen Morde, durch jene Irrationalität negierend ausgesprochen und *verdrängt;* daher ist der Staat des Ordoliberalismus auch nach 1945 *erinnerungslos,* also *hoffnungslos:* der Staat der *»Wiederkehr des Verdrängten«.* Schon 1939 beobachtet Horkheimer im amerikanischen Exil »vertriebene Intellektuelle«, die den Nationalsozialismus und Antisemitismus durch Rekurs auf die Gegenaufklärung kritisieren (a.a.O., 115); 1946 bemerkt er über die »Neoliberalen«, »ihr Vorstoß in die ökonomische Wissenschaft ist gefährlicher als ihre Bemühungen auf philosophischem Gebiet.« (a.a.O., 141)

Neo- und Ordoliberalismus sind durch ihre gesellschaftliche Irrationalität, ihre geschichtliche Bewußtlosigkeit und Erinnerungslosigkeit, ihre gegenaufklärerische Hoffnungslosigkeit die gesellschaftlichen Formen der Verdrängung des Nationalsozialismus heute. Nun hat die dialektische Theorie der Gesellschaft in der Tradition von Marx: das Werk des jungen Lukács, die Werke von Korsch, Reich, Horkheimer, Fromm, Marcuse und Adorno, die Aufgabe gestellt: die »schwere Niederlage« der »deutschen Arbeiterklasse« (Reich 1933), also den Sieg des Nationalsozialismus in der Krise von 1929/ 33 zu begreifen. Da der positivistische Marxismus der Zweiten Internationale durch seinen Geschichtsobjektivismus diesen *Zusammenhang von Krise und »konformistischer Revolte«* (Horkheimer) nicht aufzuklären vermochte, rekurrierte die dialektische Theorie auf die Psychoanalyse zur Klärung des autoritären Charakters sowie auf Webers Geschichtstheorie zur Klärung der *Dialektik der Aufklärung*. Die Kritik der Politischen Ökonomie blieb hinter der »dialektischen Anthropologie«, der *Kritik der instrumentellen Vernunft* und der Kulturkritik zurück. Schon um 1933 war die Frage offen: wie die *Kritik der Politischen Ökonomie* durch die *Dialektik der Aufklärung* hindurch in Form einer *Dialektik der ökonomischen Rationalisierung* auszuführen sei.

Diese Frage stellt sich, angesichts der neo- und ordoliberalen Verdrängung der verbrecherischen Vergangenheit, in neuer Form. Aufzuklären ist durch eine *Kritik der Politischen Ökonomie* die *Geschichte* der »Entzauberung der Welt«, der gesellschaftlichen Bewußtlosigkeit und der Fetischisierungen von der klassisch-liberalen »List der Vernunft« bis zum irrationalen Rationalismus des Imperialismus, des »autoritären Staates« und des Neoliberalismus. So hat diese *Dialektik der ökonomischen Rationalisierung* die neoliberale Verdrängung der nationalsozialistischen Verbrechen als notwendig aufzuklären und dadurch den Erfahrungsgehalt der *Dialektik der Aufklärung* in die *Kritik der Politischen Ökonomie* aufzuheben.

Die ordo- und neoliberale Geschichtsschreibung, formuliert zwischen 1938 und 1950, gibt eine idealtypische Anschauung jener Verdrängung der Vergangenheit, als sie noch Gegenwart war. Die Neo- und Ordoliberalen haben für den Nationalsozialismus kaum ein Wort – ihre Kritik konzentriert sich auf den »marxistischen Sozialismus«, der »unter der Parole: ›Proletarier aller Länder, vereinigt euch!‹ ein ganzes Jahrhundert lang der Bürgerkrieg gepredigt« habe; Marx erscheint als Ahn Hitlers (Röpke 1944: 185f.). Kaum ein Verbrechen in den Vernichtungslagern oder auf den Kriegsschauplätzen scheinen die neuen Liberalen – die Ordoliberalen noch weniger als Hayek – zu erfahren; was sie als Terror beschreiben, ist die Zerstörung der Marktordnung, die staatliche Preisfixierung, so daß eine »neue Marktwirtschaft« mit einer Wettbewerbs- und Preisordnung als Überwindung des Staatsterrors erscheint (vgl. Röpke 1944: 11-17, 29f.; Eucken 1952: 7, 38-45, 56ff., 185-189). Inmitten millionenfachen Mordes stilisieren sie sich als Helden, weil sie – »mit einer nicht geringen Dosis an Mut« – wissenschaftliche Kritik provozieren, indem sie Fachgrenzen überschreiten (vgl. ebd. 23ff.); diese mutigen Männer wähnen sich als Heroen, die den Weg zur »Rettung« weisen (ebd. 20), weil sie sogar den Deutschen Freiheit und Wohlstand »gewährt« haben (Erhard 1957: 202). Röpke (1944: 24) ist der Erlöser: es »mußte sich schließlich einer bereit finden, einen ernsthaften Anfang zu machen.« Oder Erhard (1957: 202): »ich habe der Freiheit zum Durchbruch verholfen.«

Ist der autoritäre Charakter erkannt worden als das Individuum, das die herrschenden Verhältnisse vollkommen introjiziert hat und sich so zum sado-masochistischen Charakter gebildet hat, dann hat es schon die Verbrechen als ein gesellschaftlich vollkommen bewußtloses Individuum begangen – und konnte sich deshalb dieser Verbrechen gesellschaftlich nicht erinnern. Daher die Anmaßung, der Ordo- und der Neoliberalismus hätten mit dem Nationalsozialismus gebrochen; daher die Phantasie der ›Stunde Null‹ (vgl. Erhard 1957: 31-33); daher die Individualisierung der Verbrechen; daher das bloß museale Erinnern; daher die Beschreibung der Verbrechen als Erscheinung eines unheimlichen Schicksals; daher der unermeßliche Verdrängungswiderstand gegen jede gesellschaftsgeschichtliche Erinnerung, die die Vergangenheit mit der Gegenwart vermittelte. So ist in der ordo- und neoliberalen Politik-Ökonomie das »Nachleben des Nationalsozialismus« nicht »*gegen* die Demokratie« entscheidend, sondern das »Nachleben … *in* der Demokratie« (Adorno 1959: 10). Das *neo- und ordoliberale Individuum* ist der *autoritäre Charakter* in einer Ordnung der »Wiederkehr des Verdrängten«: das Subjekt des »Schreckbilds einer Menschheit ohne Erinnerung« (ebd. 13), des »Schreckbilds« einer Gesellschaft ohne utopische Hoffnung. So bleiben die klassischen Studien über den autoritären Charakter das Modell für eine gegenwärtige kritische Theorie der Gesellschaft.

6.3 Das wissenschaftlich standardisierte, vermessene und selektierte Atom (Stichworte)

Der Neoliberalismus vor allem, aber auch der Ordoliberalismus, sind die gegenwärtigen theoretischen und vor allem praktischen Erscheinungsformen einer Dialektik der Aufklärung, die mit der Gegenaufklärung koinzidiert. Beide Liberalismen haben durch das Dogma von der Unerkennbarkeit des sozialen Kosmos als Ganzem – Gesellschaft, Wirtschaft, Staat, Recht, Geschichte – den neuen Liberalismus allen Gestalten der Vernunft und des Systemrationalismus durch eine »abstrakte Negation« kritisch entgegengesetzt und dadurch den entgegengesetzten Autoritarismus ebenso *gesellschaftlich bewußtlos*, wie *erinnerungslos*, wie *hoffnungslos* perpetuiert. Sie haben, unter der Voraussetzung der propagierten gesellschaftlichen Irrationalität, den neuen Liberalismus auf die Basis *anthropologischer Grundannahmen* gestellt: auf den Imperativ des gesellschaftlich bewußtlosen und darum *konformistischen Subjekts,* das sich um so freier wähnt, je mehr es die Personifikation der Verhältnisse ist. Diese *gesellschaftlich agnostische, gesellschaftsgeschichtlich erinnerungs- und hoffnungslose Anthropologie* ist nach 1975 fachwissenschaftlich nach verschiedenen Seiten entwickelt worden und wird entsprechend durch eine Konstellation exemplarisch skizziert. Die Abfolge der Darstellung ist jener des neoliberalen Sozialatomismus (Abschnitt 6.1) analog.

Die schon von Le Bon ausgesprochene, von Freud psychoanalytisch aufgeklärte *paradoxe Einheit von Masse und Sozialatomismus,* von Volksgemeinschaft und atomisiertem »autoritärem Charakter«, haben Neo- und Ordoliberalismus paradox kritisiert und reproduziert. Ihre Kritik gilt dem »Kollektivismus« des Sozialismus im allgemeinen, des Nationalsozialismus insbesondere; in kritischer Absicht setzen sie diesem »Kollektivismus« einen »methodologischen Individualismus« (Hayek 1952) entgegen: den »freiwilligen Konformismus« (Hayek 1960: 78) eines sozialen Atoms. Indem neoliberal das konformistische Individuum, ordoliberal der Mensch als Maß aller Dinge ins systematische Zentrum einer »Gesellschaftstheorie« (Hayek 1980: 154) gerückt wird, die erklärt, daß die »Gesellschaft als Ganze« – der frühe Begriff für den »Ausdruck ›Sozialismus‹« (ebd. 78) – rational unerkennbar und unorganisierbar ist, ist dieses Individuum – dieser Mensch – ein soziales Atom, das total und bewußtlos vergesellschaftet ist. Das Sozialatom ist ein ent-individualisiertes Subjekt, das sich um so mehr als Individuum wähnt, je weniger es diesen Anspruch erfüllt. Insofern ist das neoliberale Individuum, ist der ordoliberale »Mensch«, ein atomisierter Massenmensch – eben jener autoritäre Charakter, dem er entgegengesetzt wird. – Diese paradoxe Einheit von Ent-Individualisierung durch soziale Atomisierung hat die *Fach-Soziologie* durch das *»Individualisierungstheorem«* als Paradoxie von *»Individualisierung« und »Standardisierung von Lebenslagen«* ausgesprochen (Beck 1986: 119) – ohne den Zusammenhang des Entgegengesetzten im Gesellschaftlich-Irrationalen aufzuklären. Denn die Soziologie folgt in ihrem Theorem jener geisteswissenschaftlichen Tradition des Sinnverstehens und der Biographie-Forschung, auf die sich auch der Neoliberalismus Hayeks und der Ordoliberalismus Röpkes und Rüstows stützen: der konformistischen Übersetzung der unaufgeklärten Gestalten des objektiven Geistes in den subjektiven Geist. Daher hat die Fach-Soziologie die Utopie des Individuums hinter sich gelassen und sich zur Apologie der re-mythologisierten Gesellschaft gestaltet. *(6.31)*

Nun hat Hayek (1960: 78f.) erkannt, daß auf der Grundlage bewußtlos tradierter Moralregeln die Handelnden »unbewußte Verhaltensformen« aufweisen, die den inneren »Zwang« eines »freiwilligen Konformismus« entfalten und so eine *empirische »Gleichförmigkeit« und »Regelmäßigkeit«*

in der gesellschaftlichen Welt konstituieren. Auf dieser irrational-rationalen Grundlage sei das Verhalten anderer erklärbar und vorhersehbar; auf dieser Grundlage sei ein individualistisch-planvolles Handeln möglich; auf dieser Grundlage erfolge ein darwinistischer Wettbewerbskampf um knappe Ressourcen (ebd. 72-77). K. R. Popper (1974) hat durch seine kritische Erkenntnistheorie diesen *atomistischen, technischen Rationalismus* als darwinistisches Anpassungshandeln an die Umwelt beschrieben; H. Simon (1983) hat wirtschaftswissenschaftlich das atomistisch-rationale Handeln entscheidungstheoretisch und gleichfalls im Rekurs auf Darwins Evolutionstheorie expliziert: durch die *Theorie des rational choice. (6.32)*

Indem die sozialen Atome sich den undurchschauten Traditionen, den Regeln von Moral und Recht, blind anpassen wie einer faktischen Umwelt, handeln sie, als ob sie in rationaler Übereinstimmung mit *Naturgesetzen* agierten. Darum haben Hayek und Popper diesen Konformismus als darwinistische Anpassung an eine Umwelt beschrieben, die nicht danach differenziert ist, ob es sich um eine *»erste Natur«* oder um eine bewußtlos-gesellschaftliche *»zweite Natur«* (Hegel: Bd. 12: 57) handelte. Entsprechend verwischt sich die Differenz der Bestimmung des konformistischen Sozialatoms: es ist ein *sinnverstehend* zu begreifender, zugleich *technisch-rational* zu berechnender Mensch, es ist ein Sinn- und Naturwesen ineins. Als *Sinn-Wesen* ist er die Personifikation des unbewußten objektiven Geistes und insofern ent-individualisiert und atomisiert – gleich und ungleich – ineins. Als *ungleiches Naturwesen* ist das Sozialatom, nach Williams und Hayek (1960: 106), »ein einzigartiges Bündel von Eigenschaften«, eine Konstellation von »Genen und Genstrukturen«. Diese *Anthropologie der Biotechnologie* hat eine Enquête-Kommission des Deutschen Bundestages (Catenhusen/Neumeister 1987) vor etwa 25 Jahren untersucht. *(6.33)*

Die regelkonforme Anpassung ungleicher sozialer Atome an ihre Umwelt konstituiert – wie Hayek, Popper und Simon im Anschluß an Charles Darwin darlegen – einen *bellum omnium contra omnes* der neoliberalen Gemeinschaft im Inneren und nach außen: einen Daseinskampf ums Überleben mit »selektiver Ausmerzung«. Die *Ethik dieser Ausmerzung* hat Peter Singer (1979) formuliert. *(6.34)*

Diese Ethik der Ausmerzung, des Überlebens und der Liquidierung, bewegt sich unmittelbar auf der neoliberalen Argumentationsebene der bewußtlosen Moral und des Sinns. Vermittelt ist jedoch der konforme Mensch als ein Wesen thematisch, das sich der gesellschaftlichen und natürlichen Umwelt anpaßt, das insofern selbst ein ethisches und ein Naturwesen ineins ist und sinnverstehend sowie technisch-rational agiert. Die Frage nach Leben und Tod im Daseinskampf stellt sich dann für die *Medizin* – insbesondere die Intensiv- und Transplantations-Medizin – als ein ethisches und biologisches Problem ineins: *»Wann ist der Mensch ein Mensch?«* (Tolmein 1993). *(6.35)*

Hayek hat dem »freiwillig konformistischen Subjekt« noch Freiheit zuerkannt: es habe die Freiheit der Mittelwahl im Daseinskampf unter Regeln, denen es durch verinnerlichten oder durch äußeren Zwang folge. Schon Carl Menger (Bd. I: IX) hat dieses sinn-konformistische und darum empirisch berechenbare Handeln anders aufgefaßt: die Gesetze der Volkswirtschaft seien »von meinem Willen ebenso unabhängig wie ein Gesetz der Chemie von dem Willen des practischen Chemikers« – hier gäbe es keine Freiheit. Diese *Anthropologie der rationalen Unfreiheit* hat unter dem Neoliberalismus die Ideologie der *Hirnforschung* begründet, deren Dogmen von zahlreichen Fachwissenschaften aufgenommen wurden, die sich nun präsentieren: als Neuro-Historie, Neuro-Gesellschaftswissenschaft, Neuro-Theologie, Neuro-Ökonomie. Die breite Debatte ist dokumentiert bei Geyer, Hg.: 2004. *(6.36)*

Die fundamentale Institution der *neoliberalen Ökonomie* ist: der Wettbewerb (Hayek 1968). Der Wettbewerb ist eine Veranstaltung, bei der das Ergebnis a priori unerkennbar ist, in der die Wettbewerber gegeneinander um Sieg oder Niederlage kämpfen, in dem derjenige siegt, der sich den Regeln am besten anpaßt: also den generalisierten Verhaltenserwartungen, den Erwartungen anderer. So ist die erste Kompetenz im Wettbewerb: nicht so sehr eine Fach-Kompetenz, sondern die *Kompetenz, sich und seine Fähigkeiten wie ein Unternehmer in eigener Sache zu verkaufen* (Hayek 1960: 100). Dies ist die grundlegende Fähigkeit, die in Schulen, Hochschulen und Betrieben eingeübt wird. Der *Mensch ist als Betrieb,* als eigener Betriebsleiter, als Unternehmer seiner selbst vorgestellt. Die Literatur auf diesem Gebiet ist ebenso unübersehbar wie immergleich. Das Spiegelbild dieses Tauschwert-Menschen ist: *Das individualisierende Unternehmen* (Sprenger 2000). *(6.37)*

Nun ist die neoliberale Ökonomie, als ein dereguliertes und globales System, bestimmt durch den freien Verkehr von Kapital, Gütern, Dienstleistungen und Arbeitskräften. Diese *Vermittlung,* diese *Aufhebung von Raum und Zeit,* bestimmt die neoliberale Ökonomie als *Wissens-Ökonomie.* Auf diesem Gebiet erfordert der Wettbewerb den Vergleich von Wissenden und Wissen, von Schulen und Hochschulen. Das leistet die *Bildungsforschung:* die *Vermessung der Bildung* – deren Idee gegen diese Vermessung, gegen den Wettbewerb als bellum omnium contra omnes steht (vgl. Müller-Böling 2000 und 2005). *(6.38)*

Der Neoliberalismus, die neoliberale Ökonomie, verspricht: individuelle Freiheit, maximale Effizienz, Wohlstand – Glück. Das Glück ist das Ziel des Wettbewerbs und ein Gegenstand des Wettbewerbs ineins. So wird das Glück vermessen, um zu bestimmen, wer darin sei und wer nicht. Die *Glücksforschung* (siehe: Bellebaum, Hg., 2002) ist die neueste Gestalt des »unglücklichen Bewußtseins« (Hegel), das sich umso mehr nach Glück sehnt, je mehr es in seiner Glücksphantasie dem Unglück verfällt. Dafür hat der Neoliberalismus nur einen Trost: daß jede Utopie das reale Unheil nur steigert. *(6.39)*

Diese Konstellation der wissenschaftlichen Entfaltung der neoliberalen und ordoliberalen Anthropologie ist eine Entfaltung der Erscheinungsformen des konformistischen Subjekts, das – der Evolutionstheorie Darwins praktisch folgend – sich der gesellschaftlichen Welt, aber auch der Welt der Natur, anpaßt. Dieses Subjekt hat sich durch seine totale Vergesellschaftung atomisiert, so daß beides dem verdrängenden Vergessen anheim gefallen ist: das Bewußtsein des gesellschaftlichen und anthropologischen Autoritarismus, die Utopie des Individuums. In die skizzierten Philosophien und Wissenschaften vom Menschen ist dieser gesellschaftlich irrationale Geist des Neoliberalismus eingewandert, so daß sie realitätsgerechte Deskriptionen der gegenwärtigen bürgerlichen Anthropologie liefern; die wissenschaftlich angeleiteten Praktiken verwandeln fast ausnahmslos gesellschaftliche Probleme in technische und verkehren auf dieser fetischisierenden Grundlage gesellschaftliche Krisen in individuelle Defizite.

Die Wissenschaften, die den neoliberalen Dogmen folgen, reproduzieren teils offenkundig, bisweilen nur vermittelt: die herrschende gesellschaftliche Irrationalität, die gesellschaftsgeschichtliche Erinnerungslosigkeit, die gesellschaftliche Hoffnungslosigkeit, die Individualisierung gesellschaftlicher Verhältnisse. Die verbrecherische Vergangenheit Deutschlands wird ebenso verdrängt wie die großen Sozialutopien von Platon bis Kant und Bloch: Vernunft, Individuum, Freiheit, Würde, Bildung, Glück. Der Geist des Widerspruchs ist aus diesen Wissenschaften gewichen. Sie sind Apologien der in Mythologie umgeschlagenen, mit Gegenaufklärung koinzidierenden Aufklärung (vgl. Horkheimer/Adorno 1944/47).

6.3.1 Soziologie: Das Individualisierungstheorem (Beck)

Die *neoliberale Soziologie* präsentiert sich nach 1982 durch das *»Individualisierungstheorem«* (U. Beck): das Theorem, daß die Gesellschaft der »reflexiven Modernisierung« in soziale Atome zerfalle. Dieses Theorem ist *erinnerungslos,* weil die Theoretiker die Frage nach der Gesellschaftsgeschichte vom autoritären Charakter zur allgemeinen Individualisierung nicht stellen und die klassischen Studien ignorieren. Dieses Theorem ist *hoffnungslos,* weil die neoliberalen Soziologen an der utopischen Idee eines autonomen Individuums explizit und systematisch desinteressiert sind. Dieses Theorem ist *gesellschaftlich bewußtlos,* weil es die Verhältnisse nur an ihren Personifikationen begreift, also auf der Ebene des Fetischismus. Die neoliberale Soziologie ist die *Soziologie der Gegenaufklärung.*

Zwischen dem 13. und dem 16. Oktober 1982, also in den Tagen, in denen Helmut Kohl zum Kanzler der Bundesrepublik Deutschland gewählt wurde und in seiner Regierungserklärung den Beginn einer neoliberalen Politik verkündete, fand in Bamberg der 21. Deutsche Soziologentag unter der Frage statt: *Krise der Arbeitsgesellschaft?* (Matthes, Hg., 1983). Diskutiert wurden »Anzeichen eines fundamentalen sozialen Wandels, ja eines Wandels der seit Mitte des 19. Jahrhunderts etablierten Prinzipien gesellschaftlicher Modernisierung« (ebd. 15). Das Ende der »Arbeitsgesellschaft« schien sich durch eine Konstellation von Erscheinungsformen anzudeuten: die Massenarbeitslosigkeit indizierte, daß der »Arbeitsgesellschaft die Arbeit ausgeht« (Dahrendorf, ebd. 25ff.); die »Tertiarisierung« bedeutete das Ende der Industriegesellschaft (Müller, ebd. 142ff.); ein »Wertewandel« als Abkehr vom protestantischen Arbeitsethos wurde diagnostiziert (Klages, ebd. 341ff.); »neue soziale Bewegungen« ließen den alten Klassengegensatz von Kapital und Arbeit in den Hintergrund treten (Eder, ebd. 401ff.); die keynesianische Steuerung von Wirtschaft und Gesellschaft war »gründlich erschüttert« und damit der Sozialstaat (Kaufmann, Naschold, Dettling: ebd. 474ff., 491ff., 518ff.). Theoretisch bedeutete dies den versammelten Soziologen: das Ende der »Arbeit als soziologische Schlüsselkategorie« (Offe, ebd. 38ff.), die notwendige Abkehr von jenen klassischen Theorien, die »arbeitsgesellschaftliche Strukturen« erklärten – Marx, Weber, Durkheim. So haben, nach 1982, nicht nur westdeutsche Soziologen immer neue Gesellschaften erkannt und beschrieben: die ›nachindustrielle Gesellschaft‹ (D. Bell); die ›Dienstleistungsgesellschaft‹; die ›Konsumgesellschaft‹; die ›Freizeitgesellschaft‹ (H. Opaschowski); die ›Erlebnisgesellschaft‹ (G. Schulze); die ›Informationsgesellschaft‹; die ›Wissensgesellschaft‹; die ›Zivilgesellschaft‹.

Ulrich Beck (geb. 1944) publizierte 1986, kurz nach dem Reaktor-›Unfall‹ von Tschernobyl: *Risikogesellschaft. Auf dem Weg in eine andere Moderne* (Frankfurt 1986). Beck folgt seinen Soziologenkollegen: »innerhalb der Moderne« ist ein Epochen-»Bruch« zu verzeichnen (ebd. 13) – der Übergang von einer *»halb*modernen« zu einer *»durch und durch modernen Gesellschaft«* (ebd. 15, 19), von einer *»ersten«* zu einer *»zweiten Moderne«.*

Während die »erste Moderne« noch die »Tradition« durch *»einfache Modernisierung«* modernisiert habe, modernisiere die »zweite Moderne« sich selbst in einem Prozeß *»reflexiver Modernisierung«* (ebd. 14). Während in der »ersten Moderne« noch traditionale mit modernen Elementen koexistierten, ist in der »zweiten Moderne« die Modernität total geworden (ebd. 18-20). Beck entfaltet in den drei »Teilen« seines Buches diesen Übergang von der »einfachen« zur »reflexiven Modernisierung« auf drei zentralen Gebieten. Er will zeigen, daß mit dem Fortgang von der »halbmodernen« zur »durch und durch modernen Gesellschaft«: das Verhältnis von *Gesellschaft und Natur* nicht länger ein Verhältnis der Entzweiung ist – die Natur wird von einer »äußeren Natur« zu einer gesellschaftsimmanenten Natur (ebd. Teil I: 25-112, vor allem: 108); das Verhältnis von *Individuum und Gesellschaft* ebenfalls nicht länger ein Verhältnis der Entzweiung ist, so daß das Individuum nunmehr atomisiert und total vergesellschaftet zugleich ist (ebd. Teil II: 113-248); das Verhältnis von *Politik einerseits, Ökonomie und Gesellschaft andererseits* die »halbmoderne« Trennung überwindet durch die totale Politisierung der Gesellschaft (ebd. Teil III: 249-374).

So ist, im vorliegenden Kontext, Becks Darstellung des alten und neuen Verhältnisses von Individuum und Gesellschaft relevant: sein im zweiten Teil der Studie entfaltetes *»Individualisierungstheorem«* (ebd. 251). Beck ist freilich kein psychoanalytisch belehrter Sozialphilosoph, schon gar kein Kritiker der politischen Ökonomie; die klassischen Studien über *Massenpsychologie und Ich-Analyse* ebenso wie über den *autoritären Charakter* sind ihm systematisch fremd – sie müssen ihm als Erkenntnisse auf dem Boden einer »halbmodernen Gesellschaft«, mithin als überholt gelten. So stützt er sich wesentlich auf die soziologische *Biographieforschung* (ebd. 207): auf jene geisteswissenschaftliche Tradition des gesellschaftlichen Irrationalismus, auf die sich auch der Neo- und der Ordoliberalismus berufen.

Becks »Individualisierungstheorem« bestimmt das neue Verhältnis von Individuum und Gesellschaft in der Epoche der »reflexiven Modernisierung«:

> *»Der oder die einzelne selbst wird zur lebensweltlichen Reproduktionseinheit des Sozialen.«* (Beck 1986: 119; identisch: ebd. 209)

Beck spricht nicht mehr von der Gesellschaft oder der Gemeinschaft, er spricht auch nicht von bestimmten gesellschaftlichen Verhältnissen, sondern ganz abstrakt: vom »Sozialen«. »Der oder die einzelne« nun seien die »lebensweltlichen Reproduktionseinheiten des Sozialen«: ihnen ist dies »Soziale« als ein Existierendes vorausgesetzt, und sie setzen das Vorausgesetzte. Weil die Einzelnen das Vorausgesetzte nur reproduzieren, ist dieses ein Unreflektiertes, Undurchschautes, und eben blind Reproduziertes; die Einzelnen gehen, als »Reproduktionseinheiten«, in diesem Undurchschauten auf, sie sind ohne Distanz zum »Sozialen« – sie sind dessen blinde Personifikationen. Daß Beck die Einzelnen »lebensweltliche Reproduktionseinheiten« nennt, unterstreicht das Bewußtlose: Husserl (1935: 75f.) nennt die »Lebenswelt« die vorwissenschaftliche Welt, in der das Subjekt unreflektiert den »Seinssinn« konstituiert, so daß ihm diese Welt zur »fraglosen Selbstverständlichkeit« wird; darauf baut, nach Husserl, der Objektivismus der positivistischen Wissenschaften auf (ebd.). Indem Beck diese Begriffe Husserls aufnimmt, verweist er auf die geisteswissenschaftliche Tradition seiner Theorie. Indem er bei diesen Begriffen stehenbleibt, fällt er hinter Husserls Versuch einer reflektierten Erneuerung der Metaphysik durch eine »transzendentale Phänomenologie« zurück (vgl. ebd. 15, 108). So ist Becks »reflexive Modernisierung« ohne Reflexion: ohne das aufklärende »Denken des Denkens« (Aristoteles); so ist Becks Theorie die reflexionslose Theorie einer reflexionslosen Gesellschaft; so ist Beck selbst jene »lebensweltliche Reproduktionseinheit des Sozialen«. Diese »Reproduktionseinheit« ist das Individuum, das mit den gesellschaftlichen Verhältnissen, mit einem unbewußten Allgemeinen, verschmolzen ist: es ist darum ohne Besonderheit gegen das Allgemeine und wähnt sich gerade deshalb, nach der alten Einsicht, als Individuum. Das eben kann Beck, gegenaufklärerisch, nicht aufklären.

Beck (1986) hat dieses *»Individualisierungstheorem«* begründet und ausführlicher beschrieben durch seine Darstellung des Verhältnisses von Individuum und Gesellschaft unter Bedingungen zunächst der »ersten«, dann der »zweiten Moderne«.

In der *Phase der »ersten Moderne«,* der »einfachen Modernisierung«, besteht – nach Beck – zwischen *Individuum und Gesellschaft* eine Struktur der *Entzweiung.* – Diese Gesellschaft ist einerseits eine durch »Geburt und Geschlecht« geprägte, in *Kleinfamilien* zersplitterte Gesellschaft (vgl. ebd. 161-204). Bestimmend sei der Dualismus von »marktabhängiger Produktion« und »familialer« Reproduktion, von »Erwerbsarbeit« und Hausarbeit« (ebd. 176-181, 184, 186, 191). – Diese Gesellschaft ist andererseits eine noch »ständisch geprägte« (ebd. 134), in *Klassen* zersplitterte Gesellschaft (vgl. ebd. 121-160). Diese Entzweiung sei verfestigt durch die »Logik der Reichtumsproduktion«, durch »die Verteilungsprobleme und -konflikte der Mangelgesellschaft« (ebd. 17, 25); durch die Dominanz der Industrie; durch die Trennung von Hand- und Kopfarbeit; durch lange Arbeitszeiten und geringe Freizeit; durch das Arbeitsethos; durch den Nichtzugang zu höherer Bildung für Arbeiterkinder. So habe sich, resümiert Beck, ein eindeutiger Lebensstil, eine typische Biographie, ein Klassenbewußtsein von Arbeitern ausgebildet (ebd. 116-118, 136, 158f.).

In der Phase der *»zweiten Moderne«*, der »reflexiven Modernisierung«, geht – nach Beck – die noch traditional geprägte Entzweiung von *Individuum und Gesellschaft* unter im paradoxen Verhältnis von »Individualisierung« und »Standardisierung« (ebd. 119): in einer *»neuen Unmittelbarkeit* von Individuum und Gesellschaft« (ebd. 158). So werden Krisen nicht mehr als »Aussenursachen« und »Systemprobleme«, sondern als »Eigenschuld« und »persönliches Versagen« erfahren; so wird die Krisenbewältigung in der Individualpsychologie und im Körperkult gesucht (ebd. 150; vgl. ebd., 158f.). Diese »Individualisierung« erfolgt, nach Becks Überlegung, durch die Erosion der traditionalen Elemente der »ersten Moderne«: durch die Auflösung von Kleinfamilien und Klassen. – Die *Erosion der Kleinfamilien* (ebd. 161-204) erfolge durch die Verallgemeinerung der Lohnarbeit: durch eine allgemeine »arbeitsmarktvermittelte Existenzsicherung« (ebd. 251). Dadurch löse sich die »Hausarbeit« als eigenständiger Bereich neben der »Erwerbsarbeit« auf, dadurch löse sich die Familie auf. »Geburt und Geschlecht« träten ihre gesellschaftliche Funktion an das »Geld« ab (ebd. 176-181). Die Menschen würden nun, im ökonomischen Sinne, frei: sie lösten sich aus familialen, traditionalen Bindungen, sie würden *individualisiert:*

»In dem zu Ende gedachten Marktmodell der Moderne wird die familien- und ehe *lose* Gesellschaft unterstellt. Jeder muß selbständig, frei für die Erfordernisse des Marktes sein, um seine ökonomische Existenz zu sichern. Das Marktsubjekt ist in letzter Konsequenz das alleinstehende, nicht partnerschafts-, ehe- oder familien›behinderte‹ Individuum. Entsprechend ist die durchgesetzte Marktgesellschaft auch eine *kinderlose* Gesellschaft ...« (Beck 1986: 191)

– Die *Erosion des Klassenverhältnisses* (ebd. 121-160) führt Beck auf folgende, in der Fachsoziologie gut untersuchte Entwicklungen zurück: die »›Logik‹ der Risikoproduktion« dominiert die »›Logik‹ der Reichtumsproduktion« (ebd. 17, 25); der Dienstleistungssektor übernimmt die Führung in der Nationalökonomie; Hand- und Kopfarbeit verschränken sich; Arbeitszeiten sind erheblich reduziert, die Freizeit ist erheblich ausgedehnt; stark gestiegene Reallöhne erlauben eine Gestaltung der Freizeit und einen begrenzten Zugang zum Luxuskonsum auch für Arbeiter; das Arbeitsethos verliert an Bedeutung; Arbeiterkinder erhalten Zugang zum Bildungssystem; das Klassenbewußtsein löst sich auf. Insofern, konstatiert Beck, kann von einer »Tendenz zur ›Klassenlosigkeit‹« (ebd. 117; ebenso bereits: Müller-Armack 1960: 270-273) gesprochen werden. Aber die »soziale Ungleichheit« bestehe fort in Form einer höchst ungleichen Verteilung gesellschaftlichen Reichtums und »Ungleichheiten zwischen den Generationen« (ebd. 116f., 121). Durch die »Klassenlosigkeit« also wird die – weiterhin von Ungleichheit geprägte – Gesellschaft *individualisiert.*

Beck beschreibt diese Individualisierung in der »durch und durch modernen Gesellschaft« (ebd. 15), diese *Atomisierung durch eine totale Vergesellschaftung des Subjekts* – aber erklärt den Zusammenhang nicht, er klärt ihn schon gar nicht auf. So kann er die zentrale Aussage seiner Untersuchung nur plausibel machen, aber nicht begründen: die Erkenntnis eines »Bruches innerhalb der Moderne« (ebd. 13). Einerseits hat Beck *keinen Begriff von den besonderen gesellschaftlichen Verhältnissen:* der Begriff der Moderne geht noch zurück auf jene Modernisierungstheorie (W. A. Lewis, 1955; W. W. Rostow, 1960), die Beck der »ersten Moderne« zurechnet und die schon Gesellschaften durch die Metapher einer abstrakten Zeitordnung bestimmte. Andererseits hat Beck auch *keinen Begriff vom Individuum,* schon gar keinen von der *Utopie* und von der *»Liquidierung des Individuums«.* Der gesellschaftstheoretische Agnostizismus verstellt die Aufklärung des widersprüchlichen Zusammenhangs von sozialer Atomisierung und totaler Vergesellschaftung des Menschen, der von Le Bon bis Fromm und Adorno Erkenntnisgegenstand war. Beck vermag nicht zu unterscheiden: ob das Individuum, das sich frei wähnt, auch frei ist oder total vergesellschaftet – ob es seiner selbst bewußt oder ob es seiner selbst und seiner Verhältnisse nicht bewußt ist, ob *es Subjekt* seines Denkens und Handelns oder *Objekt* der unbewußt herrschenden Verhältnisse ist. Beck spricht bewußtlos, also begriffslos, das *Verschwinden des Subjekts durch die ökonomisch erzwungene Individualisierung* (Adorno 1944/47: 8f., 197) nur aus:

»Die Ausdifferenzierung von ›Individuallagen‹ geht aber gleichzeitig mit einer hochgradigen *Standardisierung* einher. Genauer gesagt: *Eben die Medien, die eine Individualisierung bewirken, bewirken auch eine Standardisierung.* Dies gilt für den Markt, Geld, Recht, Mobilität, Bildung usw. in jeweils unterschiedlicher Weise. Die entstehenden Individuallagen sind durch und durch *(arbeits-)marktabhängig.* Sie sind sozusagen die Perfektionierung der Marktabhängigkeit bis in alle Fasern der Existenz(sicherung) hinein, sie sind ihr spätes Ergebnis in der wohlfahrtsstaatlichen Phase. Sie entstehen in der *durchgesetzten* Markt- und Arbeitsmarktgesellschaft, die traditionale Versorgungsmöglichkeiten nicht oder kaum kennt. Bereits G. Simmel hat anschaulich gezeigt, wie Geld zugleich individualisiert *und* standardisiert.« (Beck 1986: 210; vgl. ebd. 116 f.)

»Diese Ausdifferenzierung von Individuallagen in der entwickelten Arbeitsmarktgesellschaft darf aber nicht mit gelungener Emanzipation gleichgesetzt werden. Individualisierung meint in diesem Sinne auch nicht den Anfang der Selbsterschaffung der Welt aus dem wiederauferstandenen Individuum. Sie geht vielmehr einher mit Tendenzen der *Institutionalisierung* und *Standardisierung* von Lebenslagen. Die freigesetzten Individuen werden arbeitsmarktabhängig und *damit* bildungsabhängig, konsumabhängig, abhängig von sozialrechtlichen Regelungen und Versorgungen, von Verkehrsplanungen, Konsumangeboten, Möglichkeiten und Moden in der medizinischen, psychologischen und pädagogischen Beratung und Betreuung. Dies alles verweist auf die besondere Kontrollstruktur institutionenabhängiger Individuallagen, die auch offen werden für (implizite) politische Gestaltungen und Steuerungen.« (Beck 1986: 119)

»In der fortgeschrittenen Moderne vollzieht sich Individualisierung unter den Rahmenbedingungen eines Vergesellschaftungsprozesses, der individuelle Verselbständigungen gerade in zunehmendem Maße unmöglich macht: Der einzelne wird zwar aus traditionalen Bindungen und Versorgungsbezügen herausgelöst, tauscht dafür aber die Zwänge des Arbeitsmarktes und der Konsumexistenz und der in ihnen enthaltenen Standardisierungen und Kontrollen ein. (...) Individualisierung bedeutet Marktabhängigkeit in allen Dimensionen der Lebensführung. (...) M.a.W., Individualisierungen liefern die Menschen an eine *Außensteuerung und -standardisierung* aus, die die Nischen ständischer und familialer Subkulturen noch nicht kannten.« (Beck 1986: 211 f.)

Beck beschreibt den längst dargelegten Zusammenhang von Masse und sozialer Atomisierung, von autoritärer Gesellschaft und autoritärem Charakter durch den Zusammenhang von »Individualisierung« und »Standardisierung«. Aber er hat keinen Begriff dieses Zusammenhangs: er listet nur ganz unsystematisch, empirisch, willkürlich und unvollständig (»usw.«!) die »Medien« auf, die das bewirken, was er beschreibt, und die Abhängigkeiten, die entstanden sind. Er weiß nur: eine »gelungene Emanzipation« des Individuums ist es nicht, weil die Individuen eben abhängig – »arbeitsmarktabhängig« – werden. Er weiß aber auch, gegen Marx: die gesellschaftliche »Entfremdung« ist »überwunden« (ebd. 132f.). Denn die »halbmoderne Gesellschaft« liegt zurück – und mit ihr die Theorien gesellschaftlicher Herrschaftsverhältnisse, die Entfremdungs- und Autoritätsverhältnisse, die das »Gehäuse der Hörigkeit« aufklärten.

Diese *Begriffslosigkeit* in Rücksicht auf den Zusammenhang von »Individualisierung« und »Standardisierung« ebenso wie auf die Frage nach der »gelungenen Emanzipation« und Verwirklichung des Individuums ist dem Soziologen freilich kein Mangel. Nachdem er auf fast 100 Seiten das »Individualisierungstheorem« empirisch dargelegt hat, schiebt er auf zwei Seiten »einige begrifflich-theoretische Präzisierungen« in Form eines »ahistorischen *Individualisierungsmodells«* nach (ebd. 205; das Modell: 206f.).

Provokativ lax, mit werturteilsfreier Gleichgültigkeit gegen die vergangene, gegenwärtige Gewaltgeschichte ebenso wie gegen die Geschichte der Sozialutopien konstatiert er:

»Viele assoziieren mit ›Individualisierung‹ Individuation gleich Personwerdung gleich Einmaligkeit gleich Emanzipation. Das mag zutreffen. Vielleicht aber auch nicht.« (Beck 1986: 207)

Weil Beck *keinen Begriff* hat vom Individuum, hat er *keinen Begriff* vom Zusammenhang zwischen »Individualisierung« und »Standardisierung«. Ist dies, nach seiner Argumentation, ein zentrales Merkmal der »zweiten Moderne«, so hat er auch *keinen Begriff* von der Gesellschaft der »reflexiven Modernisierung«. Er hat schließlich *keinen Begriff* vom Fortgang von der »ersten« zur »zweiten Moderne«. Er konstatiert erinnerungslos:

»Grundrechte mit universalistischem Geltungsanspruch, wie sie in den westlichen Gesellschaften in den vergangenen gut zweihundert Jahren mit Einbrüchen und in Sprüngen, aber in einem im ganzen doch wohl (bisher) *gerichteten* Prozeß durchgesetzt wurden, bilden also Scharniere der politischen Entwicklung …« (Beck 1986: 318)

Nach Becks Geschichtsauffassung war »Auschwitz« offenbar nur ein »Einbruch«, eine »Katastrophe« des 20. Jahrhunderts wie die beiden »Weltkriege«, wie »Bhopal«, wie »Tschernobyl« (ebd. 7). Dem Leser bleibt es – bei so viel Begriffs-, Erinnerungs- und Hoffnungslosigkeit – überlassen, sich etwas zu denken bei dem, was der Autor schreibt – das Buch wird zur Projektionsfläche für alle möglichen Meinungen, auch die widersprüchlichsten.

Darin freilich liegt *Becks Verdienst.* Seine Darstellung des Verhältnisses von Individuum und Gesellschaft in der »zweiten Moderne« ist radikal realitätsgerecht und eben keine willkürliche Vorstellung von gesellschaftlichen Umstrukturierungen: es ist eine irrationale Theorie der irrationalen Gesellschaft gesellschaftlich-irrationaler Subjekte – zu denen der Autor, dessen Metier die Wissenschaft von der Gesellschaft ist, offenbar selbst gehört. Die Fachsoziologie ist, wie Becks Schrift exemplarisch belegt, unter dem Neoliberalismus zu einer Anti-Theorie geworden.

6.3.2 Philosophische Erkenntnis- und ökonomische Entscheidungstheorie: Atomistische Anpassungs-Rationalität (Popper, Simon)

Die *neoliberale Philosophie* ebenso wie die *neoliberale Wirtschaftswissenschaft* präsentieren sich längst vor 1973/82 durch ihre Negation von Vernunft und positivistischer Systemrationalität. Poppers Kritischer Rationalismus, der der vernünftigen Aufklärung von Platon, Hegel und Marx eine Feindschaft gegen die »offene Gesellschaft« bescheinigt, hat auch den positivistischen Systemrationalismus durch seine Erkenntnistheorie auf eine darwinistische, atomistische Anpassungsrationalität reduziert. Simons Entscheidungstheorie verhöhnt, analog, die Vernunft und postuliert mit auftrumpfendem Gestus eine atomistische Theorie des rational choice. So entsorgen beide die *Utopie der Vernunft,* so sind beide blind für die *Geschichte der ›Zerstörung der Vernunft‹ (Lukács).* Deren vorläufiges Resultat ist vielmehr der Ausgangspunkt ihres gesellschaftlichen Irrationalismus, ihres methodischen Sozialatomismus.

Neoliberalismus und Ordoliberalismus haben eine Theorie der Gesellschaft formuliert, die auf einem »methodologischen Individualismus« (Hayek), auf dem Dogma vom Menschen als Maß aller Dinge (Röpke, Rüstow), beruht. Das neo- ebenso wie das ordoliberale Subjekt ist, nach Hayek, ein gesellschaftlich konformistisches Individuum, das sich den unbewußten Traditionen freiwillig unterwirft. Unter dieser Voraussetzung gesellschaftlicher Bewußtlosigkeit ist das Subjekt beides ineins: ein ent-individualisierter und darum atomisierter Bürger einer unerkennbaren gesellschaftlichen Welt. Beck hat diesen Zusammenhang als Gleichzeitigkeit von »Individualisierung« und »Standardisierung« beschrieben. Jener Bürger der neoliberalen Welt ist gesellschaftlich irrational. Weil die Gesellschaft ein bewußtloser Traditionszusammenhang ist, erscheint sie, die »zweite Natur«, als eine »erste Natur«. So vermag sich das konformistische Subjekt, gesellschaftlich irrational, der Umwelt doch durch eine sozialatomistische technische Rationalität anzupassen, die es freilich erst post festum als rational zu erkennen vermag: weil die »Gesellschaft als Ganze« (Hayek 1980: 78) sich rationaler Erkenntnis ebenso verschließt wie der rationalen Organisierung und Steuerung. Solche Theorien atomistischer technischer Rationalität haben Popper (1902-1994) und Simon (1916-2001) vorgelegt.

Karl Raimund Popper aus Wien ist der Begründer des *Kritischen Rationalismus:* einer vor allem erkenntniskritischen Philosophie, deren Konsequenzen er in seinem umfangreichen Werk auch für die Kritik der Sozial- und Geschichtsphilosophie ausgearbeitet hat. Von herausragender Bedeutung ist: *Logik der Forschung* (zuerst: 1934); daneben sind vor allem zu nennen: *Das Elend des Historizismus* (zuerst: London 1944/45) sowie *Die Offene Gesellschaft und ihre Feinde* (zwei Bände; zuerst: London 1945). Seine *Intellectual Autobiography* hat Popper 1974 unter dem Titel *Unended Quest* (deutsch: *Ausgangspunkte,* Hamburg 1979; 1984^{3}) skizziert und darin die Entwicklung seines Rationalismus, also die zentralen Fragen und Theoreme seiner wichtigsten Werke dargelegt. Popper gehört, durch diese Biographie, zum Kreis der Sozialphilosophen an der London School of Economics and Political Science; er wurde von Hayek 1945/46 nach London berufen (Popper 1974: 172ff.). In der Bundesrepublik wurde Popper bekannt durch sein Referat über *Die Logik der Sozialwissenschaften* auf dem 14. Deutschen Soziologentag in Tübingen, auf das Adorno mit einem Korreferat antwortete; es folgte der *Positivismusstreit in der deutschen Soziologie* (Adorno et al. 1969). Die Referenten stritten über die *Frage wahrer Erkenntnis.* Popper bestimmte das Problem der Wahrheit durch das Verfahren der Anpassung der Erkenntnis an Tatsachen; Adorno (GS 8: 309) formulierte dagegen: »Die Idee wissenschaftlicher Wahrheit ist nicht abzuspalten von der einer wahren Gesellschaft.«

In seiner Autobiographie (1974) hat Popper den Ausgangspunkt seiner Erkenntniskritik und die daraus folgende Erkenntnistheorie bezeichnet. Seine Kritik richtete sich gegen die Erkenntnistheorie des Wiener Kreises: das Verfahren, aus Protokollsätzen induktiv allgemeine Theorien abzuleiten und diese an den Tatsachen zu verifizieren. Popper argumentiert: ein unmittelbar empirischer Zugang zu Tatsachen über Protokollsätze ist unmöglich, und darum beginnt jede Erkenntnis mit Hypothesen, aus denen deduktiv empirisch an Tatsachen überprüfbare Sätze abgeleitet werden, die dem Scheitern – der Falsifikation – auszusetzen sind. Dieses Verfahren ist orientiert an Darwins Theorie der Anpassung von Lebewesen an die Umwelt.

Popper beginnt also mit einer Skizze der *»Erkenntnistheorie« des um 1920 entwickelten Logischen Positivismus:* des Wiener Kreises um Rudolf Carnap, Herbert Feigl, Otto Neurath, Hans Reichenbach, Moritz Schlick und Victor Kraft; anzuführen ist auch Ludwig Wittgensteins Erkenntnistheorie im *Tractatus logico-philosophicus* (1918/21). Popper (1974: 108-124) referiert: Der Wiener Kreis hatte auf der Suche nach einem »Abgrenzungskriterium … zwischen Wissenschaft und Metaphysik«, zwischen »Sinn und Sinnlosigkeit«, das »Kriterium« einer »Verifizierbarkeit«, einer »Beweisbarkeit durch Beobachtungssätze« angenommen (ebd. 110). Solche »singulären Sätze« sind unmittelbare, theoriefreie, auf Beobachtung beruhende Sätze über empirische »Tatsachen«, aus denen durch das logische Verfahren der Induktion »allgemeine Theorien« (ebd. 118f.) abgeleitet werden sollen. Kann der »Protokollsatz« (ebd. 123) – oder »Elementarsatz« (Wittgenstein 1918: § 4.2) – empirisch verifiziert werden, und ist die Logik der Induktion richtig angewendet worden, ist die Theorie wahr (ebd. § 5.).

Popper referiert sodann seine frühe, um 1930 entwickelte *Kritik der Erkenntnistheorie des Logischen Positivismus:* des Verfahrens der Verifikation und der Induktion. Der zentrale Einwand richtet sich *gegen die Konstruktion von »Protokollsätzen«.* Poppers »Einsicht« ist:

»daß es so etwas wie eine reine, vorurteilslose Erfahrung oder Beobachtung nicht gibt. Eine Beobachtung ist immer eine zielgerichtete Handlung. Sie geht darauf aus, das Bestehen einer Regelmäßigkeit zu finden oder nachzuprüfen, das *zumindest* in unbestimmter Weise vermutet wurde. So ist die Beobachtung eine problemgesteuerte Handlung; eine Handlung, die von einer zusammenhängenden Struktur von Erwartungen gesteuert wird ... So etwas wie eine passive Erfahrung gibt es nicht: weder passiv uns eingeprägte Ideen noch passiv geformte Assoziationen. Erfahrung ist das Resultat einer aktiven Forschungstätigkeit des Organismus, das Resultat seiner aktiven Suche nach Regelmäßigkeiten oder Invarianten. Wahrnehmungen gibt es nur im Zusammenhang mit Erwartungen und Interessen, und daher mit Regelmäßigkeiten oder ›Gesetzen‹.« (Popper 1974: 68 f.)

»Daraus folgt, daß es keine uninterpretierten visuellen Sinnesdaten gibt, keine ›Empfindungen‹ oder ›Elemente‹ im Sinne Machs: Was immer uns ›gegeben‹ ist, ist bereits theoretisch interpretiert, entschlüsselt, von Hypothesen durchtränkt.« (Popper 1974: 201. Das hat bereits der erste Positivist betont: siehe Comte 1830/ 42: 3 f.)

»Da es keine theoriefreie Beobachtung und keine theoriefreie Sprache geben kann, kann es natürlich keine theoriefreie Regel, kein theoriefreies Prinzip der Induktion geben; also keine Regel, kein Prinzip, auf dem alle Theorien beruhen.« (Popper 1974: 214)

Aus diesem Einwand gegen die Annahme von »Protokollsätzen« ergibt sich der Einwand gegen das Verfahren der Induktion: »daß es keine Induktion gibt« (ebd. 118). Entweder sind die Protokollsätze bereits bewußtlos theoriehaltig: dann resultiert durch Induktion tautologisch nur, was in den Beobachtungssätzen bereits enthalten war. Wären aber die Beobachtungssätze theoriefreie »singuläre Sätze«: einzelne Sätze von Einzelnem, so könnte aus ihnen niemals eine »allgemeine Theorie« tautologisch abgeleitet werden (ebd.).

Aus dieser Kritik der Erkenntnistheorie des Logischen Positivismus gewinnt Popper die *Erkenntnistheorie seines Kritischen Rationalismus,* die er auf frühe – zwischen 1921 und 1926 gewonnene – Einsichten zurückführt (siehe: 1974: 57-70). Den Verfahren der Verifikation und Induktion setzt er die Verfahren der *Falsifikation und Deduktion* entgegen: die Verfahren von *»Konstruktion und Kritik«,* von *»Versuch und Irrtum«.* – Popper überlegt: Wenn Beobachtungssätze immer schon theorievermittelte, theoriehaltige Sätze über Empirisches sind, dann sind Theorien deren Voraussetzung, dann ist die Beobachtung von Empirischem von den Theorien zu scheiden. Insofern sind *Theorien* unmittelbar ohne empirischen Gehalt, aber auf Empirisches bezogen: als »Hypothese«, als »Erwartung«, als »Versuch«, als »Dogma« (ebd., 57-63). Die *Bildung solcher Hypothesen* gehört in den Bereich der »Psychologie der Forschung« (ebd. 74), weil ihr das anthropologisch-subjektive »Bedürfnis« zugrunde liegt, »Regelmäßigkeiten zu suchen« (ebd. 64). Alle Theorien sind, nach Popper (ebd. 109), »für immer ... Hypothesen oder Vermutungen«: denn sie können nicht verifiziert werden. – Der nun folgende Akt der *Hypothesen-Prüfung* gehört zur »Logik der Forschung« und verbürgt deren Objektivität (ebd. 74). Aus den Hypothesen werden durch die Logik der Deduktion »Konsequenzen« abgeleitet, die »mit der Wirklichkeit« konfrontiert werden (ebd. 109, 113, 118). Da eine Verifikation durch Beobachtungssätze unmöglich ist, kann die Konfrontation »mit der Wirklichkeit« nur zu einem Lernen durch »Falsifikation« führen (ebd. 109). – Das gesamte Verfahren der Hypothesen-Bildung und Hypothesen-Prüfung ist ein Verfahren der Abfolge von *»Versuch und Irrtum«,* von »Dogmatismus« und »Kritik« (ebd. 59, 63, 67f.).

Popper (1974) stellt diese kritische Erkenntnistheorie in die *philosophische Tradition.* Gelegentlich verweist der kritische Rationalist auf *Kants Kritik der metaphysischen Erkenntnis* in der *Kritik der reinen Vernunft* (vgl. ebd. 113; 1972: 93-95). Popper würdigt zwar, Kant habe gelehrt, »daß unsere Theorien von unserem Verstand hervorgebracht werden und nicht von der Realität«. Aber er verwirft Kants Dogma der Unerkennbarkeit des Dings-an-sich: der Unmöglichkeit, Theorien an der Realität dem Scheitern auszusetzen (vgl. ebd. 79f.).

Immer wieder expliziert Popper seine Erkenntniskritik unter Verweis auf die *Evolutionstheorie Darwins* (ebd. 70, 118f., 144f., 190-194, 243-262). Mit Darwin läßt sich die Abfolge von »Versuch und Irrtum« nämlich als evolutionärer Prozeß der »Selektion« (ebd. 243ff.) darstellen: als Hypothesenbildung eines Lebewesens, das durch den Akt der Falsifikation, neuer Hypothesenbildung und neuer Falsifikation eine immer stärkere »Anpassung an die Umwelt« vollzieht und dadurch das »Überleben« sichert (ebd. 144) – oder, falls die Anpassungsversuche mißlingen, untergeht. Wenn nun im Begriff der »Umwelt« nicht unterschieden wird zwischen der »Welt der Natur« und der »gesellschaftlichen Welt« (Vico 1725: § 331), wenn also die »gesellschaftliche Welt« nach ihrem Logos nicht vom Logos der Natur unterschieden wird, dann gerät das Erkenntnissubjekt zu einem bloßen Naturwesen, dessen Existenz bestimmt ist durch die Alternative: »Überleben« oder Tod. Popper (1974) zieht die Konsequenz: die »Evolution« der Erkenntnis (ebd. 243ff.; Popper 1972: Untertitel), die Erweiterung des Wissens über »Versuch und Irrtum«, wird von allen »Lebewesen«, von allen »Organismen« angewendet, »von der Amöbe bis zu Einstein«

(ebd. 70; siehe ebd. 191, 258, 260 und Popper 1972: passim). Diese Rationalität ist die Rationalität eines einzelnen Lebewesens an die Umwelt; die Rationalität wird durch die Falsifikation objektiviert, allgemein prüfbar, so daß alle rational Angepaßten der Erkenntnis zustimmen. Das Kriterium wissenschaftlicher Rationalität ist mithin: »Überleben des Organismus« (ebd. 258) durch Anpassung. Da dies erst post festum überprüfbar ist, kann es ein Apriori-Wissen der Umwelt nicht geben.

Das Verhältnis zum naturwissenschaftlichen Positivismus Auguste Comtes klärt Popper in seiner Autobiographie nicht; in der *Logik der Forschung* (1934/35) wird der Name Comtes nur einmal in einer Anmerkung erwähnt (a.a.O., 10 Anm. 3), in der *Objektiven Erkenntnis* (1972) ebenfalls (a.a.O., 275 Anm. 8). Zahlreich sind die Hinweise allein im *Elend des Historizismus* (1944/45). Popper hat stets betont, etwa im *Positivismusstreit,* kein Positivist zu sein. Der Grund ist einfach. Wenn, nach der kritischen Erkenntnistheorie des Kritischen Rationalismus, die Erkenntnis in einem evolutionären Anpassungsprozeß von einzelnen Subjekten an die Umwelt durch Konfrontation vorausgesetzter Hypothesen mit Tatsachen erfolgt, dann ist dies ein Anpassungsprozeß Einzelner an Einzelnes: an einzelne Sachverhalte, die dem »vereinzelten Einzelnen« als phänomenale »Umwelt« gegenübertreten. Allgemeines, wie ›die‹ Gesellschaft oder ›die‹ Geschichte, entziehen sich der Beobachtung und daher der Erkenntnis. Die »Umwelt«, als Welt der Anpassung, ist theoretisch und praktisch unüberschreitbar. – Genau eine solche Gesellschafts-Erkenntnis beansprucht Comte: durch eine Naturwissenschaft der Gesellschaft oder »soziale Physik«, die aus der – im Dreistadiengesetz explizierten – Geschichte von Rationalität und Gesellschaft resultiert. Deshalb hat Comte eine naturwissenschaftlich-rationale Organisation der Gesellschaft konzipiert. – Dies verwirft Popper als »ganzheitliche Betrachtungsweise« oder »Holismus« in der Wissenschaft von der Gesellschaft (1944/45: 14-16) und setzt dem den limitierten atomistischen Rationalismus und die »Stückwerk-Technik« entgegen (ebd. 51-57, 60). Dies verwirft er als »Historizismus« in der Wissenschaft von der Geschichte (ebd. XII, 2, 33-42, 57, 83-94, 99, 119f. und Titel). Dies verwirft er, mit Hayek, als »Szientismus«: als Übertragung mißverstandener »Methoden der Naturwissenschaften« auf die Sozialwissenschaften (ebd. 83, 89, 102f.). Deshalb verwirft er auch die positivistische Prognose einer technisch rationalisierten Gesellschaft als »Prophezeiung« (ebd. 11, 34ff.):

»Wenn wir die Welt nicht wieder ins Unglück stürzen wollen, müssen wir unsere Träume der Weltenbeglückung aufgeben. Dennoch können und sollen wir Weltverbesserer bleiben – aber bescheidene Weltverbesserer.« (Popper 1944 / 45: VIII. Siehe Poppers weitere Bemerkungen zu Comte: ebd. 101, 123, 124)

Darum hat Hayek den kritischen Rationalisten Popper an die London School berufen und sein Werk immer wieder – gerade im Kontext des gemeinsamen Darwinismus und der Kritik einer rationalen Erkenntnis und Einrichtung der Gesellschaft – gewürdigt (vgl. Hayek 1960: VI, 34, 45, 51, 88, 301).

Herbert A. Simon aus Milwaukee (USA) ist hervorgetreten als Ökonom und Organisationssoziologe; er erhielt 1978 den Alfred-Nobel-Gedächtnispreis für Wirtschaftswissenschaften. Die Theorie der *rationalen Entscheidungsfindung in Wirtschaftsunternehmen,* die er in seiner Nobel-Lesung vom 8.12. 1977 umrissen hat, hat er früh – um 1955/56 – als *Rational-Choice-Theory* entwickelt. Im Jahre 1983 hat Simon dieses Thema seines Lebenswerkes noch einmal unter dem Titel: *Reason in Human Affairs* (deutsch: *Homo rationalis. Die Vernunft im menschlichen Leben.* Frankfurt, New York 1993) abgehandelt. Diese Theorie ist, in der Epoche des Neoliberalismus, von allen Sozial- und Geisteswissenschaften aufgenommen worden; die Literatur zum Thema ist unendlich.

Simon hat in jener *Summa seines Lebenswerkes* das Dogma der Rational-Choice-Theory prägnant formuliert: *Alle Rationalität beruht auf willkürlichen Voraussetzungen und Methoden, die sie nicht begründen kann und die insofern irrational sind.* Darum können Gesellschaft und Geschichte als Ganze gar nicht erkannt werden, darum beruhen die Ideen der Vernunft und der Rationalität des naturwissenschaftlichen Positivismus auf einem Omnipotenz-Wahn. Die Rationalität steht auf irrationalen Grundlagen und ist immer die *Rationalität von Einzelnen,* die sich dem *gesellschaftlichen Kosmos anpassen.*

»Die modernen Nachfahren des Archimedes suchen noch immer nach dem Dreh- und Angelpunkt, an dem sie den Hebel ansetzen können, der die ganze Welt bewegen soll. Die Schwierigkeit, einen solchen Punkt auf dem Gebiet des Denkens zu finden, resultiert aus der Binsenweisheit, daß es ›keine Schlussfolgerungen ohne Voraussetzungen‹ gibt. Denkprozesse brauchen symbolische Inputs und liefern symbolische Outputs. Die ursprünglichen Inputs sind Axiome, die ihrerseits nicht logisch abgeleitet sind, sondern einfach aufgrund empirischer Beobachtung eingeführt oder – noch einfacher – postuliert werden. Darüber hinaus sind auch die Prozesse, die die Verarbeitung von Inputs in Outputs bewerkstelligen (die Schlußregeln), willkürlich festgelegt und keine Produkte der Vernunft. Axiome und Schlußregeln sind der Punkt, an dem der Hebel des Denkens ansetzt, aber ihre eigene Struktur kann nicht durch die Methoden des Denkens begründet werden.« (Simon 1983: 13 f.)

Die alte, von Aristoteles formulierte Idee der Aufklärung als einer »Vernunfterkenntnis«, die »Erkenntnis ihrer Erkenntnis« (IIIIII) ist (Metaphysik, 1074b), ist – nach Simon – durch die Anerkennung der »Binsenweisheit«, daß alles Denken auf willkürlichen Voraussetzungen beruht, unmöglich. Daraus ergeben sich, nach dieser irrational-rationalen Einsicht des Nobelpreisträgers, drei Konsequenzen (Simon 1983: 14f.). Erstens sind alle »Beobachtungen« von »Tatsachen« durch »theoretische Vorannahmen« geprägt, die willkürliche Voraussetzungen haben; aus Beobachtungen lassen sich keine Theorien ableiten. Zweitens sind »allgemeine Sätze« nicht induktiv aus »einzelnen Tatsachen heraus zu entwickeln«, so daß die Methode der Induktion willkürlich ist. Drittens lassen sich aus deskriptiven keine »normativen Sätze« ableiten – darum vermag die »Vernunft« nur »Mittel« zu bezeichnen, aber keine »Ziele« zu klären.

Die »Vernunft« ist mithin ein irrational fundiertes Mittel zur Mittel-Bestimmung, das von Einzelnen für Einzelnes als »Instrument« eingesetzt werden kann: ein »Instrument«, das die *Wahl von Mitteln für rational nicht bestimmbare Ziele rationalisiert (rational choice).* Die Rationalität ist daher eine »begrenzte Rationalität« (ebd. 12): ein höchst unvollkommenes »Werkzeug« zur Lösung von »Problemen« (ebd. 11, 16), ein effizientes »Instrument der Entscheidungsfindung« (ebd. 103).

»Nach meiner These ist die menschliche Vernunft weniger ein Instrument, mit dem das allgemeine Gleichgewicht des ganzen Weltsystems modelliert und vorhergesagt werden kann oder mit dem ein riesiges allumfassendes Modell geschaffen werden kann, das zu jedem Zeitpunkt alle Variablen berücksichtigt. Sie ist vielmehr ein Instrument, mit dem spezifische Teilbedürfnisse und -probleme untersucht werden können. (…) Wir werden in unserer Gesellschaft oder in irgendeiner anderen wohl niemals einen stabilen Zustand erreichen, in dem alle Probleme gelöst sind. Ein solcher Zustand wäre auf jeden Fall ziemlich langweilig. Es würde schon genügen, für unsere Nachkommen eine so breite Skala an Möglichkeiten offenzuhalten, wie sie unsere Vorfahren für uns offengehalten haben, und von den Problemen, die auf uns zukommen, so viele zu lösen, daß unsere Kinder und Kindeskinder nicht weniger Spielraum vorfinden als wir ihn hatten. Das scheint ein realistischeres gesellschaftspolitisches Ziel zu sein als hier und jetzt (oder auch morgen) ein Utopia errichten zu wollen. Es ist jedenfalls vernünftiger als die Annahme, jedes Problem der Menschheit sei stets von sich aus mit einer Lösung verbunden, die es nur zu entdecken gelte, um es aus der Welt zu schaffen.« (Simon 1983: 116-118)

Das Subjekt der »begrenzten Rationalität« ist, in Rücksicht auf die Mittel-Rationalität, tautologisch selbst ein Mittel. Die Ziele aber sind nicht rational: »Gefühle« (ebd. 33ff., 39ff.).

Als Mittel verkehrt sich das Subjekt in ein Objekt, der Mensch in einen physischen »Organismus«, der um sein Überleben kämpft. Der Ökonom Simon erläutert diese Objektivierung des Subjekts, indem er das *»Verhaltensmodell« rationaler Entscheidung* beschreibt (ebd. 27ff.). Diesem Modell folgt, nach seiner Überzeugung, nicht nur jeder Mensch – gleich in welcher Kultur er lebt – , sondern auch jedes »Lebewesen«, jeder »Organismus« (ebd. 27f., 29f.). Nach dieser Konstruktion ist die Befriedigung von Grund-Bedürfnissen (wie »Nahrung«) in einer unüberschaubaren Umwelt das Problem. Die Komplexität des Problems wird nun doppelt reduziert: in Rücksicht auf das Subjekt (Bedürfnisse) und das Objekt (Umwelt). Jede Entscheidung zielt auf die Befriedigung einzelner Bedürfnisse, während andere zurückgestellt werden. Zugleich wird die »Umgebung, in der wir leben, ... in verschiedene Probleme zerlegt«; die Entscheidungen betreffen immer nur »spezielle Dinge«, »bestimmte Aspekte« des Lebens. Entschieden wird mit einer »begrenzten Rationalität« in Rücksicht auf die Befriedigung begrenzter Bedürfnisse und eines begrenzten Weltausschnittes (ebd. 27-30, 116). Die Rationalität muß fähig sein, sich auf einzelne Bedürfnisse und Sachverhalte zu konzentrieren, nach Alternativen zu suchen, Informationen über die Umgebung zu sammeln und daraus Schlüsse zu ziehen (ebd. 30-33). Der Entscheidungsprozeß geht aus von einem oder wenigen Bedürfnissen; sodann werden relevante Informationen über die Umwelt gesammelt; diese Informationen werden nach Entscheidungs- und Handlungs-Alternativen sortiert. So kommen Organismen, einschließlich des Menschen, mit einer begrenzten »Gehirnkapazität« in einer für sie »viel zu komplizierten« Welt durch (ebd. 33).

Simon (ebd. 47-84) erläutert, wie Hayek und Popper, diese rationale Entscheidung von Organismen – »von der Amöbe bis zu Einstein« (Popper 1972: passim) – im Rekurs auf *Darwins Theorie der Evolution* (Simon 1983: 52-67). Die »begrenzte Rationalität« erklärt er als ein nützliches »Werkzeug« zur Sicherung des »Überlebens« durch »evolutionäre Anpassung« an die »Umwelt« – sei es die gesellschaftliche Welt, sei es die Welt der Natur (ebd. 45, 47ff.). Diese Anpassung erfolge durch die Folge von »Versuch und Irrtum« (ebd. 52): durch die Folge von »Variation, die neue Lebensformen hervorbringt«, und »Selektion, die Formen bewahrt, die an ihre Umgebung gut angepaßt sind.« (ebd. 50) Während Organismen, wie die Amöbe, diese Anpassung naturwüchsig vollziehen, leistet der Mensch, wie Einstein, die Anpassung – die Falsifikation von Hypothesen – bewußt (vgl. ebd. 48-50; Popper 1972: 25 und öfter). Rational ist dann die Anpassungsleistung, bei der ein Wettbewerber um knappe Ressourcen auf dem Markt überlebt, während andere durch »Selektion« eliminiert werden. Das nennt Simon:

das »Überleben des Tauglichsten« im »Selektionsprozeß« (ebd. 50, 54-57). Der »Tauglichste« verfügt, als Überlebender in einem allgemeinen Kampf um Leben und Tod, über eine besondere physische Ausstattung: ein »egoistisches Gen« (ebd. 57). Der Altruismus ist aber hilfreich, wenn es um das Überleben einer »Gruppe« im Kampf gegen konkurrierende andere geht (ebd. 68-76). Das Rationalitätskriterium ist, unter Bedingungen von Robinsonaden ebenso wie von Gesellschaften, der bellum omnium contra omnes in Form eines Wettbewerbs, der die gesamte Evolution – längst vor der Existenz von Menschen – bestimmte; ›Wahrheit‹ ist eine Idee, mit der Simon so wenig anfangen kann wie mit der Idee der Bildung des Menschen zu einem autonomen Individuum (vgl. ebd. 41-44).

Negativ erklärt Simons Bestimmung der »begrenzten Rationalität«, die auf rational nicht weiter begründbaren Voraussetzungen beruht: daß die gesellschaftliche Welt als Ganze nur erkannt und vernünftig eingerichtet werden könnte, wenn das Denken selbstreflexiv wäre – wenn es seiner eigenen Voraussetzungen inne würde. Da er dies als Unmöglichkeit bezeichnet, leugnet Simon alle Vernunft-»Utopie«: und verwirft sie, auf der Grundlage seiner atomistisch-technischen Rationalität, als »ziemlich langweilig« (ebd. 117f.). Was also wäre *nicht »langweilig«?* Der Überlebenskampf, der *bellum omnium contra omnes,* bei dem die »Tauglichsten« siegen und die Untauglichen eliminiert werden. Der Nobelpreisträger und Professor an der ›Elite-Universität‹ von Stanford hat somit keine Probleme, in Rücksicht auf die Selektionstheorie zu fragen:

> »Wenn wir aber evolutionäre Konzepte auf unsere Gesellschaft anwenden, müssen wir fragen, ob eine statistische Selektion durch wiederholte Versuche überhaupt möglich ist. Nach wie vielen Nuklearexplosionen ist klar, welche Arten stark genug sind, um auf der Erde zu überleben?« (Simon 1983: 51)

Wenn der »ewige Friede« langweilig ist, ist der offene oder pazifizierte Gesellschaftskrieg aufregend.

Simon, Personifikation dieses atomistisch-rationalen, gesellschaftlich-irrationalen Bewußtseins einer irrational-rationalen und darum in einem latenten oder offenen Kriegszustand befindlichen Welt, ist deshalb analphabetisch in Rücksicht auf den historisch singulären Massenmord, der vom nationalsozialistischen Deutschland verübt wurde. Er individualisiert zunächst den SS-Staat, indem er ihn auf die Person Hitlers reduziert, führt dann dessen autoritäres Charisma und dessen Macht auf *Mein Kampf* zurück, um endlich die Wirkung dieser Schrift zu erklären: Der Text beruhe zwar auf einem unhaltbaren Tatsachenwissen und einem empörenden »Wertesystem«, sei aber Ausdruck eines »Gefühls«, ohne das kein Denken möglich sei, weil eben Gefühle »bestimmte Dinge unserer Umgebung in den Fokus unserer Aufmerksamkeit« rückten (ebd. 40; siehe: 39ff.). So enthält *Mein Kampf:* ein »heißes Denken« (ebd. 19). Man hätte also »den Nazismus und sein Programm am besten mit Hilfe eines Denkens ... bekämpfen können, das auf besseren sachlichen Voraussetzungen beruht«; man hätte zeigen sollen, daß »Juden und Marxisten« nicht »für die ökonomischen Schwierigkeiten Europas ... verantwortlich seien.« (ebd. 17) Aber das hätte noch nicht viel geholfen: die Wirkung von *Mein Kampf* bestand eben nicht in »kaltem Erkennen«, sondern auch in jenem »Wertesystem«. Also wäre dem »Nazismus« ein »Wertesystem« entgegenzusetzen, das keine scharfe »Grenze zwischen ›Wir‹ und ›Sie‹ zieht.« (ebd. 18) Entscheidend, weiß Simon, ist aber die erkenntnisleitende Funktion der Gefühle. Also wäre Hitlers »heißem Denken« ein ebenso »heißes Denken« entgegenzusetzen (ebd. 40f.): eine »heiße Soße« (ebd. 43). Eine »heiße Soße« also gegen die andere »heiße Soße«. Besser kann die »Wiederkehr des Verdrängten« unter dem Neoliberalismus: die andere Erscheinung des autoritären Charakters, des Bürgers einer autoritären Gesellschaft, in Gestalt des konformistischen Bürgers einer sinn-konformistischen Gemeinschaft, nicht dokumentiert werden.

6.3.3 Biotechnologie: Der Mensch als ensemble seiner DNS (Deutscher Bundestag)

Die *Biotechnologie* entspricht, als Naturwissenschaft und naturwissenschaftliche Technik, dem *neoliberalen Logos* einer total fetischisierten gesellschaftlichen Welt, weil sie die Möglichkeit einer Reproduktion der Natur, gar des Menschen eröffnet: weil sie die »Natur« aufzuheben scheint (vgl. Adorno: GS 11: 285). Sie wendet sich dem »Menschen« zu; sie stellt *erinnerungslos* die »nationalsozialistische ›Rassehygiene‹« und die Menschen-Selektion auf eine wissenschaftlich-rationale Grundlage (Catenhusen/Neumeister 1987: 149f., 150); sie präjudiziert die ethische Frage nach dem »Menschen« und seiner »Würde«, indem diese – *unbekümmert um diese große Sozialutopie* – auf sein »natürliches Werden« (ebd. 187) reduziert wird.

Schon bei Hayek schlägt der krude Idealismus des geisteswissenschaftlichen, sinnverstehenden Positivismus um in den kruden Materialismus einer biologistischen Anthropologie (siehe: 1960: 78f., 106f.). Schon bei Hayek schlägt der »freiwillige Konformismus« gegenüber »unbewußt« geltenden »Konventionen und Gebräuchen«, insbesondere gegenüber den »Moralregeln«, um in den Imperativ der Anpassung an eine empirisch regelmäßige Welt (ebd.). Popper und Simon, die nicht vom Sinnverstehen ausgehen, haben diesen kruden Materialismus des neoliberalen »Antirationalismus« (ebd. 87) erkenntnistheoretisch (Popper) und entscheidungstheoretisch (Simon) entwickelt. Sie haben deshalb den Imperativ der Anpassung an eine gegebene »Umwelt« aufgenommen und den Anpassungsprozeß, wie Hayek (ebd. 34, 46, 72-77), im Rekurs auf Darwins Theorie der Evolution expliziert: als Kampf ums Dasein mit »selektiver Ausmerzung«, so daß die besser Angepaßten überleben – und die anderen eliminiert werden. Diesen »Krieg der Natur« (Darwin 1859: 97), den Darwin aus der zeitgenössischen Sozialphilosophie in die Biologie übertrug, hat der Neoliberalismus als latenten oder offenen Krieg der Gesellschaft in die »Gesellschaftstheorie« (Hayek 1980: 154) zurück übertragen, vor allem in der Wettbewerbstheorie. Ist aber der Kampf ums Dasein, nach Popper und Simon, eine evolutionäre Universalie »von der Amöbe bis zu Einstein« (Popper 1974: 70), dann sind die Kämpfenden reine Naturwesen, bloße »Organismen«: dann sind Menschen nichts als »menschliche Natur«, ausgestattet mit ungleichen Natureigenschaften in Form von »Genen« und »Genstrukturen« (Hayek 1960: 106), in denen evolutionäre Anpassungsprozesse als »Erbgut« enthalten sind und vererbt werden – als »geistig-moralisches Kapital« (vgl. Röpke 1942: 17f.). So ist das neoliberale Bewußtsein an der Naturwissenschaft vom Menschen interessiert: an der *Genforschung und an der Gentechnologie* als fortgeschrittenster Form der *Biotechnologie.* Das Interesse gilt den in lebenden Zellen, in der DNS (Desoxyribonucleinsäure), enthaltenen Erbinformationen, um diese zu analysieren, zu isolieren, zu dechiffrieren, auf andere Organismen zu übertragen, neue genetische Informationen synthetisch zu erzeugen: um den *evolutionären Prozeß der Anpassung an die Umwelt, der Bildung von Variationen und der Selektion zu rationalisieren.* Natur und Mensch sollen wissenschaftlich, rational, technisch reproduziert und produziert werden im Interesse der Anpassung an den gegebenen logos der societas. So wird der neoliberale Imperativ des Konformismus naturwissenschaftlich-technisch umgesetzt. Anthropologisch wäre der konforme Mensch zu produzieren als ein durch seine manipulierte Genstruktur maximal angepaßtes Wesen. Fraglich ist im folgenden mithin nicht eine bestimmte Naturwissenschaft vom Menschen, sondern deren gesellschaftliche, ökonomische und ideologische Funktion.

Der Deutsche Bundestag hat im Jahre 1984 auf Antrag der Fraktion ›Die Grünen‹ eine Enquête-Kommission zum Thema: *Chancen und Risiken der Gentechnologie* eingesetzt; den Auftrag an die Kommission formulierten die Fraktionen von CDU, CSU, FDP und SPD. 1987 hat die Kommission ihren *Bericht an den Deutschen Bundestag* mit Analysen und Empfehlungen für politische Entscheidungen vorgelegt (Catenhusen/Neumeister 1987). Der

Bericht ist lehrreich: weil er in den Anfangsjahren einer Implementierung neoliberaler Politik-Ökonomie in der BRD verfaßt wurde; weil er in den ersten Jahren der ökonomischen Nutzung und Entwicklung der neuen Technologie deren sozialökonomische Funktionen und Gefahren noch prinzipiell und mit geringer Hemmschwelle ausspricht. In der Zwischenzeit ist, selbstredend, die Technologie erheblich weiter entwickelt und vieles, was 1987 als *Chancen und Risiken* dargelegt wurde, realisiert worden.

In der einleitenden *Zusammenfassung der Empfehlungen der Enquête-Kommission* (a.a.O., XIX-LVII) werden vor allem die *Anwendungsbereiche der Gentechnologie* (ebd. XIX-XXXVII) umrissen. – Im Bereich der *Beherrschung der lebendigen äußeren Natur* ist das erste Ziel die Steigerung der Produktivität in der Landwirtschaft auf den Gebieten der »Pflanzen-« (ebd. 57ff.) und der »Tierproduktion« (ebd. 84ff.) zur »Sicherung der Ernährung«, zur Produktion von »Industriepflanzen« sowie zur Substitution von »petrochemischen Stoffen durch nachwachsende Rohstoffe«: durch gezielte Manipulationen sollen bei Pflanzen und Tieren die »Resistenzen gegenüber Krankheitserregern« und – bei Pflanzen – gegenüber Herbiziden verbessert, die Wachstumsgeschwindigkeiten gesteigert, die Anpassungsfähigkeit an extreme klimatische Bedingungen hergestellt, die Haltbarkeit geernteter Pflanzen verlängert, die Milchleistung bei Kühen optimiert werden. Wichtig sind gleichfalls: die Sicherung der genetischen Ressourcen der Welt durch Gen-Banken angesichts der dramatischen Reduktion der Artenvielfalt; die Sicherung industriell verwertbarer Rohstoffe; die Beseitigung von Abfall- und Schadstoffen durch spezifisch produzierte Mikroorganismen. – Im Bereich der *Beherrschung der menschlichen Natur* wird die Entwicklung der Humangenetik betrieben zur Diagnose (»Genomanalyse«) und Therapie (»Eingriffe in das Erbgut menschlicher Zellen«) genetischer »Defekte« (ebd. 177) wie Erb-Krankheiten oder Mißbildungen, so daß das Interesse an einer »Menschenzüchtung« absehbar ist (ebd. XXVII-XXXVIII). – In beiden Sektoren: der Beherrschung der außermenschlichen und der menschlichen Natur, ist das gesellschaftliche, die Wissenschaft leitende Interesse die *Rationalisierung der Evolution* – wesentlich zur Durchsetzung ökonomischer Imperative.

Im Bereich der *wissenschaftlich-technischen Beherrschung, der Produktion und Reproduktion der lebendigen äußeren Natur* (ebd. 40-115): also der Pflanzen- und Tierproduktion, der Reproduzierbarkeit von industriell verwertbaren Rohstoffen, der Sicherung genetischen Materials sowie der Abfallbeseitigung, schien die Gentechnologie – nach dem Kommissions-Bericht – ein prinzipielles Problem zu lösen. Dieses Problem hatte im Jahre 1972 der *Club of Rome* in seinem Bericht über die *Grenzen des Wachstums*

(Meadows et al. 1973) exakt benannt und in Modellrechnungen plausibel gemacht: ökonomisches ›Wachstum‹ zielt, als exponentielles Wachstum, auf unendlichen ökonomischen Reichtum (ebd. 18-35) – aber »unsere Erde ist nicht unendlich.« (ebd. 74) Denn begrenzt sind: die vorhandenen Rohstoff-Reserven; die landwirtschaftlich nutzbare Fläche; die Möglichkeit der Erde, Schadstoffe zu absorbieren (ebd. 36-74). Die Gentechnologie, so schien es, sei neben der Reaktortechnologie und der neuen Informationstechnologie eine Technologie, die die Endlichkeit der Naturbasis des Verwertungsprozesses zu überwinden, also ein unendliches Wirtschaftswachstum zu realisieren vermag – einen *krisenfreien Kapitalismus.*

Im Bereich der *Humangenetik* (Catenhusen/Neumeister 1987: 115-193) rückte gleichfalls, in einer Zeit der globalen ökonomischen Krisis um 1971/81, die Möglichkeit einer wissenschaftlichen *Steuerung und Beschleunigung der Evolution* in den Blickpunkt: einer *technisch-ökonomischen Rationalisierung des Menschen.* Diese Rationalisierung zielte auf: eine steigende Produktivität des Menschen; eine Senkung der sozialstaatlichen Kosten zur Sicherung eines minimalen Lebensstandards. Die gentechnische Beherrschung der äußeren Natur kann als spiegelbildliche Darstellung der gentechnischen Beherrschung der menschlichen Natur gelten: der Reduktion des Menschen auf ›Natur‹, die im ökonomischen Verwertungsinteresse reproduzierbar und produzierbar ist. Im Verhältnis zur äußeren Natur reflektiert sich das Selbstverhältnis des neoliberalen Menschen: die Genforschung und die Gentechnologie unterscheiden prinzipiell nicht zwischen Pflanzen-, Tier- und Menschen-DNS; Erbinformationen sind zwischen diesen drei Bereichen übertragbar. So trägt die Humangenetik zur Konstituierung des neoliberalen *konformistischen Subjekts* bei: als Personifikation instrumenteller Rationalität.

Der Bereich der *Genomanalyse* (ebd. 144-177) ist der erste grundlegende Bereich der Humangenetik. Durch diese Analyse sollen diagnostische Techniken entscheidend verbessert werden. Im Bericht der *Enquête-Kommission* wird die Genomanalyse definiert:

»Unter Genomanalyse werden hier alle Verfahren der genetischen Analyse verstanden, die die Funktionsfähigkeit oder Struktur der Gene untersuchen.« (Catenhusen / Neumeister 1987: 144)

Der Humangenetik gelten alle Lebewesen gleich: Pflanzen, Tiere, Menschen:

»Das genetische Material aller lebenden Organismen besteht aus *DNA.* Hierbei handelt es sich um ein Fadenmolekül, das aus nur vier Bausteinen, A, T, C und G (Basen, Nukleotide) besteht, die in zwei einander gegenüberliegenden Ketten, als sog. *Doppelhelix,* spiralförmig angeordnet sind.« (Catenhusen/Neumeister 1987: 11; vgl. ebd. 141)

Der Mensch gilt nur als ein lebender »Organismus«, der sich prinzipiell etwa vom Blumenkohl oder von einer Ziege nicht unterscheidet. Alle traditionellen, philosophischen Bestimmungen des Menschen sind obsolet: der Mensch als politisches Wesen (Aristoteles); der Mensch als gottesebenbildliches Wesen (Die Bibel, Pico, Manetti); der Mensch als sich isolierendes und zugleich vergesellschaftendes Wesen (Kant); der Mensch als arbeitendes Wesen (Franklin, Engels); der Mensch als »ensemble der gesellschaftlichen Verhältnisse« (Marx). In der Humangenetik ist der Mensch schlicht, wie die Pflanze oder das Tier: ein *ensemble von DNS:* ein »Ensemble von Einzelzellen/Organen« (Catenhusen/Neumeister 1987: 324): lebendige Naturgesetzlichkeit, lebendige instrumentelle Rationalität (vgl. Weber: PS, 332f.). Darum wird in der Genomanalyse die »Funktionsfähigkeit ... der Gene« untersucht (Catenhusen/Neumeister 1987: 144): das maschinengleiche Funktionieren des Menschen-Organismus. Funktioniert der Organismus, ist er: *gesund.* Funktioniert er nicht, ist er *krank:* Die »Methoden der Genomanalyse« (ebd. 144-147) zielen auf die Identifikation »genetischer Defekte« (ebd. 177), also von »Erbkrankheiten« und »Mißbildungen«. Das Kriterium der instrumentellen Funktionsfähigkeit, nach dem zwischen Gesundheit und Krankheit unterschieden wird, impliziert die Nutzung der Genomanalyse zur *Unterscheidung von Menschen danach, ob sie arbeitsfähig sind oder nicht, ob sie ökonomisch verwertbar sind oder nicht.* Da es weder eine Gesundheit-an-sich noch eine Krankheit-an-sich gibt, sondern beides gesellschaftlich-anthropologische Setzungen sind, die als Natur-Bestimmungen nur erscheinen, enthält die Setzung des Menschen als ensemble von DNS eine bestimmte *gesellschaftliche Anthroplogie,* die als solche total verschleiert ist.

Nach dieser prinzipiellen Klärung der »Genomanalyse« listet der Bericht der Enquête-Kommission die *»Anwendungsbereiche der Genomanalyse«* auf (ebd. 147ff.): »Genetische Beratung und pränatale Diagnostik« (ebd. 147-154); »Neugeborenen Screening« (ebd. 154-157); »Öko- und Pharmakogenetik« (ebd. 157-162); »Genomanalysen an Arbeitnehmern« (ebd. 162-172); »Genomanalysen für Versicherungen« (ebd. 173-175); »Genomanalysen in Strafverfahren« (ebd. 175-177). Diese Anwendungsbereiche sind, ohne Zweifel, in vielen Einzelfällen für Betroffene hilfreich. Gesellschaftlich jedoch sind sie – aufgrund der gesellschaftlichen Anthropologie, die der Genomanalyse zugrunde liegt – *Methoden einer rationalisierten Menschen-Selektion,* einer *wissenschaftlichen Steuerung und Beschleu-*

nigung der Evolution zur *Anpassung des Menschen* an die Imperative der gesellschaftlich-ökonomischen »Umwelt«.

Der Anwendungsbereich der *»genetischen Beratung und pränatalen Diagnostik«* zielt auf die »Vorhersage bestimmter Schäden bzw. deren frühzeitige Diagnose«; die Beratung gilt vor allem der Frage von Erbkrankheiten (ebd. 147ff.). Als Problem der Humangenetik in diesem Anwendungsbereich bezeichnet der Bericht die Möglichkeit der »Bevölkerungseugenik«:

»Unter *Eugenik* versteht man die Sicherung oder Verbesserung der genetischen Ausstattung zukünftiger Generationen. Das kann dadurch angestrebt werden, daß die Fortpflanzung von Trägern erwünschter Erbanlagen gefördert wird und / oder Träger unerwünschter Erbanlagen von der Fortpflanzung ausgeschlossen werden. Diese Methode zur langfristigen Verbesserung des Gen-Pools der Bevölkerung erfuhr ihre Diskreditierung als Instrument nationalsozialistischer ›Rassehygiene‹ und wird nicht mehr als eigenständiges Konzept vertreten. Allerdings werden Befürchtungen geäußert, der menschliche Gen-Pool könne sich langfristig verschlechtern. Diese Annahme wird darauf gestützt, daß die Entwicklung moderner Medizin auch solchen Trägern von Erbleiden die Möglichkeit von Fortpflanzung bietet, die früher jung verstorben wären.« (Catenhusen / Neumeister 1987: 149 f.)

Wissenschaftlich vorherzusagende »Schäden« wären bei Menschen: *Behinderungen.* In der Bundesrepublik gilt, nach dem Sozialgesetzbuch IX, ein Mensch dann als behindert, wenn seine körperliche, geistige oder seelische Verfassung längere Zeit von dem – für das Lebensalter typischen – gesundheitlichen Zustand abweicht und die entsprechende Teilnahme am gesellschaftlichen Leben beeinträchtigt ist. Da jene Teilnahme sehr wesentlich monetär vermittelt ist, ist das zentrale Merkmal der Behinderung: der Grad der Minderung der ›Erwerbsfähigkeit‹. So besteht die Problematik der Eugenik im Anwendungsbereich der genetischen Beratung und pränatalen Diagnostik in einer Menschen-Selektion nach der Norm der ›Arbeitsgesellschaft‹. Der zitierte Text weist aus, daß der Kommission diese Problematik aus der Geschichte bekannt ist; auch, daß diese Menschen-Selektion in Form der »Rassehygiene« sich verbietet. Aber die Text-Formulierungen belegen, daß jene Selektion das Verfahren bloß diskreditiert hat und daß es vermißt wird, weil nun das Gegenteil droht: die Verschlechterung des »menschlichen Gen-Pools« durch die »moderne Medizin« – diese scheint das Selektionsprinzip der Evolution zu unterlaufen. So sprechen die Autoren des Berichts die Möglichkeit der *humangenetischen »Selektion«* (ebd. 150) als rationalisierter Form *evolutionärer Anpassungsprozesse* ganz unreflektiert aus:

»Aus den eröffneten *Aussonderungsmöglichkeiten* könnte eine Neubewertung der Behinderungen stattfinden, die nicht mehr vom unverschuldeten Leiden des einzelnen ausgeht, das der gesellschaftlichen Unterstützung bedarf, sondern vielmehr, daß Behinderungen vermeidbar und somit (durch die Eltern) verschuldet sind. Dadurch kann sich ein gesellschaftlicher Druck auf die Eltern einstellen, die Möglichkeiten der pränatalen Diagnostik wahrzunehmen und sich im Fall der Diagnose eines genetischen Defekts für eine Abtreibung zu entscheiden. Die sich daraus möglicherweise ergebenden Auswirkungen auf die Zahl der Behinderten können aus folgenden Daten deutlich werden: In der Bundesrepublik waren ca. 1 Million Menschen im Jahre 1982 mit 100% *Minderung der Erwerbsfähigkeit behindert.* Die meisten Behinderungen sind altersbedingt, fast 75% fallen in die Altersgruppe ab 60 Jahre. 10% der Behinderungen gelten als angeboren. Hierunter fallen sowohl Krankheiten, die auf genetische Veränderungen zurückzuführen sind, als auch solche, die zusätzlich oder ausschließlich durch Umwelteinflüsse bedingt sind. Daher kann eine *pränatale Selektion* äußerstenfalls die Gruppe der 10% angeborenen Behinderungen erfassen.« (Catenhusen / Neumeister 1987: 150; Herv. von mir – G.S.)

Die »Selektion« folgt, nach der Kommissions-Überlegung, einem doppelten Ziel: Reduktion der Kosten des Gesundheits- und Sozialsystems zur Erhaltung eines Menschen; Steigerung des gesellschaftlichen Potentials an Arbeitsfähigen. Die Überlegung beruht auf einem schlichten Kosten-Nutzen-Kalkül, indem sie die gesellschaftliche Konsumtion mit der gesellschaftlichen Produktion ins Verhältnis setzt: zur Steigerung der gesellschaftlichen Ausbeutungsrate der gesellschaftlichen Gesamtarbeitskraft, zur Senkung sozialstaatlicher Kosten. Indem die genetische Beratung und pränatale Diagnostik Erbkrankheiten und Behinderungen als vermeidbar erscheinen läßt, setzt sie – scheinbar naturwissenschaftlich – das neoliberale Credo der Individualisierung um: jeder ist seines Glückes, aber auch seines Unglückes Schmied. Die Kommission freilich steht auf dem Standpunkt, die Naturwissenschaft vom Menschen verfahre werturteilsfrei: die »Methode« der »Selektion« sei »ethisch neutral« – sie könne eingesetzt werden »um zu helfen«, aber auch, »um zu töten« (ebd. 154).

Die Beschreibung des Anwendungsbereichs der *»Ökogenetik«* (ebd. 157-162) bestimmt die Humangenetik als anderen Beitrag zur *Rationalisierung evolutionärer Prozesse der Anpassung des Menschen an die »Umwelt«.*

»Die Ökogenetik beschäftigt sich mit den unterschiedlichen, genetisch bedingten Reaktionsweisen des menschlichen Organismus auf physikalische, chemische, biologische, psychologische und soziale Umweltfaktoren. Die Reaktionsweisen variieren zwischen Individuen, Bevölkerungen und ethnischen Gruppen. Die zentrale Hypothese der Ökogenetik ist, daß das individuelle interne biochemische Milieu eines Organismus die Antwort auf einen einwirkenden Umweltfaktor bestimmt.« (Catenhusen / Neumeister 1987: 157, 159)

Der Nutzen der Ökogenetik besteht also nicht darin, die Umwelt – Natur und Gesellschaft – dem »menschlichen Organismus« anzupassen, sondern umgekehrt: den Natur-Menschen der gegebenen »Umwelt« anzupassen. Das Problem ist nicht der krank machende Arbeitsplatz, sondern der erkrankende Mensch:

»Schon in der Wissenschaft besteht bisweilen die Tendenz, genetische Variationen und Dispositionen von Menschen, die nur unter sehr spezifischen Umweltbedingungen und nur mit Wahrscheinlichkeit zur Erkrankung führen oder überhaupt keinen Krankheitswert haben, vorschnell mit Anomalien, Defizienzen oder Defekten zu identifizieren. Solche Kennzeichnungen könnten Ausgangspunkt genetischer Stigmatisierungen werden, die den Trägern gewisser genetischer Varianten und Gruppen, bei denen diese Varianten gehäuft auftreten, in ihrer Selbsteinschätzung und in der sozialen Bewertung den Makel des Nicht-Normalen, Überanfälligen oder minder Leistungsfähigen anheften.« (Catenhusen / Neumeister 1987: 162)

Es gilt demnach, Menschen herzustellen, die Hitze und Staub, giftige Dämpfe und Abwässer, Leistungsdruck und lange Arbeitszeiten ertragen, wenn nicht als Leistungsanreiz erfahren. Je ausgeprägter solche Fähigkeiten, je größer die »Lebens- und Aufstiegschancen in der Gesellschaft« – in einer Gesellschaft des neoliberalen bellum omnium contra omnes. Vor dieser Konsequenz freilich schrickt die Kommission im Jahre 1987 noch zurück: es sei zu vermeiden, daß jene Chancen »nach genetischen Kriterien vergeben werden« – möglich sei dies jedoch (ebd. 162).

So ist die Konsequenz des Anwendungsbereichs der Ökogenetik die *»Genomanalyse an Arbeitnehmern«* (ebd. 162-173): die *wissenschaftliche Anpassung von Arbeitskräften an ihre Arbeitsbedingungen.* Das Interesse richtet sich auf die Fragen: ob ein Stellenbewerber gesundheitlich den Anforderungen des Arbeitsplatzes entspricht; ob ein Stellenbewerber den Belastungen durch bestimmte Arbeitsstoffe gewachsen ist (Krebsrisiko, etc.); ob ein Stellenbewerber »genetische Anlagen für spät ausbrechende Krankheiten« aufweist (ebd. 163-168). Die Kommission erkennt wohl die »Chancen zur Verbesserung der arbeitsmedizinischen Vorsorge«, bezeichnet aber die »Umstellung der Arbeitsschutzstrategie auf individuelle Selektion« und den mangelhaften »Schutz der genetischen Daten des Arbeitnehmers« als die Probleme der Genomanalyse im Arbeitsbereich (ebd. 167f., 171; vgl. ebd. 169). Der Datenschutz ist auch relevant im Bereich der Sozialversicherung (ebd. 172-175).

Der andere grundlegende Bereich der Humangenetik ist, nach der Genomanalyse, die Therapie: die *»gentechnischen Eingriffe in das Erbgut menschlicher Zellen«* (ebd. 177-190). Der Bericht der Enquête-Kommission beschreibt die Anwendungsbereiche der *Gentherapie:*

»Bei der Gentherapie handelt es sich um gezielt ausgeführte Veränderungen des menschlichen Erbmaterials zur Korrektur von erblich bedingten Erkrankungen. (...)
Im Bereich der Gentherapie sind zwei Anwendungsbereiche zu unterscheiden:
– die Korrektur von genetischen Defekten in Körperzellen (somatische Gentherapie);
– die Korrektur von genetischen Defekten in Zellen der Keimbahn (Keimbahn-Gentherapie)
Bei der *somatischen Gentherapie* werden Gene in Zellen eines Gewebes oder Organs eines Menschen gezielt verändert. Die Auswirkungen dieses Eingriffes sind auf das behandelte Individuum begrenzt.
Bei der *Keimbahn-Gentherapie* schließt die Korrektur auch solche Zellen mit ein, die die genetische Information an die nachfolgende Generation weitergeben.
Ziel beider Formen der Gentherapie ist es, krankheitsverursachende Defekte im Genom des Menschen zu kompensieren durch
– Einbringen des ›normalen‹ Gens oder
– Einbringen eines die Auswirkungen kompensierenden Gens oder
– Austausch des defekten Gens gegen das ›normale‹ Gen.« – (Catenhusen / Neumeister 1987: 177)

Die schon im Anwendungsbereich der Genomanalyse deutliche Tendenz einer humangenetischen Steuerung und Beschleunigung der *natural selection* (Darwin) durch deren Subsumtion unter fraglos gegebene und vorausgesetzte gesellschaftliche und ökonomische Imperative wird im Bereich der Gentherapie manifest. Die Sprache verrät das neoliberale Bewußtsein. Der Mensch erscheint als *Natur-Organismus,* der *technische »Defekte«* aufweist, die technisch zu beheben sind. Die *gesellschaftliche Voraussetzung* dieser Naturalisierung und Individualisierung ist in der *Setzung des Normalen* enthalten. Das bemerkt die Kommission selbst. Der Bericht listet einige »genetisch bedingte Krankheiten« auf, die sich »für eine somatische Gentherapie« anbieten, etwa die Hämophilie oder das Immun-Mangel-Syndrom (ebd. 181f.); hier scheint die Therapie unproblematisch, weil die Symptome fraglos als Krankheits-Symptome anerkannt werden. Wann aber ist der Mensch *krank,* wann *gesund?* Die Differenz ist keineswegs durch die Natur gegeben, sondern gesellschaftlich gesetzt:

»Jede Einführung von Gentherapie der Keimbahn würde sicher bei klaren Krankheitsbildern beginnen, über deren Bewertung in der Gesellschaft Einigkeit besteht. Aber sie würde nicht notwendigerweise darauf beschränkt bleiben. Ist die Technik genetischer Korrektur in der Keimbahn erst einmal gesellschaftlich etabliert, sind die Übergänge zur Verbesserung oder Züchtung fließend. Schon beim Krankheitsbegriff gibt es eine Grauzone. Bei Eigenschaften wie geringer Körpergröße, niedrigem Intelligenzquotient, Neigung zu Depressionen oder Zornesausbrüchen usw. ist undeutlich, wann sie Besonderheiten des Individuums im Rahmen normaler menschlicher Bandbreite sind und wann krankhaft.« (Catenhusen/Neumeister: 189)

In der Differenzierung zwischen *Gesundheit und Krankheit* ist eine wesentlich fundamentalere Frage enthalten: *»Wann ist der Mensch ein Mensch?«* (Tolmein 1993) Welche Symptome sind Abweichungen von der Normalität des Menschen, welche nicht? Sowenig die Differenzierung von Gesundheit und Krankheit fraglos ist, so undeutlich ist die Differenzierung zwischen der humangenetischen *Behandlung einer Krankheit* und der humangenetischen *»Menschenzüchtung«* (vgl. Catenhusen/Neumeister 1987: 188).

Die Enquête-Kommission ist also, um die Problematik der Gentherapie zu bestimmen, gezwungen, jene Frage zu beantworten: *»Wann ist der Mensch ein Mensch?«* Die Kommission beschreibt die schon eingeleitete Entwicklung von »Techniken zur erfolgreichen Keimbahn-Gentherapie ... in Tierexperimenten«; sie beschreibt bereits gelungene »Experimente der Genübertragung in Form von Transfers oder der Mikroinjektion klonierter DNA in befruchtete Eizellen« (ebd. 184). Sie konstatiert, daß beim »Gentransfer in die Keimbahn die Tiermodelle auf den Menschen übertragbar« sind (ebd. 185); sie beschreibt Experimente mit menschlichen Embryonen (ebd. 186); sie warnt vor der »Gefahr«, daß durch die »technischen Möglichkeiten« der Keimbahn-Gentherapie »das Tor zu einer Konstruktion ›des Menschen nach Maß‹ aufgestoßen wird.« (ebd. 187) Dieses Gefahren-Szenario besteht indes nur, wenn die wissenschaftlich-technische Menschenzüchtung als inhuman anerkannt wird: wenn *der* Mensch kein Mensch ist, der gezüchtet wurde. So versucht die Kommission, die Frage nach dem *Mensch-Sein des Menschen* zu beantworten:

»Der Mensch ist grundsätzlich frei, aus seiner Natur zu machen, wozu er selbst und durch die Hilfe anderer befähigt ist. Diese Freiheit ist jedoch keine schrankenlose Freiheit. Der Mensch hat sein Handeln zu verantworten, gegenüber anderen, aber auch gegenüber sich selbst. Er darf die ›Menschheit in seiner Person‹ (Kant) nicht verletzen. Unzulässig ist jeder Eingriff, der die Würde der Person aufhebt und den Menschen hindert, seine ihm eigene Menschlichkeit zu entfalten und zu verwirklichen.
Definitionen dieser Menschlichkeit mag man als historische und kulturelle Errungenschaften betrachten oder als geoffenbarte Wahrheiten. In jedem Fall sind sie Maßstäbe unseres Handelns, die nicht ebenso verfügbar sind, wie die Natur des Menschen technisch verfügbar wird. (...)
Ausgangspunkt aller Bewertung (von gentechnischen Eingriffen in die menschliche Keimbahn; G.S.) muß sein, daß die Menschlichkeit des Menschen im Kern auf natürlichem Werden beruht, nicht auf technischem Herstellen und nicht auf einem sozialen Akt der Anerkennung. Die Würde des Menschen gründet wesentlich in

der Geburtlichkeit und der Naturwüchsigkeit seines Ursprungs, die er mit allen anderen Menschen teilt.
Der Mensch tritt als gezeugtes und geborenes Mitglied in die Gesellschaft ein. Er ist nur in einem sehr vordergründigen Sinne ›gemacht‹. Auf keinen Fall aber können die Eltern die Art der Kombination ihrer Gene in den Erbanlagen des Kindes irgendwie steuern. Der Mensch verdankt seine körperlichen und geistigen Anlagen eben nicht dem Plan oder der Willkür anderer Menschen. Insofern ist er ›Produkt des Zufalls‹.
Bis in die Gegenwart konnte das natürliche Werden des Menschen, seine Hinnahme als schicksalhaft Gewordener, jedenfalls nicht technisch in Frage gestellt werden. Die Grenzen unseres Könnens haben uns vor dem Machen von Menschen bewahrt. Wenn diese natürlichen Grenzen durch die weitere wissenschaftlich-technische Entwicklung entfallen, müssen sie durch moralische Schranken ersetzt werden.
Die Tatsache, daß der Mensch nicht der Entwurf und das geplante Experiment seiner Eltern ist, sondern das Produkt des Zufalls der Natur, sichert die Unabhängigkeit der Menschen voneinander, ihren individuellen Eigenwert.« (Catenhusen / Neumeister 1987: 187)

Umstandslos zieht die Kommission eine Linie von der klassisch-liberalen, kosmopolitischen Vernunft-Bestimmung des Menschen (Kant) zu einer offenbar an Darwins Evolutionstheorie gebildeten Auffassung, *die »Würde des Menschen« bestehe in der »Naturwüchsigkeit seines Ursprungs«:* Würde habe der Mensch als Produkt einer *natural selection,* nicht einer *artificial selection* (vgl. Darwin 1859: 97ff.). Diese »Naturwüchsigkeit« besitzt der Mensch freilich als ein *Organismus,* der sich von anderen – wie Pflanzen oder Tieren – prinzipiell nicht unterscheidet. Kommt diesen ebenfalls »Würde« zu, kommt allem Biologischen »Würde« zu, was naturwüchsig entstand? – Nun könnten die Kommissions-Mitglieder, auf der Suche nach der Würde des Menschen, in der Renaissance fündig werden und überlegen: Besteht die Würde des Menschen in seiner Gottesebenbildlichkeit, so daß er sich selbst und seine Welt zu erschaffen vermag – ist dann die humangenetische Menschenzüchtung nicht die Verwirklichung solcher Würde und eben nicht deren Gegensatz? Hatte nicht schon Francis Bacon (1624: 212) in den »Forschungsstätten« des »Hauses Salomons« auf der Insel Neu-Atlantis »künstliche Menschen« gesehen?

Die Kommission (Catenhusen/Neumeister 1987: 187) gelangt einzig zu dem Schluß: *Die »Menschlichkeit des Menschen« ist dann wirklich, wenn der Mensch das »Produkt des Zufalls der Natur« und deshalb ein »schicksalhaft Gewordener« und eben kein »gemachter« ist.* Neoliberal übersetzt: Der Mensch ist ein Produkt der »spontanen Ordnung«, nicht einer »gemachten Ordnung« – die Alternative lautet: »Zufall« oder »Plan«. Darin besitzt er seine *Freiheit* als »Unabhängigkeit« von anderen Menschen, darin besitzt er seinen *»individuellen Eigenwert«*. Der Mensch, als freies Individuum, ist kein politisches, gesellschaftliches, moralisches, kulturelles, geschichtliches oder gottesebenbildliches Wesen, er ist kein ego cogito, kein sich aufklärendes, vernunftbegabtes, arbeitendes oder mit Sprache begabtes Wesen – er ist, der Enquête-Kommission zufolge, ein Naturwesen, zufällig und »schicksalhaft« entstanden. Also soll die technische Herstellung von Menschen durch *»moralische Schranken«* (ebd. 187) verhindert werden: eine Schranke, die den Menschen danach unterscheidet, ob er menschlich oder nicht menschlich ist, ob ihm »Würde« zugesprochen werden kann oder nicht.

Diese *Differenzierung des Menschen* danach, ob ihm *»Menschlichkeit«* zukommt oder nicht, liegt nur zum Schein in der Natur: sie besteht *gesellschaftlich,* näher humangenetisch. Schon in seinem »Ursprung« also kann dem Menschen, wurde er »gemacht«, »Menschlichkeit« abgesprochen werden. Wäre der Mensch dann menschlich, wenn er ein reines Naturwesen wäre, dann käme ihm die »Menschlichkeit« von Natur zu. Nun kann der Mensch, wie die Kommission berichtet, »gemacht« werden – und dies soll nicht geschehen. Also soll »Zufall«, also soll das »Schicksal« herrschen. Aber der Zufall ist kein Zufall, das Schicksal ist kein Schicksal, wenn es einzig dadurch existiert, daß das *Herstellen von Menschen unterlassen* wird: dann ist es ein *gemachter Zufall,* dann ist es ein *künstliches Schicksal.* In dieser Weise, durch geplanten Zufall, soll die Menschlichkeit des Menschen bestehen: und deshalb ist *das Menschliche eben nur zum Schein eine Naturbestimmung.* Daß die »Menschlichkeit des Menschen« gesetzt, also »gemacht« ist, gilt nicht nur prinzipiell, sondern im Detail. Besteht schon »beim Krankheitsbegriff ... eine Grauzone«, bewegt sich die »genetische Korrektur« in einem uneindeutigen Feld zwischen der Therapie von Krankheiten und der Menschenzüchtung (ebd. 189), dann bedarf es sehr diffiziler *rechtlicher Regelungen,* um zu realisieren, was die Kommission für »Menschlichkeit« hält: daß der menschliche *Mensch »Produkt des Zufalls der Natur«* (ebd. 187) ist. Über diesen geregelten, allererst administrativ hergestellten Natur-Zufall täuscht sich die Kommission, indem sie postuliert: die »Menschlichkeit des Menschen« besteht dann, wenn niemand in die *»Naturwüchsigkeit seines Ursprungs«* eingreift. Es wird eingegriffen: negativ, durch Unterlassung. Die Täuschung indiziert, daß die Kommission die *gesellschaftliche Anthropologie naturalisiert und individualisiert:* das konstruierte Naturwesen ist ein *gesellschaftlich bewußtloser Mensch,* negativ gemacht und darum – nach den Ausführungen der Kommission – ebenso *ent-individualisiert und unfrei, als wäre er humangenetisch »gemacht«.*

Die Kommission verfehlt durch die Setzung ihrer »moralischen Schranke«, wonach sie strebt: die Bestimmung der »Menschlichkeit des Menschen«. Das zeigt sich auch umgekehrt: wenn der Satz aufgenommen wird, der Mensch sei dann menschlich, wenn er das »Produkt des Zufalls der Natur«, wenn er ein *reines Wesen der Natur-Evolution* wäre. Als *Natur* wäre der *Mensch* prinzipiell technisch zu produzieren. Auch in dieser Hinsicht, in dieser naturalistisch-individualistischen Robinsonade, stimmt die Kommission mit der Logik der Humangenetik überein. Nur soll das, was »gemacht« werden könnte, nicht getan werden, sondern dem »Zufall« und dem »Schicksal« (ebd. 187f.) überlassen bleiben: im Namen von Individualität und Freiheit.

Durch diese *Moral der naturwüchsigen, zufällig gewordenen Individualität und Freiheit des Menschen,* des Menschen als »Produkt des Zufalls der Natur«, naturalisiert und individualisiert die Enquête-Kommission die gesellschaftliche Bestimmung der »Menschlichkeit des Menschen« (ebd. 187): in dieser Bestimmung erscheint eine *gesellschaftliche Bewußtlosigkeit,* durch die der *menschliche Mensch ein gesellschaftlich irrationales Atom* ist – und darum ein *konformistisches Subjekt.* So naturalisiert und individualisiert die Kommission, nachgeordnet, die Differenzierung von Gesundheit und Krankheit. Sie phantasiert das freie Individuum als ein vorgesellschaftliches Natur-Wesen, das lernt, das »Schicksal« seines Entstehens hinzunehmen und erst auf dieser Grundlage »aus seiner Natur zu machen, wozu er selbst und durch die Hilfe anderer befähigt ist.« (ebd. 187) Was aber ist: »seine Natur«? Wie kann dem Menschen eine Individualität und Freiheit zukommen vor jedem »sozialen Akt der Anerkennung« (ebd.), vor jeder Form gesellschaftlicher Herrschaft? Offenbar supponiert die Kommission, gesellschaftliche Herrschaft bestünde einzig darin, daß der Mensch »gemacht« würde; jeder nicht »gemachte« Mensch wäre umgekehrt ein Individuum und frei? Dann kann es ein freies Individuum, nachdem die humangenetische Menschenzüchtung als Möglichkeit absehbar ist, nicht geben: *auch der zufällig entstandene Mensch wäre durch geplanten Zufall entstanden – gleichsam durch eine gesellschaftlich gemachte »spontane Ordnung« der Natur. Er wäre, der Kommission zufolge, unfrei.* Der Mensch, dem die Kommission »Würde« vindiziert, lernt – als Personifikation des irrationalen Allgemeinen – nicht nur, sein *Entstehen als »Schicksal«* hinzunehmen, sondern *auch den logos der societas.* Dieser Mensch ist: der *autoritäre Charakter.* So nahe ist die Humangenetik, so nahe sind die Berichterstatter des Deutschen Bundestages der vergangenen *»Eugenik«:* der gesellschaftlichen Steuerung und Beschleunigung der evolutionären natural selection – der Methoden der gesellschaftlichen *»selektiven Ausmerzung«* (Hayek 1960: 34).

6.3.4 Praktische Ethik der Selektion (Singer)

Die *neoliberale Moralphilosophie* hat dem Wettbewerbskampf ums Dasein als Kampf um Leben oder »selektive Ausmerzung« ethische Dignität verliehen: so präsentiert sie sich als ein »Schreckbild« der *Erinnerungslosigkeit,* in der die *Utopien* »ewigen Friedens« und kosmopolitischer Freiheit im »Schreckbild« eines gesellschaftlichen »Krieges der Natur« (Darwin 1859: 97) untergegangen sind.

Hayek hat, in seiner »Gesellschaftstheorie«, die Gesellschaft als einen rational unerkennbaren Kosmos expliziert, dem sich die Menschen nur anpassen können. Diese Anpassung konstituiert eine doppelten *bellum omnium contra omnes:* nach *außen* gegen alle, die der konformistischen Gemeinschaft nicht angehören; nach *innen,* weil unter der Voraussetzung gesellschaftlicher Irrationalität die Einzelnen sich als Individuen im Gegensatz zu anderen Individuen wähnen. Die Freiheit dieser Individuen ist ein »freiwilliger Konformismus« der Ungleichheit: denn die Verallgemeinerung der Freiheit durch Vernunft gilt dem Neoliberalismus als eine Unmöglichkeit. So ist die neoliberale »spontane Ordnung«, im Inneren der neoliberalen Gemeinschaft, ein Kampf von Menschen gegeneinander, die sich den blinden Umständen technisch-rational anpassen und um Sieg und Niederlage kämpfen. Die ökonomische Institution dieses Kampfes ist der Wettbewerb (Hayek 1960: 46ff.; ders. 1968): gesellschaftlich irrational, sozialatomistisch rational – ein Kampf um Sieg oder Niederlage. Gesellschaftlich sind die Kämpfenden Personifikationen unbewußter Moralregeln, atomistisch aber Personifikationen einer technischen Rationalität durch den Mechanismus von »Versuch und Irrtum«. Am Ende des Wettbewerbs steht das *»Überleben der Erfolgreichen«* (ebd. 69) und die *»selektive Ausmerzung« der Unterlegenen* (ebd. 34, 46). Das »Überleben« ist im Wettbewerbs-Daseinskampf ein Kampf um das physische Überleben: die Ungleichen sind allererst Natur-Wesen, biologische Wesen, ausgestattet mit einer bestimmten »Genstruktur« (ebd. 106).

Diese darwinistische Auffassung vom Menschen und von der Gesellschaft hat *Popper* (1972; 1974) erkenntniskritisch übersetzt in die Anpassung biologischer Wesen überhaupt – »von der Amöbe bis zu Einstein« (1974: 70) – an die Umwelt durch »Versuch und Irrtum«. In diesem Anpassungsprozeß sei der Imperativ: das »Überleben« (ebd. 254) – als ein rein physisches Überleben von Organismen schlechthin. – Indem die *Humangenetik* den Menschen auf ein ensemble seiner DNS und damit auf einen bloßen Organismus reduziert, folgt sie dieser Logik von Überleben und Ausmerzung:

das Telos der *Menschen-Züchtung* zur rationalen Anpassung an die Umwelt impliziert den Gegensatz der *Menschen-Liquidierung*.

Während die Enquête-Kommission des Deutschen Bundestages noch »moralische Schranken« gegen die Menschen-Züchtung beschwor, hat *Peter Singer* (geb. 1946) aus Melbourne, Sohn jüdischer Eltern aus Wien, die *Ethik der Menschen-Selektion und -Liquidierung* geliefert, die dem Telos der Humangenetik Legitimation verleihen könnte: *Praktische Ethik* (zuerst: 1979; 2. Aufl. 1993; 3. Aufl. 2013).

Im Zentrum der *Ethik* Singers steht die Frage: Was ist ein »menschliches Leben«? Was ist ein »menschliches Wesen«? (1979: 118) Singer gibt eine ebenso umfassende wie gedankenlose Antwort:

»Man sagt oft, Leben sei heilig. Man meint fast nie, was man sagt. Man meint nicht – im strengen Sinn –, Leben an sich sei heilig. Würde man das nämlich meinen, so müßte man es ebenso entsetzlich finden, ein Schwein zu töten oder einen Kohlkopf auszureißen, wie einen Menschen zu ermorden. Wenn gesagt wird, das Leben sei heilig, so meint man menschliches Leben.« (Singer 1979: 115 f.)

»Hier ist die Frage angebracht, was wir mit Begriffen wie ›menschliches Leben‹ und ›menschliches Wesen‹ meinen. Diese Begriffe spielen die Hauptrolle in Debatten etwa über die Abtreibung. (…)
Der Ausdruck ›menschliches Wesen‹ kann eine genaue Bedeutung haben und zum Beispiel als Äquivalent zu ›Mitglied der Spezies Homo sapiens‹ verwendet werden. Ob ein Wesen Mitglied einer bestimmten Spezies ist, läßt sich wissenschaftlich bestimmen durch die Untersuchung der Beschaffenheit der Chromosomen in den Zellen lebender Organismen. Legt man diese Bedeutung zugrunde, so besteht kein Zweifel, daß ein von menschlichen Eltern gezeugter Fötus vom ersten Moment seiner Existenz an ein menschliches Wesen ist; und dasselbe trifft zu für das schwerst und unheilbar geistig behinderte menschliche Wesen, ja sogar für einen anenzephalischen Säugling – genau gesagt: ein Säugling ohne Gehirn.
Eine andere Verwendung des Begriffs ›menschlich‹ wurde von Joseph Fletcher vorgeschlagen, einem protestantischen Theologen, der viel über moralische Probleme publiziert hat. Fletcher hat eine Liste mit ›Indikatoren des Menschseins‹ aufgestellt, die folgendes umfaßt: Selbstbewußtsein, Selbstkontrolle, Sinn für Zukunft, Sinn für Vergangenheit, die Fähigkeit, mit anderen Beziehungen zu knüpfen, sich um andere zu kümmern, Kommunikation und Neugier. Diese Bedeutung des Begriffs haben wir vor Augen, wenn wir von jemand sagen, er sei ein ›wirklich menschliches Wesen‹ oder zeige ›wahrhaft menschliche Eigenschaften‹. (…)
Diese beiden Bedeutungen von ›menschliches Wesen‹ überschneiden sich, aber sie fallen nicht zusammen. Der Fötus, das schwerst geistig behinderte Kind, selbst das neugeborene Kind – sie sind unbestreitbar Mitglieder der Spezies Homo sapiens, aber niemand von ihnen besitzt ein Selbstbewußtsein oder hat einen Sinn für die Zukunft oder die Fähigkeit, mit anderen Beziehungen zu knüpfen. (…)

Für die erste, biologische Bedeutung werde ich den schwerfälligen, aber präzisen Begriff ›Mitglied der Spezies Homo sapiens‹ verwenden, für die zweite Bedeutung den Begriff ›Person‹.
(...) Nach dem *Oxford Dictionary* lautet eine der gegenwärtig gebräuchlichen Bedeutungen des Begriffs Person: ›ein selbstbewußtes oder rationales Wesen‹. In diesem Sinn ist der Begriff in der Vergangenheit von untadeligen Philosophen verstanden worden. (...)
Diese Definition rückt ›Person‹ in die Nähe dessen, was Fletcher mit ›menschlich‹ meint, außer daß hier zwei zentrale Merkmale – Rationalität und Selbstbewußtsein – als Kern des Begriffs ausgewählt werden. (...)
Daß es unrecht ist, einem Wesen Schmerz zuzufügen, kann nicht von seiner Gattungszugehörigkeit abhängen; ebenso wenig, daß es unrecht ist, es zu töten. Die biologischen Fakten, an die unsere Spezies gebunden ist, haben keine moralische Bedeutung. Dem Leben eines Wesens bloß deshalb den Vorzug zu geben, weil das Lebewesen unserer Spezies angehört, würde uns in dieselbe Position bringen wie die Rassisten, die denen den Vorzug geben, die zu ihrer Rasse gehören.« (Singer 1979: 118, 119, 120, 121)

Die Zugehörigkeit zu einer bestimmten Spezies ist, nach Singer, ein »biologisches Faktum«, das wissenschaftlich eindeutig zu bestimmen, aber ohne »moralische Bedeutung« ist. Einerseits ist die Zugehörigkeit belanglos für die Frage, ob »menschliches Leben« »heilig« ist: jedes Leben gilt hier gleich. Andererseits ist die Bestimmung eines Seins keine Bestimmung eines Sollens. – Moralisch relevant und darum von fundamentaler Bedeutung für jene Frage ist vielmehr die andere Bestimmung des »menschlichen Lebens« oder des »menschlichen Wesens«: die zitierte Liste mit Indikatoren des protestantischen Theologen. Der Skandal der Argumentation Singers liegt allererst in der Form und erst darüber im Inhalt. Der Skandal liegt darin, daß er – als Philosoph – *philosophische Begriffe* wie ein kruder empirischer Sozialforscher als *»Indikatoren«* versteht, deren Bedeutung eindeutig ist und die empirisch verifizierbar sind. Hätte Singer etwa Kants Frage: »Was ist der Mensch?« als Grundfrage der Philosophie reflektiert, hätte er seine Frage keineswegs schlicht und mit Verweis auf das *Oxford Dictionary,* auf die darin gegebene »gegenwärtig gebräuchliche Bedeutung«, beantwortet. Philosophie ist nicht die Zusammenfassung des jeweiligen *Zeitgeistes,* sondern dessen Reflexion: Hat es je einen Menschen gegeben, dem »Selbstbewußtsein« zuzuschreiben wäre, der seiner selbst bewußt war? Hatten die Deutschen nach 1945 einen »Sinn für Vergangenheit«? Wer ist »neugierig«? Ist »Selbstkontrolle« menschlich oder masochistisch? Was ist: »Rationalität«? Kommt dem Menschen schlechthin die »Fähigkeit zur Autonomie« zu (ebd. 235)? Ist der Mensch, als Person, »autonom« (ebd. 221)? Sind alle »menschlichen Wesen ... Individuen« (ebd. 204)? Was ist »ein normales menschliches Wesen«? (ebd. 233) So viele offene Fragen, gedankenlos übergangen. In die aufgelisteten Indikatoren können die »gebräuchlichen Bedeutungen« projiziert werden, um dann darüber zu entscheiden: Was ist »menschliches Leben«? Die Antwort impliziert die *Zeitgeist-Bestimmung* des Angehörigen einer bestimmten Gesellschaft, einer bestimmten Kultur, einer bestimmten sozialen Klasse: »menschliches Leben«, ein »menschliches Wesen« ist alles, was dafür gegenwärtig gehalten wird – ein konformistisches, ein »normales« Wesen. Was aber kein »menschliches Wesen« ist, kann kein moralisches Recht darauf besitzen, daß sein »Leben heilig« sei. Singer verleiht der Alternative: *Anpassung oder Ausmerzung, Lebenserhaltung oder Tötung,* die Weihe philosophischer Ethik.

Diese Problematik der Zeitgeist-Bestimmung des »menschlichen Wesens« und »menschlichen Lebens« erscheint an Singers *Subsumtion bestimmter Lebewesen unter den Begriff der »Person« oder sein Ausschluß anderer Lebewesen von der Eigenschaft, eine »Person« zu sein,* der das moralische Recht des »heiligen« Lebens zukommt. Personen sind, nach Singer, »einige nichtmenschliche Tiere« wie »Menschenaffen«, weil sie »selbstbewußt« sind – sie erkennen sich im Spiegel wieder (ebd. 147-155); vielleicht seien auch Wale und Delphine »vernunftbegabte und selbstbewußte« Personen (ebd. 157). Keine Personen seien dagegen der menschliche Fötus, das menschliche Embryo, das Neugeborene »und manche geistig Behinderten« (ebd. 136, 197, 203f., 219-221): dies seien keine »rationalen und selbstbewußten Wesen«, keine »autonomen Wesen« (ebd. 199, 221; vgl. ebd. 203ff.). Daher hätten diese Wesen keinen »größeren Anspruch auf Leben« als eine Kuh oder ein Schwein und nicht »denselben Anspruch auf Leben wie eine Person« (ebd. 199, 197); daher sei »nichts inhärent Falsches in mehr Schwangerschaftsabbrüchen oder in mehr Schwangerschaften zum Zweck der Bereitstellung fötalen Gewebes« (ebd. 217; siehe ebd. 212ff.). Es sei auch »das Töten eines Neugeborenen mit dem Töten eines älteren Kindes oder eines Erwachsenen nicht vergleichbar« (ebd. 222). Schließlich sei der »Infantizid ... unter sehr strengen Bedingungen« erlaubt: bei Kindern mit offenem Rücken etwa (ebd. 235f.; siehe ebd. 218ff., 232ff.). So plädiert Singer, unter bestimmten Voraussetzungen, für *»Euthanasie«:* die Tötung schwer geistig oder körperlich behinderter Menschen (ebd. 225ff.).

Nun mögen diese Praktiken gelten, wenn man Singers implizitem Verständnis jener »Indikatoren« folgt, die eine »Person« auszeichnen. Da der Philosoph dieses Verständnis nicht weiter rechtfertigt, sondern als selbstverständlich unterstellt, wäre auch ein anderes Verständnis ebenso möglich, und dann fielen ganz andere Lebewesen aus dem Recht auf Leben heraus. Singer stellt dieses Recht, durch seine Argumentation, auf die Basis des herrschenden Bewußtseins: dieses entscheidet über das »Lebensrecht« des »Normalen« (ebd. 235; vgl. ebd. 234).

6.3.5 Intensiv-und Transplantations-Medizin: Wann ist der Mensch ein Mensch? (Tolmein)

In der *Intensiv- und Transplantationsmedizin,* die notwendig die Frage nach dem Leben des Menschen stellen, ist die alte *Utopie* des guten und vernünftigen Lebens (Platon: Politeia; Adorno 1944/47) untergegangen in die Frage nach einem rein physischen Leben oder Tod. Dadurch wird das Leben zu einem naturwissenschaftlichen Faktum, dadurch wird der menschliche Körper zur Verlängerung von Apparaten, dadurch wird der Tod zum Schrecken – weil schon das Leben mechanisch aufgefaßt ist und dem Tod ähnlich ist (vgl. Adorno 1944/47: 13).

Die neoliberale Wettbewerbstheorie ebenso wie Poppers Erkenntniskritik haben die Frage gestellt: nach dem »Überleben des Erfolgreichen«, nach dem »Überleben« von Organismen überhaupt. Die Humangenetik muß, durch die absehbare Möglichkeit der Menschenzüchtung, diese Frage beantworten: nach dem Leben überhaupt, insbesondere nach dem menschlichen Leben. Die Enquête-Kommission des Deutschen Bundestages hat dieses Leben, näher: die »Würde des Menschen«, in kritischer Absicht naturalistisch und individualistisch beantwortet: der Mensch sei das »Produkt des Zufalls der Natur«, dies sei die »moralische Schranke« der Humangenetik (Catenhusen/Neumeister 1987: 187). Der Rekurs ist nur scheinbar ein Rekurs auf eine »Naturwüchsigkeit« (ebd.) der Natur: es ist ein impliziter, unausgewiesener Rekurs auf gesellschaftliche Normen und Regelungen. Denn nachdem die »Menschenzüchtung« technisch möglich scheint, ist deren Unterlassung eine geplante Einsetzung von »Zufall«. Moralische und vor allem rechtliche Regelungen sind eben dringend nötig, weil »schon beim Krankheitsbegriff ... eine Grauzone« vorhanden ist: ist eine »geringe Körpergröße« eine Krankheit, die den Einsatz von Gentherapie rechtfertigt, oder wäre der Einsatz schon »Menschenzüchtung«? (ebd. 188, 189) Der Verweis auf den »Zufall der Natur« ist darum eine moralische Setzung, die als solche nicht gewußt ist, so daß zu explizieren wäre: *»Was ist der Mensch?«* (Kant), was ist ein *»menschliches Leben«?* Singer hat diese Frage, die als delphischer Imperativ und als Platons Reflexion über ein »gutes Leben« am Anfang der europäischen Philosophie stand, als ethische Frage aufgenommen – aber durch die willkürliche Setzung von »Indikatoren« beantwortet. Das neoliberale Bewußtsein, das explizit die Gesellschaft als Ganze von der Möglichkeit vernünftiger oder rationaler Erkenntnis ausgenommen hat, kann darum den Menschen, das »ensemble der gesellschaftlichen Verhältnisse« (Marx: MEW 3: 6), nicht erkennen; das neoliberale Bewußtsein, das »Moralregeln« zu den »unbewußt« wirkenden »Konventionen und Gebräuchen« rechnet, kann darum über das menschliche, das »gute Leben« nichts sagen – als: *willkürliche Setzungen* einführen. In der von Kant formulierten Grundfrage der Philosophie, in der *bürgerlichen Anthropologie,* ist der *Verfall der Vernunft-Utopie zur Irrationalität* augenscheinlich. Den total fetischisierten gesellschaftlichen Verhältnissen entspricht ein naturalistischer Individualismus, der das Leben auf ein biologisches, mechanisches Leben reduziert: auf einen lebendigen Tod.

Dennoch muß die Frage nach dem Menschen, nach dem menschlichen Leben, dringend und täglich beantwortet werden: zumindest in Rücksicht auf die Unterscheidung von *physischem Leben und physischem Tod,* eben in der *Medizin* (siehe: Tolmein 1993). Allein: Nicht bloß die moralisch-gesellschaftliche Frage nach einem *»guten Leben«* ist nicht zu beantworten, nachdem die Gesellschaft nicht länger als Gegenstand rationaler Erkenntnis gilt und die Moral zu den unbewußt wirkenden Traditionen gerechnet wird. Auch die Frage nach einem physischen Leben, nach der Abgrenzung von physischem Leben und physischem Tod, ist nicht zu beantworten: offenbar, weil es das nicht gibt – ein rein naturwissenschaftliches Unterscheidungskriterium von Leben und Tod. Im Herbst 1992 wurde öffentlich bekannt, daß im Erlanger Universitätsklinikum versucht wurde, eine als hirntot diagnostizierte junge Frau weiterzubehandeln, um ihren Fötus am Leben zu erhalten (ebd. 97 ff.). War diese Frau tot, oder lebte sie? (ebd. 118) Wann gilt ein Mensch medizinisch als tot: Soll ein Fötus, bei dem durch pränatale Diagnostik ein ›offener Rücken‹ festgestellt wurde, abgetrieben werden oder nicht? (ebd. 21ff.) Soll die medizinische Behandlung bei schwer behinderten Neugeborenen abgebrochen werden oder nicht? (ebd. 36ff.) Sind Neugeborene ohne Großhirn (Anenzephalie) Menschen? Sind Menschen tot, deren Herz und Atmung stillsteht; oder sind sie tot, wenn das Stammhirn noch funktionsfähig ist und die Atmung funktioniert; oder sind sie tot, wenn das gesamte Hirn »irreversibel funktionsunfähig«, aber die »Kreislauffunktion« noch vorhanden ist?: Fragen, die sich durch Techniken der *Intensivmedizin* stellen und die für die *Transplantationsmedizin* von hoher Bedeutung sind (ebd. 118ff.). Kann von einem schwer geistig Behinderten gesagt werden, er lebt, wenn der Mensch in der westlichen Zivilisation wesentlich als ego cogito bestimmt wird? (ebd. 57ff., 118ff.) Durch die Fortschritte der Medizin stellen sich Fragen, die medizinisch nicht zu beantworten sind.

›Leben‹ ist *kein rein naturwissenschaftlich gegebenes Faktum;* der Mensch ist kein Zufallsprodukt der Natur, kein reines Naturwesen, kein »Organismus« wie Poppers Amöbe. Die Antwort der *Enquête-Kommission des Deutschen Bundestages* erkennt die »Menschlichkeit des Menschen« in seinem »natürlichen Werden«: daß der Mensch das Produkt einer rechtlich geregelten »spontanen Ordnung« der Natur ist – so wird das Problem der »moralischen Schranken« gegen die mögliche Menschenzüchtung auf die Ebene einer scheinbaren »Naturwüchsigkeit« verlagert. Die *moralphilosophische Antwort Singers,* auf der Höhe der Zeit, setzt willkürliche, durch den herrschenden Zeitgeist zu interpretierende Indikatoren an die Stelle philosophischer Aufklärung. Allein: Die Sprache jener Kommission übernimmt wie selbstverständlich, der *Mensch sei ein ensemble von DNS,* und als solches ensemble weise er humangenetisch zu behebende *»genetische Defekte«* auf oder nicht (siehe: Catenhusen/Neumeister1987: 147 und öfter). Diese »Defekte« existieren nicht an sich, sondern setzen den Maßstab der Funktionsfähigkeit voraus und gelten relativ zur Umwelt, insbesondere bei der Ökogenetik und der Genomanalyse an Arbeitnehmern (ebd. 157 ff., 162ff.). So wird der Mensch als lebendige Maschine, als Personifikation instrumenteller Rationalität gesetzt: als ein Wesen, das die Umwelt technisch beherrscht, indem es sich ihr anpaßt. Die rechtliche, am Lebenslage-Ansatz orientierte Bestimmung von Behinderung als eine langfristige Beeinträchtigung der Teilnahme am gesellschaftlichen Leben setzt nicht nur die Norm eines für das Lebensalter typischen Gesundheitszustands voraus, sondern impliziert auch die zentrale Bedeutung der »Minderung der Erwerbsfähigkeit«: der Mensch gilt immer noch wesentlich als arbeitendes Wesen. Wer mehr Wert produziert als konsumiert ist ökonomisch produktiv: variables Kapital. Wer mehr konsumiert als produziert, zählt – von Malthus (1798) bis Hayek (1960, 321ff.) – zur ›Überbevölkerung‹ (Meadows et al., 1973: 26ff.; Council: Global 2000: 92f.), unterliegt mithin der »selektiven Ausmerzung« (Hayek 1960: 34), beginnend mit der »pränatalen Selektion«, fortschreitend zu verschiedensten »Aussonderungsmöglichkeiten« (Catenhusen/Neumeister 1987: 150). Über das *»Überleben der Erfolgreichen«* und die *»Ausmerzung« der Nicht-Erfolgreichen* entscheiden die gesellschaftlichen Verhältnisse und deren Personifikationen: von der »spontane Ordnung« der neoliberalen Ökonomie bis zum Klinikum. Die *Weltbank* hat in ihrem Milleniumsbericht (2000: 60) die urbanen Zentren von Entwicklungsländern gewarnt: entweder sie erfüllen die »anspruchsvollen Standards eines globalen Produktionssystems«, oder sie werden »gnadenlos ausgemerzt« – die Rede ist von Megastädten mit vielen Millionen Einwohnern,

gesprochen wird über einen »ökonomischen Völkermord« (A. G. Frank; Samir Amin).

6.3.6 Hirnforschung: Das Ende der Willensfreiheit

Die *Hirnforschung* leistet, soweit sie ihren fachwissenschaftlichen Bereich überschreitet und ihre Befunde zu einer *philosophischen Anthropologie* verallgemeinert, der neoliberalen Ordnung substantielle Dienste, indem sie klassische *Utopien* von Platon bis Rousseau, Kant und Hegel mit wissenschaftlicher Akribie entsorgt: Freiheit, Individuum, Vernunft. In der Negation jener Utopien entfällt die gesellschaftsgeschichtliche *Erinnerung* des Umschlags der Freiheit in den politisch-ökonomischen Autoritarismus des Imperialismus, des Nationalsozialismus, des Neoliberalismus. Diese Negation ist die *Apologie des gesellschaftlich-irrationalen Konformismus:* ein Autoritarismus, auftretend mit naturwissenschaftlicher Autorität. Die Hirnforschung als Anthropologie steht auf dem Boden der in Gegenaufklärung resultierenden bürgerlichen, liberalen Aufklärung: wie der Neoliberalismus. Daher genießt sie eine erhebliche öffentliche Aufmerksamkeit, daher wird ihre Anthropologie von Sozial- und Humanwissenschaftlern rezipiert.

Die *neoliberale Anthropologie* setzt den Menschen als ein *freiwillig konformistisches Subjekt* voraus, das sich »nicht bewußt geschaffenen Regeln und Konventionen« fügt und durch diese Anpassung eine allgemeine »Regelmäßigkeit« des Handelns konstituiert (Hayek 1960: 78f.). Auf der Basis eines *gesellschaftlichen,* geisteswissenschaftlich explizierten *Irrationalismus* ist ein *atomistischer,* naturwissenschaftlich-positivistisch explizierter *Rationalismus* möglich. Dieser Rationalismus freilich ist ein Rationalismus post festum: die Anpassung an die undurchschaute, unerkennbare Welt kann sich nicht auf deren Erkenntnis a priori stützen, sondern gelingt nur durch den evolutionären Prozeß von »Versuch und Irrtum« (Popper). So entsteht das Wissen von der Welt durch gelungene oder mißglückte Anpassungsprozesse (Hayek 1960: 30ff.; siehe oben: 6.32). In der gelungenen, sich post festum als rational erweisenden Anpassung handelt der Mensch nach Zweck und Mittel (ebd. 27-29): als Zweck ist nur zugelassen, was technisch – mit adäquaten Mitteln – machbar ist; als adäquat zeigen sich die Mittel erst durch den Erfolg der Zweck-Realisierung. Im Zweck-Mittel-Handeln erscheint die a priori unbekannte Ursache-Wirkung-Relation der Welt. Die Freiheit besteht mithin nicht gesellschaftlich, sondern ist eine atomistische libertas: der Einzelne hat die Freiheit, sich anzupassen – paßt er sich nicht an, wird er selektiert; er hat zudem die Freiheit der Zweck-Setzung; er hat schließlich die Freiheit, über Versuch und Irrtum die richtigen Mittel zu wählen. Entspricht aber sein Zweck-Mittel-Handeln der Kausalität der Welt, ist er mit dieser verschmolzen: ein irrational-rationaler Maschinenmensch einer irrational-rationalen Maschinenwelt. Von diesem rationalen Anpassungshandeln nach Versuch und Irrtum bemerkt Popper (1974: 258, 260), es sei gleich bei allen »Organismen« und sei das »Wesen des Lebendigen« überhaupt: es ziele auf das »Überleben« schlechthin. Einstein unterscheide sich von der Amöbe nur darin, daß er seine Hypothesen »bewußt« der Falsifikation aussetze, also »bewußt auf Fehlerbeseitigung« aus sei (1972: 25). Die Freiheit der Hypothesenbildung und des Versuchs wird im Anpassungsprozeß eliminiert, so daß am Ende nichts bleibt als: die Integration des Menschen als Natur-Organismus in einen Natur-Kosmos. Die irrationale Rationalität ist eine Anpassungs-Rationalität der Unfreiheit; der Mensch als angepaßter Organismus ist die Personifikation einer atomistischen Rationalität ohne Freiheit, sein Denken ist einzig auf das Überleben in einem evolutionären bellum omnium contra omnes ausgerichtet.

Auf dieser neoliberalen, irrational-rationalen Grundlage ist die *Hirnforschung* zur gesellschaftlichen Ideologie geworden: als Erforschung von atomistischen, naturalistischen Denkprozessen, die auf Anpassung und Überleben ausgerichtet sind, so daß die Idee des autonomen Individuums, die Idee der Willensfreiheit als uraltes, tradiertes Phantasma entzaubert scheint. Die Befunde der Hirnforschung, auf die sich die neuere Debatte gründet, hat *Benjamin Libet,* emeritierter Professor für Neurophysiologie an der University of California, seit Ende der 50er Jahre durch Laborexperimente gewonnen (Libet 1999: 285). Libet hat im Jahre 1999 seine früheren Erkenntnisse in einem kleinen Aufsatz zur Frage: *Haben wir einen freien Willen?,* erst kurz zusammengefaßt und dann mit einem differenzierenden Zusatz versehen.

Libet (1999) skizziert seine *ursprünglichen Erkenntnisse,* die er – in den Laborbefunden – auch weiterhin vertritt. Er habe, berichtet der Gehirnforscher (ebd. 268-276), bei Versuchspersonen – zumindest teilweise neurochirurgische Patienten – Gehirnströme mittels eines Gleichstromsystems gemessen, um den »zeitlichen Verlauf von Gehirnprozessen« bei »selbstgesteuerten Willenshandlungen« zu bestimmen (ebd. 270f.). Diese Handlungen seien »einfache« Handlungen wie etwa eine »schnelle Beugung der rechten Hand« gewesen (ebd. 270, 281). Er fand heraus (ebd. 268, 272f.), daß 550 Millisekunden vor einer tatsächlichen Bewegung der Versuchspersonen eine elektrische Veränderung, ein »Bereitschaftspotential« (BP) meßbar war. Auf dieses BP folgte erst 350 bis 400 Millisekungen später »der *bewußte* Wunsch oder die *bewußte* Absicht«, die Handlung auszuführen. Schließlich folgte die Handlung (ebd. 268, 272f.). Der Befund lautet, scheinbar plausibel: »Das Gehirn leitet Willenshandlungen unbewußt ein« (ebd. 275).

Libet *interpretiert* diese Befunde *philosophisch:* als Erkenntnisse, die die Anthropologie und die Moralphilosophie revolutionieren, wenn nicht ad absurdum führen. Am Anfang seiner Labor-Experimente schloß er auf die *völlige Determiniertheit des menschlichen Denkens und Wollens im allgemeinen* – und nicht nur bei einfachen Willensakten und Handlungen.

»Die Frage nach der Willensfreiheit geht an die Wurzel unserer Ansichten über die Natur des Menschen und darüber, welche Beziehungen wir zum Universum und zu den Naturgesetzen unterhalten. Sind wir vollständig durch die deterministische Natur physikalischer Gesetze bestimmt? Ein von Gott auferlegtes unausweichliches Schicksal erzeugt ironischerweise einen ähnlichen Endeffekt. In beiden Fällen wären wir im Grunde raffinierte Automaten, wobei unsere bewußten Gefühle und Intentionen ohne kausale Kraft nur als Epiphänomene aufgesetzt wären. Oder sind wir in gewisser Weise unabhängig beim Treffen von Entscheidungen und beim Handeln, und nicht vollständig durch die bekannten physikalischen Gesetze determiniert?« (Libet 1999: 268 f.)

Wenn der Mensch völlig determiniert ist, dann ist alles eine Täuschung, vor allem die Annahme eines ›Ich‹, das denkt, das will, das sinnlich empfindet, das erlebt, das glaubt, das hofft, das liebt (vgl. Geyer 2004: 9). Denn bevor das Ich denkt, wird es – nach Libets Einsicht – durch unbewußte elektrische Ströme gesteuert, die das Bewußtsein, den Willen und die Handlung auslösen. Das autonome, vernunftbegabte Individuum, die Freiheit seines Willens, kommen nicht vor: es erscheint als ein bloßes »Epiphänomen«, eine Täuschung. Sein Bewußtsein beginnt, nachdem das unbewußte Bereitschaftspotential einsetzte: das Ich kann nichts wissen vom vorausgesetzten, steuernden Unbewußten elektrischer Hirnströme, von seiner Unfreiheit.

Um diese Konsequenz ziehen zu können, muß Libet die *Begriffe des Bewußtseins und der Freiheit* so *operationalisieren,* daß sie einem Labor-Experiment kompatibel sind: er muß das Bewußtsein und die Freiheit methodisch individualisieren und als potentiell empirisch existierend setzen. Die Operationalisierung des Bewußtseins scheint einfach: Die Versuchsperson ist sich ihrer Absichten bewußt, wenn sie dies sagt. Mit der Freiheit verhält es sich ähnlich:

»Die operationale Definition von Willensfreiheit in diesen Experimenten stimmte mit allgemein verbreiteten Ansichten überein. Erstens sollte es keine äußere Kontrolle oder Hinweisreize geben, die das Auftreten oder Auftauchen der untersuchten Willenshandlung beeinflussen, d.h. sie sollte endogen verursacht sein. Zweitens sollte die Versuchsperson das Gefühl (! G.S.) haben, daß sie die Handlung aus eigener Initiative wollte und daß sie einen Einfluß auf die Handlung, auf den Handlungszeitpunkt und darauf haben kann, ob sie überhaupt handelt. Vielen Handlungen fehlt dieses zweite Merkmal.« (Libet 1999: 269)

Die Versuche sind so angeordnet, daß die Probanden den beschriebenen freien Willen verwirklichen könnten – sofern sie einen besäßen. Von geschichtlichen und gesellschaftlichen Bedingungen des Unbewußten und Bewußten, der Unfreiheit und der Freiheit, wird im Laborexperiment abstrahiert. Untersucht wird das Sozialatom; interpretiert wird der Befund nach konformistischen Überzeugungen.

Libets anthropologische und moralphilosophische Frage lautet also: Ist der Mensch *vollständig determiniert* durch naturgesetzliche Prozesse im Gehirn, oder kommen ihm *Bewußtsein und Willensfreiheit* zu? Sind die Versuchspersonen ihrer Handlungsabsichten bewußt, besitzen sie ein Bewußtsein von sich selbst? Sind sie in ihrem Willen, in ihren Handlungen frei? Oder ist ihr Bewußtsein unbewußt gesteuert, ihr Wille determiniert? Sind sie also keine autonomen, ihrer selbst bewußten Individuen? Die Fragen supponieren, daß es keine andere Heteronomie gäbe als: entweder »unbewußte« Gehirnströme, die dem Bewußtsein und dem Willen vorausgehen, oder »äussere Kontrolle oder Hinweisreize« (ebd. 269). Die Fragen supponieren: Gäbe es weder die unbewußten Hirnströme noch die Außensteuerung, wäre der Mensch, als vereinzelte Versuchsperson, seiner selbst bewußt und frei – es wäre ein Robinson-Bewußtsein, eine Robinson-Freiheit. Diese anthropologischen und moralphilosophischen Grundannahmen sind schlicht naiv.

Libet beansprucht für seine Befunde Einsichten in die »Natur des Menschen« (ebd. 268): in die *Anthropologie,* in das *ego cogito. Unbewußte* Gehirnströme, so hat sich experimentell ergeben, gehen dem *Bewußtsein* voran und steuern es. Weil sie unbewußt sind, täuscht sich das ego cogito und meint, selbst zu denken und einen freien Willen zu besitzen. Träfe der Befund zu, wie Libet annimmt, gälte er auch für Libets Bewußtsein selbst: seine Forschung wäre nichts als eine Täuschung. Sein eigenes *Denken,* seine wissenschaftliche Forschung beruhte danach auf *unbewußten* Vorgängen. Wie kann er von dieser Täuschung, von diesem Unbewußten wissen, das sein eigenes Denken vollständig determinierte? Er kann, nach seiner Argumentation, davon nur wissen, er kann sich über die Täuschung nur erheben, wenn er sich ein Bewußtsein dieses Unbewußten zuschreibt, wenn er sein eigenes Bewußtsein von seinen Befunden ausnimmt. Libet scheint eine prästabilisierte Harmonie von Hirn und Hirnforschern vorauszusetzen: offenbar sind diese die einzigen, die den vom Neuronenspiel erzeugten

Illusionen nicht erliegen und daher eine täuschungsfreie Erkenntnis vom Denken, vom Fühlen und Wollen, vom Glauben, vom Hoffen und Lieben besitzen. Wäre ihre Einsicht jedoch treffend, und würden sie selbst unter die von ihnen erkannten Zusammenhänge fallen, dann erschiene das wie das alte Rätsel, nach dem ein Kreter sagt, daß alle Kreter lügen. Ohne ein Bewußtsein, das nicht determiniert ist, sind Libets Befunde nicht zu halten – aber dann sind sie unhaltbar. Die vollständige Determination des Bewußtseins ist, logisch, undenkbar.

Libet beansprucht für seine Befunde zudem *moralphilosophische* Einsichten in die Freiheit oder Unfreiheit des menschlichen Willens. Dazu stützt er sich nicht bloß auf die Messung von Gehirnströmen, sondern auf eine »operationale Definition von Willensfreiheit«, die »mit allgemein verbreiteten Ansichten« übereinstimmt (ebd. 269). Die Willensfreiheit, so scheint er anzunehmen, bestünde darin, daß ein Ich, einsam und allein, bewußt – ohne von »unbewußten« Vorgängen oder äußeren Kontrollen geleitet zu sein – etwas wollen und entsprechend handeln könnte. Entweder wäre die Freiheit ein anthropologisches Apriori – oder die auf Gehirnströmen beruhende Unfreiheit und Bewußtlosigkeit. Wenn indes die unbewußten, determinierenden Gehirnströme dem Bewußtsein und Willen vorangehen, könnte auch der Gehirnforscher von einer möglichen Unfreiheit gar nicht wissen. Er lebte, unaufhebbar, in der Täuschung der Willensfreiheit. So ist auch diese philosophische Interpretation der neurophysiologischen Experimente unhaltbar.

Libet hat Vorgänge im Gehirn untersucht und »unbewußte« Naturprozesse als Voraussetzung des Bewußtseins und des Willens gefunden, aber er hat weder darüber nachgedacht, was Bewußtsein, noch was Willensfreiheit heißt – er hat Philosophie betrieben, ohne sich um die Philosophie zu bekümmern. Er hat nicht einmal die logische Unmöglichkeit der anthropologischen und moralphilosophischen Thesen bedacht, die er aus seinen neurophysiologischen Experimenten zieht.

Zunächst ist seit der antiken griechischen Philosophie die Aufklärung das zentrale Thema der Philosophie: das *Bewußtwerden des Unbewußten* durch ein »Denken des Denkens« (νοησις νοησεως) (Aristoteles: Metaphysik: 1074b), das die Identität des Denkenden praktisch verändert. Die Selbsterkenntnis gelingt nicht einsam und allein, sondern nur in Gesellschaft, indem das erkennende ego sich in einem alter ego spiegelt; daher geht die Selbsterkenntnis und Selbstveränderung mit einer Welterkenntnis und Weltveränderung zusammen. So trägt die philosophische Argumentation seit Sokrates und Platon die Form des unmittelbaren oder indirekten Dialogs: der Rede und Widerrede, der Kritik gegebener Aussagen. Der Fortschritt der Aufklärung ist darum klassisch als Ausgang aus heteronomen, undurchschauten, mythologischen *Verhältnissen* gedacht: in der Epoche des Liberalismus als »Fortschritt im Bewußtsein der Freiheit« (Hegel, Bd. 12: 32), unter dem Nationalsozialismus wird der Fortschritt als Dialektik der Aufklärung, als Umschlag der Aufklärung in Mythologie bewußt (Horkheimer/Adorno 1944/ 47). Das Unbewußte ist, in der philosophischen Tradition, kein Naturprozeß im Gehirn, sondern ein gesellschaftliches, allgemeines Unbewußtes, trete es nun als Mythos, als Metaphysik oder als gesellschaftlicher Fetischismus auf; das Bewußtsein geht aus diesem Unbewußten durch dessen gesellschaftliche, theoretische und praktische Aufklärung hervor und setzt eine Erschütterung der herrschenden unbewußten Verhältnisse voraus.

Sodann ist, weil Aufklärung ein öffentlicher Akt ist (Kant Bd. XI: 55, 250), auch die *Idee der Willensfreiheit* nirgends als die empirisch gegebene Freiheit eines Robinson verstanden worden, sondern als eine allgemeine und deshalb auf Vernunft gegründete Utopie: in der Form der volonté générale (Rousseau), des Kategorischen Imperativs (Kant), der Menschenrechtserklärungen von der Amerikanischen und Französischen Revolution bis zu den Vereinten Nationen. Daß eine atomistisch und empiristisch verstandene Freiheit keine Freiheit, sondern Willkür ist, hat vor über 300 Jahren John Locke gegen Sir R. Filmer betont:

»Freiheit ist folglich nicht, was Sir R. F. uns lehrt (…): *die Freiheit eines jeden, zu tun, was ihm beliebt, zu leben, wie es ihm gefällt, und durch keinerlei Gesetze gebunden zu sein, …*« (Locke 1690: § 22)

Freiheit, die nicht auf Vernunft, auf vernünftiger Allgemeinheit beruht: ist »Willkür«, »Heteronomie« (Kant, Bd. VII: 144). Die allgemeine, vernünftige Freiheit ist, nach der Lehre des klassischen Liberalismus, institutionalisiert in der politischen Form der Republik. Selbst die libertas des Neoliberalismus, der einem »methodologischen Individualismus« folgt, ist allgemein: als »freiwilliger Konformismus« (Hayek 1960: 78f.).

So konnte Libet die These von der vollständigen Determination des menschlichen Bewußtseins, des menschlichen Willens nicht halten, so mußte er dem *Bewußtsein und der Willensfreiheit doch einen Raum geben.* Seine Überlegungen, die er 1999 formuliert (a.a.O., 284-288), beruhen freilich nicht auf den dargelegten kritischen Einwänden gegen seine Laborexperimente und die daraus abgeleitete neurophysiologische Anthropologie. Der Determinismus, argumentiert Libet, unterstellt, daß »unsere bewußt gewollten Handlungen völlig von Naturgesetzen determiniert sind«. Nun gibt es Handlungen, bei denen »der bewußte Wille … Wirkungen ausüben kann, die nicht mit bekannten physikalischen Gesetzen übereinstimmen« – so scheint es. Das spricht für die These von der Willensfreiheit. Aber diese »Verletzungen« der physikalischen Gesetze sind ihrerseits »nicht meßbar«, oder eine Messung ist unmöglich. So sind beide Positionen zumindest gegenwärtig experimentell nicht beweisbar, also gleichrangige »wissenschaftliche Optionen«. Unter diesen Bedingungen plädiert der Hirnforscher für die »liberale Option« und verweist auf ein »intuitives Gefühl«:

»Wir müssen jedoch anerkennen, daß die nahezu universale Erfahrung, daß wir aus freier, unabhängiger Entscheidung handeln können, eine Art von *prima facie*-Beleg darstellt, daß bewußte mentale Prozesse bestimmte Gehirnprozesse kausal steuern können. Als Experimentalwissenschaftler bin ich der Meinung, daß diese Tatsache eine größere Schwierigkeit für eine deterministische als für eine indeterministische Option darstellt. Die phänomenale Tatsache ist einfach, daß die meisten von uns das Gefühl haben, daß unser Wille frei ist, zumindest bei einigen unserer Handlungen und innerhalb bestimmter Grenzen, die uns vom Status unseres Gehirns und von unserer Umgebung auferlegt werden. Das intuitive Gefühl bezüglich des Phänomens der Willensfreiheit bildet eine fundamentale Basis für Ansichten über unsere menschliche Natur, und man sollte große Sorge dafür tragen, daß man angeblich wissenschaftliche Schlußfolgerungen über dieses Gefühl nicht glaubt, welche in Wirklichkeit von verborgenen *ad-hoc*-Annahmen abhängen. Eine Theorie, die das Phänomen der Willensfreiheit bloß als Illusion deutet und die Gültigkeit dieser phänomenalen Tatsache leugnet, ist weniger attraktiv als eine Theorie, die diese phänomenale Tatsache akzeptiert und sich ihr anpaßt. … Eine solche Sichtweise würde uns zumindest gestatten, auf eine Weise vorzugehen, die unser eigenes tiefes Gefühl akzeptiert und sich ihm anpaßt, nämlich daß wir einen freien Willen haben.« (Libet 1999: 286 f.)

Die Frage, worin die mögliche Willensfreiheit nun besteht, beantwortet Libet in den Schlußsätzen seines Aufsatzes mit einem Zitat des »großen Romanciers Isaac Bashevis Singer«: in dem »Wenigen an freier Wahl, das wir haben« (ebd. 288) – »rational choice«. Das ist »unser eigenes tiefes Gefühl«, daran sollen »wir« glauben.

Diesem *Plädoyer für die Annahme einer limitierten Willensfreiheit* des Menschen liegt folgende Überlegung zugrunde (a.a.O. 268, 276-281): Zwar gingen dem Bewußtsein und dem Willen die unbewußten Gehirnströme als »Bereitschaftspotential« voran, aber dann gäbe es für das Bewußtsein doch die Möglichkeit rationaler Wahl *(rational choice)*. Das Bewußtsein könne nämlich gegen eine durch das Bereitschaftspotential unbewußt eingeleitete und dann bewußt gewordene Handlungsintention ein »Veto« einlegen und die Handlung »verbieten«. Dieses Veto erfordere »keine unbewußten Prozesse« und könne daher als Ausdruck eines bewußten und freien Willens verstanden werden, für das der Mensch »verantwortlich«

ist. Eine einschränkende Möglichkeit bestünde darin (ebd. 280f.), daß dem Veto »unbewußte Prozesse« vorausgehen, daß aber der Inhalt des Vetos nicht unbewußt gesteuert wäre. – Diese Überlegungen revidieren nicht: den Befund von unbewußten, dem Bewußtsein und dem Willen vorangehenden Gehirnströme; die pseudo-philosophischen Auffassungen vom Bewußtsein, vom Unbewußten und von der Freiheit des Willens. Sie erkennen nur dem Bewußtsein und dem Willen einen begrenzten Freiheitsgrad zu. So ist diese Wende in Libets neurophysiologischer Anthropologie nicht über die alten Aporien hinaus.

Dennoch zieht Libet aus seiner nun differenzierten Erkenntnis erneut *allgemeine anthropologische und moralphilosophische Konsequenzen,* indem er die an einfachen Willensakten und Handlungen gemessenen Vorgänge auf »komplexere Handlungen« wie das Sprechen oder das Schreiben überträgt (ebd. 281f.). Das Argument für diese Übertragung ist einfach: was für ein »einzelnes Elektron« gilt, gilt »für Elektronen in allen Systemen«. – Wenn dem Bewußtsein und dem Willen ein unbewußtes Bereitschaftspotential vorangeht, dann ist – nach Libets Überlegung – jede *religiöse Auffassung von Schuld und Sünde* unhaltbar und stellt den Gläubigen vor den Richterstuhl einer »physiologisch unüberwindlichen Moral«. Wenn bereits der »Drang nach einer lüsternen Handlung« als sündig gilt, dieser »Drang« aber unbewußt entsteht, sind »so gut wie alle Personen Sünder« (ebd. 282f.). – Wenn aber dem Bewußtsein gegenüber einem unbewußten Drang noch das Vetorecht zukommt, die angestrebte Handlung zu unterlassen, dann kann jedes *»ethische System«* die Person »für schuldig und verantwortlich« erklären (ebd. 283). Das ist nicht nur moralisch, sondern vor allem für das Strafrecht relevant: die Handlung ist nicht vollständig determiniert.

Indem Libet aus der Hirnforschung die Konsequenz einer philosophischen Anthropologie zieht, überschreitet er nicht nur seine Fachwissenschaft, sondern erlangt auch in den *Human- und Sozialwissenschaften* erhebliche *Aufmerksamkeit:* die explizite wissenschaftliche Liquidierung der Willensfreiheit, des reflektierenden Denkens, des Individuums stößt auf ein breites Bedürfnis – ungeachtet der offenkundigen *Problematik der Überlegungen.* Die naturwissenschaftlich autorisierte Verabschiedung der Utopien von Vernunft, Individuum und Willensfreiheit unterdrückt alle Impulse einer kritischen Reflexion: der neoliberale autoritäre Charakter hat seine Bestätigung gefunden. Daher die große öffentliche Aufmerksamkeit für Befunde, die – als fachwissenschaftliche Labor-Befunde – wenig spektakulär erscheinen.

Die in Deutschland vorwiegend in der *Frankfurter Allgemeinen Zeitung (FAZ)* um 2003/04 geführte Debatte um die Anthropologie und Moralphilosophie der Hirnforschung ist dokumentiert in: Christian Geyer, Hg.: *Hirnforschung und Willensfreiheit* (2004). In der Debatte sind die Grundannahmen der Neurophysiologie expliziert und auf das Gebiet der Human- und Sozialwissenschaften ausgedehnt worden, so daß diese Wissenschaften sich ihrerseits auf neurophysiologische Grundlagen stellen konnten.

In den Debattenbeiträgen wird die zentrale Frage kaum angesprochen: Welches gesellschaftliche Interesse hat der Hirnforschung eine so große außerwissenschaftliche und wissenschaftliche Aufmerksamkeit verliehen? Der Herausgeber der Dokumentation, Ressortleiter ›Neue Sachbücher‹ im Feuilleton der FAZ, hat dieses Interesse feuilletonistisch ausgedrückt: »Was macht die Idee, unser Wille sei unfrei, eigentlich so sexy?« (a.a.O., 14) Der Historiker Völkel (2004, 140) gibt einen seriöseren, allzu bekannten Hinweis: Der »Gehirndiskurs« sei »ein zentraler gegenwärtiger Machtdiskurs«, bei dem es – nicht um Wahrheit, sondern um: »Öffentlichkeitswirkung, um Forschungsgelder und um das langfristige Prestige von Fächern« ginge. Dieser Hinweis auf das herrschende wissenschaftliche Erkenntnisinteresse klärt freilich nicht den Zusammenhang von neoliberaler und neurophysiologischer Anthropologie: daß unter Bedingungen der spontanen Wettbewerbsordnung deren gesellschaftliche und anthropologische Normen zu den unreflektierten Voraussetzungen und Setzungen der Sozialwissenschaften werden. Unter diesen Voraussetzungen eines gesellschaftlichen Irrationalismus und anthropologischen technischen Rationalismus geht es in der fraglichen ›Debatte‹ nicht länger um Argumente, sondern – wie Libet (1999) es vorführt – um Glaubensartikel in einem Wettbewerbskampf. Diesem kann man einen Wahrheitsbezug nur zuschreiben, wenn man Poppers evolutionistischer Erkenntnistheorie folgt und den Sieg im Wettbewerb mit der größten Annäherung an Tatsachen identifiziert, so daß am Ende des wissenschaftlichen Anpassungsprozesses die Theorien mit den Tatsachen übereinstimmen und insofern als ›wahr‹ bezeichnet werden können.

In jener Debatte haben vor allem der Neurophysiologe *Wolf Singer* und der Verhaltensphysiologe *Gerhard Roth* die deterministische Position gegen die Willensfreiheit bezogen. Ihre Überlegungen unterscheiden sich von Libets neueren Überlegungen durch ihren radikaleren Dogmatismus, der die »liberale Option« (Libet 2004: 287) beiseite läßt. Der Jurist *Heinrich Helmrich* (2004) hat einige kritische Einwände zusammengefaßt.

Wolf Singers Ausführungen unter dem Titel: *Verschaltungen legen uns fest: Wir sollten aufhören, von Freiheit zu reden* (2004) sind grundlegend, weil Singer als Neurophysiologe philosophiert, so daß seine Fachgrenzen überschreitenden Überlegungen von den betroffenen Fachvertretern rezipiert werden konnten, um ihren *neuronal turn* einzuleiten.

Wie der Titel des Aufsatzes von Singer verrät, vertritt der Neurophysiologe einen *anthropologischen Determinismus,* der jenen Libets radikalisiert. Singer nimmt den alten, von Descartes erstmals systematisch dargelegten Dualismus von res cogitans und res extensa auf, um zu zeigen: daß dieser Dualismus unhaltbar ist, daß die Welteinheit in naturwissenschaftlich erforschten und erforschbaren »deterministischen Gesetzen« besteht – alles ist, cartesianisch gesprochen, res extensa (ebd. 33-39). Auch das *Bewußtsein* und der *Wille* des Menschen werden durch *unbewußte* »neuronale Prozesse vorbereitet« und unterliegen *»deterministischen* Naturgesetzen« (ebd. 52; vgl. ebd. 52-64). Die Vorstellung eines »Ich«, eines »Selbst«, der »Freiheit« und des autonomen »Bewußtseins« sind nichts als »eine Illusion« (ebd. 50): die unbewußten Prozesse sind uns »verborgen«, weil uns »neuronale Prozesse erst dann bewußt werden können, wenn sie sich Lösungen nähern« (ebd. 49). Das weiß der Neurophysiologe: »Keiner kann anders, als er ist.« (ebd. 63)

Singer geht in diesem Determinismus über Libet hinaus, indem er die neurophysiologischen Experimente auf der Grundlage einer *darwinistischen Evolutionstheorie* expliziert; insofern ist seine Argumentation der Geschichtstheorie Hayeks, der Erkenntnistheorie Poppers und der Entscheidungstheorie Simons verwandt. Während Popper erkenntniskritisch eine Linie von der Amöbe zu Einstein zieht, konstatiert Singer: »Die Nervenzellen von Schnecken funktionieren nach den gleichen Prinzipien wie die Nervenzellen der Großhirnrinde des Menschen.« (ebd. 40) Obwohl die evolutionstheoretische Begründung dieser These kaum durch neurophysiologische Experimente beweisbar ist, behauptet Singer einen Natur-Zusammenhang von Daseinskampf als Anpassungsprozeß, Wettbewerb und Kognition.

»Unsere kognitiven Funktionen beruhen auf neuronalen Mechanismen, und diese sind ein Produkt der Evolution. Nun deutet wenig darauf hin, daß die evolutionären Prozesse daraufhin ausgelegt sind, kognitive Systeme hervorzubringen, welche die Wirklichkeit so vollständig und objektiv wie nur irgend möglich zu erfassen oder – falls die Welt eine entsprechende Schichtenstruktur aufweisen sollte – gar die Tiefenstrukturen hinter den Phänomenen zu erkennen vermögen. Im Wettbewerb um Überleben und Reproduktion kam es vorwiegend darauf an, aus der Fülle im Prinzip verfügbarer Information nur jene aufzunehmen und zu verarbeiten, die für die Bedürfnisse des jeweiligen Organismus bedeutsam sind. (...) Zusätzlich zu dieser Optimierung der Signalaufnahme kam es darauf an, die verfügbare Information möglichst schnell in zweckmäßige Verhaltensreaktionen umzusetzen.

Umfassende Weltbeschreibungen sind dem kaum dienlich. Es erscheint deshalb wenig wahrscheinlich, daß die Evolution kognitive Mechanismen hervorgebracht hat, die solches zu leisten vermögen. (...) Unsere Sinnesorgane sind zwar hervorragend angepaßt, um aus wenigen Daten sehr schnell die verhaltenrelevanten Bedingungen zu erfassen, aber sie legen dabei keinen Wert auf Vollständigkeit und Objektivität.« (Singer 2004: 30 f.; siehe weiter: ebd. 34, 38, 39-42, 53 f.)

Die »kognitiven Systeme« des Menschen, ist der Neurophysiologe überzeugt, sind das Produkt eines evolutionären Wettbewerbs-Kampfes um das »Überleben«. Das Denken sei also nichts als: instrumentelle Rationalität – Beobachtung einer objektiven Welt, Feststellung objektiver Tatsachen, Verknüpfung dieser Tatsachen zu kausalen Zusammenhängen. Die Welt als Ganze sei kein Erkenntnisgegenstand im Daseinskampf. Jenes Denken müsse sich selbst der objektiven Welt zurechnen und vermöge kein Reich einer res cogitans gegen das Reich der res extensa für sich zu reklamieren: daher sei die »Selbsterfahrung«, der Mensch verfüge über einen »freien Willen« und individuelle Autonomie, eine Selbst-Täuschung (ebd. 33-39). – Wie die »kognitiven Systeme«, Singer zufolge, aus einem *evolutionären* Wettbewerbs-Kampf hervorgehen und deshalb der Logik der Überlebens-Sicherung verpflichtet sind, so erfolgt *im Gehirn selbst* – in den »vernetzten Hirnarealen« – im Prozeß von der Aufnahme von Signalen aus der Umwelt bis zur Handlung eine Prüfung von »Erregungsmustern« auf ihre »Kompatibilität«; liegt eine Vereinbarkeit nicht vor, wird im Gehirn ein »kompetitiver Prozeß« ausgelöst, an dessen Ende ein »Sieger« steht. Überall herrscht der *Wettbewerb* als »spontane Ordnung« (Hayek): in der Evolution, im Gehirn.

»Das Erregungsmuster setzt sich durch, das den verschiedenen Attraktoren am besten entspricht. Dieser distributiv angelegte Wettbewerbsprozeß kommt ohne übergeordneten Schiedsrichter aus. Er organisiert sich selbst und dauert so lange an, bis sich ein stabiler Zustand ergibt, der dann für den Beobachter erkennbar als Handlungsintention oder Handlung in Erscheinung tritt.« (Singer 2004: 56 f.)

Offenbar ist die neoliberale Ordnung, der Imperativ »angepaßten Verhaltens« und »angepaßter Entscheidungen« (ebd. 63f.), in den neuronalen Prozessen verankert; ein »zentralistischer Dirigent« spiele dabei keine Rolle (ebd. 58)!

Nun verweist Singer gleich einleitend darauf, daß die Neurophysiologie, als Denken, ihrem Gegenstand zugehört: darin liege die »Zirkularität des Unterfangens« (ebd. 30). Er zieht daraus aber nicht die Konsequenz einer aufklärenden »Selbstreflexivität« (Graf 2004: 147), sondern supponiert: das Denken, das der objektiven Welt zugehört, kann durch die Hirnforschung in objektivistischer Einstellung erforscht werden. Das sei möglich, weil die Hirnrinde »sich also vorwiegend mit sich selbst« beschäftige (Singer 2004: 42). Offenbar bewegen sich Hirnprozesse in einer dogmatischen Tautologie. Singer könnte von dem, was er postuliert, nur wissen, wenn er die Metaebene einer aufklärenden Reflexion beträte – aber dann fiele seine Einsicht in den unbewußten, universalen Determinismus in sich zusammen.

Nun muß die objektivistische Hirnforschung den Forschungsgegenstand »operationalisieren« (ebd. 35f.). Sie muß das Denken, das Bewußtsein, das Unbewußte, die Freiheit und die Unfreiheit so definieren, daß alles im neurophysiologischen Laborexperiment empirisch erfahrbar und meßbar ist. Das Operationalisierte muß bekannt und erkannt sein. Der philosophierende Neurophysiologe ist sich sicher: alles, was »sprachlich gefaßt« ist, ist »bewußt« (ebd. 59); was Freiheit ist, weiß jeder. Beides ist eine Illusion.

»Wir sprechen vom freien Willen und wissen, was wir darunter zu verstehen haben. Wir begreifen uns als Wesen, die über Intentionalität verfügen, die fähig sind zu entscheiden, initiativ zu werden und zielbewußt in den Ablauf der Welt einzugreifen. Wir erfahren uns als freie und folglich als verantwortende, autonome Agenten. Es scheint uns, als gingen unsere Entscheidungen unseren Handlungen voraus und wirkten auf Prozesse im Gehirn ein, deren Konsequenz dann die Handlung ist.« (Singer 2004: 33)

»Wir«, setzt Singer wiederholt voraus (ebd. 49, 50, 51), sind der »Überzeugung«, »frei«, »Herr über unsere Entscheidungen« zu sein. Leider verrät der Hirnforscher nicht, wo dieses Land Utopia zu finden ist, in dem nicht die gegenteilige Erfahrung dominiert, unter äußerer und innerer Gewalt, unter äußeren und inneren Zwängen zu stehen. Der Neurophysiologe spricht, als ob es nie Reflexionen über Freiheit – kosmopolitisch-revolutionäre, national-liberale, neo-liberale, ordo-liberale Freiheit – gegeben hätte; als ob »wir« immer schon »frei« und »autonom« seien; als ob »wir« uns längst selbst erkannt hätten, unser selbst bewußt wären. Er spricht, als ob die einzige »Determination«, unter der »wir« stünden, die Determination durch neuronale Prozesse sei. Die alte Einsicht: »Das Bekannte überhaupt ist darum, weil es *bekannt* ist, nicht *erkannt«* (Hegel Bd. 3: 35), ist irrelevant, wenn das Wissen auf die »Phänomene« beschränkt wird (Singer 2004: 30). Wird Freiheit als objektives, empirisches Faktum gesetzt, wird sie in Naturgesetzlichkeit aufgelöst. Darin besteht Singers Zirkel: er ist a priori im Recht (ebd.).

Dennoch muß Singer die Frage beantworten, wie es zur selbst-täuschenden Annahme kommt, daß »wir« bewußt, frei und autonom sind:

daß wir ein »Ich« sind? (ebd. 43-49) Im Gehirn, berichtet der Neurophysiologe, ist ein Zentrum der Selbstreflexion und der Koordinierung: ein »Ich«, nicht nachweisbar. Zur Koordinierung von Wahrnehmung und Verhalten komme es nur durch die Synchronisation von Neuronen-Entladungen. Es gäbe kein »Ich«. Über die »neuronalen Vorgänge«, die das Selbstbild des Menschen »als eines autonomen, frei entscheidenden Agens« produzieren, seien »derzeit keine konsensfähigen Interpretationen«, nur »Hypothesen« verfügbar (ebd. 46; siehe weiter: ebd. 46-49).

Singers Aussage, »kognitive Systeme« seien nicht darauf »ausgelegt«, die Welt ... objektiv ... zu erfassen« (ebd. 30), bringen den Objektivismus seiner Neurophysiologie zu Fall: der Universalitätsanspruch der neurophysiologischen Naturwissenschaft ist – nach Singers eigenen Dogmen – tautologisch, dogmatisch, eben unhaltbar: er sollte »aufhören, von« Determinismus »zu sprechen« – und dies als Humanismus auszugeben (ebd. 62-64).

Wie nun die *Neurophysiologie* – naiv philosophierend – die Grenzen ihres Fachs überschreitet, so überschreiten Vertreter der *Sozial- und Geisteswissenschaften* deren Grenzen zur Neurophysiologie hin und versuchen einen jeweiligen *neuronal turn*. Exemplarisch kann dies an der *Geschichtswissenschaft* und an der *Theologie* demonstriert werden.

Für eine Rezeption der neurophysiologischen Anthropologie, für einen *neuronal turn* in der Geschichtswissenschaft, hat *Johannes Fried*, Professor für Mittelalterliche Geschichte an der Universität Frankfurt, plädiert: *Geschichte und Gehirn. Irritationen der Geschichtswissenschaft durch Gedächtniskritik* (2004). An Frieds Beitrag kann das gesellschaftliche, wissenschaftliche Interesse an der Hirnforschung exemplarisch studiert werden: der neoliberale gesellschaftsgeschichtliche Irrationalismus und anthropologische technische Rationalismus. So wird bei Fried die »geschichtsphilosophische Abstinenz der Geschichtswissenschaft« (Franz/Lehners 2013: 23f.) deutlich. – Frieds (2004) Idee ist eine Geschichtswissenschaft als »Erfahrungswissenschaft«, die sich auf »Faktengewißheit« stützt: auf gesicherte, mit den Tatsachen übereinstimmende und insofern ›wahre‹ »Quellen« (ebd. 116, 118). Wahrheit heißt demnach: Übereinstimmung der Quellen, der Erinnerung sowie des Gedächtnisses mit den objektiven Tatsachen – Wahrheit impliziert, nach Fried, die Eliminierung des Subjekts (vgl. ebd. 126f.). Das Ziel wäre eine Geschichtsschreibung, die ein für allemal, unabhängig von der fortlaufenden Geschichte und unabhängig von subjektiven Erfahrungen, darstellte, wie es ›wirklich‹ war: eine von der Geschichte unabhängige empiristische Geschichtsdarstellung. – Diese gibt es bislang nicht, konstatiert Fried, und verweist auf psychologische Tests (ebd. 120f.).

Der »generelle anthropologische Sachverhalt«, daß das »menschliche Gedächtnis ... keine gesicherten Daten« liefert, daß »keine zwei Beteiligten desselben Geschehens ... sich an identische Wahrnehmungen« erinnern, sei ein »katastrophaler Befund« (ebd. 113, 118). Es sei bislang »noch kaum bedacht«, daß »vergangenes Handeln« sich dem »Willen der Handelnden« entzog (ebd. 112), daß die Erinnerung sich verändert »gemäß den Bedürfnissen der forteilenden Zeit und des Augenblicks« (ebd. 118), daß »Erinnerungszeugnisse ... stets Gegenwartszeugnisse« sind und »primär nur etwas über die situative Verflechtung des Augenblicks« verraten (ebd. 132). – Fried überlegt, als hätte es nie die geschichtsphilosophische, aufklärerische Einsicht von Vico (1725: § 331) bis zu Kant (Bd. XI: 34), Hegel (Bd. 12: 49) und Marx (MEW 8: 115) gegeben, daß die Menschen ihre Geschichte gemacht haben, aber ohne Willen und Bewußtsein. Fried (2004: 112) fragt erstaunt: »Müssen wir vergangenes Handeln neu bewerten, weil es sich dem Willen der Handelnden entzog«? Als hätte es nie die Einsicht gegeben, daß die Geschichte nichts ist als gegenwärtige, in der Gegenwart aufgehobene Geschichte, so daß sie mit jeder neuen Epoche neu geschrieben werden muß (vgl. Marx 1857/58: 28), verzweifelt Fried (2004: 113): »keine zwei Forscher« erzielen »unabhängig voneinander identische Forschungsergebnisse«. Weil er historische Ereignisse auf »harte Fakten« reduziert, die im idealen Fall ein für allemal »festgeschrieben«, also der Geschichte überhoben sind (ebd. 114), weil das Quellenstudium dieses fixierte Datenmaterial liefern soll, erscheint eine geschichtswissenschaftliche Darstellung ungeschichtlicher Fakten unmöglich, wenn den Quellen die »faktizistische Korrektheit« fehlt (vgl. ebd. 121f.). – So rekurriert der unhistorische Historiker, der geschichtliche Ereignisse zu objektiven Tatsachen fixiert, nicht auf die geschichtsphilosophische Aufklärung des Geschichtlich-Unbewußten, nicht auf die Vermittlung von Gegenwart und Geschichte, sondern flüchtet sich zum »methodologischen Individualismus« (Hayek) und anthropologischen Naturalismus: zu den Wissenschaften, deren »Domäne« die »Erforschung des Gedächtnisses« sei – Psychologie, Neuropsychologie, Neurophysiologie und Evolutionsbiologie. Die Aufgabe der Geschichtswissenschaft sei es, »diesen Disziplinen als weitere Kognitionswissenschaft ... das Gedächtnis aller menschlichen Kulturen ... als Studienobjekt anzubieten« (ebd. 119). Mit Hilfe vor allem der Gehirnforschung, als Substitut einer Erkenntnistheorie, soll es gelingen, das Unbewußte der Handlungen, den Mangel an empiristischer Zuverlässigkeit des historischen Datenmaterials »angemessen beurteilen« zu können (ebd. 123); mit ihrer Hilfe soll eine rationale Quellen- als »Gedächtniskritik« (ebd. 132) möglich werden, um die historische Wahrheit als überhistorische Fakten-Wahrheit zu gewinnen (vgl. ebd. 112). Das Unbewußte in der Geschichte, in der Erinnerung, reduziert Fried auf »unbewußte«, »sich selbst steuernde neuronale Prozesse«, die durch die »begrenzte Speicherkapazität des menschlichen Hirns« verursacht sind (ebd. 124). Dieses Neurophysiologisch-Unbewußte, diese »hirninduzierte Umwertung« des historischen Geschehens produziert die »falsche« Erinnerung (ebd. 125). – So geht der Historiker mit der »Vision einer künftigen Geschichtswissenschaft« schwanger, die – gestützt auf die Hirnforschung – eine »gedächtniskritische Geschichtswissenschaft« ist (ebd. 132). Da alle Erinnerung ein »Gegenwartszeugnis« ist, impliziert die neurophysiologisch ausgerichtete Geschichtstheorie eine analoge Theorie der Gesellschaft: eine Theorie »interzerebraler Kommunikation« – denn die »gesamte Gesellschaft ... besitzt ein neuronales Ferment« (ebd. 129f.). – Das gesellschaftliche und geschichtliche Unbewußte wird in das menschliche Gehirn verlagert: nicht die Aufklärung, sondern die Neurowissenschaften sollen Klärung bringen. Der gesellschaftsgeschichtliche Fetischismus der »Tatsachen« (vgl. Horkheimer/Adorno 1969: IX) erscheint als ein anthropologischer Naturalismus, in dem das Individuum in naturgesetzliche Prozesse aufgelöst ist: als ob der Mensch eine »Maschine« (Libet 1999: 287) sei. Fried spricht das apologetisch aus:

»Wir stolzen, selbstbewußten Reflexionskünstler herrschen nicht absolut im Haus unserer Erinnerungen. ›Es‹ erinnert sich vielmehr in uns. Ich aber bin mein Gedächtnis. Ohne ›Käpt'n im Kopf‹, ohne Herrschaft über meine Erinnerungen, bin ich kein Käpt'n meines eigenen Selbst.« (Fried 2004, 126)

Das ist, in der Epoche des Umschlags der Aufklärung in Mythologie, radikal realitätsgerecht gedacht: Fried feiert den Umschlag der »List der Vernunft« in gesellschaftliche Irrationalität, den Untergang des Individuums in einem ent-individualisierten Ich.

Über die skurrilste Rezeption der neurophysiologischen Anthropologie berichtet *Friedrich Wilhelm Graf: Gibt es einen neurobiologischen Gottesbeweis?* (2004) Graf skizziert die Ansätze zu einer »Neurotheologie«, die eine potentiell seriöse »neurologisch orientierte Religionsforschung« mit einer neurophysiologischen Theologie verwechselt und dadurch eine »Neurotheologie« (Ashbrook 1984) begründet. Statt sich damit zu bescheiden, Prozesse im Hirn darzustellen, sucht diese Forschung etwas über »das Absolute«, »die Transzendenz«, »das Seinsganze« oder »die Einheit der Wirklichkeit« auszusagen (Graf 2004: 144). »Theo-Neurologen« versuchten gar Rückschlüsse »auf die Existenz oder Nicht-Existenz Gottes« (ebd. 145). Andere Neurologen präsentierten sich als »Religionspathologen«, die beanspruchten, »Gott ... als bloßes Hirngespinst entlarvt« zu haben (ebd.

145f.). Graf betont den schlichten Sachverhalt: Die Befunde, deren sich die Hirnforschung sicher zu sein glaubt, gelten auch für sie selbst. Wenn alles Bewußtsein durch unbewußte elektrisch-chemische Prozesse initiiert ist, ist auch das Bewußtsein der Hirnforscher und der Rezipienten unbewußt. Die Texte der Neuro-Wissenschaftler verschiedenster Disziplinen scheinen das zu bestätigen. Sie provozieren die Glosse: »Ob die Theo-Neurologen auch die manche ihrer Fachgenossen prägende Neigung zur populistischen Sensationsmache in eigenen Hirnarealen lokalisieren können?« (ebd. 145) Deutlicher als durch die »Neurotheologie« kann der gesellschaftliche Fetischismus, der der neurophysiologischen Anthropologie zugrunde liegt, nicht ausgesprochen werden.

6.3.7 Betriebswirtschaftslehre: Selbst-Vermarktung und »individualisierendes Unternehmen« (Sprenger)

Die *neoliberale Betriebswirtschaftlehre* kennt nur ein Individuum: den Unternehmer, der Menschen führt, die sich nicht mit sich, sondern mit den Umständen identifizieren – mit dem Unternehmen, so daß sie selbst unternehmerisch denken und handeln. Die *Utopie* des Individuums als eines Menschen, der mit sich identisch ist, indem er seiner selbst und seiner Verhältnisse bewußt ist, ist pervertiert in das Konstrukt eines Menschen, der so radikal in den Umständen aufgeht, daß er sich darin wirklich – »verwirklicht« – wähnt. Becks Beschreibung des Zusammenhangs von Individualisierung und Standardisierung erreicht in der neoliberalen Betriebswirtschaftslehre, theoretisch und praktisch, ihre Konsequenz. Jeder scheint nun: »Unternehmer« seiner selbst (Hayek 1960: 100), Personifikation des »Unternehmens«. Die totale Selbst-Entäußerung wird als Selbst-Verwirklichung, als Glück vorgestellt: in alle Ritzen der Gesellschaft ist die *Selbst-Vermarktung*, in alle großen Unternehmen ist das analoge Konzept des *»individualisierenden Unternehmens«* (Sprenger 2000: 179ff.) eingedrungen.

Der politisch-ökonomische Neoliberalismus, dem das Ganze das Irrationale unbewußter Traditionen und Moralregeln ist, fetischisiert und individualisiert die Verhältnisse zu Naturverhältnissen. In diesen agiert das Sozialatom technisch-rational: nicht systemrational in der Tradition Comtes, sondern nach der Rationalität von Versuch und Irrtum, so daß sich erst post festum in der gelungenen Anpassung erweist, ob diese rational und erfolgreich war.

Der politisch-ökonomische Neoliberalismus hat darum auch keinen Begriff einer *neoliberalen Systemkrise.* Gleichwohl verfügt er über eine Diagnose politisch-ökonomischer Krisen. Implementiert zu Zeiten der Zusammenbruchskrise des Staatsinterventionismus, begreift der Neoliberalismus *Krisen allererst als Konsequenzen der Politik-Ökonomie des staatsinterventionistischen Kapitalismus.* – Der *Staatsinterventionismus* in den Gestalten des Keynesianismus und der New-Deal-Politik hatte die Große Depression von 1929/33 als Erscheinung eines Ungleichgewichts von Produktion und Konsumtion aufgefaßt, näher: als Unterkonsumtionskrise. Fast alle Maßnahmen der New-Deal-Politik der USA nach 1933 zielten darum auf die – defizitär finanzierte – Steigerung der Konsumtion: der Binnen- ebenso wie der Außen-Nachfrage. Der Anhebung der Binnen-Nachfrage dienten etwa: die Steigerung der Löhne und Gehälter durch Förderung gewerkschaftlicher Organisationen; Arbeitsbeschaffungsmaßnahmen; die Einführung von Sozialversicherungen (Renten; Arbeitslosigkeit; Familienfürsorge); die Verbesserung der Infrastruktur durch eine Regionalpolitik; Preisstützungs-Maßnahmen für die Landwirtschaft. Der Anhebung der Außen-Nachfrage dienten: die Abwertung des US-Dollar gegenüber dem Gold; die Auslandshilfe; die partielle Liberalisierung des Außenhandels. Die Maßnahmen im Bereich des Außenhandels wurden durch das Bretton-Woods-System internationalisiert. – Dieses System eines staatsinterventionistischen Kapitalismus brach mit der *Liquidierung des Bretton-Woods-Systems 1971/73* und mit den *Weltwirtschaftskrisen von 1975/81* zusammen. Der nachfolgende *Neoliberalismus* explizierte diese Krisis, gegen das alte System: als Rationalitätskrisis, als Motivationskrisis, als Überkonsumtionskrisis, zusammenfassend: als Wirtschafts-, Finanz- und Währungskrisis. Eine *Rationalitätskrisis* schien zu bestehen: weil der Staatsinterventionismus sich zutrauen mußte, Wirtschaft und Gesellschaft als Ganze rational zu erkennen und systemrational zu steuern – dies gilt den Neoliberalen als Omnipotenzwahn. Eine *Motivationskrisis* schien zu bestehen: weil der Bürger unter dem Staatsinterventionismus, durch die sozialpolitischen Maßnahmen, der ökonomischen Leistungsmotivation beraubt schien. Eine *Überkonsumtionskrisis* schien zu bestehen: weil der Staatsinterventionismus in krisenvermeidender Absicht eine Steigerung der Konsumtion initiiert hatte, die die Steigerung der Produktion übertreffen sollte, um am Ende Produktion und Konsumtion wieder ins Gleichgewicht zu setzen. Diese Krisen-Symptome mußten, zusammenfassend, als *Wirtschafts-, Finanz-* und endlich als *Währungskrisis* des Interventionsstaates erscheinen, denn: die überproportionale Steigerung der Konsumtion mußte Investitionen und Produktionen strangulieren; die staatsinterventionistischen Maßnahmen waren defizitär finanziert worden; die Überkonsumtion mußte außenwirtschaftlich in Importsteigerungen oberhalb von Exportsteigerungen, eben als Überbewertung der nationalen Währung zu verzeichnen sein.

Aus dieser Krisen-Interpretation zieht der Neoliberalismus seit 1973/80 die Konsequenz einer *neoliberalen Krisen-Politik:* einer Politik der *Senkung der Konsumtion und der Steigerung der Produktion.* Die Krisen-Politik besteht allgemein in der Liquidierung des Staatsinterventionismus durch die De-Regulierung der staatlichen Steuerungen: Konstitution und Funktionssicherung des Wettbewerbs; Ausgleich öffentlicher Haushalte; Privatisierung öffentlicher Unternehmen und Dienstleistungen; Senkung der Konsumtion und Steigerung der Produktion – Reduktion sozialstaatlicher Leistungen, Reduktion gewerkschaftlicher Monopol-Macht auf dem Arbeitsmarkt; Politik des ›Fördern und Forderns‹ gegenüber den Wirtschaftsbürgern. Denn die ökonomische Krisis erscheint, in neoliberal-individualisierender Perspektive, wesentlich individualistisch entweder als Krisis der Leistungsmotivation (Faulheits-Debatten; ›fordern‹ durch die zahlreichen Sanktionsmöglichkeiten der staatlichen Arbeitsvermittlung gegen Arbeitslose), oder als Krisis der Fach-Kompetenzen für den Arbeitsmarkt (›fördern‹), oder als Krisis der Selbstvermarktungs-Kompetenzen auf dem Arbeitsmarkt (›fördern‹). Die Neoliberalen sind überzeugt: politisch-ökonomische Krisen sind entweder auf einen fortbestehenden Interventionsstaat, vor allem auf den Sozialstaat und die Gewerkschaften zurückzuführen; oder – und – sie haben ihre Ursache in den überbordenden Konsumtions-Ansprüchen, in der »Gier« des Einzelnen, der »Leistung verweigert, obwohl er leisten könnte« und dadurch seinen »Nächsten ausbeutet« (H. Kohl: Regierungserklärung bei seinem Amtsantritt: 13.10.1982: 868); oder sie haben ihre Ursache im Einzelnen, der entweder schlecht oder falsch qualifiziert ist; oder sie haben ihre Ursache im Einzelnen, der wohl über marktkonforme Fach-Qualifikationen verfügt, diese aber nicht unternehmerisch vermarkten kann. Gesellschaftlich zielt die neoliberale Krisen-Politik auf: weniger Staat, mehr »Markt«; »verstärkte Wettbewerbsfähigkeit«; Förderung »persönlicher Leistung« und »Eigeninitiative« (Kohl, a.a.O., 858) – *Individualisierung von Ökonomie und Gesellschaft.* Die *Krise* wird *individualistisch* begriffen, sie soll *individualisierend* überwunden werden: indem der Staat die Gesellschaft atomisiert und diese Atome durch eine Politik der Re-Regulierung in die »spontane Ordnung« eines allgemeinen Wettbewerbs versetzt, in dem jeder gegen jeden um Sieg oder Niederlage kämpft.

Im Zentrum des *Staatsinterventionismus* nach 1929/33 stand die Überwindung der als strukturell aufgefaßten *Massenarbeitslosigkeit.* Im Zentrum der *neoliberalen Krisen-Politik* nach 1973/80 steht die *De-Regulierung des Arbeitsmarktes,* die Überwindung der Motivations- und Qualifikations-Defizite der Arbeitslosen durch die Politik des ›*Förderns und Forderns*‹.

Zunächst wird, neoliberal, die *Krise individualistisch erklärt;* sie soll durch eine *sozialatomistische Politik* überwunden werden. Die Arbeitslosigkeit wird nicht länger, wie in der Theorie von Keynes und wie in der Politik des keynesianischen Sozialstaates, als strukturelle, unfreiwillige Massenarbeitslosigkeit aufgefaßt, so daß die Arbeitslosen Anspruch auf Leistungen der Solidargemeinschaft geltend machen könnten. Vielmehr gilt nun Hayeks Dogma: »daß die Einzelnen sowohl für den Erfolg als auch für den Mißerfolg ihrer Bemühungen verantwortlich gemacht werden.« (1960: 95) Also sind die Arbeitslosen arbeitslos: weil sie kein Interesse an der Aufnahme einer Arbeit haben; oder weil sie schlecht, oder falsch, qualifiziert sind; oder weil sie ihre Arbeitskraft nicht verkaufen können. In jedem Fall gelten die Wirtschaftsbürger als Anbieter auf dem Arbeitsmarkt.

Sodann ist die *Arbeitsvermittlung dem Wettbewerb unterworfen.* Es sind *private Arbeitsvermittler* zugelassen; die *staatliche Arbeitsvermittlung* ist als *Dienstleistungsunternehmen* organisiert, das zwischen Anbietern und Nachfragern auf dem Arbeitsmarkt vermittelt. Den staatlichen und privaten Arbeitsvermittlungen gelten die Arbeitslosen als ›*Kunden*‹. Der staatlichen Arbeitsvermittlung kommen die Aufgaben zu: den Nachfragern nach Arbeitskräften Anbieter von Arbeitskräften zu *vermitteln;* Anbieter von Arbeitskraft bei der Suche nach Nachfragern zu unterstützen; durch finanzielle Sanktionen Arbeitslose zur Arbeitsaufnahme zu zwingen *(›fordern‹);* Arbeitslose auf den Gebieten der Fach-Kompetenz und der Selbstvermarktungs-Kompetenz durch private Institute zu schulen *(›fördern‹).*

Diese Politik der Konstitution und Funktionssicherung des Wettbewerbs, der sozialen Atomisierung, des Förderns von Fach- und Vermarktungs-Kompetenzen ist seit 1975/80 vom Sektor der staatlichen Arbeitsverwaltung in den *gesamten Bildungssektor* eingedrungen. Schulen und Hochschulen sind als neoliberale Betriebe zur Produktion von Humankapital organisiert. Schüler und Studierende werden in diesen Institutionen in ein Verhältnis des Wettbewerbs gesetzt. Von den Grundschulen bis zu den Universitäten werden Techniken der Selbstvermarktung ›trainiert‹: Bewerbungstraining, Präsentationstechniken, Techniken der Zielerreichung, Erkenntnis eigener ›Stärken‹ und ›Schwächen‹ gehören zum Standardprogramm auf allen Stufen des Bildungssystems.

Die *Universitäten* vermitteln diese Techniken nicht nur in den ›Praxismodulen‹ der ersten Semester. Sie haben auch *Career Center* gegründet, ursprünglich in der Absicht, die Chancen von Frauen auf dem Arbeitsmarkt zu verbessern, nun als Zentren des allgemeinen Selbstvermarktungs-Trainings. Da Akademikern kaum eine mangelnde Fachqualifikation bescheinigt werden kann, müssen sie die Fähigkeit zur Selbstvermarktung erlernen und ›optimieren‹: sie müssen lernen, sich selbst anderen zu verkaufen, sich den ökonomischen Erwartungen auf dem Arbeitsmarkt anzupassen – sie müssen lernen, für sich zu werben, sich selbst zu kalkulieren, sich mit fremden Imperativen zu identifizieren.

Das *Career Center der Universität Hamburg*, gegründet als *Women's Career Center* im Jahre 2001 und seit 2006/07 zu einem auch männlichen Studierenden zugänglichen Career Center umgestaltet, bietet in jedem Semester *Seminare zu Steigerung der Selbstvermarktungs-Kompetenzen* an. Im folgenden seien die Titel und die dazugehörigen Erläuterungen der Seminare im Winter 2011/12 dokumentiert. – Eine Gruppe von Seminaren beginnt bei der *Erkenntnis der ›Kompetenzen und Stärken‹* der potentiellen Anbieter ihrer Arbeitskraft: sie lernen, sich aus der Perspektive derer zu betrachten, die an der Verwertung ihrer Arbeitskraft Interesse haben könnten.

»*ErziehungswissenschaftlerInnen – Wege in den Beruf.* Diplom- und Bachelor-PädagogInnen verlassen häufig mit einem unklaren Berufsselbstbild die Universität. Sie haben oft Schwierigkeiten ihre Kompetenzen realistisch einzuschätzen … Der Workshop bietet die Möglichkeit durch Selbstanalyse die eigenen Kompetenzen und Stärken herauszuarbeiten …«

»*Potenziale erkennen und zielgerichtet einsetzen.* Um berufliche Ziele noch klarer definieren zu können, kann es hilfreich sein, sich der eigenen Potenziale bewusst zu sein. Welche Kompetenzen habe ich und wie will ich mich damit auf dem Arbeitsmarkt positionieren? Welchen Potenzialen und Kompetenzen geben Arbeitgeber besonderes Gewicht?«

Hat das ökonomische Sozialatom seine Verwertungs-»Potentiale« bestimmt, kann es seine nächsten *Karriere-Schritte planen* und vor allem seine beruflichen Ziele – wie in einer Zielvereinbarung mit sich selbst – festlegen. Dabei soll etwa dieses Seminar des Career Center helfen:

»*Coaching zur beruflichen Orientierung und Positionierung.* Innezuhalten und einen Perspektivwechsel vorzunehmen kann helfen, für sich selbst Lösungen zu finden. Auf diese Weise können Sie gemeinsam in der Gruppe Fragen zu Ihrem beruflichen Weg reflektieren und Ihre beruflichen Ziele konkretisieren.«

Sind nun die eignen ›Stärken‹ erkannt, ist der Karriereweg bestimmt, gilt es, auf dem Arbeitsmarkt das *passende Unternehmen* zu finden. Wie das zu bewerkstelligen ist, wird durch das folgende Seminar eingeübt.

»*Stellensuche – Finde das Unternehmen, das zu dir passt.* Möglichst wenige Bewerbungen schreiben und viele Einladungen zu Vorstellungsgesprächen erhalten – wer möchte das nicht?«

Hat das ökonomische ›Ich‹ ›sein‹ Unternehmen gefunden, muß es sich bewerben. Unerläßlich ist allgemein die Fähigkeit zur *Selbstvermarktung:* zum Verkauf nicht nur *sachlicher Kompetenzen,* sondern der *»eigenen Persönlichkeit«:*

»*Selbstmarketing.* Großspurig mit eigenen Erfolgen prahlen oder bescheiden im Hintergrund warten, bis man ›entdeckt‹ wird? Weder noch: Anliegen des Selbstmarketings ist die klare und authentische Betonung der eigenen Stärken. Es gilt, Ihre individuellen Kompetenzen bewusster als bisher zu unterstreichen und die eigene Persönlichkeit erfolgreich beim Einstieg in den Beruf einzubinden. Selbstmarketing bedeutet, sich Wege zu bahnen, eigenverantwortlich zu handeln und sich engagiert zu positionieren, statt zurückhaltend zu denken, ›die anderen werden es schon wissen und richten‹.«

Insbesondere gilt es nun, sich erfolgreich zu bewerben. Das lernen Arbeitslose in Kursen, die die Arbeitsvermittlung finanziert, das lernen schon Schüler, das lernen auch Studierende. Deshalb sind *Bewerbungstrainings* grundlegend und allgemein: jeder muß die Techniken beherrschen.

»*Bewerbungstraining.* Um die eigene Qualifikation und Persönlichkeit optimal auf dem Arbeitsmarkt präsentieren zu können, informiert Sie der Workshop über die erfolgreiche Darstellung Ihrer eigenen Kompetenzen, die Gestaltung Ihrer Bewerbungsunterlagen sowie die selbstbewusste Präsentation Ihrer Person im Vorstellungsgespräch … Zwischen den Terminen haben Sie Zeit, gemeinsam an der Darstellung Ihrer Kompetenzen zu arbeiten und sich dazu auszutauschen.«

Besondere Seminare gelten der Erstellung von *Bewerbungsmappen* und dem Einüben von *Vorstellungsgesprächen.* Hat nun der homo oeconomicus das Unternehmen nicht nur gefunden, das zum ihm paßt, sondern auch einen Arbeitsvertrag unterschrieben, sollte das Glück vollkommen sein: die trainierte Bedürfnisbefriedigung ist gelungen – es stellt sich der *flow* (Csikszentmihályi 1992; 2004) ein. Aber es warten neue Aufgaben, zuerst: das gesamte Leben zu optimieren. Das Career Center bietet die bekannte Unterstützung an: *Selbstmanagement.*

»*Zeit- und Selbstmanagement.* … Ziel des Workshops ist, die universitären, beruflichen und persönlichen Visionen, Zielvorstellungen und Planungen im Kontext des gesamten Lebens zu betrachten und in diesem Rahmen individuell zugeschnittene und konkrete Lösungen sowie Umsetzungsmöglichkeiten erarbeiten zu können.«

Aber auch im engeren Berufsbereich ist das Management gefragt, etwa als *Projektmanagement.*

»Projekte sind soziale Systeme mit dem Projektteam als Kernstück. Projektmanagement gewinnt heutzutage branchenübergreifend an Bedeutung.«

Darüber hinaus sind weitere Kompetenzen zu trainieren: »Kommunikation und Gesprächsführung«; »Präsentieren«; »Stimme wirksam einsetzen«.

»Präsentieren – mein Medium und ich! Zu einer erfolgreichen Karriere in Uni und Beruf gehört es, sich professionell zu präsentieren. Das heißt, sich identisch mit sich selbst, im Kontakt mit dem Publikum, der Situation und dem Thema zu präsentieren.«

Das gesamte Seminarangebot des Hamburger Career Center umfaßte im Winter 2011/12 49 Seminare; hinzu kamen eine Reihe von Einzelveranstaltungen. Die zitierten Seminarangebote sind exemplarisch. Sie enthalten übereinstimmend das Programm: die Studierenden sollen lernen, sich – ihre Fachkompetenzen und die »eigene Persönlichkeit« – unter dem Gesichtspunkt einer möglichen ökonomischen Verwertung zu betrachten und dabei »authentisch«, »identisch mit sich selbst« zu sein. Angestrebt wird eine Identität der ökonomischen Verwertungsinteressen und des ›Ich‹: der Einzelne soll mit sich identisch sein, indem er mit äußeren Interessen identisch ist. In der Sprache des 19. Jahrhunderts: die absolute Selbstentfremdung soll als absolute Selbstverwirklichung erfahren werden, die absolute Selbstunterdrückung soll als absolute individuelle Freiheit, als Glück, erlebt werden. Diese Identifikation des Einzelnen mit seiner ökonomischen Objektivierung gelingt nur durch extreme Selbstunterdrückung: durch Masochismus. Dies allein ist schon pathogen. Aber auch dafür hat das Career Center ein Angebot:

»Resilienz: Widerstandsfähig in den Beruf. Berufliche Einstiege und Veränderungen können mit extremen Herausforderungen und Krisen einhergehen, auf die man sich kaum gezielt vorbereiten kann. Die Fähigkeit, ihnen durch Rückgriffe auf persönliche und sozial vermittelte Ressourcen zu begegnen und sie als Anlass für Entwicklungen zu nutzen, wird als Resilienz (Widerstandsfähigkeit) bezeichnet. Wie kann sich Resilienz entwickeln, wie gelingt es Einzelnen, Teams und Unternehmen mit Belastungen angemessen umzugehen und dabei psychisch und physisch gesund zu bleiben?«

Nicht die Arbeitsverhältnisse sollen so eingerichtet werden, daß sie nicht krank machen. Sondern der abhängig Beschäftigte soll lernen, krankmachenden Verhältnissen Widerstandsfähigkeit entgegenzusetzen – einsam und allein. Wer aber gelernt hat, Krankheiten besser zu ertragen, setzt den antrainierten Masochismus alsbald in Sadismus um und bereitet anderen jene Umstände, deren Bewältigung die Resilienz-Trainer versprechen.

Becks (1986) Beschreibung: daß die »Individualisierung« mit einer »Standardisierung« einhergehe, daß der Einzelne zur »Reproduktionseinheit des Sozialen« werde (ebd. 119), ist im System der bürgerlichen Ökonomie, im Lohnarbeitsverhältnis, zur Konsequenz der Verinnerlichung äußerer Zwänge entwickelt, so daß der Einzelne, total entfremdet, sich mit sich identisch wähnt. So hatte einst Horkheimer (1936, 58f.) den autoritären Charakter bestimmt: als ein Sozialatom, das gelernt hat, »jeden Misserfolg nicht bis zu seinen gesellschaftlichen Ursachen zurückzuführen, sondern bei den individuellen stehen zu bleiben und diese entweder religiös als Schuld oder naturalistisch als mangelnde Begabung zu hypostasieren.« Der neoliberale autoritäre Charakter kann, indem er eine gesellschaftliche Krisis als individuelle erfährt, entweder nur unmittelbar erkranken – oder er muß seinen Masochismus nach außen wenden, als Sadismus.

Der neoliberal trainierte homo oeconomicus, der gelernt hat, seine Identität nicht in sich, sondern im Imperativ der bürgerlichen Ökonomie zu erlangen, wähnt sich, durch diese vollkommene Selbstentfremdung, als autonomes Individuum. Das Unternehmen, das zu diesem *entindividualisierten Individuum* »paßt«, kann nicht das Unternehmen der Epoche des Staatsinterventionismus sein, sondern nur das neoliberale: das *»individualisierende Unternehmen«*. Das hat *Reinhard Sprenger* in verschiedenen Büchern beschrieben, etwa in: *Aufstand des Individuums. Warum wir Führung komplett neu denken müssen* (Frankfurt, New York 2000). Der Campus-Verlag bezeichnet seinen Autor als »den profilierteste Managementberater Deutschlands«: zu seinen »Kunden« gehörten »fast alle Dax-100-Unternehmen«.

Sprenger (2000) unterscheidet im genannten Buch zwei Unternehmensformen: »Das egalisierende Unternehmen« wird im ersten, »Das individualisierende Unternehmen« im zweiten Teil des Textes beschrieben – leicht verständlich, unterhaltsam für die angesprochenen Leser, mit vielen Möglichkeiten der Wiedererkennung, mit einer theoretischen Halbbildung, die Theorien – sogar Ulrich Becks einprägsame Theoreme – auf Bonmots reduziert, mit einer äußerst dünnen Literaturbasis. Aber Sprenger hat keine Analyse zu bieten, sondern eine ›message‹ im neoliberalen Zeitgeist.

Das *»egalisierende Unternehmen«* (Sprenger 2000: 23-176) ist das Unternehmen der Epoche des Imperialismus und vor allem des Staatsinterventionismus: das von Max Weber idealtypisch konstruierte Unternehmen als bürokratische Organisation, als System zweckrationalen Handelns (ebd. 23-36). Die gesellschaftliche Welt dieser Organisation ist kausalrational verfaßt. Das organisierte Unternehmen bewegt sich in einem *ökonomischen Feld,* das als ein Kosmos von empirisch erhebbaren und meßbaren immergleichen Tatsachen und immergleichen kausalen Tatsachenrelationen aufgefaßt ist, so daß sich aus dieser Kenntnis Erklärungen, bedingte Prognosen und sozialtechnische Handlungen konsequenzlogisch ableiten lassen. – Das Unternehmen hat sich dieser kausalen Tatsachenwelt technisch anzupassen. Daraus ergibt sich eine zweckrationale, bürokratische *Unternehmensstruktur*: das Unternehmen ist als eine »Organisation«, als eine »Maschine« von Maschinenmenschen geformt (ebd. 27ff.). Diese Unternehmens-Maschine steht unter der Ordnung der tayloristischen und fordistischen Arbeitsteilung: Trennung von geistiger und körperlicher Arbeit; Trennung von anordnender und ausführender Arbeit; hierarchische, befehls-ähnliche Struktur von Entscheidung, Planung und Ausführung; Trennung von Zwecksetzung durch den ›Führer‹ und Zweckausführung durch den Stab, der Mittel ist und Mittel anwendet; Trennung von Arbeitern sowie Angestellten einerseits, Produktions- und Lebensmitteln andererseits; Ausführung der Anordnungen durch Arbeiter und Angestellte so, als seien es die eigenen Zwecke. Arbeiter und Angestellte sind in diesem Unternehmen: Untertanen des Leiters, des charismatischen Betriebs-Herrschers, des Patriarchen.

Sprenger resümiert: In der egalisierenden Unternehmens-Maschine ist die »Persönlichkeit« der »Störfall«; es geht um die *»Ausschaltung der Individualität«;* es geht um die *Anpassung des Einzelnen* an die Unternehmens-Struktur; es geht um die Egalisierung des Besonderen, so daß die »Freiheit« durch »Gleichheit« unterdrückt wird (ebd. 27, 31-36). Die »Entindividualisierung« (ebd. 49f.) erfolgt, in der neueren Betriebs-Organisierung, durch bekannte Methoden (ebd. 63-176): 360-Grad-Beurteilungen; Coaching; Leistungsbeurteilungen; Controlling; Mitarbeiterbefragungen; Personalentwicklung zur Stärkung der ›Stärken‹ ohne Organisationsentwicklung; Team-Building; Zielvereinbarungen zur Zweck-Mittel-Rationalisierung des Handelns und zur Evaluierung des Handlungs-›Erfolgs‹: der Leistung; psychologisierendes, manipulatives Personal-Training; Forderung nach Identifikation des Personals mit dem Unternehmen.

Diese Form des Unternehmens als bürokratische, ent-individualisierte Organisation ist, nach Sprenger (ebd. 26, 36ff.), in eine *»Krise«* geraten, deren Name *»Individualität«* ist. Der Anspruch der »Mitarbeiter« heute sei: im Unternehmen »ein Individuum« sein zu können (ebd. 36). In dieser Forderung reflektiere sich ein gesellschaftlicher »Wandel«: Der Einzelne will im Unternehmen nicht »Gehorsam« leisten, nicht zum willfährigen Mittel genormt werden, sondern »Selbstverantwortung« übernehmen – er will nicht zwanghaft integriert werden, er will sich mit dem Unternehmen identifizieren (ebd. 28, 35, 41-43): »Die einzige Organisation, für die wir alle arbeiten, heißt ›Ich‹.« (ebd. 174) Konsequent folgt: der *»Aufstand des Individuums«* (ebd. Titel, 41f., und öfter).

»Am besten fasst den Meinungstrend ein Mitarbeiter von SAS zusammen: ›Hier bin ich ein Individuum. Man geht auf meine persönlichen Wünsche ein.‹
In diesen Worten artikuliert sich ein Wandel, der sich seit einigen Jahren abzeichnet, ... Ein *eigenes Leben* zu führen – es gibt in der westlichen Welt wohl kaum einen höher gehandelten Wert. Was Menschen wirklich bewegt, was sie anstreben, wofür sie sich einsetzen, was sie für unverzichtbar ist ... all das sind nur elementare Voraussetzungen für ein eigenes Leben. Traditionen, Vorbilder und Gebräuche haben ihre lebensprägende Wirkung verloren ... Zukunft wird nicht mehr aus Herkunft abgeleitet ... Die Kinder der Freiheit haben die Frage nach dem Richtigen und Falschen selbst zu beantworten. Und immer wieder neu: Die Selbst-GmbH (es muß ja nicht gleich die Ich-AG sein) ... Der Mensch ... explodiert förmlich in seinen Ansprüchen, in seinem Erlebnishunger, in seiner Selbstdynamisierung. Dazu gehört die abnehmende Bereitschaft, sich einzuordnen, nur auszuführen – von den einen als Egoismus-Epidemie gegeißelt, von den anderen als Emanzipation gefeiert ... Wenn alte Gewissheiten zerbrechen, wenn auch die Garantiefunktionen der Institutionen in Zweifel gezogen werden, dann ist die Person auf sich selbst angewiesen. Sie gilt es zu retten. Man muss sie stärken, denn nur sie kann sich in Unsicherheit und Wechselfällen behaupten.« (Sprenger 2000: 36 f.; vgl. ebd. 37-43)

Nach Sprengers Einsicht ist an die Stelle einer Gesellschaft der Egalisierung und des Gehorsams eine atomisierte Gesellschaft der Freien und Ungleichen getreten, die sich als Atome autonom dünken – und durch die gesellschaftliche Welt so bedroht sind, daß sie sich in ihr »behaupten« müssen. Diese »Person« »rettet« sich aber nicht selbst; sie soll gerettet werden: »Man muss sie stärken« – die persönliche »Freiheit« scheint sonst verloren. Wie die spontane Ordnung des Wettbewerbs – nach der Epoche des Staatsinterventionismus – sich nicht einfach »spontan« einstellt, sondern administrativ konstituiert werden muß, so ist der Freie und Ungleiche nach der Epoche der Egalisierung nicht einfach vorhanden, sondern muß »gemacht« (Hayek) werden. Das hat Sprenger in einem Interview ausgesprochen:

»Sie müssen sich eine gute Führungskraft wie einen Gastgeber vorstellen. Er tut alles, damit die Menschen eine Situation vorfinden, in der sie sich wohlfühlen, mit ihren besten Talenten zur Geltung kommen, etwas Gemeinsames aufbauen können. Ein solcher Mensch ist ein Fremdoptimierer. Es geht ihm nicht primär um sich selbst, sondern darum, dass die Potenziale anderer Menschen zur Entfaltung kommen. (...) Eine gute Führungskraft nervt. Aber sie wird dafür auch geschätzt, wenn nämlich klar wird: ›Die Chefin macht das, weil sie uns alle voranbringen, unsere gemeinsame Zukunft sichern will.‹« (Sprenger 2012: 6 f.; vgl. 2000: 278)

Das Unternehmen, in dem der Einzelne ein Individuum sein kann, entbehrt nicht der »Führung«; die »Führung« soll nur nicht nach dem hierarchischen Modell von Befehl und Gehorsam erfolgen. Der Einzelne muß also die Unternehmens-Ziele verinnerlichen: in diesen seine Identität erlangen, sein Selbst »verwirklichen« (vgl. Sprenger 2000: 38, 41f.). Das ist das Unternehmen einer Gemeinschaft, in der alle ›Ich‹ sagen, aber keiner ein ›Ich‹ ist – der neoliberale Betrieb besteht in einer Masse fremdoptimierter Atome, die nach dem »individualisierenden Unternehmen« verlangt. Sprenger notiert die »Paradoxie«: daß »Originalität zum Standard« geworden ist. Aber er ist daran so desinteressiert wie Beck: *nach ihrem Selbstverständnis* sind die Menschen »geprägt von persönlicher Eigenart, Einzigartigkeit und Unverwechselbarkeit« (ebd. 41); allein dies zählt – es gibt nur Phänomene, es gibt keine Differenz von Sein und Schein, es gibt keine Selbsttäuschung: »Es gibt niemanden, der Sie besser kennt als Sie selbst.« Der Imperativ: »Kenne dich!«, wäre also längst verwirklicht (ebd. 167-169). Daß der Schein von Individualität, von »Autonomie« und »Authentizität« (ebd. 39, 42) gerade unter Bedingungen einer Zerstörung des Individuums entsteht, ist für einen Managementberater ein irrelevantes Problem. Relevant ist einzig: daß im *»Aufstand des Individuums«* das *»individualisierende Unternehmen«* gefordert wird.

Das *»individualisierende Unternehmen«* (Sprenger 2000: 179-291) ist das Unternehmen der Epoche des Neoliberalismus; es geht durch De-Regulierung aus dem vordem »überregulierten« Unternehmen hervor (vgl. ebd. 45 f.). Das »individualisierende Unternehmen« bewegt sich in einem *ökonomischen Feld* der paradoxen Einheit von Globalisierung und Lokalisierung sowie Individualisierung (ebd. 39-43; vgl. Weltbank 2000): die »Märkte« werden global und differenzieren sich ineins – Produkte und Produzenten werden immer »individueller«. Wir leben, konstatiert Sprenger, im »Differenzkapitalismus« (ebd. 40). Darum ist das gegenwärtige ökonomische System hochkomplex und unerkennbar. Es werden wohl Tatsachen erhoben, aus denen aber kaum Erklärungen, schon gar keine bedingten Prognosen und technische Handlungsstrategien konsequenzlogisch ableitbar sind (ebd. 181). – Das *»individualisierende Unternehmen«* muß durch seine interne Komplexität der Markt-Komplexität entsprechen, um sich dem Markt anpassen, um »überleben« zu können (ebd. 185, 199f., 203, 209). Es kann in der hochkomplexen, unüberschaubaren Umwelt aber nur nach der Logik von Versuch und Irrtum handeln. Weil die Außenwelt allenfalls post festum in ihrer kausalen Rationalität erkennbar ist, kann die *Unternehmensstruktur* nicht zweckrational und hierarchisch sein. Vehement wendet Sprenger sich gegen die »betriebswirtschaftliche Rationalität«

des Messens: weil »Unvergleichliches verglichen«, weil ein »Maßstab« vorausgesetzt, weil das »zu Messende« »definiert und isoliert« wird – das Messen, das Evaluieren, liquidiert das Individuelle und ist deshalb nichts als ein Instrument der Disziplinierung (ebd. 31-36, 63-74). Vielmehr gelte es, der undurchschaubaren Außenwelt durch eine spontane Ordnung im Inneren zu entsprechen: Individualisierung; Wettbewerb; ›flache Hierarchien‹; Tendenz zur Ausbildung von Subunternehmen im Unternehmen: »Unternehmen – das sind keine klar umrissenen Einheiten mehr« (ebd. 181); Tendenz zur Setzung der Arbeiter und vor allem der Angestellten als Angestellten-Unternehmer mit einem »echten Unternehmergeist« (ebd. 45); Auflösung der tayloristischen Teilung von geistiger und körperlicher Arbeit; Dominanz geistiger, kreativer, individueller Arbeit: »Kampf um Talente« (ebd. 182-185). – Die von Sprenger gewürdigten *Angestellten mit »Unternehmergeist«* verschmelzen mit den Zielen des Unternehmens bis zur Selbstaufgabe und bemerken erst bei Entlassungen, daß sie nur zum Scheine Unternehmer waren. Das Unternehmen der Beschäftigten, die durch die Stufen des Selbstvermarktungs-Trainings gegangen und dabei zu neoliberal-autoritären, pseudo-authentischen Charakteren geformt wurden, ist ein neoliberal-autoritäres Unternehmen, das den Schein erheblicher Freiheitsgrade der Angestellten mit dem Zwang zur Höchstleistung im innerbetrieblichen Wettbewerb verbindet, um das *eine* Ziel des Unternehmens zu erreichen: »Überleben« in einem *ökonomischen Daseinskampf* – »Erfolg« und Sieg über Konkurrenten durch »Anpassung« an den »Markt« (vgl. ebd. 55, 57, 61, 73, 192f., 199, 209).

Sprenger bestimmt diese Unternehmens-Struktur, indem er den *Unternehmer und die »Führungskraft« des neoliberalen Betriebs* kennzeichnet: als Personifikationen der Logik von trial and error, der Logik der rational choice, als Entscheider in der unübersichtlichen Welt der spontanen Ordnung.

»Entscheidend für die Definition des Unternehmers ist sein Verhältnis zur Zukunft: Der wirkliche Unternehmer betreibt nicht Risikokalkulation mit messbaren Grössen, sondern setzt sich der Unsicherheit aus und wagt eine Entscheidung. Passives Konsequenzziehen aus gegebenen Daten ist etwas anderes als das aktive Projizieren von Möglichkeiten. Das ›Neue‹ ist sein Element. Die Welt ist ihm keine Summe unabänderlicher ›Ereignisse‹, sondern eine Menge mehr oder weniger glaubhafter ›Behauptungen‹.« (Sprenger 2000: 54; siehe ebd. 52-62, 266-272)

Der *Unternehmer* ist ein »Revolutionär der Wirtschaft« (Schumpeter): er ist *»das Individuum«*. Denn er handelt »immer nur aus eigenem Antrieb«, er folgt allein der »eigenen Idee«, er will »die Bahnen des Erprobten durchbrechen« er hat den »Mut«, sich »gegen die herrschende Meinung« zu stemmen, er unterwirft sich allein: dem »Markt« (ebd. 55, 61). Das gilt nicht nur für Unternehmer, sondern – allgemeiner – für »Führungskräfte«. Sie sind *»Führer«*, weil ihnen »Menschen freiwillig folgen«; die Menschen folgen, weil es für sie »vorteilhaft« ist (ebd. 187-196; Zitate: 189f.). *Unternehmer und Führungskräfte sind Individuen, die Individuen führen;* die Führung ist: *»individuelle Führung«* (ebd. 196, 279-291). Weil sie individuell ist, kann man durch Training »Führung nicht lernen« – es gibt keine »Rezepte«, keine eindeutigen »Techniken« (ebd. 273-291). Der Unternehmer, die Führungskraft, hebt Sprenger hervor, benötigt: »Bildung, durchaus im humanistischen Sinne«, um »aus der Informationsflut das Wesentliche herauszufiltern.« (ebd. 274; vgl. weiter: 274-277)

Der Unternehmer und die »Führungskraft«, diese wahrhaften Individuen, bedürfen einer *›Gefolgschaft‹*, die nicht Mittel zur Ausführung ihrer Anordnungen ist, sondern aus *ökonomischen Individuen* besteht, die im Unternehmen zwar nicht Unternehmer (ebd. 56), aber zu »unternehmerischem Handeln« fähig sind: zu »mehr Selbstverantwortung, Eigeninitiative und unternehmerischer Kraft« (ebd. 58f.). Dazu muß das *Unternehmen de- und re-reguliert* werden, dazu muß »ein Mehr an Freiraum, … ein Mehr an gewollter und bewusst zugelassener Unsicherheit« in das Unternehmen eingeführt werden (ebd. 60). Auch das »individualisierende Unternehmen« bedarf einer *»Führung«* (ebd. 187-203): diese hat das Alte *de-regulierend* einzureißen und *re-regulierend* dem autonomen Individuum Raum zu verschaffen, so daß »die Potenziale anderer Menschen zur Entfaltung kommen«. Das nennt Sprenger (2012: 6): *»Fremdoptimierung«* (vgl. 2000: 192). Die *De- und Re-Regulierung* erfolgt etwa durch (ebd. 197-291): Durchsetzung von »Veränderungen« mittels innerbetrieblicher »Störung« immergleicher Abläufe (ebd. 197-203); »Kampf um Talente« und Mitarbeiter-»Rekrutierung«, die sich bewußt ist, daß die »menschliche Natur … eine der letzten Wertreserven der Unternehmen« ist (ebd. 204-215, 290f.); Mitarbeiter auf Positionen einsetzen, auf denen ihre ›Stärken‹ optimal zur Geltung gelangen (ebd. 216-224); »Bindung« von »Talenten« an das Unternehmen durch Bereitstellung einer umfassenden Infrastruktur vom unternehmenseigenen Kindergarten bis zu unternehmenseigenen Fitnesstudios: »Wertschöpfung durch Wertschätzung« des Mitarbeiters als eines »Kunden«, der deshalb bei seiner Arbeit den *flow* verspürt (ebd. 225-233); Ermöglichung von Selbstverpflichtungen (commitments) der Mitarbeiter, so daß diese ihre Leistung »mit ganzem Herzen« erbringen (ebd. 234-265, vor allem: 239-242).

Die in diesen Formen rekrutierten, eingesetzten und ans Unternehmen gebundenen »Talente«, die keine Unternehmer sind, sind zu unternehmerischem Handeln fähig, weil sie trainiert wurden, die Unternehmens-Ziele als ihre eigenen aufzufassen: die »mit Stolz den Namen des Unternehmens« nennen, in dem sie arbeiten oder arbeiten wollen (ebd. 211, 230-232); die unterstellen, sie täten im Unternehmen »nur das ... was sie wollen« (ebd. 234 ff.). Was sie wollen, ist die Verwirklichung des allgemeinsten Zieles jedes Unternehmens: »Wert schaffen« zur »Überlebenssicherung« des Unternehmens im Wettbewerb (ebd. 234). Darum zielt »Führung« darauf, »das Subjektive, das Unverwechselbare des Einzelnen [zu] nutzen« – als »Wettbewerbsvorteil« (ebd. 279f.). Die ›Kollegen‹ dieser ökonomischen »Individuen« sind ihre Konkurrenten im unternehmens-internen Wettbewerb um Effizienz, um Erfolg, um Wert-Schöpfung (vgl. ebd. 207f.). Sie müssen, in diesem Wettbewerb, siegreich, erfolgreich sein: durch »Fachkompetenz«, vor allem aber durch »Ideen«, durch »die innere Einstellung ... Prägungen, Rollenbilder, Sensibilitäten, anthropologische Grundannahmen.« (ebd. 204ff., 210, 213f.) Auf Solidarität können sie nicht rechnen und rechnen sie nicht: die Geltung des »Betriebsverfassungsgesetzes und Tarifvertrags«, die »Existenz eines Betriebsrats« gilt dem Management-Berater Sprenger als »Zeichen«, daß »etwas falsch gemacht« wurde (ebd. 45; siehe weiter: ebd. 250f.).

Die neoliberale Betriebswirtschaftslehre beantwortet mithin die Frage, was ein *Individuum* ist, eindeutig: der *Unternehmer;* der unternehmerisch handelnde Angestellte kommt dem Individuum nahe. Der *»Aufstand des Individuums«* gegen das »egalisierende Unternehmen« ist ein »Aufstand« gegen eine äußere Instrumentalisierung – durch ein Individuum, das sich selbst instrumentalisiert. Dieses Individuum, das mit ›seinem‹ Unternehmen identisch ist, dessen »Lebensbedürfnisse« mit den »Überlebensinteressen des Unternehmens« »harmonieren« (ebd. 279, 281), befindet sich in einem *globalen bellum omnium contra omnes,* in einem globalen *Kampf ums Überleben* zwischen Unternehmen und homini oeconimici (ebd. 234). Sprengers Kritik der alten »Entindividualisierung« (ebd. 49f.) reflektiert nicht, daß im »individualisierenden Unternehmen« nur eine neue, subtile und rationalisierte Form der *»Entindividualisierung«* erfolgt. Wer keine Selbst-Täuschungen kennt (ebd. 167-69), verdrängt die *Entindividualisierung durch Individualisierung* (vgl. Adorno 1944/47, 197).

6.3.8 Bildungsforschung: Die Vermessung der Bildung

Bildung war, von Sokrates bis Pico und Humboldt, die *utopische Idee,* daß der Mensch seiner selbst und seiner Welt bewußt wird, indem er sich und seine Welt vernünftig bildet. Der Neoliberalismus subsumiert die Bildung unter die spontane Ordnung des Wettbewerbs, negiert dadurch die Idee der Vernunft, setzt Bildung als ein Faktisches und allgemein Bekanntes dogmatisch voraus, so daß das Bekannte ein durch die *Bildungsforschung* zu Messendes ist. So wird unter dem Neoliberalismus aus dem Gebildeten: ein vergleichbares, reproduzierbares Objekt, das bestimmt ist durch den herrschenden common sense und sich in einem gesellschaftlichen bellum omnium contra omnes befindet. Diese Personifikation der »Halbbildung« (Adorno: GS 8: 93ff.) ist die Personifikation äußerer »Standards«: ein *gesellschaftlicher, erinnerungsloser Analphabet, dem das, was ist, alles ist.* So entsorgt die Bildungsforschung große Utopien: der Vernunft, des Menschen, der vernünftigen Gesellschaft. Die Geschichte des Aufstiegs und des Verfalls der Bildung ist die Geschichte des Aufstiegs und des Verfalls der Vernunft und damit: des Individuums. Sie wäre nach dem Modell der *Dialektik der Aufklärung* zu schreiben.

Nach einem einmal geläufigen Verständnis entzieht sich Bildung dem Vergleich und der Messung. Der Begriff war – von Sokrates bis Pico – eine Metapher. Nach der *Idee der Bildung* war der Mensch von »Gottvater«, dem höchsten architectus, ausersehen, daß er die Rationalität seines »großen Werkes genau erwöge« und sich wie sein »eigener, in Ehre frei entscheidender, schöpferischer Bildhauer« selber »zu der Gestalt« ausforme, die er bevorzuge – zum »Tierischen« zu »entarten« oder zum »Göttlichen wiedergeboren« zu werden (Pico 1486: 5, 7). So wurde Bildung bis zum 19. Jahrhundert aufgefaßt: als theoretische Welt- und Selbsterkenntnis, als praktische Welt- und Selbstformung – als theoretische und praktische Vernunft. Zu erkennen, »was die Welt im Innersten zusammenhält«, galt – weil der Erkennende dieser Welt zugehört – als Erkenntnis der Identität des Gebildeten; weil diese Erkenntnis einzig als Aufklärung von bislang Undurchschautem möglich ist, ist sie – der Bildungs-Idee entsprechend – nur im Zusammenhang mit einer vernunftgerichteten Welt- und Selbstveränderung möglich (vgl. Marx: 3. These ad Feuerbach: MEW 3: 5f.). So bestimmt die Idee die Bildung als Kritik undurchschauter, entfremdeter, äußerlicher Mächte; als Kritik jeder Selbstentfremdung. Weil durch die Bildung der Mensch allererst seine vernünftige Identität als Individuum erlangt, ist Bildung kein Äußerlich-Meßbares, kein Vergleichbares, in dem die Besonderen einander glichen. – Schon unter dem Imperialismus indes ist diese Utopie der Bildung obsolet: das belegen die kulturkritischen Analysen Nietzsches und Webers. Die universitär Gebildeten der Zeit sind »Fachmenschen ohne Geist, Genußmenschen ohne Herz« – ein »Nichts« (Weber: RS I: 204).

Der Neoliberalismus positiviert diese Dialektik des Aufstiegs und des Verfalls der Bildung. Indem er die Vernunft verabschiedet und verspottet, hat er die Idee der Bildung: der Verwirklichung der Vernunft durch Welt- und Selbstveränderung, hinter sich gelassen. *Als Bildung gilt nur noch ein konformistisches Wissen konformistischer Subjekte:* ein *vergleichbares, meßbares, äußerliches Wissen* selbstentfremdeter Menschen von einer ihnen entfremdeten Welt. So wird Bildung, in der ›Bildungsforschung‹, verglichen und gemessen; so werden die Bildungs-Institutionen zu Produktionsstätten konformistischer, entfremdeter Menschen, die sich der entfremdeten Welt anpassen. Überall wird, seit etwa 1990, Bildung, werden Bildungs-Institutionen von den Schulen bis zu den Universitäten, gemessen und verglichen; die Ergebnisse werden in Rankings publiziert. Gemessen und verglichen wird auf kommunaler, nationaler, kontinentaler, globaler Ebene – global durch die OECD (Organisation für wirtschaftliche Zusammenarbeit und Entwicklung), in Deutschland national durch das CHE (Centrum für Hochschulentwicklung) der Bertelsmann-Stiftung. Die vergleichende Messung reicht bis in die Klassen- und Seminarräume von Schulen und Hochschulen: Lehrende evaluieren Lernende, Lernende evaluieren Lehrende. Entscheidend sind nicht spezifische Aspekte dieser ›Forschung‹ und Umgestaltung des ›Bildungssystems‹; entscheidend ist die Durchsetzung einer neoliberalen Gesellschaftsform, einer neoliberalen Anthropologie: der »spontanen Ordnung« einer autoritären Gesellschaft autoritärer Charaktere.

So ist zunächst die neoliberale Logik, die *Form dieser ›Bildung‹* darzulegen, um danach das *ökonomische Interesse* an der ›Wissensgesellschaft‹ und endlich die *institutionellen Veränderungen* in der Europäischen Union im allgemeinen, in Deutschland im besonderen zu skizzieren.

Die *Logik der neoliberalen ›Bildung‹* ist der von Hayek (1960) vertretene *»Antirationalismus«*. Hayek betont: er plädiere keineswegs für einen »Irrationalismus«, für eine »Abdankung der Vernunft«, sondern für eine »rationale Überprüfung des Bereichs, in dem es angemessen ist, die Vernunft einzusetzen.« (ebd. 87; vgl. 1980: 47, 50-53) Dieser Bereich würde überschritten, wenn – wie es der Sozialismus und der ihm vorangegangene französische Rationalismus von Descartes bis Rousseau und Comte beanspruchten – versucht würde, die *»Gesellschaft als Ganze« zu erkennen und zu organisieren* (1980: 78; siehe ebd. 63, 67, 69-72, und passim). Dies sei *unmöglich,* weil niemals »alle relevanten Tatsachen irgendeinem einzelnen Geist bekannt sind« (ebd. 30) – die Gesellschaft sei so komplex, daß deren Erkenntnis und rationale Organisierung das menschliche Vermögen überschreite (ebd. 30f., 60, 63, 67, 69, 74). Daher sei die Gesellschaft von undurchschaubaren »Kräften« geregelt, die eine nicht-»gemachte«, eben eine »spontane Ordnung« herbeiführten (ebd. 14, 70, 79): die die Gesellschaft nicht als »Organisation«, sondern als »Organismus« konstituierten (ebd. 76-79). Weil die »spontane Ordnung« als Ganze rational unerkennbar sei, plädiert Hayek dafür, aufgrund der Grenzen der Vernunft die *»Meinung«* nicht zu verwerfen (ebd. 26) und dort, wo die Welt-Komplexität die Grenzen der Vernunft übersteige: zu *»glauben«* (ebd. 27; vgl. 1960: 2, 85).

Die Idee der Erkenntnis dessen, *»was die Welt im Innersten zusammenhält«,* ist nach Hayek: ein menschlicher, sozialistischer *Omnipotenzwahn.* Daher ist der Mensch seiner Verhältnisse, seiner selbst als Moment dieser Verhältnisse, nicht bewußt. Weil Hayek nur zwei Formen der Erkenntnis kennt: *Tatsachenwissen von Kausalrelationen* und *sinnverstehendes Wissen von bewußtlosen Traditionen,* identifiziert er die *Logik der Aufklärung bewußtloser gesellschaftlicher Verhältnisse* – einer bewußtlosen »zweiten Natur« (Kant: Bd. IX: 202; Hegel: Bd. 12: 57; vgl. Marx: MEW 23: 85ff.) – mit der Gesellschaftserkenntnis als einer allumfassenden Tatsachenerkenntnis der »ersten Natur«, die prinzipiell unmöglich ist; er identifiziert darum auch die Verwirklichung der vernünftigen, aufgeklärten Gesellschaft mit einer nach »Plan-Theorien« organisierten geplanten Gesellschaft (1960: 65ff.).

Auf der Grundlage der rational unerkennbaren – und darum nicht rational organisierbaren – Gesellschaft und Geschichte entwickelt sich, nach Hayek (1960), eine *Zweck-Mittel-Rationalität des Handelns Einzelner:* Das Individuum kann, im Kontext einer »ererbten Zivilisation«, »erfolgreich nach« seinen »Plänen handeln«; es kann seine »Ziele mit den Mitteln« verfolgen, »die ihm sein eigenes Wissen anzeigt« (ebd. 28, 78). Die rational unerkennbare *Gesellschaft* erscheint als ein sozialer Kosmos, der sich von einer kausal strukturierten *Natur* nicht unterscheidet (vgl. 1980: 33, 62-65). Das Verhältnis von *Ursache und Wirkung,* das diesen Kosmos bestimmt, kann in das Verhältnis von *Mittel und Zweck* umgesetzt werden. Freilich ist, unter Bedingungen einer unerkennbaren gesellschaftlichen Umwelt, die technische Effizienz des Zweck-Mittel-Handelns *a priori unbekannt:* sind die Zwecke überhaupt technisch zu realisieren; sind die Mittel zur Zielerreichung angemessen? So erfolgt das zweckrationale Handeln nach der Abfolge von *»Versuch und Irrtum«,* von Hypothesenbildung und Falsifikation; Hayek beruft sich ausdrücklich auf Poppers kritische Erkenntnistheorie (1960: 51; 88; 1980: 18, 47). Erst *post festum,* durch die Konfrontation der Hypothese mit der Realität, erweist sich, ob das zweckrationale Handeln technisch effizient: ob es *erfolgreich* war.

Erfolgreich kann das zweckrationale Handeln nur dann sein, wenn der Handelnde sich der kausal strukturierten Umwelt vollkommen angepaßt, wenn er deren Ursache-Wirkung-Relation in seine Mittel-Zweck-Relation umgesetzt hat: *der »Erfolgreiche«* ist erfolgreich, weil er sich post festum als *der am besten Angepaßte* erweist (vgl. Hayek 1960: 69). Als ein Subjekt, das sich einer »Umwelt« angepaßt hat, die nach ihrer Logik nicht in eine »gesellschaftliche Welt« und eine »Welt der Natur« (Vico 1725: § 331) zu differenzieren ist, ist auch das Subjekt: Natur, ein »Organismus«. Popper (1984: 70, 258, 260) lehrt deshalb, alles Leben – »von der Amöbe bis zu Einstein« – lerne durch »Versuch und Irrtum«, durch eine a priori nur versuchsweise Anpassung an die unbekannte Umwelt. – Dieser Lehre: der Erkenntnisakt sei ein Prozeß der Anpassung des Subjekts an die Umwelt, das Wissen erweise sich erst post festum als übereinstimmend mit der Realität, folgt Hayek wiederholt ausdrücklich. Wie Popper, so versteht auch Hayek (1980) den *Anpassungsprozeß* an eine undurchschaubare »spontane Ordnung« in Natur und Gesellschaft analog zu Darwins *Evolutionstheorie* (ebd. 24, 32, 38-42, 60-65). Wie Popper, so lehrt auch Hayek (ebd. 24, 27, 29, 32-35): durch die erfolgreiche »Anpassung« des Subjekts »an unsere Umgebung« sichere es sein »Überleben« gegenüber »konkurrierenden Individuen oder Gruppen«; der Unanpaßte würde durch »Selektion« »ausgemerzt« (vgl. 1960: 34, 38).

Das *»Wissen«* ist also, nach Hayek (1960) und Popper: ein kausalrationales, *zweckrationales* Wissen, ein *Anpassungs*-Wissen, das sich *evolutionär* in einem Prozeß von Versuch und Irrtum bildet. Das Wissen sichert einerseits die erfolgreiche *Beherrschung der Umwelt,* anderseits das *Überleben gegen Konkurrenten.* Die Rationalität ist *gesellschaftlich irrational* und nur *atomistisch:* »Wissen existiert nur als Wissen von Einzelnen« über Einzelnes (ebd. 33). Sie erweist sich als Rationalität allein durch *erfolgreiche* Weltbeherrschung und durch *Erfolg* im Konkurrenzkampf (ebd. 46). Wenn die Idee wissenschaftlicher *Wahrheit* hier noch zitiert wird, dann in Rücksicht auf das Problem des *Überlebens* im einem *gesellschaftlichen bellum omnium contra omnes:* in einem Kampf um »Überleben« und »selektive Ausmerzung« (Hayek 1960: 34, 69; vgl. ebd. 30-48, 72-78).

Das post festum durch erfolgreiche Anpassung erkennbare Erfolgs-Wissen ist nun, im gesellschaftlichen Zusammenhang tradierter, undurchschauter und »unbewußt« wirkender »Konventionen und Gebräuche« eine *Anpassung des Einzelnen an Verhaltens-»Erwartungen« anderer Einzelner:* eine *Rollen-Konformität* (Hayek 1980: 142f.). Im Wettbewerbs-Kampf besteht die Anpassungs-Rationalität deshalb nicht nur in einem *technisch-rationalen Wissen von Sachverhalten,* sondern vor allem in der *»Unternehmerbegabung«* (Hayek 1960: 100f.): darin, eine »erfolgreiche Verwendung« unserer »Fähigkeiten« in »konkreten Dienstleistungen« für andere zu finden, die aus diesen Fähigkeiten »den größten Vorteil ... ziehen können«.

Der rationale homo oeconomicus hat sich über Versuch und Irrtum der *Nachfrage* nach seiner Arbeitskraft, nach seinen »Kenntnissen« anzupassen und ist dann erfolgreich, wenn er sich und sein Wissen anderen *verkaufen* kann. Ist sein Wissen ›knapp‹, ist also die Nachfrage danach groß und das Angebot klein, ist die »Entlohnung« hoch. Nicht ein Sachwissen sichert mithin die höchste Entlohnung, sondern die unternehmerische Fähigkeit, dieses Sachwissen anderen »zur Kenntnis zu bringen« (ebd.). Das rational angepaßte Wissen ist ein *Tauschwert-Wissen:* das Wissen, sich und seine Fähigkeiten als Ware zu verkaufen: »In einer freien Gesellschaft werden wir nicht für unser Können entlohnt, sondern für dessen richtige Verwendung« (ebd. 101). Diese Entlohnung legitimiert sich selbst: ist sie hoch, belegt sie eine erfolgreiche Anpassung. Sofern noch von *›Bildung‹* gesprochen wird, bezeichnet dies, neoliberal: *ein entfremdetes, irrational-rationales Wissen entfremdeter, konformistischer Subjekte in einem gesellschaftlichen bellum omnium contra omnes – die Fähigkeit zur Selbstentäußerung.*

Solches *Wissen* ist, in der *neoliberalen Ökonomie,* in den Mittelpunkt des *ökonomischen Interesses* gerückt. Die als Antwort auf die Weltwirtschaftskrisen von 1975/81 und den in diesem Kontext stehenden Zusammenbruch des Bretton-Woods-Systems weltwirtschaftlich und nationalökonomisch durchgesetzten *De-Regulierungen des Wirtschafts- und Finanzsystems* haben zur sukzessiven Konstitution eines freien Verkehrs von Kapital und Zahlungen, von Waren, Dienstleistungen und hochqualifizierten Arbeitskräften geführt. *›Wissen‹* ist in diesen Sektoren ein zentrales Vermögen und Produkt. Zunächst erfolgt der »freie Verkehr« national und international zum erheblichen Teil immateriell: vermittelt durch die Raum und Zeit aufhebende Informations- und Kommunikationstechnologie. Das gilt weit überwiegend für den Kapital- und Zahlungsverkehr. Es gilt sodann für die vorwiegend immateriellen Dienstleistungen. Es gilt aber auch im Bereich der Waren-Produktion und des Waren-Verkehrs: aufgrund der internationalen Arbeitsteilung von Produkt-Planung und manueller Ausführung sowie der deshalb immens gestiegenen logistischen Erfordernisse. – *›Wissen‹* ist aber auch deshalb ein zentrales Vermögen und Produkt, weil es als prinzipiell unbegrenzter Rohstoff gilt. Nachdem der Club-of-Rome 1972 die *Grenzen des Wachstums,* also den Gegensatz des Imperativs exponentiellen, tendenziell unbegrenzten Wachstums der bürgerlichen Ökonomie und der begrenzten Ressourcen an Rohstoffen und landwirtschaftlich bebaubarer Fläche sowie der begrenzten Möglichkeit der Erde, Schadstoffe aufzunehmen, plausibel vorgeführt hatte, rückten Techniken in den Mittelpunkt des ökonomischen Interesses, die diese *Wachstumsgrenzen* *aufzuheben* und einen krisenfreien Kapitalismus zu garantieren schienen: Reaktortechnologie, Biotechnologie, Informationstechnologie.

So hat sich die neoliberale Politik-Ökonomie global, regional und national zur *»Wissensökonomie«,* die neoliberale Gesellschaft zur Wissensgesellschaft entwickelt: »Der Wissenssektor«, hat das *UN-Entwicklungsprogramm* (UNDP: 67-92) im Jahresbericht 1999 konstatiert, »ist ein schnell wachsender Teilbereich der globalen Wirtschaft« (ebd. 80): »Wissen ist heute ein Wirtschaftsfaktor, der an vorderster Front der globalen Interaktivitäten steht«; indem es die »Fesseln von Kosten, Zeit und Entfernung gesprengt« habe, habe es die »Fesseln der Natur« gesprengt. So könne »sich die Produktion von Wissen als Schnellspur zu höherem Wachstum« erweisen (a.a.O., 67, 72). Darum erfolge ein »Wettrennen um den Anspruch auf Wissen« (ebd. 80), ein »Kampf um die besten Köpfe« (Sprenger 2000: 182ff., 204ff.). – Die *Europäische Union* hat dies, auf regionaler Ebene, bekräftigt in dem – 2000/2001/2002 auf den Tagungen des Europäischen Rates in Lissabon, Stockholm und Barcelona verabschiedeten – Projekt: das EU-Europa solle sich bis zum Jahre 2010 zum größten, »wettbewerbsfähigsten und dynamischsten wissensbasierten Wirtschaftsraum der Welt« entwickeln. Davon erhoffte sich die EU ein »zusätzliches Wachstum von kurzfristig 5% und langfristig zusätzlich 2,5%« (Zitate nach Gümrükçü 2004: 18ff.). – Das Wissen, von dem die Rede ist, ist: wirtschaftlich verwertbares Wissen, aber keine Welt- und Selbsterkenntnis. UNDP (1999: iii, iv) und Weltbank (2000: iii, iv, 1f.) sehen, wie Hayek, Wirtschaft und Gesellschaft gesteuert durch die unerkennbaren, unsichtbaren, aber »gewaltigen Kräfte der Globalisierung«, die zur Anpassung und zur Nachahmung der Erfolgreichen im globalen Wettbewerb zwingen – andernfalls drohe eine »gnadenlose« Ausmerzung (Weltbank 2000: 60). Das neoliberal geforderte Wissen ist gesellschaftlich analphabetisch und darum maximal verwertbar; der neoliberal geforderte Wissende ist rational und konformistisch zugleich; der neoliberal angestrebte Erfolg im Wettbewerb fällt den maximal Angepaßten zu – diese gelten als Exzellente.

In diesem Kontext einer Konstitution der neoliberalen Politik-Ökonomie als *Wissensökonomie* wurde in der *Europäischen Union* die *Wissensproduktion neoliberal institutionalisiert* durch massive *Umstrukturierungen des Bildungs- und Ausbildungssystems* nach Maßgabe der *neoliberalen Gesellschafts- und Wissensform:* Schulen und Hochschulen wurden in Wettbewerbsbetriebe zur Produktion konformistisch-rationaler Subjekte verwandelt, die Personifikationen eines gesellschaftlich irrationalen, technisch-rationalen, ökonomisch verwertbaren Wissens sind. So wird der globale, regionale und nationale bellum omnium contra omnes in einen rationalen Wettbewerbskampf als Daseinskampf verwandelt. Die *klassische Idee der Bildung* als aufklärende, praktisch gerichtete Selbst- und Welterkenntnis verfällt in diesem System einem überlegenen Spott der Siegreichen. Wissen soll vielmehr die Identität des Einzelnen mit dem unbewußten Allgemeinen durch Anpassung an die Verhältnisse verschmelzen: darum ist es *vergleichbar*, darum ist es *meßbar*. Die allseitige Evaluation ist Index der irrational-rationalen »Liquidierung des Individuums«: der Konstitution eines gesellschaftlich bewußtlosen, fügsamen, den »Erwartungen« anderer genügenden und doch auf seine Individualität pochenden »autoritären Charakters«.

Die neoliberale Umstrukturierung des Bildungssystems in der *Europäischen Union* im allgemeinen, in *Deutschland* im besonderen, ist ein augenfälliger Beleg für den Befund, daß die *»spontane Ordnung«* des Wettbewerbs als Reaktion auf den Staatsinterventionismus nur *administrativ implementiert und funktionsfähig* gehalten werden kann – der scheinbar naturwüchsige Wettbewerb ist, als eine »spontane«, eine »gemachte Ordnung«. Diese *Realisierung der wettbewerbskonformen Bildungs-Institutionen* – an erster Stelle der wettbewerbskonformen Hochschulen und Universitäten – in der Europäischen Union, im besonderen in Deutschland, kann nur skizziert werden.

1988, anläßlich der 900-Jahr-Feier der Universität zu Bologna: Verabschiedung der Magna Charta der europäischen Universitäten, unterschrieben von 430 Rektoren: Proklamation der »tiefsten Werte der Hochschultraditionen«.

1989: Einführung des ECTS *(European Credit Transfer and Accumulation System)*, durch das die Arbeitszeit definiert wird, die Studierende zur Erreichung eines Studienzieles zu leisten haben. Das Ziel ist die Vergleichbarkeit von Studiengängen als Voraussetzung einer europaweiten gegenseitigen Anerkennung von Diplomen: eines freien Verkehrs von Dienstleistungen und Arbeitskräften.

1993: Im Kontext der Konstitution des europäischen Binnenmarktes mit den vier ökonomischen Grundfreiheiten, insbesondere des freien Kapitalverkehrs, formuliert die Bundesregierung den *Bericht zur Zukunftssicherung des Standortes Deutschland*, in dem unter anderem die Schulen und Universitäten aufgefordert werden, ihren Beitrag zur Standort-Sicherung zu leisten. Deutschland habe nur dann Erfolg im Kampf um Investitionen des global zirkulierenden Kapitals und damit im Kampf um Arbeitsplätze, Löhne und Einkommen sowie Steuereinnahmen, wenn »die Familien, die Schulen und Hochschulen, die Kirchen, die kulturellen Institutionen einschließlich der Medien, die Verbände, die Unternehmen, die Arbeitnehmer, die politischen Parteien und alle staatlichen Ebenen« das »Notwendige« täten (Bundesregierung, 3.9.1993: 19f.). Wirtschaft und Gesellschaft insgesamt sollen sich den Verwertungsinteressen des transnationalen Kapitals fügen, um Deutschland im internationalen Wettbewerb um Kapital-Investitionen den Sieg zu sichern. Auf allen Ebenen soll eine Selbstentäußerung institutionalisiert, eine betriebswirtschaftliche Rationalisierung realisiert werden.

1994: Gründung des CHE *(Centrum für Hochschulentwicklung)* in Gütersloh durch die Bertelsmann-Stiftung und durch die Hochschulrektoren-Konferenz mit dem Ziel, die Reform der deutschen Universitäten voranzutreiben.

1995: Das Abkommen über die WTO (World Trade Organization) tritt in Kraft, das auch Abkommen über den Dienstleistungsverkehr *(GATS: General Agreement on Trade in Services)* und die Sicherung geistigen Eigentums *(TRIPS: Trade-related Aspects of Intellectual Property Rights)* enthält. Auf dieser Grundlage wird das gesellschaftlich und geschichtlich entwickelte Wissen als Ware und als Privateigentum gesetzt. Als privatisiertes Wissen gilt auch das »Eigentum an genetischem Material«, ökonomisch besonders bedeutsam angesichts des dramatischen »Artenverlustes« jährlich (Weltbank 2000: 123-125).

1997: Subsumtion der Bildungs- unter die Wettbewerbs-Politik durch den *EU-Vertrag von Amsterdam.*

1997: In Deutschland beschließt die Kultusministerkonferenz die Stärkung der internationalen Wettbewerbsfähigkeit des Studienstandortes Deutschland. Gleichzeitig beschließt die Hochschulrektorenkonferenz die Einführung von Credit-Point-Systemen (ECTS) sowie die Modularisierung der Studiengänge.

1998/99: Die Weltbank veröffentlicht ihren jährlichen Weltentwicklungsbericht unter dem Titel: *Knowledge for Development.* Washington, D.C., 1998. Darin wird die Bedeutung von Wissen für die Überwindung von Unterentwicklung konstatiert und die anzustrebende »Bildung« durch »Kompetenzen« definiert, »die am Arbeitsmarkt nachgefragt werden« (vgl. Joseph Stiglitz: Die Chancen der Globalisierung. München 2008: 76).

1999: Unterzeichnung der *Bologna-Erklärung* durch 31 Minister aus 29 Staaten: Es soll bis zum Jahre 2010 ein »kohärenter, kompatibler und wettbewerbsfähiger europäischer Hochschulraum« realisiert werden.

Die Erklärung macht das 1989 eingeführte ECTS verbindlich. Nach dem ECTS besteht ein Bachelor-Studium aus 180 Credit Points (CP) oder Leistungspunkten (LP). Ein CP entspricht 30 Stunden durchschnittlicher geistiger Arbeit, ein Bachelor also 5400 Arbeitsstunden. Der anschließende Master ist 120 CP oder 3600 Arbeitsstunden wert. Die Credit Points bilden den Kern der universitären Qualitätssicherung und des Qualitätsmanagements. Professoren vergeben CPs, Studierenden fragen zuerst nach den CPs – vor allen Inhalten.

2000: Der Europäische Rat bekräftigt in Lissabon, Europa solle bis zum Jahre 2010 den größten, »wettbewerbsfähigsten und dynamischsten wissensbasierten Wirtschaftsraum der Welt« bilden. Die Prognose lautet, daß sich bei Umsetzung des Projekts ein erhebliches zusätzliches Wirtschaftswachstum ergibt.

2000: In Deutschland beschließt die Kultusministerkonferenz die endgültige Einführung von Credit-Point-Systemen und die Modularisierung der Studiengänge. Durch die Credit-Point-Systeme soll die geistige Arbeit meßbar und vergleichbar werden.
Durch die Modularisierung sollen die Studiengänge standardisiert werden. In den Sozial- und Geisteswissenschaften besteht das Bachelor-Studium aus drei Standbeinen: Hauptfach; Allgemeine berufsqualifizierende Kompetenzen (ABK); Nebenfach (NF) und Wahlbereich (WB). Das sechssemestrige Studium ist in drei Abschnitte (Studienjahre) gegliedert: Einführungsphase; Aufbauphase; Vertiefungsphase. Jede Phase enthält bestimmte Module: Basismodule (BM), Methodenmodule (MM) und Praxismodule (PM) im ersten Jahr; Aufbaumodule (AM), Methodenmodule (MM) und Praxismodule (PM) im zweiten Jahr; Vertiefungsmodule (VM) und das Abschlußmodul (AM) im dritten Jahr. Der Bachelor wird erworben mit 180 Credit-Points, also 5400 Stunden gesellschaftlich durchschnittlicher Geistesarbeit.
Das Studium ist orientiert an der allgemeinen Lohnarbeit: Wöchentlich soll etwa 40 Stunden gearbeitet werden, ein etwa sechswöchiger Jahresurlaub ist – laut Studienplänen – vorgesehen.
Die Studienpläne sind Stundenpläne. Die Abfolge der Module ist einzuhalten. Jedes Modul ist von jedem Studierenden zu absolvieren. Jedes Modul ist von jedem Lehrenden zu unterrichten. Ein Studium ist nicht mehr gedacht als ein von den Studierenden wesentlich gestalteter Bildungsprozess nach sich entwickelnden Bildungsinteressen: die Bildung eines autonomen Individuums ist nicht einmal als Idee noch vorhanden. Die Lehre ist auch nicht konzipiert als eine Veranstaltung, bei der die Lehrenden die Studierenden an ihren Forschungsvorhaben beteiligen. Lehre und Lernen gelten nicht als gesellschaftliche Aufklärungsprozesse, in denen es – nach dem Vorbild sokratischer Dialoge – nur Beteiligte geben kann: die Lehrenden sind die Wissenden und die Produzenten, die Lernenden die Unwissenden und die Konsum-Kunden in einem »Bankiers-Konzept der Erziehung« (Paulo Freire). Jeder ist dem anderen Objekt, alle sind sozial atomisiert.
So sind Lehrende wie Lernende austauschbar, so ist das Wissen ein äußerliches, entfremdetes Wissen, das entfremdete Lehrende entfremdeten Lernenden vermitteln. Die Idee eines Studiums nach eigenen Bildungsinteressen, nach intrinsischer Motivation, ist negiert durch die Idee, die Studierenden müßten extrinsisch motiviert, also äußerlichen Zwängen unterworfen werden, um sie an die Arbeit zu setzen: durch Anwesenheitslisten und permanente Prüfungen. Das entfremdete Wissen muß abgefragt: geprüft werden – vom ersten Semester, von der ersten Seminarsitzung an. Dabei sind entscheidend die ›Präsentationstechniken‹: Techniken des Wissens-Verkaufs. Noch entscheidender aber ist, daß Lehrende und Lernende einander begegnen wie Warenverkäufer und Kunden, wie Produzenten und Konsu-

menten von Waren: permanente Evaluationen sollen zeigen, ob die Lehrenden der Nachfrage ihrer Kunden entsprachen, ob die Lernenden geeignete Objekte der Investition von Wissen sind.

2002: In Deutschland wird das *Hochschulrahmengesetz* (HRG) dem Projekt einer neoliberalen Universität angepaßt.

2005: Am 15. Februar 2005 tritt in Deutschland das *Gesetz zur Errichtung einer Stiftung ›Stiftung zur Akkreditierung von Studiengängen in Deutschland‹* in Kraft. Die Stiftung ist – nach dem Gesetz – eine Stiftung öffentlichen Rechts (§ 1) und dient unter anderem folgenden *Zwecken:* »Akkreditierung und Reakkreditierung von Akkreditierungsagenturen«, deren Aufgabe wiederum die Akkreditierung von Bachelor- und Master-Studiengängen sowie von »hochschulinternen Qualitätssicherungssystemen« ist (§ 2); »Überwachung der Akkreditierungen«; Sicherung eines »fairen Wettbewerbs unter den Agenturen« (§ 2). Finanziert wird die Stiftung durch »einen jährlichen Zuschuss der Länder« sowie durch »Zuwendungen von dritter Seite« (§ 4). Die *Organe der Stiftung* sind: der Akkreditierungsrat, der Vorstand, der Stiftungsrat (§ 6). Dem *Akkreditierungsrat* gehören an: vier Vertreter staatlicher oder staatlich anerkannter Hochschulen, vier Vertreter der Länder der BRD, fünf Vertreter »aus der beruflichen Praxis«, zwei Studierende, zwei ausländische Vertreter mit Akkreditierungserfahrungen, ein Vertreter der Akkreditierungsagenturen (beratende Stimme) (§ 7). Durch die Stiftung und ihre Organe soll der *einheitliche europäische Hochschulraum,* sollen *Wettbewerbsbedingungen* zwischen den Hochschulen geschaffen werden.
Die Stiftung in Gestalt des Akkreditierungsrates akkreditiert also privatwirtschaftliche *Akkreditierungsagenturen* wie ACQIN (Akkreditierungs-, Certifizierungs- und Qualitätssicherungs-Institut e.V.), EQUIS (European Quality Improvement System), AACSB (The Association to Advance Collegiate Schools of Business).
Die Agenturen sind notwendig, um die schnell zunehmende Zahl *privater Hochschulen* darauf zu überprüfen, ob sie als Hochschulen anerkannt sind. Selbst akkreditiert, akkreditieren sie ihrerseits die *Bachelor- und Master-Studiengänge der staatlichen und staatlich anerkannten Hochschulen.* Die Akkreditierung ist, gemäß § 9 Abs. 2 HRG vom 10.10. 2003 / 22.9.2005 zwingend vorgeschrieben. Das Akkreditierungsverfahren besteht darin, daß eine Hochschule bei einer ausgewählten Agentur einen Antrag auf Akkreditierung eines Studiengangs stellt; die Agentur begutachtet den Studiengang durch eine Gruppe aus Lehrenden, Studierenden und Vertretern der Berufspraxis gemäß der Regeln des Akkreditierungsrates; die Gutachter erstellen einen Bewertungsbericht, der im Falle der Akzeptanz zur Verleihung eines zeitlich befristeten Gütesiegels der ›Stiftung zur Akkreditierung‹ führt. Die Akkreditierungsagenturen entscheiden also über Studieninhalte und Organisationsformen nach Maßgabe vorgegebener Standards. So setzen sie die ›Qualitätssicherung‹ hochschul-übergreifend durch, so setzen sie die Hochschulen in einen geregelten Wettbewerb (Link-Heer 2009). Bedingung der Akkreditierung von Hochschulen

und Studiengängen sind hochschul-interne Qualitätssicherungs-Systeme, vor allem: Evaluationen von Lehrenden und Lernenden.

2005: In Deutschland beschließen Bund und Länder die *›Exzellenzinitiative für die Hochschulen‹* sowie den *›Pakt für Forschung und Innovation‹*.

2010 ff.: Nach Vollendung des ›Bologna-Prozesses‹ in Deutschland wird, aufgrund teilweise massiver Kritik der neoliberalen Universität, das Bachelor-Studium in einigen Bereichen flexibilisiert: das betrifft die Studiendauer ebenso wie die vorgeschriebene Abfolge des Durchlaufens der Module. Das Modell selbst scheint etabliert.

Die nunmehr weitgehend implementierte *neoliberale Universität* ist – *nach ihrer Logik* – eine Institution, die weniger nach einzelnen Regelungen zu kritisieren ist, sondern als Institution, die eine *bestimmte Form von Gesellschaft und Anthropologie* produziert. Sie produziert ein gesellschaftlich irrationales, rational-atomistisches Wissen Einzelner von Einzelnem; sie produziert, durch das Wettbewerbsmodell, ein standardisiertes, entfremdetes Tauschwert-Wissen. Dadurch produziert sie gesellschaftlich analphabetische, ihrer selbst und ihrer Verhältnisse entfremdete Subjekte: diese sind – nach den Beschreibungen von Le Bon bis Beck, nach Aufklärungen von Freud und Fromm bis Horkheimer und Adorno – ebenso *ent-individualisiert* wie *atomisiert,* ebenso *standardisiert* wie *vereinzelt.* So stehen sie in einem gesellschaftlichen, ökonomischen *bellum omnium contra omnes,* der von Hayek und Popper allgemein gefeiert wird als Form einer *»offenen«, freien Gesellschaft;* der insbesondere gewürdigt wird als Veranstaltung einer *evolutionären Wissens-Produktion* durch Anpassung des Wissenden an die Umwelt. Die Wissenden lernen Wissen als ein ihnen gleichgültiges, äußerliches Wissen von einer ihnen äußerlichen Welt hinzunehmen; sie lernen den Anderen nicht als Beteiligten im Lernprozeß, sondern als Gegner im Konkurrenzkampf um Erfolg zu erkennen. So ist die klassische Idee der Bildung: der *Welt- und Selbsterkenntnis,* in den absoluten Gegensatz von *Welt- und Selbstentfremdung* verkehrt. Der Bürger des autoritären Staates: der autoritäre Charakter, ersteht in neoliberaler Form auf. Das haben Helmut Becker, zu Zeiten Direktor des Max-Planck-Instituts für Bildungsforschung, und Theodor W. Adorno in einem Gespräch im Hessischen Rundfunk am 14. April 1968 zum Thema: *Erziehung zur Entbarbarisierung* (in: Adorno 1970: 120-132) angedeutet – in einer Zeit, in der wohl viel von Wettbewerb in der Pädagogik, aber noch nicht von einer Wettbewerbs-Universität die Rede war.

»*Becker:* Kommen wir zu einer sehr schwierigen Frage: Wie bildet man Jugendliche dazu, daß sie diese Reflexionen auf humane Zwecke wirklich anwenden, bzw. ist das

für den Jugendlichen überhaupt vollziehbar? Ich würde sagen, daß es sehr gut möglich ist, aber Abschied von einer Fülle von liebgewordenen Vorstellungen bedeutet. Zum Beispiel von einer in Deutschland immer wieder gehörten Grundbehauptung der Pädagogik, daß der Wettbewerb von Kindern etwas ungemein Förderliches ist. Man lernt Latein angeblich so besonders gut, weil man es besser können will als der Mitschüler, der links oder rechts von einem auf der Bank sitzt. Und der Wettbewerb, der von vielen Lehrern und vielen Schulformen bewußt geförderte Wettbewerb zwischen einzelnen und zwischen Gruppen gilt in der ganzen Welt, und zwar in ganz verschiedenen politischen Systemen, als ein besonders gesundes pädagogisches Prinzip. Ich möchte die Behauptung aufstellen – es würde mich interessieren, ob Sie dem zustimmen –, daß der Wettbewerb, jedenfalls wenn er nicht nur in sehr lockeren und schnell wieder endenden Formen stattfindet, in sich ein Element der Erziehung zur Barbarei darstellt.
Adorno: Ich bin völlig der Ansicht, daß der Wettbewerb ein im Grunde einer humanen Erziehung entgegengesetztes Prinzip ist. (...) Damit kann man allenfalls Sportler erziehen, aber keine entbarbarisierten Menschen. (...)
Becker: ..., denn man könnte natürlich die These vertreten, daß man sich auf eine Wettbewerbsgesellschaft durch den Wettbewerb in der Schule vorbereiten muß. Ich bin ganz im Gegenteil der Ansicht, daß die Schule, wenn sie überhaupt etwas tun kann, den Menschen mit einer Sachbeziehung ausstatten muß. Und diese Sachbeziehung wird gestört, wenn der Wettbewerb an die Stelle der Sachbeziehung tritt.« (Adorno / Becker 1968: 125-127)

Der Wettbewerb instrumentalisiert die Welt: Subjekt und Objekt. Alles wird gleichgültig, meßbar, zum Mittel, zur Existenzform des Tauschwerts, zum Warenfetisch. Das ist die *Inhumanität:* die Zerstörung der Utopie von Freiheit und Subjektivität, von Nächstenliebe, gesellschaftlichem Kosmopolitismus oder Solidarität. Das ist die *Zerstörung der Vernunft-Utopie:* im Wettbewerb wird nicht nur das Subjekt aufgelöst, sondern darum auch die gesellschaftliche Welt zu einer Tatsachenwelt verdinglicht – sie ist als undurchschaubar gesetzt. Weil das Verhältnis blind ist, sind die Verhältnisse atomisiert. Der für Bildung konstitutive Zusammenhang von Welt- und Selbsterkenntnis ist der Wettbewerbs-Gesellschaft, der Wettbewerbs-Universität, fremd, obsolet, anachronistisch. Das Subjekt der Wettbewerbs-Universität ist das *konformistische, autoritäre Sozialatom.*

6.3.9 Glücksforschung: Die Vermessung des Glücks

Dem Glück geht es nicht besser als der Bildung: indem es unter die spontane Ordnung des Wettbewerbs subsumiert wird, wird es liquidiert. Die *Glücksforschung* ist die Wissenschaft dieses – von Hegel einst aufgeklärten – »unglücklichen Bewußtseins«, das von seinem Unglück nichts, vom ersehnten Glück alles wissen will, vor allem: wie man sein Glück macht. War die *Vernunft die Utopie* der theoretischen und praktischen Bildung des Individuums zu einem autonomen Subjekt durch ein aufgeklärtes Selbst- und Weltbewußtsein, durch die Versöhnung von Individuum, Gesellschaft und Natur, so ist das *Glück die Utopie* einer Versöhnung des Menschen als Natur mit der äußeren Natur und der gesellschaftlichen Welt. Das Glück ist eine sinnliche, herrschaftsfreie Erfahrung der sinnlich gegebenen Welt, eine herrschaftsfreie Befriedigung der sinnlichen Bedürfnisse. Der Neoliberalismus reduziert die Utopie auf ein Faktum und preßt das Glück in einen Wettbewerbs-Vergleich: durch Messung. Das als Datum erhobene, gemessene und verglichene Glück ist sowenig noch eines, daß es nicht verspürt wird – das herrschende Unglück wird als Glück genossen. Die empirische Glücksforschung setzt dieses unglückliche Glück in den internationalen Wettbewerb der »spontanen Ordnung«: durch die Suche und die Feststellung der glücklichsten Menschen und Nationen. Auch hier gibt es: Sieger und Verlierer.

Die Gesellschafts- und Philosophie-Geschichte des Glücks könnte nach dem Modell der *Dialektik der Aufklärung* als Genese und Verfall einer großen Utopie geschrieben werden – wie die Geschichte von Vernunft und Bildung. Freilich stand diese Utopie immer unter jener der Weisheit und der Vernunft. – Erste Reflexionen über das Glück finden sich in *Herodots* (490-425/20) *Historien:* der Darstellung der Perserkriege (546-478). Im ersten Buch dieser frühen Geschichts-Erzählung wird von einem Dialog zwischen Solon, dem Gesetzgeber der Athener, und dem Lyder-König Kroisos berichtet (a.a.O., Buch I/§§ 29-34). Der König fragt, nach Herodot, den Athener: »ob du wohl einen Menschen gefunden hast, der der allerglücklichste auf Erden ist.« Die erwartete Antwort bleibt aus: Solon nennt nicht Kroisos, sondern erst Tellos, dann Kleobis und Biton. Diese seien die Glücklichsten, weil das Glück in einem glücklich vollbrachten Leben, vollendet durch den »schönsten Tod«, bestehe. Im Leben bestehe das Glück nicht in einzelnen Momenten, nicht in »großen Reichtümern« allein, sondern: im Leben in einer »blühenden Stadt«; in einer allgemeinen Anerkennung und Würdigung durch die Polis; im »Ruhm«; in »wackeren Söhnen«; im ruhigen Genuß des Reichtums; in einem »frohen Herzen«. Alles zusammen freilich könne ein Mensch »unmöglich« erlangen, »nur »einiges«. Glück besteht, nach Herodot, in einer Übereinstimmung des Menschen mit seiner eigenen Natur, mit seiner Polis, mit äußeren Gütern. Glück ist wohl ein sinnliches Empfinden, das aber nicht singulär, sondern allgemein ist: das ein Leben umschließt, das im Verhältnis des Menschen zu anderen Menschen und zu Dingen besteht. Darum steht dieses sinnliche Empfinden unter der

Allgemeinheit der Weisheit, der Vernunft, der Moral. – So ist das Glück *(hedoné)* später in einer der drei sokratischen Schulen: der *hedonischen Schule,* moralphilosophisch bestimmt worden. *Aristippos aus Kyrene* (um 435-350) (siehe: Diog. Laertius. Buch II/§§ 65-104) lehrte, es sei weise, »zu gebieten über die Lust und ihr nicht zu unterliegen ..., nicht sie sich zu versagen.« (ebd. § 75) »Glückseligkeit« bestehe nicht in einer »einzelnen Lust«, sondern in der »Summe der einzelnen Lustempfindungen« (ebd. § 87). – *Aristoteles* (384-322) hat das Glück, in der *Nikomachischen Ethik* (Buch I), als *eudaimonía* bestimmt: als »Wohlbefinden des Dämon« in uns – der Seele. Dieses Wohlbefinden ist kein privates, sondern ein allgemeines: ein tugendhaftes, ein politisches. Das »höchste Gut«, auf das die »Staatskunst« ziele, sei: »Glückseligkeit« (ebd. 1095a). Dieses »Gut« sei das Gemeinsame, das »Endziel« aller Ziele einer »jeden Tätigkeit und Kunst«: das um »seiner selbst willen Erstrebte« – während alles andere »eines anderen wegen gewollt wird.« (ebd. 1097a) Das, was Selbstzweck, was in sich »schlechthin vollendet« (ebd.) ist, ist: die »Tätigkeit der Vernunft«, die göttliche Weisheit (ebd. Buch X / 1177a-1179a). So koinzidieren die Ideen der Vernunft und der Glückseligkeit: als frühe, utopische Ideen einer Versöhnung des Menschen mit den Göttern, mit äußeren Dingen und mit der Polis.

In der Philosophie des bürgerlichen Zeitalters, seit dem Spätmittelalter und der Renaissance, steht freilich die metaphysische Utopie der Gottesebenbildlichkeit, der Vernunft, im Zentrum. »Glück«, als »Glückseligkeit«, tritt erst im 17. und 18. Jahrhundert im *englischen Empirismus und Sensualismus* als Thema wieder auf. Die *schottische Moralphilosophie* reflektiert, in dieser Tradition, über die Glückseligkeit. Berühmt ist das von *Francis Hutcheson* (1694-1746) geprägte, von *Jeremy Bentham* (1748-1832) aufgenommene Wort vom »größtmöglichen Glück der größtmöglichen Zahl«: es bezeichnet keine privatistische, volkswirtschaftliche Genußmaximierung, sondern die Forderung nach der moralisch-vernünftigen Verallgemeinerung des Glücks – analog zur volonté générale. So hat es *Adam Smith* gelehrt:

»Die Glückseligkeit der Menschen wie die aller anderen vernunftbegabten Geschöpfe scheint das ursprüngliche Ziel gewesen zu sein, das dem Schöpfer der Natur vorschwebte, als er diese Wesen ins Dasein rief. Kein anderer Endzweck scheint jener höchsten Weisheit und jener göttlichen Güte und Milde würdig, die wir ihm notwendig zuschreiben; und in dieser Ansicht ... werden wir noch mehr bestärkt, wenn wir die Werke der Natur einer Prüfung unterziehen, die alle dazu bestimmt scheinen, Glückseligkeit zu fördern und gegen Elend zu schützen.« (Smith 1759: 250 f.; vgl. ebd. 63, 163, 222, 317)

Die »Glückseligkeit« ist kein empirisch Vorfindliches, sondern das »ursprüngliche Ziel« und der »Endzweck« der göttlichen Weltschöpfung. Als eine solche, auf vernünftige Allgemeinheit gegründete Utopie, die ein Recht auf Widerstand legitimiert, ist das Glück in die *amerikanische Unabhängigkeitserklärung vom 4. Juli 1776* aufgenommen worden:

»Folgende Wahrheiten halten wir für selbstverständlich: daß alle Menschen gleich geschaffen sind; daß sie von ihrem Schöpfer mit gewissen unveräußerlichen Rechten ausgestattet sind; daß dazu Leben, Freiheit und das Streben nach Glück (pursuit of happiness; G.S.) gehören; daß zur Sicherung dieser Rechte Regierungen unter den Menschen eingesetzt werden, die ihre rechtmäßige Macht aus der Zustimmung der Regierten herleiten; daß, wann immer irgendeine Regierungsform sich als diesen Zielen abträglich erweist, es Recht des Volkes ist, sie zu ändern oder abzuschaffen und eine neue Regierung einzusetzen und diese auf solchen Grundsätzen aufzubauen und ihre Gewalten in der Form zu organisieren, wie es ihm zur Gewährleistung seiner Sicherheit und seines Glückes geboten zu sein scheint.« (In: Adams / Adams 1976: 262-266, Zitat: 262)

Glück ist, nach dieser Erklärung, kein schlicht Faktisches, sondern ein moralisches Menschen-Recht, das politisch zu verwirklichen ist und ein Recht auf Widerstand gegen Regierungen legitimiert, die »unveräußerliche« Menschenrechte verletzen.

Bereits unter dem Liberalismus wird den frühen Kritikern der Verhältnisse jedoch bewußt, daß die Geschichte eine »Schlachtbank« ist.

»Die Weltgeschichte ist nicht der Boden des Glücks. Die Perioden des Glücks sind leere Blätter in ihr; denn sie sind die Perioden der Zusammenstimmung, des fehlenden Gegensatzes.« (Hegel, Werke 12: 42; siehe ebd. 35)

Nach der Epoche des Liberalismus: der großen bürgerlichen Revolutionen, ist freilich von »Glück« kaum noch die Rede, allenfalls zynisch. Unter dem *Imperialismus,* der den Zusammenhang von Krise und Kritik in den von Krise und Krieg verwandelt, sind die großen Sozial-Utopien obsolet. Erst die psychoanalytische Konstruktion des Lustprinzips, und danach der an *Freud* anschließende Marxismus, nimmt die *Utopie des Glücks* wieder auf: um das *Unglück* aufklären zu können. Die »Menschen … streben«, vom »Lustprinzip« angetrieben, »nach dem Glück« (Freud: IX: 208), aber die »Kultur« ist »auf Triebverzicht aufgebaut« (ebd. 227); »der Preis für den Kulturfortschritt« liegt in der »Glückseinbuße durch die Erhöhung des Schuldgefühls« (ebd. 260). Freud (ebd. 208) ist bewußt: »man möchte sagen, die Absicht, daß der Mensch ›glücklich‹ sei, ist im Plan der ›Schöpfung‹ nicht enthalten.«

Der *Neoliberalismus* indes entdeckt, nach Auschwitz, das Glück wieder. Auch in Rücksicht auf das Glück positiviert er die »Zerstörung der Vernunft« (Lukács): er reanimiert die Idee des Glücks – indem er die Utopie des Glücks negiert und dadurch das herrschende Unglück, die vergangene Barbarei verdrängt. So ist das Glück erst unter dem *Neoliberalismus* wieder ein großes Thema geworden. Seit etwa 1980/90 sind die Fachwissenschaften, die Feuilletons, die Werbung, die Kulturindustrie dem ›Glück‹ verfallen.

Was heißt ›Glück‹ in dieser Epoche, die das ›Ende der Utopien‹ und das ›Ende der Geschichte‹ gleichermaßen proklamiert hat? Was heißt Glück, wenn die Verhältnisse als unerkennbar, als unüberschreitbar gesetzt sind, so daß einzig ein »methodologischer Individualismus« theoretisch und praktisch resultiert: eine Entindividualisierung durch Atomisierung auf der Grundlage eines gesellschaftlichen Fetischismus? Das neoliberale Glück kann, vor der Geschichte der Glücks-Utopien, nur das Glück Unglücklicher sein, denen die Reflexion des Unglücks neoliberal verstellt ist – die sich des Glücks einzig noch versichern könnten durch die Aufklärung des Umschlags der Utopie ins Unglück. Die neoliberale Apologie aber ist am Unglück desinteressiert: denn jede utopisch gerichtete Weltveränderung, lautet das Dogma, führe in nur noch größeres Unglück. Weil die Utopie negiert, weil das Unglück unbegriffen bleibt und verdrängt wird, versichert man sich um so verbissener dessen, was irgend als Glück erscheinen könnte. Die Philosophiegeschichte der Glücks-Utopien wird beiseite geschoben, als Anachronismus. Als Glück kann neoliberal nur das Glück Atomisierter erscheinen: einzelnes Glück Einzelner, das empirisch feststellbar und meßbar ist, weil unter der Voraussetzung des irrationalen Allgemeinen nichts wirklich ist als die Meinung der Einzelnen von sich selbst.

Als einer der ersten hat, theoretisch noch anspruchsvoll, Gerhard Schulze das unglückliche Glück unter dem Neoliberalismus untersucht: *Die Erlebnisgesellschaft. Kultursoziologie der Gegenwart* (Frankfurt, New York 1992).

Schulzes *Erlebnisgesellschaft* ist, wie Becks *Risikogesellschaft* (1986), eine Antwort auf die 1982 – auf dem 21. Deutschen Soziologentag in Bamberg – analysierte »Krise der Arbeitsgesellschaft«. Daher setzt auch Schulze einen grundlegenden Wandel der »Moderne« voraus. Während Beck den Fortgang von einer ersten zu einer zweiten Moderne beschreibt, konstatiert Schulze (1992) den Übergang von einer Gesellschaft der »Knappheit« zu einer Gesellschaft des »Überflusses« (ebd. 22): zur *»Erlebnisgesellschaft«.* Diese neue Gesellschaft befindet sich: *auf »der Suche nach Glück«;* diese Suche sei die »unmittelbarste Form« der »Erlebnisorientierung« (ebd. 14).

Bereits in der Einleitung der Schrift (ebd. 13-31) wird das methodische Verfahren und dadurch der zu erwartende Befund umrissen. Grundlegend ist die Setzung, gesellschaftliche Verhältnisse ließen sich nur beschreiben und vergleichen, nicht aufklären:

»Man könnte denken, hier werde eine Wesensbestimmung der Gegenwartsgesellschaft versucht. Kennzeichnend für das gesamte Buch ist jedoch die Auffassung, daß man sich über das Wesen der Dinge, sollten sie denn eines haben, nicht informieren kann. Über Eigenschaften von Gesellschaften kann man nur vergleichend reden. Im Titel (des Buchs; G.S.) soll nicht eine absolute, sondern eine komparative Charakterisierung der Gesellschaft zum Ausdruck kommen. ... Der Titel besagt nicht: diese Gesellschaft ist eine Erlebnisgesellschaft, sondern: sie ist es mehr als andere.« (Schulze 1992: 15)

Jeder Vergleich setzt einen Maßstab voraus, hier: eine bestimmte Gesellschaftsform, die – als Voraussetzung – dogmatisch gesetzt, also unreflektiert ist. Schulzes Kultursoziologie steht insofern noch auf dem Standpunkt der Modernisierungstheorie, aber er folgt damit schon dem neoliberalen Dogma von der *Unerkennbarkeit der gesellschaftlichen Welt.* – Unter dieser Voraussetzung unbegriffener gesellschaftlicher Verhältnisse bleibt nur ein *»methodologischer Individualismus«* (Hayek). Die »Suche nach Glück« gilt dem Kultursoziologen mithin als eine individualistische Suche: »Jeder ist für seine Erlebnisse selbst verantwortlich« (ebd. 14) – jeder ist seines Glückes, oder Unglückes, Schmied. Also ist methodisch ein Sozialatom vorausgesetzt, das sich auf die Glückssuche macht. Was gesucht wird, ist deshalb, weil es gesucht wird, nicht schon vorhanden, und es ist nicht bekannt. So bleibt nur: Versuch und Irrtum, »Unsicherheit« und »Enttäuschungsrisiko«.

»Es ist deshalb weder erstaunlich, daß unsere Gesellschaft nicht glücklich scheint, noch ist der steigende Aufwand unerklärlich, mit dem sie nach Glück sucht. Der homo ludens spielt mir zunehmender Verbissenheit.« (Schulze 1992: 14)

Die experimentelle und individualistische »Suche nach dem Glück« unter Bedingungen von Nicht-Glück, wenn nicht von Unglück, scheint eine vergebliche, unendliche Anstrengung: *es wird nicht das Glück durch Aufklärung des Unglücks gesucht,* sondern der *Weg aus einem Unglück, das durch Verdrängung zurückgelassen, überwunden werden soll.* Das Sozialatom ist nicht das Subjekt einer Aufklärung, die allein gesellschaftlich gelingen könnte (Smith 1759: 168), sondern das Subjekt einer atomistischen, technischen Rationalität, das sich einzig an die undurchschauten Umstände anpassen kann. *Das Glück liegt in der gelungenen Anpassung an das unbewußte Allgemeine.* So ist es a priori ein *Abstraktum,* so ist die Glückssuche a priori *masochistisch* und *instrumentalistisch*. Sie ist *vergeblich*, weil sie das zu überwindende Unglück nicht aufklärt, sondern masochistisch reproduziert.

Indem der Kultursoziologe eine bestimmte Gesellschaftsform ebenso bewußtlos voraussetzt wie die sozialatomistische Glückssuche, präjudiziert er nicht bloß die empirischen Befunde (vgl. Adorno, GS 8: 201). Er vermag auch den Zusammenhang von Glück, Glückssuche und Unglück nicht aufzuklären: das Vergebliche einer Glücksuche, die sich vom Unglück abwendet, statt es zu Bewußtsein zu bringen – einer Glücksuche, deren Phantasie und Utopie vom Unglück okkupiert bleibt.

Unter dieser methodischen Voraussetzung einer vergleichenden Gesellschaftsanalyse, eines »methodologischen Individualismus«, umreißt Schulze (1992) zunächst die alte *Gesellschaft der »Knappheit«* (ebd. 13-16, 22, 532-535). Sie hat empirisch zweimal existiert: zuerst im 19. Jahrhundert, dann – in der Bundesrepublik Deutschland – »in der ersten Dekade nach dem Zweiten Weltkrieg«, bis etwa 1960 (ebd. 13, 37, 67f., 532ff.). Diese Gesellschaft sei eine »Arbeitsgesellschaft«, in Klassen und Schichten gegliedert. Sie ist zudem eine »Armuts-« und »Knappheitsgesellschaft« (ebd. 22, 55): im Verhältnis zu den gegebenen Bedürfnissen sind die verfügbaren Güter knapp. Das Grundproblem für die »Masse« ist das bloße »Überleben«, die »Befreiung von Not« (ebd. 33, 68). Daher ist das ökonomische Interesse an Gütern auf den »Gebrauchswert der Produkte« gerichtet, die »Mittel zu einem bestimmten Zweck« sind (ebd. 13). In der »Knappheitsgesellschaft« dominiert eine »außenorientierte Lebensauffassung«, eben eine technische Handlungsrationalisierung: »Wie erreiche ich X?« (ebd. 33)

Nach 1960/70 hat in der BRD die Gesellschaft des »Überflusses«, die *»Wohlstandsgesellschaft«*, die »Arbeitsgesellschaft« abgelöst (ebd. 22, 55). In dieser Gesellschaft, weiß Schulze, existieren auch »Knappheit«, Not und Arbeitslosigkeit – aber, trotz der millionenfachen Arbeitslosigkeit, für den Soziologie-Professor »so unauffällig, daß sie erst mit empirischen Methoden aufgespürt werden« müssen (ebd. 16; vgl. ebd. 70). Dominierend sei vielmehr: daß »Restriktionen durch Mangel an Geld, Zeit, Angeboten, Beschränkungen durch Zugangsbarrieren und Informationsdefizite … fast schneller zurückgegangen sind, als wir es verkraften konnten.« (ebd. 19) So stehen die Bürger der Überflussgesellschaft vor der Freiheit der Wahl: sie folgen der Logik der rational choice. An den Produkten interessiert sie nicht länger der Gebrauchswert, sondern der »Erlebniswert«. Die Güter sollen »schöne Erlebnisse« auslösen: sie sind nicht »Mittel zu einem bestimmten Zweck … , sondern … Selbstzweck« (ebd. 13). Nun ist das Schöne wesentlich keine äußere Eigenschaft von Gegenständen, sondern eine subjektive Formierung (ebd. 39). Das »Projekt« des »schönen Lebens«

impliziert daher eine »innengerichtete Lebensauffassung« (ebd. 35, 37). Im Zentrum der Erlebnisgesellschaft steht das Subjekt, das Ich, mit der »philosophischen Frage: ›Was will ich eigentlich?‹« (ebd. 33). Das Ich muß sein Leben, den Sinn seines Lebens, selbst bestimmen: das Wollen und Sollen. Der privatistische moralische »Imperativ«, der vom kategorischen nichts mehr weiß, lautet: »Erlebe dein Leben!« (ebd. 33, 58-60) Das ist die neue, sozialatomistische Freiheit. Wir scheinen uns, beobachtet Schulze, dem »Reich der Freiheit … ein Stück weit angenähert zu haben«; »in der Gegenwart« ist »mehr Selbstbestimmung im Spiel« (ebd. 33, 73).

Die Beantwortung der moralphilosophischen, auf den privatistischen Sinn verkürzten Frage: *»Was will ich eigentlich?«* (ebd. 33), lautet unmittelbar: *»Glück«* (ebd. 14), ein »schönes Leben« (ebd. 35, 39). Das Sollen und Wollen ist, in dieser Form, unreflektiert gesetzt: dem Erlebnis-Robinson fehlt der Spiegel des alter ego, um sich selbst zu reflektieren. Also muß das Sollen und Wollen gesetzt und als unbedingte Forderung, als *kategorischer Imperativ des Ich gegen sich selbst* formuliert werden: »Erlebe dein Leben!« (ebd. 33) Die »innengerichtete Lebensauffassung« (ebd. 35) folgt einem introjizierten äußeren Imperativ: der Forderung eines »inneren Auslands« (vgl. Freud I: 496). Das Ich muß nicht die Außenwelt technisch-rational formieren, sondern die Innenwelt: es muß sich selbst durch Berechnung beherrschen, rational manipulieren. Das nennt Schulze (1992): »innengerichtete Modernisierung«, *»Erlebnisrationalität«* (ebd. 40ff.).

»Erlebnisrationalität ist die Systematisierung der Erlebnisorientierung. Das Subjekt wird sich selbst zum Objekt, indem es Situationen zu Erlebniszwecken instrumentalisiert. Erlebnisrationalität ist der Versuch, durch Beeinflussung äußerer Bedingungen gewünschte subjektive Prozesse auszulösen. Der Mensch wird zum Manager seiner eigenen Subjektivität, zum Manipulator seines Innenlebens. Im Laufe der Zeit verfestigt sich erlebnisorientiertes Handeln zu routinisierten Ziel-Mittel-Komplexen. Die Schematisierung von Erlebnisrationalität bleibt keine Privatangelegenheit. Es kommt zur Herausbildung gemeinsamer Rationalitätstypen, an denen man sich orientieren kann, wenn man erlebnisrational handeln will, aber nicht weiß, wie man dabei vorgehen soll.« (Schulze 1992: 40 f.)

Das Ich manipuliert sich technisch selbst: es willen *sein Glück »machen«*. Schulze nennt das treffend: »Ich-Technologie« (ebd. 65). Die Erlebnisgesellschaft, die scheinbar mit der technischen Rationalität der Arbeitsgesellschaft gebrochen hat, hat diese vielmehr radikalisiert, indem nun das Innere des Ich erlebnis-technisch beherrscht wird: das Ich sucht das Glück in der Selbstmanipulation, in der Selbst-Objektivierung, im Selbst-»Management«. Indem es sich der »Ich-Technologie« verschreibt, unterwirft es sich der Logik der Weltbeherrschung durch »Berechnung« (Weber: WL:

607): die Bedürfnisse werden quantifiziert, potentiell unendlich, und sollen als quantifizierte maximal befriedigt werden.

Die Erlebnis-Technologie scheitert daher: weil die quantitativ unendlichen Bedürfnisse nicht zu befriedigen sind; weil das Unendliche der Bedürfnisse die Form der Sucht trägt; weil das sich selbst objektivierende Ich sich selbst unterdrückt und zum masochistischen Charakter bildet. Das Erlebnis-Ich, erkennt Schulze, ist in einem »selbstgezimmerten Gehäuse«, in einer technisch konstruierten »Eigenwelt« (ebd. 80) gefangen. Dieses Gehäuse, eine rationalisierte Version des »Gehäuses der Hörigkeit« (M. Weber), ist das neue »Reich der Freiheit« (ebd. 33): für den Kultursoziologen, der von keinem »Wesen der Dinge«, nur von Phänomenen und Meinungen weiß.

Die unbeantwortete, suchende Frage des unglücklichen, sein Unglück reproduzierenden Erlebnis-Ichs: »Was will ich eigentlich?« (Schulze 1992, 33), wird nicht nur durch die endlosen Ratschläge ungezählter Ratgeber und Zeitschriften, sondern – scheinbar seriöser – durch die fachwissenschaftliche *Glücks-Forschung* thematisiert. Die Forschung begann um 1980/90: in den Zeiten der Durchsetzung des Neoliberalismus, der Gesellschaft der Ent-Individualisierung durch Individualisierung (vgl. Adorno 1944/47, 197). Beteiligt sind alle Humanwissenschaften: Philosophie, Soziologie, Psychologie, Anthropologie, Ökonomie, Politologie, Gehirnforschung.

Die Glücksforschung steht unter der Logik des neoliberalen gesellschaftlichen Irrationalismus und des »methodologischen Individualismus«. Von den philosophisch formulierten Glücks-Utopien seit der Antike hat sie sich verabschiedet; von der Suche nach dem Glück durch Aufklärung des herrschenden Unglücks will sie nichts wissen. Sie zielt nicht auf die Erkenntnis gesellschaftlicher Zusammenhänge: auf das, »was die Welt im Innersten zusammenhält«, sondern sie atomisiert ihren Gegenstand, dem bestehenden Sozialatomismus methodisch erliegend.

Einen unkritischen Überblick über die Glücksforschung gibt *Alfred Bellebaum,* Leiter eines ›Gemeinnützigen Instituts für Glücksforschung‹ (2002: 13-42). Bellebaum verliert sich in unendliche Differenzierungen. Die Rechtfertigung dieses Verfahrens ist die übliche von Fachwissenschaftlern: es gäbe »unübersehbar viele Ansichten und Veröffentlichungen über das Glück« (ebd. 14); »angesichts einer verwirrenden Vielfalt von Glücksbegriffen ist vorgeschlagen worden, auf das Wort Glück zu verzichten.« (ebd. 9) Das einheitliche Verständnis von Glück, das vermißt wird, wäre nur in einer Einheitsgesellschaft vorhanden: im »autoritären Staat«. Eine andere Einheit, die als Zusammenhang widersprechender Begriffe, Methoden und

Befunde aufzuklären wäre, kommt dem Fachwissenschaftler indes nicht in den Sinn. Also gibt es keinen Zusammenhang, also muß differenziert werden, also ist ein Ende der Forschungsmöglichkeiten unabsehbar. Bellebaum unterscheidet:

»Wiederentdeckung des Glücks« (ebd. 15f.): philosophische Reflexionen zum Thema Glück; empirische Glücksforschung, die an den »altehrwürdigen moralphilosophischen und theologischen Theorien« weniger interessiert ist.
»Anthropologie des Glücks« (ebd. 16-19): eine zur Glücksfrage treibende Unruhe; das Vorübergehende der Glücksempfindungen; die Psychologie des flow; die Befunde der Gehirnforschung; die pharmakologische Erzeugung von Glückszuständen.
»Glücksvorstellungen« (ebd. 19-22): Glück als private Angelegenheit oder als Glück in einer politischen Gesellschaft.
»Glücksangebote« (ebd. 22-26): vom biblischen bis zum sozialistischen Paradies, bis zur Sozialpolitik, zur Glücksindustrie und zu Glücksspielen.
»Glückserlebnisse« (ebd. 27-29): Resultate von Befragungen, ob die Probanden glücklich seien; welche Wege zum Glück führten; was glücklich mache?
»Wege zum Glück« (ebd. 29-31): Stoa; Genügsamkeit; Aktionismus.

So viele Aspekte zum Thema Glück, so viele Forschungsmöglichkeiten für eine spezialisierte Forschung, die nach den Differenzen, nicht nach Zusammenhängen fragt und deshalb den Fragen eines Sozialatoms in einer neoliberal-unübersichtlichen Gesellschaft folgt. Die Glücksutopien sind erledigt als überkommene, irrationale Paradiesvorstellungen; philosophische Aufklärungen erscheinen einer empiristischen Forschung wenig hilfreich. Diese Forschung ist sich nur sicher: Die Frage, wie das »Leben glücken« kann, wie nach Glück zu suchen ist und wie es gefunden werden kann, und worin es dann besteht, ist nur durch ein »Wissen über Glück« zu beantworten (ebd. 9). Der Mensch der Erlebnisgesellschaft kommt ohne die Glücksforschung nicht aus, wenn er *sein Glück machen* will.

Die *»empirische Glücksforschung«* ist also notwendig zur »Produktion von Glück«, zum »individuellen und kollektiven Glücksmanagement« (Braun 2002: 45). Diese Forschung steht nicht unter der Norm der Wahrheit, sondern unter Bedingungen der Konkurrenz im Wissenschaftssystem um »Positionen, um Forschungsmittel und ganz generell um Reputation« (ebd.). Sie subsumiert konsequent ihren Forschungsgegenstand unter die spontane Ordnung des Wettbewerbs: sie befördert eine Konkurrenz zwischen Menschen, Gemeinden und Nationen um Glück – Glück ist ein Standortfaktor bei Investitionsentscheidungen. Notwendig ist deshalb eine methodisch individualisierende, international vergleichende Glücksforschung. – Die *methodische Individualisierung* besteht einerseits in den Forschungs-Hypothesen, andererseits in der dominierenden Forschungsmethode: der Befragung mit geschlossenen Fragen. Solche Fragen sind in dem seit 1978 durchgeführten deutschen ›Wohlfahrtssurvey‹ etwa: »Ist Ihr Leben im Augenblick ›sehr glücklich?‹, ›ziemlich glücklich?‹, ›ziemlich unglücklich?‹, oder ›sehr unglücklich?‹« Die entsprechenden Antworten werden quantifiziert und in Zeitreihen verglichen (ebd. 49f.). Was die Probanden unter Glück verstehen, ist ihnen überlassen: die Meinung wird nicht darauf befragt, ob der Proband wahrhaftig antwortete, ob er in seiner Antwort gesellschaftlichen Normen und Erwartungen entsprach, ob er Privates nicht öffentlich machen wollte, oder ob seine Glücksvorstellung auch dem Begriff entspricht (vgl. Braun 2002, 50-53). Ideologiekritische oder tiefenpsychologische Methoden kommen in der Glücksforschung nicht vor: die geäußerte Meinung ist alles, und deshalb gilt jede Meinung als wahrhaftig, jeder anderen als gleich gültig. Bellebaum (2002, 28) definiert konsequent: »Glück ist das, was sich Menschen / Gesellschaften / Kulturen / Schichten / … unter Glück vorstellen.« Alles ist möglich: Kinder zu haben; »selbst geerntete Stachelbeeren«; »ein Bett, in das man sinken kann«; das »gefundene alte Buch«; … Kurz: »Glück ist das, was glücklich macht«. Die Antworten zum Thema Glück, Glückszielen und Glücksmitteln sind freilich nicht unübersehbar vielfältig: gerade in der durch Atomisierung ent-individualisierten Gesellschaft dominieren Standard-Antworten. – Die so erhobenen Meinungen und Einstellungen zum Glück können nun *zwischen Personen, Nationen und Zeiten verglichen* werden. Dies vor allem leistet in der Europäischen Union die von Ruut Veenhoven an der Europa-Universität in Rotterdam eingerichtete *World Data Base of Happiness* (Braun 2002, 47), die Daten und einschlägige Literatur sammelt. Mit diesen Daten lassen sich die Glücksgefühle international vergleichen: Wo leben die glücklichsten Menschen? Wo ist ein Geist des Widerspruchs gegen widerspruchsvolle Verhältnisse nicht zu erwarten? Wo sind sichere Kapital-Investitionen möglich?

So unterschiedlich die methodisch individualisierten und egalisierten, empirisch erhobenen Vorstellungen der Probanden über Glück, Wege zum Glück und Glücksfolgen sein mögen, sie besagen alle zumindest das eine, keineswegs Selbstverständliche: »ungeachtet unendlich vielen Unglücks und Leids in dieser Welt« können Menschen Glück »erleben« und haben dies auch »erlebt« (ebd. 13). Was zu beweisen war: Es gibt das glückliche Leben im unglücklichen (vgl. Adorno 1944/47, Text 18). Die Glücksforschung, die nicht das Unglück, sondern das Glück untersucht, kann das Unaufgeklärte nur reproduzieren. *Glücksforschung,* der es um das Glück ginge, wäre demgegenüber nur als aufklärende *Unglücksforschung* möglich (vgl. Marx: MEW 23: 675f. Anm. 89).

6.4 Globalisierung und Individualisierung

In der Epoche des *revolutionären Liberalismus* haben sich die gesellschaftlichen Verhältnisse gegen die »Welt der Natur« (Vico) zu einem unbewußten, übersinnlichen Allgemeinen verselbständigt in der Form einer zugleich aufklärerischen und fetischisierenden »List der Vernunft« (Hegel: Bd. 12: 49). In der Epoche des *Imperialismus* zuerst, dann im *angelsächsischen Staatsinterventionismus,* im *Nationalsozialismus* und nun im *Neoliberalismus* hat sich diese »Herrschaft der Verhältnisse« (Marx 1857/58: 82) fixiert zu einem *allgemeinen Irrationalen ohne vernunftgegründete Erinnerung und Hoffnung:* zu einer Ideologie ohne Utopie. Auf dieser *gesellschaftlich-irrationalen* Grundlage, sozialphilosophisch ausgedrückt im geisteswissenschaftlichen Positivismus, entfaltete sich der Siegeszug der *technischen Rationalität* des naturwissenschaftlichen Positivismus.

Der gesellschaftliche Kosmos irrationaler Rationalität, des fixierten unbewußten Allgemeinen, ist seit dem Imperialismus die Grundlage der *bürgerlichen Anthropologie:* theoretisch und praktisch. Le Bon zuerst hat den Zusammenhang ausgesprochen: daß das unbewußte Allgemeine das *Aufgehen des Einzelnen in der Masse* produziert, daß diese *Masse aber unmittelbar atomisiert* ist, weil dem Einzelnen seine gesellschaftliche Konstitution nicht bewußt ist und er sich darum um so mehr als ein Individuum wähnt, je mehr er seine Besonderheit eingebüßt hat. – Dieser Zusammenhang von *Masse und Sozialatom* hat sich unter dem Nationalsozialismus zum Zusammenhang von *Volksgemeinschaft und autoritärem Charakter* entwickelt und nimmt nun, unter dem Neoliberalismus, den Zusammenhang von *Gemeinschaft und konformistischem Sozialatom* an. Die Konsequenz dieses paradoxen Zusammenhangs ist jener von *Globalisierung und Individualisierung.* Denn die Globalisierung ist nichts als: der zur Weltordnung erhobene und verallgemeinerte Neoliberalismus.

Dem Neoliberalismus ist a priori seine Verallgemeinerung zur ›*Globalisierung*‹ immanent. Denn einerseits duldet der irrational-rationale Wettbewerb, inner- und international, nichts, was die »spontane Ordnung« regulierend beschränken könnte. Daher sind innernational alle Bereiche der neoliberalen Gesellschaft durch *De-Regulierung* der staatsinterventionistischen Regulierungen dem Wettbewerb zu subsumieren: Staat, Rechtsordnung, politische Parteien, Unternehmen, Tarifparteien, Kultur-Institutionen, Wissenschaft, Schulen und Hochschulen, Medien, Kirchen, Familien (Standort-Bericht der Bundesregierung vom 3.9.1993: 7, 11, 20, 42). Diese Subsumtion unter den Wettbewerb impliziert eine Ent-Nationalisierung der Gesellschaften, vor allem der Ökonomien: einen international unbeschränkten

Verkehr von Kapital, Gütern, Dienstleistungen und Arbeitskräften – Arbeitskräften, die keiner Unterstützung durch den alten Sozialstaat bedürfen. Das ist die neoliberale Ordnung der Weltgesellschaft und Weltökonomie: die Globalisierung. Weil der alte Staatsinterventionismus nur administrativ und national *de-reguliert* werden konnte, weil die Wettbewerbsordnung sich also nicht naturwüchsig konstituierte, bedarf sie, als Ganze, einer Administration, die sie durch eine *Re-Regulierung* konstituiert und funktionsfähig hält (vgl. Eucken 1952: 50-55). Dies vermag einzig eine transnationale Administration zu leisten: ein System des *global governance*.

In der *Globalisierung* verwirklicht sich der *Totalitarismus* des *neoliberalen Irrationalismus*, ausgesprochen als ein »Glaubensbekenntnis«. Dieses »Glaubensbekenntnis« duldet nichts Fremdes, nichts Nichtidentisches, nichts Besonderes: es kennt nur solche, »die in der Gesinnung sind, und solche, die es nicht sind« – wie Hegel (Bd. 12: 532f.) den Dogmatismus und Terror der Französischen Revolution kritisiert hat. Das Bekenntnis fordert »freiwilligen Konformismus« – und droht jenen, die nicht konform sind, äußerlichen, physischen »Zwang« an (Hayek 1960: 78f.). Das Bekenntnis ist die Tugend des Masochismus, nach außen als Sadismus erscheinend. Der Neoliberalismus ist die Ordnung eines allgemeinen Autoritarismus.

Schon der Begriff der *Globalisierung* ist verräterisch als *Begriff, der nichts begreift* – wie Hayeks »Gesellschaftstheorie« expliziert, daß sich ihr Gegenstand als Ganzer nicht begreifen läßt. Denn bezeichnet wird eine soziale, ökonomische, politische und kulturelle Weltordnung – durch ein Wort, das andeutet, irgendetwas habe sich räumlich über den Globus ausgedehnt. Hat die zurückgebliebene Theorie und Praxis der staatsinterventionistischen Modernisierung sich einer Zeit-Metapher bedient, so bedient sich der Neoliberalismus der *Raum-Metapher*. Das UN-Entwicklungsprogramm UNDP hat in seinem Milleniums- *Bericht über die menschliche Entwicklung* (1999) versucht, die Frage zu klären: »Was ist das wirklich Neue an der Globalisierung?« (a.a.O., 34) Das UNDP verweist auf eine Fülle von empirischen Sachverhalten, von »wachsenden globalen Märkten« bis zu »mehr Gruppen zur Koordinierung der Politik (G7, G8, G22, G77, OECD)« und bis zu den neuen Kommunikationstechniken – aber es vermag die Frage nicht zu beantworten, weil es die weltgesellschaftlichen Verhältnisse nicht einmal reflektiert. Vielmehr sprechen die Autoren des Berichts – und an vorderster Stelle der Administrator Mark Malloch Brown – von den »Kräften der Globalisierung«, die gezügelt werden müßten, die »für wirtschaftlichen und sozialen Fortschritt« einzuspannen seien. Sie könnten, ungezügelt, »gewaltiges Unheil anrichten«, gezügelt aber »enorm viel Gutes bewirken« (a.a.O., iii f.). Globalisierung: das erscheint als ein mythisches, unerklärliches, transzendentales Schicksal. So haben es auch die Autoren des *Weltbank-Berichts 1999/2000* über *Globalisierung und Lokalisierung* aufgefaßt: sie sprechen von den »Kräften der Globalisierung und Lokalisierung«, von den »gewaltigen Kräften«, die »der Entwicklungslandschaft eine neue Gestalt geben«: »technische Innovationen, die Verbreitung von Informationen und Wissen, die Alterung der Bevölkerung, die zunehmende Verflechtung der Welt im Finanzbereich und die lauter werdenden Forderungen nach politischer Mitbestimmung und Menschenrechten.« (a.a.O., iii f.; siehe ebd. 2-14).

Auf dieser gesellschaftsmythologischen Grundlage, auf der Basis dieses gesellschaftlichen Irrationalismus, können *Verhältnisse nur individualisiert* werden: durch eine international vergleichende Sozialstrukturanalyse ohne Begriff von Sozialstrukturen. Weltregionen, Nationen, Provinzen, Städte und Gemeinden werden in den jährlichen Weltentwicklungsberichten der Weltbank unterschiedslos und völlig unsystematisch miteinander verglichen mit dem einen Ziel: daß die »Schwachen« von den »Starken« lernen und deren Erfolgsweg imitieren. In dieser Individualisierung gerät das Besondere aus dem Blick, werden bestimmte Verhältnisse begriffslos vorausgesetzt, wird Einzelnes unter ein Irrational-Allgemeines subsumiert. *Die Individualisierung erfolgt als Standardisierung.*

Die Entstehung und Entwicklung der *Utopie des Individuums:* eines Menschen, der seiner selbst und seiner gesellschaftlichen Verhältnisse bewußt ist, ist im neoliberalen gesellschaftlichen Irrationalismus und in der *neoliberalen Individualisierung* in ihren *abstrakten Gegensatz* verkehrt. Die Individualisierung ist die neueste Form der »Liquidierung des Individuums« (Adorno, GS 14: 21) durch die totale und bewußtlose Vergesellschaftung des Bürgers der neuen gesellschaftlichen Welt. Diese »Auflösung«, dieses »Verschwinden des Subjekts« (Adorno 1944/47: 8f.) aufzuklären durch eine Kritik der bürgerlichen Anthropologie ist ein zentrales Thema der kritischen Theorie der Gesellschaft.

Diese *aufklärende, theoretische Kritik der neoliberalen Gesellschaftstheorie und Anthropologie* kann nicht unmittelbar dem Vorbild der Marxschen *Kritik der Politischen Ökonomie* nachfolgen: der neue Liberalismus ist nicht der alte. Verhielt sich der klassische Liberalismus aufklärend und revolutionär zur Welt des rationalen Absolutismus und des Merkantilismus, so beruft sich der neue Liberalismus auf die Tradition der Gegenaufklärung und der Kritik der Französischen Revolution. Keine Kritik kann hier, metakritisch, eine aufklärende, utopisch gehaltvolle Ideologie und revolutionäre Praxis radikalisierend durch immanente Kritik gegen sich selbst wenden. Der Kritik bleibt nichts, als eine *systematische Geschichte der abstrakten, aber »bestimmten Negation« klassischer Utopien durch den Neoliberalismus in utopisch-praktischer Absicht* zu formulieren. Denn ganz entzieht sich der Neoliberalismus einer theoretischen Kritik nicht. Zwar scheint er, als ein »Glaubensbekenntnis«, nur durch ein konkurrierendes »Glaubensbekenntnis« abstrakt kritisierbar – dann aber folgte solche Kritik dem neoliberalen logos neoliberal nach. Hayeks Anspruch indes, das Unerkennbare der Gesellschaft als Ganzer doch zu erkennen und dies gegen den klassischen Liberalismus, den Sozialismus und den Keynesianismus kritisch zu wenden, impliziert eine Begründung der neuen Dogmatik, die sich der Kritik exponiert. Analog exponiert sich neoliberale Praxis der administrativen Setzung einer »spontanen Ordnung«, die insofern keineswegs nur »spontan« ist, der theoretischen Kritik. Die Kritik vermag also die neoliberale bestimmte Negation der Utopie des Individuums, die neoliberale bestimmte Negation der klassisch-liberalen Vernunft geschichtsphilosophisch zu erinnern und dadurch die Vernunft-Utopien vor ihrer Liquidierung zu bewahren. Das Problem dieser theoretischen Kritik liegt freilich in ihrer Verselbständigung gegen eine weltverändernde Praxis: so tendiert sie zum Dogmatismus.

Die Idee einer *aufklärenden, praktischen Kritik der neoliberalen Gesellschaft und Anthropologie* kann dem Vorbild des klassischen Zusammenhangs von Krise und Kritik nicht folgen. Verwandelte sich bereits unter dem Imperialismus die liberale »List der Vernunft« in eine gesellschaftliche Irrationalität, so wurde beides praktisch liquidiert: der utopische Vorschein eines ›Vereins freier Menschen‹ und die Möglichkeit einer gesellschaftlichen Veränderung der gesellschaftlichen Verhältnisse. Die totale Fetischisierung der Verhältnisse eliminierte – nach Hilferdings Einsicht – die bürgerlichen Sozialutopien und – nach Le Bons und Freuds Einsicht – durch den sozialen Atomismus die Möglichkeit gesellschaftlich-praktischer Kritik. Die Totalisierung der Verhältnisse, die nach gesellschaftlicher Veränderung verlangt, verstellt diese, indem sie das Subjekt durch totale Vergesellschaftung atomisiert. Das Resultat war schon um 1930: die »Niederlage« der »deutschen Arbeiterklasse« (Reich), die »konformistische Revolte« (Horkheimer). Indem die neoliberale konformistische Freiheit alle »objektive Phantasie« und vernunftgegründete »Utopie« (Ernst Bloch) hinter sich läßt und die Verhältnisse zu einem irrationalen Allgemeinen mythologisch fixiert, läßt sie die christliche Nächstenliebe ebenso zurück wie den liberalen Kosmopolitismus und die sozialistische Solidarität. Von dieser Auflösung der Utopie des Individuums durch die neoliberale Individualisierung ist die theoretische Kritik zentral affiziert: denn die theoretische Aufklärung gelingt, als Aufklärung über ein unbewußtes Allgemeines, das sich zu einer gesellschaftlichen Welt materialisiert, einzig im Kontext einer praktischen

Weltveränderung (vgl. Hegel, Bd. 20: 483-486, 506-509; Marx, MEW 1: 378ff.; Marx/Engels, MEW 3: 38). Theorie, die nur Theorie ist, tendiert zum *Dogmatismus* – und vermag dies einzig zu reflektieren, nicht aufzuheben.

Literatur

Abels, Joscijka Gabriele (1985): Erkenntnis der Bilder. Die Perspektive in der Kunst der Renaissance. Frankfurt, New York 1985

Adams, Willi Paul / Angela Meurer Adams (Hg.) (1976): Die Amerikanische Revolution in Augenzeugenberichten. München 1976

Adorno, Theodor W. (GS): Gesammelte Schriften. Hg. v. R. Tiedemann. Frankfurt/ M., seit 1970

Adorno, Th. W. (1944/47): Minima Moralia. Reflexionen aus dem beschädigten Leben. Frankfurt 1971

Adorno, Th. W. (1956): Zur Metakritik der Erkenntnistheorie. Studien über Husserl und die phänomenologischen Antinomien. Frankfurt 1972

Adorno, Th. W. (GS 6): Negative Dialektik (1959-66). In: Gesammelte Schriften Bd. 6. Frankfurt 1973, 7-412

Adorno, Th. W. (GS 8): Gesellschaft (1965). In: Gesammelte Schriften Bd. 8. Frankfurt 1972, 9 ff.

Adorno, Th. W. (GS 8): Über Statik und Dynamik als soziologische Kategorien (1961). In: Gesammelte Schriften Bd. 8. Frankfurt 1972, 217 ff.

Adorno, Th. W. (GS 14): Über den Fetischcharakter der Musik und die Regression des Hörens (1938). In: Gesammelte Schriften Bd. 14. Frankfurt 1973, 14-50

Adorno, Th. W. / Helmut Becker (1968): Erziehung zur Entbarbarisierung. In: Adorno: Erziehung zur Mündigkeit. Frankfurt 1970, 120 ff.

Alberti, Leon Battista (1435): Drei Bücher über die Malerei. In: Kleinere kunsttheoretische Schriften. Neudruck der Ausgabe 1877: Osnabrück 1970, 45-163

Alberti, L. B. (1450/72): Zehn Bücher über die Baukunst. Ins Deutsche übertragen und eingeleitet von Max Theuer. Nach der 1. Auflage: Wien und Leipzig 1912. Darmstadt 1975

Alsheimer, G. W. (= E. Wulff) (1968): Vietnamesische Lehrjahre. Sechs Jahre als deutscher Arzt in Vietnam. Frankfurt 1968

Anders, Günther (1956a): Die Antiquiertheit des Menschen. Band I: Über die Seele im Zeitalter der zweiten industriellen Revolution. München, 7. unveränderte Auflage, 1992

Anders, Günther (1956b): Die Antiquiertheit des Menschen. Band II: Über die Zerstörung des Lebens im Zeitalter der dritten industriellen Revolution. München, 4. unveränderte Auflage, 1992

Aristoteles: Metaphysik. Zwei Halbbände. Hg.: H. Seidl. Hamburg, 1978, 19842
Aristoteles: Politik. Hamburg, 4. Aufl. 1980
Aristoteles: Nikomachische Ethik. Hg.: G. Bien. Hamburg, 3. Aufl. 1973

Bacon, F. (1620): Neues Organon. Zwei Teilbände. Hg.: Wolfgang Krohn. Hamburg 1990
Bacon, Francis (1624): Neu-Atlantis. In: Morus, Campanella, Bacon: Der utopische Staat. 12. Auflage, Reinbek bei Hamburg 1977, 171-215
Barkai, Avraham (1988): Das Wirtschaftssystem des Nationalsozialismus. Ideologie, Theorie, Politik 1933 – 1945. Neuausgabe. Frankfurt 1988
Beck, Ulrich (1986): Risikogesellschaft. Auf dem Weg in eine andere Moderne. Frankfurt 1986
Bellebaum, Alfred, Hg. (2002): Glücksforschung. Eine Bestandsaufnahme. Konstanz 2002
Bellebaum, A. (2002): Glück: Erscheinungsvielfalt und Bedeutungsreichtum. In: ders., Hg., 2002, 13-42
Bernfeld, Siegfried, et al. (1970): Psychoanalyse und Marxismus. Dokumentation einer Kontroverse. Einleitung von H. J. Sandkühler. Frankfurt 1970
Bernfeld, S. (1926): Sozialismus und Psychoanalyse. In: Bernfeld et al. 1970, 46-55
Bernfeld, S. (1932): Die kommunistische Diskussion um die Psychoanalyse und Reichs ›Widerlegung der Todestriebhypothese‹. In: Bernfeld et al. 1970, 247-286
Bibel / Die Bibel. Nach der Übersetzung Martin Luthers. Bibeltext in der revidierten Fassung von 1984. Stuttgart 1985
Blumenberg, Hans (1980): Das Fernrohr und die Ohnmacht der Wahrheit. In: G. Galilei: Sidereus Nuncius. Frankfurt 1980, 7 ff.
Brecht, Bertold (1938-43): Leben des Galilei. Frankfurt 1966
Braun, Hans (2002): Empirische Glücksforschung. Ein schwieriges Unterfangen. In: Bellebaum, Hg., 2002, 43 – 57
Buck, August (1990a): Einleitung. In: Manetti (1452), VII ff.
Buck, August (1990b): Einleitung. In: Pico (1486), VII ff.
Bundesregierung (3.9.1993): Bericht der Bundesregierung zur Zukunftssicherung des Standortes Deutschland. Bonn, 3. September 1993
Burckhardt, Jacob (1859): Die Kultur der Renaissance in Italien. Stuttgart, 11. Auflage 1988
Burke, Peter (1984): Die Renaissance in Italien. Berlin 1984

Calvin, Johannes (Stud. Ausg.): Studienausgabe. Hg.: E. Busch et al. Neukirchen-Vluyn. Bioslang 7 Bände. Seit 1994
Calvin, J. (1536-59): Institutio Christianae Religionis (Unterricht in der christlichen Religion). Nach der letzten Ausgabe übersetzt und bearbeitet von Otto Weber. Neukirchen 1955
Calvin, J. (1539): Mußte Reformation sein? Calvins Antwort an Kardinal Sadolet. Übersetzt und eingeleitet von G. Gloede. Göttingen, ohne Jahr (1954?)
Calvin, J. (1544): Streitschrift gegen die Artikel der Sorbonne. In: Stud. Ausg. Bd. 3, 1 – 105
Calvin, J. (1544): Gegen die Irrtümer der Anabaptisten. In: Stud. Ausg. Bd. 3, 267-367
Calvin, J. (1545): Wider die Sekte der Libertiner. In: Stud. Ausg. Bd. 4, 235-355
Calvin, J. (1547): Die Akten des Trienter Konzils. In: Stud. Ausg. Bd. 3, 107-207
Calvin, J. (1559): Bekenntnis der in Frankreich zerstreuten Kirchen. In: Stud. Ausg. Bd. 4, 29-77
Calvin, J. (1562): Von der ewigen Erwählung Gottes. In: Stud. Ausg. Bd. 4, 2002, 79-149
Calvin, J. (1563): Zu den Fragen und Einwürfen irgendeines Juden. In: Stud. Ausg. Bd. 4, 357-405
Career Center der Universität Hamburg (2011/12): Veranstaltungen. Wintersemester 2011/12. Universität Hamburg 2011
Catenhusen, Wolf-Michael / Hanna Neumeister, Hg. (1987): Enquête-Kommission des Deutschen Bundestages: Chancen und Risiken der Gentechnologie. Dokumentation des Berichts an den Deutschen Bundestag. 2. Auflage, Frankfurt, New York 1990
Chastel, André (1990): [Einleitung, Kommentare]. In: Leonardo 1990, passim
Claussen, Detlev (1987): Vom Judenhaß zum Antisemitismus. Darmstadt, 2.Aufl. 1988
Comte, Auguste (1822): Plan der wissenschaftlichen Arbeiten, die für eine Reform der Gesellschaft notwendig sind. München 1973
Comte, A. (1830-42): Die Soziologie. Die positive Philosophie im Auszug. Hg. von F. Blaschke. 2.Aufl. Stuttgart 1974
Comte, A. (1844): Rede über den Geist des Positivismus. Hg. von I. Fetscher. Hamburg, 2. Aufl. 1966
Copernicus, Nicolaus (1990): Das neue Weltbild. Drei Texte. Hg.: H. G. Zekl. Hamburg 1990

Copernicus, N. (1509?): Kurze Abhandlung über die Erklärungsgrundlagen der Bewegungen am Himmel, von ihm selber aufgestellt (Commentariolus). In: Copernicus 1990, 1-35
Copernicus, N. (1524): Brief gegen Werner. In: Copernicus 1990, 37-57
Copernicus, N. (1543): Über die Umläufe der Himmelskreise, Buch I. In: Copernicus 1990, 59-153
Council (1980): Council of Environmental Quality / State Department: Global 2000. Der Bericht an den Präsidenten. Washington 1980. Deutsch: Frankfurt 1980
Csikszentmihályi, Mihály (1992): Flow. Das Geheimnis des Glücks. Stuttgart 1992
Csikszentmihályi, M. (2004): Flow im Beruf. Das Geheimnis des Glücks am Arbeitsplatz. Stuttgart 2004

Darwin, Charles (1859): Über die Entstehung der Rassen durch natürliche Zuchtwahl oder die Erhaltung der begünstigten Rassen im Kampfe um's Dasein. Nach der letzten englischen Auflage. Köln 2002
Darwin, Charles (1871): Die Abstammung des Menschen. Wiesbaden, 3. Auflage 1966
Descartes, René (1628): Regeln zur Ausrichtung der Erkenntniskraft. Übersetzt und herausgegeben von Lüder Gäbe. Hamburg 1979
Descartes, R. (1637): Von der Methode des richtigen Vernunftgebrauchs und der wissenschaftlichen Forschung. Übersetzt von Lüder Gäbe. Hamburg 1960
Descartes, R. (1641): Meditationen über die Grundlagen der Philosophie mit sämtlichen Einwänden und Erwiderungen. Zum erstenmal vollständig übersetzt und herausgegeben von Artur Buchenau. Hamburg 1972
Descartes, R. (1644): Die Prinzipien der Philosophie. 7. Aufl. Hamburg 1965
Dilthey, Wilhelm (Bd. I): Einleitung in die Geisteswissenschaften. Versuch einer Grundlegung für das Studium der Gesellschaft und Geschichte (1883). Gesammelte Schriften Band I. Stuttgart und Göttingen 1959
Dilthey, Wilhelm (Bd. V): Über vergleichende Psychologie. Beiträge zum Studium der Individualität (1895/96). In: Gesammelte Schriften Band V. Stuttgart und Göttingen 1957, 211-316
Dilthey, Wilhelm (Bd. V): Die Entstehung der Hermeneutik (1900). In: Gesammelte Schriften Band V. Stuttgart und Göttingen 1957, 317-338
Dilthey, Wilhelm (Bd. VII): Studien zur Grundlegung der Geisteswissenschaften (1907-10). In: Gesammelte Schriften Band VII, Stuttgart und Göttingen 1958, 1-75

Dilthey, Wilhelm (Bd. VII): Der Aufbau der geschichtlichen Welt in den Geisteswissenschaften (1907-10). In: Gesammelte Schriften Band VII, Stuttgart und Göttingen 1958, 77-188
Dilthey, Wilhelm (Bd. VII): Plan der Fortsetzung zum Aufbau der geschichtlichen Welt in den Geisteswissenschaften (1907-10). In: Gesammelte Schriften Band VII, Stuttgart und Göttingen 1958, 189-291
Diogenes Laertius: Leben und Meinungen berühmter Philosophen. Übersetzt von O. Apelt. Hamburg, 2. Aufl. 1967
Dürer, Albrecht (1984): Schriften und Briefe. Hg.: E. Ullmann. Berlin (West) 1984

Ficino, Marsilio (1469): Über die Liebe oder Platons Gastmahl. Herausgegeben und eingeleitet von Paul Richard Blum. Hamburg, 2. Auflage 1984
Finley, Moses (1990) Die antike Wirtschaft. München, 2. Aufl. 1990
Forum für Philosophie, Hg. (1989): Die Ideen von 1789. Frankfurt/M. 1989
Franz, Norbert / Jean-Paul Lehners (2013): Eine Einleitung. In: dies. (Hg.): Nationenbildung und Demokratie. Europäische Entwicklungen gesellschaftlicher Partizipation. Frankfurt 2013, 11-29
Freud, Sigmund (StA): Studienausgabe. Zehn Bände und ein Ergänzungsband. Hg.: A. Mitscherlich et al., Frankfurt, seit 1969
Freud, S. (I): Vorlesungen zur Einführung in die Psychoanalyse Und Neue Folge (1916/17 und 1932/33). In: Stud. Ausg. Bd. I
Freud, S. (III): Jenseits des Lustprinzips (1920). In: Stud. Ausg. Bd. III, Frankfurt 1975, 213 ff.
Freud, S. (III): Das Ich und das Es (1923). In: Stud. Ausg. Bd. III, Frankfurt 1975, 273 ff.
Freud, S. (III): Die Verneinung (1925). In: Stud. Ausg. Bd. III, Frankfurt 1975, 371 ff.
Freud, S. (V): Drei Abhandlungen zur Sexualtheorie (1905). In: Stud. Ausg. Bd. III, Frankfurt 1975, 37 ff.
Freud, S. (IX): Massenpsychologie und Ich-Analyse (1921). In: Stud. Ausg. Bd. IX, 61-134
Freud, S. (XI): Das Unbehagen in der Kultur (1929/30. In: Stud. Ausg. Bd. XI, 191 ff.
Freud, S. (EB): Schriften zur Behandlungstechnik. Studienausgabe. Ergänzungsband. Hg.: A. Mitscherlich et al.; Frankfurt 1975
Freud, S. (EB): Psychische Behandlung (Seelenbehandlung) (1890). In: EB, 13 ff.

Freud, Sigmund (EB): Zur Psychotherapie der Hysterie (aus: Studien über Hysterie) (1895). In: EB, 37 ff.
Freud, S. (EB): Die Freudsche psychoanalytische Methode (1903/04). In: EB, 99 ff.
Freud, S. (EB): Über Psychotherapie (1905). In: EB, 107 ff.
Freud, S. (EB): Die zukünftigen Chancen der psychoanalytischen Therapie (1910). In: EB, 121 ff.
Freud, S. (EB): Zur Dynamik der Übertragung (1912). In: EB, 157 ff.
Freud, S. (EB): Ratschläge für den Arzt bei der psychoanalytischen Behandlung (1912). In: EB, 169 ff.
Freud, S. (EB): Zur Einleitung der Behandlung (Weitere Ratschläge zur Technik der Psychoanalyse I) (1913). In: EB, 181 ff.
Freud, S. (EB): Erinnern, Wiederholen, Durcharbeiten (Weitere Ratschläge zur Technik der Psychoanalyse II) (1914). In: EB, 205 ff.
Freud, S. (EB): Bemerkungen zur Übertragungsliebe (Weitere Ratschläge zur Technik der Psychoanalyse II) (1914 / 15). In: EB, 217 ff.
Freud, S. (EB): Wege der psychoanalytischen Therapie (1918/19). In: EB, 239 ff.
Freud, S. (EB): Bemerkungen zur Theorie und Praxis der Traumdeutung (1922/23). In: EB, 257 ff.
Freud, S. (EB): Die Frage der Laienanalyse: Unterredungen mit einem Unparteiischen (1926). In: EB, 271 ff.
Freud, S. (EB): Die endliche und die unendliche Analyse (1937). In: EB, 351 ff.
Freud, S. (EB): Konstruktionen in der Analyse (1937). In: EB, 393 ff.
Freud, S. (EB): Die psychoanalytische Technik (1938/40) (aus: Abriss der Psychoanalyse). In: EB, 407 ff.
Fried, Johannes (2004): Geschichte und Gehirn. Irritationen der Geschichtswissenschaft durch Gedächtniskritik. In: Geyer, Hg., 2004, 111-133
Friedman, Milton (1962): Kapitalismus und Freiheit. Frankfurt 2002
Fromm, Erich (1932): Über Methode und Aufgabe einer analytischen Sozialpsychologie. In: Zeitschrift für Sozialforschung. Herausgegeben vom Institut für Sozialforschung Frankfurt am Main. Jg. I / 1932, 28-54
Fromm, E. (1936): Sozialpsychologischer Teil. In: Horkheimer, Hg., 1936, 77 ff.

Galilei, Galileo (1980): Sidereus Nuncius. Frankfurt 1980
Galilei, G. (1610): Sidereus Nuncius. In: Galilei 1980, 77 ff.
Galilei, G. (1632): Dialog über die Weltsysteme. In: Galilei 1980, 133 ff.

Garin, Eugenio, Hg. (1990): Der Mensch der Renaissance. Frankfurt, New York 1990

Geyer, Christian, Hg. (2004): Hirnforschung und Willensfreiheit. Zur Deutung der neuesten Experimente. Frankfurt 2004

Gibbs-Smith, Charles (1978): Die Erfindungen von Leonardo da Vinci. Stuttgart-Zürich 1978

Gijsel, Peter de / et al. (Hg.): Ökonomie und Gesellschaft Bd. 9. Adam Smith über Ökonomie und Gesellschaft. Frankfurt, New York 1991

Gobineau, Joseph Arthur Comte de (1853/55): Graf Gobineau. Auswahl aus seinen Schriften. Einleitung von F. Friedrich. Berlin 1906 (?)

Graf, Friedrich Wilhelm (2004): Brain me up! Gibt es einen neurobiologischen Gottesbeweis. In: Geyer, Hg., 2004, 143-147

Grossmann, Henryk (1935): Die gesellschaftlichen Grundlagen der mechanistischen Philosophie und die Manufaktur. In: Zeitschrift für Sozialforschung, Jg.IV / Heft 2 / Paris 1935, 161-231

Gümrükçü, Harun (2004): Hochschulpolitik und Hochschultransformation in der Türkei zwischen 1980 und 2003. Projektantrag für die VW-Stiftung. Hamburg, März 2004

Gurjewitsch, Aaron J. (1986): Das Weltbild des mittelalterlichen Menschen. München 1986

Gurjewitsch, Aaron J. (1990): Der Kaufmann. In: J. Le Goff, Hg.: Der Mensch des Mittelalters. Frankfurt, New York, 2.Aufl. 1990, 268 ff.

Habermas, Jürgen (1962): Naturrecht und Revolution. In: Theorie und Praxis. Sozialphilosophische Studien. 3. Aufl. Neuwied und Berlin 1969, 52 ff.

Habermas, J. (1970): Zur Logik der Sozialwissenschaften. Materialien. Frankfurt 1970

Habermas, J. (1976): Zur Rekonstruktion des Historischen Materialismus. Frankfurt 1976

Habermas, J. (1981): Theorie des kommunikativen Handelns. Bd. 1: Handlungsrationalität und gesellschaftliche Rationalisierung. Frankfurt 1981

Habermas, J. (1984): Vorstudien und Ergänzungen zur Theorie des kommunikativen Handelns. Frankfurt 1984

Habermas, J. (1985): Der philosophische Diskurs der Moderne. Zwölf Vorlesungen. Frankfurt 1985

Hayek, Friedrich August von (1944): Der Weg zur Knechtschaft. Zuerst: 1944. München, 2. Auflage 1971

Hayek, F. A. von (1945): Wahrer und falscher Individualismus. In: Hayek 1948, 9-48

Hayek, F. A. von (1947): Freie Wirtschaft und Wettbewerbsordnung. In: Hayek 1948, 141-155
Hayek, F. A. von (1948): Individualismus und wirtschaftliche Ordnung. Zuerst: Chicago und London 1948. Erlenbach-Zürich 1952
Hayek, F. A. von (1952): Mißbrauch und Verfall der Vernunft. Ein Fragment. Zuerst: Glencoe 1952. Tübingen 2004
Hayek, F. A. von (1960): Die Verfassung der Freiheit. Zuerst: Chicago und London 1960. Tübingen 1991
Hayek, F. A. von (1968): Der Wettbewerb als Entdeckungsverfahren. Kieler Vorträge. Neue Folge Band 56. Kiel 1968
Hayek, F. A. von (1980): Recht, Gesetzgebung und Freiheit. Band 1: Regeln und Ordnung. Landsberg, 2. Auflage 1986
Hegel, Georg Wilhelm Friedrich (Werke): Werke in zwanzig Bänden. Frankfurt am Main 1969-1971
Hegel, G. W. F. (Bd. 2): Differenz des Fichteschen und Schellingschen Systems der Philosophie. In: Werke Bd. 2, Frankfurt 1970, 7 ff.
Hegel, G. W. F. (Bd. 2): Über das Wesen der philosophischen Kritik überhaupt und ihr Verhältnis zum gegenwärtigen Zustand der Philosophie insbesondere (1801). In: Werke Bd. 2, 171 ff.
Hegel, G. W. F. (Bd. 3): Phänomenologie des Geistes (1807). Werke Bd. 3, Frankfurt 1970
Hegel, G. W. F. (Bd. 5): Wissenschaft der Logik I. Erster Teil: Die objektive Logik. Erstes Buch. Werke Bd. 5, Frankfurt 1969
Hegel, G. W. F. (Bd. 8): Enzyklopädie der philosophischen Wissenschaften I (1817-1830). Werke Bd. 8, Frankfurt 1970
Hegel, G. W. F. (Bd. 9): Enzyklopädie der philosophischen Wissenschaften II (1817-1830). Werke Bd. 9, Frankfurt 1970
Hegel, G. W. F. (Bd. 10): Enzyklopädie der philosophischen Wissenschaften III (1817-1830). Werke Bd. 10, Frankfurt 1970
Hegel, G. W. F. (Bd. 12): Vorlesungen über die Philosophie der Geschichte. Werke Bd. 12, Frankfurt 1970
Hegel, G. W. F. (Bd. 18): Vorlesungen über die Geschichte der Philosophie Bd. I. Werke Bd. 18, Frankfurt 1971
Hegel, G. W. F. (Bd. 20): Vorlesungen über die Geschichte der Philosophie Bd. III. Werke Bd. 20, Frankfurt 1971
Helmrich, Heinrich (2004): Wir können auch anders: Kritik der Libet-Experimente. In: Geyer, H., 2004, 92-97
Herodot: Historien. Deutsche Gesamtausgabe. Herausgegeben und erläutert von H. W. Haussig. Stuttgart 1971

Hill, Christopher (1977): Von der Reformation zur Industriellen Revolution. Frankfurt, New York 1977
Hilferding, Rudolf (1910): Das Finanzkapital. Eingeleitet von E. März. Zwei Bände. Frankfurt, Köln 1968
Hobbes, Thomas (1651): Leviathan, oder Stoff, Form und Gewalt eines bürgerlichen und kirchlichen Staates. Hg. von I. Fetscher. Frankfurt, Wien, Berlin 1976
Hobsbawm, Eric J. (1982): Industrie und Empire I. Britische Wirtschaftsgeschichte seit 1750. Frankfurt, 10. Aufl. 1982
Hofer, Walther, Hg. (1982): Der Nationalsozialismus. Dokumente 1933 – 1945. Neuausgabe. Frankfurt 1982
Homer: Ilias. Neue Übertragung von W. Schadewaldt. Frankfurt 1975
Homer: Die Odyssee. Deutsch von W. Schadewaldt. Hamburg 1958
Horkheimer, Max (1926-31): Dämmerung. Notizen in Deutschland. In: Notizen 1950-1969 und Dämmerung. Frankfurt 1974, 221 ff.
Horkheimer, M. (1931): Die gegenwärtige Lage der Sozialphilosophie und die Aufgaben eines Instituts für Sozialforschung. In: Sozialphilosophische Studien. Hg.: W. Brede. Frankfurt 1972, 33-46
Horkheimer, M. (1932): Bemerkungen über Wissenschaft und Krise. In: Horkheimer 1977, 1 ff.
Horkheimer, M. (1933): Materialismus und Moral. In: Horkheimer 1977, 71 ff.
Horkheimer, M. (1933b): Zum Problem der Voraussage in den Sozialwissenschaften. In: Horkheimer 1977, 110 ff.
Horkheimer, M. (1934): Zum Rationalismusstreit in der gegenwärtigen Philosophie. In: Horkheimer 1977, 118 ff.
Horkheimer, M. (1936): Allgemeiner Teil. In: Horkheimer, Hg., 1936, 3-76
Horkheimer, M. (1937): Traditionelle und kritische Theorie. In: Horkheimer 1977, 521 ff.
Horkheimer, M. (1939): Die Juden und Europa. In: Zeitschrift für Sozialforschung. Jg. 8, Paris 1939, 115 ff.
Horkheimer, M. (1940): Die gesellschaftliche Funktion der Philosophie. In: Horkheimer 1977, 676 ff.
Horkheimer, M. (1941): Preface. In: Studies in Philosophy and Social Science (Zeitschrift für Sozialforschung). Volume IX, No. 2 / New York City 1941, 195-199
Horkheimer, M. (1941a): The End of Reason. In: Studies in Philosophy and Social Science (Zeitschrift für Sozialforschung. Volume IX, No. 3 / New York City 1941, 366-388

Horkheimer, M. (1941b): Vernunft und Selbsterhaltung. In: Horkheimer: Autoritärer Staat. Aufsätze 1939 – 1941. Amsterdam 1967, 81-123
Horkheimer, M. (1942): Autoritärer Staat. In: Gesellschaft im Übergang. Hg.: W. Brede. Frankfurt 1972, 13 ff.
Horkheimer, M. (1946): Zur Kritik der instrumentellen Vernunft. Aus den Vorträgen und Aufzeichnungen seit Kriegsende. Hg.: A. Schmidt. Frankfurt 1974
Horkheimer, M. (1968): Marx heute. In: Gesellschaft im Übergang. Frankfurt 1972, 152 ff.
Horkheimer, M. (1970): Kritische Theorie gestern und heute. In: Gesellschaft im Übergang. Frankfurt 1972, 144 ff.
Horkheimer, M. (1977): Kritische Theorie. Studienausgabe. Hg. von A. Schmidt. Frankfurt 1977
Horkheimer, M. (Hg.): Studien über Autorität und Familie. Schriften des Instituts für Sozialforschung, Fünfter Band. Paris 1936. Nachdruck: Lüneburg 1987
Horkheimer, M. / Theodor W. Adorno (1944/47): Dialektik der Aufklärung. Philosophische Fragmente. Amsterdam 1968
Horkheimer, M. / Th. W. Adorno (1969): Dialektik der Aufklärung. Philosophische Fragmente. Neuausgabe. Frankfurt 1969
Husserl, Edmund (1936): Die Krisis der europäischen Wissenschaften und die transzendentale Phänomenologie. Hg.: E. Ströker. Hamburg 1982
Husserl, E. (Husserliana VI): Gesammelte Werke (Husserliana) Band VI: Die Krisis der europäischen Wissenschaften und die transzendentale Phänomenologie. Eine Einleitung in die phänomenologische Philosophie. H.: W. Biemel. Den Haag 1954

Ifrah, Georges (1987): Universalgeschichte der Zahlen. 2.Aufl. Frankfurt, New York 1987

Jaeger, Hans (1988): Geschichte der Wirtschaftsordnung in Deutschland. Frankfurt 1988

Kant, Immanuel (Werke): Werkausgabe in zwölf Bänden. Hg.: W. Weischedel. Frankfurt 1977
Kant, I. (Bd. III/IV): Kritik der reinen Vernunft (1781). Zwei Bände. Werke Bd. III und IV. Frankfurt 1977
Kant, I. (Bd. V): Prolegomena zu einer jeden künftigen Metaphysik, die als Wissenschaft wird auftreten können (1783). In: Werke Band V, Frankfurt 1977, 111-264

Kant, I. (Bd. VI): Logik (1800). In: Werke VI, Frankfurt 1977, 417-582
Kant, I. (Bd. VII): Kritik der praktischen Vernunft (1788). In: Werke Bd. VII. Frankfurt, 2. Aufl. 1977, 103 ff.
Kant, I. (Bd. VIII): Die Metaphysik der Sitten (1797). Werke Bd. VIII, Frankfurt 1977
Kant, I. (Bd. XI): Von den verschiedenen Racen der Menschen. In: Werke Bd. XI, 7-30
Kant, I. (Bd. XI): Idee zu einer allgemeinen Geschichte in weltbürgerlicher Absicht (1784). In: Werke Bd. XI. Frankfurt 1977, 31 ff.
Kant, I. (Bd. XI): Zum ewigen Frieden. Ein philosophischer Entwurf (1784). In: Werke Bd. XI. Frankfurt 1977, 191 ff.
Keele, Kenneth D. (1977): Leonardo da Vinci als Anatom. In: Leonardo 1977, 13 ff.
Keynes, John Maynard (1936): Allgemeine Theorie der Beschäftigung, des Zinses und des Geldes. Berlin 1936
Kilian, Martin (1979): Die Genesis des Amerikanismus. Zum Verhältnis von amerikanischer Ideologie und amerikanischer Praxis 1630 – 1789. Frankfurt, New York 1979
Kogon, Eugen (1945/48): Der SS-Staat. Das System der deutschen Konzentrationslager. Neuauflage: München 1993
Kohl, Helmut (13.10.1982): Regierungserklärung des Bundeskanzlers vor dem Deutschen Bundestag am 13.10.1982 Presse- und Informationsamt der Bundesregierung. Bulletin Nr. 93. Bonn, 14. 10. 1982, S. 853-868
Korsch, Karl (1923): Marxismus und Philosophie. Hg.: E. Gerlach. Frankfurt, Wien 1966
Kruft, Hanno-Walter (1989): Städte in Utopia. München 1989

Le Bon, Gustave (1895): Psychologie der Massen. Zuerst: 1895. Stuttgart, 15. Auflage 1982
Le Goff, Jacques (1988): Wucherzins und Höllenqualen. Ökonomie und Religion im Mittelalter. Stuttgart 1988
Le Goff, J. (1989). Kaufleute und Bankiers im Mittelalter. Frankfurt 1989
Le Goff, J., Hg. (1990): Der Mensch des Mittelalters. Frankfurt, New York, 2. Aufl. 1990
Le Goff, J. (1990): Der Mensch des Mittelalters. In: Le Goff, Hg.1990, 7 ff.
Lenin, W. I. (1916): Der Imperialismus als höchstes Stadium des Kapitalismus. In: Werke Band 22, Berlin 1981, 189 ff.
Leonardo da Vinci (1979): Anatomische Zeichnungen aus der königlichen Bibliothek auf Schloß Windsor. Gütersloh 1979

Leonardo da Vinci (1990/98): Sämtliche Gemälde und die Schriften zur Malerei. München 1990
Lewis, W. Arthur (1955): Theorie des wirtschaftlichen Wachstums. Berlin 1955
Libet, Benjamin (1999): Haben wir einen freien Willen? In: Geyer, Hg., 2004, 268-289
Locke, John (1690): Zwei Abhandlungen über die Regierung. Hg. Von W. Euchner. Frankfurt 1977
Lukács, Georg (1916/20): Theorie des Romans. Ein geschichtsphilosophischer Versuch über die Formen der großen Epik. Nachdruck: Darmstadt, Neuwied 1986
Lukács, G. (1923): Geschichte und Klassenbewußtsein. Studien über marxistische Dialektik. Neuwied, Berlin 1970
Luther, Martin (1520): Von der Freiheit eines Christenmenschen. Gütersloh, 6. Aufl. 1983
Luther, M. (1523): Von weltlicher Obrigkeit. Wie weit man ihr Gehorsam schuldig sei. In: ders: Von weltlicher Obrigkeit. Gütersloh, 3. Aufl. 1978, 11-60
Luther, M. (1524/20): Von kauffshandlung und wucher. Wuittemberg 1524. Faksimiledruck: Frankfurt 1990
Luther, M. (1524): Von Kaufhandlung. In: ders.: Von weltlicher Obrigkeit. Gütersloh, 3. Aufl. 1978, 115-143
Luther, M. (1525a): Ermahnung zum Frieden auf die zwölf Artikel der Bauerschaft in Schwaben. In: Werke Bd. 18. Weimarer Ausgabe. Weimar 1964, 279-334
Luther, M. (1525b): Wider die räuberischen und mörderischen Rotten der Bauern. In: Werke Bd. 18. Weimarer Ausgabe. Weimar 1964, 344-361
Luther, M. (1529a): Heerpredigt wider den Türken. In: Werke Bd. 30/II. Weimarer Ausgabe. Weimar 1964, 81-148
Luther, M. (1529b): Vom Kriege wider die Türken. In: Werke Bd. 30/II. Weimarer Ausgabe. Weimar 1964, 149-197
Luther, M. (1543): Über die Juden und ihre Lügen. In: W. Linden (Hg.): Luthers Kampfschriften gegen das Judentum. Berlin 1936, 97-234
Luther, M. (1546): Vermahnung wider die Juden. In: In: W. Linden (Hg.): Luthers Kampfschriften gegen das Judentum. Berlin 1936, 92-94

Malthus, Thomas Robert (1798): Das Bevölkerungsgesetz. Hg.: Chr. M. Barth. München 1977

Manetti, Giannozzo (1452): Über die Würde und die Erhabenheit des Menschen. Herausgegeben und eingeleitet von August Buck. Hamburg 1990

Mansfeld, Jaap (Hg.) (1988): Die Vorsokratiker. 2 Bände. Stuttgart 1988

Marx, Karl / Friedrich Engels (MEW): Werke. Berlin, seit 1956

Marx, K. / F. Engels (MEGA): Gesamtausgabe. Berlin, seit 1975

Marx, K. (MEW 1): Das philosophische Manifest der historischen Rechtsschule. In: MEW 1, Berlin 1956, 78-85

Marx, K. (MEW 3): Thesen über Feuerbach (1845). In: MEW 3, Berlin 1958, 5-7

Marx, K. (MEW 13): Zur Kritik der politischen Ökonomie. Erstes Heft (1859). In: MEW 13, Berlin 1961, 3-160

Marx, K. (MEW 23): Das Kapital. Kritik der politischen Ökonomie. Erster Band (1867). MEW 23. Frankfurt 1967

Marx, K. (MEW 26.1.-26.3): Theorien über den Mehrwert. 3 Bände. MEW 26.1 bis 26.3. Berlin 1965

Marx, K. (1857/58): Grundrisse der Kritik der politischen Ökonomie. Zuerst: Moskau 1939/41. Nachdruck: Frankfurt, Wien, o.J.

Marx, K. / Friedrich Engels (MEW 3): Die deutsche Ideologie (1845/46). In: MEW 3, Berlin 1958, 9-530

Mathé, Jean (1989): Leonardo da Vinci. Erfindungen. Zeichnungen und Modelle. Text von J. Mathé. Genève-Paris 1989

Matthes, Joachim, Hg. (1982): Krise der Arbeitsgesellschaft? Verhandlungen des 21. Deutschen Soziologentages in Bamberg 1982. Frankfurt, New York 1983

Menger, Carl (Bd. I): Grundsätze der Volkswirtschaftslehre (1871). Ges. Werke Bd. I, 2. Aufl. Tübingen 1968

Menger, C. (Bd. II): Untersuchungen über die Methode der Sozialwissenschaften und der politischen Ökonomie insbesondere (1883). Ges. Werke Bd. II, 2. Aufl. Tübingen 1968

Mensching, Günther (1992): Das Allgemeine und das Besondere. Der Ursprung des modernen Denkens im Mittelalter. Stuttgart 1992

Mommsen, Wolfgang (1974): Max Weber. Gesellschaft, Politik und Geschichte. Frankfurt 1974

Morus, Thomas (1515/16): Utopia. In: Morus / Campanella / Bacon: Der utopische Staat. 12. Aufl. Reinbek bei Hamburg 1977, 7 ff.

Müller, Rudolf Wolfgang (1977): Geld und Geist. Zur Entstehungsgeschichte von Identitätsbewußtsein und Rationalität seit der Antike. Frankfurt, New York 1977

Mun, Thomas (1664): England's Treasure by Forraign Trade. In: K. Diehl / P. Mombert (Hg.): Ausgewählte Lesestücke zum Studium der Politischen Ökonomie. Vom Gelde. 1. Aufl. 1910, Neuausgabe: Frankfurt, Berlin 1979, 34 ff.

Neuendorff, Hartmut (1973): Der Begriff des Interesses. Eine Studie zu den Gesellschaftstheorien von Hobbes, Smith und Marx. Frankfurt 1973

Neumann, Franz (1942/44): Behemoth. Struktur und Praxis des Nationalsozialismus. 1933-1944. Hg.: G. Schäfer. Frankfurt 1984

Nietzsche, Friedrich (Werke): Werke in drei Bänden. herausgegeben von Karl Schlechta. 6. Auflage, München 1969

Nietzsche, Friedrich (Werke II): Die fröhliche Wissenschaft (›la gaya scienza‹). In: Werke II, 7-274

Nietzsche, Friedrich (Werke II): Also sprach Zarathustra. Ein Buch für Alle und Keinen. In: Werke II, 275-561

Nietzsche, Friedrich (Werke II): Zur Genealogie der Moral. Eine Streitschrift. In: Werke II, 761-900

Nietzsche, Friedrich (Werke III): Über die Zukunft unserer Bildungs-Anstalten. In: Werke III, 175-263

Nietzsche, Friedrich (Werke III): Über Wahrheit und Lüge im außermoralischen Sinn. In: Werke III, 309-322

Nietzsche, Friedrich (Werke III): Aus dem Nachlaß der Achtzigerjahre. In: Werke III, 415-925

Ogburn, William F. (1922): Social Change. New York 1922. Neuauflage: 1950

Origo, Iris (1986): ›Im Namen Gottes und des Geschäfts‹. Lebensbild eines toskanischen Kaufmanns der Frührenaissance. München, 2. Aufl. 1986

Paine, Thomas (1791/92): Die Rechte des Menschen. Frankfurt 1973

Panofsky, Erwin (1985) Aufsätze zu Grundfragen der Kunstwissenschaft. Berlin 1985

Petrarca, Francesco (1336): Die Besteigung des Mont Ventoux. Lateinisch / Deutsch. Übersetzt und herausgegeben von Kurt Steinmann. Stuttgart 1995

Petty, William (1662): Eine Abhandlung über Steuern und Abgaben. In: Petty 1986, 9-108

Petty, William (1682): Quantulumcunque concerning money. In: Petty 1986, 287-297

Petty, William (1683): Ein weiterer Essay in Politischer Arithmetik. In: Petty 1986, 299-322

Petty, William (1690): Politische Arithmetik. In: Petty 1986, 215-286
Petty, William (1691): Die politische Anatomie Irlands. In: Petty 1986, 125-213
Petty, William (1691): Verbum sapienti. In: Petty 1986, 109-124
Petty, William (1986): Schriften zur politischen Ökonomie und Statistik (1662-87). Berlin 1986
Pico della Mirandola, Giovanni (1486): Über die Würde des Menschen. Hg.: A. Buck. Hamburg 1990
Platon: Sämtliche Werke in sechs Bänden. In der Übersetzung von F. Schleiermacher. Hg. von W. F. Otto et al. Hamburg, seit 1957
Platon: Apologie. In: Werke I, 7-31
Platon: Phaidon. In: Werke III, 7-66
Platon: Politeia. In: Werke III, 67-310
Plum, Günter (1993): Wirtschaft und Erwerbsleben. In: W. Benz, Hg.: Die Juden in Deutschland 1933 – 1945. Leben unter nationalsozialistischer Herrschaft. München, 3. Auflage 1993, 268 ff.
Popper, Karl Raimund (1972): Objektive Erkenntnis. Ein evolutionärer Entwurf. Hamburg 1984
Popper, K. R. (1974): Ausgangspunkte. Meine intellektuelle Entwicklung. Hamburg 1984

Reich, Wilhelm (1929): Dialektischer Materialismus und Psychoanalyse. In: Bernfeld et al. 1970, 137-188
Reich, W. (1933): Massenpsychologie des Faschismus. Zur Sexualökonomie der politischen Reaktion und zur proletarischen Sexualpolitik. Kopenhagen, Prag, Zürich 1933
Riedel, Manfred (1975): Hegels Begriff der bürgerlichen Gesellschaft und das Problem seines geschichtlichen Ursprungs. In: Riedel, Hg.: Materialien zu Hegels Rechtsphilosophie, Bd. 2, Frankfurt 1975, 247-275
Romano, Ruggiero / Alberto Tenenti (1967): Die Grundlegung der modernen Welt. Spätmittelalter, Renaissance, Reformation. Fischer Weltgeschichte Band 12. Frankfurt am Mai 1967. Neuauflage 1987
Röpke, Wilhelm (1942): Die Gesellschaftskrisis der Gegenwart. Vierte durchgesehene Auflage. Erlenbach-Zürich. Zuerst 1942. Vierte Auflage: o.J.
Röpke, W. (1944): Civitas Humana. Grundfragen der Gesellschafts- und Wirtschaftsreform. Erlenbach-Zürich 1944
Rossiaud, Jacques (1990): Der Städter. In: Le Goff, Hg.: Der Mensch des Mittelalters. Frankfurt, New York, 2. Aufl. 1990, 156 ff.
Rostow, Walt Whitman (1960): Stadien wirtschaftlichen Wachstums. Eine Alternative zur marxistischen Entwicklungstheorie. Göttingen 1960

Roth, Gerhard (2004): Worüber dürfen Hirnforscher reden – und in welcher Weise? In: Geyer, Hg., 2004, 66-85
Rousseau, Jean-Jacques (1762): Der Gesellschaftsvertrag oder Die Grundsätze des Staatsrechtes. Stuttgart 1974
Rüstow, Alexander (1950): Ortbestimmung der Gegenwart. Eine universalgeschichtliche Kulturkritik. Erster Band: Ursprung der Herrschaft. Erlenbach-Zürich 1950
Rüstow, Alexander (1952): Ortbestimmung der Gegenwart. Eine universalgeschichtliche Kulturkritik. Zweiter Band: Weg der Freiheit. Erlenbach-Zürich 1952
Rüstow, Alexander (1957): Ortbestimmung der Gegenwart. Eine universalgeschichtliche Kulturkritik. Dritter Band: Herrschaft oder Freiheit? Erlenbach-Zürich 1957

Saint-Simon, Claude-Henri de (1977): Ausgewählte Schriften. Herausgegeben und eingeleitet von L. Zahn. Berlin 1977
Savigny, Friedrich Carl von (1814): Vom Beruf unserer Zeit für Gesetzgebung und Rechtswissenschaft. In: Thibaut und Savigny: Ein programmatischer Rechtsstreit aufgrund ihrer Schriften. Hg.: J. Stern. Darmstadt 1959, 69ff.
Schadewaldt, Wolfgang (1978): Die Anfänge der Philosophie bei den Griechen. Frankfurt 1978
Schluchter, W. (1979): Die Entwicklung des okzidentalen Rationalismus. Tübingen 1979
Schluchter, W. (1980): Rationalismus der Weltbeherrschung. Frankfurt 1980
Schulze, Gerhard (1992): Die Erlebnisgesellschaft. Kultursoziologie der Gegenwart. 2. Auflage, Frankfurt, New York 1992
Schumacher, Joachim (1985): Leonardo da Vinci. Maler und Forscher in anarchischer Gesellschaft. Neuauflage, Berlin 1985
Schumpp, Mechthild (1972): Stadtbau-Utopien und Gesellschaft. Gütersloh 1972
Schütz, Alfred (1932): Der sinnhafte Aufbau der sozialen Welt. Eine Einleitung in die verstehende Soziologie. Frankfurt 1974
Seyfarth, Constans / Walter M. Sprondel, Hg. (1973): Seminar: Religion und gesellschaftliche Entwicklung. Frankfurt 1973
Singer, Peter (1979): Praktische Ethik. Zuerst: Cambridge 1979. Stuttgart 1994
Singer, Wolf (2004): Verschaltungen legen uns fest: Wir sollten aufhören, von Freiheit zu sprechen. In: Geyer, Hg., 2004, 30 – 65

Smith, Adam (1759): Theorie der ethischen Gefühle. Hg.: W. Eckstein. Hamburg 1994
Smith, A. (1776): Eine Untersuchung über das Wesen und die Ursachen des Reichtums der Nationen. 3 Bände. Berlin 1975 / 1976 / 1984
Snell, Bruno (1986): Die Entdeckung des Geistes. Studien zur Entstehung des europäischen Denkens bei den Griechen. Göttingen, 6. Auflage 1986
Sonnemann, Ulrich (Bd. 3): Negative Anthropologie. Schriften in zehn Bänden. Band 3. Hg.: P. Fiebig. Lüneburg 2006
Sprenger, Reinhard K. (2000): Aufstand des Individuums. Warum wir Führung komplett neu denken müssen. Frankfurt, New York 2000
Sprenger, R. K. (2012): Führen oder ausführen? Ein Interview. In: Campus Magazin, Herbst / Winter 2012. Frankfurt, New York 2012, 5-8
Stapelfeldt, Gerhard (1979): Das Problem des Anfangs in der Kritik der Politischen Ökonomie. Frankfurt, New York 1979
Stapelfeldt, G. (1998a): Geschichte der ökonomischen Rationalisierung. Kritik der ökonomischen Rationalität, Erster Band. Hamburg 1998
Stapelfeldt, G. (1998b): Wirtschaft und Gesellschaft der Bundesrepublik Deutschland. Kritik der ökonomischen Rationalität, Zweiter Band. Hamburg 1998
Stapelfeldt, G. (2001): Der Merkantilismus. Die Genese der Weltgesellschaft vom 16. Bis zum 18. Jahrhundert. Freiburg 2001. Zweite Auflage: 2006
Stapelfeldt, G. (2004): Theorie der Gesellschaft und empirische Sozialforschung. Zur Logik der Aufklärung des Unbewußten. Freiburg 2004
Stapelfeldt, G. (2004a): Geschichte der ökonomischen Rationalisierung. Kritik der ökonomischen Rationalität, erster Band. Zweite, erweiterte Auflage, Münster 2004
Stapelfeldt, G. (2005): Zur deutschen Ideologie. Soziologische Theorie und gesellschaftliche Entwicklung in der Bundesrepublik Deutschland. Münster 2005
Stapelfeldt, G. (2006): Der Liberalismus. Die Gesellschaftstheorien von Smith, Ricardo und Marx. Freiburg 2006
Stapelfeldt, G. (2007): Mythos und Logos. Antike Philosophie von Homer bis Sokrates. Hamburg 2007
Stapelfeldt, G. (2008a): Der Imperialismus. Krise und Krieg 1870/73 bis 1918/29. Erster Band: Politische Ökonomie. Hamburg 2008
Stapelfeldt, G. (2008b): Der Imperialismus. Krise und Krieg 1870/73 bis 1918/29. Zweiter Band: Anthropologie und Rationalität. Hamburg 2008
Stapelfeldt, G. (2009a): Kapitalistische Weltökonomie. Vom Staatsinterventionismus zum Neoliberalismus. Kritik der ökonomischen Rationalität, Vierter Band, erstes Buch. Hamburg 2009

Stapelfeldt, G. (2009b): Kapitalistische Weltökonomie. Vom Staatsinterventionismus zum Neoliberalismus. Kritik der ökonomischen Rationalität, Vierter Band, zweites Buch. Hamburg 2009
Stapelfeldt, Gerhard (2009c): Das Problem des Anfangs in der Kritik der Politischen Ökonomie von Karl Marx. Zum Verhältnis von Arbeitsbegriff und Dialektik. Hamburg 2009
Stapelfeldt, G. (2010): Neoliberalismus – Autoritarismus – Strukturelle Gewalt. Aufsätze und Vorträge zur Kritik der ökonomischen Rationalität. Hamburg 2010
Stapelfeldt, G. (2012): Neoliberaler Irrationalismus. Aufsätze und Vorträge zur Kritik der ökonomischen Rationalität (II). Hamburg 2012
Stapelfeldt, G. (2012): Der Geist des Widerspruchs. Studien zur Dialektik. Erster Band. Freiburg 2012
Stapelfeldt, G. (2013): Der Geist des Widerspruchs. Studien zur Dialektik. Zweiter Band. Freiburg 2013
Stapelfeldt, G. (2014): Dialektik der ökonomischen Rationalisierung. Kritik der ökonomischen Rationalität. Erster Band. Dritte Auflage, Hamburg 2014

Tenenti, Alberto (1990): Der Kaufmann und der Bankier. In: E. Garin (Hg.) 1990, 215 ff.
Thomas von Aquino (1266-74): Summe der Theologie. Bd. 3: Der Mensch und das Heil. Hg.: J. Bernhart. 3. Aufl. Stuttgart 1985
Tolmein, Oliver (1993): Wann ist der Mensch ein Mensch? Ethik auf Abwegen. München, Wien 1993
Tönnies, Ferdinand (1887): Gemeinschaft und Gesellschaft. Grundbegriffe der reinen Soziologie. Darmstadt, Neudruck der 8. Auflage von 1935: 1991

UNDP (1999): Bericht über die menschliche Entwicklung 1999. Bonn 1999

Vasari, Giorgio (1550/1568): Leben der berühmtesten Maler, Bildhauer und Architekten von Cimabue bis zum Jahr 1567. Hg.: L. Schorn, E. Förster. Wiesbaden 2010
Vico, Giambattista (1725): Die neue Wissenschaft von der gemeinschaftlichen Natur der Nationen. Auswahl, Übersetzung und Einleitung von F. Fellmann. Frankfurt 1981
Völkel, Markus (2004): Wohin führt der ›neuronal turn‹ die Geschichtswissenschaft? In: Geyer, Hg., 2004, 140-142

Wallerstein, Immanuel (1974): Das moderne Weltsystem – Die Anfänge kapitalistischer Landwirtschaft und die europäische Weltökonomie im 16. Jahrhundert. Zuerst: New York, San Francisco, London 1974. Deutsch: Frankfurt 1986

Weber, Max (PS): Gesammelte Politische Schriften. Tübingen, 5. Aufl. 1988

Weber, M. (WG): Wirtschaft und Gesellschaft. Tübingen 1972

Weber, M. (WL): Gesammelte Aufsätze zur Wissenschaftslehre. Tübingen, 3. Aufl. 1968

Weber, M. (RS I bis III): Gesammelte Aufsätze zur Religionssoziologie. 3 Bände. Tübingen, 7. bzw. 9. Aufl. 1988

Weber (SoSp): Gesammelte Aufsätze zur Soziologie und Sozialpolitik. Tübingen, 2. Aufl. 1988

Weber, M. (1898): Grundriss zu den Vorlesungen über Allgemeine (›theoretische‹) Nationalökonomie. Nachdruck: Tübingen 1990

Weber, Max (1958): Wirtschaftsgeschichte. Abriß der universalen Sozial- und Wirtschaftsgeschichte. Erstauflage: 1923; Berlin, 3. Aufl. 1958

Weltbank (2000): Globalisierung und Lokalisierung. Neue Wege im entwicklungspolitischen Denken. Weltentwicklungsbericht 1999/2000. Frankfurt 2000

Wulff, Erich (1977): Psychiatrie und Klassengesellschaft. Frankfurt 1977

Xenophon: Memorabilien. In: Die sokratischen Schriften. Stuttgart 1956, 47-188

Xenophon: Oikonomikos. In: Die sokratischen Schriften. Stuttgart 1956, 238-302

Zapf, Wolfgang, Hg. (1991): Die Modernisierung moderner Gesellschaften. Verhandlungen des 25. Deutschen Soziologentages in Frankfurt am Main 1990. Frankfurt, New York 1991

Zekl, Hans Günter (1990): Einleitung. In: Copernicus 1990, XIII-LXXXIV

Volin »Die unbekannte Revolution«

Neuausgabe aller 3 Bände in einem Buch

Als 1974 endlich eine deutsche Ausgabe von Volins Vermächtnis »Die unbekannte Revolution« erschien, wurde dies durch die Lautsprecher der Zeit übertönt. Für die großen politischen Strömungen des linken Antikapitalismus stand damals außer Zweifel, dass der zukünftige Sozialismus nur in der Nachfolge der Bolschewiki siegen könne. Gestritten wurde nur um deren Erbe. Doch spätestens nach der Implosion der Sowjetunion und der Auflösung bzw. Marginalisierung der an diesem Modell orientierten Parteien sind diese Gewissheiten erschüttert. Um die Ursachen des letztlich gescheiterten bolschewistischen Revolutionskonzepts zu begreifen, ist Volins Zeitzeugnis immer noch eine lohnenswerte Quelle. Seine Analyse eröffnet einen Zugang zur sozialen Revolution aus dem »Gedächtnis der Besiegten« und macht begreifbar, warum der Bolschewismus selbst und nicht erst seine stalinistischen Auswüchse zum Problem der sozialen Emanzipationsbewegungen Russlands und der Ukraine wurde. Volins dreibändiges Werk liegt jetzt neu gesetzt in einem Band vor.

672 Seiten, 23,50 € (+ 2,15 € Porto und Verpackung)

Direktbestellungen:

★ *Mail: diebuchmacherei@gmx.net; Fax: 03212 103 29 81*

Die Buchmacherei

Manfred Dahlmann

Freiheit und Souveränität

Kritik der Existenzphilosophie Jean-Paul Sartres

2013 • 402 Seiten • 24 Euro • ISBN: 978-3-86259-108-4

Da nur der einzelne Mensch, nicht aber etwas ihn (seinen individuellen Leib im Sinne Jean Amérys) Überschreitendes frei sein kann, darum, so lautet Sartres logisch nicht zu widerlegendes Urteil, kann keinem Objekt eine in diesem selbst angelegte Fähigkeit, Entscheidungen zu fällen, zugesprochen werden. Wenn ein Subjekt einem ihm Äußeren – etwa Gott, der Natur, dem Staat, dem Kapital oder dem Schönen, dem Glück oder sonst etwas –, eine derartige Autonomie zuschreibt, belügt es sich, meint Sartre: um der Angst vor seiner Freiheit Herr zu werden und sich für seine Taten nicht verantwortlich fühlen zu müssen. Wenn man Adornos Ästhetik dieser Subjektbestimmung konfrontiert, läßt sich jedoch zeigen, daß, so sehr Sartre logisch im Recht sein mag, die Kritik im Grunde darauf zielen muß, genau jenes für Sartre Unmögliche dennoch zur Darstellung zu bringen: um die Verkehrungen erkennen zu können, dank derer das Kapital als automatisches Subjekt, als Souverän, agieren kann.

Alexander Stein

Adolf Hitler, Schüler der "Weisen von Zion“

Herausgegeben und eingeleitet von Lynn Ciminski und Martin Schmitt

2011 • 316 Seiten • 20 Euro • ISBN: 978-3-86259-103-9

Hannah Arendt über dieses Buch: „Die wiederholten Nachweise, daß es sich bei den Protokollen um eine Fälschung handelt, wie auch die unermüdlichen Enthüllungen ihrer wirklichen Entstehung, sind ziemlich irrelevant. Es ist von weitaus größerer Wichtigkeit, daß man nicht das erklärt, was an den Protokollen offenkundig, sondern was an ihnen mysteriös ist: vor allem, weshalb sie trotz der offensichtlichen Tatsache, daß es sich um eine Fälschung handelt, andauernd geglaubt werden. Hier, und nur hier allein liegt der Schlüssel zu der Frage, die allem Anschein nach niemand mehr stellt, warum die Juden der Funke waren, an dem sich der Nazismus entzündete ... (Das) beweist, wie recht Alexander Stein mit seiner wissenschaftlichen Abhandlung über Adolf Hitler: Schüler der "Weisen von Zion" hatte, einer Veröffentlichung, die in den dreißiger Jahren nicht auf das geringste Echo stieß. Er weist darin nach, daß die Organisation der angeblichen "Weisen von Zion" ein Modell war, dem die faschistische Organisation nacheiferte, und daß die Protokolle all die Grundsätze enthielten, die sich der Faschismus aneignete, um die Macht zu erringen. Das Geheimnis für den Erfolg dieser Fälschung war also in erster Linie nicht der Judenhaß, sondern viel eher die grenzenlose Bewunderung, die der Gerissenheit einer vorgeblich jüdischen Technik, sich weltweit zu organisieren, galt.“

ça ira
postfach 273
79002 freiburg
0761 / 37939
info@isf-freiburg.org
www.isf-freiburg.org

Hans-Georg Backhaus

Marx, Adorno und die Kritik der Volkswirtschaftslehre

2015 • 600 Seiten • 34 Euro • ISBN: 978-3-86259-107-7

Es geht um den Begriff der „Kritik" und ebenso ihres Objekts, wie sie Theodor W. Adorno 1942 in seinen „Reflexionen zur Klassentheorie" knapp und präzis formuliert hat: daß Marxens „Kritik der politischen Ökonomie die des Kapitalismus" bedeutet, also die der „politischen Ökonomie" primär nicht als einer ökonomischen Theorie, sondern als eines realen ökonomischen Gesamtsystems - eines „Systems der Entmenschlichung", wobei Adorno die „Unmenschlichkeit" so definiert, „daß die Menschen ... zu Objekten geworden sind". Einer so verstandenen „Kritik der politischen Ökonomie" geht es nicht allein um eine Ideologiekritik apologetischer Wirtschaftstheorien, sondern um eine weit radikalere und umfassendere Kritik, um eine „Kritik der ganzen Geschichte" als einer zu kritisierenden „Geschichte der Herrschaft". Der Untertitel des Marxschen „Kapital" – eben: „Kritik der politischen Ökonomie" – signalisiert in dieser Perspektive vor allem eine umfassende Kritik der Gesellschaft im Sinn jener Idee von „Erkenntnis, die zugleich kritisch" ist.

Alfred Sohn-Rethel

Von der Analytik des Wirtschaftens zur Theorie der Volkswirtschaft

Frühe Schriften

Herausgegeben von Oliver Schlaudt und Carl Freytag

2012 • 294 Seiten • 20 Euro • ISBN: 978-3-86259-109-1

Dieser Band versammelt erstmals Alfred Sohn-Rethels frühe theoretischen Schriften. Im Zentrum steht die Heidelberger Dissertation von 1928, vermehrt um bisher unveröffentlichte Dokumente, die ihre Entstehung im Zusammenhang seiner Arbeiten während der 1920er Jahre in Positano, Heidelberg und Davos nachzeichnen.

Georg Lukács u.a.

Verdinglichung, Marxismus, Geschichte

Von der Niederlage der Novemberrevolution zur kritischen Theorie

Herausgegeben und eingeleitet von Markus Bitterolf und Denis Maier

Frühjahr 2012 • 520 Seiten • 24 Euro • ISBN: 978-3-86259-105-3

Originaltexte von Georg Lukács aus „Geschichte und Klassenbewußtsein" (1923), dazu Diskussionsbeiträge von Robert Fechner, Gerhard Stapelfeldt, Denis Maier, Timothy Hall, Hans Martin Lohmann, Stephan Grigat, Joachim Bruhn, Fabian Kettner, Biene Baumeister/Zwi/Negator, Gerhard Scheit und Moishe Postone.

ça ira
postfach 273
79002 freiburg
0761 / 37939
info@isf-freiburg.org
www.isf-freiburg.org

Alfred Sohn-Rethel

Ökonomie und Nationalsozialismus

Schriften zur Wirtschafts- und Handelspolitik im „Dritten Reich“

Band 2 der Werkausgabe

Herausgegeben von Carl Freytag

2014 • ca. 400 Seiten • 24 Euro • ISBN: 978-3-86259-120-6

Sohn-Rethels Wunsch nach einer akademischen Karriere im Anschluss an seine Promotion 1928 (s. Band 1 der Werkausgabe: Von der Analytik des Wirtschaftens) ging nicht in Erfüllung. Weder gelang es ihm, im Bereich der Nationalökonomie unterzukommen, noch fand er mit seinen philosophischen Entwürfen (s. Band 3 der Werkausgabe, erscheint 2015) Anschluss an das Frankfurter Institut für Sozialforschung.
Vermittelt durch seinen Ziehvater, den Großindustriellen Ernst Poensgen, erhielt er dann aber 1931 eine Stelle beim Mitteleuropäischen Wirtschaftstag (MWT) in Berlin, wo er Gelegenheit hatte, die Strategien des Großkapitals in der Weimarer Republik und im Nationalsozialismus aus der Nähe zu untersuchen.
Band 2 umfasst die in dieser Zeit entstandenen Analysen, die vor allem im Deutschen Volkswirt und den Deutschen Führerbriefen veröffentlicht wurden. Ergänzt werden sie durch die Texte, mit denen Sohn-Rethel nach 1937 den Kontakt zu dem englischen Politiker und Journalisten Wickham Steed herstellte.
Erst 1973 hatte Sohn-Rethel dann Gelegenheit, diese Aufzeichnungen unter dem Titel Ökonomie und Klassenstruktur des deutschen Faschismus zu veröffentlichen. Sie stehen in der Fassung der revidierten Ausgabe von 1992 unter dem Titel Industrie und Nationalsozialismus im Mittelpunkt von Band 2. Sie werden durch unveröffentlichte Texte aus den 1930er Jahren und Veröffentlichungen aus der Nachkriegszeit ergänzt, die sich der Wirtschaftspolitik im “Dritten Reich” widmen.

Inhalt: Siehe www.isf-freiburg.org